ROMÂN-ENGLEZ
ENGLEZ-ROMÂN

EMILIA NECULAI

Dicționar român-englez englez-român

EDIȚIE REVIZUITĂ

Constanța, 2008

Depozit carte distribuție: 021/2232288

Pentru comenzi online: www.steauanordului.ro

Descrierea CIP a Bibliotecii Naționale a României

NECULAI, EMILIA
Dicționar român-englez, englez-român /
Emilia Neculai. - Constanța : Steaua Nordului, 2008
ISBN 978-973-8459-81-6

81'374.8=135.1=111
81'374.8=111=135.1

Tipar executat la:
Tel/Fax: 021 223 22 88; 0241 549 267

STEAUA NORDULUI

PREFAȚĂ

În intenția de a răspunde interesului crescând al publicului românesc pentru limba engleză, ne propunem să includem în acest dicționar, în pofida dimensiunilor sale reduse, câți mai mulți termeni din lexicul curent, astfel încât să poată fi consultat într-un număr cât mai mare de situații.

Acest dicționar se adresează celor interesați de învățarea limbii engleze. Este un instrument de lucru ușor de folosit atât de către elevi, studenți, dar și profesori. În comparație cu alte dicționare, lucrarea de față vine în sprijinul dumneavoastră cu lista timpurilor verbale din limba engleză și lista verbelor neregulate.
Dispunând de o informație vastă, acest dicționar poate fi utilizat cu succes în orice tip de traducere conținând termeni economici, juridici, medicali, din domeniul comerțului și al industriei.

Termenii introduși în dicționar aparțin limbii literare contemporane, fără variante lexicale, fonetice, populare, arhaice, forme dialectice, etc. În cazul unei diferențe de accent au fost tratate separat numai omonimele: zori[1], zori[2]. În multe cazuri s-au dat numai termenii de bază dintr-o familie de cuvinte, avându-se în vedere faptul că derivatele pot fi ușor formate: atributele substantivale care în limba română sunt precedate de prepoziție, iar în limba engleză nu (pace-peace, de pace-peace); adverbele de mod derivate de la adjectivele respective prin adăugarea sufixului *–by*.

Pentru deprinderea folosirii dicționarului s-a renunțat la aranjarea părților de cuvânt în ordinea frecventă, preferându-se organizarea cuvintelor polifuncționale pe baza clasificării obișnuite a părților de vorbire: **substantiv** (în ordinea **masculin, feminin, neutru**); **articol**; **adjectiv**; **pronume**; **numeral**; **verb** (în ordinea **auxiliar, tranzitiv, intranzitiv, reflexiv**); **adverb**, **prepoziție**; **conjuncție**; **interjecție**.

De asemenea s-a renunțat la o serie de sinonime în traducere, deoarece delimitarea sensurilor principale ale cuvintelor s-a făcut prin indicarea corespondentului românesc așezat între paranteze: (farmec) charm.

Dacă unul dintre sensuri este figurat el este însoțit de indicația *fig*.

Traducerea locuțiunilor și expresiilor trebuie căutate după echivalentele tuturor sensurilor cuvântului titlu, la categoriile gramaticale respective, deoarece ele au fost incluse în dicționar în formele cele mai scurte, grupate de obicei la primul cuvânt semnificativ.

Parantezele au fost folosite în două feluri:

Cuvintele dintre paranteze scrise cursiv reprezintă explicații pentru delimitarea sensurilor.

Cuvintele sau literele dintre paranteze scrise obișnuit sunt facultative.

În cazul asemănării între sensuri în română și engleză s-a optat pentru o singură traducere pentru că acestea s-au dat numai atunci când s-a evitat sensul figurat.

S-a folosit punctul și virgula pentru separarea sensurilor, și virgula pentru separarea sinonimelor apropiate.

În concluzie, acest dicționar urmărește să pună la dispoziția celor interesați în folosirea limbii engleze un instrument de lucru care să-i ajute să se exprime cât mai corect posibil în această limbă.

Sperăm că această lucrare să vă fie de un real folos în aprofundarea cunoștințelor limbii engleze!

AUTORUL

ABREVIERI

adj. – adjectiv
adv. – adverb
agr. – agricultură
amer. – termen folosit în SUA
anat. – anatomie
aprox. – aproximativ
arg. – argou
arhit. – arhitectură
art. – articol
astr. – astronomie
auto. – automobilism
av. – aviație
boil. – biologie
bot. – botanică
c.f. – căi ferate
chim. – chimie
cin. – cinema
com. – comerț
conj.- conjucție
constr. – construcții
d. – despre
dat. – dativ
econ. – economie
el. – electricitate
entom. – entomologie
ferov. – termen feroviar
fig. – figurat
fin. – finanțe
foto – fotografie
gastr. – gastronomie
geol. – geologie
gen. – genitiv
geogr. – geografie
geom. – geometrie
gram. – gramatică
impers. – impersonal
iht. – ihtiologie
interj. – interjecție
interog. – interogativ
iron. – ironic
ist. – istorie
înv. – învechit
jur. – juridic
lingv. – lingvistică
lit. – literar
mar. – marină
mat. – matematică
metal. – metalurgie
med. – medicină
mil. militar
min. – minerit
mit. – mitologie
muz. – muzică
nav. – navigație
neg. – negativ
num. – numeral
opt. – optică
ornit. – ornitologie
part. – participiu
peior. – peiorativ
pl. – plural
poet. – poetic
pol. – politică
poligraf. – poligrafie
prep. – prepoziție
pron. – pronume
pt. pentru
rad. – radiotehnică
rel. – religie
s.f. – substantiv feminin
sing. – singular
s.m. – substantiv masculin
smb. – somebody – cineva
smth. – something – ceva
s.n. – substantiv neutru
superl. – superaltiv
tehn. – tehnică
tel. – telecomunicații
text. – textile
univ. – universitar
v. – vezi
v. aux. – verb auxiliar
v.i. – verb intranzitiv
viit. – viitor
v mod. verb modal
v.r. – verb reflexiv
v.t. – verb tranzitiv
zool. - zoologie

DICȚIONAR ROMÂN-ENGLEZ

A

A I. *art. hot. fem.* the first letter of the Romanian alphabet; **II.** the particle of the long infinitive.

abac *s.n.* abacus

abajur *s.n.* (lamp) shade.

abandon *s.n.* abandonment.

abandona *v.t.* to abandon.

abandonare *s.f.* abandoning; leaving; (părăsire) desertion.

abandonat *adj.* abandoned.

abanos *s.n.* ebony (tree).

abataj *min. s.n.* working.

abate *s.m.* abbot.

abate I. **1.***v.t.* to divert. **2.** *fig.* to turn (away) *a ~ de la drumul drept* to lead astray **II.** *v.r.* **1.** to swerve **2.** (a se îndepărta) to stray; *a se ~ asupra* to rush upon; *a se ~ din drum* to get out of one's way.

abatere *s.f.* **1.** deviation, mistake; **2.** (disciplinară) misbehaviour; **3.** (de la datorie) breach of duty. **4.** *jur.* breach.

abătut *adj.* depressed.

abces *s.n.* abscess.

abdica *v.i.* to abdicate (smth.)

abdomen *s.n.* abdomen.

abdominal *adj.* abdominal, *durere ~ă* abdominal pain.

abecedar *s.n.* primer.

aberație *s.f.* 1. abberation. 2. absurdity.
abia *adv.* 1. hardly, scarcely. 2. (numai) just, only. ~ *peste câteva ore* only after a few hours, *și* ~ hardly, scarcely.
abil *adj.* 1. skilful, clever; 2. (șiret) wily, sly.
abilita *v.t.* to qualify.
abilitate *s.f.* 1. skill, cleverness. 2. tact(fullness).
abis *s.n.* abyss.
abisal *adj.* abyssal.
abitir *adv.* 1. (mai mult) more; 2. (mai bine) better; 3. (mai tare) stronger; 4. (mai repede) quicker.
abject *adj.* 1. abject. 2. (servil) cringing.
abjurare *s.f.* abjuration.
abnegație *s.f.* abnegation.
aboli *v.t.* to abolish.
abolire *s.f.* abolition, abolishment.
abominabil *adj.* abominable.
abona *v.r.* to subscribe (to a newspaper).
abonament *s.n.* 1. (la ziar) subscription. 2. (bilet) season ticket.
abonat *s.m.* subscriber.
aborda *v.t.* 1. to approach. (smb.) 2. to tackle (a problem)
abordabil *adj.* accessible.
abordaj *s.n.* *nav.* collision.
abordare *s.f.* approach.
abraziv *adj.* abrasive.
abrevia *v.t.* to abbreviate.
abreviație *s.f.* abbreviation.
abroga *v.t.* to repeal.
abrogare *s.f* abrogation.
abrupt *adj.* steep; *fig.* abrupt.
absent I. *s.m.* absentee. II. *adj.* absent; *fig.* absent-minded.
absenta *v.i.* to be absent, *a ~ de la școală* to skip school.
absență *s.f.* absence; *jur.* default; (lipsă) lack.
absolut I. *adj.* absolute. II. *adv.* absolutely.
absolvent *s.m.* graduate.
absolvi *v.t.* to graduate, *fig.* to absolve.
absorbant *adj.* absorbent.
absorbi *v.t.* 1. to absorb. 2. *fig.* (a fi absorbit în) to be engrossed in.
abstinență *s.f.* abstinence.
abstract *adj.* abstract.
absurd *s.n., adj.* absurd.
abțibild *s.n.* transfer picture.
abține *v.r.* to refrain (from); to abstain (from).
abținere *s.f.* abstention.
abunda *v.i.* to abound, to be plentiful, to be in plenty/abundance.
abundent *adj.* abundant, plentiful.
abundență *s.f.* abundance, plenty; a lot of.
abur *s.m.* 1. steam, vapour. 2. (al câmpiei) haze. 3. *fig.* fume.
aburi *v.r.* to steam.
aburit *adj.* covered with steam; reeky, smoky.
abuz *s.n.* 1. abuse, maltreatment 2. excess; ~ *de încredere* breach of trust.
abuza *v.t.* to misuse
abuziv I. *adj* 1. abusive.

2. illegal. II adv. 1. abusively. 2. illegally.

ac *s.n.* **1.** needle. **2.** (la viespe) sting. **3.** (cu gămălie, de cravată) pin. **4**. (de păr) hair-pin. **5**. (de siguranță) safety pin. **6.** (țeapă) prick.

acadea *s.f.* lollipop.

academician *s.n.* academician.

academie *s.f.* academy.

acaju *s.m.* **1**. mahogany. **2.** *bot.* cashew.

acapara *v.t.* **1**. to monopolize. **2.** to seize.

acaparator *adj.* forestalling, monopolizing.

acar *s.m.* pointsman.

acareturi *s.n.* **1.** (pl). outhouses. **2.** (lucruri) chattels. **3.** (unelte) implements.

acasă *adv.* at home, in; (spre casă) home.

acatist *s.n.* prayer for the dead.

acătării *adj.* decent.

accelera I. *v.*t. to speed (up). **II.** *v.i.* auto to step on the gas.

accelerat I. *s.n.* fast train. **II.** *adj.* accelerated; fast.

accelerator *s.n.* **1**. accelerator. **2.** (auto) throttle.

accent *s.n.* **1**. stress; **2**. (străin) accent. **3.** *fig.* emphasis.

accentua I. *v.t.* to stress, to emphasize. **II**. *v.r.* to increase

accept *s.n.* acceptance.

accepta *v.t.* to accept.

acceptabil *adj.* acceptable, admissible, satisfactory.

acces *s.n.* **1**. entrance, access. **2**. (de furie) fit, attack. **3**. izbucnire) outburst. **4**. *accesul interzis* no entry.

accesibil *adj.* easy of access.

accesoriu *s.n.*, *adj* accessory.

accident *s.n.* accident.

accidenta I. *v.t.* to wound in an accident. **II.** *v.r.* to hurt oneself (in an accident).

accidentat *adj.* injured, hurt. *drum* ~ bumpy road.

aceasta *adj.* this, *pron.* this (one).

această *adj.* this.

aceea I. *adj.* that. **II.** *pron.* that (one) *după* ~ then.

aceeaşi *adj., pron.* the same.

aceiaşi *adj., pron.* the same.

acela *adj.* that, *pron.* that (one).

aceleaşi *adj., pron.* the same.

acelaşi *adj., pron.* the same.

acest *adj.* this.

acesta *adj.* this, *pron.* this (one).

acestea *adj.* these, *pron.* these (ones).

aceştia *adj. dem. m. pl.* these.

achita *v.t.* **1**. to pay off; **2**. *jur.* to acquit; **3**. *a ~ o factura* to foot a bill. **4**. *a se ~ de* to discharge.

Ach itare s.f. 1. payment. 2. jur. acquittal; absolution; deliverance.

achiziție *s.f.* acquisition.

achiziționa v.t. 1. to aquire, to purchase, to buy. 2. (a obține, a procura) to obtain, to get.

acid *s.m., adj.* acid.

aciua *v.t. v.r.* to shelter; to take shelter.

aclama *v.t.* to cheer.

aclimatiza I. *v.t.* to acclimate, to adapt. **II.** *v.r.* (despre oameni) to accustom oneself to new surroundings.
aclamaţie *s.f.* acclaim, ovation, cheers.
acoladă *s.f.* brace.
acolit *s.m.* acolyte, accomplice.
acolo *adv.* there.
acomoda *v.r.* **1**. to adjust/to accommodate oneself. **2**. to put up (with).
acompania *v.t.* to accompany.
acompaniament *s.n.* accompaniment.
acont *s.n.* **1**. advance (money). **2**. down payment (la plata în rate)
aconta *v.t.* to pay on account; to pay as a first instalment (on).
acoperământ *s.n.* **1**. cover, layer; **2**. roof, shelter, refuge.
acoperi I *v.t.* **1**. to cover; **2**. to hide; **3**. to shelter; **4**. *fig.* to screen. **II.** *v.r.* to cover oneself; to put on one's hat/ clothes.
acoperire *s.f.* **1**.cover(ing). **2**. *fig.* protection. **3**. *fin.* security.
acoperiş *s.n.* roof.
acord *s.n.* **1**. (muz.) chord, harmony, accord. **2**. (fig.) agreement, conformity. **3** (gram.) agreement, concord *de ~* all right.
acorda *v.t.* **1**. to give, to allow, (radio.) to tune. **2**. *muz.* to put in concord. **3**. to grant (a medal).
acosta *v.t.* **1**. (nav.) to moor, to land. **2**. (pe cineva) to accost smb.
acreală *s. f.* tartness, sourness.
acredita *v.t.* to accredit.
acri I. *v.t.* to (make) sour. **II**. *v.r.* to (turn) sour; *a i se ~ (de ceva)* to be fed up (with smth).
acrişor *adj.* sourish, tartish.
acrit *adj.* **1**. soured. **2**. tainted, spoiled.
acrobat *s.m.* acrobat, circus performer.
acrobatic *adj.* **1**. acrobatic. **2**. neckbreaking.
acrobaţie *s.f.* acrobatics.
acromatic *adj.* achromatic.
acronic *adj.* timeless, non-temporal.
acropolă *s.f.* acropolis.
acroşa *v.t.* **1**. *tehn.* (a agăţa de) to hang up (on), (un vehicul) to couple, to hitch on. **2**. (a prinde) to hold, (într-un cârlig) to hook.
acru I. *s.m.* acre (0,4 ha). **II.** *adj.* sour, tart, acid; (ca oţetul) vinegarish.
act *s.n.* document, paper (acţiune) action, deed, act (teatru) act; *actul de acuzare* bill of indictment, *~ de naştere* birth certificate, *~ de căsătorie* marriage certificate, *~ de deces* death certificate, *~ de proprietate* title deed.
activ *adj.* energetic, active.
activa I. **1**. *v.t.* to activate **2**. to speed up, to intensify. **II**. *v.i.* to work.

activist *s.m.* militant.
activitate *s.f.* activity.
actor *s.m.* actor.
actoricesc *adj.* dramatic, theatrical.
actorie *s.f.* acting, performing (on the stage).
actriță *s.f.* actress.
actual *adj.* **1**. present-(day), nowadays. **2**.(de actualitate) topical.
actualitate *s.f.* present, topicalness, topical character, up-to-dateness, actuality.
actualiza *v.t.* to bring up to date.
actualmente *adv.* at present, nowadays, now.
acționa *v.t.* **1**. to act, to take action. **2**. to proceed. **3**. (în justiție) to sue smb.
acționar *s.m.* shareholder; *mare* ~ stockholder.
acțiune *s.f.* **1**. act(ion). **2**. *lit.* plot, story. **3**. activity. **4**. operation. **5**. *fin.* share *pl* stock; *jur.* (law) suit; ~ *culturală* cultural manifestation.
acuitate *s.f.* sharpness, acuteness.
acuarelă *s.f.* watercolour(s).
acum *adv.* **1**. now(adays). **2**. at once; ~ *doi ani* two years ago; *de* ~ *înainte* from now on; *până* ~ so far.
acumula **I**. *v.t.* **1**. to accumulate, to amass. **2**. (a aduna, a îngrămădi) to pile, to heap (up). **3**. (despre bani) to hoard up. **II**. *v.r.* to be accumulated.
acumulator *s.n.* accumulator.
acupunctură *s.f.* acupuncture.
acuratețe *s.f.* accuracy.
acustică *s.f.* acoustics.
acut *adj.* keen, acute.
acuza *v.t.* to accuse, to charge.
acuzare *s.f.* **1**. accusation, blaming; **2**. *jur.* charge, indictment. **3**. (procuror) prosecution.
acuzat *s.m.* accused person.
acuzativ *s.n., adj.* accusative.
acuzator **I**. *adj.* accusing, incriminating. **II**. *s.m.* accuser impeacher.
acuzație *s.f.* charge.
acvariu *s.n.* aquarium.
acvatic *adj.* aquatic.
acvilă *s.f.* eagle.
acvilin *adj.* aquiline.
adamant *s.n.* diamond.
adaos *s.n.* **1**. addition. **2**. supplement. **3**. annex, addendum.
adapta *v.t., v.r.* **1**. to adapt (oneself to / for). **2**. to adjust (to).
adaptabil *adj.* adaptable.
adăpa **I**. *v.i.* to water. **II**. *v.t.* to drink.
Adă pătoare s.f. watering/ drinking place.
adăpost *s.n.* **1**. shelter. **2**. refuge. **3**. *fig.* home. **4**. protection; ~ *antiaerian* air-raid shelter; *la* ~ safe(ly); *fără* ~ homeless.
adăposti **I**. *v.t.* **1**. to shelter. **2**. (a găzdui) to house, to

lodge. **3**. (a ascunde) to hide. **II**. *v.r.* to take shelter, to take refuge, to hide.
adăuga *v.t.* to add, to be added.
adăugit *adj.* completed.
adânc I. *s.n.* **1**. depth, bottom; ~ *inimii* heart strings; *din ~ul sufletului* from the bottom of one's heart. **II**. **1**. *adj.* deep, profound. **2**. (temeinic) thorough. **3**. (tainic) hidden. **4**. (de voce) low.
adânci *v.t.* **1**. to deepen. **2**. *fig.* to extend; to plunge.
adâncime *s.f.* depth.
adecvat *adj.* suitable, adequate, fit, proper.
ademeni *v.t.* to lure, to seduce.
ademenitor *adj.* alluring, *adv.* invitingly.
adept *s.m.* **1**. partisan, follower. **2**. advocate, supporter, fan.
adera *v.i.* to adhere; *a~ la* to join (a party); to endorse (a policy).
aderare *s.f.* **1**. adhesion. **2**. consent, agreement.
aderent *adj.* adherent.
aderență *s.f.* **1**. *med.* adherence. **2**. *tehn.* adherence, adhesive power. **3**. *mat.* closure.
adesea, adeseori *adv.* frequently, often.
adevăr *s.n.* **1**. truth (fullness); **2**. fact(s), reality; ~ *adevărat* gospel truth; *într-~* indeed.
adevărat I. *adj.* **1**. true, real. **2**. (veritabil) genuine. **3**. (sincer) truthful; *cu ~* indeed; *în ~a sa lumină* in one's true colour.
II. *adv.* **1**. (sincer) truly. **2**. (efectiv) really.
adeveri I *v.t.* **1**. to certify. **2**. (a confirma) to prove. **3**. a recunoaşte) to acknowledge. **II**. *v.r.* to come / to prove true.
adeverință *s.f.* certificate; (de primire) receipt.
adeziune *s.f.* adhesion.
adia *v.i.* to breeze, to breath gently.
adică *adv.* that is; (şi anume) namely; *la o ~* at a pinch.
adiere *s.f.* breath of wind.
adineauri *adv.* just now.
adio *interj.* farewell! good-bye!
adipos *adj.* adipose.
adiționa *v.t.* to add.
adjectiv *s.n.* adjective.
adjudeca I. *v.t.* *a ~ cuiva (la licitație)* to knock down to. **II** *v.r. jur.* to be adjudged (to).
adjunct *s.m.* deputy, assistant.
administra *v.t.* to administer, to manage.
administrator *s.m.* administrator.
administrație *s.f.* **1**. administration. **2**. (econ.) management; offices, council board.
admira *v.t.* to think highly of, to admire.
admirabil I. *adj.* admirable, fine; **II**. *adv.* admirably, finely. **III**. *Interj.* Wonderful!
admirator *s.m.* admirer.
admirație *s.f.* admiration.
admis *adj.* accepted, usual.
admite *v.t.* **1**. to admit (of), to allow. **2**. (a primi) to receive.

3. (a recunoaşte) to acknowledge.
admitere *s.f.* **1**. admission. **2**. (la facultate) matriculation.
admonesta *v.t.* to reprimand, to admonish.
adnota *v.t.* to annotate.
adolescent *s.m.*, **adolescentă** *s.f.* teen-ager, adolescent.
adopta *v.t.* **1**. to adopt. **2**. (a-şi însuşi) to embrace.
adoptare *s.f.* adoption; (aprobare) endorsement.
adoptiv *adj.* **1**. adoptive. **2**. (despre un copil) foster.
adora *v.t.* to adore, to worship, to be crazy about.
adorabil *adj.* adorable, sweet.
adorator *s.m.* **1**. worshipper **2**. (al unei femei) boyfriend, suitor.
adoraţie *s.f.* worship.
adormi I. *v.t.* **1**. to put to sleep, to lull. **2**.(a alina) to allay **II**. *v.i.* to fall asleep, to go to sleep.
adormit I. *adj.* **1**. asleep; sleepy. **2**. (toropit) drowsy. **3**. *fig.* dull. **II**. *s.m. pl.* the dead.
adormitor *adj.* causing sleep, soporific.
adrenalină *s.f.* adrenalin.
adresa I. *v.t.* to address. **II** *v.r.* *a se ~ la* to appeal to, to address.
adresant *s.m.* addressee.
adresă *s.f.* **1**. address. **2**. (domiciliu) residence; *atac la adresa cuiva* against smb.
aduce I. **1**. *v.t.* to bring (in), to fetch. **2**. (a cauza) to bring about; *a(-i) ~ aminte* to remind; *a ~ la îndeplinire* to fulfil; *a ~ la cunoştinţa cuiva* to let smb know about smth; *a ~mulţumiri* to express thanks; *a ~vorba despre* to turn the conversation upon; *ce vânt te aduce?* What wind blows you here? **II**. *a ~ cu cineva (a semăna)* to look like.
aducere *s.f.* bringing; *~ aminte* recollection, *~ la îndeplinire* fulfilment.
adula *v.t.* **1**. to glorify, to lionize, to worship. **2**. (a linguşi) to flatter.
adulaţie *s.f.* adulation, flaterry.
adulmeca *v.t.* **1**. to sniff, to smell. **2**. *fig.* to sense, to suspect.
adulmecare *s.f.* trailing.
adult *s.m., adj.* grown-up, mature.
adulter I. *s.n.* adultery. **II**. adulterer. **III**. *adj.* unfaithful.
adulterin *adj. jur.* adulterine, illegitimate.
adulteră *s.f.* adulteress.
aduna I. *v.t.* **1**. to add. **2**. (a strânge) to gather (in). **3**. (oameni) to rally. **4** *mil.* to assemble. **5**. (a stoca) to (a)mass, to hoard (up). 6. *fin.* to hoard; *a-şi ~ minţile* sau *gândurile* to collect oneself. **II**. *v.i.* to add. **III**. *v.r.* to assemble.
adunare *s.f.* **1**. addition. **2**. *pol.* assembly, meeting. **3**. *mil.* assembly.

adunătură *s.f.* **1**. gathering. **2**. (amestec) heap. **3**. (gloată) mob, crowd.
adus *adj.* brought, ~ *de spate* bent.
adverb *s.n.* adverb.
advers *adj.* contrary, opposite.
adversar *s.m.* opponent, rival.
aed *s.m.* bard, singer.
aer *s.n.* **1**. air. **2**. (înfăţişare) look(s), aspect. **3**. (manieră) manner; *în ~ liber* in the open (air); ~ *curat* fresh air; ~ *închis* stale air (*stricat* foul).
aerat *adj.* aired.
aerian *adj.* airy, *cale aeriană* air passage.
aerisi *v.t., v.r.* to air (oneself).
aerodinamic *adj.* aerodynamic.
aerodrom *s.n.* airport.
aerogară *s.f.* air-station.
aeromodel *s.n.* plane model.
aeromodelism *s.n.* model plane flying.
aeromodelist s.*m*. flying model constructor.
aeroplan *s.n.* (air)plane.
aeroport *s.n.* airport.
aeronautică *s.f.* aeronautics.
aeronavă *s.f.* air-ship.
aeropurtat *adj.* airborne.
afabil *adj.* polite, courteous.
afacere *s.f.* **1**. affair. **2**. *fin.* business, speculation. **3** *ec.* bargain. **4**. (chestiune) matter; *afaceri externe* home sau domestic affairs; o ~ *rentabilă* a paying concern, a stroke of business; *frumoasă* ~! A fine job indeed!; *nu e nicio* ~ it's not much catch.
afacerism *s.m.* **1**. profiteering, shady affairs. **2**. mercantile spirit.
afacerist *s.m.* **1**. businessman; **2**. (necinstit) racketeer.
afară **I**. *adv.* out(side), outdoors; ~ *de* except for, besides; ~ *de asta* moreover; *din cale- ~ de* extremely; *ieşi ~!* get out! **II**. *interj.* out!
afect *s.n.* **1**. feeling. **2**. emotion.
afecta **I**. **1**. *v.t.* to affect. **2**. (a privi, a preocupa) to concern. **3**. (a necăji) to afflict. **4**. to simulate; **II**. *v.i.* to pretend.
afectare *s.f.* **1**. affectation. **2**. (simulare) pretence.
afectiv *adj.* touching, emotional.
afectuos **I.** *adj.* affectionate, friendly. **II.** *adv.* lovingly.
afecţiune *s.f.* **1**. care, affection; **2**. *med.* disease.
afemeiat **I**. *s.m.* ladies man, lecher, old dog. **II.** *adj,* lecherous.
afera *v.r.* to fuss, to stall.
aferat *adj.* fussy.
afilia *v.t.*, *v.r.* to affiliate.
afiliere *s.f.* affiliation.
afin *s.m.* billbery bush, (afină) billberry.
afinată *s.f.* billberry brandy.
afiniş *s.n.* billberry grove.
afinitate *s.f.* **1**. similarity, similitude. **2**. affinity, relationship.
afirma *v.t.*, *v.r.* to assert, to state; to allege.
afirmativ *adj.* affirmative, *adv.* in the affirmative.

afirmație *s.f.* assertion, allegation.
afiș *s.n.* poster; advertisement.
afișa I. *v.t.* **1.** to post; **2.** *fig.* to display, **II.** *v.r.* to make oneself conspicuous; *a se ~ cu* to go out with.
afișier *s.n.* bill/ notice board.
afâna *v.t.* to break up.
afânat *adj.* loose, spongy.
afla I. *v.t.* **1.** to learn (of), to hear **2.** (a descoperi) to find out. **3.** (a da peste) to meet (with); *a nu-și ~ locul* to be restless; *din câte am ~t* from what they say; **II.** *v.i.* to hear, to learn (about); **III.** *v.r.* **1.** to be (present). **2.** (a se răspândi) to get abroad. **3.** (a se găsi) to be found; *pe masă se află un măr* there is an apple on the table; *nu s-a ~t nimic* nothing has oozed out; *a se ~ în treabă* to potter about.
aflător *adj.* available.
afluent *s.m.* tributary.
afluență *s.f.* **1.** (aglomerație) throng; **2.** (belșug) affluence.
aflux *s.n.* afflux, rush, flow.
afon *adj.* having no ear for music.
aforism *s.n* aphorism.
african *s..m., adj.,* **africană** *sf., adj.* African.
afro-asiatic *adj.* Afro-Asian.
afront *s.n.* insult; offence.
aftă *s.f.* **1.** *med.* ulcer in the mouth; **2.** (pl) thrush.
afuma I. *v.t.* **1.** to smoke. **2.** (a conserva) to smoke dry; **3.** (mâncarea) to burn; **4.** (țânțarii) to fumigate. **II.** *v.i.* to smoke.
afumat *adj.* **1.** smoked, burnt. **2.** (beat) tipsy, lit up.
afumătoare *s.f.* smoke house.
afumătură *s.f.* smoked meat.
afunda I. *v.t.* to dip, to plunge, to sink. **II.** *v.r.* **1.** to plunge. **2.** (a se scufunda) to sink.
afurisenie *s.f. rel.* ban, curse of the church, anathema.
afurisi I. *v.t.* **1.** to excommunicate, to anathemize. **2.** to curse, to invoke, to damn. **II.** *v.r.* to swear.
afurisit *adj.* **1.** accursed; **2.** *fig.* (poznaș) mischievous; naughty.
agale *adv.* relaxing, idly.
agasa *v.t.* to annoy.
agasant *adj.* annoying, provoking.
agă *s.m.* ag(h)a, police prefect.
agăța I. *v.t.* **1.** to hang (up). **2.** (pe cineva) to accost; **3.** (a prinde) to catch. **II.** *v.r. a se ~ de* to catch at;
agățătoare *s.f.* **1.** (la haine) hanger. **2.** (adj) climber, creeper.
ageamiu *s.m.* novice, greenhorn; tenderfoot.
agendă *s.f.* agenda; (de buzunar) pocket book; note book.
agent *s.m.* **1.** agent; policeman. **2.** *ec.* middleman; **3.** *fin.* broker.
agenție *s.f.* agency.

ager *adj.* **1.** quick, keen. **2.** (sprinten) agile. ~ *la minte* quick-minded; (pătrunzător) clear-sighted.
agerime *s.f.* **1.** keenness. **2.** (la minte) shrewdness.
agheasmă *s.f.* holy water.
aghiotant *s.m.* aide (de camp).
agil *adj.* nimble.
agilitate *s.f.* agility.
agita *v.t.* to stir, *v.r.* to fret.
agitat *adj.* impatient, restless.
agitator *s.m.* agitator.
agitatoric *adj.* instigating.
agitație *s.f.* **1.** agitation; **2.** *fig.* excitement.
aglomera *v.t.*, *v.r.* to crowd, to throng.
aglomerație *s.f.* crowd, throng.
agonie *s.f.* pain, agony.
agonisi *v.t.* **1.** (a câştiga) to earn, to acquire. **2.** (a aduna) to save; **3.** (a pune de-o parte) to put by.
agoniseală *s.f.* **1.** savings. **2.** (câştig, profit) gain; **3** (prin muncă) earnings. **4**. (avere) wealth, riches.
agoniza *v.i.* to agonize.
agrafă *s.f.* clip, safety/ hair pin.
agramat *s.m.* illiterate.
agrar *adj.* agricultural, agrarian.
agrava *v.t.*, *v.r.* to worsen, to aggravate.
agravant *adj.* aggravating.
agravare *s.f.* worsening.
agrea *v.t.* **1.** to like. **2.** (a aproba) to approve (of).
agreabil *adj.* pleasant, agreeable.
agrement *s.n.* **1**. pleasure. **2.** (încuviințare) consent.
agresiune *s.f.* aggression, attack; truculence.
agresiv *adj.* **1**. aggressive. **2.** (bătăios) truculent.
agresor *s.m.* aggressor.
agricol *s.m.* agricultural.
agricultor *s.m.* farmer.
agricultură *s.f.* agriculture, farming.
agriş *s.m.* **agrişă** *s.f.* gooseberry.
agronom *s.m.* agronomist.
agronomie *s.f.* agronomy.
aguridă *s.f.* unripe/ green fruit.
ah *interj.* ah (me)!
aho *interj.* hoy! ho!
ahtiat *adj.* (~ de/ după) craving for; hankening after.
ai *art.* of; ~ *mei* my folk(s).
aia *adj.*, *pron.* that.
aici *adv.* here; *de* ~ hence; *de* ~ *înainte* from now on; *pe* ~ this way; (*prin împrejurimi*) here (abouts), *până* ~ so far, enough!
aidoma *adj.* similarly.
aievea **I.** *adv.* actually, in reality, really. **II.** *adj.* real, actual.
ailaltă *adj.* the other, *pron.* the other (one).
aisberg *s.n.* iceberg.
aiura *v.i.* **1**. to talk nonsense; **2.** to talk through one's hat; **3**. (med.) to rave. **4**. (a divaga) to ramble.
aiurea **I**. *adj.* crazy, foolish. **II**. *adv.* **1**. foolishly; **2**. (în altă

parte) elsewhere. **III**. *interj.* nonsense!

aiureală *s.f.* **1.** raving; **2.** (prostii) nonsense, **3.** (zăpăceală) confusion.

aiuri *v.t. fam.* to kid.

aiurit I. *s.m.* zany, fool. **II**. *adj.* moony.

ajun *s.n.* eve; *~ul Anului nou* New Year's Eve, *în ~ (ul acelei zile)* on the eve (of that day).

ajunge I. *v.t.* **1**. to catch up with, to overtake. **2**. (a atinge) to reach. **3**. (a apuca) to touch. **II**. *v.i.* **1**. to arrive, **2**. (a deveni) to (be)come. **3**. (*a fi suficient*) to be enough; *~!* that will do! enough! *a nu ~* to fall short; *a ~ bine* to get on (in the world); *a ~ de batjocură* to become a laughing-stock; *a ~ în gura oamenilor* to become the talk of town; *a ~ la* to arrive at, to come to; *a ~ rău* to go down; *~ să pomenim* suffive to mention. **III**. *v.r.* **1**. to be enough, to do; **2**. (*a parveni*) to get on (in the world); *a se ~ la* to come to.

ajuns I. *s.n.* *de ~* sufficient, enough. **II**. *adj.* successful.

ajusta *v.t.* to fit; to adjust.

ajustor *s.m.* fitter.

ajuta I. *v.t.* **1**. to help (out); **2**. (*a sprijini*) to back out, to support. **3**. (*materialiceşte*) to aid. *nu-l ajută capul* he is weak-minded; *nu mă ajută puterile* my strength fail me; **II**. *v.i.* to help, to contribute; *nu mă ajută* it doesn't help. **III**. *v.r.* to help each other; *a se ~ de* to make use of.

ajutător *adj.* auxiliary.

ajutoare *s.n.* help(ing), assistance.

ajutor I. *s.m.* assistant. **II**. *s.n.* **1**. help; assistance; **2**. contribution. **3**. (*uşurare*) relief; aid. **4**. (*sprijin*) support; **5**. (*de boală*) benefit; *de ~* helpful; *fără ~* helpless; *cu ~ul unui lucru* by means of smth; *cu ~ul cuiva* with smb's help, thanks to smb.

al *s.n.* of; *~ mamei* mother's, *~ meu* mine.

alai *s.n.* procession; (*pompă*) pomp.

alaltăieri *adv.* the day before yesterday.

alaltăseară *adv.* the night before last night.

alamă *s.f.* (*pl.*) brass.

alambic *s.n.* still.

alambicat *adj.* (over) elaborate, sophisticated.

alandala *adv.* at random; (pe dos) topsy-turvy.

alarma *v.t.* to alarm, *v.r.* to become alarmed.

alarmant *adj.* alarming; (amenințător) ominous.

alarmat *adj* dismayed, uneasy.

alarmă *s.f.* alarm.

alăpta *v.t.* to suckle.

alătura I.*v.t.* **1**. to put next to; **2**. (*a ataşa*) to enclose. **II**. *v.r.* to come near; *a se ~ la* to join.

alăturat I. *adj.* adjoin; (*ataşat*).

II. *adv.* (here) enclosed.
alături *adv.* **1**. (close) by, beside; **2**. (*umăr la umăr*) side by side; (în vecini) next door, (împreună cu) with, alongside (of); ~ *de* beside.
alb I. *s.m.* **1.** white; **2**. (*gol*) blank. **II.** *adj.* **1**. white. **2**. (curat) clean. **3**. (d. ten) fair. ~ *ca varul* dead white.
albanez *s.m; adj.* Albanian.
albastru *adj.* blue; *fig.* hard.
albatros *s.m.* albatross.
albăstrea *s.f.* cornflower.
albeață *s.f.* **1.** white (spot). **2.** (la ochi) cataract.
albi I. *v.t.* to whiten, to bleach **II**. *v.i., v.r.* (*a încărunți*) to turn white/ grey.
albicios *adj.* whitish.
albie *s.f.* river bed; (copaie) trough.
albină *s.f.* bee.
albinar *s.m.* bee-master/keeper.
albinărie *s.f.* bee-house.
albit *adj.* **1**. (cărunt) grey; (cu părul cărunt) grey-haired. **2.** *fig.* bright.
album *s.n.* album.
albuş *s.n.* white (of egg).
alcătui I. *v.t.* **1**. to make (up), to form. **2**. (a făuri) to create. **3**. (a elabora) to draw up. **II**. *v.r. a se ~ din* to consist of, to be made of.
alcătuire *s.f.* **1**. structure, composition. **2**. organization. **3**. elaboration.
alchimie *s.f.* alchemy.
alcool *s.n.* alcohol; *adj.* alcoholic.
alcoolic *s.m.* acoholic.
aldămaş *s.n. a bea ~ul* to wet the bargain.
alde *art.* the, *prep.* like, such as; *de ~ astea* such things.
alea *adj., pron.* those.
alee *s.f.* **1**. alley; **2.** (pentru trăsuri) drive; **3**. (pentru plimbare) walk.
alegător *s.m.* elector, voter.
alege I. *v.t.* **1.** to choose, to select; **2**. *pol.* to elect. **3**. (a selecta) to pick out. **4** (a se hotărî pentru) to decide (upon). **5.** (a separa) to sift. **II.** *v.i.* **1**. to choose. **2.** to make a choice. *A nu avea de ales* to have no choice. **III..** *v.r.* **1**. to be chosen/ elected. **2.** to separate; *a se ~ cu* to be left with; *s-a ales praful şi pulberea* nothing came out of it.
alegere *s.f.* **1.** choice; selection; **2.** *pol.* *(pl.)* election. **3**. decision. **4**. separation; *la ~* at will.
alegoric *adj.* allegoric(al).
alegorie *s.f.* allegory.
alene *adv.* idly.
alerga I. *v.t.* **1.** to run, to race; **2.** (a mâna) to drive. **II**. *v.i.* **1.** (a se grăbi) to rush, to make haste; *a ~ cât te ţin puterile* sau *într-un suflet* to run as fast as legs can carry you.
alergare *s.f.* **1.** race, run. **2.** (gonire) chase.
alergător I. *s.m.* runner. **II**. *adj.* running.

alergătură *s.f.* **1.** running (to and fro); **2.** *fig.* trouble.
alergie *s.f.* allergy (to).
alert *adj.* alert.
alerta *v.t.* to alert.
alertă *s.m.* allarm.
ales **I**. *s.m.* chosen. **II**. *s.n.* choice; *pe ~e* at choice. **III..** *adj.* **1.** select(ed); selection. **2.** remarkable. **3.** (d mâncăruri) dainty dishes.
alfabet *s.n.* alphabet.
alfabetic *adj.* alphabetic(al).
alfabetiza *v.t.* to teach (smb.) the three Rs.
alfabetizare *s.f.* teaching smb to read and write.
algă *s.f.* alga.
algebră *s.f.* algebra.
algebric *adj.* algebraic(al).
algoritm *s.n.* algorithm.
alia **I**. *v.t.* to ally; **II**. *tehn.* to alloy. **III.** *v.r.* to become allied.
aliaj *s.n.* alloy.
alianță *s.f.* **1.** alliance. **2.** marriage; *rudă prin ~* in-law
alias *adv.* alias; a.k.a (also known as..)
aliat **I**. *s.m.* ally. **II**. *adj.* allied.
alibi *s.n.* alibi.
alienat **I**. *s.m.* madman. **II.** *adj.* alienated.
alienație *s.m.* lunacy.
alifie *s.f.* ointment, salve.
aligator *s.m.* alligator.
aliment *s.n.* *(pl.)* food. *~ conservate* preserved food.
alimenta *v.t., v.r.* to feed; to supply.
alimentar *adj.* foodstuff. *produse ~e* food products, *pensie ~ă* alimony.
alimentară *s.f.* grocery.
alimentație *s.f.* nourishment.
alina *v.t.* to soothe, to mitigate, to relieve, to ease.
alineat *s.n.* paragraph.
alinia **I**. *v.t.* **1.** to line (up); **2.** (a aranja) to arrange. **II.** *v.r.***1.** to line up. **2.** *mil.* to fall into line.
alinare *s.f.* alleviation, (uşurare) relief.
aliniat *adj.* aligned.
alinta **I**. *v.t.* **1.** to spoil, to pamper; (a mângâia) to pet. **II.** *v.r.* **1**. to cuddle. **2**. to play the spoilt child. **3.** (a se fandosi) to simper.
alipi **I**. *v.t.* to join. **II**. *v.r.* *a se ~ la* to join.
alizee *s.n.* trade winds.
almanah *s.n.* almanac(k).
aloca *v.t.* to allot, to earmark.
alocație *s.f.* allocation.
alocuri *adv.* *pe ~* here and there.
aloc *s.f.* *bot.* aloc.
alpaca *s.f.* alpaca.
alpin *adj.* Alpine.
alpinism *s.n.* mountaineering.
alpinist *s.m.* mountaineer.
alt **I.** *adj.* (an)other; further. **II.** *pron.* *un ~ul, o alta* another (one); *alții, altele* others.
altar *s.n.* **1**. altar; **2**. *arhit* chancel.
altădată *adv.* another time (*de mult*) formerly; *de ~* long ago.
altceva *pron.* something else; *interog./ neg.* anything.

altcineva *pron.* another one; somebody else; *interog./ neg.* anybody else.
altcumva *adv.* otherwise.
alteori *adv.* (at) other times.
altera I. *v.t.* to alter, to modify; **II.** *v.r.* to go bad.
alterna *v.t., v.r.* to alternate.
alternativ *adj.* alternative; *el.* alternating.
alternativă *s.f.* alternative.
alteță *s.f.* Highness.
altfel *adv.* **1.** otherwise; or (else). **2.** (diferit) differently; in a different way/manner, ~ *nici nu se poate* there is no other way.
altist *s.m.* alto.
altitudine *s.f.* height.
altminteri *adv.* otherwise.
altoi *s.n.* graft(ing).
altoi *v.t.* **1.** to (en)graft. **2.** *fig.* to beat.
altoire *s.f.* grafting.
altruism *s.n.* selflessness.
altruist I. *s.m.* altruist. **II.** *adj.* selfless.
altul *pron.* another (one).
altundeva *adv.* elsewhere.
alți *adj.* other.
alții *pron.* others, other ones.
aluat *s.n.* dough; *din același ~ aluat* of the same kind.
aluminiu *s.n.* aluminium.
alun *s.m.* hazel(nut) tree, filbert.
alună *s.f.* **1.** hazel(nut); **2.** (*arahidă*) ground-nut. *culoarea ~ei* hazelnut brown.
aluneca *v.i.* **1.** to slide; **2.** (a cădea) to slip; *îți alunecă printre degete* slippery as an eel.
alunecare *s.f.* slip, slide.
alunecos *adj.* slippery.
alunecuș *s.n.* (*polei*) (glazed)ice.
alunga *v.t.* **1.** to chase/drive away. **2.** (a surghiuni) to banish.
alungi *v.t.* **1.** to elongate, to lengthen. **2.** to prolong.
aluniș *s.n.* hazel wood.
aluniță *s.f.* beauty spot; (neg) mole.
alură *s.f.* **1.** carriage. **2.** (aer) air, looks. **3.** speed. **4.** *nav.* point of sailing.
aluviuni *s.f. pl.* alluvia.
aluzie *s.f.* hint; (răutăcioasă) innuendo; *o ~ transparentă* a broad hint.
aluziv *adj.* allusive.
alviță *s.f.* nougat.
amabil I. *adj.* **1.** kind(ly) **2.** (plăcut) nice. **II.** *adv.* nicely, kindly.
amabilitate *s.f.* kindness.
amalgam *s.n.* amalgam.
amanet *s.n.* pawn. *casă de ~* pawn broker's.
amaneta *v.t.* to pawn.
amant *s.m.* lover.
amantă *s.f.* mistress.
amar I. *s.n.* bitterness, grief. **II.** *adj.* bitter. **III.**. *adv.* bitterly.
amarnic *adj., adv.* hard.
amator I. *s.m.* **1.** fan; **2.** (diletant) amateur; ~ *de teatru* theatregoer. **II.** *adj.* amateur.
amăgeală *s.f.* delusion, deceit.

amăgi I. *v.t.* 1. to mystify; 2. (a momi) to tempt. II. *v.r.* to indulge in illusions.
amăgire *s.f.* deception, delusion.
amăgitor *adj.* (d)elusive.
amănunt *s.n.* detail; *cu ~ul* (by) retail.
amănunțit I. *adj.* detailed, minuscule, II. *adv.* in (great) detail.
amărăciune, amăreală *s.f.* sourness.
amărât I. *s.m.* poor devil. II. *adj.* resentful.
amărî I. *v.t.* to embitter. II. *v.r.* to become bitter/ embittered.
amâna I. *v.t.* to postpone, to put off; 2. (a păsui) to reprieve; 3. *jur., pol.* to adjourn. II. *v.i.* to postpone, to adjourn.
amânare *s.f.* postponement; *jur., pol.* adjournment.
amândoi *pron., adv.* both.
ambala I. *v.t.* to pack. II. *v.r.* to warm up.
ambalaj *s.n.* **ambalare** *s.f.* packing.
ambarcațiune *s.f.* boat.
ambasadă *s.f.* embassy.
ambasador *s.m.* 1. ambassador. 2. *fig.* messenger.
ambele *adj., pron.* both (of them).
ambianță *s.f* environment, milieu.
ambidextru I. *adj.* ambidextrous; II. *s.m.* ambidexter.
ambiguitate *s.f.* ambiguity.
ambiguu *adj.* ambiguous.
ambii *pron., num.* both.
ambiție *s.f.* ambitious.
ambiționa I. *v.t.* to arouse the ambition of. II. *v.r.* to persist in doing smt.
ambițios *adj.* 1. ambitious. 2.(perseverent) tenacious.
ambreiaj *s.n.* clutch pedal.
ambulant *adj.* strolling, itinerant.
ambulanță *s.f.* ambulance.
ambuscadă *s.f.* ambush.
ameliora *v.t., v.r.* to improve.
ameliorare *s.f.* improvement.
amenaja *v.t.* 1. to arrange. 2. (a utila) to equip.
amenda *v.t.* 1. (pe cineva) to fine; 2. (o lege) to amend, to make corrections.
amendament *s.n.* amendment.
amendă *s.f.* fine.
amenința *v.t., v.i.* to threaten.
amenințare *s.f.* threat(ening).
amenințător I. *adj.* threatening; ominous. II. *adv.* menancingly.
american *s.m., adj.* american.
ameriza *v.i.* to alight.
amestec *s.n.* mixture; (intervenție) interference.
amesteca I. *v.t.* 1. to mix (up); 2. (a implica) to involve. II. *v.r.* 1. to mix; 2. (a interveni) to intrude. *a ~ culorile* to blend the colours; *a ~ salata* to mix the salad.
amestecat *adj.* 1. mixed (up); 2. (variat) sundry.
amestecătură *s.f.* mixture.
ametist *s.n.* amethyst.

amețeală *s.f.* dizziness.
ameți I. *v.t.* **1**. to make dizzy/ giddy; **2**. (a îmbăta) to intoxicate. **3**. (ului) to amaze. **II**. *v.i.* to be(come) dizzy, to feel one's head turn. **III**.. *v.r.* (cu alcool) to get tipsy.
amețit *adj.* **1**. dizzy. **2**. (zăpăcit) confused. **3**. (de băutură) fuddled.
amețitor *adj.* **1**. dizzy, giddy. **2**. (uluitor) astounding.
amfiteatru *s.n.* amphitheatre; *univ.* lecture room.
amfitrioană *s.f.* hostess.
amforă *s.f.* amphora.
amiază, amiazi *s.f.* noon; *după* ~ (in the) afternoon; *înainte de* ~ in the morning.
amic *s.m.* friend.
amical I. *adj.* friendly, **II**. *adv.* in a friendly way.
amiciție *s.f.* friendship.
amidon *s.n.* starch.
amigdală *s.f.* tonsil.
amigdalită *s.f.* tonsilitis.
amin *interj.* amen ! (glumeț) napoo!
aminte *adv.* *cu luare-~* attentively; *a-și aduce-~(de)* to remember;
aminti I. *v.t.* to mention, to recall; *a-și ~ (de)* to remember; *a ~ cuiva* (ceva) to remind smb. (of smth.); *din câte îmi amintesc* as far as I can remember; **II**. *v.i.* to remind, to recall.
amintire *s.f.* **1**. memory, recollection; **2**. (suvenir) keepsake; *în ~a* in memory of.
amiral *s.m.* admiral.
amnar *s.n.* flint steel.
amnezie *s.f.* amnesia, loss of memory.
amnistia *v.t.* to amnesty.
amnistie *s.f.* amnesty.
amoniac *s.n.* ammonia.
amonte *adv.* în ~ upstream.
amor *s.n.* love (affair); *~ propriu* vanity.
amoral *adj.* non-moral, amoral, unprincipled.
amoralitate *s.f.* amorality.
amoreza *v.r.* *a se ~ de* to fall in love with, to fall for, to be infatuated with.
amorezat *adj.* infatuated (with smb.); *~ lulea* nuts (about).
amoros *adj.* loving, amorous, tender.
amorsa *v.t.* *mil.* to prime, *tehn.* to set in; to induce.
amortisment *s.n.* payment.
amortiza I. *v.t.* **1**. to pay. **2**. *tehn.* to damp, to deaden. **3**. (o datorie) to liquidate. **II**. *v.r.* to be (re)paid, to be liquidated.
amortizare *s.f.* **1**. liquidation. **2**. (re)payment. **3**. *tehn.* damping.
amorțeală *s.f.* **1**. numbness. **2**. *fig.* langour.
amorți I. *v.t.* to numb. **II**. *v.i.* **1**. to (be) numbed/ stiff. **2**. to become torpid.
amplasa *v.t.* to place.
amplasament *s.n.* **1**. *mil.* emplacement. **2**. *constr.* location, site.
amplifica *v.t.*, *v.r.* to amplify, to increase.

amplificare *s.f.* **1**. amplification, development. **2.** *tehn.* magnifying.
amplitudine *s.f.* amplitude.
amploare *s.f.* scope; *de (mare)* ~ vast, in scope; ample.
amplu *adj.* ample.
amprentă *s.f.* **1**. stamp. **2**. (digitală) fingerprint. ~ *de paşi* footprint.
amputa *v.t.* to amputate.
amuletă *s.f.* amulet.
amurg *s.n.* dusk, twilight.
amuţi I. *v.t.* to muffle. **II**. *v.i.* to be(come) silent/ dumb.
amuţit *adj.* tongue-tied.
amuza I. *v.t.* to amuse, to entertain. **II**. *v.r.* to have a good time, to enjoy oneself.
amuzament *s.n.* amusement, fun.
amuzant *adj.* amusing.
amuzat *adj.* amused, merry.
amvon *s.n.* pulpit.
an *s.m.* year; ~ *bisect* leap year; ~ *de ~/în fiecare ~* every year; ~ *şcolar* schoolyear; *~ul curent* this year; *Anul Nou* New Year; *~ul trecut* last year; ~ *universitar* academic year; *câţi ani ai* how old are you?; de *~i de zile* for many years; *din ~ în Paşte* once in a blue moon; *la mulţi ~i!* Happy Birthday!, Many Happy Returns of the Day! (la Anul nou); *tot ~ul* throughout the year; *o dată la un ~* once a year.
anacronic *adj.* out-dated, superannuated.
anafură *s.f* Eucharist bread.
anale *s.f. pl.* annals.
analfabet *s.m., adj.* illiterate.
analfabetism *s.n.* illiteracy.
analgezic *s.n.* pain-killer.
analitic *adj.* analytic.
analiza *v.t.* to analyse.
analiză *s.f.* **1**. analysis; **2**. *med.* test; **3**. *fig.* survey; **4.** *gram.* parsing; ~ *sângelui* blood test;*la o ~ atentă* upon closer examination.
analog *adj.* analogous.
analogie *s.f.* analogy.
ananas *s.m.* pineapple.
ananghie *s.f.* predicament, difficulty.
anarhic I. *adj.* anarchical. **II**. *adv.* anarchically.
anarhie *s.f.* anarchy.
anarhist *s.m.* anarchist.
anason *s.m.* anise.
anatomie *s.f.* anatomy.
ancestral *adj.* ancestral.
ancheta *v.t., v.i.* to investigate.
anchetă *s.f.* enquiry; investigation.
anchiloza I. *v.t.* to ankylose; **II.** *v.r.* **1**. to become stiff/ ankylosed; **2**. *fig.* to become a stick-in-the-mud.
ancora *v.t., v.r.* to (cast) anchor.
ancorare *s.f.* anchorage.
ancoraj *s.n. nav.* ancorage, berth.
ancoră *s.f.* anchor.
andivă *s.f.* endive.
andrea *s.f.* (knitting) needle.
androgin *adj. biol., med.* androgynous.

anaemic, *adv.* feebly.
anemia I. *v.t.* to weaken; **II.** *v.r.* to pine.
anemie *s.f.* anaemia.
anestezia *v.t.* anaesthetize.
anestezic *s.n.* anaesthetic.
anevoie *adv.* with difficulty, hardly.
anevoios *adj.* hard, difficult.
anex *adj.* annexed, enclosed.
anexa *v.t.* **1.** to annex; **2.** (a alătura) to enclose, to attach.
anexă *s.f.* annex(e), appendage.
angaja I. *v.t.* to engage; to hire, to employ; **II.** *v.r.* **1.** to pledge, to commit (oneself); **2.** (în slujbă) to take a job; **3.** *mil.* to enlist; **4.** (în luptă) to begin.
angajament *s.n.* pledge.
angajat I. *s.m.* employee, hireling; **II.** *adj.* **1.** pledged, engaged; **2.** (în serviciu) hired.
angarale *s.f. pl.* troubles.
anghinare *s.f.* artichoke.
angină *s.f.* quinsy; ~ *difterică* diphtheritic; ~ *pectorală* angina pectoris.
anglican *s.m., adj.* Anglican.
angrena I. *v.t.* to (throw into) gear; **II.** *v.r.* to (get into) gear.
angrenaj *s.n.* **1.** gearing. **2.** *fig.* wheels.
angrosist *s.m.* wholesale dealer.
anihila *v.t.* to annihilate.
anima I. *v.t.* to animate. **II.** *v.r.* to be enlivened.
animal I. *s.n.* **1.** animal; **2.** *fig.* brute; ~ *de povară* beast of burden; ~ *de pradă* predator; ~ *de tracţiune* beast of draught; ~ *sălbatic* wild beast, **II.** *adj.* animal.
animalic *adj.* **1.** animal. **2.** sensual, carnal; **3.** brutal.
animat *adj.* **1.** animated; **2.** (vioi) lively; ~ *de* imbued/pervaded with.
animatoare *s.f.* entertainer, show-girl.
animator *s.n.* animator.
animaţie *s.f.* liveliness.
animozitate *s.f.* enmity, hatred.
anin *s.m.* alder-tree.
anina *v.t.* to hang (up).
aniversa *v.t.* to celebrate.
aniversare *s.f.* anniversary.
anomalie *s.f.* anomaly.
anonim I. *s.m.* anonymous person. **II.** *adj.* unknown.
anonimă *s.f.* anonymous letter.
anormal I. *adj.* anomalous. **II.** *adv.* unusually.
anost *adj.* vapid, boring.
anotimp *s.n.* season.
ansamblu *s.n.* **1.** ensemble; **2.** *arhit.* project; *de* ~ general; *în* ~ on the whole.
anşoa *s.n.* anchovy.
antagonism *s.n.* antagonism.
antagonist *s.m.* antagonistic, opposed.
antarctic *adj.* Antarctic.
antebelic *adj.* pre-war.
antebraţ *s.n.* forearm.
antecedente *s.n., pl.* record.
antecesor *s.m.* predecessor, forerunner.
antenă *s.f.* antenna.
anterior I. *adj.* **1.** previous; **2.**

(mai vechi) former, earlier. **3.** *anat.* fore. **II.** *adv.* previously.
anteriu *s.n.* surplice.
antet *s.n.* heading.
antevorbitor *s.m.* previous speaker.
antiaerian *adj.* anti-aircraft.
antialcoolic I. *s.m.* teetotaller. **II.** *adj.* anti-alcoholic.
antibiogramă *s.f.* antibiotic test
antibiotic *s.n., adj.* antibiotic.
antic *adj.* ancient, antique.
anticameră *s.f.* anteroom.
anticar I. *s.m.* **1.** second hand book-seller; **2.** (pt. obiecte) antiquary. **II.** *adj.* anti-tank.
anticariat *s.n.* second-hand bookshop.
antichitate *s.f.* antiquity.
anticipa *v.t., v.i.* to anticipate.
anticipabil *adj.* foreseeable, predictable.
anticipare *s.f.* anticipation.
anticipat I. *adj.* anticipated. **II.** *adv.* in advance, forward.
anticorp *s.m.* antibody.
antidemocratic *adj.* antidemocratic.
antidot *s.n.* antidote.
antifascist *s.m., adj.* antifascist.
antilopă *s.f.* antelope; (piele) shammy.
antimaterie *s.f.* antimatter.
antimuncitoresc *s.m., adj.* anti-labour.
antinevralgic *s.n.* head pill, *adj.* antineuralgic.
antipartinic *adj.* anti-Party.
antipatic *adj.* repugnant.
antipatie *s.f.* antipathy, dislike.
antipatizat *adj.* unpopular.
antipod *s.m.* antipode.
antirăzboinic *adj.* anti-war.
antisemit *s.m.* Jew-baiter.
antistatal *adj.* anti- State.
antişoc *adj.* shockproof
antiteză *s.f.* antithesis.
antologie *s.f.* anthology.
antract *s.n.* interval.
antrena I. *v.t.* **1.** to rally; **2.** (sport) to train, to coach; **3.** to stimulate; **II.** *v.r.* **1.** to warm up; **2.** (sport) to train.
antrenament *s.n.* training, practicc, exercise.
antrenant *adj.* thrilling, entertaining
antrenor *s.m.* coach, trainer.
antreprenor *s.m.* (constructor) contractor; ~ *de pompe funebre* undertaker.
antreu *s.n.* vestibule.
antricot *s.n.* rib roast.
antropofag I. *s.m.* man-eater. **II.** *adj.* man-eating.
anturaj *s.n.* company.
anual *adj., adv.* yearly.
anuar *s.n.* yearbook.
anula *v.t.* **1.** to cancel, to revoke. **2.** *jur.* to repeal, to overrule.
anulare *s.f.* cancellation, repeal; *jur.* revocation.
anume I. *adj.* **1.** special. **2.** certain. **II.** *adv.* deliberately; specially; *şi* ~ that is; namely
anumit *adj.* certain.
anunţ *s.n.* **1.** notice; announcement. **2.** (reclamă) ad(vertisement).

anunța I. *v.t.* 1. to announce, to notify. 2. (a prevesti) to forecast; ~ *pe cineva că* to inform smb (of smth). II. *v.r.* to announce oneself; to promise.

anvelopă *s.f. auto* tyre.

anvergură *s.f., av. span*; *fig.* scope.

anxietate *s.f.* anxiety.

anxios *adj.* 1. *med.* (over)anxious, nervous. 2. anguished.

aoleu *interj.* ah!; oh (my)!

aortă *s.f.* aorta.

apanaj *s.n.* privilege.

aparat *s.n.* 1. apparatus, machine. 2. (dispozitiv) device. 3. *pol.* machine(ry), 4. (avion) (air)plane; ~ *de filmat* video-camera; ~ *de fotografiat* camera; ~ *de radio* radio (set); ~ *de ras* safety razor ; ~ *de uz casnic* labour saving device.

aparent I. 1. *adj.* apparent; 2. (ireal) seeming. II. *adv.* apparently, seemingly.

aparență *s.f.* appearance, *în* ~ apparently; *după toate aparențele* as it seems.

apariție *s.f.* appearance, (fantomă) apparition.

apartament *s.n.* flat.

aparte I. *adj.* particular, apart. II. *adv.* apart; *teatru* aside.

apartenență *s.f.* affiliation; (proprietate) ownership.

aparține *v.i.* to belong to.

apaş *s.m.* 1. ruffian; 2. (indian) apache.

apatic I. *adj.* listless. II. *adv.* listlessly.

apatie *s.f.* apathy.

apatrid *s.m.* stateless/ homeless person.

apă *s.f.* 1. water; 2. (curs de apă) water-course. 3. (la pietre prețioase) lustre; ~ *dulce/ de băut* fresh/drinking water; ~ *de gură* mouthwash; ~ *gazoasă* soda water; ~ *minerală* mineral water; ~ *oxigenată* peroxide; ~ *tare* aqua fortis; *ca pe* ~ fluently; *pe* ~ by sea;

apăra I. *v.t.* 1. to defend 2. (a ocroti) to protect. 3. (a susține) to maintain. II. *v.r.* to defend (one-self).

apărare *s.f.* 1. defence. 2. protection; *fără* ~ defenceless; *legitimă* ~ self-defence.

apărătoare *s.f.* protector.

apărător *s.m.* defender.

apărea *v.i.* 1. to appear, to come out. 2. (a se ivi) to arise. 3. (a veni) to turn / show up; 4. (a părea) to appear.

apăsa I. *v.t.* 1. to press; to push; 2. (greu) to weigh on. 3. (a accentua) to lay stress on. 4. *fig.* to opress II. *v.i.* to lie heavy; *a apăsa pe* to press on.

apăsare *s.f.* pressing; *fig.* pressure.

apăsat I. *adj.* 1. (com)pressed; 2. *fig.* emphatic. II. *adv.* thickly.

apăsător *adj.* 1. oppressive. 2. (copleşitor) overwhelming. 3. (chinuitor) tormenting.

apel *s.n.* **1.** appeal; **2.** *mil. şcoală* roll call, *fig.* call.
apela *v.i.* to appeal.
apendice *s.m.* appendix.
apendicită *s.f.* appendicitis.
aperitiv *s.n.* appetizer.
apetisant *adj.* appetizing.
apicultor *s.m.* beekeeper.
apicultură *s.f.* beekeeping.
aplana *v.t.* **1.** to appease. **2.** (un conflict) to clarify/ settle a dispute.
aplanare *s.f.* settling.
aplatiza *v.t.* to flat, *fig.* to blunt.
aplatizare *s.f.* flattening.
aplauda *v.t.*, *v.i.* to congratulate, to cheer.
aplauze *s.f. pl.* applause.
apleca *v.t.* **1.**to bend, to incline; **2.** (a lăsa în jos) to lower.
aplecare *s.f.* **1.** bending, lean(ing); **2.** tendency. **3.** (înclinație) skill.
aplica I. *v.t.* **1.** to apply, to use; **2.** (a executa) to carry out. **3.** *jur.* to enforce. **II.** *v.r.* to be applied; to apply.
aplicabil *adj.* applicable, feasible.
aplicare *s.f.* application.
aplicat *adj.* applied; *text.* appliqué.
aplicație *s.f.* **1.** application; **2.** bent.
aplomb *s.n* coolness, self-assurance.
apogeu *s.n.* **1.** apogee. **2.** *fig.* acme.
apoi *adv.* then.
apolitic I. *s.m.* non-politician **II.** *adj.* apolitical.
apolitism *s.n.* indifference to politics.
apologet *s.m.* extoller.
apologetic *adj.* eulogistic.
apologie *s.f.* eulogy, extolling.
apoplexie *s.f.* stroke, fit (of apoplexy)
aport *s.n.* contribution.
apos *adj.* watery.
apostol *s.m.* apostle.
apostrof *s.n.* apostrophe.
apostrofa *v.t.* to apostrophize.
apoteoză *s.f.* apotheosis, coronation.
aprecia *v.t.* **1.** to estimate; **2.**(favorabil) to appreciate, to value. **3.** (a măsura) to measure, to assess.
apreciabil I. *adj.* considerable. **II.** *adv.* obviously.
apreciat *adj.* praised; successful.
apreciativ *adj.* favourable.
apreciere *s.f.* **1.** estimation, assessment; **2.** (favorabilă) appreciation. **3.** remark, opinion.
aprehensiune *s.f.* apprehension.
apreta *v.t.* to starch.
aprig I. *adj.* **1.** fiery; **2.** (îndârjit) bitter, grim; **3.** (aspru) harsh. **II.** *adv.* **1.** passionately. **2.** (cu îndârjire) bitterly. **3.** (aspru) harshly, hard.
april(ie) *s.m.* April.
aprinde I. *v.t.* **1.** to kindle, to light. **2.** (lampa, etc) to put on,

to switch on. **3**. (un chibrit) to strike. **4**. to arouse. **II**. *v.r.* to catch fire; *a se ~ la față* to blush.

aprindere *s.f.* kindling; *fig.* passion; *cu ~* passionately.

aprins *adj.* **1**. alight. **2**. (strălucitor) bright. **3**. *fig.* passionate, vehement; *~ la față* red in the face.

aprinzător *s.n.* ignition device.

aproape I. *s.m.* neighbour. **II**. *adv.* **1**. near(by). **2**. (circa) nearly; **3**. (curând) shortly; *~ de* near (to); *~ să* about to (cu inf.): *~ același lucru* much the same thing; *pe ~* close by.

aproba I. *v.t.* **1**. to approve (of). **2**. (cu entuziasm) to welcome. **II**. *v.i.* **1**. to consent. **2**. (din cap) to nod. **III**.. *v.r.* to be accepted.

aprobare *s.f.* approval.

aprod *s.m.* **1**. usher. **2**. *jur.* bailiff.

aprofunda *v.t.* to study thoroughly.

apropia I. *v.t.* **1**. to draw near(er). **2**. *fig.* to bring together; **II**. *v.r.* to approach; *(fig) a se ~ de sfârșit* to draw to a close.

apropiat *adj.* **1**. near. **2**. *fig.* intimitate. **3**. (din viitor) approaching.

apropiere *s.f.* **1**. (vecinătate) proximity; **2**. (venire) approach(ing); **3**. *fig.* rapprochement. **4**. (intimitate) intimacy; *în* sau *prin ~* close by; hereabouts.

apropo I. *s.n.* hint; **II**. *adv.* by the way; **III**.. *interj.* by the way, incidentally.

apropria *v.t.* to appropriate.

aproviziona I. *v.t.* to supply (to) (with) **II**. *v.r.* to make/ buy one's stock.

aprovizionare *s.f.* supply.

aproxima *v.t.* to approximate.

aproximativ I. *adj.* approximate. **II**. *adv.* almost; roughly (speaking).

aproximație *s.f.* approximation; *cu ~* approximately.

apt *adj.* (cap)able.

aptitudine *s.f.* ability, bowed, *jur.* capacity.

apuca I. *v.t.* **1**. to catch; **2**.(a lua, a cuprinde) to grab, to seize. **3**. (a pune stăpânire) to take (hold of) to secure. **4**. (a suprinde) to overtake. **5**. (a găsi) to find. **6**. (în timp) to have known, *a nu ~ să* not to have the time to, *a ~ timpurile când* to have seen the day/ times when; *a fi ~ de seized with/by; ce te-a apucat?* What has come over you? **II**. *v.i.* to start; *a ~spre* to make for; **III**. *v.r. a se ~ de* to take up (+gerund).

apucat I. *s.m.* **1**. madman; *ca un ~* like one possessed; **II**. *s.n. pe ~e* at random, by fits and starts. **III**. *adj.* **1**. seized; **2**. (nebun) mad.

apucătură *s.f.* **1**. grasp. **2**. (obicei) habit; *pl.* manners.

apune *v.i.* to set.

apus *s.n.* west, (asfințit) sunset. *adj.* dead.
apusean *s.m., adj.* western.
ar *s.m.* are.
ara *v.t., v.i.* to plough.
arab *s.m., adj. arabă s.f. adj.* Arab(ian), *lingv.* Arabic.
arabil *adj.* arable.
arac *s.m.* vine prop.
aragaz *s.n.* (plită) gas stove, cooker.
arahidă *s.f.* ground-nut.
aramă *s.f.* cooper.
aranja I. *v.t.* **1**. to arrange. **2**. (a găti) to trim (up). **3**. (a rezolva) to settle. **4**. (a ordona) to tidy (up); *a ~ pe cineva* to cook smb's goose. **II**. *v.r.* **1**. to be arranged. **2**. (a se rezolva) to be settled, (a se găti) to get up, to dress up.
aranjament *s.n.* **1**. arrangement. **2**. order. **3**. settlement. **4**. *orchestr.* Orchestration.
aranjat *adj.* **1**. well-arranged, tidy. **2**. trim, neat. **3**. *fig.* settled, solved.
arap *s.m.* blackmoor.
arareori *adv.* seldom.
arat *s.n.* ploughing.
arăbesc *adj.* Arabian.
arămiu *adj.* copper-coloured.
arăta I. *v.t.* **1**. to show. **2**. (a etala) to display, to exhibit. **3**. (a dezvălui) to reveal. **4**. (a dovedi) to prove. **5**. (a selecta) to point out, *a-și ~ colții* to snarl. **II**. *v.i.* **1**. to point. **2**. (a părea) to look. **III**. *v.r.* **1**. to show. **2**. to come in sight. **3**. (a se dovedi) to prove; *a ~ obosit* to look tired.
arătare *s.f.* **1**.showing. **2**. (nălucă) phantom, apparition.
arătător *s.n.* forefinger.
arătos *adj.* good-looking.
arătură *s.f.* ploughing, (ogor) plough land.
arbaletă *s.f.* crossbow.
arbitra *v.t., v.i.* to arbitrate, to intermediate.
arbitrar I. *adj.* arbitrary. **II**. *adv.* arbitrarily.
arbitru *s.m.* **1**. arbitrator; **2**. *sport* ref(eree), umpire. **3**. (de tușă) linesman; *~ al eleganței* arbiter elegantiae, *liber ~* free will, *fig.* judge.
arbora *v.t.* to hoist; *fig.* to lay on.
arbore *s.m.* **1**. tree. **2**. *tehn.* shaft.
arbust *s.m.* shrub.
arc *s.n.* **1**. bow. **2**. (boltă) arch. **3**. (resort) spring. **4**. *el., geom.* arc; *~ de triumf* triumphal arch.
arcadă *s.f.* archway, *anat* arch.
arcaș *s.m.* archer.
arcă *s.f.* ark.
arctic *adj.* arctic.
arcui *v.r.* to bend, to curve.
arcuș *s.n.* bow, fiddlestick.
arde I. *v.t.* **1**. to set on fire. **2**. (a distruge) to burn (down). **3**. (a frige) to scorch, to scald. **4**. *fig* (a roade) to gnow at, to consume. **5**. (a îmboldi)to fire, to urge. **6**. *tehn.* to combust, **7** (a pedepsi) to punish. **8**. (a păcăli) to cheat, to diddle; *a-i*

~cuiva o pereche de palme to box smb's ears; **II**. *v.i.* **1**. to burn, to be on fire. **2**. (mocnit) to smoulder. **3**. (a lumina) to light. **4**.(a avea temperatură) to be feverish; *a ~ de nerăbdare* to die/to burn with (desire); *nu-mi ~ de glumă* I'm in no mood for jokes, *îți ~ de fleacuri* your mind is set on triffles; **III**. *v.r.* **1**. to get burnt. **2**. to be sunburnt. **3**. *fig.* to be a loser, *m-am ars îngrozitor* I was badly sunburnt; *fig.* I was badly deluded.

ardei *s.m.* **1**. (gras) (mild) pepper. **2**. (iute) paprika, hot (chilli) pepper.

ardeiat *adj.* highly seasoned, peppery.

ardelean *s.m., adj.* Transylvanian.

ardent *adj.* blazing, *fig.* ardent, burning; live, passionate.

ardere *s.f.* **1**.burning. **2**. *tehn.* combustion.

ardoare *s.f.* ardour; *cu ~* zealously, passionately.

arenă *s.f.* arena; *pe ~* in the arena.

arenda *v.t.* to lease.

arendaş *s.m.* **1**. leaseholder. **2**. (dijmaş) tenant.

arendă *s.f.* **1**.rent. **2**. *jur.* Lease (hold).

arendăşie *s.f.* tenancy system.

arest *s.n.* **1**. (detenție) custody, **2**. (închisoare) prison; *în stare de ~* under arrest.

aresta *v.t.* to arrest.

arestare *s.f.* arrest, capture.

arestat *s.m.* prisoner.

argat *s.m.* **1**. (farm) hand. **2** (slugă) servant.

argilă *s.f.* clay.

argint I. *s.m.* **2**. silver (coin); **2**. *fig.* lucre. **II**. *s.n.* silver; *~ viu* quick silver.

arginta *v.t.* to silver.

argintărie *s.f.* silver ware, (tacâmuri) culver plate.

argintiu *adj.* silver(y).

arginți *s.m pl.* money.

argou *s.n.* slang, (interlop) cant.

argument *s.n.* reason.

argumenta *v.t.* to motivate.

arhaic *adj.* **1**. archaic. **2**. (demodat) old-fashioned, obsolite.

arhaism *s.n.* archaism.

arhanghel *s.m.* archangel.

arheolog *s.m.* archaeologist.

arheologic *adj.* archaeological.

arhetip *s.n.* archetype, prototype.

arhicunoscut *adj.* famous.

arhiepiscop *s.m.* archbishop.

arhipelag *s.n.* archipelago.

arhiplin *adj.* chock-full.

arhitect *s.m.* architect.

arhitectonic, arhitectural *adj.* architectural.

arhitectură *s.f.* architecture.

arhivar *s.m.* town-clerk, keeper of public records.

arhivă *s.f.* archives.

arici *s.m.* hedgehog.

arid *adj.* barren.

arie *s.f.* area; (de treier) threshing level, *muz.* aria.

arin *s.m.* alder tree.
aripă *s.f.* 1. wing. 2. *iht.* fin. 3. *auto.* mudguard.
aripioară *s.f.* 1. little wing. 2. *iht.* fin.
aristocrat *s.m.* aristocrat.
aristocratic *adj.* aristocratic.
aristocrație *s.f.* aristocracy.
aritmetic *adj.* arithmetical.
aritmetică *s.f.* arithmetics.
aritmie *s.f.* ar(r)hythmia, irregularity (of the heart).
arivism *s.n.* self-seeking.
arivist *s.m.* pusher, careerist.
arlechin *s.m.* harlequin.
arma *v.t* 1. to arm. 2 *mil.* to cock. 3. *constr.* to reinforce. 4. *mar.* to fit out.
armament *s.n.* armament.
armat *adj.* 1. armed. 2. *mil.* cocked. 3. *constr* reinforced.
armată *s.f.* 1. army, forces; 2. *fig.* host, legion.
armator *s.m.* shipowner.
armă *s.f.* 1. weapon, *pl.* arms. 2. (pușcă) gun. 3. (specialitate militară) branch; *arme de foc* fire arms; *arme de distrugere în masă* mass destruction weapons.
armăsar *s.m.* stallion.
armătură *s.f* armour, (constr.) reinforcement.
armean *s.m. adj.* **armeancă** *s.f.*, **armenesc** *adj.* Armenian.
armistițiu *s.n.* armistice, truce.
armonic *adj.* harmonious.
armonică *s.f.* 1. concertina. 2. (muzicuță) mouth organ.
armonie *s.f.* harmony.
armonios I. *adj.* harmonious. II. *adv.* harmoniously.
armoniza *v.t., v.r.* to harmonize.
armură *s.f.* armour.
aroga *v.t.* *a-și ~* to assume (arbitrarily).
arogant *adj.* 1. arrogant. 2. (disprețuitor) aupercilious, overbearing.
aroganță *s.f.* haughtiness, arrogance.
aromat *adj.* flavoured.
aromatiza *v.t.* to aromatize.
aromă *s.f.* aroma.
aromân *s.m.* Macedo-Romanian, A-Romanian
arondare *s.f.* distribution (of medical circuits, districts)
arpacaș *s.n.* pearl barley.
ars *adj.* 1. (sun)burnt. 2. (ofilit) withered. 3. (păcălit) cheated; *~ de soare* sunburnt.
arsenal *s.n.* arsenal.
arsenic *s.n.* arsenic.
arsură *s.f.* burn, (pl., la stomac) heartburn.
arșiță *s.f.* scorching heat.
artă *s.f.* 1. art. 2. (măiestrie) skill, craft(smanship), *arte frumoase* fine arts, *~ pentru ~* art for art's sake.
artefact *s.n.* artifact.
arteră *s.f.* artery, (drum) through road.
artezian *adj.* artesian.
articol *s.n.* 1. article. 2. (obiect) item. 3. *pl. com.* goods; *~ de fond* leading article; *~e de larg consum* consumer/ staple goods.

articula I. *v.t.* **1**. to articulate. **2**. *gram.* to use with the article. **3**. *fig.* to beat; **II**. *v.r. gram.* to take the article.
articulație *s.f.* joint.
artificial **I.** *adj.* artificial. **II.** *adv.* artificially.
artificiu *s.n.* artifice, *pl.* fireworks.
artilerie *s.f.* artillery.
artilerist *s.m.* gunner.
artimon *s.n nav.* mizzenmast.
artist *s.m.* **1**. artist. **2**. (dramatic) actor. **3**. (interpret) performer.
artistic *adj.* art(istic), *adv.* artistically.
artizanat *s.n.* handicraft.
artrită *s.f.* arthritis.
arțar *s.m.* maple(tree).
arțăgos *adj.* petulant, quarrelsome, peevish, ill-tempered.
arunca **I.** *v.t.* **1**. to throw, to cast. **2**. (un proiectil) to hurl. **3**. (jos) to drop, *a ~ în aer* to blow up; *a ~ ancora* to cast anchor; *a ~ o privire* to (cast a) glance. **II**. *v.i. a ~ cu ceva în cineva* to throw smth at smb. **III.** *v.r.* **1**. to throw oneself. **2**. (în apă) to plunge.
aruncare *s.f.* throw(ing); *~ greutății* putting the shot.
aruncătură *s.f.* throw; *~ de ochi* glance; *la o ~ de băț* at a stone's throw.
arvună *s.f.* earnest (money).
arzător *s.n.* burner, *adj.* burning.
as *s.m.* ace.
asalt *s.n.* **1**. attack. **2**. (la scrimă) bout, *cu ~* by storm.
asalta *v.t.* **1**. to storm. **2**. *fig.* to overwhelmed.
asambla *v.t.* to assemble.
asamblaj *s.n.* joining, assemblage.
asamblare *s.f.* assembling.
asasin *s.m.* murderer.
asasina *v.t.* to murder.
asasinare *s.f.* asasinat.
ascendent *s.n.* influence, pull, *adj.* ascendant.
ascendență *s.f.* ancestry, descent.
ascensiune *s.f.* climb(ing), *în ~* rising.
ascensor *s.n.* lift.
ascet *s.m.* austere person.
ascetic *adj.* ascetic.
asculta I. *v.t.* **1**. to listen to, to hear. **2**. (a se supune) to obey. **3**. (o rugăminte) to lend an ear to. **4**. to examine. **II**. *v.i.* to listen, *a ~ de* to obey, *a ~ la lecție* to examine.
ascultare *s.f.* **1**. listening. **2.** (supunere) obedience, submission.
ascultător *s.m.* listener, *adj.* submissive.
ascunde I. *v.t.* to hide, to conceal. **II.** *v.r.* **1.** to hide (oneself). **2**. *fig.* to lie (behind smth).
ascuns *adj.* **1.** secret, hidden. **2.** (secretos) secretive. **3.** (nemărturisit) unspoken.
ascunselea *s.f. de-a v-ați ~* hide and seek
ascunzătoare *s.f.* hiding place.

ascunziş *s.n.* cache; *fig.* secret.
ascuţi I. *v.t.* **1**. to sharpen; **2**. *fig.* to enhance. **3**. (pe piatră) to grind. **4**. (pe piele) to strop. **II.** *v.r.* **1**. to sharpen. **2**. *fig.* to be enhanced.
ascuţime *s.f.* sharpness.
ascuţiş *s.n.* point, edge.
ascuţit *adj.* **1**. sharp(ened), point-ed; **2.** *fig.* keen.
ascuţitoare *s.f.* (pencil) sharpener.
aseară *adv.* last night, yesterday evening.
asedia *v.t.* to besiege.
asediator *s.m.* besieger.
asediu *s.n.* siege.
aseleniza *v.i. astr.* to land on the moon, to moonland.
asemăna I. *v.t.* to liken, to compare. **II**. *v.r.* to be alike, *a se ~ cu* to resemble.
asemănare *s.f.* **1**. resemblance, similitude. **2**. (asemuire) comparison, *fără ~* peerless.
asemănător I. *adj.* similar, alike. **II.** *adv.* also, likewise.
asemenea I. *adj.* **1**. such. **2**. alike. **II**. *adv. de ~* also.
asemui *v.t.* to compare (to), to resemble (to).
asentiment *s.n.* assent, approval.
aserţiune *s.f.* assertion.
aservi *v.t.* to enthral.
aservire *s.f.* enslavement.
asesor *s.f.* assessor.
asezona *v.t.* to season
asfalta *v.t.* to (lay with) asphalt.
asfalt *s.n.* asphalt.
asfaltat *adj.* asphalt(ed).
asfinţi *v.i.* to set, to go down.
asfinţit *s.n* **1**. sunset, sundown. **2**. (crepuscul) twilight.
asfixia I. *v.t.* to asphyxiate. **II.** *v.r* to choke, to suffocate.
asfixiant *adj.* suffocating.
asiatic *s.m. adj.* **asiatică**, *s.f.*, *adj.* Asian, Asiatic.
asiduu *adj.* assiduous, *adv.* assiduously.
asigura I. *v.t.* **1**. to ensure, to provide. **2**. (prin vorbe) to assure. **3**. (pe viaţă) to insure. **4**. (a procura) to secure. **II.** *v.r.* **1**. to make sure. **2.** (contra incendiului) to make an insurance against fire.
asigurare *s.f.* **1**. insurance; **2**. (în vorbe) assurance; **3**. (garantare) guarantee; **4.** (poliţă) insurance; *~i sociale* social insurances.
asimetric *adj.* asymmetrical.
asimetrie *s.f.* asymmetry.
asimila I. *v.t.* to assimilate. **II.** *v.r.* to be assimilated.
asimilare, asimilaţie *s.f.* assimilation, uptake.
asin *s.m.* ass.
asirian, asiriană *s.m., s.f.*, Assyrian.
asista I. *v.t.* **1**. to help, to assist. **II**. *v.i.* to be present; *a ~ la* to attend, to watch.
asistent *s.m., adj.* assistant.
asistenţă *s.f.* **1.** (ajutor) assistance; **2**. (spectatori) viewers.
asmuţi *v.t.* to set (on smb).

asocia I. *v.t* to associate. **II. 1.** *v.r.* to unite. **2.** *ec.* to enter a partnership, to join.
asociat *s.m.* associate.
asociație *s.f.* **1.** association. **2.** *com.* partnership.
asociere *s.f.* association.
asorta *v.t., v.r.* to match.
asortat *adj.* **1.** assorted. **2.** combined, *bine* ~ well-matched, *com.* well-stocked.
aspect *s.n.* **1.** appearance. **2.** aspect. **3.** (privință) respect; *sub toate ~le* in all respects.
asperitate *s.f.* roughness.
aspic *s.n.* aspic.
aspira I. *v.t.* **1.** to aspirate. **2.** (d oameni) to inhale; to breathe (in). **II.** *v.i.* *a ~ la* to aspire at.
aspirant *s.m.* **1.** *mar.* midshipman. **2.** *univ.* post-graduate student.
aspirator *s.n.* vacuum cleaner.
aspirație *s.f.* **1.** aspiration. **2.** (năzuință) endeavour.
aspirină *s.f.* aspirin.
aspri *v.t., v.r.* **1.** to harden. **2.** *fig.* to worsen, to aggravate.
asprime *s.f.* roughness, harshness.
aspru I. *adj.* **1.** rough. **2** (colțuros) rugged; **3.** *fig.* severe. **4.** (tare) hard. **5.** *fig.* severe, harsh. **II.** *adv.* **1.** roughly. **2.** *fig.* harshly.
asta I. *adj.* this. **II.** *pron.* this (one), ~ *e!* that's it.
astăzi *adv.* today; (acum) now-(adays); ~ *după amiază* this afternoon.
astâmpăr *s.n.* quiet (ness), *fără* ~ restless(ly).
astâmpăra I. *v.t.* **1.** to quiet. **2.** (setea) to quench. **3.** (foamea) to stay. **II.** *v.r.* to (become) quiet.
astea I. *adj.* these; *toate* ~ all these. **II.** *pron.* these (ones), *cu toate* ~ in spite of all this.
astenie *s.f.* asthenia.
asterisc *s.n.* asterisk.
astfel *adv.* thus, ~ *de* such.
astm *s.n.* asthma.
astrolog *s.m.* astrologer.
astronaut *s.m.* spaceman, astronaut.
astronom *s.m.* astronomer.
astronomic *adj.* astronomical.
astronomie *s.f.* astronomy.
astru *s.m.* star, planet.
astupa I. *v.t.* **1.** to stop (up). **2.** (cu un dop) to plug, to cork (up). **3.** to fill (up). **II.** *v.r.* **1.** to be stopped (up). **2.** (cu mâl) to silt.
asuda *v.i.* **1.** to sweat. **2** *fig.* to slave, to drudge.
asudat *adj.* sweaty.
asuma *v.t.* to assume.
asupra *prep.* about, of, concerning, on. ~ *sa* with/about oneself.
asupri *v.t.* **1.** to oppress, to grind down. **2.** to tyrannize. **3.** to exploit.
asupritor I. *s.m.* **1.** oppressor, tyrant. **2.** exploiter. **II.** *adj.* oppressive, oppressing.
asurzi *v.t.* to deafen, *v.i.* to grow deaf.
asurzitor *adj.* deafening.

aş *v. aux.* should, would, *interj.* not at all.

aşa I. *adj.* such, ~ *şi* ~ so-so, ~ ceva something like that, such a thing; *în ~ fel încât* so as to, so that; **II**. *adv.* so, thus, *~?* really?, ~ *e*? isn't it?; ~ *şi* ~ so-so, midling, not too well; ~ *că* so, therefore; ~ *stând lucrurile* under the circumstances; *~-zis* so called; *când ~, când ~* now one way, now the other; *cum ~?* how so?

aşadar *adv.* therefore, thus, so.

aşchie *s.f.* splinter.

aşeza I. *v.t.* **1**. to lay. **2**. (a aranja) to order, to tidy up. **3**. (pe cineva) to seat. **4**. (a depozita) to pile, to stock. **II.** *v.r.* **1.** to sit down, to take a seat. **2**. *fig.* to set in. **3**. (d oameni) to settle (down); *aşează-te!* please sit!; *s-a aşezat pe mâncare* he fell/set about eating and drinking

aşezare *s.f.* **1.** laying, setting **2** (poziţie) situation, lie (of affairs). **3**. (omenească) settlement.

aşezat I. *adj.* **1**. seated. **2**. *fig.* settled. **3.** (serios) quiet, (situat) situated, lying. **II**. *adv.* sensibly, quietly.

aşezământ *s.n.* establishment.

aşijderea *adj.* likewise, as well.

aştepta I. *v.t.* **1**. to wait for. **2**. (cu nerăbdare) to be looking forward to (smth). **II.** *v.i.* to wait. **III.** *v.r.* *a se ~ la* to expect.

aşteptare *s.f.* expectation, waiting; *în* ~ waiting for.

aşterne I. *v.t.* to spread; *a ~ pe hârtie* to write; **II.** *v.r.* (despre zăpadă) to fall.

aşternut *s.n.* bed clothes.

atac *s.n.* **1**. attack; **2.** *med.* stroke, *~banditesc* hold-up.

ataca *v.t.*, *v.i.* to attack.

atare *adj.* such, *ca* ~ as such.

ataş *s.n.* side car.

ataşa I. *v.t.* to attach. **II.** *v.r. a se ~ de* to be(come) attached to, to grow fond of.

ataşament *s.n.* attachment.

ataşat *adj.* attached.

atârna *v.t.*, *v.i.* to hang.

atât *adj, adv.* so(much), ~ *timp (cât)* so long (as), ~ *că* only (that); ~ *el cât şi Ion* both he and John, ~ *de drag* so dear, ~ *ţi-a fost* here you go!, *cu ~ mai mult (cu cât)* all the more so (as), *cu ~ mai bine* so much the better, *încă o dată pe ~* twice as much.

atâta I. *adj.* **1**. so much, ~ *vreme (cât)* so long (as), ~ *pagubă* good riddance (to a bad bargain), *pentru ~ lucru* for such a triffle. **II.** *pron.* so much; *numai* ~ just this, only that. **III**. *adv.* so much, ~ *mai lipsea!* Indeed!

atâtea, atâţia *adj.*, *pron.* so many.

ateism *s.n.* atheism.

atelaj *s.n.* team.

atelă *s.f.* splint.
atelier *s.n.* (work)shop, ~ *de artă* art studio.
atemporalitate *s.f.* absence of references to time.
ateneu *s.n.* athenaeum.
atent **I**. *adj*. **1**. attentive. **2.** considerate, careful. **3.** (politicos) courteous. **II.** *adv.* attentively.
atenta *v.i. a ~ la* to violate; *a ~ la viața cuiva* to make an attempt on smb's life).
atentat *s.n.* **1.** attempt (on smb's life). **2.** violation, infrigement.
atenție **I.** *s.f.* **1.** attention. **2.** (grijă) care(fulness). **3.** (cadou) present. **4.** (față de cineva) respect; *cu ~* carefully, *plin de ~* considerate, kind. **II.** *interj.* be careful! watch out!, ~ *la tren!* watch the train!
atenua *v.t.* **1.** (a micşora) to mitigate. **2**. (a uşura) to alleviate.
atenuant *adj. circumstanțe ~e* extenuating circumstances.
aterină *s.f.* atherine.
ateriza *v.i.* to land, to alight.
aterizare *s.f.* landing; ~ *forțată* crash landing.
atesta *v.t.* to certify.
atestat *s.n.* certificate
ateu *s.m.* atheist.
atinge **I.** *v.t.* **1**. to touch (upon). **2.** (a ajunge la) to reach. **3.** (a afecta) to affect. **4**. (a jigni) to hurt. **5**. (a lovi) to strive. **6.** (un țel) to attain, to achieve. **II.** *v.r.* to be in touch/ contact, *a se ~ de* to touch; *fig.* to attack.
atingere *s.f.* **1.** touch(ing), contact. **2.** (jignire) hurt. **3.** (încălcare) encroachment. **4.** (jignire) hurt, slight.
atins *adj.* **1**. touched. **2.** *fig.* wounded, hurt. **3**. (realizat) reached; ~ *la plămâni* consumptive.
atitudine *s.f.* **1.** attitude. **2**. *fig.* stand, *a lua ~* to take a stand.
atlas *s.n.* atlas.
atlaz *s.n.* satin.
atlet *s.m.*, **atletă** *s.f.* athlete.
atletic *adj.* athletic.
atmosferă *s.f.* atmosphere.
atom *s.m.* atom.
atomic *adj.* atom(ic).
atomist *s.m.* nuclear expert.
atonal *adj.* atonal.
atotbiruitor *adj.* all-conquering.
atotcuprinzător *adj.* all-embracing.
atotprevenitor *adj.* all-cautious
atotputernic *adj.* almighty, omnipotent.
atotputernicie *sf.* almightiness.
atotputernicul *s.m.* the Almighty
atotştiință *s.f.* omniscience.
atotştiutor *adj.* omniscient.
atotvăzător *adj.* all-seeing.
atractiv *adj.* attractive.
atracție *s.f.* attraction.
atrage *v.t.* **1**. to attract, to draw. **2.** (a ispiti) to (al)lure, to

seduce. **3**. (după sine) to bring about, to involve, *a ~ atenția cuiva (asupra unui lucru)* to call smb's attention (to smth); *a-și ~ ura cuiva* to arouse smb's hatred.

atragere *s.f* **1.** drawing, attraction. **2.** (ispitire) luring, temptation.

atrăgător I. *adj.* **1**. attractive. **2**. (frumos) winsome. **3**. (ispititor) alluring. **II.** *adv.* attractively, invitingly.

atribui I. *v.t.* **1**. to attribute. **2**. (a repartiza) to assign. **3**. (a aloca) to allot; *a ~ cuiva meritele pentru ceva* to credit smb with smth; *a ~ cuiva o vină* to pin the guilt on smb; **II**. *v.r.* to be assigned/attributed.

atribut *s.n.* attribute.

atribuție *s.f.* **1**. duty, task, function. **2** (putere) prerogative, competence.

atroce *adj.* atrocious, savage.

atrocitate *s.f.* atrocity.

atrofia *v.t.* to atrophy.

atu *s.n.* trump (card).

atunci *adv.* then, *~ când* when(ever), *de ~* since (then), *pe ~* at the time, *până ~* till then, *tot ~* concomitantly, at the same time.

ață *s.f.* thread.

ațâța *v.t.* **1.** to fan, to light, to stir, to alight. **2.** *fig.* to rouse.

ațâțare *s.f.* incitement.

ațâțător I. *s.m.* instigator, *~ la război* warmonger. **II**. *adj.* **1**. stimulating, rousing. **2**. instigating.

ațîne *v.t.* to waylay.

ațînti *v.t.* **1**. (d. ochi) to fix, to rivet. **2.** (a concentra) to focus. **3**. (la ochi) to aim (a gun); *a-și ~ privirea asupra cuiva* to stare (fixedly) at smb.

ațipeală *s.f.* doze, drowse, nap.

ațipi *v.i.* to slumber, to doze off, to get a nap.

ațos *adj.* fibrous.

au *interj.* ouch!

audia *v.t.* **1**. to hear, to give a hearing (to). **2.** (cursuri, lecții) to attend. **3**. *jur* to examine.

audiență *s.f.* audience.

audiere *s.f.* **1**. hearing. **2.** examination.

audio-vizual *adj.* audio-visual.

auditoriu *s.n.* **1.** audience, public. **2.** (sală) auditorium.

audiție *s.f.* hearing.

augur *s.n.* augury, *de bun ~* auspicious, *de rău ~* ominous.

august *s.m.* August.

august *adj.* august.

aulă *s.f.* lecture room.

aur *s.n.* **1**. gold. **2.** (bani) money; *de ~* golde(en).

aurar *s.m* goldsmith.

aură *s.f.* aura.

aureolă *s.f.* halo.

auri *v.t.* to gild.

aurit *adj.* gilt, golden.

auriu *adj.* golden.

auroră *s.f.* dawn, daybreak, *~ boreală* northern lights.

auspicii *s.n., pl.* auspices.

auster *adj.* 1. austere, temperate. 2. (sever) severe, stern.
austeritate *s.f.* austerity.
austral *adj.* southern.
australian *s.m.,adj.* **australiană** *s.f. adj.* Australian.
austriac *s.m., adj.* **austriacă** *s.f., adj.* Austrian, *s.n. pariu* ~ cumulator.
austru *s.m.* dry south wind.
autentic *adj.* authentic.
autenticitate *s.f.* authenticity.
autentifica *v.t.* to certify.
auto *adj.* 1. motor. 2. self.
autoadministra *v.r.* to be self-governed.
autoadmirație *s.f.* self-admiration.
autoamăgire *s.f.* self-delusion.
autoapărare *s.f.* self-defence.
autoaprindere *s.f.* self-combustion, auto-ignition.
autobiografic *adj.* autobiographical.
autobiografie *s.f.* autobiography.
autoblindat *s.n.* armoured car.
autobuz *s.n.* bus, coach.
autocar *s.n.* coach, intercity bus, sightseeing car.
autocritic *adj.* self-critical, *adv.* self-critically.
autocritică *s.f.* self-criticism.
autodemascare *s.f.* self-exposure.
autodeservire *s.f.*, *v.* **autoservire.**
autodeterminare *s.f.* self-determination.
autodidact *s.m.* self-educated person.
autoflagelare *s.f.* self-chastising.
autogară *s.f.* station, bus terminal.
autograf *s.n., adj.* autograph.
autoguvernare *s.f.* self-government.
autohton I. *adj.* aboriginal. II. *s.m.* native.
autointitula *v.r.* to call oneself.
autoliniștire *s.f.* complacency.
automacara *s.f.* power crane truck.
automat I. *s.n.* 1. automat. 2. *mil.* Tommy gun. 3. (pt dulciuri) slot-machine. II. *adj.* automatic.
automatism *s.n.* automatism.
automatiza *v.t., v.r.* to autom(at)ize.
automatizare *s.f.* automa(tiza)tion.
automobil *s.n.* (motor) car, *adj.* self-propelled.
automobilism *s.n.* motoring.
automotor *s.n.* motorailer.
automulțumire *s.f.* self-complacency.
automutila *v.r.* to maim oneself, to inflict a wound upon oneself.
automutilare *s.f.* self-inflicted disability/wound.
autonom *adj.* autonomous.
autoportret *s.n.* portrait of the artist, self-portrait.
autopsie *s.f.* autopsy.

autor *s.m.* **1**. author. **2**. (scriitor) writer. **3**. (al unei crime) perpetrator.
autoritar *adj.* authoritative.
autoritate *s.f.* authority.
autoriza *v.t.* to authorize, to permit, to licence.
autorizație *s.f.* permit.
autoservire *s.f.* self-service, *cu ~* self-servicing.
autostradă *s.f.* speedway.
autosugestie *s.f.* self-suggestion.
autoturism *s.n.* (motor) car.
autovehicul *s.n.* motor vehicle.
auxiliar *s.n., adj.* auxiliary.
auz *s.n.* hearing.
auzi I. *v.t.* **1**. to hear. **2**. (a afla) to discover (of), to find out; *am ~t că a plecat* I heard/gathered that he left; *auzi vorbă!* that's a good one! really! **II.** *v.i.* **1**. to hear. **2**. to learn. **III.** *v.r.* **1**. to be heard. **2**. *fig.* to get abroad; *se aude că* the story goes that, it is said that.
auzit *s.n.* heard, *din ~e* from hearsay
aval *s.n.* lower part of a stream, *în ~* downstream.
avalanșă *s.f.* avalanche.
avangardist *s.m., adj.* vanguardist.
avanport *s.n.* outer harbour.
avanpost *s.n.* outpost.
avanpremieră *s.f.* preview.
avans *s.n.* **1**. advance; lead. **2**. *fig.* advantage, the upper hand. **3**. *ec., fin.* advance (payment). **4**. *pl.* to make advances (to smb).
avansa I. *v.t.* **1**. to advance. **2**. (în serviciu) to promote. **II**. *v.i.* **1**. to make headway, to advance. **2**. to be promoted.
avansare *s.f.* promotion.
avansat *s.m.* advanced (pupil), *adj.* advanced.
avantaj *s.n.* advantage.
avantaja *v.t.* **1**. to put to advantage. **2**. (a proteja) to favour.
avantajos *adj* advantageous, *adv.* advantageously.
avar I. *s.m.* miser. **II**. *adj.* stingy.
avaria *v.t.* to damage.
avarie *s.f.* damage.
avariție *s.f.* avarice.
avatar *s.n.* **1**. avatar. **2**. transformation, change. **3**. *pl.* experiences.
avânt *s.n.* advance, development; *în plin ~* in full swing.
avântat *adj.* dashing.
avea I. *v. aux.* to have. **II**. *v.mod.* to have (got). **III**. *v.t.* **1**. to have (got), to possess. **2**. (a ~ în componență) to consist of. **3**. (a se bucura de) to enjoy, to be possessed of; *a ~ acoperire* to be covered (*fig.* to be on the safe side); *a ~ un avans asupra cuiva* to have a lead/start on smb; *a ~ chef (de)* to be in the mood (for); *a ~ o influență asupra cuiva* to impinge (up) on; *a ~ în vedere* to refer to, to keep in mind; *a*

nu ~ astâmpăr to fret, to fidget; *a nu ~ după ce bea apă/ ce mânca* to starve; *a nu ~ niciun amestec* to have no axe to grind. **IV**. *v.r.* to get on, to stand; *a se ~ bine cu cineva* to be on the best of terms with smb; *a se ~ ca frații* to be close friends.

aventura *v.r.* to venture (recklessly).

aventură *s.f.* (ad)venture; (sentimentală) love affair.

aventurier *s.m.* adventurer, happy-go-lucky fellow.

avere *s.f.* fortune, (proprietate) property.

aversă *s.f.* shower.

aversiune *s.f.* dislike, abhorrence.

avertisment *s.n.* warning.

avertiza *v.t.* to warn, to notify.

avertizor *s.n.* alarm signal.

aviatic *s.m.* air(craft).

aviator *s.m.* pilot, airman.

aviație *s.f.* aviation, (militară) air force.

avicol *adj.* poultry (farming).

avid I. *adj.* **1**. greedy, grasping. **2**. (curios) fervent, eager. **II**. *adv.* (cu aviditate) greedily, eagerly.

aviditate *s.f.* greediness.

avion *s.n.* (air)plane, aircraft, *~ cu reacție* jet plane, *~ de bombardament* bomber, *~ de pasageri* liner, *~ de recunoaștere* reconnaissance plane, *~ de vânătoare* fighter.

avitaminoză *s.f* vitamin deficiency.

aviz *s.n.* **1.** notice, note, warning. **2.** (părere) opinion, appreciation. **3.** *tehn.* recommendation.

aviza I. *v.t.* **1**. to inform, to let know. **2**. to warn, to give notice (to). **3**. (a referi asupra) to endorse. **II.** *v.i.* to advise.

avizier *s.n.* notice/clip board.

avocat *s.m.* **1**. (pledant) barrister. **2.** (jurisconsult) solicitor, lawyer. **3.** (al statului) attorney. **4.** *fig.* champion, defender; *~ul apărării the* counsel for the defence.

avocatură *s.f.* the Bar.

avort *s.n.* **1**. abortion. **2.** (spontan) miscarriage.

avorta *v.i.* to miscarry, to abort.

avut I. *s.n.* wealth. **II**. *adj.* well-off, wealthy.

avuție *s.f.* richness.

ax *s.n.* axle.

axa *v.t., v.r.* to centre round.

axă *s.f.* axis; *tehn.* axle.

axiomă *s.f.* axiom.

axiometru *s.n.* *nav.* helm/steering indicator.

azbest *s.n.* asbestos.

azi *adv.* today; *~ mâine* one of these day, *de ~ înainte* from now on, *de ~ într-o lună* today month, *de ~ pe mâine* from hand to mouth.

azil *s.n.* asylum, *fig.* shelter, harbour; *~ de nebuni* madhouse, *~ de noapte* night shelter.

azot *s.n.* nitrogen.

azotic *adj.* nitric.
azur *s.n.* azure.
azuriu *adj.* azure (blue).
azvârli I. *v.t.* to fling, to throw. **II.** *v.i. a ~ cu ceva în cineva* to throw smth. at smb.

Ă

ăl I. *art.* the. **II.** *adj., pron.* that (one).
ăla I. *adj.* that. **II.** *pron.* that (one).
ălălalt I. *adj.* the other. **II.** *pron.* the other (one).
ăsta, ăstălalt I. *adj.* this. **II.** *pron.* this (one).
ăstălalt *adj.* this.
ăștia I. *adj.* these. **II.** *pron.* these (ones).

B

ba *adv.* (oh) no; ~ *aşa,* ~ *aşa* now this way, now the other way, ~ *da* oh yes.
babă *s.f.* old woman, (rea) hag, harridan, *de-a baba oarba* blind-man's buff.
babuin *s.m.* baboon.
bac *s.n.* ferry.
bacalaureat I. *s.m.* (persoană) school graduate. **II.** *s.n.* school-leaving examination.
baci *s.m.* (head) shepherd.
bacil *s.n.* bacillus.
baclava *s.f.* baklava.
bacşiş *s.n.* tip.
bacterie *s.f.* bacterium.
bacteriologie *s.f.* bacteriology.
bade *s.m.* (elder) brother, (iubit) sweetheart.
baftă *s.f.* good luck.
bagaj *s.n.* luggage.
bagatelă *s.f.* trifle, *muz.* bagatelle.
bagateliza *v.t.* to minimize.
baghetă *s.f.* wand, *muz.* baton.
baiaderă *s.f.* bayadere.
baie *s.f.* bath, (cameră) bathroom, (cadă) (bath) tub, (scăldat) bathe, *pl.* watering place.
baieră *s.f.* string.
baionetă *s.f.* bayonet.
bal *s.n.* ball, party, ~ *costumat* fancy-

dress ball, ~ *mascat* masked ball.
baladă *s.f.* ballad.
balama *s.f.* hinge, *pl. fig.* strength; *a-şi ieşi din ~le* to become angry.
balamuc *s.n.* madhouse.
balans *s.n.* tossing.
balansa I. *v.t.* to balance. **II.** *v.r.* to rock.
balansoar *s.n.* rocking chair.
balanţă *s.f.* balance, (cântar) scales, ~ *romană* steel yard.
balast *s.n.* ballast; *fig.* lumber.
balaur *s.m.* dragon.
balcanic *adj.* Balkan.
balcon *s.n.* balcony, *~ul întâi* the dress circle, *~ul doi* the upper circle.
bale *s.f. pl.* slobber.
balenă *s.f.* whale, (de guler) whalebone.
balercă *s.f.* keg.
balerină *s.f.* ballerina, (ballet) dancer.
balet *s.n.* ballet.
baligă *s.f.* manure.
baliverne *s.f.* nonsense.
balnear *adj.* balneal.
balon *s.n.* ballon, (minge) ball, ~ *de săpun* soap bubble.
balonare *s.f.* bloatedness.
balot *s.n.* bale.
baltag *s.n.* hatchet.
baltă *s.f.* pool, (mică) plash, (lac) pond, (mlaştină) march, *a lăsa* ~ to drop.
balustradă *s.f.* railing, (la scară) banisters.
bamă *s.f.* okra; gumbo.
ban *s.m.* coin (1/100 of leu), *pl.* money, *~i de buzunar* pocket money, *~i gheaţă* cash.
banal *adj.* ordinary.
banalitate *s.f.* triviality.
banaliza I. *v.t.* to trivialize. **II.** *v.r.* to become trite.
banan *s.m.* banana tree.
banană *s.f. bot.* banana.
banc *s.n.* sand bank, (glumă) joke, *tehn.* bed.
bancar *adj.* bank(ing).
bancă *s.f.* (în parc) bench, (de şcoală) desk, *com.* bank.
bancher *s.m.* banker.
banchetă *s.f.* work surface.
banchiză *s.f.* ice pack.
bancnotă *s.f.* (bank-)note.
bandaja *v.t.* to bandage.
bandă *s.f.* gang; *fig.* clique, (fâşie) band, *tehn.* belt, ~ *de magnetofon* (recording) tape, ~ *rulantă* running belt; ~ *de frecvenţă* waveband.
banderolă *s.f.* banderole.
bandit *s.m.* bandit.
banditesc *adj.* criminal.
baniţă *s.f.* (half) bushel.
bar *v.t.* to bar; *fig.* to curb, (a şterge) to cross out.
baracă *s.f.* hut(ment), (dugheană) booth.
baraj *s.n.* dam, *mil.*, *fig.* barrage.
bară *s.f.* bar, (drug) crowbar, (tijă) rod.
barbar *s.m.*, *adj.* barbarian, *adv.* cruelly.
barbă *s.f.* beard, (bărbie) chin, (minciună) lie.
barbişon *s.n.* goatee.

barcagiu *s.m.* boatman.
barcă *s.f.* boat, (lată) punt, *pl.* (la moşi) swinging chairs, ~ *cu motor* motor boat, ~ *de salvare* life boat.
bard *s.m.* bard.
bardă *s.f.* hatchet.
barem *s.n.* standard.
baretă *s.f.* strap.
baricada *v.t.*, *v.r.* to barricade (oneself).
baricadă *s.f.* barricade.
barieră *s.f.* barrier.
bariton *s.m.* baritone.
baroc *s.m.*, *adj.* baroque.
barometru *s.n.* barometer.
baron *s.m.* baronet.
baroneasă *s.f.* baroness.
baronet *s.m.* baronet.
baros *s.n.* sledge (hammer).
barou *s.n.* bar (association).
barză *s.f.* stork.
bas *s.m.* bass (singer).
basc *s.m.*, *adj.* Basque *s.n.* beret.
baschet *s.n.* basketball.
basculă *s.f.* weighing machine.
basm *s.n.* (fairy) tale story.
basma *s.f.* (head)scarf.
basorelief *s.n.* bas-relief.
basta *adv.* no more.
bastard *s.m.*, *adj.* bastard.
baston *s.n.* (walking)-stick cane.
başca *adv.*, *prep.* besides.
baştină *s.f.* (patrie) motherland, *de* ~ aboriginal.
batalion *s.n.* battalion.
bate *v.t.* to beat; (a învinge) to defeat; (cu bățul) to stick; (cu biciul) to whip; (a pălmui) to box; (rău) to drub; (uşor) to pat; (a lovi) to strike; (ouăle) to whisk; (uşor) to rap; (de ceas) to strike; *a ~ din palme* to clap (one's) hands; *a ~ în (altă culoare)* to have a shade of (another colour); *a ~ în lemn* to touch wood.
baterie *s.f.* battery; (frapieră) cooler.
batic *s.n.* (head)scarf.
batistă *s.f.* handkerchief.
batjocori *v.t.* to mock (at); *fig.* to violate.
batjocorire *s.f.* mockery; (parodie) travesty.
batjocoritor **I.** *adj.* mocking. **II.** *adv.* mockingly.
batjocură *s.f.* ridicule; *în* ~ mockingly.
batog *s.n.* haddock.
baton *s.n.* stick.
batoză *s.f.* threshing machine.
bau *interj.* wow !
baza *v.r.* *a se ~ pe* to rely on; (o idee) to proceed from.
bazaconie *s.f.* absurdity.
bazar *s.n.* bazar.
bază *s.f.* base; *fig.* basis; *pl.* fundamentals; ~ *sportivă* sports grounds; *de* ~ essential.
bazilisc *s.m.* cockatrice.
bazin *s.n.* piscine, (swimming) pool; *geogr.*, *geol.* area; *anat.* pelvis; ~ *carbonifer* coal field.
bă *interj.* (hey) you! old man!
băbesc *adj.* old woman's...; *leacuri băbeşti* natural remedies.
băbeşte *adv.* empirically.
băcan *s.m.* grocer.

băcănie *s.f.* groce's (shop); grocery (trade).
bădăran *s.m.* churl, boor.
bădărănie *s.f.* boorishness.
băga I. *v.t.* to thrust, to push; to introduce; *a ~ aţă în ac* to thread a needle; *a ~ de seamă* to notice; *a ~ în buzunar* to pocket; a-şi ~ nasul (unde nu-i fierbe oala) to poke one's nose (where it's not wanted). **II**. *v.r.* to pop in; (nepoftit) to intrude; (a se amesteca) to meddle; *a nu se ~* to keep off.
băgare *s.f.* shoving; thrusting; *~ de seamă* attention; *cu ~ de seamă* carefully.
băgăreţ *adj.* pushing; (curios) inquisitive.
băiat *s.m..* boy, (fiu) son, (flăcău) lad, (om) chap. *~ de prăvălie* shop boy, *~ de viaţă* good sport, *~ de zahăr* brick.
băieţandru *s.m.* youngster.
băieţeşte *adv.* boyishly.
băieţoi *s.m.* hobbledehoy, (fată băieţoasă) romp.
băieţos *adj.* boyish.
bălai, bălan *adj.* blond.
bălăbăni *v.t.*, *v.r.* to dangle.
bălăci *v.r.* to wallow.
bălăngăni *v.t.*, *v.r.* to dangle.
bălării *s.f.* pl. weeds, thistles.
bălegar *s.n.* manure.
bălmăji *v.t.* to mix (up); (a îndruga) to mumble.
băltăreţ I. *s.n.* warm (marsh) wind. **II.** *adj.* marsh(y).
băltoacă *s.f.* puddle.
bălţat *adj.* motley.
bănăţean I. *s.m.* inhabitant of the Banat. **II.** *adj.* from sau of the Banat.
bănesc *adj.* currency, money.
băneşte *adv.* in cash.
bănos *adj.* lucrative.
bănui *v.t.* to suppose; (a suspecta) to suspect; *a ~ pe cineva de crimă* to suspect smb. of murder.
bănuială *s.f.* (presupunere) supposition, (gând) hunch, (suspiciune) doubt; *a arunca ~a asupra cuiva* to throw doubt upon smb., *a intra la bănuieli* to become suspicious.
bănuit *s.n. a da de ~* to arouse suspicion.
bănuitor *adj.* suspicious.
bănuţ *s.m.* small coin; (al oului) cock's treadle.
bărăgan *s.n.* moor(land).
bărbat I. *s.m.* man, *pl.* men, (soţ) husband, (mascul) male. **II**. *adj.* manly.
bărbătesc *adj.* manly, man's.
bărbăteşte *adv.* like a man.
bărbăţie *s.f.* manhood, virility, (bravură) bravery.
bărbie *s.f.* chin.
bărbier *s.m.* barber.
bărbieri I. *v.t.* to shave. **II.** *v.r.* to shave, (la bărbier) to get a shave.
bărbierit I. *s.n.* shave. **II**. *adj.* shaved.
bărbos *adj.* bearded, (neras) unshaven.
băşica *v.t.*, *v.r.* to blister.
băşicat *adj.* blistered.

băşică *s.f. anat., zool.* bladder, (rană) blister, (de săpun) bubble.
băştinaş *s.m., adj.* native.
bătaie *s.f.* beating, (ciocănitură) knock, (uşoară) tap(ping), (pe umăr) pat(ting), (din picior) stamping, (plus) throb(bing), (luptă) fight; *câmp de ~* battlefield, *~ de cap* trouble, *a lua în ~ de joc* to ridicule, *a snopi pe cineva în ~* to beat smb. into a jelly.
bătăios *adj.* pugnacious.
bătălie *s.f.* fight.
bătător I. *s.n.* carpet beater. **II.** *adj. ~ la ochi* blatant; (izbitor) striking.
bătători *v.t.* trample, tread
bătătorit *adj.* trodden, (de mâini) callous(ed).
bătătură *s.f.* (la picior) corn (la mână) callosity; (la casă) trodden patch.
bătăuş I. *s.m.* brawler. **II.** *adj.* pugnacious.
bătrân I. *s.m.* old man, *pl.* old folk. *din ~i* of yore. **II.** *adj.* old (-aged).
bătrână *s.f.* old woman.
bătrânesc *adj.* (demodat) old (-fashioned).
bătrâneţe *s.f.* old age.
bătut *adj.* beaten; (învins) defeated, *~ de soare* sun scorched, *~ de vânturi* weather-beaten, *~ în cap* dense, narrow-minded.
băţ *s.n.* (walking) stick, (pt. arătat pe hartă) pointer.
băţos I. *adj.* rigid, (ceremonios) formal, (înţepat) touchy. **II.** *adv.* stiffly, (înţepat) testily.
băut I. *s.n.* drinking. **II.** *adj.* drunk(en).
băutor *s.m.* (heavy) drunken, (beţiv) drunkard.
băutură *s.f.* drink, (fermentată) beverage, (beţie) drinking: *băuturi spirtoase* spirits, liquor.
bâigui *v.t., v.i.* to stammer, to speak softly.
bâjbâi *v.i.* to grope (about).
bâjbâială *s.f.*, **bâjbâit** *s.n.* groping, *pe bâjbâite* groping.
bâlbâi *v.t., v.r.* to stutter.
bâlbâială *s.f.* stammer(ing).
bâlbâit I. *s.m.* stammering person. **II.** *adj.* stammering.
bâlci *s.n.* fair, *fig.* jumble.
bântui I. *v.t.* to haunt. **II.** *v.i.* to rage.
bârâi *v.t.* to pester.
bârfă *s.f.* rumour.
bârfeală *s.f.* gossip, (calomnie) scandal.
bârfi I. *v.t.* to talk about; (calomnios) to slander. **II.** *v.i.* to gossip, (a calomnia) to talk scandal.
bârfitor I. *s.m.* scandalmonger, (calomniator) slanderer. **II.** *adj.* defamatory.
bârlog *s.n.* lair.
bârnă *s.f.* beam.
bâtlan *s.m.* heron.
bâţâi *v.i., v.r.* to fidget.
bâţâială *s.f.* **1.** jitters. **2.** (agitaţie) fidgeting.

bâzâi *v.i.* to buzz.
bâzâială *s.n.* buzzing.
bea I. *v.t.* to drink, (a consuma) to take, (până la fund) to drink up, (a sorbi) to sip, (mult) to swill. **II.** *v.i.* to drink.
beat *adj.* drunk; ~ *mort/ ca un porc* as drunk as a lord.
beatitudine *s.f.* bliss.
bebeluş *s.m.* baby.
bec *s.n.* (electric) light bulb, (de gaz) gas burner.
becar *s.m.*, *adj.* natural.
becaţă *s.f.* snipe.
beci *s.n.* cellar.
becisnic I. *s.m.* weakling. **II.** *adj.* weedy.
behăi *v.i.* to bleat
behăit *s.n.* bleating.
bej *s.n.*, *adj.* beige.
belciug *s.n.* hook.
belea *s.f.* trouble.
beletristică *s.f.* belles lettres.
belgian *s.m.*, *f.*, *adj.* Belgian.
belicos *adj.* warlike.
beligerant *s.m.*, *adj.* belligerent.
belşug *s.n.* plenty. *din* ~ copiously.
bemol *s.m.*, *adj.* flat.
benchetui *v.i.* to feast.
benefic *adj.* beneficient, favourable.
beneficia *v.i.* to benefit (from).
beneficiar *s.m.* beneficiary.
beneficiu *s.n.* benefit, profit. *în ~l cuiva* to smb's advantage.
benevol I. *adj.* voluntary. **II.** *adv.* at will.
bentiţă *s.f.* ribbon.
benzină *s.f.* *auto* petrol, *amer.* gas(oline), (neofalină) benzene.
berar *s.m.* brewer.
berărie *s.f.* beer-house.
berbec *s.m.* ram; (batal) wether, *ist.* battering ram.
berbeleacul *s.n.* *de-a* ~ head over heels.
bere *s.f.* beer, ale, ~ *neagră* brown beer.
berechet *adj.*, *adv.* galore.
beregată *s.f.* throat.
beretă *s.f.* beret.
berlinez I. *s.m.* Berliner. **II.** *adj.* Berlin.
bestial I. *adj.* savage. **II.** *adv.* bestially.
bestialitate *s.f.* brutishness.
bestie *s.f.* beast.
beteag *adj.* crippled.
beteală *s.f.* tinsel.
beteşug *s.n.* infirmity.
beton *s.n.* concrete; ~ *armat* ferro-concrete.
beţie *s.f.* (ameţeală) drunkenness, intoxication, (chef) drinking bout, (obicei) drink(ing), ~ *de cuvinte* verbosity.
beţiv I. *s.m.* drunkard. **II.** *adj.* fond of the bottle.
beţivan *s.m.* tippler.
bezea *s.f.* meringue; *a face bezele cuiva* to blow smb. a kiss.
bezmetic I. *s.m.* madman. **II.** *adj.* crazy.
beznă *s.f.* (pitch) dark.
biban *s.m.* perch.

biberon *s.n.* (feeding) bottle, *a hrăni cu ~ul* to bottle feed a baby.
biblic *adj.* biblical.
biblie *s.f.* Bible.
bibliofil *s.m.* bibliophile.
bibliografie *s.f.* bibliography.
biblioraft *s.n.* file, filing-cabinet.
bibliotecar *s.m.* librarian.
bibliotecă *s.f.* library, (ca mobilă) bookcase, *~ de împrumut* lending library; *~ documentară* reference library; *~ volantă* circulating library.
bici *s.n.* (horse) whip.
bicicletă *s.f.* (push) bicycle, bike; *~ cu motor* moped.
biciclist *s.m.* (bi)cyclist.
biciui *v.t.* to flog.
biciuitor *adj.* lashing.
bidinea *s.f.* whitewashing brush.
bidon *s.n.* can(teen).
bienală *s.f.* biennial exhibition.
biet *adj.* poor, *~ul de mine !* poor me !
bifa *v.t.* to check.
biftec *s.n.* (beef)steak, *~ tocat* minced meat.
bifurca *v.r.* to split.
bigam I. *s.m.* bigamist. **II.** *adj.* bigamous.
bigamie *s.f.* bigamy.
bigot I. *s.m.* bigot. **II.** *adj.* bigoted.
bigotism *s.n.* bigotry.
bigudiu *s.n.* (hair)curler.
bijuterie *s.f.* jewel, *pl.* jewel(le)ry, *fig.* gem. *bijuterii false* imitation jewellery.
bijutier *s.m.* jeweller.
bilanț *s.n. com.* balance sheet, *fig.* survey.
bilateral *adj.* bilateral.
bilă *s.f.* sphere, *pl.* (pietricele) marbles, *med.* bile.
bilet *s.n.* ticket, (scrisoare) note, *~ de bancă* bank-note, *~ de favoare* guest-ticket, *~ de peron* platform ticket, *~ dus și întors* return ticket.
bilețel *s.n.* note.
biliard *s.n.* billiards.
bilingv *adj., s.m.* bilingual.
bilunar *adj.* binonthly.
bimotor I. *s.n.* bimotor aircraft. **II.** *adj.* twin-engined.
bine *s.n.* good, benefit, profit, (noroc) fortune, *cu ~* safely, successfully, (la revedere!) good-bye! so long!, *interj.* good, ok!; *la ~ și la rău* for better and for worse, *mergi cu ~!* take care!, *de ~ de rău* after all, *a schimba în ~* to change for the better, *~ spus* well said, *cu atât mai ~* so much better, *a arăta ~* to look well.
binecrescut *adj.* well-bred.
binecuvânta *v.t.* to bless.
binecuvântare *s.f.* blessing.
binefacere *s.f.* charity, (fericire) boon.
binefăcător I. *s.m.* benefactor. **II.** *adj.* beneficial.
bineînțeles *adv.* naturally.
binețe *s.f. pl.* greetings.
binevenit *adj.* welcome.

binevoi *v.i.* to condescend.
binevoitor I. *s.m.* well-wisher. **II**. *adj.* benevolent.
binişor I. *s.n. cu ~ul* gently. **II**. *adv.* well enough, (uşurel) gingerly. *interj.* not so fast!
binoclu *s.n.* binoculars (de teatru) opera glasses.
biochimie *s.f.* biochemistry.
biograf *s.m.* biographer.
biografic *a*dj. biographical.
biografie *s.f.* biography.
biolog *s.m.* biologist.
biologic *adj.* biological.
biologie *s.f.* biology.
bir *s.n.* tax, tribute.
birjar *s.m.* coachman.
birjă *s.f.* carriage.
birocrat *s.m.* bureaucrat.
birocratic *adj.* bureaucratic.
birocraţie *s.f.* red tape.
birou *s.n.* bureau, (cameră) study, (public) office, (mobilă) desk.
birt *s.n.* eating house.
birtaş *s.m.* proprietor.
birui I. *v.t.* to conquer. **II.** *v.i.* to triumph.
biruinţă *s.f.* victory.
biruitor I. *s.m.* victor. **II**. *adj.* victorious. **III.** *adv.* triumphantly.
bis *s.n., adv., interj.* once more, again.
biscuit *s.m.* biscuit.
bisect *adj.* leap.
bisectoare *s.f.* bisectrix.
biserică *s.f.* church.
bisericesc *adj.* church.
bisericos *adj.* church-going.
bisericuţă *s.f.* chapel, *fig.* coterie.
bisturiu *s.n.* lancet.
bivol *s.m.* buffalo, *fig.* stodgy person.
bivoliţă *s.f.* buffalo (cow).
bivuac *s.n.* bivouac.
bizantin *adj.* Byzantine.
bizar *adj.* strange, odd, queer.
bizon *s.m.* bison.
bizui *v.r. a se ~ pe* to depend on.
blacheu *s.n.* toe-plate.
blajin I. *adj.* soft-hearted, soft-tongued. **II**. *adv.* mildly.
blam *s.n.* (public) blame; (vot de ~) vote of censure.
blama *v.t.* to blame.
blană *s.f.* fur (coat).
blaza *v.t.* to be(come) blasé.
blazare *s.f.* surfeit.
blazat *adj.* blasé.
blazon *s.n.* coat of arms.
blănar *s.m.* furrier.
blănărie *s.f.* fur shop.
blând I. *adj.* mild, (domesticit) tame, (supus) gentle, (dulce) sweet, (liniştit) peaceable. **II.** *adv.* mildly, gently.
blândeţe *s.f.* gentleness, (bunătate) kind(li)ness, *cu ~* gingerly.
bleg I. *s.m.* dolt. **II.** *adj.* soft (-minded), (prost) dull.
bleji *v.t., v.i., v.r.* to droop, *fig.* to go weak-minded.
blestem *s.n.* curse.
blestema *v.t., v.i.* to curse.
blestemat *adj.* damned, accursed.
blestemăţie *s.f.* foul trick.

bleumarin *s.n.*, *adj.* navy blue.
blid *s.n.* dish.
blindaj *s.n.* armour.
bliț *s.n.* flash-gun.
bloc *s.n.* building block, (clădire) apartament-house, pol bloc, ~ *de desen* drawing tablet, ~ *turn* tower house, *în* ~ in the lump.
bloca I. *v.t.* to block. **II.** *v.r.* to be blocked.
blocadă *s.f.* blockade.
blocaj *s.n.*, **blocare** *s.f.* blocking, stopping (up).
blond *s.m.*, *adj.* blond(e).
blond(in)ă *s.f.* blonde.
bluză *s.f.* blouse.
boa *s.m.* boa.
boabă I. *s.f.* berry, (bob) grain, (de strugure) grape, *fig.* whit. **II.** *adv.* (not) at all.
boacănă I. *s.f.* blunder. **II.** *adj.* stupid, awful.
boală *s.f.* sickness, (grea) illness, (mai ales infecțioasă) disease, (organică) complaint, (tulburare) disorder.
boare *s.f.* breeze.
boarfă *s.f.* rag, *pl.* old clothes.
bob *s.m.* bean, (plantă) horse bean, grain, (de strugure) grape, (sanic) bobsleigh.
bobârnac *s.n.* fillip.
bobină *s.f.* bobbin.
bobiță *s.f.* berry.
boboc *s.m.* bot. bud, (de rață) duckling, (de gâscă) gosling, (student) fresher.
bobot *s.n.* *în* ~*e* blindly, gropingly.
bobotează *s.f.* Epiphany.
bocanc *s.m.* boot.
bocăni *v.i.* to hammer, to knock.
boccea *s.f.* bundle.
bocet *s.n.* keen, (plânset) wailing.
boci I. *v.t.* to mourn. **II.** *v.i.*, *v.r.* to lament.
bocitoare *s.f.* (hired) mourner.
bocnă *adv.* frozen (stiff).
bodegă *s.f.* tavern.
bodogăni *v.i.* to grumble.
boem *s.m.*, *adj.* Bohemian.
boemă *s.f.* Bohemianism.
bogat I. *s.m.* rich man, *pl.* the rich. **II.** *adj.* rich, wealthy. **III.** *adv.* richly, amply.
bogătaș *s.m.* wealthy man.
bogăție *s.f.* wealth, (abundență) profusion.
bogdaproste *s.n.*, *interj.* many thanks!
boi I. *v.t.* to pigment, (cu pensula, ruj etc.) to paint. **II.** *v.r.* to paint one's face.
boia *s.f.* dye, (de ardei) paprika.
boangiu *s.m.* dyer.
boicot *s.n.* boycott.
boicota *v.t.* to boycott.
boier *s.m.* nobleman.
boieresc I. *s.n.* *ist.* corves. **II.** *adj.* boyar's.
boierește *adv.* leisurely, grandly.
boieri I. *v.t.* to ennoble. **II.** *v.r.* to do the grand.
boierie *s.f.* nobility.
boierime *s.f.* (landed) gentry.
boiernaș *s.m.* country squire.
boieros *adj.* haughty, (leneș) idle.

boiler *s.n.* boiler.
bojdeucă *s.f.* hovel.
bojoci *m. pl.* light.
bolborosi I. *v.t.* to mumble. **II.** *v.i.* to babble, (de apă) to bubble.
bolboroseală *s.f.* mumbling.
bold *s.n.* pin, stick.
bolid *s.m.* meteor.
boli *v.i.* to be ill.
bolnav I. *s.m.* invalid; *med.* patient. **II.** *adj.* ill (with).
bolnăvicios *adj.* weedy, (plăpând) seedy.
bolşevic *s.m., adj.* Bolshevik.
boltă *s.f.* vault, (de verdeaţă) bower, *bolta cerului* the canopy of heaven.
bolti *v.t., v.r.* to arch.
boltit *adj.* vaulted, (de frunte) arched.
bombarda *v.t.* (din avion) to bomb, (cu artileria) to shell.
bombardament *s.n.* air raid, (de artilerie) strafe.
bombardier *s.n.* bomber.
bombastic I. *adj.* fustian. **II.** *adv.* bombastically.
bombat *adj.* bulging.
bombă *s.f.* (air) bomb, (obuz) shell, ~ *atomică* A-bomb, ~ *cu hidrogen* H-bomb, ~ *cu întârziere* time bomb.
bombăni I. *v.t.* to nag. **II.** *v.i.* to object.
bombeu *s.n.* toe cap.
bomboană *s.f.* sweet, (de ciocolată) chocolate, *o ~ de fată* a sweet girl.
bon *s.n. com.* bill, (de casă) sales slip.
bonă *s.f.* governess.
bondar *s.m.* bumble bee.
bondoc I. *s.m.* stumpy man. **II.** *adj.* stocky.
bonetă *s.f.* bonnet, (de baie) bathing cap.
bonier *s.n.* bill book.
bonjur *interj.* hello!
bont *adj.* blunt.
bor *s.n.* brim.
borangic *s.n.* floss silk.
borcan *s.n.* (glass) jar.
borcănat *adj.* bloated.
bord *s.n.* board, (margine) edge.
bordei *s.n.* (mud) hut.
bordel *s.n.* bawdy house.
borderou *s.n.* docket.
bordură *s.f.* curbstone.
boreal *adj.* northern.
borfaş *s.m.* thief.
bornă *s.f.* landmark, terminal.
boroboaţă *s.f.* blunder.
borş *s.n.* bortsch.
borviz *s.n.* table waters.
bosă *s.f.* bump, *fig.* boss.
boschet *s.n.* arbour.
boscorodi I. *v.t.* to nag. **II.** *v.i.* to grumble.
bostan *s.m.* pump king.
bostănărie *s.f.* pumpkin field.
bosumfla *v.r.* to pout.
bosumflat *adj.* sulky; glum.
bot *s.n.* muzzle, (rât) snout, ~ *de deal* brow (of a hill), ~ *în* ~ cheek by jowl.
botanic *adj.* botanical.
botanică *s.f.* botany.
botanist *s.m.* botanist.
botez *s.n.* christening.

boteza I. *v.t.* to name, *rel.* to christen. **II.** *v.r.* to be baptized.
botniță *s.f.* muzzle.
boț *s.n.* ball, pellet.
boți *v.t.*, *v.r.* to crumple.
bou *s.m.*, ox *pl.* oxen, *fig.* dolt.
bour *s.m.* aurochs.
bovin *adj.* ox, bovine.
bovine *s.f. pl.* honed cattle.
box *s.n.* boxing, (piele) box calf, (pumnar) knuckle duster, *de ~* boxing.
boxa *v.t.*, *v.r.*, *v.i.* to box.
boxă *s.f.* dock; *~ martorilor* witness box.
boxer *s.m.* boxer.
bracona *v.i.* to poach.
braconaj *s.n.* poaching.
braconier *s.m.* poacher.
brad *s.m. bot.* fir (tree); *~ de Crăciun* Christmas tree; *pădure de ~* fir wood.
bragagiu *s.m.* millet beer vendor.
bragă *s.f.* millet beer.
brambura *adv.* aimlessly, (în dezordine) topsy-turvy.
brancardă *s.f.* stretcher.
brancardier *s.m.* stretcher bearer.
branhii *s.f. pl.* gills.
branşa *v.t.*, *v.r.* to plug in.
branşament *s.n.* branching, connection.
branşă *s.f.* line, (domeniu) field.
bras *s.n.* breast stroke.
braserie *s.f.* brasserie, beer saloon.
braşoavă *s.f.* lie.
braț *s.n.* arm, (de râu) branch, *~* de lemne armful, *~e de muncă* manpower, *~ele de muncă* labour exchange.
brav *s.m.* hero, *adj.* brave.
brava *v.t.* to dare.
bravo *interj.* bravo!
bravură *s.f.* bravery.
brazdă *s.f.* (şanț) furrow, (de iarbă) sward, windrow.
brazilian *s.m.*, *f.*, *adj.* Brazilian.
brădet, brădiş *s.n.* fir wood, (buruieni) water milfoil.
brățară *s.f.* bracelet.
brăzda *v.t.* to furrow.
brâncă *s.f.* hand, *pe brânci* on all fours, *fig.* hammer and tongs.
brânci *s.m.* push, thrust.
brânduşă *s.f.* crocus.
brânză *s.f.* cheese, *~ de oaie* ewe's cheese, *~ de vaci* cream cheese, *~ telemea* (spiced) cottage cheese, *n-a făcut nicio ~* he cut no ice.
brânzeturi *s.f. pl.* cheese.
brânzi *v.r.* to curdle.
brâu *s.n.* belt, girdle, (talie) waist.
bre *interj.* (hey) you!
breaslă *s.f.* guild.
breaz *adj.* piebald, *mai ~* (any) better.
breloc *s.n.* trinket.
breşă *s.f.* breach.
bretea *s.f.* (shoulder) strap, *pl.* braces.
breton 1. *s.m.*, *adj.* Breton. **2.** *s.n.* bang.

brevet *s.n.* licence, (de invenție) (letters) patent.
breveta *v.t.* to patent.
briantină *s.f.* brilliantine.
briceag *s.n.* (pen)knife.
brichetă *s.f.* (cigarette) lighter, (de cărbuni) briquette.
brici *s.n.* razor.
bridă *s.f.* strap.
brigadă *s.f.* brigade, crew.
brigadier *s.m.* brigade member, (șef) team leader, (silvic) forest keeper.
briliant *s.n.* brilliant.
brio *s.n.* brio.
brioșă *s.f.* brioche.
brișcă *s.f.* gig.
britanic **1**. *s.m.* Englishman, Briton. **2**. *adj.* British.
briză *s.f.* breeze.
broască *s.f.* frog, (râioasă) toad, (de ușă) lock, ~ *yală* safety lock, ~ *țestoasă* turtle, tortoise.
broboadă *s.f.* (head)kerchief.
broboană *s.f.* bead.
brobonit *adj.* perspiring.
brocart *s.n.* brocade.
broda *v.t.* to embroider.
broderie *s.f.* embroidery.
brodeză *s.f.* embroideress.
bromură *s.f.* bromide.
bronșită *s.f.* bronchitis.
bronz *s.n.* bronze.
bronza **I**. *v.t.* to tan. **II**. *v.r.* to get a sun tan.
bronzat *adj.* sun-tanned.
broscoi *s.m.* male frog, *fig.* urchin.
broșa *v.t.* to stitch.
broșă *s.f.* brooch.
broșat **I**. *s.n.* stitching. **II**. *adj.* paper (-covered).
broșură *s.f.* booklet.
brotac, brotăcel *s.m.* green frog.
bruftui *v.t.* to treat harshly.
bruiaj *s.n.* jamming.
brumat *adj.* frosted.
brumă *s.f.* hoarfrost, *fig.* smattering.
brumăriu *adj.* grey.
brun *adj.* brown, (de oameni) dark (-haired).
brunetă *s.f.* brunette.
brusc *adj.* sudden, *adv.* suddenly.
brusca *v.t.* (pe cineva) to speak harshly to, (lucrurile) to press.
brusture *s.m.* bur.
brut *adj.* raw, *com.* gross, *chim., geol.* crude.
brutal **I**. *adj.* brutal. **II**. *adv.* brutally.
brutalitate *s.f.* brutality.
brutaliza *v.t.* to handle roughly.
brutar *s.m.* baker.
brutărie *s.f.* bakery, baker's.
bubă *s.f.* sore, bump, *fig.* trouble.
buboi *s.n.* boil.
bubos *adj.* scabby.
bubui *v.i.* to thunder, (de tun) to roar.
bubuit *s.n.*, **bubuitură** *s.f.* peal (of) thunder, roar (of cannon).
bubuitor *adj.* thundering.
buburuză *s.f.* lady bird.
bucal *adj.* oral.
bucată *s.f.* piece, fragment (îmbucătură) morsel, (felie)

slice, (de zahăr etc.) lump, (de drum) distance, ~ *aleasă* tidbit, (literară) choice passage, *cu bucata* (by) retail, *dintr-o* ~ all of a piece; ~ *de pâine* slice of bread; *a rupe în bucăți* to tear to pieces.
bucate *s.f. pl.* foodstuff, (merinde) victuals.
bucălat *adj.* chubby.
bucătar *s.m.* cook.
bucătărie *s.f.* kitchen, (artă culinară) cookery, cuisine.
bucățică *s.f.* bit (de mâncare) morsel, (capăt) end.
bucher *s.m.* swot.
buchet *s.n.* bouquet.
bucium *s.n.* alpen horn.
bucla *v.t.*, *v.r.* to curl.
buclat *adj.* curly.
buclă *s.f.* curl.
bucluc *s.n.* difficulty.
buclucaș *adj.* troublesome, (certăreț) captious.
bucovinean **I.** *s.m.* inhabitant of Bucovina. **II.** *adj.* from Bucovina.
bucura **I.** *v.t.* to fill with joy. **II.** *v.r.* to joice. *a se* ~ *de* to rejoice (at smth), (drepturi etc.) to enjoy.
bucureștean *s.m.* Bucharest, *adj.* Bucharest.
bucurie *s.f.* joy, (veselie) mirth, (plăcere) pleasure, *cu multă* ~ gladly.
budincă *s.f.* pudding.
budism *s.n.* Buddhism.
budist *s.m.*, *adj.* Buddhist.
budoar **I.** *s.n.* lady's closet. **II.** *adj.* slapstick, *interj.* buf!
bufant *adj.* baggy.
bufet *s.n.* buffet, (mobilă) sideboard, (la teatru) refreshment room.
bufetier *s.m.*, **bufetieră** *s.f.* bartender.
bufnitură *s.f.* thud.
bufniță *s.f.* owl.
bufon *s.m.* fool.
bufonerie *s.f.* slapstick (humour).
buget *s.n.* budget.
bugetar *adj.* budgetary.
buhai **I.** *s.m.* **1.** bull. **2.** ~ *de baltă* (pasăre) bittern, (broască) toad. **II.** *s.n.* booming drum used on New Year's Eve.
buhă *s.f.* owl.
buhăi *v.r.* to swell (in the face).
buhăit *adj.* bloated.
buimac *adj.* sleepy, (zăpăcit) giddy.
buimăci *v.t.* to dumbfound.
bujie *s.f.* sparking plug.
bujor *s.m.* peony. *un* ~ *de fată* she is a flower.
bulb *s.m.* bulb.
bulboană *s.f.* whirlpool.
bulbuca **I.** *v.t.* *a* ~ *ochii* to stare wide-eyed. **II.** *v.r.* to bulge, (de ochi) to start (from their sockets).
bulbucat *adj.* swollen.
buldog *s.m.* bulldog.
buleandră *s.f.* rag.
buletin *s.n.* bulletin. ~ de *identitate/ populație* identity card, papers; ~ *de știri* news (buletin); ~ *de vot* ballot, ~ *meteorologic* weather

forecast, ~ *oficial* official gazette.
bulevard *s.n.* avenue.
bulevardier *adj.* frivolous.
bulgar *s.m., f., adj.* Bulgarian.
bulgăre *s.m.* ball, ~ *de pământ* clod.
bulgăresc *adj.* Bulgarian.
bulgăroaică *s.f.* Bulgarian (woman).
bulimie *s.f.* bulimia.
bulin *s.n.* pill, *pl.* (picățele) (polka) dots.
bulion *s.n.* tomato sauce, (supă) broth.
buluc *s.n.* throng, crowd, *adv.* in a jumble.
buluci *v.r.* to crowd.
bulversa *v.i.* to upset, to unsettle.
bum *interj.* bang!
bumb *s.m.* button.
bumbac *s.m., s.n.* cotton (plant), *de* ~ cotton.
bumbăcărie *s.f.* cotton mill.
bumerang *s.n.* boomerang.
bun I. *s.m.* grandfather, *s.n.* property, *pl.* goods, *fig.* assets. ~ *de tipar* ready for the press, *~uri funciare* landed property, *~uri imobiliare* real estate, *~uri mobile* personal estate, chattels. **II.** *adj.* good, fine (de treabă) kind(ly), *~ă ziua!* hello!, (vă salut!) how do yo do!, *toate ~e până acum* so far so good, *mai* ~ better.
bună-credință *s.f.* good will.
bună-cuviință *s.f.* decorum, (politețe) politeness.
bunăoară *adv.* for example.
bunăseamă *s.f. de* ~ (as a matter) of course.
bunăstare *s.f.* welfare.
bunătate *s.f.* goodness, (suflet bun) kind(li)ness.
bunăvoie *s.f. de* ~ voluntarily.
bunăvoință *s.f.* goodwill.
bun-gust *s.n.* refinement, *de* ~ in good taste.
bunic *s.m.* grandfather, grandpa.
bunică *s.f.* grandmother, granny.
bun simț *s.n.* common sense.
bura *v.i.* to drizzle.
buratic *s.m.* tree fog.
bură *s.f.* drizzle.
burduf I. *s.n.* (bășică) bladder, (sac) skin, (foaie) bellows, ~ *de carte* crammed with knowledge. **II.** *adv.* fast.
burdușcală *s.f.* swelling, *med.* flatulence.
burduși *v.t.* to cram, to stuff.
burete *s.m.* sponge, (ciupercă) mushroom.
buretos *adj.* spongy.
burghez *s.m., adj.* bourgeois, *~o moșieresc* bourgeois-landlord, *mic* ~ petty bourgeois.
burghezie *s.f.* middle classes, bourgeoisie, *marea* ~ the upper bourgeoisie, *mica* ~ the petty bourgeoisie.
burghiu *s.n.* gimlet.
buric *s.n.* navel, (la deget) tip, *~ul pământului* the hub of the universe.
burlac *s.m.* bachelor, *adj.* single.
burlan *s.n.* (drain)pipe.

burlăcie *s.f.* bachelorhood.
burlesc *adj.* burlesque.
burnița *v.i.* to drizzle.
burniță *s.f.* drizzle.
bursă *s.f.* scholarship, *fin.* (stock) exchange, ~ *neagră* black market; ~ *de valori* stock exchange; *cotat la* ~ quoted on the exchange.
bursier *s.m.* stock exchange, *adj.* scholar.
bursuc *s.m.* badger.
burtă *s.f.* abdomen, (mare) paunch, (ca mâncare) tripe, *pe* ~ prone; *durere de* ~ stomach ache.
burtos *adj.* big-bellied.
buruiană *s.f.* weed, (de leac) medicinal plant.
burzului *v.r.* to bristle up.
burzuluit *adj.* furious.
busolă *s.f.* compass, *fig.* guide.
bust *s.n.* bust.
busuioc *s.n.* (sweet) basil.
buși *v.t.* to push, to kick.
bușon *s.n.* stopper.
buștean I. *s.m.* log, (ciot) (tree) stump. **II**. *adv.* asleep.
butadă *s.f.* quip.
butan *s.n. chim.* butane.
butaș *s.m.* slip.
bute *s.f.* hogshead.
butelcă *s.f.* bottle.
butelie *s.f.* gas cylinder.
butoi s.n. cask, barrel; ~ *fără fund* soaker, sponge.
buton I. *s.m.* button, (de guler) colar stud. **II.** *s.n.* (sonerie) bell button, (la radio) knob (comutator) switch.
butonieră *s.f.* buttonhole.
butuc *s.m.* log, (de viță) vine, (la măcelar) (chopping) block, *pl.* (obezi) stocks, *pe ~i* under repair.
butucănos *adj.* thick, stumpy; *degete* ~ stumpy fingers.
buturugă *s.f.* tree-stump.
buzat *adj.* thick-lipped.
buză *s.f.* lip, *med.* labium; ~ *de sus/ jos* upper/ lower lip; *a lăsa pe cineva cu ~ umflată* to give smb. the slip.
buzdugan *s.n.* mace.
buzna *adv.* unprepared, (direct) pop.
buzunar *s.n.* pocket; *bani de* ~ pocket money; *hoț de ~e* pickpocket.

C

ca *conj.* as, (so…) as, (decât) than, (în chip de) for, (în privința) as to, ~ *de pildă* such as; ~ *la vreo…* about…; ~ *nu cumva (să)* lest…, ~ *să* for, ~ *şi* as well as, ~ *şi cum* as if.
cabalâc *s.n.* caboodle.
cabană *s.f.* hut (în munți) chalet.
cabaret *s.n.* cabaret.
cabină *s.f.* cabin, (cuşetă) berth, (de camion) cab, (de lift) cage. ~ *telefonică* telephone booth.
cabinet *s.n.* cabinet, (birou) office, ~ *medical* consulting room.
cablu *s.n.* cable.
cabotin I. *s.m.* ham actor. **II.** *adj.* hammy.
cacao *s.f.* cocoa (tree).
cacealma *s.f.* bluff.
cacofonie *s.f.* cacophony.
cactus *s.m.* cactus.
cadastru *s.n.* cadastral survey.
cadaveric *adj.* cadaverous.
cadavru *s.n.* corpse.
cadă *s.f.* tub.
cadână *s.f.* odalisque.
cadențat I. *adj.* rhythmic. **II.** *adv.* rhythmically.
cadență *s.f.* cadence.
cadet *s.m.* cadet.
cadou *s.n.* gift, present.

cadra *v.i.* *a ~ cu* to fit.
cadran *s.n.* dial, *~ solar* sun dial.
cadre *s.n.*, *pl.* personnel (office).
cadrilat *adj.* chequered.
cadru *s.n.* frame, (persoană) worker, *fig.*. background, *pl.* staff, *~ didactic* teacher, *în ~l...* as part of...
cafea *s.f.* coffee, *~ filtru* filter (coffee).
cafeină *s.f.* caffeine.
cafenea *s.f.* café.
cafeniu *adj.* brown.
caiac *s.n.* kayak.
caier *s.n.* bundle, flock.
caiet *s.n.* notebook; *~ de sarcini* terms and conditions; *~ de desen* drawing book.
caimac *s.n.* cream, skin (of milk).
cais *s.m.* apricot tree.
caisă *s.f.* apricot.
cal *s.m.* horse, (la şah) night, *~ de bătaie* hobbyhorse, *~ de paradă* palfrey, *~ nărăvaş* balky/ restive horse, *~ul popii* dragon fly, *~ putere* horse power, *cai verzi (pe pereţi)* a mare's nest.
calambur *s.n.* pun.
calamitate *s.f.* calamity.
calapod *s.n.* last, *fig.* pattern.
cală *s.f.* hold, (doc) slip(way), *bot.* calla.
calc *s.n.* tracing paper. *~ lingvistic* loan translation.
calcan **1.** *s.m.* turbot. **2.** *s.n.* blind/ blank wall.
calcar *s.n.* limestone.
calcaros *adj.* limy.
calchia *v.t.* to trace, *fig.* to copy.
calchiere *s.f.* tracing.
calciu *s.m.* calcium.
calcul *s.m.* calculus, *s.n.* calculation, *pl. fig.* plans.
calcula *adj.*, *v.t.* to calculate, *fig.* to speculate on.
calculat *adj.* cautious, (econ.) thrifty.
cald *adj.* warm, (fierbinte) hot, (de pâine etc.) fresh.
caldarâm *s.n.* pavement.
cale *s.f.* road, şi *fig.* way, path, *~a de mijloc* the golden mean, *Calea laptelui* the Milky Way, *~ ferată* railway, *căi maritime* water-ways, *din ~ afară* (de) extremely, *pe căi ocolite* in a devious way.
caleaşcă *s.f.* carriage.
caleidoscop *s.n.* kaleidoscope.
calendar *s.n.* calendar.
calende *s.f. pl.* calends.
calfă *s.f.* journeyman.
calibru *s.n.* calibre.
calic **I.** *s.m.* pauper, (avar.) curmudgeon. **II.** *adj.* beggarly, (avar) niggardly.
calici *v.t.* to impoverish.
calicie *s.f.* poverty, (zgârcenie) avarice.
califica *v.t.*, *v.r.* to quallfy.
calificare *s.f.* skill, training, *sport* qualication.
calificat *adj.* qualified, skilled.
calificativ **I.** *s.n.* epithet, mark. **II.** *adj.* qualifying.
caligrafic **I.** *adj.* calligraphic. **II.** *adv.* calligraphically.
caligrafie *s.f.* penmanship.

calitate *s.f.* (fine) quality, (însuşire) feature, (situaţie) capacity, *de (bună)* ~ fine, *în ~ de ...* as a...
calitativ *adj.* qualitative.
calm I. *s.n., adj.* calm. **II.** *adv.* quietly.
calma I. *v.t.* to quiet(en), (a alina) to soothe. **II.** *v.r.* to calm down.
calmant *s.n.* sedative.
calomnia *v.t.* to slander.
calomnios *adj.* defamatory, *jur.* libellous.
calorie *s.f.* calorie.
calorifer *s.n.* central heating (radiator).
calotă *s.f.* skullcap.
calvar *s.n.* ordeal.
calvin *s.m., adj.* Calvinist.
calvinism *s.n.* Calvinism.
calviţie *s.f.* baldness.
cam *adv.* about, (oarecum) rather, ~ *aşa* approximately, ~ *o oră* an hour or so.
camarad *s.m.* comrade, (coleg) mate.
camaraderie *s.f.* comradeship.
camătă *s.f.* usury.
cambra *v.t., v.r.* to bend, to curve, to camber.
camee *s.f.* cameo.
cameleon *s.m.* chameleon.
camelie *s.f.* camellia.
cameră *s.f.* room, (mobilată) chamber, *pol.* house, (de bicicletă etc.) tube, (de minge) bladder, *Camera Comunelor* the House of Commons, *Camera de Comerţ* the Chamber of Comerce, *Camera Lorzilor* the House of Lords.
cameristă *s.f.* chamber-maid.
camfor *s.n.* camphor.
camion *s.n.* (motor) lorry, (pt. mobilă) van.
camionetă *s.f.* light lorry.
campanie *s.f.* campaign, *fig.* drive.
campare *s.f.* encampment.
campion *s.m.* champion.
campionat *s.n.* championship(s).
camufla *v.t., v.r.* to black out, (a masca) to camouflage.
camuflaj *s.n.* blackout, (mascare) camouflage.
camuflat *adj.* camouflaged.
canadian *s.m., adj.* Canadian.
canadiană I. *s.f.* Canadian (woman), (jachetă) wind jacket. **II.** *adj.* Canadian.
canal *s.n.* (de la canalizare) sewer, (pentru ape de ploaie) drain, (navigabil) channel, (artificial) canal, *anat.* duct, tube; channel, *Canalul Mânecii* the English Channel.
canalie *s.f.* rascal.
canaliza *v.t.* to sewer, *fig.* to channel.
canalizare *s.f.* sewerage.
canapea *s.f.* sofa, couch.
canar *s.m.* canary (bird).
canava *s.f.* canvas.
cană *s.f.* decanter, (cu capac) tankard, (ceaşcă) mug.
cancan *s.n.* scandal.
cancelar *s.m.* chancellor.
cancelarie *s.f.* office, (la şcoală) teachers' room.
cancer *s.n.* cancer.

cancerigen *adj.* cancerigenic.
candelabru *s.n.* chandelier.
candelă *s.f.* votive light.
candid I. *adj.* candid. **II.** *adv.* candidly.
candida *v.i.* *a ~ la... pol.* to run for..., *fig.* to aspire to.
candidat *s.m.* candidate.
candidatură *s.f.* candidature.
candoare *s.f.* candour.
cange *s.f.* harpoon.
cangur *s.m.* kangaroo.
canibal *s.m.* cannibal.
canibalic *adj.* cannibalic; man-eating.
canibalism *s.n.* cannibalism.
caniculă *s.f.* dog days.
canin I. *s.m.* holder. **II.** *adj.* canine.
canion *s.n.* canyon.
canoe *s.f.* canoe.
canon *s.n.* (chin) ordeal, (pedeapsă) punishment, (regulă) canon.
canotaj *s.n.* boating, *~ academic* rowing.
canotor *s.m.* rower.
cantalup *s.m.* melon.
cantată *s.f.* cantata.
cantină *s.f.* canteen.
cantitate *s.f.* quantity, amount, *mat.* number.
cantitativ I. *adj.* quantitative. **II.** *adv.* quantitatively.
canto *s.n.* singing.
canton *s.n., geogr.* canton; *ferov.* block station; (de şosea) gatekeeper's cabin.
cantona *v.t.* to canton.
cantonament *s.n.* cantonment, (sportiv) training camp.
cantonier *s.m.* line inspector.
canţonetă *s.f.* canzonet.
cap I. *s.m.* chief. **II.** *s.n. anat.* head, (minte) mind, (început) start, (capăt) end, (vârf) top, *geogr.* cape, *~ de acuzare* count of indictment, *~ de pod* bridge-head, *~ul răutăţilor* ring leader, *~ sau pajură?* heads or tails? *cu ~ul gol* bareheaded, *din ~ până în picioare* from top to toe, *din ~ul locului* from the very beginning, *peste ~ul cuiva* in spite of smb. 's will, *dator până peste ~* up to the eyes in debt.
capabil *adj.* (cap)able, *~ de orice* unscrupulous.
capac *s.n.* lid.
capacitate *s.f.* capacity, *fig.* ability, (om) authority.
capăt *s.n.* end, limit, *de la un ~ la altul* throughout.
capcană *s.f.* trap.
capelă *s.f.* chapel, *mil.* (peaked) cap.
capişon *s.n.* hood.
capital *s.n., adj.* capital, *~ social* registered capital.
capitală *s.f.* capital.
capitalism *s.n.* capitalism.
capitalist *s.m., adj.* capitalist.
capitaliza *v.t.* to capitalize.
capitol *s.n.* chapter.
capitona *v.i.* to upholster.
capitula *v.i.* to surrender.
capitulare *s.f.* surrender.
capitulant I. *s.m.* capitulator. **II.** *adj.* capitulating.
capitulare *s.f.* surrender.
capodoperă *s.f.* masterpiece.
caporal *s.m.* corporal.

capot *s.n.* dressing gown.
capotă *s.f.* hood, top.
capră *s.f.* (she-)goat, (de trăsură) dicky, (de lemn) (swing-)trestle, (pt. gimnastică) vaulting horse, ~ *neagră* chamois, *(jocul) de-a capra* leap frog.
capricios *adj.* whimsical, freakish.
capriciu *s.n.* whim, *muz.* capriccio.
capricorn *s.m.* Capricorn.
capsa *v.t.* to staple.
capsator *s.m.* stapler.
capsă *s.f.* staple.
capsulă *s.f.* capsule.
capta *v.t.* to capture, (apă) to collect.
captare *s.f.* collection.
captiv *s.m., adj.* captive.
captiva *v.t.* to captivate, (de cărți) to thrill.
captivant *adj.* thrilling.
captivitate *s.f.* captivity.
captura *v.t.* to capture, to catch, to seize.
captură *s.f.* capture.
car *s.m. entom.* silver fish, *s.n.* cart, (încărcătură) cartful, ~ *funebru* hearse, *Carul mare* the Great Bear, *Carul mic* the Lesser Bear, *cu ~ul* in plenty.
carabină *s.f.* rifle.
caracatiță *s.f.* octopus.
caracter *s.n.* nature; *a avea un ~ urât* to be bad-tempered, *defect de ~* character defect, *lipsă de ~* lack of principle, *slăbiciune de ~* weakness of character.
caracteristic *adj.* characteristic (of).
caracteristică *s.f.* specific feature.
caracteriza **I.** *v.t.* to characterize. **II.** *v.r.* to be characterized.
caracterizare *s.f.* character(ization).
carafă *s.f.* carafe.
caraghios **I.** *s.m.* fool. **II.** *adj.* funny. **III.** *adv.* comically.
carambol *s.n.* cannon.
caramelă *s.f.* caramel.
caramel *s.n.* caramel.
carameliza *v.t.* to caramelize.
carantină *s.f.* quarantine.
carapace *s.f.* shell.
caras *s.m.* crucian.
carat *s.n.* carat.
caravană *s.f.* caravan. ~ *cinematografică* mobile cinema.
carbon *s.n.* carbon (paper).
carbonat *s.m.* carbonate.
carbonic *adj.* carbonic.
carbonifer *adj.* coal-bearing.
carboniza *v.t., v.r.* to burn.
carbonizare *s.f.* carbonization.
carburant *s.m.* (motor) fuel.
carburator *s.n.* carburettor.
carcasă *s.f.* carcass.
carceră *s.f.* lock-up.
cardiac **I.** *s.m.* cardiac patient. **II.** *adj.* cardiac, heart.
cardie *s.f.* cardia.
cardinal *s.m., adj.* cardinal.
cardiograf *s.n.* cardiograph.
cardiogramă *s.f.* cardiogram.
cardiolog *s.m.* cardiologist.
care *adj.* what, *pron.* (pt. persoane) who, (unii) some,

(pt. lucruri) which, (relativ, pt. persone şi lucruri) that; ~ *dintre ei?* which of them; ~ *mai de* ~ vying with each other.

carenţă *s.f.* default; ~ *de vitamina C* vitamin C defiency.

careu *s.n.* square.

careva *pron.* somebody, someone.

cargobot *s.n.* cargo boat.

caria *v.t., v.r.* to rot, to decay.

cariat *adj.* decayed.

caricatural *adj.* caricatural.

caricatură *s.f.* cartoon, *fig.* caricature.

caricaturist *s.m.* cartoonist, caricaturist.

caricaturiza *v.t.* to caricature.

carie *s.f.* (dental) decay, caries.

carieră *s.f.* career, (de piatră) quarry, *de* ~ professional.

carierism *s.n.* self-seeking.

carierist I. *s.m.* self-seeker. **II.** *adj.* self-seeking.

caritabil *adj.* charitable.

caritate *s.f.* charity.

carlingă *s.f.* cock-pit.

carmin *s.n., adj.* carmine.

carnaj *s.n.* massacre.

carnal *adj.* carnal.

carnaţie *s.f.* complexion.

carnaval *s.n.* carnival.

carne *s.f.* (vie) flesh, (tăiată) meat, *fig.* flesh body, ~ *de berbec sau oaie* mutton, ~ *de miel* lamb, ~ *de pasăre* fowl, ~ *de porc* pork, ~ *de vacă* beef, ~ *friptă* roast, ~ *de tun* cannon fodder, *în* ~ *şi oase* alive.

carnet *s.n.* (legitimaţie) card, (de note) notebook, ~ *de membru* membership card, ~ *de şofer* driving licence.

carnivor I. *s.n.* carnivore. **II.** *adj.* carnivorous.

caro *s.n.* diamonds.

carosabil *adj. partea ~ă* carriage road.

caroserie *s.f.* body (of a car).

carou *s.n.* square, *în ~ri* check(ered).

carpen *s.m.* hornbeam.

carpetă *s.f.* rug.

cartă *s.f.* charter.

carte *s.f.* book, (de joc) playing card, (cunoştinţe) schooling, (legitimaţie) card, pol. paper, ~ *albă* white paper, ~ *de bucate* cookery book, ~ *de citire* reader, ~ *de impresii* guest book, ~ *de vizită* visiting card, ~ *poştală* (ilustrată) (picture) post card, *ai* ~ *ai parte* knowledge is power.

cartel *s.n.* cartel.

cartelă *s.f.* ration book, (de îmbrăcăminte) clothing coupons.

cartier *s.n.* quarter, ~ *general* headquarters, ~ *sărac* slum, *în* ~ in the neighbourhood.

cartilaginos *adj.* cartilaginous.

cartilaj *s.n.* cartilage.

cartof *s.m.* potato (plant), *~i prăjiţi* chips.

cartofor *s.m.* gambler.

cartograf *s.m.* cartographer.

cartografia *v.t.* to map.

carton *s.n.* cardboard, (de prăjituri) box.

cartona *v.t.* to bind.

cartonat *adj.* in boards.
cartotecă *s.f.* card index (drawers).
cartuş *s.n.* cartridge, (de ţigări) carton.
cartuşieră *s.f.* cartridge box.
casa *v.t.* to quash.
casată *s.f.* combined ice-cream.
casaţie *s.f.* jur. annulment, (court of) cassation.
casă *s.f.* house, (locuinţă) dwelling, (cămin) home, (pt. plată) pay desk, ~ *de ajutor reciproc* Mutual Aid Fund, ~ *de amanet* pawn shop, ~ *de bani* strongbox, ~ *de odihnă* rest home, ~ *de raport* tenement house, ~ *de toleranţă* brothel, *ai casei* one's folk, *în* ~ indoors.
cascadă *s.f.* waterfall.
cască *s.f.* helmet, (de radio) headphones.
caserolă *s.f.* casserole.
casetă *s.f.* cassette, (pt. bani) money box, *poligr.* font.
casetofon *s.n.* tape recorder.
casier *s.m.* cashier.
casierie *s.f.* cash desk, (pt. salarii) pay office.
casnic *adj.* domestic.
casnică *s.f.* housewife.
cast *adj.* chaste.
castan *s.m.* chestnut tree.
castană *s.f.* (sălbatică) (horse) chestnut, (dulce) sweet chestnut.
castaniete *s.f.* pl. castanets.
castaniu *adj.* chestnut.
castă *s.n.* caste.
castitate *s.f.* chastity.
castor *s.m.* beaver.
castra *v.t.* to castrate, to geld.
castrare *s.f.* castration, emasculation.
castravecior *s.m.* gherkin.
castravete *s.m.* cucumber.
castron *s.n* bowl.
caş *s.n.* green ewe cheese.
caşcaval *s.n.* (hard) cheese.
caşmir *s.n.* cashmere.
cat *s.n.* storey, (pe dinăuntru) floor.
cataclism *s.n.* disaster.
catacombă *s.f.* catacomb.
catadicsi *v.t.* to deign.
catafalc *s.n.* catafalque.
cataif *s.n.* cream cake.
catalige *s.f.* pl. stilts.
cataliza *v.t.* to catalyse.
catalizator *s.n.* catalyst; *adj.* catalytic.
cataliză *s.f.* catalysis.
catalog *s.n.* catalogue, (la şcoală) roll.
cataloga *v.t.* to catalogue.
catapeteasmă *s.f.* iconostasis.
cataplasmă *s.f.* cataplasm.
catapultă *s.f.* catapult.
cataractă *s.f.* cataract.
catarama *s.f.* buckle, *prieteni la* ~ great friends.
catarg *s.n.* mast.
catarsis *s.n.* catharsis.
catartic *adj.* cathartic.
catastrofal *adj.* catastrophic.
catastrofă *s.f.* catastrophe.
catâr *s.m.* mule.
catedrală *s.f.* cathedral.
catedră *s.f.* chair, (secţie) department.
categoric I. *adj.* categorical. **II.** *adv.* point-blank.
categorie *s.f.* category.

catifea *s.f.* velvet.
catifelat *adj.* velvety.
catolic *s.m.*, *adj.* Catholic.
catolicism *s.n.* Catholicism.
catrafuse *s.f. pl.* caboodle.
catran *s.n.* tar. *negru precum ~ul* coal-black; terribly angry (foarte supărat).
catren *s.n.* quatrain.
catrință *s.f.* peasant skirt.
cață *s.f.* scold.
cauciuc *s.n.* rubber, (de automobil) tyre, *~ spongios* foam rubber.
cauciuca *v.t.* to rubberize.
caudin *adj.* caudine.
caustic *adj.* caustic.
causticitate *s.f.* causticity.
cauteriza *v.t.* to cauterize.
cauterizare *s.f.* cauterization.
cauțiune *s.f.* bail.
cauza *v.t.* to cause.
cauzal *adj.* causal.
cauză *s.f.* cause. *o ~ dreaptă* a right(ful) cause, *din această ~*, *din cauza asta* on that account, *din cauza ...* because of...
cavalcadă *s.f.* cavalcade.
cavaler *s.m.* *ist.* knight, *fig.* gallant, *sport. adj.* gallant.
cavaleresc *adj.* chivalrous.
cavalerism *s.n.* gallantry.
cavalerie *s.f.* cavalry.
cavalerist *s.m.* cavalry man, *pl.* cavalry.
cavernă *s.f.* cave; cavern; *med.* cavity.
cavernos *adj.* hollow.
caviar *s.n.* caviar.
cavitate *s.f.* cavity.
cavou *s.n.* tomb, vault.
caz *s.n.* case, instance, (zarvă) fuss, (problemă) issue, matter, *~ fortuit* accident, *în ~ de...* in the event of...
caza *v.t.* to accommodate.
cazac *s.m.*, *f.*, *adj.* Cassack.
cazan *s.n.* boiler, (de rufe) copper, (de țuică) still.
cazangiu *s.m.* boiler maker.
cazanie *s.f.* homily.
cazare *s.f.* accommodation.
cazarmă *s.f.* barrack(s).
cazemată *s.f.* casemate, block-house.
cazier *s.n.* (criminal sau identification) record.
cazinou *s.n.* casino.
cazma *s.f.* spade.
cazne *s.f.* torture, (strădanie) effort.
cazon *adj.* soldierly.
că *conj.* that.
căciulă *s.f.* fur cap, *de ~* per head.
căciuliță *s.f.* bonnet.
cădea I. *v.i.* to fall (down), to drop (la examen) to fail (in an examination), (de evenimente) to happen, *a ~ (în) baltă* to go to pot, *a-i ~ cu tronc* to grow fond of, *a ~ pe gânduri* to grow thoughtful. **II.** *v.r.* to be fit, *a i se ~* to be one's due.
cădelniță *s.f.* censer.
cădere *s.f.* fall, (insucces) failure, (pricepere) competence, *la ~a nopții* at nightfall.
căi *v.r.* to repent, to regret.
căina I. *v.t.* to pity. **II.** *v.r.* to lament.

căință *s.f.* contrition, *cu ~* contritely.
călare *adj.*, *adv.* on horseback, *~ pe* astride of, *fig.* master of.
călăreț *s.m.* horseman.
călări *v.i.* to ride.
călărie *s.f.* riding.
călător **I.** *s.m.* traveller, (pasager) passenger. **II.** *adj.* travelling, (migrator) migratory.
călători *v.i.* to travel, (pe uscat) to journey, (a naviga) to voyage.
călătorie *s.f.* travel, (scurtă) trip (pe uscat) journey, (pe mare) voyage, (cu mașina) drive, (cu tramvaiul) ride; *carte de ~i* travel book, *~ de afaceri* business travel, *tovarăș de ~* traveling companion.
călău *s.m.* executioner.
călăuză *s.f.* guide.
călăuzi **I.** *v.t.* to guide. **II.** *v.r. a se ~ după* to take smb. as a guide.
călca **I.** *v.t.* to tread, (de hoți) to rob, (cu fierul) to iron, *a ~ în picioare* to trample (under foot), *a ~ legea* to break the law, *a ~ porunca* cuiva to interfere with smb. 's orders, *a ~ pe cineva pe nervi* to jar on smb.'s nerves. **II.** *v.i.* to tread, (cu fierul) to press linen, *nu călcați iarba!* keep off the grass!, *a ~ strâmb* to cheat, *a-și ~ pe inimă* to swallow one's pride.
călcat *s.n.* ironing.
călcâi *s.n.* heel; *i s-au aprins ~ele după ea* he is head over heels in love with her.
căldare *s.f.* bucket.
căldură *s.f.* warmth, heat; *cu ~* heartly, *a primi pe cineva cu ~* to welcome smb., *bun conductor de ~* heat conductor.
călduros **I.** *s.f.* warm. **II.** *adv.* warmly.
călduț *adj.* lukewarm.
căli **I.** *v.t.* to temper. **II.** *v.r.* to be tempered.
călimară *s.f.* ink-pot.
călugăr *s.m.* monk.
călugăresc *adj.* monastic.
călugări *v.t.* (de bărbați) to enter a monastery, (de femei) to take the veil.
călugărie *s.f.* monasticism, (mănăstire) monastery, (de maici) convent.
călugăriță *s.f.* nun.
căluș *s.n.* gag.
călușari *s.m. pl.* morris dance.
călușei *s.m. pl.* merry-go-round.
căluț *s.m.* poney.
cămară *s.f.* pantry.
cămașă *s.f.* shirt, (pt. femei) chemise, *~ de forță* strait jacket, *~ de noapte* night shirt, (de damă) nightgown, *guler de ~* shirt collar, *a nu ști pe unde să scoată cămașa* to be cornered.
cămătar *s.m.* usurer.
cămătăresc *adj.* usurious.
cămătărie *s.f.* usury.
cămilă *s.f.* camel.

cămin *s.n.* hearth, (casă) home, ~ *cultural* house of culture, ~ *de studenți* student hostel, ~ *de zi* day nursery.
căpăstru *s.n.* bridle.
căpăta *v.t.* to get, to obtain, (a câştiga) to earn, *a ~ curaj* to take heart, *a ~ deprinderi proaste* to run into evil practices, *a ~ ceea ce merită* to get what one deserves.
căpătâi *s.n.* head of the bed, (suport) trestle, *fig.* shelter, *de ~* basic, *fără ~* vagrant.
căpătuială *s.f.* money (making).
căpățână *s.f.* head, (țeastă) skull, *bot.* bulb, (de zahăr) sugar.
căpăcăun *s.m.* ogre.
căpetenie *s.f.* chief(tain), *de ~* cardinal.
căpitan *s.m.* captain; *sport, nav.* skipper.
căpiță *s.f.* cock; haycock.
căprar *s.m.* goatherd.
căprioară *s.f.* deer.
căprior *s.m.* *zool.* roebuck, *arhit.* rafter.
căpriță *s.f.* kid.
căprui *adj.* hazel.
căpşun *s.m.* strawberry plant.
căpşună *s.f.* strawberry.
căptuşeală *s.f.* lining.
căptuşi *v.t.* to line.
căpuşă *s.f.* louse tick.
căra I. *v.t.* to carry, (cu sine) to take. **II.** *v.r.* to skedaddle.
cărare *s.f.* path, (în păr) parting.
cărat *s.n.* carrying.
cărăbăni I. *v.t.* to move. **II.** *v.r.* to skip.
cărăbuş *s.m.* cock chafer.
cărămidă *s.f.* brick, ~ *aparentă* face brick.
cărămidărie *s.f.* brick-yard.
cărămiziu *adj.* brick-coloured.
cărăuş *s.m.* carter.
cărăuşie *s.f.* carting.
cărbunar *s.m.* coal miner.
cărbune *s.m.* coal, (tăciune) ember, *bot.* smut, *artă* charcoal.
cărnos *adj.* fleshly.
cărpănos *adj.* stingy.
cărticică *s.f.* booklet.
cărturar *s.m.* scholar.
cărturăresc *adj.* scholarly.
cărucior *s.n.* tub, ~ *de copil* pram.
cărunt *adj.* grey, grizzled.
căruț *s.n.* truck, (de copil) perambulator.
căruțaş *s.m.* waggoner.
căruță *s.f.* wagon, (încărcătură) cartful.
căsăpi *v.t.* to butcher.
căsători I. *v.t.* to marry (away). **II.** *v.r.* *a se ~* (cu cineva) to marry (smb.).
căsătorie *s.f.* marriage.
căsătorit *adj.* married, *tineri căsătoriți* newly weds.
căsca I. *v.t.* to open (wide), *a ~ gura la ceva* to gaze at something. **II.** *v.i., v.r.* to yawn.
căscat I. *s.n.* yawn(ing). **II.** *adj.* (wide) open, *fig.* scatter-brained.
căsnicie *s.f.* wedlock, marriage.

căsuță *s.f.* little house, ~ *poștală* P. O. B. (post office box).

cătănie *s.f.* conscription.

cătină *s.f.* box thorn.

cătrăni I. *v.t.* to embitter. **II.** *v.r.* to grow sad.

cătrănit *adj.* embittered, (posomorât) sulky.

către *prep.* towards.

cătun *s.n.* hamlet.

cătușe *s.f. pl.* hand-cuffs.

cățăra *v.r.* to clamber, (de plante) to climb.

cățărător *adj.* climbing.

cățea *s.f.* bitch.

cățel *s.m.* little dog, (pui) puppy, ~ *de usturoi* clove of garlic.

căuș *s.n.* dipper, (pt. apă) bailer.

căuta I. *v.t.* to seek (for), to look for, (în dicționar) to look up, (a îngriji) to look after, *a ~ să* to try to. **II.** *v.i.* to seek, *a-și ~ de* to mind. **III.** *v.r.* to be in demand.

căutare *s.f.* search, *fig.* demand, *pl.* seekings, groupings, *în ~ de* on the look-out for.

căutat *adj.* in great demand, (artificial) affected.

căutător *s.m.* searcher, seeker, ~ *de aur* gold-digger.

căutătură *s.f.* glance, (urâtă) glare.

căzătură *s.f.* fall, (persoană) wreck.

căzni *v.r.* to strive (hard).

câine *s.m.* dog, (de vânătoare) hound, *fig.* beast, ~ *ciobănesc* shepherd dog, ~ *lup* wolf hound, ~ *polițist* blood hound, ~ *turbat* mad dog; *~le care latră nu mușcă* barking dogs seldom bite; ~ *fără stăpân* stray (dog); *haită de câini* pack of dogs; *a tăia frunză la câini* to hang about.

câlți *s.m. pl.* tow.

câmp I. *s.m. a bate ~ii* to rant on about, *a-și lua ~ii* to run away. **II.** *s.n.* field, (câmpie) plain, ~ *de bătaie* battle field, *în ~ul muncii* employed.

câmpenesc *adj.* field.

câmpie *s.f.* plain.

când *adv.* when(ever), ~ *aici ~ acolo* here today and gone tomorrow, ~ *și ~*, *din ~ în ~* occasionally, *de ~?* since when? *de ~ cu* since, *pe ~* while.

cândva *adv.* some day, (în trecut) one day.

cânepă *s.f.* hemp, *de ~* hemp(en).

cânt *s.n.* song, (canto) singing.

cânta I. *v.t.* to sing, (lain instrument) to play, *fig.* to extol, to glorify, to praise. **II.** *v.i.* to sing, (la un instrument) to play, (la un instrument de suflat) to blow.

cântar *s.n.* scales, (mare) weighing machine.

cântare *s.f.* singing.

cântăreț *s.m.* singer.

cântări *v.t.*, *v.i.*, *v.r.* to weigh.

cântec *s.n.* song, *rel.* hymn, ~ *bătrânesc* traditional, ~ *de leagăn* lullaby, *~ul lebedei* swan song, *cu ~* intricate.

cârâi I. *v.r.* to bicker. **II.** *v.i.* to croak. **III.** *v.t.* to nag.
cârâială *s.f.* croaking.
cârâitor *adj.* croaking.
cârcă *s.f.* *în ~* on somebody's back.
cârcel *s.m.* *bot.* tendril, *med.* cramp.
cârciumar *s.m.* publican.
cârciumă *s.f.* pub(lic house).
cârciumăreasă *s.f.* innkeeper, *bot.* zinnia.
cârcotaş *s.m.* caviler, *adj.* cavilling.
cârcoti *v.i.* to wrangle.
cârd *s.n.* **1**. flock (păsări). **2**. *peior.* group.
cârdăşie *s.f.* collusion.
cârjă *s.f.* crutch, (de păstor) staff, *rel.* crozier.
cârlig *s.n.* hook, (pt. rufe) peg, *fig.* appeal.
cârlionţ *s.m.* curl, (pe frunte) kiss-me-quick.
cârlionţat *adj.* curled.
cârmaci *s.m.* helmsman, *sport* cox(swain).
cârmă *s.f.* rudder, *fig.* helm ; *a fi la ~* to be at the helm.
cârmâz *s.m.* *bot.* coakum.
cârmi *v.t.*, *v.i.* to steer.
cârmui *v.t.*, *v.i.* to rule, to govern.
cârmuire *s.f.* government.
cârmuitor I. *s.m.* ruler. **II.** *adj.* ruling.
cârn *adj.* snub.
cârnat *s.m.* sausage.
cârpaci *s.m.* cobbler, *fig.* bungler.
cârpă *s.f.* rag, (de praf) duster, *pl.* (scutece) swaddling clothes, *fig.* weakling.
cârpi *v.t.* to mend, (a peteci) to patch (up), (ciorapi) to darn, (prost) to bungle, *a ~ o minciună* to fib, *a ~ cuiva o palmă* to box smb. 's ears.
cârteală *s.f.* grumbling.
cârti *v.i.* to grumble.
cârtiţă *s.f.* mole.
câştig *s.n.* gain, (prin muncă) earnings, (venit) income, (profit) profit, (la loterie) prize.
câştiga I. *v.t.* to win, (bani, experienţă) to gain, (prin muncă) to earn, (a căpăta) to get. **II.** *v.i.* to win, to earn, *fig.* to profit.
câştigător I. *s.m.* winner. **II.** *adj.* winning.
cât I. *s.n.* quotient. **II.** *adj.*, *pron.*, *num.* how much, what, (de) *~ timp?* how long? *al ~elea?* which? **III**. *adv.* how (much), *~ de ~* at all, *~ mai bine* as well as possible.
câte I. *adj.* *pron.* all, (interog.) how many. **II.** *pron*: *~ doi* by twos.
câteodată *adv.* sometimes.
câteva *adj.* *pron.* some.
câtuşi *adv.* *~ de puţin* not at all.
câtva *adj.*, *pron.*, *adv.* a little.
cât *interj.* boo!
câţi *adj.*, *pron.* all, *interog.* how many?
câţiva *adj.*, *pron.* some.
ce I. *s.m.* something. **II.** *adj.* what, (care) which, *din ~ cauză?* why? **III**. pron. what,

~ *spui*! you don't say so! **IV.** *adv.* how(much), ~ *de oameni*! how many people!
cea *art.* the. ~ *care* she who/ the one who, (de lucruri) that/ which, *interj.* ho!
ceafă *s.f.* nape (of the neck), *de* ~ by the scruff of smb. 's neck.
ceai *s.n.* tea, *bot.* tea shrub, (petrecere) (tea-)party.
ceainărie *s.f.* tea house.
ceainic *s.n.* tea-pot.
cealaltă *adj., pron.* the other.
ceapă *s.f.* onion, *coajă de* ~ onion skin.
ceară *s.f.* (bee's) wax, (din urechi) cerumen, (de parchet) floor polish, ~ *roşie* sealing wax, *de* ~ wax(en).
cearcăn *s.n.* dark ring.
ceardaş *s.n.* czardas.
cearşaf *s.n.* bed-sheet, (de plapumă) coverlet.
ceartă *s.f.* quarrel.
ceas *s.n.* hour, (de buzunar) watch, (de perete) clock, ~ *bun* propitious hour, ~ *cu cuc* cuckoo clock, ~ *deşteptător* alarm clock, ~*uri întregi* for hours on end.
ceasornic *s.n.* clock, *bot.* passion flower.
ceasornicar *s.m.* watchmaker's (shop), (ca meserie) watch-making.
ceaşcă *s.f.* cup, (conţinut) cupful.
ceată *s.f.* band.
ceaţă *s.f.* mist, (deasă) fog, (uşoară) haze.
ceaun *s.n.* cast-iron kettle.
cec *s.n.* cheque.
ceda *v.t., v.i.* to yield.
cedare *s.f.* yielding.
cedent *s.m. jur.* grantor.
cedru *s.m.* cedar.
ceea *adj., pron.* that, ~ *ce* which.
ceferist *s.m.* Romanian railwayman.
cegă *s.f.* sterlet.
ceh *s.m., f., adj.* Czeck.
cei 1. *art.* the. **2.** *adj., pron* those.
cel 1. *art.* the. ~ *mai bun* the best. **2.** *adj., pron.* that, ~ *de sus* God, ~ *mult* at (the) most, ~ *puţin* at least, ~ *mai târziu* at the latest.
celălalt *adj., pron.* the other.
cele 1. *art.* the. **2.** *adj., pron.* those.
celebra *v.t.* to celebrate, (o căsătorie) to solemnize.
celebritate *s.f.* celebrity.
celebru *adj.* famous, celebrated.
celest *adj.* celestial.
celibat *s.n.* celibacy.
celibatar I. *s.m.* bachelor. **II.** *adj.* single.
celibatară *s.f.* spinster.
celofan *s.n.* cellophane.
celofibră *s.f.* staple fibre.
celt *s.m.* Celt.
celtic *adj.* Celtic.
celular *adj.* cell(ular).
celulă *s.f.* cell, *anat.* corpuscle.
celulită *s.f.* cellulitis.
celuloid *s.m.* celluloid.
celuloză *s.f.* cellulose.
cenaclu *s.n.* literary circle.
cent *s.m.* cent.

centaur *s.m.* centaur.
centenar *s.m.*, *adj.* centenary.
centimă *s.f.* penny.
centimetru 1. *s.m.* centimeter. **2.** *s.n.* measuring tape.
centra *v.t.*, *v.i.* to centre.
central I. *adj.* central. **II.** *adv.* in the centre.
centrală *s.f.* headquarters, ~ *electrică* power station, ~ *telefonică* telephone exchange.
centraliza *v.t.* to centralize.
centralizator *s.n.* synoptic table; *adj.* centralizing.
centrifug *adj.* centrifugal.
centru *s.m.*, *s.n.* centre, middle; ~ *muncitoresc* industrial centre, ~ *înaintaș* centre forward.
centură *s.f.* belt, girdle, ~ *de salvare* life belt.
cenușă *s.f.* ash(es), cinders.
Cenușăreasa *s.f.* Cinderella.
cenușiu *s.n.*, *adj.* grey.
cenzor *s.m.* censor, *fin.* auditor, *de ~i* auditing.
cenzura *v.t.* to censor.
cenzură *s.f.* censorship.
cep *s.n.* spigot.
cer *s.n.* sky, *fig.* heaven, *~ul gurii* the palate, *spre* ~ skywards.
ceramică *s.f.* pottery.
cerat *adj.* waxed.
cerb *s.m.* stag.
cerbice *s.f.* nape of the neck, *fig.* pride, *cu ~a groasă* obstinate.
cerbicie *s.f.* obstinacy.
cerboaică *s.f.* female deer, doe.
cerc *s.n.* circle, (de butoi, pt. copii) hoop, *fig.* sphere, (grup) group; *arc de* ~ arc of circle; ~ *de prieteni* circle of friends.
cercănat *adj.* hollow-eyed.
cercel *s.m.* earring.
cerceta *v.t.* to examine, to study, (a sonda) to fathom.
cercetare *s.f.* investigation, research, *mil.* reconnaissance.
cercetaș *s.m.* (boy) scout.
cercetășie *s.f.* boy scouting.
cercetător I. *s.m.* researcher, research worker. **II.** *adj.* searching, (curios) inquisitive. **II**. *adv.* inquisitively.
cercevea *s.f.* frame.
cerdac *s.n.* porch.
cere I. *v.t.* to ask (for), (imperios) to claim, (a îndemna) to urge, (a cerși) to beg, *a ~ pe cineva în căsătorie* to propose to smb., *cât ceri?* how much do you charge?; *a ~ despăgubiri* to claim damages. **II.** *v.r.* to be demanded.
cereală *s.f.* cereal.
cerebral *adj.* cerebral.
ceremonial *s.n.*, *adj.* ceremonial.
ceremonie *s.f.* ceremony, (politețe) formalism, *fără* ~ informally.
ceremonios I. *adj.* formal. **II.** *adv.* ceremoniously.
cerere *s.f.* demand, (petiție) petition, (de numire, admitere) application. ~ *în căsătorie* marriage proposal, *la* ~ on demand.
ceresc *adj.* heavenly.

cerință *s.f.* requirement, demand.
cerne *v.t.*, *v.i.*, *v.r.* to sift.
cerneală *s.f.* ink. ~ *simpatică* invisible ink; ~ *pentru imprimantă* printer ink.
cerni **I.** *v.t.* (a înnegri) to blacken, to darken. **II.** *v.r.* to turn black.
cerșetor *s.m.* beggar.
cerșetorie *s.f.* beggary.
cerși *v.t.*, *v.i.* to beg.
cert **I.** *adj.* doubtless, sure, certain. **II.** *adv.* surely.
certa **I.** *v.t.* to scold. **II.** *v.r.* to quarrel, *fig.* to fall out.
certat *adj.* scolded, *a fi certat cu cineva* to be at loggerheads with smb.
certăreț **I.** *s.m.* quarrelsome. **II**. *adj.* peevish.
certifica *v.t.* to certify.
certificat *s.n.* certificate.
certitudine *s.f.* certainty, *cu* ~ for certain.
cerui *v.t.* to wax.
cervical *adj.* cervical.
cesiona *v.t.* *jur.* to cede (to smb.).
cesiune *s.f.* cession, assignment.
cestor *s.m.* monitor.
cetate *s.f.* fortress, citadel.
cetățean *s.m.* citizen.
cetățenesc *adj.* civic.
cetățenie *s.f.* citizenship.
cetățuie *s.f.* citadel.
cetină *s.f.* fir-tree needles.
cețos *adj.* foggy, misty.
ceva **I.** *adj.* a little, some. **II.** *pron.* something, *interog.* anything, *așa* ~ such a thing, *un ceas și* ~ *(about)* an hour or so.
cheag *s.n.* rennet, (de sânge) clot, *fig.* money.
chec *s.n.* dry cake.
chef *s.n.* feast, party; (dispoziție) mood.
chefliu **I.** *s.m.* boozer. **II.** *adj.* sociable.
chefui *v.i.* to go on the spree.
chei *s.n.* quay, (de mărfuri) wharf.
cheie **I.** *s.f.* **1.** key. **2.** *muz.* clef. **3.** *pl.* *geogr.* gorge(s). ~ *de boltă* keystone, ~ *falsă/ potrivită* master key. **II.** *adj.* key, staple.
chel **I.** *s.m.* bald-headed man. **II.** *adj.* bald (-headed).
chelălăi *v.i.* to yelp.
chelfăneală *s.f.* spanking.
chelfăni *v.t.* to drub.
cheli *v.i.* to grow bald.
chelie *s.f.* baldness.
chelner *s.m.* waiter.
chelneriță *s.f.* waitress.
cheltui **I**. *v.t.*, *v.i.* to spend. **II**. *v.r.* to be spend, *fig.* to work one's head off.
cheltuială *s.f.* expense, *fin.* expenditure.
cheltuitor **I.** *s.m.* squanderer, waster. **II.** *adj.* extravagant.
chema **I.** *v.t.* to call (for), (la telefon) to ring up, *mă cheamă Nicolae* my name is Nicholas, *a* ~ *în ajutor* to appeal to. **II.** *v.r.* to be called, (a însemna) to mean; *a* ~ *chema în ajutor* to call for help; *a* ~ *în judecată* to sue.

chemare *s.f.* call(ing), (provocare) challenge.
chenar *s.n.* frame, border, *text.* festoon, list.
chenzină *s.f.* fortnight.
cheotoare *s.f.* button-hole. (copcă) claps.
chercheli *v.r.* to booze.
cherem *s.n. la ~ul cuiva* at smb. 's beck and call.
cherestea *s.f.* timber.
chermesă *s.f.* kermis.
chestie *s.f.* thing, affair.
chestiona *v.t.* to question, to ask.
chestionar *s.n.* questionnaire.
chestiune *s.f.* matter, *~ de onoare* point of honour, *~ litigioasă* outstanding question, *în ~* at issue.
chetă *s.f.* collection.
chezaş *s.m.* guarantor.
chezăşie *s.f.* guarantee.
chiabur I. *s.m.* kulak. **II.** *adj.* wealthy.
chiaburime *s.f.* kulaks.
chiar *adv.* even, (personal) one-self, (tocmai) precisely, *~ acum* right now, *~ aşa* just like that, *~ el* the very man, *ba ~!* oh yes!
chibiţa *v.i.* to kibitz.
chibrit *s.n.* match.
chibzui *v.t., v.i.* to consider.
chibzuială *s.f.* consideration, *cu ~* considerate(ly).
chibzuinţă *s.f.* wisdom, (economie) thrift.
chibzuit *adj.* wise, considerate, (econom) chary.
chică *s.f.* long hair.
chichiţă *s.f.* subtlety.
chicinetă *s.f.* kitchenette.
chiciură *s.f.* hoar frost.
chicot *s.n.* snigger.
chiflă *s.f.* roll.
chiftea *s.f.* minced-meat ball.
chihlimbar *s.n.* amber.
chilie *s.f.* cell.
chilipir *s.n.* good bargain.
chiloţi *s.m. pl.* drawers, (bathing) trunks.
chimen *s.n.* caraway.
chimic I. *adj.* chemical. **II.** *adv.* chemically.
chimicale *s.f. pl.* chemicals.
chimie *s.f.* chemistry.
chimion *s.n.* cumin.
chimir *s.n.* (money) belt.
chimist *s.m.* chemist.
chin *s.n.* torment, (trudă) labour(s), *~urile facerii* throes (of childbirth).
chinez *s.m., f., adj.* Chinese.
chinezesc *adj.* Chinese.
chinezeşte *adv.* (like a) Chinese.
chinezoaică *s.f.* Chinese woman.
chingă *s.f.* girth.
chinină *s.f.* quinine.
chintal *s.n.* quintal.
chintă *s.f.* (de tuse) coughing fit.
chintesenţă *s.f.* quintessence.
chinui *v.t., v.r.* to torture, to torment (one-self).
chinuire *s.f.* tormenting.
chinuitor *adj.* tormenting.
chior *adj.* one-eyed, (miop) short-sighted; *apă ~ă* wish-wash.
chiorâş *adv.* awry; *a se uita ~* to look askance.

chioşc *s.n.* kiosk, stand, (gheretă) booth.
chiot *s.n.* shout, shriek.
chip *s.n.* face, (imagine) image, (fel) manner, ~ *cioplit* graven image, *cu orice* ~ at all costs.
chiparoasă *s.f.* tuberose.
chiparos *s.m.* cypress.
chipeş *adj.* good-looking.
chipiu *s.n.* peaked cap.
chipurile *adj.* so to speak.
chirci *v.r.* to cower.
chiriaş *s.m.* lodger.
chirie *s.f.* rent, (pt. obiecte) hire.
chirilic *adj.* Cyrillic.
chiromanţie *s.f.* palmistry.
chirpici *s.n.* adobe.
chirurg *s.m.* surgeon.
chirurgical *adj.* surgical.
chirurgie *s.f.* surgery.
chist *s.n.* cyst.
chit *s.n.* putty *adj.* *a fi* ~ to be quits.
chitanţă *s.f.* receipt.
chitanţier *s.n.* receipt book.
chitară *s.f.* guitar.
chitic *s.m.*, *a tăcea* ~ to keep mum.
chitui *v.t.* to putty.
chiţ *interj.* eek!
chiţăi *v.i.* to squeak.
chiţăit *s.n.* squeak(ing).
chiţibuş *s.n.* trifle.
chiţibuşar **I.** *s.m.* pettifogger. **II.** *adj.* cavillous.
chiu *s.n.* *cu* ~ *cu vai* at great pains.
chiui *v.t.* to shout.
chiuit *s.n.* shriek.
chiul *s.n.* shifting, (absenţă) truancy.
chiulangiu *s.m.* (la şcoală) truant, *fig.* slacker, lagger.
chiuli *v.i.* to play truant.
chiuvetă *s.f.* wash-hand basin, (de bucătărie) sink.
chiverniseală *s.f.* management, sustenance.
chivernisi *v.t.* to administer, to manage, to save.
chivot *s.n.* ark.
ci *conj.* but; ~ *şi* but also.
cibernetică *s.f.* cybernetics.
cianură *s.f.* cyanide.
cicatrice *s.f.* scar.
cicatriza *v.r.* to heal, to cicatrize.
cică *adv.* it is said, as the story goes.
cicăleală *s.f.* nagging.
cicăli *v.t.* to nag, to bicker.
cicălitor *adj.* annoying.
cyclic *adj.* cyclic.
ciclism *s.n.* cycling.
ciclist *s.m.* cyclist.
ciclon *s.n.* cyclone.
ciclop *s.m.* Cyclops.
ciclu *s.n.* cycle.
cicoare *s.f.* chicory.
cidru *s.n.* cider.
cifra **I.** *v.t.* to number; to cipher; to code. **II.** *v.r.* *a se* ~ *la* to amount to.
cifră *s.f.* figure.
cifru *s.n.* cipher.
cilindric *adj.* cylindrical.
cilindru *s.m.* cylinder, *cu patru* ~*i* four-cylindered.
cimbru *s.n.* savory.
ciment *s.n.* cement.
cimenta **I.** *v.t.* to cement. **II.** *v.r.* to be cemented.
cimentare *s.f.* cementation.

cimitir *s.n.* graveyard.
cimpanzeu *s.m.* chimpanzee.
cimpoi *s.n.* bagpipe.
cina *v.i.* to eat supper.
cină *s.f.* supper, *Cina cea de taină* The Last Supper.
cinci *s.m.*, *adj.*, *num.* five.
cincilea *adj.*, *num.* (the) fifth.
cincime *s.f.* fifth.
cincinal *adj.* five-year.
cincisprezece *s.m.*, *adj.*, *num.* fifteen.
cincisprezecelea *adj.*, *num.* the fifteenth.
cincizeci *s.m.*, *adj.*, *num.* fifty.
cincizecilea *adj.*, *num* (the) fiftieth.
cine *pron.* who, ~ *din voi?* which of you? *cu ~?* with whom? *pe ~?* who(m)?
cineast *s.m.* film-maker.
cineclub *s.n.* film-fan club.
cinegetică *s.f.* cynegetics.
cinema *s.n.* cinema.
cinemascop *s.n.* cinemascope.
cinematograf *s.n.* cinema.
cinematografic *adj.* film.
cinematografie *s.f.* cinema(tography).
cineva *pron.* somebody, *interog.* şi *neg.* anybody.
cingătoare *s.f.* girdle.
cinic **I.** *s.m.* cynic. **II.** *adj.* cynical.
cinism *s.n.* cynicism.
cinste *s.f.* honour, (onestitate) honesty, (virtute) virtue, (glorie) glory, (cu ~) creditably, *în ~a cuiva* for smb. 's health, *pe ~* greatly, capital(ly), *pe ~a mea* upon my word of honour.
cinsti *v.t.* to honour.
cinstire *s.f.* veneration.
cinstit **I.** *adj.* honest, (credincios) true, (virtuos) chaste, (onorat) venerated. **II.** *adv.* honestly.
cintezoi *s.m.* chaffinch.
cioară *s.f.* crow.
ciob *s.n.* shiver; crock.
cioban *s.m.* shepherd.
ciobănesc *adj.* shepherd's. *câine ~* sheperd's dog; *fluier ~* sheperd's flute/ pipe.
ciobăniță *s.f.* shepherdess.
cioc *s.n.* beak, bill, (barbă) goatee, (minciună) shave, *interj.* knock!
ciocan *s.n.* hammer, (de lemn) gavel, ~ *de lipit* soldering gun, ~ *pneumatic* air hammer.
ciocăni *v.t.*, *v.i.* to knock, (de păsări) to peck.
ciocănitoare *s.f.* wood-pecker.
ciocănitură *s.f.* knock.
ciocârlie *s.f.* skylark.
cioclu *s.m.* undertaker, (gropar) grave digger.
ciocni *v.t.* to clink, *v.r.* to collide.
ciocnire *s.f.* collision, clash.
ciocnit *adj.* (spart) broken, (crăpat) split.
ciocoi *s.m.* boyar, (parvenit) upstart, pusher.
ciocoiesc *adj.* boyar's, (de parvenit) upstart.
ciocolată *s.f.* chocolate; *cutie de bomboane de ~* box of chocolates.
ciocolatiu *adj.* brownish.
ciolan *s.n.* bone.
ciolănos *adj.* bony.

ciomag *s.n.* cudgel.
ciomăgi *v.t.* to cudgel.
ciondăneală *s.f.* scolding.
ciondăni *v.t.* to scold, *v.r.* to squabble.
ciopârți *v.t.* to hack into pieces.
ciopli I. *v.t.* to carve. **II.** *v.r.* to improve one's manners.
ciorap *s.m.* (lung) stocking, (scurt) sock, *com. pl.* hose, *~i trei sferturi* knee-length stockings.
ciorbă *s.f.* soup; *~ de burtă* tripe soup.
ciorchine *s.m.* bunch.
ciornă *s.f.* rough copy.
cioroi *s.m.* raven, crow.
ciorovăi *v.r.* to haggle.
ciot *s.n.* gnarl, (buturugă) stump.
cioturos *adj.* knotted.
cirac *s.m.* disciple, *peior.* lick-spittle.
circ *s.n.* circus, *fig.* mockery.
circa *adv.* about.
circă *s.f.* (de poliție) police station, (medicală) medical centre.
circuit *s.n.* circuit; *~ închis* close circuit.
circula *v.i.* to circulate, (a face naveta) to ply, (de zvonuri) to be about, *~ți!* move on!
circulară *s.f.* circular/ form letter.
circulație *s.f.* circulation, (trafic) traffic, *de mare ~* wide-spread.
circumcis *adj.* circumcised.
circumcizie *s.f.* circumcision.
circumferință *s.f.* circumference, boundaries.
circumlocuțiune *s.f.* circumlocution.
circumscrie *v.t.* to circumscribe.
circumscriere *s.f.* circumscription.
circumscripție *s.f.* (de poliție) police station, *med.* circuit, *pol.* constituency.
circumscris *adj.* circumscribed.
circumspect *adj.* cautious.
circumspecție *s.f.* circumstance, *circumstanțe atenuante* extenuating/ palliating circumstances, *de ~* for the nonce.
circumstanță *s.f.* circumstance.
circumstanțial *adj.* circumstantial, *gram.* adverbial.
cireadă *s.f.* herd.
cireașă *s.f.* (sweet) cherry.
cireș *s.m.* cherry tree.
ciripi *v.t., v.i.* to twitter, to chirp.
ciripit *s.n.* chirp(ing).
ciroză *s.f.* cirrhosis.
cisternă *s.f.* tank.
cistită *s.f.* cystitis.
cișmea *s.f.* (water)pump, (robinet) tap.
cita *v.t.* to quote, (un exemplu) to cite, to mention, *jur.* to summon.
citadelă *s.f.* citadel.
citadin *adj.* city.
citat *s.n.* quotation.
citație *s.f.* subpoena.
citeț I. *adj.* legible. **II.** *adv.* legibly.

citi I. *v.t.* to read, (atent) to peruse, (neatent) to skim over. **II.** *v.i.* to read, (tare) to read out. **III.** *v.r.* to read, to be read.
citire *s.f.* reading.
citit *s.n.* reading, *adj.* (well-) read.
cititor *s.m.* reader.
citric *s.n.* citrus fruit, *adj.* citric.
ciubotă *s.f.* boot.
ciuboțică *s.f.* bootee, *ciuboțica cucului* cowslip.
ciubuc *s.n.* tip.
ciucure *s.m.* tassel.
ciudat I. *adj.* odd, (original) peculiar. **II.** *adv.* oddly.
ciudă *s.f.* anger, (pică) spite, *cu* sau *în* ~ out of spite, *în ciuda...* despite (of).
ciudățenie *s.f.* oddity, queerness.
ciuf *s.n.* tuft.
ciufulit *adj.* ruffled, dishevelled.
ciufut I. *s.m.* skinflint. **II.** *adj.* peevish.
ciuguli *v.t.* to peck.
ciulama *s.f.* white sauce stew.
ciuli *v.t.* *a-și ~ urechile* to prick up one's ears.
ciulin *s.m.* thistle.
ciumat I. *s.m.* plague-stricken man. **II.** *adj.* plague-stricken.
ciumă *s.f.* plague, *fig.* fright.
ciumăfaie *s.f.* Jimson weed.
ciung *adj.* one-armed.
ciunt *adj.* crippled.
ciunti *v.t.* to maim, *fig.* curtail.
ciupercă *s.f.* mushroom, (mică) fungus, (pt. ciorapi) darning egg.
ciupi *v.t.* to pinch, (a fura) to filch.
ciupit *adj.* (de vărsat) pock-marked.
ciupitură *s.f.* pinch, (de vărsat) pockmark.
ciur *s.n.* sieve, (mare) riddle.
ciuruc *s.n.* wretch, *pl.* refuse.
ciurui *v.t.* to riddle.
ciută *s.f.* hind.
ciutură *s.f.* well bucket.
civil I. *s.m.* civilian, *în* ~ in civvies. **II.** *adj.* civilian. *jur.* civil, (de haine) plain. **III.** *adv.* in plain clothes.
civiliza I. *v.t.* to civilize. **II.** *v.r.* to become civilized.
civilizat I. *adj.* civilized, refined. **II.** *adv.* in a civilized way.
civilizație *s.f.* civilization.
cizela *v.t.*, *v.r.* to polish (oneself).
cizelare *s.f.* chasing.
cizmar *s.m.* shoemaker, (cârpaci) cobbler.
cizmă *s.f.* (top)boot, *fig.* dolt.
cizmărie *s.f.* bootmaking, shoemaker's (shop).
clac *s.n.* crush hat.
claca *v.i.* to break down.
clacă *s.f.* group work, *ist.* statute labour.
claie *s.f.* hayrick, *o ~ de păr* a shock of hair, *~ peste grămadă* pell-mell.
clamă *s.f.* paper clip, (pentru păr) hair pin.
clan *s.n.* clan.

clandestin I. *adj.* clandestine, surreptitious. **II.** *adv.* surreptitiously.
clanță *s.f.* door handle.
clapă *s.f.*, *muz.* key, (la buzunar) flap.
clapon *s.n.* capon.
clar I. *s.n.* ~ *de lună* moonlight (night). **II.** *adj.* clear, (evident) obvious. **III.** *adv.* clearly, evidently.
clarifica I. *v.t.* to elucidate. **II.** *v.r.* to become clear.
clarificator *adj.* enlightening.
clarinet *s.n.* clarinet.
claritate *s.f.* clearness, clarity.
clarvăzător *adj.* clear-sighted.
clasa I. *v.t.* to classify, *jur.* to stop. **II.** *v.r.* to be classified.
clasament *s.n.* classification.
clasă *s.f.* class, (sală) classroom, ~ *conducătoare* ruling class, *clasa muncitoare* the working class, *produs de primă* ~ first class product.
clasic I. *s.m.* classic (author). **II.** *adj.* classic, (tradițional) classical.
clasicism *s.n.* classicism.
clasifica *v.t.* to classify.
clasificare, clasificație *s.f.* classification, (la școală) ratings.
clasificator *adj.* classifying.
clauză *s.f.* clause; ~ *contractuală* contractual clause.
clavecin *s.n.* cembalo.
claviatură *s.f.* keyboard.
clavicular *adj.* clavicular.
claxon *s.n.* horn.
claxona *v.i.* to horn.
clăbuc *s.m.* (soap) sud.
clăbuci *v.t.* to lather.
clăcaș *s.m.* bondsman.
clădi *v.t.* to build, to construct.
clădire *s.f.* building, (publică) edifice.
clămpăni *v.i.* to clatter, (a flecări) to chatter.
clănțăni *v.i.* to chatter, to tremble.
clăpăug *adj.* flap-eared.
clăti *v.t.*, *v.r.* to rinse.
clătina I. *v.t.* to shake, (a zdruncina) to shatter. **II.** *v.i.* *a* ~ *din cap* to shake one's head. **III.** *v.r.* to shake, (pe picioare) to stagger.
clătire *s.f.* rinsing.
clătită *s.f.* pancake.
clefăi *v.i.* to chomp, to munch.
clei I. *s.n.* glue. ~ *de pește* isinglass. **II.** *adj.* ignorant.
cleios *adj.* sticky, *fig.* ignorant.
clemă *s.f.* clamp.
clement *adj.* merciful, compassionate.
clemență *s.f.* clemency.
clepsidră *s.f.* sandglass.
cleptoman *s.m.*, *adj.* kleptomaniac.
cler *s.n.* clergy.
cleric *s.m.* clerk.
clerical *adj.* clerical.
cleștar *s.n.* crystal, *ca ~ul* crystal clear.
clește *s.m.* tongs, pliers, (mic) pincers, (de perforat) punch, *zool.* claw.
cleveti *v.i.* to gossip, to backbite.
clică *s.f.* clique.

client *s.m. com.* customer, *jur.* client, *med.* patient.
clientelă *s.f. com.* custom(ers), *jur., med.* practice.
climat *s.n.* climate.
climateric *adj.* climatic.
climă *s.f.* climate.
clin *s.m.* gusset.
clinchet *s.n.* tinkling.
clinic *adj.* clinical.
clinică *s.f.* clinic.
clinti I. *v.t.* to move. **II.** *v.r.* to budge.
clipă *v.t.* moment.
clipi *v.t.* to blink, (ca semn) to wink.
clipire *s.f.* blinking.
clipită *s.f.* moment.
clipoci *v.i.* to ripple.
clismă *s.f.* enema.
clişeu *s.n.* negative, *fig.* cliché.
cloacă *s.f.* sewer, drain; *fig.* cloaca, bog.
cloci I. *v.t.* to hatch. **II.** *v.i.* to brood.
clocit I. *s.n.* hatching. **II.** *adj.* bad, (de apă) foul.
clocitoare *s.f.* incubator.
clocot *s.n.* bubbling.
clocoti *v.i.* to boil, to seethe.
clocotit *adj.* boiling (hot).
clonă *s.f.* clone.
cloncăni *v.i.* to cluck, to cackle.
clonţ *s.n.* beak.
clopot *s.n.* bell.
clopotar *s.m.* bell ringer.
clopotniţă *s.m.* belfry.
clopoţel *s.m.* bell, *bot.* bellflower, *pl.* snow-drops.
clor *s.n.* chlorine.
clorură *s.f.* chloride.
closet *s.n.* lavatory, water closet, ~ *public* public convenience.
cloşcă *s.f.* hatching hem.
clovn *s.m.* clown, *fig.* buffoon.
clovnerie *s.f.* clownery.
club *s.n.* club (house).
cneaz *s.m ist.* prince.
cnezat *s.n. ist.* principality.
coacăză *s.f.* gooseberry.
coace I. *v.t.* to bake, (de soare) to ropen, *fig.* to hatch, *a i-o ~ cuiva* to cook somebody's goose. **II.** *v.i.* to gather. **III.** *v.r.* to ripen.
coadă *s.f.* tail, (pieptănătură) pigtail, plaint, *bot.* stalk, (de unealtă) handle, (de rochie) train, (şir) queue; *coada calului (bot.)* horse tail, *coada şoricelului (bot.)* milfoil, *a da din ~* to wag one's tail, *a sta la ~* to stand in a queue.
coafa I. *v.t.* to dress (smb. 's hair) **II.** *v.r.* to have a hairdo.
coafeză I. *s.f* hairdresser.
coafură *s.f.* hairdo.
coagula *v.t.*, *v.r.* to coagulate, to curdle.
coagulant *adj.* coagulant.
coajă *s.f.* (de copac) bark, (crustă) crust, (de fruct) skin, (de ou) shell.
coală *s.f.* sheet.
coaliţie *s.f.* coalition.
coaliza *v.t.*, *v.r.* to confederate.
coamă *s.f. zool.* mane, (de zid) coping.
coapsă *s.f.* thigh.
coardă *s.f.* cord, *muz.* string, (pt. copii) skipping rope.
coarnă *s.f.* cornel.

coasă *s.f.* scythe, (cosit) haymaking.
coase *v.t.*, *v.i.* to sew.
coastă *s.f.* *anat.* rib, (latură) side, (de deal) slope, (de mare) coast.
coautor *s.m.* co-author, *jur.* accomplice.
cobai *s.m.* guinea pig.
cobalt *s.n.* cobalt.
cobe *s.f.* croakers, (la găină) pip.
cobi *v.i.* to forebode evil.
cobiliță *s.f.* yoke.
coborâre *s.f.* descent, lowering, (dintr-un vehicul) coming off.
coborâș *s.n.* descent, (pantă) slope.
coborâtor **I.** *s.m.* descendant. **II.** *adj.* downward.
coborî **I.** *v.t.* to lower, (a înjosi) to debase. **II.** *v.i.*, *v.r.* to gun down/ off, (a descăleca) to dismount.
cobră *s.f.* cobra.
cobză **I.** *s.f.* kobsa. **II.** *adv.* tightly, hand and foot.
coc *s.n.* loop of hair.
cocaină *s.f.* cocaine.
cocă *s.f.* dough.
cocean *s.m.* (corn) cob.
cochet **I.** *adj.* coquettish. **II.** *adv.* smartly.
cocheta *v.i.* to flirt.
cochetă *s.f.* coquette.
cochetărie *s.f.* coquetry.
cocină *s.f.* pigsty.
cocioabă *s.f.* hut, shanty.
cocleală *s.f.* verdigris, (gust rău) foul taste, dry mouth.
cocli *v.r.* to rust.
coclire *s.f.* verdigrising.
cocoașă *s.f.* hump, hunch (back).
cocoli *v.t.* to muffle, to mollycoddle.
cocoloș *s.n.* ball, (mic) pellet.
cocoloși *v.t.* to crumple, *fig.* to hush up.
cocon *s.m.* cocoon.
cocor *s.m.* crane.
cocos *s.m.* coconut tree, *nucă de ~* coconut.
cocostârc *s.m.* stork.
cocoș *s.m.* rooster, ~ *de munte/ sălbatic* grouse.
cocoșa *v.r.* to bend one's back.
cocoșat **I.** *s.m.* hunchback. **II.** *adj.* haunch backed.
cocoșel *s.m.* cockerel, (ban) gold coin.
cocotă *s.f.* cocotte.
cocotier *s.m.* coconut tree.
cocoța *v.t.*, *v.r.* to perch.
cocs *s.n.* coke.
cod **1.** *s.m.* *iht.* cod(fish). **2.** *s.n.* code, ~ *penal* criminal code.
coda *v.t.* to code.
codalb *adj.* white-tailed.
codaș **I.** *s.m.* slacker, lagger. **II.** *adj.* lagging.
codebitor *s.m.* *jur.* joint-debitor.
codi *v.r.* to hesitate, *a se ~ să* to shrink from.
codicil *s.m.* rider.
codificare *s.f.* codification.
codiță *s.f.* (short) tail.
codobatură *s.f.* wagtail.
codru *s.m.* forest, *un ~ de pâine* a hunk of bread, *ca în ~* recklessly.
coeficient *s.m.* coefficient, ~ de creștere the rate of increase.

coercitiv *adj. jur.* coercive.
coerent I. *adj.* coherent. **II.** *adv.* coherently.
coerență *s.f.* coherence.
coexista *v.i.* to coexist.
coexistență *s.f.* coexistence.
coeziune *s.f.* cohesion.
cofă *s.f.* wooden pail.
cofetar *s.m.* pastry cook.
cofetărie *s.f.* confectionery.
cogeamite *adj.* huge.
coif *s.n.* helmet.
coincide *v.i.* to coincide (with), to dovetail.
coincidență *s.f.* coincidence.
cointeresa *v.t.* to offer an incentive to.
cointeresare *s.f.* (providing) incentives.
cointeresat *adj.* jointly interested.
coiot *s.m.* coyote.
coji I. *v.t.* to skin, to peel, (copaci) to bark. **II.** *v.r.* to peel (off).
cojoc *s.n.* sheepskin coat.
cojocar *s.m.* furrier.
colabora *v.i.* to co-operate, (la o publicație) to contribute (to a magazine), to assist in.
colaborare *s.f.* co-operation, (la o publicație) contribution.
colaborator *s.m.* co-worker, (la o publicație) contributor.
colac *s.m.* knot-shaped bread, (cerc) ring, ~ *de salvare* life-bony, ~ *peste pupăză* to crown it all.
colagen *s.n.* collagen.
colant *s.m.* tights, *adj.* clinging.
colateral *adj.* collateral.
colaționa *v.t.* to collate.
colb *s.n.* dust.
colcăi *v.i.* *a ~ de* to be alive with, to swarm with.
colea *adv.* (over) there, not far from here.
colecta *v.t.*, *v.i.* to gather.
colectant *s.m.* collector.
colectare *s.f.* gathering.
colectă *s.f.* collection.
colectiv I. *s.n.* community, (de muncă) staff. **II.** *adj.* collective.
colectivitate *s.f.* collectivity.
colecție *s.f.* collection, (de ziare) file.
colecționa *v.t.* to collect.
colecționar *s.m.* collector, (de antichități) antiquary.
coleg *s.m.* fellow, mate, (de clasă) classmate, (de școală) schoolmate, ~ *de cameră* room-mate.
colegial I. *adj.* fellow-like. **II.** *adv.* in a friendly way.
colegiu *s.n.* college, (colectiv) collegiums, ~ *de avocați* bar association.
coleric *adj.* choleric.
colet *s.n.* parcel.
colhoz I. *s.n.* kolkhoz. **II.** *adj.* kolkhoz.
colibă *s.f.* hut, hovel.
colibri *s.m.* humming bird.
colică *s.f.* colic.
colier *s.n.* necklace.
colină *s.f.* hill(ock).
colind *s.n.* (Christmas) carol.
colinda I. *v.t.* to scour. **II.** *v.i.* to go carol-singing.
colindător *s.m.* carol singer.
colivă *s.f.* funeral wheat porridge.

colivie *s.f.* cage.
colo *adv.* (over) there, *de ~ până ~* up and down.
coloană *s.f.* column.
colocatar *s.m.* inmate.
colocviu *s.n.* oral (examination).
colonel *s.m.* colonel.
colonial *adj.* colonial.
coloniale *s.f. pl.* colonial goods.
colonialism *s.n.* colonialism.
colonialist *s.m.*, *adj.* colonialist.
colonie *s.f.* colony, (de copii) holiday camp.
colonie *s.f.* eau-de-Cologne.
colonist *s.m.* colonist.
coloniza *v.t.* to colonize.
colonizator **I.** *s.m.* colonizer. **II.** *adj.* colonizing.
colontitlu *s.n.* column head.
colora **I.** *v.t.* to colour, (a vopsi) to dye. **II.** *v.r.* to colour, (a roşi) to blush.
colorant **I.** *s.m.* dye(stuff). **II.** *adj.* colouring.
colorat *adj.* coloured, *fig.* vivid.
colorit *s.n.* colouring.
colos *s.m.* colossus.
colosal *adj.* colossal, (straşnic) capital, *adv.* enormously.
colporta *v.t.* to spread, (a vinde) to peddle.
colţ **1.** *s.m.* (eye)tooth, *zool.* fang, (de stâncă) crag. **2.** *s.n.* corner, (cotlon) nook.
colţunaş *s.m.* dumpling.
colţuros *adj.* angular, (de stânci) craggy.
columnă *s.f.* column.
coluziune *s.f.* collusion.
comanda *v.t.*, *v.i.* to command, *com.* to order.
comandament *s.n.* headquarters, *fig.* command(ment).
comandant *s.n.* commander.
comandă *s.f.* command, *com.* order, *tehn.* control, *de ~* made to order/ to measure.
comandor *s.m.* colonel.
comasa *v.t.* to merge.
comasare *s.f.* fusion.
comă *s.f.* coma.
combatant *s.m.* fighter, *fost ~* ex-service man, *adj.* fighting.
combate *v.t.* to combat.
combatere *s.f.* fighting.
combativ *adj.* combative.
combativitate *s.f.* militancy.
combina *v.t.*, *v.r.* to combine.
combinat *s.n.* industrial complex; *~ siderurgic* steel works.
combinaţie *s.f.* combination.
combină *s.f.* combine.
combinezon *s.n.* clip, (de aviator) overalls.
combustibil **I.** *s.m.* fuel. **II.** *adj.* combustible.
comediant *s.m.* comedian.
comedie *s.f.* comedy, *~ de moravuri* comedy of manners; farce, *fig.* trick, *ce ~!* the idea of it!
comemora *v.t.* to commemorate.
comemorativ *adj.* memorial.
comenta *v.t.* to comment upon.
comentariu *s.n.* commenta(ary).

comentator *s.m.* commentator, (la ziar) columnist.
comercial *adj.* commercial.
comercializa *v.t.* to market.
comerciant *s.m.* merchant, (mic) shopkeeper.
comerț *s.n.* trade, ~ *angro/ cu ridicata* wholesale trade, ~ *cu amănuntul* retail trade, ~ *exterior* foreign trade.
comesean *s.m.* companion at table, *pl.* company.
comestibil *adj.* eatable.
cometă *s.f.* comet.
comic **I.** **1**. *s.m.* comic actor. **2**. *s.n.* comic character. **II.** *adj.* comical. **III**. *adv.* comically.
comicărie *s.f.* buffoonery.
comis *s.m.* ~ *voiajor* commercial traveller, *amer.* salesman.
comisar *s.m.* police inspector.
comisariat *s.n.* police station.
comisie *s.f.* committee, board, ~ *de redactare* editing panel, ~ *de revizie* auditing committee.
comision *s.n.* commission, (serviciu) errand.
comisionar *s.m.* errand boy.
comitat *s.n.* county.
comite *v.t.* to commit.
comitere *s.f.* perpetration.
comitet *s.n.* committee, ~ *de partid* Party committee, ~ *de întreprindere* shop-steward's committee.
comoară *s.f.* treasure, wealth.
comod **I.** *adj.* comfortable, convenient, (la îndemână) handly, (indolent) indolent. **II.** *adv.* comfortably, conveniently.
comodă *s.f.* chest of drawers.
comoditate *s.f.* snugness.
comoție *s.f.* commotion.
compact **I.** *adj.* dense. **II.** *adv.* densely.
companie *s.f.* company.
companie *s.f. mil.* company.
compara *v.t.*, *v.r.* to compare.
comparabil *adj.* comparable.
comparat *adj.* comparative.
comparativ **I.** *s.n.*, *adj.* comparative. **II.** *adv.* comparatively.
comparație *s.f.* comparison, (literară) simile.
compartiment *s.n.* compartment.
compartimenta *v.t.* to divide.
compas *s.n.* compasses, (pt. măsurat distanțe) dividers.
compasiune *s.f.* sympathy, pity.
compatibil *adj.* compatible.
compatriot *s.m.* fellow country-man.
compărea *v.t. jur.* to appear (before the judge), *a ~ ca martor* to appear as a witness.
compătimi *v.r.* to pity, to commiserate.
compătimire *s.f.* sympathy.
compendiu *s.n.* compendium.
compensa **I.** *v.t.* to compensate for. **II.** *v.r.* to be compensated.
compensator *adj.* compensatory.
compensație *s.f.* compensation.
competent *adj.* competent.
competență *s.f.* competence.
competiție *s.f.* competition.

compila *v.t.* to compile.
compilaţie *s.f.* compilation.
complăcea *v.r.* to indulge (in).
complement *s.n.* complement, *gram.* object. ~ *circumstanţial* adverbial modifier.
complementar *adj.* complementary.
complet I. *s.n.* panel (of judges). **II.** *adj.* complete, (profund) thorough, (plin) full (up). **III.** *adv.* entirely, thoroughly.
completa **I.** *v.t.* to complete, (un formular) to fill in, (a întregi) to round up. **II.** *v.r.* to complete (each other).
completare *s.f.* completion.
completiv *adj.* object.
complex *s.n.* complex, ~ *sportiv* sports grounds.
complexat *adj.* inhibited.
complexitate *s.f.* intricacy.
complezenţă *s.f.* obligingness, *de* ~ perfunctory.
complica I. *v.t.* to complicate. **II.** *v.r.* to become intricate.
complicat *adj.* intricate.
complicaţie *s.f.* complication.
complice *s.m.* accomplice.
complicitate *s.f.* complicity.
compliment *s.n.* compliment.
complimentar *adj.* complimentary.
complini *v.t.* to complete.
complinire *s.f.* completion.
complot *s.n.* conspiracy, plot.
complota *v.t.* to conspire.
complotist *s.m.* plotter.
component *s.n.*, *adj.* component.
componenţă *s.f.* make-up.
comporta **I.** *v.t.* to involve. **II.** *v.r.* to behave.
comportament *s.n.*, **comportare** *s.f.* behaviour.
composta *v.t.* to stamp, to punch (a ticket).
compot *s.n.* stewed fruit.
compozitor *s.m.* composer.
compoziţie *s.f.* composition (structură) make-up, layout, (tablou) subject painting, *actor de* ~ character actor.
compresă *s.f.* compress.
compresor *s.n.* steam roller, auto supercharger.
comprima *v.t.* to (com)press.
comprimabil *adj.* compressible.
comprimare *s.f.* compression.
comprimat **I.** *s.n.* tablet. **II.** *adj.* compressed.
compromis **I.** *s.n.* compromise. **II.** *adj.* discredited.
compromite **I.** *v.t.* to compromise. **II.** *v.r.* to be compromised.
compromiţător *adj.* disreputable.
compune **I.** *v.t.*, *v.i.* to compose. **II.** *v.r.* to be consisted (of).
compunere *s.f.* composition.
compus *s.m.*, *adj.* compound.
comun *s.n.*, *adj.* common.
comunal *adj.* communal.
comună *s.f.* commune; *comuna primitivă* the primitive communal system.
comunica **I.** *v.t.*, *v.i.* to communicate. **II.** *v.r.* to be transmitted.

comunicabilitate *s.f.* communicability.
comunicare *s.f.* communication, (ştiinţifică) paper.
comunicat *s.f.* official announcement.
comunicativ *adj.* communicative.
comunicaţie *s.f.* communication.
comunism *s.n.* communism.
comunist *s.m.*, *adj.* communist.
comunitate *s.f.* community.
comuniune *s.f.* communion.
comuta *v.t.* *jur.* to commute (into).
comutabil *adj.* commutable.
comutator *s.n.* switch.
con *s.n.* cone; *trunchi de ~* frustrum of a cone.
conac *s.n.* manor.
concasa *v.t.* to crush, to grind.
concav *adj.* concave.
concede *v.t.* to concede.
concedia *v.t.* to dismiss.
concediere *s.f.* dismissal.
concediu *s.n.* leave, holidays. ~ *de boală* sick leave.
concentra I. *v.t.* to concentrate, *mil.* to call up. **II.** *v.r.* to concentrate.
concentrare *s.f.* concentration, *mil.* call-up.
concentrat I. *s.n.* concentrate. **II.** *adj.* concentrated, *fig.* intent.
concentraţie *s.f.* concentration.
concepe *v.t.*, *v.i.* to conceive, to imagine.
concept *s.n.* draft, (concepţie) notion, (hârtie) scribbling paper.
conceptual *adj.* conceptual.
concepţie *s.f.* conception, (generală) outlook, ~ *despre lume* world outlook.
concern *s.n.* concern.
concert *s.n.* (spectacol) concert, (bucată) concerto.
concesie *s.f.* concession.
concesiona *v.t.* to lease, to grant.
concesionar *s.m.* concessionaire.
concesionare *s.f.* granting.
concesiune *s.f.* concession.
concesiv *adj.* concessive.
concetăţean *s.m.* fellow citizen.
conchide *v.t.* to conclude.
concilia *v.t.* to reconcile.
conciliabil *adj.* reconcilable.
conciliant *adj.* conciliatory.
conciliator *adj.* conciliating.
conciliere *s.f.* (re)conciliation.
concis *adj.* brief(ly), *adv.* concisely, briefly.
concizie *s.f.* concision.
concludent *adj.* conclusive, edifying.
concluzie *s.f.* conclusion; *a trage o ~* to draw a conclusion.
concomitent I. *adj.* concomitant. **II.** *adv.* simultaneously.
concomitenţă *s.f.* concomitance.
concorda *v.i.* to correspond to, to agree.

concordanță *s.f.* concordance, *gram.* sequence.
concordie *s.f.* concord.
concret I. *adj.* concrete. **II.** *adv.* definitely.
concretiza *v.t.*, *v.r.* to materialize.
concretizare *s.f.* materialization.
concura I. *v.t.* to compete with. **II.** *v.i.* to compete.
concurent I. *s.m.* rival, *sport* competitor. **II.** *adj.* rival.
concurență *s.f.* competition, *până la concurența sumei de* up to the amount of.
concurs *s.n.* competition, contest, (ajutor) support. ~ *de împrejurări* coincidence of events.
condamna *v.t.* to convict, to sentence, to condemn.
condamnabil *adj.* blamable.
condamnare *s.f.* conviction, *fig.* condemnation.
condamnat *s.m.* convict.
condei *s.n.* pen(holder), *fig.* pen(-manship), *dintr-un* ~ at one stroke of the pen.
condensa *v.t.*, *v.r.* to condense.
condensabil *adj.* condensable.
condensat *adj.* condensed.
condensor *s.m.* condenser.
condică *s.f.* register; ~ *de prezență* attendance book.
codiment *s.n.* spice.
codimenta *v.t.* to season.
condiție *s.f.* condition, (clauză) provision, *condiții de muncă* working conditions, *condiții de trai* living conditions, *cu condiția ca* provided that, *fără condiții* unconditional(ly).
condițional *s.n.*, *adj.* conditional.
condiționat *adj.* conditioned.
condoleanțe *s.f.* *pl.* condolences.
conducător *s.m.* leader. *bun* ~ *de căldură* heat conductor.
conduce I. *v.t.* to lead, to conduct, (a călăuzi) to guide, (mașina) to drive, (a dirija) to manage, (a stăpâni) to rule, (a însoți) to accompany, (dezbaterile) to chair, (auto) to drive. **II.** *v.r.* *a se* ~ *după* to take as a guide.
conducere *s.f.* leadership, management, (călăuzire) guidance.
conductă *s.f.* pipe.
conductor *s.m.*, *s.n.* conductor.
conduită *s.f.* conduct.
condur *s.m.* pointed shoe, *~ul doamnei* nasturtium.
conecta *v.t.* to connect.
confecție *s.f.* manufacture, *pl.* ready-made clothes.
confecționa *v.t.* to make, to manufacture.
confederație *s.f.* (con)federation.
conferenția *v.i.* to lecture.
conferențiar *s.m.* lecturer.
conferi *v.t.* to ward, *v.i.* *a* ~ *asupra* to confer upon.
conferință *s.f.* lecture, (consfătuire) conference, ~ *de presă* press conference.
confesiune *s.f.* confession, (sectă) denomination.
confident *s.m.* confidant.

confidență *s.f.* secret.
confidențial **I.** *adj.* confidential. **II.** *adv.* in private.
configure *v.t.* to configure, to arrange, to form.
confirma **I.** *v.t.* to confirm, (primire) to acknowledge. **II.** *v.r.* to be confirmed.
confirmare *s.f.* confirmation, (de primire) acknowledgement.
confisca *v.t.* to confiscate.
conflagrație *s.f.* conflagration.
conflict *s.n.* trife, ~ *armat* war, *în* ~ at variance.
confluență *s.f.* confluence.
conform **I.** *adj.* concordant. **II.** *prep.* ~ *cu* in accordance with.
conforma *v.r.* *a se* ~ *unei cereri* to comply with a request.
conformism *s.n.* conformism.
conformist **I**. *s.n.* conformist. **II.** *adj.* time serving.
conformitate *adj.* conformity; conformability; *în* ~ *cu* in accordance with.
confort *s.n.* comfort, convenience(s).
confortabil **I.** *adj.* comfortable. **II.** *adv.* comfortably
confrate *s.m.* colleague, *pl.* brethren.
confrunta *v.t.* to confront, to compare, (o traducere) to collate.
confruntare *s.f.* confronting, comparison.
confunda **I**. *v.t.* to mix up, to mistake for, to confuse. **II**. *v.r.* to be mixed up.
confuz **I.** *adj.* confused, blurred. **II.** *adv.* confusedly.
confuzie *s.f.* confusion.
congela *v.r.*, *v.t.* to freeze.
congelabil *adj.* freezable.
congelat *adj.* frozen.
congelator *s.n.* freezer.
congestie *s.f.* congestion, (cerebrală) stroke.
congestiona **I.** *v.t.* to congest. **II**. *v.r.* to be congested.
congestionare *s.f.* congestion.
conglomerat *s.n.* conglomerate.
congolez *adj.* Congolese.
congregație *s.f.* congregation.
congres *s.n.* congress, conference, *amer.* *pol.* convention.
congruență *s.f.* agreement, *mat.* congruence.
coniac *s.n.* cognac, brandy.
conic *adj.* conic(al).
conifer **I.** *s.n.* coniferous tree. **II.** *adj.* coniferous.
conivență *s.f.* *a fi de* ~ *cu* to abet.
conjuga **I.** *v.t.* to conjugate. **II.** *v.r.* to be conjugated.
conjugal *adj.* conjugal.
conjugare *s.f.* conjugation.
conjunctiv **I.** *s.n.* conjunctive. **II**. *adj.* conjunctive, *gram.* subjunctive.
conjunctură *s.f.* situation, circumstances, juncture.
conjuncție *s.f.* conjunction.
conjura *v.t.* to conjure.

conjurație *s.f.* conspiracy.
conlucra *v.i.* to cooperate.
conlucrare *s.f.* co-operation.
conopidă *s.f.* cauliflower.
conotație *s.f.* connotation.
consacra I. *v.t.* to devote, (a consfinți) to sanction. **II.** *v.r.* to devote oneself.
consacrare *s.f.* devotion, (a renumelui) recognition, acknowledgement.
consacrat *adj.* established, (de un lucru) (universally) accepted.
consecință *s.f.* consequence, result, *în ~* consequently; *a suporta ~le* to suffer the consequences.
consecutiv I. *adj.* running, consecutive, *gram.* of result. **II.** *adv.* in succession.
consecvent I. *adj.* consistent. **II.** *adv.* consistenty.
consecvență *s.f.* consistency.
consemn *s.n.* order, (parolă) password.
consemna *v.t.* to record, *mil.* to confine, (bani) to deposit, (un elev) to keep after hours.
consemnațiune *s.f.* deposit.
consens *s.n.* consensus.
consensual *adj. jur.* consensual.
conserva *v.t.* to preserve, (în cutii) tinned.
conservare *s.f.* preserving.
conservator I. 1. *s.m.* conservative, (în Anglia) Tory. **2.** *s.n.* music academy. **3.** *adj.* conservative, (în Anglia) Tory.
conservă *s.f.* tin(ned food).
consfătui *v.r.* to confer, to consult with.
consfătuire *s.f.* conference.
consfinți *v.t.* to sanction.
considera *v.t.* to sanction.
considera I. *v.t.* to consider. **II.** *v.r.* to consider oneself, *se consideră că* it is thought that.
considerabil I. *adj.* considerable. **II.** *adv.* appreciably.
considerare, considerație *s.f.* consideration.
considerent *s.n.* reason, ground(s).
consignație *s.f.* junk shop.
consilia *v.t.* to advise, to counsel.
consilier *s.m.* advisor, counsellor.
consiliu *s.n.* council, board, committee. **I.** *~ de administrație* board of directors; *~ municipal* town state, *~ de război* council of war; *~ profesoral* staff council.
consimțământ *s.n.* agreement, approval, consent.
consimți I. *v.t.* to accept. **II.** *v.i.* to consent to.
consimțire *s.f.* approval, consenting.
consistent *adj.* substantial.
consistență *s.f.* consistency, firmness.
consoană *s.f.* consonant.
consola I. *v.t.* to comfort, to console. **II.** *v.r.* *a se ~ cu* to find comfort in.

consolare *s.f.* consolation.
consolida *v.t.*, *v.r.* to strengthen, to reinforce.
consorțiu *s.n.* corporation.
conspect *s.n.* epitomy.
conspecta *v.t.* to summarize.
conspira *v.t.* to plot, to conspire.
conspirativ *adj.* conspiring, underground; *adv.* secretly.
conspirație *s.f.* conspiracy.
consta *v.i.* to consist of, (în ceva) to consist in.
constant *adj.* constant.
constanță *s.f.* steadfastness.
constata I. *v.t.* to ascertain, (a afla) to find. **II.** *v.r.* to be found.
constatare *s.f.* finding.
constelație *s.f.* constellation.
consterna *v.t.* to perplex, to upset.
consternare *s.f.* consternation.
constipa I. *v.t.* to constipate. **II.** *v.r.* to become constipated.
constipat *adj.* constipated, *fig.* narrow-minded.
constipație *s.f.* constipation.
constituent *s.m.* constituent.
constitui *v.t.* to constitute, to form.
constitutiv *adj.* constituent, *jur.* constitutive.
constituție *s.f.* constitution, (fizică) build.
constituțional *adj.* constitutional.
constrânge *v.t.* to force, to constrain, *jur.* to coerce.
constrângere *s.f.* compulsion, *jur.* coercion.
constructiv *adj.* constructive.
constructor *s.m.* builder.
construcție *s.f.* construction, (de mașini) mechanical engineering, (de locuințe) housing.
construi I. *v.t.* to build, to construct, (drumuri) to lay (out). **II.** *v.i.* to build, passive to be build.
construire *s.f.* building, construction.
consul *s.m.* consul.
consulat *s.n.* consulate.
consult *s.n.* consultation.
consulta I. *v.t.* to consult. **II.** *v.r.* to confer; *a ~ un avocat* to take legal advice
consultant I. *s.m.* counsellor. **II.** *adj.* consulting.
consultanță *s.f.* consultancy, advice.
consultație *s.f.* consultation.
consum *s.n.* consumption; *de larg ~* mass consumption.
consuma I. *v.t.* to consume, (a mânca) to eat. **II.** *v.r.* to be consumed, *fig.* to fret.
consumabil *adj.* consumable.
consumator *s.m.* consumer.
consumație *s.f.* consumption, (plată) reckoning.
conștient I. *adj.* conscious. **II.** *adv.* consciously.
conștiență *s.f.* awareness.
conștiincios I. *adj.* conscientious, thorough(going). **II.** *adv.* conscientiously.
conștiință *s.f.* consciousness (etică) conscience.

cont *s.n.* account; *a deschide un ~* to open an account; *Curtea de ~uri* The Audit Office; *eşti pe ~ propriu* you're on your own.
conta *v.i.* to count (on).
contabil I. *s.m.* book-keeper. **II**. *adj.* book-keeping.
contabilitate *s.f.* book-keeping.
contact *s.n.* contact, (legătură) connection; *a păstra ~ul cu* to keep in touch with.
contagios *adj.* catching.
contamina I. *v.t.* to contaminate. **II.** *v.r.* to become contaminated.
conte *s.m.* count, (în Anglia) earl.
contempla *v.t.* to contemplate, to gaze, to watch.
contemporan *s.m., adj.* contemporary.
contemporanietate *s.f.* the present day.
contenire *s.f.* ceasing.
contesă *s.f.* countess.
contesta *v.t.* to dispute.
contestabil *adj.* contestable.
contestaţie *s.f.* appeal.
context *s.n.* context.
continent *s.n.* continent.
continental *adj.* continental.
contingent *s.n.* contingent.
contingenţă *s.f.* affinity.
continua *v.t., v.i., v.r.* to continue, to carry on.
continuare *s.f.* continuation, (la un roman) sequel.
continuator *s.m.* continuer.
continuitate *s.f.* continuity.
continuu I. *adj.* continuous. **II.** *adv.* continuously.
contopi *v.t., v.r.* to merge.
contopire *s.f.* fusion.
contor *s.n.* meter.
contorsiona *v.t* to contort.
contra *adj., adv.* counter, *prep.* against, *jur., sport.* versus (în schimbul a) in exchange for.
contraamiral *s.m.* rear-admiral.
contrabalansa *v.t.* to counterbalance.
contrabandă *s.f.* smuggling, *de ~* smuggled.
contrabandist *s.m.* smuggler.
contrabas *s.m.* double bass.
contracara *v.t.* to counteract.
contract *s.n.* contract, agreement. *~ colectiv* collective agreement.
contracta *v.t., v.r.* to contract.
contracţie *s.f.* contraction.
contradictoriu *adj.* contradictory.
contradicţie *s.f.* contradiction.
contraexpertiză *s.f.* re-survey.
contraface *v.t.* to counterfeit, to imitate.
contrafăcut *adj.* counterfeit.

contraindicat *adj.* contraindicated.
contramaistru *s.m.* foreman.
contramanda *v.t.* to call off, to cancel.
contramandare *s.f.* cancellation, revocation.
contramarcă *s.f.* check.
contrar *s.n., adj.* contrary, *prep.* contrary to.

contrarevoluție *s.f.* counter-revolution.
contrarevoluționar *s.m.*, *adj.* counter-revolutionary.
contraria *v.t.* to vex.
contrariat *adj.* vexed.
contrariu *s.n.* opposite.
contras *adj.* contracted.
contrasemna *v.t.*, *v.i.* to countersign.
contrasemnătură *s.f.* countersignature.
contrasens *s.n.* wrong/ opposite direction, misinterpretation.
contrast *s.n.* contrast, *în ~ cu* in opposition to.
contrasta *v.t.*, *v.i.* to contrast.
contratimp *s.m.* *în ~* out of time.
contravaloare *s.f.* equivalent.
contraveni *v.i.* to contravene.
contravenient *s.m.* contravener; offender.
contravenție *s.f.* contravention.
contrazice *v.t.* to contradict.
contrazicere *s.f.* contradiction.
contribuabil *s.m.* tax payer.
contribui *v.i.* to contribute.
contribuție *s.f.* contribution.
control *s.n.* control.
controla *v.t.* to check, to supervise, *fin.* to audit.
controlor *s.m.* controller, *fin.* auditor, (de bilete) ticket collector.
controversat *adj.* disputed.
controversă *s.f.* controversy.
contur *s.n.* contour, outline.
contura *v.t.* to outline.
contuziona *v.t.* to contuse.
conține *v.t.* to contain.
conținut *s.n.* content(s).
conțopist *s.m.* clerk.
convalescent *s.m.*, *adj.* convalescent.
covalescență *s.f.* convalescence.
convenabil **I.** *adj.* convenient, (ieftin) cheap. **II.** *adv.* conveniently, (ieftin) cheaply.
conveni *v.i.* to agree, (a fi convenabil) to be convenient.
conveniență *s.f.* convenience.
convenție *s.f.* convention.
convențional **I.** *adj.* conventional. **II.** *adv.* conventionally.
conversa *v.i.* to talk.
conversație *s.f.* talk, conversation.
converti **I.** *v.t.* to convert. **II.** *v.r.* to become converted.
convex *adj.* convex.
conviețui *v.i.* to live together.
convingător *adj.* convincing.
convinge **I.** *v.t.* to convince, *a ~ pe cineva să facă ceva* to persuade smb. to do smth. **II.** *v.r.* to see for oneself.
convingere *s.f.* conviction, persuasion.
convins *adj.* convinced, inveterate.
convoca *v.t.* to summon, to convoke.
convocare *s.f.* convocation.
convocator *s.n.* commons.
convoi *s.n.* convoy (alai) procession. *~ de mașini* autocade.

convorbire *s.f.* talk, (telefonică) (telephone) call, (interurbană) trunk call.
convulsie *s.f.* convulsion.
coopera *v.i.* to cooperate.
cooperatist *adj.* cooperative.
cooperativă *s.f.* coop(erative society), ~ *agricolă de producție* cooperative farm, ~ *de consum* consumers' coop(erative).
cooperator I. *s.m.* cooperator, cooperative farmer. **II**. *adj.* cooperative.
cooperație *s.f.* cooperation, ~ *agricolă* cooperative agriculture/ farming.
coopta *v.t.* to co-opt.
coordona *v.t.* to coordinate.
coordonator *s.m.* coordinator, *adj.* coordinating.
copac *s.m.* tree.
copcă *s.f.* clasp, *med.* wound clip, (gaură) (ice)hole.
copertă *s.f.* cover.
copia I. *v.t.* to copy (out), (la școală) to crib. **II.** *v.i.* to crib.
copie *s.f.* copy, (a unei statui) replica; ~ *autentificată a unui document* certified copy.
copil *s.m.* child, *pl.* children, kid, (mic) baby, (fiu) boy, son, (fiică) girl, daughter, ~ *din flori* love child, ~ *găsit* foundling, *de* ~ as a child, din copilărie *from/ since childhood.*
copilă *s.f.* (little) girl.
copilăresc *adj.* childish.
copilări *v.i.* to spend one's childhood.
copilărie *s.f.* childhood, (prostie) stupidity. *din* ~ since childhood.
copilăros *adj.* childish, *fig.* foolish.
copios I. *adj.* plentiful. **II.** *adv.* abundantly.
copist *s.m.* copyist.
copită *s.f.* hoof, (lovitură) kick, (urmă) hoof mark.
copleși *v.t.* to overwhelm.
copleșitor *adj.* overwhelming.
copoi *s.m.* greyhound.
coproducție *s.f.* coproduction.
coproprietar *s.m.* joint owner.
copt I. *s.n.* ripening, (la cuptor) baking. **II.** *adj.* ripe, (în cuptor) baked.
cor *s.n.* chorus, *rel.* choir, quire.
corabie *s.f.* (sailing) ship.
coral I. *s.m.* coral. **II.** *adj.* choral.
corăbier *s.m.* sailor.
corb *s.m.* raven, *fig.* vulture.
corcitură *s.f.* crossbreed, (javră) mongrel.
corcoduș *s.m.* wax cherry tree.
corcodușă *s.f.* wax cherry.
cord *s.n.* heart.
cordial I. *adj.* cordial. **II**. *adv.* whole-heartedly.
cordon *s.n.* girdle, (șnur) cord. ~ *sanitar* (sanitary) cordon.
corect I. *adj.* correct, (cinstit) fair. **II**. *adv.* accurately, (cinstit) fairly.
corecta I. *v.t.* to correct, (a îndrepta) to rectify, (șpalturi) to revise. **II.** *v.r.* to mend (a

repara), (a reveni) to correct oneself.
corectare *s.f.* correction.
corectitudine *s.f.* correctness, (cinste) uprightness.
corector *s.m.* proof reader.
corectură *s.f.* proof (reading).
corean *s.m., f., adj.* Korean.
coregrafic *adj.* dancing.
coregrafie *s.f.* choreography.
corela *v.t.* to correlate.
corelație *s.f.* correlation.
coresponda *v.i.* to write.
corespondent *s.m.* correspondent.
corespondență *s.f.* correspond dence, (poștă) mail. *bilet de ~* transfer ticket.
corespunde *v.i.* to correspond. *a ~ unei situații* to square with a situation.
corespunzător I. *adj.* adequate. **II.** *adv.* accordingly.
coridor *s.n.* corridor.
corifeu *s.m.* leader (of the chorus).
corigent *s.m.* a pupil who has to take a resit. *George e corigent la română* George has to resit Romanian.
corigență *s.f.* resit.
corija *v.t., v.r.* to improve.
corist *s.m.* chorus singer.
corn 1. *s.m.* cornel tree. 2. *s.n.* horn, (de cerb) anther, (de cânătoare) bugle, (pâine) roll, croissant. *~ul abundenței* cornut copia.
cornee *s.f.* cornea.
cornet *s.n.* cornet. *~ acustic* ear trumpet.
cornist *s.n.* bugler.
cornut *adj.* horned.
coroană *s.f.* crown, (de flori) wreath.
corobora *v.t.* to corroborate.
coroiat *adj.* hooked.
coroniță *s.f.* coronet.
corosiv *adj.* corrosive.
coroziune *s.f.* corrosion.
coroziv *adj.* corrosive.
corp *s.n.* body, (mort) corpse, *mil., pol.* corps. *~ de balet* corps de ballet, *~ de casă* house, *~ didactic* teaching staff, (universitar) professor ate, *~ la ~* bodily.
corpolent *adj.* corpulent, stout.
corporație *s.f.* guild.
corsaj *s.n.* bodice.
corsar *s.m.* corsair.
corset *s.n.* stays.
cort *s.n.* tent.
cortegiu *s.n.* convey, train.
cortină *s.f.* curtain.
corupător I. *s.m.* seducer, (mituitor) briber. **II.** *adj.* corrupting.
corupe *v.t.* to corrupt.
corupere *s.f.* corruption.
corupt *adj.* corrupt.
coruptibilitate *s.f.* corruptibility.
corupție *s.f.* corruption.
corvadă *s.f.* drudgery.
cosaș *s.m.* mower, (insectă) grig.
cosi *v.t.* to mow.
cosit I. *s.n.* (fân) haymaking. **II.** *adj.* mown.
cositor *s.n.* tin.
cositori *v.t.* to tin.

cosmetică *s.f.* cosmetics.
cosmonaut *s.m.* spaceman, cosmonaut.
cosmos *s.n.* outer space, cosmos.
cost *s.n.* cost, price.
costa *v.i.* to cost, (a valora) to be worth, *cât costă*? how much is it?
costeliv *adj.* skinny.
costisitor *adj.* expensive.
costiță *s.f.* chop, bacon.
costum *s.n.* suit (of clothes), (îmbrăcăminte) costume. ~ *de baie* swimsuit, swim briefs, ~ *de gata* ready made suit.
costumat *adj.* disguised.
coș *s.n.* (pe față) pimple, (paner) basket, (mic) hamper, (horn) stove-pipe, chimney. ~ *de hârtii* waste paper basket, *~ul pieptului* chest.
coșar *s.m.* chimney sweeper.
coșciug *s.n.* coffin.
coșcogeamite *adj.* huge.
coșmar *s.n.* nightmare.
coșniță *s.f.* basket.
coșuleț *s.n.* hamper, (pt. lucru de mână) work-basket.
cot **1**. *s.m.* ell. **2**. *s.n.* elbow, (ghiont) nudge, (cotitură) bend, turn. ~ *la* ~ *cu* shoulder to shoulder with.
cota *v.t.* to quote, to rate. *a fi ~t* to be considered (as), to pass (for).
cotă *s.f.* chare, quota, *com.* quotation, *geogr.* height, (la curse) odds.
cotcodăci *v.i.* to cackle.
coteț *s.n.* (hen) coop, (cocină) pigsty.
coti *v.i.* to turn (right sau left).
cotidian *s.n.*, *adj.* daily.
cotit *adj.* tortuous.
cotitură *s.f.* turn(ing), *fig.* turning point.
cotiza *v.i.* to pay one's dues.
cotizație *s.f.* due.
cotlet *s.n.* cutlet.
cotlon *s.n.* nook.
cotoi *s.m.* tom-cat.
cotor *s.n.* stub, (de varză) stalk, (de bilet) counter-foil.
cotrobăi *v.t.* to rummage, *v.i.* to search.
cotropi *v.t.* to overrun.
cotropitor *s.m.* invader.
coțofană *s.f.* magpie.
covârși *v.t.* to overcome.
covârșitor *adj.* overwhelming.
coviltir *s.n.* tilt.
covor *s.n.* carpet, (carpetă) rug.
covrig *s.m.* pretzel, *fig.* coil.
cozonac *s.n.* sponge cake.
cozoroc *s.n.* peak.
crab *s.m.* crab.
crac *s.m.* leg.
cracare *s.f.* cracking.
cracă *s.f.* limb, branch.
crah *s.n.* crash.
crai *s.m.* king, *~i de la răsărit* the three Magi, ~ *nou* new moon.
crainic *s.m.* announcer, *ist.* town crier.
cramă *s.f.* wine cellar.
crampă *s.f.* cramp.
crampon *s.n.* cramp(iron), (la bocanc) spike, (de fotbal) stud, *fig.* cling.

crampona *v.r. a se ~ de* to cling to.
craniu *s.n.* skull.
crap *s.m.* carp.
cratiță *s.f.* (frying) pan.
craul *s.n.* crawl.
crăvașă *s.f.* horse whip.
cravată *s.f.* (neck) tie.
crăcăna *v.t., v.r.* to straddle (one's legs).
crăcănat *adj.* bandy-legged.
Crăciun *s.n.* Christmas.
crăiasă *s.f.* empress.
crănțăni *v.i.* to crunch.
crăpa I. *v.t.* to split, (uşa) to half open, (a mânca) to wolf. **II.** *v.i.* to cleave, (a se sparge) to burst, *a ~ de rușine* to die with shame. **III.** *v.r.* to crack, (de piele) to be chapped, *se crapă de ziuă* it dawns.
crăpat *adj.* creaked, (de piele) chapped.
crăpătură *s.f.* crack.
crâcni *v.i.* to protest, to grumble.
crâmpei *s.n.* fragment.
crâncen I. *adj.* grim. **II.** *adv.* grimly.
crâng *s.n.* thicket, spinny.
crea I. *v.t., v.i.* to create. **II.** *v.r.* to be created.
creangă *s.f.* branch.
creanță *s.f.* debt, *jur.* claim.
creare *s.f.* creation, (întemeiere) setting up.
creastă *s.f.* crest, (de cocoş) comb, *geogr.* ridge.
creator I. *s.m.* creator. **II.** *adj.* creative.
creatură *s.f.* creature.
creație *s.f.* creation.
crede I. *v.t.* to think, (a socoti adevărat) to believe, (a-şi închipui) to imagine. **II.** *v.i.* to believe. **III.** *v.r.* to think oneself (important). *se ~ încă tânăr* he considers himself still young; *se ~ că nu e în oraş* he is thought to be out of town.
credincios I. *s.m.* believer. **II.** *adj.* faithful, (cuiva) loyal.
credință *s.f.* faith, (părere) belief, (încredere) trust; *rea ~* dishonesty.
credit *s.n.* credit, (împrumut) loan, *pe ~* on tick.
credita *v.t.* to credit.
creditor I. *s.m.* creditor. **II.** *adj.* credit.
credul *adj.* credulos.
creier *s.m.* brain(s), (minte) reason. *în ~ii munților* in the heart of the mountains.
creion *s.n.* pencil. *~ chimic* indelible pencil; *~ automat* propelling pencil.
creiona *v.t.* to pencil.
crem *adj.* cream-coloured.
crematoriu *s.n.* crematorium.
cremă *s.f.* cream, (de ghete) shoe polish.
cremene *s.f.* flint.
crenel *s.n.* crenel.
crenvurşt *s.m.* frankfurter.
creol *s.m., adj.* Creole.
crep *s.n.* crape (rubber).
crepuscul *s.n.* twilight.
crescător *s.m.* breeder.
crescătorie *s.f.* nursery.
crescând *adj.* growing.

crescut *adj.* grown. *bine* ~ well-bred.
cresta *v.t.* to notch, (a tăia) to cut.
crestătură *s.f.* notch, cut.
creşă *s.f.* nursery.
creşte *v.t.* to bring up, (animale) to breed, (plante) to grow (up), (de ape) to swell.
creştere *s.f.* growth, (dezvoltare) rise, (educaţie) upbringing. *~a albinelor* bee-keeping, *bună* ~ good breeding.
creştet *s.n.* top.
creştin *s.m.*, *adj.* Christian.
creştina **I.** *v.t.* to christianize. **II.** *v.r.* to become Christian.
creştinism *s.n.* Christianity.
cretă *s.f.* chalk.
cretinism *s.n.* imbecility.
cretin *s.m.* stupid, moron.
creton *s.n.* cretonne.
creţ **I.** *s.n.* crease, (rid) wrinkle. **II.** *adj.* curly, (plisat) pleated.
crevete *s.m.* shrimp.
crez *s.n.* creed.
crezare *s.f.* credit.
crichet *s.n.* cricket.
crimă *s.f.* crime, *jur.* felony.
criminal *s.m.*, *adj.* criminal.
criminalistică *s.f.* criminology.
criminalitate *s.f.* delinquency.
crin *s.m.* lily.
criptă *s.f.* vault.
criptic *adj.* cryptic, abstruse.
crispa *v.t.*, *v.r.* to contract.
cristal *s.n.* crystal.
cristalin **I.** *s.n.* crystalline lens. **II.** *adj.* crystalline.
cristaliza *v.t.*, *v.r.* to crystallize.
cristelniţă *s.f.* font.
criteriu *s.n.* criterion.
critic **I.** *s.m.* critic. **II.** *adj.* critical.
critica *v.t.* to criticize.
critică *s.f.* criticism, (literatură) critique. ~ *apologetică* puffing.
crivăţ *s.n.* north wind.
crizantemă *s.f.* chrysanthemum.
criză *s.f.* crisis, (economică) slump, *med.* attack, fit, (lipsă) shortage.
croat **I.** *s.m.* Croat. **II.** *adj.* Croatian.
croazieră *s.f.* cruise.
crocant *adj.* crisp.
crocodil *s.m.* crocodile.
croi *v.t.* to cut (to measure), (un drum) to open.
croială *s.f.* cut.
croitor *s.m.* tailor.
croitoreasă *s.f.* dressmaker.
crom *s.n.* chromium.
cromozom *s.m.* chromosome.
croncăni *v.t.*, *v.i.* to croak.
cronic **I.** *adj.* chronic. **II.** *adv.* chronically.
cronicar *s.m.* chronicler.
cronică *s.f.* chronicle, (recenzie) book review. ~ *dramatică* critique.
cronologic *adj.* chronological.
cronometra *v.t.* to time.
cronometru *s.n.* chronometer.
cros *s.n.* cross-country race.
crosă *s.f.* stick.
croşeta *v.t.*, *v.i.* to crochet.

cruce *v.r.* to cross, (încrucişare) crossroads. *în* ~ crossways.
cruci *v.r.* to cross oneself.
cruciadă *s.f.* crusade.
crucial *adj.* crucial.
cruciat *s.m.* crusader.
crucifica *v.t.* to crucify.
cruciş **I.** *adj.* squint(ing). **II.** *adv.* crossways.
crucişător *s.n.* cruiser.
crud *adj.* raw, (necopt) green, (sălbatic) cruel.
crunt **I**. *adj.* savage, (aspru) terrible. **II**. *adv.* terribly, cruelly.
crustă *s.f.* crust.
cruţa **I.** *v.t.* to spare, (viaţa) to pardon. **II**. *v.r.* to take it easy.
cruţare *s.f.* sparing, (milă) ruth. *fără* ~ relentlessly.
cruzime *s.f.* cruelty.
ctitor *s.m.* founder.
ctitorie *s.f.* foundation.
cu *prep.* with, by, (şi) and.
cub **I.** *s.n.* cube, (*pl.* jucării) bricks. **II.** *adj.* cubic.
cubic *adj.* cubic, (de zahăr) lump.
cubist *s.m.*, *adj.* cubist.
cuc *s.m.* cuckoo.
cuceri *v.t.* to conquer, (a câştiga) to win (over).
cucerire *s.f.* conquest, *fig.* gain, achievement.
cuceritor **I.** *s.m.* conquest. **II.** *adj.* conquering. **III**. *adv.* victoriously.
cucernic **I.** *adj.* devout. **II.** *adv.* piously.
cucoană *s.f.* lady, (vocativ) madam ma'am, (consoartă) spouse.
cucu *interj.* bo-peep!
cucui *s.n.* bump.
cucurigu *s.n.* attic, (teatru) gods, *interj.* cock-a-doodle-doo!
cucută *s.f.* hemlock.
cucuvaie *s.f.* owl.
cufăr *s.n.* chest.
cufunda **I**. *v.t.* to plunge. **II.** *v.r.* to duck.
cuget *s.n.* thought, (conştiinţă) soul.
cugeta *v.i.* to think.
cugetare *s.f.* reflection, meditation.
cugetător *s.m.* thinker.
cui *s.n.* nail.
cuib *s.n.* nest, (de vipere) den, *agr.* hole. ~ *de cuvinte* word cluster.
cuibar *s.n.* nest.
cuibări *v.r.* to nestle.
cuier *s.n.* peg, (mare) hallstand.
cuirasat *s.n.* man-of-war.
cuirasă *s.f.* armour.
cuişoare *s.n. pl. bot.* clove.
culant *adj.* generous.
culca **I.** *v.t.* to put to bed, (a doborî) to fell. **II.** *v.r.* to go to bed, (a se întinde) to lie down.
culcat *adj.* recumbent.
culcuş *s.n.* shelter.
culege *s.f.* gathering, (de texte) collection.
cules *s.n.* harvest, *~ul viilor* vintage.
culinar *adj.* culinary.

culisă *s.f.* side-scenes, *în culise* behind the scenes.
culise *s.f. pl. teatru* wings.
culme *s.f.* cummit, *fig.* acme.
culmina *v.i.* to culminate.
culoar *s.n.* corridor.
culoare *s.f.* colour, (vopsea) dye. *de* ~ coloured.
culpabil *adj.* guilty.
culpabilitate *s.f.* guilt.
cult I. *s.n.* worship. **II.** *adj.* cultured.
cultiva I. *v.t.* to cultivate. **II.** *v.r.* to broaden one's mind.
cultivare *s.f.* cultivation.
cultural *adj.* cultural.
culturalizare *s.f.* dissemination of culture.
cultură *s.f.* culture. *agr.* crop. ~ *generală* all-round education.
cum I. *adv.* how (much)? (poftim?) beg your pardon? ~ *e noul profesor?* what is the new teacher like?, ~ *aşa ?* how is it possible? ~ *de nu!* oh yes, indeed!, ~ *te cheamă?* what is your name?, ~ *o mai duci?* how are you? **II.** *conj.* as. **III.** *interj.* why!
cuminte I. *adj.* quiet, (înțelept) wise. **II.** *adv.* obediently, quietly.
cuminţenie *s.f.* obedience, (înțelepciune) wisdom.
cumnat *s.m.* brother-in-law.
cumnată *s.f.* sister-in-law.
cumpănă *s.f.* balance, (de fântână) sweep, *fig.* (şovăială) prevarication.
cumpăni I. *v.t.* to weigh. **II.** *v.r.* to find one's balance.
cumpănit *adj.* balanced.
cumpăra *v.t.* to buy, (a mitui) to bribe, (martori) to suborn.
cumpărare *s.f.* purchasing, (mituire) corruption.
cumpărător *s.m.* buyer.
cumpărătură *s.f.* purchase, *pl.* (târguieli) shopping.
cumpăt *s.n.* balance.
cumpătare *s.f.* temperance.
cumpătat *adj.* moderate.
cumplit I. *adj.* grim. **II.** *adv.* terribly.
cumsecade I. *adj.* decent. **II.** *adv.* properly.
cumul *s.n.* plurality of offices.
cumula *v.t.* to accumulate.
cumulard *s.m.* holder of many positions/offices.
cumva *adv.* somehow, (poate) perhaps.
cunoaşte I. *v.t.* to know, (a recunoaşte) to recognize. **II.** *v.r.* to be acquainted, (a se observa) to be perceptible, *vă ~ţi* have you met?
cunoaştere *s.f.* knowledge, cognition.
cunoscător *s.m.*, *adj.* expert.
cunoscut I. *s.m.* acquaintance. **II.** *adj.* (well-)known, familiar.
cunoştinţă *s.f.* acquaintance, *fig.* information, consciousness.
cununa *v.t.*, *v.r.* to wed.
cunună *s.f.* coronet, wreath.
cununie *s.f.* wedding, *cu* ~ legally.
cupă *s.f.* cup, *tehn.* bucket, (la cărți) hearts.

cuplet *s.n.* couplet.
cuplu *s.n.* couple.
cupolă *s.f.* cupola.
cupon *s.n.* coupon.
cuprinde I. *v.i.* to include, (a conține) to contain, (a cuceri) to conquer. **II.** *v.r. a se ~ în* to be included in.
cuprins I. *s.n.* (table of) contents, (întindere) expanse. *pe tot ~ul țării* throughout the country. **II.** *adj.* comprised, *fig.* seized with (remorse).
cuprinzător *adj.* comprehensive, wide. *scurt și ~* to put it in a nutshell.
cupru *s.n.* copper.
cuptor *s.n.* oven, *tehn.* furnace.
curabil *adj.* curable.
curaj *s.n.* courage, (tupeu) nerve.
curajos I. *adj.* courageous. **II.** *adv.* courageously.
curat I. *adj.* clean, (pur) pure, (de aer) fresh. **II.** *adv.* cleanly, (de-a dreptul) really.
cură *s.f.* cure, (de slăbire) banting.
curăța I. *v.t.* to (wash) clean. **II.** *v.r.* to clean, (de bani) to be ruined.
curățătorie *s.f.* laundry.
curățel *adj.* neat.
curățenie *s.f.* cleanliness, (puritate) purity, (acțiunea) cleaning, (purgativ) purge.
curând *adv.* soon (afterwards), *de ~* recently; *cât mai ~* as soon as possible; *până de ~* until recently.
curb *adj.* curved.
curba *v.t.* to curve.
curbă *s.f.* curve.
curbură *s.f.* curvature.
curcan *s.m.* turkey.
curcă *s.f.* turkey hen.
curcubeu *s.n.* rainbow.
curea *s.f.* belt; *a strânge ~ua* to tighten one's belt.
curent I. 1. *s.m.* current, (între ferestre) draught. *~ electric* (electric) power, *contra ~ului* against the stream. **2.** *s.n.* current. *fig.* tendency. *la ~* up to date. **II.** *adj.* current, obtaining, (fluent) glib, (de lună) instant. **III.** *adv.* currently, usually, (fluent) fluently.
curenta I. *v.t.* to shock. **II.** *v.r.* to get a shock.
curgător I. *adj.* running, (fluent) fluent, glib. **II.** *adv.* fluently.
curge *v.i.* to flow, to run, (de un vas) to leak.
curier *s.m.* courier, (corespondență) mail.
curios I. *s.m.* busy-body. **II.** *adj.* nosy, curious, (băgăreț) inquisitive. **III.** *adv.* curiously.
curiozitate *s.f.* curiosity, (exagerată) inquisitiveness, (obiect) curio. *de ~* out of curiosity.
curma *v.t.*, *v.r.* to stop, to cease.
curmal *s.m.* date tree.
curmală *s.f.* date.
curmeziș *adv.* crossways. *în ~* crossways, *de-a ~ul* across.

curs *s.n.* course, (oră) lecture, *fin.* rate of exchange, *~ul pieţii* market prices, *~ seral* evening classes, *în ~* under way, *în ~ul a* during.

cursant *s.m.* student.

cursă *s.f.* (întrece) race, (drum) run, (tren) local, (capcană) snare.

cursiv **I.** *adj.* fluent, *tipogr.* italics. **II.** *adv.* fluently.

cursive *s.f. pl.* italics.

curte *s.f.* court.

curtenitor *adj.* courteous.

curtoazie *s.f.* courtesy.

cusătoreasă *s.f.* seamstress.

cusătură *s.f.* seam.

cuscri *s.m., pl.* in-laws.

custode *s.m.* custodian.

cusur *s.n.* defect, flaw.

cusut **I.** *s.n.* sewing. **II.** *adj.* sewn. *~ cu aţă albă* obvious, clumsy.

cuşcă *s.f.* cage. (de câine) kennel, (de găini) coop; (pt. suflor) box.

cuşetă *s.f.* berth.

cutare **I.** *adj.* (this or) that. **II.** *pron.* so and so.

cută *s.f.* fold, (rid) wrinkle.

cuteza *v.t., v.i.* to dare.

cutezător *adj.* audacious.

cuticulă *s.f.* cuticle.

cutie *s.f.* box, *ca (scos) din ~* (just) out of the bandbox.

cutră *s.f.* weathercock.

cutreiera *v.t., v.i.* to wander.

cutremur *s.n.* earthquake.

cutremura *v.t., v.r.* to shake, to tremble.

cuţit *s.n.* knife, *la ~e* at loggerheads.

cuţitaş *s.n.* penknife.

cuţu *interj.* come on!

cuvă *s.f.* tub.

cuvânt *s.n.* word, (cuvântare) speech, (la şedinţă) floor. *cuvinte încrucişate* crossword (puzzle), *~ cu ~* word for word, *~ de ordine* watch-word, *~ înainte* foreword, *~ urât* four-letter word, *sub ~ că* under colour of.

cuvânta *v.t., v.i.* to speak.

cuvântare *s.f.* speech, (scurtă) address.

cuveni *v.r.* to be fit(ting), to be due, *nu se cuvenea să vorbească astfel* he shouldn't have spoken like that.

cuvenit *adj.* proper.

cuvertură *s.f.* coverlet.

cuviincios **I.** *adj.* civil, (decent) decorous. **II.** *adv.* decently.

cuviinţă *s.f.* decency.

cuvios *adj.* pious.

cuvioşie *s.f.* piety.

cvartet *s.n.* quartet.

cvintet *s.n.* quintet.

D

da I. *v.t.* to give, to offer, (a acorda) to grant, (a furniza) to supply, (a înmâna) to hand, (a produce) to yield. *a-şi ~ aere* to put on airs, *a ~ afară* to kick out, (a concendia) to cashier; *a ~ atenţie (la)* to pay attention (to), *a ~ cărţile* to deal the cards, *a ~ la o parte* to remove, *a ~ o lovitură* to deal a blow (at smb.); *a ~ de cineva* to run into smb; *a-i ~ înainte* to carry on; *a se ~ drept...* to pretend to be...; *a se ~ pe brazdă* to improve. **II.** *adv.* yes. **III.** *interog.* really? *ba ~* oh yes. **IV.** *conj.* but.

dac *s.m., f. adj.* Dacian.

dacă *conj.* (condiţional) if, (pe când) while, (când) when, *~ cumva* should..., *~ nu* unless.

dactilografă *s.f.* typist.

dactilografia *v.t.* to type.

dactilografie *s.f.* typewriting.

dafin *s.m.* laurel.

dală *s.f.* flagstone.

dalie *s.f.* dahlia.

daltă *s.f.* chisel.

daltonism *s.n.* daltonism.

damă *s.f.* tart, (doamnă) lady, (la şah şi cărţi) queen, (*pl.* jocul) fury.

dandana *s.f.* shindy.

danez *s.m.* Dane, *adj.* Danish.

daneză *s.f.* Danish (woman).
dangăt *s.n.* toll.
dans *s.n.* dance.
dansa *v.t.*, *v.i.* to dance.
dansant *adj.* dancing.
dansatoare *s.f.* dancer, (de varieteu) chorus girl; *balerină* ballerina.
dansator *s.m.* (ballet) dancer.
dantelă *s.f.* lace, *fig.* tracery.
dantură *s.f.* teeth. ~ *falsă* store teeth.
danubian *adj.* Danubian.
dar I. *s.n.* gift, (cadou) present; (obicei) habit. **II.** *adv.* then. **III.** *conj.* but. ~*mi-te..* let alone.
dara *s.f.* tare.
darabană *s.f.* barrel.
dare *s.f.* tax. ~ *de mână* wealth, ~ *de seamă* account.
darnic *adj.* charitable, generous
dascăl *s.m.* schoolmaster.
dat I. *s.n.* custom, habit. **II.** *adj.* given, (~ *fiind că*) as, ~ *uitării* forgotten.
data *v.t.*, *v.i.* to appointment, to date.
datat *adj.* dated.
dată *s.f.* date, (oară) time, (în ştiinţă) datum, *pl.* data, *pe* ~ immediately; *o (singură)* ~ (just) once, *o~ cu capul* in no case.
datină *s.f.* tradition, custom.
dativ *s.n.* dative.
dator *adj.* indebted.
datora I. *v.t.* to owe. **II.** *v.r.* to be due (to smb.)
datorie *s.f.* debt, *fig.* duty, (credit) credit, *la* ~ on duty.
datorită *prep.* thanks to, (din cauza) because of, owing to.
datornic *s.m.* debtor.
dauna *s.f.* damage, (plată) damages.
dădacă *s.f.* (dry) nurse.
dădăci *v.t.* to nurse.
dăinui *v.i.* to last.
dăltui *v.t.* to chisel.
dăngăni *v.i.* to toll, to knell.
dărăpăna *v.r.* to deteriorate.
dărăpănătură *adj.* tumbledown.
dărâma *v.t.* to demolish.
dărâmare *s.f.* demolition.
dărâmătură *s.f.* ruin.
dărnicie *s.f.* bounty, generosity
dărui *v.t.* to give.
dăruire *s.f.* offering. ~ *de sine* abnegation.
dăscăli *v.t.* to lecture, to scold, to nag.
dătător I. *s.m.* giver. **II.** *adj.* giving.
dăuna *v.i.* *a* ~ *cuiva* to harm smb.
dăunător I. *s.m.* *agr.* pest. **II.** *adj.* injurious, deleterious (to smb's health).
dâmb *s.n.* hillock, mount.
dânsa *pron.* she.
dânsele *pron.* they.
dânsul *pron.* he.
dânşii *pron.* they.
dâră *s.f.* trail.
dârdâi *v.i.* to tremble.
dârz *adj.* firm, determined.
dârzenie *s.f.* staunchness.

de I. *adv.* ~ *prost ce era* (as) he was so stupid. **II**. *prep.* of, (de la) from, (în timp) for, *lipit* ~ against, ~ *curând* recently, ~ *atunci* since (then), (din) of, at, in, (temporal) since, ~ *la o vreme* after a time, ~*loc* not at all, ~ *mult* long ago. **III.** *conj.* if. **IV.** *interj.* well!
de-a binelea *adv.* thoroughly.
de-a bușilea *adv.* on all fours.
de-a curmezișul *adv., prep.* across.
de-a dreptul *adv.* frankly, directly
deal *s.n.* hill, *la* ~ up hill.
de altfel *loc. adv.* actually.
de-a lungul *adv.* along, lengthways.
de-a pururi *adv.* forever.
de asemenea *adv.* also.
deasupra I. *adv.* above (peste) over. *pe* ~ moreover. **II.** *prep.* above, (peste) over.
de-a valma *adv.* pell-mell.
debandadă *s.f.* disorder.
debarca *v.t., v.i.* to land, *fig.* to overthrow.
debarcader *s.n.* jetty.
debarcare *s.f.* landing.
debil I. *s.m.* ~ *mintal* mental defective. **II**. *adj.* mentally ill, delicate.
debilita I. *v.t.* to debilitate. **II**. *v.r.* to grow weak.
debilitate *s.f.* debility.
debit *s.n.* (de tutun) tobacconist's, (chioșc de ziare) news-stand, *com.* debit.
debita *v.t.* to sell, *tehn.* to yield, (a spune) to speak.
debitare *s.f.* debiting.
debitor *s.m.* debtor.
debloca *v.t.* to unblock, to free.
deborda *v.i.* to overflow, (a vărsa) to vomit. *a ~ de bucurie* to exult.
debordant *adj.* overflowing.
debușeu *s.n.* outlet.
debut *s.n.* first appearance.
debuta *v.i.* to make one's debut.
debutant *s.m.* beginner, debutant.
decadă *s.f.* decade.
decadent *s.m., adj.* decadent.
decadență *s.f.* decadence.
decala *v.t.* to unwedge.
decalaj *s.n.* disparity, (rămânere în urmă) lag(ging) behind.
decan *s.m.* dean, (de vârstă) doyen.
decanat *s.n.* dean's office.
decapita *v.t.* to behead.
decapotabil *adj.* convertible.
decădea *v.i.* to decline.
decădere *s.f.* decline, (degradare) debasement.
decăzut *adj.* degenerate.
decât I. *adv. n-ai ~!* as you please! **II** *prep., conj.* than.
deceda *v.i.* to die.
decedat *adj., s.m.* deceased.
decembrie *s.m.* December.
deceniu *s.n.* decade, ~*ul al 6-lea* the sixties.
decent I. *adj.* decent. **II**. *adv.* decently.
decență *s.f.* propriety.
decepție *s.f.* disappointment.
decepționa *v.t.* to disappoint.

decerna *v.t.* to award.
decernare *s.f.* award(ing).
deces *s.f.* death.
deci *conj.* so, therefore.
decide *v.t.*, *v.i.*, *v.r.* to make a decision, to decide.
decima *v.t.* to decimate.
decimal *adj.* decimal.
decis *adj.* determined.
decisiv *adj.* decisive.
decizie *s.f.* decision.
declama *v.t.*, *v.i.* to recite.
declamație *s.f.* declamation.
declanșa *v.t.* to launch, to start, to unleash.
declara I. *v.t.* to declare, *jur.* to pronounce. **II.** *v.r.* to declare (oneself).
declarat *adj.* declared, avowed.
declarativ *adj.* declarative.
declarație *s.f.* declaration.
declasa *v.t.* to downgrade, *sport* to relegate.
declin *s.n.* decline, *în* ~ on the wane.
declina I. *v.t.* to decline. **II.** *v.r.* to be declined.
declinare *s.f.* *gram.* declension.
decola *v.t.* to take off.
decolare *s.f.* take-off.
decolora I. *v.t.* to discolour. **II.** *v.r.* to lose colour.
decolorant *adj.* decolorizing; *s.m.* bleaching agent.
decoltat *adj.* (de rochii, bluze) low-cut, *fig.* blue.
decolteu *s.n.* neck line.
decompensa *v.t.* to decompensate.
decomprima *v.t.* to decompress.
deconcerta *v.t.* to disconcert.
deconecta *v.t.* to disconnect.
deconectare *s.f.* disconnection.
decongela *v.t.* to thaw (out), to defrost.
decont *s.n.* reimbursement.
deconta *v.t.* to reimburse.
decontamina *v.t.* to decontaminate.
decontare *s.f.* discount, deduction.
decor *s.n.* setting, (natural) scenery, background.
decora *v.t.* to decorate, to adorn.
decorare *s.f.* decoration.
decorativ *adj.* decorative.
decorator I. *s.m.* decorator. **II**. *adj.* *pictor* ~ stage designer.
decortica *v.t.* to decorticate.
decorație *s.f.* decoration.
decrepita *v.t.*, *v.r.* to decrepitate.
decret *s.n.* decree.
decreta *v.t.* to decree.
decupa *v.i.* to cut up.
decupla *v.t.* to decouple, to disconnect.
decurge *v.i.* to devolve, to happen, (a se desfăşura) to unfold.
decurs *s.n.* course.
deda *v.r.* to indulge (in).
dedesubt I. *s.n.* secret. **II**. *adv.* below, under.
dedesubtul *prep.* under.
dedica *v.t.*, *v.r.* to dedicate, to devote (oneself).
dedicație *s.f.* dedication.
dedițel *s.m.* campana.
dedubla *v.r.* to duplicate.

deduce *v.t.* to infer, (a scădea) to deduct.
deductiv *adj.* deductive.
deducție *s.f.* deduction.
dedus *adj.* inferred.
defalca *v.t.* to subtract.
defavoare *s.f.* disadvantage, detriment.
defavorabil *adj.* unfavourable.
defavoriza *v.t.* to disfavour.
defăima *v.t.* to defame.
defăimare *s.f.* defamation.
defăimător I. *s.m.* slanderer. **II.** *adj.* defamatory.
defect I. *s.n.* flaw, (deficiență) deficiency; ~ *fizic* infirmity; *ea are multe ~e* she has a lot of shortcomings. **II**. *adj.* in bad repair.
defecta I. *v.t.* to spoil. **II**. *v.r.* to go out of order.
defectuos I. *adj.* faulty. **II**. *adv.* imperfectly.
defecțiune *s.f.* breakdown.
defensivă *s.f.* defensive.
deficient *adj.* deficient.
deficiență *s.f.* deficiency.
deficit *s.n.* deficit, shortage.
deficitar *adj.* scarce, poor, *fin.* in a deficit.
defila *v.i.* to march, to parade.
defileu *s.n.* narrow path.
defini *v.t.* to define.
definit *adj.* definite.
definitiv I. *adj.* definitive, *în* ~ after all. **II**. *adv.* for good and all.
definitiva *v.t.* to finalize.
definitivat *s.n.* tenure.
definiție *s.f.* definition.
deflagrație *s.f.* combustion.
deforma I. *v.t.* to deform, *fig.* to distort. **II.** *v.r.* to become deformed.
deformare, deformație *s.f.* deformation.
defrauda *v.t.* to embezzle.
defrișa *v.t.* to grub.
defunct *s.m, f., adj.* late.
degaja I. *v.t.* to give off, to emit, (a curăța) to clear (up), *sport* to clear. **II**. *v.r.* to get rid.
degajare *s.f.* (gaze) escape, casualness.
degajat I. *adj.* free (and easy). **II**. *adv.* causally.
degeaba *adv.* free, gratis, (inutil) vainly, *pe* ~ for a song.
degenera *v.i.* to degenerate.
degera *v.i.* to be ice-covered, to be frozen.
degerat *adj.* frostbitten, benumbed.
degerătură *s.f.* chilblain.
deget *s.n.* finger, (de la picior) toe, (măsură) inch, *~ul arătător* forefinger, *~ul mijlociu* middle finger, *~ul mare* thumb, *~ul mic* little finger; *buricul ~ului* finger tip.
degetar *s.n.* thimble.
deghiza *v.t., v.r.* to disguise.
degrabă *adv.* quickly, *mai* ~ rather.
degrada *v.t., v.r.* to degrade (oneself).
degusta *v.t.* to taste.
deifica *v.t.* to deify.
deja *adv.* already.

dejuca *v.t.* to thwart, to discomfit.
dejun *s.n.* lunch (time), *micul* ~ breakfast.
dejuna *v.i.* to eat.
delapida *v.t.* to defalcate.
delapidare *s.f.* peculation.
delapidator *s.m.* peculator.
delăsa *v.r.* to slack off.
delăsare *s.f.* neglect.
delecta I. *v.t.* to delight. **II**. *v.r.* to indulge (in a pleasure).
delectare *s.f.* delight, enjoyment.
delega *v.t.* to delegate.
delegat *s.m.* delegate.
delegație *s.f.* delegation, deputation.
delfin *s.m.* dolphin.
delibera *v.i.* to deliberate, to confer with.
deliberant *adj.* deliberating.
deliberare *s.f.* deliberation, consultation.
delicat I. *adj.* delicate, (dificil) ticklish. **II.** *adv.* delicately.
delicatese *s.f. pl.* delicatessen.
delicatețe *s.f.* delicacy, tenderness, refinement.
delicios *adj.* delicious.
deliciu *s.n.* pleasure.
delict *s.n.* offence. *a comite un* ~ to commit an offence.
delimita *v.t.* to (de)limit.
delimitare *s.f.* demarcation.
delicvent *s.m.* offender.
delicvență *s.f.* delinquency.
delir *s.n.* delirium; *a fi în* ~ to be delirious.
delira *v.i.* to rave.
deloc *adv.* by no means, not at all.
deltă *s.f.* delta.
deluros *adj.* hilly.
demachia *v.r., v.t.* to remove makeup.
demachiant *s.n.* cleansing cream.
demagog *s.m.* demagogue.
demagogie *s.f.* demagogy.
demara *v.t.* to start, to drive away.
demaraj *s.n.* start, *sport* spurt.
demarca *v.t.* to mark.
demasca *v.t., v.r.* to expose (oneself), to unmask.
demascare *s.f.* exposure.
dematerializa *v.t., v.r.* to dematerialize.
dement I. *s.m.* lunatic. **II.** *adj.* mad, insane.
demență *s.f.* madness, insanity.
demers *s.n.* measure.
demilitariza *v.t.* to demilitarize.
demisie *s.f.* resignation.
demisiona *v.i.* to resign.
demistifica *v.t.* to undeceive.
demite *v.t.* to dismiss, to discharge, to remove.
demitere *s.f.* dismissal.
demiurg s.m. demiurge.
demn I. *adj.* dignified, respectable. ~ *de* worthy of; ~ *de milă* pitiable. **II.** *adv.* in a dignified manner.
demnitar *s.m.* dignitary.
demnitate *s.f.* dignity.
demobiliza *v.t.* to demob(ilize), *fig.* to discourage.

demobilizat I. *s.m.* demob. **II.** *adj.* demobilized.
democrat I. *s.m.* democrat. **II.** *adj.* democratically.
democratize *v.t.* to democratize.
democrație *s.f.* democracy.
demoda *v.r.* to become old-fashioned.
demodat *adj.* old-fashioned.
demografie *s.f.* demography.
demola *v.t.* to demolish.
demolare *s.f.* demolition.
demon *s.m.* demon.
demonetiza *v.t.* to demonetize, to devaluate.
demonstra *v.t.* to demonstrate, to show.
demonstrativ *adj.* demonstrative.
demonstrație *s.f.* demonstration.
demonta *v.t.* to dismantle.
demoraliza I. *v.t.* to dishearten. **II.** *v.r.* to lose heart.
demoralizat *adj.* discouraged.
demult *adv.* long ago, *de ~* a long time ago.
denatura *v.t.* to falsify.
denaturat *adj.* monstrous, (de alcool) ethylated.
denigra *v.t.* to denigrate.
denigrare *s.f.* denigration.
denominație *s.f.* denomination.
denota *v.t.* to denote.
denotație *s.f.* denotation.
dens *adj.* dense.
densitate *s.f.* density.
dentar *adj.* dental.
dentină *s.f.* dentine.
dentiție *s.f.* dentition.
dentist *s.m.* dentist.
denuclearizat *adj.* atom-free.
denumi *v.t.* to name.
denunț *s.n.* denunciation.
denunța *v.t.* to accuse, to denounce.
deoarece *conj.* for the reason that, because.
deocamdată *adv.* for the time being.
deochia *v.t.* to bewitch.
deochiat *adj.* spoilt by the evil eye, *fig.* ill-famed.
deochi *s.n.* the evil eye.
deodată *adv.* suddenly, (împreună) at once.
deoparte I. *adv.* apart, aside deopotrivă. **II.** *adj.*, *adv.* alike.
deosebi I. *v.t.* to distinguish, to tell (one from the other). **II.** *v.r.* to differ.
deosebire *s.f.* difference, *fără ~* indiscriminately, *fără ~ de* irrespective of, *spre ~ de* unlike.
deosebit I. *adj.* diverse, (distinct) distinct, (ciudat) peculiar, (ales) choice. **II.** *adv.* *~ de aceasta* besides, *~ de bun* extremely good.
deparazita *v.t.* to disinfest.
deparazitare *s.f.* disinfestation.
departament *s.n.* department.
departe *adv.* far (away), *fig.* *~ de mine gândul* far being from me to, *de ~* remote(ly), (superior) by far, *mai ~* further (down), (în spațiu) farther, *pe ~* deviously.
depăna *v.t.* to reel, *a ~ o poveste* to spin a yarn.

depărta *v.t.*, *v.r.* to remove, *a se ~ de la ceva* to deviate from smth.
depărtare *s.f.* distance.
depărtat *adj.* distant, remote
depăşi *v.t.* to outrun, *fig.* to surpass, *a ~ norma* to exceed the quota.
depăşire *s.f.* outrunning, (a planului) over fulfilment, *~a interzisă* no overtaking.
depăşit *adj.* overfulfilled, *fig.* superannuated.
dependent *adj.* dependent (on).
dependenţă *s.f.* dependence (on).
dependinţe *s.f. pl.* outbuildings.
depersonaliza *v.t.* to depersonalize.
depigmenta *v.t.* to depigment.
depigmentare *s.f.* depigmentation.
depila *v.t.* to depilate.
depilator *s.n.* depilator.
depinde *v.i.* to depend (on).
depista *v.t.* to find out.
deplasa I. *v.t.* to displace. **II.** *v.r.* to move, (departe) to travel.
deplasare *s.f.* displacement, official trip, (delegaţie) detachment.
deplasat *adj.* displaced, (nepoliticos) rude.
deplânge *v.t.* to deplore, to lament.
deplin I. *adj.* complete, thorough(going), *fig.* absolute. **II.** *adv.* thoroughly, *pe ~* entirely.
deplinătate *s.f.* completeness.
deplorabil *adj.* lamentable.
depopula *v.t.* to depopulate.
deporta *v.t.* to transfer.
deportat *s.m.* deported person.
deposeda *v.t.* to dispossess.
depou *s.n.* depot.
depozit *s.n.* warehouse, *mil.* dump.
depozita *v.t.* to store.
depoziţie *s.f.* testimony.
depravat I. *s.m.* degenerate. **II.** *adj.* depraved.
deprecia I. *v.t.* (moneda) to depreciate, (a subevalua) undervalue. **II.** *v.r.* (lucruri) to lose its value; (despre persoane) to belittle oneself.
depresie *s.f.* depression.
depresiune *s.f.* depression.
depresiv *adj.* depressing.
deprima *v.t.* to depress, to discourage.
deprimat *adj.* depressed, downcast.
deprinde I. *v.t.* to adopt, *a ~ cu* to accustom to. **II.** *v.r. a se ~ cu* to become accustomed to.
deprindere *s.f.* habit, (abilitate) skill.
deprins *adj.* accustomed.
depunător *s.m.* depositar.
depune I. *v.t.* to deposit, *a ~ jurământul* to be sworn in, *a ~ mărturie* to give evidence; *a ~ un efort* to make an effort. **II.** *v.r.* to settle.
depunere *s.f.* deposition, *ec.* deposit.

deputat *s.m.* (în Anglia) M. P. Member of Parliament, (în SUA) Representative.
deraia *v.i.* to derail, to run off the rails.
deraiere *s.f.* derailment.
deranj *s.n.* disorder, *fig.* trouble.
deranja **I.** *v.t.* to disturb, (stomacul) to upset. **II**. *v.r.* to put oneself out; *dacă nu vă deranjează* if you don't mind; *vă deranjează dacă fumez?* do you mind if I smoke?
deranjat *adj.* disturbed, (stricat) out of order; *liftul este stricat* the elevator is out of order.
derapa *v.i.* to skid, to sideslip.
derapare *s.f.* skidding.
deratiza *v.t.* to derat.
deratizare *s.f.* rodent control.
derbedeu *s.m.* tramp, scamp, guttersnipe.
derdeluş *s.n.* slide.
deregla *v.t.* to disarrange, to go out of order, to disturb
deretica *v.i.* to tidy up.
deriva **I.** *v.t.* to derive. **II.** *v.i.* *a ~ din* to derive/ arise from.
derivare *s.f.* derivation.
derivat **I**. *s.n.* derivative. **II.** *adj.* derived.
derizoriu *adj.* absurd.
derivă *s.f.* drift, leeway.
dermatograf *s.n.* eyeliner.
dermatolog *s.m.* dermatologist.
deroga *v.i.* to depart from.
derogare *s.f.* derogation.
derula *v.t.* to unfurl, to unroll, (cablu) to unwind.
deruta *v.t.* to confuse, to mislead.
derutant *adj.* confusing.
derutat *adj.* confused, puzzled.
derută *s.f.* disorder, rout.
des **I.** *adj.* dense, (frecvent) frequent, (stufos) bushy. **II.** *adv.* often, (dens) thickly.
desăra *v.t.* to desalt.
desărcina *v.t.* to discharge.
desăvârşi **I.** *v.t.* to perfect, to improve. **II.** *v.r.* to be perfected.
desăvârşire *s.f.* consummation, (terminare) completion, *cu ~* totally.
desăvârşit **I.** *adj.* accomplished, (terminat) finished. **II**. *adv.* perfectly.
descalifica *v.t.* to disqualify.
descalificare *s.f.* disqualification.
descăleca *v.i.* to dismount.
descălţa *v.r.* to take off one's shoes.
descălţat *adj.* barefoot.
descărca **I.** *v.t.* to unload, *fig.* to unburden, (mânia) to vent. **II.** *v.r.* to be unloaded, (de armă) to go off.
descătuşa **I.** *v.t.* to unfetter. **II.** *v.r.* to free oneself.
descâlci *v.t.* to disentangle.
descânta *v.i.*, *v.t.* to charm away.
descendent **I**. *s.m.* descendant. **II.** *adj.* downward.
descentraliza *v.t.* to decentralize.
descheia **I.** *v.t.* to unbutton, (un nasture) to undo. **II**. *v.r.* to

unbutton one's clothes, (de nasture) to come undone.
deschide *v.t.*, *v.i.*, *v.r.* to open, (a descuia) to unlock; *a ~ un cont* to open an account, *a ~ ochii* to open one's eyes, *a ~ robinetul* to turn on the tap, *a ~ vorba despre ceva* to bring up.
deschidere *s.f.* opening, inauguration.
deschis I. *adj.* open, *fig.* open-hearted, (de culori) light. **II.** *adv.* openly, (limpede) plainly; *larg ~* wide open.
deschizător *s.m.* *~ de drumuri* pioneer, trailblazer, (sticle) bottle opener.
deschizătură *s.f.* opening, (lungă) slit.
descifra *v.t.* to decipher, to make out.
descifrabil *adj.* descipherable.
descinde *v.i.* to descend from, to alight.
descindere *s.f.* raid, (percheziție) search.
descleia *v.t.* to unpaste, to unglue.
descleşta *v.t.* to unlock, (pumnul) to unclench.
descoase I. *v.t.* to undo, *fig.* to pump. **II.** *v.r.* to come undone.
descolăci *v.t.*, *v.r.* to uncoil.
descompleta I. *v.t.* to spoil, to curtail. **II.** *v.r.* to be rendered incomplete.
descompune I. *v.t.* to decompose. **II.** *v.r.* to disintegrate, (a putrezi) to decay.
descompunere *s.f.* disintegration, (putrezire) decay.
descongestiona *v.t.* to release, to relieve.
desconsidera *v.t.* to disregard, to despise.
desconsiderare *s.f.* disregard.
descoperi I. *v.t.* to discover, (a dezveli) to uncover, *fig.* to discover. **II.** *v.r.* to uncover (one's head).
descoperire *s.f.* discovery.
descoperit *adj* uncovered, (fără pălărie) bareheaded.
descotorosi *v.r.* *a se ~ de* to get rid of.
descreierat I. *s.m.* scatter-brain. **II.** *adj.* reckless.
descrescător *adj.* decreasing.
descreşte *v.i.* to diminish, to decrease.
descreştere *s.f.* decrease, diminution.
descreți *v.t.* to smooth out, *fig.* to cheer up.
descrie *v.t.* to describe.
descriere *s.f.* description.
descriptiv *adj.* descriptive.
descuia I. *v.t.* to unlock. **II.** *v.r.* *fig.* to become broad-minded.
descuiat I. *adj.* unlocked.
desculț *adj.*, *adv.* barefoot(ed).
descumpăni *v.t.* to upset, to disconcert.
descumpănit *adj.* disconcerted, unbalanced.
descuraja I. *v.t.* to discourage, to dishearten. **II.** *v.r.* to lose heart.
descurajant *adj.* discouraging.

descurajare *s.f.* discouragement.
descurca I. *v.t.* to unravel. **II.** *v.r.* to fend for oneself.
descurcăreț *adj.* resourceful, ingenious.
descusut *adj.* unripped.
desemna *v.t.* to appoint, (un candidat) to nominate, (a indica) to designate.
desemnare *s.f.* appointment.
desen *s.n.* drawing, (model) design, *~e animate* cartoons.
desena I. *v.t.* to draw. **II.** *v.r.* to take shape.
desenator *s.m.* drawer, (tehnic) draughtsman.
deseori *adj.* often.
desert *s.n.* dessert.
deservi *v.t.* to harm.
desface I. *v.t.* to undo, to unbind, (a deschide) to open, a desfăşura) to unfurl, (a vinde) to retail. **II.** *v.r.* to come apart, (de şiret) to come undone, (a se deschide) to open; *a ~ un contract* to cancel an agreement.
desfacere *s.f.* unbinding, (vânzare) sale, (anulare) cancellation.
desfăşura I. *v.t.* to unfold, (a duce) to carry on. **II.** *v.r.* to unfold, (a avea loc) to proceed.
desfăşurare *s.f.* unfolding, (etalare) display.
desfăşurat *adj.* unfolded, *fig.* large-scale.
desfăta *v.t.*, *v.r.* to delight.
desfătare *s.f.* enjoyment.
desfigura *v.t.* to disfigure, to maim.
desfigurare *s.f.* disfigurement.
desființa *v.t.* to abolish, (a anula) to cancel, (a lichida) to eliminate.
desființare *s.f.* abolition.
desfrânat I. *s.m.* profligate. **II.** *adj.* debauched.
desfrâu *s.n.* debauchery.
desfunda *v.t.* to open, (un butoi) to broach.
desfundat *adj.* bottomless, (de drum) impracticable.
deshăma *v.t.* to unharness.
desigur *adv.* certainly, by all means.
desiş *s.n.* thicket.
desluși I. *v.t.* to discern, to distinguish, (a lămuri) to elucidate. **II.** *v.r.* become clear.
deslușit I. *adj.* distinct. **II.** *adv.* clearly.
desolidariza *v.r.* to dissociate (from).
despacheta *v.t.* to unpack.
despăduri *v.t.* to deforest.
despăgubi I. *v.t.* to compensate. **II.** *v.r.* to make up for a loss.
despăgubire *s.f.* compensation, indemnity, reimbursement.
despărți I. *v.t.* to separate, (a dezbina) to divide. **II.** *v.r.* to separate, to (get a) divorce.
despărțire *s.f.* separation, parting.
despături *v.t.* to unfold.

despera I. *v.t.* to render desperate. II. *v.i.* to despair.
desperare *s.f.* despair.
desperat I. *adj.* hopeless, desperate. II. *adv.* desperately.
desperecheat *adj.* incomplete, odd.
despica *v.t.* to cleave, (lemne) to crack.
despicătură *s.f.* slit, cleavage.
despleti *v.t.* to unplait.
despletit *adj.* disheveled, (păr) let loose.
despotmoli *v.t., v.r.* to refloat.
despre *prep.* about, of.
desprinde I. *v.t.* to detach, *fig.* to infer. II. *v.r.* to come off, to be torn (away), *fig.* to devolve.
desprindere *s.f.* detachment.
despuia *v.t., v.r.* to strip, to undress.
despuiat *adj.* naked, (de arbori) bare.
despuiere *s.f.* stripping.
destăinui I. *v.t.* to disclose, to reveal. II. *v.r.* to open one's heart.
destăinuire *s.f.* confession.
destin *s.n.* destiny.
destina *v.t.* to destine.
destinatar *s.m.* addressee, *com.* consignee.
destinaţie *s.f.* destination.
destinde I. *v.t.* to loosen. II. *v.r.* to relax.
destindere *s.f.* relaxation.
destitui *v.t.* to discharge.
destituire *s.f.* discharge, dismissal.
destoinic *adj.* efficient.
destrăbălare *s.f.* dissipation, fornication.
destrăbălat I. *s.m.* debauched. II. *adj.* immoral.
destrăma I. *v.t.* to unweave, to tear, *fig.* (visuri) to shatter. II. *v.r.* to come off; to be torn, *fig.* to disintegrate.
destul I. *adj.* enough, ~ *zahăr* enough sugar. II. *adv.* enough. ~! that will do!, ~ *de târziu* late enough, ~ *să pomenim că...* suffice it to mention that...
destupa *v.t.* to uncork.
desţeleni *v.t.* to break up.
desuet *adj.* obsolescent.
deşert I. *s.n.* desert, (gol) vacuum. *în* ~ vainly. II. *adj.* empty, *geogr.* waste, (inutil) useless.
deşerta *v.t.* to empty, (a bea) to drink (up).
deşertăciune *s.f.* vanity, (inutilitate) wantonness, uselessness.
deşeu *s.n.* waste, rubbish.
deşi *conj.* (al)though.
deşira I. *v.t.* to unwind. II. *v.r.* to come off, (de ciorapi) to ladder.
deşirat *adj.* unwound, (slab) lanky.
deştept I. *s.m.* clever man. II. *adj.* clever, (treaz) wide awake. III. *adv.* cleverly.

deştepta I. *v.t.* to wake, *fig.* to arouse. **II.** *v.r.* to grow wise, (a se trezi) to awake.
deşteptare *s.f.* awakening, *mil.* reveille.
deşteptăciune *s.f.* cleverness.
deşteptător *s.n.* alarm clock.
deşucheat I. *s.m.* libertine. **II.** *adj.* gay, (de glumă) smutty.
detaliu *s.n.* detail.
detaşa I. *v.t.* to detach, (pe cineva) to transfer temporarily. **II.** *v.r.* to come off, (a se distinge) to stand out.
detaşabil *adj.* detachable.
detaşament *s.n.* detachment.
detaşare *s.f.* (a cuiva) transfer, (a unui obiect) detaching.
detaşat I. *adj.* detached. **II.** *fig.* aloof.
detectiv *s.m.* detective.
detector *s.n.* detector.
detensionare *s.f.* relaxation.
detenţiune *s.f.* detention.
deteriora I. *v.t.* to destroy. **II.** *v.r.* to get out of order, to be damaged.
determina *v.t.* to establish, (a hotărî) to determine.
determinant I. *s.m.* determinative. **II.** *adj.* decisive.
detesta *v.t.* to detest.
detestabil *adj.* hateful, detestable.
detriment *s.n.* detriment, *în ~ul cuiva* to smb. 's detriment.
detrona *v.t.* to depose.
detunătură *s.f.* blast, (de puşcă) report.
deturna *v.t.* to embezzle.
deţinător *s.m.* holder.
deţine *v.t.* to own, (o funcţie) to occupy.
deţinut *s.m.* convict.
deunăzi *adv.* the other day.
devaliza *v.t.* to loot.
devaloriza *v.t.* to devalue, to depreciate.
devalorizare *s.f.* devaluation.
devasta *v.t.* to lay waste.
deveni *v.t.* to become.
devenire *s.f.* becoming, evolution; *în ~* in the making.
deversare *s.f.* overflow.
devia *v.i.* to deviate.
deviaţie, deviere *s.f.* deviation.
deviz *s.n.* estimate.
deviză *s.f.* motto.
devize *s.f. pl.* foreign currency.
devora *v.r.* to devour.
devorator *adj.* consuming.
devota *v.r.* to devote oneself.
devotament *s.n.* loyalty.
devotat *adj.* devoted, faithful.
devreme *adv.* early, ~ *ce* since.
dexteritate *s.f.* skill; dexterity.
dezacord *s.n.* disagreement.
dezacorda I. *v.t.* to put out of tune. **II.** *v.r.* to get out of tune.
dezacordat *adj.* unpleasant.
dezactiva *v.t.* to deactivate.
dezagrega *v.t.*, *v.r.* to disintegrate.
dezamăgi *v.t.* to disappoint.
dezaproba *v.t.* to disapprove of.
dezaprobare *s.f.* disapproval.

dezarma *v.t.*, *v.i.* to disarm.
dezastru *s.n.* disaster.
dezastruos *adj.* disastrous.
dezavantaj *s.n.* disadvantage.
dezavantaja *v.t.* to disadvantage.
dezavantajos *adj.* unfavourable.
dezavuare *s.f.* disapproval.
dezaxat *s.m.* unbalanced person.
dezbate *v.t.* to debate.
dezbatere *s.f.* discussion.
dezbăra I. *v.t.* to get rid of. **II.** *v.r.* *a se ~ de* to give up.
dezbina *v.t.* to split, to tear.
dezbinare *v.t.*, *v.r.* scission, (duşmănie) feud.
dezbrăca *v.t.*, *v.r.* to undress.
dezbrăcat *adj.* un(der)dressed, (gol) naked.
dezdoi *v.t.*, *v.r.* to unbend.
dezechilibra *v.t.* to unbalance.
dezechilibru *s.n.* lack of poise.
dezerta *v.i.* to desert.
dezertare *s.f.* desertion.
dezertor *s.m.* deserter.
dezgheţ *s.n.* thaw.
dezgheţa *v.t.*, *v.r.* to thaw, to defrost.
dezgheţat *adj.* thawed, *fig.* quick.
dezgoli *v.t.*, *v.r.* to bare (oneself).
dezgolit *adj.* naked.
dezgropa *v.t.* to dig up.
dezgust *s.n.* disgust.
dezgustat *adj.* disgusted (at, with), *~ de* sick with.
dezgustător *adj.* disgusting.
deziderat *s.n.* desideratum.
deziluzie *s.f.* deception.
deziluziona *v.t.* to disappoint.
dezinfecta *v.t.* to disinfect.
dezintegra *v.t.*, *v.r.* to disintegrate.
dezintegrare *s.f.* disintegration.
dezinteres *s.n.* disinterest.
dezinteresa *v.r.* to play no heed (to), to ignore.
dezinteresat *adj.* disinterested.
dezinvoltură *s.f.* easiness.
dezlănţui I. *v.t.* to unleash. **II.** *v.r.* to split open.
dezlănţuit *adj.* reckless.
dezlega I. *v.t.* to untie, (a absolvi) to forgive, (a rezolva) to solve. **II.** *v.r.* to come undone, (a se elibera) to wrest oneself free.
dezlegare *s.f.* unbinding, (absolvire) absolution.
dezlipi *v.t.*, *v.r.* to detach (oneself).
dezmăţ *s.n.* shamelessness.
dezmăţat I. *s.m.* profligate. **II.** *adj.* slatternly, (destrăbălat) profligate, (neglijent) negligent.
dezmetici I. *v.t.* to waken. **II.** *v.r.* to contradict oneself.
dezminţire *s.f.* denial.
dezmorţi I. *v.t.* to revive. **II.** *v.r.* to stretch oneself.
dezmoşteni *v.t.* to disinherit.
dezmoştenit *s.m.* disinherited.
deznădăjdui *v.i.* to despair.
deznădăjduit *adj.* desperate.
deznădejde *s.f.* despair.
deznoda *v.t.* to undo, to untie.

deznodământ *s.n.* outcome, resolution.
dezobişnui *v.t.*, *v.r.* to break (from a habit).
dezola *v.t.* to desolate.
dezolant *adj.* sad(dening).
dezolat *adj.* grieved.
dezonora *v.t.* to disgrace.
dezordine *s.f.* disorder.
dezonoare *s.f.* dishonour.
dezordine *s.f.* disorder, chaos.
dezordonat *adj.* untidy, disorganized.
dezorganiza *v.t.* to puzzle.
dezorienta *v.t.* to disorient.
dezorientare *s.f.* disorientation.
dezorientat *adj.* bewildered.
dezrădăcina *v.t.* to uproot.
dezrobi *v.t.* to emancipate, to set free.
dezrobire *s.f.* emancipation.
dezrobitor *adj.* liberating.
dezumaniza *v.t.* to dehumanize.
dezumfla *v.t.*, *v.r.* to deflate.
dezvălui *v.t.* to disclose, *v.r.* to come out.
dezvăluire *s.f.* revealing, revelation.
dezvăța *v.t.* to wean (from a habit).
dezveli *v.t.*, *v.r.* to uncover (oneself).
dezvinovăți *v.t.*, *v.r.* to exculpate (oneself).
dezvolta *v.t.*, *v.r.* to develop (oneself).
dezvoltare *s.f.* development, (creştere) increase.
dezvoltat *adj.* developed.
diabet *s.n.* diabetes.
diabolic *adj* diabolical.
diacon *s.m.* deacon.
diademă *s.f.* tiara.
diafan *adj.* diaphanous, *fig.* delicate.
diafilm *s.n.* film strip.
diafragmă *s.f.* diaphragm.
diagnostic *s.n.* diagnosis.
diagnostica *v.t.* to diagnose.
diagonal *adj.* diagonal.
diagonală *s.f.* diagonal, (la uniformă) baldric.
diagramă *s.f.* diagram.
dialect *s.n.* dialect.
dialectal *adj.* dialectal.
dialectic *adj.* dialectic.
dialog *s.n.* dialogue.
diamant *s.n.* diamond, *fig.* gem.
diametral *adv.* diametrically.
diametru *s.n.* diameter.
diapazon *s.n.* (instrument) tuning fork, (înălțime) pitch.
diapozitiv *s.n.* slide.
diateză *s.f.* *gram.* voice.
diavol *s.m.* demon, devil.
dibaci *adj.* skilful.
dibăcie *s.f.* deftness.
dibui *v.t.* to seize.
dibuit *s.n.* *pe ~e* groping(ly).
dichis *s.n.* trimmings.
dichisi **I**. *v.t.* to trim (up). **II.** *v.r.* to tit(t)ivate.
dicta *v.t.* to dictate.
dictare *s.f.* dictation, *după/ sub ~* to dictation.
dictat *s.n.* dictate.
dictare *s.f.* dictation.
dictat *s.n.* dictate.

dictator *s.m.* dictator.
dictatură *s.f.* dictatorship, *dictatura proletariatului* proletarian dictatorship.
dicton *s.n.* dictum.
dicționar *s.n.* dictionary.
dicțiune *s.f.* diction.
didactic *adj.* didactic.
dietă *s.f.* diet.
dietetic *adj.* dietetic.
diez *s.m.*, *adj.* sharp.
diferend *s.n.* argument.
diferență *s.f.* difference, *la o ~ de trei puncte* by a three point margin.
diferenția *v.t.*, *v.r.* to differentiate.
diferit *adj.* different, (variat) varied, *în ~e rânduri* several times.
dificil *adj.* difficult, (mofturos) fastidious.
dificultate *s.f.* difficulty, *dificultăți bănești* straitened circumstances.
diform *adj.* misshapen, deformed.
diftină *s.f.* moleskin.
diftong *s.m.* diphthong.
difuz *adj.* diffuse.
difuza I. *v.t.* to spread, (prin radio) to broadcast. **II**. *v.r.* to be broadcasted.
difuzare *s.f.* spread(ing).
difuzor *s.n.* loudspeaker, (persoană) distributor.
dig *s.n.* dyke.
digera *v.t.* to digest.
digestie *s.f.* digestion.
digresiune *s.f.* digression.
dihor *s.m.* polecat, fitch(ew).
dijmaș *s.m.* sharecropper.
dijmă *s.f.* tithe.
dilata *v.t.*, *v.r.* to dilate, to expand.
dilatabil *adj.* dilatable.
dilatare *s.f.* dila(ta)tion.
dilemă *s.f.* dilemma.
diletant *s.m.* dilettante.
diligență *s.f.* diligence, *jur.* diligence.
dilua *v.t.* to dilute.
diluant *s.m.* diluter.
dimensiona *v.t.* to size.
dimensional *adj.* dimensional.
dimensiune *s.f.* size.
dimineața *adv.* in the morning.
dimineață **I.** *s.f.* morning, (zori) dawn. *azi ~* this morning, *dis de ~* in the early morning, *în dimineața acelei zile* on that morning. **II.** *adv.* in the morning.
diminua *v.t.*, *v.r.* to diminish, to decrease.
diminuare *s.f.* diminution, reduction.
diminutiv *s.n.* diminutive.
dimpotrivă *adv.* on the contrary.
din *prep.* (static) in, of, at, (dinamic) from, (dinăuntrul) out of, (cauzal) out of, (ca material) of, from. *~ afară* from without, *~ cauza (asta)* because of (this), *~ ce în ce* more and more, *~ întâmplare* by chance; *~ șase în șase ore* every six hours.
dinadins *adv.* on purpose.

dinafară *adv.* out, outside, *pe ~* outwardly, *pe de rost* by heart.
dinainte *adv.* before, *de ~* previous; *partea de ~* the front part; *a-l lua gura pe ~* to give onself away.
dinaintea *prep.* before.
dinam *s.n.* dynamo.
dinamic *adj.* dynamic.
dinamism *s.n.* dynamism.
dinamită *s.f.* dynamite.
dinamiza *v.t.* to stimulate; to stir up.
dinapoi *adj.*, *adv.* behind, *de ~* from behind.
dinapoia *prep.* behind, last.
dinastie *s.f.* dynasty.
dinăuntru I. *adj.* inner(most). II. *adv.* (from) within, *pe ~* (from) within.
dincoace *adv.* (over) here, *~ de* on this side of, *pe ~* this way.
dincolo *adj.* beyond, (alături) in the next room, *pe ~* the other way.
dineu *s.n.* dinner (party).
dinozaur *s.m.* dinosaur.
dinspre *prep.* from, since.
dintâi *adj.* first.
dinte *s.m.* tooth, *pl.* teeth; (colț) fang, (de elefant) tusk, (de roată) sprocket, (de pieptene) cog, (de furcă) prong; *durere de dinți* toothache; *a-și lua inima în dinți* to have the courage to do smth.; *a se scobi în dinți* to pick one's teeth; *a scrâșni din dinți* to grind one's teeth; *a vorbi printre dinți* to mumble.
dintotdeauna *adv.* always, forever.
dintre *prep.* between, among, (selectiv) from among; *unul ~ voi* one of you.
dintr-o dată *adv.* suddenly.
dințat *adj.* toothed.
dioptrie *s.f.* dioptre.
diplomat I. *s.m.* diplomat. II. *adj.* certificated, *fig.* tactful.
diplomatic I. *adj.* diplomatic. II. *adv.* diplomatically.
diplomație *s.f.* diplomacy.
diplomă *s.f.* diploma.
direct I. *adj.* direct, (deschis) open. II. *adv.* straightly, (deschis) frankly, (de-a dreptul) entirely.
directivă *s.f.* directive.
directoare *s.f.* manageress, (de școală) headmistress.
director *s.m.* manager, (de școală) headmaster, *~ de scenă* producer, *~ul filmului* producer.
director *adj.* directing.
direcție *s.f.* direction, (birou) manager's office, (la școală) headmaster's office, (conducere) management, *în ce ~?* where?
diriginte *s.m.* form teacher, (la poștă) postmaster.
dirija *v.t.*, *v.i.* to lead, to conduct.
dirijor *s.m.* conductor.
disc *s.n.* disc, (de patefon) record, *sport* discus.
discernământ *s.n.* discernment.

discerne *v.t.* to distinguish.
disciplina *v.t.* to discipline.
disciplinar I. *adj.* disciplinary. **II.** *adv.* as a penalty.
disciplină *s.f.* discipline, (materie de studiu) subject.
discipol *s.m.* disciple.
discordant *adj.* discordant.
dicordanță *s.f.* disagreement.
discordie *s.f.* discord.
discotecă *s.f.* discoteque.
discredita I. *v.t.* to discredit. **II.** *v.r.* to compromise oneself.
discrepanță *s.f.* discrepancy.
discret I. *adj.* discreet, (modest) unobtrusive. **II.** *adv.* discreetly, (modest) modestly.
discreție *s.f.* discretion.
discriminare *s.f.* discrimination, ~ *rasială* racial discrimination.
disculpa *v.t.* to exculpate.
discurs *s.n.* speech.
discursiv *adj.* discoursive.
discuta *v.t., v.i.* to discuss, (în contradictoriu) to argue.
discutabil *adj.* questionable.
discutat *adj.* mooted.
discuție *s.f.* discussion, (aprinsă) argument, *fără ~* undoubtedly.
dis-de-dimineață *adv.* at dawn.
diseară *adv.* tonight.
diseca *v.t.* to dissect.
disertație *s.f.* dissertation, thesis.
disfuncție *s.f.* dysfunction.
disidență *s.f.* dissidence.
disimula *v.t.* to dissimulate.
disloca *v.t.* to displace, to dislocate.
dislocare *s.f.* dislocation.
disocia *v.t.* to dissociate.
disociabil *adj.* dissociable.
disociere *s.f.* dissociation.
disonanță *s.f.* dissonance.
disparat *adj.* disconnected.
dispariție *s.f.* disappearance, (moarte) demise, (pierdere) lose.
dispărea *v.i.* to disappear, (a muri) to pass away.
dispărut *adj.* missing, (mort) dead, (specie) extinct.
dispecer *s.m.* dispatcher.
dispensa I. *v.t.* to let off. **II.** *v.r.* to do without.
dispensar *s.n.* health unit.
dispensa *s.f.* exemption.
dispersa *v.t.* to disperse.
displăcea *v.i.* to displease.
disponibil I. *s.n.* available assets. **II.** *adj.* available.
dispozitiv *s.n.* device.
dispoziție *s.f.* disposal, (legală) provision, (așezare) arrangement, (sufletească) mood, (ordin) order, *la ~* available.
dispreț *s.n.* scorn, disdain.
disprețui *v.t.* to disdain, *de ~t* contemptible.
disprețuitor I. *adj.* contemptuous. **II.** *adv.* scornfully.
disproporție *s.f.* incongruousness.
dispune I. *v.t.* to dispose, (a înveseli) to cheer. **II.** *v.i.* to

dispose, *a ~ de ceva* to have, *sport* to defeat.
dispus *adj.* ready, willing, (vesel) cheerful, *bine ~* in high spirits, *prost ~* in low spirits.
disputa *v.t.* to dispute.
dispută *s.f.* competition.
distant *adj.* distant.
distanța I. *v.t.* to leave behind. **II.** *v.r.* to move away.
distanțare *s.f.* detachment.
distanță *s.f.* distance.
distilare *s.f.* distillation.
distinct I. *adj.* distinct. **II.** *adv.* clearly.
distinctiv *adj.* specific, distinctive.
distincție *s.f.* distinction.
distinge I. *v.t.* to distinguish. **II.** *v.i.* *a ~ între* to tell (one from the other). **III.** *v.r.* to stand out.
distins *adj.* refined.
distorsionant *adj.* distorting.
distra I. *v.t.* to amuse. **II.** *v.r.* to have a good time.
distractiv *adj.* amusing.
distracție *s.f.* entertainment, *fig.* absent-mindedness.
distrage *v.t.* to distract, (a abate) to side-track.
distrat I. *adj.* absent-minded, (neatent) pie-eyed. **II.** *adv.* absently.
distribui *v.t.* to distribute, (într-un rol) to cast.
distribuitor *s.m.* distributor.
district *s.n.* district.
distructiv *adj.* destructive.
distrugător I. *s.m.*, *s.n.* destroyer. **II.** *adj.* destructive.
distruge *v.t.* to destroy, (oameni) to exterminate, *fig.* to shatter.
distrugere *s.f.* destruction.
distrus *adj.* destroyed, (ruinat) ruined, *fig.* down-hearted.
diurnă *s.f.* (daily) allowance.
divagație *s.f.* digression.
divan *s.n.* divan, (mobilă) sofa.
divergent *adj.* diverging.
divergență *s.f.* divergence.
divers *adj.* diverse, various.
diverse *s.f. pl.* various, (cheltuieli) variety.
diversifica *v.t.*, *v.r.* to diversify.
diversionist *s.m.* wrecker.
diversitate *s.f.* variety.
diversiune *s.f.* diversion, (amuzament) entertainment.
divertisment *s.n.* entertainment, *muz.* divertimento.
divident *s.n.* dividend.
divin *adj.* divine.
divinitate *s.f.* divinity.
diviniza *v.t.* to worship, to deify.
diviza *v.t.*, *v.r.* to divide.
divizibil *adj.* divisible.
divizi(un)e *s.f.* division.
divorț *s.n.* divorce.
divorța I. *v.t.* to divorce. **II.** *v.i.* to (get a) divorce.
divulga *v.t.* to disclose.
divulgare *s.f.* divulging.
dizgrație *s.f.* disgrace.
dizgrațios *adj.* disgraceful.

dizolva *v.t.*, *v.r.* to dissolve.
dizolvant *adj.* dissolvent, *fig.* dissociating.
do *s.m.* do.
doagă *s.f.* stave.
doamnă *s.f.* lady, (în scris) Mrs., (vocativ) madam.
doar *adv.* only, just, *fără ~ şi poate* beyond any doubt.
doară *s.f.* *într-o ~* tentatively.
dobândă *s.f.* interest, (cămătărească) usury, *cu ~* at interest.
dobândi *v.t.* to get, to obtain, *v.r.* to be obtained/ got.
dobitoc 1. *s.m.* blockhead. **2.** *s.n.* animal.
dobitocie *s.f.* stupidity.
doborâre *s.f.* felling, *fig.* overthrow.
doborât *adj.* depressed, downcast.
doborî *v.t.* to destroy, *fig.* to over-throw.
dobrogean I. *s.m.* inhabitant of the Dobrudja. **II**. *adj.* of the/ from the Dobrudja.
doc *s.n.*, *mar.* dock, *text.* duck.
docar *s.n.* dogcart.
docher *s.m.* docker.
docil *adj.* docile.
docilitate *s.f.* tameness.
doct *adj.* erudite.
doctor *s.m.* doctor, (clinician) physician, (chirurg) surgeon, *fig.* expert, adept, (în ştiinţă) master, *~ în litere* Master of Arts.
doctorat *s.n.* doctor's/ master's degree.
doctorie *s.f.* drug, (lichidă) medicine.
doctrină *s.f.* doctrine.
document *s.n.* document.
documenta *v.r.* to document.
documentar *s.n.*, *adj.* documentary.
documentare *s.f.* research.
documentat *adj.* well-informed.
documentaţie *s.f.* documentation.
dogar *s.m.* cooper.
dogi *v.r.* to stave.
dogit *adj.* stove, cracked.
dogmatic *adj.* dogmatic.
dogmă *s.f.* dogma.
dogoare *s.f.* heat.
dogori *v.t.*, *v.i.* to burn.
dogoritor *adj.* burning.
doi *s.m.*, *adj.*, *num.* two, *~ câte ~* by twos, two by two.
doică *s.f.* nurse.
doilea *adj.*, *num.* (the) second. *în al ~ rând* secondly.
doime *s.f.* half, *muz.* minim.
doină *s.f.* melancholic Romanian folk song.
doisprezece *s.m.*, *adj.* *num.* twelve.
doisprezecelea *adj.*, *num.* (the) twelfth.
dojană *s.f.* reproach.
dojeni *v.t.* to rebuke.
dolar *s.m.* dollar.
doldora *adj.* chock-full.
doleanţă *s.f.* (plângere) complaint, grievance, (cerere) request.
doliu *s.n.* mourning.

dolofan *adj.* plump, chubby.
domeniu *s.n.* area.
domestic *adj.* domestic, (de animale) tame.
domestici I. *v.t.* to tame. **II.** *v.r.* to become tame.
domesticit *adj.* tame.
domicilia *v.i.* to live.
domiciliu *s.n.* (place of) residence.
domina I. *v.t.* to dominate, (de clădire) to tower over. **II.** *v.i.* to prevail.
dominant *adj.* ruling, (predominant) (pre)dominant.
dominaţie *s.f.* dominion.
domn *s.m.* gentle(man), *ist.*, *rel.* lord, (în ţările româneşti) hospodar, (stăpân) master, *~ul Ionescu* Mister Ionescu.
domnesc *adj.* princely, lordly.
domni *v.i.* to reign, *fig.* to live in clover.
domnie *s.f.* reign. *sub domnia* under the reign of.
domnişoară *s.f.* young lady, miss. *~ bătrână* spinster, *~ de onoare* bridesmaid, *domnişoara Maria* (Ionescu) Miss Mary (Ionescu).
domnitor I. *s.m.* prince. **II.** *adj.* reigning.
domol I. *adj.* slow, (liniştit) quit. **II.** *adv.* gently, (treptat) gradually.
domoli I. *v.t.* to comfort, (a împăca) to appease, (setea) to quench, (foamea) to stay, (durerea) to allay. **II.** *v.r.* to calm sau quiet down, (de furtună) to abate.
dona *v.t.* to donate.
donator *s.m.* donor.
donaţie *s.f.* donation.
doniţă *s.f.* pailful.
dop *s.n.* cork.
dor *s.n.* longing, (tristeţe) melancholy, *~ de casă/ ţară* homesickness.
dori *v.t.* to desire, (a ura) to wish. *de ~t* desirable, *aş ~ să merg la plimbare* I would like to go for a walk, *ce doriţi?* what can I do for you?
dorinţă *s.f.* desire, wish, *după ~* at one's choice/ request.
doritor *adj.* impatient (for).
dormi *v.i.* to sleep, (a aţipi) to snooze, *a ~ buştean* to sleep soundly, to be dead asleep.
dormitor *s.n.* bedroom, (la internat) dormitory.
dornic *adj.* desirous, (nerăbdător) keen (on).
dos *s.n.* back(side), (şezut) behind, *din ~* (at the) back, *în ~ul...* behind, *pe ~* upside down, (îmbrăcăminte) inside out.
dosar *s.n.* file, (personal) record, *jur.* case.
dosi *v.t.*, *v.r.* to hide.
dota *v.t.* to endow.
dotă *s.f.* dowery.
doua *adj.*, *num.* (the) second, *a ~ zi* the next day.
două *adj.*, *num.* two, *din ~ în ~ zile* every other day, *de ~ ori* twice, *de ~ ori şi jumătate* two

and a half times, *pe din ~* fifty fifty.
douăzeci *s.m., adj., num.* twenty.
douăzecilea *adj., num.* (the) twentieth.
dovadă *s.f.* proof, *pl.* evidence, (certificat) certificate.
dovedi I. *v.t.* to prove, (a arăta) to demonstrate, (a atesta) to certify. **II.** *v.t.* to prove.
dovleac *s.m.* pumpkin.
dovlecel *s.m.* marrow.
doza *v.t.* to dose.
doză *s.f.* doze, amount. (electromagnetic) sound box.
drac *s.m.* devil, *~e!* hell! *al ~ului* wicked, *la ~u*! hang it all!, *pe ~u* not in the least.
drag I. 1. *s.m.* sweetheart. *~ul meu* my dear. **2.** *s.n.* love. *cu tot ~ul* eagerly, *de ~ul cuiva* for smb. 's sake. **II.** *adj.* dear, (preferat) pet, *cu ~ă inimă* gladly.
dragă *s.f.* darling.
dragon *s.m.* dragon, *mil.* dragoon.
dragoste *s.f.* love. *de/ din ~* love..., *din ~ pentru cineva* out of love for smb.
drajeu *s.n.* dragee.
dramatic I. *adj.* dramatic. **II.** *adv.* dramatically.
dramatiza *v.t.* to adapt.
dramatizare *s.f.* stage version.
dramaturg *s.m.* dramatist.
dramaturgie *s.f.* drama.
dramă *s.f.* tragedy.
drapel *s.n.* flag.
draperie *s.f.* curtains.
drastic I. *adj.* drastic. **II.** *adv.* drastically.
drăcesc *adj.* devilish.
drăcie *s.f.* devilish trick, *fig.* device.
drăgălaş *adj.* lovely.
drăgălăşenie *s.f.* grace, (amabilitate) kindliness.
drăgăstos I. *adj.* affectionate. **II.** *adv.* lovingly.
drăguț I. *s.m.* gorgeous. **II.** *adj.* nice.
dreaptă *s.f.* right, (mână) right hand, *pol.* right wing, *la dreapta* on the right (hand/ side).
drege I. *v.t.* to repair, *fig.* to rectify, (vinul) to doctor, *a-şi ~ glasul* to clear one's throat. **II.** *v.r.* to improve.
drept I. *s.n.* right, (legi) law, (dreptate) justice, right foot/ leg, *~ civil* civil law, *~ de autor* copyright, *~ul la muncă* the right to work, *cu ~ cuvânt* for good reason (too). **II.** *adv.* straight.
dreptate *s.f.* justice, (justețe) fairness.
dreptunghi *s.n.* rectangle.
dresa *v.t.* to train, (a domestici) to tame, (a alcătui) to write.
dresaj *s.n.* training.
dric *s.n.* hearse.
droale *s.f.* crowd.
drogherie *s.f.* druggist's shop.
drojdie *s.f.* dregs, (de bere) yeast, (de cafea) grounds.
dromader *s.m.* dromedary.

dropie *s.f.* bustard.
drug *s.m.* (crow)bar.
drum *s.n.* road, *fig.* (path)way, (călătorie) travel, ~ *bun* farewell, *autostradă* highway, *în ~ spre (casă) on the way* (home)
drumeț *s.m.* traveller.
dubă *s.f.* van.
dubios *adj.* doubtful.
dubiu *s.n.* doubt.
dubla I. *v.t.* to (re)double, (un actor) to understudy, (un film) to dub. **II**. *v.r.* to double.
dublu I. *s.m.*, *adj.* double. **II.** *adv.* twice (as much).
dublură *s.f.* understudy(cinema) stand-in.
ducat *s.m, n.* duchy.
ducă *s.f.* going. *pe* ~ running short/ out.
duce I. *s.m.* duke. **II**. *v.t.* to take, (o activitate) to carry on, (o viață) to live, (un război) to wage, (a călăuzi) to guide, (a căra) to carry, (a păcăli) to diddle, *du-te vino* comings and goings.
ducere *s.f.* going, *la* ~ on the journey out.
ducesă *s.f.* duchess.
dud *s.f.*, *m.* mulberry (tree).
duel *s.n.* duel.
duela *v.i.*, *v.r.* to fight a duel, *fig.* to spar.
duet *s.n.* duet.
dugheană *s.f.* booth, (prăvălie) shop.
duh *s.n.* spirit, (haz) wit, *cu ~ul blândeții* kindly.
duhni *v.i.* to stink, to reek (of wine).
duhovnic *s.m.* confessor.
duios I. *adj.* tender, (înduioșător) sad. **II.** *adv.* lovingly.
duioșie *s.f.* fondness.
dulap *s.n.* (pt. haine) wardrobe, (bufet) sideboard.
dulce I. *s.n. pl.* sweet. *de* ~ meat. **II.** *adj.* sweet. **III**. *adv.* sweetly, (drăgăstos) lovingly.
dulceață *s.f.* sweetness, (gem) jam, (de citrice) marmalade.
dulcegărie *s.f.* sloppiness.
dulciuri *s.n. pl.* sweets.
dulgher *s.m.* carpenter.
dulgherie *s.f.* joinery.
dumbravă *s.f.* grove.
dumeri I. *v.t.* to enlighten. **II.** *v.r.* to see.
dumicat *s.m.* morsel, mouthful.
duminică I. *s.f.* Sunday. **II.** *adv.* on Sunday.
dumitale *adj.* your, *al* ~ yours.
dumneaei I. *adj.* her, *al* ~ hers. **II.** *pron.* she, (ei) to her, *pe* ~ her.
dumnealor I. *adj.* their, *al* ~ theirs. **II.** *pron.* they, (to) them, *pe* ~ them.
dumnealui I. *adj.* his, *al* ~ his. **II**. *pron.* he.
dumneata *pron.* you, *pe* ~ you.
dumneavoastră I. *adj.* your, *al* ~ yours. **II**. *pron.* you, (dativ) (to) you, *pe* ~ you.
dumnezeiesc *adj.* divine.
dumnezeiește *adv.* divinely.

Dumnezeu *s.m.* (the Lord) God, *pentru ~!* for goodness' sake!
dună *s.f.* dune.
dunărean *adj.* Danubian.
dungă *s.f.* stripe, (la pantaloni) crease, *în dungi* striped.
după *prep.* after, *~ spusele* according to, *~ toate aparențele* in all likelihood, *~ mine* to my mind; *~ ușă* behind the door; *~ aceea* then.
duplicat *s.n.* duplicate.
dur *adj.* hard, (sever) dour.
dura I. *v.t.* to build. **II.** *v.i.* to last.
dura *adv. de-a ~* to roll head over heels.
durabil *adj.* durable.
durată *s.f.* length. *de lungă ~* of long standing.
durduliu *adj.* plump, *fem.* buxom.
durea *v.t.* to hurt, to pain, (de dinți, inimă) to ache, (de ochi, picioare) to be sore; *mă doare capul/gâtul* I have a headache / a sore throat.
durere *s.f.* ache, pain, (suferință) suffering, (sufletească) sorrow. *~ de dinți* toothache, *~ de cap* headache, *~ de inimă* heartache, *durerile facerii* labour pains, *cu ~* sorrowfully.
dureros *adj.* painful.
dus I. *s.n.* going, *~ și întors* return (ticket). **II.** *adj.* led, taken, (de ochi) wistful, *~ pe gânduri* wrapped up in thoughts, *a dormi ~* to be fast asleep.
duș *s.n.* shower (bath), *fig.* cold water.
dușcă *s.f.* draught, *o ~ la botul calului* a stirrup cup, *dintr-o ~* at one gulp.
dușman *s.m.* enemy, (adversar) opponent, *~ de moarte* deadly foe.
dușmăni I. *v.t.* to hate. **II.** *v.r.* to be on bad terms.
dușmănie *s.f.* enmity, (pică) rancour.
dușmănos I. *adj.* hostile. **II.** *adv.* hostilely.
dușumea *s.f.* floor(ing).
duzină *s.f.* dozen, *de ~* ordinary, (prost) poor.

E

ea *pron.* she, *pe ~* (acuzativ) her.
ebonită *s.f.* ebonite.
ebraic *s.m., f., adj* Hebrew.
ebrietate *s.f.* intoxication.
ecarisaj *s.n.* squaring.
echer *s.n.* (set) square.
echilateral *adj.* equilateral.
echilibra *v.t., v.r.* to balance.
echilibru *s.n.* balance.
echipa *v.t., v.r.* to equip (oneself).
echipaj *s.n.* crew.
echipament *s.n.* equipment, *mil.* kit, *tehn. sport* outfit.
echipă *s.f.* team, (de muncitori) crew.
echitabil I. *adj.* fair. **II.** *adv.* justly.
echitate *s.f.* equity.
echivala I. *v.t.* to equate. **II.** *v.i.* *a ~ cu* to be equivalent to.
echivalent *s.m., adj.* equivalent.
echivoc I. *s.n.* ambiguity. **II.** *adj.* equivocal, (obscen) smutty.
eclipsa I. *v.t.* to eclipse, *fig.* to outshine. **II.** *v.r.* to disappear.
eclipsă *s.f.* eclipse, *~ de lună* lunar eclipse, *~ de soare* solar eclipse.
ecluză *s.f.* sluice.
econom *adj.* economical.

economic I. *adj.* (din domeniul economiei) economic, (econ.) thrifty, (ieftin) cheap. **II**. *adv.* economically.

economicos *adj.* economical.

economie *s.f.* economy, (știință) economics, (la mâncare) thrift, *pl.* savings, *cu ~* sparingly.

economisi *v.t.* to save.

ecou *s.n.* echo.

ecran *s.n.* screen.

ecraniza *v.t.* to film.

ecuator *s.n.* the equator.

ecuație *s.f.* equation.

eczemă *s.f.* eczema.

edifica I. *v.t.* to build. **II**. *v.r.* to be enlightened.

edificare *s.f.* building.

edificator *adj.* illustrating, enlightening.

edificiu *s.n.* building, construction.

edilitar *adj.* town, (of) public utility.

edita *v.t.* to publish, (a îngriji) to edit.

editor *s.m.* publisher, (îngrijitor de ediție) editor.

editorial *s.n.*, *adj.* editorial.

editură *s.f.* publishing house.

ediție *s.f.* edition.

educa *v.t.* to educate.

educat *adj.* educated.

educativ *adj.* educative, instructive.

educație *s.f.* education, (maniere) good breeding, *~ fizică* physical training.

efect *s.n.* effect, *pl.* clothes, *mil.* equipment, *de ~* effective, *fără ~* without issue.

efectiv I. *s.n.*, *adj.* effective. **II.** *adv.* actually.

efectua I. *v.t.* to perform, to accomplish. **II.** *v.r.* to be done.

efemer *adj.* ephemeral.

efervescență *s.f.* effervescence.

eficace *adj.* efficient.

eficacitate *s.f.* efficiency.

eficient *adj.* efficacious.

eficiență *s.f.* efficiency.

efigie *s.f.* effigy.

efort *s.n.* effort.

efuziune *s.f.* effusion.

egal I. *s.m.* equal, *fără ~* matchless. **II.** *adj.* equal, *fig.* even.

egala I. *v.t.* to equal(ize). **II**. *v.i.* (sport) to tie.

egalitate *s.f.* equality, (uniformitate) regularity, (ca rezultat) tie, *~ în drepturi* equal right/ opportunities, *la ~* at a draw.

egaliza *v.t.* to equalize.

egiptean *s.m, f.*, *adj.* Egyptian.

egoism *s.n.* selfishness.

egoist I. *s.m.* egoist. **II.** *adj.* selfish.

eh *interj.* well!

ei I. *adj.* her, *al ~* hers, (pt. lucruri) its. **II.** *pron.* they, (dativ) (to) her; *pe ~* (acuzativ) them. **III.** *interj.* hey! well!

el *pron.* he, (de lucruri) it, *~ însuși* he himself/ personally, *pe ~* (acuzativ) him.

elabora *v.t.* to elaborate.
elaborat *adj.* elaborate.
elan 1. *s.m. zool.* elk, moose. **2.** *s.n.* enthusiasm.
elastic I. *s.n.*, *adj.* elastic. **II.** *adv.* elastically.
elasticitate *s.f.* elasticity; springiness.
elastină *s.f.* elastin.
ele *pron.* they, *pe* ~ (acuzativ) them.
electiv *adj.* elective.
elector *s.m.* elector.
electoral *adj.* electoral.
electric I. *adj.* electric(al). **II.** *adv.* electrically.
electrician *s.m.* electrician.
electricitate *s.f.* electricity, (curent) (electric) power.
electrifica *v.t.* to electrify.
electronic *adj.* electronic.
elefant *s.m.* elephant.
elegant I. *adj.* elegant, (la modă) fashionable. **II.** *adv.* elegantly.
eleganță *s.f.* elegance, (modă) fashionableness, *cu* ~ elegantly.
elegie *s.f.* elegy.
element *s.n.* element, cell.
elementar *adj.* elementary, (la şcoală) lower.
elen *s.m.* Hellene, *adj.* Hellenic.
eleşteu *s.n.* pond.
elev *s.m.* schoolboy, (în general) pupil, ~ *extern* day-pupil.
elevat *adj.* noble.
elf *s.m.* elf.
elibera I. *v.t.* to (set) free, to release, (un act) to issue. **II.** *v.r.* to liberate oneself.
eliberare *s.f.* liberation, release, ~ *condiționată* parole.
elice *s.f.* propeller.
elicopter *s.n.* helicopter.
elimina *v.t.* to eliminate, (de la şcoală) to expel.
eliptic *adj.* elliptical.
elită *s.f.* elite, *de* ~ topnotch.
elixir *s.n.* elixir.
elocvent *adj.* eloquent.
elocvență *s.f.* eloquence.
elogia *v.t.* to eulogize.
elogios *adj.* eulogistic.
elogiu *s.n.* eulogy.
elucida *v.t.* to elucidate.
eluda *v.t.* to evade.
eludare *s.f.* elusion.
elvețian *s.m.*, *f.*, *adj.* Swiss.
email *s.n.* enamel.
emaila *v.t.* to enamel.
emana *v.t.* to discharge, to spread, *v.i.* to emanate.
emanație *s.f.* emanation.
emancipa I. *v.t.* to emancipate. **II.** *v.r.* to become emancipated.
emblemă *s.f.* emblem.
embrion *s.n.* embryo.
emergență *s.f.* emergence.
emerit *adj.* merited.
emfatic *adj.* pompous.
emfază *s.f.* grandiloquence.
emigra *v.i.* to emigrate.
emigrant *s.m.* emigrant.
emigrat *s.m.* emigrant.
eminent *adj.* eminent.
eminență *s.f.* eminence.
emir *s.m.* emir.

emirat *s.n.* emirate.
emisar *s.m.* emissary.
emisferă *s.f.* hemisphere.
emisiune *s.f.* emission, (de bani) issue, (radio) broadcast.
emite *v.t.* to emit, (sunete, bani) to utter, *fiz.* to send forth, (o teorie) to advance.
emitent *adj.* issuing.
emițător **I**. *s.n.* transmitter. **II**. *adj.* transmitting.
emolient *s.n., adj.* emollient.
emotiv *adj.* emotional, shy.
emotivitate *s.f.* emotionalism.
emoție *s.f.* emotion, (tulburare) excitement, *emoții tari* thrills.
emoționa **I**. *v.t.* to thrill, to move. **II**. *v.r.* to be excited/ touched.
emoțional *adj.* emotional.
emoționant *adj.* touching.
emoționat *adj.* excited.
emulsie *s.f.* emulsion.
enciclopedic *adj.* encyclop(a)edic.
enciplopedie *s.f.* encyclop(a)edia.
endocrin *adj.* endocrine.
endocrinolog *s.f.* endocrinologist.
energetic *adj.* power.
energic **I**. *adj.* energic. **II**. *adv.* strongly.
energie *s.f.* energy, ~ *electrică* (electric) power.
enerva **I**. *v.t.* to irritate. **II**. *v.r* to be impatient.
englez **I**. *s.m.* Englishman, *~ii* the English. **II**. *adj.* English.
engleză *s.f.* English.
englezesc *adj.* English.
englezește *adv.* English.
englezoaică *s.f.* English woman.
enigmatic *adj.* mysterious.
enigmă *s.f.* enigma.
enorm **I**. *adj.* enormous, (înspăimântător) tremendous. **II**. *adv.* immensely.
enormitate *s.f.* enormity, (prostie) stupid thing.
entitate *s.f.* entity.
entorsă *s.f.* sprain.
entuziasm *s.n.* enthusiasm, (încântare) rapture(s), *cu* ~ enthusiastically.
entuziasma **I**. *v.t.* to enthuse. **II**. *v.r.* to be full .
enumera *v.t.* to enumerate.
enumerare *s.f.* enumeration.
enunț *s.n.* enunciation.
enunța *v.t.* to enunciate.
epata *v.t.* to astound.
epavă *s.f.* wreck.
epic *adj.* epic.
epidemie *s.f.* epidemic.
epidermă *s.f.* epidermis.
epidiascop *s.n.* epidiascope.
epigon *s.m.* epigone, imitator.
epigramă *s.f.* epigram.
epilepsie *s.f.* epilepsy.
epilog *s.n.* epilogue.
episcop *s.m.* bishop.
episcopie *s.f.* bishopric.
episod *s.n.* episode.
epistolă *s.f.* letter.
epitaf *s.n.* epitaph.
epitet *s.n.* epithet.
epocal *adj.* epochal.
epocă *s.f.* epoch.
epolet *s.m.* epaulette.
epopee *s.f.* epic saga.

eprubetă *s.f.* test tube.
epuiza I. *v.t.* to exhaust. **II.** *v.r.* to be exhausted, (de cărți) to get out of print.
epuizant *adj.* exhausting.
epuizare *s.f.* exhaustion.
epura *v.t.* to clean, to purify, to purge, (un text) to bowdlerize.
eradica *v.t.* to eradicate.
erată *s.f.* erratum.
eră *s.f.* age.
erbivor *adj.* herbivorous.
ereditar *adj.* hereditary.
ereditate *s.f.* heredity, *jur.* heirship.
erete *s.m.* harrier.
eretic *s.m.* heretic.
ermetic I. *adj.* (air) tight, *fig.* hermetic. **II.** *adv.* hermetically, tight.
erezie *s.f.* heresy.
ermină *s.f.* sable.
ermit *s.m.* hermit.
eroare *s.f.* error; *a induce pe cineva în ~* to mislead somebody, *~ de calcul* error in calculation.
eroda *v.t.* to erode.
erodare *s.f.* eroding.
eroic I. *adj.* heroic(al). **II.** *adv.* bravely.
eroicomic *adj.lit.* mock-heroic.
eroină *s.f.* heroine.
eroism *s.n.* heroism.
eronat *adj.* erroneous.
erotic *adj.* erotic.
erou *s.m.* hero.
eroziune *s.f.* erosion.
eroziv *adj.* erosive.
eructa *v.i.* to eruct.
erudit *s.m.* erudite.
erudiție *s.f.* erudition.
erupe *v.i.* to erupt, *med.* to break out.
eruptiv *adj.* eruptive.
erupție *s.f.* eruption, (urticarie) rash.
escadrilă *s.f.* flotilla.
escadron *s.n.* squadron.
escalada *v.t.* to climb, *mil.* to escalate.
escală *s.f.* stop(over), *fără ~* non-stop.
escapadă *s.f.* escapade.
eschimos *s.m.*, *adj.* Eskimo.
eschiva *v.r.* to shirk (from).
escorta *v.t.* to escort.
escortă *s.f.* escort, guard.
escroc *s.m.* swindler.
escroca *v.t.* to cheat.
escrocherie *s.f.* swindle, fraud.
eseist *s.m.* essayist.
esență *s.f.* essence.
esențial *adj.* essential.
esențialmente *adv.* essentially.
eseu *s.n.* essay.
esofag *s.n.* oesophagus.
espadrilă *s.f.* espadrille.
esperanto *s.n.* Esperanto.
est *s.n.* East, *de ~* east(ern), *la ~* east (of).
estet *s.m.* aesthete.
estetic I. *adj.* aesthetic. **II.** *adv.* aesthetically.
estetician *s.m.* aesthetician.
estetică *s.f.* aesthetics.
estetism *s.n.* aestheticism.
estic *adj.* eastern.
estima *v.t.* to estimate.
estimare *s.f.* estimation.
estimativ *adj.* estimated.

estompa I. *v.t.* to stump. **II**. *v.r.* to grow dim.
eston *s.m., f., adj.* Estonian.
estradă *s.f.* platform, (revistă) music hall, *de* ~ promenade.
estuar *s.n.* estuary.
eşafod *s.n.* scaffold.
eşalona *v.t.* to space, to phase.
eşantion *s.n.* sample.
eşarfă *s.f.* scarf, *med.* arm sling.
eşec *s.n.* failure.
eşua *v.i.* to be stranded, *fig.* to fail.
etaj *s.n.* (pe dinăuntru) floor, (pe dinafară) stor(e)y, *la* ~ upstairs, *la ~ul întâi* on the first floor, *cu două ~e* two-storeyed.
etajeră *s.f.* bookstand, (poliţă) shelf.
etala I. *v.t.* to show. **II.** *v.r.* to show off.
etalare *s.f.* demonstrate.
etalon *s.n.* standard.
etalona *v.t.* to standardize.
etanş *adj.* (air)tight.
etapă *s.f.* stage.
etate *s.f.* age, *în* ~ elderly.
etc(etera) *adv.* etc(etera), so on and so forth.
eter *s.n.* ether.
etern I. *s.n., adj.* eternal. **II.** *adv.* for ever.
eternitate *s.f.* eternity.
eterogen *adj.* heterogeneous.
etic *adj.* moral.
etică *s.f.* ethics.
eticheta *v.t.* to label.
etichetă *s.f.* label, (politeţe) etiquette, *fără* ~ *fig.* informally.
etimologie *s.f.* etymology.
etiopian *s.m., adj.* Ethiopian.
eu *pron.* I, myself.
eucalipt *s.m.* eucalyptus.
euglenă *s.f.* euglena.
eunuc *s.m.* eunuch.
european *s.m., f., adj.* European.
eutanasie *s.f.* euthanasia.
ev *s.n.* century, (eră) age, *~ul mediu* the Middle Ages.
evacua *v.t.* to evacuate, (aburul) to exhaust.
evacuare *s.f.* evacuation.
evada *v.i.* to escape.
evadare *s.f.* escape, *fig.* escapism.
evadat *s.m.* fugitive.
evalua *v.t.* to estimate, to reckon, to evaluate.
evaluare *s.f.* estimate.
evanghelic *adj.* Evangelical.
evantai *s.n.* fan.
evapora *v.t., v.r.* to evaporate.
evaporare *s.f.* evaporation.
evaziv I. *adj.* evasive. **II**. *adv.* vaguely.
evaziune *s.f.* evasion.
eveniment *s.n.* event, *plin de ~e* eventful.
eventual I. *adj.* possible. **II.** *adv.* possibly, (la nevoie) if in need.
eventualitate *s.f.* eventuality, *pentru orice* ~ just in case.
evident I. *adj.* obvious. **II**. *adv.* evidently.

evidență *s.f.* evidence, (situație) record, ~ *contabilă* book-keeping; *a scoate în* ~ to emphasize.
evidenția **I.** *v.t.* to distinguish, (a sublinia) to point out. **II.** *v.r.* to make oneself conspicuous.
evita *v.t.* to avoid, (a ocoli) to obviate.
evlavie *s.f.* devoutness, *cu* ~ piously.
evlavios *adj.* pious.
evoca *v.t.* to recall.
evocare *s.f.* evocation.
evolua *v.i.* to evolve, (în public) to perform.
evoluat *adj.* advanced.
evoluție *s.f.* evolution, (mişcare) act(ing).
evreică *s.f.* Jewess.
evreiesc *adj.* Jewish, (idiş) Yiddish.
evreieşte *adv.* Yiddish, in the Jewish fashion.
evreu *s.m.* Jew.
exacerbare **s.**f. exacerbation.
exact **I**. *adj.* exactly, (punctual) punctual, (minuțios) minute, (adevărat) true. **II**. *adv.* precisely, (punctual) punctually, (îngrijit) accurately, (minuțios) minutely.
exactitate *s.f.* accuracy, (punctualitate) punctuality.
exagera *v.t.*, *v.i.* to exaggerate.
exagerat *adj.* exaggerate(d).
exalta *v.t.*, *v.r.* to exalt.
exaltat *s.m.* enthusiast, *adj.* enthusiastic.
examen *s.n.* examination, (la şcoală) exam. ~ *oftalmologic* eye test, ~ *de admitere* entrance exam, *a cădea la un* ~ to fail an exam.
examina *v.t.* to examine.
exaspera *v.t.* to exasperate.
excava **v**.t. to excavate.
excavator *s.n.* steam navy/ shovel.
exceda *v.i.* to exceed.
excedent *s.n.* surplus.
excela *v.i.* to excel.
excelent **I**. *adj.* excellent. **II.** *adv.* excellently.
excelență *s.f.* excellence, *prin* ~ pre-eminently.
excentric *s.m.*, *adj.* eccentric.
excentricitate *s.f.* eccentricity.
excepta *v.t.* to except, to bar.
excepție *s.f.* exception, *cu excepția* except(ing), *fără* ~ without exception.
excepțional **I.** *adj.* exceptional. **II**. *adv.* exceptionally.
exces *s.n.* excess, (lipsă de cumpătare) intemperance.
excesiv **I.** *adj.* excessive, (violent) violent. **II.** *adv.* excessively.
excita **I.** *v.t.* to excite, to stimulate. **II**. *v.r.* to be roused.
exclama *v.t.* to exclaim.
exclude *v.t.* to exclude, (dintr-o organizație) to expel.
exclus *adj.* excluded, (imposibil) out of the question.
exclusiv **I**. *adj.* exclusive. **II**. *adv.* exclusively.

excomunica *v.t.* to excommunicate.
excrescență *s.f.* excrescense.
excursie *s.f.* trip, *fig.* investigation.
excursionist *s.m.* excursionist.
execrabil *adj.* abominable.
executa I. *v.t.* to perform, (a ucide) to execute. **II**. *v.r.* to obey.
executor *s.m.* performer, *jur.* executor.
executiv *adj.* executive.
execuție *s.f.* execution, (îndeplinire) implementation.
exemplar I. *adj.* exemplary. **II.** *adv.* exemplarily.
exemplifica *v.t.* to exemplify, to illustrate (with examples).
exemplificare *s.f.* exemplification.
exemplu *s.n.* example, *de ~* for instance, *după ~l lui* taking his example.
exercita *v.t.* to exert, (a practica) to practise.
exercițiu *s.n.* exercise, (rutină) practice, *pl.* homework, *în ~l funcțiunii* (while) discharging one's duties.
exersa *v.t.*, *v.i.*. *v.r.* to practise.
ex(h)ibiție *s.f.* ostentation.
exigent *adj.* exacting.
exigență *s.f.* exactingness, exigency.
exil *s.n.* exile.
exila *v.t.*, *v.r.* to exile (oneself).
exista *v.i.* to be, to exist, *există* there is, there are.
existent *adj.* existent.
existență *s.f.* existence, (trai) livelihood.
exmatricula *v.t.* to expel.
exorbitant *adj.* exorbitant.
exonera *v.t.* to exonerate.
exotic *adj.* exotic.
expansiune *s.f.* expansion.
expansiv *s.f.* expansive.
expatria *v.r.* to expatriate.
expedia *v.t.* to send, to dispatch, (prin poștă) to post, *com.* to ship.
expedient *s.n.* expedient.
expediere *s.f.* dispatch.
expeditiv I. *adj.* expeditious. **II.** *adv.* promptly.
expeditor *s.m.* sender.
expediție *s.f.* (călătorie) expedition.
experiență *s.f.* (de laborator) experiment, (întâmplare) experience(s), (înțelepciune) experience, *experiențe nucleare* nuclear test, *cu ~* experienced.
experimenta *v.t.* to test.
experimental *adj.* experimental.
experimentat *adj.* expert.
expert *s.m.* specialist.
expertiză *s.f.* (expert) examination, *~ contabilă* auditing.
expira *v.t.*, *v.i.* to expire.
explica I. *v.t.* to explain, (a justifica) to explain away. **II**. *v.r.* to be explained/ justified.
explicabil *adj.* accountable.
explicativ *adj.* explanatory.

explicație *s.f.* explanation, (justificare) justification, (discuție) showdown.
explicit I. *adj.* explicit. **II.** *adv.* explicitly.
exploata *v.t.* to exploit, (oameni) to sweat, (o mină) to work.
exploatare *s.f.* exploitation, (mină) mine working, (forestieră) lumber operation.
exploatat I. *s.m.* exploited person, *pl.* the exploited. **II.** *adj.* exploited, (de mină) worked.
exploatator I. *s.m.* exploiter. **II.** *adj.* exploiting.
exploda *v.i.* to explode.
explora *v.t.* to explore.
explorator *s.m.* explorer.
explozibil *s.n.*, *adj.* explosive.
explozie *s.f.* explosion.
exploziv *s.n.*, *adj.* explosive.
exponat *s.n.* exhibit.
exponent *s.m.* exponent, *fig.* spokesman.
export *s.n.* exportation, (marfă) export(s), *de ~* export, *mărfuri de ~* export goods.
exporta *v.t.* to export.
exportator I. *s.m.* exporter. **II.** *adj.* exporting.
expozeu *s.n.* expose.
expozitiv *adj.* espositive.
expoziție *s.f.* exhibition, (sală) gallery, *~ personală* one-man show.
expres I. *s.n.* express train, *adj.* express. **II.** *adv.* purpose(ful)ly.
expresie *s.f.* expression, (locuțiune) idiom.
expresiv I. *adj.* expressive. **II.** *adv.* expressivelly.
exprexivitate *s.f.* expressiveness.
exprima I. *v.t.* to express, (a formula) to couch, (a manifesta) to manifest. **II.** *v.r.* to express oneself.
exprimabil *adj.* expressible.
exprimare *s.f.* expression.
expropria *v.t.* to expropriate.
expulza *v.t.* to expel, to banish.
expulzare *s.f.* expulsion.
expune I. *v.t.* to exhibit, (la neplăceri), to show, to expose, (o teorie) to expound. **II.** *v.r.* to incur a risk.
expunere *s.f.* exposition, (discurs) expose.
expus *adj.* exposed, *~ la ...* liable to...
extaz *s.n.* ecstasy.
extazia *v.r.* to be enraptured.
extensiv *adj.* extensive.
extenua *v.t.*, *v.i.*, *v.r.* to exhaust (oneself).
extenuare *s.f.* exhaustion.
extenuat *adj.* exhausted.
exterior I. *s.n.* exterior, (înfățișare) appearance, *în ~* outwardly, (în străinătate) abroad. **II.** *adj.* outside, *pol.* foreign.
exterioriza *v.t.* to exteriorize.
exteritorial *adj.* exterritorial.
extermina *v.t.* to exterminate.
exterminare *s.f.* extermination, *~ în masă* mass destruction.

extern I. *s.m.* extern, (elev) day-pupil. **II.** *adj.* external, outside.
externe *s.n., pl. minister de ~* Ministry of Foreign Affairs.
extinctor *adj.* extinguishing.
extincție *s.f.* extinction.
extinde *v.t., v.r.* to extend.
extindere *s.f.* extension, spreading.
extirpa *v.t.* to extirpate.
extirpare *s.f.* extirpation.
extra *adj.* extra(fine).
extract *s.n.* extract, certificate.
extractiv *adj.* extractive.
extrage *v.t.* to extract, (un dinte) to pull out.
extraordinar I. *s.n.* extraordinary. **II.** *adj.* extraordinary, (remarcabil) remarkable. **III.** *adv.* uncommonly, *~ de repede* exceedingly quick.
extra *s.n.* extra.
extravagant *adj.* eccentric, (nebunesc) crazy.
extravaganță *s.f.* extravagance.
extrăda *v.t.* to extradite.
extrem I. *s.n.* extreme, *la ~* to the utmost. **II.** *adj.* excessive, (îndepărtat) far(thest), *~ de* extremely. **III.** *adv.* exceedingly.
extremă *s.f.* extreme, sport outside (forward), *a juca pe ~ stângă* to play left wing.
extremitate *s.f.* extremity, (vârf) tip.
extrovertit *s.m.* extrovert, *adj.* extroverted.
exuberant *adj.* buoyant.
exuberanță *s.f.* exuberance.
exulta *v.i.* to exult.
ezita *v.i.* to hesitate.
ezitare *s.f.* hesitation.

F

fa *s.m. muz.* F, fa.

fabrica I. *v.t.* to manufacture, *fig.* (a inventa) to concoct, to fabricate. **II.** *v.r.* to be made.

fabricant *s.m.* manufacturer.

fabricare *s.f.* manufacture.

fabrică *s.f.* factory, (uzină) works, (industria uşoară) mill, (de cărămizi, cherestea) yard.

fabulă *s.f.* fable.

fabulos *adj.* fabulous.

face *v.t.* (a crea) to make, (a se ocupa cu) to do, (a comite) to perpetrate, *a ~ pe grozavul* to preen (oneself), *a ~ pe nebunul* to play the giddy goat, *a ~ tot ce se poate* to do one's best, *ce ~*? what?, *a se ~ bine* to recover, *a se ~ de râs* to make a fool of oneself, *a se ~ frumos (vremea)* it is clearing up, *a ~ aluzie la* to hint to, *a-şi ~ bagajele* to pack, *a ~ faţă la* to cope with, *a ~ la dreapta* to turn right.

facere *s.f.* making, (naştere) childbirth.

facilita *v.t.* to facilitate.

facilitate *s.f.* facility.

faclă *s.f.* torch.

factor *s.m.* factor, (poştal) postman.

factură *s.f.* invoice, *fig.* structure.

facultate *s.f.* faculty.
facultativ I. *adj.* optional. **II.** *adv.* at will.
fad *adj.* tasteless.
fag *s.m.* beech.
fagot *s.n.* bassoon.
fagure *s.m.* honeycomb.
faianţă *s.f.* faience.
faimă *s.f.* fame.
faimos *adj.* famous.
falangă *s.f.* phalanx.
fală *s.f.* glory.
falcă *s.f.* jaw.
faliment *s.n.* bankruptcy; *a fi în pragul ~ului* to be on the brink of ruin.
falimentar *adj.* bankrupt.
falnic I. *adj.* lofty. **II** *adv.* proudly.
fals I. *adj.* false, (greşit) fallacious, (prefăcut) phon(e)y, (de bani) counterfeit, (artificial) imitation. **II.** *adv.* falsely, *muz.* out of tune, (greşit) mistakenly.
falsifica *v.t.* to falsify, (băuturile) to doctor, (bani) to forge.
falsificat *adj.* faked.
falsificator *s.m.* falsifier.
familial *adj.* family.
familiar I. *adj.* familiar. **II.** *adv.* informally; *limbaj ~* colloquial language.
familiaritate *s.f.* intimacy, *peior.* liberties.
familiariza I. *v.t.* to make familiar. **II.** *v.r.* to be inured (to smth.).
familie *s.f.* family.
familist *s.m.* family man.
fanatic I. *s.m.* fan(atic). **II.** *adj.* fanatical.
fanda *v.i.* to thrust.
fandosi *v.r.* to give oneself airs.
fanfară *s.f.* fanfare.
fanfaron I. *s.m.* braggart. **II.** *adj.* boastful.
fantasmă *s.f.* phantom.
fantastic I. *adj.* fantastical, (straşnic) capital. **II.** *adv.* fantastically.
fantezie *s.f.* fantasy.
fantezist *adj.* fantastic, (neadevărat) fabricated.
fantomatic *adj.* ghostlike.
fantomă *s.f.* phantom.
fapt *s.n.* fact, (acţiune) deed, (întâmplare) event, *~e diverse* news in brief, *~ împlinit* accomplished fact, *de ~* actually, (la urma urmei) in fact, *în ~ul zilei* at the break of day, *asupra ~ului* red-handed.
faptă *s.f.* deed, (eroică) exploit, (performanţă) stunt.
far *s.n.* lighthouse, *fig.* beacon, *auto* headlight.
faraon *s.m.* pharaoh.
fard *s.n.* make-up.
farda *v.t., v.r.* to put on make-up.
farfurie *s.f.* plate, (conţinutul) plateful, *~ adâncă* soup plate, *~ întinsă* dinner plate.
farin *adj.* powdered.
faringe *s.n.* pharynx.
farmaceutic *adj.* pharmaceutical.
farmacie *s.f.* pharmacy.
farmacist *s.m.* chemist.

farmec *s.n.* charm, (vrajă) spell, *ca prin* ~ as if by magic.
farsă *s.f.* farce, (festă) practical joke.
fascicul *s.n.* fascicle.
fascina *v.t.* to fascinate.
fascism *s.n.* fascism.
fascist *s.m.*, *adj.* fascist.
fasole *s.f.* bean(s).
fast *s.n.* solemnity.
fastuos *adj.* pompous, sumptuous.
fașă *s.f.* dressing, *pl.* (pt. copii) swaddling clothes.
fatal I. *adj.* fatal. **II.** *adv.* inevitably, (din nenorocire) fatally.
fatalitate *s.f.* fatality.
fată *s.f.* girl, (fecioară) maiden, (fiică) daughter, ~ *bătrână* spinster, ~ *în casă* maid.
fațadă *s.f.* facade; front (side), *fig.* show, *de* ~ sham.
față *s.f.* face (înfățișare) appearance, (ten) complexion, (expresie) countenance, (suprafață) surface, ~ *în* ~ face to face, ~ *de* (situație) given (the situation), *în* ~ in front, *în* ~ *mea* before me, *pe* ~ openly, ~ *de masă* table cloth, *a da ceva pe* ~ to disclose smth., *a fi de* ~ to be present, *hai să vorbim pe* ~ let's talk frankly.
fault *s.n.* foul.
favoare *s.f.* favour, (cadou) gift, *de* ~ complimentary, *în ~a cuiva* to smb. 's advantage, *a cere o* ~ to ask for a favour.
favorabil I. *adj.* favourable, (propice) propitious, (binevoitor) kind. **II.** *adv.* propitiously.
favorit *s.m.*, *adj.* favourite.
favoriți *s.m.* *pl.* (side) whiskers.
favoriza *v.t.* to favour.
fazan *s.m.* pheasant, *fig.* dupe.
fază *s.f.* phase, (la faruri) beam.
făclie *s.f.* torch.
făcut I. *s.n.* *parcă e un* ~ it seems to be fated. **II.** *adj.* made (up), artificial.
făgaș *s.n.* rut, *fig.* routine.
făgădui *v.t.* to promise.
făgăduială *s.f.* promise.
făină *s.f.* flour.
făinos *adj.* floury.
făli *v.r.* to brag, *a se* ~ *cu* to boast (of).
făptaș *s.m.* doer; author; perpetrator.
făptui *v.t.* to do, to commit.
făptură *s.f.* creature, (trup) body, (fire) nature.
făraș *s.n.* dust pan, (pt. sobă) fire shovel.
fără I. *prep.* without, (minus) but, (cu excepția) except(ing), ~ *ajutorul tău* but for your help, ~ *dinți* toothless, ~ *inimă* callous(ly), ~ *veste* sudddenly, ~ *voie* involuntary, unwillingly, *e șase* ~ *opt minute* it's eight minutes to six. **II.** *conj.* without.
fărădelege *s.f.* wrongdoing.
fărâma *v.t.* to crumble.
fărâmă *s.f.* bit, scrap, (pâine) crumb.
fărâmicios *adj.* breakable, (sticlă) brittle.

făt *s.m.* foetus, ~ *Frumos* Prince Charming.
făta *v.t.* to bring forth.
fățarnic I. *s.m.* hypocrite. **II.** *adj.* double-faced.
fățărnicie *s.f.* double-dealing.
fățiș I. *adj.* open, (nerușinat) shameless. **II**. *adv.* frankly, (fără rușine) shamelessly.
făurar *s.m.* blacksmith.
făuri *v.t.* to create.
făuritor *s.m.* maker.
fâlfâi *v.i.* to flutter.
fân *s.n.* hay; *snop de ~* truss of hay, *a căuta acul în carul cu ~* to look for a needle in a haystack.
fâneață *s.f.* hay field.
fântână *s.f.* well, ~ *arteziană* artesian well.
fâsâi *v.i.* to fizz.
fâstâceală *s.f.* bewilderment.
fâstâci *v.r.* to lose one's head.
fâșâi *v.i.* to swish.
fâșie *s.f.* strip, (de lumină) streak.
fâțâi *v.r.* to fidget, (a se fandosi) to put on airs.
fâțâială *s.f.* fidgeting.
febră *s.f.* fever, ~ *tifoidă* typhoid fever.
febril I. *adj.* feverish. **II.** *adv.* feverishly.
februarie *s.m.* February.
fecioară *s.f.* virgin.
feciorelnic *adj.* maiden(ly).
feciorie *s.f.* virginity.
fecund *adj.* fertile, *fig.* prolific.
fecunditate *s.f.* fertility.
federal *adj.* federal.
federativ *adj.* federative.
federație *s.f.* (con)federation.
feeric *adj.* fairy(-like).
feerie *s.f.* romance.
fel *s.n.* (cale) way, (tip) kind, (mâncare) dish, (al doilea, al treilea) course, *fig.* disposition, ~ *de* ~ all kinds/ sorts, *în ~ul acesta* thus, *la ~* identical(ly), *într-un ~ sau altul* one way or another, *în niciun ~* by no means, no way.
felicita I. *v.t.* to congratulate (smb. on an event). **II.** *v.r.* to be gratified, (reciproc) to congratulate each other.
felicitare *s.f.* congratulation, (carte de vizită) greeting.
felie *s.f.* slice, (de carne) cut, (de slănină) rasher.
felinar *s.n.* street lamp, (de mână) lantern.
felurit *adj.* sundry, different.
femeie *s.f.* woman, *pl.* women, (soție) wife, ~ *afurisită* shrew.
femeiesc *adj.* womanly, (de sex) female.
feminin *s.n.*, *adj.* feminine.
feminitate *s.f.* womanhood.
fenomen *s.n.* phenomenon.
fenomenal I. *adj.* phenomenal. **II.** *adv.* remarkably.
ferat *adj.*: *cale ~ă* railway.
ferăstrău *s.n.* saw.
ferches *adj.* spruce.
ferchezui *v.t.*, *v.r.* to dress up.
fereastră *s.f.* window, (geam) window pane, (gol) gap.
fereca *v.t.* to lock (up), (a înlănțui) to chain.
ferfeniță *s.f.* tatter(s).

feri I. *v.t.* to keep from. **II.** *v.i.* *ferească Dumnezeu!* God forbid! **III.** *v.r.* to step aside, *a se ~ de* to avoid.
feribot *s.n.* ferryboat.
fericire *s.f.* happiness, *din ~* fortunately.
fericit I. *adj.* happy, (norocos) lucky, (favorabil) propitious. **II.** *adv.* happily.
ferigă *s.f.* fern.
ferit *adj.* safe.
ferm *adj.* firm, *adv.* steadfastly.
fermă *s.f.* farm, *~ de animale* cattle farm, *~ de lapte* dairy farm, *~ de stat* state farm.
fermeca *v.t.* to charm.
fermecat *adj.* charmed.
fermecător *adj.* enchanting.
ferment *s.m.* ferment.
fermentat *adj.* fermented.
fermier *s.m.* farmer.
fermitate *s.f.* firmness.
fermoar *s.n.* zip (fastener).
feroce I. *adj.* ferocious, (nemilos) grim. **II.** *adv.* savagely.
feroviar I. *s.m.* railway worker/man. **II.** *adj.* rail(way).
fertil *adj.* fertile.
fertilitate *s.f.* fertility.
fertiliza *v.t.* to fertilize.
fervent I. *adj.* fervent. **II.** *adv.* fervently.
festă *s.f.* (nasty) trick.
festin *s.n.* feast.
festiv *adj.* festive.
festival *s.n.* festival.
festivitate *s.f.* solemnity.
festona *v.t.* to festoon.
fetid *adj.* fetid.
fetiş *s.n.* fetish.
fetişcană *s.f.* flapper.
fetiţă *s.f.* little girl, (fiică) daughter.
fetru *s.n.* felt.
feudal I. *s.m.* feudal lord. **II.** *adj.* feudal.
feudalism *s.n.* feudalism.
fi I. *v.aux.* to be. **II.** *v.i.* to be, to exist, (a se afla) to be found, (a consta) to consist (in), (a aparţine) to belong (to), *fie ce-o fi* come what may, *să-ţi fie de bine* to your pleasure. *cum îţi este?* how are you?
fiabil *adj.* reliable.
fiară *s.f.* (wild) beast.
fibrilaţie *s.f.* fibrillation.
ficat *s.m.* liver.
fictiv *adj.* fictitious.
ficţiune *s.f.* fiction, imagination.
fidea *s.f.* vermicelli.
fidel I. *adj.* faithful. **II.** *adv.* loyally.
fidelitate *s.f.* fidelity, (exactitate) accuracy.
fie *conj.*: *fie... fie...* either... or...
fiecare I *adj* (separat) each, (toţi) every, *~ faţă a paginii* either side of the page. **II.** *pron.* (separat) each (one), (toţi) every-body, *~ din ei* each of them, *~ dintre cei doi* either (of the two).
fier *s.n.* iron, (de călcat) flat iron, *~ de plug* ploughshare, *~ vechi* scrap iron, *de ~* (made of) iron.

fierar *s.m.* (black)smith, ironsmith.
fierărie *s.f.* smith's trade, (atelier) forge, (magazin) ironmonger's shop, (fiare) hard-ware.
fierbe I. *v.t.* to boil. **II.** *v.i.* to boil, (la foc mic) to simmer, *a ~ de mânie* to seethe with rage.
fierbinte *adj.* hot, burning.
fiere *s.f.* bile, gall.
fiert *s.n.* boiling, *adj.* boiled, *fig.* downcast, *~ tare* hard boiled.
figura *v.i.* to appear, to be present.
figurant *s.m. teatru* extra.
figurantă *s.f.* (varieteu) chorus girl, (balet) figurant, cinema extra.
figurat *adj.* figurative.
figură *s.f.* face, (mutră) countenance, (chip) image, *fig.* figure, (la cărți) face card, (la șah) piece, *o ~ istorică* an historical character.
fiică *s.f.* daughter.
fiindcă *conj.* because.
ființă *s.f.* being, (existență) existence, (fire) nature, *în ~* existing.
filament *s.n.* filament.
filantrop *s.m.* philanthropist.
filantropic *adj.* charitable.
filantropie *s.f.* philanthropy
filarmonică *s.f.* philharmonic (orchestra).
filatelic *adj.* philatelic.
filatelie *s.f.* philately.
filatelist *s.m.* stamp collector.
filă *s.f.* leaf, sheet of paper.
fildeș *s.m.* tusk, *s.n.* ivory.
filet *s.n.* thread.
fileu *s.n.* net.
filfizon *s.m.* coxcomb.
filială *s.f.* branch.
film *s.n.* movie, (de lung metraj) feature film, (de scurt metraj) short, (documentar) documentary, *~ polițist* detective movie, *~ de succes* box-office movie.
filma *v.t.* to film.
filmare *s.f.* shot.
filolog *s.m.* philological.
filologie *s.f.* philology.
filon *s.n.* vein.
filozof *s.m.* philosophical.
filozofie *s.f.* philosophy, *fig.* difficulty.
filtra *v.t.* to filter.
filtru *s.n.* filter.
fin I. *adj.* fine, (grațios) slender, (ales) choice, (rafinat) refined. **II.** *adv.* finely, (subțire) thinly, (delicat) delicately.
final I. *s.n.* end. **II.** *adj.* final; *în ~* in the end.
finală *s.f.* final(s).
financiar *adj.* financial, (fiscal) fiscal.
finanța *v.t.* to finance.
finanțe *s.f. pl.* finance(s).
finanțare *s.f* financing.
fine *s.n.* end, *în ~* at last.
finețe *s.f.* fineness, (subțirime) thinness, (delicatețe) delicacy.
finisa *v.t.* to finish.
finisaj *s.n.* finishing.

finlandez I. *s.m.* Finn. **II.** *adj.* Finnish.
finlandeză *s.f.* Finn(ish woman), (limba) Finnish.
fiolă *s.f.* ampoule.
fior *s.m.* shiver, (plăcut) thrill.
fiord *s.n.* fyord.
fioros I. *adj.* terrible, (sălbatic) savage. **II.** *adv.* fiercely.
fir *s.n.* thread, (de păr) hair, (de sârmă) wire, (de iarbă)blade, (grăunte *fig.*) grain, *~ul apei* current.
firav *adj.* feeble.
fire *s.f.* nature, *din ~* naturally, *în toată ~a* mature.
firesc *adj.* natural.
fireşte *adv.* naturally, certainly.
firmitură *s.f.* crumb, *fig.* bit.
firmament *s.n.* firmament.
firmă *s.f.* firm.
fisă *s.f.* coin, (pt. joc) counter.
fisc *s.n.* fisc.
fistic *s.m.*, *s.n.* pistachio.
fistichiu *adj.* peculiar, crazy.
fisura *v.t.* to fissure, to cleave, to crack.
fisură *s.f.* fissure, crack.
fişa *v.t.* to card.
fişă *s.f.* slip, library card.
fişic *s.n.* roll (of money).
fişier *s.n.* card index, *fig.* references.
fit *s.n.* *a trage la ~* to play truant.
fitil *s.n.* wick, *fig.* intrigue.
fiţuică *s.f.* slip (of paper), (la şcoală) crib, *peior.* (ziar) rag.
fiu *s.m.* son.
fix I. *adj.* fixed, (constant) steady, (neschimbat) unchanged, (exact) sharp. **II.** *adv.* fixedly, (în gol) vacantly.
fixa I. *v.t.* to fix, (a stabili) to settle, (a preciza) to determine, (a măsura) to measure, (cu privirea) to stare at. **II.** *v.r.* to be fixed, (a se stabili) to settle.
fixare *s.f.* fixing.
fixativ *s.n.* hair set.
fizic I. *s.n.* looks, (trup) frame. **II.** *adj.* physical.
fizică *s.f.* physics, *~ atomică* nuclear physics.
fizician *s.m.* physicist.
fiziologie *s.f.* physiology.
fizionomie *s.f.* physiognomy.
flacără *s.f.* flame, *în flăcări* ablaze.
flacon *s.n.* bottle.
flagel *s.n.* scourge.
flagrant *adj.* glaring, *în ~ delict* flagrant delicto.
flamand I. *s.m.* Fleming. **II.** *adj.* Flemish.
flamandă *s.f.* Flemish woman, (limba) Flemish.
flamură *s.f.* banner.
flanelă *s.f.* flannel.
flaşnetar *s.m.* organ grinder.
flaşnetă *s.f.* barrel organ.
flata *v.t.* to flatter.
flaut *s.n.* flute.
flautist *s.m.* flute player.
flăcău *s.m.* lad, (holtei) bachelor.
flămând *adj.* hungry, (înfometat) famished.
flămânzi *v.i.* to starve.
fleac *s.n.* trifle.

flecar I. *s.m.* windbag. **II.** *adj.* talkative.
flecări *v.i.* to chatter.
flegmatic I. *adj.* phlegmatic. **II.** *adv.* phlegmatically.
flegmă *s.f.* phlegm.
fler *s.n.* flair, intuition.
flexibil *adj.* flexible.
flexibilitate *s.f.* flexibility.
flexiune *s.f.* flexion.
flintă *s.f.* musket.
flirt *s.n.* flirtation.
flirta *v.i.* to flirt.
floare *s.f.* flower, (de arbore) blossom, (mucegai) mould, ~ *de câmp* wild flower, ~ *de colț* edelweiss, *copil din flori* illegitimate child, *în* ~ in bloom, *în ~a vârstei* in the prime of life, *strat de flori* flower bed.
floc *s.n.* (de păr) tuft, (de lână) flock.
flocăi *v.t.* to pluck.
flocos *adj.* hairy, fluffy.
floral *adj.* floral.
florar *s.m.* florist.
florăreasă *s.f.* flower girl.
florărie *s.f.* flower shop.
floretă *s.f.* foil.
florii *s.f. pl.* Palm Sunday.
flotă *s.f.* fleet.
fluctua *v.i.* to fluctuate.
fluctuație *s.f.* fluctuation.
fluent I. *adj.* fluent. **II.** *adv.* fluently.
fluență *s.f.* fluency.
fluiditate *s.f.* fluidity.
fluidiza *v.t.* to fluidize.
fluier *s.n.* whistle, (de păstor) pipe.
fluiera I. *v.t.* to whistle, (a huidui) to hiss. **II.** *v.i.* to whistle, (a vâjâi) to whiz.
fluierat *s.n.*, **fluierătură** *s.f.* whistle.
fluorescent *adj.* fluorescent.
flutura I. *v.t.* to wave, (amenințător) to brandish. **II.** *v.i.* to flutter.
fluture *s.m.* butterfly.
fluviu *s.n.* river, *fig.* stream.
flux *s.n.* tide, *fig.* wave, ~ *și reflux* ebb and flow.
foaie *s.f.* left, (coală, pânză) sheet, (pagină) page, *pl.* skirt, ~ *de cort* tarpaulin, ~ *volantă* loose leaf.
foaier *s.n.* foyer.
foame *s.f.* hunger.
foamete *s.f.* hunger.
foarfece *s.n.* scissors, (mare) shears, (la rac) claws.
foarte *adv.* very.
fobie *s.f.* phobia.
foc *s.n.* fire, (vâlvătaie) blaze, *jur.* arson, (împușcătură) shot, (tir) firing, *fig.* passion, (durere) sorrow, (mânie) anger, *~uri de artificii* fire works, *în ~ul luptei* at the height of the battle.
focaliza *v.t.* to focus.
focar *s.n.* focus; ~ *de infecție* centre of contagion.
focă *s.f.* seal.
fochist *s.m.* stoker.
focos I. *s.n.* fuse. **II.** *adj.* ardent.
fofila *v.r.* to slink, *fig.* to dodge.

foileton I. *s.n.* feuilleton, (roman) serial. **II.** *adj.* serially.
foiletonist *s.m.* serial writer.
foişor *s.n.* (watch) tower.
foiţă *s.f.* thin paper.
folclor *s.n.* folklore.
folcloric *adj.* folk(lore)
folclorist *s.m.* folklorist.
folos *s.n.* use, (profit) profit, *ce ~?* to what purpose? *cu ~* usefully, *de (mare) ~* useful, *fără ~* vainly.
folosi I. *v.t.* to use. **II.** *v.i.* to be useful. **III.** *v.r.* to be used, *a se ~ de* to take advantage of.
folosinţă *s.f.* utilization.
folositor *adj.* useful.
fond *s.n.* (conţinut) content, matter, essence, *fin.* fund, *fig.* stock, (caracter) nature, (bază) fundamentals, *artă* background, sport long distance, *în ~* after all.
fonda *v.t.* to found, to establish.
fonetic *adj.* phonetically.
fonetică *s.f.* phonetics.
fonfăi *v.i.* to snuffle.
fonic *adj.* phonic.
fonograf *s.n.* phonograph.
fontă *s.f.* cast iron, (brută) pig iron.
for *s.n.* forum.
fora *v.t* to drill, to perforate.
foraibăr *s.n.* latch.
foraj *s.n.* drilling.
forestier *adj.* forest(ry), (de cherestea) timber.
forfeca *v.t.* to cut (with the scissors), *fig.* to shred.
forfecuţă *s.f.* nail scissors.
forfotă *s.f.* agitation.
forfoti *v.i.* to bustle, (a mişuna) to teem.
forja *v.t.* to forge.
forma I. *v.t.* to form, (a alcătui) to make up, (a educa) to train, (un număr de telefon) to dial. **II.** *v.r.* to be moulded, (a se înfiinţa) to be set up; *a ~ un număr de telefon* to dial.
formal I. *adj.* formal. **II.** *adv.* formally, specifically, (de formă) perfunctorily.
formalism *s.n.* form(alism).
formalitate *s.f.* formality.
formaliza *v.t.* to formalize.
formalizare *s.f.* formalization.
format I. *s.n.* size, (de carte) format. **II.** *adj.* moulded, (matur) full-fledged.
formativ *adj.* formative.
formaţi(un)e *s.f.* formation, (orânduire) system, (echipă) team.
formă *s.f.* (geometrică) shape, *fig.* form, (înfăţişare) aspect, (ceremonie) form(ality), *gram.* voice, (calapod) last, (mod) manner, *sport* mettle, *de ~* perfunctorily, *de ~ pătrată* square.
formidabil I. *adj.* formidable. **II.** *adv.* wonderfully. **III.** *interj.* you don't say so!
formula *v.t.* to formulate, (a exprima) to express.
formular *s.n.* form; *a completa un ~* to fill in a form.
formulare *s.f.* formulation.
formulă *s.f.* formula.
fort *s.n.* fort.

fortăreață *s.f.* fortress.
forte I. *adj.*: *a se face ~ să* to try hard to, to pledge (oneself) to do. **II.** *adv.* forte.
fortifica *v.t.* to fortify.
fortuit *adj.* fortuitous.
forța I. *v.t.* to force, to compel, (a sparge) to break open. **II.** *v.r.* to try hard.
forțat *adj.* forced, (nesincer) affected.
forță *s.f.* force, (putere) power, (intensitate) energy, *mil.* (armed) forces, (~a argumentelor) cogency, ~ *de muncă* manpower, ~ *majoră* emergency, *de* ~ excellent.
fosă *s.f.* *anat.* fossa, (orchestră) pit.
fosfat *s.m.* phosophate.
fosfata *v.t.* to phosphatize.
fosfor *s.n.* phosphorus.
fosforescent *adj.* phosphorescent.
fosforescență *s.f.* phosphorescence.
fosforic *adj.* phosphoric.
fosfură *s.f.* phosphide.
fosil *adj.* fossil.
fosilă *s.f.* fossil, *fig.* old crock.
fosiliza *v.r.* to fossilize.
fosilizare *s.f.* fossilization.
fost *adj.* former, past, (defunct) late.
foșnet *s.n.* rustle, swish.
foșni *v.i.* to rustle.
foșnitor *adj.* rustling.
fotbal *s.n.* football.
fotbalist *s.m.* footballer.
fotogenic *adj.* photogenic.
fotograf *s.m.* cameraman, (la atelier) photographer.
fotografia I. *v.t.* to photograph. **II.** *v.r.* to have a photo taken.
fotografic *adj.* photographic.
fotografie *s.f.* photo(graph), (artă) photography.
fotogravură *s.f.* photoengraving.
fotoliu *s.n.* armchair, (teatru, orchestra) stall.
fotometric *adj.* photometric(al).
foton *s.m.* photon.
fotoreporter *s.m.* photographer.
fotosensibil *adj.* photosensitive.
fotosferă *s.f.* photosphere.
frac *s.n.* tail coat.
fractura *v.t.* to break.
fractură *s.f.* fracture.
fracție *s.f.* fraction. ~ *zecimală* decimal fraction.
fracționar *adj.* fractional.
fracțiune *s.f.* fraction.
frag *s.m.*, fragă *s.f.* wild strawberry.
fraged *adj.* soft, tender.
fragil *adj.* brittle, fragile.
fragilitate *s.f.* fragility.
fragment *s.n.* fragment, (pasaj) excerpt.
fragmenta *v.t.* to fragment, to break up.
fragmentar I. *adj.* fragmental. **II.** *adv.* by bits.
franc I. *s.m.* *ist.* Frank, (monedă) franc, (gologan) copper. **II.** *adj.* ist. Frankish,

(deschis) frank. **III.** *adv.* frankly.
franca *v.t.* to stamp.
francez I. *s.m.* Frenchman, *~ii* the French. **II.** *adj.* French.
franceză *s.f.* (limbă) French.
franchețe *s.f.* frankness.
franj *s.n.* fringe.
franțuzesc *adj.* French.
franțuzește *adv.* French, in the French style.
franțuzoaică *s.f.* French woman.
franzelă *s.f.* (long) loaf.
frapa *v.t.* to strikek, to surprise.
frapant *adj.* surprising.
frasin *s.m.* ash(-tree).
frate *s.m.* brother, (confrate) brother, *pl.* brethren, ~ *de cruce* sworn brother, ~ *de lapte* foster brother, ~ *vitreg* step-brother.
fratern *adj.* brotherly.
fraternitate *s.f.* brotherhood.
fraterniza *v.t.* to fraternize.
frauda *v.t.* to defraud.
fraudă *s.f.* fraud, defalcation, (înșelăciune) swindle.
fraudulos *adj.* fraudulent.
frază *s.f.* *gram.* (compound/ complex) sentence, *muz.* phrase.
frazeologic *adj.* idiomatic.
frăgezi *v.t.* to make tender/ soft.
frăgezime *s.f.* tenderness.
frământa *v.t.* (aluat) to knead, to work, (gânduri) to worry.
frământare *s.f.* kneading, *fig.* unrest, stir; *frământările epocii* the challenges of the time.
frățesc *adj.* fraternal.
frățește *adv.* fraternally, equally.
frăție *s.f.* fraternity, ~ *de arme* brotherhood at arms.
frâna I. *v.t.* to brake, *fig.* to curb. **II.** *v.i.* to put on the brake.
frânar *s.m.* brakesman.
frână *s.f.* brake, (la căruță) drag, *fig.* hindrance; ~ *de mână* handbrake, *a pune* ~ to put on the brakes.
frânge I. *v.t.* to break (up), (mâinile) to wring. **II.** *v.r.* to break.
frânghie *s.f.* rope.
frânt *adj.* broken, (obosit) exhausted.
frântură *s.f.* bit, piece.
frâu *s.n.* rein; *a ține pe cineva în* ~ to keep a tight rein on smb., *a da ~ liber calului* to give the horse free rein, *a da ~ liber imaginației* to give free rein to imagination.
freamăt *s.n.* rustling, (murmur) murmur, (agitație) stir, (fior) thrill.
freca I. *v.t.* to rub, (cu peria) to scrub, *fig.* to criticize. **II.** *v.r.* to rub oneself, to rub one's eyes.
frecare *s.f.* friction.
frecat *adj.* rubbed.
frecție *s.f.* massage.
frecuș *s.n.* friction.
frecvent I. *adj.* frequent. **II.** *adv.* often.

frecventa *v.t.* to frequent, (cursuri) to attend.
frecvenţă *s.f.* frequency, (participare) attendance.
fredona *v.i.* to hum.
fremăta *v.i.* to sough, (a foşni) to rustle.
frenetic I. *adj.* frantic, wild. **II.** *adv.* passionately.
frenezie *s.f.* frenzy.
frescă *s.f.* fresco.
freză *s.f.* haircut, *tehn.* milling machine, (a dentistului) drill.
frezie *s.f.* freesia.
frezor *s.m.* milling-machine operator.
frică *s.f.* fear, (panică) panic, *fără* ~ dauntless(y).
fricos I. *s.m.* coward. **II.** *adj.* cowardly, fearful.
fricţiona *v.t.* to rub, to massage.
fricţiune *s.f.* friction.
frig *s.n.* cold, (mare) frost, *pl.* the ague.
friganea *s.f.* sippet.
frigare *s.f.* spit, *la* ~ spitted.
frige I. *v.t.* to roast, (la grătar) to grill, (a arde) to burn. **II.** *v.i.* to burn, (a avea febră) to be feverish. **III.** *v.r.* to be burnt.
frigid *adj.* frigid.
frigiditate *s.f.* frigidity.
frigider *s.n.* refrigerator, fridge.
frigorifer I. *s.n.* deep freeze. **II.** *adj.* refrigerating.
friguros *adj.* cold.
fript *adj.* roasted, (ars) burnt; *a rămâne cu buza ~ă* to come off a loser.
fripta *s.f.* hot cockles.
friptură *s.f.* roast(meat), ~ *de porc* roast pork, ~ *de vacă* roast beef.
frison *s.n.* shiver; *a-i da cuiva frisoane* to give smb. the shivers.
frişcă *s.f.* whipped cream.
frivol *adj.* frivolous.
frivolitate *s.f.* frivolity, (neseriozitate) shallowness.
frizer *s.m.* hairdresser.
frizerie *s.f.* barber's (shop).
frizură *s.f.* haircut.
front *s.n.* front.
frontieră *s.f.* frontier.
fronton *s.n.* gable.
fruct *s.n.* fruit.
fructieră *s.f.* fruit bowl.
fructifer *adj.* fruit (-bearing).
fructifica *v.t.* to fructify.
fructificare *s.f.* fructification.
fructuos *adj.* fruitful.
frugal *adj.* frugal.
frumos I. *s.n.* the beautiful. **II** *adj.* beautiful, (arătos) good-looking. **III.** *adv.* beautifully, (uşurel) nicely, ~ *îţi şade!* that's a nice thing to do!, *poartă-te* ~ behave yourself.
frumuseţe *s.f.* beauty, *de toată ~a* as fine as one could wish.
frumuşel I. *adj.* pretty. **II.** *adv.* gingerly.
fruntaş I. *s.m.* front ranker, *pol.* leader, ~ *al vieţii publice* public man, ~ *în producţie* top-ranking worker. **II.** *adj.*

top-ranking, (la învățătură) proficient.
frunte *s.f.* forehead, *fig.* cream, *~ a sus!* cheer up!, *de ~* prominent, *în ~ cu* headed by.
frunză *s.f.* leaf.
frunzări *v.t.* to skim through.
frunziș *s.n.* leafage.
frustra *v.t.* to frustrate, *a ~ de* to deprive of.
frustare *s.f.* frustration.
fudul I. *adj.* conceited, *~ de o ureche* hard of hearing. **II.** *adv.* haughtily.
fuduli *v.r.* to give oneself airs, *a se ~ cu* to take pride in.
fudulie *s.f.* haughtiness, *fudulii de berbec* lamb fries.
fuga *adv.* quickly.
fugar *s.m.*, *adj.* fugitive.
fugă *s.f.* run, (evadare) escape; *pe ~* at run, *din ~* in passing, *în fuga mare* at full speed, *în ~* in a hurry.
fugări *v.t.* to chase, to pursue.
fugi *v.i.* to run (away), (a se grăbi) to rush (along), (a se refugia) to flee, (cu cineva) to elope, *a ~ ca din pușcă* to run for one's life, *fugi de-aici!* get along (with you).
fugit *s.m.*, *adj.* fugitive.
fugitiv *adj.* fleeting.
fuguța *adv.* quickly.
fuior *s.n.* bundle.
fular *s.n.* scarf, (călduros) comforter.
fulg *s.m.* flake, *pl.* down, *~i de ovăz* porridge, *ușor ca ~ul* as light as a feather.
fulger I. *s.n.* lightning, *fig.* flash, *ca ~ul* at lightning speed. **II.** *adj.*, *adv.* express.
fulgera I. *v.t.* to strike, (cu privirea) to look daggers at (smb.). **II.** *v.i.* to flash (with anger) *fulgeră* (*impers.*) it lightens.
fulgerător I. *adj.* flashing. **II.** *adv.* at lightning speed.
fulgui *v.i.* to snow lightly.
fulminant *adj.* fulminating.
fum *s.n.* smoke, (într-o sobă) flue, *pl.* *fig.* conceit.
fuma *v.t.*, *v.i.* to smoke.
fumat *s.n.* smoking; *~ul oprit* no smoking.
fumător *s.m.* smoker.
fumega *v.i.* to smoke.
fumegos *adj.* smoking.
fumoar *s.n.* smoking room.
fumuriu *adj.* dim.
funciar *adj.* land(ed), (fundamental) fundamental.
funcție *s.f.* function, (slujbă) job; *în ~ de* depending of.
funcționa *v.i.* to work, *a nu ~* to be out of order; *a ~ cu aburi* to work by steam.
funcțional *adj.* functional.
funcționar *s.m.* office worker, (înalt) official, *~ public* civil servant.
funcționare *s.f.* work(ing).
funcțiune *s.f.* function(ing).
fund *s.n.* bottom, (spate) back(side), (de lemn) trencher, (la pantaloni) seat, *din ~ul* from the back of, *fără ~* bottomless; *a cădea la fund* to sink down.

fundal *s.n.* background.
fundament *s.n.* foundation, basis.
fundamenta *v.t.* to ground.
fundamental *adj.* basic.
fundare *s.f.* foundation.
fundaş *s.m.* (full) back.
fundaţie *s.f.* foundation.
fundă *s.f.* bow.
fundătură *s.f.* dead end.
funebru *adj.* funeral.
funeralii *s.n. pl.* obsequies.
funerar *adj.* funeral.
funest *adj.* ill-fated
funicular *s.n.* cableway.
funie *s.f.* rope.
funingine *s.f.* soot.
fura I. *v.t.* to steal, (a şterpeli) to filch, (o persoană) to kidnap, (a delapida) to embezzle; *m-a furat somnul* I fell asleep; *îţi fură ochii* it dazzles; *a ~ la cântar* to give short weight. **II.** *v.i.* to steal.
furaj *s.n.* fodder.
furat *s.n.* stealing, *de ~* stolen.
furcă *s.f.* (pitch)fork, (de tors) distaff, (la telefon) cradle; *a-i da cuiva de ~* to put smb. to a lot of trouble.
furculiţă *s.f.* fork.
furgonetă *s.f.* van, wagon.
furie *s.f.* fury, rage, (nebunie) madness; *a-şi stăpâni ~a* to control one's temper; *a turba de ~* to be wild with rage.
furios I. *adj.* furious. **II.** *adv.* angrily; *a fi ~ pe cineva* to be angry with smb.
furiş I. *adj.* stealtly. **II.** *adv.* *a intra pe ~* to slip in.
furişa *v.r.* to creep, to slink in/ away.
furnal *s.n.* furnace, *~ înalt* blast furnace.
furnica I. *v.t.* to tingle. **II.** *v.i.* to teem (with).
furnicar *s.m.* (animal) ant-eater, *s.n.* ant-hill, *fig.* throng.
furnică *s.f.* ant.
furnicătură *s.f.* itch.
furnir *s.n.* veneer.
furnirui *v.t.* to veneer.
furniza *v.t.* to supply.
furnizor *s.m.* supplier, *pl.* trades folk/ people.
fursecuri *s.n. pl.* fancy cakes.
furt *s.n.* theft, robbery, (mărunt) larceny, (prin efracţie) burglary.
furtişag *s.n.* pilfering.
furtun *s.n.* (water) hose.
furtună *s.f.* storm, tempest, (vânt) gale.
furtunos *adj.* tempestuous.
furuncul *s.n.* boil.
fus *s.n.* spindle, *~ orar* time zone.
fusiform *adj.* fusiform.
fustă *s.f.* skirt, (jupon) petticoat.
fuzibil *adj.* fusible.
fuziona *v.i.* to merge.
fuzionare *s.f.* fusing.
fuziune *s.f.* fusion, *fig.* merging.

G

gabarit *s.n.* clearance gauge.
gafă *s.f.* blunder.
gaică *s.f.* (back) strap.
gaiţă *s.f.* jay(bird).
gaj *s.n.* deposit, guarantee, *pl.* (joc) forfeit(s).
galant *adj.* gallant, (generos) generous.
galantar *s.n.* shop-window.
galanterie *s.f.* gallantry, (prăvălie) haberdashery, (de damă) hosiery.
galanton *adj.* large-handed.
galaxie s.f. galaxy.
gală *s.f.* gala, *de* ~ festive.
galben I. *s.m.* *ist.* ducat. **II.** *s.n.* (culoare) yellow. **III.** *adj.* yellow, (palid) pale, (hepatic) jaundiced, (blond) fair.
galerie *s.f.* gallery, (la sport) supporters, (la sobă) fireguard.
galeş I. *adj.* languid, loving. **II.** *adv.* languidly
galon *s.n.* braid, *pl.* stripes.
galop *s.n.* gallop, *în* ~ at a gallop.
galopa *v.i.* to gallop.
galoş *s.m.* galosh.
galvanizare *s.f.* galvanization.
gamă *s.f.* scale, gamut, *fig.* range.
gambetă *s.f.* bowler hat.
gang *s.n.* passage.

ganglion *s.n.* ganglion.
gangrena *v.t.* gangrene.
gangster *s.m.* gangster.
gara *v.t.* to garage.
garafă *s.f.* carafe.
garaj *s.n.* garage.
garanta *v.t.*, *v.i.* to guarantee.
garantat *adj.* sure, vouchsafed.
garanție *s.f.* guarantee, warranty, (gaj) collateral, (cauțiune) bail.
gară *s.f.* (railway) station.
gard *s.n.* fence, (zid) wall, (viu) hedge, (uluci) paling, sport hurdle, *a împrejmui cu un* ~ to fence in.
gardă *s.f.* guard, *de* ~ on duty, *în* ~ on guard.
garderob *s.n.* wardrobe.
garderobă *s.f.* cloakroom, (haine) wardrobe.
gardian *s.m.* guard(ian), (polițist) policeman.
garnitură *s.f.* (de unelte) set, (culinară) garnish(ing), (podoabe) trimmings, *tehn.* fittings, ~ *de mobilă* furniture set.
garoafă *s.f.* carnation.
garou *s.n.* garrot.
garsonieră *s.f.* one-room.
gastrită *s.f.* gastritis.
gastronomie *s.f.* gastronomy.
gata *adv.* ready, *de* ~ ready-made, ~ *să* on the point of, *a da* ~ to impress.
gater *s.n.* frame saw.
gaură *s.f.* hole, (loc gol) gap, *gaura cheii* keyhole.
gaz *s.n.* gas, *med.* wind, *text.* gauze, (petrol) kerosene.
gazdă *s.f.* host, (femeie) hostess.
gazelă *s.f.* gazelle.
gazetar *s.m.* journalist.
gazetă *s.f.* (news)paper, ~ *de perete* wall gazette.
gazetăresc *adj.* journalistic.
gazetărie *s.f.* journalism.
gazifica *v.t.* to gasify.
gazolină *s.f.* gasoline.
gazon *s.n.* sod.
gazos *adj.* gaseous.
găină *s.f.* hen.
găinărie *s.f.* petty theft.
gălăgie *s.f.* noise, (scandal) racket.
gălăgios *adj.* noisy.
gălbenele *s.f. pl.* marigold.
gălbenuș *s.n.* yolk.
gălbui *adj.* yellowish.
găleată *s.f.* pail, bucket.
gălușcă *s.f.* dumpling.
gămălie *s.f.* (pin) head.
găoace *s.f.* (egg) shell.
gărgăriță *s.f.* ladybird.
gărgăun *s.m.* hornet.
găsi I. *v.t.* to find (out), (a gândi) to consider, (a întâmpina) to meet with, *bine te-am ~t* I am glad to see you; *a-și ~ nașul* to find one's match. **II.** *v.r.* to lie, (a se pomeni) to find oneself, (a fi disponibil) to be found, *se găsește destul* there is enough, *de ~t* available.
găsitor *s.m.* finder.
găteală *s.f.* ornament, adornment.
găti I. *v.t.* to cook, (a îmbrăca) to trim, (a termina) to finish.

II. *v.i.* to cook. II. *v.r.* to get ready, to dress (up).
gătit I. *s.n.* cooking. **II.** *adj.* trimmed.
găunos *adj.* hollow.
găuri I. *v.t.* to pierce, to bore (holes into), (a perfora) to punch. **II.** *v.r.* to be torn/ pierced.
găurit *adj.* pierced.
găvan *s.n.* hollow.
găzdui *v.t.* to lodge, to house, *fig.* to play host to.
găzduire *s.f.* housing, accommodation.
gâdila I. *v.t.* to tickle. **II.** *v.r.* to be ticklish.
gâdilitură *s.f.* tickle.
gâdilitor *adj.* tickling.
gâfâi *v.i.* to pant.
gâfâitor *adj.* panting.
gâgâi *v.i.* to gaggle.
gâlcă *s.f.* swelling.
gâlceavă *s.f.* discord.
gâlcevitor *adj.* quarrelsome.
gâlgâi *v.i.* to gurgle.
gâlgâit *s.n.* gurgling.
gâlgâitură *s.f.* gurgle.
gând *s.n.* thought, (idee) idea, (intenție) intention, (părere) opinion, (gândire) thinking, *pl.* (grijă) worry, *~uri negre* low spirits, *în ~* in one's mind, *nici ~* no way, *pierdut în ~uri* absorbed in thoughts, *a avea ~uri bune/ rele* to mean well/ harm, *a-l bate ~ să* to think of, *a fi cu ~ aiurea* to be absent-minded, *nici să nu-ți treacă prin ~* don't even think about it, *a sta pe ~uri* to meditate.
gândac *s.m.* beetle, (de bucătărie) cockroach.
gândi I. *v.t.* to think. **II.** *v.i. v.r.* to think, (a medita) to ponder (over smth.), *a se ~ să* to intend to, *a se ~ bine* to think hard, *a se ~ la viitor* to think ahead, *o să mă mai gândesc la asta* I'll think about it.
gândire *s.f.* thinking, (gând) thought; *mod de ~* way of thinking.
gânditor I. *s.m.* thinker. **II.** *adj.* pensive.
gânganie *s.f.* bug.
gângav *adj.* stammering.
gângăvi *v.t., v.i.* to stammer.
gânguri *v.i.* to babble, (de porumbei) to coo.
gârbov(it) *adj.* stooping, bent.
gârbovi *v.r.* to stoop.
gârlă I. *s.f.* stream. **II.** *adv.* galore.
gâscan *s.m.* gander.
gâscă *s.f.* goose, *pl.* geese.
gât *s.n.* neck, (beregată) throat, (dușcă) draught, (guler) collar, *până în ~* up to the teeth; *a avea ~ul țeapăn* to have a stiff neck; *a face ~* to protest.
gâtlej *s.n.* throat.
gâtui *v.t.* to throttle.
gâză *s.f.* insect.
geam *s.n.* window (pane), *pe ~* at the window, out of the window.
geamandură *s.f.* buoy.
geamantan *s.n.* suitcase, (cufăr) trunk.
geamăn I. *s.m.* twin brother. **II.** *adj.* twin.

geamăt *s.n.* groan.
geană *s.f.* eyelash, (de lumină) streak.
geantă *s.f.* bag, (de damă) handbag, (servietă) portfolio, auto rim, *pe ~ fig.* on the rocks.
gelatină *s.f.* gelatine.
gelos *adj.* jealous (of smb.), envious (of smb.)
gelozie *s.f.* jealousy.
geme *v.i.* to groan, *a ~ de lume* to be packed with people.
gen **I.** *s.n* (manieră) manner, *gram.* gender, (ramură) genre, *~ul dramatic* the drama, *de ~* genre, *în ~ul ăsta* like this. **II.** *prep.* like (şi ca sufix): *în ~ul Watteau* Watteau-like.
genă *s.f.* gene.
genealogie *s.f.* genealogical table.
genera *v.t.* to generate.
general **I.** *s.m.*, *s.n.* general, *în ~* as a rule. **II.** *adj.* general, (şef) chief.
generaliza **I.** *v.t.*, *v.i.* to generalize. **II.** *v.r.* to become general.
generalmente *adv.* generally.
generator **I.** *s.n.* generator. **II.** *adj.* generating.
generaţie *s.f.* generation, lifetime.
genere *s.n.*: *în ~* generally, roughly speaking.
generos **I.** *adj.* generous. **II.** *adv.* liberally.
generozitate *s.f.* generosity.
geneză *s.f.* genesis.
genial **I.** *adj.* brilliant. **II.** *adv.* brilliantly.
genitiv *s.n.* genitive.
geniu *s.n.* genius, *mil.* engineers.
gentil **I.** *adj.* kind, (drăguţ) nice. **II.** gentle, *adv.* courteously.
gentileţe *s.f.* kindness.
genunchi *s.m.* knee, *în ~* on one's bended knees.
geograf *s.m.* geographer.
geografic *adj.* geographical.
geografie *s.f.* geography.
geolog *s.m.* geologist.
geologie *s.f.* geology.
geometrie *s.f.* geometry.
ger *s.n.* frost.
german *s.m.*, *s.f.*, *adj.* German.
germanic *adj.* Germanic.
germen *s.m.* embryo, germ.
germinare *s.f.* germination.
gerunziu *s.n.* present participle.
gest *s.n.* gesture.
gesticula *v.i.* to gesticulate.
gestionar *s.m.* administrator.
gest *s.n.* gesture.
gesticula *v.i.* to gesticulate.
gestionar *s.m.* administrator.
get *s.m.* Geta.
get-beget *adj.* true-born.
gheară *s.f.* claw, *pl.* clutches.
gheată *s.f.* boot.
gheaţă *s.f.* ice, (grindină) hail, *la ~* iced, *ca gheaţa* icy.
gheb *s.n.* hump.
ghebos *adj.* hunched.
gheizer *s.n.* geyser.
ghem *s.n.* ball of thread.
ghemotoc *s.n.* pellet.

ghemui I. *v.t.* to roll up. **II.** *v.r.* to crouch.
gheretă *s.f.* lodge, *mil.* sentry box, *com.* booth.
gherghină *s.f.* dahlia.
ghes *s.n. a da ~ cuiva* to urge to smb.
ghetou *s.n.* ghetto.
ghețar I. *s.m.* glacier, (aisberg) iceberg. **II.** *s.n.* ice box.
ghețărie *s.f.* ice house.
ghețos *adj.* icy.
ghețuș *s.n.* ice-covered ground.
ghici I. *v.t.* to guess, (a prevedea) to forecast, (gândurile) to read. **II.** *v.i.* to tell fortunes. **III.** *v.r.* to be sensed; *a ~ gândurile cuiva* to read smb.'s thoughts, *a ~ o ghicitoare* to solve a riddle.
ghicit *s.n.* guessing, *pe ~e* at a guess.
ghicitoare *s.f.* riddle, (prezicătoare) fortune teller.
ghid *s.m.* guide, *s.n.* guide (-book).
ghida I. *v.t.* to guide. **II.** *v.r.* to be guided (by smth).
ghiftui I. *v.t.* to cloy. **II.** *v.r.* to gormandise.
ghilimele *s.f. pl.* inverted commas.
ghilotină *s.f.* guillotine.
ghimpat *adj.* spiked, (de sârmă) barbed.
ghimpe *s.m.* thorn, *fig.* sting, *zool.* spine, *bot.* thistle.
ghimpos *adj.* thorny.
ghindă *s.f.* acorn.
ghinion *s.n.* bad luck.
ghinionist *s.m.* unlucky man.
ghioagă *s.f.* mace.
ghiocel *s.m.* snowdrop.
ghiol *s.n.* lake.
ghiont *s.n.* nudge.
ghionti *v.t.* to nudge.
ghiozdan *s.n.* satchel.
ghips *s.n.* plaster (of Paris), gypsum.
ghirlandă *s.f.* garland.
ghișeu *s.n.* window, (casă) pay-office.
ghitară *s.f.* guitar, (havaniană) ukulele.
ghiulea *s.f.* cannon ball.
ghiveci *s.n.* flower pot, (mâncare) hotchpotch.
gigant *s.m.* giant.
gigantic *adj.* gigantic.
gimnastică *s.f.* gym(nastics).
gimnaziu *s.n.* gymnasium.
gin *s.n.* gin.
ginecologie *s.f.* gynaecology.
ginere *s.m.* son-in-law.
gingaș I. *adj.* tender, (dulce) sweet, (plăpând) frail, (dificil) ticklish. **II.** *adv.* gingerly, delicately.
gingășie *s.f.* gentleness.
gingie *s.f.* gum.
gira *v.t.* to guarantee, (a suplini) to manage, *com.* to endorse.
girafă *s.f.* giraffe.
girant *s.m.* endorser.
giratoriu *adj.* gyratory; *sens ~* roundabout.
giugiuli I. *v.t.* to pet. **II.** *v.r.* to neck.
giulgiu *s.n.* shroud.
giuvaergiu *s.n* jeweller.
giumbușluc *s.n.* prank, joke.

glacial *adj.* icy, frosty.
glaciar *adj.* glacial.
gladiator *s.m.* gladiator.
gladiolă *s.f.* gladiolus.
glandă *s.f.* gland.
glandular *adj.* glandular.
glas *s.n.* voice, *fig.* sound; *fără* ~ speechless; *a ridica ~ul* to raise the voice.
glaspapir *s.n.* emery paper.
glastră *s.f.* flower pot.
glasvand *s.n.* glass partition.
glazura *v.t.* to glaze.
glazură *s.f.* glaze, (pt. tort) icing.
glăsui *v.i.* to say.
gleznă *s.f.* ankle.
glicemie *s.f.* glycaemia.
glicerină *s.f.* glycerine.
glie *s.f.* land.
glisa *v.i.* to slide.
glisant *adj.* gliding.
gloabă *s.f.* jade.
gloată *s.f.* mob.
glob *s.n.* globe.
global *adj.* global.
globular *adj.* globular.
globulă *s.f.* globule.
globulină *s.f.* globulin.
glod *s.n.* mud.
glonț **I.** *s.n.* bullet. **II.** *adv.* directly.
glorie *s.f.* glory.
glorifica *v.t.* to glorify.
glorificare *s.f.* glorification.
glorios *adj.* glorious.
glosar *s.n.* glossary.
glugă *s.f.* hood.
glumă *s.f.* joke, (farsă) practical joke, ~ *răsuflată* stale joke, *în* ~ joking(ly), *nu* ~ regular(ly).
glumeț **I.** *s.m.* wit, joker. **II.** *adj.* funny, witty.
glumi *v.i.* to joke, *fig.* to trifle.
goană *s.f.* race, (urmărire) chase, (viteză) speed.
goarnă *s.f.* bugle, trumpet.
godac *s.m.* piglet.
gogoașă *s.f.* doughnut, (cocon) cocoon, *pl.* shaves.
gogoman **I.** *s.m.* fool. **II.** *adj.* foolish.
gogoșar *s.m.* bell pepper.
gol **I.** *s.n.* naked, (vid) vacuum, (într-un text) blank, *sport* goal, *în* ~ idly. **II.** *adj.* naked, nude, (pustiu) desert, (descoperit) bare, (fără conținut) empty; *a da pe cineva de* ~ to give smb. away.
golan *s.m.* tramp, vagabond.
golănie *s.f.* caddishness.
golf *s.n.* *geogr.* gulf, *sport* golf.
goli **I.** *v.t.* to empty. **II.** *v.r.* to grow empty.
goliciune *s.f.* nakedness, nudity, *fig.* shallowness.
golire *s.f.* evacuation.
gologan *s.m.* copper (coin).
gondolă *s.f.* gondola.
gong *s.n.* gong.
goni **I.** *v.t.* to drive (away), *fig.* to banish. **II.** *v.i.* to race.
gorilă *s.f.* gorilla.
gornist *s.m.* bugler.
gospodar **I.** *s.m.* householder, (administrator) good manager. **II.** *adj.* thrifty.

gospodăresc *adj.* household, (econ.) thrifty.
gospodări I. *v.t.* to manage. **II.** *v.i.* to manage the house.
gospodărire *s.f.* administration.
godpodină *s.f.* housewife, (menajeră) housekeeper.
gotic *adj.* Gothic.
grabă *s.f.* hurry, *în ~* in a hurry, *mai de ~* rather.
grabnic I. *adj.* speedy, (urgent) urgent, *~ă însănătoşire* speedy recovery. **II.** *adv.* speedily, urgently.
grad *s.n.* degree, (mil.) rank, *20 de ~e* 20 degrees.
grada *v.t.* to graduate.
gradat I. *adj.* graduated, (treptat) gradual. **II.** *adv.* gradually.
grafic *adj.* graphic.
grafică *s.f.* graphics.
grafician *s.m.* drawer.
grafit *s.n.* graphite.
grai *s.n.* speech, (limbă) language, *~ popular* vernacular, *prin viu ~* by word of mouth.
grajd *s.n.* stable, *fig.* pigsty.
gram *s.n.* gram.
gramatical I. *adj.* grammatical. **II.** *adv.* grammatically.
gramatică *s.f.* grammar.
gramofon *s.m.* gramophone.
grandios I. *adj.* grand(iose). **II.** *adv.* impressively.
grangur *s.m.* (ornit.) oriole, *fig.* toff.
graniță *s.f.* border, *fig.* confines, *de ~* frontier.
granula *v.t.* to granulate.
granular *adj.* granular.
granulat *adj.* granulated.
granulație *s.f.* granulation.
granulă *s.f.* granule.
granulos *adj.* granular.
grapă *s.f.* harrow.
gras I. *adj.* fat, (unsuros) greasy. **II.** *adv.* well, liberally, much.
gratie *s.f.* bar.
gratifica *v.t.* to confer, to bestow.
gratificație *s.f.* gratuity.
gratina *v.t.* to gratinate.
gratis *adv.* gratis, free.
gratitudine *s.f.* gratitude.
gratuit I. *adj.* free (of charge), (nejustificat) groundless. **II.** *adv.* gratis, (nejustificat) groundlessly.
gratuitate *s.f.* gratuitousness.
gratulație *s.f.* congratulation.
grația *v.t.* to pardon.
grație *s.f.* grace, charm; *cu ~* gracefully.
grațiere *s.f.* pardon.
grațios I. *adj.* graceful. **II.** *adv.* gracefully.
graur *s.m.* starling.
grav I. *adj.* serious, (sever) stern, *muz.* deep, low. **II.** *adv.* gravely; *accent ~* grave accent; *boală ~ă* serious illness, *nu e aşa de ~ precum pare* it isn't as bad as it seems.
grava *v.t.* to engrave.
gravidă *s.f.* pregnant woman.
graviditate *s.f.* pregnancy.
gravita *v.i.* to gravitate.
gravitate *s.f.* seriousness.
gravitație *s.f.* gravity.

gravor *s.m.* engraver.
gravură *s.f.* engraving, (în lemn) woodcut, (cu apă tare) etching.
grăbi I. *v.t.* to quicken up, (pe cineva) to hurry, *a ~ pasul* to make haste. **II.** *v.r.* to hurry (up).
grăbit I. *adj.* hurried, (pripit) rash. **II.** *adv.* in a hurry.
grădinar *s.m.* gardener.
grădină *s.f.* garden, (de zarzavat) kitchen garden, (livadă) orchard, (publică) park.
grădinări *v.i.* to garden.
grădiniță *s.f.* (de copii) kindergarden.
grăi *v.t.* to say.
grăjdar *s.m.* stable man, *mil.* furrier.
grămadă I. *s.f.* pile, (morman) cluster, (mulțime) crowd. **II.** *loc. adj. o ~ de* lots of. **III.** *loc. adv. claie peste ~* higgledly. **IV.** *loc. vb. a strânge ~* to heap up.
grănicer *s.m.* frontier guard.
grăsime *s.f.* fat, (corpolență) burliness.
grătar *s.n.* grill, (în sobă) grate, *la ~* grilled.
grăunte *s.m.* granule.
grăunți *v.t.* to granulate.
grânar *s.n.* granary.
grâne *s.f.* pl. grain(s).
grâu *s.n.* wheat, *~ de toamnă* winter wheat, *de ~* wheaten.
greață *s.f.* nausea, (scârbă) disgust.
grebla *v.t.*, *v.i.* to rake.
greblă *s.f.* rake.
grecesc *ist.* Hellenic.
grecoaică *s.f.* Greek woman.
greco-catolic *s.m.*, *adj.* Greek-Catholic.
greco-roman *adj.* Gr(a)eco-Roman.
grefa *v.t.* to graft.
grefă *s.f. med.* grafting, *jur.* court clerk's office.
grefier *s.m.* court clerk.
greier *s.m.* cricket.
grenadă *s.f.* (hand) grenade.
greoi *adj.* heavy, (neîndemânatic) clumsy.
grepfrut *s.n.* grapefruit.
gresa *v.t.* to grease.
gresie *s.f.* grit tone, (de ascuțit) whetstone.
greș *s.n.* failure, *fără ~* faultlessly, (negreșit) without fail.
greșeală *s.f.* mistake, (vină) fault, (lipsă) shortcoming, (boacănă) glaring mistake, *~ de calcul* miscalculation, *~ de ortografie* misspelling, *~ de tipar* misprint, *din ~* by mistake, erroneously, *fără ~* faultless(ly).
greși I. *v.t.* to mistake, (ținta) to miss, (drumul) to lose one's way, *a ~ adresa* to go to the wrong house. **II.** *v.i.* to be mistaken, (a cădea în greșeală) to err, to trespass, (a fi vinovat) to be guilty, (a nu nimeri) to shoot off the mark.
greșit I. *adj.* mistaken, (nedrept) unjust. **II.** *adv.* wrongly; *a apuca pe un drum*

~ to go astray; *a fi pe o pistă ~ă* to be on a wrong track.
greţos *adj.* nauseating, (dezgustător) disgusting.
greu I. *adj.* heavy; *întrebare grea* puzzling question; *miros ~* unpleasant smell, *pierdere grea* heavy loss, *a trece prin momente grele* to go through hard times. **II.** *adv. îmi vine ~ să* it's hard for me to; *cu ~* with difficulty.
greutate *s.f.* weight, (încărcătură) load, (povară) burden, (dificultate) harshness, (influenţă) influence, *greutăţi financiare* straitened circumstances, *cu ~* with difficulty, *fără nicio ~* easily.
greva *v.t.* to burden.
grevă *s.f.* strike.
grevist *s.m.* striker.
gri *s.n., adj.* grey.
grijă *s.f.* care, (îngrijorare) concern, worry, *cu ~* careful(ly), *fără ~* careless(ly), *prin grija cuiva* thanks to smb, *ai ~!* look out!
grijuliu *adj.* careful, cautious.
grilaj *s.f.* lattice work.
grlmasă *s.f.* grimace.
grindă *s.f.* girder.
grindină *s.f.* hail.
gripă *s.f.* flu.
groapă *s.f.* pit, (mormânt) grave; *cine sapă groapa altuia cade singur în ea* the biter bit; *prost de dă în gropi* monstrously stupid.
groază *s.f.* horror, *o ~ de* no end of; *a băga groaza în cineva* to terrify smb.; *a se cutremura de ~* to shudder with horror; *o ~ de* a heap of.
groaznic I. *adj.* awful. **II.** *adv.* fright-fully.
grohăi *v.i.* to grunt.
gropar *s.m.* gravedigger.
gropiţă *s.f.* dimple.
gros I. *s.n.* bulk, (închisoare) stone jug. **II.** *adj.* thick, (gras) fat, (dens) dense, *~ la pungă* rich, *din ~* abundantly, *cu buze groase* thick-lipped. **III.** *adv.* thickly, warmly.
grosime *s.f.* thickness, (lăţime) breadth, (adâncime) depth.
grosolan I. *adj.* (nepoliticos) rude, (vulgar) coarse, (de greşeală) glaring, (material) rough. **II.** *adv.* coarsely.
grosolănie *s.f.* rudeness.
grotă *s.f.* cave.
grotesc *adj.* grotesque.
grozav I. *adj.* terrible, (uriaş) colossal. **II.** *adv.* extremely, (foarte) awfully; *a face pe ~ul* to ride the high horse; *~ de fierbinte* piping hot.
grozăvie *s.f.* horror, (minune) marvel.
grumaz *s.n.* neck, (ceafă) nape.
grup *s.n.* group, (pâlc) cluster.
grupa *v.t., v.r.* to group (together) to rally.
grupare *s.f.* group(ing).
grupă *s.f.* group.
gudura *v.r.* to fawn.
guiţa *v.i.* to squeak.
gulaş *s.n.* goulash.

guler *s.n.* collar, (la bere) head.
gulie *s.f.* turnip.
gumat *adj.* gummed.
gumă *s.f.* rubber, (de şters) india rubber, ~ *arabică* gum arabic.
gunoi *s.n.* garbage, rubbish.
guraliv *adj.* talkative.
gură *s.f.* mouth, (buze) lips, (îmbucătură) mouthful, *tehn.* muzzle, (deschizătură) opening, ~ *rea* idle tongue, *bun de* ~ with a glib tongue, *de ale gurii* victuals, *în gura mare* from the house-tops, *la gura sobei* by the fire, *a-i astupa gura cuiva* to shut smb's mouth, ~ *de apă* hydrant, *de-ale gurii* food, *a da din* ~ to chatter, *a intra în gura lumii* to become the subject of gossip, *a vorbi cu gura plină* to talk with the mouth full, *din* ~ *în* ~ by word of mouth, ~ *de metrou* subway entrance, *a uita de la mână până la* ~ to be very forgetful.
gură-cască *s.m.* dupe, (pierde-vară) longuer, loafer.
gurmand I. *s.m.* glutton. **II.** *adj.* greedy.
gust *s.n.* taste, (savoare) relish, (aromă) flavour, (poftă) desire, *cu* ~ tasteful(ly), *fără* ~ tasteless, *de prost* ~ in bad taste, *pe* ~*ul meu* to my liking, *are un* ~ *amar* it has a bitter taste, *a avea* ~*uri proaste* to have bad taste, *cu* ~ tastefully, *fără* ~ tasteless.
gusta *v.t.* to taste, (a sorbi) to sip, (a savura) to enjoy, (a trece prin) to experience.
gustare *s.f.* snack, (de dimineaţă) breakfast.
gustat *adj.* appreciated.
gustărică *s.f.* snack.
gustos *adj.* tasteful.
guşat I. *s.m.* man with a goiter. **II**. *adj.* goitrous.
guşă *s.f.* double chin, *med.* goitre, *ornit., zool.* crop.
guşter *s.m.* green lizard.
gută *s.f.* gout.
gutui *s.m.* quince tree.
gutuie *s.f.* quince.
guturai *s.n.* cold (in the head), coryza.
guvern *s.n.* government.
guverna I. *v.t.* to govern. **II.** *v.i.* to rule.
guvernamental *adj.* government
guvernantă *s.f.* governess.
guvernare *s.f.* rule, government
guvernator *s.m.* governor.
guvernământ *s.n.* government.
guvid *s.m.* goby.

H

ha *interj.* ha!
habar *s.n.* idea, notion; *a nu avea ~ de ceva* not to have the slightest idea about smth.
habitat *s.n.* biotope, habitat.
habotnic *adj.* bigoted.
habotnicie *s.f.* bigotry.
hac *s.n. a veni de ~ cuiva* to get the better of smb.
hai(de) *interj.* come on!
haiduc *s.m.* outlaw.
haihui *adv.* aimlessly.
haimana **I.** *s.f.* vagabond, tramp. **II**. *adv.* roamingly.
hain *adj.* wicked, *adv.* cruelly.
haină *s.f.* coat, *pl.* clothes, (sacou) jacket, (palton) top-coat, *haine de seară* evening dress, *~ de ploaie* mac(kintosh), *haine civile* plain clothes, *~ (de) gata* ready-made-clothes.
hait *interj.* well (I never)!
haită *s.f.* pack.
hal *s.n.* bad plight/ state.
halal *interj.* good for you! *peior.* serve you right!
halat *s.n.* (de lucru) overall, (de casă) dressing gown, (de baie) bath-gown.
hală *s.f.* hall, (piață) market (place).
halbă *s.f.* mug, (cantitate) pint.
haltă *s.f. ferov.* halt.
haltere *s.f. pl.* dumb bells, (sport) weight lifting.
halterofil *s.m.* weight-lifter.
halucinație *s.f.* hallucination.
halva *s.f.* halva.
halviță *s.f.* dessert made of caramel and nuts.

hamac *s.n.* hammock.
hamal *s.m.* porter, *nav.* docker.
hambar *s.n.* barn.
hamei *s.n.* hops.
hamsie *s.f.* anchovy.
han *s.m. ist.* inn, *s.n.* hotel.
handbal *s.n.* handball.
handicap *s.n.* handicap, *fig.* hindrance.
handicapat *s.m., adj.* disabled person.
hangar *s.n.* hangar.
hangiță *s.f.* **hangiu** *s.m.* innkeeper.
hanorac *s.n.* anorak.
haos *s.n.* chaos.
haotic *adj.* chaotic, *adv.* chaotically.
hap *s.n.* pill.
har *s.n.* gift, *rel.* grace.
harababură *s.f.* jumble, (zarvă) hullabaloo.
harcea-parcea *adv. a face ~* to play havoc, to destroy.
harem *s.n.* harem.
harnașament *s.n.* harness.
harnic *adj* hardworking, *adv.* industriously.
harpă *s.f.* harp.
harpie *s.f.* harpy.
harpistă *s.f.* harp player.
harpon *s.n.* harpoon.
hartă *s.f.* map, (mar.) chart.
harță *s.f.* quarrel.
hașura *v.t.* to hatch.
hașurare *s.f.* hatching.
hat *s.n.* ba(u)lk.
hatâr *s.n.* favour, *de ~ul meu* for my sake, *fă-mi ~ul* do me a favor.
havană *s.f.* Havana cigar.
haz *s.n.* humour, (veselie) sport, (farmec) charm, *fără ~* stale; *a nu avea niciun ~* to be vapid.
hazard *s.n.* hazard, chance.
hazarda *v.r.* to venture.
hazardat *adj.* venturesome.
hazliu *adj.* funny, (spiritual) witty.
hăi *interj.* heigh!
hăitui *v.t.* to hunt.
hăituială *s.f.* battue.
hălădui *v.i.* to dwell.
hămăi *v.i.* to bark.
hămesit *adj.* starving.
hărăzi *v.t.* to bestow (upon smb.), (a sorti) to destine.
hărmălaie *s.f.* noise, (învălmășeală) harum-scarum.
hărnicie *s.f.* diligence, zeal.
hărțui *v.t.* to harass, to nag.
hărțuială *s.f.* harassing, *mil.* attrition.
hărțuit *adj.* harassed.
hăt *adv. ~ departe* far away.
hăț *s.n.* bridle, *pl.* reins.
hățiș *s.n.* thicket.
hău *s.n.* abyss.
hăui *v.i.* to resound.
hâd *adj.* ugly.
hârâială *s.f.* wheezing.
hârâit *s.n.* rattling.
hârciog *s.m.* hamster.
hârdău *s.n.* tub.
hârâi *v.i.* to rattle, *adj.* rattling.
hârjoni *v.r.* to frisk.
hârleț *s.m.* spade.
hârșâi *v.i., v.t.* to scrape.
hârști *interj.* slap!
hârtie *s.f.* paper, (bancnotă) (banck)note; *~ igienică* toilet

paper; ~ *de împachetat* wrapping paper, ~ *de calc* tracing paper, ~ *milimetrică* graph paper, *coală de* ~ sheet of paper.
hârțoage *s.f. pl.* old papers.
hâțâna *v.t.* to shake, to rock.
hectar *s.n.* hectare.
hegemonie *s.f.* hegemony.
hei *interj.* hey!
helicopter *s.n.* helicopter.
heliu *s.n.* helium.
hemoragie *s.f.* h(a)emorrhage.
homoroizi *s.m. pl.* piles.
hepatită *s.f.* hepatitis.
herghelie *s.f.* stud.
hering *s.m.* herring.
hermină *s.f.* hermine.
hernie *s.f.* rupture.
herpes *s.n.* herpes.
heruvim *s.m.* angel.
hiat *s.n.* hiat.
hiberna *v.i.* to hibernate.
hibernal *adj.* hibernal.
hibrid *s.m.*, *adj.* hybrid.
hidos *adj.* hideous.
hidoșenie *s.f.* repulsiveness.
hidrant *s.n.* hydrant.
hidrata *v.t.*, *v.r.* to hydrate.
hidraulic *adj.* hydraulic.
hidraulică *s.f.* hydraulics.
hidră *s.f.* hydra.
hidroavion *s.n.* hydroplane.
hidrogen *s.n.* hydrogen.
hienă *s.f.* hyena, *fig.* vulture.
hieroglifă *s.f.* hieroglyph.
himeră *s.f.* chimera.
himeric *adj.* chimerical.
hindus *s.m.*, *adj.* Hindo.
hindusă *s.f.* Hindoo, (limba) Hindi.
hingher *s.m.* knocker.
hiperbolă *s.f.* hyperbole.
hipnotiza *v.t.* to hypnotize.
hipnotizant *adj.* hypnotizing.
hipnoză *s.f.* hypnosis.
hipodrom *s.n.* race course.
hipopotam *s.m.* hippo(potamus).
hlizi *v.r.* to titter, to giggle.
hm *interj.* humph.
hoardă *s.f.* horde.
hochei *s.n.* (ice) hockey, (pe iarbă) field hockey.
hodorogi *v.i.* to rumble.
hodorogit *adj.* broken, *fig.* decrepit.
hodorog-tronc *adv.* unawares.
hogeac *s.n.* chimney, funnel.
hohot *s.n.* (de râs) roar of laughter, (de plâns) burst of tears.
hohoti *v.i.* (de râs) to roar, (de plâns) to sob.
hoinar *s.m.* tramp, *adj.* transient.
hoinări *v.i.* to rove, to stroll.
hoit *s.n.* corpse, (de animal) carcase.
hol *s.n.* (entrance) hall.
holba *v.t.* to open wide, *v.r.* to stare.
holbat *adj.* starting (out of their sockets), (de cineva) with bulging eyes.
holeră *s.f.* cholera.
holtei *s.m.* bachelor.
homar *s.m.* lobster.
homeric *adj.* Homeric.
homosexual s.m. homosexual.
hop *s.n.* hop, *fig.* obstacle, *interj.* hop!

horă *s.f.* hora.
horcăi *v.i.* (un moribund) to rattle, to snort.
horcăit *s.n.* (death) rattle.
hormon *s.m.* hormone.
horn *s.n.* chimney.
hornar *s.m.* chimney sweeper.
horoscop *s.n.* horoscope.
horticultor *s.m.* horticulturist.
horticultură *s.f.* horticulture.
hotar *s.n.* boundary, *fig.* limit, border line.
hotă *s.f.* hood.
hotărâre *s.f.* decision, (scrisă) resolution, (siguranță) resolve, (ordin) decree, *cu ~* firmly.
hotărât *adj.* definite, (decis) resolute, (stabilit) settled, (sigur) sure, (ferm) firm, *adv.* definitely, positively, (ferm) resolutely.
hotărâtor *adj.* decisive.
hotărî *v.t.* to decide, (a convinge) to persuade, (a stabili) to settle, *v.i.*, *v.r.* to decide; *el s-a hotărât* he made up his mind.
hotel *s.n.* hotel.
hoț *s.m.* thief, (de buzunar) pick-pocket, (spărgător) burglar, *fig.* rouge.
hoțesc *adj.* thievish.
hoție *s.f.* theft, (escrocherie) swindle.
hrană *s.f.* food, (vite) forage, (întreținere) upkeep, *~ sufletească* spiritual food.
hrăni *v.t.* to feed, *fig.* to harbour, (a întreține) to provide for, *v.i.* to feed (on something), *a se ~ cu iluzii* to indulge in illusion.
hrănitor *adj.* nourishing.
hrean *s.m.* horse radish.
huhurez *s.m.* eagle owl, *fig.* noctambulist.
huidui *v.t.* to boo.
huiduială *s.f.* booing.
huligan *s.m.* hooligan.
huliganism *s.n.* hooliganism.
hulpav *adj.* ravenous, *adv.* ravenously.
humă *s.f.* mud.
hun *s.m.* Hun.
hurui *v.i.* to rumble.
husă *s.f.* (slip) cover.
huzuri *v.i.* to live a comfortable life.

I

ia *interj.* come! now! ~ *să vedem* let us see.
iaca *interj.* well!
iad *s.n.* hell.
iaht *s.n.* yacht.
iama *s.f.* *a da ~ prin* to play havoc in/ among.
iancheu *s.m.*, *adj.* Yankee.
ianuarie *s.m.* January.
iapă *s.f.* mare.
iar *adv.* (once) again, *conj.* while.
iarăși *adv.* (once) again.
iarbă *s.f.* grass, *pl.* herbs, (medicinale) simple; ~ *de mare* seaweed; *fir de ~* blade of grass.
iarna *adv.* in winter.
iarnă *s.f.* winter, *astă ~* last winter.
iască *s.f.* tinder.
iasomie *s.f.* jasmine.
iată *interj.* here it is!; *iată-i!* here they are!
iaurt *s.n.* yoghurt.
iaz *s.n.* (fish) pond.
ibric *s.n.* coffee pot, tea kettle.
ici *adv.* here. ~ *colo* here and there.
icnet *s.n.* gasp, moan.
icni *v.i.* to gasp, (a geme) to groan.
icoană *s.f.* icon, *fig.* picture.

iconoclast *s.m.* iconoclast, *adj.* iconoclastic.
iconograf *s.m.* iconographer.
icre *s.f. pl.* spaun, (ca mâncare) (salted) roe, ~ *negre* caviar.
icter *s.n.* jaundice.
ideal *s.n.*, *adj.* ideal.
idealism *s.m.* idealism.
idealist *s.m.* idealist, *adj.* idealistic.
idealiza *v.t.* to idealize.
idee *s.f.* idea, (concepție) notion, (gând) thought, (plan) plan, ~ *fixă* fixed idea, ~ *genială* brilliant idea, ~ *preconcepută* prejudice, *nu am nici cea mai vagă idee* ~ I haven't the faintest idea.
idem *adv.* idem.
identic *adj.* identical, *adv.* likewise.
identifica *v.t.*, *v.r.* to identify.
identitate *s.f.* identity.
ideolog *s.m.* ideologist.
ideologic *adj.* ideological.
ideologie *s.f.* ideology.
idilă *s.f.* idyll, love affair.
idilic *adj.* idyllic.
idiot *s.m.* imbecile, idiot, *med.* half-wit, *adj.* idiotic, *med.* idiot.
idioțenie *s.f.* stupidity.
idol *s.m.* idol.
idolatrie *s.f.* idolatry.
idolatriza *v.t.* to worship.
ie *s.f.* embroidered blouse.
ied *s.m.* kid.
iederă *s.f.* ivy.
ieftin *adj.* cheap, ~ *ca braga* dirt cheap, *adv.* cheap(ly), *fig.* unscathed.
ieftini *v.t.*, *v.r.* to cheapen.
ienibahar *s.n.* juniper berry.
ienupăr *s.m.* juniper tree.
iepure *s.m.* hare, (de casă) rabbit, bunny.
ierarhic *adj.* hierarchical, *adv.* hierarchically.
ierarhie *s.f.* hierarchy.
ierbar *s.n.* herbarium.
ierbicid *s.n.* weed-killer.
ierbos *adj.* grassy.
ieri *adv.* yesterday, (în trecut) formerly, *de ~ de alaltăieri* recent, *mai* ~ the other day.
ierna *v.i.* to winter, to hibernate.
iernatic *adj.* wintery.
ierta *v.t.* to forgive, *a ~ de* to exempt from.
iertare *s.f.* forgiveness, *rel.* absolution, (scutire) exemption.
iertător *adj.* forgiving.
iesle *s.f.* manger.
ieși *v.i.* to go out (of doors), (la lumină, la suprafață) to emerge, (a apărea) to appear, (de soare) to rise. *a ~ bine* to turn out well, (a reuși) to do well, *a ~ în afară* to stand out, *a ~ la pensie* to retire, *a-și ~ din minți* to go nuts, *a ~ în evidență* to stand out.
ieșire *s.f.* way out, emergence, (izbucnire) outburst, *a nu avea nicio* ~ to have no way out.
iezer *s.n.* mountain lake.
ifose *s.n. pl.* airs.
igienă *s.f.* hygiene.
igienic *adj.* hygienic.

iglu *s.n.* igloo.
ignora *v.t.* to ignore, (pe cineva) to cut smb dead.
ignorant *s.m.* dunce, *adj.* ignorant, illiterate.
ignoranță *s.f.* ignorance.
igrasie *s.f.* dampness.
iguană *s.f.* iguana.
ilar *adj.* hilarious.
ilaritate *s.f.* laughter.
ilegal *adj.* illegal, *adv.* illegally.
ilegalitate *s.f.* illegality, unlawfulness, *pol.* underground activity, *în ~* underground.
ilegitim *adj.* illegitimate.
ilicit *adj.* illicit.
ilizibil *adj.* illegible.
illogic *adj.* illogical.
ilumina *v.t.*, *v.r.* to light (up).
iluminat *s.n.* lighting, *adj.* illuminated.
iluminism *s.n.* the Enlightenment.
iluminist *s.m.* illuminist.
ilustra *v.t.* to illustrate, *v.r.* to become illustrious.
ilustrare *s.f.* illustration.
ilustrat *adj.* illustrated.
ilustrată *s.f.* picture postcard.
ilustrativ *adj.* illustrative.
ilustrație *s.f.* illustration.
ilustru *adj.* brilliant.
iluzie *s.f.* illusion.
iluziona *v.t.* to delude, to deceive.
iluzoriu *adj.* illusory.
imaculat *adj.* spotless.
imagina *v.t.* to imagine.
imaginabil *adj.* conceivable.
imaginar *adj.* imaginary.
imaginație *s.f.* imagination.
imagine *s.f.* image.
imaterial *adj.* immaterial.
imaterialitate *s.f.* immateriality.
imbatabil *adj.* invincible.
imbecil *s.m.*, *adj.* imbecile.
imbecilitate *s.f.* imbecility.
imbold *s.n.* impulse.
imediat *adj.* immediate, direct, *adv.* directly; *a lua măsuri ~e* to take prompt measures, *în ~a apropiere* in the immediate neighbourhood, *~ după aceea* right after.
imemorial *adj.* immemorial.
imens *adj.* immense, *adv.* tremendously.
imensitate *s.f.* vastness.
imigra *v.i.* to immigrate.
imigrant *s.m.* immigrant.
iminent *adj.* imminent.
imita *v.t.* to imitate, (a mima) to mimic.
imitabil *adj.* imitable.
imitator *s.m.* imitator.
imitație *s.f.* counterfeit, (bijuterii) rhinestone.
imn *s.n.* national hymn, *rel.* *fig.* hymn.
imobil **I.** *s.n.* building. **II.** *adj.* immobile, *jur.* real (estate).
imobiliar *adj.* real-estate; *agenție ~ă* real-estate agency.
imobilitate *s.f.* immobility.
imobiliza *v.t.* to immobilize.
imobilizare *s.f.* immobilization.
imobilizat *adj.* immobilized.
imoral *adj.* immoral.
imoralitate *s.f.* immorality.

imortaliza *v.t.* to immortalize.
imortalizare *s.f.* immortalization.
impacienta *v.r.* to lose patience.
impact *s.n.* impact.
impalpabil *adj.* impalpable.
impar *adj.* uneven, odd.
imparitate *s.f.* imparity.
imparțial *adj.* impartial.
imparțialitate *s.f.* fairness.
impas *s.n.* deadlock.
impasibil *adj.* impassive.
impasibilitate *s.f.* impassibility.
impecabil *adj.* impeccable, *adv.* flawlessly.
impediment *s.n.* obstacle.
impenetrabil *adj.* impenetrable.
imperativ *s.n.*, *adj.* imperative.
imperceptibil *adj.* imperceptible, *adv.* imperceptibly.
imperfect *s.n.*, *adj.* imperfect.
imperfecțiune *s.f.* imperfection.
imperial *adj.* imperial.
imperialist *s.m.*, *adj.* imperialist.
imperiu *s.n.* empire, *fig.* dominion.
impermeabil *s.n.* mackintosh, raincoat; *adj.* water-proof.
impersonal *adj.* impersonal.
impertinent *adj.* saucy.
impertinență *s.f.* impertinence.
imperturbabil *adj.* unruffled.
impetuos *adj.* impetuous, *adv.* impetuously.
impietate *s.f.* impiety.
implacabil *adj.* implacable.
implant *s.n.* implant.
implanta *v.t.* to implant, to insert.
implantare *s.f.* implantation.
implica *v.t.* to involve, (a presupune) to imply.
implicație *s.f.* implication, (subtext) overtone.
implicit *adj.* implicit, *adv.* implicitly.
implora *v.t.* to implore, to beseech.
impolitețe *s.f.* impoliteness.
imponderabil *s.n.* imponderable; *adj.* imponderable.
import *s.n.* import, *pl.* imports; *din* ~ imported.
importa *v.t.* to import, *v.i.* to matter.
important *adj.* important, weighty, (istoric) momentous, *puțin* ~ unimportant.
importanță *s.f.* importance, consequence, *fără* ~ unimportant, *plin de* ~ consequential, *care-și dă* ~ consequential.
importator *s.m.* importer.
imposibil *adj.* impossible; ~ *de atins* out of reach; *a-i face cuiva viața* ~*ă* to make smb's life impossible.
imposibilitate *s.f.* impossibility.
impostor *s.m.* hypocrist.
impostură *s.f.* imposture.
impotent *s.m.* impotent.
impotență *s.f.* impotency.
impozant *adj.* stately.

impozit *s.n.* tax, ~ *pe salariul venit* income vague.
impracticabil *adj.* impracticable.
imprecis *adj.* imprecise.
impregna *v.t.* to impregnate.
impresar *s.m.* agent.
impresie *s.f.* impression, (greşită) delusion.
impresiona *v.t.* to impress.
impresionabil *adj.* impressionable.
impresionant *adj.* impressive.
impresionism *s.n.* impressionism.
imprevizibil *adj.* unpredictable.
imprima *v.t.* to print, (a lăsa urme) to imprint.
imprimare *s.f.* recording.
imprimat *adj.* printed.
imprimerie *s.f.* printing works.
imprimeuri *s.n. pl.* prints.
improbabil *adj.* unlikely.
impropriu *adj.* improper.
improviza *v.t.*, *v.i.* to improvise.
improvizat *adj.* improvised.
improvizaţie *s.f.* improvisation.
imprudent *adj.* incautious.
imprudenţă *s.f.* imprudence.
impuls *s.n.* impulse.
impulsiona *v.t.* to impel, to promote.
impulsiv *adj.* impulsiv.
impunător *adj.* imposing.
impune *v.t.* to impose, (a obliga la) to entail, (un impozit) to tax, *v.i.* to be impressive, *v.r.* to be(come) established, *a se ~ discreţia* discretion is imperative.
impur *adj.* impure.
impuritate *s.f.* impurity.
imputa *v.t.* to charge, *v.r.* to be charged with smth.
imputare *s.f.* imputation, (reproş) reproach.
imun *adj.* immune.
imunitate *s.f.* immunity.
in *s.n. bot.* flax, (sămânţă) linseed, *de ~* linen.
inabordabil *adj.* unapproachable.
inacceptabil *adj.* unacceptable.
inaccesibil *adj.* inaccessible.
inactivitate *adj.* inactivity.
inadaptabil *adj.* unadaptable.
inadecvat *adj.* inadequate.
inadmisibil *adj.* inadmissible.
inalterabil *adj.* inalterable.
inaniţie *s.f.* inanition.
inamic *adj.* enemy.
inapt *adj.* unhealthy.
inaugura *v.t.* to inaugurate.
inaugurare *s.f.* inauguration.
incalculabil *adj.* incalculable.
incandescent *adj.* incandescent.
incandescenţă *s.f.* incandescence.
incantaţie *s.f.* incantation.
incapabil *adj.* incapable.
incapacitate *s.f.* incapacity, (invaliditate) disability.
incasabil *adj.* unbreakable.
incendia *v.t.* to set on fire.
incendiator *s.m.*, *adj.* incendiary.
incendiere *s.f.* fire-raising.
incendiu *s.n.* fire.

incert *adj.* uncertain.
incertitudine *s.f.* uncertainty.
incest *s.n.* incest.
inchiziție *s.f.* inquisition.
incident *s.n., adj.* incident.
incidental *adj.* incidental, *adv.* accidentally.
incinera *v.t.* to cremate.
incintă *s.f.* precincts.
incisiv *s.m.* incisor, *adj.* incisive.
incita *v.t.* to incite.
incizie *s.f.* incision.
include *v.t.* to include.
includere *s.f.* inclusion.
inclusiv *adv.* inclusive(ly).
incoerent *adj.* incoherent.
incoerență *s.f.* incoherence.
incolor *adj.* colourless.
incomod *adj.* uncomfortable, *fig.* embarrassing, (greoi) clumsy.
incomoda *v.t.* to disturb.
incomoditate *s.f.* inconvenience.
incomparabil *adj.* incomparable, *adv.* incomparably.
incompatibil *adj.* incompatible.
incompatibilitate *s.f.* incompatibility.
incompetent *adj.* incompetent.
incompetență *s.f.* incompetence.
incomplet *adj.* incomplete.
inconfundabil *adj.* unmistakable.
inconsecvent *adj.* inconsistent.
inconsecvență *s.f.* inconsistency.
inconsistent *adj.* loose.
inconstant *adj.* unsteady.
inconştient *s.m.*, *adj.* unconscious.
inconştiență *s.f.* unconsciousness, (nebunie) recklessness.
incontestabil *adj.* indisputable, *adv.* indisputably.
incontrolabil *adj.* uncontrollable.
inconvenient *s.n.* difficulty.
incorect *adv.* incorrect.
incorectitudine *s.f.* incorrectness.
incorigibil *adj.* incorrigible.
incoruptibil *adj.* incorruptible.
incredibil *adj.* incredible, unbelievable.
incremental *adj.* incremental.
incrimina *v.t.* to incriminate, to accuse of.
incriminare *s.f.* incrimination.
incriminator *adj.* incriminating.
incrusta *v.t.* to inlay.
incrustație *s.f.* inlaying.
incubație *s.f.* incubation.
inculpa *v.t.* to accuse, to inculpate.
inculpat *s.m.* accused.
incult *adj.* uneducated.
incultură *s.f.* ignorance.
incurabil *adj.* incurable.
incursiune *s.f.* foray.
indecent *adj.* indecent, immodest.
indecență *s.f.* indecency.
indecis *adj.* irresolute, hesitating.
indefinit *adj.* indefinite.

indemnizaţie *s.f.* indemnity, allowance.
independent *s.m.*, *adj.* independent, ~ *de* irrespective of, *adv.* independently (of smth.).
independenţă *s.f.* independence.
indescifrabil *adj.* undecipherable.
indestructibil *adj.* indestructible.
indezirabil *s.m.* intruder, *adj.* undesirable.
index *s.n.* index.
indezirabil *adj.* undesirable.
indian *s.m.* **indiană** *s.f.*, *adj.* Indian.
indica *v.t.* to indicate, to point.
indicat *adj.* indicated.
indicativ *s.n.*, *adj.* indicative.
indicator *s.n.* indicator, *econ.* index, ~ *de viteză* speedometer.
indicaţie *s.f.* indication.
indice *s.m.*, *s.n.* index.
indiciu *s.n.* sign, trace.
indiferent *adj.* indifferent.
indiferenţă *s.f.* indifference, (pasivitate) passivity.
indigen *s.m.* aborigine, *pl.* aborigines, *adj.* native.
indigestie *s.f.* indigestion.
indigna *v.t.*, *v.r.* to revolt.
indignare *s.f.* indignation.
indignat *adj.* indignant.
indigo *s.n.* indigo, (carbon) carbon paper.
indirect *adj.* indirect, (ocolit) devious, *adv.* indirectly.
indisciplină *s.f.* indiscipline.
indiscret *adj.* inquisitive.
indiscreţie *s.f.* indiscretion.
indiscutabil *adj.* unquestionable, *adv.* unquestionably.
indispensabil *adj.* indispensable.
indispensabili *s.m. pl.* drawers.
indisponibil *adj.* unavaialable.
indisponibilitate *s.f.* unavailability, *jur.* inalienability.
indispoziţie *s.f.* indisposition, *fig.* dumps.
indispune *v.t.* to upset, *v.r.* to be upset.
indispus *adj.* out of sorts, (bolnav) unwell.
individ *s.m.* fellow, person.
individual *adj.* individual, *adv.* individually.
individualitate *s.f.* individuality.
indivizibil *adj.* indivisible.
indolent *adj.* indolent.
indolenţă *s.f.* indolence.
indubitabil *adj.* indubitable.
induce *v.t.* to induce, (în eroare) to mislead.
inductive *adj.* inductive.
inducţie *s.f.* induction.
indulgent *adj.* lenient.
indulgenţă *s.f.* indulgence.
indus *adj.* induced.
industrial *adj.* industrial.
industrializare *s.f.* industrialization.
industriaş *s.m.* manufacturer.
industrie *s.f.* industry.
inechitabil *adj.* unjust, unfair.
inedit *adj.* new, original.

inefabil *adj.* ineffable.
ineficace *adj.* inefficient.
inegal *adj.* unequal, *adv.* unfairly.
inegalabil *adj.* matchless.
inegalitate *s.f.* inequality.
inel *s.n.* ring, (verighetă) wedding ring.
inelar *s.n.* ring finger, *adj.* ring-shaped.
inepuizabil *adj.* inexhaustible.
inerent *adj.* inherent.
inert *adj.* inert, indolent.
inerție *s.f.* inertness.
inestimabil *adj.* inestimable.
inevitabil *adj.* inevitable, *adv.* inevitably.
inexact *adj.* inexact, *adv.* inexactly.
inexactitate *s.f.* inaccuracy.
inexistență *s.f.* absence.
inexplicabil *adj.* inexplicable.
inexprimabil *adj.* inexpressible.
infailibil *adj.* infallible.
infam *adj.* infamous.
infamie *s.f.* infamy.
infanterie *s.f.* infantry.
infantil *adj.* infantile, childish.
infarct *s.n.* infarct.
infatua *v.r., v.t.* to boast.
infect *adj.* awful.
infecta *v.t.* to infect, *v.r.* to become infected.
infecție *s.f.* infection, (porcărie) awful thing.
infecțios *adj.* infectious.
inferior *s.m.* subordinate, *adj.* inferior; *de rang ~* of lower rank; *membre inferioare* lower limbs.
inferioritate *s.f.* inferiority; *~ numerică* numerical inferiority.
infern *s.n.* hell.
infernal *adj.* infernal, (rău) diabolical.
infesta *v.t.* to infest.
infestație *s.f.* infestation.
infidel *adj.* unfaithful.
infidelitate *s.f.* infidelity, betrayal.
infiltra *v.t., v.r.* to infiltrate, to seep.
infiltrare *s.f.* infiltration.
infim *adj.* tiny, minute.
infinit *s.m., s.n., adj.* infinite, *adv.* infinitely.
infinitate *s.f.* infinity.
infinitiv *s.n., adj.* infinitive.
infirm *s.m.* cripple, *adj.* disabled.
infirma *v.t.* to refute, to invalidate.
infirmerie *s.f.* sickroom.
infirmieră *s.f.* nurse.
infirmitate *s.f.* infirmity.
inflama *v.r.* to swell.
inflamabil *adj.* inflammable.
inflamat *adj.* inflamed.
inflație *s.f.* inflation.
inflexibil *adj.* inflexible.
influent *adj.* influential, weighty.
influența *v.t.* to influence.
influență *s.f.* influence.
inform *adj.* shapeless.
informa *v.t.* to inform, *v.r.* to inquire (into smth.).
informare *s.f.* report, notice.
informat *adj.* well-informed, posted.

informatică *s.f.* informatics.
informativ *adj.* informative.
informator *s.m.* informer.
informaţie *s.f.* (piece of) information, *pl.* information.
infractor *s.m.* offender.
infracţiune *s.f.* offence.
infuzie *s.f.* infusion.
ingenios *adj.* clever.
ingeniozitate *s.f.* ingenuousness.
ingenuă *s.f.* ingenue.
ingera *v.t.* to ingest.
inginer *s.m.* engineer, ~ *agronom* agronomist, ~ *chimist* industrial chemist, ~ *constructor* civil engineer.
inginerie *s.f.* engineering.
ingrat *adj.* ungrateful, (dificil) unrewarded.
ingratitudine *s.f.* ingratitude.
ingurgita *v.t.* to ingest.
inhala *v.t.* to inhale.
inhalant *adj.* inhalant.
inhalare *s.f.* inhalation.
inhalator *s.n.* inhaler.
inhiba *v.t.* to inhibit.
inhibiţie *s.f.* inhibition.
inimă *s.f.* heart, (suflet) soul, ~ *albastră* sad heart, ~ *de piatră* callousness, *cu dragă* ~ willingly, *cu* ~ heartily, *după pofta inimii* to one's heart content, *a-şi lua inima în dinţi* to have the courage to do smth.
inimos *adj.* kind-hearted.
inteligibil *adj.* unintelligible.
iniţia *v.t.* to initiate, *v.r.* to learn.
iniţial *adj.* initial, *adv.* initially.
iniţială *s.f.* initial.
iniţiat *s.m.* adept.
iniţiativă *s.f.* initiative, *plin de* ~ resourceful, *lipsit de* ~ shiftless.
iniţiator *s.m.* initiator.
injecta *v.t.* to inject.
injectat *adj.* injected, (de ochi) bloodshot.
injecţie *s.f.* injection, *med.* shot, hypodermic.
injurie *s.f.* insult.
injust *adj.* unjust.
inocent *adj.* innocent.
inocenţă *s.f.* innocence.
inocula *v.t.* to inoculate.
inoculare *s.f.* inoculation.
inodor *adj.* inodorous.
inofensiv *adj.* harmless.
inopinat *adj.* sudden, unexpected.
inoportun *adj.* inopportune.
inorog *s.m.* unicorn.
inova *v.i.* to innovate.
inovator *s.m.* innovator.
inovaţie *s.f.* innovation.
inoxidabil *adj.* stainless.
ins *s.m.* individual.
insalubru *adj.* insalubrious, unwholesome.
insatisfacţie *s.f.* dissatisfaction.
inscriptibil *adj.* inscribable.
inscripţie *s.f.* inscription.
insectă *s.f.* insect.
insecticid *s.n.*, *adj.* insecticide.
insectivor *adj.* insectivorous.
insecuritate *s.f.* insecurity.
insensibil *adj.* insensible.
inseparabil *adj.* inseparable.
insera *v.t.* to insert.
inserţie *s.f.* insertion.

insesizabil *adj.* imperceptible.
insidios *adj.* insidious.
insignă *s.f.* badge.
insignifiant *adj.* insignificant.
insinua *v.t.* to insinuate, *v.r.* to slick(in).
insinuant *adj.* insinuating.
insipid *adj.* insipid.
insista *v.i.* to insist(on), to argue (a point).
insistent *adj.* insistent, *adv.* insistently.
insistență *s.f.* insistence, *cu ~* insistently.
insolație *s.f.* sunstroke.
insolență *s.f.* insolence.
insolubil *adj.* insoluble.
insomnie *s.f.* insomnia.
inspecta *v.t.* to inspect.
inspector *s.m.* inspector.
inspecție *s.f.* inspection.
inspira *v.t.* to inspire, *v.r. a se inspira din* to inspire from.
inspirat *adj.* (well-)inspired.
inspirație *s.f.* inspiration.
instabil *adj.* unsteady.
instabilitate *s.f.* instability.
instala *v.t.* to install, *v.r.* to settle (down).
instalație *s.f.* installation, (de apă) plumbing, *instalații sanitare* sanitations.
instantaneu *s.n.* snapshot, *adj.* momentary.
instanță *s.f.* instance, *în ultimă ~* eventually.
instaura *v.t.* to establish, to set up.
instaurare *s.f.* establishment.
instiga *v.t.* to incite, to instigate.
instinct *s.n.* instinct.
instinctiv *adj.* instinctive, *adv.* naturally.
institui *v.t.* to institute.
institut *s.n.* institute, *~ de proiectări* design office.
instituție *s.f.* office, institution.
instructaj *s.n.* briefing.
instructiv *adj.* instructive.
instructoare *s.f.* instructor.
instrui *v.t.* to instruct, to teach, *mil.* to train, *jur.* to investigate; *v.r.* to learn.
instruire *s.f.* instruction.
instruit *adj.* well-read, *mil.* trained.
instrument *s.n.* instrument.
instrumental *adj.* instrumental.
insubordonare *s.f.* insubordination.
insucces *s.n.* failure.
insuficient *adj.* insufficient.
insufla *v.t.* to inspire with.
insulă *s.f.* island, (geo.) isle.
insulta *v.t.* to abuse, to insult.
insultă *s.f.* insult, abuse, outrage.
insultător *adj.* offensive.
insuportabil *adj.* unbearable, *adv.* unbearably.
intabula *v.t.* to tabulate.
intact *adv.* intact.
intangibil *adj.* intangible.
integra *v.t.* to integrate, *v.r. a se ~ în* to fit in.
integral *adj.* integral, (de pâine) whole-meal, *adv.* totally.
integrant *adj.* constitutive.
integritate *s.f.* integrity.
integru *adj.* honest.

intelect *s.n.* intellect.
intelectual *s.m.*, *adj.* intellectual.
intelectualitate *s.f.* intellectuality.
inteligent *adj.* intelligent, *adv.* wisely.
inteligență *s.f.* intelligence, *~ naturală* mother wit.
inteligibil *adj.* intelligible, *adv.* intelligibly.
intemperie *s.f.* bad weather.
intendent *s.m.* administrator.
intens *adj.* intense, *adv.* intensely.
intensifica *v.t.* to enhance, *v.r.* to intensity.
intensificare *s.f.* intensification.
intensitate *s.f.* intensity.
intensiv *adj.* intensive.
intenta *v.t.* *a ~ un proces cuiva* to sue smb.
intenție *s.f.* intention, *cu ~* deliberately, *fără ~* unwillingly.
intenționa *v.t.* to intend.
intenționat *adj.* purposeful, *jur.* prepense.
interacționa *v.t.* to interact.
intercala *v.t.* to interpolate.
interdicție *s.f.* interdiction.
interes *s.n.* interest(s); *a stârni ~ul* to arouse interest.
interesa *v.t.* to concern, *nu mă interesează* it does not concern me, *v.i.* to matter, *v.r.* to be interested (in smth.), *a se ~ la* to apply to.
interesant *adj.* interesting.
interesat *adj.* concerned, (lacom) grasping.
interfață *s.f.* interface.
interfera *v.t.* to interfere.
interior *s.n.* interior, (la telefon) extension, *adj.* internal, (de comerț) home.
interjecție *s.f.* interjection.
interlocutor *s.m.* interlocutor.
interlop *adj.* shady, underworld.
interludiu *s.n.* interlude.
intermediar *s.m.* intermediary, *adj.* intermediate.
intermenabil *adj.* endless.
intermitent *adj.* intermittent.
intermitență *s.f.* intermittence.
intern *s.m.* (elev) broader, *med.* intern, *adj.* internal, home.
interna *v.t.* to hospitalise, (a închide) to confine, *v.r.* to go to hospital.
internat *s.n.* boarding school, *adj.* interned, hospitalised.
internațional *adj.* international.
internațională *s.f.* international.
internaționalism *s.n.* internationalism.
interoga *v.t.* to examine.
interogare *s.f.* interrogation.
interogativ *adj.* interrogative.
interogatoriu *s.n.* examination.
interogație *s.f.* interrogation.
interpela *v.t.* to interpellate.
interpret *s.m.* interpreter.
interpreta *v.t.* to interpret, (muzică) to perform, *a ~ greșit* to misinterpret.

intepretare *s.f.* interpretation, *muz.* rendition, *teatru* acting.
interpune *v.r.* to interpose.
interpunere *s.f.* interposition.
interpus *adj.* interposed.
intersecta *v.t.*, *v.r.* to intersect.
intersecție *s.f.* crossing, intersection.
interurban *adj.* interurban, (telefon) trunk.
interval *s.n.* interval, (gol) gap.
interveni *v.i.* to intervene, (a se amesteca) to interfere.
intervenție *s.f.* intervention, (cuvântare) speech, (pilă) wangle, (tehnică) repair, *de ~* emergency.
interviu *s.n.* interview.
interzice *v.t.* to forbid, to ban.
interzicere *s.f.* prohibition.
interzis *adj.* forbidden.
intestin *s.n.* intestine, *~ul gros* the large intestine, *~ul subțire* the small intestine.
intim *s.m.* bosom friend, *adj.* intimate, (retras) private, *adv.* intimately, (retras) privately, (îndeaproape) well.
intimida *v.t.* to intimidate, to frighten, *v.r.* to be entitled.
intimidare *s.f.* intimidation.
intimitate *s.f.* intimcacy.
intitula *v.t.* to entitle.
intitulat *adj.* entitled.
intolerabil *adj.* intolerable.
intolerant *adj.* illiberal.
intoleranță *s.f.* intolerance.
intona *v.t.* to intone.
intonație *s.f.* intonation.
intoxica *v.t.* to intoxicate, *v.r.* to become intoxicated.
intoxicație *s.f.* intoxication, *~ alimentară* food poisoning.
intra *v.i.* to enter, *a ~ într-o organizație* to join an organization, *intră!* come in!, *a ~ în amănunte* to go into details, *a ~ în vigoare* to come into effect, *a ~ la apă* to be shrinkable.
intransigent *adj.* intransigent.
intransmisibil *adj.* intransmissible.
intranzitiv *adj.* intransitive.
intrare *s.f.* entrance, access, *~a oprită* private.
intriga *v.t.* to puzzle.
intrigant *s.m.* intriguer, *adj.* designing.
intrigă *s.f.* intrigue, (acțiune) plot.
introduce *v.t.* to introduce, *v.r.* to elbow one's way, (a fi introdus) to be introduced.
introducere *s.f.* introduction.
introductiv *adj.* introductory.
introspectiv *adj.* introspective.
introvertit *adj.* introverted.
intrus *s.m.* intruder.
intui *v.t.* to intuit.
intuiție *s.f.* intuition.
inuman *adj.* inhuman.
inunda *v.t.* to flood.
inundație *s.f.* flood.
inutil *adj.* unless, *adv.* needlessly.
inutilitate *s.f.* uselessness.
inutilizabil *adj.* useless.
invada *v.t.* to invade.
invadator *s.m.* invader.
invalid *s.m.* invalid, *adj.* invalid.
invalida *v.t.* to invalidate.

invalidare *s.f.* invalidation.
invariabil *adj.* invariable.
invazie *s.f.* invasion.
inventa *v.t.* to invent.
inventar *s.n.* inventory, ~ *mort* implements, ~ *viu* livestock.
inventaria *v.t.* to catalogue.
inventator *s.m.* inventor.
inventiv *adj.* inventive.
inventivitate *s.f.* inventiveness.
invenție *s.f.* invention, (minciună) fabrication.
invers *adj.* reverse, *adv.* upside down, conversely.
inversa *v.t.* to invert.
inversiune *s.f.* inversion.
investi *v.t.* to invest.
investiga *v.t.* to investigate.
investigație *s.f.* investigation.
investiție *s.f.* investment.
invidia *v.t.* to envy.
invidie *s.f.* envy.
invidios *adj.* envious, (pizmaş) covetous.
invincibil *adj.* invincible.
invita *v.t.* to invite, to ask.
invitat *s.m.* guest.
invitație *s.f.* invitation.
invizibil *adj.* invisible.
invoca *v.t.* to invoke.
involuntar *adj.* involuntary, *adv.* unwillingly.
invulnerabil *adj.* invulnerable.
iod *s.n.* iodine.
iodură *s.f.* iodide.
iotă *s.f.* (nici o) not a jot/whit.
ipocrit *s.m.* hypocrite, *adj.* hypocritical.
ipocrizie *s.f.* hypocrisy.
ipoteca *v.t.* to mortgage.
ipotecă *s.f.* mortgage.
ipotetic *adj.* hypothetical.
ipoteză *s.f.* hypothesis.
ipsos *s.n.* plaster.
iradia *v.t.* to irradiate.
iradiere *s.f.* irradiation.
irascibil *adj.* irascible.
irascibilitate *s.f.* irascibility.
irațional *adj.* irrational.
ireal *adj.* unreal.
irealizabil *adj.* unachievable.
ireconciliabil *adj.* irreconcilable.
irecuperabil *adj.* irreparable.
ireductibil *adj.* irreducible.
iregularitate *s.f.* irregularity.
iremediabil *adj.* irreparable, *adv.* irretrievably.
ireparabil *adj.* irreparable.
irepetabil *adj.* unrepeatable.
ireproşabil *adj.* faultless, *adv.* perfectly.
iresponsabil *adj.* irresponsible.
ireversibil *adj.* irreversible.
irevocabil *adj.* irrevocable, *adv.* irrevocably.
irezistibil *adj.* irresistible.
iriga *v.t.* to irrigate.
irigație *s.f.* irrigation.
iris *s.m.*, *s.n.* iris.
irita *v.t.* to irritate, *v.r.* to become irritated.
iritare *s.f.* irritation.
ironic *adj.* ironical, *adv.* ironically.
ironie *s.f.* irony.
ironiza *v.t.* to ironize.
irosi *v.t.* to waste, to fritter (away).
irupe *v.i.* to irrupt.
isca *v.t.* to arouse.
iscăli *v.t.*, *v.i.*, *v.r.* to sign.

iscălitură *s.f.* signature.
iscoadă *s.f.* spy.
iscodi *v.t.* to investigate, (cu privirea) to peer into/ at.
iscusință *s.f.* skill.
iscusit *adj.* skilful.
ispăși *v.t.* to apologize.
ispășitor *adj.* *țap ~* scapegoat.
ispită *s.f.* temptation.
ispiti *v.t.* to tempt, to lure.
ispititor *adj.* (al)luring.
ispravă *s.f.* deed, (realizare) achievement, *de ~* reliable.
isprăvi *v.t.* to finish, (un discurs) to wind up, (a epuiza) to run out of, *v.r.* to be (all) over.
isteric *adj.* hysterical, *adv.* hysterically.
isterie *s.f.* hysteria.
isteț *s.m.* clever, smart.
istețime *s.f.* cleverness.
istoric *s.m.* historian, *adj.* historical, (important) historic.
istorie *s.f.* history, (poveste) story.
istorisi *v.t.* to tell, to narrate.
istovi *v.t.*, *v.r.* to exhaust oneself.
istovit *adj.* exhausted, worn out.
italian *s.m.*, *adj.* italiană *s.f.*, *adj.* Italian.
iterativ *adj.* iterative.
itinerar *s.n.* itinerary.
iță *s.f.* thread.
iubi *v.t.*, *v.r.* to love.
iubire *s.f.* love.
iubit *s.m.* lover, *adj.* (be)loved.
iubită *s.f.* honey.
iubitor *adj.* loving.
iulie *s.m.* July.
iunie *s.m.* June.
iureș *s.n.* rush.
iute *adj.* fast, swift, (agil) nimble, (pripit) rash, (nervos) quick-tempered, (la gust) hot, *~ de picior* swift-footed, *~ de mână* deft, *adv.* fast.
iuțeală *s.f.* speed.
iuți *v.t.* to go faster, (o mâncare) to pepper, *v.r.* to pick up speed.
iveală *s.f.* *a scoate la ~* to bring to light.
ivi *v.t.* to appear.
iz *s.n.* smell.
izbăvi *v.t.* to set free.
izbândă *s.f.* victory.
izbândi *v.i.* to succeed (in doing smth).
izbi *v.t.* to hit, *v.r.* to strike (against), *a se ~ de* to come up against.
izbucni *v.i.* to break out, to burst (into tears).
izbucnire *s.f.* outbreak, (de mânie) outburst.
izbuti *v.t.*, *v.i.* to manage (to do smth).
izbutit *v.t.* accomplished.
izgoni *v.t.* to banish.
izmă *s.f.* (pepper)mint.
izmene *s.f. pl.* drawers.
izola *v.t.* to isolate. *v.r.* to live in seclusion.
izolare *s.f.* isolation.
izolat *adj.* isolated.
izvor *s.*n. spring, fig. source.
izvorî *v.i.* to rise, to spring; *fig.* to gush out.

Î

îmbarca *v.t.*, *v.r.* to embark.
îmbăia *v.t.* to wash.
îmbălsăma *v.t.* to mummify.
îmbărbăta *v.t.* to encourage.
îmbăta *v.r.* to get drunk.
îmbătrâni *v.t.* to age.
îmbâcsi *v.t.*, *v.r.* to stuff, to fill.
îmbelşugat *adj.* abundant.
îmbia *v.t.* to attract.
îmbiba *v.t.* to soak.
îmbietor *adj.* inviting.
îmbina *v.t.*, *v.r.* to blend, to combine, (a potrivi) to arrange.
îmbinare *s.f.* combination.
îmblănit *adj.* fur-lined.
îmblânzi *v.t.* to tame, (a dresa) to train, *v.r.* to become tamed.
îmboboci *v.i.* to bud.
îmbogăți *v.t.* to enrich, *v.r.* to grow rich(er), to make a fortune.
îmbogățire *s.f.* enrichment.
îmboldi *v.t.* to stimulate.
îmbolnăvi *v.t.* to render sick, *v.r.* to fall ill.
îmbrăca *v.t.* to put on, (pe cineva) to dress, (a înveli) to cover, *v.r.* to dress (oneself).
îmbrăcăminte *s.f.* clothes, (veşmânt) garment.
îmbrățişa *v.t.*, *v.r.* to embrace.

îmbrățișare *s.f.* embrace.
îmbrânci *v.t.* to push, *v.r.* to jostle.
îmbrobodi *v.t.* to wrap up (one's head), *fig.* to hoodwink.
îmbuca *v.t.* to swallow, (a înfuleca) to gobble, *v.r.* to join.
îmbucătură *s.f.* mouthful.
îmbufna *v.r.* to sulk.
îmbufnat *adj.* sulky.
îmbuiba *v.t.* to gorge.
îmbujora *v.r.* to blush.
îmbulzeală *s.f.* crush, throng.
îmbulzi *v.r.* to crush (into each other), (a se repezi) to rush.
îmbuna *v.t.* to pacify.
îmbunătăți *v.t.*, *v.r.* to improve.
îmbutelia *v.t.* to bottle.
împacheta *v.t.* to pack up.
împăca *v.t.* to conciliate, (a mângâia) to soothe, *v.r.* to reconcile, (a se înțelege) to agree.
împăcare *s.f.* reconciliation.
împăciuitor *adj.* conciliatory.
împăduri *v.t.* to afforest.
împăia *v.t.* to stuff.
împăienjeni *v.r.* to grow dim.
împărat *s.m.* emperor.
împărăteasă *s.f.* empress.
împărătesc *adj.* imperial.
împărăție *s.f.* empire.
împărtăși *v.t.* to impart, *rel.* to give (smb.) the eucharist, *a ~ cu* to share with.
împărțeală *s.f.* distribution.
împărți *v.t.* to divide, (a distribui) to deliver, (cărțile de joc) to deal (out), (dreptate) to mete out, *v.r.* to be divided; *a ~ în patru părți* to divide into four parts; *a nu avea nimic de ~t cu cineva* to have nothing against smb.
împărțire *s.f.* division, (distribuție) distribution.
împătimit *adj.* passionate.
împătrit *adj.*, *adv.* fourfold.
împături *v.t.* to fold.
împăuna *v.r.* *a se ~ cu* to plume oneself on.
împestrița *v.t.* to mottle.
împiedica I. *v.t.* to hinder, to prevent from; *a ~ vederea* to obstruct the view. **II.** *v.r.* to stumble over/ against.
împietri *v.i.* to turn to stone, *v.r.* to harden.
împietrit *adj.* turned to stone, *fig.* callous, (încremenit) dumbfounded.
împila *v.t.* to subjugate.
împinge *v.t.* to push.
împânzi *v.t.* to stud.
împleti *v.t.* to knit, (a țese) to weave, (părul) to plait, *v.r.* to be knitted, *fig.* to interweave.
împletici *v.r.* to stagger.
împletitură *s.f.* knitting, (de nuiele) wickerwork.
împlini I. *v.t.* to complete, (a îndeplini) to carry out, (o dorință) to comply with, (o vârstă) to reach (an age), *ea a ~t 20 de ani* she has turned

twenty. **II**. *v.r.* to come true, (la trup) to fill out.
împlinire *s.f.* fulfilment.
împodobi *v.t.* to decorate, to adorn, *v.r.* to smarten up.
împodobire *s.f.* adornment.
împopoţionat *adj.* titivated.
împotmoli *v.r.* to get stuck.
împotriva *prep.* against, *jur.*, *sport* versus.
împotrivă *adv.* against.
împotrivi *v.r.* to oppose (smth.), to object.
împotrivire *s.f.* resistance.
împovăra *v.t.* to burden.
împrăştia *v.t.*, *v.r.* to scatter.
împrăştiat *adj.* scattered, (distrat) absent-minded.
împrejmui *v.t.* to enclose.
împrejur *adv.* around, round.
împrejurare *s.f.* occurrence, circumstance.
împrejurimi *s.f. pl.* environs.
împrejurul *prep.* around, round.
împresura *v.t.* to encircle.
împreuna *v.t.*, *v.r.* to unite, (a împerechea) to couple.
împreunare *s.f.* union, (împerechere) copulation.
împreună *adv.* together.
împrieteni *v.r.* to make/ become friends.
împroprietărire *s.f.* allotment.
împrospăta *v.t.* to refresh.
împroşca *v.t.* to splash.
împrumut *s.n.* loan, *de ~* lending, borrowed.
împrumuta *v.t.* (cuiva) to lend (to smb.), (de la) to borrow (from), *v.r.* to borrow (from smb.).
împunge *v.t.* to prick.
împuşca *v.t.* to shoot (dead), *v.i.* to shoot, *v.r.* to blow out one's brains.
împuşcătură *s.f.* shot.
împuternici *v.t.* to authorize, to empower.
împuternicire *s.f.* mandate.
împuţina *v.t.*, *v.r.* to lessen.
în *prep.* (static) in, at, (indicând mişcarea) into, (într-un spaţiu (de) within, (ca dată) on, (pt- lună, an) in, (într-o bună zi) once, (în viitor) some day, *~ săptămâna aceea* that week.
înadins *adv.* deliberately.
înainta *v.t.* to advance, to go forward, (o cerere) to submit, *v.i.* to advance.
înaintare *s.f.* advance(ment).
înaintaş *s.m.* precursor, *sport* forward.
înaintat *adj.* advanced, (progresist) forward-looking.
înainte *adv.* forward, (mai de mult) before, (în faţă) ahead, *~ de* before, *de azi ~* from now on, *mergi drept ~* go straight ahead!, *~ de toate* first of all.
înaintea *prep.* before, (în faţa) in front of, (în avans faţă de) ahead of.
înalt **I.** *s.n.* high *în ~ul cerului* high up in the sky, *fig.* lofty, *muz.*, *el.*, *tehn.* high; *~ de zece metri* thirty-five feet high. **II.** *adj.* tall, high; *e mai ~ ca tine*

he is taller than you, *~ă trădare* high treason, *idealuri ~e* lofty ideals.

înapoi *adv.* back(wards).

înapoia *v.t.*, *v.r.* to return, to give back.

înapoia *prep.* behind.

înapoiat *adj.* backward.

înapoiere *s.f.* return, *fig.* backwardness.

înaripa *v.t.* to wing.

înarma *v.t.* to arm, *fig.* to equip, *v.r.* to arm (oneself).

înarmare *s.f.* arming.

înăbuşi *v.t.* to smother, (a îneca) to choke, (sunetele) to muffle, (o răscoală) to suppress, *v.r.* to choke.

înăbuşitor *adj.* stifling.

înăcri *v.t.* to sour.

înălbi *v.t.* to whiten.

înălbire *s.f.* whitening.

înălbitor *s.m.* blancher.

înălța *v.t.* to raise, (steagul) to hoist, *v.r.* to rise.

înălța *v.t.* to raise, to elevate, (o statuie) to erect; *a ~ din umeri* to shrug.

înălțare *s.f.* raising, (a steagului) hoisting, *rel.* Ascension.

înălțător *s.n.*, *mil.* backsight, *adj.* uplifting.

înălțime *s.f.* height, *geo.* elevation, *fig.* loftiness, *muz.* pitch, (ca titlu) Highness, *la ~ fig.* up to the harden.

înăspri **I.** *v.t.* to harden, to worsen. **II.** *v.r.* to aggravate, (piele) to coarsen.

înăuntru *adv.*, înăuntrul *prep.* in(side).

încadra *v.t.* to border, (pe cineva) to surround, (în slujbă) to appoint, *v.r.* to join (a collective), to harmonize (with smb./ smth.), to take a job.

încadrare *s.f.* framing, (numire) appointment, (categorie) wage-class, (salariu) wages.

încarcera *v.t.* to incarcerate.

încasa *v.t.* to cash, (a strânge) to collect, (o lovitură) to get.

încasare *s.f.* cashing.

încă *adv.* (afirmativ) still, (negativ) yet, (până acum) so fair, (mai mult) some/ any more, (chiar) even, *~ din ...* as early as..., *~ unul* another, *~ doi* another two, *şi ~ cum!* you bet!, *~ de la început* from the very beginning.

încăiera *v.r.* to skirmish.

încăierare *s.f.* brawl.

încălca *v.t.* (o proprietate) to trespass, (drepturi) to violate; *a ~ un jurământ* to break an oath.

încălcare *s.f.* invasion, infrigement, trespass.

încăleca *v.t.*, *v.i.* to mount, *v.r.* to overlap.

încălța *v.t.*, *v.r.* to put on (one's shoes).

încălțăminte *s.f.* footwear.

încălțător *s.n.* shoehorn.

încălzi *v.t.* to warm (up), (a înfierbânta) to heat, *fig.* to

encourage, *ce mă încălzește pe mine ?* what is that to me? *v.r.* to warm oneself, (a se însufleți) to warm up.
încălzire *s.f.* heating.
încăpător *adj.* spacious.
încăpățâna *v.r.* to persist (in smth.), to be obstinate.
încăpățânare *s.f.* obstinacy, stubborness.
încăpățânat *s.m.*, *adj.* obstinate, stubborn.
încăpea *v.i.* to go in, *fig.* to fall (into smb's hands).
încăpere *s.f.* room.
încărca *v.t.* to load, (prea mult) to over-load, *el.* to charge, *fin.* to overcharge, *v.i.*, *v.r.* to load.
încărcat *adj.* loaded.
încărcător *s.n.* loader, *tehn.* charging device.
încărcătură *s.f.* load, *tehn.* charge, *mar.* freight.
încărunți *v.t.*, *v.i.* to turn grey.
încărunțit *adj.* grizzled.
încătușa *v.t.* to shackle.
încâlci *v.t.* to tangle, *v.r.* to be (come) entangled.
încâlcit *adj.* tangled (up), *fig.* intricate.
încânta *v.t.* to delight.
încântare *s.f.* delight, rapture, relish.
încântat *adj.* glad, ~ *de* delighted with, ~ *de cunoștință!* glad to meet you!
încântător *adj.* charming.
încât *conj.* so (much) that.
începător *s.m.*, *adj.* beginner.
începe *v.t.*, *v.i.* to begin, to start.
începere *s.f.* beginning, *cu ~ din...* beginning on...
început *s.n.* beginning, *pl.* inception, origin. *la* ~ in the beginning, *la ~ul cărții* at the beginning of the book, *de la (bun)* ~ from the outset.
încerca *v.t.* to try, to attempt, (o haină) to try on, (a simți) to experience.
încercare *s.f.* trial, (strădanie) endeavour, (probă) test, (greutate) hardship.
încercat *adj.* (hard-)tried.
încercui *v.t.* to encircle.
încet *adj.* slow, (greoi) dull, (slab) faint, *adv.* slowly, (greoi) idly.
înceta *v.t.*, *v.i.* to cease, to stop, *a ~ din viață* to die.
încetini *v.t.*, *v.i.* to slow down.
încețoșat *adj.* foggy.
închega *v.t.*, *v.r.* to coagulate.
încheia *v.t.* to finish, (o înțelegere) to conclude, (nasturii) to button up, (a îmbina) to fix, *v.r.* to close, (la haine) to button oneself up.
încheiere *s.f.* conclusion, (sfârșit) end.
încheietoare *s.f.* buttonhole, fastener.
încheietură *s.f.* joint.
închide *v.t.* to close, to shut, (cu zăvorul) to bolt, (cu cheia) to lock, (a întemnița) to imprison, (un aparat) to switch sau turn off, *v.r.* to

close, to shut, (în odaie) to lock oneself up, (de o rană) to heal.

închidere *s.f.* closing, (cu cheia) locking.

închina *v.t.* to devote, *v.i.* to propose a toast, *v.r.* to cross oneself, (a se pleca) to bow down, *a se ~ la* to worship.

închipui *v.t.* to imagine, (a reprezenta) to symbolize.

închipuire *s.f.* imagination.

închipuit *s.m.* coxcomb, *adj.* imaginary, (încrezut) vain.

închiria *v.t.* (a da cu chirie) to let, to rent, (obiecte) to hire out (a lua cu chirie) to rent, (obiecte) to hire, *de ~t* for rent.

închis *adj.* closed, shut (up), (la caracter) reserved, (de aer) stale, (apăsător) close, (la culoare) dark.

închisoare *s.f.* prison.

închista *v.r.* to be anchylosed.

închizătoare *s.f.* fastener.

încinge *v.t.* to gird, (a înconjura) to surround, (a încălzi) to heat, *v.r.* to girdle oneself, (a se înfierbânta) to heat, (a începe) to start.

înciuda *v.t.* to make spiteful.

încleşta *v.t.* to grasp, to clutch.

înclina *v.t.* to bend, *v.i.* to incline (towards) *v.r.* to bend, (a saluta) to bow.

înclinare, înclinaţie *s.f.* inclination.

încoace *adv.* hither, here, *~ şi încolo* back and forth, *ce mai ~ şi încolo?* let us go straight to the point, *mai ~* closer.

încolăci *v.t., v.r.* to coil (up), to wind.

încolo *adv.* (far) away, *mai ~* further on.

încolţi *v.t.* to corner, (a muşca) to bite, *v.i.* to germinate.

înconjur *s.n.* detour, *fără ~* without beating about the bush.

înconjura *v.t.* to surround, (a asedia) to besiege, (a da ocol la) to go round, *v.r.* to rally around (oneself).

înconjurător *adj.* surrounding.

încontinuu *adv.* ceaselessly.

încorda *v.t., v.r.* to strain (oneself).

încordare *s.f.* straining.

încorona *v.t.* to crown, *v.r.* to be crowned.

încorpora *v.t.* to incorporate, *mil.* to conscript.

încotro *adv.* where, whither.

încrede *v.r.* to confide (in smb.).

încredere *s.f.* trust, (bizuire) reliance, *de ~* reliable.

încredinţa *v.t.* to entrust, (a asigura) to assure (smb. of smth.), *v.r.* to make sure (that).

încredinţare *s.f.* (asigurare) assurance, (înmânare) entrusting, (convingere) conviction.

încremeni *v.i.* to turn to stone.

încreţi *v.t.* to wave, (a undui) to ripple, (a zbârci) to wrinkle,

v.i. a ~ din sprâncene to frown, *v.r.* to be wrinkled, (de păr) to wave.
încrezător *adj.* confident.
încrezut *adj.* conceited.
încropi *v.t.*, *fig.* to knock together.
încrucişa *v.t.*, *v.r.* to cross.
încrucişare *s.f.* crossing, (de drumuri) crossroads.
încrucişat *adj.* crossed, *biol.* crossbreed, (zbanghiu) cross-eyed.
încrunta *v.t.* to knit, *v.r.* to grimace.
încruntat *adj.* scowling.
încuia *v.t.* to lock.
încuiat *adj.* locked, *fig.* narrow-minded.
încuietoare *s.f.* lock, *fig.* puzzling question.
încumeta *v.r.* to venture.
încununa *v.t.* to crown.
încuraja *v.t.* to encourage.
încurajare *s.f.* support.
încurajator *adj.* encouraging.
încurca *v.t.* to mix up, *fig.* to confuse, (a împiedica) to hinder, (a deranja) to trouble, (a pune în încurcătură) to flummox, *v.r.* to get entangled, (a se zăpăci) to be perplexed.
încurcătură *s.f.* confusion, (necaz) trouble, (zăpăceală) flounder, *în ~* embarrassed.
încuviinţa *v.t.* to consent.
îndată *adv.* immediately, *(de) ~ ce* as soon as.
îndatora *v.t.* to oblige, *v.r.* to be obliged (to smb.).
îndatorire *s.f.* duty.
îndatoritor *adj.* obliging.
îndărăt *adv.* back(wards).
îndărătnic *adj.* stubborn.
îndărătul *prep.* behind.
îndârji *v.t.* to irritate, *v.r.* to be embittered.
îndârjire *s.f.* grimness.
îndârjit *adj.* bitter, fierce.
îndeajuns *adv.* enough.
îndeaproape *adv.* closely.
îndelete *adv. pe ~* at leisure.
îndeletnici *v.r. a se ~ cu* to deal with.
îndeletnicire *s.f.* occupation.
îndelung *adv.* for a long time.
îndelungat *adj.* long.
îndemânare *s.f.* ability.
îndemânatic *adj.* skilful, (capabil) able, clever.
îndemână *adv. la ~* at hand.
îndemn *s.n.* advice, impulse.
îndemna *v.t.* to urge, (a sfătui) to advise.
îndeosebi *adv.* especially.
îndepărta *v.t.* to push for, (a sfătui) to advise.
îndepărtare *s.f.* removal.
îndepărtat *adj.* distant.
îndeplini *v.t.* to carry out, (îndatoririle) to discharge, *v.r.* to come true.
îndeplinire *s.f.* fulfilment.
îndesa *v.t.* to stuff, *v.r.* to cluster.
îndesat *adj.* crowded, (ca fizic) thickset.
îndesi *v.t.* to thicken.

îndestula *v.t.* to satiate, *v.r.* to eat one's fill.
îndestulător *adj.* ample.
îndoi *v.t.* to bend, (o hârtie) to fold, (colțurile) to dog-ear, (a dubla) to redouble, *v.r.* to stoop, (a spori) to double, (de un lucru) to doubt.
îndoială *s.f.* doubt, *fără ~* undoubtedly.
îndoielnic *adj.* (despre persoane) dubious, (despre lucruri) doubtful.
îndolia *v.t.* to cause to mourn.
îndopa *v.t.* to stuff, *v.r.* to gormandize.
îndrăcit *adj.* devilish, (nebunesc) frenzied.
îndrăgi *v.t.* to grow fond of.
îndrăgosti *v.r.* to fall in love.
îndrăgostit *s.m.* lover, *adj.* infatuated, in love (with smb.).
îndrăzneală *s.f.* daring.
îndrăzneț *adj.* bold.
îndrăzni *v.t.* to dare.
îndrepta **I.** *v.t.* to straighten, *fig.* to correct, to rectify, (către) to point, (a îndruma) to direct. **II.** *v.r.* to straighten oneself, *fig.* to improve, (după boală) to recover, (de năravuri) to mend one's ways.
îndreptar *s.n.* guide(-book).
îndreptăți *v.t.* to justify.
îndruga *v.t.* to stammer, (a trăncăni) to chatter.
îndruma *v.t.* to guide.
îndrumare *s.f.* direction.
înduioșa **I.** *v.t.* to move, to touch. **II.** *v.r.* to take pity (on smb.).
înduioșător *adj.* touching.
îndulci *v.t.*, *v.r.* to sweeten.
înduplеca *v.t.* to persuade; *v.r.* to relent.
îndura *v.t.* to endure, *v.r.* to capitulate, to take pity on (smb.), *a nu se ~ să* not to be able to.
îndurare *s.f.* mercy, compassion.
îndurător *adj.* merciful.
îndurera *v.t.* to grieve.
înec *s.n.* drowning.
îneca *v.t.* to drown, *v.r.* to get drowned, (a se sinucide) to drown oneself, (cu mâncarea) to choke.
înecat *s.m.* drowned man, *adj.* drowned.
înfăptui *v.t.* to achieve, *v.r.* to materialize.
înfăptuire *s.f.* achievement.
înfășa *v.t.* to swaddle.
înfășura *v.t.*, *v.r.* to wrap up.
înfățișa **I.** *v.t.* to (re)present, (a arăta) to produce, (a închipui) to imagine. **II.** *v.r.* to turn up, *mil.* to report (to smb.), *jur.* to appear.
înfățișare *s.f.* appearance, aspect.
înfia *v.t.* to adopt.
înfiera *v.t.* to brand.
înfiere *s.f.* adoption.
înfierbânta *v.t.* to heat, *v.r.* to get heated.
înfige *v.t.* to stick, *v.r.* to thrust.

înființa *v.t.* to set up, *v.r.* to be set up.
înfiora *v.t.* to frighten, *v.r.* to shiver.
înfiorător *adj.* horrifying.
înfipt *adj.* stuck, *fig.* pushy.
înfiripa *v.r.* to take shape.
înflăcăra *v.t.* to fire, *v.r.* to warm up.
înflăcărare *s.f.* ardour.
înflăcărat *adj.* hot.
înflori *v.i.* to blossom.
înflorire *s.f.* flowering, *fig.* prosperity.
înfocare *s.f.* passion.
înfofoli *v.t.* to wrap up.
înfoiat *adj.* ruffled.
înfometa *v.t.* to starve.
înfrăți *v.t.*, *v.r.* to unite.
înfrățire *s.f.* fraternity.
înfrânge *v.t.* to defeat.
înfrângere *s.f.* defeat.
înfrânt *adj.* defeated.
înfricoșa *v.t.* to scare, to frighten, *v.r.* to take fright.
înfricoșător *adj.* frightening.
înfrigurat *adj.* shivering, *fig.* feverish.
înfrumuseța *v.t.* to adorn.
înfrunta *v.t.* to face.
înfrunzit *adj.* in leaf.
înfrupta *v.r.* to partake (of smth.).
înfuleca *v.t.*, *v.i.* to wolf (down).
înfumurat *adj.* conceited.
înfunda *v.t.* to stop up, *v.r.* to be stopped, (a se îngloba) to get stuck.
înfundat *adj.* bottomed, (ascuns) hidden, (de sunet) stifled, (de băuturi) bottled.
înfuria *v.t.* to anger, *v.r.* to grow angry.
înfuriat *adj.* angry.
îngădui *v.t.* to admit (of), (a păsui) to grant smb., *v.r.* to be permitted.
îngăduință *s.f.* permission.
îngăduitor *adj.* tolerant.
îngăima *v.t.* to mumble.
îngălbeni *v.t.* to yellow, *v.i.*, *v.r.* to turn yellow, to grow pale.
îngâmfa *v.r.* to put on airs.
îngâmfat *s.m.* peacock, *adj.* vain.
îngâna *v.t.* to reverberation, (smb's word), (a murmura) to murmur.
îngândurat *adj.* thoughtful (îngrijorat) worried.
îngenunchea *v.t.* to bring down to one's knees, *v.i.* to kneel.
înger *s.m.* angel.
înghesui *v.t.*, *v.r.* to throng.
înghesuială *s.f.* crowd, crush.
îngheț *s.n.* frost.
îngheța *v.t.*, *v.i.* to freeze.
înghețare *s.f.* freezing, *~a salariilor* wage-freeze.
înghețată *s.f.* ice-cream.
înghiți *v.t.* to swallow, *fig.* to stomach (smb.).
înghițitură *s.f.* mouthful, (de lichid) sip.
îngloba *v.t.* to include.
îngloda *v.r.* to stick in the mud, *fig.* to plunge into debts.

îngrădi *v.t.* to fence (in), *fig.* to restrict.
îngrădire *s.f.* enclosure, *fig.* restriction.
îngrămădi *v.t.* to crowd, (unul peste altul) to pile up, *v.r.* to throng, (a se acumula) to accumulate.
îngrăşa *v.t.* to fatten, *agr.* to fertilize, (cu bălegar) to manure, *v.r.* to put on weight.
îngrăşământ *s.n.* fertilizer, (natural) manure.
îngreţoşa *v.t.* to disgust, *v.r.* to be nauseated.
îngreuna *v.t.* to burden, (a agrava) to worsen, *v.r.* to grow heavier, to become more difficult.
îngriji *v.t.* to look after, *v.r.* to take care (of smth., smb.).
îngrijire *s.f.* care, *sub ~a cuiva* under smb. 's care.
îngrijit *adj.* dapper, (corect) accurate, (minuţios) minute, *adv.* neatly, accurately.
îngrijitoare *s.f.* servant, (menajeră) housekeeper.
îngrijora *v.t.*, *v.r.* to worry.
îngrijorare *s.f.* worry.
îngrijorat *adj.* worried.
îngrijorător *adj.* alarming.
îngropa *v.t.*, *v.r.* to bury, to cover.
îngroşa *v.t.*, *v.r.* to thicken, *fig.* to worsen.
îngrozi *v.t.* to frighten, *v.r.* to be scared.
îngrozitor *adj.* dreadful, *adv.* terribly.
îngurgita *v.t.* to ingurgitate.
îngust *adj.* narrow, (strâmt) tight, (la minte) narrow-minded.
îngusta *v.t.* to narrow, (a strâmta) to tighten, *v.r.* to grow narrow(er).
înhăma *v.t.*, *v.r.* to harness (oneself).
înjosi *v.t.*, *v.r.* to abase, to humiliate.
înjosire *s.f.* humiliation.
înjuga *v.t.* to yoke.
înjumătăţi *v.t.* to halve, to bisect.
înjunghia *v.t.* to stab.
înjura *v.t.* to swear (at), *v.i.* to swear (like a trooper).
înjurătură *s.f.* swear.
înlănţui *v.t.* to link, (pe cineva) to chain, (cu braţele) to hug, to fold, *v.r.* to be linked, to concatenate.
înlătura *v.t.* to remove.
înlemni *v.i.* to be astounded, to be perplexed.
înlesni *v.t.* to ease.
înlesnire *s.f.* facility.
înlocui *v.t.* to replace.
înlocuire *s.f.* replacement.
înlocuitor *s.m.* substitute.
înmărmuri *v.i.* to be taken aback.
înmâna *v.t.* to hand over.
înmormânta *v.t.* to bury.
înmormântare *s.f.* burial.
înmuguri *v.i.* to bud.
înmuia *v.t.* to soften, (într-un lichid) to dip.
înmulţi *v.t.*, *v.r.* to multiply.

înmulțire *s.f.* multiplication, increase.
înnădi *v.t.* to sew together, *v.r.* *a se ~ la* to develop the habit of.
înnăscut *adj.* natural, innate.
înnebuni *v.t.* to go crazy, to drive mad, *v.i.* to lose one's mind.
înnebunit *adj.* mad.
înnegri *v.t.*, *v.r.* to blacken.
înnegura *v.t.* to cover with mist, *v.r.* to grow misty.
înnobila *v.t.* to ennoble.
înnoda *v.t.* to tie, (şireturi) to lace, *v.r.* to knot.
înnoi *v.t.* to renew, *v.i.* to be renewed.
înoire *s.f.* renewal.
înnora *v.t.* to darken, *v.r.* to cloud over.
înot *s.n.*, *adv.* swimming.
înota *v.i.* to swim.
înotător *s.m.* swimmer, *adj.* swimming.
înrădăcinat *adj.* (deeply) rooted.
înrăi *v.t.* to embitter, *v.r.* to become ill-natured.
înrăit *adj.* inveterate.
înrăma *v.t.* to frame.
înrăutăți *v.t.*, *v.r.* to worsen.
înrâuri *v.t.* to influence.
înregistra *v.t.* to record.
înregistrare *s.f.* recording.
înrobi *v.t.* to enslave.
înrola *v.t.*, *v.r.* to enrol.
înroşi *v.t.* to redden, *v.r.* (a roşi) to blush.
înrudi *v.r.* ro be related (to smb.).
înrudire *s.f.* relation(ship).
însă *conj.* but, yet.
însămi *pron.* myself.
însămânța *v.t.* to sow.
însănătoşi *v.t.* to heal, *v.r.* to recover.
însărcina *v.t.* to charge.
însărcinată *adj.* pregnant.
însăşi *pron.* herself.
însăți *pron.* yourself.
înscăuna *v.t.* to establish, *v.r.* to become established.
înscena *v.t.* to stage.
înscenare *s.f.* staging, *~ judiciară* frame-up.
înscrie *v.t.* to write down, *v.r.* to put one's name down, *a se ~ în* to join.
înscriere *s.f.* registration.
însele *pron.* themselves.
însemna *v.t.* to note down, (a constitui) to be, *v.i.* to mean.
însemnare *s.f.* note.
însemnat *adj.* noteworthy, (considerabil) considerable.
însemnătate *s.f.* importance.
însenina *v.r.* (vreme) to clear up, (persoane) to cheer up.
înserare *s.f.* **înserat** *s.n.* nightfall.
înseta *v.i.* to be/ feel thirsty.
însetat *adj.* thirsty.
însângerat *adj.* blood-thirsty.
însorit *adj.* sunny.
însoți *v.t.* to accompany.
însoțitor *s.m.* companion.
înspăimânta *v.t.* to terrify, *v.r.* to be frightened.

înspăimântător *adj.* frightening.
înspre *prep.* to, towards.
înstărit *adj.* wealthy.
înstelat *adj.* starlit.
înstrăina *v.t.* to estrange, *jur.* to alienate, *fig.* to estrange, *v.r.* to become estranged (from smb.).
însufleți *v.t.* to animate, *v.r.* to grow more animated.
însuflețire *s.f.* enthusiasm, (vioiciune) liveliness.
însuflețit *adj.* alive, *fig.* animated, ~ *de* inspired with.
însumi *pron.* myself.
însura *v.r.* to marry (smb.).
însuşi *pron.* himself, (de lucruri) itself.
însuşi *v.t.* to appropriate, *fig.* to assimilate.
însuşire *s.f.* feature, quality, (preluare) appropriation.
însutit *adj.*, *adv.* hundredfold.
însuți *pron.* yourself.
înşela *v.t.* to cheat, (a trăda) to betray, *v.i.* to cheat, *v.r.* to be wrong.
înşelăciune *s.f.* fraud, *fig.* hoax.
înşelător *s.m.* swindler, *adj.* delusive.
înşelătorie *s.f.* deception.
înşfăca *v.t.* to seize, to grasp.
înşine *pron.* ourselves.
înşira *v.t.* (a enumera) to list, *v.r.* to stretch.
înşişi *pron.* themselves.
înşivă *pron.* yourselves.
înştiința *v.t.* to notify.
înştiințare *s.f.* notice.
întări *v.t.* to fortify, (a fortifica) to fortify, (cu autoritate) to sanction, (sănătatea) to invigorate, (a accentua) to stress, *v.r.* to consolidate.
întărâta *v.t.* to incite.
întări *v.t.* to strengthen.
întâi *num.* the first, *adv.* at first, ~ *şi* ~ firstly.
întâietate *s.f.* priority.
întâlni *v.t.* to meet (with), (întâmplător) to run, *v.r.* to meet (with smb.), to have an appointment (with smb.).
întâlnire *s.f.* appointment, (sportivă) meet, encounter.
întâmpina *v.t.* to meet, *a* ~ *Anul Nou* to see the New Year in.
întâmpla *v.r.* to happen, to occur. *ce s-a* ~*t?* what is the matter? *orice s-ar* ~ come what may.
întâmplare *s.f.* occurence, (soartă) change, *din* ~ accidentally, *la* ~ at random.
întâmplător *adj.* accidental, *adv.* accidentally.
întârzia *v.t.* to delay, *v.i.* to be late (for the classes), to be behindhand (with the rent).
întârziere *s.f.* delay, (la ore) coming late, *în* ~ to be late.
întemeia *v.t.* to found, *a* ~ *pe* to base on, *v.r.* to rely, to proceed (from smth.).
întemeiat *adj.* (well-) grounded.
întemeiere *s.f.* foundation.
întemeietor *s.m.* founder.

întemniţa *v.t.* to jail.
înteţi *v.t.*, *v.r.* to intensify.
întinde I. *v.t.* to sketch, (mâna) to offer, (a aşterne) to lay, *a o ~* to take to one's legs. **II**. *v.r.* to stretch, (a se culca) to lie down, (a se tolăni) to sprawl, (a dura) to last.
întindere *s.f.* extent, (suprafaţă) surface.
întineri *v.t.* to rejuvenate, *v.i.* to grow younger.
întins *adj.* stretched, (încordat) tense, (vast) extensive, *adv.* straight.
întipări *v.t.*, *v.r.* to imprint (upon smth.).
întoarce *v.t.* to (re)turn, (pe dos) to reverse, (ceasul) to wind up, *v.r.* to (re)turn, (a se răsuci) to twist, to swing.
întoarcere *s.f.* turning, return.
întocmai *adv.* exactly, (desigur) of course, *~ ca* just like.
întocmi *v.t.* to prepare.
întocmire *s.f.* elaboration, (structură) structure.
întors *s.n.* return, *adj.* (re)turned, *~ pe dos* upset.
întorsătură *s.f.* turn.
întortocheat *adj.* winding, (complicat) intricate.
întotdeauna *adv.* always.
între *prep.* between, *~ mai mulţi* among.
întreba *v.t.*, *v.i.* to ask.
întrebare *s.f.* question.
întrebuinţa *v.t.* to use, to resort, *v.r.* to be in usage.
întrebuinţat *adj.* used, (uzat) worn.
întrece *v.t.* to outrun, (a depăşi) to exceed, *v.r.* to compete.
întrecere *s.f.* competition, *sport* contents.
întredeschis *adj.* half-open, (de uşă) ajar.
întreg *s.m.* whole, entire, intact, *adj.* intactly.
întregi *v.t.* to complete.
întregime *s.f.* entirety, *în ~* completely.
întreit *adv.* threefold.
întrema *v.r.* to pick up (strength).
întreprinde *v.t.* to undertake.
întreprindere *s.f.* factory, enterprise.
întrerupe *v.t.* to interrupt, (a opri) to stop, *v.r.* to break off.
întrerupere *s.f.* interruption, (oprire) stop.
întretăia *v.t.*, *v.r.* to cross.
întretăiat *adj.* criss-crossed, (de respiraţie) panting.
întreţine *v.t.* to keep (up), *v.r.* to earn one's living, (a vorbi) to talk (with smb.).
întreţinere *s.f.* maintenance, (la bloc) rates.
întrevedea I. *v.t.* to catch a glimpse of, (a prevedea) to foresee. **II.** *v.r.* to be in the office.
întrevedere *s.f.* meeting.
întrezări *v.t.* to discern, *v.r.* to loom.
întrista *v.r.* to sadden.
întristare *s.f.* sadness.

întru *prep.* in(to), *într-atât... încât* so (much)... that, *într-una* incessantly.
întrucât *conj.* as, since.
întrucâtva *adv.* somewhat.
întruchipa *v.t.* to embody.
întruchipare *s.f.* embodiment.
întruni *v.t.* to meet, *v.r.* to gather.
întrunire *s.f.* meeting.
întuneca *v.t.* to darken, *v.r.* to cloud over, *se întunecă* it is getting dark.
întunecat *adj.* dark, (posomorât) gloomy, (sinistru) grim, sinister.
întunecime *s.f.* obscurity.
întunecos *adj.* gloomy.
întuneric *s.n.* dark(ness).
înțelegător *adj.* kind, sympathetic, *adv.* sympathetically.
înțelege I. *v.t.* to understand, (a-şi da seama de) to realize, (o aluzie) to take (the hint), (a distinge) to distinguish, *a ~ greşit* to misunderstand. **II.** *v.r.* to get on (together), to agree, *se ~ de la sine* it goes without saying.
înțelegere *s.f.* agreement, (compătimire) sympathy.
înțelepciune *s.f.* wisdom.
înțelept *adj.* wise, knowledgeable.
înțeles *s.n.* meaning, *cu ~* meaningful.
înțepa I. *v.i.* to sting, (a muşca) to bite. **II.** *v.r.* to prick (one's finger).
înțepat *adj.* pricked, stung; *fig.* stuck-up.
înțepător *adj.* sharp, (gust) pungent.
înțepătură *s.f.* sting.
înțepeni I. *v.t.* to fix, to fasten **II**. *v.i.* to become stiff. **III**. *v.r.* to get stuck.
învălmăşi *v.r.* to jumble up/together.
învălui *v.t.* to envelop, (a înconjura) to surround.
învăța *v.i.* to learn, (a preda) to teach.
învățat I. *s.m.* scholar. **II.** *adj.* (deprins) accustomed.
învățământ *s.n.* education, *~ profesional* vocational education.
învățător *s.m.* school teacher, *fig.* teacher.
învățătură *s.f.* learning, (învățământ) education, (morală) teaching, (cunoştințe) knowledge.
învârti I. *v.t.* to spin, to rotate, (a răsuci)to twist. **II**. *v.r.* to turn, *fig.* to get on in the world, *mi se învârteşte capul* I feel dizzy.
învârtire, învârtitură *s.f.* turn, rotation.
învechi *v.r.* to age, (a se uza) to be worn out.
învechit *adj.* old(-fashioned).
învecina *v.r.* to be nearby.
învecinat *adj.* neighbouring.
înveli *v.t.* to cover, *v.r.* to wrap (oneself) up.

înveliş *s.n.*, **învelitoare** *s.f.* cover.
învenina *v.t.* to envenom.
înverşuna *v.r.* to become stubborn.
înverşunare *s.f.* acrimony, (îndârjire) grimness.
înverşunat *adj.* grim.
înverzi *v.i.*, *v.r.* to turn green.
înveseli *v.t.*, *v.r.* to cheer up.
înveşmânta *v.t.*, *v.r.* to dress.
învia *v.t.*, *v.i.* to revive.
înviere *s.f.* resurrection, *fig.* revival.
învineţi *v.t.* to render purple, *v.r.* to turn purple.
învineţit *adj.* purple, blue, (de bătăi) black and blue.
învingător *s.m.* winner, *adj.* winning.
învinge I. *v.t.* to conquer, to beat, (dificultăţi) to overcome. **II.** *v.i.* to carry the day.
învinovăţi *v.t.* to accuse (with smth.).
învins *adj.* defeated.
învinui *v.t.* to accuse (of smth.), to charge (with smth.).
înviora *v.t.* to cheer up, *v.r.* to take heart.
înviorător *adj.* invigorating.
învoi *v.t.* to give (smb.) leave *v.r.* to agree, (a accepta) to accept.
învoială *s.f.* agreement.
învolbura *v.t.*, *v.r.* to whirl.
învrăjbi *v.t.* to set against each other, *v.r.* to quarrel.
înzăpezi *v.t.* to snow up, *v.r.* to be snowed up.
înzdrăveni *v.r.* to pick up (strength).
înzeci *v.t.* to increase tenfold, to redouble.
înzestra *v.t.* to endow, (o fată) to dower.
înzestrat *adj.* gifted, endowed (with).

J

jachetă *s.f.* jacket.
jad *s.n.* jade.
jaf *s.n.* robbery, plunder.
jaguar *s.m.* jaguar.
jale *s.f.* grief, sorrow, (doliu) mourning, *cu ~* mournfully, *de ~* sad.
jalnic *adj.* (deplorabil) lamentable, *adv.* sadly.
jalon *s.n.* stake, *fig.* landmark.
jaluzele *s.f. pl.* blinds.
jambon *s.n.* red meat.
jantă *s.f.* wheelrim.
japonez *adj, s.m.* Japanese.
jar *s.n.* embers.
jartieră *s.f.* garter.
jargon *s.n.* jargon.
jaz *s.n.* jazz.
jăratic *s.n.* hot embers, *ca pe ~* on tenter-hooks.
jder *s.m.* marten.
jecmăni *v.t.* to rip off.
jefui *v.t.* to rob.
jeg *s.n.* dirt.
jegos *adj.* dirty.
jeleu *s.n.* jelly.
jeli *v.t.* to mourn for, (a deplânge) to deplore, *v.i.*, *v.r.* to lament.
jelui *v.r.* to lament.
jena *v.t.* to hinder, (a deranja) to disturb, (de pantofi) to pinch, *v.r.* to be self-conscious

sau bashful, to shrink (from doing smth.).

jenant *adj.* embarrassed, (penibil) awkward.

jenat *adj.* embarrassed, self-conscious.

jenă *s.f.* disquiet, (sfială) self-consciousness, *fără* ~ shamelessly.

jerpelit *adj.* threadbare.

jerseu *s.n.* jersey.

jertfă *s.f.* sacrifice.

jertfi *v.t.*, *v.r.* to sacrifice (oneself).

jgheab *s.n.* gutter, (la moară) mill race.

jigni *v.t.* to offend.

jignire *s.f.* offence.

jignitor *adj.* offensive.

jilav *adj.* wet.

jindui *v.t.* to crave for.

jir *s.n.* beech nut.

jivină *s.f.* animal.

jneapăn *s.m.* juniper tree.

joacă *s.f.* play, *în* ~ for fun, as a joke.

joagăr *s.n.* saw mill.

joben *s.n.* opera hat.

joc *s.n.* game, play, (sport) sport, (distracție) pastime, *fig.* trifle, (dans) dance, teatru acting, ~ *de cărți* card game, ~ *de cuvinte* pun, ~*uri de salon* parlour tricks.

jocheu *s.m.* jockey.

joi *s.f.* Thursday, *adv.* (on) Thursday.

joia *adv.* on Thursday(s).

jongla *v.i.* to juggle.

jongler *s.m.* juggler.

jos I. *s.n.* down, *de* ~ lower, from below, *în* ~ down (wards), (pe râu) downstream, *pe* ~ on foot. **II.** *adj.* low, *adv.* down, (dedesubt) below, (la pământ) to/ on the ground, (la parter) downstairs, (la fund) at the bottom, ~ *mâinile!* hands off! **III.** *interj.* down!

josnicie *s.f.* unworthiness.

jovial *adj.* cheerful, *adv.* cheerfully.

jubila *v.i.* to exult.

jubileu *s.n.* jubilee.

jubiliar *adj.* jubilee.

juca I. *v.t.* to play (at), (a face o mișcare) to move, *teatru* to act, (a dansa) to dance, (jocuri de noroc) to gamble. **II.** *v.i.* to play (games), (la loterie) to put in the lottery, *a ~ pe bani* to play for money. **III.** *v.r.* to play, (de o piesă) to be acted, to be on.

jucărie *s.f.* toy, *fig.* trifle.

jucător *s.m.* player.

jucăuș *adj.* playful, (vioi) sprightly.

judeca *v.t.* to judge, *jur.* to judge, (a critica) to blame, (a cântări) to consider, *v.i.* to judge (by appearances).

judecată *s.f.* judgement, ~ *penală* trial, *judecata de apoi* doomsday, *cu* ~ wise, reasonable, *la* ~ in court.

judecător *s.m.* judge.

judecătoresc *adj.* judicial.

judecătorie *s.f.* court (of law).

județ *s.n.* district.

județean *adj.* county.
judiciar *adj.* judicial, *medicină ~ă* forensic medicine.
judicios *adj.* judicious, *adv.* reasonably.
jug *s.n.* yoke.
juli *v.t.* to rub, *v.r.* to hurt oneself.
jumări *s.f. pl.* scraps, (de ouă) scrambled eggs.
jumătate *s.f.* half, *pe ~* fifty-fifty, *pe ~ închis* half closed.
jumuli *v.t.* to pluck.
june *s.m.* youth, *~ prim* male lead.
junghi *s.n.* twinge.
junglă *s.f.* jungle.
jupon *s.n.* underskirt.
jupui *v.t.* to skin, *v.r.* to peel.
jur *s.n.*: *în ~, de ~ împrejur* all (a)round.
jura *v.t.* to swear, *v.i., v.r.* to swear (by smth.), *a ~ strâmb* to commit perjury.
jurat *s.m.* jury man, *adj.* sworn.
jurământ *s.n.* promise, *fig.* vow, *~ fals/ strâmb* perjury, *sub ~* under oath.
jurist *s.m.* jurist.
juriu *s.n.* jury.
jurisdicție *s.f.* jurisdiction.
jurnal *s.n.* journal, (ziar) newpaper, (personal) diary, (de actualități) TV news, *~ de bord* log (book), *~ de călătorie* travelling log, *~ de modă* fashion magazine, *~ sonor* radio news.
jurnalist *s.n.* journalist.
just *adj.* fair, (corect) correct, *adv.* correctly, *interj.* right!
justifica *v.r.* to justify (oneself).
justificabil *adj.* justified.
justificare *s.f.* justification, (dovadă) proof.
justiție *s.f.* justice.
juvenil *adj.* youthful; *delincvență ~ă* juvenile delinquency.
juxtapunere *s.f.* juxtaposition.

K

kaki *adj.* kaki.
kilo(gram) *s.n.* kilo(gram).
kilometric *adj.* kilometric, *fig.* endless.
kilometru *s.m.* kilometre.
kilovat *s.m.* kilowatt.

L

la *prep.* at, in, (dinamic) to, (către) towards, (lipit de) against, (temporal) at, (ca zi) on, ~ *noi* with us, *pe* ~ (at) about, roundabout, *până* ~ (up) to.

labă *s.f.* paw, (mână) hand, (a piciorului) foot, *în patru labe* on all fours.

labil *adj.* unstable.

labirint *s.n.* labyrinth.

laborator *s.n.* laboratory.

lac *s.n. geogr.* lake, (mic) pond, (baltă) pool, (lustru) lacquer, *de* ~ patent leather (shoes).

lacăt *s.n.* padlock.

lacheu *s.m.* lackey, *fig.* flunkey.

lacom *adj.* greedy, *adv.* greedily, *fig.* avidly.

laconic *adj.* laconic, *adv.* tersely.

lacrimă *s.f.* tear.

lacună *s.f.* fissure.

ladă *s.f.* box, (ambalaj) case, (cufăr) trunk, ~ *de gunoi* garbage can.

lagăr *s.n.* camp.

lagună *s.f.* lagoon.

laic *adj.* laic.

lalea *s.f.* tulip.

lamă *s.f. zool.* llama, (tăiş) blade, (de ras) razor blade.

lamenta *v.r.* to complain.
lamentabil *adj.* lamentable, *adv.* sadly.
lampă *s.f.* lamp, (bec) light bulb, ~ *de birou* desk lamp.
lan *s.n.* field.
lance *s.f.* lance, spear.
languros *adj.* sentimental.
langustă *s.f.* spiny lobster.
lansa *v.t.* to launch, (a răspândi) to spread, (a iniția) to initiate, *v.r.* to rush (headlong), (a se aventura) to venture, to be successful.
lanternă *s.f.* flash light.
lanț *s.n.* chain, *în ~uri* in chains; *adv.* in succession.
laolaltă *adv.* together.
lapidar *adj.* lapidary.
lapoviță *s.f.* sleet.
lapsus *s.n.* blank.
lapte *s.n.* milk, ~ *bătut* butter milk, ~ *praf* powder milk.
larg *adj.* large, wide, (spațios) spacious, (de haine) loose. *în ~* out at sea, *în ~ul său* at one's ease, *pe ~* in great detail.
laringe *s.n.* larynx.
laringită *s.f.* laryngitis.
larmă *s.f.* noise, uproar.
larvă *s.f.* larva.
lasciv *adj.* lascivious, (de persoane) lecherous.
laş *s.m.* coward, *adj.* cowardly.
laşitate *s.f.* poltroonery.
lat I. *s.n.* board (side), breadth, (al săbiei) flat, *de-a ~ul* across. **II.** *adj.* wide, (de farfurii) flat, ~ *în spate* broad-shouldered.
latent *adj.* latent, *adv.* latently.
lateral *adj.* lateral, *adv.* laterally.
latifundiar *s.m.* great landowner.
latin *s.m.*, *adj.* **latină** *s.f.*, *adj.* Latin.
latitudine *s.f.* latitude, *e la ~a ta* it is up to you.
latură *s.f.* side, *în lături* laterally.
laț *s.n.* loop; *a cădea în ~ul cuiva* to fall into somebody's trap.
laudă *s.f.* praise, ~ *de sine* boastfulness.
laur *s.m.* laurel.
laureat *s.m.* laureate.
lavabou *s.n.* wash-stand, (spălător) lavatory.
lavandă *s.f.* lavender.
lavă *s.f.* lava.
lavoar *s.n.* washstand.
lăcaş *s.n.* dwelling.
lăcătuş *s.m.* locksmith.
lăcomi *v.r.* to be greedy, *a se ~ la* to covet.
lăcomie *s.f.* greed, (la mâncare) gluttony, *cu ~* greedily.
lăcrima *v.i.* to cry, (a se smiorcăi) to snivel.
lăcrimioară *s.f.* lily-of-the-valley.
lăcustă *s.f.* locust, (cosaş) grass-hoper.
lăfăi *v.r.* to sprawl.
lămâi *s.m.* lemon-tree.
lămâie *s.f.* lemon.
lămuri *v.t.* to make clear, (pe cineva) to enlighten, *v.r.* to grow clear, (de cineva) to be(come) enlightened.

lămurire *s.f.* explanation.
lămurit *adj.* clear, *adv.* clearly, (distinct) distinctly.
lămuritor *adj.* explanatory, enlightening.
lăptar *s.m.* milkman.
lărgi *v.t.* to broaden, (o haină) to let out, *v.r.* to widen, (de haină) to grow loose.
lărgime *s.f.* width.
lăsa *v.t.* to let (loose), (jos) to drop, (a slobozi) to set free, (a îngădui) to allow, (a părăsi) to leave, (a înceta) to leave off, *a-şi ~ barbă* to grow a beard, *a ~ în urmă* to outstrip, *a ~ la o parte* to say nothing of, *a ~ în pace* to let alone, *las' pe mine* leave it to me, *a ~* în urmă to leave behind, *a se ~ de* to give up.
lăsător *adj.* indolent.
lăstar *s.m.* offshoot, *pl.* copse.
lătra *v.i.* to bark.
lătrat *s.n.* barking.
lături *s.f. pl.* slops, *în ~* aside.
lăţi *v.t.*, *v.r.* to widen.
lăţime *s.f.* width, breadth.
lăuda *v.t.* to praise, *v.r.* to boast.
lăudabil *adj.* laudable.
lăudăros *s.m.* boaster, *adj.* bragging.
lăuntric *adj.* inner(most) *adv.* inwardly.
lăutar *s.m.* fiddler, musician.
lână *s.f.* wool, *lâna de aur* the golden wool, *de ~* wool(len).
lâncezi *v.i.* to languish.
lângă *prep.* (close) by, near, (lipit de) against, *~ geam* at the window, *de ~* next to, *de pe ~* with, *pe ~* about, *pe ~ că* besides.
leac *s.n.* remedy, *~uri băbeşti* quack medicine, *de ~* medicinal, *fără ~* incurable.
leafă *s.f.* wages, (a funcţionarilor) salary.
leagăn *s.n.* cradle, (azil) nursery, (scrânciob) swing.
leal *adj.* loyal.
lealitate *s.f.* honesty, loyalty.
lebădă *s.f.* swan.
lebervurşt *s.m.* liver sausage.
lector *s.m.* (university) lecturer.
lectură *s.f.* reading.
lecţie *s.f.* lesson, (oră) class, *pl.* (teme) homework, *~ particulară* private lesson.
lecui *v.t.* to heal, *v.r.* to be healed, *fig.* to get sick (of smth.).
lefter *adj.* penniless.
lega *v.t.* to tie, (strâns) to fasten, (de ceva) to attach, (o rană) to dress, (a înnoda) to knot, *fig.* to connect, *a ~ prietenie* to make friends, *v.r.* to be tied, *a se ~ de* to be bound up with, (a pisa) to importune, (a acosta) to accost, (a ataca) to cavil at.
legal *adj.* lawful, *adv.* legally.
legalitate *s.f.* legality.
legaliza *v.t.* to legalize.
legat *adj.* bound, (închegat) connected, *bine ~* strong(ly built), *adv.* coherently.
legământ *s.n.* pledge, (jurământ) vow.

legăna *v.t.* to rock, *v.r.* to swing.
legătorie *s.f.* bookbinding.
legătură *s.f.* bundle, (mănunchi) bunch, (basma) (head)kerchief, (de carte) binding, (relație) relation(ship), *fig.* connection; *în ~ cu* regarding the.
lege *s.f.* law; *a aplica ~a* to enforce the law, *~a cererii și a ofertei* law of supply and demand.
legendar *adj.* legendary.
legendă *s.f.* myth, (poveste) tale, (a hărții) legendum.
legislatură *s.f.* legislature, (perioadă) term (of office).
legitim *adj.* legitimitate.
legitima *v.t.* to identify, (a recunoaște) to legitimate, *v.r.* to prove one's identity.
legitimație *s.f.* identity card, (personal) paper.
legiune *s.f.* legion.
legumă *s.f.* vegetable.
leguminoase *s.f. pl.* vegetables.
leit *adj.* exactly, *~ tăică-său* the dead spit of his father.
lejer *adv.* (haine) loose, comfortable, easily.
lemn *s.n.* (piece of) wood, (butuc) log, *pl.* (fire) wood, (netăiate) lumber, (cherestea) timber, *~ de esență tare* hardwood, *de ~* wood(en), *fig.* insensible.
lemnos *adj.* wooden.
lene *s.f.* laziness.
leneș *s.m.* lazy, *adj.* slothful, *adv.* idly.
lenevi *v.i.* to laze.
lenevie *s.f.* laziness.
lent *adj.* slow.
lentilă *s.f.* lens.
leoaică *s.f.* lioness.
leopard *s.m.* leopard.
lepăda *v.t.* to drop, (de animale) to shed, *v.r. a se ~ de* to disavow, (un obicei) to leave off.
lepră *s.f.* leprosy, *fig.* villain.
lepros *s.m.* leper, *adj.* leprous.
lesne *adv.* easily.
lespede *s.f.* slab, (de mormânt) tombstone.
leș *s.n.* body (de animal) carcase.
leșie *s.f.* lye.
leșin *s.n.* faint.
leșina *v.i.* to faint.
leu *s.m.* (zool.) lion, (monedă) leu.
leucemie *s.f.* leukemia.
leuștean *s.m.* lovage.
levănțică *s.f.* lavender.
lexic *s.n.* vocabulary.
lexicon *s.n.* dictionary.
leza *v.t.* to harm, to wrong.
leziune *s.f.* lesion, wound.
libelulă *s.f.* dragon fly.
liber I. *adj.* free (from), (disponibil) vacant, (independent) independent, (deschis) open, (de ochi) naked, (nesilit) voluntary, (de taxi) for hire. **II.** *adv.* freely, (improvizat) off-hand.
libera *v.t.* to liberate, *mil.* to discharge, *v.r.* to be discharged.
liberal *s.m.*, *adj.* liberal.

libertate *s.f.* freedom, (îndrăzneală) liberties, (permisiune) leave, *~a cuvântului* freedom of speech, *~a presei* freedom of the press, *în ~* at large, free.
libertin *s.m.* libertine, *adj.* dissolute.
librar *s.m.* bookseller.
librărie *s.f.* bookshop.
licări *v.i.* to sparkle, (slab) to flicker.
licărire *s.f.* flicker.
licență *s.f.* university degree, (brevet) license, *~ poetică* poetic licence.
licențiat *s.m.* bachelor (law, arts).
liceu *s.n.* secondary school.
lichea *s.f.* knave.
lichefia *v.t., v.r.* to liquefy.
lichid *s.n.* liquid, *adj.* liquid (de bani) cash.
lichida *v.t.* to liquidate, (a încheia) to settle (a debt).
lichidare *s.f.* abolition.
lichior *s.n.* liqueur
licitație *s.f.* auction.
licurici *s.m.* glow-worm.
lider *s.m.* leader.
lift *s.n.* lift.
ligă *s.f.* league.
lighean *s.n.* basin.
lihnit *adj.* starving, hungry.
liliac *s.m. zool.* bat.
liman *s.n. geogr.* bank, *fig.* harbour.
limbaj *s.n.* language.
limbă *s.f.* tongue, (națională) language, (vorbire) speech, (de ceas) hand, (încălțător) shoehorn, (de pământ) strip, *~ maternă* mother tongue, *~ vorbită* colloquial speech, *cu ~ scoasă* breathlessly, thirsty, *cu ~ de moarte* on one's deathbed.
limita *v.t., v.r.* to limit (oneself).
limitat *adj.* limited, (redus) reduced, *fig.* obtuse.
limită *s.f.* limit, *fără ~* unlimited, *în limita posibilităților* according to possibilities, *la ~* just on the line.
limonadă *s.f.* lemonade
limpede *adj.* clear, (deslușit) distinct, (transparent) transparent, (evident) obvious, *adv.* clearly.
limpezi *v.t.* to clarify, (a clăti) to rinse, *v.r.* to clear (up).
lin *adj.* gentle, (neted) smooth, *adv.* quietly.
linge *v.t.* to lick, *v.r. a se ~ pe bot* to go whistle for it.
lingură *s.f.* spoon, (polonic) ladle, (conținutul) spoonful.
linguriță *s.f.* teaspoon, (conținutul) teaspoonful.
linguși *v.t.* to flatter.
lingușire *s.f.* flattery.
lingușitor *s.m.* toad-eater, sycophant, *adj.* flattering.
lingvistică *s.f.* linguistics.
linia *v.t.* to rule.
linie *s.f.* line, (riglă) ruler, *~ ferată* railway (linie), *~ de conduită* behaviour, *în linii mari* on the whole.

linişte *s.f.* silence, (tihnă) peace, quiet; *interj.* silence!
linişti I. *v.t.* to quiet, (a alina) to comfort, to calm down. **II.** *v.r.* to grow calm, (de furtună) to abate.
liniştit *adj.* quiet, calm, (tăcut) silent, (tihnit) peaceful, *adv.* quietly, calmly.
linoleum *s.n.* linoleum, *artă* linocut.
lins *adj.* licked, (de păr) sleek.
linşa *v.t.* to lynch.
linte *s.f.* lentil.
linx *s.m.* lynx.
lipăi *v.t.* to lap, to scrape one's feet.
lipi *v.t.* to stick (together), to glue (on), (a suda) to solder, *v.r.* to stick (to smth.), to cling (to smb.).
lipici *s.n.* glue, *fig.* charm.
lipicios *adj.* sticky, *fig.* affectionate.
lipie *s.f.* flat round loaf.
lipit *adj.* stuck, glued, ~ *de perete* against the wall, *sărac* ~ in dire poverty.
lipitoare *s.f.* leech.
lipitură *s.f.* soldering.
lipsă *s.f.* lack, (neajuns) shortcoming, ~ *de grijă* carelessness, ~ *la cântar* short weight, *în* ~ (*jur.*) by default.
lipsi *v.t.* to deprive of, *v.i.* to be absent, *a-i* ~.*(un lucru)* to lack smth, *v.r.* to do without, *mă lipsesc de el* I can do without it.
liră *s.f.* *fin.* pond (sterling), (italiană) lira, *muz.* lyre.
liric *s.f.* lyrical.
lirică *s.f.* (lyrical) poetry.
listă *s.f.* list.
literal *adj.* word for word.
literar *adj.* literary.
literatură *s.f.* literature, (bibliografie) reference literature.
literă *s.f.* letter, (de tipar) type, *~e cursive* italics, ~ *mare* capital letter, ~ *mică* small letter.
litigiu *s.n.* lawsuit, litigation.
litoral *s.n.* seacoast, *pe* ~ at the sea side.
litru *s.m.* litre.
livadă *s.f.* orchard.
livid *adj.* livid.
livra *v.t.* to deliver.
loc *s.n.* place, (spaţiu) room, (scaun) seat, (teren) (p)lot, (pământ) land, (post) job, ~ *comun* commonplace, ~ *de casă* house lot, *de~* not at all, *de pe* ~ standing, *din* ~ *în* ~ here and there, *în ~ul lui* if i were him, *la* ~ again, *la ~ul lui* modest, *pe* ~ on the spot.
local *s.n.* (restaurant) restaurant, ~ *de dans* hop, *adj.* local.
localitate *s.f.* place, locality.
localiza *v.t.* to localize, (un incendiu) to bring under control.
localnic *s.m.*, *adj.* native.
locatar *s.m.* lodger.
locomotivă *s.f.* railway engine.
locotenent *s.m.* lieutenant, ~ - *colonel* lieutenant colonel, ~ *major* senior lieutenant.
locţiitor *s.m.* deputy.
locui *v.i.* to live, to reside.
locuinţă *s.f.* dwelling.
locuit *adj.* inhabited.

locuitor *s.m.* inhabitant.
logic *adj.* logical, reasonable, *adv.* logically.
logică *s.f.* logic.
logodi *v.t.* to betroth, *v.r.* to become engaged (to smb.).
logodnă *s.f.* engagement, (ceremonie) betrothal.
logodnic *s.m.* fiancé.
logodnică *s.f.* fiancée.
loial *adj.* loyal, *adv.* loyally.
loialitate *s.f.* loyalty.
lojă *s.f.* box, (masonică) lodge.
longitudine *s.f.* longitude.
lopată *s.f.* shovel.
lor *adj.* their, *al ~* theirs, *pron.* (to) them.
lot *s.n.* plot.
lovi I. *v.t.* to strike, (a bate) to knock, (cu cotul) to nudge, (uşurel) to pat, (cu piciorul) to kick, (a răni) to hurt, (a dăuna) to harm. **II.** *v.i.* to strike. **III.** *v.r.* to bump into each other, to hurt oneself to get hurt, *a se ~ de* to come up against.
lovitură *s.f.* blow, (de picior) kick, (în uşă) knock, (atac) attack, (la fotbal) shot, *pol.* coup (d'Etat), (spargere) burglary, *~ de graţie* finishing stroke, *~ de pedeapsă* penalty (shot), *~ de teatru* sensational turn of events, *~ de trăsnet* thunderbolt, *~ sub centură* foul hit, *dintr-o ~* at a stroke.
loz *s.n* lottery ticket.
lozincă *s.f.* slogan.
lua I. *v.t.* to take, (a apuca) to seize, (a prelua) to assume, (a răpi) to deprive of, (trenul) to go by, (a cumpăra) to buy, (a consuma) to eat, (masa) to have, (a închiria) to hire, (a căpăta) to catch, (a cuceri) to conquer, (a mânui) to manage, (greşit) to mistake for, *a ~ pe cineva de departe* to beat about the bush. **II.** *v.r.* to be taken, (a fi molipsitor) to be catching, *a se ~ după* to follow smb. 's example/ advice.
luare *s.f.* taking, *~ aminte* care (fullness), attention.
luci *v.i.* to shine, to glisten.
lucid *adj.* lucid.
luciditate *s.f.* lucidity.
lucios *adj.* glowing.
luciu *s.n.* lustre, *adj.* glistening, (lunecos) slippery, (neted) smooth, (de sărăcie) dire.
lucra *v.t.* (pământul) to till, (pe cineva) to sap, *v.i.* to work, (din greu) to toil, (a funcţiona) to function, *v.r.* to be worked, (de pământ) to be tilled.
lucrare *s.f.* work, (acţiune) working), (carte) book, (teză) paper, thesis, (pl. dezbateri) debates, *lucrări edilitare* urban equipment.
lucrătoare *s.f.* working woman.
lucrător *s.m.* worker, (necalificat) labourer, *adj.* work(ing).
lucru *s.n.* thing, (obiect) object, (muncă) work, (trudă) toil, (acţiune) act, *de ~* working, *la ~* at work.
lugubru *adj.* lugubrious, *adv.* sinisterly.
lui *adj.* his, its, *al ~* his, *pron.* (to) him, (to) it.

lulea *s.f.* (tobacco) pipe, *adv.* head over ears.
lumânare *s.f.* candle.
lume *s.f.* world, (univers) universe, (pământ) earth, (omenire) mankind, (societate) society, *~a mare* the wide world.
lumesc *adj.* worldly, *med.* venereal.
lumina *v.t.* to light(en), (a lămuri) to enlighten, (a clarifica) to explain, (la față) to brighten, (de vreme) to clear up, (a înțelege) to understand, *se luminează de ziuă* it is dawning.
luminat *s.n.* lighting, *adj.* lighted, *fig.* enlightened.
lumină *s.f.* light, *fig.* learning, *lumina lunii* moonlight, *lumina soarelui* sunlight, *lumina zilei* daylight, *lumina ochilor* the apple of one's eye, (vedere) eyesight, *luminile rampei* floats, a scoate la ~ to reveal.
luminiș *s.n.* clearing, glade.
luminos *adj.* bright.
lunar *adj.* monthly, *astr.* lunar, *adv.* every month.
lună *s.f.* month, *astr.* moon, (lumină) moonlight, *~ de miere* honeymoon, *acum o ~* a month ago.
luncă *s.f.* meadow.
lunea *adv.* on Monday(s).
luneca *v.i.* to slip, (a pluti) to glide, (a fi lunecos) to be slippery.
lunecos *adj.* slippery.
lunetă *s.f.* field glass, *astr.* small telescope.
lung *s.n.* length, *adj.* long, (prelung) prolonged, *adv.* long.
lungi I. *v.t.* to lengthen. **II.** *v.r.* to stretch, (a se culca) to lie down.
lungime *s.f.* length, *~ de undă* wave length.
luni *s.f.* Monday *adv.* (on) Monday.
luntraș *s.m.* boatman.
luntre *s.f.* boat.
lup *s.m.* wolf, *~ de mare* jack tar.
lupă *s.f.* magnifying glass.
lupta *v.r.* to fight.
luptă *s.f.* struggle, (bătălie) battle, (încăierare) fight, (război) war(fare), (sport) wrestling, *~ de tauri* bull fight, *~ pe viață și pe moarte* life-and-death struggle.
luptător *s.m.* fighter, *sport* wrestler.
lustrangiu *s.m.* shoeblack.
lustră *s.f.* chandelier.
lustru *s.n.* luster.
lustrui *v.t.* to polish, *v.r.* to brush up.
lut *s.n.* clay.
lux *s.n.* luxury, *de ~* luxury, *~ de amănunte* abundance of details.
luxa *v.t.* to sprain.
luxație *s.f.* sprain.
luxos *adj.* luxurious.
luxuriant *adj.* luxuriant.

M

mac *s.m.* poppy.
macabru *adj.* gruesome.
macara *s.f.* crane.
macaz *s.n.* switch.
macera *v.t., v.i.* to steep, to soak.
machetă *s.f.* model.
machia *v.r.* to make up.
machiaj *s.n.* make up.
machiavelic *adj.* Machiavellian.
maculator *s.n.* notebook.
maculatură *s.f.* waste (sheets), *fig.* pulp.
maestru *s.m.* master, *muz.* maestro, (specialist) specialist, expert, ~ *emerit* honoured master (in art, of sports).
mag *s.m.* wizard, magus.
magazie *s.f.* warehouse.
magazin *s.n.* shop, (universal) department store, (cu sucursale) multiple shop, (revistă) magazine.
maghiar *s.m., adj.* **maghiară** *s.f., adj.* Magyar, Hungarian.
magic *adj.* magic.
magie *s.f.* witchcraft.
magistral *adj.* masterly, *adv.* marvellously.
magistrală *s.f.* arterial road.
magistrat *s.m.* magistrate.
magmă *s.f.* magma.

magnat *s.m.* magnate.
magnet *s.m.* magnet.
magnetofon *s.n.* tape recorder.
magnetiza *v.t.* to magnetize.
magneziu *s.n.* magnesium.
magnific *adj.* magnificent.
mahala *s.f.* suburb, (în Anglia) slum, *de* ~ low.
mahalagiu *adj.* scandalmonger.
mahmur *adj.* seedy (with a hangover).
mahmureală *s.f.* hangover, vapours.
mai *s.m.* May, *adv.* (some) more, (din nou) (once) again, (în continuare) (further) on, (încă) still, ~ - ~ almost, ~ *deunăzi* the other day, ~ *înainte* before, ~ *întâi* (de toate) first of all, *şi* ~ *şi* one better (than).
maică *s.f.* mother, (călugăriță) nun.
maidan *s.n.* waste ground.
maiestate *s.f.* Majesty, *fig.* state-lines.
maiestuos *adj.* majestic, *adv.* magnificently.
maimuță *s.f.* monkey, *fig.* chimp.
maimuțări *v.t.* to ape.
maioneză *s.f.* mayonnaise.
maior *s.m.* major.
maiou *s.n.* undershirt, (de balerin) flashings.
maistru *s.m.* foreman, *fig.* expert.
major *adj.* major, (matur) of age, (superior) greater.
majora *v.t.* to increase, (prețurile) to put up the price.
majorat *s.n.* (full) age.
majoritate *s.f.* majority, ~ *de voturi* majority of votes, *a fi în* ~ to be in the majority.
majusculă *s.f.* capital (letter).
mal *s.n.* bank, (de mare) shore, (de râu, lac) bank, (coastă) coast, (râpă) cliff.
maladie *s.f.* illness.
malarie *s.f.* malaria.
malaxor *s.n.* malaxating machine.
maldăr *s.n.* heap, bundle.
maleabil *adj.* malleable.
malefic *adj.* harmful.
malformație *s.f.* malformation.
malign *adj.* malignant.
maliție *s.f.* nastiness, acrimony.
malițios *adj.* acrimonious, *adv.* maliciously.
maltrata *v.t.* to ill-treat.
malț *s.n.* malt.
mamă *s.f.* mother, ~ *vitregă* step mother, *de* ~ maternal.
mamifer *s.n.* mammal.
mamut *s.m.* mammoth.
mandat *s.n.* mandate, (poştal) money order, (de arestare) warrant (for arrest), (deputat) seat, *sub* ~ mandated.
mandibulă *s.f.* mandible.
mandolină *s.f.* mandolin.
manechin *s.n.* dummy, (persoană) mannequin.
manetă *s.f.* pole.
manevra *v.i.* to manipulate, to handle.

maniac *s.m.* maniac, *adj.* maniac.

manie *s.f.* mania, (pasiune) hobby.

manierat *adj.* well-mannered.

manieră *s.f.* manner, (conduită) manners.

manierism *s.n.* mannerism.

manifest I. *s.n.* manifesto. **II.** *adj.* manifest. **III.** *adv.* manifestly.

manifesta I. *v.t.* to show, *v.i.* to manifest. **II.** *v.r.* to be(come) manifest.

manifestare *s.f.* manifestation.

manipula *v.t.* to handle.

manipulant *s.m.* operator.

manivelă *s.f.* handle, crank.

mansardă *s.f.* attic.

manşă *s.f.* control column.

manşetă *s.f.* cuff, (la pantaloni) turn-up, (de ziar) headline.

manta *s.f.* cloak, (de ploaie) waterproof.

manual *s.n.* textbook, *adj.* manual.

manufactura *v.t.* to manufacture.

manuscris *s.n.* manuscript.

mapă *s.f.* portfolio.

maramă *s.f.* headkerchief.

maraton *s.n.* marathon.

marca *v.t.* to mark, *fin.* to hallmark, *sport* to score, *v.i.* to score.

marcaj *s.n.* marking, *fin.* hallmark.

marcant *adj.* outstanding, remarkable.

marcat *adj.* marked.

marcă *s.f.* mark, (tip) type, (timbru) postage stamp, *marca fabricii* trade mark.

marchiz *s.m.* marquis.

marchiză *s.f.* marchioness, *arhit.* marquee.

mare I. *s.f.* sea, *la ~* at the seaside, *pe ~* at sea, *rău de ~* seasickness. **II.** *adj.* great, (întins) large, vast, (voluminos, substanţial) big, (înalt) tall, high, (uriaş) huge, (grandios) grand, (puternic) mighty, (matur) grown up, *în ~* as a whole, *avere ~* large fortune, *degetul ~ de la mâna dreaptă* the right thumb, *fratele mai ~* the elder brother.

maree *s.f.* tide, (flux şi reflux) ebb and flow.

mareşal *s.m.* marshal.

marfă *s.f.* goods, merchandise; *~ perisabilă* perishable goods.

margaretă *s.f.* daisy.

margarină *s.f.* margarine.

marginaliza *v.t.* to marginalize.

margine *s.f.* border, edge, (a paharului) brim, (graniţă) border, (capăt) end, (limită) limit, (de prăpastie) verge, *la ~a oraşului* on the outskirts, *fără margini* boundless.

mariaj *s.n.* marriage.

marina *v.t.* to marinate.

marinar *s.m.* sailor.

marină *s.f.* *mil.* navy, (comercială) merchant marine, (pictură) seascape.

marinăresc *adj.* sailor's.

marionetă *s.f.* marionette, *fig.* puppet.
maritime *adj.* maritime.
marmeladă *s.f.* jam.
marmotă *s.f.* marmot.
marmură *s.f.* marble.
maro *adj.* brown.
marochinărie *s.f.* leather goods.
marsupiu *s.m.* marsupium.
marş *s.n.* march, ~ *nupţial* wedding march, *interj. mil.* forward!
marşarier *s.n.* reverse, *în* ~ on the reverse.
marte *s.n.* Mars.
martie *s.m.* March.
martir *s.m.* martyr.
martiriza *v.t.* to martyr.
martor *s.m.* witness, (în ştiinţă) control, ~ *ocular* eye witness.
marţea *adv.* on Tuesday(s).
marţi *s.f.* Tuesday, *adv.* (on) Tuesday, *marţea viitoare* next Tuesday.
marţial *adj.* martial.
marţian *s.m.* Martian.
marxism *s.n.* Marxism, ~ *leninism* Marxism Leninism.
marxist *s.m.*, *adj.* Marxist.
masa *v.t.* to massage, (a îngrămădi) to mass, *v.r.* to throng.
masacra *v.t.* to massacre, *fig.* to mangle.
masacru *s.n.* massacre.
masaj *s.n.* massage.
masă *s.f.* table, (mâncare) meal, (întreţinere) board, upkeep, (prânz) lunch, (cină) dinner, (micul dejun) breakfast, (mulţime) mass, ~ *de scris* desk, ~ *de seară* dinner, supper, *masele largi* the masses, *mase plastice* plastics, *după* ~ in the afternoon, *de* ~ mass, *în* ~ in a body, *faţă de* ~ table cloth.
masca *v.t.* to mask, *fig.* to hide, *mil.* to camouflage.
mascaradă *s.f.* masquerade.
mascat *adj.* masked, *mil.* camouflaged.
mască *s.f.* mask, *fig.* cloak, ~ *de gaze* gas mask.
mascotă *s.f.* mascot.
mascul *s.m.* male.
masculin *s.n.*, *adj.* masculine.
masiv **I.** *s.n.* *geogr.* massif. **II.** *adj.* massive, (corpolent) burly, portly. **III.** *adv.* massively.
masochist *adj.* masochistic.
mason *s.m.* freemason.
masonerie *s.f.* freemasonry.
masticator *adj.* masticatory.
mastică *s.f.* mastic.
maşinal *adj.* mechanical, *adv.* mechanically.
maşină *s.f.* machine, (automobil) (motor) car, (maşinărie) machinery, (locomotivă) locomotive, ~ *agricolă* farming machine, ~ *cu aburi* steam engine, ~ *de calculat* computer, ~ *de călcat* flat iron, (de croitor) goose, *pl.* gooses, ~ *de cusut* sewing machine, ~ *de gătit* cooking stove, ~ *de scris* typewriter, ~

de spălat rufe washing machine, ~ *de tocat carne* meat chopper.
maşinărie *s.f.* machinery.
mat *s.n.* checkmate, *adj.* mat(ted), (de sticlă) frosted.
mata *pron.* you.
matale *adj.* your, *al* ~ yours.
matahală *s.f.* giant.
matcă *s.f.* *zool.* queen, (albie) river bed, (cotor) stub.
matelot *s.m.* sailor.
matematic *adj.* mathematical, *adv.* precisely.
matematică *s.f.* mathematics.
material *s.n.* material, ~ *didactic* teaching aid(s), *adj.* material, (palpabil) substantial, *situaţie ~ă* financial condition.
materialism *s.n.* materialism, ~ *dialectic/ istoric* dialectical/ historical materialism.
materialist *s.m.* materialist, *adj.* materialist(ic), ~ *dialectic* dialectical materialistic.
materializa *v.t.* to materialize.
materie *s.f.* matter, (de studiu) subject (matter), (material) material, ~ *primă* raw material, *tablă de materii* table of contents.
matern *adj.* maternal.
maternitate *s.f.* maternity (hospital).
matinal *adj.* morning.
matineu *s.n.* matinee (performance).
matriarhat *s.n.* matriarchate.
matrice *s.f.* matrix.
matricol *adj.* registration, *foaie ~ă* registration form, *certificat* ~ registration certificate.
matriţă *s.f.* mould, *metal.* die, mould.
matroz *s.m.* seaman.
matur *adj.* mature, (adult) grown-up.
maturitate *s.f.* maturity.
maturiza *v.t.*, *v.r.* to mature.
mausoleu *s.n.* mausoleum.
maxilar I. *adj.* maxillary. **II.** *s.n.* jaw.
maxilă *s.f.* maxilla.
maxim *s.n.*, *adj.* maximum.
maximă *s.f.* maxim.
mazăre *s.f.* pea, (boabele) peas.
mă *pron.* me, you, (reflexiv) myself, *interj.* you!
măcar *adv.* at least, ~ *că* although, ~ *dacă* if at least.
măcăi *v.i.* to quack.
măcel *s.n.* massacre.
măcelar *s.m.* butcher.
măcelări *v.t.* to slaughter.
măcelărie *s.f.* butcher's (shop).
măceş *s.m.* hip(rose).
măcina *v.t.* to grind, *v.r.* to crumble.
măcinare *s.f.* grinding, *fig.* anxiety.
măciucă *s.f.* bludgeon, *i s-a făcut părul* ~ his hair stood on end.
mădular *s.n.* limb.
măduvă *s.f.* marrow, *până în măduva oaselor* to the backbone, *măduva spinării* spinal marrow.
măgar *s.m.* donkey, *fig.* swine.

măgărie *s.f.* swinishness.
măguleală *s.f.* flattery.
măguli *v.t.* to flatter, *v.r.* to congratulate oneself.
măgulire *s.f.* flattery.
măgulitor *adj.* complimentary.
măgură *s.f.* knoll.
măi *interj.* hey you!
măiestrie *s.f.* art, ~ *literară* penmanship.
mălai *s.n.* maize flour, (turtă) maize cake.
mămăligă *s.f.* polenta, *amer.* samp.
mămică *s.f.* mum.
mănăstire *s.f.* monastery, (de maici) nunnery.
mănos *adj.* profitable.
mănunchi *s.n.* bunch.
mănuşă *s.f.* glove, (de protecţie) gauntlet, (fără degete) mitten, *cu mănuşi* gently, *fără mănuşi* roughly, *~i de călărie* riding gloves.
măr *s.m.* apple tree; *s.n.* apple, ~ *copt* baked apple, *~ul discordiei* the apple of discord, *adv.* soundly.
mărar *s.m.* dill.
mărăcine *s.m.* bramble.
măreţ *adj.* glorious, *adv.* gloriously.
măreţie *s.f.* stateliness.
mărgăritar *s.n.* pearl, *bot.* lily-of-the -valley.
mărgea *s.f.* bead.
mărgean *s.n.* coral.
mărgică *s.f.* bead.
mărginaş *adj.* peripheral.
mărgini *v.t.* to limit, *v.r. a se ~ cu* to border upon, *a se ~ la/să* to confine oneself to.
mărginit *adj.* limited, *fig.* narrow-minded.
mări *v.t.* to enlarge, *opt.* to magnify, *v.r.* to increase.
mărime *s.f.* size, (proporţii) scope.
mărinimie *s.f.* benevolence.
mărinimos *adj.* large-hearted, *adv.* generously.
mărire *s.f.* enlargement, *fig.* splendour.
mărita *v.t.* to marry (away), *v.r.* to get married (to smb.).
măritat *s.n.* marriage, *de ~* marriageable.
mărturie *s.f.* evidence, testimony, *fig.* token.
mărturisi *v.t.*, *v.i.*, *v.r.* to confess.
mărturisire *s.f.* avowal.
mărunt *adj.* small, (meschin) mean.
măruntaie *s.f. pl.* entrails.
mărunţi *v.t.* to break up, to mince.
mărunţiş *s.n.* (small) change, *pl.* trifles.
măsea *s.f.* molar, ~ *de minte* wisdom tooth.
măslin *s.m.* olive tree.
măslină *s.f.* olive.
măsliniu *adj.* olive(-coloured).
măslui *v.t.* to load (the dice), to mark (the cards).
măsura *v.t.* to measure, (a cântări) to weigh, *v.r.* to measure one's strength

(against smb.); *a-şi ~ cuvintele* to moderate one's language.

măsurabil *adj.* measurable.

măsurat *adj.* measured, *fig.* moderate.

măsură *s.f.* measure, (cantitate) quantity, *muz.* bar, (la versuri) foot, *fig.* (valoare) calue, *~ de capacitate* liquid measure, *cu ~* moderately, *în egală ~* equally, *în mare ~* in a large measure, *în oarecare ~* to a certain extent, *pe ~* made to measure, *pe ~ ce* as one goes along, *peste ~* exceedingly, *a lua măsuri* to take action.

măsurătoare *s.f.* measurement, (de teren) survey.

mătanie *s.f.* genuflexion, *pl.* rosary.

mătase *s.f.* silk, *~a broaştei* water weed.

mătăsos *adj.* silky.

mătreață *s.f.* dandruff.

mătura *v.t.* to sweep.

mătură *s.f.* broom.

mătuşă *s.f.* aunt.

mâhni *v.t.* to grieve, *v.r.* to sadden.

mâhnire *s.f.* grief, sorrow.

mâine *adv.* tomorrow.

mâl *s.n.* silt.

mâlos *adj.* oozy.

mâna *v.i.* to drive.

mână *s.f.* hand, (pumn) fist, *o ~ de ajutor* a helping hand, *făcut de ~* handicrafted, *pe sub ~* underhand, *~ în ~* hand in hand, *a ridica ~a împotriva cuiva* to lift the hand against somebody, *a întinde mâna* to strech out one's hand, *a scăpa ceva din ~* to drop something, *a fi la ~a cuiva* to depend on somebody.

mânca *v.t.* to eat, (a irita) to itch, *v.r.* to be eaten, *fig.* to consume.

mâncare *s.f.* food, (fel) dish.

mâncăcios *s.m.* glutton, *adj.* gluttonous.

mâncărime *s.f.* rash, itching.

mândrețe *s.f.* splendour.

mândri *v.r.* to take pride (in smth.).

mândrie *s.f.* pride, (deşartă) vanity.

mândru *adj.* proud, *fig.* lofty, (frumos) splendid.

mânecă *s.f.* sleeve; *cămaşă cu mâneci lungi* long-sleeved shirt, *a-şi sufleca mânecile* to roll up one's sleeves.

mâner *s.n.* handle, (de sabie) hilt.

mângâia *v.t.* to touch, to caress, *fig.* to comfort, *v.r.* to console oneself (with a thought).

mângâiere *s.f.* caress, *fig.* consolation.

mânia *v.t.* to anger, *v.r.* to grow angry.

mânie *s.f.* rage, (furie) fury.

mânios *adj.* wrathful, (furios) furious, *adv.* wrathfully.

mânji *v.r.* to soil, to dirty, to sully.

mântui *v.t.* to save, (a isprăvi) to end, *v.r.* to be saved, (a se sfârşi) to end.
mântuială *s.f.* *de* ~ sloppy.
mântuire *s.f.* salvation.
mântuitor *s.m.* saviour.
mânui *v.t.* to handle, to manipulate.
mânuitor *s.m.* operator, manipulator.
mânz *s.m.* colt.
mârâi *v.i.* to snarl, to growl.
mârlan *s.m.* boor.
mârşav *adj.* caddish.
mârşăvie *s.f.* meanness.
mârţoagă *s.f.* jade.
mâţă *s.f.* cat, *fig.* ~ *blândă* sneak person.
mâzgă *s.f.* slime.
mâzgăli *v.t.* to smear, (cuvinte) to scribble.
mea *adj.* my, *a* ~ mine.
meandru *s.n.* meander, *cu meandre* winding.
mecanic *s.m.* mechanic, (de locomotivă) engine driver, *adj.* mechanical, *adv.* mechanics.
mecanism *s.n.* mechanism.
meci *s.n.* match.
medalia *v.t.* to medal, to award.
medaliat *s.m.* medalled, decorated.
medalie *s.f.* medal, ~ *de aur* gold medal.
medalion *s.n.* medallion, (articol) personal.
media *v.i.* to mediate.
mediat *adj.* mediated.
medic *s.m.* doctor.
medical *adj.* medical.
medicament *s.n.* medicine.
medicină *s.f.* medicine, ~ *legală* forensic medicine.
medie *s.f.* average, mean, *în* ~ on an average.
mediere *s.f.* mediation.
medieval *adj.* medieval.
mediocritate *s.f.* mediocrity.
mediocru *adj.* mediocre, (slab) poor.
medita *v.i.* to meditate (upon smth.).
meditaţie *s.f.* meditation, (lecţie) coaching.
mediu *s.m.* medium, *s.n.* milieu, (în ştiinţă) medium, *adj.* average.
mei *s.n.* millet, *adj.* my, *ai* ~ mine, my folk(s).
melancolic *adj.* melancholy.
melancolie *s.f.* melancholy.
melc *s.m.* snail, *ca* ~*ul* at a snail's pace.
mele *adj.* my, *ale* ~ mine.
meleaguri *s.n.* *pl.* regions.
melodie *s.f.* melody, song.
melodios *adj.* melodious, *adv.* melodiously.
melodramatic *adj.* melodramatic.
melodramă *s.f.* melodrama.
meloman *s.m.* music fan.
membrană *s.f.* membrane, *tehn.* diaphragm.
membru *s.m.* member, (element) part, ~ *corespondent* corresponding member, ~ *de partid* party member, ~ *de sindicat* trade

union member, ~ *onorific*/ ~ *de onoare* honorary member, *s.n. anat.* limb.
memora *v.t.* to memorize.
memorabil *adj.* memorable.
memorie *s.f.* memory.
memoriu *s.n.* memorial, (plângere) grievance, *pl.* memoirs.
memoriza *v.t.* to memorize.
menaj *s.n.* house (keeping).
menaja *v.r.* to spare (oneself), to deal gently with.
menajament *s.n.* sparing, *cu ~e* gently, *fără ~e* ruthlessly.
menajeră *s.f.* housewife.
menajerie *s.f.* menagerie.
menghină *s.f.* (screw) vice.
meni *v.t.* to destine.
meningită *s.f.* meningitis.
menire *s.f.* mission.
meniu *s.n.* menu, ~ *fix* ordinary.
menopauză *s.f.* menopause.
menstruație *s.f.* mestruation.
mentalitate *s.f.* mentality, conceptions.
mentă *s.f.* peppermint.
mentolat *adj.* mentholated.
menține *v.t.* to maintain, *v.r.* to continue.
menționa *v.t.* to mention.
mențiune *s.f.* mention, (premiu) honourable mention.
mercantil *adj.* mercantile.
mercenar *s.m.*, *adj.* mercenary.
mercerie *s.f.* small ware (shop).
mercur *s.n.* mercury.
mereu *adj.* always, (for) ever.
merge *v.i.* to go, (pe jos) to walk, (de mecanism) to work, (a se mişca) to move, (a acționa) to act, *a-i ~ bine* to get on well, *pe unde ~m?* which way do we go? *cum îți ~?* how are things with you?
meridian *s.n.* meridian.
meridional *adj.* meridional.
merinde *s.f. pl.* food.
merit *s.n.* merit, *de ~* of ability.
merita *v.t.* to deserve, (de lucruri) to be worth (reading), *v.i.* to be worthwhile.
meritoriu *adj.* laudable.
merituos *adj.* deserving.
mers *s.n.* going, (al cuiva) gait, *~ înainte* progress, *~ul trenurilor* railway time-table.
mesager *s.m.* messenger.
mesaj *s.n.* message, (apel) appeal.
meschin *adj.* petty.
meschinărie *s.f.* meanness.
meseriaş *s.m.* handicraftsman.
meserie *s.f.* job, (profesie) calling, *şcoală de meserii* vocational school.
mesteacăn *s.m.* birch tree.
mesteca *v.t.* to chew, (a amesteca) to stir, *v.i.* to chew.
meşă *s.f.* lock of hair.
meşter *s.m.* master, (meseriaş) craftsman, *adj.* expert.
meşteri *v.t.* to arrange *v.i. a ~ la* to potter about.
meşteşug *s.n.* trade, (pricepere) art, (mijloc) method.
meşteşugăresc *adj.* handmade.
metafizică *s.f.* metaphysics.

metaforă *s.f.* metaphor.
metal *s.n.* metal; ~ *dur* hard metal, ~ *prețios* precious metal.
metalic *adj.* metallic.
metalurgic *adj.* metallurgical.
metalurgie *s.f.* metallurgy.
metamorfoză *s.f.* metamorphosis.
metan *s.m.*, *adj.* methane.
metastază *s.f.* metastasis.
meteahnă *s.f.* flow, (boală) complaint.
meteor *s.m.* meteor.
meteorologie *adj.* meteorology.
meticulos *adj.* meticulos, *adv.* meticulously.
metodă *s.f.* method, *fără* ~ desultory, at random.
metodic *adj.* methodical, *adv.* methodically.
metropolă *s.f.* metropolis, (capitală) capital.
metrou *s.n.* tube.
metru *s.m.* meter, (de croitor) tape measure.
meu *adj.* my, *al* ~ mine.
mezeluri *s.m. pl.* sausages.
mezin *s.m.* youngest (child).
miasmă *s.f.* miasma.
miazănoapte *s.f.* north, *de* ~ north(ern).
miazăzi *s.f.* south, *de* ~ south(ern).
mic I. *s.m.* grilled minced meat rool. **II.** *adj.* little, tiny, (necorespunzător) small, (scund) short, (pitic) midget, (îndesat) dumpy, (nedezvoltat) stunted, (strâmt) tight, (ușor) feeble, (mărunt) minor, petty, *de* ~ *copil* from early childhood.
microb *s.m.* microbe.
microbuz *s.n.* minibus.
microfon *s.n.* microphone.
microscop *s.n.* microscope, ~ *electronic* electron microscope.
micșora *v.t.* to reduce, *v.r.* to dwindle, (a scădea) to decrease.
midie *s.f.* edible mussel.
mie *s.f.*, *adj.*, *num.* thousand, *o* ~ *și una de nopți* the Arabian Nights, *trei mii* three thousand, *pron.* (to) me.
miel *s.m.* lamb.
mielită *s.f.* myelitis.
miercurea *adv.* on Wednesday(s).
miercuri *s.f.* Wednesday, *adv.* (on) Wednesday.
miere *s.f.* honey.
mierlă *s.f.* blackbird.
mieros *adj.* honeyed, (o persoană) soapy, *adv.* blandly.
mieuna *v.i.* to mew.
miez *s.n.* core, pulp, (de pâine) crumb, (de nucă) kernel, *fig.* depth; *în ~ul zilei* at midday; *la ~ul nopții* at midnight; *cu* ~substantial.
migală *s.f.* meticulousness.
migălos *adj.* scrupulous.
migdal *s.m.* almond tree.
migdalat *adj.* almond-shaped.
migdală *s.f.* almond.
mignon *adj.* tiny.

migrator *adj.* migratory.
migrațiune *s.f.* migration.
migrenă *s.f.* headache.
miime *s.f.* thousandth.
miji *v.i.* to come into sight, (de ochi) to blink, *v.r. a se ~ de ziuă* to dawn.
mijloc *s.n.* middle, (talie) waist, (metodă) method, (de transport) vehicle, (posibilitate) possibility, *pl.* means, *la/în ~* in the middle, *mijloace de transport* means of transport, *prin orice mijloace* by any means.
mijlocaș *s.m.* middle peasant, *sport* halfback, *adj.* middle.
mijloci *v.t.* to mediate, (o afacere) to negotiate.
mijlocitor *s.m.* mediator.
mijlociu *adj.* middle, (moderat) moderate, (mediu) average, mean.
milă *s.f.* (măsură) mile, (caritate) pity, (bunătate) kindness, (compătimire) compassion, (pomană) alms, *~ marină* sea mile, *de ~* out of pity, *fără ~* pitiless(ly).
milenar *adj.* millenary.
mileniu *s.m.* millenium.
miliard *s.n.*, *num.* a thousand million, *amer.* billion.
miliardar *s.m.* multi-millionaire, *amer.* billionaire.
miligram *s.n.* milligram.
milimetru *s.m.* millimetre.
milion *s.n.*, *num.* million.
milionar *s.m.* millionaire.
milita *v.i* to militate.
militant *s.m.*, *adj.* militant.
militar *s.m.* soldier, *pl.* the military, *adj.* military.
milog *s.m.* beggar.
milogi *v.r.* to beg.
milos *adj.* compassionate.
milostenie *s.f.* alms, charity.
milostiv *adj.* charitable, *rel.* pitiful.
milui *v.t.* to give alms.
mim *s.m.* mime.
mima *v.t.* to mime.
mimă *s.f.* mime.
mimică *s.f.* mimicry.
mimoză *s.f.* mimosa.
mina *v.t.* to mine.
mină *s.f.* mine, (de creion) lead, (pix) refill.
mincinos *s.m.* liar, *adj.* lying.
minciună *s.f.* lie, (născocire) fabrication, (prăjitură) cruller, *~ gogonată* whopper, *~ nevinovată* white lie.
miner *s.m.* miner.
mineral *s.n.*, *adj.* mineral.
mineraliza *v.t.* to mineralize.
minereu *s.n.* ore.
minerit *s.n.* mining.
minge *s.f.* ball, *~ de fotbal* football.
miniatură *s.f.* miniature.
minier *adj.* mining.
minim *s.n.*, *adj.* minimum.
minimaliza *v.t.* to minimize.
minister *s.n.* ministry; *Ministerul Comerțului* Ministry of Trade, *Ministerul Învățământului* Ministry of Education, *Ministerul Sănătății* Ministry of Public

Health, *Ministerul Apărării Naționale* Ministry of National Defense.
ministerial *adj.* ministerial, *coală ~ă* petition paper; *comisie ~ă* ministerial committee.
ministru *s.m.* (cabinet) minister, secretary of State, (ambasador) envoy, ~ *adjunct* deputy minister, (în Anglia) undersecretary, ~ *plenipotențiar* Minister Plenipotentiary.
minor *s.m.* minor, *adj.* minor, (ca vârstă) under age, (ca importanță) lesser.
minoritate *s.f.* minority.
mintal *adj.* mental, *adv.* mentally.
minte *s.f.* mind, (înțelepciune) brains, (memorie) memory, *cu ~* wise, *fără ~* unreasonable, (prostesc) foolish, *ținere de ~* memory, *a-i veni în ~* to recall, *ea nu este în toate mințile* she's crazy.
minți *v.t.* to misinform, *v.i.* to lie.
minuna *v.t.* to astonish, *v.r.* to marvel (at).
minunat *adj.* wonderful, marvelous.
minunăție *s.f.* marvel.
minune *s.f.* wonder, miracle, *de ~* perfectly.
minus *adv.* minus.
minuscul *adj.* tiny.
minut *s.n.* minute.
minutar *s.n.* minute hand.
minuțios *adj.* thorough (going), *adv.* minutely.
mioară *s.f.* lamb.
miocard *s.n.* myocardium.
miop *s.m.* short-sighted person, *adj.* short-sighted.
miopie *s.f.* short-sightedness.
miorlăi *v.r.* to mew, *fig.* to moan.
mir *s.n.* chrism.
mira *v.t.* to surprise, *v.r.* to wonder, *te miri ce* almost nothing.
miracol *s.n.* miracle; *ca prin ~* miraculously.
miraculos *adj.* miraculous.
miraj *s.n.* mirage.
mirare *s.f.* surprise, *de ~* extraordinary.
mirat *adj.* astonished.
mire *s.m.* groom.
mireasă *s.f.* bride.
mireasmă *s.f.* scent.
mirific *adj.* wonderful.
mirodenie *s.f.* spice.
miros *s.n.* smell, (plăcut) scent, (urât) stench.
mirosi *v.t.* to smell, *v.i.* to smell (of smth.), (urât) to stink.
mirositor *adj.* smelling.
mirui *v.t.* to anoint.
misionar *s.m.* missionary.
misiune *s.f.* mission, *mil.* sortie.
misogin *s.m.* misogynist.
mister *s.n.* mystery, secret.
misterios *adj.* mysterious, *adv.* mysteriously.
mistic *s.m.* mystic, *adj.* mystical.

mistifica *v.t.* to mystify.
mistificare *s.f.* mystification.
mistreț *s.m.* wild boar.
mistui *v.t.* to digest, (a arde) to consume, *v.r.* to be digested, *fig.* to yearn.
mistuitor *adj.* consuming.
mişca *v.r.* to move, to shift; *a ~ din coadă* to wag one's tail, *a ~ până la lacrimi* to move to tears, *a nu ~ un deget* not to lift a finger.
mişcare *s.f.* movement, (activitate) activity, (la şah) move, (revoluție) rising, *~ de eliberare națională* national liberation movement, *a pune în ~* to set in motion, *dintr-o ~* at one go, *a face ~* to exercise, *a face o ~ greşită* to make a wrong move.
mişcător *adj.* moving.
mişel *s.m.* rascal, (laş) coward, *adj.* knavish, mean.
mişelesc *adj.* mean, vile.
mişuna *v.i.* to swarm (with).
mit *s.n.* myth.
mită *s.f.* bribery; *a da ~* to bribe.
mitic *adj.* mythical.
miting *s.n.* meeting.
mititei *s.m. pl.* grilled minced meat balls.
mitocan *s.m.* churl.
mitocănie *s.f.* boorishness.
mitocondrie *s.f.* mitochondrion.
mitologic *adj.* mythological.
mitologie *s.f.* mythology.
mitoman *s.m.* mythomaniac.
mitoză *s.f.* mitosis.
mitralieră *s.f.* machine-gun.
mitră *s.f.* *rel.* mitre, *anat.* womb.
mitropolie *s.f.* metropolitan seat/ church.
mitropolit *s.m.* bishop.
mitui *v.t.* to bribe.
mițos *adj.* fleecy.
mixa *v.t.* to mix.
mixer *s.n.* mixer.
mixt *adj.* combined, joint; *distribuție ~ă* joint distribution, *şcoală ~ă* mixed school.
miza *v.t.* to stake, *v.i.* to bank.
miză *s.f.* stake.
mizerabil *adj.* miserable, *adv.* poorly.
mizerie *s.f.* misery.
mlaştină *s.f.* marsh, swamp.
mlădia *v.t.*, *v.r.* to modulate, to twist.
mlădios *adj.* flexible, lithe.
mlădiță *s.f.* shoot, *fig.* offspring.
mlăştinos *adj.* swampy.
moacă *s.f.* jaw, pate.
moale **I.** *s.n.* *~le capului* fontanelle. **II.** *adj.* soft, (prea ~) flabby, flaccid, (mlădios) pliant, flexible, (dulce) low, (uşor) light, (de ouă) softboiled, *fig.* weak(ly). **III.** *adv.* softly.
moară *s.f.* mill; *~ de apă* water mill, *~ de vânt* wind mill.
moarte *s.f.* death, (deces) demise, *~ bună* natural death, *cu ~a în suflet* with one's

heart in one's mouth, *de* ~ mortal(ly), *fără* ~ immortal, *până la* ~ to one's dying day.
moașă *s.f.* midwife.
mobil *s.n.* mobile, *fig.* body in motion, *adj.* mobile, (schimbător), versatile, (vioi) agile, *jur.* movables.
mobila *v.t.* to furnish.
mobilat *adj.* furnished.
mobilă *s.f.* (piece of) furniture.
mobiliza *v.t.*, *mil.* to mobilize, *fig.* to rally.
mobilizare *s.f.* mobilization.
mocan *s.m.* sheperd.
mocasin *s.m.* moccasin.
mocăi *v.r.* to dawdle.
mochetă *s.f.* moquette.
mocni *v.i.* to smoulder.
mocnit *adj.* smouldering.
mod *s.n.* mode, (fel) manner, *gram.* mood, ~ *de întrebuințare* usage (instructions), ~ *de viață* lifestyle.
modal *adj.* modal.
modalitate *s.f.* modality, method, possibility.
modă *s.f.* fashion, (obicei) custom, *la* ~ fashionable.
model *s.n.* model, (tipar) pattern, *după ~ul lui...* following the example of... *adj.* model.
modela *v.t.* to model, (a da formă la) to mould, *v.r.* to be modelled.
modelare *s.f.* modeling.
modera *v.t.* to moderate, to restrain.
moderat *adj.* temperate.
moderație *s.f.* moderation.
modern *adj.* modern, (la zi) up-to-date), (la modă) fashionable.
modernitate *s.n.* modernism.
moderniza *v.t.* to modernize.
modernizare *s.f.* modernization.
modest *adj.* modest, (simplu) simple, *adv.* in a small way.
modestie *s.f.* modesty.
modic *adj.* modest.
modifica *v.t.* to alter, to change, to amend.
modificabil *adj.* modifiable.
modificare *s.f.* modification.
modula *v.t.*, *v.r.* to modulate.
modulare *s.f.* modulation.
modulator *s.m.* modulator.
mofluz *adj.* blase.
moft *s.n.* whim, (fleac) trifle.
moftangiu *s.m.* trifler.
mofturos *adj.* finicky, choosy, picky.
mogâldeață *s.f.* midget.
mohair *s.n.* mohair.
mohorî *v.t.* to darken, to turn dark.
mohorât *adj.* gloomy, dreary.
moina *v.i.* to thaw.
moină *s.f.* thaw.
mojar *s.n.* mortar.
mojic *s.m.* churl, *adj.* boorish.
mojicie *s.f.* rudeness.
molar *s.m.* molar.
molatic *adj.* slow, soft.
molcom *adj.* mild, (tăcut) silent.
moleculă *s.f.* molecule.

molesta *v.t.* to molest.
molestare *s.f.* assault.
moleşeală *s.f.* languor, (toropeală) drowsiness.
moleşi I. *v.t.* to weaken. **II.** *v.r.* to become weak, to lose one's vigour.
molfăi *v.t.* to munch.
moleşit *adj.* dull, flabby.
moliciune *s.f.* softness.
molid *s.m.* spruce fir.
molie *s.f.* moth.
molimă *s.f.* epidemic.
molipsi *v.t.* to contaminate, *fig.* to honeycomb, *v.r.* to be infected (by smth.).
molipsire *s.f.* contagion.
molipsitor *adj.* contagious.
moluscă *s.f.* shellfish.
momeală *s.f.* bait, lure.
moment *s.n.* moment, *de ~* momentary, *din ~ ce* as, *din ~ în ~* any minute now, *la ~* at once, *la un ~ dat* after a time, *pentru ~* for the time being.
momentan *adj.* momentary, *adv.* right now.
momi *v.t.* to lure, to bait.
monah *s.m.* monk.
monarh *s.m.* monarch.
monarhic *adj.* monarchic.
monarhie *s.f.* monarchy, *fig.* crown.
mondial *adj.* world (wide).
monedă *s.f.* coin (ban), paper money (banknote), *~ naţională* domestic currency, *~ măruntă* change, *~ cu curs forţat* flat money, *~ falsă* counterfeit money.
monetar *adj.* monetary.
monitor *s.m.* monitor.
monocle *s.n.* monocle.
monografie *s.f.* monograph.
monogramă *s.f.* monogram.
monolog *s.n.* monologue.
monopol *s.n.* monopoly.
monopolist *s.m.* monopolist, *adj.* monopoly.
monopoliza *v.t.* to monopolize.
monosilab *adj.* monosyllabic.
monosilabă *s.f.* monosyllable.
monoton *adj.* monotonous, tedious, *adv.* monotonously.
monotonie *s.f.* monotony.
monstru *s.m.* monster, *adj.* monstrous.
monstruos *adj.* monstrous.
monta *v.t.* to mount, (a înrăma) to frame, (a potrivi) to set, *teatru* to stage, *tehn.* to assemble, *fig.* to set, to warm up.
montaj *s.n.* mounting, *tehn.* assembly, (radiofonic) montage, cinema editing.
montare *s.f.* assembly.
monument *s.n.* monument.
monumental *adj.* monumental.
moral *s.n.* morale, *~ ridicat* high spirits, *adj.* ethical.
morală *s.f.* (etică) morality, (învăţătură) moral, (reproşuri) sermon.
moralitate *s.f.* morals, morality (play).
moraliza *v.i.* to moralize.
moralizator *adj.* moralizing.
morar *s.m.* miller.
moravuri *s.n. pl.* manners.

morbid *adj.* morbid.
morbiditate *s.f.* morbidity.
morcov *s.m.* carrot.
morfem *s.m.* morpheme.
morfină *s.f.* morphine.
morfoli *v.t.* to munch.
morfologic *adj.* morphological.
morfologie *s.f.* morphology.
morgă *s.f.* morgue, (trufie) pride.
morișcă *s.f.* hand, (gură) chatterbox, ~ *de vânt* weather vene.
morman *s.n.* heap.
mormăi *v.t.*, *v.i.* to grumble, to growl.
mormăit *adj.* muttered.
mormânt *s.n.* grave, (monument) tomb.
mormoloc *s.m.* tadpole.
morocănos *adj.* sullen.
moroi *s.m.* ghost.
morsă *s.f.* walrus.
mort I. *s.m.* dead person, *pl.* the dead. **II.** *adj.* dead, (defunct) late, *fig.* still, ~ *copt* at all costs, ~ *de oboseală* exhausted, *născut* ~ still-born, *nici* ~ on no account.
mortal *adj.* mortal, fatal, *adv.* mortally.
mortalitate *s.f.* mortality.
mortar *s.n.* mortar.
mortifica *v.t.* to mortify.
mortuar *adj.* mortuary.
morțiș *adv.* obstinately.
morun *s.m.* sturgeon.
mosc *s.m.*, *s.n.* musk, *de* ~ musk.
moschee *s.f.* mosque.
mosor *s.n.* bobbin.
mostră *s.f.* sample, *fig.* foretaste.
moș *s.m.* old man, (strămoș) forefather, ancestor, *Moș Ene* The Dustman, *Moș Crăciun* Santa Clause.
moșie *s.f.* estate.
moșier *s.m.* landowner.
moșieresc *adj.* landowner's.
moșneag *s.m.* old man.
moșteni *v.t.* to inherit, *v.r.* to be inherited.
moștenire *s.f.* inheritance, legacy; *prin* ~ by inheritance.
moștenit *adj.* inherited.
moștenitoare *s.m.* heir.
motel *s.n.* motel.
motiv *s.n.* motive, *artă* motif, *muz.* theme, *fără* ~ groundlessly, *pentru acest* ~ for this reason.
motiva *v.t.* to justify.
motivație *s.f.* motivation.
moto *s.n.* motto.
motociclist *s.m.* motor-cyclist.
motor *s.n.* engine, motor, *adj.* motive.
motorină *s.f.* diesel oil.
motoriza *v.t.* to motorize.
mototol I. *s.n.* ball, (de hârtie) pellet. **II.** *adj.* slack, idle.
mototoli *v.t.* to crumple.
motrice *adj.* *forță* ~ propelling force.
moț *s.n.* crest, *pl.* curl papers, (ciucure) tassel.
moțat *adj.* tufted, *fig.* exceptional.
moțăi *v.i.* to doze (away).

moțiune *s.f.* motion.
mov *adj.* violet, lilac
movilă *s.f.* small hill, (morman) pile.
muc *s.n.* wick, (de lumânare) candle end, (de țigară) butt.
mucava *s.f.* cardboard.
mucegai *s.n.* mouldiness.
mucegăi *v.r.* to get mouldy.
mucegăit *adj.* musty, *fig.* musty.
mucenic *s.m.* martyr.
mucezi *v.r.* to mould.
muchie *s.f.* edge, *pe ~ de cuțit* within a hair's breadth of death.
mufă *s.f.* coupling.
mugi *v.i.* to (be)low, to moo, to roar.
mugur *s.m.* bud.
muia *v.t.*, *v.r.* to dip, (ca tăric) to soften.
mujdei *s.n.* garlic sauce.
mula *v.t.* to mould, *v.r.* to fit closely.
mulaj *s.n.* cast(ing).
mulatru *s.m.* mulatto.
mulge *v.t.* to milk.
mulinetă *s.f.* reel.
muls *s.n.* milking.
mult I. *adj.* a lot of, *~ timp* a long time, *de ~e ori* often. **II.** *pron.* much, a lot. **III.** *adv.* much, (îndelung) long, *~ mai* ... far greater..., *~ și bine* for a long time, *cel ~* at the most, *mai ~ sau mai puțin* more or less.
multicolor *adj.* multicoloured.
multilateral *adj.* multilateral.
multiplica *v.t.*, *v.r.* to multiply.
multiplicare *s.f.* multiplication.
multiplicativ *adj.* multiplicative.
multiplu *adj.*, *s.m.* multiple.
mulți *pron.* many, a lot of people.
mulțime *s.f.* crowd, (de obiecte) lots (of).
mulțumi *v.t.* to satisfy, *v.i.* to thank, *v.r.* to be content (with smth.).
mulțumire *s.f.* satisfaction, (răsplată) reward, *pl.* thanks.
mulțumit *adj.* content(ed).
mulțumită *prep.* thanks to.
mulțumitor *adj.* satisfactory.
mumie *s.f.* mummy.
mumifica *v.t.* to mummify.
muncă *s.f.* work, (efort) labour, (trudă) toil, (osteneală) pains, (activitate) activity, *munca câmpului* field work, *~ fizică* physical work, *protecția muncii* labour protection, *a-și găsi un loc de ~* to find a job, *~ obștească* public work.
munci *v.t.* to till (the ground) *fig.* to torment, *v.i.* to work, (a trudi) to toil, *v.r.* to try hard, (a se frământa) to worry.
muncit *adj.* exhausted, (de gânduri) tormented.
muncitor I. *s.m.* worker, working man, (necalificat) labourer, *~ agricol* agricultural worker, *~ calificat* skilled worker. **II.** *adj.* (hard) working.
municipal *adj.* municipal.

municipiu *s.n.* municipality.
muniție *s.f.*, *pl.* ammunition.
munte *s.m.* mountain.
muntos *adj.* mountainous.
mur *s.m.* bramble.
mura *v.t.* to pickle.
mural *adj.* wall.
mură *s.f.* blackberry, ~ *în gură* like a windfall.
murătură *s.f.* pickle.
murdar I. *adj.* dirty, *fig.* foul, (obscen) obscene. **II.** *adv.* basely.
murdări I. *v.t.* to dirty, (a păta) to stain. **II.** *v.r.* to get dirty, *fig.* to be filthy.
murdărie *s.f.* dirt, filth(iness), (stricăciune) bawdiness.
muri *v.i.* to die, *mil.* to get the chopper, *fig.* to die down, *a ~ de bătrânețe* to die of old age, *a ~ pe câmpul de luptă* to die in battle, *a ~ de moarte bună* to die in one's bed.
muribund *s.m.* dying man, *adj.* dying.
muritor *adj.* mortal.
murmur *s.n.* murmur.
murmura *v.i.* to murmur, to grumble (at smth.).
musafir *s.m.* guest, *pl.* company.
muscă *s.f.* fly, (momeală) lure; *a se simți cu musca pe căciulă* to feel guilty.
muschetă *s.f.* musket.
muscular *adj.* muscular.
musculatură *s.f.* musculature.
musculos *adj.* muscular.
muselină *s.f.* muslin.
muson *s.m.* monsoon.
must *s.n* stum.
mustață *s.f.* moustache, *zool.* whiskers.
mustăcios *adj.* moustached.
mustra *v.t.* to scold, to reprimand, (de conștiință) to torture.
mustrare *s.f.* reprimand, *mustrări de conștiință* qualms.
mustrător *adj.* reproachful.
mușama *s.f.* oilcloth.
mușamaliza *v.t.* to hush up.
mușca *v.i.* to bite, (de insecte) to sting.
mușcătură *s.f.* bite.
mușcată *s.f.* geranium.
mușcătură *s.f.* bite, (de insectă) sting.
mușchi *s.m.* *anat.* muscle, (aliment) sirloin, *bot.* moss.
mușețel *s.n.* camomile.
muștar *s.n.* mustard.
mușteriu *s.m.* customer.
muștrului *v.t.* to drill.
muștruluială *s.f.* drilling.
mușuroi *s.n.* heap; ~ *de furnici* anthill, ~ *de cârtiță* molehill.
mut *s.m.* dumb, *adj.* dumb, mute; *consoană ~ă* silent consonant.
muta *v.t.*, *v.r.* to move, to displace.
mutant *s.m.* mutant.
mutare *s.f.* removal, (mișcare) move.
mutație *s.f.* mutation.
muteşte *adj.* mutely.
mutila *v.t.* to disfigure.
mutilate *adj.* mutilated.

mutră *s.f.* mug, (strâmbătură) grimace.
mutual *adj.* mutual.
muțenie *s.f.* dumbness.
muză *s.f.* muse.
muzeu *s.n.* museum.
muzeolog *s.m.* museologist.
muzical *adj.* musical.
muzicant *s.m.* musician.
muzică *s.f.* music.
muzician *s.m.* composer, performer, musician.
muzicuță *s.f.* harmonica.

N

na *interj.* here (you are)!
nadă *s.f.* bait.
naftalină *s.f.* moth balls, *la ~* on the shelf.
nai *s.n.* panpipe.
nailon *s.n.* nylon.
naiv *s.m.* simpleton, *adj.* naïve, innocent.
naivitate *s.f.* naivity.
nalbă *s.f.* mallow.
namilă *s.f.* monster.
naos *s.n.* nave.
nap *s.m.* turnip.
nara *v.t.* to narrate.
nară *s.f.* nostril.
narcisă *s.f.* narcissus, (galbenă) daffodil.
nas *s.n.* nose, *~ borcănat* bottle nose; *a-şi şterge nasul* to wipe one's nose, *a strâmba din ~* to turn up one's nose, *a vorbi pe ~* to twang.
nasture *s.m.* button.
naş *s.m.* godfather.
naşă *s.f.* godmother.
naşte *v.t.* to give birth to, *v.r.* to be born, *fig.* to originate (in smth.).
naştere *s.f.* birth, (lăuzie) delivery, *de ~* birth.
natal *adj.* native.
natalitate *s.f.* birthrate.
natație *s.f.* swimming.

natural **I.** *adj.* (veritabil) natural, (pur) pure, (ca mărime) full-size. **II.** *adv.* naturally, *interj.* certainly.
naturalist *s.m.*, *adj.* naturalist.
naturaliza *v.t.* to naturalize.
natură *s.f.* nature, ~ *moartă* still-life, *a plăti în natură* ~ to pay in kind.
național *adj.* national.
naționalism *s.m.* nationalism.
naționalitate *s.f.* nationality.
națiune *s.f.* nation.
naufragia *v.i.* to be shipwrecked.
naufragiu *s.n.* shipwreck.
nautic *adj.* nautical, sport aquatic.
naval *adj.* naval.
navă *s.f.* vessel ship, ~ *cosmică* space ship.
naviga *v.i.* to sail.
navigabil *adj.* navigable.
navigație *s.f.* navigation.
nazal *adj.* nasal.
nazuri *s.n. pl.* whims.
năclăi *v.r.*, *v.t.* to smear.
nădăjdui *v.i.* to hope (for).
nădejde *s.f.* hope, *cu* ~ vigorously, *de* ~ reliable.
nădragi *s.m.*, *pl.* trousers.
năduşeală *s.f.* perspiration, swet.
năduși *v.i.* to perspire.
năimi *v.t.* to hire.
nălucă *s.f.* phantom, ghost.
nălucire *s.f.* hallucination.
nămete *s.m.* snowdrift.
nămol *s.n.* mud.
năpastă *s.f.* calamity, (nedreptate) injustice.
năpădi *v.t.* to invade, (buruieni) to overgrow.
năpăstui *v.t.* to oppress, to denigrate.
năpăstuit *adj.* oppressed.
năpârcă *s.f.* viper.
năpârli *v.i.* to shed hair, (păsări) to moult, (şerpi) to slough.
năprasnic *adj.* unexpected, (violent) violent, *adv.* suddenly.
năpusti *v.r.* to rush.
nărav *s.n.* bad habit, vice.
nărăvaş *adj.* vicious, (de cal) balky, restive.
nărăvit *adj.* inveterate.
nărui *v.t.* to shatter, *v.r.* to crumble.
născoceală *s.f.* concoction, fabrication.
născoci *v.t.* to invent, (minciuni) to concoct.
născocire *s.f.* invention, (minciună) lie.
născocitor *adj.* inventive.
născut *adj.* born.
năstruşnic *adj.* extraordinary, (ciudat) extravagant.
nătâng *s.m.* duffer, *adj.* silly.
năuc *adj.* giddy, dizzy.
năuceală *s.f.* bewilderment.
năuci *v.t.* to dumbfound.
năut *s.n.* chick pea.
năvală *s.f.* invasion, attack.
năvalnic *adj.* tempestuous, *adv.* impetuously.

năvăli *v.i.* to invade, *a ~ în* to overrun.
năvălire *s.f.* invasion.
năvod *s.n.* trawl.
năzăreală *s.f.* hallucination.
năzbâtie *s.f.* prank, trick.
năzdrăvan *adj.* supernatural.
năzui *v.i.* to aspire (after).
năzuință *s.f.* aspiration (after).
ne *pron.* us, (reflexiv) ourselves.
nea *s.f.* snow.
neabătut *adj.* unflinching.
neaccentuat *adj.* unstressed.
neacoperit *adj.* uncovered.
neadecvat *adj.* unfit, insufficient, unqualified.
neadevăr *s.n.* untruth.
neadormit *adj.* vigilant, (neobosit) untiring.
neafectat *adj.* unaffected.
neajuns *s.n.* trouble, shortcoming, (supărare) trouble.
neajutorat *adj.* helpless, (nevoiaş) needy.
nealterat *adj.* unspoiled.
neam *s.n.* (origine) descent, people, (rudă) relative, *~ prost* churl.
neant *s.n* nothingness.
neaoş *adj.* true-born.
neapărat *adj.* indispensable, *adv.* certainly.
nearticulat *adj.* inarticulate, *gram.* without an article.
neascultare *s.f.* insobordination.
neascultător *adj.* disobedient.
neasemuit *adj.* incomparable.
neastâmpăr *s.n.* fretting.
neastâmpărat *adj.* agitated, (de copii) naughty.
neaşteptat *s.n. pe ~e* out of the blue, *adj.* unexpected.
neatârnat *adj.* free.
neatent *adj.* inattentive, *adv.* absent-mindedly.
neatenţie *s.f.* inattention.
neatins *adj.* unmolested.
neatrăgător *adj.* unattractive.
neautorizat *adj.* unauthorized.
nebăgare *s.f. ~ de seamă* negligence.
nebănuit *adj.* unsuspected.
nebiruit *adj.* invincible.
nebun I. *s.m.* lunatic, madman; (la şah) bishop, *ca un ~* madly. **II.** *adj.* mad, (prostesc) reckless, (turbat) distraught, *~ de bucurie* beside oneself with joy, *~ de legat* raving mad.
nebunatic *adj.* playful.
nebunesc *adj.* crazy.
nebuneşte *adv.* madly.
nebunie *s.f.* madness, lunacy, *fig.* folly, *e ~ curată* it's sheer madness.
necalificat *adj.* unqualified.
necaz *s.n.* trouble, (ciudă) spite.
necăji *v.t.* to annoy, (a bate la cap) to bother, *v.r.* to be angry.
necăjit *adj.* worried, downcast, (trist) depressed.
necăsătorit *adj.* unmarried, single.
necercetat *adj.* unexplored.
necesar *s.n.*, *adj.* necessary.

necesitate *s.f.* necessity, need.
nechemat *adj.* uninvited.
necheza *v.i.* to neigh.
nechibzuință *s.f.* thoughtlessness.
nechibzuit *adj.* reckless, (la bani) thriftless.
necinste *s.f.* disgrace, shame.
necinsti *v.t.* to dishonour, to disgrace, (a viola) to rape.
necinstit *adj.* dishonest, *adv.* dishonestly.
necioplit *adj.* uncouth.
necitet *adj.* illegible.
neclar *adj.* dim, obscure, *adv.* indistinctly.
neclaritate *s.f.* vagueness.
neclintire *s.f.* fixity.
neclintit *adj.* motionless, *fig.* unflinching.
necolorat *adj.* uncolored.
necomestibil *adj.* unedible.
neconceput *adj.* *de ~* inconceivable.
necondiționat *adj.* unconditional, *adv.* unconditionally.
neconfirmat *adj.* unconfirmed.
neconsolat *adj.* unconsoled.
necontencios *adj.* non-contentious.
necontenit *adj.* ceaseless, *adv.* continously.
necontestat *adj.* unquestionable.
necontrolabil *adj.* uncontrollable.
necontrolat *adj.* uncontrolled.
necopt *adj.* raw, (de alimente) half-baked.
necorespunzător *adj.* inadequate.
necredincios *s.m.* atheist, (păgân) heathen, *adj.* faithless, (neîncrezător) doubting.
necredință *s.f.* unfaithfulness.
necrezut *adj.* *de ~* unbelievable.
necrolog *s.n.* obituary.
necruțător *adj.* merciless.
nectar *s.n.* nectar.
nectarină *s.f.* nectarine.
necugetat *adj.* thoughtless, reckless.
necumpătat *adj.* intemperate.
necunoscut *s.m.* stranger, *s.n.* the unknown, *adj.* unknown, (obscur) obscure.
necuprins *adj.* vast.
necuviincios *adj.* disrespectful, (indecent) scurrilous, *adv.* disrespectfully.
necuviință *s.f.* indecency.
nedecis *adj.* undecided.
nedefinit *adj.* indefinite.
nedemn *adj.* unworthy (of).
nedescifrabil *adj.* undecipherable.
nedescoperit *adj.* undiscovered.
nedescris *adj.* *de ~* indescriptible.
nedeslușit *adv.* indistinct(ly).
nedespărțit *adj.* inseparable.
nedezmințit *adj.* never-failing.
nedisciplinat *adj.* undisciplined.
nedomesticit *adj.* untamed.
nedorit *adj.* uncalled for.
nedormit *adj.* sleepless.

nedrept *adj.* incorrect, *pe ~* unjustly.
nedreptate *s.f.* injustice.
nedreptăți *v.t.* to wrong.
nedumeri *v.t.* to amaze.
nedumerire *s.f.* bewilderment.
nedumerit *adj.* puzzled.
neexpresiv *adj.* inexpressive.
nefast *adj.* ill-fated.
nefavorabil *adj.* inauspicious.
nefericire *s.f.* misfortune, *din ~* unfortunately.
nefericit *adj.* unhappy, (nenorocos) unfortunate.
nefiresc *adj.* unnatural.
nefolositor *adj.* useless.
nefondat *adj.* groundless.
nefumător **I.** *adj.* non-smoking. **II.** *s.m.* non-smoker.
neg *s.m.* wart.
nega *v.t.*, *v.i.* to deny, to negate.
negativ *s.n.*, *adj.* negative, *adv.* negatively.
negație *s.f.* negation.
neghină *s.f.* cock weed.
neghiob *s.m.* blockhead, *adj.* clumsy.
neghiobie *s.f.* foolishness.
negândit *s.n.* *pe ~e* out of the blue.
neglija *v.t.* to neglect.
neglijabil *adj.* negligible.
neglijare *s.f.* neglect.
neglijent *adj.* negligent.
neglijență *s.f.* negligence.
negocia *v.t.* to negotiate.
negociabil *adj.* negotiable.
negociere *s.f.* negotiation.
negoț *s.n.* trade, commerce.
negreșit *adv.* by all means.
negru *s.m.* black, *adj.* black; *a-i face cuiva zile negre* to complicate smb's life, *~ de fum* carbon black.
negură *s.f.* fog, *fig.* darkness.
negustor *s.m.* merchant, (mic) shopkeeper, (angrosist) (wholesale) dealer, (ambulant) peddler, (de zarzavaturi) costermonger.
neguvernamental *adj.* non-governmental.
nehotărâre *s.f.* hesitation.
nehotărât *adj.* undecided, *gram.* indefinite.
neidentificat *adj.* unidentified.
neiertat *adj.* *de ~* unpardonable.
neiertător *adj.* unforgiving, *fig.* implacable.
neigienic *adj.* unhygienic.
neimpozabil *adj.* tax-free.
neinformat *adj.* uninformed.
neinteresant *adj.* uninteresting.
neintervenție *s.f.* non-interference.
neinvitat *adj.* uninvited.
neisprăvit *s.m.* blockhead, *adj.* unfinished, (necopt) immature.
neizbutit *adj.* unsuccessful.
neîmblânzit *adj.* wild.
neîmpăcat *adj.* irreconcilable.
neîmpărtășit *adj.* unrequited.
neîmplinit *adj.* unfulfilled, (de ani) not yet reached.
neînarmat *adj.* unarmed.
neînceput *adj.* intact.
neîncetat *adj.* ceaseless; *adv.* ceaselessly.

neînchipuit *adj.* unimaginable, ~ *de* unspeakably.
neîncredere *s.f.* distrust.
neîncrezător *adj.* distrustful, *adv.* distrustfully.
neîndemânatic *adj.* clumsy.
neîndeplinit *adj.* unfulfilled.
neîndoielnic *adj.* doubtless.
neînduplecat *adj.* rigid.
neîndurător *adj.* merciless.
neînfricat *adj.* fearless.
neînfrânt *adj.* unvanquished, *de* ~ invincible.
neîngăduit *adj.* inadmissible.
neîngrijit *adj.* neglected, (ca aspect) uncouth.
neînlăturat *adj.* *de* ~ unavoidable.
neînsemnat *adj.* insignificant.
neînsuflețit *adj.* inanimate.
neîntârziat *adj.* urgent, *adv.* immediately.
neîntemeiat *adj.* baseless.
neîntrecut *adj.* unsurpassed.
neîntrerupt *adj.* uninterrupted, *adv.* uninterruptedly.
neînțelegere *s.f.* misunderstanding.
neînțeles *adj.* misunderstood, *de* ~ incomprehensible, (inexplicabil) unaccountable.
neînvins *adj.* unvanquished, *de* ~ invincible.
nejustificat *adj.* unjustified.
nelămurire *s.f.* doubt.
nelămurit *adj.* obscure, (de cineva) doubtful, *adv.* indistinctly.
nelegitim *adj.* illegitimate.
nelegiuire *s.f.* crime.
nelegiuit *s.m.* wicked, *adj.* criminal.
nelimitat *adj.* unlimited.
neliniște *adj.* restlessness.
neliniști to worry, *v.r.* to be worried.
neliniștit *adj.* troubled, (îngrijorat) anxious.
nelipsit *adj.* unfailing.
nelocuit *adj.* uninhabited.
nemaiauzit *adj.* unprecedented.
nemaipomenit *adj.* extraordinary.
nemărginit *adj.* boundless, unlimited.
nemăsurat *adj.* unmeasured.
nemâncat *s.m.* starving, *pe ~e* on an empty stomach, *adj.* starved.
nemângâiat *adj.* comfortless.
nemernic *s.m.* scamp.
nemilos *adj.* ruthless.
nemilostiv *adj.* merciless.
nemiluita *s.f.* *cu* ~ plenty.
nemișcare *s.f.* immobility.
nemișcat *adj.* motionless.
nemotivat *adj.* without leave, (neîntemeiat) groundless.
nemulțumi *v.t.* to displease.
nemulțumire *s.f.* discontent, (plângere) grievance.
nemulțumit *s.m.* discontented person, *adj.* dissatisfied.
nemurire *s.f.* immortality.
nemuritor *adj.* immortal.
nenoroc *s.n.* bad-luck.
nenoroci *v.t.* to ruin.
nenorocire *s.f.* misfortune, *din* ~ unfortunately.

nenorocit *s.m.* wretch, *adj.* unlucky, miserable.
nenumărat *adj.* countless.
neobişnuit *adj.* unusual, (lipsit de rutină) unaccustomed (to smth.).
neobosit *adj.* tireless, *adv.* untiringly.
neobservat *s.n.* *pe ~e* unnoticed, *adj.* unnoticed.
neobrăzare *s.f.* boldness, impudence.
neobservat *adj.* unobserved.
neocupat *adj.* vacant.
neodihnit *adj.* tireless.
neoficial *adj.* unofficial, off the record.
neologism *s.n.* neologism.
neomenesc *adj.* inhuman.
neomenos *adj.* cruel.
neon *s.n.* neon.
neorealist *s.f.* neo-realistic.
nepărtinitor *adj.* impartial.
nepăsare *s.f.* indifference.
nepăsător *adj.* indiferent, *adv.* indifferently.
nepătat *adj.* spotless.
nepătruns *adj.* impenetrable.
nepedepsit *adj.* unpunished.
nepermis *adj.* forbidden.
nepieptănat *adj.* uncombed.
nepieritor *adj.* immortal.
nepietruit *adj.* unpaved.
neplată *s.f.* non-payment.
neplatnic *s.m.* insolvent.
neplăcere *s.f.* displeasure, (silă) reluctance.
nepoată *s.f.* niece, (de bunic) grand-daughter.
nepoftit *s.m.* intruder, *adj.* uninvited.
nepoliticos *adj.* uncivil, rude.
nepot *s.m.* nephew, (de bunic) grandson, *pl.* grand-children.
nepotrivire *s.f.* discrepancy.
nepotrivit *adj.* unfit.
nepregătit *adj.* unprepared, ignorant.
neprelucrat *adj.* rough, crude.
nepreţuit *adj.* invaluable.
neprevăzut *s.n.* unforeseen, *adj.* unexpected.
nepricepere *s.f.* ignorance.
nepriceput *s.m.* blunderer, *adj.* inexpert.
neprielnic *adj.* unfavorable.
neprihănit *adj.* immaculate.
neproductiv *adj.* unproductive.
nepublicat *adj.* unpublished.
neputincios *adj.* helpless.
neputinţă *s.f.* impotence, *cu ~* out of the question.
nerăbdare *s.f.* impatience, (zel) eagerness, *cu ~* impatiently.
nerăbdător *adj.* eager.
nerăsplătit *adj.* unrewarded.
nerecunoscător *adj.* ungrateful.
nerecunoştinţă *adj.* ingratitude.
neregulat *adj.* irregular, (dezordonat) disorderly.
neregulă *s.f.* disorder, (financiară) defalcation.
nerelevant *adj.* irrelevant.
nerentabil *adj.* unprofitable.
nereuşit *adj.* unsuccessful.

nerezolvat *adj.* unsolved, unsettled, *de ~ insolubile.*
nerod *adj.* silly, foolish.
neróditor *adj.* barren.
nerozie *s.f.* stupidity.
neruşinare *s.f.* insolence, impudence.
neruşinat *adj.* impudent, insolent.
nerv *s.m.* nerve, fit, energy; *~ optic* optic nerv, *~i de oţel* iron nerves, *a avea ~i la stomac* to have an upset stomach, *a face ~i cuiva* to irritate smb.
nervaţiune *s.f.* nervature.
nervos *adj.* irritable, impatiently.
nervozitate *s.f.* nervousness.
nesatisfăcut *adj.* frustrated.
nesaţ *s.n.* appetite, greed.
nesăbuinţă *s.f.* recklessness.
nesăbuit *adj.* reckless.
nesănătos *adj.* unhealthy.
nesărat *adj.* unsalted, *fig.* insipid.
nesătul *adj.* hungry, unsatisfied.
nesăţios *adj.* insatiable.
neschimbat *adj.* unchanged.
nescris *adj.* unwritten.
nesecat *adj.* inexhaustible.
nesemnificativ *adj.* insignificant.
nesfârşit *s.n.* infinity, *la ~* endlessly, *adj.* boundless.
nesigur *adj.* uncertain, (şovăielnic) unsteady.
nesiguranţă *s.f.* uncertainty.
nesilit *adj.* free.
nesimţire *s.f.* insensitiveness, (leşin) unconsciousness.
nesimţitor *adj.* heartless.
nesincer *adj.* insincere, *adv.* insincerely.
nesociabil *adj.* unsociable.
nesocoti *v.t.* to overlook, to ignore.
nesocotit *adj.* unreasonable.
nespălat *s.m.* cad, *adj.* unwashed, *fig.* boorish.
nespus *adj.* unutterable, *~ de* very.
nestabil *adj.* unstable.
nestabilitate *s.f.* instability.
nestatornic *adj.* inconstant.
nestatornicie *s.f.* inconstancy.
nestăpânit *adj.* unrestrained.
nestăvilit *adj.* irresistible.
nestânjenit *adj.* at ease, unruffled, untroubled.
nestemată *s.f.* gem.
nestingherit *adj.* unhampered, unhindered.
nestins *adj.* unextinguished, (de var) quick.
nestrăbătut *adj.* unknown, *de ~* impassable.
nestrămutat *adj.* unshaken.
nestricat *adj.* unbroken.
nesuferit *s.m.* unbearable person, *adj.* unbearable.
nesupunere *s.f.* insubordination.
nesupus *adj.* disobedient.
neşansă *s.f.* ill-luck.
neşifonabil *adj.* non-crease.
neştiinţă *s.f.* ignorance, *~ de carte* illiteracy.
neştire *s.f.* *în ~* unconsciously.

neştiut *adj.* unknown.
neştiutor *adj.* ignorant, ~ *de carte* illiterate.
net *adj.* clear (cut), (de un răspuns) flat, *com.* net, *adv.* plainly.
netăgăduit *adj.* undeniable.
neted *adj.* smooth, *adv.* evenly.
neterminat *adj.* unfinished.
netezi *v.t.* to (make) smooth.
netezime *s.f.* smoothness.
netipărit *adj.* unprinted.
netrebnic *s.m.* knavish, *adj.* worthless.
netulburat *adj.* unruffled.
neţărmuit *adj.* illimited.
neuitat *adj.* unforgotten, *de ~* unforgettable.
neurolog *s.m.* neurologist.
neuron *s.m.* neuron.
neutralitate *s.f.* neutrality.
neutraliza *v.t.*, *v.r.* to neutralize.
neutru *s.n.* neuter, *adj.* neutral.
nevastă *s.f.* wife.
nevăstuică *s.f.* weasel.
nevătămat *adv.* safe.
nevăzut *adj.* unseen.
neverosimil *adj.* (highly) improbable.
nevindecabil *adj.* incurable.
nevindecat *adj.* unhealed.
nevinovat *adj.* innocent, (blând) harmless.
nevoiaş *s.m.* pauper, *adj.* neddy, in want.
nevoie *s.f.* need, (necesitate) necessity, (lipsă) want, *la ~* in case of need, *prietenul la ~ se cunoaşte* a friend in need is a friend indeed, *nu este ~ să spun* needless to say.
nevoit *adj.* forced, obliged.
nevolnicie *s.f.* incapacity.
nevralgie *s.f.* neuralgia.
nevrednic *adj.* unworthy.
nevrotic *adj.* neurotic.
nezdruncinat *adj.* unshaken.
nicăieri *adv.* nowhere.
nichel *s.n.* nickel.
nichela *v.t.* to nickel.
nici *adv.* not even, *~un, ~o* none, *~unul (din doi)* neither, *conj.* neither, nor; ~... ~ neither... nor...
nicicând *adv.* never.
nicidecum *adv.* not in the least.
niciodată *adv.* never (more).
nicotină *s.f.* nicotine.
nicovală *s.f.* anvil, *anat.* incus.
nimeni *pron.* nobody, anybody.
nimereală *s.f.* deduction(work), hazard, *la ~* at random.
nimeri *v.t.* to hit (upon), to find, (a ghici) to guess, *v.i.* to reach, to get, to find oneself, *a ~ alături* to miss the mark, *v.r.* to be, to fiind oneself, (a se întâmpla) to happen.
nimerit *adj.* adequate, good.
nimfă *s.f.* nymph.
nimic *pron.* nothing, *de ~* worthless, *cu ~* by no means, *mai ~* next to nothing, *pe ~* dirt cheap, *pentru ~ în lume* not for the world, *dacă nu ai ~ împotrivă* if you don't mind.
nimici *v.t.* to crush, to destroy.

nimicitor *adj.* crushing, destructive.
ninge *v.i.* to snow.
nins *adj.* covered with snow.
ninsoare *s.f.* snow (fall).
nisip *s.n.* sand, *~uri mişcătoare* quick sands.
nisipos *adj.* sandy.
nişte *adj.* some, (în prop. interog.) any.
nitui *v.t.* to rivet.
nivel *s.n.* level, *fig.* standard, *~ de trai* living standard(s), *la ~ înalt* top-level, *sub ~ul mării* below sea level.
nivela *v.t.* to level, *fig.* to equalize.
noapte *s.f.* night, (întuneric) gloom, (căderea nopţii) nightfall, *~ cu lună* moonlight night, *astă- ~* last night, *la ~* tonight.
noaptea *adv.* at/ by night, (frecventativ) nights.
noastră *adj.* our, *a ~* ours.
noastre *adj.* our, *ale ~* ours.
nobil *s.m.* nobleman, aristocrat, *adj.* noble, aristocratic.
nobilime *s.f.* aristocracy.
nobleţe *s.f.* nobility.
nocturn *adj.* night.
nocturnă *s.f.* nocturne, *în ~* floodlit (match).
nod *s.n.* knot, junction, *~ul gordian* the Gordian knot.
nodul *s.m.* nodule.
noduros *adj.* knotly.
noi *pron.* we, *la ~* with us, in this country, *pe ~* (acuzativ) us.
noiembrie *s.m.* November.
noimă *s.f.* sense, *fără ~* without reason.
nomad *s.m.* nomad, *adj.* nomadic.
nominaliza *v.t.* to name, to designate.
nominativ *s.n.*, *adj.* nominative.
nonsens *s.n.* absurdity.
nonşalanţă *s.f.* nonchalance.
noptieră *s.f.* bedside table.
nor *s.m.* cloud, *fără ~i* cloudless, *acoperit de ~i* cloudy, *~ de praf* cloud of dust, *a fi cu capul în ~i* to be daydreaming.
noră *s.f.* daughter-in-law.
nord *s.n.* North, *de ~* north(ern), *în ~ul ţării* in the north of the country, *la ~ de* (to the) north of, *spre ~* northwards.
nord-est *s.n.* North-East.
nordic *s.m.* northerner, *adj.* north(ern), (de vânt) northerly.
nord-vest *s.n.* North-West.
norma *v.t.* to standardize.
normal *s.n.*, *adj.* normal, *adv.* normally.
normalize *v.t.* to normalize.
normativ *adj.* normative.
normă *s.f.* norm, standard, (de producţie) rate; *~ de conduită* norm of behaviour, *~ didactică* teaching load.
noroc *s.n.* good luck, chance, (şansă), *~ că …* fortunately, *la ~* at hazard, *interj.* good luck!

(la toasturi) your health!, *a-şi încerca norocul* to try one's luck.
norocos *adj.* lucky, (fericit) happy, fortunate.
noroi *s.n.* mud.
noroios *adj.* muddy.
noros *adj.* cloudy.
nostalgic *adj.* nostalgic.
nostalgie sf melancholy.
nostim *adj.* funny, (atrăgător) comely.
nostimadă *s.f.* funny thing.
nostru *pron.*, *adj. pos. al ~* ours.
noştri *pron.*, *adj. pos.* our, *ai ~* ours, our folk(s).
nota *v.t.* to note, (a observa) to remark.
notabil *adj.* notable.
notabilitate *s.f.* notability.
notar *s.m.* notary.
notare *s.f.* putting down.
notariat *s.n.* notary (office).
notaţie *s.f.* notation.
notă *s.f.* note, (la şcoală) mark, *~ de plată* bill, *~ în josul paginii* footnote, *~ marginală* marginal (note), *note de călătorie* travel notes, *~ la purtare* conduct mark, *a forţa nota* to push it too far, *a lua notiţe* to take notes.
notifica *v.t.* to notify.
notificare *s.f.* notification.
notiţe *s.f. pl.* notes.
notorietate *s.f.* notoriety.
notoriu *adj.* notorious.
noţional *adj.* notional.
noţiune *s.f.* concept, notion.
nou I. *s.n.* the new (elements). **II.** *adj.* new, (recent) recent, (suplimentar) further, (inedit) novel, *~ născut* new-born (child), *~ nouţ* brand-new, *~ venit* newcomer, *din ~* again, once more, new(ly).
nouă *num.* nine, *pron.* (to) us.
nouălea *num.* (the) ninth.
nouăsprezece *num.* nineteen.
nouăsprezecelea *num.* (the) nineteenth.
nouăzeci *num.* ninety.
nouăzecilea *num.* (the) ninetieth.
noutate *s.f.* novelty, (ştire) (piece of) news.
novator *s.m.* innovator.
novaţie *s.f.* novation.
novice I. *s.m.* beginner, (de probă) probationer, (ucenic) apprentice. **II.** *adj.* unexperienced, new.
novocaină *s.f.* novocaine.
nu *adv.* no, (cu predicat) not, (de loc) never, *~ chiar* not exactly, *~ numai ... ci şi* not only... but also, *~ din nou!* not again!, *categoric ~* certainly not, *îţi plac merele, nu?* you like apples, don't you?.
nuanţa *s.f.* to nuance, to tint, to shade.
nuanţare *s.f.* nuancing.
nuanţat *adj.* toned, nuanced.
nuanţă *s.f.* shade, tone; *~ deschisă* light shade, *~ ştearsă* poor shade.
nuc *s.m.* walnut tree.

nucă *s.f.* (wal)nut, ~ *de cocos* coconut.
nucelă *s.f.* nucellus.
nuclear *adj.* nuclear; *arme ~e* nuclear weapons, *fizică ~ă* nuclear physics.
nucleic *adj.* nucleic.
nucleol *s.m.* nucleol.
nucleu *s.n.* nucleus.
nucşoară *s.f.* nutmeg.
nucşor *s.m.* nutmeg tree.
nud *adj.* nude, naked.
nudism *s.n.* nudism.
nudist *s.m.* nudist.
nuditate *s.f.* nudity.
nufăr *s.m.* water lily.
nuga *s.f.* nougat.
nuia *s.f.* twig, stick, rod, *pl.* (împletitură) wattle.
nul *adj.* null (and void), *sport* draw.
nulitate *s.f.* nullity, (persoană) non-entity.
numai *adv.* only, but, ~ *că* but, ~ *dacă* only if.
numaidecât *adv.* directly, at once.
număr *s.n.* number, (cifră) figure, (de ziar) issue, (mulţime) group, (într-un spectacol) act, (măsură) size, ~ *cu soţ* even number, ~ *de atracţie* sensational act, ~ *fără soţ* odd number, *în ~ mare* many, ~ *prim* prime number.
număra *v.r.* to count, to enumerate.
numărat *adj.* counted.
numărătoare *s.f.* counting, (abac) abacus.
numărător *s.m.* numerator.
nu-mă-uita *s.f.* forget-me-not.
nume *s.n.* name, ~ *de botez* Christian name, ~ *de familie* surname, ~ *de fată* maiden name, ~ *propriu* proper name, *în ~le...* in the name of..., on behalf of..., *pentru ~le lui Dumnezeu!* for God's sake!, *îl cunosc doar după ~* I only know him by name.
numeral *s.n.* numeral.
numerar *s.n.* (hard) cash, specie.
numeric *adj.* numerical.
numeros *adj.* numerous.
numerota *v.t.* to number.
numi *v.t.* to name, to call, (într-o funcţie) to appoint, *v.r.* to be named, *cum te numeşti?* what is your name?
numire *s.f.* (nume) term, (într-un post) appointment.
numismatic *adj.* numismatic.
numit *adj.* named.
numitor *s.m.* denominator.
nuntaş *s.m.* wedding guest.
nuntă *s.f.* wedding (party).
nupţial *adj.* nuptial.
nuri *s.m. pl.* sex appeal.
nurcă *s.f.* mink.
nutreţ *s.n.* fodder.
nutri *v.t.* to feed, *fig.* to harbour, *v.r.* to feed.
nutritiv *adj.* nourishing.
nutriţie *s.f.* nutrition.
nuvelă *s.f.* short story.
nuvelist *s.m.* story-teller.

O

o *art.* a, an, *num.* one, a, on, *interj.* oh!
oacheş *adj.* swarthy.
oaie *s.f.* sheep, *fem.* ewe, (carne) mutton, (blană) sheepskin.
oală *s.f.* pot, (conţinutul) potful; ~ *de flori* flowerpot, ~ *de noapte* pot, ~ *de lut* earthen pot, *a lua ca din* ~ to take unawares, *nu-ţi băga nasul unde nu-ţi fierbe oala* mind your own business.
oară *s.f.* time; *de câte ori?* how many times?, *prima* ~ the first time, *ultima* ~ the last time, *de două ori* two times, *ori de câte ori* whenever.
oare *adv.* really.
oarecare *adj.* certain, some, *într-o* ~ *măsură* to a certain extent.
oarecine *pron. nehot.* somebody.
oarecum *adv.* somehow.
oaspete *s.f.* guest.
oaste *s.f.* army, *fig.* host.
oază *s.f.* oasis.
obârşie *s.f.* origin.
obedienţă *s.f.* obedience.
obelisc *s.n.* obelisk.
obez *adj.* fat, obese.

obezitate *s.f.* obesity.
obicei *s.n.* habit, (datină) custom, *~ul pământului* local custom, *de ~* usually, as a rule, *ca de ~* as usual.
obidi *v.t.* to oppress.
obidit *adj.* oppressed, sorrowful, ill-faited.
obiect *s.n.* object, thing, (materie) subject (matter), (articol) item, *fără ~* objectless, *la ~* relevant.
obiecta *v.i.* to object, *a ~ la* to oppose.
obiectiv I. *s.n.* objective, *opt.* object lens, *~ turistic* sightseeing spot. **II.** *adj.* objective, (imparțial) unbiased. **III.** *adv.* impartially.
obiectiva *v.t.* to objectify.
obiectivare *s.f.* objectivation.
obiectivat *adj.* objectified.
obiectivism *s.n.* objectivism.
obiectivitate *s.f.* objectiveness.
obiecție *s.f.* objection.
obișnui *v.t.* to accustom (to), *a ~ să* to be in the habit of, *se obișnuiește să...* it is customary to...
obișnuință *s.f.* practice, *din ~* out of habit.
obișnuit I. *adj.* usual, (de rând) ordinary, (curent) obtaining, *~ cu* accustomed to. **II.** *adv.* usually.
oblic I. *adj.* oblique, (pieziș) slanting. **II.** *adv.* obliquely.
obliga *v.t.* to compel, to oblige, to force, *v.r.* to commit oneself.
obligat *adj.* forced, obliged.
obligativitate *s.f.* compulsoriness.
obligatoriu *adj.* compulsory; *serviciu militar ~* compulsory military service.
obligație *s.f.* obligation, *fin.* bond.
oblitera *v.t.* to obliterate, to cancel.
obliterare *s.f.* obliteration.
oblon *s.n.* (window) shutter.
oboi *s.n.* oboe.
obol *s.n.* contribution.
obor *s.n.* (cattle) market.
oboseală *s.f.* tiredness, fatigue.
obosi *v.t.*, *v.i.*, *v.r.* to tire (oneself).
obosit *adj.* tired, (istovit) fatigued.
obositor *adj.* wearisome, tiresome.
obraz *s.m.* cheek, jowl, (față) face; *a-și pune ~ul pentru cineva* to stand bail for smb., *a-i crăpa ~ul de rușine* to die of shame, *~ subțire cu cheltuială se ține* noblesse oblige, *a fi gros de ~* to be impudent, *mi-a zis-o de la ~* he said it to my face.
obraznic *s.m.* brazen fellow, *adj.* cheeky, (neastâmpărat) naughty, impertinent.
obrăznici *v.r.* to grow cheeky.

obrăznicie *s.f.* impudence, insolence.
obscen *adj.* obscene, smutty.
obscenitate *s.f.* obscenity, indecency.
obscur *adj.* obscure, gloomy, dim; *cameră ~ă* dark room.
obscurantist *adj.*, *s.m.* obscurantist.
obscuritate *s.f.* obscurity, (întunecime) dark, (neclaritate) dimness.
obsecvent *adj.* obsequent.
obseda *v.t.* to obsess, to haunt.
obsedant *adj.* haunting.
observa *v.t.* to observe, (a remarca) to notice, *v.r.* to control oneself, (impersonal) to be noticed.
observabil *adj.* noticeable.
observator *s.m.* observer, *s.n.* observatory.
observaţie *s.f.* observation, *pl.* reproof; *a avea spirit de ~* to be a keen observer, *foaie de ~* chart, *a se afla sub ~* to be under observation.
obsesie *s.f.* obsession.
obsesiv *adj.* obsessive.
obsidian *s.n.* obsidian.
obstacol *s.n.* obstacle, *sport* steeple.
obstetrică *s.f.* obstetrics.
obstetrician *s.m.* obstetrician.
obstina *v.r.* to insist.
obstinaţie *s.f.* obstinacy.
obstructiv *adj.* obstructive.
obstrucţie *s.f.* obstruction.
obstrucţiona *v.t.* to obstruct.
obstrucţionare *s.f.* obstruction.
obstrucţionism *s.m.* obstructionism.
obşte *s.f.* community, board, *înde~* as a rule.
obştesc *adj.* public, collective.
obtura *v.t.* to obturate.
obturator *s.n.* obturator.
obtuz *adj.* obtuse, *fig.* blunt, dull.
obtuzitate *s.f.* obtuseness.
obţine *v.t.* to obtain, to get, to acquire.
obuz *s.n.* shell.
oca *s.f.* weight of about 3 pounds.
ocară *s.f.* insult, outrage.
ocazie *s.f.* occasion, (favorabilă) opportunity, *cu altă ~* some other time, *de ~* ocassional.
ocazional *adj.* occasional.
ocărî *v.t.* to reproach, (a insulta), to insult, to offend, to abuse, *v.i.* to curse.
ocârmuire *s.f.* rule, reign.
occident *s.n.* west.
occidental *adj.* west(ern).
occipital *adj.* occipital.
ocean *s.n.* ocean.
oceanic *adj.* oceanic.
oceanograf *s.m.* oceanographer.
oceanografie *s.f.* oceanography.
ocheadă *s.f.* glance.
ochean *s.n.* field glass, *mar.* spy glass.

ochelari *s.m. pl.* glasses, ~ *de soare* sun glasses, ~ *de cal* blinkers, ~ *de protecție* goggles.

ochi I. *s.m.* eye, (priviri) glances, ~ *bulbucați* bulging eyes, ~ *căprui* brown eyes, *coada ~ului* the corner of the eye, *cu ~ul liber* with the naked eye, *a se freca la ~* to rub one's eyes, *a scoate ~i cuiva* to reproach, ~ *de pisică* cat's eye, *~ul boului* aster, *cu ~i închiși* blindly, *a face cu ~ul* to wink, *piei din ~i mei!* get out of my sight!, *a-i fi drag ca sarea în ~* not to stomach smb., *a nu vedea înaintea ~lor* to be blind with rage, *între patru ~* between you and me. **II.** *s.n.* (de geam) glass pane, (luminiș) glade, clearing, (vârtej) whirlpool, (za) ring, (de aragaz) ring, *pl. ouă ~uri* fried eggs. **III.** *adv.* brimful.

ochi *v.t.* to shoot/ aim at, to stare, to notice, *v.i.* to take aim (at smth.)

ochire *s.f.* sighting, (privire) glance; *dintr-o ~* at a glance.

ochitor *s.m.* shooter.

ocluziune *s.f.* occlusion.

ocluzivă *s.f.* occlusive.

ocnaș *s.m.* convict.

ocnă *s.f.* salt mine.

ocol *s.n.* detour, circumference, (îngrăditură) enclosure, (circumscripție) circuit, *fără ~* straight to the point.

ocoli *v.t.* to avoid, (a înconjura) to side step, *v.i.* to go round.

ocoliș *s.n.* roundabout way, *fără ~uri* directly.

ocolit *s.n.* devious, *pe ~e* beating about the bush, *adj.* devious.

ocroti *v.t.* to protect, to defend.

ocrotire *s.f.* defence, *~a sănătății* health assistance.

ocrotitor *adj.* protective.

ocru *s.n.* ochre.

octavă *s.f.* octave.

octogonal *adj.* octagonal.

octombrie *s.m.* October.

ocular *adj.* ocular, *martor ~* eye witness.

oculist I. *s.m.* eye doctor. **II.** *adj.* oculistic.

ocult *adj.* occult.

ocultism *s.n.* occultism.

ocupa *v.t.* to occupy, (a cuceri) to conquer, *fig.* to absorb, (o locuință) to live/ dwell in, *v.r.* to deal (with).

ocupant *adj.* occupant.

ocupare *s.f.* occupation.

ocupat *adj.* busy, engaged, (contopit) seized.

ocupație *s.f.* occupation.

odaie *s.f.* room.

odată *adv.* once (upon a time), (în viitor) some day, (în același timp) at once, (laolaltă) together.

odă *s.f.* ode.

odihnă *s.f.* rest, (răgaz) leisure, *fără ~* restless(ly).
odihni *v.r.* to rest, (a dormi) to sleep, (a zăcea) to lie, *v.t.* to rest.
odihnitor *adj.* restful, relaxing.
odinioară *adv.* once.
odios *adj.* hateful, loathsome.
odisee *s.f.* odyssey.
odontologie *s.f.* odontology.
odor *s.n.* jewel, treasure.
odorizant *s.m.* odorizer.
odraslă *s.f.* offspring.
of *interj.* oh!
ofensa *v.t.* to offend, (a jigni) to hurt, to insult, *v.r.* to take offence.
ofensat *adj.* offended.
ofensă *s.f.* insulting.
ofensiv *adj.* offensive.
ofensivă *s.f.* offensive.
oferi *v.t.*, *v.r.* to offer (oneself).
ofertă *s.f.* offer, *com.* tender, *econ.* supply.
oficia *v.t.* to celebrate, *v.i.* to officiate.
oficial *adj.* official, (ceremonios) ceremonial, *adv.* officially; *act ~* official deed, *vizită ~ă* duty call.
oficializa *v.t.* to officialize.
oficiu *s.n.* office, agency, *~ul stării civile* register office, *din ~* ex officio, appointed by the court.
ofili *v.t.* to wither, *v.r.* to fade.
ofilire *s.f.* withering.
ofițer *s.m.* officer, *~ superior* senior officer, ~ de gardă officer on duty.
ofrandă *s.f.* offering, sacrifice.
ofta *v.i.* to sigh, *fig.* to yearn (for smth.).
oftalmolog *s.m.* ophthalmologist.
oftalmologie *s.f.* ophthalmology.
oftat *s.n.* sigh.
ogar *s.m.* greyhound.
oglindă *s.f.* mirror; *fabrică de oglinzi* mirror factory.
oglindi *v.t.* to mirror, to reflect, *v.r.* to be mirrored.
oglindire *s.f.* reflection.
ogor *s.n.* cultivated field.
ogradă *s.f.* court.
oh *interj.* oh!
oho *interj.* oh! dear me!
oier *s.m.* shepherd.
oierit *s.n.* sheep breeding.
oină *s.f.* rounders.
olandă *s.f.* Holland, Dutch cheese.
olandez *adj.* Dutch.
olar *s.m.* potter.
olărie *s.f.* pottery.
oleaginos *adj.* oleaginous.
olfactiv *adj.* olfactory.
olimpiadă *s.f.* olympiad.
olimpic *adj.* olympic.
oliță *s.f.* potty.
olog *adj.* crippled.
ologi *v.t.* to cripple, *v.i.* to become crippled.
om *s.m.* man, (ființă) human being, (bărbat) man, *pl.* men,

(cineva) somebody, (muritor) mortal, *pl.* people, *~-afiş* sandwich man, *~ de ispravă* worthy man, *~ de lume* man of the world, *un ~ de nimic* a good-for-nothing fellow, *~ de onoare* honest/ honourable man, *~ de paie* dummy, *~ul de rând* the man in the street, *~ de stat* statesman, *un ~ dintr-o bucată* an honest-minded fellow, *~ mare* grown-up, *fig.* a great man, *interj. ~le!* my man!, *un ~ obişnuit* an average man, *e un ~ şi jumătate* he's an extraordinary man, *nu era nici ţipenie de ~* there wasn't a soul around.
omagia *v.t.* to render homage.
omagiu *s.n.* homage, *pl.* respects.
ombilic *s.n.* navel; *cordon ~al* umbilical cord.
omenesc *adj.* human, (ca lumea) decent.
omeneşte *adv.* humanly (possible), (ca lumea) properly.
omenie *s.f.* kindness, *de ~* kind(-hearted), kindly, *lipsit de ~* inhuman.
omenire *s.f.* humanity, mankind, (mulţime) crowd.
omenos *adj.* humane.
omidă *s.f.* caterpillar.
omisiune *s.f.* omission, (lipsă) flaw.
omite *v.t.* to omit, *a ~ să* to fail to.
omletă *s.f.* omelette.
omnipotent *adj.* omnipotent.
omniprezent *adj.* ubiquitous.
omnivor *adj.* omnivorous.
omogen *adj.* homogeneous.
omogeniza *v.t.* homogenize.
omolog *adj.* homologous.
omologa *v.t.* to ratify, to confirm, to approve.
omonim *s.m.* (tiz) namesake, *s.n.* homonym, *adj.* homonymous.
omonimie *s.f.* homonymy.
omoplat *s.m.* shoulder blade.
omor *s.n.* murder, (crimă) manslaughter.
omorî *v.t.* to kill, (a sâcâi) to bother, *a ~ vremea* to kill the time, *mă omori cu zile* you will be the death of me, *a ~ în bătăi* to give somebody a sound thrashing, *v.i.* to be lethal, *v.r.* to kill oneself.
omucidere *s.f.* manslaughter.
oncologie *s.f.* oncology.
ondula *v.i.* to wave, to curl.
ondulat *adj.* curly.
ondulatoriu *adj.* undulatory.
onest *adj.* honest(-minded).
onestitate *s.f.* honesty.
onoare *s.f.* honour, *de ~* honour(able), *pe ~a mea* upon my word of honour, *cavaler de ~* best man, *codul onoarei* the code of honour, *domnişoară de ~* bridesmaid.
onor *s.n.* salute, *pl.* honours.
onora *v.t.* to honour, to respect.

onorabil *adj.* honourable, *adv.* respectably.
onorariu *s.n.* fee, change.
opac *adj.* opaque.
opacitate *s.f.* opacity.
opaiţ *s.n.* rushlight.
opalescent *adj.* opalescent.
opări *v.t.* to scald, to boil.
opărit *adj.* scalded, *fig.* cheerless.
opera *v.t.* to operate, (a face) to make, *med.* to operate upon (smb.), *v.i.* to work, (de hoţi) to steal, *v.r.* to undergo an operation.
operabil *adj.* operable.
operativ *adj.* efficacious, *adv.* operatively.
operativitate *s.f.* efficiency.
operator *s.m.* operator, (de film) cameraman.
operaţie *s.f.* operation.
operetă *s.f.* (clasică) operetta, (modernă) musical comedy.
opinie *s.f.* opinion, ~ *publică* public opinion.
opinti *v.t.* to heave, to lift, to move.
opiu *s.n.* opium, *fig.* dope.
oponent *s.m.* opponent.
oportun *adj.* opportune.
oportunism *s.n.* opportunism.
oportunist *s.m.* opportunist, *adj.* time-serving.
oportunitate *s.f.* advisability.
opozabil *adj.* opposable.
opozant *s.m.* opponent.
opoziţie *s.f.* opposition.
oprelişte *s.f.* obstacle, prohibition.
opresiune *s.f.* oppression.
opresiv *adj.* oppressive.
opresor *s.m.* oppressor.
opri I. *v.t.* to stop, (a face să înceteze) to cease, (a împiedica) to hinder, (a reţine) to retain, (bilete) to book, (a interzice) to ban. **II.** *v.i.* to stop, (de trăsură) to draw up. **III.** *v.r.* to stop, to halt, (a înceta) to cease, (a insista) to dwell (upon smth., smb.), *nu mă pot* ~ I can't help it.
oprima *v.t.* to oppress, to grind down.
oprimare *s.f.* oppression.
oprire *s.f.* stop(ping), (escală) stopover, (încetare) cease, (interdicţie) interdiction, *~a interzisă* no stopping, *fără* ~ non-stop, ceaselessly.
oprit *adj.* banned, forbidden.
opt *num.* eight.
opta *v.i.* to choose.
optativ *adj.* optative.
optic *adj.* optic.
optică *s.f.* optics, *fig.* perspective.
optim *adj.* optimum.
optimism *s.n.* optimism, high spirits.
optimist *s.m.* optimist, *adj.* sanguine.
optimiza *v.t.* to improve.
optsprezece *num.* eighteen.
optsprezecelea *num.* (the) eighteenth.

optulea *num.* (the) eighth.
optzeci *num.* eighty.
optzecilea *num.* (the) eightieth.
opțiune *s.f.* option.
opulent *adj.* opulent.
opulență *s.f.* opulence.
opune *v.r.* to oppose (smth.); *a ~ rezistență* to resist.
opunere *s.f.* opposition.
opus *s.n.* opus.
or *conj.* but, on the other hand.
oracol *s.n.* oracle.
oral *adj.* oral, (verbal) verbal, (de examene) viva, *adv.* by word of mouth.
oralitate *s.f.* orality.
orar *s.n.* time table.
oraș *s.n.* town, (municipiu) city, *de ~* city.
orator *s.m.* orator.
oratorie *s.f.* oratory.
oră *s.f.* hour, (ca cifră) o'clock, (lecție) class, *ora închiderii* closing time, *ora mesei* lunch time, *ore de serviciu* office hours, *ore particulare* private lessons, *din ~ în ~* every hour, *la ce ~?* at what time? *la ora trei fix* at three o'clock (sharp), *~ de vârf* rush hour.
orăcăit *s.n.* croak(ing).
orășean *s.m.* townsman, *pl.* townsfolk.
orășel *s.n.* district.
orășenesc *adj.* townlike, municipal.
orătănii *s.f. pl.* poultry.
orândui *v.t.* to dispose, to set in order.
orânduială *s.f.* order.
orb *s.m.* blind man, *pl.* the blind, *s.n. ~ul găinilor* night blindness, *adj.* blind, (de cartuș) dummy.
orbecăi *v.i.* to grope.
orbește *adv.* blindly, (nebunește) madly.
orbi *v.t.* to blind, *fig.* to dazzle, (a înșela) to blindfold, *v.i.* to grow blind.
orbire *s.f.* blindness.
orbită *s.f.* orbit, *anat.* (eye) socket.
orbitor *adj.* dazzling.
orchestral *adj.* orchestral.
orchestră *s.f.* orchestra, (mică) (jazz-)band.
ordin *s.n.* order, *~ de zi* order of the day; *a fi la ~le cuiva* to be at smb.'s beck and call.
ordinal *adj.* ordinal.
ordinar *adj.* ordinary, common(place), (grosolan) coarse.
ordine *s.f.* order, discipline, *~ de zi* agenda, *în aceeași ~ de idei* by the way, *la ~a zilei* topical.
ordona *v.t.* to order, to command, *~ți!* at your service!
ordonanță *s.f.* order, *jur.* decree, *fin.* order; *~ de plată* order of payment.
ordonat *adj.* tidy.
oreion *s.n.* mumps.
orez *s.n.* rice.
orfan *s.m.* orphan.

orfelinat *s.n.* orphanage.
organ *s.n.* organ, (de stat) body; *~ele vorbirii* the organs of speech, *~ legislativ* legislative body.
organic *adj.* organic, *adv.* organically.
organism *s.n.* organism.
organiza *v.t.* to organize, *v.r.* to be(come) organized.
organizare *s.f.* organization, make-up.
organizat *adj.* organized.
organizație *s.f.* organization, *~ de bază* party branch.
orgă *s.f.* organ.
orgie *s.f.* orgy.
orgolios *adj.* conceited, vain.
orgoliu *s.m.* pride.
orhidee *s.f.* orchid.
ori *adj.* or, *~ ... ~!* it's now or never, *~ e așa ~ e așa* either this way or another.
oribil *adj.* horrible, *adv.* horribly.
oricare *adj.* any, *pron.* any(body), anyone.
oricând *adv.* whenever, any time.
oricât *adv.* as much/ long as, *~ de ...* however (much), *conj.* however much.
orice *adj.* any, *în ~ caz* anyhow, *cu ~ chip* at any rate/ price, *pron.* anything.
oricine *pron.* anybody, anyone, whoever.
oricum *adv.* anyhow, (totuşi) nevertheless, yet.
orienta *v.t.* to orientate, (a îndruma) to direct, *casa e ~tă spre răsărit* the house fronts east, *v.r.* to find one's way (about), *fig.* to get one's bearings, *a se ~ după ceva* to take smth. as a guide.
orientare *s.f.* orientation.
orificiu *s.n.* orifice.
original *s.n.* original, model, *în ~* in the original, *adj.* original, (ingenios) ingenious, (ciudat) peculiar.
originalitate *s.f.* originality.
originar *adj.* native, (înnăscut) inborn, (inițial) initial.
origine *s.f.* origin, (neam) descent, *la ~* originally.
oripila *v.t.* to terrify.
oripilant *adj.* terrifying.
oriunde *adv.* anywhere, *conj.* wherever.
orizont *s.n.* horizon, *la ~* on the horizon, *fig.* in the offing.
orizontal *adj.* horizontal, *adv.* horizontally, (la cuvinte încrucişate) across.
orna *v.t.* to adorn, to deck.
ornament *s.n.* ornament.
ornamenta *v.t.* to adorn, to decorate.
ornamental *adj.* decorative.
ornamentație *s.f.* adornment.
ornitolog *s.m.* ornithologist.
oroare *s.f.* horror, (urâțenie) monstrosity.
orogeneză *s.f.* orogenesis.
orologiu *s.n.* horologe.

oropsi *v.t.* to oppress, to persecute.
oropsit *adj.* persecuted, ill-treated.
ortac *s.m.* chum, fellow.
ortodox *adj.* orthodox, *rel.* Eastern.
ortodoxism *s.n.* orthodoxism.
ortografia *v.t.* to spell.
ortografie *s.f.* spelling, ~ *greşită* misspelling.
ortoped *s.m.* orthopaedist.
ortopedie *s.f.* orthopaedy.
orz *s.n.* barley.
orzoaică *s.f.* two-row barely.
os *s.n.* bone, ~ *de balenă* whalebone, ~ *de peşte* fishbone, ~ *pieptului* breast bone.
osândă *s.f.* punishment, sentence.
osândi *v.t.* to punishment, *fig.* to doom, (a condamna) to blame.
osândit *adj.* sentenced, convicted.
osânză *s.f.* lard, *fig.* grease.
oscila *v.i.* to oscillate, *fig.* to hesitate, to vacillate.
oscilant *adj.* oscillating.
oscilatoriu *adj.* oscillatory.
oscilaţie *s.f.* oscillation, (şovăială) hesitation.
oscilograf *s.n.* oscillograph.
oscilogramă *s.f.* oscillogram.
oseminte *s.n. pl.* bones.
osie *s.f.* axle, spindle.
osifica *v.t.* to ossify.
osificat *adj.* ossified.
osificaţie *s.f.* ossification.
osmiu *s.n.* osmium.
osmoză *s.f.* osmosis.
osos *adj.* bony.
ospăta *v.r.* to dine.
ospătar *s.m.* waiter.
ospătărie *s.f.* eating-house.
ospăţ *s.n.* banquet, feast.
ospeţie *s.f.* hospitality.
ospiciu *s.n.* madhouse, asylum.
ospitalier *adj.* hospitable.
ospitalitate *s.f.* hospitality.
ostaş *s.m.* soldier, warrior.
ostatic *s.m.* hostage.
osteneală *s.f.* effort(s), (oboseală) fatigue.
osteni *v.t.* to tire, *v.i.* to be(come) weary, *v.r.* to make efforts.
ostenit *adj.* tired, weary.
ostentativ *adj.* ostentatious.
ostentaţie *s.f.* ostentation.
osteoporoză *s.f.* osteoporosis.
ostie *s.f.* fishing fork; azyme.
ostilă *adj.* hostile.
ostilitate *s.f.* hostility, *pl.* conflict.
ostraciza *v.t.* to ostracize.
ostropel *s.n.* chicken stew.
ostrov *s.n.* island, eyot.
oştean *s.m.* soldier.
oştire *s.f.* army.
otită *s.f.* otitis.
otoman *s.m.*, *adj.* Ottoman.
otoscop *s.n.* otoscope.
otravă *s.f.* poison.
otrăvi *v.t.* to poison, *fig.* to corrupt, *v.r.* to take poison.
otrăvire *s.f.* poisoning.

otrăvit *adj.* poisoned, (veninos) poisonous.
otrăvitor *adj.* poisonous.
oțărî *v.r.* to scowl, to sulk.
oțărât *adj.* angry, furious, enraged.
oțel *s.n.* steel, *de ~* steely, *tare ca ~ul* as hard as steel, *~ inoxidabil* stainless stell, *~ magnetic* magnetic steel, *~ turnat* cast steel, *privire de ~* steel glance.
oțelar *s.m.* steelworker.
oțelărie *s.f.* steelworks.
oțeli *v.t.* to steel, *v.r.* to be steeled.
oțelit *adj.* steeled.
oțet *s.n.* vinegar.
oțetar *s.n.* vinegar cruet.
oțeti *v.r.* to turn sour.
ou *s.n.* egg; *~ă clocite* addled eggs, *~ă jumări* scrambled eggs, *~ă moi* soft-boiled eggs, *~ă răscoapte* hard-boiled eggs, *~ de Paști* Easter eggs, *~ă crude* raw eggs, *coajă de ~* egg shell, *gălbenuș de ~* egg yolk, *a bate ~ă* to whisk eggs, *a face ~ă* to lay eggs, *a face cu ~ și cu oțet* to insult somebody, *a ieși din ~* to hatch.
oua *v.r.* to lay (eggs).
oval *adj.* oval.
ovar *s.n.* ovary.
ovații *s.f. pl.* ovation, cheers.
ovaționa *v.t.*, *v.r.* to cheer (for); to acclaim.
ovăz **s.**n. oat, oatplant.
oviform *adj.* oviform.
ovin *adj.* ovine.
ovină *s.f.* sheep.
ovul *s.n.* ovule.
oxalat *s.m.* oxalate.
oxid *s.m.* oxide.
oxida *v.t., v.r.* to oxidize.
oxidabil *adj.* oxidable.
oxidant *adj.* oxidating.
oxidare *s.f.* oxidation.
oxigen *s.n.* oxygen.
oxigena *v.t.* to oxygenate, (a decolora) to peroxide, *v.r.* to peroxide one's hair.
oxigenat *adj.* oxygenated, (de păr) peroxide(d).
oxiur *s.m.* oxiuris.
ozon *s.n.* ozone.
ozonat *adj.* ozonic.

P

pa *interj.* bye!
pace *s.f.* peace, (linişte) quiet, (nimic) nothing, *în* ~ at peace, *de* ~ peace, *politică de* ~ peace policy, *a nu avea* ~ to worry, *lupta pentru* ~ the struggle for peace, *odihnească-se în* ~ may he/ she rest in peace, *a face* ~ to make peace, *tratat de* ~ peace treaty.
pachet *s.n.* package, (ambalaj) parcel.
pacient *s.m.* patient.
pacific *adj.* pacific.
pacoste *s.f.* misfortune, calamity.
pact *s.n.* pact, treaty.
pagina *v.t.* to page.
paginator *s.n.* maker-up.
paginatură *s.f.* pagination.
pagină *s.f.* page; ~ *albă* blank page, *prima* ~ the front page, *a fi plătit la numărul de pagini* to be paid by the page.
pagubă *s.f.* damage, (leziune) harm, *atâta ~/ ~-n ciuperci* good riddance.
pahar *s.n.* glass, (fără picior) tumbler, (conținutul) glassful, *pl.* (ventuze) cupping glasses, *un ~ la botul calului* a doch and dorris, ~ *de vin* glass of wine.

pai *s.n.* straw, *acoperiş de ~e* thatched roof, *pălărie de ~e* straw hat, *galben ~* pale yellow.
paiaţă *s.f.* clown.
paisprezece *num.* fourteen.
paisprezecelea *num.* (the) fourteenth.
pajişte *s.f.* meadow.
pajură *s.f.* royal eagle, (la o monedă) tails.
pal *adj.* pale.
palat *s.n.* palace, *anat.* palate.
palatal *adj.* palatal.
palataliza *v.t.* to palatalize.
palavragiu *s.m.* windbag, tattler.
palavre *s.f. pl.* idle talk, gas, babble, (bârfă) gossip.
paletă *s.f.* palette, *sport* bat.
palid *adj.* pale.
paliditate *s.f.* pallor, paleness.
palier *s.n.* landing, (etaj) floor.
palmares *s.n. sport* record.
palmă *s.f. anat.* palm, (lovitură) slap, *o ~ de pământ* a plot of land, *fig.* (not) an inch, *~ de bătut* covoare carpet beater, *a-şi trage palme* to slick oneself, *a-i ghici cuiva în ~* to predict smb's future, *a-i trage cuiva o ~* to slap smb.
palmier *s.m.* palm tree.
palmiform *adj.* palmiform.
paloare *s.f.* pallor.
paloş *s.n.* sword.
palpa *v.t.* to touch, *med.* to palpate.
palpabil *adj.* palpable.
palpare *s.f.* feeling.
palpita *v.i.* to thrill, to tremble, (inimă) to throb.
palpitant *adj.* thrilling.
paltin *s.m.* sycamore maple tree.
palton *s.n.* coat.
pamflet *s.n.* lampoon, skit.
pamfletar *s.m.* lampoonist.
panaceu *s.n.* panacea.
pană *s.f.* feather, (de gâscă) pen, (de lemn) wedge, (stricăciune) breakdown, (a săbiei) flat (of the sword), *~ de cauciuc* puncture, *~ de curent* power failure, *în ~* broken down, *fig.* up a tree, *categoria ~* feather weight.
pancartă *s.f.* placard.
pancreas *s.n.* pancreas.
pancreatită *s.f.* pancreatitis.
pandalii *s.f. pl.* hysterics.
pandant *s.n.* counterpart.
pandantiv *s.n.* pendant.
pandişpan *s.n.* sponge cake.
pandit *s.m.* pandit.
pandur *s.m.* pandoor.
paner *s.n.* basket.
panglică *s.f.* ribbon, band, (de pălărie) hatband, (pt. păr) fillet, *tehn.* tape.
panicat *adj.* terrified.
panică *s.f.* panic.
panificaţie *s.f.* bakery.
panoramă *s.f.* panorama.
panoramic *adj.* panoramic.
panou *s.n.* poster.
pansa *v.t.* to dress, to bandage.
pansament *s.n.* dressing, bandage.
pansea, panseluţă *s.f.* pansy.

pantaloni *s.m. pl.* trousers, (izmene) pants, (de călărie) breeches, (scurți) shorts, (lungi şi largi) bell-bottoms, ~ *de golf* plusfours, ~ *pescăreşti* Capri pants, ~ *de catifea* corduroy pants.

pantă *s.f.* slope; ~ *abruptă* steep slope.

panteism *s.m.* pantheism.

panteon *s.n.* pantheon.

panteră *s.f.* panther.

pantof *s.m.* shoe; *~i cu toc* high-heel shoes, *~i de casă* slippers.

pantofar *s.m.* shoemaker.

pantomimă *s.f.* pantomime.

papagal *s.m.* parrot, *fig.* glib tongue.

papaia *s.f.* papaya.

papal *adj.* papal.

papalitate *s.f.* papacy.

paparudă *s.f.* rainmaker.

papă *s.m.* Pope.

papetărie *s.f.* stationery.

papilar *adj.* papillary.

papilă *s.f.* papilla.

papion *s.n.* butterfly bow.

papirus *s.n.* papyrus.

papricaş *s.n.* paprika stew.

papuc *s.m.* slipper, (pantof) shoe, *sub* ~ henpecked.

papură *s.f.* mace reed.

par *s.m.* stake, (bâtă) club, *adj.* even.

para I. *s.f.* penny, little coin, *pl.* money. **II.** *v.t.* to parry.

parabază *s.f.* parabasis.

parabolă *s.f.* parable, *geom.* parabola.

parabolic *adj.* parabolic.

paraclis *s.n.* chapel.

paracliser *s.m.* sexton.

paradă *s.f.* parade, *parada modei* fashion show, *de ~* forced, *fig.* show, ~ *aeriană* air display, ~ *sportivă* sports parade.

paradigmă *s.f.* paradigm.

paradis *s.n.* paradise.

paradontoză *s.f.* periodontosis.

paradox *s.n.* paradox.

paradoxal *adj.* paradoxical, *adv.* paradoxically.

parafa *v.t.* to initial.

parafă *s.f.* paraph.

parafină *s.f.* paraffin.

parafraza *v.t.* to paraphrase.

parafrază *s.f.* paraphrase.

paragină *s.f.* dereliction.

paragraf *s.n.* paragraph.

paralel *adj.* parallel, *adv.* concomitantly.

paralelă *s.f.* parallel (line/ bar).

paralelism *s.n.* parallelism, *econ.* duplication (of work).

paralitic *adj., s.m.* paralytic.

paraliza *v.t.* to paralyse, *v.i. v.r.* to be paralysed.

paralizat *adj.* paralysed.

paralizie *s.f.* paralysis.

parametru *s.m.* parameter.

paranoia *s.f.* paranoia.

paranoic *adj.* paranoiac.

paranteză *s.f.* bracket, (pătrată) square bracket, *fig.* parenthesis, *în* ~ in brackets.

parapet *s.n.* parapet, *mar.* bulwark.

parapod *s.n.* parapodium.

parapsihologie *s.f.* parapsychology.

parasintetic *adj.* parasynthetic.
parasolar *s.n.* lens shade.
parastas *s.n.* requiem.
paraşuta *v.t.* to parachute.
paraşutism *s.n.* parachutism.
paraşutist *s.m.* parachutist.
parataxă *s.f.* parataxis.
paratiroidă *s.f.* parathyroid.
paratrăsnet *s.n.* lightning rod.
paravan *s.n.* screen.
paravenos *adj.* paravenous.
parazit *s.m.* parasite, *fig.* sponger, *adj.* parasitic.
parazitar *adj.* parasitic.
parazitolog *s.m.* parasitologist.
pară *s.f.* pear, (foc) flame, *ca para focului* red-hot.
parbriz *s.n.* wind screen.
parc *s.n.* park, (grădină) garden, (de maşini, tractoare) fleet, (de distracţii) Fun Fair.
parca *v.t.* to park.
parcare *s.f.* parking, *~a interzisă* no parking.
parcă *adv.* apparently.
parcela *v.t.* to divide into lots.
parcelă *s.f.* lot, parcel.
parchet *s.n.* parquet(ry), *jur.* prosecutor's office, (în Anglia) coroner's office.
parcurge *v.t.* to traverse, (cu ochii), to cross, to skim over.
parcurgere *s.f.* crossing.
parcurs *s.n.* course, circuit.
pardesiu *s.n.* overcoat, (de ploaie) raincoat.
pardon *interj.* pardon!
pardoseală *s.f.* floor.
pardosi *v.t.* to floor.
pareză *s.f.* paresis.
parfum *s.n.* perfume.
parfuma *v.t.*, *v.r.* to perfume (oneself).
parfumat *adj.* perfumed, scented.
parfumerie *s.f.* perfumery, (magazin) perfumer's shop.
paria *s.m.* pariah.
paria *v.i.* to bet.
paricid *s.n.* parricide.
parisilabic *adj.* parisyllabic.
paritate *s.f.* parity.
pariu *s.n.* bet.
parlament *s.n.* parliament.
parlamenta *v.i.* to negotiate.
parlamentar *s.m.* member of a Parliament, (în SUA) Congressman, (delegat) deputy, *adj.* parliamentary.
parodia *v.t.* to parody.
parodie *s.f.* parody.
paroh *s.m.* rector.
parochial *adj.* parochial.
parohie *s.f.* parish, (enoriaşi) flock.
parolă *s.f.* password.
parolist *s.m.* trustworthy, reliable.
paronim *s.n.* paronym.
paronimie *s.f.* paronimy.
paroxism *s.n.* paroxysm.
parşiv *adj.* lousy
partaj *s.n.* partition.
parte *s.f.* part, (cotă) share, (loc) place, (latură) side, (soartă) fate, (la afaceri) party, *din ~a* from, *~ constitutivă* constituent part, *~ integrantă* integral part, *~a leului* the lion's share, *de o ~* aside, *în altă ~* elsewhere, *în ce ~?* where, *în ~* partly, *a plecat în*

altă ~ he left elsewhere, *nu-l văd în nicio* ~ I can see him nowhere, *a lua* ~ *la* to participate in, *la o* ~ clear, *pe de o* ~ on the one hand, *pe de altă* ~ on the other hand, *de cealaltă* ~ *a străzii* across the street, *a lua ~a cuiva* to defend smb., *e foarte drăguț din ~a ta* it's very nice of you, *a pune bani de-o* ~ to save money.
partener *s.m.* partner.
parteneriat *s.n.* partnership.
parter *s.n.* ground floor, *teatru* stalls, (în fund) pit, *la* ~ on the ground floor, down-stairs.
participa *v.i.* to participate (in).
participant *s.m.* participant (in).
participare *s.f.* participation (in), (cotă) share.
participiu *s.n.* participle.
particular **I.** *s.m.* private person. **II.** *adj.* private, (deosebit) peculiar, *în* ~ particularly, (între patru ochi) privately, *lecție ~ă* private lesson, *semne ~e* distinguishing features.
particularitate *s.f.* peculiarity.
particulariza *v.t.* to particularize.
particulă *s.f.* particle.
partid *s.n.* partid, *~e istorice* traditional parties, *de* ~ party, *fără (de)* ~ non-party.
partidă *s.f.* match, (de șah) game, (persoană) partie.
partitiv *adj., s.n.* partitive.
partitură *s.f.* score.
partiție *s.f.* partition.
partizan *s.m.* partisan, (susținător) advocate, *lupte de ~i* guerrilla *fig.* supporter.
parțial *adj.* partial.
parveni *v.i.* to arrive, to start.
parvenit *s.m.* parvenu.
pas **I.** *s.m.* step, (mare) stride, (mers) pace, (zgomot) footstep; ~ *alergător* double quick step, ~ *cu* ~ step by step, *un* ~ *greșit* a wrong turn, *la fiecare* ~ at every turning, *la* ~ slowly, ~ *de vals* waltz step, *a face un* ~ *înainte* to step forward, *e la doi pași de aici* it's not very far from where we are. **II.** *s.n.* gorge, (defileu) defile.
pasa *v.t.* to pass, (a strecura) to strain.
pasabil *adj.* passable.
pasager *s.m.* passenger.
pasaj *s.n.* passage, ~ *denivelat* fly over, ~ *de/ la nivel* level crossing.
pasarelă *s.f.* foot bridge, *mar.* gangway.
pasă *s.f.* pass, *în* ~ *bună* in luck, *a fi în* ~ *proastă* to be in a tight corner.
pasăre *s.f.* bird, *~a muscă* humming bird, ~ *călătoare* bird of passage, ~ *cântătoare* singing bird, ~ *de pradă* bird of prey, *păsări de curte* fowls, poultry.
pasibil *adj.* liable.
pasiență *s.f.* patience.

pasiona *v.t.* to fascinate, to captivate, *v.r.* *a se ~ de* to become a fan of.
pasional *adj.* passional.
pasionant *adj.* thrilling.
pasionat *s.m.* fan(atic) *adj.* passionate.
pasiune *s.f.* passion, (dragoste) infatuation, *cu ~* passionately, *fără ~* dispassionately.
pasiv **I.** *s.n.* *com.* liabilities, *gram.* passive voice. **II.** *adj.* passive, (apatic) apathetic. **III.** *adv.* passively.
pasivitate *s.f.* passivity.
paspartu *s.n.* passe partout.
pastă *s.f.* paste, *~ de dinți* toothpaste, *paste făinoase* (Italian) pasta.
pastel *s.n.* pastel.
pastelat *adj.* pastellated.
pasteuriza *v.t.* to pasteurize.
pasteurizare *s.f.* pasteurization.
pastilă *s.f.* pill.
pastișă *s.f.* pastiche.
pastor *s.m.* pastor.
pastoral *adj.*, **pastorală** *s.f.* pastoral.
pașaport *s.n.* passport.
pașnic *adj.* peaceful, *adv.* peaceably.
paște *v.i.* to graze.
Paști *s.f. pl.* Easter.
pat *s.n.* bed, (mic) cot, (culcuș) bedstead, (de pușcă) butt, (strat) mulch, (la șah) stalemate, *~ de campanie* camp bed, *cu două ~uri* double-bedded.
pată *s.f.* mark, *fără ~* spotless.
patent *s.n.* licence, *adj.* patent.
patern *adj.* paternal.
paternitate *s.f.* paternity.
patetic *adj.* touching, *adv.* pathetically.
patimă *s.f.* passion.
patina *v.i.* to skate, (a aluneca) to slip.
patinaj *s.n.* skating, *~ artistic* figure skating.
patinator *s.m.* skater.
patină *s.f.* skate, *patine cu rotile* roller skates.
patinoar *s.n.* skating rink.
patiserie *s.f.* pastry (shop).
patogen *adj.* pathogenic.
patologic *adj.* pathological.
patologie *s.f.* pathology.
patos *s.n.* pathos.
patriarh *s.m.* patriarch.
patriarhal *adj.* patriarchal.
patrie *s.f.* homeland.
patrimoniu *s.n.* heritage.
patriot *s.m.* patriot.
patriotic *adj.* patriotic.
patriotism *s.n.* patriotism.
patron *s.m.* employer, (protector) patron (saint).
patrona *v.t.* to patronize.
patronaj *s.n.* patronage.
patru *num.* four.
patrula *v.i.* to patrol.
patrulă *s.f.* patrol.
patrulea *num.* (the) fourth.
patruped *s.n.* quadruped, *adj.* quadrupedal.
paisprezece *num.* fourteen.
patrusprezecelea *num.* (the) fourteenth.
patruzeci *num.* forty.

patruzecilea *num.* (the) fortieth.
pauperiza *v.t.* to pauperize.
pauperizare *s.f.* pauperization.
pauză *s.f.* pause, (recreație) break.
pava *v.t.* to pave.
pavaj *s.n.* pavement.
pavat *adj.* paved.
pavăză *s.f.* shield.
pavilion *s.n.* pavilion, *sub ~ românesc* under Romanian colours.
pază *s.f.* guard.
paznic *s.m.* watchman.
păcală *s.m.* fool.
păcat *s.n.* sin, (nenorocire) pity, (vină) guild, blame, *~ capital* deadly sin, *~ că* (it's) a pity that, *din ~e* unfortunately, *interj.* pity!
păcăleală *s.f.* trick, *~ de 1 aprilie* April fool's day.
păcăli *v.t.* to deceive, to pull smb.'s leg.
păcătos *s.m.* sinner, *adj.* sinful, (prăpădit) miserable.
păcătoșenie *s.f.* misery.
păcătui *v.i.* to sin.
păcură *s.f.* fuel oil.
păduche *s.m.* louse, *pl.* lice.
păduchios *adj.* lousy.
pădurar *s.m.* forester.
pădure *s.f.* wood.
pădurice *s.f.* thicket.
păgân *s.m.*, *adj.* heathen.
păgânesc *adj.* heathenish.
păgâni *v.t.* to paganize.
păgubaș *s.m.* victim, *a se lăsa ~* to give up.
păgubi *v.t.* to harm, to damage, to injure.
păi *adv. interj.* well, why, *~ de!* serve you right!, *~ atunci* then.
păianjen *s.m.* spider.
păienjeniș *s.n.* cobweb.
pălărie *s.f.* hat, (de damă) cap, (de paie) boater, (melon) billycock, (de cowboy) sloch hat.
pălărier *s.m.* hatter.
pălăvrăgeală *s.f.* chattering.
pălăvrăgi *v.i.* to babble.
păli *v.t.* to strike, to hit, *v.i.* to grow pale.
pălit *adj.* withered, burnt, pale.
pălmui *v.t.* to slap.
pămătuf *s.n.* feather broom, (bărbierit) shaving brush.
pământ *s.n.* earth, (teren uscat) land, (sol) soil, *astr.* Terra, *de ~* earthen, *la ~* on/ to the ground, *~ galben* loess, *~uri joase* low lands, *a da cu cineva de ~* to wipe the floor with smb.
pământean *s.m.* earthling, (băștinaș) native, *adj.* earthly, (băștinaș) autochthonous.
pământesc *adj.* earthly.
pământiu *adj.* sallow.
păpa *v.t.* to eat.
păpădie *s.f.* dandelion.
păpuriș *s.n.* reeds.
păpușar *s.m.* puppeteer.
păpușă *s.f.* (jucărie) doll, *teatru* puppet, (marionetă) marionette, *fig.* tool, (gonflabilă) inflatable dool, *a*

se juca cu păpuşile to play with dools.

păr *s.m. pl.* hair, *bot.* pear tree, ~ *de porc* bristles, ~ *cărunt* grey hair, *în doi peri* ambiguous(ly), *tras de* ~ farfetched, ~ *cârlionţat/ ondulat/ drept* curly/ wavy/ straight hair.

părăgini *v.r.* to be ruined.

părăsi *v.t.* to leave, to abandon.

părăsire *s.f.* abandon.

părea I. *v.i.* to seem, *îmi pare bine de cunoştinţă* I am glad to meet you, *îmi pare rău* I am sorry. **II.** *v.r.* to appear, *după cum mi se pare* as I see it, *mi s-a părut că* it seemed to me that.

părere *s.f.* opinion, (convingere) belief, (nălucire) fancy, ~ *de rău* regret, *după ~a mea* to my mind.

părinte *s.m.* father, *pl.* parents.

părintesc *adj.* parental.

păros *adj.* hairy.

părtaş *s.m.* accomplice.

părtinire *s.f.* partiality.

părtinitor *adj.* biased.

păruială *s.f.* brawl, tussel.

păs *s.n.* grievance.

păsa *v.i. a-l* ~ to care (for smth.).

păsărar *s.m.* bird catcher.

păsăreşte *adv. a vorbi* ~ to gobbledegook.

păsărică *s.f.* birdie.

păscut *s.n.* grazing.

păstaie *s.f.* pod.

păstârnac *s.m.* parsnip.

păstor *s.m.* shepherd.

păstori *v.t.* to shepherd.

păstra *v.t.* to keep, to save, to preserve, *v.r.* to be kept, to reserve oneself.

păstrare *s.f.* keeping, custody.

păstrăv *s.m.* trout.

păsui *v.t.* to grant.

păşi *v.t.* to cross, *v.i.* to step, to walk, *fig.* to embark (upon a road).

păşune *s.f.* meadow.

păta *v.t.* to stain.

pătimaş *adj.* passionate, *adv.* ardently.

pătimi *v.t.*, *v.i.* to suffer, to endure.

pătimire *s.f.* suffering.

pătlăgea *s.f.* tomato, (~ vânâtă) egg-plant.

pătrat *adj.* square.

pătrime *s.f.* fourth, *muz.* crotchet.

pătrunde *v.i.* to penetrate, *v.r. a se ~ de* to realize (fully), *a ~ cu forţa* to break in.

pătrundere *s.f.* penetration, *fig.* insight.

pătrunjel *s.m.* parsley.

pătrunzător *adj.* acute, *fig.* sharp.

pătură *s.f.* blanket, *fig.* layer.

păţanie *s.f.* incident.

păţi *v.t.* to undergo, to endure, *a o* ~ to land into trouble, *ce ai ~t?* what's wrong with you?

păun *s.m.* peacock.

păuniţă *s.f.* peahen.

păzi *v.t.* watch, (a apăra) to defend, (a păstra) to treasure,

v.r. to be cautious, *a se ~ de* to beware of.
păzitor *adj.* guardian.
pâclă *s.f.* haze, mist.
pâine *s.f.* bread, (franzelă) (white) loaf, *fig.* food, *~ caldă /proaspătă* newly baked bread, *~ cu unt* bread and butter, *~ integrală* wholemeal bread, *~ neagră* brown bread, *~ rece* stale bread, *bun ca ~a caldă* good natured.
pâlc *s.n.* group.
pâlpâi *v.i.* to sparkle.
până *prep., conj.* till, until, *~ la* until, (în spațiu) as far as, *~ la urmă* in the end, *~ și* even, *~ una alta* in the meantime.
pândă *s.f.* watch, (la vânătoare) still-hunting.
pândi *v.t., v.i.* to watch.
pângări *v.t.* to defile, to profane.
pântece *s.n.* belly, (al mamei) womb, *fig.* entrails.
pântecos *adj.* pot-bellied.
pânză *s.f.* clutch, tissue, (groasă, artă) canvas, *mar* mail, *~ de păianjen* cobweb.
pânzeturi *s.n. pl.* drapery.
pârâu *s.n.* brook.
pârghie *s.f.* lever.
pârgui *v.r.* to ripen.
pârî *v.t.* to denounce.
pârâi *v.i.* to crack.
pârâiaș *s.m.* stream.
pârât *s.m.* the accused.
pârâtor *s.m.* delator.
pârâu *s.m.* brook.
pârg *s.n.* ripening.
pârghie *s.f.* lever; *~ de comandă* control lever, *~ de viteze* gear lever.
pârgui *v.r.* to ripen.
pârjoli *v.t.* to burn (down).
pârli *v.t.* to burn, *v.r.* to get burned.
pârlit *adj.* burnt.
pârtie *s.f.* path, *sport* track.
pâslă *s.f.* felt.
pe *prep.* on, (peste) over, (temporal) for, (în schimbul a) in exchange for, *~ aici* this way, *~ alocuri* here and there, *~ atunci* then, *~ când* while, *~ englezește* in English, *~ jos* on foot, *~ urmă* later, *~ viață și pe moarte* tooth and nail.
pecete *s.f.* seal.
pecetlui *v.t.* to seal.
pecetluit *adj.* sealed.
pedagog *s.m.* teacher.
pedagogic *adj.* pedagogic(al).
pedala *v.t.* to pedal.
pedală *s.f.* pedal.
pedant *s.m.* prig, *adj.* pedantic.
pedeapsă *s.f.* penalty.
pedepsi *v.t.* to punish.
pedepsire *s.f.* punishment, *de ~* punitive.
pedepsitor *adj.* punitive.
pedestru *adj.* pedestrian.
pediatru *s.m.* p(a)ediatrician.
pedichiură *s.f.* pedicure.
peiorativ *adj.* deprecating.
peisagist *s.m.* landscape painter.
peisaj *s.n.* landscape, scenery, (marin) seascape, (urban) townscape.
pelerin *s.m.* pilgrim.

pelerinaj *s.n.* pilgrimage.
pelerină *s.f.* mantle.
peletă *s.f.* pellet.
pelican *s.m.* pelican.
peliculă *s.f.* film, (de vopsea) coat.
pelin *s.n.* wormwood (wine).
peltea *s.f.* fruit jelly.
peltic *adj.* lisping.
pelur *adj.* pelure.
peluză *s.f.* lawn.
penaj *s.n.* plumage.
penal *adj.* penal; *cod* ~ criminal code, *drept* ~ criminal law.
penalitate *s.f.* penalty.
penaliza *v.t.* to punish.
penalizare *s.f.* punishment.
penar *s.n.* pencil case.
pendula *v.i.* to swing, to pendulate.
pendulă *s.f.* pendulum clock.
penel *s.n.* (painter's) brush.
penetra *v.t.* to penetrate.
penibil *adj.* awkward, unpleasant.
penicilină *s.f.* penicillin.
peninsular *adj.* peninsular.
peninsulă *s.f.* peninsula.
penitenciar *s.n.* prison.
penitență *s.f.* penance.
peniță *s.f.* nib, pen.
pensetă *s.f.* tweezers.
pensie *s.f.* pension, ~ *alimentară* alimony, ~ *viageră* life annuity, *la* ~ retired, *fig.* on the shelf.
pension *s.n.* boarding school.
pensiona *v.t.* to pension off, *v.r.* to retire.
pensionar *s.m.* pensioner.
pensiune *s.f.* board and lodging, (localul) pension.
pensulă *s.f.* brush.
pentagon *s.n.* pentagon.
pentru *prep.* for (in order) to, in favour of, (de dragul) for smb. 's sake, (în loc de) instead of, ~ *ca* in order to, ~ *că* because, ~ *ce?* why? ~ *puțin* don't mention it, ~ *zile negre* for rainy days.
penultim *adj.* penultimate.
penurie *s.f.* penury.
pepene *s.m.* melon, (verde) water melon.
percepe *v.t.* to perceive, (a strânge) to discern, *v.r.* to be perceptible.
perceptibil *adj.* perceptible.
perceptiv *adj.* perceptive.
perceptor *s.n.* tax collector.
percepție *s.f.* perception.
percheziție *s.f.* search, ~ *corporală* body search.
percheziționa *v.t.* to search.
percutant *adj.* percussive.
percuție *s.f.* percussion.
perdea *s.f.* drape, *cu* ~ curtained, *fără* ~ obscene.
perdiție *s.f.* perdition.
pereche *s.f.* pair, couple, (corespondent) march, *o* ~ *de boi* a yoke of oxen, *o* ~ *de găini* a brace of hens, *fără* ~ matchless, *adj.* even.
perete *s.m.* wall.
perfect **I.** *s.n.* perfect, ~*ul simplu aprox.* present perfect, past tense. **II.** *adj.* perfect consummate. **III.** *adv.* perfectly. **IV.** *interj.* perfect!

perfecție *s.f.* perfection, consummation, *la ~* to perfection.
perfecționa *v.r.* to improve.
perfecțiune *s.f.* perfection.
perfid *adj.* perfidious, *adv.* perfidiously.
perfora *v.t.* to perforate, to clip (a ticket).
perforare *s.f.* perforation.
performanță *s.f.* performance, *de ~* performance.
perfuzie *s.f.* perfusion.
pergament *s.n.* parchment.
peria *v.t.* to brush, *fig.* to flatter, *v.r.* to brush one's clothes.
periclita *v.t.* to endanger.
pericol *s.n.* danger, *~ de moarte* fatal danger.
periculos *adj.* dangerous.
perie *s.f.* brush; *~ de dinți* tooth brush, *~ de păr* hair brush, *~ de unghii* nail brush, *~ de haine* clothes brush.
periferie *s.f.* suburb(s), *la ~* on the outskirts.
perifrază *s.f.* periphrasis.
perima *v.r.* to be(come) superannuated.
perimat *adj.* obsolete.
perimetru *s.n.* perimeter.
perinda *v.r.* to come by turns.
perindare *s.f.* succession.
perinița *s.f.* kissing dance.
perioadă *s.f.* period.
periodic *s.n.*, *adj.* periodical, *adv.* recurrently.
periodicitate *s.f.* periodicity.
peripeție *s.f.* adventure.
perisabil *adj.* perishable.
peritonită *s.f.* peritonitis.
periuță *s.f.* (tooth-)brush, *fig.* flatterer.
perlă *s.f.* pearl, *fig.* gem.
permanent *s.n.* (păr) perm, *adj.* permanent, *adv.* perpetually.
permanență *s.f.* permanence, *în ~* ceaselessly.
permeabil *adj.* permeable.
permeabilitate *s.f.* permeability.
permis *s.n.* licence, *~ de conducere* driving licence, *adj.* permitted.
permisiune *s.f.* permission.
permite *v.t.* to allow, *fig.* to enable (to do smth.), *își poate ~* he can afford it.
permuta *v.t.* to permute.
pernă *s.f.* (de dormit) pillow, (ornament) cushion.
peron *s.n.* platform.
perorație *s.f.* peroration.
perpeli *v.t.* to fry, *fig.* to torture.
perpendicular *adj.* perpendicular.
perpetua *v.t.* to perpetuate.
perpetuare *s.f.* perpetuation.
perpetuu *adj.* perpetual.
perplexitate *s.f.* perplexity.
persecuta *v.t.* to persecute, to victimize.
persecuție *s.f.* persecution.
persevera *v.i.* to persevere.
perseverent *adj.* persevering, *adv.* tenaciously.
perseverență *s.f.* perseverance.
persifla *v.t.* to taunt.

persista *v.i.* to persist, to insist, to continue.
persistent *adj.* persistent.
persoană *s.f.* human being, ~ *juridică* legal entity/ person, ~ *fizică* natural entity/person, *în* ~ personally.
personaj *s.n.* personage, character.
personal *s.n.* personnel, slow train, *adj.* personal, private, *adv.* in person.
personalitate *s.f.* personality.
personalizat *adj.* personalized.
personifica *v.t.* to personify.
personificare *s.f* personification.
perspectivă *s.f.* perspective, *de* ~ long-term.
perspicace *adj.* perspicacious.
persuasiune *s.f.* persuasion.
persuasive *adj.* persuasive.
pertinent *adj.* pertinent.
perturba *v.t.* to perturb.
perturbare *s.f.* perturbation.
perucă *s.f.* wig.
peruzea *s.f.* turquoise.
pervaz *s.n.* (window) jamb.
pervers *adj.* perverse.
perversitate, perversiune *s.f.* perversity.
perverti *v.t.* to pervert.
pervertire *s.f.* perverting.
pescar *s.m.* fisher(man), (amator) angler.
pescăresc *adj.* fishing.
pescărie *s.f.* fishing, (magazin) fishmonger's.
pescăruş *s.m.* sea-gull.
pescui *v.i.* to fish, (cu undița) to angle, (cu mâna) to tickle.
pescuit *s.n.* fishing, (sportiv) angling.
pesemne *adv.* probably.
pesimism *s.n.* pessimism.
pesimist *s.m.* pesimist, *adj.* pessimistic, dispirited, sad.
pesmet *s.m.* biscuit, (din pâine uscată) bread crumbs.
peste *prep.* over, above, (dincolo) across, *mai presus de* beyond, ~ *tot* everywhere.
pesticid *s.n.* pesticide.
pestriț *adj.* spotted, monthly.
peşte *s.m.* fish.
peşteră *s.f.* cave.
petală *s.f.* petal.
petardă *s.f.* petard.
petic *s.n.* parch, (de hârtie) scrap.
petici *v.t.* to patch.
petiție *s.f.* petition.
petrece *v.t.* to spend, *v.i.* to have a good time, *v.r.* to occur.
petrecere *s.f.* party, entertainment, feast.
petrifica *v.t.* to petrify.
petrificare *s.f.* petrification.
petrol *s.n.* petroleum, ~ *lampant* kerosene.
petrolier *s.n.* tanker, *adj.* oil.
petrolier *s.n.* oiler, *adj.* mineral oil.
petunie *s.f.* petunia.
peți *v.t.* to woo.
pețitoare *s.f.* match-maker.
pețitor *s.m.* suitor.
pian *s.n.* piano, ~ *cu coadă* concert grand.
pianist *s.m.* pianist.

piatră *s.f.* stone, (tartru) tartar, (mică) gravel, *med.* calculus, ~ *acră* alum, ~ *de hotar* landmark, ~ *de încercare* touchstone, ~ *de moară* millstone, ~ *de mormânt* tombstone, ~ *de temelie* cornerstone, ~ *de var* limestone, ~ *ponce* pumice stone, *ca piatra* stone hard, *de ~* stony, *la o aruncătură de ~* at a stone's throw, *a cădea ~* to hail.

piață *s.f.* market, *arhit.* square, *pe ~ / la ~* in the market.

piază-rea *s.f.* ill omen.

pica *v.t.* to spin, *v.i.* to fall, (a veni) to pop in, (la examen) to fail.

picant *adj.* spicy, (decoltat) racy, (fascinant) attractive.

pică *s.f.* enmity, (dușmănie) spite, (la cărți) spades.

picătură *s.f.* drop, *printre picături* in between.

picățele *s.f. pl.* spots.

pichet *s.n.* picket, *text.* pique.

picior I. *s.n.* leg, (labă) foot, *pl.* feet, ~ *peste* ~ cross-legged, *cu picioarele goale* barefoot(ed), *cu ~ul* on foot, *în picioare* upright, *pe ~ de egalitate* on the same footing, *cu patru picioare* four-footed. **II**. *adv. iute de ~* light of foot, *a pune ~ peste ~* to cross one's legs, *a lua pe cineva peste ~* to pull smb.'s leg, ~ *de porc* pig's trotter.

picioroange *s.f. pl.* stilts.

picnic *s.n.* picnic.

picolo *s.m.* waiter.

picoteală *s.f.* doze.

picoti *v.i.* to doze.

picta *v.i.* to paint.

pictor *s.n.* painter, ~ *decorator* scene painter, ~ *de firme* sign painter.

pictură *s.f.* painting, (tablou) picture, ~ *în ulei* oil painting.

picura *v.t.* to drop, *v.i.* to drip.

piedestal *s.n.* pedestal.

piedică *s.f.* obstacle, impediment.

pieire *s.f.* destruction, fall.

pielărie *s.f.* leather goods.

piele *s.f.* skin, (de animale) hide, (lucrată) leather, ~ *de lac* varnished leather, ~ *de drac* mole-skin, *de ~* leather, *în ~a goală* naked, *~a capului* scalp.

pieliță *s.f.* pellicle, film.

piept *s.n.* chest, (sân) breast, *pl.* bosom; *a da ~ cu cineva* to face smb.

pieptăna *v.t.* to comb, *fig.* to brush up, *v.r.* to comb one's hair.

pieptănătură *s.f.* hair-do.

pieptene *s.m.* comb.

pierde I. *v.t.* to lose, (a scăpa) to miss, (a irosi) to waste, (a ruina) to destroy, (o ființă dragă) to be bereft of, *a ~ din vedere* to overlook, (pe cineva din vedere) to lose sight of. **II.** *v.i.* to lose. **III.** *v.r.* to be lost.

pierdere *s.f.* failure, *pl.* damage, *mil.* casualties, *în ~* losing.

pierde-vară *s.m.* dawdler.

pierdut *adj.* lost.
pieri *v.i.* to perish, (a dispărea) to vanish, to disappear.
pierit *adj.* dead.
piersic *s.m.* peach tree.
piersică *s.f.* peach.
piesă *s.f.* piece, (la şah) chessman, (de teatru) play, *pl.* drama, (de maşină) machine part, ~ *de muzeu* rarity, ~ *de rezervă* spare, ~ *în două acte* two-act play.
pietate *s.f.* piety.
pieton *s.m.* pedestrian, ~ *distrat* jay walker.
pietriş *s.n.* gravel.
pietroi *s.n.* stone, boulder.
pietrui *v.t.* to pave.
pieziş *adj.* slanting, (strâmb) wry, (de privire) hostile, *adv.* obliquely, *fig.* hostilely.
piftie *s.f.* meat jelly.
pigment *s.n.* pigment.
pigmenta *v.t.* to pigment.
pigmentaţie *s.f.* pigmentation.
pijama *s.f.* pyjamas.
pilaf *s.n.* pilaw, *fig.* jelly.
pilă *s.f.* file, *el.* battery, intercession, ~ *atomică* atomic pile.
pildă *s.f.* model, *de* ~ for example.
pili *v.i.* to file, *v.r.* to get drunk.
pilire *s.f.* filing.
pilon *s.m.* pillar.
pilot *s.m.* pilot, ~ *de încercare* test pilot, *adj.* pilot.
pilota *v.t.* to pilot.
pilozitate *s.f.* pilosity.
pilulă *s.f.* pill.
pin *s.m.* pine.
pinguin *s.m.* penguin.
pinten *s.m.* spur.
pintenat *adj.* spurred.
pion *s.m.* pawn.
pios *adj.* pious.
pipă *s.f.* pipe.
pipăi *v.t.* to feel, to touch, (a mângâia) to fondle.
pipăit *s.n.* touch.
piper *s.m.* pepper.
pipera *v.t.* to pepper.
piperat *adj.* (highly) seasoned, *fig.* (de preţ) stiff, (obscen) racy.
pipernicit *adj.* stunted.
pipetă *s.f.* pipette.
pipotă *s.f.* gizzard.
piramidal *adj.* pyramidal.
piramidă *s.f.* pyramid.
pirat *s.m.* pirate.
piraterie *s.f.* piracy.
pireu *s.m.* mashed potatoes.
piromanie *s.f.* pyromania.
piron *s.n.* spike.
pironi *v.t.* to nail (down), to rivet, to fix.
pirotehnic *adj.* pyrotechnical.
piruetă *s.f.* pirouette.
pisa *v.t.* to pound, *fig.* to pester.
pisălog *s.m.* bore, *s.n.* pestle, *adj.* bothering.
pisc *s.n.* peak.
piscină *s.f.* (ondoor) swimming pool.
pisic, pisoi *s.m.* kitten.
pisică *s.f.* cat, ~ *sălbatică* wild cat.
pistă *s.f.* track, *av.* runway.
pistol *s.n.* pistol, ~ *mitralieră* Tommy gun.
pistrui *s.m.* freckle.

pistruiat *adj.* freckled.
pişca *v.t.* to pinch, (a înțepa) to sting, *v.i.* to be sharp.
pişcot *s.n.* sweet biscuit.
pişicher *adj.* crafty, sly.
pitic *s.m.*, *adj.* dwarf.
piton *s.m.*, *zool.* python, *s.n.* *sport* piton.
pitoresc *s.n.* picturesqueness, *adj.* picturesque.
pitula *v.r.* to crouch.
pițigăiat *adj.* squeaky.
pițigoi *s.m.* titmouse.
piuă *s.f.* fulling mill, *piua întâi!* I bag!
piui *v.i.* to peep.
piuneză *s.f.* drawing-pin.
pivniță *s.f.* cellar.
pivot *s.n.* pivot.
pivota *v.i.* to pivot.
pix *s.n.* clutch pencil.
pizmaş *adj.* envious.
pizmă *s.f.* envy.
pizmui *v.t.* to envy.
plac *s.n.* pleasure, *după bunul său* ~ at one's will.
placa *v.t.* to plate.
placaj *s.n.* plywood.
placă *s.f.* plate, (disc) (gramophone) record, (pt. şcoală) slate, (comemorativă) plaque; ~ *fotografică* photographic plate.
plachetă *s.f.* booklet.
placid *adj.* placid, *adv.* listlessly.
placiditate *s.f.* placidity.
plafon *s.n.* ceiling, *fig.* limit.
plafona *v.t.* to limit.
plagia *v.t.* to plagiarize.
plagiat *s.n.* copying.
plagiator *s.m.* plagiarist.
plajă *s.f.* beach.
plan I. *s.n.* (suprafață) plane, (proiect) plan, (punctaj) outline, ~ *de învățământ* syllabus, ~ *de perspectivă* long term plan, *fig.* far-reaching plan, ~ *cincinal* five-year plan, *pe ~ul al doilea* in the middle ground, *fig.* secondly, *în prim* ~ in the fore-ground, *fig.* first and foremost, ~ *cadastral* cadastral survey, *a face ~uri* to make plans. **II.** *adj.* plane, even, (neted) flat, level; *suprafață ~ă* plane surface.
plana *v.i.* to soar.
planetă *s.f.* planet, *planeta noastră* the earth.
planifica *v.t.* to plan.
planificare *s.f.* planning.
planor *s.n.* glider.
planşă *s.f.* drawing board, (poză) plate.
planşetă *s.f.* small board.
planta *v.t.* to plant.
plantație *s.f.* plantation.
plantă *s.f.* plant, ~ *medicinală* simple, ~ *industrială* technical crop.
plapumă *s.f.* counterpane, (pilotă) eiderdown.
plasa *v.t.* to place, (bani) to sink, to invest, (mărfuri) to sell, *a se ~ printre* to rank among, *v.r.* to take (a stand), (a se vinde) to sell.
plasament *s.n.* *com.* sale, disposal.
plasator *s.m.* usher.

plasă *s.f.* (fishing) net.
plasmă *s.f.* plasma.
plastic *adj.* plastic, *fig.* graphic, (de artă) fine, *adv.* eloquently.
plastică *s.f.* plastic(ity), (arte) fine arts.
plasticitate *s.f.* plasticity.
plasticiza *v.t.* to plasticize.
plastifia *v.t.* to plastify.
plastifiant *s.m.* plasticizer.
plastifiere *s.f.* plastification.
plastilină *s.f.* plasticine.
plastografia *v.t.* to falsify.
plasture *s.m.* plaster.
plat *adj.* flat.
platan *s.m.* plane-tree, *s.n.* scale, (de picup) turn table.
plată *s.f.* pay(ment), *fig.* reward, ~ *în natură* payment in kind, *bun de* ~ solvent, *cu* ~ for money, *fără* ~ free, ~ *anticipată* advance payment.
platformă *s.f.* platform.
platina *v.t.* to platinize.
platinat *adj.* platinized.
platină *s.f.* platinum.
platitudine *s.f.* platitude.
platou *s.n.* plateau, (tavă) tray, (cinema) stage, floor.
plauzibil *adj.* plausible.
plăcea *v.t.* to like, *v.i.* to be pleasant, *îl* ~ he liked it, *îmi plac prăjiturile* I like cakes, *îmi place să citesc* i enjoy reading.
plăcere *s.f.* pleasure, *cu* ~ gladly, *fără* ~ reluctantly, *~a este de partea mea* the pleasure is all mine.
plăcintă *s.f.* pie.
plăcintărie *s.f.* pie shop.
plăcut *adj.* agreeable, (simpatic) nice, *adv.* pleasantly.
plămădi *v.t.* to leaven, (a modela) to mould.
plămân *s.m.* lung.
plănui *v.t.* to plan, to intend, (a falsifica) to fake.
plăpând *adj.* delicate, feeble.
plăsmui *v.t.* to create, to produce.
plăsmuire *s.f.* creation, (invenție) fabrication.
plăti *v.t.* to pay, (a răsplăti) to repay, to pay back, (bine) to reward, *v.i.* to pay, *v.r.* to get rid of one's debts.
plătică *s.f.* bream.
plânge *v.t.* to deplore, *fig.* to pity, *v.i.* to weep, to cry, (a se lamenta) to lament, *a ~ de bucurie* to cry with joy, *v.r.* to complain, *n-are rost să plângi pentru lucruri ce nu se mai pot schimba* it's no use crying over spilt milk.
plângere *s.f.* complaint, grievance.
plâns *s.n.* weeping, *adj.* tearstained.
plebiscit *s.n.* plebiscite.
pleca *v.t.* to bend, (ochii) to lower, *v.i.* to leave, to depart, *v.r.* to bend, to bow, (mult) to stoop, *fig.* to yield.
plecare *s.f.* departure, (avion) take off, (vapor) sailing; *gata de* ~ ready to go.
plecat *adj.* absent, away, (încovoiat) bent, *fig.* submissive.

plecăciune *s.f.* bow.
pled *s.n.* rug, (pătură) blanket.
pleda *v.i.* to plead.
pledoarie *s.f.* pleading.
pleiadă *s.f.* pleiad.
plen *s.n.* plenum.
plenar *adj.* plenary.
plenară *s.f.* plenary meeting, ~ *lărgită* enlarged plenum.
plenitudine *s.f.* plenitude.
pleoapă *s.f.* (eye)lid.
pleonasm *s.n.* pleonasm.
pleosc *interj.* splash!
pleoşti *v.t.* to flatten.
pleoştit *adj.* flattened.
plescăi *v.i.* to splash, (din buze) to champ.
plesni *v.t.* to hit, *v.i.* to burst.
pleşuv *adj.* bald.
plete *s.f. pl.* locks.
pletoric *adj.* plethoric.
pletos *adj.* long-haired, (de salcie) weeping.
plia *v.t.* to fold.
pliant *s.n.* leaflet, *adj.* folding.
plic *s.n.* envelope.
plicticos *adj.* tedious.
plictiseală *s.f.* boredom, (necaz) trouble.
plictisi *v.t.* to bore, *fig.* to bother, *v.r.* to be bored.
plictisit *adj.* bored sick (with smth.), (supărat) annoyed.
plictisitor *adj.* boring.
plimba *v.r.* to go for walk, (a muta) to shift, *v.t.* to pass.
plimbare *s.f.* stroll, (cu un vehicul) drive, ride.
plin *s.n.* full (supply), *din* ~ fully, *adj.* full (of), packed (with), (complet) complete, ~ *de praf* dusty, ~ *ochi* brimful, ~ *până la refuz* full to capacity, *în* ~ *sezon* at the height of the season, *nu vorbi cu gura ~ă* don't speak with your mouth full.
plisa *v.t.* to pleat.
plisc *s.n.* beak, *fig.* mouth.
pliu *s.n.* fold.
plivi *v.t.* to weed.
ploaie *s.f.* rain, (torențială) downpour, (aversă) shower, (măruntă) drizzle, *ca o* ~ in a shower, *pe* ~ in the rain.
ploios *adj.* rainy.
plomba *v.t.* to stop, to fill a cavity.
plombă *s.f. med.* filling.
plonja *v.i.* to dive.
plop *s.m.* poplar.
ploscă *s.f.* gourd, (bolnavi) bedpan.
ploşniță *s.f.* bed bug.
ploua *v.i.* to rain, (mărunt) to drizzle.
plouat *adj.* wet with rain, *fig.* crestfallen.
plug *s.n.* plough, (la ski) stem.
plugar *s.m.* ploughman.
plugări *v.i.* to plough.
plumb *s.m.* lead.
plumbui *v.t.* to lead, (a sigila) to seal.
plural *s.n.*, *adj.* plural.
pluralitate *s.f.* plurality.
plus *s.n.* plus, (adaos) surplus, *în* ~ moreover, *conj.* plus, and.
plusa *v.i.* to plus.
pluş *s.n.* plush.
plută *s.f.* raft, *bot.* cork (tree).

pluti *v.i.* to float, (a naviga) to sail.
plutire *s.f.* floating.
plutitor *adj.* afloat.
pluton *s.n.* platoon, *sport* bunch.
pneu *s.n.* tyre.
pneumatic *adj.* pneumatic.
pneumonie *s.f.* pneumonia.
poală *s.f.* hem, *pl.* lap, *la poalele dealului* at the foot of the hill.
poamă *s.f.* fruit.
poantă *s.f.* gist (of a story), (la balet) toe-dancing.
poartă *s.f.* gate(way), *sport* goal, *ist.* the (Subline) Porte.
pocal *s.n.* goblet.
pocăință *s.f.* regrets.
pocăit *adj.* penitent.
pocher *s.n.* poker.
poci *v.t.* to disfigure.
pocit *adj.* disfigured.
pocitanie *s.f.* monster.
pocnet *s.n.* crack, (împuşcătură) shot.
pocni *v.t.* to hit, *v.i.* to burst.
pocnitoare *s.f.* cracker.
pod *s.n.* (punte) bridge, (al casei) garret, (la şură) loft, ~ *vase* pontoon bridge, ~ *rulant* travelling crane, *~ul palmei* the palm of the hand.
podea *s.f.* floor(ing).
podgorie *s.f.* vineyard.
podidi *v.t.* to overcome, *m-au ~t lacrimile* tears welled from my eyes.
podiş *s.n.* plateau.
podium *s.n.* platform.
podoabă *s.f.* ornament, *fig.* jewel.
poem *s.n.* poem.
poet *s.m.* poet.
poetă *s.f.* poetess.
poetic *adj.* poetic(al), *adv.* poetically.
poezie *s.f.* poem, (artă) poetry.
poftă *s.f.* appetite, (puternică) lust (for), ~ *bună* enjoy, *cu ~* heartily, *după pofta inimii* to one's heart content, *fără ~* spiritlessly.
pofti *v.t.* to invite, (a dori) to wish, (a îndrăzni) to dare, *v.i.*: *a ~ la* to covet.
pofticios *adj.* greedy, (lasciv) randy, *adv.* greedily.
poftim *interj.* please (come in), *(cum?)* I beg your pardon?, *(ține)* here you are!
pogon *s.n.* acre.
poiană *s.f.* glade.
poimâine *adv.* the day after tomorrow.
pojar *s.n.* measles.
pojghiță *s.f.* (thin) crust.
pol *s.m.* pole.
polar *adj.* polar, (de stea) north.
polaritate *s.f.* polarity.
polariza *v.t.* to polarize.
polarizer *s.n.* polarizer.
polei *s.n.* glazed frost.
polei *v.t.* to polish.
polemic *adj.* contentious.
polemică *s.f.* polemic.
polemiza *v.i.* to polemize.
polen *s.n.* pollen.
policandru *s.n.* chandelier.
policlinică *s.f.* polyclinic.

poligamie *s.f.* polygamy.
poligon *s.n.*, *geom.* polygon, (de tragere) shooting range.
poligraf *s.m.* polygraph.
poligrafie *s.f.* printing.
polimeriza *v.t.* to polymerize.
polimerizare *s.f.* polymerization.
poliomielită *s.f.* polio(myelitis).
polip *s.m.* *zool.* polyp, *med.* polypus.
polisemie *s.f.* polysemy.
polistiren *s.m.* polystyrene.
politehnic *adj.* polytechnic.
politehnică *s.f.* polytechnic.
politețe *s.f.* politeness.
politic *adj.* political.
politică *s.f.* politics, (atitudine) policy, ~ *de pace* peace (ful) policy, ~ *externă* foreign policy.
politician *s.m.* politician.
politicos *adj.* polite, *adv.* politely.
politiza *v.t.* to politicize.
poliță *s.f.* (raft) shelf, *com.* promissory note.
poliție *s.f.* police (station).
polițist *s.m.* policeman, *adj.* police.
polizor *s.n.* grinder.
polo *s.n.* polo, ~ *pe apă* water polo.
polonez *s.m.* Pole, *adj.* Polish.
polonic *s.n.* ladle.
polua *v.t.* to pollute.
poluare *s.f.* pollution.
pom *s.m.* (fruit) tree.
pomadă *s.f.* pomade.
pomană *s.f.* alms, *de* ~ free, (zadarnic) in vain, uselessly.
pomeni *v.t.* to mention, (a cunoaşte) to know, (a întâlni) to see, *v.i.* *a* ~ *de* to cite, *v.r.* to be known, (a se întâmpla) to happen, (a se trezi) to find oneself.
pomenire *s.f.* mentioning, *rel.* prayer (for the dead), *veşnica* ~ may he rest in peace.
pomeți *s.m.* *pl.* cheek bones.
pomină *s.f.* frame, *de* ~ famous, (extraordinar) unforgettable, (ridicol) ridiculous.
pompa *v.t.* to pump (in out).
pompă *s.f.* pump, (ceremonie) pomp, *~e funebre* funeral furnishers, *cu toată pompa* with all due respect, in full attire.
pompier *s.m.* fireman, *pl.* fire brigade.
pompos *adj.* pompous.
pondera *v.t.* to moderate.
ponderat *adj.* balanced.
pondere *s.f.* weight.
ponegri *v.t.* to slander.
ponei *s.m.* poney.
ponosit *adj.* worn-out.
pont *s.n.* tip.
pontaj *s.n.* clocking.
ponton *s.n.* pontoon.
popas *s.n.* halt, stop (over).
popă *s.m.* parson, pope, (la jocuri) king.
popândău *s.m.* ground squirrel.
popic *s.n.* skittle, *pl.* ninepins, *amer.* bowls.

popor *s.n.* people, (mulțime) crowd, *~ul muncitoresc* the working people, *din ~* of the people, folk.
poposi *v.i.* to halt, to put up (at an inn).
popotă *s.f.* officer's mess, canteen.
popula *v.t.* to people.
popular *adj.* (din popor) folk, popular, (al poporului) people's, (simpatizat) popular (with the public).
popularitate *s.f.* popularity.
populariza *v.t.* to popularize, (a răspândi) to spread.
popularizare *s.f.* vulgarisation, (răspândire) dissemination.
populat *adj.* populed, (aglomerat) populous.
populație *s.f.* population.
por *s.m.* pore.
porc *s.m.* pig, (îngrăşat) hog (ger), *pl.* swine, (vier) boar, (carne) pork, *~ mistreț* wild boar.
porcărie *s.f.* (murdărie) filth, (ticăloşie) foul trick, *pl.* (pornografie) bawdy, four-letter words, (lături) pigwash.
poreclă *s.f.* nickname.
porecli *v.t.* to nickname.
porni *v.t.* to set, (a dezlănțui) to unleash, *v.i.*, *v.r.* to start, (a se pune în mişcare) to be set moving.
pornire *s.f.* starting, (înclinație) bend, ply, (părtinire) bias.
pornografic *adj.* scurrilous.
pornografie *s.f.* bawdy.
port *s.n.* port, harbour, (costum) costume, (purtare) conduct.
portabil *adj.* portable.
portar *s.m.* janitor, *sport* goalkeeper.
portativ *s.n.* stave, *adj.* portable.
portavion *s.n.* aircraft carrier.
portbagaj *s.n.* carrier.
portieră *s.f.* door.
portiță *s.f.* (wicket) gate, (de la sobă) damper, *fig.* way out, issue.
portjartier *s.n.* (suspender) girdle.
portmoneu *s.n.* wallet.
portocal *s.m.* orange tree.
portocală *s.f.* orange, *~ roşie* blood orange.
portocaliu *adj.* orange.
portofel *s.n.* wallet.
portofoliu *s.n.* portofolio.
portret *s.n.* portrait.
portretiza *v.t.* to portray.
portvizit *s.n.* pocket-book.
porțelan *s.n.* porcelain.
porție *s.f.* helping, *fig.* portion.
porțiune *s.f.* fragment, portion.
porumb *s.m.* maize, Indian corn
porumbar *s.n.* granary, corncrib.
porumbel *s.m.* pigeon, dove, *~ călător* homer, *~ mesager* homing pigeon.
poruncă *s.f.* order, command.
porunci *v.t.* to command, to order, *v.i.* to rule.
poruncitor *adj.* imperative, *adv.* imperatively.

posac *adj.* gloomy.
poseda *v.t.* to possess, to own.
posesie *s.f.* possession, (proprietate) ownership.
posesiune *s.f.* possession.
posesiv *s.n., adj.* possessive.
posesor *s.m.* owner.
posibil *adj.* possible, feasible, *adv.* possibly; *a face tot ~ul* to do one's best.
posibilitate *s.f.* possibility.
posomorât *adj.* gloomy.
posomorî *v.r.* to cloud over.
post *s.n.* post, *rel.* fast, *~ul mare* Lent, *~ de mişcare* service station, *~ de prim ajutor* first-hand station.
posta *v.t.* to post.
postament *s.n.* pedestal.
postav *s.n.* cloth.
posterior *adj.* hind(er), posterior, (ulterior) later, *anat.* posterior.
posterioritate *s.f.* posteriority.
postfaţă *s.f.* afterword.
posti *v.i.* to fast.
post restant *s.n.* poste restante.
postscriptum *s.n.* postscript.
postula *v.t.* to postulate.
postum *adj.* posthumous, *adv.* posthumously.
postură *s.f.* position, situation.
poşetă *s.f.* (hand)bag.
poştal *adj.* post(al).
poştaş *s.m.* postman.
poştă *s.f.* post (office), (curier) mail, *prin poşta aeriană* via airmail.
potabil *adj.* drinkable.
potasiu *s.n.* potassium.
potârniche *s.f.* partridge.
potcoavă *s.f.* horseshoe, (de bocanc) clout.
potcovi *v.t.* to shoe.
potecă *s.f.* path.
potenţa *v.t.* to intensify.
potenţial *adj.* potential.
potenţialitate *s.f.* potentiality.
poticni *v.r.* to stumble (over smth.).
potir *s.n.* cup, *rel.* chalice.
potoli *v.t.* to soothe, (setea) to quench, *v.r.* to quiet (down), (de furtună) to abate.
potolit *adj.* quiet, (cuminte) equable.
potop *s.n.* flood, *adv.* in a torrent.
potrivă *s.f.* likeness, match.
potrivi *v.t.* to arrange, (a pune la punct) to adjust, (a pune de acord) to match, (a armoniza) to harmonize, (ceasul) to set, (bine) to hit it off, *v.r.* to agree, (a corespunde pentru) to suit, to be suited, *a se ~ la vorbele cuiva* to obey smb.
potrivire *s.f.* concord, harmony.
potrivit *adj.* adequate, (moderat) moderate, *adv.* moderately, *~ cu* in accordance with.
potrivnic *s.m.* opponent, *adj.* hostile.
povară *s.f.* burden.
povaţă *s.f.* counsel, *pl.* advice.
povăţui *v.t.* to advise.
poveste *s.f.* story, (basm) fairy tale, (minciună) fabrication, *nici ~* nothing of the kind.

povesti *v.t.* to tell, *v.r.* to be said.
povestire *s.f.* story.
povestitor *s.m.* narrator, (scriitor) story-teller.
povârniş *s.n.* slope.
poza *v.i.* to pose (as), *v.t.* to photograph..
poză *s.f.* picture, (fotografie) photo(graph), *fig.* pose.
pozitiv *s.n.*, *adj.* positive.
poziție *s.f.* position, (aşezare) situation, (atitudine) stand (point); ~ *avantajoasă* advantage ground, *a-şi schimba ~a* to revise one's stand.
poznaş *s.m.* wag, *adj.* tricky.
poznă *s.f.* prank, blunder, (farsă) practical joke.
practic *adj.* practical, *fig.* matter-of-fact, *adv.* virtually.
practica *v.t.* to practise, (a aplica) to apply.
practicabil *adj.* practicable.
practică *s.f.* practice, (a studenților) practical (period).
pradă *s.f.* prey, (prin jaf) booty, (de război) spoils; *animal de ~* predator, *pasăre de ~* raptor.
praf *s.n.* dust, (pudră) powder, *~ de copt* baking soda, saleratus, *~ de puşcă* gunpowder; *a arunca ~ în ochii cuiva* to throw dust in smb.'s eyes, *a şterge ~ul* to dust.
prag *s.n.* threshold, *fig.* limit, *în ~ul …* on the brink of…
pragmatic *adj.* pragmatic.
praştie *s.f.* sling.
praz *s.m.* leek.
praznic *s.n.* (funeral) feast, (hram) wake.
prăbuşi *v.r.* to fall, to crumble.
prăbuşire *s.f.* collapse, (a unei clădiri) cave-in.
prăda *v.t.* to plunder, to rob.
prăfos *adj.* dusty.
prăfui *v.r.* to cover with dust.
prăfuit *adj.* dusty, *fig.* stale, dated.
prăji *v.r.* to fry, (la soare) to bask in the sun.
prăjină *s.f.* pole; *nu-i ajungi nici cu prăjina la nas* she's very perky.
prăjit *adj.* fried.
prăjitură *s.f.* cake.
prăpastie *s.f.* abyss.
prăpăd *s.n.* disaster.
prăpădi *v.t.* to destroy, *v.r.* to be destroyed, (a pieri) to perish, to die; *a se ~ de râs* to die of laughter.
prăpădit *adj.* wretched, destroyed.
prăpăstios *adj.* abrupt, steep, (despre oameni) pessimistic.
prăşi *v.t.* to weed.
prăşit *s.n.* weeding.
prăvăli *v.t.* to overthrow, *v.r.* to crumple down.
prăvălie *s.f.* shop.
prăznui *v.t.* to celebrate.
prăznuire *s.f.* celebration.
prânz *s.n.* lunch, (amiază) noon.
prânzi *v.i.* to lunch, to dine.
prea *adj.* too, quite, *~ de tot* too much, *a dormi ~ mult* to

oversleep, *nu ~ cred* I don't think so.

preajmă *s.f.* vicinity, around, *în preajma cuiva* close to smb., *în preajma unui eveniment* on the eve of an event.

prealabil *adj.* previous, *în ~* beforehand.

preamări *v.t.* to extol, to praise.

preambul *s.n.* preamble.

preaputernic *adj.* omnipotent.

preaviz *s.n.* notice.

precar *adj.* precarious.

precaut *adj.* cautious, *adv.* cautiously.

precauție *s.f.* precaution, *ca ~* for better safety, *cu ~* cautiously.

precădere *s.f.* priority, *cu ~* pre-eminently.

preceda *v.t.* to precede.

precedent *s.n.* precedent, *fără ~* unprecedented, *adj.* (ultimul dinainte) preceding, (de demult) previous.

precept *s.n.* precept.

preceptor *s.m.* preceptor.

precipita *v.t.* to hasten, to hurry, *v.r.* to rush.

precipitat *adj.* hurried.

precipitații *s.f. pl.* rainfall, (radioactive) fall-out.

precis *adj.* precise, accurate, *adv.* accurately, (sigur) definitely, (de oră) sharp.

preciza *v.t.* to specify, *v.r.* to become precise.

precizare *s.f.* explanation, (declarație) statement.

precizie *s.f.* accuracy.

precoce *adj.* precocious.

precocitate *s.f.* precocity.

preconceput *adj.* preconceived, (nejustificat) unwarranted.

preconiza *v.t.* to foresee, to contemplate, (a propune) to suggest.

precum *conj.* as, *~ și* as well as, *~ urmează* as follows.

precursor *s.m.* forerunner.

preda *v.t.* to deliver, (în învățământ) to teach, *v.r.* to surrender.

predare *s.f.* deliver, (în învățământ) teaching, (capitulare) capitulation.

predecesor *s.m.* forerunner.

predestinat *adj.* fated.

predeterminare *s.f.* to predetermine.

predica *v.t.*, *v.i.*. to preach.

predicat *s.n.* predicate.

predicativ *adj.* predicative.

predică *s.f.* sermon.

predilecție *s.f.* predilection, *de ~* preferable.

predispoziție *s.f.* predisposition.

predispune *v.t.* to predispose.

predispus *adj.* predisposed to.

predomina *v.i.* to prevail.

predominant *adj.* prevalent.

prefabrica *v.i.* to prefabricate.

prefabricat *s.n.* prefab.

preface *v.t.* to change (into smth.), *v.r.* to turn (into smth.), (a simula) to feign, to dissimulate.

prefacere *s.f.* transformation.

prefața *v.t.* to preface.
prefață *s.f.* preface.
prefăcătorie *s.f.* simulation, (ipocrizie) cant.
prefăcut *adj.* adulterated, (ipocrit) hypocritical.
prefera *v.t.* to prefer, *aș ~ să plec* I'd rather go.
preferabil *adj.* preferable, *de ~* preferably.
preferențial *adj.* preferential.
preferință *s.f.* preference.
prefix *s.n.* prefix.
pregăti I. *v.t.* to prepare, (a instrui) to train, (masa) to cock, *a ~ terenul pentru* to pave the way for. **II.** *v.r.* to make ready, (pentru un examen) to study.
pregătire *s.f.* preparation, (predare) teaching, (nivel) information.
pregătit *adj.* prepared, (gata) ready, (instruit) well-trained.
pregătitor *adj.* preparatory.
pregeta *v.i.* to hesitate; to waver.
pregnant *adj.* striking, conspicuous.
preistorie *s.f.* pre-history.
preîntâmpina *v.t.* to avert.
prejos *adv.* *mai ~ de* below, behind.
prejudecată *s.f.* prejudice, *fără prejudecăți* unprejudiced.
prejudicia *v.t.* to harm.
prejudiciu *s.n.* damage, prejudice, (moral) injury.
prelegere *s.f.* lecture.
preliminar *adj.* preliminary, tentative.
prelua *v.r.* to assume, to take over.
prelucra *v.t.* to process, (o problemă) to analyse, (pe cineva) to brief.
prelucrare *s.f.* manufacture, (instructaj) briefing.
preludiu *adj.* prelude.
prelungi *v.t.* to prolong, *v.r.* to last.
prematur *adj.* premature.
premeditare *s.f.* premeditation, *cu ~* deliberate(ly).
premeditat *adj.* premeditated.
premergător *s.m.* forerunner, *adj.* previous.
premia *v.t.* to award a prize.
premier *s.m.* premier.
premieră *s.f.* premiere.
premisă *s.f.* premise, *pl.* prerequisites.
premiu *s.n.* prize.
prenume *s.n.* first/ Christian name.
preocupa *v.t.* to concern, *v.r.* to concern oneself (with).
preocupare *s.f.* preoccupation.
preocupat *adj.* preoccupied, *~ de* concerned with.
preot *s.m.* priest, (popă) pope.
prepara *v.t.* to prepare, (mâncarea) to cook.
preparație *s.f.* preparation.
prepeliță *s.f.* quail.
preponderent *adj.* preponderant.
preponderență *s.f.* preponderance.
prepoziție *s.f.* preposition.
presa *v.t.* to press, (a zori) to urge.

presă *s.f.* press.
presăra *v.t.* to (be)sprinkle.
preschimba *v.t.* to (ex)change, *v.r.* to turn (into).
preschimbare *s.f.* transformation.
prescrie *v.t.* to prescribe.
prescripție *s.f.* prescription.
prescurta *v.t.*, *v.r.* to abbreviate.
prescurtare *s.f.* abbreviation.
preselecție *s.f.* preselection.
presimți *v.t.* to sense.
presimțire *s.f.* premonition, presentiment.
presiune *s.f.* pressure.
prespapier *s.n.* paper weight.
presta *v.t.* to perform, *a ~ jurământ* to be sworn in.
prestabilit *adj.* pre-established.
prestare *s.f.* performance, *sub ~ jurământ* under oath.
prestigiu *s.n.* prestige, *de ~* creditable.
presupune *v.t.* to suppose.
presupunere *s.f.* supposition.
presus *adj. mai ~ de* more important than.
președinte *s.m.* president.
președinție *s.f.* presidency.
pretendent *s.m.* claimant, (pețitor) suitor.
pretenție *s.f.* pretension, (revendicare) claim, *cu pretenții* pretentious, (afectat) miminypiminy, *fără pretenții* unassuming.
pretențios *adj.* pretentious.
pretext *s.n.* exigent.
pretexta *v.t.* to pretend.
pretinde *v.t.* to claim, (a susține) to allege.
pretins *adj.* alleged.
pretutindeni *adj.* everywhere.
preț *s.n.* price, *~ de cumpărare* purchase price, *~ cu ridicata* wholesale price, *cu ~ul vieții* at the risk of one's life, *cu orice ~* at any cost, *de ~* valuable, *fără ~* priceless.
prețios *adj.* precious.
prețui *v.t.* to value.
prețuire *s.f.* appreciation.
prevala *v.i.* to prevail, *v.r.* to avail oneself.
prevăzător *adj.* cautious.
prevedea *v.t.* to foresee, (fonduri) to earmark, *a ~ că* to stipulate that, *a ~ cu* to endow with, *v.r.* to be forecast.
prevedere *s.f.* foresight, *pl.* stipulations, provisions.
preveni *v.t.* to (fore)warn, (a preîntâmpina) to forestall.
prevenit *adj.* warned.
prevesti *v.t.* to forebode.
previzibil *adj.* predictable.
previziune *s.f.* prevision.
prezent *s.n.*, *adj.* present.
prezenta **I.** *v.t.* to present, (a arăta) to show, (pe cineva cuiva) to introduce (smb. to smb. else). **II.** *v.r.* to offer oneself, (cuiva) to introduce oneself (to smb.), (de un candidat) to stand (for an examination, elections), (a se ivi) to appear; *a ~ scuze* to apologize.
prezentabil *adj.* attractive.

prezentare *s.f.* presentation, introduction, ~ *grafică* make-up.
prezență *s.f.* presence, (a elevilor) attendance, ~ *de spirit* presence of mind.
prezerva *v.t.* to preserve.
prezicător *s.m.* soothsayer.
prezice *v.t.* to forecast, *a ~ viitorul* to predict the future.
prezida *v.t.* to chair, *v.i.* to preside.
prezidiu *s.n.* presidium.
prezumție *s.f.* assumption.
pribeag *s.m.* fugitive, *adj.* isolated.
pribegi *v.t.* to wander.
pricepe *v.t.* to understand, *v.r.* (a se înțelege) to be clear, to be competent, *a se ~ bine la ceva* to be an expert at smth., *om priceput* handy man.
pricepere *s.f.* (îndemânare) skill.
priceput *adj.* skilled.
pricină *s.f.* reason, (râcă) grudge, *din pricina cuiva* because of smb.
pricinui *v.t.* to cause.
prididi *v.i.* to overcome.
pridvor *s.n.* porch.
prielnic *adj.* favourable.
prieten *s.m.* friend, ~ *bun* good friend.
prietenesc *adj.* friendly.
prietenie *s.f.* friendship.
prietenos *adj.* friendly.
prigoană *s.f.* persecution.
prigoni *v.t.* to persecute.
prigonitor *s.m.* persecutor.
prihană *s.f.* blemish, *fără ~* unblemished.
prilej *s.n.* occasion, (fericit) opportunity.
prilejui *v.t.* to occasion.
prim *num.* first, *mat.*, *pol.* prime.
primar *s.m.* mayor, *adj.* elementary, primary.
primă *s.f.* bonus, premium.
primărie *s.f.* town hall.
primăvară *s.f.* spring, *la ~* next spring.
primejdie *s.f.* danger, ~ *de moarte* mortal danger.
primejdios *adj.* dangerous.
primi *v.t.* to receive, (a accepta) to accept, *v.i.* to consent.
primire *s.f.* reception, *a da în ~* to deliver, *a lua în ~* to undertake.
primitiv *s.m.*, *adj.* primitive, crude.
primitor *adj.* hospitable.
primordialitate *s.f.* priority.
primus *s.n.* primus (stove).
prin *prep.* through, (pe la) about, (în) in, ~ *urmare* therefore.
principal *adj.* principal, of principle, *adv.* on principle.
principesă *s.f.* princess.
principiu *s.n.* principle, (basic) element, *din ~* on principle, principle, *în ~* theoretically.
prinde I. *v.t.* to catch, (a apuca) to grasp, (repede) to snatch, (prizonieri) to capture, (din urmă) to catch up with, (a cuprinde) to embrace, (a

înțelege) to understand, (a fixa) to fasten, (a lega) to tie, (a căpăta) to acquire, *a ~ asupra faptului* to catch red-handed, *a ~ curaj* to take heart, *a ~ pește* to fish, *a ~ de veste* to find out; *a ~ ocazia* to seize the opportunity, *a ~ pică pe cineva* to bear a grudge against smb., *a ~ puteri* to regain strength. **II.** *v.r.* to catch (at), *fig.* to pledge, (a paria) to bet, (a se întări) to set, (de lapte) to catch.

printre *prep.* among, *~ altele* among other things.

prinț *s.m.* prince.

prințesă *s.f* princess.

prioritate *s.f.* priority, (la circulație) right of way.

pripă *s.f.* haste, *în ~* hastily.

pripi *v.r.* to hurry.

pripire *s.f.* hurry, haste.

pripit *adj.* hurried.

pripon *s.n.* tether, (țăruș) stake.

priponi *v.t.* to tether.

pripor *s.n.* slope.

prismă *s.f.* prism, *fig.* angle.

prisos *s.n.* redundancy, *de ~* useless.

prisosi *v.i.* to be in excess.

prisosință *s.f.* *cu ~* in abundance.

prispă *s.f.* porch.

priva *v.t.* to deprive (of), *v.r.* *a se ~ de* to do without.

privat *adj.* private.

priveghea *v.i.* to watch.

priveghere *s.f.* watching.

priveliște *s.f.* view.

privi *v.t.* to watch, (a interesa) to concern, *în ceea ce mă privește* as for me, *nu te privește* it is none of your business, *nu mă privește pe mine* it doesn't concern me, *v.i.* to look, (fix) to stare, (atent) to peer, to stare, *a ~ la* to watch, *v.r.* to look at each other, (în oglindă) to (take a) look at oneself in the mirror.

privighetoare *s.f.* nightingale.

privilegia *v.t.* to favour.

privilegiat *adj.* privileged.

privilegiu *s.n.* privilege.

privință *s.f.* respect, *în privința* as regards.

privire *s.f.* look, *cu ~ la* as regards.

privitor *s.m.* onlooker, *adj.* *~ la* regarding.

priza *v.t.* to snuff.

priză *s.f.* plug, *în ~* plugged (in), *scos din ~* unplugged.

prizonier *s.m.* prisoner.

proaspăt *adj.* fresh, (de pâine) newly-baked.

proba *v.t.* (a dovedi) to prove, (a încerca) to test, (o haină) to try on.

probabil *adj.* probable, *puțin ~* unlikely, *adv.* probably, *foarte ~* most likely.

probabilitate *s.f.* probability, *după toate probabilitățile* in all likelihood.

probă *s.f.* test, (dovadă) proof, (verificare) verification, (monstră) specimen, (examen) exam(ination), (la croitor) fitting, *sport* event, *de ~* trial.

problematic *adj.* problematical.
problemă *s.f.* problem, *fig.* challenge, issue.
proceda *v.i.* to proceed (to), to act.
procedeu *s.n.* method.
procedură *s.f.* procedure.
procent(aj) *s.n.* percentage.
proces *s.n.* process, (curs) course, *jur.* (penal) trial, (civil) lawsuit, ~ *de conştiinţă* remorse, ~ *de divorţ* divorce suit, ~ *verbal* report, (al unei şedinţe) minute, *a intenta cuiva un* ~ to bring smb. to law, *a câştiga/ pierde un* ~ to win/lose a case.
procesiune *s.f.* procession.
proclama *v.t.* to proclaim.
proclamare, proclamaţie *s.f.* proclamation.
procrea *v.i.* to procreate.
procreare *s.f.* procreation.
procura *v.t.* to obtain.
procuratură *s.f.* prosecutor's office.
procură *s.f.* procuration, mandate, *prin* ~ by proxy.
procuror *s.m.* public prosecutor.
prodecan *s.m.* deputy dean.
prodigios *adj.* prodigious.
producător *s.m.* producer.
produce I. *v.t.* to cause, to produce; *a* ~ *senzaţie* to cause sensation. **II.** *v.r.* to be produced, to occur, to happen.
productiv *adj.* productive, efficient.
productivitate *s.f.* productivity.
producţie *s.f.* production, (produse) output, yield, ~ *în serie* serial manufacture, ~ *la hectar* yield per hectare, *proces de* ~ process of production.
produs *s.n.* product, *~e agricole* farm produce, *~e alimentare* food products, *~e lactate* dairy produce.
proeminent *adj.* prominent, *fig.* remarkable.
profan *adj.* profane, (laic) lay.
profana *v.t.* to profane.
profesie *s.f.* calling, *de* ~ by profession.
profesional *adj.* professional, (de învăţământ) vocational, (de boală) occupational.
profesionist *s.m., adj.* professional, *liberii profesionişti* the professional people.
profesiune *s.f.* profession.
profesoară *s.f.* teacher, (învăţătoare) schoolmaster.
profesor *s.m.* teacher, (universitar) professor, (învăţător) schoolmaster.
profet *s.m.* prophet.
profetiza *v.t.* to prophesy.
profeţie *s.f.* prophecy.
profil *s.n.* profile, *fig.* structure, *din* ~ in profile.
profila *v.r.* to profile, *fig.* to specialize (in).
profilat *adj.* shaped.

profit *s.n.* profit, ~ *net* clear profit, în ~ul for the benefit of.
profita *v.i.* to benefit, *a ~ de prilej* to take advantage of the occasion.
profund *adj.* profound, (de somn) sound, (serios) thorough (going), *adv.* deeply, throughly.
profunzime *s.f.* depth.
progenitură *s.f.* progeny.
prognostic *s.n.* prognosis.
prognoză *s.f.* forecast.
program *s.n.* programme, *pol.* platform, (orar) time table, (de studii) syllabus.
programa *v.t.* to programme.
progres *s.n.* progress.
progresa *v.i.* to progress.
progresist *s.m.*, *adj.* progressive.
progresiv *adj.* gradual, *adv.* gradually.
prohab *s.n.* fly.
prohibiție *s.f.* prohibition.
proiect *s.n.* plan, *tehn.* design, (ciornă) draft, ~ *de lege* bill, ~ *de rezoluție* draft resolution.
proiecta *v.t.* to project, to design, *v.r.* to be projected.
proiectant *s.m.* designer.
proiectil *s.n.* missile, (glonte) bullet, (obuz) shell, ~ *teleghidat* guided missile.
proiecție *s.f.* projection.
proletar *s.m.*, *adj.* proletarian.
prolifera *v.t.* to proliferate.
prolog *s.n.* prologue.
promisiune *s.f.* promise.
promite *v.t.* to promise.
promițător *adj.* promising.
promoție *s.f.* graduates (of one year), enrolment.
promova *v.t.* to promote, *v.i.* to be promoted (to the next class).
promovare *s.f.* promotion.
prompt *adj.* prompt, *adv.* promptly.
promptitudine *s.f.* promptitude.
promulga *v.t.* to promulgate.
pronostic *s.n.* prognostication.
pronume *s.n.* pronoun.
pronunța *v.t.* to pronounce, *jur.* to pass, *v.r.* to declare.
pronunțare *s.f.* pronunciation, (a sentinței) passing.
propagandă *s.f.* propaganda.
propăși *v.i.* to thrive.
propășire *s.f.* advance(ment).
proporție *s.f.* proportion.
proporționa *v.t.* to proportion.
proporțional *adj.* proportional (to), *adv.* in proportion (as).
proporționat *adj.* well-balanced.
propovădui *v.t.* to preach, to spread.
propoziție *s.f.* sentence, (într-o frază) clause.
proprietar *s.m.* owner, (de casă sau de teren) landlord, (moșier) landowner.
proprietate *s.f.* property, (drept) ownership.
proprietăreasă *s.f.* landlady.
propriu *adj.* personal, *~-zis* proper.
propti *v.t.* to prop up, *v.r.* to take a fixed stand.

propulsa *v.t.* to propel.
propulsie *s.f.* propulsion.
propulsor *s.n.* propeller.
propune *v.t.* to suggest.
propunere *s.f.* proposal.
proră *s.f.* prow.
proroc *s.m.* prophet.
proroci *v.t.* to prophesy.
prorocire *s.f.* prediction.
proroga *v.t.* to prorogue.
proscrie *v.t.* to proscribe.
proscripție *s.f.* proscription.
proscris *adj.* proscribed.
prosop *s.n.* towel.
prospect *s.f.* prospectus.
prosper *adj.* prosperous.
prospera *v.i.* to thrive.
prosperitate *s.f.* prosperity.
prospețime *s.f.* freshness.
prost *s.m.* fool, *adj.* silly, (de proastă calitate) bad, *adv.* badly, poorly.
prostesc *adj.* foolish.
prosti *v.t.* to fool, *v.r.* to become foolish.
prostie *s.f.* folly, *pl.* rubbish.
prostituție *s.f.* prostitution.
protagonist *s.m.* protagonist.
protector *s.m.* protector.
protectorat *s.m.* protectorate.
protecție *s.f.* protection.
proteină *s.f.* protein.
proteja *v.t.* to protect.
protest *s.n.* protest.
protesta *v.t.*, *v.i.* to protest, to object.
protestant *s.m.*, *adj.* Protestant.
proteză *s.f.* prosthesis, (dentară) denture, *supraproteză* overdenture.
protocol *s.n.* protocol.
proton *s.m.* proton.
prototip *s.n.* prototype.
proțap *s.n.* pole.
proveni *v.i.* to proceed (from).
proveniență *s.f.* origin, source.
proverb *s.n.* proverb, saying.
provincial *s.m.*, *adj.* provincial.
provincie *s.f.* province, *de ~* country.
provizie *s.f.* provision, supply.
provizoriu *adj.* provisional, *adv.* for the time being.
provoca *v.t.* to challenge, (a cauza) to bring about, (a instiga) to incite.
provocare *s.f.* provocation, (la întrecere, duel) challenge.
provocator *adj.* provocative.
proxim *adj.* proximal.
proximitate *s.f.* proximity.
prozaic *adj.* prosaic.
prozator *s.m.* prose writer.
proză *s.f.* prose, fiction.
prudent *adj.* cautious.
prudență *s.f.* prudence.
prun *s.m.* plum tree.
prună *s.f.* plum.
prunc *s.f.* baby.
prund *s.n.* gravel.
psalm *s.m.* psalm.
pseudonim *s.n.* pseudonym, pen name.
psihanaliză *s.f.* psychoanalysis.
psihiatru *s.m.* psychiatrist.
psihic *s.n.* mind, *adj.* psychic.
psiholog *s.m.* psychologist.
psihologie *s.f.* psychology.
psihopat *s.m.* psychopath.
psihoză *s.f.* psychosis.
pst *interj.* pssst!
pubertate *s.f.* puberty.

public *s.n.* public, *marele ~* the public at large, *adj.* public, *adv.* publicy.
publica *v.t.* to publish.
publicare *s.f.* publication.
publicaţie *s.f.* publication, work, (periodic) periodical.
publicist *s.m.* journalist.
publicitate *s.f.* publicity, *mica ~* classified ads.
pucioasă *s.f.* brimstone.
pudoare *s.f.* decency, chastity.
pudra *v.t.*, *v.r.* to powder (oneself).
pudrat *adj.* powdered.
pudră *s.f.* powder; *~ de talc* talc powder, *zahăr ~* powdered sugar.
pueril *adj.* puerile.
puf *s.n.* down, (pt. pudră) puff.
pufni *v.i.* to snort, *a ~ în râs* to burst out laughing.
pufos *adj.* fluffy.
pufuleţi *s.m. pl.* corn puffs.
pui *s.m.* (de găină) chicken, (de pasăre mică) chick, (de animal) cub, whelp, (de gâscă) gosling, (de raţă) duckling, *~ de somn* nap, *~ule!* baby.
pulbere *s.f.* powder, dust; *~ neagră* gun-powder
pulover *s.n.* pull-over.
pulpă *s.f.* pulp, *anat.* calf, (coapsă) thigh.
puls *s.n.* pulse.
pulsa *v.i.* to pulse, to throb.
pulveriza *v.t.* to pulverize, *v.r.* to be pulverized.
pulverizabil *adj.* pulverizable.
pulverizator *s.m.* pulverizer.
pumn *s.m.* fist; *a încleşta ~ii* to clench one's fists.
pumnal *s.n.* dagger.
punct I. *s.n.* point, dot, full stop, (chestiune) item, (pe program) act, *~ cu ~* in great detail, *~ culminant* climax, *~ de plecare* starting point, *~ de vedere* standpoint, *~e cardinale* cardinal points, *~e ~e* dots in line, *~ de atracţie turistică* sightseeing spot, *~ mort* deadlock, *până la un ~* to a certain extent, *~ de fierbere* boiling point, *două ~e* colon, *a fi pe ~ul de a înnebuni* to be on the verge of going crazy, *a câştiga la ~e* to win on points, *a pune la ~ pe cineva* to teach smb. a lesson, *a se afla într-un ~ mort* to be at a stand-still. **II.** *adv.* sharp, exactly. **III.** *interj.* period!
puncta *v.t.* to dot, to point out.
punctaj *s.n.* outline, *sport* score.
punctat *adj.* dotted.
punctiform *adj.* punctiform.
punctual *adj.* punctual, *adv.* on time.
punctualitate *s.f.* punctuality.
punctuaţie *s.f.* punctuation.
pune I. *v.t.* to put, to set, (a aşterne) to lay, (a aplica) to apply, (o haină) to put on, (a sili) to make, *a ~ ceasul să sune* to set the alarm clock, *a ~ bine* to place in safety, *a ~ în discuţie* to raise, *a ~ în scenă* to perform, *a ~ o întrebare* to ask a question, *a-*

şi ~ amprenta pe to leave one's mark on, *a ~ un disc/ o placă* to play a record, *a ~ masa* to lay the table, *a pune stăpânire* to take over. **II.** *v.r.* to be put, (a se aşeza) to sit down.
pungaş *s.m.* thief, pickpocket, *fig.* villain.
pungă *s.f.* purse, (sac) pouch, (de hârtie) paper bag.
pungăşie *s.f.* theft, (înşelăciune) swindle.
punte *s.f.* bridge, *mar.* deck.
pupa *v.t.* to kiss.
pupat *s.n.* kissing.
pupăză *s.f.* hoopoo.
pupă *s.f.* stern.
pupilă *s.f.* *anat.* pupil, *jur.* ward.
pupitru *s.n.* desk.
pur *adj.* pure, (original) genuine, (simplu) mere.
purcea *s.f.* sow.
purcede *v.i.* to set out, to start.
purcel *s.m.* pigling.
purgativ *s.n.* purgative.
purgatoriu *s.n.* purgatory.
purice *s.m.* flea.
purifica *v.t.* to purify.
purificare *s.f.* purification.
purificator *adj.* purifying.
puritan *adj.* puritanical.
puritate *s.f.* purity.
puroi *s.n.* pus.
puroia *v.i.* to suppurate.
purpură *s.f.* purpurin.
purpuriu *adj.* purple.
purta I. *v.t.* to carry, (a mâna) to drive, (îmbrăcăminte) to wear; *a ~ purta barbă/ mustăţi* to grow a beard/ mustache. **II.** *v.r.* to behave, (de haine) to wear.
purtare *s.f.* conduct, behaviour.
purtat *adj.* carried, borne, (de haine) worn, (uzat) shabby.
purtător *s.m.* bearer, *~ de cuvânt* spokesman.
purulent *adj.* purulent.
pururi *adv.* always, forever.
pustietate *s.f.* desert.
pustii *v.t.* to devastate.
pustiitor *adj.* devastating.
pustiu I. *s.n.* desert. **II.** *adj.* deserted, empty, solitary.
pustnic *s.m.* hermit.
pustnicie *s.f.* solitude.
puşcaş *s.m.* gunman.
puşcă *s.f.* gun, (carabină) rifle, (de vânătoare) shotgun, *~ mitralieră* automatic rifle.
puşcăriaş *s.m.* prisoner, convict.
puşcărie *s.f.* prison.
puşculiţă *s.f.* piggy bank.
puşti *s.m.* kid.
putea I. *v.t.* can, to be able (to), (a avea posibilitatea) to be in a the position (to), (a-şi permite) can afford, may; *poate că* perhaps, maybe, *pot să deschid fereastra?* may I open the window?, *nu-l pot suferi* I can't stand him. **II.** *v.r.* to be permitted/ allowed (to), *a nu ~ să* to be unable to, *se (prea) poate* it may be quite posible.
putere *s.f.* strength, (energie) *pol.* power, (forţă) force,

(vigoare) vigour, ~ *de cumpărare* purchasing power, *cu toată ~a* with might and main, *în ~a nopții* in the dead of night, *a prinde puteri* to regain one's strength, ~ *de muncă* capacity for work, *a fi în puteri depline* to have full power, *a deține puterea* to rule, *a-și pierde puterile* to lose one's strength.

puternic **I.** *adj.* strong, (energic) powerful, (intens) intense, (mare) important, (robust) resistant. **II.** *adv.* strongly, violently.

putină *s.f.* vat, barrel; *a spăla ~* to sling.

putință *s.f.* possibility; *este fără ~* it's impossible, *a face tot ce-i stă în ~* to do one's best, *după ~* according to one's possibilities.

putred *adj.* rotten, decomposed, ~ *de bogat* rolling (in money).

putrefacție *s.f.* putrefaction.

putrefia *v.r.* to putrefy.

putregai *s.n.* rot(tenness).

putrezi *v.i.* to decay, (de cânepă) to ret.

putreziciune *s.f.* decay.

puturos *adj.* lazy, (rău mirositor) stinking.

puț *s.n.* well, *min.* shaft, ~ *petrolifer* oil well/ derrick.

puți *v.i.* to stink.

puțin **I.** *adj.* a little, *pl.* (a) few, (insuficient) (too) little, (slab) poor, small, *mai ~i* fewer, *pentru ~* don't mention it! **II.** *adv.* a little, (cam) rather, somehow, (insuficient) (too) little, ~ *câte* ~ gradually, *cel ~* at least, *mai ~* less, *peste ~* shortly, *mai mult sau mai ~* more or less.

puține, puțini *adj.* few.

puzderie *s.f.* dust, *fig.* lots (of).

R

rabat *s.n.* rebate.
rabatabil *adj.* **rabatare,** *s.f.* folding.
rabin *s.m.* rabbi.
rac *s.m.* crayfish, crab.
rachetă *s.f.* rocket, (pt. zăpadă sau sport) racket.
rachiu *s.n.* brandy.
raclă *s.f.* chest.
racolaj *s.n.* recruitment.
racord *s.n.* junction, connection, inlet.
racorda *v.t.* to connect.
radar *s.n.* radar.
rade *v.t.* to scrape/ rub out, (de la pământ) to raze (from the ground), (a bărbieri) to shave, *v.r.* to (get a) shave.
radia *v.t.* to erase, (a iradia) to radiate, *v.i.* to beam; *fața lui ~ de fericire* his face beamed with joy.
radiant *adj.* radiant.
radianță *s.f.* radiance.
radiator *s.n.* radiator; *~ electric* electric radiator.
radiație *s.f.* radiation; *~ solară* solar radiation, *a emite ~ii* to emit radiations.
radical *adj.* radical, *măsuri ~e* radical measures, *adv.* radically, completely.
radieră *s.f.* eraser.

radiere *s.f.* erasing, cancellation.
radio *s.n.* radio (set), wireless set, ~ *cu tranzistori* transistor radio, *a transmite prin* ~ to broadcast, *la* ~ on the radio, *prin* ~ by radio, *a da ~ul mai încet/ tare* to turn the volume down/ up.
radioactiv *adj.* radioactive; *element* ~ radioactive element, *substanță ~ă* radioactive substance.
radiobiologie *s.f.* radiobiology.
radiocomunicație *s.f.* radio communication.
radiodifuza *v.t.* to broadcast.
radioemițător *s.n.* transmitter.
radiografie *s.f.* radiography, (placă) X-ray photograph.
radiojurnal *s.n.* news (on the radio).
radiolog *s.m.* radiologist.
radiologie *s.f.* radiology.
radiu *s.n.* radium.
rafală *s.f.* squall, (de mitralieră) volley of shots.
rafie *s.f.* raffia.
rafina *v.t.* to refine, *fig.* to polish, *v.r.* to polish oneself.
rafinament *s.n.* refinement.
rafinare *s.f.* refining.
rafinat *adj.* refined.
rafinărie *s.f.* refinery, (de petrol) oil distillery.
raft *s.n.* shelf.
rage *v.i.* to roar, to bellow.
rahitic *adj.* rickety.
rai *s.n.* eden, paradise.
raid *s.n.* raid.
raion *s.n.* (regiune) district, *com.* department, ~ *de partid* district party committee.
raional *adj.* district.
raită *s.f.* round, (rond) beat; *a da o ~ prin oraș* to take a round in the city.
raliu *s.n.* rallye.
ramă *s.f.* frame, (de tablou), (de pantofi) welt, (vâslă) oar.
rambursa *v.t.* to reimburse.
rambursabil *adj.* reimbursable.
ramifica *v.r.* to ramify, to branch out.
ramificație *s.f.* ramification.
ramoli *v.r.* to soften.
ramolit *s.m.* old dotard, *adj.* soft-minded.
rampă *s.f.* platform, ramp, *teatru* floats.
ramură *s.f.* branch, (crenguță) twinge.
rană *s.f.* wound; *a pansa o ~* to dress a wound, ~ *adâncă* gash.
ranchiună *s.f.* grudge, spite; *a avea ~ față de cineva* to have a grudge against smb.
ranchiunos *adj.* spiteful, vindictive.
randament *s.n.* efficiency.
rang *s.n.* rank.
raniță *s.f.* knapsack, *mil.* pack.
rapace *adj.* rapacious.
rapacitate *s.f.* rapaciousness.
rapid *s.n.* fast train, *adj.* rapid, *adv.* rapidly.
rapiditate *s.f.* quickness, rapidity.
rapiță *s.f.* colza.

raport *s.n.* report, (dare de seamă) account, (legătură) relation, (proporție) ratio, (comparație) comparison, (privință) respect; ~ *de forțe* ratio of forces, *în ~ cu* in proportion to, *a face un ~* to make a report, *nu sunt în ~uri bune* they are not in good terms.
raporta *v.t.* to report, (a aduce) to bring in, *v.r.* to refer.
raportare *s.f.* reference.
raportor *s.m.* speaker (who delivers a report), reporter, *s.n. geom.* protractor.
rapsodie *s.f.* rhapsody.
rar I. *adj.* rare, (neîndestulător) scarce, (neobişnuit) uncommon, (lent) slow. **II.** *adv.* rarely, (lent) slowly.
rarefia *v.t., v.r.* to rarefy.
rarefiere *s.f.* rarefaction.
rareori *adv.* seldom, rarely.
ras *s.n.* shave, *adj.* shaven, (de linguriță) brimful.
rasă *s.f.* race, *zool.* breed, (de călugăr) frock, (cai) thoroughbred, *fig.* remarkable.
rasial *adj.* racial; *discriminare ~ă* racial discrimination.
rasism *s.m.* racism.
rasist *s.m.* racist.
rasol *s.n.* boiled meat, *fig.* scamping.
raşcheta *v.t.* to scrape.
rata *v.t.* to miss, *v.i.* to miss fire, to fail.
ratare *s.f.* failing.
ratat *s.m.* loser, *adj.* failing.
rată *s.f.* instalment, *în rate* by instalments.
ratifica *v.t.* to ratify.
ratificare *s.f.* ratification.
rață *s.f.* duck, *boboc de ~* duckling.
rație *s.f.* ration.
raționa *v.t.* to ration, *v.i.* to reason.
rațional *adj.* rational, *adv.* rationally.
raționaliza *v.t.* to rationalize.
raționament *s.n.* judgement.
rațiune *s.f.* reason.
rază *s.f.* ray, beam, (licărire) gleam, *geom.* radius, ~ *de soare* sunray, ~ *de lună* moonlight, *pl.* moonshine.
razie *s.f.* (police) raid.
razna *adv. a o lua ~* to go astray, (în vorbire) to ramble.
răbda *v.t., v.i.* to endure, to suffer, *a ~ de foame* to starve.
răbdare *s.f.* patience, endurance.
răbdător *adj.* patient, *adv.* patiently.
răbufneală *s.f.* outbreak, outburst.
răbufni *v.i.* to burst out.
răceală *s.f.* cold, *fig.* coldness.
răchită *s.f.* osier, (împletitură) wickerwork.
răci *v.t.* to cool, *v.i.* to catch (a) cold, *v.r.* to grow cold.
răcire *s.f.* cooling.
răcitor *s.n.* ice-box.
răcituri *s.f. pl.* meat jelly.
răcnet *s.n.* yell, roar.
răcni *v.t., v.i.* to yell, to roar.

răcoare *s.f.* coolness, *pl.* shiver.
răcori *v.t.*, *v.r.* to cool (down).
răcoritoare *s.f. pl.* beverages.
răcoritor *adj.* cooling.
răcoros *adj.* cool.
rădăcină *s.f.* root; *a prinde ~i* to take root, *~ pătrată* square root.
răfui *v.r.* to settle accounts.
răgaz *s.n.* leisure, rest.
răget *s.n.* roar.
răgușeală *s.f.* hoarseness.
răguși *v.i.* to get hoarse.
răgușit *adj.* hoarse.
rămas *s.n.* staying, *~ bun* farewell, *adj.* left.
rămășiță *s.f.* rest, *pl.* remains.
rămâne *v.i.* to remain, (a sta) to stay, (a continua) to continue, *a ~ dator* to get into debt, *a ~ cu buza umflată* to be left to whistle for it, *a ~ însărcinată* to get pregnant, *a ~ în viață* to survive.
rămânere *s.f.* remaining.
răni *v.t.* to wound.
răpăi *v.i.* to rattle.
răpi *v.t.* to ravish, (pt. răscumpărare) to kidnap, *a ~ drepturile cuiva* to deprive smb. of his/ her rights.
răpire *s.f.* kidnapping.
răpitor *s.m.* abductor, *adj.* predatory, (de frumusețe) enthralling.
răposat *s.m.* the deceased, *adj.* late.
răpune *v.t.* to kill, to defeat, to destroy.
rări *v.t.* to space out, *v.r.* to grow rarer.
răsări *v.i.* to rise, (a se ivi) to turn up, *agr.* to spring.
răsărit I. *s.n.* sunrise, (punct cardinal) east. **II.** *adj.* risen, (mare) tall(ish), (deosebit) outstanding.
răscoală *s.f.* (up)rising, revolt, mutiny.
răscoli *v.t.* to rummage, *fig.* to (a)rouse.
răscolitor *adj.* perturbing, moving.
răscruce *s.f.* crossroad(s), *fig.* crucial moment.
răsculat *s.m.* rebel.
răscumpăra *v.t.* to redeem, *fig.* to expirate, (un captiv) to ransom.
răscumpărare *s.f.* redemption, (plată) ransom.
răsfăța *v.t.* to pamper, to spoil.
răsfățat *adj.* spoilt.
răsfira *v.t.*, *v.r.* to spread (out), to separate.
răsfoi *v.t.* to skim through.
răsfrânge *v.t.* to reflect.
răspicat *adj.* outspoken, *adv.* plainly.
răspândi *v.t.* to extend, (a împrăștia) to scatter, (a propaga) to circulate, *v.r.* to spread.
răspândire *s.f.* spreading, (arie) expanse.
răspândit *adj.* (wide)spread.
răspântie *s.f.* crossroads, *fig.* turning point.
răspicat *adj.* clear, plain, *adv.* clearly, bluntly.

răsplată *s.f.* reward.
răsplăti *v.t.* to reward.
răspunde *v.t.* to answer, (a riposta) to retort, *v.i.* to answer, (cuiva) to reply (to); *a ~ cerințelor* to meet the requirements.
răspundere *s.f.* responsibility; *pe propria ~* on one's account, *a fi tras la ~ pentru ceva* to be held responsible for smth.
răspuns *s.n.* answer, reply, (replică) repartee, *a avea un ~ la toate* to have an answer for everything.
răspunzător *adj.* responsible.
răsputeri *s.f. pl. din ~* mightily.
răstălmăci *v.t.* to misinterpret, to distort.
răsti *v.r.* to bluster, *a se ~ la* to give (smb.) rough-house.
răstigni *v.t.* to crucify.
răstignire *s.f.* crucifixion.
răstimp *s.n.* duration, (lapse of) time.
răsturna *v.t.* to upset, *pol.* to overthrow, *v.t.* to capsize.
răsuci *v.t.*, *v.r.* to twist, (a rulla), to turn, to roll.
răsucire *s.f.* twist, turn.
răsufla *v.i.* to breathe (freely), (a ofta) to sigh, (a se afla) to leak (out).
răsuflare *s.f.* breath(ing), *fără ~* breathless.
răsuna *v.i.* to (re)sound.
răsunător *adj.* resounding, *fig.* thundering.
răsunet *s.n.* echo, *fig.* response.
rășină *s.f.* resin.
rășinos *adj.* resinous.
rătăci *v.t.* to lose (one's way), (un lucru) to mislay, *v.i.* to ramble, *v.r.* to get lost; *a ~ prin lume* to wander through the world, *a ~ adresa* to lose the address.
rătăcire *s.f.* straying, *fig.* error, (nebunie) madness.
rătăcit *adj.* stray, *fig.* wild.
rătăcitor *adj.* wandering, (de cavaler) errant.
rățoi *s.m.* drake.
rățoi *v.r.* to bluster.
rău I. *s.n.* evil, (necaz) harm, (boală) sickness, *~ de aer* airsickness, *~ de mare* seasickness, *atâta ~* never mind. **II.** *adj.* bad, poor, (ticălos) wicked, (neastâmpărat) naughty, *cel mai ~* the worst, *mai ~* worse. **III.** *adv.* badly, wick, (prost) poorly; *a-i părea ~ de* to regret, *schimbare în ~* change for the worse, *nu-ți doresc niciun ~* I mean you no harm.
răufăcător *s.m.* villain.
răutate *s.f.* wickedness, ill nature, (faptă) misdeed, *cu ~* viciously.
răutăcios *adj.* malicious.
răuvoitor *adj.* malevolent, *adv.* unkindly.
răvăși *v.t.* to turn upside down.
răvășit *adj.* helter-skelter, *fig.* upset, (de păr) dishevelled.
răzătoare *s.f.* grate.
răzbate *v.i.* to penetrate, to succeed.

răzbi *v.t.* to overcome, *v.i.* to penetrate.
război *s.n.* war, (ostilități) warfare, (de țesut) loom, ~ *de partizani* guerrilla war, ~ *mondial* world war, ~ *rece* cold war, *consiliu de* ~ war council.
război *v.r.* to (be at) war.
războinic *s.m.* warrior, *adj.* war(like).
răzbuna *v.t.* to avenge, *v.r.* to take one's revenge (on smb.).
răzbunare *s.f.* revenge.
răzbunător *s.m.* avenger, *adj.* vindictive.
răzgândi *v.r.* to change one's mind.
răzleț *adj.* stray.
răzui *v.t.* to scrape.
răzvrăti *v.r.* to rebel.
râde *v.i.* to laugh, (în sinea lui) to chuckle, (a chicoti) to titter, (de cineva) to scoff (at smb.).
râgâi *v.i.* to belch.
râie *s.f.* scab.
râios *adj.* mangy, *fig.* haughty.
rânced *adj.* rancid.
rând *s.n.* (de scaune) row, *fig.* rank, (șir) file, (serie) range, (ordine) turn, (dată) time, (de litere) line, (de haine) suit, *de* ~ common, *în primul* ~ first of all, *la* ~ in succession, *pe* ~ in turn, *la ~ul lui* in his turn, ~ *pe* ~ one after the other.
rândui *v.t.* to arrange.
rânduială *s.f.* order, arrangement.
rândunea, rândunică *s.f.* swallow.
rânji *v.i.* to grin, to snarl.
rânjit *adj.* grinning.
râpă *s.f.* steep.
râs *s.m.* *zool.* lynx, *s.n.* laugh(ter), chuckle, (chicot) snigger, (hohot) peal of laughter; *a face de ~ pe cineva* to embarrass smb., *a lua pe cineva în* ~ to mock smb.
râșni *v.t.* to grind.
râșniță *s.f.* hand mill.
rât *s.n.* snout.
râu *s.n.* river.
râvnă *s.f.* zeal.
râvni *v.i.* *a ~ la* to covet.
reabilita *v.t.*, *v.r.* to rehabilitate.
reabilitare *s.f.* rehabilitation.
rea-credință *s.f.* dishonesty, *de* ~ unprincipled.
reactiva *v.t.* to reactivate.
reactivitate *s.f.* reactivity.
reactor *s.n.* reactor, (avion) jet(-plane).
reactualiza *v.t.* to put up to date.
reacție *s.f.* reaction, *fig.* response, *cu* ~ jet, ~ *de oxidare* oxidizing reaction, ~ *inversă* feedback, ~ *în lanț* chain reaction, ~ *reciprocă* interaction, *viteză de* ~ reaction velocity.
reacționa *v.i.* to react (upon smth.).
reacționar *s.m.*, *adj.* reactionary.
reafirmare *s.f.* reassertion.
reajusta *v.t.* to readjust.
real *adj.* actual, real.
realege *v.t.* to reelect.

realegere *s.f.* reelection.
realiniere *s.f.* realignment.
realism *s.n.* realism.
realist *s.m.* realist, *adj.* realistic.
realitate *s.f.* reality, *în* ~ in (actual) fact.
realiza *v.t.* to achieve, *v.r.* to materialize, *fig.* to make one's mark.
realizabil *adj.* feasible.
realizare *s.f.* achievement.
realizat *adj.* fulfilled, achieved.
realizator *s.m.* producer.
realmente *adv.* actually.
reaminti *v.t.*, *v.i.* to recall, (cuiva) to remind smb. (of smth.), *a-şi* ~ to remember.
reanima *v.t.* to reanimate.
reasigurare *s.f.* reinsurance.
reavoinţă *s.f.* ill-will.
rebel *s.m.* rebel, *adj.* rebellious, (dificil) obstinate.
rebeliune *s.f.* rebellion, subversion.
rebus *s.n.* rebus.
rebut *s.n.* reject.
recalcitrant *adj.* refractory.
recalifica *v.t.*, *v.r.* to requalify.
recapitula *v.t.* to summarize.
recăpăta *v.t.* to recover.
recâştiga *v.t.* to regain.
rece I. *s.n.* cool, *la* ~ in a cool place, *fig.* calmly. **II.** *adj.* cold, (răcoros) cool, (umed) chill(y), *fig.* unresponsive, (glacial) icy, (de pâine) stale. **III.** *adv.* coldly, (calm) cooly, (glacial) icily; *cu sânge* ~ in cold blood, *a judeca la* ~ to think better, *întărire la* ~ cold setting, *păstrare la* ~ cold storage.
recent *adj.* latest, recent, *adv.* recently.
recenzie *s.f.* (book) review.
receptacul *s.n.* receptacle.
receptiv *adj.* responsive.
recepţie *s.f.* reception, *com.* check (on delivery).
recepţiona *v.t.* to receive.
rechema *v.t.* to recall.
rechin *s.m.* shark.
rechizite *s.f. pl.* writing materials, stationery, (şcolare) school supplies.
recif *s.n.* reef.
recipient *s.n.* container.
recipisă *s.f.* receipt.
reciproc *adj.* mutual, *adv.* reciprocally, each other.
reciprocitate *s.f.* reciprocity.
recita *v.t.* to recite.
recital *s.n.* recital.
reciti *v.t.* to read again.
reclama *v.t.* to complain against, (în justiţie) to sue at law, (a cere) to claim, (a necesita) to require, to necessitate.
reclamant *s.m.* plaintiff, complainer.
reclamaţie *s.f.* complaint.
reclamă *s.f.* advertising, (anunţ) advertisement, ad, (firmă) (neon) sign.
reclădi *v.t.* to rebuild.
recolta *v.t.* to harvest.
recoltă *s.f.* harvest, (la hectar) yield (per hectare).

recomanda *v.t.* to recommend, (a prezenta) to introduce, *v.r.* to introduce oneself.
recomandabil *adj.* advisable.
recomandare *s.f.* recommendation.
recomandat *adj.* recommended, (de scrisoare) registered.
recomandată *s.f.* registered letter.
recomandație *s.f.* (letter of) introduction.
recombina *v.t.* to recombine.
recompensă *s.f.* reward, *drept* ~ as a reward.
reconcilia *v.t.* to reconcile.
reconciliabil *adj.* reconcilable.
reconciliere *s.f.* reconciliation.
recondiționa *v.t.* to recondition.
recondiționare *s.f.* reconditioning.
reconfortant *adj.* relaxing, invigorating.
reconsidera *v.t.* to reconsider.
reconstitui *v.t.* to reconstitute.
reconstituire *s.f.* reconstitution.
reconstrui *v.t.* to reconstruct.
reconstrucție *s.f.* reconstruction, urban renewal.
reconversiune *s.f.* reconversion.
recopia *v.t.* to recopy.
record *s.n.*, *adj.* record; *a bate un* ~ to break a record, *a deține un* ~ to hold a record.
recrea *v.t.* to recreate, *v.r.* to amuse oneself.
recreativ *adj.* entertaining.
recreație *s.f.* break, (odihnă) rest.
recrut *s.m.* recruit.
recruta *v.t.* to recruit, *fig.* to enlist.
rectangular *adj* rectangular.
rectifica *v.t.* to rectify, to correct, to straighten.
rectificabil *adj.* rectifiable.
rectificare *s.f.* rectification.
rector *s.m.* rector.
rectorat *s.n.* rector's office.
recuceri *v.t.* to reconquer.
reculegere *s.f.* (solitary) meditation, *a păstra un minut de* ~ to mark one's regret by standing silently for a minute.
recunoaște I. *v.t.* (pe cineva) to recognize, (meritele) to acknowledge, (a mărturisi) to admit, *mil.* to reconnoiter. **II.** *v.r.* to acknowledge (defeat).
recunoaștere *s.f.* recognition, (mărturisire) confession, *mil.* reconnaissance.
recunoscător *adj.* grateful.
recunoscut *adj.* acknowledged.
recunoștință *s.f.* gratitude, *cu* ~ gratefully.
recupera *v.t.* to recover, to regain.
recuperabil *adj.* recoverable.
recuperare *s.f.* recovery.
recurge *v.i.* to resort (to).
recurs *s.n.* appeal.
reda *v.t.* to restore, *fig.* to render.
redacta *v.t.* to draw up, to elaborate, (a formula) to word.
redactor *s.m.* (sub-)editor, ~ *șef* chief editor.

redacție *s.f.* editorial staff, (local) editorial office.
redare *s.f.* restoration, *muz.* rendition, *artă* expression.
redeschide *v.t.* to reopen.
redescoperi *v.t.* to rediscover.
redistribuire *s.f.* redistribution.
redobândi *v.t.* to regane, to recover.
reduce *v.t.* to reduce, *v.r.* to diminish, *a se ~ la* to boil down to.
reducere *s.f.* reduction, cut (in prices).
reductibil *adj.* reductible.
reductor *s.m.* reducer.
reduplica *v.t.* to reduplicate.
redus *adj.* reduced, (mărginit) narrow –minded.
redutabil *adj.* formidable, redoubtable.
reedita *v.t.* to republish, *fig.* to repeat.
reface *v.t.* to remake, to rewrite, *v.r.* to recover (one's health).
refacere *s.f.* improvement, (înăbușire) recovery, *econ.* rehabilitation.
referat *s.n.* essay, paper, (raport) report.
referent *s.m.* reviewer, (raportor) adviser, *~ tehnic* expert.
referi *v.i.* to report (on), *v.r.* to refer (to), to dwell (on).
referință *s.f.* reference, (recomandație) (letter of) introduction.
referențial *adj.* referential.
referi *v.r.* to refer to, *v.i.* to report on.
referință *s.f.* information, reference, recommendation.
referire *s.f.* reference, *cu ~ la* regarding.
referitor *adj.* *~ la* concerning.
reflecta *v.t.* to reflect, *v.i.* to consider, *v.r.* to be mirrored.
reflectare *s.f.* reflection.
reflector *s.n.* spotlight.
reflecție *s.f.* reflection, (gând) thought.
reflex *s.n.*, *adj.* reflex, *~ condiționat* conditioned reflex.
reflexiv *adj.* reflexive.
reflux *s.n.* ebb; *flux și ~* ebb and flow.
reforma *v.t.* to reform.
reformat *adj.* reformed.
reformator *s.m.* reformer, *adj.* reforming.
reformă *s.f.* reform, *rel.* Reformation, *~ agrară* land reform.
refracta *v.t.* to refract.
refractar *adj.* refractory.
refren *s.n.* refrain, *fig.* tag.
refrigera *v.t.* to refrigerate.
refugia *v.r.* to take refuge.
refugiat *s.m.* refugee.
refugiu *s.n.* refuge; *loc de ~* retreat.
refula *v.t.* to suppress, to repress.
refulare *s.f.* repression.
refuz *s.n.* refusal.
refuza *v.t.* to refuse.
regal *adj.* royal.
regalist *s.m.*, *adj.* royalist.

regat *s.n.* realm, kingdom.
regăsi *v.t.* to recover, *v.r.* to be oneself again.
rege *s.m.* king.
regenera *v.t., v.i.* to regenerate.
regenerare *s.f.* regeneration.
regență *s.f.* regency.
regie *s.f.* administration, (cheltuieli) overhead, *teatru* direction.
regim *s.n.* *pol.* system, (guvern) government, (condiții) conditions, (dietă) diet, *gram.* regimen, *vechiul ~* the former regime.
regiment *s.n.* regiment.
regină *s.f.* queen, *regina balului* the queen of the ball.
regional *adj.* region(al).
registru *s.n.* register, (mare) ledger.
regiune *s.f.* region.
regiza *v.t.* to direct, *teatru* stage.
regizor *s.m.* director, *teatru* stage manager.
regla *v.t.* to regulate, to adjust.
reglementa *v.t.* to settle.
reglementar *adj.* regular.
reglementare *s.f.* settlement.
regres *s.n.* regress.
regresiune *s.f.* regression.
regret *s.n.* regret, (remușcare) compunction, *pl.* searching's of the heart, *cu ~* regretfully.
regreta *v.t., v.i.* to regret.
regretabil *adj.* regrettable.
regrupa *v.t.* to regroup.
regulament *s.n.* regulations.
regularitate *s.f.* regularity.
regulat *adj.* regular, (armonios) harmonious, *adv.* steadily.
regulă *s.f.* rule, *de ~* as a rule, *în ~* all right, O. K.
reiat *adj.* striped, *catifea ~ă* corduroy.
reieși *v.i.* to result.
reinstala *v.t.* to reinstall.
reintegra *v.t.* to reinstate.
reintroduce *v.t.* to reintroduce.
reîmprospăta *v.t.* to refresh.
reînarma *v.r.* to rearm.
reîncepe *v.t.* to resume.
reînființa *v.t.* to reestablish, restore.
reînnoi *v.t.* to renew.
reîntoarce *v.r.* to return.
reînvia *v.i.* to revive.
reînviere *s.f.* resurgence.
relaș *s.n.* day off.
relata *v.t.* to narrate.
relatare *s.f.* narration.
relativ *adj.* relative, *adv.* comparatively.
relativitate *s.f.* relativity.
relație *s.f.* relation(ship), *pl.* intercourse, (informații) information; *a avea relații* to be well connected, *a apela la relații* to pull strings.
relaxa *v.r.* to become relaxed.
relaxare *s.f.* relaxation.
releu *s.n.* relay.
releva *v.t.* to point out, to remark.
relicvă *s.f.* relic.
relief *s.n.* relief.
reliefa *v.t.* to underline, *v.r.* to be outlined.
religie *s.f.* religion, (credință) faith, (confesiune) persuasion.

religios *adj.* religious.
relua *v.t.* to resume, to take back.
reluare *s.f.* resumption.
remaia *v.t.* to ladder (up).
remanență *s.f.* remanence.
remania *v.t.* to reshuffle.
remarca I. *v.t.* to notice. **II.** *v.r.* to become conspicuous.
remarcabil *adj.* remarkable (for).
remarcă *s.f.* remark, *a face o ~* to make a remark.
remedia *v.t.* to remedy, *v.r.* to be mended.
remediabil *adj.* remediable.
remediu *s.n.* remedy.
rememora *v.t.* to remember.
remi *s.n.* rummy.
remite *v.t.* to deliver.
remitere *s.f.* delivery.
remiză *s.f.* *com.* commission, *sport* draw game.
remonta *v.t.* to invigorate.
remorca *v.t.* to tow.
remorcare *s.f.* towage.
remorcă *s.f.* trailer, (remorcare) towing.
remorcher *s.n.* tug(-boat).
remunera *v.t.* to pay.
remunerativ *adj.* remunerative.
remunerație *s.f.* payment.
remușcare *s.f.* remorse, *pl.* repentance.
ren *s.m.* reindeer.
renal *adj.* renal.
renaște *v.i.* to rise (again).
renaștere *s.f.* revival, *lit.* Renaissance.
renăscut *adj.* reborn.
renega *v.t.* to deny.
renova *v.t.* to renew, to restore.
renovare *s.f.* restoration.
renta *v.i.* to be profitable.
rentabil *adj.* lucrative, *com.* profitable.
rentă *s.f.* rent, (viageră) life annuity, *~ în natură* rent in kind.
rentier *s.m.* renter, annuitant.
renume *s.n.* renown.
renumit *adj.* famous.
renunța *v.i.* *a ~ la* to renounce.
renunțare *s.f.* renunciation.
reorganiza *v.t.* to reorganize.
repara *v.t.* to repair, (o greșeală) to rectify, (a compensa) to redress, (a cârpi) to darn.
reparabil *adj.* reparable.
reparație *s.f.* repair, (revizie) overhauling.
repartiție *s.f.* repartition (deed).
repartiza *v.t.* to distribute, (a aloca) to earmark.
repartizare *s.f.* distribution.
repatria *v.t.*, *v.r.* to repatriate (oneself).
repaus *s.n.* rest, (răgaz) respite, *în ~* at rest, *pe loc ~*! (stand) at ease.
repede I. *adj.* quick, (ager) nimble, (furtunos) tempestuous. **II.** *adv.* fast, (curând) shortly (afterwards); *cât se poate de ~* as quick as possible.
repercusiune *s.f.* repercussion.
repertoriu *s.n.* repertory.

repeta *v.t.*, *v.i.* to repeat, *teatru* to rehearse, *v.r.* to be recurrent, (în vorbe) to repeat oneself.

repetare *s.f.* repetition.

repetent *s.m.* non-promoted pupil.

repetiție *s.f.* repetition, *teatru* rehearsal, ~ *generală* dress rehearsal, (la școală) general revision.

repezeală *s.f.* haste, *la* ~ in a hurry.

repezi I. *v.t.* to thrust, (pe cineva) to snub, to shout at (smb.). **II.** *v.r.* to hurry, *a se ~ la* to swoop upon, *a se ~ până la* to run to.

repezit *adj.* rash.

replica *v.t.* to retort, to rejoin.

replică *s.f.* retort, *teatru* speech, *fig.* rebuff.

reportaj *s.n.* (feature) report, reportage.

reporter *s.m.* reporter.

repovesti *v.t.* to retell.

represiv *adj.* repressive.

reprezenta I. *v.t.* to (re)present, *teatru* to perform, (pe cineva) to act for, (a însemna) to mean, (grafic) to plot. **II.** *v.r.* to be represented, *teatru* to be performed.

reprezentant *s.m.* representative, *fig.* spokesman.

reprezentanță *s.f.* representation.

reprezentare *s.f.* representation, (grafică) plotting.

reprezentație *s.f.* performance, *a juca în* ~ to be a guest star.

reprima *v.t.* to repress.

reprimi *v.t.* to take back.

repriză *s.f.* half (of match), (la box) round.

reproduce *v.t.*, *v.r.* to reproduce.

reproducere, reproducție *s.f.* reproduction.

reprofila *v.t.* to reshape, to reorientate.

reprofilare *s.f.* readjustment.

reproș *s.n.* reproach; *a-i face ~uri cuiva* to reproach smb., *plin de ~uri* reproachful.

reproșa *v.t.* to reproach (smb. with smth.).

reproșabil *adj.* reproachable.

reptilă *s.f.* reptile.

republican *s.m.* republican, *adj.* republican, all-country.

republică *s.f.* republic, ~ *populară* people's republic, ~ *autonomă* autonomous republic.

repudia *v.t.* to repudiate.

repudiere *s.f.* repudiation.

repugna *v.i.* to loathe, *îmi repugnă* I abhor it.

repugnanță *s.f.* repugnance.

repulsie *s.f.* repulsion.

repulsiv *adj.* repulsive.

repune *v.t.* to restore; *a se ~ pe picioare* to get on one's feet again.

reputat *adj.* reputed.

reputație *s.f.* reputation; *a avea o ~ bună/ proastă* to have a good/ bad reputation.

resemna *v.r.* to resign oneself.

resemnare *s.f.* resignation.
resentiment *s.n.* resentment.
resimți *v.t.* to feel, *v.r.* to be felt, *a se ~ de pe urma* to suffer from.
resort *s.n.* (main)spring, (sector) department, *de ~ul cuiva* within smb. 's province.
respect *s.n.* respect, *pl.* compliments, *cu ~* reverently.
respecta *v.t.* (pe cineva) to revere, (ceva) to observe, *v.r.* to respect (oneself, each other).
respectabil *adj.* honourable.
respectiv *adj.* respective, *adv.* respectively.
respectuos *adj.* respectful, *adv.* respectfully.
respingător *adj.* repulsive.
respinge *v.t.* to repel, (a refuza) to reject, to decline, to refuse, (cu dispreț) to spurn.
respingere *s.f.* rejection.
respira *v.i.* to breathe; *a ~ ușurat* to breath freely, *a ~ adânc* to take a deep breath.
respirație *s.f.* breathing.
responsabil *s.m.* chief, *com.* manager, *adj.* responsible.
responsabilitate *s.f.* responsibility.
rest *s.n.* rest, (la o bancnotă) change.
restabili *v.t.* to restore, *v.r.* to recover.
restabilire *s.f.* re-establishment, (a unui bolnav) recovery.
restant *adj.* overdue, outstanding.
restanță *s.f.* debt.
restaura *v.t.* to restore.
restaurant *s.n.* restaurant.
restrânge *v.t.* to restrict, *v.r.* to scrounge.
restrâns *adj.* limited, restricted.
restitui *v.t.* to return, to restore.
restricție *s.f.* restriction.
restructura *v.t.* to reshape.
resursă *s.f.* resource, *pl.* means.
resuscita *v.t.* to resuscitate.
reședință *s.f.* residence.
reșou *s.n.* electric boiling ring.
reteza *v.t.* to cut (off).
reticent *adj.* reticent.
reticență *s.f.* reticence.
reticul *s.n.* reticle.
retină *s.f.* retina.
retipări *v.t.* to reprint.
retoric *adj.* rhetorical, *adv.* rhetorically.
retracta *v.t.* to retract.
retrage *v.t.*, *v.r.* to withdraw, to remove; *a-și ~ candidatura* to withdraw one's candidature.
retragere *s.f.* withdrawal, *mil.* retreat.
retransmite *v.t.* to retransmit.
retras *adj.* retired, solitary, *adv.* in loneliness.
retrăi *v.t.* to live again.
retribui *v.t.* to remunerate.
retroceda *v.t.* to retrocede.
retrocedare *s.f.* retrocession.
retrograda *v.t.* to demote.
retrospectiv *adj.* retrospective, *adv.* retrospectively.
retur *s.n.* return, *adv.* back.
retușa *v.t.* to retouch.
rețea *s.f.* net(work).

rețetă *s.f. med.* prescription (culinară) recipe, (încasări) receipts.
reține I. *v.t.* to hold (back), to arrest, (a întârzia) to keep, (a opri) to stop, (a împiedica) to hamper, (a memora) to memorize, (dinainte) to book, to subscribe; *a ~ de la treabă pe cineva* to keep smb. from work. **II.** *v.r.* to control oneself.
reținere *s.f.* restraint, (bani) money held back.
reținut *adj.* restrained.
reumatism *s.n.* rheumatism.
reuni *v.t.* to (re)unite, *v.r.* to gather.
reuniune *s.f.* reunion, (adunare) gathering, (petrecere) party, *sport* meet.
reuși *v.i.* to succeed.
reușit *adj.* successful, (minunat) wonderful, (potrivit) apt.
reutilare *s.f.* reequipment.
revalorificare *s.f.* revaluation.
revanșă *s.f.* revenge, *sport* return match.
revărsa I. *v.t.* to discharge, *a-și ~ mânia asupra cuiva* to vent one's fury on smb. **II.** *v.r.* to overflow.
revărsare *s.f.* overflow.
revăzut *adj.* revised.
revedea *v.t.* to meet again, (a revizui) to revise, *v.r.* to meet again.
revedere *s.f.* seeing (each other) again, (revizie) revision, *la ~!* good-bye! see you later!
revela *v.t.* to reveal, to disclose.
revelator *adj.* revealing.
revelație *s.f.* revelation.
revelion *s.n.* New Year's Eve.
revendica *v.t.* to claim.
revendicare *s.f.* claim, demand.
reveni *v.i.* to come back, (a se întâmpla) to occur (again), (a reapărea) to reappear, *a-și ~* to reconsider, *a ~ asupra unei păreri* to go back on one's opinion, *a ~ la* to revert to.
revenire *s.f.* return.
rever *s.n.* lapel, *sport* backhand (stroke).
reverberație *s.f.* reverberation.
reverență *s.f.* reverence.
reverențios *adj.* respectful.
reversibilitate *s.f.* reversibility.
revistă *s.f.* review, (ilustrată) magazine, *teatru* revue, (inspecție) review, *fig.* survey.
revizie *s.f.* revision, *tehn.* overhauling.
revizui *v.t.* to revise, (conturi) to audit.
revoca *v.t.* to revoke, to repeal.
revocabil *adj.* revocable.
revolta *v.r.* to revolt, to shock.
revoltat *adj.* indignant, *adv.* in revolt.
revoltă *s.f.* revolt.
revoltător *adj.* shocking.
revoluție *s.f.* revolution.
revoluționar *s.m.* revolutionist, *adj.* revolutionary.
revolver *s.n.* revolver.

rezema *v.t.*, *v.r.* to lean (against smth.).
rezerva *v.t.* to reserve, (bilete) to book, (de viitor) to have in store.
rezervat *adj.* reserved.
rezervă *s.f.* reserve, (de spital) side-room, *sport* spare, *de ~* spare, *sub rezerva ratificării* pending ratification.
rezervor *s.n.* tank.
rezidual *adj.* residual.
reziduu *s.n.* residue.
rezilia *v.t.* to cancel.
reziliere *s.f.* cancellation.
rezista *v.i.* to resist, *rezistă!* hold on!, *a ~ unei încercări* to stand a test.
rezistent *adj.* resistant, (tare) strong, (durabil) lasting.
rezistență *s.f.* resistance; *~ la șoc* impact resistance, *limită de ~* yield point, *a opune ~* to put up resistance.
rezoluție *s.f.* resolution.
rezolva *v.t.* to solve.
rezolvare *s.f.* settlement, (cheie) key.
rezonabil *adj.* reasonable.
rezonanță *s.f.* resonance.
rezulta *v.i.* to result.
rezultat *s.n.* result, *fara ~* useless(ly), *a da ~e* to yield results.
rezuma *v.t.* to sum up *v.r. a se ~ la* to confine oneself to.
rezumat *s.n.* epitome, summary.
rezumativ *adj.* summarizing.
ricin *s.m.* castor-oil plant.
ricină *s.f.* castor oil.
ricoșa *v.i.* to rebound.
rid *s.n.* wrinkle, (cută) furrow.
rida *v.r.* to become wrinkled.
ridica **I.** *v.t.* to lift up, (a desprinde de pe o suprafață) to lift, (steagul) to hoist, (a aresta) to arrest, (bani) to cash, (a spori) to increase, *fig.* to enhance, (o clădire) to erect; *a ~ ancora* to raise the anchor, *a nu ~ un deget* not to move a finger, *a ~ o problemă* to raise an issue. **II.** *v.r.* to rise, (în picioare) to stand up, (la luptă) to rise in arms, (a crește) to grow, *a se ~ la (suma de)* to amount to (the sum of), *a se ~ împotriva* to rise against.
ridicare *s.f.* raising, (creștere) growth, *prin ~a mâinilor* by raising hands.
ridicat *adj.* raised, (înalt) lofty, (de voce) loud, *fig.* advanced.
ridicătură *s.f.* elevation.
ridiche *s.f.* radish, *~ neagră* black radish.
ridicol *s.n.* ridicule, *adj.* ridiculous.
ridiculiza *v.t.* to mock.
rigid *adj.* rigid, *fig.* stern.
rigiditate *s.f.* rigidity.
riglă *s.f.* rule(r), *~ de calcul* sliding rule.
rigoare *s.f.* rigour, *la ~* at a pinch.
riguros *adj.* rigorous, (exact) accurate, *adv.* strictly, (exact) accurately.
rigurozitate *s.f.* strictness, accuracy.

rima *v.t.*, *v.i.* to rhyme.
rimă *s.f.* rhyme.
rimel *s.n.* mascara.
rindea *s.f.* plane.
ring *s.n.* ring, (de dans) dancing floor.
rinichi *s.m.* kidney; *a avea piatră la ~* to have stone in the kidneys.
rinocer *s.m.* rhinoceros.
riposta *v.t.*, *v.i.* to retort.
risc *s.n.* risk, *cu ~ul de a* at the risk of.
risca *v.t.* to risk, *v.i.* to take risks; *a-şi ~ viaţa* to jeopardize one's life.
riscant *adj.* risky, hazardous.
risipă *s.f.* waste.
risipi *v.t.* to squander, (a împrăştia) to scatter, *fig.* to dispel, *v.r.* to dispel.
risipitor *s.m.* squanderer, *adj.* wasteful.
rit *s.n.* rite, (credinţă) persuasion.
ritm *s.n.* rhythm, (viteză) rate, *într-un ~ rapid* at a rapid pace.
ritmat, **ritmic** *adj.* rhythmic.
ritual *s.n.*, *adj.* ritual.
rival *s.m.*, *adj.* rival.
rivalitate *s.f.* rivalry.
rivaliza *v.i.* to compete, to vie (with).
rizom *s.m.* rhizome.
roabă *s.f.* wheelbarrow.
roade *v.t.* to gnaw, (a mânca) to nibble, (a uza) to eat away, *v.r.* to wear (out); *ros de griji* tormented.
roată *s.f.* wheel, (cerc) circle, *~ de rezervă* spare wheel, *adv.* roundabout; *scaun cu roţi* wheel chair, *a pune cuiva beţe în roate* to put a spoke in smb.'s wheel.
rob *s.m.* slave.
robă *s.f.* gown, robe.
robi *v.t.* to enslave, *v.i.* to drudge.
robie *s.f.* slavery.
robinet *s.n.* tap.
robot *s.m.* robot.
roboti *v.i.* to toil and moil.
robust *adj.* robust.
rocă *s.f.* rock.
rochie *s.f.* dress, *~ de bal* ball dress, *~ de casă* tea gown, ~ (decoltată) low-necked dress, *~ de seară* evening dress.
rochiţă *s.f.* frock, *rochiţa rândunicii* bindweed.
rod *s.n.* fruit, *fig. pl.* fruit(s), *pe ~* in bearing.
roda *v.t.* to run in.
rodaj *s.n.* running in.
rodi *v.i.* to bear fruit.
rodie *s.f.* pomegranate.
roditor *adj.* fruit-bearing, *fig.* fruitful.
rodnic *adj.* productive.
rogojină *s.f.* mat.
roi *s.n.* swarm, *fig.* bevy.
roib *s.m.* sorrel horse, *adj.* sorrel.
rol *s.n.* role, part, *~ de compoziţie* character part, *~ principal* lead(ing part), *~ secundar* minor part, *fig.* second fiddle.

rolă *s.f.* roll, (de magnetofon) reel.
rom *s.m.* Gypsy, *s.n.* rum.
roman *s.m.* Roman, *s.n.* novel, ~ *de aventure* tale of adventure, ~ *foileton* serial (story), ~ *polițist* detective novel/story; thriller, *adj.* Roman, Latin.
romancier *s.m.* novelist.
romantic *s.m.* romanticist, *adj.* romantic.
romantism *s.n.* romanticism.
romanțat *adj.* fictionalised.
romanță *s.f.* drawing-room ballad.
român *s.m.* Romanian, serf, *adj.* Romanian.
română *s.f.*, *adj.* Romanian.
romancă *s.f.* Romanian woman.
românesc *s.f.* Romanian.
românește *adv.* (like a) Romanian (răspicat) clearly.
romb *s.n.* rhombus.
rond *s.n.* flower bed, (al (polițistului) beat.
rondel *s.n.* rondel.
ronțăi *v.t.* to crunch.
ropot *s.n.* clatter (of hoofs) (de ploaie) shower, (de aplauze) thunder.
ros *adj.* gnawed, (de haine) threadbare.
rost *s.n.* sense, (scop) purpose, (utilitate) use(fullness), *fără* ~ useless(ly), *pe de* ~ by heart, *a face* ~ *de ceva* to get smt., *a lua pe cineva la* ~ to lecture smb., *a-și pierde* ~*ul* to lose one's head, *a-i da de* ~ to understand smth., *a-și face un* ~ *în viață* to make a living.
rosti *v.t.* to utter, to pronounce.
rostire *s.f.* pronunciation.
rostogoli *v.t.*, *v.i.* to roll, to turn.
rostopască *s.f.* common celandine.
roșcat *adj.* reddish.
roșeață *s.f.* redness.
roși *v.t.* to redden, *v.i.* to redden, (de emoție) to blush.
roșiatic *adj.* reddish.
roșie *s.f.* tomato.
roșu *s.n.* red, (de buze) lipstick, rouge, *adj.* red, (aprins) scarlet, (emoționat) flushed; *a se face* ~ *de mânie* to flush with anger.
rotație *s.f.* rotation, *prin* ~ by turns, *mișcarea de* ~ rotary motion.
roti *v.t.*, *v.r.* to rotate, to revolve, to turn.
rotile *s.f. pl. patine cu rotile* roller skates.
rotofei *adj.* dumpy.
rotulă *s.f.* knee pan.
rotund *adj.* round.
rotunji *v.t.* to round off, *v.r.* to be rounded.
rotunjit *adj.* rounded.
rouă *s.f.* dew.
roz *s.n.*, *adj.* pink.
roză *s.f.* rose.
rozător *s.n.*, *adj.* rodent.
rozetă *s.f.* rosette.
rozmarin *s.m.* rosemary.
rubedenie *s.f.* relative.
rubeolă *s.f.* rubella.
rubin *s.n.* ruby.

rublă *s.f.* rouble.
rubrică *s.f.* heading.
rucsac *s.n.* knapsack.
rudă *s.f.* relative, *pl.* kin, (prin alianță) in-law; ~ *îndepărtată* distant relation.
rudenie *s.f.* relationship.
rudimentar *adj.* rudimentary.
rufă *s.f.* underwear, *pl.* (under)-clothes.
rug *s.n.* stake.
ruga I. *v.t.* to ask, to implore, (a pofti) to invite. **II.** *v.r.* to pray, *a se ~ de cineva* to entreat smb.
rugă *s.f.* prayer, (rugăminte) request.
rugăciune *s.f.* prayer.
rugăminte *s.f.* request, entreaty.
rugător *adj.* beseeching.
rugbi *s.n.* rugby, *amer.* football.
rugină *s.f.* rust, *bot.* blight.
rugini *v.i., v.r.* to rust.
ruginit *adj.* rusty, *fig.* stick-in-the-mud.
ruginiu *adj.* rusty.
ruina *v.t.* to ruin, *v.r.* to be ruined.
ruinat *adj.* ruined, (de case) dilapidated.
ruină *s.f.* ruin.
ruj *s.n.* lipstick (de buze).
ruja *v.r.* to use lipstick.
rula *v.t.* to roll (up), (bani) to use, *v.i.* to roll, *cinema* to be on.
ruladă *s.f.* jam roll.
ruletă *s.f.* roulette, (pt. măsurat) tape measure.
rulment *s.m.* bearing.
rulotă *s.f.* trailer.
rulou *s.n.* roll, (oblon) roller blind.
rumega *v.t., v.i.* to chew, to munch.
rumegător *s.n., adj.* ruminant.
rumeguș *s.n.* sawdust.
rumen *adj.* ruddy, (fript) well roated.
rumeni *v.t.* to redden, (a frige) to roast, *v.r.* to redden, (a se frige) to be done.
rumoare *s.f.* commotion.
rundă *s.f.* round.
rupe I. *v.t.* to break, (a sfâșia) to tear, (a culege) to pluck, (a întrerupe) to break off, (a vorbi) to speak, *a o ~ cu* to break with, (cu cineva) to part company with smb., *a ~ tăcerea* to break the silence. **II.** *v.r.* to break, (a se sfâșia) to tear, to wear out.
rupere *s.f.* breaking, (sfâșiere) tearing, ~ *de nori* cloud burst.
rupt *s.n. nici în ~ul capului* on no account, *pe ~e* with a vengeance, *adj.* broken, (sfâșiat) torn, (zdrențuit) tattered, ~ *în coate* out at elbows.
ruptură *s.f.* break, (sfâșiere) tear, *fig.* breaking off.
rural *adj.* rural.
rus *s.m., adj.* Russian.
rusalii *s.f. pl.* Whitsuntide, *duminica ~lor* Whit Sunday.
rusesc *adj.* Russian.
rustic *adj.* rustic.

ruşina *v.t.* to shame, *v.r.* to be ashamed.
ruşinat *adj.* ashamed.
ruşine *s.f.* shame, (timiditate) bashfulness, *fără ~* shameless(ly), *a nu avea pic de ~* to be lost to all sense of shame, *să vă fie ~* shame on you!, *a face pe cineva de ~* to dishonour smb., *a-i plesni obrazul de ~* to burn with shame.
ruşinos *adj.* shameful, (timid) shy.
rută *s.f.* route, itinerary.
rutier *adj.* road; *reguli de circulaţie ~ă* road sense, *taxă ~ă* road tax.
rutină *s.f.* routine.

S

sa *adj.* (pt. masc.) his, (pt. fem.) her, (pt. lucruri) its, *a ~* his, hers.
sabie *s.f.* sword; *lovitură de ~* stab.
sabota *v.t.* to sabotage.
sabotaj *s.n.* sabotage.
sac *s.m.* bag, (desagă) knapsack, (conținutul) sackful, *~ fără fund* glutton, *~ de dormit* sleeping bag, *cum e ~ul, și peticul* like father, like son.
saca *s.f.* *s.f.* water-carrier.
sacoșă *s.f.* (shopping) bag.
sacou *s.n.* (sack) coat.
sacrament *s.n.* sacrament.
sacrifica *v.t.*, *v.r.* to sacrifice (oneself).
sacrificiu *s.n.* sacrifice, (ucidere) immolation.
sacrilegiu *s.n.* sacrilege.
sacru *adj.* sacred.
sadic *s.m.* sadist, *adj.* sadistic.
sadism *s.n.* sadism.
safir *s.n.* sapphire.
salam *s.n.* salami.
salamandră *s.f.* salamander.
salariat *s.m.* wage-earner, *adj.* paid, (angajat) employed.
salariu *s.n.* wage(s), (lunar) salary.
salariza *v.t.* to pay.

salarizare *s.f.* wages, pay, remuneration.
salată *s.f.* salad, *bot.* lettuce.
sală *s.f.* hall, room, (de spectacol) house, (publicul) audience, (coridor) corridor, ~ *de așteptare* waiting-room, ~ *de sport* gym, ~ *de clasă* classroom.
salbă *s.f.* necklace.
salcâm *s.m.* acacia.
salcie *s.f.* willow(tree), ~ *plângătoare* weeping willow.
sale *adj.* (pt. masc.) his, (pt. fem.) her, (pt. lucruri) its, *ale* ~ his, hers.
salină *s.f.* salt mine.
salinitate *s.f.* saltness.
saliva *v.i.* to salivate.
salivă *s.f.* saliva.
salon *s.n.* drawing-room, (de spital) ward, (expoziție) show room, (de dans, coafură) saloon, *de* ~ fashionable.
salonaș *s.n.* morning-room.
salopetă *s.f.* overall(s).
salt *s.n.* jump, (de pe loc) leap, (țopăială) hop, *triplu* ~ hop-step-and-jump, ~ *calitativ* qualitative leap.
saltea *s.f.* mattress.
saltimbac *s.m.* rope walker, *fig.* mountebank.
salubritate *s.f.* sanitation (service).
salubru *adj.* wholesome.
salut *s.n.* greeting(s), *interj.* hello!
saluta *v.t.* to greet, a (se înclina) to bow to (smb.), (din cap) to nod, (cu mâna) to wave to (smb.), *fig.* to hail, *v.i.* to salute, *v.r.* to be on nodding terms.
salutar *adj.* beneficial, salutary.
salutare *s.f.* greeting.
salva *v.t.* to save, *a* ~ *aparențele* to save the appearances.
salvare *s.f.* rescue, *med.* emergency service.
salvator *s.m.* rescuer saving, escape, *adj.* saviour.
salvie *s.f.* common sage.
samba *s.f.* samba.
samur *s.m.* sable.
samurai *s.m.* samurai.
sanatoriu *s.n.* sanatorium.
sanctifica *v.t.* to sanctify.
sanctitate *s.f.* sanctity.
sanctuar *s.n.* sanctuary.
sancționa *v.t.* to sanction, (a aproba) to approve.
sancțiune *s.f.* sanction, (pedeapsă) penalty.
sandală *s.f.* sandal.
sandviș *s.n.* sandwich.
sanie *s.f.* sledge.
sanitar *s.m.* medical orderly, *adj.* sanitary; *asistență* ~*ă* health assistance, *instalații* ~*e* sanitary installations.
santinelă *s.f.* watch, guard.
sapă *s.f.* hoe, *min.* bit, (săpare) hoeing.
saramură *s.f.* pickled fish.
sarcasm *s.n.* sarcasm.
sarcastic *adj.* sarcastic.
sarcină *s.f.* load, (de lemne) faggot, *fig.* task, (graviditate) pregnancy; ~ *admisă* safe

load, *este sarcina ta* it is your responsibility, *a uşura pe cineva de o* ~ to relieve smb. off a burden.

sare *s.f.* salt, *fig.* spice, *pl.* smelling salts; ~ *de bucătărie* cooking salt, ~ *de baie* bath salts, ~ *de lămâie* lemon salt, *bulgăre de* ~ lump of salt, *grăunte de* ~ grain of salt, *mi-e drag ca ~a în ochi* I cannot stand him, *a promite marea cu ~a* to promise wanders.

sarmale *s.f. pl.* force-meat rolls in cabbage/ vine leaves.

saşiu *adj.* cross-eyed, *adv.* asquint.

sat *s.n.* village.

satană *s.f.* devil.

satâr *s.n.* (meat) chopper.

satelit *s.m.* satellite.

satin *s.n.* satin.

satir *s.m.* satyr.

satiră *s.f.* satire.

satiric *s.m.* satirist, *adj.* satiric(al).

satiriza *v.t.* to satirize.

satisface *v.t.* to satisfy, (necesităţi) to meet.

satisfacere, satisfacţie *s.f.* satisfaction.

satisfăcător *adj.* satisfactory.

satisfăcut *adj.* content(ed).

saturaţie *s.f.* saturation, *fig.* surfeit, *până la* ~ *fig.* up to the teeth.

saţ *s.n.* satiety, (greaţă) cloying, *fără* ~ insatiable.

sau *conj.* or, ~ ... ~ either... or.

savant *s.m.* scientist, *adj.* scholarly, *adv.* skilful.

savarină *s.f.* savarin.

savoare *s.f.* savour.

savonieră *s.f.* soap box.

savura *v.t.* to enjoy, to relish.

savuros *adj.* savoury, *fig.* racy.

saxofon *s.n.* saxophone.

să *conj.* (so) that, (dacă) if, (pt. imperativ), *măcar* ~ if at least, *numai* ~ if only, *până* ~ until, *trebuie* ~ *vorbeşti cu ea* you must talk to her, *ca* ~ *nu* lest, in case.

săculeţ *s.n.* satchel.

sădi *v.t.* to plant, *fig.* to implant.

săgeată *s.f.* arrow; *iute ca ~a* as swift as an arrow, *vârf de* ~ arrow head.

săgeta *v.t.* to shoot (with) an arrow).

săgetător *s.m.* bow-man, *astr.* Sagittarius.

săi *adj.* his, *fem.* her, *pt. lucruri* its.

sălaş *s.n.* dwelling, shelter.

sălăşlui *v.i.* to live.

sălbatic *s.m.* savage/ wild man, *adj.* wild, (de animale) untamed, (de oameni) savage, (crud) cruel.

sălbătici *v.t.*, *v.r.* to turn wild.

sălbăticie *s.f.* savagery, (pustiu) wilderness, *cu* ~ cruelly.

sălta *v.t.* to heave (up), to help (smb.) up, *v.i.*, *v.r.* to jump, to hop, to rise.

săltăreţ *adj.* jumping, (de muzică) lively.

sămânţă *s.f.* seed; *a avea* ~ *de vorbă* to be talkative.

sănătate *s.f.* health; ~ *publică* public health, *a avea o ~ bună/ fragilă* to be in good/ poor health, *beau în ~a ta* I drink to your health, *Ministerul Sănătății* The Ministry of Health.
sănătoasă *s.f. a o lua la sănătoasa* to take to one's heels.
sănătos *adj.* sound, (la trup) healthy, (voinic) strong, (salubru) wholesome, *adv.* healthily.
săniuș *s.n.* sleigh-riding.
săniuță *s.f.* sledge.
săpa *v.t.* to dig (up), (a grava) to engrave, (de animale) to burrow, (a excava) to excavate, (a submina) to sap.
săptămânal *adv.* weekly.
săptămână *s.f.* week, ~ *de lucru* working week, *săptămâni întregi* for weeks on end, *două săptămâni* a fortnight, *săptămâna Patimilor* Passion Week, *săptămâna trecută* last week, *acum o ~* a week ago, *în timpul ~ii* during the week, *în fiecare ~* every week, *de două ori pe ~* twice a week.
săpun *s.n.* soap; ~ *de rufe* washing soap, ~ *de toaletă* toilet soap, ~ *lichid* soft soap, *balon de ~* soap bubble, *fulgi de ~* soap flakes.
săpuneală *s.f.* lathering, *fig.* dressing-down, reprimand.
săpuni *v.t.* to soap, *fig.* to haul smb. over the coals, *v.r.* to soap oneself, (pt. bărbierit) to lather one's face.
săra *v.t.* to salt, (în saramură) to brine.
sărac I. *s.m.* pauper, poor man, *pl.* the poor, *~ul de mine!* poor me! **II.** *adj.* poor, (nevoiaș) needy, (arid) unproductive, (biet) wretched, ~ *lipit pământului* as poor as a church mouse, ~ *cu duhul* poor in spirit.
sărat *adj.* salt(y), *fig.* pungent, (de prețuri) stiff.
sărăcăcios *adj.* poor(ly), (de hrană) meagre, (de pământ) barren, *fig.* stinted.
sărăci *v.t.* to impoverish, *v.i.* to grow poor.
sărăcie *s.f.* poverty, (lipsă) penury.
sărăcime *s.f.* the paupers.
sărbătoare *s.f.* holiday, (petrecere) festivity, *de ~* festive, ~ *legală* statutory holiday, ~ *națională* national holiday, *a se îmbrăca de ~* to dress up.
sărbătoresc *adj.* solemn.
sărbătorește *adv.* festively.
sărbători *v.t.* to celebrate, to fete.
sări *v.t.* to clear, to jump (over), (a omite) to skip, *v.i.* to jump, to leap, to vault, (a țopăi) to hop, (în sus) to spring, (în apă) to dive, *fig.* to overlook, *a ~ cu gura pe (cineva)* to jaw (smb.), *a-i ~ cuiva de gât* to fling one's arms around smb., *a ~ în ochi*

to be striking, *a-i ~ muştarul/ţandăra* to lose patience, *a ~ în ajutorul cuiva* to hasten to smb.'s rescue, *a ~ peste cal* to push it too far.
săritor *adj.* helpful.
săritură *s.f.* jump, leap, *~ cu prăjina* pole vault, *~ în înălţime* high jump, *~ în lungime* long jump.
sărman *s.m.* pauper, *adj.* poor, needy, *~ul!* poor thing!
sărut *s.n.* kiss.
săruta *v.t.*, *v.i.* to kiss.
sărutare *s.f.* kiss(ing).
sătean *s.m.* villager.
săteancă *s.f.* peasant-woman.
sătesc *adj.* rural.
sătul *adj.* (chock)full; *a fi ~ de cineva* to be sick and tired of smb.
sătura *v.t.* to satiate, *v.r.* to eat one's fill, *fig.* to have enough (of smth.); *a se ~ până peste cap de ceva* to have had more than enough of smth., *m-am săturat!* I've had it!
săturat *s.n.* *pe ~e* to one's heart's content.
săţios *adj.* nourishing.
său *adj.* his, *pt.* lucruri its, *al ~* his, hers.
săvârşi *v.t.* to commit, (a executa) to implement, *v.r.* to be done, *a se ~ din viaţă* to die.
sâcâi *v.t.* to bother, to pester, to nag.
sâcâitor *adj.* pestering.
sâmbătă *s.f.* Saturday, *adv.* on Saturday.
sâmbăta *adv.* on Saturday(s).
sâmbure *s.m.* kernel, (mare) stone, (mic) pip, (miez) core, *un ~ de adevăr* a grain of truth.
sân *s.m.* breast, *pl. fig.* bosom, *în ~* in one's bosom.
sânge *s.n.* blood, (închegat) gore, *cu ~ rece* cold-blooded, *vărsare de ~* bloodshed, *a-i curge ~* to bleed, *pată de ~* blood stain, *a face ~ rău cuiva* to annoy smb., *a-şi păstra ~le rece* to keep one's temper.
sângera *v.i.* to bleed.
sângerare *s.f.* bleeding.
sângeros *adj.* sanguinary, (criminal) bloodthirsty.
sârbă *s.f.* lively Romanian folk dance.
sârg *s.n.* *cu ~* industriously.
sârguincios *adj.* diligent, hard-working, *adv.* sedulously.
sârguinţă *s.f.* diligence.
sârmă *s.f.* wire.
sâsâi *v.i.* to hiss.
scadent *adj.* (falling) due.
scadenţă *s.f.* settling day, deadline.
scafandru *s.m.* diver, *s.n.* (costum) diving-suit.
scalp *s.n.* scalp.
scamator *s.m.* juggler.
scamatorie *s.f.* jugglery.
scamă *s.f.* lint, *fig.* fluff.
scanda *v.t.* to shout.
scandal *s.n.* (gălăgie) row, *fig.* scandal.
scandalagiu *s.m.* brawler.
scandaliza *v.t.* to scandalize, *v.r.* to be indignant (at smth.).

scandalos *adj.* disgraceful.
scandinav *s.m.* Scandinavian.
scarabeu *s.m.* beetle.
scară *s.f.* staircase, (flight of) stairs, (treaptă) step, (mobilă) ladder, (rulantă) escalator, (de frânghie) rope ladder, (pt. călărie) stirrup, (de maşină) footboard, (de vagon) running-board, *muz., geogr.* scale, *pe ~ mare* (on a) large scale.
scaun *s.n.* chair, (fără spetează) stool, *med.* stool, *~ pliant* camp stool, *cu ~ la cap* wise, *sfântul ~* the Holy See.
scădea *v.t.* to subtract, (a coborî) to lower, *v.i.* to diminish, to recede, *fig.* to abate.
scădere *s.f.* subtraction, diminution, *fig.* defect.
scălda *v.t.* to bathe, *a o ~* to give an elusive answer, *v.r.* to fray.
scăldat *s.n.* bathing.
scăldătoare *s.f.* bathing place.
scămos *adj.* fibrous.
scămoşa *v.t.* to shred, to tear.
scăpa *v.t.* to drop, (a pierde) to miss, (a omite) to omit, *a ~ din vedere* to overlook, *a ~ o vorbă* to let slip a word, *v.i.* to escape, *a ~ de* to get rid of, *a ~ teafăr* to get away safe and sound, *a ~ ca prin urechile acului* to have a narrow escape.
scăpare *s.f.* escape, (omisiune) omission.
scăpăra *v.t.* to strike, *v.i.* to flash, (a scânteia) to sparkle.
scăpăta *v.i.* to set.
scăriță *s.f.* small ladder, *anat.* stirrup, stapes.
scărmăna *v.t.* to card, *fig.* to thrash.
scărpina *v.t., v.r.* to scratch, *a se ~ în cap* to scratch one's head.
scărpinat *s.n.* scratching.
scăunaş, scăunel *s.n.* stool.
scăzut *adj.* low.
scâlcia *v.t., v.r.* to deform.
scâlciat *adj.* down at heel.
scâncet *s.n.* whine.
scânci *v.i., v.r.* to whine.
scândură *s.f.* board, (de brad) deal board.
scânteia *v.i.* to sparkle.
scânteie *s.f.* spark.
scânteietor *adj.* sparkling.
scârbă *s.f.* aversion, disgust.
scârbi *v.t.* to disgust.
scârbit *adj.* disgust (at).
scârbos *adj.* repulsive.
scârțâi *v.i.* to creak, (de peniță) to scratch.
scelerat *s.m.* scoundrel, *adj.* criminal.
scenarist *s.m.* script-writer.
scenariu *s.n.* (film) script, *~ radiofonic* radio play.
scenă *s.f.* scene, (estradă) stage.
scenetă *s.f.* sketch, one-act play.
scenograf *s.m.* scenographer.
scenografie *s.f.* scenography.
sceptic *s.m., adj.* sceptic, *adv.* sceptically.
scepticism *s.n.* scepticism.

sceptru *s.n.* sceptre.
scheci *s.n.* sketch.
schelă *s.f.* scaffolding, *min.* oilfield, (sondă) oil-well.
schematic *adj.* sketchy, *peior.* oversimplified.
schematiza *v.t.* to schematize.
schemă *s.f.* scheme, staff list, *pe ~* on the staff.
scheuna *v.i.* to yelp.
schi *s.n.* ski(ing), (pe apă) aquaplane.
schia *v.i.* to schi.
schijă *s.f.* splinter.
schilod *s.m.* cripple, *adj.* mutilated.
schilodi *v.t.* to mutilate.
schimb *s.n.* exchange, (schimbare) change, alteration, (într-o uzină) shift, *cu ~ul* by turns, *în ~* on the other hand.
schimba **I.** *v.t.* (a înnoi) to change, (a modifica) to alter, (unul cu altul) to exchange, (a înlocui) to replace, *a ~ vorba* to switch to another subject, *a-şi ~ domiciliul* to change one's residence, *a ~ tabăra* to change sides. **II.** *v.r.* to change, to be altered, (în bine) to change for the better; *a se ~ la faţă* to change colour.
schimbare *s.f.* change, (schimb) exchange.
schimbător *s.n.* *tehn.* switch, *auto.* gearshift; *caracter ~* changeable character.
schimonoseală *s.f.* grimace.
schimonosi *v.t.* to contort, to disfigure, *v.r.* to grimace.
schingiui *v.t.* to torture.
schingiuire *s.f.* torture.
schior *s.m.* skier.
schismă *s.f.* schism.
schit *s.n.* hermitage.
schiţa *v.r.* to sketch, to outline, *a ~ un zâmbet* to give a faint smile.
schiţă *s.f.* sketch, (proiect) outline.
schizofrenic *s.m.* schizophrenic.
sciatică *s.f.* sciatica.
scinda *v.t.*, *v.r.* to split (up), to divide.
scindare *s.f.* scission.
scit *s.m.*, *adj.* Scythian.
sciziune *s.f.* split.
sclav *s.m.* slave, *fig.* thrall.
sclavă *s.f.* slave (woman).
sclavie *s.f.* sclavery.
sclerotic *adj.* sclerotic.
scleroza *v.t.* to sclerose.
sclerozat *adj.* sclerosed.
scleroză *s.f.* sclerosis.
sclifoseală *s.f.* whining.
sclifosi *v.r.* to whine, (a se miorlăi) to snivel, (a se preface) to gush.
sclifosit *adj.* smirking, mincing.
sclipi *v.i.* to twinkle, to glimmer.
sclipire *s.f.* sparkle, glitter.
sclipitor *adj.* glittering, brilliant.
sclivisi *v.t.* to polish, *v.r.* to titivate.
scoarţă *s.f.* *bot.* bark, *anat.* cortex, *geogr.* crust, (covor) rug, *din ~ în ~* from A to Z.

scoate *v.t.* to pull sau draw out, (a îndepărta) to take out, (la iveală) to reveal, (a dezbrăca) to take off, *fig.* to get, (a izgoni) to drive away, (a concedia) to dismiss, (a scăpa) to get out, (pui) to hatch, *a ~ ochii cuiva* to pull smb. 's eyes out, *a ~ dopul unei sticle* to uncork a bottle, *a ~ adevărul la lumină* to unravel the truth, *a ~ o autorizaţie* to take out a licence, *a ~ pe cineva din fire* to get on smb.'s nerves, *a ~ la vânzare* to put on sale, *a ~ ceva la iveală* to bring forward, *a-şi ~ pârleala* to make good one's loss.

scobi *v.t.* to hollow, (dinţii) to pick, *v.i.* to dig, *v.r. a se ~ în dinţii* to pick one's teeth.

scobitoare *s.f.* tooth-pick.

scobitură *s.f.* hollow, groove.

scofală *s.f.* benefit, *mare ~* no big deal.

scoică *s.f.* shell, (stridie) oyster.

sconcs *s.m.* skunk.

sconta *v.t.* to discount.

scop *s.n.* purpose, *în ~ul...* with a view to (doing), *cu ce ~?* for what purpose?, *a-şi atinge ~ul* to achieve one's goal, *~ul scuză mijloacele* the end justifies the means, *a rătăci fără ~* to wander about aimlessly.

scor *s.n.* score, *~ egal* draw.

scorbură *s.f.* hollow.

scormoni *v.t.*, *v.i.* to rummage, *fig.* to stir up.

scorneală *s.f.* fabrication.

scorni *v.t.* to invent.

scoroji *v.r.* to shrivel.

scorpie *s.f. zool*, scorpion, *fig.* shrew.

scorpion *s.m.* scorpion.

scorţişoară *s.f.* cinnamon.

scorţos *adj.* stiff, rough.

scotoci *v.t.* to search, *v.i.*, *v.r.* to rummage, to fumble (in one's pocket).

scoţian *s.m.* Scot(sman), *adj.* Scottish.

scoţiană *s.f.* Scot (woman).

scrânti *v.t.* to sprain, *a o ~* to make a blunder, *v.r.* to grow potty.

scrântit *adj.* sprained, (nebun) crazy.

scrâşni *v.i.* to gnash one's teeth.

scrib *s.m.* scribe.

scrie *v.i.* to write, *a ~ cu creionul* to (write in) pencil, *a ~ la maşină* to type, *v.r.* to be spelt; *a ~ citeţ* to write plain, *cum se ~ cuvântul acesta?* how do you spell this word?, *este scris să* it is written that.

scriere *s.f.* writing.

scriitor *s.m.* writer.

scrijeli *v.t.* to scratch, to notch.

scrimă *s.f.* fencing.

scrin *s.n.* chest-of-drawers.

scripcar *s.m.* fiddler.

scripcă *s.f.* fiddle.

scripete *s.m.* pulley.

scriptură *s.f.* the Holy Scripture.

scris *s.n.* (hand)writing, (caligrafie) hand; *probă ~ă* written exam.
scrisoare *s.f.* letter, *scrisori de acreditare* credentials.
scroafă *s.f.* sow.
scrobi *v.t.* to starch.
scrofulos *adj.* scrofulous.
scrum *s.n.* ashes.
scrumbie *s.f.* mackerel, (afumată) bloater, (sărată) kipper.
scrumieră *s.f.* ash tray.
scrupul *s.n.* scrupule, *fără ~e* unscrupulous(ly).
scrupulos *adj.* scrupulous, *adv.* carefully.
scruta *v.t.* to scan.
scrutător *adj.* searching.
scrutin *s.n.* ballot (count).
scuar *s.n.* square.
scufunda *v.t.*, *v.r.* to sink.
scuipa *v.t.*, *v.i.* to spit.
scuipat *s.n.* spit.
scula *v.t.* to wake, *v.r.* to rise, (în picioare) to stand up; *a se ~ cu noaptea-n cap* to get up at dawn, *a se ~ din morți* to raise from the dead.
sculă *s.f.* tool.
sculpta *v.t.* to sculpture.
sculptor *s.m.* sculptor.
sculptural *adj.* sculptural.
sculptură *s.f.* sculpture.
scump *adj.* dear, (costisitor) expensive, (prețios) valuable, (zgârcit) miserly, *adv.* dearly; *o să plătească ~ pentru asta* he'll pay for it.
scumpete *s.f.* dearness, (persoană) jewel.
scumpi *v.t.* to increase in price, *v.r.* to grow dearer.
scund *adj.* short.
scurge *v.t.* to drain, (a filtra) to strain, *v.r.* to flow, (câte puțin) to trickle, (picătură cu picătură) to drip, (despre vreme) to elapse; *i se scurg ochii după Maria* he gloats over Mary.
scurgere *s.f.* flowing, trickling, (a timpului) lapse.
scurma *v.t.* (cu botul) to root, (cu ghearele) to scratch.
scurt *adj.* short, *fig* brief, (redus) little, (de fustă) skimpy, *din ~* tightly, *în ~ă vreme* soon afterwards, *pe ~* tersely, *a fi ~ la minte* to be forgetful, *adv.* briefly.
scurta *v.t.*, *v.r.* to shorten.
scurtătură *s.f.* short cut.
scurtcircuit *s.n.* short circuit.
scurtcircuita *v.t.*, *v.r.* to short circuit.
scut *s.n.* shield.
scutec *s.n.* diaper.
scuter *s.n.* (motor) scooter.
scuti *v.t.* to spare (from), (de ceva) to exempt from; *scutește-mă!* spare me!, *a ~ de impozit* to release a debt, , *a ~ pe cineva de o obligație* to discharge smb. of an obligation.
scutire *s.f.* sparing, exemption (from taxes).
scutura **I.** *v.t.* to shake, (covoare) to dust, (a critica) to censure; *a ~ de bani pe cineva* to drain smb. of all his/ her

money. **II.** *v.i.* to tidy up. **III.** *v.r.* to be shaken.
scuza *v.t.* to excuse, *scuzați(-mă)!* I beg your pardon! *v.r.* to apologize.
scuzabil *adj.* pardonable.
scuză *s.f.* excuse; *a cere ~e cuiva* to apologise to smb.
se *pron.* oneself, himself, (impersonal) it, (reciproc) each other; *nu ~ știe niciodată* you never know.
seamă *s.f.* account, (cantitate) lot, *o ~ de* many, *de bună ~* of course, *de o ~* of the same age, *de ~* remarkable, *mai cu ~* especially, *a băga de ~* to notice, *nu o lua în ~* don't mind her, *și-a dat ~ că* she realize that, *băgare de ~* attention.
seamăn *s.m.* human being, neighbour, *fără ~* matchless.
seară *s.f.* evening.
searbăd *adv.* tasteless, vapid.
sebum *s.n.* sebum.
sec *adj.* dry, (arid) barren, (gol) empty, *adv.* drily.
seca *v.t.* to drain, (a usca) to dry, *v.i.* to run dry, *fig.* to be exhausted.
secară *s.f.* rye.
secătui *v.t.* to drain.
secătură *s.f.* good-for-nothing.
secera *v.t.* to reap, (iarba) to mow.
seceră *s.f.* sickle.
secerător *s.m.* reaper.
seceriș *s.n.* reaping, (recoltare) harvest.
secesiune *s.f.* secession.
secetă *s.f.* drought.
secetos *adj.* droughty.
sechestra *v.t.* to sequester.
sechestru *s.n.* sequester.
secol *s.n.* century, (epocă) age.
secret *s.n.* secret, *în ~* secretly, *adj.* secret, *adv.* secretly; *~ul meseriei* tricks of the trade, *~ul confesiunii* the seal of confession, *a divulga un ~* to reveal a secret.
secreta *v.t.* to secrete.
secretar *s.m.*, **secretară** *s.f.* secretary, *~ general* general secretary.
secretariat *s.n.* secretariate.
secretor *adj.* secretive.
secreție *s.f.* secretion.
sectar *s.m.* illiberal person, *adj.* illiberal, *adv.* in a sectarian way.
sectă *s.f.* sect.
sector *s.n.* sector, *fig.* province.
secție *s.f.* section, (de poliție) police station.
secționa *v.t.* to section.
secțiune *s.f.* section.
secui *s.m.* Sekler.
secuiesc *adj.* Sekler('s).
secular *adj.* secular, (vechi) century old.
seculariza *v.t.* to secularize.
secund *s.m.* second, *mar.* first mate, *adj.* secondary(ary).
secundar *s.n.* second hand, *adj.* secondary.
secundă *s.f.* second.
secure *s.f.* axe.
securit *s.m.* safety glass.

securitate *s.f.* security, (siguranță) safety, *~a muncii* labour safety.
secvență *s.f.* sequence.
sedativ *s.n.* sedative.
sedentar *adj.* sedentary.
sedilă *s.f.* cedilla.
sediment *s.n.* sediment.
sedimenta *v.t.*, *v.r.* to deposit.
sedimentar *adj.* sedimentary.
sediu *s.n.* headquarters.
seducător *s.m.* seducer, *adj.* seductive, *adv.* seductively.
seduce *v.t.* to seduce.
seducție *s.f.* seduction.
segment *s.m.* *tehn.* piston ring, *s.n.* segment.
segmenta *v.t.* to segment.
segmentare *s.f.* segmentation.
segrega *v.t.* to segregate.
segregare, segregație *s.f.* segregation, (în Africa de Sud) apartheid.
seif *s.n.* safe.
seism *s.n.* earthquake.
seismograf *s.n.* seismograph.
select *adj.* select.
selectiv *adj.* selective.
selectivitate *s.f.* selectivity.
selector *s.n.* selector.
selecție *s.f.* selection.
selecționa *v.t.* to select, to pick, *sport* to spot.
seleniu *s.m.* selenium.
semafor *s.n.* semaphore, (pe stradă) traffic light(s).
semantic *adj.* semantic.
semantică *s.f.* semantics.
semăna *v.t.* to sow, *fig.* to spread, *v.i.* to sow, (cu cineva) to be alike, to resemble (smb.).
semănat *s.n.* sowing (time).
semănătoare *s.f.* sower.
semănător *s.m.* sower.
semănătură *s.f.* sown field, *pl.* crops.
semen *s.m.* neighbour.
semestrial *adj.*, *adv.* half-yearly.
semestru *s.n.* half-year, term.
semeț *adj.* haughty, *adv.* haughtily.
semeție *s.f.* haughtiness.
semicerc *s.n.* semicircle.
semilună *s.f.* half moon.
seminar *s.n.* seminar, *rel.* seminary.
semit *s.m.*, *adj.* Semite.
semiton *s.n.* semitone.
semn *s.n.* sign, (simbol) token, (urmă) mark, trace, (semnal) signal, *~ bun* good omen/ auspices, *~ de exclamație* exclamation mark, *~e de punctuație* punctuation marks, *~ de întrebare* question mark, *~e particulare* peculiarities, *~ rău* bad omen, *în ~ de protest* in protest, *pesemne* probably.
semna *v.t.* to sign; *a ~ de primire* to sign for goods.
semnal *s.n.* signal, (semn) sign, *~ de alarmă* emergency signal, *~ luminos* light signal, *a trimite un ~* to send a signal.
semnala *v.t.* to point out, to signal, to notify.
semnaliza *v.i.* to signal.
semnalmente *s.n.* *pl.* personal description.

semnare *s.f.* conclusion (of a treaty).
semnatar *s.m.* signatory (to a treaty).
semnătură *s.f.* signature.
semnifica *v.t.* to signify.
semnificativ *adj.* meaningful, (important) important, *adv.* significantly.
semnificație *s.f.* significance, (înțeles) signification.
senat *s.n.* senate (house).
senator *s.m.* senator.
senil *s.m.* dotard, *adj.* senile.
senin *s.n.* clear sky, *fig.* serenity, *din ~* out of the blue, *adj.* serene, (fără nori) clear.
seninătate *s.f.* serenity.
senior *s.m.* feudal lord, *adj.* senior.
seniorie *s.f.* seniority.
sens *s.n.* meaning, sense, (direcție) direction, *~ giratoriu* rotary, merry-go-round, *~ interzis* no entry, *~ propriu* literal sense, *~ unic* one-way traffic, *fără ~* useless, *în ~ul acelor de ceasornic* counter-clockwise.
sensibil *adj.* sensitive; *a atinge o coardă ~ă* to appeal to the emotions, *~ la durere* susceptible to pain, *a avea pielea ~ă* to have a sensitive skin.
sensibilitate *s.f.* sensitiveness.
sentiment *s.n.* feeling, sentiment, *fără ~(e)* callous, *a-şi controla ~ele* to repress one's feelings, *a avea ~ul că* to have a feeling that.
sentimental *s.m.* sentimentalist, *peior.* milksop, *adj.* sentimental, (dulceag) soppy, *adv.* sentimentally.
sentimentalism *s.n.* sentimentalism, *peior.* mawkishness.
sentință *s.f.* sentence; *a da o ~* to pass a sentence.
senzație *s.f.* sensation, *de ~* sensational.
senzațional *adj.* sensational.
senzitiv *adj.* sensitive.
senzorial *adj.* sensorial.
senzual *s.m.* sensualist, *adj.* sensual.
senzualitate *s.f.* sensuality.
separa *v.t.*, *v.r.* to separate(d), *adv.* separately.
separabil *adj.* separable.
separare *s.f.* separation.
separat *adj.* separated.
separație *s.f.* separation.
sepie *s.f.* *zool.* cuttle-fish.
septembrie *s.m.* September.
ser *s.n.* serum.
serafim *s.m.* seraph.
serai *s.n.* seraglio.
seral *adj.* evening.
serată *s.f.* evening party.
seră *s.f.* green house, (încălzită) hot house.
serba *v.t.* to celebrate, *v.r.* to be celebrated.
serbare *s.f.* celebration, festivity, feast.
serenadă *s.f.* serenade.
sergent *s.m.* policeman, *~ major* senior sergeant.
serial *s.n.* serial, *cinema* series.
sericultură *s.f.* seri(ci)culture.

serie *s.f.* series, cinema part, *în ~* serial(ly).
seringă *s.f.* syringe.
serios **I.** *s.n.* seriousness, *în ~* seriously; *a lua ceva în ~* to take smth. seriously. **II.** *adj.* earnest, (grav) serious, (adevărat) real. **III.** *adv.* earnestly, (grav) seriously.
seriozitate *s.f.* earnestness, (gravitate) seriousness.
seros *adj.* serous.
serpentină *s.f.* winding (road), *tehn.* coil, *în ~* winding.
sertar *s.n.* drawer.
servantă *s.f.* sideboard, (pe roate) dumb waiter, (servitoare) maid (servant).
servi **I.** *v.t.* to serve (for), (la masă) to wait on, to help (to a dish), (un client) to attend to. **II.** *v.i.* to serve; *nu serveşte la nimic* it's useless, *a ~ drept pretext* to serve as a pretext. **III.** *v.r.* to help oneself, *a se ~ de* to use.
serviciu *s.n.* service, (slujbă) job, (chelner) attendance, (adus cuiva) (good) turn, (birou) department, *de ~* on duty, (de scară) backstairs, *fig.* routine, perfunctory, *în ~l cuiva* at smb. 's service, *~ de informaţii* enquiry department, *~ de ceai* tea set.
servietă *s.f.* brief case.
servil *adj.* servile, *adv.* servility.
servitoare *s.f.* maid (servant), *pl.* help, (cu ziua) daily.
servitor *s.m.* (man) servant.
sesiune *s.f.* session.
sesiza *v.t.* to grasp, (a remarca) to note, (pe cineva) to inform, *v.r.* to take notice, (de ceva) to realize.
sesizare *s.f.* complaint, understanding, (informare) intimation.
set *s.n.* set, (de pulovere) twin set.
sete *s.f.* thirst, *fig.* eager, *~ de sânge* bloodthirsty.
setos *adj.* thirsty.
sevă *s.f.* sap.
sever *adj.* hard, (ca atitudine) severe, (rigid) austere, *adv.* hard, sternly.
severitate *s.f.* severity, (stricteţe) strictness, (asprime) sternness.
sex *s.n.* sex.
sexual *adj.* sexual.
sexualitate *s.f.* sexuality.
sezon *s.n.* season, *~ mort* slack time, *de ~* in season.
sezonier *adj.* seasonal.
sfadă *s.f.* quarrel, row.
sfanţ *s.m.* penny.
sfat *s.n.* counsel, (consfătuire) conference, *~ popular* people's council.
sfărâma *v.t.* to crush, *v.r.* to break (into pieces).
sfărâmat *adj.* broken.
sfărâmătură *s.f.* fragment, *pl.* debris.
sfătui *v.t.* to advise, *v.r.* to put heads together, *a se ~ cu* to consult.
sfătuitor *s.m.* adviser.
sfânt *s.m.* saint, *adj.* holy.

sfârc *s.n.* nipple, teat, (al urechii) lobe, (al biciului) lash.
sfârâi *v.i.* to sizzle.
sfârşeală *s.f.* exhaustion.
sfârşi *v.t.* to (bring to an) end, *v.i.* to cease, *a ~ cu ceva* to put an end to smth., *a ~ cu cineva* to break off with smb., *v.r.* to run short, to cease.
sfârşit I. *s.n.* end(ing), (moarte) death, *fără ~* endless(ly), *în ~* at last, *la ~* in the end, *la ~ul* ... at the close of..., *pe ~e* nearly over, *spre ~* towards the end, *a lua ~* to come to an end. **II.** *adj.* exhausted.
sfârteca *v.t.* to mangle, to tear up.
sfâşia *v.t.* to tear, *a ~ inima cuiva* to break smb. 's heart.
sfâşietor *adj.* (heart-)breaking.
sfeclă *s.f.* beet; *~ de zahăr* sugar beet.
sferă *s.f.* sphere.
sferic *adj.* spherical.
sfert *s.n.* quarter.
sfeşnic *s.n.* candlestick.
sfetnic *s.m.* counsellor.
sfială *s.f.* shyness.
sfida *v.t.* to defy, *v.i.* to be defiant.
sfidare *s.f.* defiance.
sfidător *adj.* challenging.
sfii *v.r.* to be timid, *a se ~ să* not to find it in oneself to (do smth.).
sfinţenie *s.f.* holiness, *cu ~* piously, (exact) scrupulously.
sfinţi *v.t.* to sanctify.
sfinx *s.m.* sphinx.
sfios *adj.* shy.
sfoară *s.f.* string, *~ de moşie* a plot of land, *a trage sforile* to pull the strings.
sforăi *v.i.* to snore, (de cai) to snort.
sforăială *s.f.*, **sforăit** *s.n.* snoring, snore.
sforăitor *adj.* snor(t)ing, *fig.* blatant.
sforărie *s.f.* plotting.
sforţa *v.r.* to make an effort.
sforţare *s.f.* exertion.
sfredel *s.n.* gimlet, (mare) auger.
sfredeli *v.t.* to drill.
sfredelitor *adj.* piercing.
sfrijit *adj.* thin, gaunt.
sicilian *s.m.* **siciliană**, *s.f.* Sicilian.
sicriu *s.n.* coffin, *amer.* casket.
sidef *s.n.* mother-of-pearl.
sidefiu *adj.* nacreous.
siderurgie *s.f.* metallurgy.
siestă *s.f.* siesta.
sieşi *pron.* to oneself.
sifilis *s.n.* syphilis.
sifon *s.n.* siphon (bottle), (apă gazoasă) soda (water).
sigila *v.t.* to seal (up).
sigiliu *s.n.* seal, (la inel) signet, *fig.* stamp.
sigur I. *adj.* sure, positive, (convins) convinced, (de încredere) reliable, trustworthy, (în afară de pericol) seif, secure. **II.** *adv.* certainly, for sure; *a fi ~ de ceva* to be sure of smth., *~ de sine* self-assured, *a lua calea cea mai ~ă* to take the safest

path, *sunt ~ de el* I can depend on him.

siguranță *s.f.* safety, security, (convingere) certitude, *ist.* security police, *el.* fuse, *cu ~* doubtlessly, *de ~* safety, *în ~* safe(ly).

sihastru *s.m.* hermit, *adj.* solitary.

sihăstrie *s.f.* hermitage.

silabă *s.f.* syllable.

silabisi *v.t.* to syllabify, to spell.

silă *s.f.* loathing, disgust, *cu de-a sila* forcibly, *în ~* reluctantly.

sili *v.t.* to force, to oblige; *a ~ pe cineva să se țină de promisiune* to peg smb. down to his promise.

silicat *s.m.* silicate.

siliciu *s.n.* silicon.

silință *s.f.* effort, assiduity; *a-și da ~a să facă ceva* to apply oneself to doing smth.

silit *adj.* constrained, obliged.

silitor *adj.* hard-working.

silnic *adj.* forced, *muncă ~ă* hard labour.

silogism *s.n.* syllogism.

siloz *s.n.* silo.

siluetă *s.f.* outline, form, (corp) figure.

silui *v.t.* to rape.

silvic *adj.* forest.

silvicultură *s.f.* forestry.

simbol *s.n.* symbol.

simbolic *adj.* symbolic(al), *adv.* symbolically.

simbolism *s.n.* symbolism.

simboliza *v.t.* to signify.

simbrie *s.f.* pay.

simetric *adj.* symmetrical.

simetrie *s.f.* symmetry.

simfonic *adj.* symphonic.

simfonie *s.f.* symphony.

similar *adj.* similar (to).

simpatic *adj.* nice, *anat., chim.* sympathetic, *adv.* agreeably.

simpatie *s.f.* liking, (înțelegere) understanding, (persoană) sweetheart.

simpatiza *v.t.* to like.

simplifica *v.t.* to simplify.

simplitate *s.f.* simplicity, (naivitate) simple-mindedness.

simplu *adj.* simple, elementary, (obişnuit) common, (fără altceva) mere, (modest) plain, (uşor) easy, *adv.* simply, plainly, merely, naturally; *e ~ ca bună ziua* it's as easy as ABC.

simpozion *s.n.* symposium.

simptom *s.n.* symptom.

simț *s.n.* sense, *~ul umorului* sense of humour, *bun ~* common sense, decency, *a-și pierde bunul ~* to take leave of one's senses.

simțământ *s.n.* feeling, sensation.

simți *v.t.* to feel, (a adulmeca) to scent, *v.r.* to feel, to be (felt), *a se ~ bine* to feel all right, *cum te mai ~?* how are you?, *a ~ că-i fuge pământul de sub picioare* to feel the ground sliding from under one's feet, *a ~ o uşurare* to feel relieved, *a ~ ceva pentru*

cineva to feel smth. for smb., *a nu se ~ bine* to feel under the weather, *simte-te ca acasă* make yourself at home, *a se ~ în al nouălea cer* to be in the seventh heaven.
simțire *s.f.* feeling, (conştiență) consciousness, *fără ~* unconscious.
simțit *adj.* felt, (manierat) well bred.
simțitor *adj.* sensitive.
simula *v.i.* to pretend, to feign.
simulacru *s.n.* semblance.
simultan *adj.* simultaneous, *adv.* concomitantly.
simultaneitate *s.f.* concomitance.
sinagogă *s.f.* synagogue.
sinapsă *s.f.* synapse.
sincer *adj.* sincere, frank, open-hearted, (adevărat) heart-felt, cordial, genuine, *adv.* sincerely, frankly.
sinceritate *s.f.* sincerity, frankness.
sincopă *s.f.* syncope.
sincroniza *v.t.* to synchronize.
sindical *adj.* trade union.
sindicat *s.n.* (trade) union, *~ patronal* syndicate.
sindrom *s.n.* syndrome.
sine *pron.* oneself, *de la ~* naturally.
sinergie *s.f.* synergy.
singular *adj.* singular, *la ~* in the singular.
singur *adj.* alone, lonely, (unic) single, (însumi) (by) myself, yourself; *o ~ă dată* once.
singuratic *adj.* lonely.
singurătate *s.f.* loneliness, solitude.
sinistrat *s.m.* victim (of calamity), *adj.* suffering from calamity.
sinistru *s.n.* catastrophe, *adj.* sinister, (înfiorător) gruesome *adv.* lugubriously.
sinonim *s.n.* synonym, *adj.* synonymous.
sintactic *adj.* syntactical, *adv.* syntactically.
sintagmă *s.f.* syntagm.
sintaxă *s.f.* syntax.
sintetic *adj.* synthetic, *adv.* synthetically.
sintetiza *v.t.* to synthetize.
sinteză *s.f.* synthesis.
sinucide *v.r.* to commit suicide.
sinucidere *s.f.* suicide.
sinucigaş *s.m.* suicide.
sinuzită *s.f.* sinusitis.
sirenă *s.f.* siren, mermaid, (fluier) hotter.
sirop *s.n.* syrup, *~ de tuse* linctus.
siropos *adj.* syrupy.
sista *v.t.* to cease.
sistem *s.n.* system.
sistematic *adj.* methodical, *adv.* methodically.
sistematiza *v.t.* to system(at)ize.
sită *s.f.* sieve, (mare) screen.
situa *v.t.* to place, to locate, *v.r.* to take a place/ stand.
situat *adj.* situated, *bine ~* well located.
situație *s.f.* situation; *~ critică* critical situation, *în ~ asta* in

this case, *a se pune în ~ cuiva* to put oneself in smb.'s shoes.

slab I. *adj.* weak, (fără grăsime) lean, (subţire) thin, (fără vlagă) feeble, (prost) poor, ~ *de înger* faint-hearted, ~ *dezvoltat* undeveloped, *~e speranţe!* not a chance!, *punct ~* weak point, *argument ~* lame argument, *băutură ~ă* weak drink. **II.** *adv.* weakly, poorly.

slalom *s.n.* slalom, ~ *uriaş* giant slalom.

slav *s.m.*, *adj.* Slav, (de limbă) Slavonic.

slavă *s.f.* glory, ~ *Domnului!* thank God!, *în slava cerului* in the heights.

slavon *adj.* Slavonic, (de alfabet) Cyrillic.

slăbănog *s.m.* weakling, *adj.* bony, weedy.

slăbi I. *v.t.* to loosen, (pe cineva) to leave alone, not to bother, *a nu ~ din ochi* to watch closely. **II.** *v.i.* to lose weight, (prin tratament) to reduce, (a scădea) to abate, to decrease.

slăbiciune *s.f.* weakness, (lipsă) shortcoming, (punct nevralgic) raw spot.

slăbire *s.f.* weakening, (cură) reducing.

slăbit *adj.* weak(ened).

slănină *s.f.* (grasă) lard, (slabă) bacon.

slăvi *v.t.* to praise, to extol.

slăvit *adj.* exalted.

slei *v.t.* to freeze, (de puteri) to drain, *v.r.* to freeze, (a se epuiza) to be exhausted.

sleit *adj.* frozen, (îngroşat) thickened, (istovit) drained.

slinos *adj.* greasy.

slip *s.n.* trunks.

slobod *adj.* free.

slobozi *v.t.* to release, (a elibera) to free, (a arunca) to throw, (o exclamaţie) to utter.

sloi *s.n.* ice floe.

slovă *s.f.* letter, word.

slugarnic *adj.* cringing.

slugă *s.f.* servant, *peior.* flunkey.

slugări *v.i.* to serve.

slugărnicie *s.f.* obsequiousness.

slujbă *s.f.* service, (funcţie) job; ~ *cu jumătate de normă* part-time job, *fără ~* unemployed.

sluji *v.t.*, *v.i.* to serve, *v.r. a se ~ de* to use.

slujitor *s.m.* servant.

slut *adj.* ugly.

sluţi *v.t.* to make ugly, (a mutila) to disfigure, *v.r.* to make grimaces.

smalţ *s.n.* enamel.

smarald *s.n.* emerald.

smălţui *v.t.* to enamel, *fig.* to fleck (with flowers).

smântână *s.f.* cream.

smârc *s.n.* swamp.

smârcâi *v.r.* to snivel.

smead *adj.* swarthy.

smerenie *s.f.* meekness, (evlavie) piety.

smerit *adj.* humble, *adv.* meekly.

sminteală *s.f.* lunacy, (pagubă) harm.
sminti *v.t.* to trouble, to harm, *a ~ în bătaie* to beat (smb.) to pulp, *v.r.* to run mad.
smintit *adj.* crazy, mad.
smiorcăi *v.r.* to snivel, (a plânge) to whimper.
smirnă *s.f.* myrrh.
smoală *s.f.* tar, *negru ca smoala* as dark as pitch.
smoc *s.n.* tuft.
smochin *s.m.* *fig* (-tree).
smochină *s.f.* fig.
smoching *s.n.* dinner jacket.
smoli *v.t.* to tar.
smuci *v.t.* to jerk, *v.r.* to struggle.
smucit *adj.* snatched.
smulge *v.t.* to pull out, (a smuci) to snatch, *fig. v.r.* to wrest away, (a se elibera) to break loose; *a-şi ~ părul din cap* to tear one's hair.
snoavă *s.f.* anecdote.
snob *s.m.* snob.
snobism *s.n.* snobbery.
snop *s.m.* sheaf.
soacră *s.f.* mother-in-law.
soare *s.m.* sun, *~ apune* West/ sunset *~ răsare* East/ sunrise, *eclipsă de ~* solar eclipse, *rază de ~* sun beam, *ten ars de ~* sun-tanned complexion, *a expune la ~* to expose to the sun.
soartă *s.f.* fate, *ironia sorţii* the irony of fate.
sobă *s.f.* stove, (cuptor) oven, (cămin) fireplace.
sobrietate *s.f.* sobriety, (cumpătare) temperance.
sobru *adj.* austere, (solemn) solemn, *adv.* temperately.
soc *s.m.* elder tree.
sociabil *adj.* sociable.
social *adj.* social, *~ -cultural* socio-cultural, *~ -democrat* social democrat(ic).
socialism *s.n.* socialism.
socialist *s.m.*, *adj.* socialist.
socializa *v.t.* to socialize.
societate *s.f.* society, *pol.* (social) system, (asociaţie) association, *~ anonimă* public company, *com.* company.
sociolog *s.m.* sociologist.
sociologie *s.f.* sociology.
soclu *s.n.* socle.
socoteală *s.f.* reckoning, *com.* addition, (chibzuinţă) consideration, (economie) thrift, *cu ~* thoughtful(ly), *după socotelile mele* to my mind, *a cere cuiva ~ pentru ceva* to call smb. to account for smth., *fără ~* inconsiderate(ly), *pe socoteala cuiva* at smb. 's expense, *a strica ~a cuiva* to cross smb.'s plan, *a nu ţine ~ de ceva* to disregard smth.
socoti **I.** *v.t.* to reckon, *fig.* to consider, *a ~ greşit* to miscalculate, *a ~ potrivit să* to see fit to, *a ~ greşit* to miscalculate. **II.** *v.i.* to reckon. **III.** *v.r.* to think oneself (better), to settle accounts (with smb.).

socotit *adj.* reckoned, considered, (econom) thrifty, (chibzuit) moderate.
socru *s.m.* father-in-law, *pl.* parents-in-law.
sodă *s.f.* (washing) soda, ~ *caustică* sodium hydroxide.
sodiu *s.n.* sodium.
sofa *s.f.* sofa.
soi *s.n.* kind, (rasă) race, ~ *bun* a fine character, ~ *rău* a bad lot/ egg, *de* ~ fine.
soia *s.f.* soy(beans).
soios *adj.* filthy.
sol *s.m.* (mesager) messenger, *muz.* sol, *s.n.* soil, (pământ) earth.
solar *s.n.* solarium, *adj.* solar.
sold *s.n.* balance, (vânzare) clearance sale.
solda *v.t.* to sell off, *v.r. a se ~ cu* to end/ result in.
soldat *s.m.* soldier, (ca grad) private, *fig.* champion.
soldă *s.f.* pay.
solemn *adj.* solemn, (grav) serious, *adv.* solemnly.
solemnitate *s.f.* solemnity.
solfegiu *s.n.* sol-fa.
solicita *v.t.* to request, *fig.* to challenge, (a necesita) to entail; *a ~ favoarea cuiva* to beg smb.'s attention.
solicitant *s.m.* applicant.
solicitare *s.f.* requirement, challenge.
solicitudine *s.f.* solicitude.
solid **I.** *s.n.* solid (body). **II.** *adj.* solid, *fig.* sound. **III.** *adv.* solidly, *fig.* thoroughly.
solidar *adj.* solidary, *adv.* jointly.
solidaritate *s.f.* solidarity, (înțelepciune) soundness.
solidifica *v.t., v.r.* to solidify.
solie *s.f.* deputation, message.
solist *s.m.* soloist.
solitar *s.m.* anchorite, *s.n.* solitaire (diamond), *adj.* solitary.
solniță *s.f.* salt cellar.
solstițiu *s.n.* solstice.
solubil *adj.* soluble.
soluție *s.f.* solution.
soluționa *v.t.* to solve, *v.r.* to be established.
solvabilitate *s.f.* solvency.
solz *s.m.* scale.
somitate *s.f.* authority.
somn *s.m.* sheatfish; *s.n.* sleep, (odihnă) rest, (scurt) nap, (toropeală) slumber, *~ul de veci* the sleep of the brave, ~ *ușor!* sweet dreams!, ~ *iepuresc* fox sleep, *a vorbi în* ~ to talk in one's sleep, *a cădea într-un ~ adânc* to fall into a profound sleep, *a umbla în* ~ to walk in one's sleep.
somnambul *s.m.* sleep walker.
somnifer *s.n.* soporific, sleeping pill, *adj.* soporific.
somnolență *s.f.* slumber.
somnoros *s.m.* sleepy person, *adj.* sleepy, drowsy, *adv.* in a sleepy voice.
somon *s.m.* salmon.
somptuos *adj.* sumptuous.
sonată *s.f.* sonata.
sonda *v.t.* to sound, *mar.* to fathom.

sondaj *s.n.* test.
sondă *s.f.* (de petrol) well, *mar.* sounding lead, *med.* probe.
sonerie *s.f.* (door)bell.
sonet *s.n.* sonnet.
sonor *adj.* sonorous, (tare) loud, (de consoane) voiced, *adv.* sonorously.
sonoritate *s.f.* sonority.
soprană *s.f.* soprano.
soră *s.f.* sister, (călugăriță) nun, (de caritate) (medical) nurse, ~ *de lapte* foster sister, ~ *vitregă* step/ half sister.
sorbi *v.t.* to drink, (câte o gură) to sip, *a ~ cuvintele cuiva* to hang on smb. 's lips, *a ~ din ochi* to feast one's eyes upon.
sorbitură *s.f.* sip.
sorcovi *v.t.* to wish (smb.) a Happy New Year.
sordid *adj.* squalid.
soroc *s.n.* term.
sorocit *adj.* destined.
sort *s.n.* sort.
sorta *v.t.* to sort.
sorti *v.t.* to (pre)destine.
sortiment *s.n.* assortment.
sorți *s.m. pl.* odds.
sos *s.n.* sauce, (de friptură) gravy, ~ *picant* ketchup.
sosi *v.i.* to arrive; *a ~ la destinație* to arrive at the destination, *a ~ la timp* to arrive on time.
sosire *s.f.* arrival, *sport* finish.
soț *s.m.* (bărbat) husband, (unul din parteneri) spouse, *pl.* couple, *cu ~* even.
soție *s.f.* wife.
spadă *s.f.* sword.
spaghete *s.f. pl.* spaghetti.
spaimă *s.f.* fear.
spanac *s.n.* spinach, *fig.* rubbish.
spaniol *s.m.* Spaniard, *adj.* Spanish.
spaniolă *s.f.* Spanish (woman).
sparge I. *v.t.* to break, (a zdrobi) to smash, (lemne) to chop, (nuci) to crack, *a-și ~ capul* to get one's head broken, *fig.* to rack one's brains (about smth.), *a ~ casa cuiva* to break into smb. 's house, *a ~ gheața* to break the ice. **II.** *v.i.* to break open. **III.** *v.r.* to break, to burst.
spargere *s.f.* breaking, (furt) burglary.
spart *s.n.* breaking, *la ~ul târgului* after the fair, *adj.* broken, (răgușit) hoarse.
spasm *s.n.* spasm.
spate *s.n.* back, (umeri) shoulders, *mil.* (tehnica ~lui) logistics, ~ *în* ~ back to back, *în ~le* at the back of, *durere de ~* pain in the back, *adus de ~* bent, *a cădea pe ~* to fall on one's back.
spatulă *s.f.* spatula.
spațial *adj.* spatial.
spațios *adj.* roomy.
spațiu *s.n.* space, (gol) gap, ~ *locativ* floor space, housing office, ~ *cosmic* outer space, ~ *verde* open space, lung (of the town).
spăla I. *v.t.* to wash, (vasele) to wash up, (rufe) to launder. **II.**

v.i. to wash. **III.** *v.r.* to wash (oneself), *a se ~ pe mâini* to wash one's hands.

spălat *s.n.* washing, laundering, *adj.* washed, *fig.* civilized.

spălător *s.n.* washstand, (cameră) lavatory.

spălătoreasă *s.f.* laundress.

spălătorie *s.f.* laundry.

spărgător *s.m.* burglar, *~ de grevă* strike breaker, *~ de gheață* icebreaker, *~ de nuci* nutcracker.

spărtură *s.f.* breach.

spătar *s.m.* sword bearer, *s.n.* back.

spătos *adj.* broad-shouldered.

spân *s.m.* glabrous man, *adj.* glabrous.

spânzura *v.t.* to hang, *v.i.* to hang (from), *v.r.* to hang oneself.

spânzurat *adj.* hanged.

spânzurătoare *s.f.* gallows.

special *adj.* special, *în ~* especially, *adv.* purpose(ful)ly.

specialist *s.m.*, *adj.* expert.

specialitate *s.f.* specialty, (branșă) speciality.

specializa *v.t.*, *v.r.* to specialize.

specie *s.f.* species.

specific *s.n.* specific nature, *adj.* typical (of), *adv.* specifically.

specifica *v.t.* to specify.

specimen *s.n.* specimen.

specios *adj.* dubious, specious.

spectacol *s.n.* performance, show.

spectaculos *adj.* spectacular.

spectator *s.m.* spectator, *pl.* audience.

specula *v.t.* to speculate.

speculant *s.m.* speculator.

speculație *s.f.* speculation.

speculă *s.f.* speculation.

spera *v.t.*, *v.i.* to hope, (for).

speranță *s.f.* hope, expectation, (încredere) confidence, *fără ~* desperate(ly).

speria *v.t.* to frighten, *v.r.* to be scared.

sperietoare *s.f.* scarecrow.

sperios *adj.* cowardly.

spic *s.n.* ear.

spicui *v.t.* to glean, *fig.* to cull.

spilcuit *adj.* titivated, dressed to kill.

spin *s.m.* thorn; *a sta ca pe ~i* to sit on thorns.

spinare *s.f.* back.

spinos *adj.* thorny, *fig.* ticklish.

spinteca *v.t.* to rip.

spion *s.m.* spy.

spiona *v.t.* to spy upon, *v.i.* to spy.

spionaj *s.n.* espionage.

spirală *s.f.* spiral, *în ~* winding.

spiriduș *s.m.* elf.

spirit *s.n.* spirit, (minte) mind, (glumă) witticism, (geniu) genius, *plin de ~* ingenious, (amuzant) witty, brilliant, *~ de echipă* team spirit, *lipsă de ~* witlessness, *prezență de ~* presence of mind.

spiritism *s.m.* spiritism.

spiritual *adj.* spiritual, (nostim) witty, (deştept) bright.
spiritualitate *s.f.* spirituality.
spirt *s.n.* alcohol, ~ *denaturat* ethylated spirits, *adj.* quick.
spirtos *adj.* alcoholic.
spital *s.n.* hospital.
spitaliza *v.t.* to hospitalize.
spiță *s.f.* spoke, (neam) relation.
splendid *adj.* splendid, (strălucitor) glorious, *adv.* splendidly.
splendoare *s.f.* splendour.
splină *s.f.* spleen.
spoi *v.t.* to paint, (a vărui) to whitewash, (a cositori) to tin.
spoială *s.f.* painting, *fig.* smattering.
spontan *adj.* spontaneous, *adv.* spontaneously.
spontanietate *s.f.* spontaneity.
spor *s.m.* *bot.* spore, *s.n.* efficiency, (progres) headway, (folos) use, *a munci cu ~* to work efficiently.
sporadic *adj.* sporadic, *adv.* sporadically.
spori *v.t.*, *v.i.* to increase.
sporire *s.f.* increase, growth.
spornic *adj.* efficient, (economic) economical.
sporovăi *v.i.* to prate.
sport *s.n.* sport(s), *~uri de iarnă* winter sports, *~uri nautice* aquatic sports.
sportiv *s.m.* sportsman, *adj.* sporting.
sportivă *s.f.* sportswoman.
spovedanie *s.f.* confession.
spovedi *v.r.* to confess (oneself).
sprânceană *s.f.* (eye)brow, *ales pe ~* selected by choice, *a-şi încrunta sprâncenele* to frown.
spre *prep.* to(wards), (temporal) against, (pe la) about, (pentru) with a view to, *~ deosebire* unlike.
sprijin *s.n.* support; *~ financiar* financial aid.
sprijini *v.t.* to support, *v.r.* to support each other, *a se ~ pe* to lean upon, *a ~ o propunere* to support a proposal, *a se ~ pe un baston* to walk with a stick.
sprinten *adj.* nimble, *adv.* quickly.
sprinteneală *s.f.* agility.
spulbera *v.t.* to sweep (away), *fig.* to dispel, (visuri) to shatter, *v.r.* to end in smoke.
spumă *s.f.* foam, (albă) froth, (de supă) scum, *~ de mare* meerschaum, *~ de săpun* soap suds, (pt. bărbierit) lather.
spumega *v.i.* to foam.
spumos *adj.* foamy, (de vin) frothy.
spune I. *v.t.* to say, (a relata) to tell, *a ~ baliverne* to draw the long bow, *a ~ bazaconii* to talk through one's hat, *a ~ adevărul* to tell the truth, *a ~ lucrurilor pe nume* to call things by their true name. **II.** *v.i.* to say, to speak, *dacă pot ~ aşa* if I may say so, *~ doar*

aşa she doesn't mean it. **III.** *v.r.* to be said, *se ~ că e plecat* he is said to be out of town, *mi s-a spus că* I was told that, *nu se poate ~ în cuvinte* it cannot be put in words.

spurcat *adj.* filthy, (blestemat) accursed.

spusă *s.f.* statement, *după spusele lui* according to him.

spuzeală *s.f.* rash, herpes.

sst *interj.* hush! hits!

sta *v.i.* to stand, (pe scaun) to sit, (a zăcea) to lie, (a locui) to live, (a se opri) to stop, *a ~ bine cuiva* to suit well, *cum stai cu sănătatea?* how are you?, *a ~ cu brațele încrucișate* to stand with folded arms, *a ~ deoparte* to keep aside, *a ~ în cumpănă* to have doubts, *a ~ pe capul cuiva* to bother smb., *a ~ în drum* to be in the way.

stabil *adj.* stable, (durabil) lasting, *fig.* settled, *domiciliu ~* fixed residence.

stabili *v.t.* to establish, (a afla) to found out, *v.r.* to settle (down), to establish oneself; *a ~ condiții* to stipulate conditions, *a ~ diagnosticul* to determine the diagnosis, *a ~ un termen* to settle a term.

stabilit *adj.* settled.

stabilitate *s.f.* stability.

stabiliza *v.t.* to stabilize.

stabilizare *s.f.* stabilization, *fin.* currency reform.

stacojiu *adj.* scarlet.

stadion *s.n.* stadium.

stadiu *s.n.* stage.

stafidă *s.f.* raisin.

stafidi *v.r.* to dry.

stafie *s.f.* phantom, ghost.

stagiar *s.m.* trainee, probationist.

stagiu *s.n.* probation (period), (vechime) seniority.

stagiune *s.f.* (theatrical) season.

stagna *v.i.* to stagnate, *fig.* to flag.

stagnare *s.f.* stagnation.

stalactită *s.f.* stalactite.

stalagmită *s.f.* stalagmite.

stană *s.f.* block, *a rămâne ~ de piatră* to be petrified.

stand *s.n.* stall.

standard *s.n.*, *adj.* standard.

standardiza *v.t.* to standardize.

staniol *s.n.* tinfoil.

stare *s.f.* state, (avere) circumstances, (şedere) stay, *~ civilă* civil status, (ca serviciu) registrar's, *~ de asediu* state of emergency, *~ de spirit* frame of mind, *~ pe loc* immobility, *~ proastă* bad condition, *~ sufletească* mood, *în ~ bună* in good condition, *a fi în ~ să* to be able to.

stareț *s.m.* abbot.

stareță *s.f.* abbess.

start *s.n.* start.

stat *s.n.* *pol.* state, (listă) list, (statură) stature, *~ de plată* schedule of payments, *~ major* general staff, *~ul* *bunăstării* the welfare state, *de ~* state, *mic de ~* small.

statistică *s.f.* statistics.

statornic *adj.* steadfast, (stabil) lasting, *adv.* steadily.

statuetă *s.f.* statuette.

statuie *s.f.* statue.

statură *s.f.* stature.

statut *s.f.* statute.

stație *s.f.* station, (de tramvai) stop, (de taxiuri) taxi tank, *~ de radio* radio station.

staționa *v.i.* to stand, to be stationed.

staționare *s.f.* waiting, *mil.* stationing, *~a interzisă* no stopping.

stațiune *s.f.* station, *~ balneară* spa, *~ climaterică/ de odihnă* health resort, *~ de mașini și tractoare* machine and tractor station.

staul *s.n.* stable.

stavilă *s.f.* obstacle.

stăpân *s.m.* master, (proprietar) owner, *a face pe ~ul* to be bossy, *a se face ~ pe ceva* to take hold of smth., *a fi ~ pe situație* to have everything under control.

stăpână *s.f* mistress (of the house).

stăpâni I. *v.t.* to master, (a conduce) to rule, (a domina) to dominate, (a avea) to own, (a stăvili) to restrain. **II.** *v.i.* to sway. **III.** *v.r.* to master one's temper; *nu se putea ~ de bucurie* she was beside herself with joy, *a-și ~ timiditatea* to overcome one's shyness.

stăpânire *s.f.* mastery, power, (posesiune) ownership, (de sine) self-control.

stăpânit *adj.* self-controlled, *~ de un gând* thought-ridden.

stăpânitor *s.m.* ruler, sovereign, *adj.* ruling.

stărui *v.i.* to insist, (a rămâne) to persist, (asupra unui lucru) to do well (on a thing), (a dăinui) to linger.

stăruință *s.f.* insistence, perseverance, (proptea) intercession.

stăruitor *adj.* persevering, *adv.* persistently.

stătător *adj.* stagnant, *de sine ~* independent.

stăvilar *s.n.* dam, weir.

stăvili *v.t.* to dam, *fig.* to stem.

stâlci *v.t.* (a bate) to pommel, (a schilodi) to cripple, (o limbă) to mangle, (un cuvânt) to corrupt.

stâlp *s.m.* pillar, post, *~ de telegraf* telegraph pole, *~ul familiei* the head of the family.

stână *s.f.* sheepfold.

stâncă *s.f.* rock, (colțuroasă) crag, (faleză) cliff, (recif) reef.

stâncos *adj.* rocky.

stâng *s.n.* left.

stânga *s.f.* left hand, *pol.* the left, *~ împrejur mil.* left about!

stângaci *s.m.* left-handed person, *adj.* left-handed, *fig.* clumsily, *adv.* clumsily.
stângăcie *s.f.* clumsiness.
stânjen *s.m.* fathom.
stânjenel *s.m. bot.* iris.
stânjeneală *s.f.* uneasiness.
stânjeni *v.t.* to embarrass, to inconvenience.
stârc *s.m.* heron.
stârni *v.t.* to (a)rouse, *v.r.* to break out; *a ~ certuri între oameni* to set people by the ears, *a ~ curiozitatea cuiva* to excite smb.'s curiosity, *a ~ râsete* to raise a laugh, *a ~ un scandal monstru* to raise a dust.
stârpi *v.t.* to uproot, to eradicate, to destroy.
stârpitură *s.f.* monster.
stârv *s.n* carrion, carcass.
stea *s.f.* star, (asterisc) asterisk, *~ călăuzitoare* load star, *~ua polară* the Northern star, *cu ~ în frunte* remarkable, *cititor în stele* star gazer, *nascut sub o ~ norocoasă* born under a lucky star.
steag *s.n.* (național) flag, *mil.* colours, banner; *a arbora un ~* to hoist a flag, *a ridica un ~* to show the colours.
stearpă *adj.* barren.
stejar *s.m.* oak tree.
stelaj *s.n.* shelves.
steluță *s.f.* little star, (asterisc) asterisk.
stemă *s.f.* (coat of) arms.
stenograf *s.m.*, **stenografă** *s.f.* stenographer.
stenografia *v.t.* to take down in shorthand.
stenografie *s.f.* shorthand (writing).
stenogramă *s.f.* minutes.
stenotip *s.n.* stenotype.
stepă *s.f.* steppe.
steril *s.n.* barren gangue, *adj.* sterile.
sterilitate *s.f.* sterility.
sterilizator *s.n.* sterilizer.
sterlină *adj. liră ~* pound sterling.
sterp *adj.* barren.
sticlă *s.f.* glass, (de geam) window pane, (clondir) bottle, (mică) phial, (de lampă) chimney, *~ cu apă* bottle of water, *~ de ceas* watch glass, *~ de vin* wine bottle, *~ mată* matted glass, *gura ~ei* the mouth of the bottle, *a bea direct din ~* to drink from the bottle.
sticlăric *s.f.* glassware.
sticlete *s.m.* thistlefinch.
sticli *v.i.* to glitter.
sticlos *adj.* glassy.
sticluță *s.f.* small bottle.
stigmatiza *v.t.* to stigmatize.
stih *s.n.* verse.
stil *s.n.* style, *~ familiar* colloquial style, *de ~* period, *în ~ mare* grandly.
stilat *adj.* stylish.
stilistic *adj.* stylistic.
stiliza *v.t.* to brush up, to edit, *artă* to stylize.

stilou *s.n.* fountain pen, (cu pastă) ball pen.
stima *v.t.* to appreciate.
stimabil *s.m.*, *adj.* respected, *~e domn* dear sir.
stimă *s.f.* esteem, *cu ~* yours respectfully, *demn de ~* worthy of respect.
stimula *v.t.* to stimulate.
stimulent *s.n.* stimulant.
stingător *s.n.* fire extinguisher.
stinge I. *v.t.* (focul, lumina) to put out, (de la întrerupător) to switch off, (o datorie) to pay off, (varul) to slake. **II.** *v.r.* to die (out); *a-și ~ setea* to quench one's thirst, *a se ~ văzând cu ochii* to fade away.
stingere *s.f.* extinction, *mil.* taps.
stingher *adj.* odd, alien, (singuratic) lonely.
stinghereală *s.f.* embarrassment.
stingheri *v.t.* to embarrass.
stinghie *s.f.* perch.
stins *adj.* extinguished, (slab) faint, *adv.* faintly.
stipula *v.t.* to stipulate.
stivă *s.f.* stack.
stoarce *v.t.* to squeeze, (rufe) to wring, *fig.* to drain, (bani) to extort, (pe cineva) to fleece, *a ~ lacrimi* to bring tears (in) to smb. 's eyes, *a ~ struguri* to press the grapes, *a ~ o lămâie* to squeeze a lemon, *a ~ rufele* to wring out.
stoc *s.n.* stock, supply.
stoca *v.t.* to stock, to store.
stofă *s.f.* stuff, (țesătură) material, cloth, fabric, *~ ecosez* tartan cloth.
stoic *s.m.* stoic, *adj.* stoical, *adv.* stoically.
stoicism *s.n.* stoicism.
stol *s.n.* flock, bevy; *în ~uri* in flocks.
stomac *s.n.* stomach, *zool.* paunch; *durere de ~* stomachache.
stomatologie *s.f.* stomatology.
stop *s.n.* traffic light(s), *interj.* stop!
stopa *v.t.* to stop, (ciorapi) to close-darn.
stor *s.n.* (roller) blind.
storcătoare *s.f.* squeezer.
stors *s.n.* wringing (of washing), *adj.* wrung out, (istovit) drained.
strachină *s.f.* bowl, dish.
stradă *s.f.* street, *~ dosnică* by-street, *~ principală* main street, *pe ~* in the street, *a arunca pe cineva în ~* to throw smb. in the street, *în sus/ jos pe ~* up/ down the street.
strajă *s.f.* watch; *a sta de ~* to be on guard.
strană *s.f.* pew, (a dascălilor) lectern.
strangula *v.t.* to strangle.
strangulare *s.f.* strangling.
strangulate *adj.* strangled.
straniu *adj.* strange, odd, peculiar, *adv.* queerly.
stras *s.n.* rhinestone, *pl.* costume jewellery.

strașnic *adj.* terrible, (oribil) dreadful, (minunat) excellent, *adv.* awfully, wonderfully, *interj.* capital; *un frig ~* a severe cold.
strat *s.n.* stratum, layer, (de vopsea) coat (of paint), (de flori) bed, plot, *~uri sociale* walks of life.
stratagemă *s.f.* stratagem.
strateg *s.m.* strategist.
strategic *adj.* strategically, *adv.* strategically.
strategie *s.f.* strategy.
stratifica *v.t., v.r.* to stratify.
stratificare *s.f.* stratification.
stratosferă *s.f.* stratosphere.
străbate *v.t.* to traverse, (a străpunge) to pierce.
străbun *s.m.* ancestor, *adj.* traditional.
străbunic *s.m.* great grandfather.
străbunică *s.f.* great grandmother.
străbunici *s.m. pl.* great grandparents.
strădanie *s.f.* endeavour.
strădui *v.r.* to strive; *a se ~ din puteri* to try hard.
străfulgera *v.i.* to flash (through one's mind).
străfund *s.n.* in(ner)most depths.
străin **I.** *s.m.* foreigner, (necunoscut) stranger, (oaspete) guest, *prin ~i* abroad, *a vorbi o limbă ~ă* to speak a foreign language. **II.** *adj.* foreign, (necunoscut) strange, (al altcuiva) somebody else's.
străinătate *s.f.* foreign countries, *din ~* from abroad, *în ~* abroad.
străjer *s.m.* guard.
străjui *v.t.* to guard, *v.i.* to tower.
străluci *v.i.* to shine, (a fulgera) to flash, (a scânteia) to sparkle, (slab) to glow, *a ~ de fericire* to beam with happiness, *a ~ cu putere* to shine bright.
strălucire *s.f.* brilliance, (a unui metal) glint.
strălucit *adj.* bright, *adv.* wonderfully.
strălucitor *adj.* radiant.
strămoș *s.m.* ancestor, *pl.* forbears.
strămoșesc *adj.* traditional.
strămuta *v.t.* to move.
strănepoată *s.f.* great granddaughter.
strănepot *s.m.* great grandson, *pl.* great grandchildren.
strănut *s.n.* sneeze.
strănuta *v.i.* to sneeze.
străpunge *v.t.* to pierce, (a înjunghia) to stab; *a ~ inima cuiva* to pierce smb.'s heart.
strășnicie *s.f.* sternness.
străvechi *adj.* ancient.
străveziu *adj.* transparent, *fig.* obvious.
strâmb **I.** *adj.* curved, bent, (înclinat) slanting, *fig.* false. **II.** *adv.* awrily, aslant, *fig.* wrongly; *a călca ~* to trip, to

slip; *a se uita ~* to look askance.
strâmba I. *v.t.* to crook, to twist, *fig.* to distort. **II.** *v.i. a ~ din nas* to turn up one's nose (at smth.). **III.** *v.r.* to twist, *a face strâmbături* to make wry faces.
strâmbătură *s.f.* grimace.
strâmt *adj.* narrow, tight.
strâmta *v.t.* to (make) narrow, (hainele) to take in, *v.r.* to (get) narrow.
strâmtoare *s.f.* *nav.* straits, (între munți) pass, *geogr.* gorge, *fig.* tight spot, *a fi la ~* to be in tight circumstances, *a scoate pe cineva din ~* to help smb.
strâmtora *v.t.* to hamper.
strâmtorat *adj.* under straitened circumstances.
strângător *adj.* sparing.
strânge I. *v.t.* to tighten, (a restrânge) to limit, (a împături) to fold, (de pantofi) to pinch, (a aduna) to gather, (a culege) to pick up, (a acumula) to hoard, (a colecționa) to collect, (impozite) to levy, *a ~ masa* to clear the table, *a ~ rândurile* to rally, *a ~ de gât pe cineva* to stangle, *a ~ o armată* to raise an army, *a ~ cu ușa pe cineva* to get smb. in a tight corner, *a ~ din dinți* to clench one's teeth, *a ~ patul* to make the bed, *a ~ voturi* to collect votes. **II.** *v.i.* to press, (de pantofi) to pinch. **III.** *v.r.* to gather, (a se ghemui) to crouch.
strângere *s.f.* pressing, *~ de inimă* pang, *~ de mână* handshake.
strâns I. *s.n.* pressing, *~ul recoltei* harvest. **II.** *adj.* tight, close, (com)pressed, (de rânduri) serried, *~ pe corp* tight-fitting. **III.** *adv.* closely, rightly; *a lega ceva ~* to fasten smth., *~ cu ușa* hard pressed.
strânsoare *s.f.* grip, pressure.
streașină *s.f.* eave.
strecura *v.t.* to strain, (a introduce) to smuggle, *v.r.* to slink in sau out.
strecurătoare *s.f.* colander.
strepezi *v.i.* to set on edge, *v.r.* to be set on edge.
stres *s.n.* stress.
stria *v.t.* to streak, to striate.
striat *adj.* striated.
striație *s.f.* striation.
strica I. *v.t.* to damage, to destroy, (a sparge) to break, *fig.* to blast, (a corupe) to pervert, *a ~ cheful cuiva* to spoil smb.'s fun, *graba strică treaba* haste makes waste, *a ~ planurile cuiva* to spoil smb.'s plans, *a ~ pofta de mâncare* to spoil smb.'s appetite. **II.** *v.i.* to be harmful, *n-ar ~ să pleci* you'd better go. **III.** *v.r.* to go bad/ wrong.
stricat *adj.* spoilt, (putred) decayed, (pervers) perverse, (de aer) foul, stale, *adv.* badly.

stricăciune *s.f.* damage.
stricător *adj.* destructive, harmful.
strict *s.n.* *~ul necesar* the essential, *adj.* strict, *adv.* strictly, *e ~ interzis* it is strictly forbidden.
strictețe *s.f.* strictness.
strident *adj.* shrill, *fig.* blatant.
stridie *s.f.* oyster.
striga *v.t.* to call, *v.i.* to call (out), (strident) to yell, *a ~ catalogul* to call the roll, *a ~ după ajutor* to cry for help.
strigăt *s.n.* call.
strigător *adj.* crying, *~ la cer* revolting.
strigătură *s.f.* witty couplet (accompanying a folk dance).
strigoi *s.m.* ghost.
strivi *v.t.* to crush; *a ~ în picioare* to trample under foot.
strivire *s.f.* crushing.
strofă *s.f.* stanza.
strop *s.m.* drop, *fig.* bit; *un ~ de apă* a drop of water, *până la ultimul ~* until the last drop.
stropi **I.** *v.t.* to sprinkle, (a păta) to smear. **II.** *v.i.* to sputter. **III.** *v.r.* to make oneself dirty.
stropitoare *s.f.* watering can.
structura *v.t.* to structure.
structural *adj.* structural.
structură *s.f.* structure.
strugure *s.m.* (bunch of) grapes.
strună *s.f.* string, *adv.* perfectly; *a cânta struna cuiva* to dance to smb.'s tune, *a merge ~* to run smoothly.
strung *s.n.* lathe.
strungar *s.m.* turner.
strungă *s.f.* pen.
strungăreață *s.f.* gap.
struni *v.t.* to bridle, *fig.* to curb.
structură *s.f.* structure.
struț *s.m.* ostrich.
student *s.m.* student, (boboc) freshman, (mare) undergraduate, *~ în medicină* medical student.
studențesc *adj.* student(s').
studia *v.t.*, *v.i.* to study.
studiat *adj.* studied, (afectat) affected, (laborious) elaborate.
studio *s.n.* studio, (mobilă) couch bed.
studios *adj.* studious.
studiu *s.n.* study, *birou de ~* research department.
stuf *s.n.* reed.
stufat *s.n.* onion stew.
stufos *adj.* bushy, (des) thick.
stup *s.m.* beehive.
stupefiant *s.n.* dumbfounded.
stupid *adj.* stupid, (monoton) dull, *adv.* stupefying.
stupefacție *s.f.* stupefaction.
stupefia *v.t.* to stupefy.
stupefiant *s.n.* drug, *adj.* stupefying.
stupefiat *adj.* stunned.
stupid *adj.* stupid, silly.
stupiditate *s.f.* stupidity.
stupoare *s.f.* stupor.
suav *adj.* suave.
sub *prep.* under, (mai jos de) below, *~ pământ*

underground, ~ *zero* below zero, ~ *cheie* under lock, ~ *îngrijire medicală* under medical treatment, ~ *jurământ* under oath, ~ *nicio formă* no way/ by no means, *de* ~ from under.
subaltern *s.m.* underling, *adj.* subaltern.
subaprecia *v.t.* to underestimate.
subconştient *s.n.*, *adj.* subconscious.
subdezvoltat *adj.* underdeveloped.
subdirector *s.m.* deputy manager, (de şcoală) deputy headmaster.
subdiviziune *s.f.* subdivision.
subestima *v.r.* to underestimate.
subiect *s.n.* subject, (conținut) matter, (povestire) plot (temă) theme, (de conversație) topic, (obiect) object; *a schimba ~ul* to change the subject.
subiectiv **I.** *adj.* subjective, (părtinitor) biased. **II.** *adv.* subjectively.
subiectivism *s.n.* subjectivism.
subiectivitate *s.f.* subjectivity.
subintitula *v.t.* to subtitle.
subit *adj.* sudden, *adj.* unexpectedly.
subîmpărțire *s.f.* subdivision.
subînchiria *v.t.* to sublet.
subînțeles *s.n.* connotation, *cu ~* meaningful(ly), *adj.* implied.
subjonctiv *s.n.* subjunctive.
subjuga *v.t.* to subjugate.
sublim *s.n.*, *adj.* sublime, *adv.* wonderfully.
sublinia *v.t.* to underline.
sublocotenent *s.m.* second lieutenant.
submarin *s.n.*, *adj.* submarine.
submina *v.t.* to undermine.
subminare *s.f.* undermining.
submultiplu *s.m.* submultiple.
subnutrit *adj.* underfed.
subofițer *s.m.* non-com(missioned officer).
subordona *v.t.* to subordinate.
subordonat *adj.* subordinate.
subpământean *adj.* underground.
subraț *s.n.* armpit.
subscrie *v.t.* to sign, (o sumă) to subscribe, *v.i.* to subscribe (to an opinion, for a collection).
subscripție *s.f.* subscription (list).
subsecretar *s.m.* under-secretary.
subsemnatul *s.m.* the undersigned.
subsol *s.n.*, *agr.* subsoil, *arhit.* basement, (al paginii) foot.
substantiv *s.n.* noun.
substanță *s.f.* substance; ~ *corozivă* corrodent, ~ *otrăvitoare* poisonous matter.
substanțial *adj.* substantial, *adv.* substantially.
substitui *v.t.* to substitute, *v.r.* to take the place of (smb. else).
substituire *s.f.* substitution.

substrat *s.n.* substratum.
subteran *adj.* underground.
subtext *s.n.* overtones, implications.
subtil *adj.* subtle, *adv.* subtly.
subtilitate *s.f.* subtlety.
subtitlu *s.n.* subtitle.
subtitra *v.t.* to subtitle.
subția *v.t.* to (make) thin, (a dilua) to dilute, *fig.* to refine, *v.r.* to grow thinner, *fig.* to brush up.
subțire *adj.* thin, (fin) fine, (zvelt) slender, *adv.* thinly, (uşor) finely.
subunitate *s.f.* subunit.
suburbie *s.f.* suburb.
subvenție *s.f.* subvention.
subvenționa *v.t.* to subsidize.
subversiv *adj.* subversive.
suc *s.n.* juice, ~ *gastric* gastric juice.
succeda *v.i.*, *v.r.* to succeed.
succes *s.n.* success, *pl.* victories, (de un cântec, o piesă) hit, *cu* ~ successfully, *de* ~ successful, *a înregistra un* ~ to score a success, *un* ~ *răsunător* a roaring success.
succesiune *s.f.* succession, *jur.* inheritance.
succesiv *adj.* successive, *adv.* successively.
succesor *s.m.* successor, heir.
succint *adj.* concise, terse.
suci I. *v.t.* to twist, (a scrânti) to sprain, (gâtul, mâna) to wring. **II.** *v.r.* to twist; *a* ~ *mințile cuiva* to upturn smb.'s brain, *a* ~ *gâtul cuiva* to twist smb.'s neck.
sucit *s.m.* cranky, *adj.* twisted, (ciudat) crotchety.
suculent *adj.* juicy.
sucursală *s.f.* branch.
sud *s.n.* south, *de* ~ south(ern), *la* ~ in the south, *la* ~ *de* south of, *spre* ~ southwards.
suda *v.t.*, *v.r.* to weld.
sud-est *s.n.* South-East.
sudic *adj.* South(ern).
sudoare *s.f.* sweat; *a avea sudori reci* to be in cold sweat, *plin de* ~ dripping with sweat.
sudor *s.m.* welder.
sud-vest *s.n.* South-West.
suedez *s.m.* Swede, *adj.* Swedish.
suedeză *s.f.* Swede, Swedish woman, (limbă) Swedish.
suferi I. *v.t.* to suffer, *a nu* ~ *întârziere* to brook no delay, *a* ~ *o operație* to undergo an operation, *a* ~ *o pierdere* to suffer a loss, *a nu* ~ *pe cineva* to loathe smb. **II.** *v.i.* to suffer (from).
suferind *s.m.* invalid, *adj.* ailing.
suferință *s.f.* suffering.
sufertaş *s.n.* lunch pail.
suficient *adj.* sufficient, *adv.* enough.
sufix *s.n.* suffix.
sufla I. *v.i.* to breathe, (cu greu) to gasp, *a* ~ *în lumânări* to blow out the candles. **II.** *v.t.* to blow off/ away, (a stinge) to

blow out, (a lua) to steal, *a nu ~ un cuvânt* not to breathe a word, *a ~ din greu* to pant, *a-şi ~ nasul* to blow one's nose.
suflare *s.f.* breath(ing), *fără ~* breathless, (mort) dead, *toată ~a* everybody.
suflător *s.m.* instrument(alist), *pl.* winds.
sufleca *v.t.* to roll/ turn up.
suflet *s.n.* soul, heart, (viaţă) life, (conştiinţă) conscience, (suflare) breath(ing), (gâfâit) panting, *cu ~ul la gură* out of breath, *de ~* adopted, *din ~* from the heart, *fără ~* soulless, *într-un ~* in a hurry, *a avea ceva pe ~* to have smth. on one's mind, *a-şi descărca ~ul* to unburden one's soul, *mi se rupe ~ul de mila lui* I'm very sorry for him.
sufletesc *adj.* soul, spiritual.
suflu *s.n.* blast (of an explosion), (sufocare) breath.
sufoca *v.r.* to suffocate.
sufragerie *s.f.* dining-room (furniture).
sufragiu *s.n.* suffrage.
sugativă *s.f.* blotting paper.
suge *v.i.* to suck.
sugera *v.t.* to suggest, (a insinua) to insinuate.
sugestie *s.f.* suggestion.
sugestiv *adj.* eloquent, *adv.* graphically.
sughiţ *s.n.* hiccup, (de plâns) sob.
sughiţa *v.i.* to hiccup, (de plâns) to sob.
sugruma *v.t.* to strangle, to smother.
sui *v.t.*, *v.i.*, *v.r.* to climb, to mount.
suită *s.f.* suite.
sul *s.n.* roll.
sulf *s.n.* sulphur.
sulfamidă *s.f.* sulphamid.
suliţă *s.f.* javelin, *ist.* spear.
sultan *s.m.* sultan.
sumar *s.n.*, *adj.* summary, *adv.* scantily.
sumă *s.f.* sum, (număr) number, *o ~ de* an amount of.
sumbru *adj.* gloomy.
sumedenie *s.f.* lot, a great deal (of).
suna I. *v.t.* to ring, (la telefon) to ring up, (de ceas) to strike. **II.** *v.i.* to ring, to sound, (de clopote) to toll, (de zurgălăi) to chime, (a răsuna) to resound, (de ceas) to strike the hours, (a glăsui) to read, *a ~ din* (corn) to blow (the horn), *a ~ fals* to sound false.
sunătoare *s.f.* rattle, *bot.* allsaints' wort
sunet *s.n.* sound, (de clopote) ring, *viteza ~ului* sound velocity.
supă *s.f.* soup.
supăra I. *v.t.* to irritate, (a deranja) to trouble. **II.** *v.r.* to be angry, (a se certa) to fall out, (a se întrista) to grieve.
supărare *s.f.* anger, (necaz) trouble, (pierdere)

bereavement; *fără* ~ no offence.
supărat *adj.* cross (with smb., at a thing), (trist) aggrieved.
supărăcios *adj.* ill-tempered, grumpy.
supărător *adj.* annoying.
superb *adj.* superb, (admirabil) admirable.
superficial *adj.* superficial, *fig.* shallow, *adv.* wantonly.
superior *s.m.* superior, *adj.* superior (to), (mai înalt) high(er), (de sus) upper.
superioritate *s.f.* superiority.
superlativ *s.n.*, *adj.* superlative.
superstiție *s.f.* superstition.
superviza *v.t.* to supervise.
suplețe *s.f.* suppleness.
supliciu *s.n.* torture, *fig.* torment.
supliment *s.n.* supplement, addition.
suplimentar *adj.* supplementary, (de muncă) overtime.
suplini *v.t.* to replace, (o lipsă) to compensate.
suplinitor *s.m.* substitute.
suplu *adj.* supple.
suport *s.n.* support.
suporta *v.t.* to bear, (a suferi) to tolerate; *a ~ cheltuielile* to meet the expenses, *a ~ durerea* to bear the pain, *a ~ o jignire* to sit down under insults.
suportabil *adj.* bearable, *adv.* tolerably.
supozitor *s.n.* suppository.
supoziție *s.f.* supposition.
supracopertă *s.f.* jacket, wrapper.
supraestima *v.t.*, *v.r.* to overestimate.
suprafață *s.f.* surface, (întindere) area, (spațiu) space, *de* ~ shallow, *la* ~ on the surface.
supranatural *s.n.*, *adj.* supernatural.
supranumi *v.t.* to (nick)name, to call.
supraom *s.m.* superman.
supraomenesc *adj.* superhuman.
suprapune *v.t.*, *v.r.* to overlap.
suprapunere *s.f.* superposition.
suprarealism *s.n.* surrealism.
suprarealist *s.m.*, *adj.* surrealist.
suprasolicita *v.t.* to overtax.
suprastructură *s.f.* superstructure.
supraveghea *v.t.* to oversee, (a păzi) to watch, *v.r.* to keep oneself in hand.
supraveghere *s.f.* supervision.
supraveghetor *s.m.* overseer.
supraviețui *v.i.* to outline (smb.), to survive (smth.).
supraviețuitor *s.m.* survivor, *adj.* surviving.
suprem *adj.* supreme.
supremație *s.f.* supremacy.
suprima *v.t.* to suppress, (un cuvânt) to cross out, (pe cineva) to kill.

supune I. *v.t.* to subjugate, (cercetării) to examine, (a prezenta) to submit; *a ~ la torturi* to torture. **II.** *v.r.* to submit, (unei rugăminți) to comply (with a request), *a se ~ unei reguli* to subject oneself to a rule.

supunere *s.f.* obedience.

supus *s.m.* subject, *adj.* submissive, *~ la* liable to, *adv.* dutifully.

sur *adj.* grey, (cărunt) grizzled.

surâde *v.i.* to smile.

surcea *s.f.* sliver.

surd *s.m.* deaf person, *adj.* deaf, (de consoane) mute, voiceless, (de zgomot) muffled, (ascuns) hidden.

surescita *v.t.* to (over)excite, to agitate.

surghiun *s.n.* exile, banishment.

surghiuni *v.t.* to banish.

surmena *v.t.* to over work, *v.r.* to strain too hard.

surpa *v.t.* to ruin, *v.r.* to collapse.

surplus *s.n.* surplus.

surprinde *v.t.* to surprise, to catch unawares.

surprindere *s.f.* surprise; *prin ~* by surprise.

surpriză *s.f.* surprise.

sursă *s.f.* source.

surveni *v.i.* to occur.

surzenie *s.f.* deafness.

surzi *v.t.* to deafen, *v.i.* to grow deaf.

sus I. *s.n.* upper part; *cu ~ul în jos* upset, *în ~ul râului* upstream. **II.** *adv.* up, above, on top, *sus mâinile!* hands up!, *~ și tare* loudly, *a trata pe cineva de ~* to patronize smb., *cele de mai ~* the above, *a ținti ~* to aim high.

susan *s.m.* sesame.

susceptibil *adj.* susceptible, tetchy, *~ de* liable to.

suspans *s.n.* suspense.

suspect *s.m.* suspect, *adj.* doubtful.

suspecta *v.t.* to suspect.

suspenda *v.t.* to suspend, to ajourn.

suspensie *s.f.* suspension.

suspendat *adj.* suspended.

suspiciune *s.f.* suspicion.

suspicios *adj.* suspicious.

suspin *s.n.* sight, sob.

suspina *v.i.* to sob, *a ~ după* to hanker after.

suspus *adj.* highly placed.

sustrage *v.t.* to substract, (a fura) to defalcate, *v.r.* *a se ~ de la* to shirk.

susținător *s.m.* supporter, upholder, (al familiei) breadwinner.

susține I. *v.t.* to support, to uphold, (a încuraja) to countenance, (a pretinde) to allege. **II.** *v.r.* to hold; *a ~ o afirmație* to sustain a statement, *a ~ o moțiune* to support a motion.

susținut *adj.* supported, sustained.

susur *s.n.* whisper, murmur.
susura *v.i.* to murmur, to brawl.
sută *num.* hundred, *la ~* per cent, *~e de* hundreds of.
sutălea *num.* (the) one hundredth.
sutien *s.n.* bra.
sutura *v.t.* to suture.
suvenir *s.n.* souvenir.
suveran *s.m., adj.* sovereign.
suveranitate *s.f.* sovereignty.
suzerain *s.m., adj.* suzerain.
suzeranitate *s.f.* suzerainty.

Ş

şa *s.f.* saddle.
şablon *s.n.* pattern.
şacal *s.m.* jackal.
şah *s.n.* chess, (atac) check, *în ~* in check, *~ mat* checkmate, *interj.* check!
şahist *s.m.* chess player.
şaisprezece *num.* sixteen.
şaizeci *num.* sixty.
şal *s.n.* shawl.
şalău *s.m.* pike perch, zander.
şalupă *s.f.* (motor) boat.
şampanie *s.f.* champagne.
şampon *s.n.* shampoo.
şansă *s.f.* chance; *~ nu e de partea mea* the odds are against me, *nu are nicio ~* she stands no chance.
şantaj *s.n.* blackmail.
şantaja *v.t.* to blackmail.
şantier *s.n.* (building) site, *mar.* shipyard.
şanţ *s.n.* ditch, *tehn.* groove.
şapcă *s.f.* peaked cap.
şapte *s.m., adj.*, pron., *num.* seven.
şaptesprezece *s.m., adj.*, pron., *num.* seventeen.
şaptezeci *s.m., adj.*, pron., *num.* seventy.
şarlatan *s.m.* charlatan, quack.
şarlotă *s.f.* charlotte.

şarpe *s.m.* snake, ~ *cu clopoței* rattlesnake, *mușcătură de* ~ snake bite, *pui de* ~ snakelet.
şase *s.m.*, *adj.*, *num.* six, *interj.* nix! jiggers!
şasiu *s.n.* chassis.
şaten *adj.* brown.
şatră *s.f.* Gipsy camp/ tribe.
şăgalnic *adj.* waggish.
şchioapă *s.f.* span, *de o* ~ knee-high to a grasshopper.
şchiop *adj.* limp, lame.
şchiopăta *v.i.* to limp.
şcoală *s.f.* school; (învățătură) schooling, ~ *de corecție* reformatory, ~ *de meserii* vocational school, *fără* ~ uneducated, *a absolvi o* ~ to graduate from a school, *coleg de* ~ school mate.
şcolar *s.m.* school boy; *pl.* school-children, *adj.* school.
şedea *v.i.* to sit (down); (a locui) to live; *a* ~ *în capul mesei* to sit at the head of the table.
şedință *s.f.* meeting; *a convoca o* ~ to call a meeting, *a conduce o* ~ to chair a meeting, *a lua parte la o* ~ to attend to a meeting.
şef *s.m.* chief, head; ~ *de catedră* head of chair, ~ *de gară* station master.
şefie *s.f.* leadership.
şerpui *v.i.* to wind, (a se încolăci) to wriggle.
şervețel *s.n.* napkin.
şes *s.n.* plain. *adj.* flat, even.
şezlong *s.n.* lounge chair.
şi *conj.*, *adv.* also, too; already; ~ *așa mai departe* and so on and so forth, ~ *ce dacă?* so what?, ~ *eu* me too.
şicana *v.t.* to tease smb.
şifona *v.t.* to rumple, to ruffle.
şifonier *s.n.* wardrobe.
şină *s.f.* rail.
şir *s.n.* row, line; *a sta la* ~ to queue.
şiret *s.n.* (shoe) lace, *adj.* cunning.
şiroi *v.t.* to flow, (a se prelinge) to drip.
şlefui *v.t.* to polish.
şmecher *s.m.* sly boots. *adj.* sly.
şmirghel *s.n.* emery paper.
şnițel *s.n.* battered steak.
şoaptă *s.f.* whisper; *în* ~ whispering.
şoarece *s.m.* mouse, *pl.* mice.
şobolan *s.m.* rat.
şoc *s.n.* shock; *rezistent la* ~ schock resistant, *a-și reveni din* ~ to recover from shock.
şoca *v.t.* to shock.
şocant *adj.* shocking.
şofa *v.i.* to drive.
şofer *s.m.* (driver).
şoim *s.m.* falcon, hawk.
şold *s.n.* hip.
şomaj *s.n.* unemployment.
şomer *s.m.* unemployed worker.
şopârlă *s.f.* lizard.

şopti *v.t.*, *v.i.* to whisper.
şorţ *s.n.* apron.
şosea *s.f.* highway.
şosetă *s.f.* sock.
şotie *s.f.* trick.
şovăi *v.i.* to hesitate.
şovăire *s.f.* hesitation.
şpaclu *s.n.* spatula.
şpagă *s.f.* bribery.
ştampilă *s.f.* stamp; *fig.* tag.
ştergar *s.n.* towel.
şterge *v.t.* to wipe (up), to dry; *a-şi ~ lacrimile* to wipe one's tears; *a-şi ~ urmele* to cover one's tracks.
şterpeli *v.t.* to prig.
şters *s.n.* wiping. *adj.* dull, drab.
ştevie *s.f.* garden sorrel.
şti I. *v.t.* to know, to be aware of, *ştie să cânte* she can sing, *ştiu ce vrei să spui* I know what you mean, *ştiu sigur că* I know for sure that, *a nu ~ carte* to be illiterate. **II.** *v.i.* to know, *a ~ despre* to know about, *se ştie foarte bine că* it is well known that. **III.** *v.r. se ~ vinovat* he feels guilty.
ştiinţă *s.f.* science; *~e exacte* exact sciences, *~e naturale* natural science, *cu bună ~* deliberately, *oameni de ~* men of science.
ştiinţific *adj.* scientific; *cercetător ~* scientific researcher, *adv.* scientifically.
ştirb *adj.* toothless.
ştirbi I. *v.t.* to jag, to notch. **II.** *v.r.* to dull.
ştire *s.f.* piece of news, *pl.* tidings, information; *fără ~a mea* without my knowledge, *a da de ~ cuiva* to inform smb.
ştiucă *s.f.* pike.
ştiulete *s.m.* corn cob.
ştreang *s.n.* noose.
ştrengar *s.m.* scapegrace, *adj.* longish.
ştrudel *s.n.* strudel.
şubred *adj.* frail, feeble, *fig.* flimsy; (bolnăvicios) sickly.
şubrezi *v.t.* to weaken.
şugubăţ *s.m.* droll, *adj.* playfull.
şuiera *v.i.* to whistle.
şuncă *s.f.* ham.
şurub *s.f.* screw.
şurubelniţă *s.f.* screwdriver.
şuşoti *v.i.* to whisper.
şuta *v.i.* to shoot.
şuviţă *s.f.* lock; (fâşie) stripe.
şuvoi *s.n.* stream.

T

ta *adj.* your, *a ~* yours.

tabac *s.n.* tobacco, *~ de mestecat* chewing tobacco.

tabacheră *s.f.* cigarette box; snuff-box.

tabără *s.f.* camp, *mil.* bivouac, *~ de vară* summer camp, *~ de cercetaşi* boyscouts camp, *foc de ~* camp fire, *a aşeza o ~* to lay out a camp, *a ridica ~* to break camp.

tabel *s.n.* table, chart, *~ de afişaj* board, *~ de logaritmi* table of logarithms.

tablă *s.f.* tin/ iron plate, (la şcoală) blackboard, *~a înmulţirii* multiplication table, *~ de materii* table of contents.

tablou *s.n.* picture, (pânză) canvas, *teatru* scene; *~ de comandă* control pannel, *~ în mărime naturală* life-size picture, *~ în ulei* oil painting, *expoziţie de ~ri* pictures exhibition, *galerie de ~uri* art gallery, *a înrăma un ~* to frame a painting.

tabular *adj.* tabular.

tachina *v.t.* to tease.

tact *s.n. muz.* rhythm, *fig.* tact *fără ~* tactless, *cu ~* tactfully.

tacticos *adj.* slow, calm.

taifas *s.n.* chat.

taifun *s.n.* typhoon.
taină *s.f.* mystery, *în ~* secretly, *a fi înțeles în ~ cu cineva* to connive with smb.
tainic *adj.* mysterious, hidden.
talent *s.n.* talent.
talentat *adj.* gifted, talented.
taler *s.n.* thaler.
talie *s.f.* waist (line); (mărime) size, *de ~ mare* first-rate.
talisman *s.n.* talisman.
talmeş-balmeş *s.n.* hotchpotch, *adv.* helter-skelter.
talon *s.n.* coupon, check, heel (of stocking).
talpă *s.f.* sole (leather), runner (of a sledge).
tampona *v.t.* to collide, *a ~ o maşină* to ram a car.
tanc *s.n.* tank.
tandrețe *s.f.* tenderness.
tandru *adj.* tender, affectionate.
tangou *s.n.* tango.
tanti *s.f.* aunt.
tapa *v.t.* to type, (părul) to fluff.
tapet *s.n.* wall paper.
tapițerie *s.f.* upholstery.
tarabă *s.f.* stall; (gheretă) booth.
tarantulă *s.f.* tarantula spider.
tardiv *adj.* belated, *adv.* tardly.
tare I. *adj.* hard, (puternic) strong, (durabil) lasting; *~ de ureche* hard of hearing, *cu voce ~* aloud, *piele ~* horny skin. **II.** *adv.* very much, *~ păcat!* it's a pity!, *e prăjit prea ~* it's overdone.
targă *s.f.* stretcher.
tarif *s.n.* tariff, (taxă, curs) rate.
tartă *s.f.* tart.
tată *s.m.* father, (străbun) forefather; *din ~ în fiu* from generation to generation.
tatona *v.t.* to probe, *v.i.* to grope.
taur *s.m.* bull.
tavă *s.f.* tray.
tavernă *s.f.* tavern.
taxa *v.t.* to tax, *fig.* to consider.
taxă *s.f.* *com., jur.* duty, *scutit de ~* duty-free.
taxi *s.n.* taxi(cab).
tăbăcar *s.m.* tanner.
tăbărî *v.i.* to swoop, to prey upon smb.
tăcea *v.i.* to be silent, to stop talking.
tăcere *s.f.* silence, (linişte) stillness, *în ~* silently, *a sparge ~a* to break the silence.
tăciune *s.m.* ember, *bot.* mildew.
tăcut *s.n.* *pe ~e* quietly, *adj.* silent.
tăgădui *v.t.* to deny.
tăia I *v.t.* to cut, (a despica) to split, (a şterge) to cross out, (un drum) to open. **II.** *v.i.* *a ~ în felii* to chop, *a-i ~ pofta cuiva* to spoil smb.'s appetite.
tăiere *s.f.* cutting.
tăinui *v.t.* to hide, to conceal.
tăinuire *s.f.* abating, concealment.
tăinuit *adj.* concealed.
tăios *adj.* cutting, (pătrunzător) piercing, *adv.* sharply.

tăiş *s.n.* blade.
tăiţei *s.m.*, *pl.* noodles.
tălmăci *v.t.* to interpret, to translate.
tălmăcire *s.f.* translation.
tămădui *v.t.* to heal, (suferinţe) to allay, *v.r.* to recover (from).
tămâia I. *v.t.* rel. to incense, *fig.* to extol, to flatter. **II.** *v.r.* *se ~ză reciproc* scratch my back and I'll scratch yours.
tămâie *s.f.* incense.
tărăboi *s.n.* row.
tărăgăna *v.t.* to dally, to tarry.
tărâţe *s.f. pl.* husk.
tărie *s.f.* power, (rezistenţă) resistance, *~ de caracter* strength of character.
tău *s.n.* lake, *adj.* your, *al ~* yours.
tăun *s.m.* gadfly.
tăvăli *v.t.* to roll, *fig.* to besmirch, *v.r.* to roll.
tâlc *s.n.* meaning.
tâlhar *s.m.* robber, *fig.* scoundrel.
tâlhărie *s.f.* robbery.
tâmpenie *s.f.* stupidity.
tâmplar *s.m.* carpenter.
tâmplă *s.f.* temple.
tâmplărie *s.f.* carpentry, (atelier) joiner's shop.
tânăr *s.m.* youth, youngster, *adj.* young, (tineresc) juvenile; *tineri însurăţei* young weds.
tânără *s.f.* young girl.
tângui *v.r.* to weep, to mourn.
tânguială *s.f.* lament.
tânji *v.i.* to languish, (de plante) to wilt.
târâi *v.t.* to drag, to crawl, *a ~ picioarele* to shuffle.
târg *s.n.* (bâlci) fair; *zi de ~* market day, *a face un ~ cu cineva* to strike a bargain with smb.
târziu *s.n.* *într-un ~* after a long time, *adj.* late, *adv.* late, *cel mai ~* at the latest, *mai devreme sau mai ~* sooner or later, *a sta treaz până noaptea ~* to stay up late, *se face ~* it's getting late.
te *pron.* you, (reflexiv) yourself.
teacă *s.f.* sheath.
teafăr *adj.* healthy, safe and sound.
teamă *s.f.* fear, dread, *a-i fi ~ de* to be afraid of.
teanc *s.n.* pile, heap.
teatral *adj.* theatrical, *fig.* affected.
teatru *s.n.* theatre, (sală) house.
tehnic *adj.* technical, technological.
tehnică *s.f.* technique(s), technology.
tehnologie *s.f.* technology.
tei *s.m.* lime tree.
tejghea *s.f.* counter.
tel *s.n.* egg-whisk.
telecomandă *s.f.* remote control.
telefon *s.n.* telephone (set); *cartelă de ~* phone card, *prin ~* by phone, *a da un ~* to make

a call, *a răspunde la* ~ to pick up the phone.
teleferic *s.n.* funicular, ski-lift.
telefona *v.i.* to (tele)phone.
telegraf *s.n.* telegraph(y), Morse telegraph.
telegramă *s.f.* telegram.
telepatie *s.f.* telepathy.
telescop *s.n.* telescope.
televiza *v.t.* to televise.
televiziune *s.f.* television, TV.
televizor *s.n.* TV-set, telly.
temă *s.f.* theme, *pl.* homework, (rădăcină) radical, *pe tema...* concerning.
temător *adj.* distrustful.
tembel *s.m.* dawdler, *adj.* indolent.
teme *v.r.* to be afraid (of), to fear (smth.); *mă tem că da* I fear so, *a se ~ de cineva* to be afraid of smb., *nu te* ~ don't be afraid.
temei *s.n.* foundation, ground, *fără* ~ groundless, *pe ~ul că* on the ground that.
temeinic *adj.* solid, thorough; *argumente ~e* solid arguments.
temelie *s.f.* foundation, ground.
temere *s.f.* fear.
temnicer *s.m.* jailer.
temniță *s.f.* prison, dungeon.
tempera *v.t.* to moderate, *v.r.* to abate.
temperament *s.n.* temperament, (vigoare) pep.
temperat *adj.* temperate, *adv.* temperately.
temperatură *s.f.* temperature; ~ *de înghețare* freezing point, ~ *de fierbere* boiling point, *a avea* ~ to be feverish.
templu *s.n.* temple.
temporar *adj.* transient, *adv.* temporarily.
temut *adj.* dreaded.
ten *s.n.* complexion; ~ *gras* oily skin, ~ *uscat* dry skin.
tenace *adj.* tenacious.
tenacitate *s.f.* tenaciousness.
tencui *v.t.* to plaster.
tendință *s.f.* tendency.
tenis *s.n.* tennis, ~ *de masă* table tennis.
tensiune *s.f.* tension, pressure; *curent de înaltă* ~ high tension current.
tenta *v.t.* to tempt, to lure.
tentativă *s.f.* attempt.
tentație *s.f.* temptation.
teolog *s.m.* theologian.
teoretic *adj.* theoretical.
teoretician *s.m.* theorist.
teorie *s.f.* theory.
terapie *s.f.* therapy.
terasă *s.f.* terrace.
teren *s.n.* ground, (loc) (house) lot; ~ *arabil* arable land, ~ de *joacă* playground, *a câștiga* ~ to gain ground, *a pierde* ~ to lose ground, *a sonda ~ul* to explore the ground.
terestru *adj.* land, terrestrial.
terfeli *v.t.* to soil.
tergiversa *v.t.* to tergiversate.
teribil *adj.* terrible, *adv.* terribly.
teritorial *adj.* territorial.

teritoriu *s.n.* territory.
termal *adj.* thermal, hot.
termen **I.** *s.m.* term. **II.** *s.n.* term, date, deadline; *contradicție în ~i* contradiction in terms, *~ de plată* term of payment, *~ul unui contract de închiriere* term of a lease.
termina *v.t.* to finish, *v.r.* to end, *s-a ~t cu el* he is lost.
terminare *s.f.* ending.
terminat *s.n. pe ~e* running short, nearly over.
termită *s.f.* termite.
termocentrală *s.f.* thermo-electric power station.
termometru *s.n.* thermometer.
termos *s.n.* thermos (-bottle).
teroare *s.f.* terror.
terorist *s.m., adj.* terrorist.
teroriza *v.t.* to terrorize, to bully.
testa *v.t.* to test.
testament *s.n.* will; *a revoca un ~* to revoke a testament, *a muri fără ~* to die intestate.
teşit *adj.* flat.
text *s.n.* text.
textil *adj.* textile.
tezaur *s.n.* treasure, (de monede) hoard.
teză *s.f.* thesis.
ticălos *adj.* knave.
tichet *s.n.* ticket.
tifon *s.n.* gauze, *med.* lint.
tigaie *s.f.* (frying-) pan.
tigru *s.m.* tiger.
tihnă *s.f.* rest, *în ~* at leisure, *fără ~* untiringly.
timbru *s.n.* stamp, *muz.* timbre.
timid *adj.* shy, timid.
timiditate *s.f.* shyness.
timorat *adj.* timorous.
timp *s.m., s.n.* time, (vreme) weather, (răgaz) respite, *în ~urile noastre* nowadays, *în același ~* at the same time, *pentru mult ~* for a long time, *pierdere de ~* waste of time, *a anunța la ~* to let know in due time, *~ul zboară* time flies.
timpan *s.n.* ear drum, *muz. pl.* timpani.
timpuriu *adj.* early, forward, *de ~* (too) early.
tine *pron.* you.
tineresc *adj.* youth(ful).
tineret *s.f.* youth, young people.
tinichea *s.f.* sheet, tin.
tip *s.m.* individual, *s.n.* (arche)type.
tipar *s.n.* print(ing), (şablon) pattern, (mulaj) cast.
tipări *v.t.* to print, *v.r.* to be printed.
tipăritură *s.f.* publication, *pl.* printed matter.
tipic *s.n.* (quint)essence, *adj.* typical (of), specific (to).
tipiza *v.t.* to typify.
tipizare *s.f.* typification, *arhit.* type design.
tipograf *s.m.* printer.
tipografie *s.f.* printing press.
tiptil *adv.* on tiptoe.
tir *s.n. mil.* fire, *sport* target shooting.
tiran *s.m.* tyrant.

tiranic *adj.* tyrannical.
tiroidă *s.f.* thyroid.
titanic *adj.* titanic.
titirez *s.n.* (spinning) top.
titlu *s.n.* title, *fig.* claim, *chim.* titre.
titular *s.m.* holder, *adj.* permanent, (de professor) in ordinary.
tiv *s.n.* hem (-stitch), selvedge.
toacă *s.f.* bell board, *fig.* vesper.
toaletă *s.f.* toilet, (closet) lavatory.
toamnă *s.f.* autumn, ~ *târzie* Indian summer.
toană *s.f.* caprice, whim, mood, *cu toane* moody.
toartă *s.f.* ear, handle.
toast *s.n.* toast.
toată, toate *adj.*, *pron.* all.
tobă *s.f.* drum, *a bate toba* to beat the drum.
toc *s.n.* (de scris) pen(holder), (de pantof) heel.
toca *v.t.* to hash, (cu maşina) to mince, (a creşte) to notch, *fig.* to squander, *v.i.* to rattle, *rel.* to hammer on the bellboard.
tocană *s.f.* goulash.
tocat *adj* hashed, minced.
tocătură *s.f.* forcemeat.
toceală *s.f.* cramming.
toci *v.t.* to blunt, *fig.* to dull.
tocilar *s.m.* whetstone grinder, *fig.* swot.
tocilă *s.f.* grindstone, (piatră) *fig.* swot.
tocmai *adv.* precisely, (de curând) recently, ~ *acum* now of all times, *nu* ~ not exactly.
tocmi *v.t.* to hire, (a închiria) to book, *v.r.* to bargain, to pledge (to go).
toiag *s.n.* staff.
tolera *v.t.* to tolerate.
tolerant *adj.* tolerant.
tomată *s.f.* tomato.
tomnatic *adj.* autumnal.
ton I. *s.m.* tuna (fish). **II.** *s.n.* *muz.* tone, tune, (nuanţă) shade.
tonalitate *s.f.* *muz.* tune, tonality, (culoare) hue.
tonă *s.f.* (metric) ton.
tonifica *v.t.* to toughten.
topi *v.t.* to melt, (zăpada) to thaw.
topire *s.f.* melting, (a zăpezii) thaw.
topografie *s.f.* topography, (aşezare) lie (of the land).
topor *s.n.* axe, *din* ~ uncouth.
torace *s.n.* chest.
torent *s.n.* torrent.
torenţial *adj.* pouring, *plouă* ~ it's raining cats and dogs.
torid *adj.* torrid.
toropeală *s.f.* scorching heat.
toropi *v.t.* to make drowsy, *v.i.* to enervate.
tors *s.n.* spinning, purring (of a cat), *anat.* torso, *adj.* spun.
tort *s.n.* cake.
tortura *v.t.* to torture, to torment.
tortură *s.f.* torture.
torţă *s.f.* torch.

tot I. *s.n.* whole, entirely. **II.** *adj.* all, (întreg) whole, (fiecare) every. **III.** *pron.* everything, *~ul e bine când se termină cu bine* all is well that ends well. **IV.** *adv. ~ul sau nimic* all or nothing.

total *s.n.* (sum)total, *în ~* in all, *adj.* total, absolute, *econ.* all-out.

totalitate *s.f.* total, *în ~* entirely.

totaliza *v.t.* to tot(up), (a se ridica la) to amount to.

totdeauna *adv.* always, *pentru ~* for good (and all), forever (and ever).

totodată *adv.* concomitantly, at the same time.

totuna *adv.* all the same.

totuşi *conj.* yet, *şi ~* still.

toţi *adj., pron.* all, every(body).

tovarăş *s.m.* comarade, mate, *~ de cameră* room-mate.

toxicitate *s.f.* toxicity.

trabuc *s.n.* cigar.

tradiţie *s.f.* tradition.

tradiţional *adj.* traditional.

traducător *s.m.* translator.

traduce *v.t.* to translate, *a ~ în viaţă* to materialize.

traducere *s.f.* translation, *~ în viaţă* materialization.

trafic *s.n.* trade, traffic.

trafica *v.i.* to trade.

traficant *s.m.* racketeer, *~ de stupefiante* dope dealer.

trage I. *v.t.* to draw, (puternic) to pull, to haul, *a ~ pe cineva de păr* to pull smb.'s hair, *a ~ o concluzie* to draw a conclusion, *a ~ apa la closet* to flush the toilet. **II.** *v.r. a se ~ din* to descend from.

tragedie *s.f.* tragedy.

tragere *s.f.* drawing, (tir) shooting, *~ de inimă* zeal.

tragic *s.n.* tragic (aspect), *în ~* tragically, *adj.* tragic, *adv.* sadly.

trahee *s.f.* trachea.

trai *s.n.* life.

traiectorie *s.f.* trajectory.

trainic *adj.* lasting, *adv.* solidly.

trambulină *s.f.* springboard.

tramvai *s.n.* tram(way).

tranchilizant *s.n., adj.* tranquilizer.

trandafir *s.m.* rose (flower).

transcrie *v.t.* to transcribe.

transfer *s.n.* transfer.

transfera *v.t.* to transfer.

transforma *v.t.* to transform, *v.r.* to turn (into).

transformare *s.f.* transformation.

transfuzie *s.f.* transfusion.

transilvan *adj.* Transylvanian.

translator *s.m.* translator.

transluciditate *s.f.* translucence.

transmisibil *adj.* transmissible.

transmisie *s.f.* transmission; *~ directă* live broadcast.

transmite *v.t.* to transmit.

transparent *adj.* transparent.

transpira *v.i.* to perspire, to sweat, *fig.* to leak.

transport *s.n.* transport; ~ *aerian* air transport, ~ *în comun* public transport, *birou de* ~ forwarding office, *mijloc de* ~ means of transport.
transporta *v.t.* to transport.
transpune I. *v.t.* to transpose; *a* ~ *în versuri* to put into verses. **II.** *v.r. fig.* to imagine oneself.
transversal *adj.* transversal.
tranşa *v.t.* to trench.
tranzacţie *s.f.* transaction, convention.
tranzit *s.n.* transit.
tranzitoriu *adj.* transitory.
tranziţie *s.f.* transition.
trapez *s.n.* trapeze, *geom.* trapezium, *anat.* trapezius.
trasa *v.t.* to draw, to outline.
traseu *s.n.* route.
trata *v.t.* to treat, (oaspeţi) to entertain; *a* ~ *pe cineva de la egal la egal* to treat smb. as one's equal.
tratament *s.n.* treatment; *a urma un* ~ to undergo a cure.
traumă *s.f.* trauma.
travaliu *s.n.* labour.
traversa *v.t.* to traverse, *v.i.* to cross (over).
travestire *s.f.* disguising.
travestit *adj.* disguised.
trăda *v.t.*, *v.r.* to betray (oneself).
trădare *s.f.* betrayal.
trădător *s.m.* traitor.
trăgaci *s.n.* trigger.
trăi *v.i.* to live; *a* ~ *în minciună* to live in lie.
trăinicie *s.f.* durability.
trăncăni *v.t.* to babble.
trăsătură *s.f.* line, (caracteristică) feature, *dintr-o* ~ *de condei* at one stroke of the pen.
trăsnet *s.n.* lightning.
trăsură *s.f.* carriage.
trâmbiţă *s.f.* clarion.
trândav *adj.* lazy.
trântor *s.m* lazy, drone (bee).
trânti *v.t.* to fling, to throw down.
treabă *s.f.* business, (muncă) work.
treacăt *s.n.* passing, *în* ~ incidentally.
treaptă *s.f.* stair.
treaz *adj.* (wide) awake.
trebui *v.i.* must, to have to; *trebuie să fie în jur de ora trei* it must be about three o'clock.
trebuinţă *s.f.* need.
trecătoare *s.f.* gorge.
trecător *s.m.* passer-by, pedestrian, *adj.* transient.
trece I. *v.t.* to pass (through), (a traversa) to cross, (a înscrie) to register. **II.** *v.i.* *a* ~ *drept* to pass for, *mi-a trecut prin minte* it crossed my mind. **III.** *v.r.* *a* ~ *neobservat* to pass unnoticed.
trecut *s.m.* past (tense), *~ul apropiat* the recent past.
treflă *s.f.* clubs.
trei *num.* three, *câte* ~ by threes.
treilea *num.* (the) third.
tremur *s.n.* trembling, shiver.
tremura *v.i.* to tremble.

tren *s.n.* train, ~ *accelerat* fast train.
trepida *v.i.* to vibrate.
treptat *adj.* gradual.
tresări *v.i.* to start.
tresărire *s.f.* start(ing).
trestie *s.f.* reed, ~ *de zahăr* sugar cane.
trezi *v.t.* to wake, *fig.* to (a)rouse, *v.r.* to awake.
trezorerie *s.f.* treasury.
tria *v.t.* to sort.
trib *s.n.* tribe.
tribunal *s.n.* law court; *a merge la* ~ to go to court.
tribună *s.f.* (grand) stand.
tribut *s.n.* tribute.
tributar *adj.* tributary.
tricota *v.t., v.i.* to knit.
tricou *s.n.* T-shirt.
trifoi *s.m.* clover.
trimestrial *adj.* quarterly.
trimestru *s.n.* quarter, (la şcoală) term.
trimis *s.m.* envoy.
trimite *v.t.* to send, (prin poştă) to post; *a ~ o cerere* to send in an application.
tripla *v.t.* to triple.
trist *adj.* sad, *de ~ă amintire* odious.
tristețe *s.f.* sandness.
trişa *v.i.* to trick.
triumf *s.n.* triumph.
triunghi *s.n.* triangle.
trofeu *s.n.* trophy.
troleu *s.n.* trolley.
trompă *s.f.* trunk.
trompetă *s.f.* trumpet.
tron *s.n.* throne.
trona *v.i.* to rule.
tropăi *v.i.* to clatter.
tropic *s.n.* tropic.
tropical *adj.* tropical.
trosni *v.i.* to crack.
trotuar *s.n.* sidewalk, pavement.
truc *s.n.* trick.
trudă *s.f.* labour, hard work.
trudi *v.i., v.r.* to toil (and moil).
trufaş *adj.* haughty.
trufie *s.f.* arrogance.
trunchi *s.n.* trunk.
trup *s.n.* body.
trupă *s.f. mil.* troop.
trupesc *adj.* bodily.
trupeş *adj.* well-built.
trust *s.n.* (capitalist) corporation.
tu *pron.* you.
tub *s.n.* tube.
tufă *s.f.* shrub, bush.
tulbura *v.t.* to trouble.
tulbure *adj.* troubled.
tulpină *s.f.* stem.
tumoare *s.f.* tumour.
tun *s.n.* cannon.
tuna *v.i.* to thunder, *a ~t şi i-a adunat* they are a nicely assorted set.
tunde *v.t.* to cut hair.
tunel *s.n.* tunnel.
tunet *s.n.* thunder.
tuns *s.n.* hair-cut.
tupeu *s.n.* pluck.
tur *s.n.* tour, *sport* lap (of the route).
tură *s.f.* shift.
turism *s.m.* tourism.
turist *s.m.* tourist.

turlă *s.f.* tower.
turmă *s.f.* herd, flock.
turn *s.n.* tower.
turna *v.t.* to pour; *a ~ minciuni* to tell fibs.
turneu *s.n.* tour.
turnir *s.n.* tournament.
turtă *s.f.* bread; ~ *dulce* ginger bread.
turti *v.t.* to batter, to crush.
turui *v.i.* to chatter.
tuşi *v.i.* to cough.
tutelă *s.f.* guardianship, *pol.* trusteeship.
tutun *s.n.* tobacco.

Ț

țambal *s.n.* dulcimer.
țandără *s.f.* splinter; *a se face țăndări* to burst to pieces.
tanțoș *adj.* proud.
țap *s.m.* he-goat; ~ *ispășitor* scapegoat.
țar *s.m.* tzar.
țară *s.f.* country; *Țara Galilor* Wales, *Țara Moldovei* Moldavia, *Țara Românească* Wallachia, *~a minunilor* Wonderland, *casă de* cottage, *a-ți fi dor de ~* homesickness.
țarc *s.n.* fold.
țarină *s.f.* field.
țăcălie *s.f.* goatee.
țăran *s.m.* peasant, villager (în alte părți) farmer.
țărănesc *adj.* peasant.
țărână *s.f.* dust, (pământ) earth.
țărm *s.n.* shore.
țăruș *s.m.* stake.
țâfnos *adj.* peevish.
țânțar *s.m.* mosquito.
țâșni *v.i.* to gush out.
țeapăn *adj.* stiff.
țeastă *s.f.* skull.
țeavă *s.f.* tube.
țel *s.n.* goal, aim.
țelină *s.f.* celery.
țep *s.m.* thorn.
țepos *adj.* spiky.
țesătură *s.f.* texture.

țese *v.t.* to weave.
țestos *adj.* hard-shelled, *broască ~oasă* turtle.
țicni *v.r.* to go mad.
țigancă *s.f.* Gipsy woman.
țigară *s.f.* cigarette; *a aprinde o ~* to light a cigarette.
țiglă *s.f.* tile.
ține I. *v.t.* to hold, (a păstra) to keep, *a ținut să venim* he insisted on our coming, *a ~ contabilitatea* to keep accounts, *a ~ la curent* to keep smb. posted, *a ~ locul cuiva* to take smb.'s place, *a ~ minte* to remember, *a nu ~ seama de ceva* to disregard smth., *a ~ în brațe* to hold. **II.** *v.i. a ~ cu cineva* to side with smb., *a ~ la cineva* to be fond of smb. **III.** *v.r. de-abia se ~ pe picioare* she can hardly walk, *nu te mai ~ după mine* stop following me, *se ~ bine* he is hale and hearty.
țintă *s.f.* target, *fig.* goal; *~a batjocurii* laughing stock.
ținti *v.t.* to aim.
țintui *v.t.* to nail.
țipa *v.t., v.i.* to shout, (tare) to yell.
țipar *s.m.* loach.
țipăt *s.n.* shout.
țiui *v.i.* to whizz.
țoc *interj.* smack.
țopăi *v.i.* to jump, to hop.
țuguia *v.t., v.r.* to taper, (buze) to purse up.
țurțure *s.m.* icicle.

U

ucenic *s.m.* apprentice, *fig.* disciple.

ucide *v.t.* to kill, (a asasina) to assassinate.

ucigaş *s.m.* murderer, *adj.* murderous.

ud *adj.* wet, soaked.

uda *v.t.* to wet, (a umezi) to moisten.

uimi *v.t.* to astonish, to stagger, bewilder.

uimire *s.f.* amazement.

uimit *adj.* thunderstruck.

uimitor *adj.* amazing.

uita I. *v.t.* to forget, (a neglija) to overlook. **II.** *v.r.* to look at, *a se ~ pe gaura cheii* to peep through the keyhole, *a se ~ de sus la cineva* to look down upon smb., *a se ~ în altă parte* to look the other way.

uitare *s.f.* oblivion, *~ de sine* self-denial.

uitătură *s.f.* look.

ulcer *s.n.* ulcer.

ulcică *s.f.* pot.

ulei *s.n.* oil.

uliță *s.f.* narrow street.

ulm *s.m.* elm.

ulterior *adj.* subsequent, *adv.* later (on).

ultim *adj.* last (cel mai recent) latest; *a avea ~ul cuvânt* to have the last word.
ului *v.t.* to astound.
uluit *adj.* amazed.
uman *adj.* human.
umanist *s.m.* humanist.
umanitate *s.f.* humanity.
umaniza *v.t.* to humanize, *v.r.* to become human.
umăr *s.m.* shoulder; *a da din ~i* to shrug one's shoulders.
umbla *v.t.* to scour, *v.i.* to go.
umbră *s.f.* shade.
umbrelă *s.f.* umbrella, (de soare).
umbri *v.t.* to shade.
umed *adj.* damp, (ud) wet.
umfla *v.t.* to fill, (tare) to swell.
umiditate *s.f.* humidity.
umil *adj.* humble, low(ly).
umili *v.t.* to humiliate, *v.r.* to humiliate oneself.
umilință *s.f.* humility.
umor *s.n.* humour.
umple *v.t.* to fill (up).
un *adj.* one, *pl.* some, *pron.*, *num.* somebody, one, *pl.* some.
unanim *adj.* unanimous.
unanimitate *s.f.* unanimity.
unchi *s.m.* uncle.
undă *s.f.* wave; *lungime de ~* wavelength.
unde *adv.* where, (încotro) whither.
undeva *adv.* somewhere.
undui *v.i.* to wave.
unealtă *s.f.* tool.
unelti *v.t.* to plot.
uneori *adv.* sometimes.
unge *v.t.* to smear.
unghi *s.n.* angle.
unghie *s.f.* nail.
uni *v.t.*, *v.r.* to unite, to join.
unic *adj.* single, (deosebit) unique, *pol.* united.
unicitate *s.f.* oneness.
unifica *v.t.* to unify, *v.r.* to amalgamate.
unificare *s.f.* unification, *pol.* merger.
uniform *adj.* uniform.
unii *adj., pron.* some.
unilateral *adj.* unilateral.
unitate *s.f.* unit, unity.
uniune *s.f.* union, alliance.
univers *s.n.* universe.
universal *adj.* universal, *adv.* universally.
universitate *s.f.* university.
unsprezece *s.m., adj. pron., num.* eleven.
unt *s.n.* butter.
untdelemn *s.n.* (edible) oil.
untură *s.f.* grease.
ura[1] *s.n.* cheer, *pl.* applause, *interj.* hurrah!
ura[2] *v.t.* to wish.
uragan *s.n.* hurricane.
uraniu *s.n.* uranium.
urare *s.f.* wish, *pl.* good wishes.
ură *s.f.* hatred.
urâcios *adj.* hateful, (urât) ungainly, (rău) wicked.

urât *adj.* ugly.
urbaniza *v.t.* to urbanize.
urca *v.t.* to climb, (a înălța) to put up, *v.i.* to rise, (a crește) to grow.
urcare *s.f.* climbing, rise, (ușă) entrance.
urcuș *s.n.* climb.
ureche *s.f.* ear (for music), (de ac) eye (of a needle); *a fi îndrăgostit până peste ~i* to be head over heels, *a roși până în vârful ~lor* to blush to one's ears, *a șopti la ~a cuiva* to wisper into smb.'s ear.
uree *s.f.* urea.
urgent *adj.* pressing, *adv.* urgently.
urgență *s.f.* urgency.
urgie *s.f.* wrath, (a soartei) scourge.
uriaș *s.m.*, *adj.* giant.
urină *s.f.* urine.
urî *v.t.* to hate, *v.r.* to hate each other.
urla *v.i.* to roar.
urlet *s.n.* howl.
urma *v.t.* to follow (close), (cursuri) to attend.
urmare *s.f.* sequel, (rezultat) consequence.
urmaș *s.m.* successor, (moștenitor) heir, *pl.* progeny.
urmă *s.f.* trace, (de picior) footprint; *în cele din ~* finally, *fără ~* without a trace, *la urma urmelor* after all.
urmări *v.t.* to follow, (a fila) to shadow.
urmărire *s.f.* pursuit, (goană) chase.
următor *adj.* following, next.
urnă *s.f.* urn, (electorală) ballot box.
urni *v.t.*, *v.r.* to budge, to move.
urs *s.m.* bear, *~ alb* polar bear.
ursă *s.f.* *Ursa Mare* the Great Bear, *Ursa Mică* the Lesser Bear.
ursi *v.t.* to predestinate.
ursită *s.f.* fate; destiny.
ursuz *adj.* surly, *adv.* grumpily.
urzi *v.t.* to warp, *fig.* to hatch.
urzica *v.t.* to prick, to sting.
urzică *s.f.* (stinging) nettle.
usca *v.t.* to dry, (fânul) to ted.
uscat *s.n.* drying, (pământ) land, (continent) mainland, *adj.* dry.
uscățiv *adj.* bony.
ustura *v.t.* to smart, *fig.* to sting.
usturoi *s.n.* garlic.
ușă *s.f.* door, (prag) threshold, (deschiderea) doorway; *~ glisantă* sliding door, *în spatele ~ilor închise* behind closed doors, *a trânti ~* to slam the door.
ușor *adj.* easy.
ușura *v.t.* to lighten, (a slăbi) to relieve.
ușurare *s.f.* relief.
util *adj.* useful.

utila *v.t.* to equip.
utilaj *s.n.* equipment.
utilitate *s.f.* utility.
utiliza *v.t.* to use.
uz *s.n.* usage.
uza *v.t.* to use, (a roade) to wear out.
uzat *adj.* worn out.
uzină *s.f.* plant, factory.
uzual *adj.* usual, *adv.* usually.
uzurpa *v.t.* to usurp.

V

vacant *adj.* vacant.
vacanță *s.f.* holiday(s), *jur. pol.* recess.
vacarm *s.n.* uproar.
vacă *s.f.* cow.
vaccin *s.n.* vaccine.
vaccina *v.t.* to vaccinate.
vad *s.n.* ford, *com.* good custom.
vag *adj.* vague.
vagabond *s.m.* tramp, *adj.* vagrant.
vagon *s.n.* wagon.
vai *interj.* oh dear! poor me!
val *s.n.* wave, (mare) billow.
valabil *adj.* valid.
valabilitate *s.f.* validity.
vale *s.f.* valley, *in/ la* ~ down (hill).
valida *v.t.* to validate.
valiză *s.f.* valise, (mare) suitcase.
valoare *s.f.* value.
valora *v.i.* to be worth.
valorifica *v.t.* to turn to (good) account.
valoros *adj.* valuable.
valută *s.f.* (foreign) currency.
vamă *s.f.* customs.
vamă *s.f.* customs.

vampir *s.m.* vampire.
vanilie *s.f.* vanilla.
vanitate *s.f.* vanity.
vaporiza *v.t.* to vaporize.
vaporos *adj.* vaporous.
var *s.n.* lime.
vara *adv.* in summer.
vară *s.f.* (girl) cousin, (anotimp) summer.
vargă *s.f.* rod.
varia *v.i.* to vary.
variabil *adj.* variable, inconstant.
variantă *s.f.* variant.
varicelă *s.f.* chickenpox.
varietate *s.f.* variety.
varză *s.f.* cabbage.
vas *s.n.* vessel.
vaselină *s.f.* vaseline.
vast *adj.* vast.
vată *s.f.* cotton.
vatră *s.f.* fireplace.
vă *pron.* you (reflexiv), yourself, *pl.* yourselves.
văduvă *s.f.* widow.
văicări *v.r.* to vail.
văita *v.r.* to lamenta.
văl *s.n.* veil.
văr *s.m.* cousin, ~ *primar* first cousin.
vărsa *v.t.* to spill.
vătăma *v.t.* to harm, (a răni) to wound.
vătămător *adj.* harmful.
vătrai *s.n.* poker.
văz *s.n.* (eye) sight.
văzduh *s.n.* air.
vâjâi *v.i.* to whizz.
vâlvoi *adj.* disheveled.
vâna *v.i.* to hunt.
vânătaie *s.f.* bruise.
vânătă *s.f.* eggplant.
vânătoare *s.f.* hunt.
vânător *s.m.* hunter.
vândut *s.m.* traitor, *adj.* sold (out).
vânt *s.n.* wind; *moară de* ~ wind mill, *a alerga ca ~ul* to run like the wind, *a se da în ~ după ceva* to be mad about smth., *din cele patru ~uri* from the four corners of the earth.
vântura *v.t.* to winnow, to fan.
vânzare *s.f.* sale, (trădare) treachery.
vârf *s.n.* tip, top, (pisc) peak.
vârstă *s.f.* age, *în* ~ elderly, *de aceeaşi* ~ of the same age, *în floarea ~ei* in the vigour of life, *a-şi arăta vârsta* to show one's age.
vârtej *s.n.* whirlpool.
vârtos *adj.* solid.
vâsc *s.n.* mistletoe.
vâslă *s.f.* oar.
vâsli *v.i.* to row.
veac *s.n.* century.
vechi *adj.* old.
vechime *s.f.* age, (în slujbă) seniority, length of service.
vecie *s.f.* eternity, *pe* ~ forever.
vecin *s.m.* neighbour.
vecinătate *s.f.* neighbourhood.
vedea *v.t.* to see, (a observa) to notice.

vedenie *s.f.* vision.
vedere *s.f.* (eye)sight, (priveliște) view, (părere) opinion; *punct de* ~ point of view, *la prima* ~ at first sight, *a avea în* ~ to take into account, *a-și pierde* ~*a* to lose one's sight.
vedetă *s.f.* star.
vegetal *adj.* vegetable.
vegetație *s.f.* vegetation, *pl. med.* adenoids.
veghea *v.t.*, *v.i.* to watch.
vehement *adj.* vehement.
vehicul *s.n.* vehicle.
velă *s.f.* sail.
velur *s.n.* velvet.
venă *s.f.* vena.
venera *v.t.* to worship.
venerație *s.f.* veneration.
veni *v.i.* to come, (a intra) to drop, *îți vine bine rochia* the dress suits you well, *a-i* ~ *amețeala* to feel dizzy, *a-i* ~ *inima la loc* to feel relieved.
venin *s.n.* venom.
venire *s.f.* coming.
venit *s.n.* income.
ventilator *s.n.* fan.
verb *s.n.* verb.
verbal *adj.* verbal, *adv.* orally.
verde *s.n.* green (colour); *a spune* ~ *în față* to say it to smb.'s face.
verdeață *s.f.* green, (plante) verdure.
verdict *s.n.* verdict.
veridic *adj.* truthful, *adv.* veridically.
verifica *v.t.* to check (up), to verify.
verigă *s.f.* link.
verighetă *s.f.* wedding ring.
veritabil *adj.* genuine.
vernisaj *s.n.* varnishing (day).
vers *s.n.* verse.
versifica *v.t.*, *v.i.* to versify.
versiune *s.f.* version.
vertebră *s.f.* vertebra.
vertical *adj.* vertical, *adv.* vertically.
vervă *s.f.* verve.
veseli *v.r.* to rejoice.
veselie *s.f.* joy.
vest *s.n.* West.
veste *s.f.* piece of news.
vesti *v.t.* to announce.
vestiar *s.n.* cloakroom.
vestibule *s.n.* vestibule.
vestit *adj.* famous.
veșmânt *s.n.* attire, *rel.* vestment.
veșnicie *s.f.* eternity.
veșteji *v.t.* to wither.
veterinar *s.m.* vet(erinary surgeon).
veto *s.n.* veto.
veveriță *s.f.* squirrel.
vezică *s.f.* vesicle.
viabil *adj.* viable.
viață *s.f.* life.
vibra *v.i.* to vibrate.
viceversa *adv.* vice versa.
vicia *v.t.* to vitiate.
vicios *adj.* vicious.

viciu *s.n.* vice.
viclean *adj.* cunning.
victimă *s.f.* victim, prey.
victorie *s.f.* victory.
vid *s.n.* vacuum.
vidră *s.f.* otter.
vie *s.f.* vineyard.
vierme *s.m.* worm.
viespe *s.f.* wasp.
vietate *s.f.* creature.
viezure *s.m.* badger.
vigilent *adj.* vigilant.
vigoare *s.f.* vigour.
viitor *s.n.* future.
vileag *s.n.* publicity; publicly.
vin *s.n.* wine.
vină *s.f.* guilt(iness).
vinde *v.t.* to sell.
vindeca *v.t.* to heal, *v.r.* to get over.
vinerea *adv.* on Friday(s).
vinovat *s.m.* culprit, *adj.* guilty.
vioară *s.f.* violin.
vioi *adj.* lively.
viol *s.n.* rape.
violent *adj.* violent.
violet *s.m.*, *adj.* violet.
viperă *s.f.* viper.
vira *v.t.* to transfer, *v.i.* to steer.
virgin *adj.* virgin.
virgulă *s.f.* comma.
viril *adj.* virile.
virtute *s.f.* virtue.
virus *s.m.* virus.
vis *s.n.* dream.
visa *v.t.* to dream.
viscol *s.n.* snowstorm.
vişină *s.f.* sour cherry.
vital *adj.* vital.
vită *s.f.* ox, cow, *pl.* cattle.
viteaz *s.m.* brave man, *adj.* valiant.
viteză *s.f.* speed.
vitreg *adj.* step.
viță *s.f.* vine.
viu *s.m.* living person, *pl.* the living.
vivace *adj.* lively.
viza *v.t.* to visa, to countersign.
vizibil *adj.* visible, *adv.* perceptibly.
vizita *v.t.* to visit, to call on (smb.).
vizitiu *s.m.* coachman.
vizual *adj.* of view.
vizuină *s.f.* den, kennel.
vlagă *s.f.* vitality.
voal *s.n.* veil.
voastră *adj.* your, *a* ~ yours.
vocabular *s.n.* vocabulary.
vocal *adj.* vocal.
vocație *s.f.* vocation.
voce *s.f.* voice.
voi[1] *pron.* you, yourselves.
voi[2] *v.i.* will, to want, to be willing.
voiaj *s.n.* travel, (pe mare) voyage.
voie *s.f.* will, (plăcere) content.
voinic *s.m.* hero, prince charming, *adj.* robust, strong.
voință *s.f.* will.
voios *adj.* cheerful, *adv.* mirthfully.
volan *s.n.* steering-wheel.
volei *s.n.* volley-ball.

volum *s.n.* volume.
voluntar *s.m.* volunteer, *adj.* voluntary.
voma *v.t.*, *v.i.* to vomit.
vopsea *s.f.* paint.
vopsi *v.t.* to dye, to paint.
vorbă *s.f.* word, conversation.
vorbăreț *s.m.* chatterbox, *adj.* talkative.
vorbi *v.t.* to speak, to talk.
vorbire *s.f.* speech.
vorbitor *s.m.* speaker, lecturer.
vostru *adj.* your, *al* ~ yours.
voștri *adj.* your, *ai* ~ yours.
vota *v.t.* to vote, (o lege) to carry, *v.i.* to vote, to poll.
vrabie *s.f.* sparrow.
vrajă *s.f.* charm.
vrăji *v.t.* to bewitch.
vrăjitor *s.m.* wizard.
vrea *v.t.* to want, *v.i.* will, to be willing.
vrednicie *s.f.* merit, (hărnicie) industry.
vreme *s.f.* weather time. *pl.* times.
vreo *adj.* some, *interog.* any.
vreodată *adv.* ever.
vreun *adj.* some, *interog.* any.
vreuna, vreunul *pron.* some (of them).
vui *v.i.* to din, (a mugi) to roar.
vuiet *s.n.* rumble.
vulcan *s.m.* volcano.
vulgar *adj.* vulgar.
vulgaritate *s.f.* vulgarity.
vulnerabil *adj.* vulnerable.
vulpe *s.f.* (she-) fox.
vultur *s.m.* eagle.

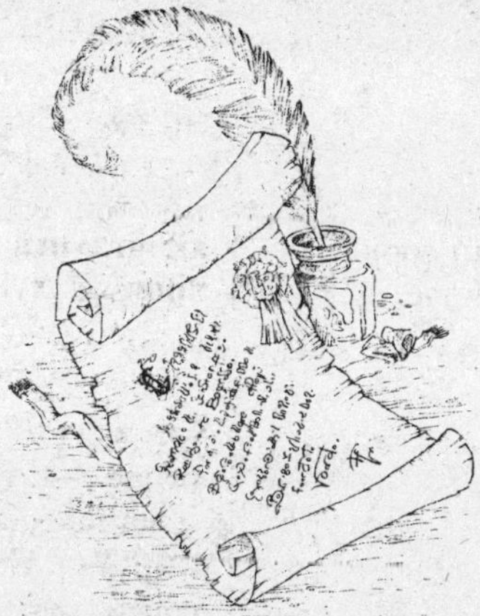

W

whisky *s.n.* whisky.

wolfram *s.n.* wolfram.

X

xeroxa *v.t.* to photo-copy.
xilofon *s.n.* xylophone.

xilogravură *s.f.* wood cut.
xilon *s.n.* xylenol.

Z

za *s.f.* link, *pl.* coat of mail.
zadar *s.n.* *în* ~ uselessly.
zadarnic *adj.* useless, *adv.* in vain.
zahăr *s.n.* sugar.
zambilă *s.f.* hyacinth.
zar *s.n.* die, *pl.* dice.
zare *s.f.* horizon.
zarvă *s.f.* tumult, (scandal) row.
zaț *s.n.* matter, (de cafea) lees.
zăbavă *s.f.* delay, *fără* ~ prompt(ly).
zăbovi *v.i.* to tarry, to linger.
zăcământ *s.n.* deposit, *min.* lode.
zăcea *v.i.* to lie.
zăgaz *s.n.* dam.
zămisli *v.t.* to conceive.
zăpadă *s.f.* snow; *bulgăre de* ~ snowball, *fulg de* ~ snow flake, *om de* ~ snowman.
zăpăci *v.t.* to astound, to confound, *v.r.* to lose one's head.
zăpăcit *s.m.* scatter-brains, *adj.* hare-brained.
zări *v.t.* to catch sight of.
zău *interj.* really!, honest!
zăvor *s.n.* bolt.
zâmbet *s.m.* smile.
zâmbi *v.i.* to smile.
zână *s.f.* fairy, (zeiță) goddess.
zbate *v.r.* to struggle.

zbârci *v.t.* to wrinkle.
zbengui *v.r.* to cut capers.
zbiera *v.i.* to yell.
zbor *s.n.* flight.
zbucium *s.n.* turmoil, anxiety, worry.
zbughi *v.t. a o ~* to fly (away).
zbura *v.t.* to blow out, *v.i.* to fly.
zburda *v.i.* to frisk.
zburli *v.t.* to ruffle.
zdreanță *s.f.* rag.
zdrențui *v.r.* to tear.
zdrobi *v.t.* to crush.
zdrobit *adj.* crushed.
zdruncina *v.t.* to shake.
zeamă *s.f.* juice.
zebră *s.f.* zebra.
zece *s.n.*, *adj.*, *num.* ten, *de ~ ori* ten times.
zeiță *s.f.* goddess.
zel *s.n.* zeal.
zero *s.m.*, *s.n.* zero.
zestre *s.f.* dowry.
zețar *s.m.* compositor.
zeu *s.m.* god.
zgardă *s.f.* collar.
zgârci[1] *s.n.* cartilage.
zgârci[2] *v.t.* to shrink, *v.r.* to contract; to be stingy/miggardly.
zgâria *v.t.* to scratch.
zgârietură *s.f.* scratch.
zglobiu *adj.* sprightly.
zgomot *s.n.* noise.
zgomotos *adj.* noisy, *adv.* blatantly.
zgribuli *v.r.* to shrivel.
zgudui *v.t.*, *v.r.* to shake.
zgură *s.f.* slag.
zi *s.f.* day, (lumină) day-light, (dată) date.
ziar *s.n.* (news)paper, daily.
ziarist *s.m.* journalist.
zicală, zicătoare *s.f.* saying.
zice *v.t.* to say, (a rosti) to utter.
zid *s.n.* wall.
zidar *s.m.* bricklayer.
zidărie *s.f.* masonry.
zidi *v.t.* to build, (a închide) to wall in/ up.
zilnic *adj.*, *adv.* daily.
zis *adj.* named, *așa ~* so-called.
zmeu *s.m.* dragon, (jucărie) kite.
zmeură *s.f.* raspberry.
zodie *s.f.* sign (of the zodiac).
zonă *s.f.* zone.
zoologic *adj.* zoological.
zor *s.n.* hurry, *de ~* hastily.
zori *s.f.*, *pl.* dawn.
zori *v.t.* to push, *v.r.* to hurry.
zugrav *s.m.* house painter.
zugrăvi *v.t.* to paint.
zuluf *s.m.* ringlet.
zumzet *s.n.* buzz(ing).
zurliu *adj.* crazy, dotty.
zvâcni *v.i.* to throb, (a sări) to dash.
zvânta *v.t.* to air, *fig.* to beat, *v.r.* to dry (in the air).
zvârcoli *v.r.* to writhe.
zvârli *v.t.* to cast, to toss.
zvelt *adj.* slender, lithe.
zvon *s.n.* rumour.
zvoni *v.r.* to get about, *se zvonește că* it is rumoured that.

DICȚIONAR ENGLEZ ROMÂN

A

A [ei] *s.* litera A, a.

a [ə], **an** [ən] *art. nehot.* un, o; *a cat* o pisică, *an apple* un măr.

aback [ə'bæk] *adv.* înapoi.

abandon [ə'bændən] *v.t.* a abandona; a renunța.

abandoned [ə'bændənd] *adj.* abandonat, părăsit.

abase [ə'beis] *v.t.* a înjosi, a umili.

abasement [ə'beismənt] *s.* înjosire, degradare.

abate [ə'beit] *v.t.* a diminua, *jur.* a abroga, a slăbi.

abatement [ə'beitmənt] *s. ec.* reducere, domolire.

abbey ['æbi] *s.* mănăstire, schit.

abbot ['æbət] *s.* stareț, egumen.

abbreviate [ə'bri:vieit] *v.t.* a (pre)scurta.

abbreviation [ə'bri:vieiʃən] *s.* abreviere.

abdicate ['æbdikeit] *v.t.* a renunța la, a abdica.

abdication ['æbdikeiʃən] *s.* abdicare.

abdomen ['æbdəmen] *s.* burtă, abdomen.

abed ['əbed] *adv.* în pat, la pat.

aberrance [æberəns] *s.* aberație.

aberrant [æberənt] *adj.* aberant.

abeyance [əbeiəns] *s.* suspensie, aşteptare.

abhor [əbhɔr] *v.t.* a nu putea suferi, a detesta.

abide [ə'baid] **I.** *v.t.* a zăbovi. **II.** *v.i.* a poposi, a şedea, *to ~ by* a respecta.

ability [ə'biliti] *s.* capacitate, abilitate.

abject ['æbdʒekt] *adj.* nedemn, meschin.

ablaze [əblaiz] *adj.* cuprins de flăcări.
able ['eibl] *adj.* capabil, *to be ~ to* a putea.
ablush [əblʌʃ] *adj.* îmbujorat.
abnormal [æb'nO:məl] *adj.* anormal.
aboard [ə'bO:d] *adv.* la bord, *amer.* în vagoane.
abode [ə'boud] **I.** *s.* locuință. **II.** *v.t., v.i.* trec. și part. trec. de la abide.
abolish [ə'bOliʃ] *v.t.* a aboli.
abolition [æbəliʃən] *s.* abolire.
A-bomb ['eibOm] *s.* bombă atomică.
abominable [ə'bOminəbl] *adj.* îngrozitor, oribil.
abort [əbO:t] *v.t.* a avorta.
abound [ə'baund] *v.i.* a abunda.
about [ə'baut] *adj.* treaz, pe picioare, *adv.* (de jur) împrejur, pe aproximativ, *to be ~ to* a fi pe punctul de a, *prep.* în jurul, aproape de.
above [ə'bʌv] *prep.* deasupra, mai (pre)sus de; *all ~* mai presus de orice.
abridge [ə'bridZ] *v.t.* a (pre)scurta.
abroad [ə'brO:d] *adv.* în străinătate, peste tot; *from ~* din străinătate .
abrupt [əbrʌpt] *adj.* abrupt.
abscess ['æbses] *s.* abces, umflătură.
absence ['æbsəns] *s.* absență, *~ of mind* neatenție.
absent ['æbsənt] *adj.* absent, neglijent.
absent-minded ['æbsənt maindid] *adj.* distrat, năucit.
absolute ['æbsəlu:t] *adj.* absolut, total.
absolution [æbsəluʃən] *s.* eliberare, *rel.* iertarea păcatelor.
absolve [əb'zOlv] *v.t.* a ierta, a scuza.
absorb [əb'sO:b] *v.t.* a absorbi.
absorbent [əbsO:bənt] *adj.* absorbant.
abstain [əb'stein] *v.i.* a se abține, opri.
abstinence [æbstinəns] *s.* abstinență.
abstract [æb'strækt] *s.* rezumat, esență, *adj.* abstract.
absurd [əb'sə:d] *adj.* absurd, ciudat.
absurdity [əbsə:diti] *s.* absurditate.
abundance [əbʌndəns] *s.* abundență.
abundant [ə'bʌndənt] *adj.* abundent, mult.
abuse [ə'bju:s] *s.* abuz, batjocură, jignire.
abusive [əbju:siv] *adj.* abuziv.
abut [ə'bʌt] *v.i.* a se învecina.
abutment [əbʌtmənt] *s.* mărginire, *tehn.* punct de sprijin.
abyss [ə'bis] *s.* prăpastie.
academy [ə'kædəmi] *s.* academie.
accede [æk'si:d] *v.i.* a consimți; *to ~ to* a ajunge la sau pe, a pătrunde în.
accelerate [ək'seləreit] *v.t., v.i.* a (se) grăbi.

accent ['æksənt] **I.** *s.* accent. **II.** *v.t.* a accentua, a remarca.
accentuation [æksentju :eiʃən] *s.* accentuare.
accept [ək'sɜpt] *v.t.* a accepta, admite.
accessibility [əksesəbiliti] *s.* accesibilitate.
accident ['æksidənt] *s.* accident, întâmplare.
acclaim [ə'kleim] *v.t.* a aclama, a aplauda.
accommodate [əkOmədeit] *v.t.* a acomoda, a potrivi.
accompany [ə'kΛmpəni] *v.t.* a acompania, a însoţi.
accomplice [ə'kOmplis] *s.* complice, părtaş.
accomplish [ə'kΛmpliʃ] *v.t.* a realiza, a (de)săvârşi.
accomplishment [ə'kΛmpliʃmənt] *s.* îndeplinire, îndemânare.
accord [ə'kO:d] **I.** *s.* acord, consens, *of one's own ~* de bună voie. **II.** *v.t.*, *v.i.* a (se) armoniza.
accordance [ə'kO:divσ] *s. in ~ with* în conformitate cu
according [ə'kO:diNg] *adv.* *~ as* pe măsură ce, *~ to* după, conform cu.
accordingly [ə'kO:diNli] *adv.* ca atare, apoi.
accordion [ə'kO:diən] *s.* acordeon.
account [ə'kaunt] **I.** *s.* calcul, bilanţ, cont, relatare; *on ~ of* din pricina, *to open an ~ with* a deschide un conta la, *of small ~* de mică valoare. **II.** *v.i to ~ for* a explica, a justifica.
accountant [ə'kauntənt] *s.* contabil.
accredit [əkredit] *v.t.* a acredita.
accumulate [ə'kju:mjuleit] *v.t.*, *v.i.* a (se) acumula, aduna.
accuracy [ækju :rəsi] *s.* acurateţe.
accurate ['ækjurit] *adj.* exact, precis.
accursed [ə`kə:sid] *adj.* blestemat.
accusation ['ækju'zeıʃən] *s.* acuzaţie.
accusative [ə'kjuzətiv] *s.* acuzativ.
accuse [ə'kju:z] *v.t.* a acuza, învinui.
accustom [ə'kΛstəm] *v.t.* a desprinde, *to be ~ed to* a fi obişnuit să.
ace [eis] *s.* as.
acerbity [əsərbiti] *s.* asprime.
ache [eik] *s.* durere, chin.
achieve [ə'tʃi:v] *v.t.* a îndeplini, a primi.
achievement [ə'tʃi:vmənt] *s.* succes, reuşită.
acid ['æsid] *s.*, *adj.* acid.
acknowledge [ək'nOlidZ] *v.t.* a recunoaşte, a adeveri.
acknowledged [ək'nOlidZδ] *adj.* recunoscut.
acne [ækni] *s.* acnee.
acorn ['eikO:n] *s.* ghindă.
acquaint [ə'kweint] *v.t.* (with) a familiariza, a face să acomodeze.

acquaintance [ə'kweintəns] *s.* cunoştinţă, cunoaştere.
acquiesce [ækwi'es] *v.i.* a fi de acord, a aproba.
acquire [ə'kwaiə] *v.t.* a căpăta, a agonisi.
acquit [ə'kwit] *v.t.* a achita.
across [ə'krOs] *adv.* în curmeziş, drept, vizavi, în faţă, *prep.* în faţa, deasupra.
act [ækt] **I.** *s.* acţiune, act, (proiect de) lege. **II.** *v.t.* a juca (un rol). **III.** *v.i.* a întreprinde, a juca scenetă, a sluji.
action ['ækʃən] *s.* acţiune, luptă.
active ['æktiv] *adj.* activ, energic.
activity [æk'tiviti] *s.* activitate.
actor ['æktə] *s.* actor.
actress ['æktris] *s.* actriţă.
actual ['æktjuəl] *adj.* real, adevărat, actual.
actuality ['æktju'æliti] *s.* realitate.
actually ['æktjuəli] *adv.* de fapt, în realitate.
adage ['ædidZ] *s.* proverb, aforism.
adamant ['ædəmənt] *s.* diamant, *fig.* stâncă.
adapt [ə'dæpt] *v.t.* a adapta, a schimba.
add [æd] *v.t.* a adăuga, a strânge, *v.i.* a (se) adăuga.
addict [ædikt] *s.* vicios.
addition [ə'diʃən] *s.* adăugare, adaos, *mat.* adunare.
addle *adj.* stricat.
addle-headed *adj.* neghiob, zăpăcit.
address [ə'dres] **I.** *s.* adresă, iscusinţă, discurs, *pl.* omagii. **II.** *v.t.*, *v.r.* a (se) adresa.
addressee [ædresi] *s.* destinatar.
addresser [ədresər] *s.* expeditor.
adept ['ædept] *s.* specialist, capabil.
adequate ['ædikwit] *adj.* potrivit.
adhere [əd'hiə] *v.i.* a se lipi, a alătura.
adhesion [əd'hi:'Zən] *s.* adeziune.
adhesive [ədhisiv] *adj.* adeziv.
adjective ['ædZiktiv] *s.* adjectiv.
adjoining [ə'dZOiniŋ] *adj.* alăturat.
adjourn [ə'dZə:n] *v.t.* a amâna, a întrerupe.
adjust [ə'dZΛst] *v.t.* a aranja, a potrivi, a ajusta.
adjustment [ə'dZΛstmənt] *s.* ajustare, potrivire.
administration [ədminis'treiʃən] *s.* administraţie, consiliu.
admirable ['ædmirəbl] *adj.* admirabil.
admiral ['ædmərəl] *s.* amiral.
admiralty ['ædmərəlti] *s.* amiralitate, ministerul marinei.
admire [əd'maiə] *v.t.* a admira.
admissible [ədmisiəbl] *adj.* admisibil.
admission [əd'miʃən] *s.* admitere, destăinuire.

admit [əd'mit] *v.t.* a primi, a declara.

admittance [əd'mitəns] *s.* intrare.

admonish [əd'mOniʃ] *v.t.* a sfătui, a preveni.

admonition [ædməniʃən] *s.* prevenire.

ado [ə'du:] *s.* zarvă, încurcătură.

adolescent ['ædou'lesənt] *s., adj.* adolescent(ă).

adopt [ə'dOpt] *v.t.* a adopta, a vota.

adoption [ə'dəpʃən] *s.* adoptare.

adore [ə'dO:] *v.t.* a adora.

adorn [ə'dO:n] *v.t.* a împodobi.

adult ['ædΛlt] *s., adj.* adult, maturizat.

adulterate [ə'dΛltəreit] *v.t.* a preschimba.

adultery [ə'dΛltəri] *s.* adulter.

advance [əd'vA:ns] **I.** *s.* propăşire, avans. **II.** *v.t. v.i.* a promova.

advantage [əd'vA:ntidZ] *s.* avantaj, *to take ~ of smth.* a folosi ceva în propriul avantaj.

advantageous ['ædvən'teidZəs] *adj.* avantajos.

adventure [əd'ventʃə] *s.* aventură.

adventurer [əd'ventʃərə] *s.* aventurier.

adverb ['ædvə:b] *s.* adverb.

adverse ['ædvə:s] *adj.* opus, contrar.

adversity [əd'və:siti] *s.* necaz, ghinion.

advertise ['ædvətaiz] *v.t.* a anunţa, *v.i.* a face reclamă.

advertisement [əd'və:tismənt] *s.* anunţ, afiş.

advice [əd'vais] *s.* sfat, *pl.* informaţii.

advisable [əd'vəizəbl] *adj.* indicat.

advise [əd'vaiz] *v.t.* a sfătui, a propune.

adviser [əd'vəizə] *s.* consilier, îndrumător.

advocate ['ædvəkeit] *s.* susţinător, apărător.

advocate ['ædvəkeit] *v.t.* a sprijini, a proteja.

aeroplane ['εərəplein] *s.* avion.

aesthetical ['i:sθetikəl] *adj.* estetic.

aesthetics [is'θetiks] *s. pl.* estetică.

affable ['æfəbl] *adj.* politicos, prietenos.

affair [ə'feə] *s.* afacere, activitate, grijă, idilă, relaţie.

affect [ə'fekt] *v.t.* a afecta.

affected [əfektid] *adj.* afectat.

affection [ə'fekʃn] *s* afecţiune.

affectionate [ə'fekʃnit] *adj.* drăgăstos.

affidavit [æfi'deivit] *s.* declaraţie sub jurământ.

affiliate [ə'filieit] *v.t.* a afilia.

affinity [ə'finiti] *s.* înrudire, atragere.

affirm [ə'fə:m] *v.t.* a afirma.

affix [əfiks] *v.t.* a ataşa.

affectionate [ə'fekʃnit] *adj.* drăgăstos.
affidavit [æfi'deivit] *s.* declarație sub jurământ.
affiliate [ə'filieit] *v.t.* a afilia.
affinity [ə'finiti] *s.* înrudire, atragere.
affirm [ə'fə:m] *v.t.* a afirma.
affix [əfiks] *v.t.* a atașa.
affixation [æfikseiʃən] *s.* atașare.
aflame [əfleim] *adj.* cuprins de flăcări.
afflict [ə'flikt] *v.t.* a chinui, a indispune.
affliction [ə'flikʃən] *s.* mizerie, necaz.
afloat [əflout] *adj.* plutitor.
afford [ə'fɔ:d] *v.t.* a-și permite; *I can ~ it* nu-mi pot permite.
affront [ə'frʌnt] **I.** *s.* insultă. **II.** *v.t.* a insulta.
afraid [ə'freid] *adj.* speriat, *I'm ~* mi-e teamă, mă tem.
African ['æfrikən] *s., adj.* african(ă).
after ['ɑ:ftə] **I.** *adv.* ulterior, *soon ~* imediat după aceea. **II.** *prep.* după, *~ that* după aceea, *~ all* în definitiv. **III.** *conj.* după ce.
afternoon [ɑ:ftə'nu:n] *s.* după-amiază.
afterward(s) ['ɑ:ftəwəd(z)] *adv.* după aceea, ulterior.
again [ə'gen] *adv.* iar(ăși), *once ~* încă o dată.
against [ə'genst] *prep.* împotriva, contra, lipit de; *~ her will* împotriva voinței ei.
age [eidʒ] *s.* vârstă, epocă; *of ~* major, *under ~* minor.
aged [eidʒd] *adj.* bătrân.
agency [eidʒənsi] *s.* agenție.
agenda [ə'dʒendə] *s.* ordine de zi.
agent ['eidʒənt] *s.* agent, factor.
agglomeration [əglɔməreiʃən] *s.* aglomerare.
agglutinate [əglu:tineit] *v.t.* a lipi.
aggravate ['ægrəveit] *v.t.* a agrava, a înfuria.
aggregate ['ægrigeit] *s.* total, agregat.
aggression [ə'greʃən] *s.* agresiune, năvală.
aggressive [ə'gresiv] *adj.* agresiv.
aggrieve [ə'gri:v] *v.t.* a întrista, a asupri.
aghast [ə'gɑ:st] *adj.* înspăimântat.
agile ['ædʒail] *adj.* agil, energic.
agitate ['ædʒiteit] *v.t., v.i.* a (se) agita.
agitation [ædʒi'teiʃən] *s.* mișcare, agitație.
ago [ə'gou] *adv.* în urmă; *long time ~* acum mult timp în urmă, *two days ~* acum două zile.
agonize [ægənaiz] **I.** *v.t.* a chinui. **II.** *v.i.* a agoniza.
agony ['ægəni] *s.* chin, agonie.
agrarian [ə'grɛəriən] *adj.* agrar, agricol.
agree [ə'gri:] *v.i.* a se înțelege, a fi în armonie.

agreeable [ə'griəbl] *adj.* plăcut, afabil.
agreement [ə'gri:mənt] *s.* acord, înțelegere.
agricultural [ægri'kʌltʃərəl] *adj.* agricol.
agriculture ['ægrikʌltʃə:] *s.* agricultură.
agronomy [ə'grɔnəmi] *s.* agronomie.
ague ['eigju:] *s.* malarie, friguri.
ahead [ə'hed] *adv.* înainte, în față.
ahem [ə'hem] *interj.* hm.
aid [eid] **I.** *s.* ajutor, părtaş. **II.** *v.t.* a ajuta.
ailment ['eilmənt] *s.* boală.
aim [eim] **I.** *s.* țel. **II.** *v.t.*, *v.i.* a ținti.
aimless [eimlis] *adj.* fără țintă.
air [ɛə] **I.** *s.* aer, *pl.* aere. **II.** *v.t.*, *v.r.* a (se) aerisi.
airborne ['ɛəbɔ:n] *adj.* aeropurtat.
aircraft ['ɛəkrɑ:ft] *s.* avion, aviație.
air [ɛə] (force) *s.* aviație.
airport [ɛəpɔ:t] *s.* aeroport.
airscrew [ɛəskru] *s.* elice.
airy ['ɛəri] *adj.* aerian, delicat, superficial.
aisle [ail] *s.* interval (între scaune la biserică; *amer.* la teatru), coridor.
ajar [ə'dʒɑ:] *adj.* întredeschis.
akimbo [ə':kimbou] *adv.* *with arms* ~ cu mâinile în şolduri.
akin [ɔ'kin] *adj.* înrudit, similar.
alarm [ə'lɑ:m] **I.** *s.* alarmă. **II.** *v.t.* a alerta.
alarm clock [ə'lɑ:m klɔk] *s.* ceas deşteptător.
alas [ə'lɑ:s] *interj.* ah, vai, din păcate.
Albanian [æl'beiniən] *s.*, *adj.* albanez(ă).
album ['ælbəm] *s.* album.
alchemy ['ælʃmi] . alchimie.
alcohol ['ælkəhɔl] *s.* alcool.
alderman ['ældərmən] *s.* consilier.
ale [eil] *s.* bere.
alehouse ['eilhaus] *s.* berărie.
alert [ə'lə:t] *adj.* prevenitor, vioi.
algebra ['ældʒibrə] *s.* algebră.
alien ['eiljən] *s.*, *adj.* străin.
alienation [eiljə'neiʃən] *s.* înstrăinare, demență (mintală).
alight [ə'lait] **I.** *adj.* aprins. **II.** *v.i.* a descăleca.
align [əlain] *v.t.* a alinia.
alignment [əlainmənt] *s.* aliniere.
alike [ə'laik] *adj.* asemenea, analog.
alimony ['æliməni] *s.* pensie alimentară.
alive [ə'laiv] *adj.* viu, vesel.
alkali ['ælkəlai] *s.* *chim.* bază.
all [ɔ:l] **I.** *adj.* tot, toți, complet, *I am ~ ears* sunt numai ochi şi urechi. **II.** *pron.* tot, toate, *~ or nothing* totul sau nimic, *not at ~* deloc.
allay [ə'lei] *v.t.* a potoli, a alinta.

allege [ə'ledʒ] *v.t.* a solicita, a arăta.
allegedly [ə'ledʒədli] *adv.* chipurile.
allegiance [ə'li:dʒəns] *s.* smerenie, credință.
alleviate [ə'livieit] *v.t.* a ușura.
alley [æli] *s.* alee.
alliance [əlaiəns] *s.* alianță.
allot [əlɔt] *v.t.* a aloca.
allow [əlau] *v.t.* a permite, a îngădui.
allowance [əlauəns] *s.* alocație.
alloy [ælɔi] *s.* aliaj.
allude to [əlud tə] *v.i.* a face aluzie la.
allure [əljiuər] *v.t.* a ademeni, a atrage.
alluring [əljuəriŋ] *adj.* atrăgător.
allusion [əluʒən] *s.* aluzie.
ally [əlai] *v.t.* a alia.
almighty [ɔlmaiti] *adj.* atotputernic.
almond [ɑ:mənd] *s.* migdală.
almost ['ɔlmoust] *adv.* aproape, cât pe-aici să.
alms [ɑ:mz] *s. pl.* pomană.
alone [ə'loun] *adj.* singur; *let ~* fără să mai vorbim despre.
along [ə'lɔŋ] *adv.* înainte.
alongside [`ɔlɔŋsaid] *prep.* pe lângă.
aloof [ə'lu:f] *adj.* distant, *adv.* departe, la depărtare.
aloud [ə'laud] *adv.* tare, răspicat.
alphabet ['ælfəbet] *s.* alfabet.
already [ɔ:l'redi]*adv.* deja.
also ['ɔ:lsou] *adv.* și, de asemenea.
altar ['ɔ:ltə] *s.* altar.
alter ['ɔ:ltə] *v.t., v.i.* a (se) schimba, a preface.
alternate [ə:l'tə:nit] *v.t., v.i.* a alterna.
alternate [ə:l'tə:nit] *adj.* altern(ativ).
alternative [ɔ:l'tənətiv] *s.* alternativă, *adj.* alternativ.
although [ə:lðou] *conj.* deși.
altitude ['æltitjud] *s.* altitudine.
altogether [ɔ:ltə'geðə] *adv.* cu totul.
aluminium [ælju'miniəm] *s.* aluminiu.
alveole [ælvioul] *s.* alveolă.
always ['ɔ:lweiz] *adv.* întotdeauna.
amability [æməbiliti] *s.* amabilitate.
amalgamate [ə'mælgəmeit] *v.t., v.i.* a (se) amesteca, a (se) uni.
amass [ə'mæs] *v.t.* a ului.
amateur ['æmətə] *s.* amator.
amaze [ə'meiz] *v.t.* a uimi, a ului.
amazement [əmeizmənt] *s.* uimire, surprindere.
amazing [əmeiziŋ] *adj.* minunat, extraordinary, uimitor.
ambassador [æm'bæsədə] *s.* ambasador, delegat.
amber ['æmbə] *s.* chihlimbar.
ambience [æmbiəns] *s.* ambianță.
ambiguity [æmbigju:iti] *s.* ambiguitate.
ambiguous [æm'bigju:əs] *adj.* ambiguu, echivoc.

ambition [æm'biʃn] *s.* ambiţie, scop.
ambitious [əm'biʃəs] *adj.* ambiţios, temerar.
ambulance ['æmbju:ləns] *s.* ambulanţă, salvare.
ambush ['æmbuʃ] **I.** *s.* ambuscadă. **II.** *v.t.* *mil.* a hărţui.
ameliorate [ə'miljəreit] *v.t.*, *v.i.* a (se) ameliora, a (se) îmbunătăţi, desăvârşi.
amen [ə'men] *interj.* amin.
amend [əmend] *v.t.* a modifica.
amendment [ə'mendmənt] *s.* amendament, îmbunătăţire.
amends [ə'mend(z)] *s.* *pl.*compensaţie.
American [ə'merikən] *s.*, *adj.* american(ă).
amiable ['eimiəbl] *adj.* prietenos.
amid(st) [ə'mid(st)] *prep.* în mijlocul.
amiss [ə'mis] *adj.*, *adv.* greşit, rău.
ammonia [əmouniə] *s.* amoniac.
ammunition [æmju:niʃən] *s.* muniţie.
amnesty ['æmnisti] *s.* amnistie.
among(st) [ə'mʌŋ(st)] *prep.* printre, între.
amorality [æmərælitі] *s.* imoralitate.
amount [ə'maunt] **I.** *s.* cantitate, valoare. **II.** *v.i.* *to ~ to* a se ridica la.
ample ['æmpl] *adj.* amplu, suficient.
amplify [æmplifai] *v.t.* a amplifica, a explica în detaliu.
amplitude ['æmplitju:d] *s.* proporţii, amploare.
amuse [ə'mju:z] *v.t.* a distra.
amusement [əmju:zmənt] *s.* amuzament.
analogy [ə'næledʒi] *s.* analogie, asemănare.
analyse ['ænəlaiz] *v.t.* a analiza.
analysis [ə'næləsis] *s.* studiu.
anarchy ['ænəki] *s.* anarhie, aiureală.
anatomy [ə'nætəmi] *s.* anatomie, disecţie.
ancestor ['ænsistə] *s.* strămoş.
anchor ['æŋkə] **I.** *s.* ancoră, *at ~* ancorat. **II.** *v.t.*, *v.i.* a ancora.
ancient ['einʃənt] *adj.* antic, străvechi, vechi.
and [ənd] *conj.* şi.
anecdote ['ænikdout] *s.* anecdotă, glumă.
anemone [ə'neməni] *s.* anemonă.
anew [ə'nju:] *adv.* iarăşi, totuşi.
angel ['eindʒəl] *s.* înger, sol.
anger ['æŋgə] **I.** *s.* furie, mânie. **II.** *v.t.* a supăra, a agasa.
angle ['æŋgl] *s.* unghi, pisc.
angry ['æŋgri] *adj.* supărat, furios.
anguish ['æŋguiʃ] *s.* chin, durere, suferinţă.
angular ['æŋjulə:] *adj.* ascuţit.
animal ['ænimәl] *s.* animal, fiinţă, *adj.* trupesc.

animate ['ænimeit] *v.t.* a însufleți, a inhala.
animation [ænimeiʃən] *s.* animație.
animosity [æni'mɔsiti] *s.* dușmănie.
ankle ['ænkl] *s.* gleznă.
annals ['ænlz] *s. pl.* anale, cronică.
annex [ə'neks] *s.* **1.** (casă) anexă; **2.** a anexa, a adăuga.
annihilate [ə'naiəleit] *v.t.* a anihila.
annihilation [ə'naiə'leiʃən] *s.* anihilare.
anniversary [æni'və:səri] *s.* aniversare, festivitate.
annotate ['ænouteit] *v.t.* a adnota.
announce [ə'nauns] *v.t.* a anunța.
announcer [ə'naunsə]: *s.* crainic (de radio).
annoy [ə'nɔi] *v.t.* a supăra, a deranja.
annoyance [ə'nɔiəns] *s.* supărare.
annoying [ənɔiŋ] *adj.* iritant, insuportabil.
annual ['ænju:əl] *adv.* anual.
annul [ə'nΛl] *v.t.* a anula.
annular [ænju:lo] *adj.* inelar.
annunciation [ə'nΛnsieiʃən] *s.* (buna) vestire.
anoint [ə'nɔint] *v.t.* a unge, a numi.
anointment [ənɔintmənt] *s.* ungere.
anomalous [ə'nɔmələs] *adj.* neregulat, nenormal.
anon [ə'nɔn] *adv.* curând, iar.
anonymous [ə'nɔniməs] *adj.* anonim.
another [ə'nΛðə] *adj.* alt, iarăşi (un) *pron.* un altul, încă cineva.
answer ['ɑ:nsə] *s.* răspuns.
answerable ['ɑ:nsərəbəl] *adj.* răspunzător.
ant [ænt] *s.* furnică.
antagonist [æn'tægənist] *s.* adversar.
antarctic [ænt'ɑ:ktik] *s.* the A~ Antarctica, *adj.* antarctic.
antecedent [ænti'si:dənt] *s.* antecedent.
antechamber [æntitʃeimbə:] *s.* anticameră.
antedate [æntideit] *v.t.* a antedata.
antelope ['æntiloup] *s.* antilopă.
anteroom [ænti'ru:m] *s.* anticameră.
anthem ['ænθəm] *s.* imn.
anthology [æn'θɔlədʒi] *s.* antologie, separare.
anthrax [ænθræks] *s.* antrax.
anti-aircraft [ænti'ɛəkraft] *adj.* antiaerian.
antibiosis [æntibaiousis] *s.* antibioză.
antic ['æntik] *adj.* ciudat.
anticipate [æn'tisipeit] *v.t.* a anticipa.
anticipation [æn'tisipeiʃən] *s.* anticipare, aşteptare.
anticlimax [ænti'klaimæks] *s.* efect contrar.
antidote ['æntidout] *s.* antidot.
antifreeze [æntifriz] *s.* antigel.

antiquarian ['æntikwəriə] *s.* anticar, arheolog.
antiquary [æntikwəri] *s.* anticar.
antiquated ['æntikweitid] *adj.* demodat.
antique [æn'ti:k] *s.* obiect vechi, *adj.* antic.
antithesis [æn'tiθisis] *s.* antiteză, contrast.
antler ['æntlə] *s.* corn de cerb.
antonym ['æntənim] *s.* antonim.
anvil ['ænvil] *s.* nicovală.
anxiety [æŋ'zaiəti] *s.* nelinişte, teamă, grijă.
anxious ['æŋkʃəs] *adj.* nerăbdător, neliniştit(or).
any ['eni] **I.** *adj.* oric(ar)e, cu (interog.) vreun, (cu neg.) nici un. **II.** *pron.* oricine, careva. **III.** *adv.* de origine.
anybody ['enibɔdi] **I.** *s.* un oarecare. **II.** *pron.* oricine, (cu neg.) nimeni, (cu interog.) oarecine.
anyhow ['enihau] *adv.* oricum.
anyone ['eniwʌn] *pron.* oricine, (cu neg.) nimeni, (cu interog.) cineva.
anything ['eniθiŋ] *pron.* orice.
anyway ['eniwei] *adv.* oricum.
anywhere ['eniwɛə] *adv.* oriunde.
anywise ['eniwais] *adv.* oricum.
apart [ə'pɑ:t] *adv.* separat.
apartment [ə'pɑ:tmənt] *s.* cameră, încăpere.
apartment-house [ə'pɑ:tmənt haus] bloc (de locuințe).
apathetic [æpə'θetik] *adj.* apatic.
apathy ['æpəθi] *s.* apatie.
ape [eip] **I.** *s.* maimuță. **II.** *v.t.* a strâmba.
aperture ['æpertjuə] *s.* deschizătură, cavernă.
apex ['eipeks] *s.* vârf, culme.
apiece [ə'pi:s] *adv.* de fiecare.
apish [ə'piʃ] *adj.* de maimuță, grotesc.
apogee ['æpodʒi:] *s.* apogeu, culme.
apologetic(al) [əpɔlə'dʒetik(əl)] *adj.* spus sau prezentat ca o motivare, umil, plin de amărăciune.
apologize [ə'pɔlədʒaiz] *v.i.* a-şi cere scuze.
apology [ə'pɔlədʒi] *s.* scuze, lămurire.
apostle [ə'pɔsl] *s.* apostol.
apostrophe [ə'pɔstrəfi] *s.* apostrof(ă).
appal [ə'pɔ:l] *v.t.* a îngrozi.
apparatus [æpə'reitəs] *s.* aparat(c).
apparel [æpə'rəl] *s.* veşminte.
apparent [ə'pærənt] *adj.* aparent, vizibil.
apparition [æpə'riʃən] *s.* halucinație.
appeal [əpi:l] *v.i.* a face apel.
appealing [əpiliŋ] *adj.* atrăgător.
appear [ə'piə] *v.i.* a (a)părea.
appearance [ə'piərəns] *s.* apariție, aspect.
appease [ə'pi:z] *v.t.* a linişti, a domoli.

appellation [æpe'leiʃən] *s.* num(ir)e.
append [ə'pend] *v.t.* a adăuga.
appendicitis [əpendi'saitis] *s.* apendicită.
appendix [ə'pendiks] *s.* apendice, prelungire.
appetite ['æpitait] *s.* poftă.
appetizing ['æpitaiziŋ] *adj.* ademenitor.
applaud [ə'plɔ:d] *v.t.*, *v.i.* a aplauda.
applause [ə'plɔ:z] *s.* aplauze.
apple ['æpl] *s.* măr.
appliance [ə'plaiəns] *s.* dispozitiv, unealtă, articol.
applicant ['æplikənt] *s.* solicitant, petiționar.
application ['æplikeiʃən] *s.* cerere, aplicare.
apply [ə'plai] **I.** *v.t.* a aplica. **II.** *v.i.* a se pune.
appoint [ə'pɔint] *v.t.* a numi.
appointment [ə'pɔintmənt] *s.* numire, întrevedere.
appraise [ə'preiz] *v.t.* a evalua, a estima.
appreciate [ə'priʃieit] *v.t.* a aprecia.
apprehension [æpri'henʃən] *s.* teamă.
apprentice [ə'prentis] *s.* ucenic.
approach [ɔ'proutʃ] *s.* apropiere, intrare.
appropriate [ə'prouprieit] *v.t.* a-şi însuşi.
approval [ə'pru:vəl] *s.* aprobare.
approve [ə'pru:v] **I.** *v.t.* a aproba. **II.** *v.i.* *to ~ of* a vedea cu ochi buni, a viza.
approximate [ə'prɔksimit] *adj.* aproximativ.
apricot ['eiprikɔt] *s.* cais(ă).
April ['eipril] *s.* aprilie.
apron ['eiprən] *s.* şorț.
apt [æpt] *adj.* potrivit, ager.
aptitude ['æptitju:d] *s.* înclinație, aptitudine.
aquarium [ə'kwɛəriəm] *s.* acvariu.
Arab ['ærəb] *s.* arab, *adj.* arab(ă).
arable ['ærəbl] *adj.* arabic.
arbitrary ['ɑ:bitrəri] *adj.* arbitrar.
arbour ['ɑ:bur] *s.* boschet.
arc [ɑ:k] *s. tehn.* arc.
arcade [ɑ:'keid] *s.* arcadă, cupolă.
arch [ɑ:tʃ] *s. arhit.* arc, boltă.
archaeology [ɑ:ki'ɔlədʒi] *s.* arheologie.
archaic [ɑ:'keiik] *adj.* străvechi, arhaic.
archbishop [ɑ:tʃ'biʃəp] *s.* arhiepiscop, mitropolit.
archer ['ɑ:tʃə] *s.* arcaş.
archetype [a:kitaip] *s* arhetip.
archipelago [a:kipeləgou] *s.* arhipelag.
architect ['ɑ:kitekt] *s.* arhitect, constructor.
architecture ['ɑ:kitektʃə:] *s.* arhitectură.
archives ['ɑ:kaivz] *s. pl.* arhivă.
archway [a:tʃwei] *s.* arcadă.
arctic [a:ktik] *adj.* arctic.

ardent ['ɑ:dənt] *adj.* intens, entuziast.
arduous ['ɑ:djuəs] *adj.* dificil, aspru.
area ['ɛəriə] *s.* suprafață, întindere.
argue ['ɑ:gju:] **I.** *v.t.* a susține, a dovedi. **II.** *v.i.* a se certa.
argument ['ɑ:gju:mənt] *s.* controversă, discuție, altercație, argument.
arid ['ærid] *adj.* arid, uscat.
arise [ə'raiz] *v.i.* a apărea, a se ivi.
aristocracy [æris'tɔkrəsı] *s.* aristocrație.
arithmetic(s) [ə'riθmətik] *s.* aritmetică.
ark [ɑ:k] *s.* arcă.
arm [ɑ:m] *s.* armă, blazon.
armament ['ɑməmənt] *s.* armament.
armchair ['ɑ:mʃɛə] *s.* fotoliu.
armistice ['ɑ:mistis] *s.* armistițiu.
armour ['ɑ:mə] *s.* armură
armpit [a:mpit] *s.* subsuoară.
army ['ɑ:mi] *s.* armată.
arose [ə'rouz] *v.i.* pret. de la arise.
around [ə'raund] **I.** *adv.* (de jur) împrejur. **II.** *prep.* în jurul.
arouse [ə'rauz] *v.t.* a trezi, a stârni.
arrange [əreindʒ] *v.t.* a aranja.
arrangement [ə'reindʒmənt] *s.* aranjament, convenție.
arrears [ə'riəz] *s. pl.* restanțe, datorii.
arrest [ə'rest] **I.** *s.* arestare. **II.** *v.t.* a aresta.
arrival [ə'raivəl] *s.* sosire.
arrogant ['ærəgənt] *adj.* semeț, trufaş.
arrow ['ærou] *s.* săgeată.
arson ['ɑ:sən] *s.* incendiere.
art [ɑ:t] *s.* artă.
artery ['ɑ:təri] *s.* arteră.
artful ['ɑ:tful] *adj.* viclean, iscusit.
article ['ɑ:tikl] *s.* articol.
articulate [ɑ:rtikju:leit] *v.t.* a articula, a vorbi.
artifice ['ɑ:tifis] *s.* şmecherie.
artificiality [a:tifiʃiæliti] *s.* articialitate.
artillery [ɑ:'tiləri] *s.* artilerie.
artisan [ɑ:tizæn] *s.* meşteşugar.
artist ['ɑ:tist] *s.* artist, star.
as [əs] *pron.* care, *such* ~ ca de exemplu.
ascend [ə'send] *v.t.*, *v.i.* a (se) urca.
ascent [ə'sent] *s.* urcuş.
ascertain [æsə'tein] *v.t.* a descoperi, a stabili.
ascribe [əs'kraib] *v.t.* a atribui.
ash [æʃ] *s.* cenuşă.
ashamed [ə'ʃeimd] *adj.* ruşinat.
ashore [ə'ʃɔ:] *adv.* pe țărm, pe pământ.
ash-tray [æʃtrei] *s.* scrumieră.
Ash Wednesday [æʃ wenzdi] *s.* lăsata secului.
Asian ['eiʃən] *s.*, *adj.* asiatic(ă).
aside [ə'said] *adv.* la o parte, de o bucată.
ask [ɑ:sk] **I.** *v.t.* a întreba, a solicita, a implora. **II.** *v.i.* a cerceta.
askance *adv.* strâmb.
asleep [ə'sli:p] *adj.* adormit, *to be* ~ a ațipi, *to fall* ~ a adormi.

asparagus [əs'pærəgəs] *s.* sparanghel.
aspect ['æspekt] *s.* aspect, imagine.
asperity [ə'speriti] *s.* asperitate.
asphyxiate [æsfiksieit] *v.t.* a asfixia.
aspirate [æspireit] *v.t.* a aspira.
aspiration [æspireiʃən] *s.* aspirație.
aspirator [æspireitə] *s.* aspirator.
aspire [əs'paiər] *v.i.* a năzui.
aspirin [æspirin] *s.* aspirină.
ass [æs] *s.* măgar, *fig.* tâmpit.
assail [ə'seil] *v.t.* a ataca.
assault [ə'sɔ:lt] **I.** *s.* atac, atentat la pudoare, viol. **II.** *v.t.* a ataca, a viola.
assemblage [əsemblidʒ] *s.* adunare.
assemble [ə'sembl] *v.t.*, *v.i.* a (se) aduna.
assembly [ə'senbli] *s.* adunare, montaj.
assent [ə'sent] **I.** *s.* încuviințare. **II.** *v.i.* a încuviința.
assert [ə'sə:t] *v.t.*, *v.r.* a (se) afirma.
assertion [ə'sə:ʃən] *s.* afirmație.
assess [ə'ses] *v.t.* a evalua.
assessment [əsesmənt] *s.* evaluare, apreciere.
assessor [ə'sesə:] *s.* evaluator.
asset ['æset] *s.* bun, *pl.* avuție.
assiduous [ə'sidju:əs] *adj.* harnic.
assign [ə'sain] *v.t.* a repartiza.
assignment [ə'sainmənt] *s.* sarcină.
assimilate [ə'simileit] **I.** *v.t.* a asimila. **II.** *v.i.* a (se) absorbi.
assist [ə'sist] *v.t.*, *v.i.* a ajuta.
assistant [ə'sistənt] *s.* ajutor, martor.
associate [ə'souʃiet] *s.* tovarăș, însoțitor.
associate [ə'souʃiet] *v.t.*, *v.i.* a (se) asocia.
association [əsousi'eiʃən] *s.* asociație, combinare.
assort [ə'sɔ:t] *v.t.*, *v.i.* a (se) asorta.
assortment [ə'sɔ:tmənt] *s.* sortiment.
assuage [ə'sweidʒ] *v.t.* a alina.
assume [ə'sju:m] *v.t.* a-și asuma, a medita.
assumption [ə'sʌmpʃən] *s.* asumare, ipoteză.
assurance [ə'ʃuərəns] *s.* asigurare, securitate.
assure [ə'ʃuə] *v.t.* a asigura.
asthma ['æsmə] *s.* astmă.
astir [ə'stə:] *adj.* agitat, agitație.
astonish [ə'stɔniʃ] *v.t.* a uimi.
astray [əs'trei] *adv.* aiurea; *to lead* ~ a ispiti.
astrology [əstrɔlədʒi] *s.* astrologie.
astronomer ['æstrənɔmə] *s.* astronom.
astronomy [ə'strɔnəmi] *s.* astronomie.
astute [ə'stju:t] *adj.* isteț.
asunder [əsʌndə] *adv.* separat.
at [ət] *prep.* la, în; ~ *once* de îndată; ~ *that* așadar, ~ *last* în cele din urmă, *to laugh ~ smb.* a face haz pe socoteala cuiva.
atheism ['eiθızəm] *s.* ateism.

athlete ['æθli:t] *s.* atlet.
athletes ['æθli:tz] *s. pl.* atletism.
atmosphere ['ætməsfiə] *s.* atmosferă.
atom ['ætəm] *s.* atom, părticică.
atone [ə'toun] *v.i. to ~ for* a se căi pentru.
atonement [ətounmənt] *s.* ispăşire.
atrocious [ə'trouʃəs] *adj.* atroce.
atrocity [ətrɔsiti] *s.* atrocitate.
atrophy [ætrəfi] *v.t.* a atrofia.
attach [ə'tætʃ] *v.t., v.i.* a (se) ataşa.
attachment [ətætʃmənt] *s.* anexare, prietenie.
attack [ə'tæk] **I.** *s.* atac. **II.** *v.t.* a ataca, a începe.
attain [ə'tein] *v.t.* a atinge.
attempt [ɔ'tempt] **I.** *s.* încercare, strădanie, agresiune. **II.** *v.t.* a căuta.
attend [ə'tend] *v.t.* a îngriji.
attendance [ə'tendəns] *s.* frecvenţă, îngrijire, escortă.
attendant [ə'tendənt] *s.* ajutor, *adj.* tovarăş.
attention [ə'tenʃən] *s.* atenţie, *to pay ~* a acorda atenţie.
attentive [ə'tentiv] *adj.* atent.
attest [ə'test] *v.t.* a dovedi.
attic ['ætik] *s.* mansardă.
attire ['ætir] **I.** *s.* îmbrăcăminte. **II.** *v.t.* a costuma.
attitude ['ætitju:d] *s.* atitudine.
attorney [ə'tə:ni] *s.* delegat, *jur.* procuror, *power of ~* împuternicire.
Attorney-General [ə'tə:nidʒenərəl] *amer.* ministru de justiţie.
attract [ə'trækt] *v.t.* a atrage.
attractive [ə'træktiv] *adj.* atrăgător.
attribute ['ætribju:t] **I.** *s.* atribut. **II.** *v.t.* a atribui.
auction ['ɔ:kʃən] *s.* licitaţie.
audacious [ɔ:'deiʃəs] *adj.* îndrăzneţ.
audacity [ɔ':dasiti] *s.* îndrăzneală.
audience ['ɔ:diəns] *s.* audienţă.
audit [ɔ:di't] **I.** *s.* revizie. **II.** *v.t.* a verifica (conturi).
auditorium [ɔ:di'tɔriəm] *s.* sală de spectacol.
augment [ɔ:g'ment] *v.t., v.i.* a (se) mări.
August ['ɔ:gəst] *s.* august.
august [ɔ:gəst] *adj.* maiestuos, măreţ.
aunt [ɑ:nt] *s.* mătuşă.
auspices ['ɔ:spisiz] *s. pl.* auspicii.
auspicious [ɔ:s'piʃəs] *adj.* norocos, favorabil.
austere [ɔ:'stiə] *adj.* aspru, sobru.
austerity [ə:s'teriti] *s.* stricteţe, abţinere.
Austrian ['ɔ:striən] *s., adj.* austriac(ă).
authentic [ɔθentik] *adj.* authentic.
authentication [ɔθentikeiʃən] *s.* certificare, autentificare.
author ['ɔ:θə] *s.* autor.
authoritative [ɔ:'θɔritətiv] *adj.* autoritar, valoros.

authorize [ɔ:'θəraiz] *v.t.* a autoriza.
authorship [ɔ:'θərʃip] *s.* origine, paternitate.
automatic [ɔ:tə'mætik] *adj.* automat.
automation [ɔ:tə'mæʃən] *s.* automatizare.
automobile ['ɔ:tɔməbi:l] *s.* automobil.
autonomous [ɔ:'tɔnəməs] *adj.* autonom.
autumn ['ɔ:təm] *s.* toamnă.
auxiliary [ɔgziliəri] *adj.* auxiliar.
avail [ə'veil] *s.* folos, beneficiu.
available [ə'veiləbl] *adj.* folositor, liber.
avalanche ['ævəlɑ:nʃ] *s.* avalanşă.
avarice ['ævəris] *s.* zgârcenie.
avaricious [ævəriʃəs] *adj.* zgârcit, lacom.
avenge [ə'vendʒ] *v.t.*, *v.r.* a (se) răzbuna.
avenue ['ævinju] *s.* bulevard, *fig.* cale.
average ['ævəridʒ] *s.* medie, normal.
averse [ə'və:s] *adj.* potrivnic, inadaptabil.
aversion [ə'və:ʃən] *s.* aversiune.
avert [ə'və:t] *v.t.* a abate, a feri.
avoid [ə'vɔid] *v.t.* a evita.
avoidance [ə'vɔidəns] *s.* evitare.
avow [ə'vau] *v.t.* a mărturisi, a adeveri, a afirma.
avowal [ə'vauəl] *s.* mărturisire.
await [ə'weit] *v.t.* a aştepta.
awake [ə'weik] *adj.* treaz, lucid.
awaken [ə'weikən] *v.t.*, *v.i.* a (se) trezi.
award [ə'wɔ:d] *s.* premiu, răsplată.
aware [ə'wʒə] *adj.* conştient.
away [ə'wei] *adv.* departe.
awe [ɔ:] **I.** *s.* respect, frică. **II.** *v.t.* a înfiora.
awesome [ɔsəm] *adj.* minunat.
awfully [ɔ:fuli] *adv.* teribil, groaznic.
awkward ['ɔ:kwəd] *adj.* ciudat, stângaci.
awl [ɔ:l] *s.* sulă.
awning ['ɔ:niŋ] *s.* acoperiş de pânză.
awry [ə'rai] *adj.*, *adv.* strâmb.
ax(e) [æks] *s.* topor.
axiom ['æksiəm] *s.* axiomă.
axis ['æksis] *s.* axă.
axle ['æksl] *s.* osie.
azure ['æʒə] *s.* azur, *adj.* bleu.

B

B [bi:] *s.* B, b; (nota) si, si bemol.

babble ['bæbl] *s.* bolboroseală.

babe [beib] *s.* prunc.

baby ['beibi] *s.* copilaş, copil, om naiv.

babysitter ['beibisitər:] *s.* dădacă.

bachelor ['bætʃlə] *s.* celibatar.

back [bæk] *s.* spate, fund, birlic.

backbite [bækbait] *v.t.* a bârfi, a huli.

backbone ['bækboun] *s.* şira spinării.

backer [bækə] *s.* sprijinitor.

background ['bækgraund] *s.* fundal, mediu, învăţătură.

back [bæk] number *s.* ziar vechi.

backward ['bækwə:d] *adj.* din spate.

backwater [bækwatə:] *s.* vâltoare, dificultate.

bacon ['beikən] *s.* slănină.

bacterium [bæk'tiəriəm] *s.* bacterie.

bad [bæd] *adj.* rău, slut, alterat, neştiutor; *not half* ~ mulţumitor.

badge [bædʒ] *s.* distincţie, simbol.

badger ['bædʒ] *s.* bursuc.
bad [bæd] *s.* soartă rea, vinovat, vulgară.
badly ['bædli] *adv.* rău, grozav.
bad-tempered ['bædtempəd] *adj.* supărăcios.
baffle ['bæfl] *v.t.* a zădărnici, a ului.
bag [bæg] *s.* sac.
baggage ['bægidʒ] *s.* bagaj, efect.
baggy ['bægi] *adj.* larg, umflat.
bagpipe(s) ['bægpaip] *s.* cimpoi.
bail [beil] *s.* cauțiune, zălog.
bailiff ['beilif] *s.* portărel, aprod, administrator, ciocoi.
bait [beit] **I.** *s.* momeală, nutreț. **II.** *v.t.* a amăgi.
bake [beik] *v.t.*, *v.i.* a (se) rumeni.
baker's dozen *s.* treisprezece.
bakery ['beikəri] *s.* brutărie.
balance ['bæləns] *s.* balanță, echilibru, durabilitate.
balcony ['bælkəni] *s.* balcon.
bald [bɔ:ld] *adj.* chel.
bale [beil] *s.* balot.
baleful ['beilful] *adj.* rău, răutăcios.
balk [bɔ:k] *s.* piedică, hotar.
ball [bɔ:l] *s.* minge, sferă, cartuş.
ballad ['bæləd] *s.* baladă.
ballast ['bæləst] *s.* balast.
ballet ['bælei] *s.* balet.
balloon [bə'lu:n] *s.* balon.
ballot ['bælət] *s.* (buletin de) vot.
ballot-box [bælətbɔks] *s.* urnă.
ball-room [bɔ:l ru:m] *s.* sală de bal.
balm [bɑ:m] *s.* balsam.
bamboo ['bæmbu:] *s.* bambus.
ban [bæn] **I.** *s.* interdicție. **II.** *v.t.* a interzice.
banal [bə'nɑ:l] *adj.* neînsemnat, banal
banana [bə'nɑ:nə] *s.* bananier, banană.
band [bænd] *s.* bandă, trupă.
bandage ['bændidʒ] **I.** *s.* bandaj. **II.** *v.t.* a pansa.
bandbox ['bændbɔks] *s.* cutie de pălării.
bandit ['bændit] *s.* bandit, ticălos.
bane [bein] *s.* nenorocire, mâhnire.
baneful [beinfjul] *adj.* rău, dăunător.
bang [bæŋ] **I.** *s.* lovitură, bubuitură. **II.** *v.t.*, *v.i.* a pocni, a doborî.
banish ['bæniʃ] *v.t.* a surghiuni, a alunga.
banister(s) ['bænistəz] *s.* balustradă.
bank [bæŋk] *s.* mal, hotar.
bank-book [bæŋkbuk] *s.* livret de economii.
banker [bæŋkə] *s.* bancher.
banking [bæŋkiŋ] *s.* finanțe, operații bancare.
bank-note [bæŋknout] *s.* bancnotă.
bankrupt [bæŋkrʌpt] *s.* *adj.* falit.
bankruptcy [bæŋkrʌpsi] *s.* faliment.

banner ['bænə] *s.* steag, stindard.
banquet ['bæŋkwit] *s.* banchet.
banter ['bæntə] **I.** *s.* zeflemea. **II.** *v.t., v.i.* a necăji.
baptism ['bæptizəm] *s.* botez.
baptize [bæp'taiz] *v.t.* a boteza.
bar [bɑ:] *s.* bară, baraj, muchie, decorație.
barbarian [bɑ:'bɛəriən] *s., adj.* barbar, grosolan.
barbecue [ba:bikju:] *s.* grătar.
barbed ['bɑ:bd] *adj.* ghimpat.
barber ['bɑ:bə] *s.* bărbier, frizer.
bare [bɛə] **I.** *adj.* gol, pleşuv, simplu, minuscule. **II.** *v.t.* a despuia, a elucida.
barefaced ['bɛəfeist] *adj.* neruşinat, capricios.
barefoot(ed) ['bɛəfut(id)] *adj.* desculț.
barely ['bɛəli] *adv.* abia, numai.
bargain ['bɑ:gin] *s.* tocmeală, vânzare, pricopseală.
barge [bɑ:dʒ] *s.* şlep, vas de distracție.
bark [bɑ:k] **I.** *s.* lătrat, scoarță. **II.** *v.i.* a lătra.
barley [ba:li] *s.* orz.
barmaid [bɑ:meid] *s.* chelneriță.
barman [bɑ:mən] *s.* barman, cârciumar.
barn [bɑ:n] *s.* magazie, depozit.
barometer [bə'rɔmitə] *s.* barometru.
baron ['bærən] *s.* baron.
barracks ['bærəks] *s. pl.* cazarmă.
barrage [bærадʒ] *s.* baraj.
barrel ['bærəl] *s.* butoi, baril, tub.
barrel-organ ['bærel ɔ:gən] *s.* flaşnetă.
barren ['bærən] *adj.* neroditor, nefertil.
barricade [bæri'keid] **I.** *s.* baricadă. **II.** *v.t.* a întări.
barrier ['bæriə] *s.* barieră, baraj.
barring ['bæriŋ] *prep.* fără, minus.
barrister ['bæristə] *s.* avocat pledant.
barrow ['bærou] *s.* cărucior; *wheelbarrow* roabă.
barter ['bɑ:tə] *s.* troc.
basalt ['bæsɔ:lt] *s.* bazalt.
base [beis] **I.** *s.* fund, esență. **II.** *adj.* mârşav, josnic, nemernic, ordinar. **III.** *v.t.* a încrede.
baseball [beisbɔl] *s.* baseball.
baseless ['beislis] *adj.* zadarnic, neîntemeiat.
basement ['beismənt] *s.* pivniță, beci.
bashful ['bæʃful] *adj.* timid, pudic.
basic ['beisik] *adj.* fundamental.
basin ['beisin] *s.* vas, rezervor.
basis ['beisis] *s.* bază.
bask [bɑ:sk] *v.i.* a sta (la căldură).
basket ['bɑ:skit] *s.* coş.
bass [beis] *s., adj.* bas.

bastard ['bæstəd] *s.* copil nelegitim.
bat ['bæt]*s.* liliac.
batch [bætʃ] *s.* grup, cantitate, sarcină.
bate [beit] *v.i.* a fremăta.
bath [bɑ:θ] **I.** *s.* (cameră de) baie, *pl.* băi. **II.** *v.t.*, *v.i.* a (se) spăla.
bathe [beið] *s.* scăldat; *v.t.*, *v.i.* a (se) bălăci, a (se) curăța.
bathing suit [beiðiŋ sju:t] *s.* costum de baie.
bathroom [baθrum] *s.* toaletă.
baton ['bætən] *s.* baghetă, baston.
battalion [bə'tæliən] *s.* batalion.
batter ['bætə] *v.t.* a lovi, a strivi.
battery ['bætəri] *s.* baterie.
battle ['bætl] **I.** *s.* bătălie, război. **II.** *v.i.* a se încăiera.
battle field [bætlfild] *s.* câmp de luptă.
battleship ['bætlʃip] *s.* cuirasat.
bauble ['bɔ:bl] *s.* jucărie, podoabă fără importanță.
bawl [bɔ:l] **I.** *s.* urlet. **II.** *v.t.* , *v.i.* a răcni.
bay [bei] *s.* golf; dafin.
bayonet ['beiənit] *s.* baionetă.
bazar [bə'zɑ:] *s.* bazar, băcănie.
be [bi] *v. aux.* a fi; *there is/ are* se află, este/ sunt.
beach [bi:tʃ] *s.* plajă.
beacon ['bi:kən] *s.* far.
beads [bi:ds] *s. pl.* mărgele, mătănii.
beak [bi:k] *s.* cioc (de pasăre).
beaker [bikə] *s.* pocal.
beam [bi:m] *s.* grindă, căprior.
beamy [bimi] *adj.* strălucitor.
bean(s) [bi:n(s)] *s.* fasole.
bear [bɛə] **I.** *s.* urs. **II.** *v.t.* a căra, a transporta, (a pro)duce, a accepta, a concepe.
beard ['biəd] *s.* barbă, *to grow a ~* a-şi lăsa barbă.
beardless ['biədlis] *adj.* spân.
bearer [bɛərə] *s.* purtător, producător, mesager.
bearing ['bɛəriŋ] *s.* legătură.
beast [bi:st] *s.* animal, fiară, vită, bestie.
beastly ['bi:stli] *adj.* nesuferit, scârbos.
beat [bi:t] *s.* lovitură, inspecție, sector.
beaten ['bi:tn] *adj.* bătut.
beatitude [bititju:d] *s.* fericire, plăcere.
beautify ['bi:'ætifai] *v.t.* a înfrumuseța.
beautiful [bju:tifəl] *adj.* frumos.
beauty ['bjuti] *s.* frumusețe, agreabil.
beaver ['bivə] *s.* castor.
because [bi'kɔz] *conj.* fiindcă, pentru că.
beck [bek] gest, semn; pârâu; *to be at smb.'s ~ and call* a fi la cheremul cuiva.
beckon ['bekən] *v.t.*, *v.i.* a face semn cu mâna (cuiva).
become [bi'kʌm] *inf. şi part. trec. v.i.* a deveni, *v.t.* a şedea, a veni (bine, rău).

bed [bed] *s.* pat, albie (de râu), strat.
bedaub [bidɔb] *v.t.* a mânji.
bed bug [bed bʌg] *s.* ploşniţă.
bedclothes ['bedklouðz] *s. pl.* aşternut.
bedding ['bediŋ] *s.* pat, culcuş.
bedeck [bi'dek] *v.t.* a împodobi, a pavoaza.
bedlam ['bedləm] *s.* ospiciu.
bed-rid(den) ['bedridən] *adj.* ţintuit la pat.
bedrock ['bedrɔk] *s.* fundament, temelie.
bedroom ['bedrum] *s.* dormitor.
bedside ['bedsaid] *s.* marginea patului.
bedstead ['bedstid] *s.* cadru de pat.
bedtime ['bedtaim] *s.* ora culcării.
bee [bi:] *s.* albină; *as busy as a ~* la fel de harnic ca o albină.
beech [bi:tʃ] *s.* fag.
beef [bi:f] *s.* carne de vacă.
beefsteak ['bi:fstik] *s.* fleică.
beefy [bifi] *adj.* cărnos.
beehive ['bi:haiv] *s.* stup.
bee keeper [bi kipə] *s.* apicultor.
bee-line ['bi:lain] *s.* linie dreaptă.
beer [biə] *s.* bere.
beet [bi:t] *s.* sfeclă.
befit [bi'fit] *v.t.* a fi potrivit pentru.
before [bi'fɔ:] *adv.* înainte, *long ~* cu mult timp înainte.
beforehand [bifɔ:'hænd] *adv.* dinainte.
befoul [bifaul] *v.t.* a mânji.
beg [beg] **I.** *v.t.* a cerşi, a solicita, *I ~ your pardon* scuzaţi!, poftim? **II.** *v.i.* a se ruga, a solicita.
beggar ['begə] *s.* cerşetor.
beggarly ['begəli] *adj.* sărăcăcios.
begin [bi'gin] *v.t., v.i.* a începe, a pleca.
beginner [bi'ginə] *s.* începător.
beginning [bi'giniŋ] *s.* început.
beguile [bi'gail] *v.t.* a păcăli.
behave [bi'heiv] **I.** *v.i.* a se purta, a sluji. **II.** *v.r.* a se comporta.
behaviour [bi'heivjə] *s.* purtare, politeţe.
behead [bi'hed] *v.t.* a decapita.
behind [bi'haind] *s.* spate, dos.
behind [bi'haind] *adj., adv.* în urmă.
behold [bihould] *v.t.* a vedea, a zări.
beige [beiʒ] *adj.* bej.
being ['biiŋ] *s.* fiinţă, vieţuire.
belated [bi'leitid] *adj.* întârziat.
belch [beltʃ] *v.i.* a râgâi.
belfry ['belfri] *s.* clopotniţă.
Belgian ['beldʒən] *adj.* belgian(ă).
belie [bi'lai] *v.t.* a dezminţi, a deziluziona.
belief [bi'li:f] *s.* credinţă, certitudine.
believe [bi'livə] *v.t., v.i.* a crede.
believer [bi'li:və] *s.* credincios.

belittle [bi'litl] *v.t.* a diminua, a degrada.
bell [bel] *s.* clopot.
bellow ['belou] *s.* muget, *v.i.* a mugi, a zbiera.
belly ['beli] *s.* pântec(e).
belong [bi'lɔŋ] *v.i.* *to ~ to* a (apar)ţine.
belongings [bi'ləŋiŋz] *s.* lucruri, bogăţie.
beloved [bi'lʌvd] *s.*, *adj.* iubit(ă).
below [bi'lou] *adv.* dedesubt, la temelie, *prep.* jos.
belt [belt] *s.* curea, brâu.
beluga [bəlugə] *s.* morun.
bench [bentʃ] *s.* bancă, magistrat, instanţă.
bend [bend] **I.** *s.* curbă, întorsătură. **II.** *v.t.* a îndoi.
beneath [bi'ni:θ] *adv.* dedesubt, mai profund.
benediction [beni'dikʃən] *s.* binecuvântare.
benefactor ['benifæktə] *s.* binefăcător.
beneficial ['benefiʃəl] *adj.* folositor.
beneficiary [benifiʃəri] *s.* beneficiar.
beneficent [binefisənt] *adj.* generos, darnic.
benefit ['benifit] **I.** *s.* ajutor, câştig. **II.** *v.t.* a sprijini. **III.** *v.i.* a specula.
benevolence [bi'nevələns] *s.* bunăvoinţă.
bent [bent] *s.* înclinaţie, cotitură.
benumb [bi'nʌm] *v.t.* a amorţi, a încremeni.
benzine ['benzi:n] *s.* benzină.
bequeath [bi'kwi:θ] *v.t.* a lăsa (moştenire).
bereave [bi'ri:v] *v.t.* a răpi, *to ~ of* a lipsi de.
bereft [bi'reft] *v.t.* trec. şi part. trec. de la bereave.
berry ['beri] *s.* bacă, fruct (sălbatic).
berth [bə:θ] *s.* cuşetă, compartiment,.
beseech [bi'si:tʃ] *v.t.* a implora.
beset [besit] *v.t.* inf., trec. şi part. trec. a asedia.
beside [bi'said] *prep.* alături de, pe alături, asemănare cu, *~ oneself* aiurit.
besides [bi'saidz] *adv.* pe lângă asta.
besiege [bi'si:dʒ] *v.t.* a asedia, a invada.
bespeak [bes'pik] *v.t.* a angaja, a păstra (dinainte), a arăta.
best [best] *adj.* (superl. de la good) cel mai bun, corect.
bestiality [bestiæliti] *s.* bestialitate.
bestir [bistə:] *v.t.* a aţâţa.
bestow ['bi'stou] *v.t.* a (acor)da, a depozita.
bet [bet] **I.** *s.* pariu. **II.** *v.t.*, *v.i.* a paria.
betake [biteik] *v.r.* a recurge la, a se adresa la.
betoken [bitoukən] *v.t.* a însemna, a marca.
betray [bi'trei] *v.t.*, *v.r.* a (se) trăda.

betrayal [bi'treil] *s.* trădare.
betrothal [bi'trouðəl] *s.* logodnă.
betterment ['betəmən] *s.* îmbunătăţire.
between [bi'twi:n] *prep.* între, printre.
beverage ['bevəridʒ] *s.* băutură (nealcolică).
bevy ['bevi] *s.* grup, cârd, *fig.* mănunchi.
bewail [bi'wil] *v.t.* a (de)plânge.
beware [bi'wɛə] *v.t.*, *v.i.* a se feri (de).
bewilder [bi'wildə] *v.t.* a zăpăci, a alarma.
bewilderment [bi'wildəmənt] *s.* uluire, consternare.
bewitch [bi'witʃ] *v.t.* a vrăji, a fermeca.
beyond [bi'jɔnd] **I.** *adv.* dincolo, acolo. **II.** *prep.* dincolo de.
bias ['baiəs] *s.* înclinare, preferinţă.
Bible ['baibl] *s.* Biblie.
bibliography [bibli'ɔgrəfi] *s.* bibliografie.
bicker ['bikə] *v.t.* a se certa, a se lupta.
bicycle ['baisikl] *s.* bicicletă.
bid [bid] **I.** *s.* ofertă, licitare. **II.** *v.t.* a oferi (un preţ), a dicta, a vorbi. **III.** *v.i.* a licita.
bidder [bidə] *s.* licitator, ofertant.
bier [bi:r] *s.* catafalc, năsălie.
big [big] *adj.* mare, voluminos, însemnat, măreţ, mărinimos.
bigamy [bigəmi] *s.* bigamie.
bigamist ['bigəmist] *s.* bigam.
bigoted ['bigəted] *adj.* habotnic, limitat.
bigotry ['bigətri] *s.* bigotism.
bike [baik] *s.* bicicletă.
bilberry [bilbəri] *s.* afin.
bile [bail] *s.* fiere, supărare.
bious [biəs] *adj.* supărăcios.
bill [bil] **I.** *s.* cioc (de pasăre), notă de plată, trată, anunţ, (proiect de) lege, *amer.* ban. **II.** *v.i.* *to ~ and coo* a se giugiuli.
billet [bilit] **I.** *s.* bilet. **II.** *v.t.* a caza.
billiards ['biljədz] *s. pl.* biliard.
billion ['biljən] *s.* bilion, *amer.* miliard.
billow ['bilou] **I.** *s.* talaz, *fig.* mare. **II.** *v.i.* a undui.
bi-monthly [bai:mʌnθli] *adj.*, *adv.* bilunar.
bin [bin] *s.* cutie, covată, benă.
bind [baind] **I.** *v.t.* a lega, a ataşa, a fortifica, a determina. **II.** *v.r.* a se angaja.
binding [baindiŋ] *s.* legătură, *adj.* obligatoriu.
binoculars [bi'nɔkjuləz] *s. pl.* binoclu.
biographer ['bai`ɔgrəfə] *s.* biograf.
biography [bai'ɔgrafi] *s.* biografie.
biologist [bai'ɔlədʒist] *s.* biolog.
biology [bai'ɔlədʒi] *s.* biologie.
birch [bətʃ] *s.* mesteacăn.
bird [bə:d] *s.* pasăre.

bird's-eye view ['bə:dzai'vju:] *s.* privire/ vedere generală.

birth [bə:θ] *s.* naştere, proveniență.

birthday [bə:θdei] *s.* zi de naştere.

birthplace [bə:θpleis] *s.* loc natal.

birth-rate [bə:θreit] *s.* natalitate.

bishop ['biʃəp] *s.* episcop.

bison ['baisn] *s.* bizon, taur.

bistoury [bistəri] *s.* bisturiu.

bit [bit] *s.* bucățică, fărâmă; ~ *by* ~ puțin câte puțin, *not a* ~ deloc.

bitch [bitʃ] *s.* cățea.

bite [bait] **I.** *s.* muşcătură, înghițitură. **II.** *v.t.* a muşca, a amputa, a spinteca, a vătăma, a înțepa.

biting ['baitiŋ] *adj.* usturător, tăios, ironic.

bitter ['bitə] *adj.* amar, chinuitor, acerb, crâncen.

bitterness [bitə:nis] *s.* amărăciune.

bizarre [bi'zɑ:] *adj.* neobişnuit, straniu, caraghios.

blab [blæb] **I.** *v.t.* a trăda (un secret). **II.** *v.i.* a pălăvrăgi.

black [blæk] **I.** *s.* negru, gunoi, negreală, tristețe. **II.** *adj.* negru, negriu, indispus, sumbru.

black-beetle ['blækbitl] *s.* gândac de bucătărie.

blackberry ['bækberi] *s.* mură.

blackbird ['blækbə:d] s. mierlă.

blackboard ['blækbɔ:d] *s.* tablă (la şcoală).

blacken ['blækən] *v.t.* a înnegri, a calomnia.

black-eye ['blækai] *s.* ochi vânăt.

blackguard ['blækgɑ:d] *s.* ticălos.

blacking ['blækiŋ] *s.* cremă (neagră) de pantofi.

black lead ['blæklid] *s.* grafit.

blackleg ['blækleg] *s.* spărgător de grevă.

blacklist ['blæklist] *s.* listă neagră.

blackmail ['blækmeil] **I.** *s.* şantaj. **II.** *v.t.* a şantaja.

black-out ['blækaut] *s.* camuflaj, *fig.* amnezie.

blacksmith ['blæksmiθ] *s.* potcovar, fierar.

bladder ['blædə] *s.* băşică, cameră de minge.

blade [bleid] *s.* lamă, tăiş, fir de iarbă.

blame [bleim] *s.* blam, dezacord, satirizare, îndatorire.

blameless [bleimlis] *adj.* nevinovat

bland [blænd] *adj.* amabil.

blank [blæŋk] **I.** *s.* (loc) gol, imprimat. **II.** *adj.* sec.

blanket ['blænkit] *s.* pătură.

blankly [blænkli] *adv.* fără expresie.

blare ['blɛə] *v.t.*, *v.i.* a trâmbița.

blaspheme ['blæsfəm] *v.t.*, *v.i.* a huli, a înjura.

blasphemy ['blæsfəmi] *s.* hulă, insulte.

blast [blɑ:st] **I.** *s.* explozie, curent. **II.** *v.t.* a nimici.

blatant ['bleitnt] *adj.* sforăitor, pătrunzător.

blather [blæðə:] *s.* vorbă goală.

blaze [bleiz] **I.** *s.* vâlvătaie, țâşnire. **II.** *v.t.* a arde.

blazer [bleizə] *s.* jerseu.

blazing [bleiziŋ] *adj.* strălucitor.

bleach [bli:tʃ] *v.t.*, *v.i.* a (se) albi.

bleak [bli:k] *adj.* sterp, neprietenos, sumbru.

blear [bli:r] *adj.* întunecat, mohorât.

bleary [bliəri] *adj.* cețos.

bleat [bli:t] **I.** *s.* behăit. **II.** *v.i.* a mugi.

bleed [bli:d] **I.** *v.t.* a lua sânge (cuiva), a fura. **II.** *v.i.* a sângera, a boli.

bleeding [blidiŋ] *s.* sângerare, hemoragie.

blemish ['blemiʃ] **I.** *s.* pată, lipsă. **II.** *v.t.* a defecta, a murdări.

blench [blentʃ] *v.t.* a înălbi.

blend [blend] **I.** *s.* amestec, legătură. **II.** *v.t.*, *v.i.* a (se) uni, a (se) îmbina.

blender [blendə:] *s.* malaxor.

bless [bles] *v.t.* a binecuvânta, a ferici, a slăvi.

blessed ['blest] *adj.* fericit, ferice.

blessing ['blesiŋ] *s.* binecuvântare.

blight [blait] **I.** *s.* tăciune. **II.** *v.t.* a distruge, a deteriora.

blind [blaind] **I.** *s.* jaluzea. **II.** *adj.* orb. **III.** *v.t.* a orbi.

blinders [blaindəz] *s.* ochelari pentru cai.

blindman's buff ['blaindmənz'bʌf] *s.* baba-oarba.

blindness ['blaindnis] *s.* orbire.

blink [blink] *v.i.* a clipi.

bliss [blis] *s.* fericire.

blister ['blistə] **I.** *s.* băşică. **II.** *v.i.* a se umfla.

blithe ['bliθ] *adj.* vesel, bucuros.

blizzard ['blizə:d] *s.* viscol.

bloated ['bloutid] *adj.* umflat.

bloater ['bloutə] *s.* peşte afumat.

blob [blɔb] *s.* pată, strop.

bloc [blɔk] *s. pol.* bucată.

block [blɔk] *s.* buştean, piatră.

blockade [blɔk'eid] *s.* blocadă.

blockhead ['blɔkhed] *s.* tâmpit.

blood [blʌd] *s.* sânge, proveniență.

bloodhound ['blʌdhaund] *s.* copoi.

bloodily [blʌdili] *adv.* sângeros.

bloodless [blʌdles] *adj.* fără (vărsare de) sânge.

bloodhot ['blʌdhɔt] *adj.* injectat, congestionat.

bloodsucker [blʌdsʌkə] *s.* lipitoare, asupritor.

bloodthirsty [blʌdθi:sti] *adj.* sălbatic, criminal.

bloody ['blʌdi] *adj.* sângeros, însângerat, dezgustător.
bloom [blu:m] *s.* floare, pămătuf, frumusețe.
bloomers [blu:məs] *s. pl.* chiloți (de sport).
blossom ['blɔsəm] **I.** *s.* floare (a unui pom), corolă. **II.** *v.i.* a înflori.
blot [blɔt] **I.** *s.* pată, defect. **II.** *v.t.* a murdări, a șterge, a atenua.
blotch [blɔtʃ] *s.* pată, *v.t.* a păta.
blotter [blʌtə] *s.* sugativă, tampon.
blotting-paper [blʌtiŋpeipə] *s.* sugativă.
blouse [blauz] *s.* bluză.
blow [blou] **I.** *s.* lovitură, pumn. **II.** a arunca în aer, a detona.
blower [blouwə] *s.* foale, suflător.
blow-out [blouaut] *s.* explozie.
bludgeon ['blʌdʒən] **I.** *s.* măciucă. **II.** *v.t.* a bate.
blue [blu:] *s.*, *adj.* albastru.
blueprint ['blu:print] *s.* proiect.
bluestone [blu:stoun] vitriol, piatră vânătă.
bluff [blʌf] *s.* creastă (de deal), mal râpos, cacealma.
bluish ['blu:iʃ] *adj.* albăstrui.
blunder ['blʌndə:] **I.** *s.* greșeală, eroare. **II.** *v.t.* a încurca.
blunt [blʌnt] *adj.* tocit, turtit, grosolan.
blur [blə:] **I.** *s.* obscuritate, pată. **II.** *v.t.* a întuneca.
blurt [blə:t] *v.t.* *to ~ out* a scăpa (o vorbă).
blush [blʌʃ] **I.** *s.* roșeață. **II.** *v.i.* a roși.
bluster ['blʌstə] *s.* izbucnire, *v.i.* a izbucni.
boa [bouə] *s.* boa.
boar [bɔ:] *s.* vier, porc mistreț.
board [bɔ:d] **I.** *s.* bord, scândură, tablă, carton, masă, mâncare, întreținere, pensiune, consiliu, minister. **II.** *v.t.* a pardosi, a se îmbarca pe. **III.** *v.i.* a lua masa.
boarder [bɔ:də] *s.* (elev) intern, chiriaș.
boarding [bɔ:diŋ] *s.* scânduri, podea.
boarding-house [bɔ:diŋhaus] *s.* pensiune.
boarding-school [bɔ:diŋsku:l] *s.* școală cu internat.
boast [boust] *s.* laudă, mândrie.
boastful [boustful] *adj.* lăudăros.
boat [bout] **I.** *s.* vas, barcă. **II.** *v.i.* a pluti.
boating [boutiŋ] *s.* canotaj.
boatman [boutmən] *s.* barcagiu.
bob [bɔb] **I.** *s.* bob. **II.** *v.t.* a micșora.
bobbin ['bɔbin] *s.* bobină.
bobby-soxer ['bɔbi'sʌksə:] *s.* copilandră, fetișcană.
bodice ['bɔdis] *s.* corsaj, sutien.
bodily ['bɔdili] **I.** *adj.* corporal. **II.** *adv.* în totalitate.
body ['bɔdi] *s.* corp, trup.

body-guard ['bɔdígɑ:d] *s.* gardă personală.
bog [bɔg] *s.* mlaştină.
boggy [bɔgi] *adj.* mlăştinos.
bogus ['bougəs] *adj.* fals.
boil [bɔil] **I.** *s.* fierbere, abces. **II.** *v.t.* a fierbe.
boiler [bɔilə] *s.* cazan.
boisterous ['bɔistərəs] *adj.* violent.
bold [bould] *adj.* îndrăzneţ, curajos, obraznic, frapant.
boldness [bouldnis] *s.* îndrăzneală, cutezanţă.
bolster ['boulstə] *s.* pernă.
bolt [boult] *s.* ivăr, zăvor, bolţ, săgeată.
bomb [bɔmb] *s.* bombă.
bombard [bɔm'bɑ:d] *v.t.* a bombarda.
bombardment [bɔm'bɑ:dmənt] *s.* bombardament.
bombastic [bɔm'bæstik] *adj.* bombastic.
bomber [bɔmbə] *s.* bombardier.
bond [bɔnd] *s.* angajament.
bondage ['bɔndidʒ] *s.* sclavie.
bondman [bɔndmən] *s.* rob.
bone [boun] *s.* os, ciolan.
bonfire ['bɔnfaiə] *s.* foc, viţă.
bonnet ['bɔnit] *s.* bonetă.
bonny ['bɔni] *adj.* drăguţ, apetisant.
bonus ['bounəs] *s.* primă.
bony ['bɔni] *adj.* osos.
boo [bu:] *interj.* bau.
booby [bubi] *s.* prostănac.
book [buk] *s.* carte, registru, caiet, carnet, agendă.
booking-office [bukiŋəfis] *s.* casă de bilete.
bookish [bukiʃ] *adj.* livresc, cărturăresc.
bookkeeper [bukki:pə] *s.* contabil.
bookkeeping [bukki:piŋ] *s.* contabilitate.
booklet [buklit] *s.* broşură, cărticică.
book maker [bukmeikə] *s.* agent de pariuri la curse.
book review [bukrivju:] *s.* recenzie.
bookseller [bukselə] *s.* librar.
bookshop [bukʃɔp] s. librărie.
bookstall [bukstə:l] *s.* stand de cărţi.
boom [bu:m] *s.* prăjină, bubuit.
boon [bu:n] *s.* avantaj, acceptabil, concesie, *adj.* agreabil.
boor [buə] *s.* ţopârlan.
boorish [bu:riʃ] *adj.* necioplit.
boost [bust] *v.t.* a ridica în slăvi, a sălta.
booster [bustə] *s.* sprijin.
boot [bu:t] *s.* gheată, cizmă, bocanc.
bootblack [bu:tblæk] *s.* lustragiu.
booth [bu:θ] *s.* tarabă, cabină (telefonică).
booty [bu:ti] *s.* pradă.
border ['bɔ:də] **I.** *s.* margine, cadru, hotar, capăt. **II.** *v.t.*, *v.i.* a (se) mărgini (cu).

bore [bɔ:] **I.** *s.* om plicticos. **II.** *v.t.* a sfredeli, a plictisi.
boredom [bɔ:dɔm] *s.* plictiseală.
borrow [bɔrou] *v.t.* a împrumuta.
bosom ['buzəm] *s.* sân.
boss [bɔs] **I.** *s.* şef, patron. **II.** *v.t.*, *v.i.* a pretinde, a ordona.
botany ['bɔtəni] *s.* botanică.
botch [bɔtʃ] *v.t.* a cârpăci.
both [bouθ] **I.** *adj.* amândoi. **II.** *pron.* ambii, amândoi. **III.** *conj.* ~ *and* atât ..., cât şi.
bother ['bɑ:ðə] **I.** *s.* belea, bătaie de cap. **II.** *v.t.* a amărî, a sâcâi. **III.** *v.i.* a se amărî, a se trudi.
bottle ['bɔtl] *s.* sticlă, vas.
bottleneck ['bɔtlnek] *s.* gât de sticlă.
bottom ['bɔtəm] **I.** *s.* fund, dos, bază, *fig.* străfunduri, *from the ~ of the heart* din adâncul inimii. **II.** *adj.* ultimul.
bough [bau] *s.* ramură.
boulder ['bouldə] *s.* bolovan.
boulevard ['bu:ləvɑ:] *s.* bulevard.
bounce [bauns] *v.i.* a sări, a ţopăi.
bound [baund] **I.** *s.* margine, limită, graniţă, ţopăială. **II.** *adj.* legat, ataşat. **III.** *v.t.* a limita, a stăpâni. **IV.** *v.i.* a sări, a ţopăi.
boundary ['baundəri] *s.* graniţă, limită.
boundless ['baundlis] *adj.* nelimitat.
bounteous ['bauntiəs] *adj.* copios, generos.
bounty ['baunti] *s.* mărinimie, dar, *ec.* bonificaţie.
bouquet ['bukei] *s.* buchet.
bourgeois ['buəʒwɑ:] *s.*, *adj.* burghez(ă).
bout [baut] *s.* luptă, atac, acces, interval, chef, ameţeală.
bow [bəu] *s.* arc(uş), curcubeu, nod, panglică, papion.
bow [bou] **I.** *s.* plecăciune, salutare, proră. **II.** *v.t.* a îndoi, a saluta.
bowels ['bauəlz] *s. pl.* intestine, mijloc.
bower ['bauə] *s.* arcadă de verdeaţă, prăvălie, umbrar.
bowl [boul] *s.* vas, castronaş, adâncitură, bilă de popice.
bow-legged ['boulegd] *adj.* crăcănat.
bowler [boulə] *s.* jucător de popice/ de crichet, gambetă.
box [bɔks] *s.* cutie, ladă, lojă, boxă, colibă, cabină, palmă.
boxer ['bɔksə] *s.* boxer.
boxing ['bɔksiŋ] *s.* box.
Boxing-day ['bɔksiŋdei] *s.* ziua cadourilor.
box-office [bɔksəfis] *s.* casă de bilete.
boy [bɔi] *s.* băiat.
boycott ['bɔikɔt] **I.** *s.* boicot. **II.** *v.t.* a refuza.
boyhood [bɔihud] *s.* copilărie, tinereţe.
boyish [bɔiiʃ] *adj.* băieţos, pueril.

brace [breis] **I.** *s.* legătură, acoladă, cuplu, *pl.* bretele. **II.** *v.t.* a sprijini.
bracelet ['breislit] *s.* brățară.
bracket ['brækit] *s.* paranteză, consolă, completare.
brackish ['brækiʃ] *adj.* sălciu.
brag [bræg] *v.i.* a se lăuda.
braggart [brægət] *s.* lăudăros.
braid [breid] *s.* găitan, şnur, coadă.
brain [brein] *s.* creier, inteligență, aptitudine.
brainless ['breinlis] *adj.* zevzec.
brake [breik] **I.** *s.* frână. **II.** *v.t.*, *v.i.* a opri.
bran [bræn] *s.* tărâțe.
branch [bra:ntʃ] *s.* ramură, ramificație, filială, sucursală.
branched [brantʃd] *adj.* ramificat.
brand [brænd] **I.** *s.* ruşine, semn, clasă, *ec.* marcă, emblemă. **II.** *v.t.* a dezaproba.
brandish [brændiʃ] *v.t.* a agita.
brandling [brændliŋ] *s.* râmă.
brand-new [bræn'nju:] *adj.* nou-nouț.
brandy ['brændi] *s.* rachiu.
brass [bra:s] *s.* alamă, obrăznicie.
brat [bræt] *s.* țânc, copil.
brave [breiv] **I.** *adj.* curajos, viteaz, temerar. **II.** *v.t.* a brava.
bravery ['breivəri] *s.* curaj.
brawl [brɔ:l] **I.** *s.* scandal, bătaie. **II.** *v.i.* a se bate, a se ciorovăi.
brawny ['brɔ:ni] *adj.* musculos.
bray [brei] *v.i.* (de măgar) a rage.
brazen ['breizən] *adj.* de alamă, obraznic.
brazier [brə'ziə] *s.* grătar.
breach [bri:tʃ] *s. jur.* încălcare, abuz, disensiune.
bread [bred] *s.* pâine.
breadth ['bredθ] *s.* lățime.
break [breik] **I.** *s.* ruptură, întrerupere, prilej, petrecere, pauză, alternanță. **II.** *v.t.* a crăpa, a rupe, a anula, a slăbi, a bate, a accepta, a domoli.
breakable [breikəbl] *adj.* fragil.
breakdown ['breikdaun] *s.* cădere nervoasă, pană, accident, dambla (la cap).
breaker [breikə] *s.* talaz.
breakfast ['brekfəst] *s.* gustarea.
breakwater [breikwa:tə] *s.* dig, baraj.
bream [brim] *s.* plătică.
breast [brest] *s.* piept, torace, inimă.
breastwork [brestwə:k] *s.* parapet.
breath [breθ] *s.* (ră)suflare, aer, suflu, *out of* ~ fără suflu.
breathe [bri:ð] *v.t.*, *v.i.* a (ră)sufla.
breathless [bri:θlis] *adj.* fără suflare, decedat.
breech ['bri:tʃ] *s.* nădragi.
breed [bri:d] **I.** *s.* rasă, specie. **II.** *v.t.* a naşte, a creşte. **III.** *v.i.* a se reproduce.

breeding [bri:diŋ] *s.* înmulțire, creştere.
breeze [bri:z] *s.* **1.** briză. **2.** tăun.
breezy ['bri:zi] *adj.* răcoros.
brethren ['breðrin] *s. pl.* confrați.
breviary ['bri:viəri] *s.* breviar.
brevity ['breviti] *s.* concizie, scurtime.
brew [bru:] **I**. *s.* băutură, bere. **II.** *v.t.* a fierbe, *fig.* a cloci.
brewer ['bru:wə] *s.* berar.
brewery ['bru:wəri] *s.* fabrică de bere.
briar ['braiə] *s.* măceş.
bribe [braib] **I.** *s.* mită. **II.** *v.t.* a mitui.
bribery ['braibəri] *s.* mită, desfrâu.
brick [brik] **I.** *s.* cărămidă, bucată. **II**. *v.t.* a zidi.
bricklayer [brikleiə] *s.* zidar.
brickwork [brikwɔ:k] *s.* zidărie.
bride [braid] *s.* mireasă.
bridegroom ['braidgru:m] *s.* mire.
bridesmaid ['braidzmeid] *s.* domnişoară de onoare.
bridge [bridʒ] *s.* bridge.
bridle ['braidl] **I.** *s.* căpăstru. **II.** *v.t.* a ține în hăț.
brief [bri:f] **I.** *s.* *jur.* dosar, instructaj, caz, *pl.* chiloți. **II**. *adj.* scurt.
briefcase ['bri:fkeis] *s.* servietă.
briefly ['bri:fli] *adv.* pe scurt.
brigade [bri'geid] *s.* brigadă.
brigand ['brigənd] *s.* tâlhar, bandit.
bright [brait] *adj.* strălucitor, isteț.
brighten [braitən] *v.t.*, *v.i.* a (se) lumina.
brightness [braitnis] *s.* strălucire.
brilliance ['briljəns] *s.* strălucire.
brilliant ['briljənt] *adj.* strălucit(or).
brim [brim] *s.* margine, bordură.
brimful [brimful] *adj.* plin ochi.
brine [brain] *s.* saramură, (apă sărată de) mare.
bring [briŋ] *v.t.* a aduce, a produce, a hotărî, a distruge, a explica, a creşte, a învăța.
brink [brink] *s.* margine.
briny [braini] *adj.* sărat.
brisk [brisk] *adj.* rapid, ager.
bristle [brisl] *s.* țep, ghimpe.
British ['britiʃ] *adj.* britanic, englezesc.
brittle ['britl] *adj.* fragil.
broach [broutʃ] **I.** *s.* frigare. **II.** *v.t.* a desfunda, a aborda (un subiect).
broad [brɔ:d] *adj.* larg, lat, gros, aproape transparent.
broadcast ['brɔ:dkɑ:st] **I.** *s.* emisiune (radiofonică). **II**. *v.t.* a emite. **III.** *v.i.* a răspândi.
broaden [brɔ:dn] *v.t.*, *v.i.* a (se) lărgi, a (se) lăți.
broad-minded [brɔ:dmaindid] *adj.* înțelept, deştept.

brocade [brə'keid] *s.* brocart.
broke [brouk] *adj.* falit, ruinat.
broker ['broukə] *s.* agent de schimb.
bronze [brounz] *s.* bronz.
brooch [brutʃ] *s.* broşă.
brood [bru:d] *s.* pui ieşiţi din ou.
brook [bruk] *s.* pârâu, gîrlă.
broom [bru:m] *s.* mătură.
broomstick [brumstik] *s.* coadă de mătură.
broth [brɔθ] *s.* supă.
brother ['brʌðə] *s.* (con)frate.
brotherhood ['brʌðəhud] *s.* frăţie.
brother-in-law ['brʌðəinlɔ:] *s.* cumnat.
brow [brau] *s.* sprânceană, frunte, bot.
browbeat [braubi:t] *v.t.* a teroriza.
brown [braun] **I.** *s., adj.* maro, cafeniu. **II.** *v.t., v.i.* a înnegri.
bruise [bru:z] **I.** *s.* contuzie, rană, lovitură. **II.** *v.t., v.i.* a (se) lovi, a (se) juli.
bruit [brut] **I.** *s.* zvon. **II.** *v.t.* a răspândi zvonuri.
brume [brum] *s.* ceaţă.
brush [brʌʃ] **I.** *s.* perie, pensulă, bidinea. **II.** *v.i.* a peria.
brushwood [brʌʃwud] *s.* tufişuri, cătină.
brutal ['bru:tl] *adj.* sălbatic, animalic, brutal.
brutality ['bru:tæliti] *s.* brutalitate, duritate.
brute [bru:t] *s.* brută, fiară, *adj.* primitiv.
brutish ['bru:tiʃ] *adj.* animalic, primitiv, necioplit.
bubble ['bʌbl] *s.* băşică, balon (de săpun).
buccaneer [bʌkə'niə:] *s.* pirat.
buck [bʌk] **I.** *s.* cerb. **II.** *v.t.* a împunge cu capul.
bucket ['bʌkit] *s.* găleată, cofă.
buckle ['bʌkl] **I.** *s.* cataramă. **II.** *v.t.* a încătărăma, a închide.
buckram [bʌkræm] *s.* pânză groasă.
buckwheat [bʌkwi:t] *s.* hrişcă.
bud [bʌd] **I.** *s.* boboc, mugur. **II.** *v.i.* a înmuguri.
Buddhism ['budizəm] *s.* budism.
buddy [bʌdi] *s.* amic.
budge [bʌdʒ] *v.i.* a se clinti.
budget ['bʌdʒit] *s.* buget.
buff ['bʌf] *s.* pile (de bivol), *in* ~ gol.
buffalo ['bʌfəlou] *s.* bivol.
buffer ['bʌfə] *s.* *tehn.* tampon.
buffet ['bufei] *s.* lovitură, *v.t.* a izbi.
buffet ['bufit] *s.* bufet.
buffoonery [bʌfu:nəri] *s.* bufonerie, bazaconie.
bug [bʌg] *s.* ploşniţă, *amer.* insectă.
bugbear [bʌgbεə] *s.* gogoriţă.
bugle [bju:gl] *s.* trâmbiţă, goarnă.
build [bild] **I.** *s.* formă, structură, construcţie. **II.** *v.t.* a construi, a înjgheba, a

confecţiona. **III.** *v.i.* a întocmi.
builder [bildə] *s.* constructor.
building ['bildiŋ] *s.* clădire, construcţii, construire.
bulb [bʌlb] *s.* rizom, bec electric.
Bulgarian [bʌl'gɛəriən] *s.*, *adj.* bulgar(ă).
bulge [bʌldʒ] **I.** *s.* umflătură. **II.** *v.t.*, *v.i.* a (se) mări.
bulk [bʌlk] *s.* cantitate, volum, majoritate, gros.
bulky ['bʌlki] *adj.* voluminos, greoi.
bulldog [buldɔg] *s.* buldog.
bullet ['bulit] *s.* glonţ.
bullfight [bulflait] *s.* coridă.
bullock [bul'lɔk] *s.* tăuraş, bouşor.
bully ['buli] **I.** *s.* terorist. **II.** *v.t.* a îngrozi.
bulwark ['bulwək] *s.* bastion.
bump [bʌmp] **I.** *s.* umflătură, inflamaţie. **II.** *v.t.* a ciocni, a lovi.
bumper [bʌmpə] *s.* pahar plin, *adj.* abundent.
bumpkin ['bʌmpkin] *s.* ţărănoi.
bumptious ['bʌmpʃəs] *adj.* încrezut.
bun [bʌn] *s.* brioşă.
bunch [bʌntʃ] *s.* mănunchi, buchet.
bundle ['bʌndl] **I.** *s.* boccea. **II.** *v.t.* a lega.
bungle ['bʌngl] **I.** *s.* cârpăceală. **II.** *v.t.* a rasoli.
bunk [bʌŋk] *s.* pătuţ, prici, prostii, minciuni.
bunker [bʌŋkə] *s.* *mar.* cală, depozit, buncăr.
bunny ['bʌni] *s.* iepuraş.
buoy [bɔi] **I.** *s.* geamandură. **II.** *v.t.* a baliza.
buoyancy ['bɔiənsi] *s.* capacitate de plutire, rezistenţă.
bur [bə:] *s.* ghimpe, scai.
burden ['bə:dən] **I.** *s.* povară, refren. **II.** *v.t.* a încărca, a împovăra.
burdensome ['bə:dənsʌm] *adj.* împovărător, obositor, anevoios.
bureau [bju:rou] *s.* birou, departament.
bureaucracy [bju'rɔkrəsi] *s.* birocraţie, aparat de stat.
bureaucrat [bju'rɔkræt] *s.* birocrat.
burglar ['bə:glə] *s.* spărgător, şarlatan.
burglary ['bə:glæri] *s.* spargere, jaf.
burial ['beriəl] *s.* înmormântare.
burlesque [bə:lesk] **I.** *s.* comedie, revistă, varieteu. **II.** *adj.* comic.
burly ['bə:li] *adj.* corpolent, solid.
burn [bə:n] **I.** *s.* arsură. **II.** *v.t.* a ustura, a frige, a distruge, a ataca. **III.** *v.i.* a pârli, a prăji.
burner [bə:nə] *s.* arzător, lampă.
burnish [bə:niʃ] *v.t.* a lustrui.

burr [bə:r] *s.* brusture, scai.
burrow ['bʌrou] **I.** *s.* vizuină. **II.** *v.t.* a săpa. **III**. *v.i.* a se pitula.
burst [bə:st] **I.** *s.* izbucnire, explozie. **II.** *v.t.* inf., trec. şi part. trec. a sparge, a arunca în aer. **III**. *v.i.* a erupe, a răbufni, a despica, *to ~ open* a se crăpa, *to ~ in* a intra cu forţa.
bursting [bəstiŋ] *s.* explozie.
bury ['beri] *v.t.* a îngropa, a masca.
bus [bʌs] *s.* autobuz.
bush [buʃ] *s.* tufiş, arbust.
bushel [buʃəl] *s.* buşel.
bushy ['buʃi] *adj.* stufos.
business ['biznis] *s.* ocupaţie, afacere, firmă, activitate.
business-like ['biznislaik] *adj.* practic.
bust [bʌst] *s.* bust, trup.
bustle ['bʌstl] *s.* agitaţie, frământare.
busy ['bizi] *adj.* ocupat, activ, harnic.
busybody ['bizibɔdi] *s.* om băgăreţ.
but [bʌt] *s.* obiecţie.
butcher ['butʃə] **I.** *s.* măcelar, *fig.* călău. **II.** *v.t.* a măcelări, a omorî (vite).
butler ['bʌtlə] *s.* majordom, vătaf.
butt [bʌt] **I.** *s.* pat (de puşcă), ţintă (a batjocurii). **II.** *v.t.*, *v.i.* a se lovi.
butter ['bʌtə] **I.** *s.* unt. **II.** *v.t.* a unge cu unt.
butterfly ['bʌtəflai] *s.* fluture.
buttocks ['bʌtəks] *s. pl.* fese.
button ['bʌtn] **I.** *s.* nasture, buton. **II.** *v.t.* a încheia (la nasturi).
buttonhole ['bʌtnhoul] **I.** *s.* butonieră. **II.** *v.t.* a pisa, a ţine de vorbă.
buxom ['bʌksəm] *adj.* dolofană, atrăgatoare.
buy [bai] *v.t.* a cumpăra, a mitui, a obţine, *to ~ up* a cumpăra tot.
buyer [baiə:] *s.* cumpărător.
buzz [bʌz] **I.** *s.* bâzâit. **II.** *v.i.* a bâzâi.
buzzer ['bʌzə] *s.* sonerie, signal, sirenă.
by [bai] **I.** *adv.* alături, aproape, prin vecinătate, *in days gone ~* în vremuri de altădată, *~ and ~* îndată. **II.** *prep.* alături, prin, pe, dincolo de, pe (lângă), până la.
bye-bye ['bai bai] *interj.* la revedere, pa.
bygone ['baigɔn] *adj.* trecut.
by-road ['bairoud] *s.* drum secundar, drum marginal.
byword ['baiwə:d] *s.* zicătoare, lucru/ om legendar.

C

C [si:] *s.* C, c, (nota) do.
cab [kæb] *s.* birjă, taxi, cabină.
cabbage ['kæbidʒ] *s.* varză.
cabin ['kæbin] *s.* şopron, cabină.
cabinet ['kæbinit] *s.* dulap, birou, consiliu.
cabinet-maker ['kæbinitmeikə] *s.* tâmplar.
cable ['keibl] **I.** *s.* cablu, telegramă. **II.** *v.t.*, *v.i.* a telegrafia.
cablegram ['keiblgræm] *s.* telegramă.
cabman [kæbmən] *s.* birjar, şofer de taxi.
cacao [kə'kɑ:ou] *s.* cacao.
cache [kæʃ] *s.* ascunzătoare, magazie.
cackle ['kækl] **I.** *s.* cloncănit, cotcodăcit. **II.** *v.i.* a cotcodăci, a cloncăni.
cad [kæd] *s.* mitocan, ticălos.
caddish [kædiʃ] *adj.* mitocănesc, mojic, rău.
cadet [kə'det] *s. mar.* cadet, fiu mai mic.
cadge [kædʒ] *v.t.*, *v.i.* a cerşi, a cere.
cafe ['kæfe] *s.* cafenea.
cafeteria [kæfi'tiəriə] *s. amer.* bufet-expres.
cage [keidʒ] *s.* colivie, (în mină) lift.

cajole [kə'dʒoul] *v.t.* a măguli, păcăli.

cake [keik] *s.* prăjitură, cozonac, chec, dărab (de săpun).

calamary [kæləmæri] *s.* calamar.

calamity [kə'læmiti] *s.* calamitate.

calcium ['kælsiəm] *s.* calciu.

calculate ['kælkjuleit] *v.t.*, *v.i.* a socoti, a calcula.

calculation [kælkju'leiʃən] *s.* socoteală

calendar ['kælində] *s.* calendar.

calf [kɑ:f] *s.* (piele de) vițel, tibia.

calibre ['kælibə] *s.* calibru, preț.

calico ['kælikou] *s.* stambă, pânză albă.

call [kɔ:l] *s.* apel, chemare, conversație telefonică, mesaj, vizită, atracție.

caller ['kɔ:lə] *s.* vizitator.

calling ['kɔ:liŋ] *s.* profesiune, meserie, vocație.

callous ['kæləs] *adj.* aspru, nesimțitor.

calm [kɑ:m] **I.** *s.*, *adj.* calm. **II.** *v.t.*, *v.i.* a (se) liniști.

calory [kæli] *s.* calorie.

calumniate [kə'lʌmnieit] *v.t.* a defăima.

calumny ['kæləmni] *s.* calomnie.

calvary ['kælvəri] *s.* calvar.

came [keim] *v.i.* trec. de la come.

camel ['kæməl] *s.* cămilă.

camera ['kæmrə] *s.* aparat de filmat.

cameraman ['kæmərəmən] *s.* fotograf, operator.

camouflage ['kæməflɑ:ʒ] **I.** *s.* camuflaj, mascare. **II.** *v.t.* a camufla.

camp [kæmp] *s.* tabără, campament.

campaign [kəm'pein] *s.* campanie.

camp-bed [kæmpbed] *s.* pat de campanie.

camphor ['kæmfə] *s.* camfor.

camping ['kæmpiŋ] *s.* camping, turism.

campus ['kæmpəs] *s.* *amer.* localul/ incinta unei universități, universitate.

can [kæn] **I.** *s.* cutie, recipient, conservă. **II.** *v.t.* a conserva. **III.** *v.i.* a putea, a şti să, a fi realizabil.

Canadian [kə'neidjən] *s.*, *adj.* canadian(ă).

canal [kə'næl] *s.* canal artificial, *anat.* tub, canal.

canary [kə'nɛəri] *s.* canar.

cancel ['kænsəl] *v.t.* a anula, a şterge.

candid ['kændid] *adj.* cinstit, loial, candid.

candidate ['kændideit] *s.* candidat.

candle ['kændl] *s.* lumânare.

candle stick ['kændl stik] *s.* sfeşnic.

candour ['kændə] *s.* candoare, sinceritate.

candy ['kændi] *s.* zahăr candel, *amer.* dulciuri, bomboane.

candy store ['kændi stɔ:] *s.* bombonerie.
cane [kein] **I.** *s.* trestie de zahăr, bambus, baston. **II.** *v.t.* a lovi.
cane-sugar [kein'ʃugə] *s.* zahăr de trestie.
canine ['keinain] *adj.* canin.
canister ['kænistə] *s.* canistră, bidon, cutie de metal.
canker ['kæŋkə] *s.* aftă, rană, *bot.* cărbune, putreziciune.
cannibal ['kænibəl] *s.* canibal.
cannon ['kænən] *s.* tun.
cannon-ball ['kænənbɔl] *s.* ghiulea.
canny ['kæni] *adj.* viclean, prudent.
canon ['kænən] *s.* canon, principiu, preot.
cant [kænt] *s.* minciuni, argo.
cantankerous [kæn'tæŋkərəs] *adj.* certăreț.
canteen [kæn'ti:n] *s.* cantină, buffet, bidon.
canter [kæn'tə] *s.* galop ușor.
canto ['kæntou] *s.* cant.
canvass ['kænvəs] **I.** *v.t.* a dezbate. **II.** *v.i.* a face propagandă (electorală).
cap [kæp] *s.* șapcă, bască, bonetă.
capability [keipə'biliti] *s.* capacitate.
capable ['keipəbl] *adj.* capabil.
capacious [kə'peiʃəs] *adj.* încăpător.
capacity [kə'pæsiti] *s.* capacitate, calitate.
cape [keip] *s.* capă, *geogr.* cap.
caper ['keipə] **I.** *s.* giumbușluc. **II.** *v.i.* a zburda.
capital ['kæpitl] **I.** *s.* capitală, majusculă, investiții. **II.** *adj.* excelent, major.
capitalism ['kæpitəlizəm] *s.* capitalism.
capitalist ['kæpitəlist] *s.* capitalist.
Capitol ['kæpitəl] *s.* Capitoliu, Parlamentul american.
capitulate [kə'pitju:leit] *v.i.* a capitula.
caprice [kə'pri:s] *s.* capriciu, extravaganță.
capsize [kæp'saiz] *v.t.*, *v.i.* a (se) răsturna.
capsule ['kæpsjul] *s.* capsulă.
captain ['kæptin] *s.* căpitan, șef.
caption ['kæpʃən] *s.* titlu, legendă (de ilustrație).
captious ['kæpʃəs] *adj.* penibil.
captivate ['kæptiveit] *v.t.* a captiva, a vrăji.
captive ['kæptiv] **I.** *s.* deținut, prizonier. **II**. *adj.* captive. **III**. *v.t.* a captura, a momi.
car [kɑ:] *s.* automobil, tramvai.
caramel ['kærəməl] *s.* caramel(ă)
carat ['kærət] *s.* carat.
caravan ['kærəvən] *s.* caravană, căruță cu coviltir, trăsură.
carbon ['kɑ:bən] *s.* carbon, cărbune.
carbon-paper ['kɑ:bənpeipə] *s.* indigo.
carbuncle ['kɑ:bjunkl] *s.* antrax, umflătură, rubin.

carburettor [kɑ:bju'reitə] *s.* carburator.
carcase, carcass ['kɑ:kəs] *s.* stârv (de animal).
card [kɑ:d] *s.* carte (de joc, de vizită), carton, legitimație, *one's best ~* atu.
cardboard ['kɑ:dbɔ:d] *s.* carton.
cardinal ['kɑ:dinəl] **I.** *s.* cardinal. **II.** *adj.* cardinal, fundamental.
care [kɛə] **I.** *s.* grijă, răspundere, *to take ~ of* a avea grijă de. **II.** *v.t.* (cu inf.) a vrea să. **III.** *v.i.* a se ocupa.
career [kə'riə] **I.** *s.* carieră, înaintare. **II.** *v.i.* a înainta, a goni.
careful ['kɛəful] *adj.* atent, grijuliu.
careless ['kɛəlis] *adj.* neatent, nepăsător, neserios.
caress [kə'res] **I.** *s.* mângâiere, sărutare. **II.** *v.t.* a răsfăța.
caressing [kəresiŋ] *adj.* mângâietor.
caretaker [kɛrtciko] *s.* îngrijitor, custode.
cargo [kɑ:gou] *s.* încărcătură.
cargo boat [kɑ:gou bout] *s.* cargobot.
caricature [kærikə'tjuə] **I.** *s.* caricatură, șarjă. **II.** *v.t.* a caricaturiza.
carload ['kɑ:loud] *s.* încărcătură.
carnage ['kɑ:nidʒ] *s.* măcel.
carnal [kɑ:nəl] *adj.* trupesc.
carnation [kɑ:'neiʃən] *s.* garoafă.
carnival ['kɑ:nivəl] *s.* carnaval.
carnivorous [kɑ:'nivərəs] *adj.* carnivor.
carol ['kærəl] **I.** *s.* colindă. **II.** *v.i.* a cânta colinde.
carousal [kɔ'rauzəl] *s.* chef.
carouse [kə'rauz] *v.i.* a chefui.
carp [kɑ:p] **I.** *s.* crap. **II.** *v.i.* a fi nemulțumit, *to ~ at* a pisa.
carpenter ['kɑ:pintə] *s.* dulgher.
carpet ['kɑ:pit] **I.** *s.* covor. **II.** *v.t.* a acoperi cu covoare.
carriage ['kæridʒ] *s.* trăsură, vagon de pasageri.
carriage-way ['kæridʒwei] *s.* parte carosabilă.
carrier-pigeon ['kæriəpidʒin] *s.* cărăuș, mesager.
carrion ['kæriən] *s.* hoit, leș.
carrot ['kærət] *s.* morcov.
carry ['kæri] *v.t.* a duce, a căra, a amâna, a continua, a fura, a ține, *to ~ off* a răpi, a obține.
cart [kɑ:t] *s.* trăsură, șaretă, car, căruță.
carter [kɑ:tə] *s.* căruțaș.
carton ['kɑ:'tən] *s.* cutie de carton.
cartoon [kɑ:'tu:n] *s.* caricatură, desen animat.
cartridge ['kɑ:tridʒ] *s.* cartuș, *el.* doză, *foto.* casetă.
carve [kɑ:v] *v.t.* a ciopli, a tăia, a sculpta, a dăltui.
carving [kɑ:viŋ] *s.* sculptură, cioplire.
case [keis] *s.* caz, situație
cash [kæʃ] *s.* bani (gheață).
cash-book [kæʃbuk] *s.* registru de încasări.

cashier [kæ'ʃiə] **I.** *s.* casier. **II.** *v.t.* a concedia.
cashmere [kæʃ'miə] *s.* caşmir.
casing [kə'siŋ] *s.* înveliş, *tehn.* lagăr.
casino [kə'sinou] *s.* cazinou.
cask [kɑ:sk] *s.* butoi.
casket [kɑ:skit] *s.* cutie, *amer.* sicriu.
cast [kɑ:st] **I.** *s.* aruncătură. **II.** *v.t.* a arunca, a azvârli.
castaway [kɑ:stwəi] *s.* naufragiat, părăsit.
caste [kɑ:st] *s.* castă.
caster [kɑ:stə] *s.* castor.
castigate ['kæstigeit] *v.t.* a pedepsi, a bate, a critica.
casting ['kæstiŋ] *s.* mulaj, turnare.
casting vote ['kæstiŋvout] *s.* vot decisiv.
cast iron [kɑ:st 'aiən] *s.* fontă, *adj.* fix, statornic, de fier.
castle [kɑ:sl] *s.* castel, cetate.
castor ['kɑ:stə] *s.* rotilă, solniță, presărătoare.
castor oil ['kɑ:stə'rəil] *s.* ulei de ricin.
castor sugar ['kɑ:stəʃugə] *s.* zahăr tos.
castrate [kæst'treit] *v.t.* a castra.
casual ['kæʒjuəl] **I.** *s. pl.* haine de fiecare zi. **II.** *adj.* întâmplător, dezinteresat, împrăştiat.
casualty ['kæʒjuəlti] *s.* victimă, *pl.* pierderi.
cat [kæt] *s.* pisică, felină.
cataclysm ['kætəklizəm] *s.* cataclism.
catapult ['kætəpʌlt] *s.* praştie, catapultă.
catalogue ['kætələg] *s.* catalog.
catalysis [kətælisis] *s.* cataliză.
catalyst [kætəlist] *s.* catalizator.
catarrh [kə'tɑ:] *s.* guturai, răceală.
catastrophe [kə'tæstrəfi] *s.* catastrofă.
catch [kætʃ] **I.** *s.* captură, piedică, zăvor. **II.** *v.t.* a prinde (din urmă), a opri, a se molipsi de, a înțelege, *to ~ sight of* a vedea, a desluşi, *to ~ fire* a se exalta, *to ~ up with* a ajunge din urmă. **III.** *v.i.* a se fixa, a se apuca.
catching ['kætʃiŋ] *adj.* molipsitor.
category [kætigəri] *s.* categorie.
cater ['keitə] *v.i. to ~ for* a aproviziona, a întreține.
caterer ['keitə:] *s.* furnizor.
caterpillar ['kætəpilə] *s.* omidă, şenilă.
cathedral [kə'θi:drəl] *s.* catedrală.
cathode ['kæθəd] *s.* catod.
Catholic ['kæθəlik] *s., adj.* catolic(ă).
cattle ['kætl] *s. pl.* vite (cornute).
caucus ['kɔ:kəs] *s.* nucleu al unui partid, întrunire (electorală).
cauldron ['kɔ:ldrən] *s.* ceaun, cazan.
cauliflower ['kɔliflauə] *s.* conopidă.

caulk ['kɔ:lk] *v.t.* a călăfătui, a etanşa.
causative ['kɔ:zətiv] *adj.* cauzal.
cause [kɔ:z] **I.** *s.* cauză, justificare. **II.** *v.t.* a pricinui.
causeway ['kɔ:zwei] *s.* potecă.
caution ['kɔ:ʃən] **I.** *s.* grijă, prudenţă. **II.** *v.t.* a anunţa.
cautious ['kɔ:ʃəs] *adj.* atent, precaut.
cavalier [kævə'liə] *s.* cavaler, *adj.* uşuratic.
cavalry ['kævəlri] *s.* cavalerie.
cave [keiv] **I.** *s.* peşteră. **II.** *v.i.* *to ~ in* a se prăbuşi.
cavil ['kævl] *v.i.* *to ~ at* a obiecta, a critica.
cavity ['kæviti] *s.* cavitate, scobitură.
cease [si:s] *v.t.*, *v.i.* a înceta.
ceaseless [si:slis] *adj.* neîncetat.
cedar ['si:də] *s.* cedru.
ceiling ['si:liŋ] *s.* tavan, plafon.
celebrate ['selibreit] **I.** *v.t.* a sărbători, a lăuda. **II.** *v.i.* a (se) petrece.
celebrated ['selibreitid] *adj.* celebru.
celebration ['selibreiʃən] *s.* sărbătorire, petrecere.
celerity ['seləriti] *s.* iuţeală.
celery ['seləri] *s.* ţelină.
celibacy ['selibəsi] *s.* celibat.
celibate ['selibit] *s.*, *adj.* celibatar.
cell [sel] *s.* celulă, element galvanic.
cellar ['selə] *s.* pivniţă.
cello [tʃelou] *s.* violoncel.
cellophane [tʃeloufən] *s.* celofan.
celluloid ['seljulɔid] *s.* celuloid.
cellulose ['selju:lous] *s.* celuloză.
Celt [selt] *s.* celt.
cement [si'ment] **I.** *s.* ciment. **II.** *v.t.* a cimenta.
censer ['sensə] *s.* cădelniţă.
censor ['sensə] **I.** *s.* cenzor. **II.** *v.t.* a cenzura.
censorship ['sensəʃip] *s.* cenzură.
censure ['senʃə] **I.** *s.* critică, blam. **II.** *v.t.* a blama, a critica.
census ['sensəs] *s.* recensământ.
cent [sent] *s.* cent, *per ~* la sută.
centenary [sen'ti:nəri] *s.* *adj.*, centenar.
centennial ['sentəniəl] *adj.* centenar.
centigrade ['sentigreid] *adj.* centigrad (Celsius).
centimetre ['sentimitə] *s.* centimetru.
central ['sentrəl] *adj.* central, principal.
centralize ['sentrəlaiz] *v.t.* a centraliza.
centre ['sentə] **I.** *s.* centru, nucleu. **II.** *v.t.*, *v.i.* a (se) concentra.
century ['sentʃəri] *s.* secol.
ceremonious ['serimənios] *adj.* ceremonios.
ceremony ['seriməni] *s.* ceremonie, politeţe, caracter oficial.

certain ['sə:tən] *adj.* sigur, anume, oareşicare.
certainly ['sə:tənli] **I.** *adv.* bineînţeles, cu plăcere. **II.** *s.* certitudine.
certificate [sə'tifikit] *s.* certificat.
certified [sətifaid] *adj.* recunoscut, adeverit, verificat.
certify ['sə:tifai] *v.t.* a atesta.
certitude ['sə:titju:d] *s.* siguranţă.
cessation [se'seiʃn] *s.* încetare.
cession [se'ʃən] *s.* cedare.
cesspool [se'spul] *s.* hazna, *fig.* cloacă.
chafe [tʃeif] **I.** *v.t.* a freca, a încălzi, a aţâţa. **II.** *v.i.* a se încălzi, a se enerva.
chaff [tʃæf] *s.* pleavă, tărâţe, tachinărie, *v.t.* a tachina.
chaffer [tʃeifə:] *s.* cărăbuş.
chaffinch [tʃæfintʃ] *s.* cintezoi.
chain [tʃein] **I.** *s.* lanţ, serie. **II.** *v.t.* a înlănţui, a lega.
chair [tʃεə] *s.* scaun, fotoliu, tron.
chairman [tʃεəmən] *s.* preşedinte.
chalet ['ʃelei] *s.* cabană.
chalk [tʃɔ:k] *s.* cretă, calcar.
challenge ['tʃælindʒ] **I.** *s.* provocare, aranjament, interogatoriu. **II.** *v.t.* a stârni, a provoca.
chamber ['tʃeimbə] *s.* cameră.
chambermaid ['tʃeimbəmeid] *s.* fată în casă.
chameleon [kə'mi:lion] *s.* cameleon.
chamois ['tʃeimɔis] *s.* capră neagră, piele de antilopă.
champagne [ʃæm'pein] *s.* şampanie.
champion ['tʃæmpiən] **I.** *s.* campion, apărător, susţinător. **II.** *v.t.* a apăra, a susţine.
championship ['tʃæmpiənʃip] *s.* campionat, titlu de campion.
chance [tʃɑ:ns] **I.** *s.* întâmplare, prilej. **II.** *adj.* întâmplător. **III.** *v.t.* a strădui, a expune. **IV.** *v.i.* a se întâmpla, a apărea, *to ~ upon smb.* a da peste careva.
chancellor ['tʃɑ:nsələ] *s.* cancelar, guvernator, decan.
chancery ['tʃɑ:nsəri] *s.* tribunal, notariat, arhivă, *in ~* la judecătorie.
chandelier ['ʃændə'liə] *s.* candelabru.
change [tʃeindʒ] **I.** *s.* schimbare, trecere, diversificare, amănunt, rămăşiţă, *to ~ colour* a se schimba la faţă. **II.** *v.i.* a se preface.
changeable [tʃeindʒəbl] *adj.* schimbător.
channel ['tʃænəl] *s.* canal, albie de râu.
chant [tʃɑ:nt] **I.** *s.* cântec. **II.** *v.t.* a cânta, a ţipa.
chaos ['keiɔs] *s.* haos.
chaotic ['keiɔtik] *adj.* haotic.
chap [tʃæp] **I.** *s.* om băiat, individ. **II.** *v.t.*, *v.i.* a (se) sparge.
chapel ['tʃæpəl] *s.* paraclis, capelă.

chaplain [tʃæplein] *s.* capelan, preot militar.
chapter ['tʃæptə] *s.* capitol, serie, lanț.
char [tʃɑ:] **I.** *s.* cărbune. **II.** *v.t.*, *v.i.* a carboniza.
character ['kæriktə] *s.* caracter, prestanță, propriu, prezentare, indicație, faimă.
characteristic [kæriktə'ristik] **I.** *s.* caracteristică. **II.** *adj.* caracteristic, congenital.
characterize ['kæriktəraiz] *v.t.* a caracteriza.
charcoal ['tʃɑ:koul] *s.* mangal.
charge [tʃɑ:dʒ] *s.* acuzație, sarcină, dispoziție, responsabilitate.
charisma [kərizmə] *s.* carismă.
charitable ['tʃætitəbl] *adj.* caritabil.
charity ['tʃæriti] *s.* pomană, caritate.
charlatan [ʃalətən] *s.* şarlatan.
Charles's Wain ['tʃɑ:lziz'wein] *s.* Carul Mare.
charm [tʃɑ:m] **I.** *s.* farmec, atracție, vrajă, descântec, talisman. **II.** *v.t.* a descânta, a captiva, a soroci.
charming [tʃamiŋ] *adj.* fermecător.
chart [tʃɑ:t] **I.** *s.* hartă (marină), tabel, grafic. **II.** *v.t.* a trasa, a plănui.
charter ['tʃɑ:tə] *s.* cartă, hrisov.
charming ['tʃɑ:miŋ] *adj.* încântător, fermecător, simpatic.
charwoman [tʃɑ:wumən] *s.* femeie cu ziua.
chary ['tʃɛəri] *adj.* prudent, timid, zgârcit.
chase [tʃeis] **I.** *s.* goană. **II.** *v.t.* a goni, a urmări, a izgoni.
chasm ['tʃæzm] *s.* crăpătură, prăpastie.
chassis [tʃeiziz] *s.* şasiu.
chaste [tʃeist] *adj.* cast, cuminte, simplu.
chastity [tʃæstiti] *s.* castitate.
chasten, chastise [tʃeiən, tʃæstaiz] *v.t.* a pedepsi.
chastity ['tʃæstiti] *s.* castitate, puritate.
chat [tʃæt] **I.** *s.* conversație, şuetă. **II.** *v.i.* a flecări, a conversa.
chattels ['tʃætəl] *s. pl.* lucruri, avere mobilă.
chatter ['tʃætə] **I.** *s.* vorbărie, clănțănit, zgomot. **II.** *v.i.* a trăncăni, a clănțăni, a face zgomot.
chauffeur ['ʃoufə] *s.* şofer particular.
cheap [tʃi:p] *adj.*, *adv.* ieftin.
cheapen [tʃi:pən] *v.t.* a ieftini.
cheat [tʃi:t] **I.** *s.* şarlatan, escroc. **II.** *v.t.*, *v.i.* a înşela.
check [tʃi:k] **I.** *s.* verificare, control, stație, piedică, bifare, contramarcă, carou, *amer.* cec. **II.** *v.t.* a verifica, a opri, a da.
checkers [tʃekəs] *s. pl. amer.* (jocul de) dame, carouri.
checkmate ['tʃekmeit] **I.** *s.* şah mat. **II.** *v.t.* a face şah mat.
cheek [tʃek] *s.* obraz, obrăznicie, neruşinare.

cheek bone [tʃik boun] s. maxilar.
cheeky [tʃi:ki] *adj.* obraznic, neruşinat.
cheer [tʃiə] **I.** *s.* aclamaţie, ura, veselie. **II.** *v.t.* a înveseli, a îmbăta, a ovaţiona. **III.** *v.i.* a se înveseli, *to ~ up* a se bucura.
cheerful ['tʃiəful] *adj.* vesel, optimist, agreabil.
cheerio [tʃiəi'ou] *interj.* la revedere, noroc.
cheerless [tʃiəlis] *adj.* trist, nenorocit, întunecat.
cheese [tʃi:z] *s.* brânză.
chemical ['kemikl] *adj.* chimic.
chemist ['kemist] *s.* chimist, farmacist.
chemistry ['kemistri] *s.* chimie.
cheque [tʃek] *s.* cec.
cherish ['tʃeriʃ] *v.t.* a preţui, a păstra (cu grijă), a nutri, a iubi.
cherry ['tʃeri] **I.** *s.* vişin(ă), cireş, cireaşă. **II.** *adj.* roşu.
cherub ['tʃerʌb] *s.* heruvim, îngeraş.
chess [tʃes] *s.* (jocul de) şah.
chessboard [tʃesbəd] *s.* tablă de şah.
chessman [tʃesmən] *s.* piesă de şah.
chest [tʃest] *s.* cufăr, raclă.
chestnut ['tʃestnʌt] **I.** *s.* castan(ă), roib. **II.** *adj.* castaniu, şaten, roib.
chest-of-drawers [tʃestəv'drɔ:əz] *s.* scrin.
chew [tʃu:] *v.t.*, *v.i.* a mesteca.
chewing-gum ['tʃu:iŋgʌm] *s.* gumă de mestecat.
chick [tʃik] *s.* pui.
chicken ['tʃikin] găină.
chicken pox ['tʃikin pɔks] *s.* vărsat de vânt.
chicory [tʃikəri] *s.* cicoare.
chide [tʃaid] *v.t.* a mustra.
chief [tʃi:f] **I.** *s.* şef, conducător. **II.** *adj.* principal, suprem, şef.
chiefly ['tʃi:fli] *adv.* mai ales.
chieftain [tʃi:f'tein] *s.* căpetenie.
chilblain ['tʃilblein] *s.* degerătură.
child [tʃaild] *s.* copil.
childbed [tʃaildbed] *s.* naştere, lăuzie.
childbirth [tʃaildbi:θ] *s.* naştere.
childhood [tʃaildhud] *s.* copilărie.
childish [tʃaildiʃ] *adj.* copilăresc, copilăros.
childless [tʃaildlis] *adj.* fără copii.
childlike [tʃaildlaik] *adj.* copilăresc, nevinovat.
Chilean ['tʃiliən] *s.*, *adj.* chilian(ă).
chill [tʃil] **I.** *s.* răceală, răcoare. **II.** *adj.* racoros, rece, gheţos.
chime [tʃaim] **I.** *s.* (răsunet de) clopot. **II.** *v.t.*, *v.i.* a răsuna, *to ~ in* a se interveni în conversaţie, a se potrivi.
chimera [kai'miərə] *s.* himeră.
chimney ['tʃimni] *s.* coş, horn.
chimney-sweeper ['tʃimnizwipə] *s.* coşar.

chimpanzee ['tʃimpən'zi:] *s.* cimpanzeu.
chin [tʃin] *s.* bărbie.
china ['tʃainə] *s.* porțelan(uri).
china ['tʃainə] ware *s.* porțelanuri.
chinch [tʃintʃ] *s.* ploşniță.
chine [tʃain] *s.* şira spinării.
Chinese [tʃai'ni:z] **I.** *s.* chinez(oaică), limba chineză. **II.** *adj.* chinez(ă).
chink [tʃiɲk] **I.** *s.* clinchet. **II.** *v.t.*, *v.i.* a zăngăni, a (se) ştirbi.
chintz [tʃints] *s.* creton.
chip [tʃip] **I.** *s.* aşchie, ciob, pişcătură. **II.** *v.t.* a aşchia, a ciobi, a întretăia subțire. **III.** *v.i.* a se ştirbi, a se degrada.
chirp [tʃə:p] **I.** *s.* ciripit. **II.** *v.t.*, *v.i.* a ciripi.
chisel ['tʃizl] **I.** *s.* daltă. **II.** *v.t.* a cizela, a dăltui.
chivalrous ['ʃivəlrəs] *adj.* viteaz, gentil, nobil.
chivalry ['ʃivəlri] *s.* cavalerism, echitate.
chloride ['klɔ:raid] *s.* clorură.
chlorine [''klɔri:n] *s.* clor.
chlorophyll ['klɔrəfil] *s.* clorofilă.
chock [kɔk] *s.* piedică, obstacol.
chockfull [kɔkful] *adj.* plin ochi.
chocolate ['tʃɔklit] *s.* (bomboană de) ciocolată.
choice ['tʃɔis] **I.** *s.* (posibilitate de) alegere, ales, sortiment. **II.** *adj.* ales, remarcabil.
choir ['kwaiə] *s.* cor, galeria corului la biserică.
choke [tʃouk] **I.** *s.* strangulare, înec. **II.** *v.t.*, *v.i.* a (se) înăbuşi, a (se) îneca.
choky [tʃouki] *adj.* înăbuşitor.
choler [tʃoulə] *s.* furie.
cholera ['kɔlərə] *s.* holeră.
choleric ['tʃoulərik] *adj.* nervos.
choose [tʃu:z] *v.t.* a alege, a hotărî, a dori.
chop [tʃɔp] **I.** *s.* friptură, fleică, cotlet, dărab. **II.** *v.t.* a tăia, a ciopli, *to ~ off* a curma.
chopsticks [tʃɔpstiks] *s. pl.* bețişoare de mâncat.
choral ['kɔrəl] *adj.* coral.
chord [kɔ:d] *s.* coardă, *muz.* acord.
chore [kɔ:r] *s.* treabă, muncă casnică, corvoadă.
chorister ['kɔristə] *s.* corist.
chorus ['kɔrəs] *s.* cor, refren.
Christ [kraist] *s.* Hristos, *interj.* doamne.
christen ['krisən] *v.t.* a boteza.
Christendom ['krisəndəm] *s.* creştinătate, creştinism.
Christian name ['kristjən neim] *s.* prenume, nume de botez.
Christmas ['krisməs] *s.* Crăciun.
chrome [kroum] *s. chim.* crom.
chronicle ['krɔnikl] *s.* cronică.
chronologic(al) [krɔnə'lɔdʒik(əl)] *adj.* succesiv, cronologic.
chronology [kr□nƏ'l□d□i] s. cronologie.

chrysanthemum [kri'sænθəməm] *s.* crizantemă.
chubby ['tʃΛbi] *adj.* bucălat, dolofan.
chuck [tʃΛk] *v.t.* a arunca, a părăsi.
chuckle ['tʃΛkl] **I.** *s.* chicot. **II.** *v.i.* a râde pe înfundate, a chicoti.
chum [tʃΛm] *s.* prieten, tovarăş.
chump [tʃΛmp] *s.* bulgăre.
chunk [tʃΛŋk] *s.* bucată.
church [tʃə:tʃ] *s.* biserică, liturghie.
church-goer [tʃə:tʃ'gouə] *s.* credincios.
churchyard [tʃə:tʃja:d] *s.* cimitir.
churl [tʃə:l] *s.* bădăran.
churlish [tʃə:liʃ] *s.* bădăran.
churn [tʃə:n] **I.** *s.* putinei. **II.** *v.t.* a bate (untul).
cicatrization [sikətraizeiʃən] *s.* cicatrizare.
cicatrize [sikətraiz] *v.t.* a cicatriza.
cider ['saidə] *s.* cidru.
cigar [si'ga:] *s.* trabuc.
cigarette [sigə'ret] *s.* ţigar(et)ă.
cigarette case [sigə'ret keis] *s.* tabacheră.
cinder ['sində] *s. pl.* zgură, cenuşă.
Cinderella [sində'relə] *s.* Cenuşăreasa.
cinema ['sinimə] *s.* cinema.
cinnamon ['sinəmən] *s.* scorţişoară.
cipher ['saifə] **I.** *s.* zero, nimic, cifră, nulitate, cifru. **II.** *v.t.* a socoti, a cifra.
circle [sə:kl] **I.** *s.* cerc, inel, serie, lanţ, *teatru* rang. **II.** *v.t.* a înconjura. **III.** *v.i.* a se învârti în cerc.
circuit ['sə:kit] *s.* circuit, tur(neu), circumscripţie.
circuitous ['sə:kitəs] *adj.* indirect, pe ocolite.
circular ['sə:kjulə] **I.** *s.* circulară. **II.** *adj.* rotund, circular.
circular letter ['sə:kjulə letə:] *s.* circulară.
circulate ['sə:kjuleit] **I.** *v.t.* a răspândi. **II.** *v.i.* a circula, a se roti.
circulating ['sə:kjuleitiŋ] *adj.* ambulant, detaşabil.
circulation [sə:kju'leiʃən] *s.* circulaţie, răspândire, tiraj.
circumcise [səkəmsaiz] *v.t.* a circumcide.
circumcision [səkəmsiʒən] *s.* circumcizie.
circumference [sə:'kΛmfərens] *s.* circumferinţă.
circumlocution [sə:kəmlə'kju:ʃən] *s.* vorbărie, circumlocuţie.
circumscribe ['sə:kəmskraib] *v.t.* a circumscrie, a limita.
circumscription [sə:kəm'skripʃən] *s.* inscripţie, circumscriere.
circumstance ['sə:kəmstæns] *s.* împrejurare, condiţie, eveniment, amănunt, *pl.*

avere, *under the ~s* dată fiind situația.

circumstantial ['sə:kəmstænʃəl] *adj.* amănunțit.

circumvent [sə:kəm'vent] *v.t.* a împiedica.

circus ['sə:kəs] *s.* circ, piață.

citadel ['sitədel] *s.* fortăreață.

citation [saiteiʃən] *s.* citație.

cite [sait] *v.t.* a cita.

citizen ['sitizən] *s.* cetățean, locuitor.

citizenship ['sitizənʃip] *s.* cetățenie, îndatoriri cetățenești.

citrous [sitrəs] *adj.* citric.

city ['siti] *s.* oraș, *the City* cartierul comercial din Londra.

civil ['sivil] *adj.* cetățenesc, civil, cuviincios, oficial.

civilian [ziviljən] *s.* civil, *pl.* populația civilă.

civilian [si'viljən] *s., adj.* civil.

civility [si'viliti] *s.* politețe.

civilization [sivilai'zeiʃn] *s.* civilizație, civilizare.

civilize [sivilaiz] *v.t.* a civiliza.

civil servant ['sivil sərvənt] *s.* funcționar de stat.

clack [klæk] **I.** *s.* trosnet. **II.** *v.t.* a trosni, a pocni.

clad [klæd] *adj.* îmbrăcat, împădurit.

claim [kleim] **I.** *s.* pretenție, revendicare, drept. **II.** *v.t.* a pretinde, a revendica.

claimant [kleimənt] *s.* pretendent.

clam [klæm] *s.* moluscă.

clamber ['klæmbə] *v.i.* a se cățăra.

clammy ['klæmi] *adj.* jilav, lipicios.

clamo(u)r ['klæmə] **I.** *s.* galagie, zarvă, plângere. **II.** *v.i.* a face gălăgie, a protesta.

clamp [klæmp] *s.* cârlig.

clan [klæn] *s.* clan, neam, gașcă.

clang [klæŋ] **I.** *s.* dangăt. **II.** *v.t., v.i.* a răsuna.

clango(u)r [klæŋgə] *s.* dangăt, sunet metalic.

clannishness ['klæniʃnis] *s.* spirit de gașcă.

clap [klæp] **I.** *s.* pocnet, bubuit. **II.** *v.t.* a pocni, a aplauda, a bate (din aripi). **III.** *v.i.* a trosni.

clarify ['klærifai] *v.t., v.i.* a (se) clarifica.

clarion ['klæriən] *s.* trâmbiță.

clarity ['klæriti] *s.* claritate.

clash [klæʃ] **I.** *s.* ciocnire, discordie. **II.** *v.t.* a ciocni, a lovi. **III.** *v.i.* a se ciocni, a izbi, a zăngăni.

clasp [klɑ:sp] **I.** *s.* scoabă, strângere de braț, îmbrățișare, cataramă. **II.** *v.t.* a strânge, a apuca bine, a stabili.

clasppin [klɑsppin] s. ac de siguranță.

class [klɑ:s] *s.* (oră de) clasă, lecție, categorie, grup(ă).

classic ['klɑ:sik] **I.** *s.* clasic, operă clasică. **II.** *adj.* clasic, binecunoscut.

classical ['klɑ:sikəl] *adj.* clasic, antic, excelent.

classification ['klɑ:sifikeiʃən] *s.* clasificare.
classify ['klɑ:sifi] *v.t.* a clasifica.
class-mate [klɑ:smeit] *s.* coleg (de clasă).
class-room [klɑ:srum] *s.* clasă.
clatter ['klætə] **I.** *s.* tropot, zarvă. **II.** *v.t.* a zăngăni. **III.** *v.i.* a tropoti, a zăngăni.
clause [klɔ:z] *s.* clauză, propoziție (dintr-o frază).
claw [klɔ:] **I.** *s.* gheară. **II.** *v.t.* a apuca, a zgâria.
clay [klei] *s.* lut, argilă, pământ.
clayey [kleii] *adj.* argilos.
clean [kli:n] **I.** *adj.* curat, proaspăt, nefolosit, pur, corect, îndemânatic. **II.** *v.t.* a spăla, a curăța (de bani), a înlătura. **III.** *adv.* curat, deplin.
cleaning [kliniŋ] *s.* curățenie.
cleanliness [klinlinis] *s.* curățenie.
cleanly ['klenli] *adv.* curat.
cleanse [klenz] *v.t.* a curăța, a purifica.
clean-shaven [kli:nʃəvən] *adj.* proaspăt ras/ bărbierit.
clear [kliə] **I.** *adj.* clar, curat, ferit, slobod, *com.* total. **II.** *v.t.* a curăța, a clarifica, a trece, a elibera, a scăpa de, a curăța de bani.
clearance [kliərəns] *s.* eliberare, spațiu.
clear-cut [kliəkʌt] *adj.* clar, limpede, drept.
clearing [kliəriŋ] *s.* poiană, *fin.* decontare.
clearly ['kliəli] *adv.* limpede, evident.
cleavage ['kli:vidʒ] *s.* spărtură, despărțire, sciziune.
cleave [kli:v] **I.** *v.t.* a despica, a separa. **II.** *v.i.* a se desface.
clef [klef] *s.* *muz.* cheie.
cleft [kleft] *s.* crăpătură, despicătură.
clemency ['klemənsi] *s.* îndurare.
clement ['klemən] *adj.* îndurător.
clench [klentʃ] *v.t.* a strânge, a rezolva.
clergy ['klə:dʒi] *s.* cler.
clerical ['klerikəl] *adj.* bisericesc, funcționăresc.
clerk [klɑ:k] *s.* funcționar comercial, conțopist, notar, grefier.
clever ['klevə] *adj.* deştept, isteț, priceput.
cleverness [klevənis] *s.* agerime, istețime.
clew [klu:] *s.* ghem.
click [klik] **I.** *s.* pocnitură. **II.** *v.t.*, *v.i.* a pocni.
cliff [klif] *s.* faleză, buză de deal, stâncă.
cliffy [klifi] *adj.* stâncos.
climate ['klaimit] *s.* climă, climat.
climax ['klaimæks] *s.* culme.
climb [klaim] **I.** *s.* urcuş. **II.** *v.t.* a urca, a sui. **III.** *v.i.* a (se) urca, a (se) sui, a se cățăra.
climber ['klaimbə] *s.* plantă agățătoare, alpinist, parvenit.
clime ['klaim] *s.* climă, ținut, meleaguri.

clinch [klintʃ] **I.** *v.t.* a țintui. **II.** a se agăța.
cling [kliŋ] *v.i.* a se lipi, a se agăța.
clinic ['klinik] *s.* clinică.
clink [kliŋk] **I.** *s.* clinchet. **II.** *v.t.*, *v.i.* a ciocni, a zornăi.
clip [klip] **I.** *s.* clamă, agrafă. **II.** *v.t.* a reteza, a prinde cu o agrafă.
clipper ['klipə] *s.* goeletă, (avion) transatlantic, *pl.* foarfece (de tuns).
clipping ['klipiŋ] *s.* tăietură (de ziar).
clique [klik] *s.* gașcă.
cloak [klouk] **I.** *s.* manta, mantie, *fig.* paravan. **II.** *v.t.* a tăinui.
cloakroom [kloukrum] *s.* vestiar, garderobă, casă de bagaje (la gară).
clock [klɔk] **I.** *s.* orologiu, ceas. **II.** *v.t.*, *v.i.* a ponta.
clockwise [klɔkwaiz] *adj.*, *adv.* în sensul acelor unui ceasornic.
clockwork [klɔkwə:k] *s.* mecanism de ceasornic.
clod [klɔd] *s.* bulgăre (de pământ).
clog [klɔg] **I.** *s.* piedică, sabot. **II.** *v.t.*, *v.i.* a (se) păta, a (se) bloca.
cloister ['klɔistə] *s.* mănăstire, muzeu.
close [klous] **I.** *s.* sfârșit, încheiere, îngrăditură. **II.** *adj.* închis, încuiat. **III.** *adv.* apropiat, strâns. **IV.** *v.t.* a închide. **V.** *v.i.* a se închide, a se termina.
closely [klous:li] *adv.* îndeaproape, strâns.
close shave [kloushæv] *s.* scăpare miraculoasă.
closet ['klɔzit] *s.* cămăruță, dulap, closet.
close-up ['klɔzʌp] **I.** *s.* prim-plan. **II.** *v.t.* a termina, a lichida.
closing time [klɔziŋ taim] *s.* oră de închidere.
clot [klɔt] **I.** *s.* cheag, bulgăre, ghem. **II.** *v.i.* a se închega, a se năclăi.
cloth [klɔθ] *s.* postav, pânză, cârpă.
clothe [klouð] *v.t.* a îmbrăca, a acoperi.
clothes [klouðs] *s. pl.* haine, lenjerie (de pat).
clothes-line [klouðslain] *s.* funie de rufe.
clothing [klouθiŋ] *s.* îmbrăcăminte.
cloud [klaud] *s.* nor, ceață, hoardă.
cloudless ['klaudlis] *adj.* senin.
cloudy [klaudi] *adj.* înnorat, cețos.
clout [klaut] **I.** *s.* cârpă, palmă. **II.** *v.t.* a pocni.
clove [klouv] *s.* arbore de cuișoare; cățel de usturoi.
clover ['klʌvə] *s.* trifoi.
clown [klaun] *s.* clovn, țopârlan.
clownish [klauniʃ] *adj.* de bufon.
cloy [klɔi] *v.t.* a sătura, a scârbi.

club [klΛb] **I.** *s.* bâtă, crosă, băț de golf. **II.** *v.t.* a părui. **III.** *v.i.* a se grupa.
clue [klu:] *s.* cheie, rezolvare.
clump [klɔmp] *s.* pâlc, bulgăre.
clumsy ['klΛmzi] *adj.* stângaci, greoi.
cluster ['klΛstə] **I.** *s.* ciorchine. **II.** *v.i.* a se aduna.
clutch [klΛtʃ] **I.** *s.* apucare, gheară, ambreiaj. **II.** *v.t.* a apuca, a cuprinde, a cloci.
clutter [klΛtə] **I.** *s.* dezordine. **II.** *v.t.* a zăpăci. **III.** *v.i.* a face larmă.
coach [koutʃ] **I.** *s.* trăsură, diligență, vagon, autobuz. **II.** *v.t.* a instrui.
coachman [koutʃmən] *s.* vizitiu.
coagulate [kouægjuleit] *v.t.* a coagula.
coagulation [kouægjuleiʃən] *s.* coagulare.
coal [koul] *s.* cărbune, *pl.* cărbuni, jar.
coalfield [koulfild] *s.* bazin carbonifer.
coalition [koə'liʃən] *s.* coaliție, unire.
coal-pit [koulpit] *s.* mină de cărbuni.
coal-tar ['koultɑ:] *s.* gudron de huilă.
coarse [kɔ:s] *adj.* aspru, grosolan, ordinar, mitocan.
coarseness [kɔ:snis] *s.* asprime.
coast [koust] **I.** *s.* coastă, țărm. **II.** *v.i.* a merge de-a lungul coastei, a coborî o pantă.
coast-guard ['koustgɔ:d] *s.* grănicer.
coat [kout] **I.** *s.* haină, înveliş, strat (de vopsea). **II.** *v.t.* a înveli, a îmbrăca, a vopsi.
coated [koutid] *adj.* căptuşit.
coating [koutiŋ] *s.* înveliş.
coat-of-arms [kout əv ɑ:mz] *s.* blazon, stemă.
coax [kouks] *v.t.* a îndupleca, a convinge.
cob [kɔb] *s.* ştiulete.
cobbler [kɔblə] *s.* cârpaci, cizmar.
cobweb ['kɔbweb] *s.* pânză de păianjen.
coca-cola [koukə'koulə] *s.* coca-cola.
cock [kɔk] **I.** *s.* cocoş, robinet. **II.** *v.t.* a ciuli (urechile).
cockade [kɔkeid] *s.* cocardă.
cockney [kɔknei] *s.* (dialect) londonez.
cockpit [kɔkpit] *s.* arenă pentru luptele de cocoşi.
cockroach ['kɔkroutʃ] *s.* gândac de bucătărie.
cockscomb [kɔkskoum] *s.* creastă de cocoş.
cocksure [kɔk'ʃuə] *adj.* încrezut.
cocktail [kɔkteil] *s.* cocteil.
cocoa [koukou] *s.* cacao.
coconut ['koukounΛt] *s.* nucă de cocos.
cocoon [kə'ku:n] *s.* cocon (de vierme de mătase).
cod [kɔd] *s.* *iht.* cod.
coddle [kɔdl] *v.t.* a cocoli.
codify ['kɔdifai] *v.t.* a codifica.

cod-liver oil ['kɔdlivə'ɔil] *s.* untură de peşte.
co-education ['kouedju'keiʃən] *s.* învăţământ mixt.
coerce [kou'ə:s] *v.t.* a sili, a obliga.
coercion [kou'ə:ʃən] *s.* constrângere.
co-exist [kouig'zist] *v.i.* a coexista.
co-existence [kouig'zistəns] *s.* coexistenţă.
coffee ['kɔfi:] *s.* cafea.
coffee-house ['kɔfi:haus] *s.* cafenea.
coffer ['kɔfə] *s.* cufăr, ladă, tezaur.
coffin ['kɔfin] *s.* sicriu.
cogent ['koudʒənt] *adj.* convingător.
cogitation [kɔdʒi'teiʃən] *s.* cugetare.
cognate ['kɔgneit] *adj.* înrudit, similar.
cognition [kɔg'niʃən] *s.* cunoaştere.
cogwheel [kɔg'wi:l] *s.* roată dinţată.
coherent [kou'hiərənt] *adj.* coerent, clar, inteligibil.
coil [kɔil] **I.** *s.* serpentină, bobină. **II.** *v.t.* a răsuci, a face ghem.
coin [kɔin] **I.** *s.* monedă. **II.** *v.t.* a fabrica, a bate (monedă).
coinage [kɔinidʒ] *s.* baterea monezilor, sistem monetar, cuvânt actual.
coincide [kouin'said] *v.i.* a coincide (cu).
coincidence [kou'insidəns] *s.* coincidenţă.
coke [kouk] *s.* cocs.
cold [kould] **I.** *s.* frig, ger, răceală; *to catch a ~* a răci. **II.** *adj.* rece.
cold-blooded ['kouldblʌdid] *adj.* cu sânge rece, domol, nemişcat.
cold-hearted ['kouldhɑ:tid] *adj.* nesimţitor, cu inima împietrită.
collaborate [kə'læbəreit] *v.i.* a conlucra.
collapse [kə'læps] **I.** *s.* prăbuşire, eşec, leşin. **II.** *v.i.* a nărui, a eşua.
collapsible [kə'læpsibəl] *adj.* pliabil, decapotabil.
collar ['kɔlə] **I.** *s.* guler, garnitură, zgardă. **II.** *v.t.* a apuca (de guler).
collar-bone ['kɔləboun] *s.* claviculă.
collate [kɔ'leit] *v.t.* a colaţiona, a compara.
collateral [kɔlætərəl] *adj.* colateral.
colleague ['kɔli:g] *s.* coleg.
collect [kə'lekt] **I.** *v.t.* a strânge, a(-şi) aduna (gândurile). **II.** *v.i.* a se aduna.
collection [kə'lekʃən] *s.* strângere, colecţi(onar)e, colectă.
collective [kə'lektiv] *s., adj.* colectiv.
collectivize [kəlektivaiz] *v.t.* a colectiviza.

collector [kə'lektə] *s.* colecționar, controlor de bilete, perceptor, colector.
college ['kɔlidʒ] *s.* colegiu, universitate, liceu superior.
collide [kə'laid] *v.i.* a se ciocni.
collie *s.* ['kəli] câine ciobănesc (scoțian).
collier [kɔljə] *s.* miner (într-o mână de cărbuni).
collision [kə'liʒən] *s.* ciocnire.
collocate [kɔləkeit] *v.i.* a se asocia.
collocation [kə'loukeiʃən] *s.* distribuire.
colloquial [kə'loukwiəl] *adj.* (despre vorbire) familiar.
colloquy [kə'loukwi] *s.* conversație.
colon ['koulən] *s.* două puncte; colon.
colonel ['kə:nl] *s.* colonel.
colonization [kɔlənai'zeiʃən] *s.* colonizare, colonialism.
colonizer [kɔlənai'zə] *s.* colon(ial)ist.
colony ['kɔləni] *s.* colonie.
colossus [kə'lɔsəs] *s.* colos.
colour ['kʌlə] **I.** *s.* culoare, culoar, nuanță, aspect; *to lose ~* a deveni palid. **II.** *v.i.* a se colora, a se înroşi.
colour-blind ['kʌləblaind] *adj.* insensibil la culori, suferind de daltonism.
coloured ['kʌləd] *adj.* colorat, de culoare.
colouring ['kʌləriŋ] *s.* culoare, colorit, vopsea.
colourless ['kʌləlis] *adj.* incolor, palid, şters.
colt [koult] *s.* mânz.
column ['kɔləm] *s.* coloană, comentariu, reportaj.
columnist ['kɔləmnist] *s.* comentator.
coma [koumə] *s.* comă.
comb [koum] **I.** *s.* pieptene, ragilă, fagure. **II.** *v.t.* a coafa, a perchezitiona.
combat ['kɔmbət] **I.** *s.* luptă. **II.** *v.t.* a combate. **III.** *v.i.* a (se) lupta.
combination [kɔmbi'neiʃən] *s.* combinație, asociație, *pl.* combinezon.
combine[1] [kəm'bain] *s.* asociație, cartel, combină, combinat.
combine[2] [kəm'bain] *v.t.*, *v.i.* a (se) combina.
combustible [kəm'bʌstəbəl] **I.** *s.* combustibil. **II.** *adj.* combustibil, iritabil.
combustion [kəm'bʌstʃən] *s.* combustie.
come [kʌm] *v.i.* inf. şi part. trec. a veni, a se apropia, a ajunge, a deveni, a se ridica, a se petrece.
come-back [kʌmbæk] *s.* revenire.
comedian [kə'mi:diən] *s.* (actor) comic.
come-down [kʌmdaun] *s.* decădere, înrăutățire.
comedy ['kɔmidi] *s.* comedie, întâmplare, înrăutățire.
comely ['kʌmli] *adj.* atrăgător, arătos.
comet [kɔmit] *s.* cometă.

comfort ['kΛmfət] **I.** *s.* consolare, uşurare, confort, mulţumire. **II.** *v.t.* a consola, a împăca.
comfortable ['kΛmfətəbl] *adj.* confortabil, ~ *off* înstărit.
comforter ['kΛmfətə] *s.* consolator, fular.
comic(al) ['kɔmik (əl)] *adj.* comic.
coming ['kɔmiŋ] *adj.* (de) viitor, cu perspective.
comity ['kɔmiti] *s.* amabilitate.
comma ['kɔmə] *s.* virgulă.
command [kə'mɑ:nd] **I.** *s.* poruncă, comandă, autoritate, conducere. **II**. *v.t.* a porunci, a stăpâni, a deţine, a impune, a predomina.
commandeer [kə'mɑ:ndiə] *v.t.* a rechiziţiona.
commander [kə'mɑ:ndə] *s.* comandant, *mar.* comandor.
commander-in-chief [kə'mɑ:ndərintʃi:f] *s.* comandant suprem.
commanding [kə'mɑ:ndiŋ] *adj.* impunător, poruncitor, comandant.
commandment [kə'mɑ:ndmənt] *s.* poruncă, ordin.
commando [kə'mɑ:ndo] *s.* detaşament de asalt.
commemoration [kəmemə'reiʃən] *s.* comemorare, amintire.
commence [kə'mens] *v.t.*, *v.i.* a începe.
commend [kə'mend] *v.t.* a lăuda, a trimite.
commensurate [kə'menʃərit] *adj.* proporţional, potrivit.
comment ['kɔment] **I.** *s.* comentariu. **II.** *v.i.* a face comentarii.
commerce ['kɔmə:s] *s.* comerţ (cu ridicata).
commercial [kə'mə:ʃəl] *adj.* comercial.
commercialize [kəməʃəlaiz] *v.t.* a comercializa.
commercial traveller [kə'mə:ʃəl trævələ] *s.* comis voiajor.
commiseration [kəmizə'reiʃən] *s.* milă, înţelegere.
commissariat [kɔmi'sεəriət] *s.* intendenţă, *mil.* administraţie, *pol.* comisariat.
commissary ['kɔmisəri] *s.* intendent, reprezentant, comisar.
commission [kə'miʃən] **I.** *s.* grad de ofiţer, comision, comitet, însărcinare. **II.** *v.t.* a autoriza, a consacra.
commissioned [kə'miʃənd] *adj.* autorizat, confirmat.
commissioner [kə'miʃənə] *s.* membru al unei comisii, comisar, reprezentant guvernamental.
commit [kə'mit] **I.** *v.t.* a comite, a încredinţa, a angaja. **II.** *v.r.* a se obliga.
commitment [kə'mitmənt] *s.* angajament, obligaţie.
committee [kə'miti] *s.* comitet, comisie.
commodious [kə'mədiəs] *adj.* spaţios.

commodity [kə'məditi] *s.* marfă.
commodore [kə'mədɔ:] *s.* comandor.
common ['kɔmən] *s.* comunitate.
common law ['kɔmən lɔ:] *s.* cutumă.
commonly ['kɔmənli] *adv.* de obicei, în general.
commoner ['kɔmənə] *s.* om de rând, deputat.
commonplace ['kɔmənpleis] **I.** *s.* banalitate. **II.** *adj.* banal, obişnuit.
common sense ['kɔmən sens] *s.* bun simţ, înţelepciune, scaun la cap, simţ al realităţii.
commonwealth ['kɔmənwelθ] *s.* avere comună, stat, republică, *the Commonwealth* Comunitatea Britanică de Naţiuni.
commotion [kə'mouʃən] *s.* agitaţie, nesiguranţă.
communal ['kɔmjunəl] *adj.* comunal, obştesc.
commune[1] ['kɔmju:n] *s.* comună.
commune[2] ['kɔmju:n] *v.i.* a comunica, a se înţelege.
communicable ['kɔmju:nikəbl] *adj.* transmisibil, molipsitor.
communication [kə'mjunikeiʃən] *s.* comunicare, comunicat, informaţie, comunicaţii.
communicative [kəmjunikətiv] *adj.* comunicativ.
communion ['kəmjuniən] *s.* comunitate, *rel.* împărtăşanie, discuţie.
communiqué [kə'mjuni:kei] *s.* comunicat.
communism ['kɔmjunizəm] *s.* comunism.
communist ['kɔmjunist] *s.*, *adj.* comunist.
community [kə'mju:niti] *s.* colectiv, societate, proprietate obştească.
commutation ticket ['kɔmjuteiʃən tikit] *s. amer.* abonament (la tren).
commutator ['kɔmjuteitə] *s.* colector.
commute ['kɔmju:t] **I.** *v.t.* a comuta, a schimba. **II.** *v.i. amer.* a face naveta.
compact ['kɔmpækt] **I.** *s.* acord, pudrieră. **II.** *adj.* compact, solid, legat.
companion [kəm'pæniən] *s.* tovarăş, camarad, aliat, ceată, societate, tovarăşi.
company manners ['kʌmpəni mænəz] *s.* maniere alese, maniere afectate.
comparable ['kəmpərəbl] *adj.* comparabil.
comparative [kəm'pærətiv] *s.*, *adj.* comparativ.
compare [kəm'pεə] **I.** *s.* comparaţie. **II.** *v.t.* a compara, a potrivi.
comparison [kəm'pærisən] *s.* comparaţie.
compass ['kʌmpəs] *s.* busolă, *pl.* compas.

compassion [kəm'pæʃən] *s.* milă, înţelegere.
compatible [kəm'pætibəl] *adj.* compatibil.
compel [kəm'pel] *v.t.* a sili, a obliga.
compensate ['kɔmpenseit] *v.t.*, *v.i.* a (se) compensa.
compensation [kɔmpen'seiʃən] *s.* compensaţie, despăgubire, alinare.
compete [kəm'pi:t] *v.i.* a concura, a rivaliza.
competence ['kɔmpitəns] *s.* competenţă, avere.
competent ['kɔmpitənt] *adj.* competent, calificat.
competition [kɔmpi'tiʃən] *s.* întrecere, concurenţă.
competitive [kəm'petitiv] *adj.* de concurenţă, competitiv.
competitor [kəm'petitə] *s.* concurent.
compilation [kɔmpi'leiʃən] *s.* compilaţie, triere.
compile [kəm'pail] *v.t.* a compila, a alcătui, a redacta.
compiler [kom'pilə] *s.* redactor.
complacency [kəm'pleisənsi] *s.* mulţumire (de sine).
complain [kəm'plein] *v.i.* a se plânge.
complaint [kəm'pleint] *s.* plângere, boală.
complaisance [kəm'pleisəns] *s.* complezenţă.
complement ['kɔmplimənt] *s.* complinire, complement.
complementary ['kɔmpliməntəri] *adj.* complementar.
complete [kəm'pli:t] **I.** *adj.* întreg, perfect. **II.** *v.t.* a desăvârşi, a completa.
completion [kəm'pli:ʃən] *s.* completare, desăvârşire.
complex ['kɔmpleks] **I.** *s.* întreg, complex. **II.** *adj.* complex, complicat.
complexion [kəm'plekʃən] *s.* ten, înfăţişare.
complex sentence ['kɔmpleks sentəns] *s.* frază.
complexity ['kɔmpleksiti] *s.* complex(itate).
compliance [kəmplaiəns] *s.* încuviinţare.
compliant [kəm'plaiənt] *adj.* binevoitor.
complication [kɔmpli'keiʃən] *s.* complicaţie.
compliment ['kɔmplimənt] **I.** *s.* compliment, omagiu, bineţe, *pl.* felicitări. **II**. *v.t.* a omagia, a lăuda, a felicita.
complimentary ['kɔmpliməntəri] *adj.* admirativ, de favoare.
comply [kəm'plai] *v.i. to ~ with* a satisface, a se supune la.
compose [kəm'pouz] *v.t.* a compune, *poligraf.* a culege, a linişti, a împăca.
composed [kəm'pouzd] *adj.* liniştit.
composer [kəm'pouzə] *s.* compozitor.
composite [kɔm'pəzit] *adj.* compus.

composition [kɔmpə'ziʃən] *s.* compunere, compoziție.
compositor [kəm'pɔzitə] *s.* zețar.
composure [kəm'pouʒə] *s.* calm, pace sufletească.
compote [kɔmpout] *s.* compot.
compound[1] ['kəmpaund] **I.** *s.* compus, împrejmuire. **II.** *adj.* compus.
compound[2] ['kɔmpaund] *v.t.* a compune, a prepara, a aplana o ceartă.
comprehend [kɔmpri'hend] *v.t.* a înțelege, a cuprinde.
comprehensible [kɔmpri'hensibəl] *adj.* de înțeles.
comprehension [kɔmpri'henʃən] *s.* înțelegere, cuprindere.
comprehensive [kɔmpri'hensiv] *adj.* cuprinzător.
compress[1] ['kɔmpres] *s.* compresă.
compress[2] ['kɔmpres] *v.t.* a comprima.
compression ['kɔmpreʃən] *s.* comprimare.
comprise [kəm'praiz] *v.t.* a cuprinde, a fi alcătuit din.
compromise ['kɔmprəmaiz] **I.** *s.* compromis, împăcare. **II.** *v.t.* a compromite, a periclita. **III.** *v.i.* a face compromisuri.
compulsion [kəm'pʌlʃən] *s.* constrângere, strâmtoare.
compulsory [kəm'pʌlsəri] *adj.* obligatoriu.
compunction [kəm'pʌŋkʃən] *s.* scrupul.
computation [kɔmpju'teiʃən] *s.* socoteală.
compute [kəm'pju:t] *v.t.*, *v.i.* a calcula.
comrade ['kɔmreid] *s.* tovarăș.
con [kɔn] **I.** *s.* argument/ vot potrivnic. **II.** *v.t.* a învăța pe de rost. **III.** *adv.* împotrivă.
concave [kɔnkeiv] *adj.* concav.
conceal ['kən'si:l] *v.t.* a ascunde, a tăinui.
concede [kɔn'si:d] *v.t.* a ceda, a acorda.
conceit [kən'si:t] *s.* îngâmfare, vanitate.
conceited [kən'si:tid] *adj.* încrezut.
conceivable [kən'si:vəbəl] *adj.* de conceput, posibil.
conceive [kən'si:v] *v.t.*, *v.i.* a concepe.
concentrate ['kɔnsəntreit] *v.t.*, *v.i.* a (se) concentra.
concentration [kɔnsən'treiʃən] *s.* concentrare, aglomerație.
concept [kɔn'sept] *s.* noțiune.
conception [kən'sepʃən] *s.* concepție, proiect.
concern [kən'sə:n] **I.** *s.* grijă, interes, întreprindere, trust. **II.** *v.t.* a interesa, a mâhni, a îngrijora.
concerned [kən'sə:nd] *adj.* îngrijit, preocupat, interesat.
concerning [kən'sə:niŋ] *prep.* cu privire la.
concert ['kɔnsə:t] *s.* concert, spectacol.

concerted ['kɔnsə:tid] *adj.* comun, concertat.
concertina [kənsə`tinə] *s.* armonică.
concerto ['kɔntʃɛətou] *s.* concert (instrumental).
concession [kən'seʃən] *s.* cedare, concesi(un)e.
conch [kɔŋk] *s.* scoică de mare.
conciliate [kən'silieit] *v.t.* a împăca.
conciliatory [kən'siljətəri] *adj.* împăciuitor.
concise [kənsais] *adj.* concis.
conclude [kən'klu:d] **I.** *v.t.* a încheia, a rezolva, a desăvârşi, a conchide. **II.** *v.i.* a se încheia.
conclusion [kən'klu:ʒən] *s.* concluzie, încheiere, rezolvare; *to draw a* ~ a trage o concluzie, *to jump at a* ~ a trage o concluzie greşită.
conclusive [kən'klu:siv] *adj.* concludent, crucial.
concoct [kən'kɔkt] *v.t.* a pregăti, a născoci.
concoction [kən'kɔkʃən] *s.* născocire.
concomitant [kənkɔmitənt] *adj.* concomitent.
concord ['kɔŋkɔ:d] *s.* armonie.
concordance ['kɔŋkɔ:dəns] *s.* acord, index, glosar.
concourse ['kɔnkɔ:s] *s.* conjunctură, adunare.
concrete[1] ['kɔnkri:t] **I.** *s.* beton. **II.** *adj.* concret. **III.** *v.t.* a betona. **IV.** *v.i.* a se solidifica.
concretize [kɔnkritaiz] *v.t.* a concretiza.
concubine [kɔŋkjubain] *s.* concubin, ă.
concur [kən'kə:] *v.i.* a fi de acord, a se uni, a coincide.
concurrence [kən'kʌrəns] *s.* acord, concurs (de împrejurări).
concurrent [kən'kʌrənt] *adj.* paralel, concomitent.
concussion [kən'kʌʃən] *s.* lovitură, comoţie.
condemn [kən'dem] *v.t.* a condamna, a confisca.
condense [kən'denz] **I.** *v.t.* a condensa, a concentra. **II.** *v.i.* a se condensa.
condenser [kən'densə] *s.* condensator.
condescend [kɔndi'send] *v.i.* a catadicsi.
condescension [kɔndi'senʃən] *s.* condescendenţă.
condign [kən'dain] *adj.* meritat.
condition [kən'diʃən] **I.** *s.* condiţie, clasă, rang, *pl.* împrejurări. **II.** *v.t.* a determina, a condiţiona.
condole [kən'doul] *v.i.* a exprima condoleanţe.
condolence [kən'douləns] *s.* condoleanţe.
condone [kən'doun] *v.t.* a trece cu vederea, a accepta.
conducive ['kɔndʌsiv] *adj.* care determină.
conduct[1] ['kɔndəct] *s.* purtare, conducere.
conduct[2] ['kɔndəct] **I.** *v.t.* a conduce, a stăpâni, a îndeplini, a transmite, *muz.* a dirija. **II.** *v.r.* a se purta.

conductive [kəndΛktiv] adj. conductiv.
conductor [kən'dΛktə] *s.* conduc(ă)tor, dirijor, taxator.
conduit ['kɔndit] *s.* conductă.
cone [koun] *s.* con.
confection [kən'fekʃən] *s.* prăjitură, *pl.* dulciuri, *pl.* confecții.
confectionery [kən'fekʃənəri] *s.* cofetărie, dulciuri.
confederacy [kən'fedərəsi] *s.* (con)federație.
confederate[1] [kən'fedərit] **I.** *s.* aliat, federat. **II.** *adj.* federal.
confederate[2] [kən'fedrit] *v.t.*, *v.i.* a (se) federaliza.
confer [kən'fə:] *v.t.* a conferi, *v.i.* a se consulta.
conference ['kɔnfərəns] *s.* schimb de vederi, conferință, congres, adunare.
confess [kən'fes] *v.t.*, *v.i.* a (se) mărturisi.
confession [kən'feʃən] *s.* spovedanie, mărturisire.
confessed [kənfest] *adj.* mărturisit.
confession [kənfeʃən] *s.* mărturisire, recunoaştere, *rel.* spovedanie.
confessor [kən'fesə] *s.* duhovnic.
confide in [kən'faid in] *v.i.* a se încrede în.
confidence ['kɔnfidəns] *s.* credință, certitudine, confidență.
confident ['kɔnfidənt] *adj.* încrezător.
configuration [kənfigjureiʃən] *s.* configurație.
confine [kən'fain] *v.t.* a limita, a claustra, a ține închis.
confinement [kən'fainmənt] *s.* captivitate, închisoare, naştere, lăuzie.
confines ['kənfainz] *s. fig. pl.* graniță.
confirm [kən'fə:m] *v.t.* a confirma, a întări.
confirmation [kɔnfə'meiʃən] *s.* confirmare, întărire.
confirmed [kən'fə:mid] *adj.* înrăit, inveterat, confirmat.
confiscate ['kɔnfiskeit] *v.t.* a confisca.
conflict ['kɔnflikt] *s.* conflict.
confluence ['kɔnfluəns] *s.* confluență, reunire.
conform [kən'fɔ:m] **I.** *v.t.* a pune de acord. **II.** *v.i.* a se conforma.
conformation [kɔnfɔmeiʃən] *s.* conformație.
conformist [kən'fɔ:mist] *s.* conformist.
conformity [kən'fɔ:miti] *s.* conformitate, supunere; *in ~ with* în conformitate cu.
confound [kən'faund] *v.t.* a amesteca, a încurca.
confront [kən'frΛnt] *v.t.* a confrunta, a opune, a înfrunta.
confuse [kən'fju:z] *v.t.* a încurca.
confused [kənfjuzd] *adj.* confuz.
confusion [kən'fju:ʒən] *s.* încurcătură, ruşine.

congeal [kən'dʒi:l] *v.t.*, *v.i.* a congela, a degera.
congenial [kən'dʒi:njəl] *adj.* plăcut, potrivit.
congestion [kɔn'dʒestʃən] *s.* congestie, congestionare.
conglomerate [kəngləmə'reit] **I.** *s.* aglomerație, conglomerat. **II.** *adj.* congestionat. **III.** *v.t.*, *v.i.* a (se) aglomera.
congratulate [kən'grætjuleit] *v.t.*, *v.r.* a (se) felicita.
congratulations [kən'grætjuleiʃənz] *s. pl.* felicitări.
congregate ['kɔŋgrigeit] *v.t.*, *v.i.* a (se) aduna.
congregation [kɔŋgri'geiʃən] *s.* parohie, enoriaşi.
congress ['kɔngres] *s.* congres, conferință.
congressman [kɔngresmən] *s.* membru al unui congres.
congruence [kɔŋgruəns] *s.* congruență, acord.
conjecture [kən'dʒektʃə] **I.** *s.* ipoteză, presupunere. **II.** *v.t.*, *v.i.* a presupune.
conjoin [kəndʒɔin] *v.t.* a uni, a îmbina.
conjoint ['kɔndʒəint] *adj.* unit, comun.
conjugate [kɔn'dʒugeit] *v.t.* a conjuga, a uni.
conjunction ['kəndʒʌŋkʃən] *s.* conjuncţie, unire, legătură.
conjure ['kʌndʒə] *v.t.* a jongla, a invoca, a evoca, a implora.
conjurer ['kʌndʒərə] *s.* scamator.
connect [kə'nekt] **I.** *v.t.* a împreuna, a uni. **II.** *v.i.* a se lega, a se uni, a se înrudi.
connection [kə'nekʃən] *s.* unire, relație, *pl.* relații, clientelă.
connective [kɔ'nektiv] *adj.* de legătură.
connivance [kə'naivəns] *s.* uneltire, complicitate.
connive [kə'naiv] *v.i.* *to ~ at* a trece cu vederea, a unelti.
connoisseur [kɔni'sə:] *s.* cunoscător.
connotation [kɔnə'teiʃən] *s.* conotație, subînțeles.
connote [kɔ'nout] *v.t.* a implica.
conquer ['kɔŋkə] *v.t.* a cuceri, a ocupa, a înfrânge, a stăpâni.
conqueror ['kɔŋkərə] *s.* cuceritor, învingător.
conquest ['kɔŋkwest] *s.* cucerire.
consanguinity [kɔnsæŋ'gwiniti] *s.* rudenie de sânge.
conscience ['kɔnʃəns] *s.* simț etic, cuget; *to have a clear ~* a avea conştiința împăcată.
conscientious [kɔnʃi'enʃəs] *adj.* conştiincios.
conscientious [kɔnʃi'enʃəs] adj. conştient, lucid.
conscious ['kɔnʃəs] *adj.* conştient, conştiință.
conscript[1] ['kɔnskript] *s.* recrut.
conscript[2] ['kɔnskript] *v.t.* a recruta, a încadra.
conscription ['kɔnskriptʃən] *s.* recrutare (obligatorie).

consecrate ['kɔnsikreit] *v.t.* a sfinți, a consacra.
consensus [kən'sensəs] *s.* consens.
consent [kən'sent] **I.** *s.* încuviințare. **II.** *v.i.* a încuviința, a consimți.
consequence ['kɔnsikwəns] *s.* urmare, importanță.
consequential ['kɔnsikwənʃəl] *adj.* care-şi dă importanță.
consequently ['kɔnsikwəntli] *adv.* în consecință, *conj.* aşadar, prin urmare.
conservation [kɔnsə'veiʃən] *s.* păstrare.
conservatism [kən'sə:vətizəm] *s.* caracter conservator.
conservative [kən'sə:vətiv] *s.*, *adj.* conservator, moderat.
conservatory [kən'sə:vətri] *s.* seră, conservator.
conserve [kən'sə:v] **I.** *s.* dulceață, gem. **II.** *v.t.* a păstra, a conserva.
consider [kən'sidə] *v.t.*, *v.i.* a se gândi, a chibzui, a considera.
considerable [kən'sidrəbl] *adj.* considerabil, important.
considerably [kən'sidərəbli] *adv.* foarte.
considerate [kən'sidərit] *adj.* moderat, grijuliu.
consideration [kənsidə'reiʃən] *s.* chibzuială, considerent, *under ~* în studiu, *in ~ of* pe baza, *to take smth. into ~* a lua ceva în considerare.
considering [kən'sidəriŋ] **I.** *adv.* la urma urmei. **II.** *prep.* privitor la.
consign [kən'sain] *v.t.* a expedia, a încredința.
consignee ['kənsai'ni] *s.* destinatar.
consigner ['kənsai'nə] *s.* expeditor.
consignment ['kənsai'nmənt] *s.* expediere, transport, încredințare.
consist [kən'sist] *v.i.* *to ~ of* a fi alcătuit din, *to ~ in* a consta în.
consistence [kən'sistəns] *s.* consistență.
consistency [kən'sistənsi] *s.* consecvență, consistență.
consistent [kən'sistənt] *adj.* consecvent, *~ with* potrivit cu.
consolation [kɔnsə'leiʃən] *s.* consolare.
consolatory [kɔnsə'lətəri] *adj.* de consolare.
console[1] [kən'soul] *s.* consolă.
console[2] [kən'soul] *v.t.* a consola.
consolidate [kən'sɔlideit] *v.t.*, *v.i.* a (se) întări, a (se) uni.
consolidation [kənsɔlideiʃən] *s.* consolidare.
consonant ['kɔnsənənt] **I.** *s.* consoană. **II.** *adj.* armonios, adecvat.
consort[1] ['kɔnsɔ:t] *s.* consort, consoartă, însoțitor.
consort[2] ['kɔnsɔ:t] *v.i.* a se înțelege, a se potrivi, a se înhăita.

conspicuous [kən'spikjuəs] *adj.* remarcabil, evident, izbitor.
conspiracy [kən'spirəsi] *s.* complot.
conspirator [kən'spirətə] *s.* complotist.
conspiratorial [kənspirətɔriəl] *adj.* conspirativ.
conspire [kən'spaiə] *v.t., v.i.* a unelti.
constable ['kɔnstəbəl] *s.* polițist.
constabulary ['kɔnstəbΛləri] *s.* jandarmerie, poliție.
constancy ['kɔnstənsi] *s.* constanță.
constant ['kɔnstənt] **I.** *s.* constantă. **II**. *adj.* constant.
constantly ['kɔnstəntli] *adv.* mereu, adeseori.
constellation [kɔnstə'leiʃən] *s.* constelație.
consternate [kɔnstə'neit] *v.t.* a consterna.
consternation [kɔnstə'neiʃən] *s.* consternare.
constituency [kən'stitjuənsi] *s.* circumscripție electorală, alegători.
constituent [kən'stitjuənt] **I.** *s.* element constitutiv, alegător. **II**. *adj.* constituant.
constitute ['kɔnstitju:t] *v.t.* a constitui, a înființa, a numi, a promulga.
constitution [kɔnsti'tjuʃən] *s.* constituție, structură (psihică).
constitutional [kɔnsti'tju:ʃənəl] **I.** *s.* plimbare. **II.** *adj.* constituțional, constitutiv.
constrain [kən'strein] *v.t.* a constrânge.
constrained [kən'streinid] *adj.* chinuit.
constraint [kən'streint] *s.* constrângere.
construct [kən'strΛkt] *v.t.* a construi, a alcătui.
construction [kən'strΛkʃən] *s.* construcție, tălmăcire, explicație, *under* ~ în edificiu.
construe [kən'stru:] *v.t.* a analiza gramatical, a traduce, a interpreta.
consul ['kɔnsəl] *s.* consul.
consulate [kɔnsjulit] *s.* consulat.
consult [kən'sΛlt] **I**. *v.t.* a consulta, a chibzui asupra. **II**. *v.i.* a se consulta.
consultation [kənsəlteiʃən] *s.* consultație.
consume [kən'sju:m] **I.** *v.t.* a distruge, a consuma, a istovi, a irosi. **II.** *v.i.* a se consuma, a se chinui.
consumer [kən'sju:mə] *s.* consumator.
consumer goods [kən'sju:mə gudz] *s.* bunuri de larg consum.
consummate[1] [kɔn'sΛmit] *adj.* desăvârşit, complet.
consummate[2] [kɔn'sΛmit] *v.t.* a consuma, a desăvârşi, a realiza.
consummation [kɔn'sΛmeiʃən] *s.* desăvârşire, împlinire, încoronare.
consumption [kən'sΛmpʃən] *s.* consum(ație), amărăciune.

consumptive [kən'sʌmptiv] *s.*, *adj.* tuberculos.
contact ['kɔntækt] **I.** *s.* contact, comunicație, comunicare, înțelegere, discuție, legătură, relație. **II.** *v.t.* a lua legătura cu.
contagion [kən'teidʒən] *s.* molipsire, răspândire.
contagious [kən'teidʒəs] *adj.* contagios.
contain [kən'tein] *v.t.* a conține, a reține, a limita.
container [kən'teinə] *s.* cutie, recipient, vas.
contaminate [kən'tæmineit] *v.t.* a contamina, a murdări.
contemn [kəntem] *v.t.* a disprețui.
contemplate ['kɔntempleit] *v.t.* a contempla, a întrezări, a plănui.
contemplation [kɔntem'pleiʃən] *s.* contemplație, plan.
contemporaneous [kən'tempəreiəs] *adj.* contemporan, concomitent.
contemporary [kən'temprəri] *s.*, *adj.* contemporan.
contempt [kən'tempt] *s.* dispreț, cutezanță.
contemptible [kən'temptəbəl] *adj.* nevrednic, rușinos.
contemptuous [kən'temtjuəs] *adj.* disprețuitor.
contend [kən'tend] **I.** *v.t.* a susține, a argumenta. **II.** *v.i.* a se lupta, a se întrece, a se certa.
content[1] [kən'tent] **I.** *s.* mulțumire, tihnă. **II.** *adj.* mulțumit, doritor, dispus, *v.t.* a satisface.
content[2] [kən'tent] *s.* conținut, sens, *pl.* cuprins, tablă de materii.
contention [kən'tenʃən] *s.* discordie, dezbatere.
contentious [kən'tenʃəs] *adj.* certăreț, discutabil.
contest[1] ['kɔntest] *s.* luptă, concurs.
contest[2] ['kɔntest] *v.t.* a contesta, a(-și) disputa.
contestant ['kɔntestənt] *s.* concurent.
context ['kɔntekst] *s.* context.
contiguous [kən'tigjuəs] *adj.* învecinat, alăturat.
continence ['kɔntinəns] *s.* stăpânire, abstinență.
continent ['kɔntinənt] **I.** *s.* continent. **II.** *adj.* stăpânit, cumpătat.
continental ['kɔntinəntəl] *s.* european, *adj.* continental, european.
contingency ['kɔntindʒənsi] *s.* posibilitate, probabilitate, eventualitate.
contingent [kən'tindʒənt] *s.* contingent, detașament, *adj.* probabil, eventual.
continual [kən'tinjuəl] *adj.* repetat, necontenit.
continually [kən'tinjuəli] *adv.* repetat.
continuance [kən'tinjuəns] *s.* durată, permanență.

continuation [kəntinju'eiʃən] *s.* continuare, adaos, anexă.
continue [kən'tinju] **I.** *v.t.* a continua, *to be ~d* va urma. **II.** *v.i.* a merge mai departe.
continuity [kɔnti'njuiti] *s.* continuitate, continuare.
continuous [kən'tinjuəs] *adj.* permanent, continuu.
contort [kən'to:t] *v.t.* a suci, a deforma.
contortion [kən'tɔ:ʃən] *s.* contorsiune, schimă.
contortionist [kɔn'tɔ:ʃɔnist] *s.* acrobat, contorsionist.
contour ['kɔntuə] *s.* contur.
contract[1] ['kɔntrækt] *s.* contract, acord.
contract[2] ['kɔntrækt] *v.t.* a contracta, a limita, a deprinde, *v.i.* a se contracta.
contraction ['kɔntrækʃən] *s.* contracție.
contractor ['kɔntræktə] *s.* antreprenor, furnizor.
contradict [kɔntrə'dikt] *v.t.* a contrazice, a nu respecta.
contradiction [kɔntrə'dikʃən] *s.* contradicție, contrazicere, negare, neînțelegere.
contradictory [kɔntrə'diktri] *adj.* contradictoriu.
contrariety [kɔntrə'raiəti] *s.* contradicție, antagonism.
contrarily [kɔntrərili] *adv.* invers.
contrariwise ['kɔntrəriwaiz] *adv.* dimpotrivă, invers, în caz contrar.
contrary ['kɔntrəri] *adj.* contrar, nepotrivit, încăpățînat, *on the ~* din contră.
contrast ['kɔntrəst] *s.* contrast, împotrivire.
contrast ['kɔntrəst] *v.t.*, *v.i.* a contrasta, a (se) asemăna.
contravene [kɔntrə'vi:n] *v.t.* a încălca, a contrazice.
contravention [kɔntrəvenʃən] *s.* contravenție.
contribute [kən'tribjut] **I.** *v.t.* a contribui, a da. **II.** *v.i.* a colabora la o gazetă.
contribution [kəntri'bjuʃən] *s.* contribuție, colaborare.
contributor [kən'tribju:tə] *s.* colaborator.
contributory [kən'tribju:təri] *adj.* ajutător, folositor.
contrite [kən'trait] *adj.* pocăit.
contrition [kən'triʃən] *s.* căință.
contrivance [kən'traivəns] *s.* născocire, dispozitiv.
contrive [kən'traiv] **I.** *v.t.* a născoci, a izbuti să. **II.** *v.i.* a izbuti.
control [kən'troul] **I.** *s.* control, stăpânire, autoritate, influență, combatere, *beyond ~* de nestăpânit. **II.** *v.t.* a stăpâni, a verifica, a combate.
controller [kən'troulə] *s.* controlor, regulator.
controversial [kɔntrə'və:ʃəl] *adj.* controversat.
controversy ['kɔntrəvə:si] *s.* controversă.
contumacy [kɔntjuməsi] s. nesupunere, jur. absență de la proces.

contumely ['kɔntju:mli] *s.* dispreț, obrăznicie, insultă.
contuse [kɔntjuz] *v.t.* a freca.
contusion [kən'tju:ʒən] *s.* contuzie.
conundrum [kə'nʌndrəm] *s.* joc de cuvinte, enigmă.
convalescence [kɔnvə'lesəns] *s.* convalescență.
convection [kənvekʃən] *s.* trimitere.
convene [kən'vi:n] **I.** *v.t.* a convoca. **II**. *v.i.* a se aduna.
convenience [kən'viniəns] *s.* conveniență, avantaj, *pl.* confort.
convenient [kən'viniənt] *adj.* convenabil.
convent ['kɔnvənt] *s.* mănăstire de maici.
convention [kən'venʃən] *s.* convenție, congres.
conventional [kən'venʃənəl] *adj.* convențional, banal.
converge [kən'və:dʒ] *v.t.*, *v.i.* a (se) concentra.
conversant [kən'və:sənt] *adj.* *to be ~ with* a înțelege bine.
conversation [kɔnvə'seiʃən] *s.* conversație, dezbatere.
conversational [kɔnvə'seiʃənəl] *adj.* de conversație, palavragiu.
converse ['kɔnvə:s] **I.** *adj.* opus. **II.** *v.i.* a conversa.
conversely ['kɔnvə:sli] *adj.* invers.
conversion [kən'vəʃən] *s.* (pre)-schimbare, conversi(un)e.
convert[1] ['kɔnvə:t] *s.* convertit.
convert[2] ['kɔnvə:t] *v.t.* a (pre)-schimba, a converti.
convertible ['kɔnvə:təbəl] *adj.* transformabil, decapotabil.
convey [kən'vei] *v.t.* a transmite.
conveyance [kən'veiəns] *s.* transmitere, transfer, vehicul.
conveyer [kən'veiə] *s.* mesager, curier, *tehn.* conveier.
convict ['kɔnvikt] *s.* condamnat, ocnaș.
conviction [kən'vikʃən] *s.* convingere, condamnare, declarare a vinovăției.
convince [kən'vins] *v.t.* a convinge.
convincing [kən'vinsiŋ] *adj.* convingător.
convivial [kən'viviəl] *adj.* vesel, amabil.
conviviality [kən'vivi'æliti] *s.* veselie, amabilitate.
convocation [kɔnvə'keiʃən] *s.* convocare, întrunire.
convoke [kən'vouk] *v.t.* a convoca.
convolvulus [kən'vɔlvjuləs] *s.* rochița-rândunelei.
convoy ['kɔnvoi] **I.** *s.* convoi, alai. **II**. *v.t.* a escorta.
convulse [kɔn'vʌls] *v.t.* a zgudui.
convulsion [kɔn'vʌlʃən] *s.* convulsie, zguduire.
cook [kuk] **I.** *s.* bucătar, bucătăreasă. **II.** *v.t.* a găti, a falsifica, a născoci. **III**. *v.i.* a (se) găti.

cooker ['kukə] *s.* maşină de gătit.
cookery ['kukəri] *s.* artă culinară.
cookery book ['kukəribuk] *s.* carte de bucate.
cookie, cooky ['kuki] *s.* pişcot, prăjitură.
cool [ku:l] *adj.* răcoros, calm, liniştit, *fig.* nepăsător.
cooler [ku:lə] *s.* vas de răcire.
cool-headed [ku:lhedid] *s.* calm.
coolness [ku:lnis] *s.* răcoare, *fig.* răceală, calm.
coop [ku:p] **I.** *s.* coteţ. **II.** *v.t.* a închide.
cooper [ku:pə] *s.* dogar.
cooperate [kou'ɔpəreit] *v.i.* a colabora, a se uni.
co-operation [kou'ɔpəreiʃən] *s.* colaborare.
co-operative [kou'ɔpəreitiv] *adj.* cooperatist.
co-operative association [kou'ɔpəreitiv ə`sousi`eiʃən] *s.* cooperativă.
co-opt [kou'pt] *v.t.* a coopta.
coordinate[1] [kou'ɔ:dineit] *adj.* coordonat.
coordinate[2] [kou'ɔ:dineit] *v.t.* a coordona.
cop [kɔp] *s.* poliţai, detectiv.
copartener [kou'pa:tnə] *s.* tovarăş, asociat.
cope [koup] *v.i. to ~ with* a face faţă la.
copious ['koupiəs] *adj.* abundent, fecund.
copper ['kɔpə] **I.** *s.* aramă, bănuţ, cazan, poliţai. **II.** *v.t.* a arămi.
copperplate ['kɔpəpleit] *s.* zinc, clişeu pe metal, caligrafie.
coppice ['kɔpis] *s.* pădure tânără, tufişuri.
copy ['kɔpi] **I.** *s.* imitaţie, copie. **II.** *v.t.*, *v.i.* a copia, a reproduce.
copyhold ['kɔpihould] *s.* (drept de) proprietate.
copyright ['kɔpirait] **I.** *s.* drept de autor. **II.** *adj.* apărat de legea drepturilor de autor.
coquettish [kou'ketiʃ] *adj.* cochet.
coral ['kɔrəl] *s.*, *adj.* coral.
cord [kɔ:d] *s.* funie, sfoară.
cordial [kɔ:djəl] *adj.* cald, prietenos, întăritor.
cordiality [kɔ:di'æliti] *s.* cordialitate, sinceritate.
cordon [kɔ:dən] *s.* cordon.
core [kɔ:] *s.* miez, inimă.
coreless [kɔlis] *adj.* fără miez.
coriander [kɔriændə] *s.* coriandru.
cork [kɔ:k] **I.** *s.* dop, plută. **II.** *v.t.* a închide cu un dop.
corkscrew [kɔ:ksckru:] *s.* tirbuşon.
cormorant [kɔmərənt] *s.* cormoran.
corn [kɔ:n] **I.** *s.* (bob de) cereale, grâu, *amer.* porumb, *anat.* bătătură. **II.** *v.t.* a săra, a granula.
corncob [kɔ:nkɔb] *s.* ştiulete.

corner ['kɔ:nə] **I.** *s.* colţ, cotlon; *just round the ~* foarte aproape. **II.** *v.i.* a înghesui, a încolţi.
corner stone ['kɔ:nə'stoun] *s.* piatră.
cornet [kɔ:nit] *s.* cornet, *muz.* corn.
cornflour ['kɔ:nflauə] *s.* mălai.
coronation [kɔrə'neiʃən] *s.* încoronare.
coroner ['kɔrənə] *s.* procuror.
coronet ['kɔrənit] *s.* coroniță.
corporal ['kɔ:prəl] *s.* caporal, *adj.* corporal.
corporate ['kɔ:pə'reit] *adj.* unit, comun.
corporation ['kɔ:pə'reiʃən] *s.* municipalitate, societate (pe acțiuni).
corporeal ['kɔ:pə'riəl] *adj.* trupesc, fizic.
corps ['kɔ:] *s.* corp (de armată).
corpse [kɔ:ps] *s.* cadavru.
corpuscle [kɔ:pʌsəl] *s.* globulă, corpuscul.
corral [kɔ'rɑ:l] *s.* împrejmuire, *v.t.* a împrejmui.
correct [kə'rekt] **I.** *adj.* just, exact, corespunzător. **II.** *v.t.* a corecta.
correction [kə'rekʃən] *s.* corectură, corijare.
correctitude [kərektitju:d] *s.* corectitudine.
correlate [kɔrileit] *v.t.* a corela.
correlation [kɔreleiʃən] *s.* corelație.
correspond [kɔris'pɔnd] *v.i.* a corespunde, a coresponda.
correspondence [kɔris'pɔndəns] *s.* acord, armonie, corespondență.
correspondent [kɔris'pɔndənt] **I.** *s.* corespondent. **II.** *adj.* adecvat.
corresponding [kɔris'pɔndəndiŋ] *adj.* corespunzător, corespondent, în corespondență.
corridor [kɔridɔ:] *s.* coridor.
corrigible [kɔridʒibəl] *adj.* corigibil.
corroborate [kə'rɔbəreit] *v.t.* a confirma, a întări, a verifica.
corrode [kə'roud] *v.t.*, *v.i.* a (se) roade, a (se) rugini.
corrosion [kə'rouʒən] *s.* coroziune, ruginire.
corrosive [kə'rousiv] *s.*, *adj.* corosiv.
corrugate ['kɔrugeit] *v.t.*, *v.i.* a (se) încreți, a zbârci.
corrugated ['kɔrugeitid] iron *s.* tablă ondulată.
corrupt [kə'rʌpt] **I.** *adj.* putred, imoral, stricat, corupt, desfigurat, diform. **II.** *v.t.* a strica, a mitui. **III.** *v.i.* a decădea , a se strica.
corruption [kə'rʌpʃən] *s.* putreziciune, descompunere, corupție, stâlcire.
corsair ['kɔ:sɛə] *s.* pirat.
cortical [kɔtikəl] *adj.* cortical.
cosine ['kousain] *s.* cosinus.
cosmogony [kɔzmɔgəni] *s.* cosmogonie.
cosmonaut ['kɔzmənɔ:t] *s.* cosmonaut.

cosmopolitan [kɔzmə'pɔlitən] *s., adj.* cosmopolit.

cost [kɔst] **I.** *s.* cost, preț, *pl.* cheltuieli; *at all ~s* cu orice preț. **II.** *v.t.* a costa.

coster(monger) ['kɔstə (mʌŋə)] *s.* vânzător ambulant de legume.

costive ['kɔstiv] *adj.* constipat.

costly ['kɔstli] *adj.* costisitor.

costume ['kɔstju:m] *s.* costum, taior.

cosy ['kouzi] *adj.* cald, plăcut, confortabil.

cot [kɔt] *s.* pătuț, pat de campanie, colibă, căsuță.

cottage ['kɔtidʒ] *s.* căsuță, vilă mică.

cotton ['kɔtən] *s.* (țesături de) bumbac, ață.

cotton-wool ['kɔtənwul] *s.* vată, tifon.

couch [kautʃ] **I.** *s.* divan, pat. **II.** *v.t.* a exprima, a înclina, a formula.

cough [kɔf] **I.** *s.* tuse, răceală. **II.** *v.t., v.i.* a tuşi.

cough-drop [kɔfdrɔp] *s.* pastilă/ bomboană contra tusei.

coulisse [kulis] *s.* culisă.

council ['kaunsil] *s.* sfat.

councillor ['kaunsilə] *s.* consilier.

counsel ['kaunsəl] **I.** *s.* sfat, consilier, avocat. **II.** *v.t.* a sfătui.

counsellor ['kaunsələ] *s.* sfetnic, avocat.

count [kaunt] **I.** *s.* socoteală, cont, conte; *to lose ~ of* a pierde numărul. **II.** *v.t., v.i.* a conta, a enumera, a număra, a socoti; *to ~ for nothing* a nu conta deloc.

countable [kauntəbəl] *adj.* numărabil.

countenance ['kauntinəns] **I.** *s.* înfățişare, expresie, încurajare. **II.** *v.t.* a sprijini.

counter ['kauntə] **I.** *s.* tejghea, fisă, jeton. **II.** *adv.* invers, opus, contrar. **III.** *v.t., v.i.* a (se) opune.

counteract ['kauntərækt] *v.t.* a contracara.

counterfeit ['kauntəfit] **I.** *s.* fals, impostor. **II.** *adj.* fals, falsificat. **III.** *v.t.* a falsifica, a reproduce.

counterfoil ['kauntəfɔil] *s.* cupon, talon.

countermand ['kauntəmɑ:nd] **I.** *s.* (ordin de) revocare. **II.** *v.t.* a contramanda, a revoca.

counter-offensive ['kauntə'fensiv] *s.* contraofensivă.

counterpane ['kauntəpein] *s.* cuvertură.

counterpart ['kauntəpɑ:t] *s.* copie, replică, echivalent.

counterpoise ['kauntəpɔiz] **I.** *s.* contragreutate, contrapondere. **II.** *v.t.* a contrabalansa.

counter-revolution ['kauntə:revə'lu:ʃən] *s.* contrarevoluție.

countersign ['kauntəsain] **I.** *s.* parolă, contrasemnătură. **II.** *v.t.* a contrasemna.

countess ['kauntis] *s.* contesă.

countless ['kauntlis] *adj.* nenumărat, infinit.
country ['kΛntri] *s.* ţară, patrie, naţiune, provincie, sat, *in the* ~ la ţară.
country dance ['kΛntri dans] *s.* dans popular.
countryman ['kΛntrimən] *s.* ţăran, compatriot.
countryside ['kΛntrisaid] *s.* ţară, provincie, peisaj.
county ['kaunti] *s.* district, judeţ.
coupe [ku:pei] *s.* cupeu.
couple ['kΛpəl] **I.** *s.* pereche, cuplu. **II.** *v.t.* a cupla, a uni.
coupler [kΛplə:] *s.* ambreiaj, *tehn.* cuplare.
couplet ['kΛplet] *s.* cuplet.
coupon ['ku:pɔn] *s.* cupon, bon de cartelă.
courage ['kΛridʒ] *s.* curaj.
courageous [kə'reidʒəs] *adj.* curajos.
courier ['kuriə] *s.* curier.
course [kɔ:s] **I.** *s.* înaintare, rută, curs, teren, conduită; *in due* ~ la momentul potrivit, *of* ~ binenţeles. **II.** *v.t.* a alerga după, a trece prin. **III.** *v.i.* a urma o direcţie, a circula.
court [kɔ:t] **I.** *s.* *jur.* curte, ogradă, teren de joc. **II.** *v.t.* a curta, a urmări.
courteous ['kɔ:tiəs] *adj.* curtenitor.
courtesy [kɔ:təsi] *s.* curtoazie, favoare.
courtier [kɔ:tjə] *s.* curtean.
courtly [kɔ:tli] *adj.* politicos.
court-martial [kɔ:tmɑ:ʃəl] *s.* curte marţială.
courtship [kɔ:tʃip] *s.* curte, peţire.
courtyard ['kɔ:tjɑ:d] *s.* curtea casei.
cousin ['kΛzən] *s.* văr, vară, rudă.
cousin german ['kΛzən dʒəmən] *s.* văr primar, vară primară.
cover ['kΛvə] **I.** *s.* învelitoare, capac, copertă, plic, refugiu, acoperiş, tacâm; *to take* ~ a se adăposti, *to break* ~ a ieşi din ascunzătoare. **II.** *v.t.* a acoperi, a adăposti, a proteja, a ascunde, a merge, a relata.
covered [kΛvəd] *adj.* acoperit.
covering ['kΛvəriŋ] *s.* acoperiş, învelitoare, protecţie.
covert ['kΛvə:t] **I.** *s.* adăpost. **II.** *adj.* ascuns, camuflat.
covet ['kΛvit] *v.t.* a râvni la, a pizmui.
covetous ['kΛvitəs] *adj.* pizmaş, lacom.
cow [kau] *s.* vacă.
coward ['kauəd] *s.*, *adj.* fricos, laş.
cowardice ['kauədis] *s.* frică, laşitate.
cowboy [kaubɔi] *s.* cowboy, văcar.
cower ['kauə] *v.i.* a se ghemui.
cowherd [kauhə:d] *s.* văcar.
cowl [`kaul] *s.* glugă.
cowslip [kauslip] *s.* ciuboţica-cucului.
cox [kɔks] *s.* cârmaci.

coxcomb ['kɔkskʌmb] *s.* scufie (de bufon), filfizon, îngâmfat.
coxswain ['kɔkswein] *s.* cârmaci.
coy [kɔi] *adj.* timid, modest.
coyness [kɔinis] *s.* sfială.
cozy [kouzi] *adj.* comod.
crab [kræb] *s.* crab, măr pădureț.
crabbed [kræbid] *adj.* certăreț, dificil, mâzgălit.
crack [kræk] **I.** *s.* spărtură, crăpătură, pocnitură, lovitură. **II.** *adj.* remarcabil. **III.** *v.t.* a crăpa, a pocni, *to ~ a joke* a face umor. **IV.** *v.i.* a crăpa, a se sparge, a pocni, a suna dogit.
crack-brained ['krækbreind] *adj.* trăsnit, nebunesc.
cracker ['krækə] *s.* biscuit, foc de artificii, spărgător de nuci.
cradle ['kreidl] **I.** *s.* leagăn. **II.** *v.t.* a legăna, a pune jos.
craft [krɑ:ft] *s.* meserie.
craftsman ['krɑ:ftsmən] *s.* meșteșugar, artizan.
craftsmanship ['krɑ:ftsmənʃip]*s.* artizanat.
crafty [krɑ:fti] *adj.* viclean, șmecher.
crag [kræg] *s.* pisc.
cram [kræm] *v.t.* a îndopa, a înfunda, a îndesa.
cramfull [kræmful] *adj.* ticsit.
cramp [kræmp] *s.* crampă, cârcel, agrafă.
cramped [kræmpid] *adj.* strâmt, împiedicat, îmbâcsit.
crane [krein] **I.** *s.* cocor, macara. **II.** *v.t.* a întinde (gâtul). **III.** *v.i.* a ezita.
cranium [kræniəm] *s.* craniu.
crank [kræŋk] *s.* manivelă, vinci, maniac.
cranky [kræŋki] *adj.* stricat, firav, excentric.
crash [kræʃ] **I.** *s.* pocnitură, prăbușire, trosnet, zgomot. **II.** *v.i.* a se zdrobi, a se prăbuși, a se ruina. **III.** *v.t.* a distruge, a nimici.
crass [kræs] *adj.* total.
crate ['kreit] *s.* ladă, cușcă.
crave [kreiv] **I.** *v.t.* a cere, a cerși, a dori. **II.** *v.i.* a tânji.
craving [kreiviŋ] *s.* dor, dorință.
crawfish [krɔ:fiʃ] *s.* rac.
crawl [krɔ:l] **I.** *s.* târârc, (înot) craul. **II.** *v.i.* a se târî, a se furișa.
crawler [krɔ:lə] *s.* târâtoare.
crayon ['kreiən] *s.* artă pastel, cărbune de desen.
craze ['kreiz] **I.** *s.* entuziasm, nebunie, modă. **II.** *v.t.* a înnebuni.
craziness [krizinis] *s.* nebunie.
crazy ['kreizi] *adj.* nebun, entuziast, fantezist, șubred.
creak [kri:k] **I.** *s.* scârțâit. **II.** *v.i.* a scârțâi.
cream [kri:m] *s.* caimac, smântână, frișcă, cremă.
crease [kris] **I.** *s.* cută, pliu. **II.** *v.t.* a îndoi, a plisa. **III.** *v.i.* a face cute.
creasy [krisi] *adj.* îndoit.

create [kri'eit] *v.t.* a crea, a produce, a stârni.
creation [kri'eiʃən] *s.* creație.
creative [kri'eitiv] *adj.* creator.
creator [kri:'eitə] *s.* creator.
creature ['kri:tʃə] *s.* ființă, făptură.
crèche [kreʃ] *s.* creșă.
credentials [kri'denʃəlz] *s. pl.* scrisori de acreditare.
credibility [kredibiliti] *s.* credibilitate.
credible ['kredibəl] *adj.* demn de crezare sau încredere.
credit ['kredit] **I.** *s.* crezare, credință, încredere, mândrie, credit, cont, onoare, *ec.*, *fin.* avans; a man of the highest ~ un om de toată cinstea. **II.** *v.t.* a crede, a acorda credit (cuiva).
creditable ['kreditəbəl] *adj.* lăudabil.
creditor [kreditə:] *s.* creditor.
credo [kridou] *s.* crez.
credulity [kridjuliti] *s.* credulitate.
credulous [kredjuləs] *adj.* credul.
creed [kri:d] *s.* crez.
creek [kri:k] *s.* *geogr.* golf, *amer.* pârâu.
creep [kri:p] **I.** *s.* târâre. **II**. *v.i.* a se târî, a se strecura a se înfiora, a se dilata.
creeper ['kri:pə] *s.* plantă agățătoare, insectă târâtoare.
creepy [kripi] *adj.* înspăimântător.
cremate [krimeit] *v.t.* a arde, a incinera.
cremation [krimeiʃən] *s.* incinerare.
crematory [kremətəri] *s.* crematoriu.
crepitate [krepiteit] *v.i.* a pârâi.
crescent ['kresənt] **I.** *s.* semilună, crai-nou, corn. **II.** *adj.* în formă de semilună, crescând.
crest [krest] *s.* creastă, culme.
crest-fallen ['krestfɔ:lən] *adj.* dezamăgit, deprimat, necăjit.
crevice ['krevis] *s.* crăpătură.
crew [kru:] *s.* echipaj, echipă, bandă.
crib [krib] *s.* pat de copil, colibă, căsuță, iesle, fițuică.
cribble [kribəl] *s.* grătar.
crick [krik] *s.* entorsă.
cricket ['krikit] *s.* greier, crichet.
crier [kraiə:] *s.* *ist.* crainic, plângăcios.
crime [kraim] *s.* crimă, delict, ticăloșie.
criminal ['kriminəl] **I.** *s.* criminal. **II.** *adj.* penal, nelegiuit.
crimson ['krimzən] **I**. *s.*, *adj.* stacojiu. **II.** *v.t.*, *v.i.* a (se) înroși.
cringe [krindʒ] *v.i.* a se face mic, a se gudura.
cringer [krindʒə:] *s.* lingușitor.
crinkle [krinkəl] **I.** *s.* încrețitură. **II**. *v.t.* a încreți.
cripple ['kripl] **I.** *s.* infirm, invalid, ciung, șchiop. **II.** *v.t.* a mutila, a schilodi.
crisis ['kraisis] *s.* criză.

crisp [krisp] *adj.* crocant, tare, creț.
criss-cross ['kriskrɔs] *adj.*, *adv.* în zigzag.
criterion [krai'tiəriən] *s.* criteriu.
critic ['kritik] *s.* critic, primejdios, șicanator.
criticism ['kritisizəm] *s.* critică.
criticize ['kritisaiz] *v.t.*, *v.i.* a critica.
critique [kri'ti:k] *s.* critică.
croak [krəuk] **I.** *s.* orăcăit, croncănit. **II.** *v.i.* a orăcăi, a croncăni.
crochet ['krouʃei] **I.** *s.* lucru de mână. **II.** *v.t.*, *v.i.* a croșeta.
crock [krouk] *s.* oală, ciob, mârțoagă, infirm, ratat.
crockery ['krɔkəri] *s.* oale, olărit, ceramică.
crocodile [krɔkədail] *s.* crocodil.
crocus ['kroukəs] *s.* brândușă.
crony ['krouni] *s.* prieten la toartă.
crook [kru:k] **I.** *s.* cârjă, îndoitură, cot, escroc. **II.** *v.t.*, *v.i.* a (se) încovoia.
crooked ['kru:kid] *adj.* strâmb, necinstit.
croon [krun] *v.t.*, *v.i.* a fredona.
crop [krɔp] *s.* recoltă, cultură.
cropper [krɔpə] *s.* plantă care dă mult rod, cădere.
croquet ['kroukei] *s.* (jocul de) crochet.
cross [krɔs] **I.** *s.* cruce, *fig.* necaz, încrucișare, intersecție; *to bear one's ~* a-și purta crucea. **II.** *v.t.* a face semnul crucii, *to keep one's fingers ~ed* a ține pumnii cuiva.
cross-bar ['krɔsbɑ:] *s.* grindă.
cross-bred ['krɔsbred] *adj.* corcit.
cross-breed ['krɔsbrid] *s.* corcitură.
cross-country ['krɔskʌntri] *adj.* pe teren variat.
cross-cut [krɔskʌt] **I.** *s.* secțiune transversală. **II.** *adj.* transversal.
cross-examination [krɔsigzæmi'neiʃən] *s* interogatoriu.
cross-eyed ['krɔsaid] *adj.* sașiu.
cross-fire ['krɔsfair] *s.* loc concentric.
cross-grained ['krɔsgreind] *adj.* neregulat, țâfnos.
crossing ['krɔsiŋ] *s.* trecere, traversare, barieră, pasaj de nivel.
cross-purposes ['krɔspə:pəsiz] *s. pl. to be at ~* a nu se înțelege.
crossroad ['krɔsroud] *s.* drum lateral, *pl.* răscruce.
cross-section ['krɔs secʃən] *s.* tăietură transversală.
crosswise ['krɔswaiz] *adv.* cruciș, de-a curmezișul.
crossword ['krɔswə:d] *s.* cuvinte încrucișate.
crotch ['krɔtʃ] *s.* crăcană.
crotched ['krɔtʃit] *s.* *muz.* pătrime, capriciu, fantezie, *pl.* gărgăuni.
crouch [krautʃ] **I.** *s.* ședere pe vine. **II.** *v.i.* a se ghemui, a ședea pe vine.

crow [krou] **I.** *s.* cioară. **II.** *v.i.* a cârâi.
crowbar [kroubɑ:] *s.* bară de metal, gură de lup.
crowd [kraud] *s.* mulțime, aglomerație.
crowded [kraudid] *adj.* aglomerat, plin.
crown [kraun] *s.* coroană, încoronare.
crowned [kraund] *adj.* încoronat.
crow's-feet [krousfit] *s. pl.* riduri.
crucial ['kru:ʃjəl] *adj.* crucial, esențial.
crucible ['kru:sibəl] *s.* cazan, creuzet, calvar.
crucifix ['kru:ʃifiks] *s.* crucifix, troiță.
crucifixion ['kru:ʃifikʃən] *s.* răstignire.
crucify [krusifai] *v.t.* a răstigni.
crude [kru:d] *adj.* necopt, lipsit de rafinament.
cruel [kruəl] *adj.* sălbatic, chinuitor, nemilos.
cruelty ['kruəlti] *s.* cruzime, barbarie.
cruet [kruət] *s.* sticluță (pentru oțet, untdelemn), *pl.* serviciu de salată.
cruet stand ['kruət stænd] *s.* serviciu de salată.
cruise [kru:z] **I.** *s. mar.* croazieră, călătorie. **II.** *v.i.* a face o croazieră, a naviga.
cruiser [kru:zə] *s.* crucişător.
crumb [krʌm] *s.* firimitură.
crumble ['krʌmbəl] **I.** *v.t.* a fărâmița. **II.** *v.i.* a se fărâmița, a se prăbuşi, a se distruge.
crumpet ['krʌmpit] *s.* gogoaşă, lipie.
crumple ['krʌmpəl] **I.** *v.t.* a îndoi, a mototoli. **II.** *v.i.* a se mototoli, *to ~ up* a se prăbuşi.
crunch [krʌntʃ] **I.** *s.* crănțănit. **II.** *v.t., v.i.* a crănțăni, a strivi.
crusade [kru:'seid] **I.** *s.* cruciadă, acțiune. **II.** *v.i.* a face o cruciadă.
crusader [kru:'seidə] *s.* cruciat.
crush [krʌʃ] **I.** *s.* zdrobire, înghesuială; *to have a ~ on smb.* a fi îndrăgostit de cineva. **II.** *v.t.* a strivi, a mototoli.
crust [krʌst] *s.* crustă, scoarță.
crustacean [krʌs'teiʃən] *s.* crustaceu.
crusty [krʌsti] *adj.* tare, aspru, crocant.
crutch [krʌtʃ] *s.* cârjă, sprijin.
crux [krʌks] *s.* miez (fig.), dificultate, cheie (fig.).
cry [krai] **I.** *s.* strigăt, plânset. **II.** *v.i.* a țipa, a plânge; *to ~ for help* a țipa după ajutor.
crying [kraiŋ] *adj.* urgent, strigător la cer.
crypt [kript] *s.* criptă.
cryptic [kriptik] *adj.* tainic, obscur.
crystal ['kristəl] *s.* cristal.
crystal-clear ['kristəlkliər] *adj.* limpede ca lacrima.
crystalline [kristəlain] *adj.* cristalin.
cub [kʌb] *s.* pui de leu, de urs, de lup.

Cuban [kjubən] *s.*, *adj.* cuban(ă), cubanez(ă).

cube [kjub] **I.** *s.* cub, *adj.* cubic. **II.** *v.t.* a ridica la cub.

cuckoo ['kuku:] *s.* cuc.

cucumber ['kju:kəmbə] *s.* castravete.

cud [kʌd] *s.* rumegat, mestecat, *to chew the* ~ a medita.

cuddle ['kʌdəl] **I.** *v.t.* a strânge în brațe, a cocoli. **II.** *v.i.* a se cuibări.

cudgel ['kʌdʒəl] **I.** *s.* ghioagă. **II.** *v.t.* a ciomăgi.

cue [kju:] *s.* replică, insinuare, indicație.

cuff [kʌf] **I.** *s.* manșetă, palmă, ghiont, cătușă. **II.** *v.t.* a pocni, a pune în cătușe, a pălmui.

cuff-links [kʌfliŋks] *s.* butoni de manșetă.

cull [kʌl] *v.t.* a alege, a culege.

cullender [kʌlində] *s.* strecurătoare.

culminate ['kʌlmineit] *v.i.* a culmina.

culpable ['kʌlpəbəl] *adj.* vinovat.

culprit ['kʌlprit] *s.* vinovat, acuzat.

cultivate ['kʌltiveit] *v.t.* a cultiva, a perfecționa.

cultivation [kʌlti'veiʃən] *s.* cultivare, cultură, rafinament.

cultivator [kʌlti'veitə] *s.* cultivator, mașină de plivit.

culture ['kʌltʃə] *s.* agricultură, cultură.

cultured ['kʌltʃəd] *adj.* cult, binecrescut, rafinat.

cumber [kʌmbə] *v.t.* a împovăra.

cumbersome, cumbrous ['kʌmbəsəm] *adj.* obositor, incomod, apăsător

cumulate [kjumjuleit] *v.t.* a cumula.

cuneiform [kjunifɔm] *adj.* cuneiform.

cunning ['kʌniŋ] *s.* viclenie, îndemânare.

cup [kʌp] *s.* ceașcă, cupă, pahar.

cupbearer [kʌpbεərə] *s.* paharnic.

cupboard ['kʌbəd] *s.* dulap.

cupboard-love ['kʌbədlʌv] *s.* dragoste interesată.

cupful ['kʌpfʌl] *s.* (cât încape într-o) ceașcă, cupă.

cupidity [kju'piditi] *s.* lăcomie.

cur [kə:r] *s.* javră.

curable [kju:rəbəl] *adj.* vindecabil.

curate ['kju:rit] *s.* diacon.

curator ['kju:ritə] *s.* custode, îngrijitor.

curb [kə:b] **I.** *s.* frâu, bordură. **II.** *v.t.* a ține în frâu.

curd [kə:d] *s.* lapte bătut, *pl.* brânză de vaci.

curdle ['kədəl] **I.** *v.t.* a coagula. **II.** *v.i.* a se coagula.

cure [kjuə] *s.* cură, remediu, vindecare.

curfew ['kə:fju:] *s.* stingerea focurilor, interzicerea circulației pe întuneric.

curio ['kjuəriou] *s.* bibelou, obiect de artă, *pl.* antichități, curiozități.

curiosity [kjuəri'ɔsiti] *s.* curiozitate, bibelou.
curious ['kjuəriəs] *adj.* curios.
curl [kə:l] **I.** *s.* buclă, sul. **II.** *v.t.* a ondula părul.
curlicue [kəlikju] *s.* parafă.
curl paper [kə:lpeipə] *s.* papiotă, *pl.* moațe, bigudiuri.
curly [kəli] *adj.* creț.
curmudgeon [kə:mʌdʒən] *s.* zgârie-brânză.
currant ['kʌrənt] *s.* stafidă.
currency ['kʌrənsi] *s.* răspândire, frecvență, universalitate, monedă, valută.
current ['kʌrənt] **I.** *s.* curent, curs, tendință, drum. **II.** *adj.* curent.
curriculum [kə'rikjuləm] *s.* programă.
currish [kə'riʃ] *adj.* grosolan, mizerabil.
curry ['kʌri] *s.* curry.
curse [kə:s] **I.** *s.* blestem, injurie. **II.** *v.t.*, *v.i.* a blestema, a înjura.
cursed [kəst] *adj.* blestemat.
cursory ['kə:sri] *adj.* fugar.
curt [kə:t] *adj.* scurt, repezit.
curtail [kə:'teil] *v.t.* a ciunti, a reduce.
curtailment [kə:'teilmənt] *s.* ciuntire, limitare.
curtain ['kə:tən] *s.* perdea, cortină, paravan; *to draw the ~s* a trage perdelele, *to lift the ~* a ridica cortina, *behind the ~s* în culise.
curtsey ['kə:tsi] **I.** *s.* reverență. **II.** *v.i.* a face o plecăciune.
curvature ['kə:vətʃə] *s.* curbură.
curve [kə:v] **I.** *s.* curbă, cot, arc. **II.** *v.t.*, *v.i.* a (se) îndoi, a (se) curba.
cushion ['kəʃən] *s.* pernă de sprijin, perniță.
cusp [kʌsp] *s.* vârf, pisc.
custard ['kʌstəd] *s.* cremă de ouă.
custodian [kʌstoudiən] *s.* custode, îngrijitor.
custody ['kʌstədi] *s.* custodie, pază, închisoare.
custom ['kʌstəm] *s.* datină, obicei, clientelă, *pl.* vamă.
customary ['kʌstəməri] *adj.* obişnuit.
customer ['kʌstəmə] *s.* client, individ.
custom-house ['kʌstəmhaus] *s.* (post de) vamă.
cut [kʌt] **I.** *s.* tăietură, reducere, tunsoare, scurtătură. **II.** *adj.* tăiat, tuns. **III**. *v.t.* a tăia, a reteza, a tunde; *to ~ into pieces* a tăia în bucățele.
cutback [kʌt bæk] *s.* retezare.
cute [kjut] *adj.* isteț, *amer.* nostim, plăcut.
cuticle [kjutikəl] *s.* cuticulă.
cutlery ['kʌtləri] *s.* cuțite, tacâmuri.
cutlet ['kʌtlit] *s.* cotlet.
cutter ['kʌtə] *s.* tăietor, croitor, *mar.* cuter, barcă.
cutthroat ['kʌtθrout] **I.** *s.* asasin. **II.** *adj.* înspăimântător.
cutting ['kʌtiŋ] *s.* tăietură, canal, trecătoare, butaş, *fig.* tăios.

cuttlefish ['kʌtəlfiʃ] *s.* sepie.
cycle ['saikəl] *s.* ciclu, veac, bicicletă.
cycling ['saikliŋ] *s.* ciclism.
cyclist ['saiklist] *s.* (bi)ciclist.
cyclone ['saikloun] *s.* ciclon.
cyclop(a)edia [saiklə'pi:djə] *s.* enciclopedie.
cider [saidə] *s.* cidru.
cylinder ['silində] *s.* cilindru.
cymbals ['simbəls] *s. pl. muz.* talgere.
cynic ['sinik] *s.* cinic.
cynical ['sinikəl] *adj.* cinic.
cynicism ['sinisizəm] *s.* cinism.
cypress ['saipres] *s.* chiparos.
czar [zɑ:] *s.* țar.
Czech [tʃek] *s.*, *adj.* ceh(ă), cehoslovac(ă).

D

D [di:] *s.* D, d, (nota) re.
dab [dæb] **I.** *s.* atingere. **II.** *v.t.* a atinge (uşor).
dabble ['dæbl] **I.** *v.t.* a stropi. **II.** *v.i.* a se bălăci, a se afla în treabă.
dabby [dæbi] *adj.* umed, jilav.
dad(dy) [dæd(di)] *s.* tăticu.
daffodil ['dæfədil] *s.* narcisă galbenă.
dagger ['dægə] *s.* hanger, pumnal.
dahlia ['deiljə] *s.* dalie.
daily ['deili] *s.*, *adj.*, *adv.* cotidian.
dainty ['deinti] **I.** *s.* delicatesă, *pl.* delicatese. **II.** *adj.* delicat, savuros, nostim.
dairy ['dɛəri] *s.* lăptărie.
dairy-farm ['dɛərifɑ:m] *s.* fermă de lapte.
dairy maid [dɛəri meid] *s.* lăptăreasă.
dais [deiis] *s.* estradă, podium.
daisy [deizi] *s.* margaretă.
dalliance ['dæliəns] *s.* pierdere de timp, joacă.
dally ['dæli] *v.i.* a se juca, a zăbovi.
dam [dæm] **I.** *s.* zăgaz, baraj; femelă. **II.** *v.t.* a reţine, a stăvili.

damage ['dæmidʒ] **I.** *s.* pagubă, *pl.* daune. **II.** *v.t.* a strica, a defecta.
dame [deim] *s.* baroneasă, artistă emerită.
damn [dæm] *v.t.* a sili, a blestema, a condamna.
damnable [dæmnəbl] *adj.* condamnabil.
damnation ['dæmneiʃən] *s.* osândire.
damp [dæmp] **I.** *s.* umezeală, igrasie. **II.** *adj.* umed, climat ploios. **III.** *v.t.* a umezi.
dampness [dæmpnis] *s.* umiditate.
dance [dɑ:ns] **I.** *s.* dans, joc. **II.** *v.t.*, *v.i.* a dansa.
dancer ['dɑ:nsə] *s.* dansator, balerin(ă).
dancing [dɑ:nsiŋ] *s.* dans, balet.
dandelion ['dændilaiən] *s.* păpădie.
dandruff ['dændrəf] *s.* mătreață.
dandy ['dændi] *s.* filfizon.
Dane [dein] *s.* danez(ă).
danger ['deindʒə] *s.* primejdie, apostrofare; *a ~ to* o amenințare pentru.
dangerous ['deindʒərəs] *adj.* primejdios.
dangle ['dæŋgəl] *v.t.*, *v.i.* a (se) legăna, a (se) bălăngăni, *to ~ after smb.* a se ține (scai) de cineva.
Danish ['deiniʃ] **I.** *s.* (limba) daneză. **II.** *adj.* danez(ă).
dank [dæŋk] *adj.* umed.
dapper ['dæpə] *adj.* îngrijit.
dappled ['dæpld] *adj.* bălțat.
dare [dɛə] **I.** *v.t.* a îndrăzni, a cuteza, *I ~ say that* cred că. **II.** *v.i.* a fi îndrăzneț, curajos.
dare-devil [dɛədevəl] **I.** *s.* aventurier temerar. **II.** *adj.* foarte riscant, nesăbuit.
daring ['dɛəriŋ] *adj.* îndrăzneț.
dark [dɑ:k] **I.** *s.* întuneric, ignoranță. **II.** *adj.* întunecat, oacheș, tainic.
darken [dɑ:kən] *v.t.*, *v.i.* a (se) întuneca.
darkness [daknis] *s.* întuneric.
darling ['dɑ:liŋ] **I.** *s.* iubit(ă). **II.** *adj.* drăguț. **III.** *interj.* dragă!
darn [dɑ:n] *v.t.*, *v.i.* a țese, a cârpi.
dart [dɑ:t] **I.** *s.* suliță, săgeată, izbucnire. **II.** *v.t.* a arunca, a scoate. **III.** *v.i.* a țâșni, a merge ca săgeata.
dash [dæʃ] **I.** *s.* izbucnire, țâșnire, plescăit, izbitură, picătură, *at a ~* repede. **II.** *v.t.* a arunca, a izbi. **III.** *v.i.* a țâșni, a se repezi, a goni.
dashing ['dæʃiŋ] *adj.* îndrăzneț, vioi, elegant, chipeș.
dastard ['dæstəd] *s.* laș, ticălos.
data ['deitə] *s. pl.* date, realități.
date [deit] **I.** *s.* curmală; dată, zi, perioadă, *to make a ~* a fixa o întâlnire, *up to ~* la zi. **II.** *v.t.* a data.
dated [deitid] *adj.* datat.
daub [dɔ:b] **I.** *s.* strat, pictură, pată. **II.** *v.t.*, *v.i.* a murdări, a

picta prost, a mâzgăli, a tencui.

daughter ['dɔ:tə] *s.* fiică.

daughter-in -law ['dɔ:təinlɔ:] *s.* noră.

daunt [dɔ:nt] *v.t.* a intimida, a înfricoşa.

dauntless ['dɔ:ntlis] *adj.* neînfricat.

dawdle ['dɔ:dl] **I.** *v.t. to ~ away* a irosi (timpul). **II.** *v.i.* a pierde vremea.

dawn [dɔ:n] **I.** *s.* zori, dimineaţă, *fig.* început, răsărit. **II.** *v.i.* a se crăpa de ziuă.

day [dei] *s.* zi, lumină, epocă, eveniment; *the ~ after tomorrow* poimâine, *the other ~* deunăzi, *one of these ~s* într-una din zilele acestea, *~ by ~* zi după zi, *to take a ~ off* a-şi lua o zi liberă, *every ~* în fiecare zi, *two times a ~* de două ori pe zi, *to carry the ~* a ieşi victorios, *to call it a ~* a ajunge pentru ziua respectivă, a termina.

daybreak [deibreik] *s.* revărsatul zorilor.

day-dream [deidri:m]. visare.

daylight [deilait] *s.* lumina zilei.

daze [deiz] **I.** *s.* uluire. **II.** *v.t.* a orbi, a zăpăci, a ului.

dazzle ['dæzl] *v.t.* a orbi, a lua ochi.

deacon ['di:kən] *s.* diacon.

dead [ded] **I.** *s. the ~* morţii, *the ~ of night* miezul nopţii. **II.** *adj.* mort, stins.

deaden ['dedn] *v.t.* a amorţi, a lina, a amortiza.

dead end [ded end] *s.* fundătură.

deadline [dedlain] *s.* hotar, limită, termen limită.

deadlock ['dedlɔk] *s.* impas.

deadly ['dedli] *adj., adv.* mortal.

deaf [def] *adj.* surd.

deafen ['defən] *v.t.* a asurzi.

deafness [defnis] *s.* surzenie.

deal [di:l] *s.* cantitate, afacere, învoială.

dealer ['di:lə] *s.* negustor, jucător care împarte cărţile.

dealing [di:liŋ] *s.* atitudine, legătură, afacere.

dean [di:n] *s.* arhimandrit, decan.

dear [diə] *s., adj., adv.* scump, *my ~* dragul meu, *Dear Mr.* Stimate Domn.

dearly [diəli] *adv.* scump, foarte mult.

dearness [diənis] *s.* scumpete, afecţiune.

dearth [diəθ] *s.* lipsă.

death [deθ] *s.* moarte, sfârşit.

death-rate [deθreit] *s.* mortalitate.

debark [dibak] *v.t.* a debarca.

debase [di'beis] *v.t.* a înjosi, a strica.

debatable [di'beitəbəl] *adj.* discutabil, în discuţie.

debate [di'beit] **I.** *s.* dezbatere, discuţie. **II.** *v.t., v.i.* a discuta.

debauch [di'bɔ:tʃ] **I.** *s.* desfrâu. **II.** *v.t.* a corupe, a strica.

debauchery [di'bɔ:tʃəri] *s.* desfrâu.
debenture [dibentʃə:] *s.* titlu de creanță.
debility [di'biliti] *s.* debilitate.
debit ['debit] *s.* sold debitor, debit.
debonair ['debənɛə] *adj.* vesel, plăcut, binevoitor.
debris [debris] *s.* moloz, ruină.
debt [det] *s.* datorie (bănească).
debtor [detə] *s.* datornic.
debut [deibu:] *s.* debut.
decade ['dekeid] *s.* deceniu.
decadence ['dekədəns] *s.* decadență.
decamp [dikæmp] *v.i.* a pleca, a fugi.
decant [di'kænt]*v.t.* a turna.
decanter [di'kæntə] *s.* carafă.
decapitate [dikæpiteit] *v.t.* a decapita.
decay [di'kei] **I.** *s.* hoit, stricăciune, carie, putrezire. **II.** *v.i.* a putrezi, a se descompune, a se strica.
decease [di'si:s] **I.** *s.* deces. **II.** *v.i.* a deceda.
deceit [di'si:t] *s.* înşelăciune, prefăcătorie.
deceitful [di'si:tful] *adj.* mincinos, necinstit, fals.
deceive [di'si:v] *v.t.* a păcăli, a dezamăgi, a înşela.
deceiver [disivə:] *s.* înşelător.
December [di'sembə] *s.* decembrie.
decency ['disənsi] *s.* decență, sfială, îndoială.
decent ['disənt] *adj.* decent, potrivit, cumsecade.
deception [di'sepʃən] *s.* decepție, înşelăciune, pungăşie.
deceptive [di'septiv] *adj.* înşelător.
decide [di'said] *v.t.*, *v.i.* a (se) hotărî.
decidedly [disaididli] *adv.* fără doar şi poate.
deciduous [di'sidjuəs] *adj.* cu frunze căzătoare.
decimal ['desıməl] *adj.* zecimal.
decimate [desimeit] *v.t.* a decima.
decimation [desimeiʃən] *s.* decimare.
decipher [di'saifə] *v.t.* a descifra.
decision [di'siʒən] *s.* hotărâre.
decisive [di'saisiv] *adj.* hotărât(or).
deck [dek] **I.** *s.* *mar.* punte. **II.** *v.t.* a împodobi, a înveseli.
deck-chair [dektʃʒə] *s.* şezlong.
declaim [di'kleim] *v.t.*, *v.i.* a declama.
declamation [deklə`meʃən] *s.* declamație, cuvântare.
declaration [deklə'reiʃən] *s.* declarație.
declare [di'klɛə] *v.t.*, *v.i.* a (se) declara.
declension [di'klenʃən] *s.* declinare.

decline [di'klain] **I.** *s.* declin, epuizare. **II.** *v.t.* a declina, a refuza. **III.** *v.i.* a apune.
declivity [di'kliviti] *s.* pantă.
declutch [di'klʌtʃ] *v.i.* a debreia.
decompose [di:kəm'pouz] *v.t.*, *v.i.* a (se) descompune.
decontaminate [dikəntæmineit] *v.t.* a decontamina.
decorate ['dekəreit] *v.t.* a zugrăvi (o casă), a decora.
decoration [dekə'reiʃən] *s.* împodobire, podoabă, decorație.
decorative [dekərətiv] *adj.* decorativ.
decorous ['dekərəs] *adj.* decent, demn, de bun gust.
decorticate [dikɔtikeit] *v.t.* a decortica.
decorum [di'kɔrəm] *s.* decență, purtare aleasă, *pl.* conveniențe.
decoy ['dikɔi] **I.** *s.* momeală, capcană, provocator. **II.** *v.t.* a momi.
decrease[1] ['di:kri:s] *s.* scădere, declin.
decrease[2] ['di:kri:s] *v.t.*, *v.i.* a scădea, a (se) împuțina.
decree [di'kri:] **I.** *s.* decret. **II.** *v.t.* a decreta, a porunci.
decrepit [di'krepit] *adj.* îmbătrânit, ramolit.
decry [dikrai] *v.t.* a defăima, a minimaliza.
dedicate to ['dedikeit tə] *v.t.* a consacra.
dedication [dedikeiʃən] *s.* dedicare, consacrare.
deduce [didju:s] *v.t.* a deduce.
deductive [di'dʌktive] adj. deductiv.
deduction [di'dʌkʃən] *s.* scădere, deducție.
deed [di:d] *s.* acțiune, act, faptă.
deem [di:m] *v.t.* a considera.
deep [di:p] *adj.* adânc, profund, întunecat.
deepen [di:pn] *v.t.*, *v.i.* a (se) adânci.
deeply [dipli] *adv.* adânc.
deer [diə] *s.* cerb(i), căprioară.
defalcate [defæl:keit] *v.t.* a delapida.
defamation [defəmeiʃən] *s.* defăimare.
defame [di'feim] *v.t.* a defăima.
default [di'fɔ:lt] **I.** *s.* lipsă, absență, contumacie. **II.** *v.t.* a nu îndeplini o obligație. **III.** *v.i.* *fin.* a întârzia cu plata, *jur.* a nu se prezenta la proces.
defeat [di'fi:t] **I.** *s.* înfrângere, *jur.* anulare. **II.** *v.t.* a învinge, a birui.
defect [difect] *s.* defect, cusur.
defection [difekʃən] *s.* defecțiune.
defective ['di:fektiv] *adj.* deficient, imperfect.
defence [di'fens] *s.* apărare, protecție, apologie.
defenceless [difənslis] *adj.* fără apărare, sărman.
defend [di'fend] *v.t.* a apăra, a proteja.

defendant [di'fendənt] *s.* acuzat.
defender [di'fendə] *s.* apărător.
defensive [di'fensiv] **I.** *s.* defensivă, apărare. **II.** *adj* defensiv.
defer [di'fə:] *v.t.* a amâna, a întârzia.
deference ['defrəns] *s.* respect, cedare, ascultare.
deferential [defə'renʃəl] *adj.* respectuos.
deferment [difəmənt] *s.* amânare.
defiance [di'faiəns] *s.* sfidare, abatere.
defiant [di'faiənt] *adj.* sfidător.
deficiency [di'fiʃənsi] *s.* lipsă.
deficient [difiʃənt] *adj.* insuficient.
defile [di'fail] *v.t.* a pângări, a spurca, a murdări.
define [di'fain] *v.t.* a defini.
definite ['definit] *adj.* hotărâtor, clar.
definitely [definitli] *adv.* precis, categoric.
definition [defi'niʃən] *s.* definiție, definire.
deflate [di'fleit] *v.t.* a dezumfla, a reduce.
deflect [di'flekt] *v.t.*, *v.i.* a (se) abate.
deflection [diflekʃən] *s.* deviere.
deforestation [difɔresteiʃən] s. despădurire.
deform [di'fɔ:m] *v.t.* a deforma, a poci.
deformity [di'fɔmiti] *s.* diformitate.
defraud [difrɔd] *v.t.* a escroca, a înşela.
defrayment [difreimənt] *s.* plată.
defrost [difrɔst] *v.t.* a decongela.
deft [deft] *adj.* abil.
defunction [difʌŋkʃən] *s.* deces.
defy [di'fai] *v.t.* a sfida, a înfrunta, a învinge.
degenerate[1] [di'dʒənəreit] *adj.* decăzut, degenerat.
degenerate[2] [di'dʒənəreit] *v.i.* a degenera.
degrade [di'dgreid] *v.t.* a degrada.
degradation [degrə'deiʃən] *s.* degradare, decădere.
degree [di'gri:] *s.* grad, rang, *by ~s* treptat.
dehydrate [dihaidreit] *v.t.* a deshidrata.
deify ['deifai] *v.t.* a diviniza.
deign [dein] *v.t.*, *v.i.* a catadicsi.
deity ['deiti] *s.* zeitate.
deject [didʒekt] *v.t.* a demoraliza, a descuraja.
dejection [di'dʒekʃən] *s.* tristețe, deprimare.
delay [di'lei] **I.** *s.* întârziere, răgaz. **II.** *v.t.* a întârzia, a mâna.
delegate[1] ['deligeit] *s.* delegat.
delegate[2] ['deligeit] *v.t.* a delega, a încredința.
delegation [deli'geiʃən] *s.* delegație, delegare.
delete [di'li:t] *v.t.* a şterge (cuvinte).

deletion [di'li:ʃən] *s.* ştersătură, ştergere.
deliberate [di'libərit] **I.** *adj.* intenţionat, bine chibzuit, deliberate. **II.** *v.t.*, *v.i.* a delibera, a (se) consulta.
deliberately [di'libəritli] *adv.* anume, cu grijă.
deliberation [di'libəritʃən] *s.* grijă, intenţie, deliberare.
delicacy ['delikəsi] *s.* delicateţe, slăbiciune, trufanda.
delicate ['delikit] *adj.* delicat, fin, graţios.
delicious [di'liʃəs] *adj.* delicios.
delight [di'lait] **I.** *s.* încântare, plăcere, mulţumire. **II.** *v.t.* a încânta. **III.** *v.i.* *to ~ in* a savura.
delighted [dilaitid] *adj.* încântat, fericit.
delightful [di'laitfəl] *adj.* fermecător, minunat.
delimit [di'limit] *v.t.* a delimita.
delimitation [delimiteiʃən] *s.* delimitare.
delineate [di'linieit] *v.t.* a descrie, a desena.
delinquency [di'liŋkwənsi] *s.* criminalitate.
delinquent [di'liŋkwənt] *s.* delicvent.
delirious [di'liriəs] *adj.* în delir.
deliver [di'livə] *v.t.* a furniza, a oferi, a preda, a da, a dezrobi, a zice.
deliverance [di'livərəns] *s.* eliberare, izbăvire, declaraţie.
delivery [di'livəri] *s.* predare, furnitură, transport, pronunţare.
delude [di'lu:d] *v.t.* a înşela.
delusion [di'lu:ʒən] *s.* înşelare, iluzie.
delusive [di'lu:siv] *adj.* înşelător, iluzoriu.
delve [delv] *v.t.*, *v.i.* a săpa, a analiza.
demand [di'mɑ:nd] **I.** *s.* cerere, pretenţie, revendicare. **II.** *v.t.* a cere.
demarcate [dimakeit] *s.* demarcare.
demarcation [di:mɑ:'keiʃən] *s.* demarcaţie.
demean [di'mi:n] *v.r.* a se înjosi.
demeanour [di'mi:nə] *s.* comportare.
demented [di'mentid] *adj.* nebun, înnebunit.
demigod ['demigɔd] *s.* semizeu.
demise [di'maiz] *s.* deces.
demission [dimiʃən] *s.* demitere.
demiurge [demiədʒ] *s.* demiurg.
democracy [di'mɔkrəsi] *s.* democraţie.
democratic ['demɔkrætik] *adj.* democrat.
demographic ['di:mou'græfik] *adj.* demografic.
demolish [di'mɔliʃ] *v.t.* a dărâma, a distruge.
demolition [demo'liʃən] *s.* dărâmare, ruină.
demon ['di:mən] *s.* demon.

demonstrate ['demənstreit] *v.t.*, *v.i.* a demonstra, a exprima.
demonstration [demons'treiʃən] *s.* demonstrație, manifestație.
demonstrative [dimɔnstrətiv] *adj.* demonstrativ, expansiv, vizibil.
demoralize [dimɔrəlaiz] *v.t.* a demoraliza, a corupe.
demur [di'mə:] **I.** *s.* obiecție, îndoială, ezitare. **II.** *v.i.* a șovăi, a ezita.
demure [di'mju:ə] *adj.* serios, cuminte, schimbat.
den [den] *s.* vizuină, tavernă.
denial [di'naiəl] *s.* negare, refuz.
denigrate [denigreit] *v.t.* a denigra.
denigration [denigreiʃən] *s.* denigrare.
denominate [dinɔmineit] *v.t.* a (de)numi.
denomination [dinɔmi'neiʃən] *s.* nume, numire, categorie, sectă.
denotation [dinouteiʃən] *s.* denotație.
denote [di'nout] *v.t.* a indica, a desemna.
denounce [dinauns] *v.t.* a acuza.
dense [dens] *adj.* dens.
density ['densiti] *s.* densitate.
dentist ['dentist] *s.* dentist.
dentistry ['dentistri] *s.* odontologie.
denture [dentʃə] *s.* dantură falsă.
denude [denju:d] *v.t.* a dezveli.
denunciation [dinΛnsi'eiʃən] *s.* denunț(are).
deny [di'nai] *v.t.* a nega, a refuza.
depart [di'pɑ:t] *v.i.* a pleca, a se abate, a răposa.
department [di'pɑ:tmənt] *s.* despărțitură, departament, facultate.
department store [di'pɑ:tmənt stɔ:] *s.* magazin universal.
departure [di'pɑ:tʃə] *s.* plecare, abatere.
depend [di'pend] *v.i.* a se bizui, a depinde.
dependable [di'pendəbəl] *adj.* de nădejde.
dependence [di'pendəns] *s.* dependență, încredere.
dependency [di'pendənsi] *s.* colonie.
dependent [di'pendənt] **I.** *s.* întreținut. **II.** *adj.* dependent, servil.
depersonalize [dipəsɔnəlaiz] *v.t.* a depersonaliza.
depict [di'pikt] *v.t.* a descrie.
depilate [depileit] *v.t.* a depila.
deplenish [dipleniʃ] *v.t.* a goli.
deplete [di'pli:t] *v.t.* a goli.
deplore [di'plɔ:] *v.t.* a deplânge.
deploy [di'plɔi] *s.* desfășurare.
depopulate [dipɔpjuleit] *v.t.* a depopula.
deport [di'pɔ:t] *v.t.* a deporta.
deportation [di'pɔ:təʃən] *s.* deportare.
depose [di'pouz] *v.t.* a demite, a debarca, a detrona.

deposit [di'pɔzit] **I.** *s.* depunere, depozit. **II.** *v.t.* a depune, a înmagazina.
deposition [depə'ziʃən] *s.* depunere, depoziţie.
depositor [di'pɔzitə] *s.* depunător.
depot [di'pot] *s.* depozit, depou, *amer.* gară.
depraved [di'preivd] *adj.* depravat.
depravity [di'præviti] *s.* depravare, ticăloşie.
depreciate [di'priʃieit] *v.t.*, *v.i.* a (se) deprecia.
depredation [depri'deiʃən] *s.* prădăciune, devastare.
depress [di'pres] *v.t.* a deprima.
depression [di'preʃən] *s.* depresiune.
deprive [di'praiv] *v.t.* a priva.
depth [depθ] *s.* adâncime, adânc.
deputation [depju:'teiʃən] *s.* delegaţie.
depute [dipjut] *v.t.* a delega.
deputy ['depjuti] *s.* adjunct, delegat.
derail [di'reil] **I.** *v.t.* a face să deraieze. **II.** *v.i.* a deraia.
derange [di'reindʒ] *v.t.* a deranja, a tulbura.
deranged [direindʒd] *adj.* deranjat, în dezordine.
derangement [di'reindʒmənt] *s.* deranj(ament), nebunie.
derby ['da:bi] *s.* gambetă.
derelict ['derilikt] *adj.* părăsit, dărăpănat.
deride [diraid] *v.t.* a ridiculiza.
derision [di'riʒən] *s.* batjocură.
derisive [di'raisiv] *adj.* batjocoritor.
derivation [deri'veiʃən] *s.* derivare, origine.
derivative [deri'vətiv] *s.* derivat.
derive [di'raiv] **I.** *v.t.* a obţine. **II.** *v.i.* a proveni, a decurge.
derogatory [di'rɔgətəri] *adj.* nefavorabil, peiorativ.
derrick ['derik] *s.* macara.
descale [diskeil] *v.t.* a coji.
descend [di'send] **I.** *v.t.* a coborî. **II.** *v.i.* a coborî, a se trage, a se năpusti.
descendant [di'sendənt] *s.* urmaş.
descent [di'sent] *s.* coborâre, origine, atac.
describe [dis'kraib] *v.t.* a descrie, a înfăţişa.
description [dis'kripʃən] *s.* descriere, relatare, fel.
desecrate ['desikreit] *v.t.* a pângări, a înjosi.
desert[1] [di'zə:t] **I.** *s.*, *adj.* pustiu. **II.** *v.t.* a părăsi.
desert[2] [di'zə:t] **I.** *s.* merit, răsplată. **II.** *v.i.* a dezerta.
deserted [dizətid] *adj.* părăsi, pustiu.
deserter [di'zə:tə] *s.* dezertor.
desertion [di'zə:ʃən] *s.* dezertare, părăsire.
deserve [di'zə:v] *v.t.* a merita, a câştiga prin trudă.
deservedly [di'zə:vidli] *adj.* pe merit.
design [di'zain] **I.** *s.* desen, plan. **II.** *v.t.* a desena, a proiecta.

designate ['dezigneit] *v.t.* a desemna, a indica, a numi.
designation ['dezigneiʃən] *s.* numire.
designer [di'zainə] *s.* desenator, proiectant.
designing [di'zainiŋ] *s.* proiectare, desen.
desirable [di'zaiərəbəl] *adj.* dezirabil, de dorit.
desire [di'zaiə] **I.** *s.* dorință. **II.** *v.t.* a dori, a cere.
desirous [di'zaiərəs] *adj.* doritor.
desist [di'zist] *v.i.* *to ~ from* a înceta (să).
desk [desk] *s.* pupitru, birou, catedră, *com.* casă.
desolate[1] ['desəlit] *adj.* pustiu, părăsit, deznădăjduit.
desolate[2] ['desəlit] *v.t.* a pustii, a întrista.
despair [di'spɛə] **I.** *s.* deznădejde, tristețe. **II.** *v.i.* a fi deznădăjduit.
desperate ['despərit] *adj.* disperat, nesăbuit, fără speranță.
despicable ['despikəbəl] *adj.* mizerabil, vrednic de dispreț.
despise [di'spais] *v.t.* a disprețui.
despite [di'spait] *prep.* în ciuda.
despondency [dis'pəndənsi] *s.* deznădejde.
despondent [dis'pəndənt] *adj.* desperat, nenorocit.
dessert [di'zə:t] *s.* fructe, desert, *amer.* prăjituri, dulce.
destination [desti'neiʃən] *s.* destinație.
destine ['destin] *v.t.* a destina, a soroci.
destiny ['destini] *s.* destin.
destitute ['destitju:t] *adj.* nevoiaş, nenorocit.
destitution [desti'tju:ʃən] *s.* sărăcie, lipsuri.
destroy [dis'trɔi] *v.t.* a nimici, a ucide.
destroyer [dis'trɔiə:] *s.* distrugător.
destruction [dis'trʌkʃən] *s.* distrugere, exterminare.
desultory ['desəltəri] *adj.* dezordonat, bezmetic.
detach [di'tætʃ] *v.t.* a desprinde, a detaşa.
detachable [di'tætʃəbəl] *adj.* separabil.
detachment [di'tætʃmənt] *s.* detaşament, detaşare, independență.
detail [di'teil] *s.* amănunt.
detain [di'tein] *v.t.* a deține, a păstra.
detect [di'tekt] *v.t.* a descoperi, a detecta.
detective [di'tektiv] *s.* detectiv.
detention [di'tenʃən] *s.* reținere, detențiune.
deter [di'tə:] *v.t.* a împiedica, a reține, a opri.
deteriorate [di'təriəreit] *v.t.*, *v.i.* a (se) înrăutăți.
deterioration [ditəriɔreiʃən] *s.* deteriorare, stricare.
determinate [di'tə:mineit] *adj.* determinat, precis.
determination [ditəmi'neiʃən] *s.* hotărâre, determinare.

determinative [di'tə:minətiv] *s., adj.* determinant.
determine [di'tə:min] **I.** *v.t.* a hotărî, a determina, a stabili. **II.** *v.i.* a se hotărî.
determined [di'tə:mind] *adj.* hotărât.
determiner [ditə:minə] *s.* determinant.
detest [di'test] *v.t.* a detesta.
detestation [di'testeiʃən] *s.* ură, oroare.
dethrone [di'θroun] *v.t.* a detrona.
detonate [detɔneit] *v.t.* a detona.
detour ['dituə] *s.* întoarcere, ocol.
detract [di'trækt] *v.t.* a defăima.
detraction [ditrækʃən] *s.* diminuare.
detrimental [detri'mentəl] *adj.* dăunător.
devaluate [divælju:eit] *v.t.* a devaloriza.
devaluation [divælju:eiʃən] *s.* devalorizare.
devastate ['devəsteit] *v.t.* a pustii.
develop [di'veləp] *v.t.* a dezvolta, a manifesta, a produce.
development [di'velɔpmənt] *s.* dezvoltare, creştere, evoluţie.
deviate ['di:vieit] *v.i.* a se abate.
device [di'vais] *s.* mecanism, plan, intenţie, şmecherie, dorinţă.
devil ['devl] *s.* drac, ticălos, nenorocit, infernal.
devious ['diviəs] *adj.* ocolit, necinstit.
devise [di'vaiz] *v.t.* a născoci.
devoid [di'vɔid] *adj.* ~ *of* lipsit de.
devolve [di'vɔlv] *v.t.* a transfera.
devote [di'vout] *v.t.* a dedica.
devoted [di'voutid] *adj.* devotat, credincios.
devotion [di'vouʃən] *s.* dragoste, devotament, *pl.* rugăciuni.
devour [di'vauə] *v.t.* a devora, a chinui.
devout [di'vaut] *adj.* pios, serios, loial.
dew [dju:] *s.* rouă.
dewy ['dju:i] *adj.* înrourat.
dexterous ['dekstrəs] *adj.* îndemânatic.
diabetes [daiə'bi:tis] *s.* diabet.
diadem ['daiədem] *s.* diademă, coroniţă.
diagnosis [daiəg'nousis] *s.* diagnostic.
dial ['daiəl] *s.* cadran, disc.
dialectic(al) ['daiəlectik(əl)] *adj.* dialectic.
dialogue ['daiəlɔg] *s.* dialog.
diameter [dai'æmitə] *s.* diametru.
diametrically [daiə'metrikəli] *adv.* diametrical, total.
diaper [daipə:] *s.* scutec, şervet.
diarrhoea [daiə'riə] *s.* diaree.
diary ['daiəri] *s.* agendă, jurnal (intim).

dice [dais] **I.** *s. pl.* zaruri. **II.** *v.i.* a juca zaruri.
dictate ['dikteit] **I.** *s.* dictat, îndemn. **II.** *v.t., v.i.* a dicta.
dictation [dik'teiʃən] *s.* dictare.
dictator [dik'teitə] *s.* dictator.
dictatorship [dik'teitəʃip] *s.* dictatură.
dictionary ['dikʃənəri] *s.* dicționar.
did ['did] *pret.* de la do.
die [dai] *s.* zar, matriță, perforator.
die-hard [daiha:d] *s.* încăpățânat, tradiționalist, învechit.
diet ['daiət] *s.* dietă, regim.
differ ['difə] *v.i.* a se deosebi, a nu se înțelege.
difference ['difərəns] *s.* diferență, deosebire, dezacord.
different ['difərənt] *adj.* diferit, separat.
differentiate [difə'renʃieit] *v.t., v.i.* a (se) diferenția, a (se) deosebi.
difficult ['difikəlt] *adj.* dificil, neplăcut.
difficulty ['difikəlti] *s.* dificultate, opoziție.
diffident ['difidənt] *adj.* neîncrezător.
diffuse[1] [di'fju:s] *adj.* difuz, neclar.
diffuse[2] [di'fju:s] *v.t., v.i.* a (se) difuza, a propaga.
dig [dig] *s.* ghiont, ironie.
digest[1] ['daidʒest] *s.* rezumat, prezentare trunchiată.
digest[2] ['daidʒest] **I.** *v.t.* a digera, a înțelege, a suporta. **II.** *v.i.* a mistui.
digestion ['daidʒestʃən] *s.* digestie.
digging ['digiŋ] *s.* mină, *pl.* locuință.
dignified ['dignifaid] *adj.* demn.
dignify ['dignifai] *v.t.* a distinge, a evidenția.
dignitary ['dignitəri] *s.* demnitar.
dignity ['digniti] *s.* demnitate, demnitar.
digress [dai'gres] *v.i.* a se abate, a devia de la subiect.
digression [dai'greʃən] *s.* digresiune.
dike [daik] *s.* şanț, dig.
dilapidated [di'læpideitid] *adj.* dărâmat.
dilapidation [dilæpi'deiʃən] *s.* dărâmare.
dilate [dai'leit] *v.t., v.i.* a (se) dilata.
dilatory ['dilətəri] *adj.* încet.
dilettante [dili'ta:nti] *s.* diletant.
diligence ['dilidʒəns] *s.* silință, seriozitate.
diligent ['dilidʒənt] *adj.* silitor, serios.
dill ['dil] *s.* mărar.
dilly-dally ['dili'dæli] *v.i.* a zăbovi, a fi nehotărât.
dilute [dai'lu:t] *v.t.* a dilua.
dilution [dai'lju:tʃən] *s.* diluare.
dim [dim] *adj.* cețos, întunecos, neclar, vag, încețoşat.

dimness [dimnis] *s.* neclaritate, întunecare.
dime [daime] *s. amer.* zece cenţi.
dimension [di'menʃən] *s.* dimensiune, mărime, *pl.* proporţii, importanţă.
diminish [di'miniʃ] *v.t., v.i.* a diminua.
diminution [dimi'nju:ʃən] *s.* diminuare.
diminutive [di'minjutiv] **I.** *s.* diminutiv. **II.** *adj.* mic(uţ), diminutival.
dimple ['dimpəl] *s.* gropiţă.
din [din] **I.** *s.* zgomot, zarvă. **II.** *v.i.* a face zgomot.
dine [dain] *v.t., v.i.* a (se) ospăta.
dingy ['dindʒi] *adj.* murdar, fără culoare, mizerabil, şters.
dining-room ['dainiŋ rum] *s.* sufragerie.
dinner ['dinə] *s.* cină, dineu.
dinner jacket ['dinə dʒækit] *s.* smoching.
dinner-party ['dinə pa:ti] *s.* dineu.
dint [dint] *s.* zimţ, dinte, *by ~ of* datorită, prin.
dip [dip] **I.** *s.* afundare, pantă, adâncitură. **II.** *v.t.* a afunda, a se cufunda, a înmuia.
diphtheria [diθiəriə] *s.* difterie.
diphthong ['difθɔŋ] *s.* diftong.
diplomacy [di'ploumәsi] *s.* diplomaţie.
diplomatic ['dipləmætik] *adj.* diplomat(ic).
diplomatist ['dipləmætist] *s.* diplomat.
dipper ['di:pə] *s.* cupă, polonic.
dire ['daiə] *adj.* cumplit, extrem.
direct [di'rekt] **I.** *adj.* direct, apropiat, sincer. **II.** *v.t.* a îndruma, a dirija.
direction [di'rekʃən] *s.* direcţie, indicaţie, directivă.
directly [di'rektly] *adj.* direct, imediat, curând, *conj.* de îndată ce.
directress [di'rektris] *s.* directoare.
director [di'rektə] *s.* îndreptar, director.
directory [di'rektəri] *s.* ghid, carte de telefon.
dirge [də:dʒ] *s.* bocet.
dirigible [di'ridʒibəl] *adj.* dirijabil.
dirk [də:k] *s.* stilet.
dirt [də:t] *s.* murdărie, ţărână, noroi, obscenitate.
dirt-cheap [də:t tʃi:p] *adj.* ieftin ca braga, pe nimic.
dirt track [də:t træk] *s.* pistă de zgură, drum de ţară.
dirty ['də:ti] **I.** *adj.* josnic, obscen. **II.** *v.t.* a păta.
disability [disə'biliti] *s.* incapacitate, infirmitate.
disable [dis'eibəl] *v.t.* a mutila, a răni.
disabuze [disəbju:z] *v.t.* a convinge.
disaccredit [disəkredit] *v.t.* a discredita.
disadvantage [disəd'vɑ:ntidʒ] *s.* dezavantaj, daună.

disadvantageous [disæd'va:nteidʒəs] *adj.* nefavorabil.
disagree [dis'əgri:] *v.i.* a nu fi de acord, a se certa.
disagreeable [disə'grı:əbl] *adj.* dezagreabil, neplăcut, nesuferit.
disagreement [disə'gri:mənt] *s.* dezacord.
disappear [disə'piə] *v.i.* a dispărea.
disappearance [disəpiərəns] *s.* dispariție.
disappoint [disə'pɔint] *v.t.* a dezamăgi.
disappointment [disə'pɔintmənt] *s.* dezamăgire, pacoste.
disapprobation [disæprouheiʃən] *s.* dezaprobare.
disapproval [disəpru:vəl] *s.* dezaprobare, critică.
disapprove [disə'pru:v] *v.t.* a dezaproba, a condamna.
disarm [dis'ɑ:m] *v.t.*, *v.i.* a dezarma.
disarmament [dis'ɑ:məmənt] *s.* dezarmare.
disarrangement [disəreindʒmənt] *s.* dezordine, răvăşire.
disarticulate [disatikjuleit] *v.t.* a dezarticula, a separa.
disaster [di'zɑ:stə] *s.* dezastru.
disastrous [di'za:strəs] *adj.* dezastruos.
disavow [disə'vau] *v.t.* a nega, a dezaproba, a dezavua.
disband [dis'bænd] *v.t.* a demobiliza.
disbelieve [disbi'li:v] *v.t.*, *v.i.* a nu crede.
disburden [disbədən] *v.t.* a uşura.
disc [disk] *s.* disc.
discard [dis'kɑ:d] *v.t.* a arunca (la o parte), a ignora, a îndepărta.
discern [dis'ə:n] *v.t.*, *v.i.* a distinge.
discernment [di'sə:nmənt] *s.* discernământ, clarviziune.
discharge [dis'tʃɑ:dʒ] **I.** *s.* descărcare, foc (de armă), eliberare, solvență, scurgere. **II.** *v.t.* a trage, a extrage, a înlătura, a smulge.
disciple [di'saipəl] *s.* discipol.
disciplinary ['disiplinəri] *adj.* disciplinar.
discipline ['disiplin] **I.** *s.* disciplină, condamnare. **II.** *v.t.* a dojeni.
disclose [dis'klous] *v.t.* a dezvălui, a dezvălui.
disclosure [dis'klouʒə] *s.* dezvăluire, declarație.
discolo(u)r [dis'kʌlə] *v.t.*, *v.i.* a (se) decolora, a (se) schimba.
discomfit [dis'kʌmfit] *v.t.* a necăji, a şicana.
discomfort [dis'kʌmfət] *s.* neplăcere.
disconcert [diskən'sə:t] *v.t.* a tulbura.
disconnect [diskənəkt] *v.t.* a deconecta.
disconsolate [dis'kɔnsəlit] *adj.* trist, neconsolat.

discontent [diskən'tent] **I.** *s.* nemulţumire. **II.** *v.t.* a nemulţumi.
discontinue [diskən'tinju] *v.t.*, *v.i.* a înceta.
discord ['diskɔ:d] *s.* neînţelegere, dezacord.
discountenance [dis'kauntinəns] *v.t.* a dezaproba, a împiedica.
discourage [dis'kʌridʒ] *v.t.* a descuraja, a împiedica.
discourse [dis'kɔs] **I.** *s.* cuvântare, cuvânt. **II.** *v.i.* a vorbi pe larg.
discourteous [dis'kɔ:tiəs] *adj.* nepoliticos.
discourtesy [dis'kɔ:tisi] *s.* nepoliteţe.
discover [dis'kʌvə] *v.t.* a descoperi.
discovery [dis'kʌvəri] *s.* descoperire.
discredit [discredit] *v.t.* a discredita, a nu crede.
discreet [dis'kri:t] *adj.* prudent, rezervat.
discrepancy [dis'krepənsi] *s.* diferenţă, contradicţie.
discretion [dis'kreʃən] *s.* discreţie, înţelepciune.
discriminate [dis'krimineit] *v.t.*, *v.i.* a discrimina, a distinge, a separa.
discrimination [dis'krimineiʃən] *s.* discriminare, discernământ.
discursive [di'skə:siv] *adj.* discursiv, confuz.
discus ['diskəs] *s. sport* disc.
discuss [dis'kʌs] *v.t.* a discuta.
discussion [di'skʌʃən] *s.* discuţie.
disdain [dis'dein] **I.** *s.* dispreţ. **II.** *v.t.* a dispreţui.
disdainful [dis'deinful] *adj.* dispreţuitor.
disease [di'zi:z] *s.* boală.
disembark [disim'bɑk] *v.t.*, *v.i.* a debarca.
disengage [disin'geidʒ] *v.t.* a elibera, a scuti.
disengaged [disin'geidʒd] *adj.* liber, neocupat.
disentangle [disin'tæŋgəl] *v.t.* a descurca.
disfavour [dis'feivə] **I.** *s.* dizgraţie. **II**. *v.t.* a dezaproba.
disfigure [dis'figə] *v.t.* a desfigura.
disforest [disfɔrest] *v.t.* a despăduri.
disgrace [dis'greis] **I**. *s.* ruşine, dizgraţie. **II**. *v.t.* a dezonora.
disgraceful [dis'greisful] *adj.* ruşinos.
disguise [dis'gaiz] *s.* travestire, travestit, aparenţă, *fig.* despărţire.
disgust [dis'gʌst] **I.** *s.* dezgust. **II.** *v.t.* a dezgusta.
disgusting [dis'gʌstiŋ] *adj.* dezgustător.
dish [diʃ] *s.* farfurie, (fel de mâncare).
dish cloth ['diʃ klɔθ] *s.* cârpă de vase.
dishearten [dis'ha:tən] *v.t.* a descuraja.
dishevel(l)ed [di'ʃevəld] *adj.* zburlit.

dishonest [dis'ɔnist] *adj.* necinstit.
dishonesty [dis'ɔnisti] *s.* necinste.
dishono(u)r [dis'ɔnə] **I.** *s.* ruşine. **II.** *v.t.* a dezonora.
disillusion [disi'lu:ʃən] **I.** *s.* deziluzie. **II.** *v.t.* a decepţiona, a trezi la realitate.
disinclination [disinkli'neiʃən] *s.* împotrivire, repulsie.
disinfect [disin'fekt] *v.t.* a dezinfecta.
disinherit [disin`herit] *v.t.* a dezmoşteni.
disintegrate [dis'intəgreit] *v.t.*, *v.i.* a (se) dezintegra.
disinterested [dis'intristid] *adj.* dezinteresat.
disjoint [disʒɔint] *v.t.* a dezmembra, a tranşa.
disk [disk] *s.* disc.
dislike [dis'laik] **I.** *s.* antipatie. **II.** *v.t.* a nu putea suferi.
dislocate [dis'lɔkeit] *v.t.* a disloca, a tulbura.
disloyal [dis'lɔiəl] *adj.* necredincios, făţarnic.
dismal ['dizməl] *adj.* trist, groaznic.
dismantle [dis'mæntl] *v.t.* a demonta.
dismay [dis'mei] *s.* spaimă, a înspăimânta.
dismember [dis'məmbə] *v.t.* a dezmembra.
dismiss [dis'mis] *v.t.* a lăsa liber, a concedia, a izgoni.
dismissal [dis'misəl] *s.* concediere, izgonire.
dismount [dis'maunt] **I.** *v.t.* a coborî, a demonta. **II.** *v.i.* a descăleca.
disobedient [disə'bidiənt] *adj.* nesupus.
disobey [disɔ'bei] *v.t.* a nu asculta (de).
disorder [dis'ɔ:də] **I.** *s.* dezordine, tulburare. **II.** *v.t.* a deranja.
disorderly [dis'ɔ:dəli] *adj.* dezordonat, turbulent, învălmăşit.
disorganize [dis'ɔ:gənaiz] *v.t.* a dezorganiza.
disown [dis'oun] *v.t.* a renega, a dezmoşteni.
disparage [dis'pæridʒ] *v.t.* a discredita, a bârfi.
disparagingly [dis'pæridʒiŋli] *adv.* insultător, cu duşmănie.
disparity [dis'pæriti] *s.* nepotrivire, inegalitate.
dispatch [dis'pætʃ] **I.** *s.* expediere, mesaj, telegramă. **II.** *v.t.* a trimite, a expedia.
dispel [dis'pel] *v.t.* a împrăştia.
dispensation [dis'penseiʃən] *s.* împărţire, dispensă.
dispense [dis'pens] *v.t.*, *v.i.* a (se) dispersa, a (se) împrăştia.
dispirited [dis'piritid] *adj.* trist, descurajat.
displace [dis'pleis] *v.t.* a deplasa, a înlocui, a dispersa.
display [dis'plei] **I.** *s.* expunere, manifestare, etalare (vulgară). **II.** *v.t.* a etala, a expune, a arăta, a manifesta.
displease [dis'pliz] *v.t.* a displăcea, a nemulţumi.

disposal [dis'pouzəl] *s.* dispoziție, dispunere, înstrăinare, eliminare.
dispose [dis'pouz] *v.t.* a dispune, a predispune, a hotărî.
disposition [dispə'ziʃən] *s.* mentalitate, dispoziție.
dispossess [dispə'zes] *v.t.* a deposeda.
disproof [dispruf] *s.* combatere.
disproportionate [disprə'pɔ:ʃənit] *adj.* disproporționat.
disprove [dis'pruv] *v.t.* a respinge, a infirma.
disputable [dis'pju:təbəl] *adj.* discutabil.
dispute ['dispjut] *s.* dezbatere, contradicție.
disqualify [dis'kwɔlifai] *v.t.* a descalifica, a împiedica.
disquiet [dis'kwaiət] **I.** *s.* nelinişte. **II.** *v.t.* a nelinişti, a agita.
disregard [disri'gɑ:d] **I.** *s.* neglijare, nepăsare, absență. **II.** *v.t.* a ignora, a neglija.
disrepute [disri'pju:t] *s.* faimă proastă.
disrespect [disri'spekt] *s.* nepolitețe.
disroot [disrut] *v.t.* a dezrădăcina.
disrupt [dis'rʌpt] *v.t.* a fărâmița, a desface.
disruptive [dis'rʌptiv] *adj.* care dezbină, diversionist.
dissatisfy [dis'sætisfai] *v.t.* a nemulțumi.
dissection [di'sekʃən] *s.* disecție, fragment, bucățică.
dissemble [disembəl] *v.t.* a disimula, a masca, a camufla.
dissembler [disemblə:] *s.* fățarnic.
disseminate [di'simineit] *v.t.* a răspând, a propaga, a răsplăti.
dissension [di'senʃən] *s.* neînțelegere.
dissent [di'sent] **I.** *s.* dezacord, neconformism. **II.** *v.i.* a fi în dezacord, a nu se conforma.
dissenter [di'sentə] *s.* nonconformist.
dissever [di'sevə] *v.t.* a despărți, a separa.
dissimilar [di'similə] *adj.* diferit.
dissimulate [di'simju:leit] *v.t.*, *v.i.* a (se) ascunde, a disimula.
dissimulation [disimjuleiʃən] *s.* disimulare, ipocrizie.
dissipate ['disipeit] *v.t.*, *v.i.* a (se) risipi, a (se) împrăştia.
dissipated ['disipeitid] *adj.* desfrânat.
dissipation ['disipeiʃən] *s.* împrăştiere, risipă, desfrâu.
dissociate [di'souʃieit] **I.** *v.t.* a separa. **II.** *v.r.* a se disocia.
dissolute ['disəlu:t] *adj.* destrăbălat.
dissolution ['disəlu:ʃən] *s.* desfacere, dizolvare, imoralitate.
dissolve [di'sɔlv] *v.t.*, *v.i.* a (se) dizolva, a (se) destrăma.
dissonance [disənəns] s. dezacord, nepotrivire.

dissuade [di'sweid] *v.t.* a disuada, a opri, a bate.
distaff ['distɑ:f] *s.* furcă de tors.
distance ['distəns] *s.* distanță, timp, *to keep smb. at a ~* a ține pe cineva la distanță.
distant ['distənt] *adj.* îndepărtat, vag.
distaste [dis'teist] *s.* antipatie.
distasteful [dis'teistful] *adj.* dezagreabil, neplăcut.
distemper [dis'təmpə] **I.** *s.* răpciugă; tentă; indispoziție. **II.** *v.t.* a colora; a îmbolnăvi
distend [dis'tənd] *v.t.*, *v.i.* a (se) umfla.
distich [distik] *s.* distih.
distill [di'stil] *v.t.*, *v.i.* a (se) distila, a picura.
distillery [di'stiləri] *s.* distilerie.
distinct ['distiŋkt] *adj.* clar, distinct.
distinction [di'stiŋkʃən] *s.* distincție.
distinctive [dis'tiŋktiv] *adj.* deosebit, distinctiv.
distinctly [dis'tiŋktli] *adv.* clar, fără îndoială.
distinguish [dis'tiŋgwiʃ] *v.t.*, *v.i.* a (se) distinge.
distinguished [dis'tiŋgwiʃəd] *adj.* nobil, remarcabil.
distort [dis'tɔ:t] *v.t.* a deforma.
distortion [dis'tɔ:ʃən] *s.* deformare.
distract [dis'trækt] *v.t.* a distrage, a tulbura, a înnebuni.
distraction [dis'trækʃən] *s.* distragere, tumult, nebunie.
distrait [dis'treit] *s.* sechestru.
distraught [dis'trɔ:t] *adj.* înnebunit.
distress [dis'tres] **I.** *s.* necaz, mizerie, primejdie. **II.** *v.t.* a supăra.
distribute [di'stribjut] *v.t.* a distribui, a repartiza.
distributive [di'stribjutiv] *adj.* distributiv.
district ['distrikt] *s.* regiune, sector, cartier.
distrust [dis'trʌst] **I.** *s.* neîncredere. **II.** *v.t.* a suspecta.
distrustful [dis'trʌstful] *adj.* bănuitor.
disturb [dis'tə:b] *v.t.* a tulbura.
disturbance [dis'tə:bəns] *s.* tulburare.
disunion [disjunjən] *s.* separare, dezbinare.
disunite [disju:'nait] *v.t.*, *v.i.* a (se) dezbina.
disuse [dis'ju:s] *s.* nefolosire, paragină.
ditch [ditʃ] *s.* șanț.
ditto [ditou] *adv.* idem.
ditty [diti] *s.* cântec(el).
dive [daiv] **I.** *s.* plonjon, săritură, picaj. **II.** *v.i.* a plonja, a sări, a intra în picaj.
diver ['daivə] *s.* scafandru, săritor de la trambulină, înotător.
diverge [dai'və:dʒ] *v.i.* a se abate, a devia.
divergence [dai'və:dʒəns] *s.* divergență, deosebire.
diversification [daivəsifikeiʃən] *s.* diversificare.

diversify [dai'və:sifai] *v.t.* a diversifica.
diversion [dai'və:ʃən] *s.* distragere, diversiune, distracție.
diversity [dai'və:siti] *s.* varietate.
divert [dai'və:t] *v.t.* a distrage, a abate.
diverting [dai'və:tiŋ] *adj.* amuzant.
divest [dai'vest] *v.t.* a scoate, a arunca.
divide [di'vaid] **I**. *s.* despărțire, culme. **II.** *v.t.*, *v.i.* a diviza, a (se) da, a (se) despărți.
dividend [di'vaidənd] *s.* dividend, deîmpărțit.
divine [di'vain] **I.** *s.* teolog, cleric. **II.** *adj.* ceresc, divin.
divinify [difinifai] *v.t.* a diviniza.
divinity [di'viniti] *s.* divinitate, teologie.
division [di'viʒən] *s.* împărțire, diviziune, graniță, dezacord.
divorce [di'vɔ:s] **I**. *s.* divorț, *fig*. separație, dezacord. **II.** *v.t.* a se despărți de. **III.** *v.i.* a divorța.
divulge [dai'vʌldʒ] *v.t.* a divulga.
divulgence [daivʌldʒəns] *s.* divulgare.
dizziness ['dizinis] *s.* amețeală.
dizzy ['dizi] *adj.* amețit, amețitor, zăpăcit.
do [du] *v. aux.* a face, a rezolva, a isprăvi; ~ *you speak Spanish?* vorbiți spaniola?, *to ~ one's best* a face tot posibilul, *that won't ~* nu merge, nu funcționează.
docile [dousail] *adj.* docil.
dock [dɔk] *s. mar.* doc, boxa acuzaților, măcriș.
docker [dɔkə] *s.* docher.
doctor ['dɔktə] **I.** *s.* doctor. **II.** *v.t.* a trata, a îngriji, a falsifica.
doctrine ['dɔktrin] *s.* doctrină, dogmă.
document ['dɔkjumənt] *s.* document.
documentary [dɔkju'mentəri] *s.*, *adj.* documentar.
dodge [dɔdʒ] **I.** *s.* eschivare, șiretlic, evitare. **II.** *v.i.* a se feri. **III**. *v.t.* a evita, a ocoli.
dodger [dɔdʒə] *s.* chiulangiu, evazionist.
doer [du:ə] *s.* om de acțiune, executant.
doe skin [du:skin] *s.* piele de căprioară.
doff [du:f] *v.t.* a-și scoate (pălăria, haina).
dog [dɔg] *s.* câine, javră; *to die like a ~* a muri ca un câine.
dogcart ['dɔgkɑ:t] *s.* docar.
dog days ['dɔgdeiz]] *s.* zilele lui Cuptor.
dog-eared [dɔgiəd] *adj.* (de cărți) cu colțul îndoit.
dogged ['dɔgid] *adj.* încăpățânat, tenace.
dogma [dɔgmə] *s.* dogmă.
dogmatize [dɔgmətaiz] *v.t., v.i.* a dogmatiza.
dog-tired ['dɔgtaiəd] *adj.* istovit.
doings [du:iŋz] *s. pl.* acțiuni.

doldrums [dɔldrʌmz] *s. pl.* mare calmă, tristețe.
dole [doul] **I.** *s.* pomană, ajutor de şomaj. **II.** *v.t.* a da cu țârâita.
doleful ['doulful] *adj.* trist.
doll [dɔl] *s.* păpuşă.
dollar ['dɔlə] *s.* dolar.
dolphin ['dɔlfin] *s.* delfin.
dolt [doult] *s.* tâmpit.
domain [dou'mein] *s.* domeniu.
dome [doum] *s.* dom.
domestic [də'mestik] *adj.* domestic, familial, intern.
domicile [dɔmisail] *s.* domicil.
dominant ['dɔminənt] *adj.* dominant.
dominate ['dɔmineit] *v.t.*, *v.i.* a stăpâni.
domineering [dɔmi'niəriŋ] *adj.* autoritar, arogant.
dominion [də'minjən] *s.* stăpânire, dominion.
don [dɔn] **I.** *s.* nobil, membru în conducerea unei universități. **II.** *v.t.* a îmbrăca.
donate [dou'neit] *v.t.* a dona.
donkey ['dɔnki] *s.* magar, *fig.* tâmpit.
donor ['dounə] *s.* donator.
doom [du:m] **I.** *s.* soartă (rea), judecata de apoi. **II.** *v.t.* a osândi, a sorti.
doomsday ['du:mzdei] *s.* ziua judecății de apoi.
door [dɔ:] *s.* uşă, poartă, portiță.
door bell ['dɔ:bel] *s.* sonerie.
door frame ['dɔ:freim] *s.* cadrul uşii.
door keeper ['dɔ:ki:pə] *s.* portar.
doorstep ['dɔ:step] *s.* prag.
doorway ['dɔ:wei] *s.* intrare, cadrul uşii.
dope [doup] **I.** *s.* stupefiant, dopaj, tâmpit, *amer.* pont. **II.** *v.t.* a dopa, a droga.
dope-fiend ['doup fiənd] *s.* toxicoman.
dormitory ['dɔ:mitəri] *s.* dormitor (comun).
dose [douz] **I.** *s.* doză. **II.** *v.t.* a administra (o doctorie).
dot [dɔt] **I.** *s.* punct, picătură, dotă. **II.** *v.t.* a pune punctul pe i, a preciza detaliile.
dotage ['doutidʒ] *s.* ramoleală.
dotard ['doutəd] *s.* ramolit.
dote [dout] *v.i.* *to ~ on* a iubi nebuneşte.
double ['dʌbəl] **I.** *s.* dublu, dublură, pas alergător, meci de dublu. **II.** *adj.* dublu, îndoit, încovoiat. **III.** *v.t.* a dubla, a îndoi, a da (colțul). **IV.** *v.i.* a se îndoi, a merge în pas alergător, a se încovoia. **V.** *adv.* dublu, de două ori, perechi, perechi.
double-bass ['dʌbəl beis] *s.* contrabas.
double-dealer ['dʌbəl di:lə] *s.* ipocrit.
double-edged [dʌbəl edʒd] *adj.* cu două tăişuri.
double-faced ['dʌbl feisd] *adj.* fățarnic.
doublet [dʌblit] *s.* pieptar.
doubly ['dʌbli] *adv.* de două ori.

doubt [daut] **I.** *s.* îndoială, *no ~, without (a) ~, beyond a ~* fără îndoială. **II.** *v.t.* a pune la îndoială.

doubtful ['dautful] *adj.* şovăielnic, dubios.

doubtfully ['dautfuli] *adv.* cu inima îndoită.

doubtless ['dautlis] *adv.* fireşte, sigur.

dough [dou] *s.* aluat, bani.

doughnut ['dounʌt] *s.* gogoaşă.

dove [dʌv] *s.* turturea, porumbel.

dove-cot ['dʌv kɔt] *s.* hulubărie.

dovetail ['dʌv teil] **I.** *s.* coadă de rândunică. **II.** *v.t., v.i.* a (se) potrivi.

dowdy ['daudi] *adj.* împopoţonat, îmbrăcat fără gust.

dowel [dauəl] *s.* pivot.

dower [dauər] *s.* zestre.

down [daun] **I.** *s.* coborâre, puf, deal neîmpădurit. **II.** *adj.* coborâtor, trist, prăpădit, flămând, bolnav, *~ and out* distins, extremist. **III.** *v.t.* a coborî, a lăsa (în) jos, a trânti, a da pe gât, *to ~ tools* a intra în grevă. **IV.** *adv.* (în) jos, vertical, *~ to* până la, *to go ~* a coborî, *to sit ~* a se aşeza, *to calm ~* a se potoli. **V.** *prep.* în josul, de-a lungul.

downcast ['daunkɑ:st] *adj.* descurajat, trist.

downfall ['daunfɔ:l] *s.* cădere, precipitaţii.

downhill ['daunhil] *adv.* în jos.

Downing Street ['dauniŋ strit] *s.* reşedinţa primului ministru britanic.

downpour ['daunpɔ:r] *s.* ploaie torenţială.

downright ['daunrait] *adj., adv.* cinstit, total.

downstairs [daun'stɛəz] *adv.* jos, la parter.

downtown ['daun'taun] *adv.* cartierul comercial, *amer.* în centru.

downtrodden ['daun'trɔ:dən] *adj.* asuprit.

downward ['daunwɑ:d] **I.** *adj.* descendent, scăpătat. **II.** *adv.* în jos.

downy [dauni] *adj.* pufos.

dowry ['dauəri] *s.* zestre, talent.

doze [douz] **I.** *s.* aţipeală. **II.** *v.i.* a a aţipi, a dormita.

dozen ['dʌzən] *s.* duzină.

drab [dræb] *adj.* murdar, mizer, şters.

draft [drɑ:ft] **I.** *s.* schiţă, plan, proiect. **II.** *v.t.* a schiţa, a proiecta, a elabora, a concepe, *amer.* a recruta.

draftsman [drɑ:ftsmən] *s.* proiectant, redactor (al unui document).

drag [dræg] **I.** *s.* dâră, piedică, **II.** *v.t.* a trage, a draga. **III.** *v.i.* a se târî(i).

dragon ['drægən] *s.* balaur.

dragon-fly ['drægən flai] *s.* libelulă.

dragoon ['drægu:n] *s. mil.* dragon.

drain [drein] **I.** *s.* jgheab, țeavă, scurgere, dușcă, picătură. **II.** *v.t.* a scurge, a canaliza, a suge. **III.** *v.i.* a se scurge, a slăbi.

drainage [dreineidʒ] *s.* canalizare, (apă) de scurgere.

drain-pipe ['drein paip] *s.* conductă.

drake [dreik] *s.* rățoi.

dram ['drɑ:m] *s.* dram, strop.

drama ['drɑ:mə] *s.* genul dramatic, teatru, piesă, dramă.

dramatist ['drɑ:mətist] *s.* dramaturg.

dramatize ['drɑ:mətaiz] *v.t.* a dramatiza, a lua în tragic.

drank [dræŋk] *trec.* de la drink.

drapery [dreipəri] *s.* magazin de stofe.

drastic ['dræstik] *adj.* drastic.

draught [drɑ:ft] *s.* tracțiune, dușcă, pescaj, *pl.* (jocul de) dame.

draughtsman [drɑ:ftsmən] *s.* desenator (tehnic), proiectant, piesă la jocul de dame.

draughty [drɑ:fti] *adj.* expus la curent.

draw [drɔ:] **I.** *s.* tragere, remiză, meci, depresiune, loterie, success. **II.** *v.t.* a târî, a (a) trage, a scoate, a desena, *to ~ back* a retrage, *to ~ up* a redacta, a elabora, *to ~ lots* a trage la sorți. **III.** *v.i.* a trage, a desena, a se dilata, a desena, *to ~ off* a se îndepărta, *to ~ on* a se apropia, a se inspira din, *to ~ together* a se uni.

drawback ['drɔ:bæk] *s.* piedică, dezavantaj.

drawbridge ['drɔ:bridʒ] *s.* pod basculant.

drawer ['drɔ:ə] *s.* sertar, desenator, *pl.* chiloți.

drawing ['drɔ:iŋ] *s.* desen, grafică.

drawing board ['drɔ:iŋ bɔ:d] *s.* planșetă de desen.

drawing room ['drɔ:iŋ rum] *s.* salon(aș).

drawl [drɔ:l] **I.** *s.* vorbă tărăgănată. **II.** *v.t.* a tărăgăna. **III.** *v.i.* a vorbi tărăgănat.

dray [drei] *s.* căruța.

dread [dred] **I.** *v.t.*, *v.i.* a (se) înspăimânta. **II.** *adj.* grozav, temut.

dreadful ['dredful] *adj.* înspăimântător, neplăcut.

dreadfully ['dredfuli] *adv.* teribil.

dreadnought ['drednɔ:t] *s.* cuirasat.

dream [dri:m] **I.** *s.* vis, visare. **II**. *v.t.* a visa, a-și închipui. **III.** *v.i.* a visa.

dreamer [dri:mə] *s.* visător.

dreamy ['dri:mi] *adj.* visător, vag, de vis.

dreary ['driəri] *adj.* îngrozitor, sinistru, întunecos.

dregs [dregz] *s. pl.* drojdie.

drench [drentʃ] *v.t.* a uda leoarcă.

dress [dres] **I.** *s.* rochie, îmbrăcăminte. **II.** *v.t.* a îmbrăca, a împodobi, a găti, a pregăti, *to ~ up* a îmbrăca

elegant. **III.** *v.i.* a se îmbrăca (elegant).
dress circle ['dres səkəl] *s.* *teatru* balcon.
dress coat ['dres kɔ:t] *s.* frac, jachetă.
dresser ['dresə] *s.* infirmier, garderobă, bufet, servantă.
dressing [dresiŋ] *s.* îmbrăcare, preparare a mâncării, salată, sos, bandaj, scrobeală, ocară.
dressing case ['dresiŋ keis] *s.* trusă medicală.
dressing gown ['dresiŋ gaun] *s.* halat, capot.
dressing table ['dresiŋ teibəl] *s.* măsuță de toaletă.
dressmaker ['dresmei:kə] *s.* croitoreasă.
dribble ['dribəl] *v.i.* a picura, a dribla; a salva.
driblet [driblet] *s.* picătură.
drier [draiə] *s.* uscător.
drift [drift] **I.** *s.* curent, curgere, direcție, nămete, dună, aluviune, morman, alunecare. **II.** *v.t.* a abate. **III.** *v.i.* a fi luat de curent.
drill [dril] **I.** *s.* sfredel, freză, *mil.* instrucție, exerciții, repetiție, burghiu. **II.** *v.t.* a sfredeli, a instrui.
drink [driŋk] **I.** *s.* băutură (alcoolică), *in ~* beat; *soft ~s* băuturi nealcoolice. **II.** *v.t.* a bea, a toasta pentru, *to ~ up/ down* a bea până la fund, *to ~ in* a sorbi, a absorbi. **III.** *v.i.* a bea.
drinking bout ['driŋkiŋ baut] *s.* chef, beție.
drip [drip] **I.** *s.* picurare, scurgere. **II.** *v.i.* a picura, a se prelinge.
dripping [dripiŋ] **I.** *adj.* care picură. **II.** *adv.* leoarcă.
drive [draiv] **I.** *s.* plimbare cu un vehicul, alee, lovitură (cu mingea), energie, campanie, efort, cursă. **II.** *v.t.* a mâna (caii), a conduce, a duce cu un vehicul, a împinge, a determina, a bate (un cui), *to ~ away* a izgoni, *to ~ home* a duce la bun sfârșit, a face să triumfe, *to ~ smb. to despair* a aduce pe cineva la disperare, *you ~ me crazy* mă înnebunești. **III.** *v.i.* a mâna caii, a conduce mașina, a merge cu mașina, *to ~ at* a ținti la.
drivel [drivəl] **I.** *s.* prostii, vorbe goale, salivă. **II.** *v.i.* a spune prostii, a saliva.
driver ['draivə] *s.* șofer, vizitiu, păstor.
drizzle ['drizəl] **I.** *s.* burniță. **II.** *v.i.* a bura.
droll [droul] *adj.* nostim, amuzant.
dromedary [drʌmədi] *s.* dromader.
drone [droun] **I.** *s.* trântor, zumzet. **II.** *v.i.* a zumzăi, a vorbi monoton.
droop [dru:p] **I.** *s.* moleșire, cădere, ofilire. **II.** *v.i.* a atârna, a se ofili, a amurgi.
drop [drɔp] **I.** *s.* picătură, cădere; *~ by ~* picătură cu picătură. **II.** *v.t.* a lăsa să cadă,

a scăpa; *I dropped smoking* m-am lăsat de fumat; *please ~ the subject* te rog, nu mai vorbi despre subiectul acesta. **III.** *v.i.* a picura, a cădea, a se prăbuşi, a se micşora, a scădea, a coborî, a scăpăta, *to ~ off* a scădea, a aţipi, *to ~ in* a face o scurtă vizită.

dropsy [drɔpsi] *s.* hidropizie.

dross [drɔz] *s.* zgură.

drossy [drɔzi] *adj.* murdar.

drought [draut] *s.* secetă.

drove [drouv] **I.** *s.* turmă, ceată. **II.** *v.t.*, *v.i.* trec. de la drive.

drown [draun] **I.** *v.t.* a îneca, a acoperi, a astupa. **II.** *v.i.* a se îneca.

drowse [drauz] *v.i.* a moţăi.

drowsiness ['drauzinis] *s.* toropeală, moleşeală.

drowsy ['drauzi] *adj.* adormitor, adormit.

drub [drʌb] *v.t.* a ciomăgi.

drudge [drʌdʒ] **I.** *s.* rob, *fig.* cal de bătaie. **II.** *v.i.* a munci pe rupte, a robi.

drudgery [drʌdʒəri] *s.* robie, *fig.* trudă.

drug [drʌg] **I.** *s.* doctorie, drog, stupefiant. **II.** *v.t.* a droga, a preface, a falsifica.

drugstore ['drʌgstə:] *s.* *amer.* drogherie, magazin universal, bufet-expres.

drum [drʌm] **I.** *s.* tobă, rezervor. **II.** *v.i.* a bate toba.

drummer [drʌmə] *s.* toboşar.

drunk [drʌŋk] *adj.* beat, ameţit.

drunkard [drʌŋkɑ:d] *s.* beţivan.

drunken *adj.* beat, ameţit.

dry [drai] **I.** *adj.* sec, secetos, antialcoolic. **II.** *v.t.*, *v.i.* a (se) usca.

dryness [drainis] *s.* uscăciune.

duality [djuæliti] *s.* dualitate.

dub [drai] *v.t.* a porecli, a dubla (un film); a egaliza.

dubious ['djubiəs] *adj.* şovăitor, suspect.

duchess ['dʌtʃis] *s.* ducesă.

duck [dʌk] **I.** *s.* raţă, pânză de doc, cufundare, plonjon. **II.** *v.t.* a cufunda, a apleca. **III.** *v.i.* a se apleca.

duckling ['dʌkliŋ] *s.* răţuşcă.

duct [dʌkt] *s.* tub, canal.

ductile [dʌktil] *adj.* ductil, docil.

due [dju:] **I.** *s.* datorie, *pl.* taxă, cotizaţie. **II.** *adj.* scadent, cuvenit, planificat, datorat; *in ~ time* la timpul potrivit. **III.** *adv.* drept, exact.

duel ['dju:əl] *s.* duel.

dug-out ['dʌg aut] *s.* eleşteu, adăpost.

duke [dju:k] *s.* duce.

dukedom [dju:k dɔm] *s.* rangul de duce, ducat, principat.

dull [dʌl] **I.** *adj.* greoi, tâmpit, monoton. **II.** *v.t.*, *v.i.* a (se) toci.

dullard ['dʌləd] *s.* tâmpit.

duly ['dju:li] *adv.* când trebuie, cum trebuie.

dumb [dʌm] *adj.* mut.

dumb bells [dʌm belz] *s. pl.* haltere.

dumbfound ['dΛmfaund] *v.t.* a ului, a amuți.
dumbness [dΛmnis] *s.* muțenie.
dumb show ['dΛm ʃəu] *s.* joc mut, mimă.
dummy ['dΛmi] *s.* manechin, înlocuitor, imitație, mână moartă, martor mut.
dump [dΛmp] **I.** *s.* morman, zgomot surd, depozit. **II.** *v.t.* a descărca, a arunca (pe piață), a bascula.
dumping ['dΛmpiŋ] *s.* inundație a pieței cu mărfuri ieftine.
dumpish [dΛmpiʃ] *adj.* trist, abătut.
dumpling ['dΛmpliŋ] *s.* găluşcă, gogoaşă.
dumps ['dΛmps] *s.* indispoziție.
dumpy [dΛmpi] *adj.* îndesat.
dunce [dΛns] *s.* tâmpit, tont.
dune [djun] *s.* dună.
dung [dΛŋ] *s.* bălegar.
dungeon [dΛndʒən] *s.* temniță.
dupe [dju:p] **I.** *s.* prost, gură-cască. **II.** *v.t.* a păcăli, a escroca.
duplex [dju:pleks] *adj.* dublu.
duplicate[1] ['djuplikit] **I.** *s.* copie. **II.** *adj.* dublu, copiat.
duplicate[2] ['djuplikit] *v.t.* a copia, a dubla.
duplication [djuplikeiʃən] *s.* dublare.
duplicity ['djuplisiti] *s.* fățărnicie.
durable ['dju:ərəbəl] *adj.* durabil.
duration [dju:ə'reiʃən] *s.* durată.
during ['djuəriŋ] *prep.* în timpul.
dusk [dΛsk] *s.* amurg.
dusky [dΛski] *adj.* întunecat, tenebros.
dust [dΛst] **I.** *s.* praf, pulbere, țărână, polen. **II.** *v.t.* a prăfui, a scutura de praf, a presăra, *to ~ smb. 's jacket* a bate pe cineva.
dust bin ['dΛst bin] *s.* ladă de gunoi.
duster ['dΛstə] *s.* cârpă de praf, cutie pentru presărat prafuri.
dustman ['dΛstmən] *s.* gunoier.
dusty [dΛsti] *adj.* prăfuit, în praf.
Dutch [dΛtʃ] **I.** *s.* (limba) olandeză, *the ~* olandezii. **II.** *adj.* olandez(ă).
Dutchman [dΛtʃmən] *s.* olandez.
dutiful ['dju:tiful] *adj.* respectuos, supus, pătruns de simțul datoriei.
duty ['dju:ti] *s.* îndatorire, datorie, sarcină, treabă, taxă (vamală), *on ~* de serviciu, *to be in ~ bound* a fi obligat.
duty-free ['dju:ti fri] *adj.* scutit de taxe vamale.
dwarf [dwɔ:f] **I.** *s.* pitic. **II.** *v.t.* a micşora, a subția.
dwell [dwel] *v.i.* a locui, a rămâne, a insista.
dweller ['dwelə] *s.* locuitor.
dwelling (**-house**) ['dweliŋ haus] *s.* locuință.

dwindle ['dwindəl] *v.i.* a se micşora, a scădea.

dye [dai] **I.** *s.* vopsea, colorant, *fig.* categorie. **II.** *v.t.*, *v.i.* a (se) vopsi, a (se) colora.

dyestuff ['dai stʌf] *s.* vopsea, colorant.

dyke ['daik] *s.* dig, şanţ.

dynamic [dai'næmik] *adj.* dinamic, energic.

dynamics [dai'næmiks] *s. pl.* dinamică.

dynamite ['dainəmait] **I.** *s.* dinamită. **II.** *v.t.* a dinamita.

dynamo ['dainəmou] *s.* dinam.

dynasty ['dainəsti] *s.* dinastie.

dysentery ['disəntri] *s.* dizenterie.

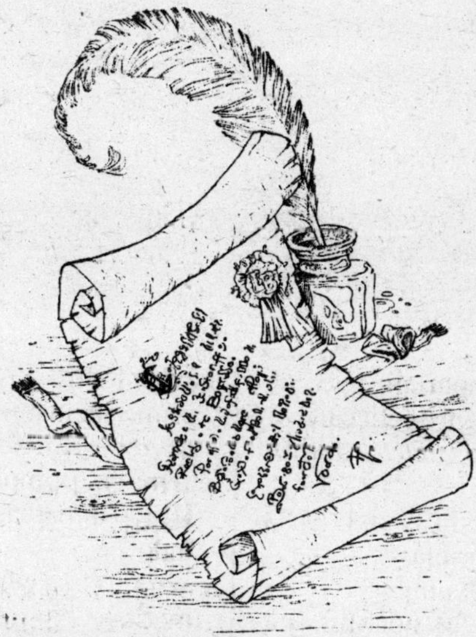

E

E [i:] *s.* E, e, (nota) mi.
each [i:tʃ] *adj.*, *pron.* fiecare.
eager ['i:gə] *adj.* doritor, nerăbdător.
eagerness ['i:gənis] *s.* nerăbdare, dorință.
eagle [i:gəl] *s.* vultur.
eagle nose [igəl nouz] *s.* nas acvilin.
ear [iə] *s.* ureche (muzicală), auz, spic, mâner, toartă; *to be up to the ~s in debt* a fi înglodat în datorii.
ear flap [iə flæp] *s.* lobul urechii.
earl [ə:l] *s.* conte.
early ['ə:li] **I.** *adj.* timpuriu, prim, nematurizat. **II.** *adv.* devreme, timpuriu.
earmark [iəmɑ:k] **I.** *s.* semn. **II.** *v.t.* a marca, a stigmatiza, a îndoi.
earn [ə:n] *v.t.* a câştiga, a merita.
earnest ['ə:nist] **I.** *s.* avans, acont; seriozitate. **II.** *adj.* serios, convins, zelos.
earnings ['ə:niŋz] *s. pl.* salariu, câştig.
ear phone ['iəfoun] *s.* cască.
earring ['iəriŋ] *s.* cercel.

earshot ['iəʃɔt] *s.* distanță de la care se poate auzi.
earth [ə:θ] pământ, lume, uscat.
carthly ['ɔ:θli] *adj.* pământesc.
earthquake ['ə:θkweik] *s.* cutremur.
eartrumpet ['iətrʌmpit] *s.* cornet acustic.
ease [i:z] **I.** *s.* tihnă, huzur, *at ~* liniștit, *mil.* pe loc repaus. **II.** *v.t., v.i.* a slăbi, a (se) liniști.
easel ['i:zəl] *s.* șevalet.
easily [i:zili] *adv.* ușor.
east [i:st] *s.* răsărit, *adj.* de răsărit.
Easter ['i:stə] *s.* Paști.
eastern ['i:stən] *adj.* răsăritean, oriental.
easy [':zi] **I.** *adj.* ușor, tihnit, plăcut, simplu. **II.** *adv.* ușurel, ușor, încetișor; *take it ~* ia-o încet.
eat [i:t] *v.t., v.i.* a mânca, a se hrăni.
eatable [i:təbəl] *adj.* comestibil.
eating-house [i:tiŋhaus] *s.* ospătărie, restaurant.
eaves [i:vz] *s. pl.* streașină.
eavesdrop [i:vzdrɔp] *v.i.* a trage cu urechea.
ebb [eb] **I.** *s.* reflux, declin, scădere. **II.** *v.i.* a scădea, a decădea.
ebonite [ebənait] *s.* ebonit.
ebony ['ebəni] *s.* abanos.
eccentric [ik'sentrik] *s., adj.* excentric.
echo ['ekou] **I.** *s.* ecou, rezonanță. **II.** *v.t.* a repeta (ca un ecou). **III.** *v.i.* a răsuna.
eclipse [i'klips] **I.** *s.* eclipsă, întunecare. **II.** *v.t.* a întuneca, a eclipsa.
ecology [ikɔlədʒi] *s.* ecologie.
economic [ikə'nɔmik] *adj.* economic.
economical [ikənɔmikəl] *adj.* chibzuit, econom(ic).
economics [ikə'nɔmiks] *s.* economie.
economize [ikə'nɔmaiz] *v.t., v.i.* a economisi.
economy [i'kɔnəmi] *s.* economie, păstrare, administrație.
ecstasy ['ekstəsi] *s.* extaz.
ecstatic ['ekstətik] *adj.* vesel, îmbucurător.
edelweiss [eidəlvais] *s.* floare-de-colț.
Eden ['i:dən] *s.* paradis.
edge [edʒ] **I.** *s.* muchie, margine. **II.** *v.t.* a mărgini, a-și face (loc, drum). **II.** *v.i.* a se strecura.
edged [edʒd] *adj.* tăios.
edgeways [edʒweiz] *adv.* pe muchie, lateral.
edible ['edibəl] **I.** *s.* aliment. **II.** *adj.* comestibil.
edifice ['edifis] *s.* clădire.
edify ['edifai] *v.t.* a da sfaturi cuiva.
edit ['edit] *v.t.* a edita, a pune la punct (un text), a redacta, a conduce (un ziar), a monta (un film).

edition [i'diʃən] *s.* ediție, format, tiraj.
editor ['editə] *s.* redactor (şef).
editorial [edi'təriəl] **I.** *s.* articol de fond. **II.** *adj.* redacțional.
educate ['edjukeit] *v.t.* a educa, a învăța.
education [edju'keiʃən] *s.* învățământ, educație.
educational [edju'keiʃnəl] *adj.* educativ.
educt [idʌkt] *s.* deducție.
eductor [idʌktə] *s.* ejector.
eel [il] *s.* țipar.
eerie [i:ri] *adj.* straniu, sinistru.
efface [i'feis] *v.t.* a şterge.
effect [i'fekt] **I.** *s.* efect, sens, *in ~* în fapt, în vigoare. **II.** *v.t.* a produce, a efectua.
effective [i'fektiv] *adj.* efectiv, eficace.
effectless [ifektlis] adj. ineficace.
effectual [i'fektjuəl] *adj.* eficace, în vigoare.
effeminacy [ifeminəsi] *s.* efeminare.
effervescent [efəvesənt] *adj.* efervescent.
effete [e'fi:t] *adj.* istovit.
efficacious [efi'keiʃəs] *adj.* eficace.
efficiency [i'fiʃənsi] *s.* randament.
efficient [i'fiʃənt] *adj.* eficace, capabil, activ.
effort ['efə:t] *s.* sforțare, efort, încercare.
effrontery [efrʌntəri] *s.* insolență.
effuse [ifjuz] **I.** *adj.* răspândit. **II.** *v.t.* a vărsa, a împrăştia.
effusion [i'fju:ʒən] *s.* izbucnire, erupție.
egg [eg] **I.** *s.* ou, germen, embrion. **II.** *v.t.* a stârni; *to ~ on* a îndemna.
egg-plant [egplɑ:nt] *s.* (pătlăgică) vânătă.
egotism ['egətizəm] *s.* egoism, egocentrism.
egotist ['egoutist] *s.* egoist, egocentric.
Egyptian [i'dʒipʃən] *s., adj.* egiptean(ă).
egress ['i:gres] *s.* ieşire.
eh [ei] *interj.* ah!, vai!, ce!, aoleu!
eiderdown ['aidədaun] *s.* pilotă.
eight [ei] *s. num.* opt.
eighteen ['ei'ti:n] *s. num.* optsprezece.
eighteenth [ei'ti:nθ] *s. num.* al optsprezecelea.
eighth [ei'θ] *s.* optime, *num.* al optulea.
eightieth ['eitiəθ] *s. num.* al optzecilea.
eighty ['eiti] *s. num.* optzeci.
either ['aiðə] **I.** *adj. pron.* fiecare, oricare (din doi). **II.** *adv. not ~* nici. **III.** *conj. ~ … or* fie… fie.
ejaculate [i'dʒekjuleit] *v.t., v.i.* a exclama; a ejacula.
eject [i'dʒekt] *v.t.* a scoate, a izgoni.
eke [i:k] *v.t. to ~ out* a completa (lipsurile).

elaborate[1] [i'læbəreit] *adj.* îngrijit, elaborat cu grijă.
elaborate[2] [i'læbəreit] *v.t.* a elabora, a detalia.
elaboration [ilæbəreiʃən] *s.* elaborare.
elapse [i'læps] *v.i.* a trece.
elated [i'leitid] *adj.* entuziasmat, exaltat.
elation [i'leiʃən] *s.* încântare, exaltare.
elbow ['elbou] **I.** *s.* cot, *out at ~s* rupte în coate. **II.** *v.t.* a-i croi (drum).
elder ['eldə] *s.* mai-mare, mai în vârstă, *pl.* superiori, *bot.* soc.
eldest ['eldist] *adj.* cel mai vârstnic.
elect [i'lekt] **I.** *adj.* ales. **II.** *v.t.* a alege, a hotărî.
election [i'lekʃən] *s.* alegere.
electioneering [i'lekʃəniəriŋ] *s.* campanie electorală.
elective [i'lektiv] *adj.* electiv, electoral, facultativ.
elector [i'lektə] *s.* elector, alegător.
electricity [ilek'trisiti] *s.* electricitate.
electrify [i'lektrifai] *v.t.* a electrifica, a electriza.
elegance [eligəns] *s.* eleganță.
elegy [elidʒi] *s.* elegie.
element ['eləmənt] *s.* element, aspect, pic(ătură), *pl.* rudimente.
elemental ['eləməntəl] *adj.* elementar.
elementary [eli'mentəri] *adj.* elementar, rudimentar.
elephant ['elifənt] *s.* elefant.
elevate ['eliveit] *v.t.* a ridica, a înălța.
elevation [eli'veiʃən] *s.* ridicare, înălțime, grandoare.
elevator ['eliveitə] *s.* elevator.
eleven [i'levən] *num.* unsprezece.
elf [elf] *s.* spiriduș.
elicit [i'lisit] *v.t.* a solicita, a necesita, a smulge.
elide [ilaid] *v.t.* a evita, a ocoli.
eligibility [elidʒibiliti] *s.* eligibilitate.
eliminate [i'limineit] *v.t.* a desființa, a elimina.
elision [iliʒən] *s.* eliziune.
ell [i'l] *s.* cot (unitate de măsură).
ellipse [i'lips] *s. geom.* elipsă.
ellipsis [i'lipsis] *s. gram.* elipsă.
elm [elm] *s.* ulm.
elocution [elə'kju:ʃən] *s.* oratorie.
elongate [ilɔŋgeit] *v.t.* a alungi.
elope [i'loup] *v.i.* a fugi (cu iubitul).
elopement [i'loupmənt] *s.* răpire, fuga îndrăgostiților.
eloquence ['eləkwəns] *s.* elocvență, oratorie.
eloquent ['eləkwənt] *adj.* grăitor, elocvent.
else [els] *adv.* mai, încă, în plus.
elsewhere [elswɛə] *adv.* aiurea, în altă parte.

elucidate [i'lu:sideit] *v.t.* a lămuri.
elude [i'lu:d] *v.t.* a evita, a eluda.
elusive [i'lu:sive] *adj.* fugitiv, inefabil, lunecos (fig.).
emaciate [i'meiʃieit] *v.t.* a slăbi, a slei.
emanate ['emәneit] *v.t.* a emana.
emancipate [i'mænsipeit] *v.t.* a elibera, a emancipa.
embalm [im'ba:m] *v.t.* a îmbălsăma.
embankment [im'bæŋkmәnt] *s.* taluz.
embark [im'ba:k] *v.t.*, *v.i.* a (se) îmbarca.
embarrass [im'bærәs] *s.* a încurca, a deranja.
embarrassment [im'bærәsmәnt] *s.* încurcătură, necaz.
embassy ['embәsi] *s.* ambasadă, misiune.
embed [im'bed] *v.t.* a incrusta.
embellish [im'beliʃ] *v.t.* a înfrumuseța.
embezzle [im'bezl] *v.t.* a deturna.
embitter [im'bitә] *v.t.* a amărî, a acri, a înfuria.
emblaze [imbleiz] *v.t.* a aprinde.
emblem [emblәm] *s.* emblemă.
embodiment [im'bɔdimәnt] *s.* întruchipare.
embody [im'bɔdi] *v.t.* a întru(chi)pa.
emboss [im'bɔs] *v.t.* a gofra, a ștanța.
embrace [im'breis] **I.** *s.* îmbrățișare. **II.** *v.t.* a îmbrățișa.
embranchment [imbrantʃmәnt] *s.* ramificație.
embroider [im'brɔidә] *v.t.*, *v.i.* a broda.
embroil [imbrɔil] *v.t.* a încurca, a amesteca.
embryo [embriou] *s.* embrion.
emerald [emәrәld] *s.* smarald.
emerge [i'mә:dʒ] *v.i.* a ieși (la iveală), a se afla.
emergency [i'mәdʒәnsi] *s.* urgență, pericol.
emery [i'mәri] *s.* șmirghel.
emetic [i'metik] *s.* vomitiv.
emigrate ['emigreit] *v.i.* a emigra.
eminence ['eminәns] *s.* faimă, înălțime.
emissary ['emisәri] *s.* emisar.
emission [imiʃәn] *s.* propagare.
emit [i'mit] *v.t.* a emite.
emolument [i'mɔljumәnt] *s.* onorariu, beneficiu.
emotion [i'mouʃәn] *s.* emoție.
emotional [i'mouʃәnәl] *adj.* afectiv.
emperor ['empәrә] *s.* împărat.
emphasis ['emfәsis] *s.* subliniere, accent.
emphasize ['emfәsaiz] *v.t.* a sublinia, a accentua.
emphatic [im'fætik] *adj.* apăsat, pompos.
empire ['empaiә] *s.* imperiu, stăpânire.

emplacement [impleismənt] s. aşezare, amplasament.
employ [im'plɔi] *v.t.* a folosi, a angaja.
employee [emplɔi'i:] *s.* salariat, funcţionar.
employer [im'plɔiə] *s.* patron.
employment [im'plɔimənt] *s.* slujbă, angajare.
empoison [impɔizən] *v.t.* a otrăvi.
empower [impauə:] *v.t.* a împuternici.
empress ['empris] *s.* împărăteasă.
empty ['empti] **I**. *adj.* gol, liber. **II.** *v.t.*, *v.i.* a (se) goli.
emulation [emju'leiʃən] *s.* întrecere.
emulsion [imʌlʃən] *s.* emulsie.
enable [i'neibəl] *v.t.* a face posibil, a face capabil, a permite.
enact [i'nækt] *v.t.* a promulga, a decreta, a monta (o piesă), a juca (o piesă).
enamel [i'næməl] **I.** *s.* smalţ. **II.** *v.t.* a emaila.
encase [in'keis] *v.t.* a închide, a ambala.
encash [inkæʃ] *v.t.* a încasa.
enchant [in'tʃɑ:nt] *v.t.* a vrăji.
enchantment [in'tʃa:ntmənt] *s.* vrajă, încântare.
enchase [intʃeis] *v.t.* a şlefui.
encircle [in'sə:kəl] *v.t.* a înconjura.
enclose [in'klouz] *v.t.* a închide, a ambala.
enclosure [in'klouʒə] *s.* îngrădire.
encode [inkoud] *v.t.* a codifica.
encompass [en'koumpa:s] *v.t.* a cuprinde.
encore [ʌŋkɔ:] **I.** *s.*, *interj.* bis. **II.** *v.t.* a bisa.
encounter [in'kauntə] **I.** *s.* întâlnire, conflict. **II.** *v.t.*, *v.i.* a (se) întâlni.
encourage [in'kʌridʒ] *v.t.* a încuraja, a stimula.
encouragement [in'kʌridʒmənt] *s.* încurajare.
encroach [in'kroutʃ] *v.i.* *to ~ (up)/ on* a încălca, a abuza.
encroachment [in'kroutʃmənt] *s.* încălcare.
encrust [inkrʌst] *v.t.* a încrusta.
encumber [in'kʌmbə] *v.t.* a împovăra, a stânjeni.
encumbrance [in'kʌmbrəns] *s.* povară, oprelişte.
encylop(a)edia [ensaiklou'pi:djə] *s.* enciclopedie.
end [end] **I.** *s.* capăt, moarte, scop, *at a loose ~* neavând ce face, *no ~ of* o mulţime de, *her hair stood on ~* i se făcuse părul măciucă, *to put an ~ to* a pune capăt, *to come to an ~* a se termina, *in the ~* în cele din urmă. **II.** *v.t.*, *v.i.* a (se) sfârşi.
endanger [in'deindʒə] *v.t.* a primejdui.
endear [in'diə] *v.t.* a face să fie îndrăgit, *v.r.* a se face iubit.

endearment [in'diəmənt] *s.* afecțiune, dragoste.
endeavo(u)r [in'devə] **I.** *s.* efort, strădanie. **II.** *v.i.* a se strădui.
ending [endiŋ] *s.* terminație, încheiere.
endless ['endlis] *adj.* nesfârşit.
endorse [in'dɔ:s] *v.t.* a gira, a sprijini.
endorsement [in'dɔ:smənt] *s.* aprobare, gir.
endow [in'dau] *v.t.* a înzestra, a învesti.
endowment [in'daumənt] *s.* înzestrare, alocare.
endurable [indjurəbəl] *adj.* suportabil.
endurance [in'djurəns] *s.* rezistență.
endure [in'djuə] **I.** *v.t.* a îndura. **II.** *v.i.* a dura.
enemy ['enimi] *s.* inamic(i), diavol.
energetic [enə'dʒetik] *adj.* energetic, activ.
energy ['enədʒi] *s.* energie.
enervate ['enəveit] *v.t.* a moleşi, a slăbi.
enfold [in'fould] *v.t.* a înfăşura, a îmbrățişa.
enforce [in'fɔ:s] *v.t.* a aplica, a promulga, a sili.
enfranchise [in'frænt∫aiz] *v.t.* a acorda drepturi electorale (cuiva), a emancipa.
enframe [infreim] *v.t.* a încadra.
engage [in'geidʒ] **I.** *v.t.* a angaja, a logodi, a obliga. **II.** *v.i.* a se ocupa, a se prinde. **III.** *v.r.* a se angaja.
engaged [in'geidʒd] *adj.* ocupat, logodit.
engagement [in'geidʒmənt] *s.* angajament, promisiune, logodnă, luptă.
engaging [ingeidʒiŋ] *adj.* atrăgător, amabil.
engender [in'dʒendə] *v.t.* a produce.
engine ['endʒin] *s.* motor, maşină, locomotivă.
engineer [endʒi'niə] **I.** *s.* inginer, mecanic (de locomotivă), *mil.* pionier. **II.** *v.t.* a pune la cale.
engineering [endʒi'niəriŋ] *s.* construcții (mecanice), inginerie.
English ['iŋgli∫] **I.** *s.* (limba) engleză, *the* ~ englezii, *in plain* ~ pe şleau. **II.** *adj.* englezesc, britanic.
Englishman ['iŋgli∫mən] *s.* englez, britanic.
Englishwoman ['iŋgli∫'wumən] *s.* englezoaică.
engrave [in'greiv] *v.t.* a grava, a imprima, a impresiona.
engraving [in'greiviŋ] *s.* gravură.
engross [in'grous] *v.t.* a absorbi, a ocupa.
engulf [en'gΛlf] *v.t.* a înghiți.
enhance [in'hɑ:ns] *v.t.* a spori, a înălța, a intensifica.
enjail [indʒeil] *v.t.* a întemnița.
enjoin [in'dʒəin] *v.t.* a porunci, a impune, a cere (imperios).

enjoy [in'dʒɔi] *v.t.* a se bucura de, a savura, a avea.
enjoyment [in'dʒɔimənt] *s.* plăcere.
enlace [inleis] *v.t.* a înconjura.
enlarge [in'lɑ:dʒ] **I.** *v.t.* a mări. **II.** *v.i.* a vorbi pe larg.
enlargement [in'lɑ:dʒmənt] *s.* mărire, adaos.
enlighten [in'laitən] *v.t.* a lumina, a lămuri.
enlightenment [in'laitənmənt] *s.* luminare, iluminism.
enlist [in'list] **I.** *v.t.* a înrola, a obține. **II.** *v.i.* a se înrola, a se angaja.
enliven [in'laivən] *v.t.* a anima.
enmity ['enmiti] *s.* dușmănie, ură.
ennoble [i'noubəl] *v.t.* a înnobila.
enormity [i'nɔ:miti] *s.* enormitate, ticăloșie, crimă.
enormous [i'nɔ:məs] *adj.* uriaș.
enough [i'nΛf] **I.** *adj.* sufficient. **II.** *adv.* destul, foarte.
enouncement [inaunsmənt] *s.* enunțare.
enrage [in'reidʒ] *v.t.* a înfuria.
enrapture [in'ræptʃə] *v.t.* a încânta, a vrăji.
enrich [in'ritʃ] *v.t.*, *v.r.* a (se) îmbogăți.
enrol(l) [in'roul] *v.t.*, *v.r.* a (se) înregimenta, a (se) înrola.
enrolment [in'roulmənt] *s.* înrolare, promoție.
ensemble [ΛnsΛmbəl] *s.* ansamblu.
ensign ['ensain] *s.* steag, insignă, semn, sublocotenent.
enslave [in'sleiv] *v.t.* a înrobi.
ensnare [in'snεə] *v.t.* a prinde în capcană.
ensue [in'sju:] *v.i.* a urma.
ensure [in'ʃuə] *v.t.*, *v.r.* a (se) asigura.
entail [in'teil] *v.t.* a determina, a necesita, a lăsa moștenire.
entangle [in'tæŋgəl] *v.t.* a încurca.
enter ['entə] **I.** *v.t.* a intra în, a înscrie. **II.** *v.i.* a intra.
enterprise ['entəpraiz] *s.* curaj, aventură, antrepriză.
enterprising ['entəpraiziŋ] *adj.* întreprinzător, îndrăzneț.
entertain [entə'tein] *v.t.* a primi, a ospăta, a distra, a întreține.
entertaining [entə'teiniŋ] *adj.* distractiv, încântător.
entertainment [entə'teinmənt] *s.* distracție, spectacol, ospitalitate.
enthral(l) [in'θrɔ:l] *v.t.* a (în)robi, a vrăji.
enthusiasm [in'θjuziæzəm] *s.* entuziasm.
enthusiastic [inθju:zi'æstik] *adj.* entuziast.
entice [in'tais] *v.t.* a momi.
entire [in'taiə] *adj.* tot(al).
entitle [in'taitəl] *v.t.* a îndreptăți, a justifica, a intitula.
entity ['entiti] *s.* ființă, entitate.
entrance[1] ['entrəns] *s.* intrare.

entrance[2] ['entrəns] *v.t.* a vrăji, a încânta.
entreat [in'tri:t] *v.t.* a implora.
entreaty [in'tri:ti] *s.* rugăminte.
entrench [intrentʃ] *v.t.* a fortifica.
entrust [in'trʌst] *v.t.* a încredința.
entry ['entri] *s.* intrare, înregistrare, acces, ivire, ușă.
enumerable [inju:mərəbəl] *adj.* numărabil.
enumerate [i'njuməreit] *v.t.* a enumera.
enunciate [inʌnsieit] *v.t.* a enunța.
enunciation [inʌnsieiʃən] *s.* enunț.
envelop [in'veləp] *v.t.* a cuprinde, a învălui.
envelope ['envəloup] *s.* plic.
enviable ['enviəbəl] *adj.* de invidiat.
envious ['enviəs] *adj.* invidios.
environment [in'vaiərənmənt] *s.* mediu, cadru.
environs [in'vairənz] *s. pl.* împrejurimi.
envoy ['envɔi] *s.* trimis.
envy [envi] *s.* pizmă, invidie.
ephemeral [i'femərəl] *adj.* efemer.
epic ['epik] **I.** *s.* epopee, poem epic. **II.** *adj.* epic.
epidemic [epi'demik] *s.* epidemie, *adj.* epidemic.
epilogue ['epiloug] *s.* epilog, final.
episode ['episoud] *s.* episod.
epistle [i'pisəl] *s.* epistolă.
epithet ['epiθet] *s.* epitet.
epitome [i'pitəmi] *s.* rezumat, simbol.
epoch ['ipɔk] *s.* epocă.
epoch-making ['ipɔkmeikiŋ] *adj.* epocal.
equable ['ekwəbəl] *adj.* liniștit, regulat.
equal ['ikwəl] **I.** *s.* egal. **II.** *adj.* egal, liniștit, ~ *rights* drepturi egale.
equality ['ikwəliti] *s.* egalitate.
equalize ['ikwəlaiz] *v.t.* a egaliza.
equanimity [ekwə'nimiti] *s.* calm.
equation [i'kweiʃən] *s.* ecuație.
equator [i'kweitə] *s.* ecuator.
equilibrate [ikwilaibreit] *v.t.* a echilibra.
equinox ['i:kwi'nɔks] *s.* echinocțiu.
equip [i'kwip] *v.t.* a echipa, a înzestra.
equipment [i'kwipmənt] *s.* echipament, instalații, utilaj.
equipped [ikwipt] *adj.* echipat.
equitable ['ekwitəbəl] *adj.* just, rezonabil.
equity ['ekwiti] *s.* dreptate, *jur.* lege nescrisă, imparțialitate.
equivalent [i'kwivələnt] *s.*, *adj.* echivalent.
equivocal [i'kwivəkəl] *adj.* echivoc, dubios.
era ['iərə] *s.* eră.
eradiate [ireidieit] *v.i.* a iradia.
eradicate [i'rædikeit] *v.t.* a dezrădăcina.

erase [i'reis] *v.t.* a şterge, a rade.
eraser [i'reisə] *s.* radieră.
erasure [ireʒə] *s.* ştersătură.
erect [i'rekt] **I.** *adj.* vertical. **II.** *v.t.* a înălţa, a ridica.
eremite ['erimait] *s.* (blană de) hermină.
ermine [əmin] *s.* hermină.
erode [iroud] *v.t.* a eroda.
erosion [irouʒən] *s.* eroziune, distrugere.
err [ə:] *v.i.* a greşi.
errand ['erənd] *s.* serviciu, comision, ţintă.
errand boy ['erəndbɔi] *s.* comisionar.
erratic [i'rætik] *adj.* extravagant, ciudat.
erratum [e'rɑ:təm] *s.* erată.
erroneous [i'rounjəs] *adj.* greşit.
error ['erə] *s.* greşeală.
eructate [irʌkteit] *v.i.* a râgâi.
erudite [erudait] *adj.* erudit.
erupt [irʌpt] *v.i.* a erupe, a izbucni.
eruption [i'rʌpʃən] *s.* erupţie, izbucnire.
escalator [eskə'leitə] *s.* scară rulantă.
escape [is'keip] **I.** *s.* scăpare, ieşire, evadare. **II.** *v.t.* a scăpa (de), a evita. **III.** *v.i.* a fugi, a scăpa, a evada.
escheat [istʃit] *v.t.* a confisca.
eschew [is'tʃu:] *v.t.* a evita.
escort[1] ['eskɔ:t] *s.* escortă, însoţitor.
escort[2] ['eskɔ:t] *v.t.* a escorta.
escutcheon [is'kɔtʃən] *s.* blazon.
especially [i'speʃəli] *adv.* mai ales.
espionage [espiənɑ:ʒ] *s.* spionaj.
espouse [is'pauz] *v.t.* a lua de nevastă.
espy [i'spai] *v.t.* a zări.
essay [e'sei] *s.* eseu, încercare.
essence ['esəns] *s.* esenţă.
essential [i'senʃəl] *adj.* fundamental.
establish [is'tæbliʃ] *v.t.* a înfiinţa, a stabili.
establishment [i'stæbliʃmənt] *s.* înfiinţare, stabilire, instituţie.
estate [is'teit] *s.* moşie, proprietate, avere.
esteem [is'ti:m] **I.** *s.* stimă. **II.** *v.t.* a stima, a considera.
estimate[1] [estimeit] *s.* sumă, calcul, apreciere, evaluare.
estimate[2] [estimeit] *v.t.* a aprecia, a evalua.
estimation [esti'meiʃən] *s.* apreciere, părere, stimă, evaluare.
estrange [is'treindʒ] *v.t.* a înstrăina.
estuary ['estju:əri] *s.* estuar.
etch [etʃ] *v.t.*, *v.i.* a grava, a schiţa.
etching [etʃiŋ] *s.* gravură.
eternal [i'tə:nəl] *adj.* etern, neîncetat.
eternity [i'tə:niti] *s.* eternitate.
ether ['i:θə] *s.* eter.
ethereal [i'θiəriəl] *adj.* eteric.

ethic(al) ['eθikəl] *adj.* moral.
ethics ['eθiks] *s.* morală.
ethyl [eθail] *s.* etil.
etymology [etimɔlədʒi] *s.* etimologie.
eulogize ['julədʒaiz] *v.t.* a lăuda.
eulogy ['ju:lədʒi] *s.* laudă.
euphemism ['ju:fimizəm] *s.* eufemism.
European [juərə'piən] *s.*, *adj.* european(ă).
evacuate [i'vækjueit] *v.t.* a evacua.
evacuation [ivækjueiʃən] *s.* golire, evacuare.
evade [i'veid] *v.t.* a scăpa de, a se sustrage de la.
evanescent [ivə'nesənt] *adj.* trecător, disparent.
evaporate [i'væpəreit] *v.t.*, *v.i.* a (se) evapora.
evasion [i'veiʒən] *s.* scăpare, sustragere, evaziune.
evasive [i'veisiv] *adj.* evaziv.
eve [i:v] *s.* ajun.
even ['i:vən] **I.** *adj.* neted, egal, par. **II.** *v.t.* a egaliza, a nivela. **III.** *adv.* chiar, tocmai, încă şi, egal, la fel; ~ *so* chiar şi aşa.
evenly ['i:vənli] *adv.* liniştit, egal, regulat.
evening ['ivniŋ] *s.* seară.
evening dress ['ivniŋ dres] *s.* haine de seară.
event [i'vent] *s.* eveniment, întâmplare, *sport* probă; *in any* ~ în orice caz.
eventful [i'ventfəl] *adj.* bogat în întâmplări.
eventually [i'ventʃuəli] *adv.* în cele din urmă.
ever ['evə] *adv.* oricând, vreodată, mereu, (cu neg.) niciodată, (la interog.) vreodată, foarte.
evergreen ['evəgri:n] **I.** *s.* plantă perenă. **II.** *adj.* veşnic verde, peren.
everlasting [evə'lɑ:stiŋ] *adj.* veşnic.
evermore ['evəmɔ:] *adv.* mereu.
every ['evri] *adj.* fiecare, toţi, toate.
everybody ['evribɔdi] *pron.* toată lumea, toţi, fiecare.
everday ['evridei] *adj.*, *adv.* zilnic, obişnuit.
everyone ['evriwʌn] *pron.* **everybody.**
everything ['evriθiŋ] *pron.* tot(ul).
everywhere ['evriwεə] *adv.* pretutindeni.
evict [i'vikt] *v.t.* a izgoni, a evacua.
eviction [ivikʃən] *s.* evacuare.
evidence ['evidəns] *s.* dovadă, mărturii.
evil ['ivɔl] *s.* rău, hain, afurisit, *adj.* rău, ticălos.
evil doer ['ivəlduə] *s.* răufăcător.
evince [i'vins] *v.t.* a manifesta, a indica.
evocation [evɔkeiʃən] *s.* evocare.
evoke [i'vouk] *v.t.* a evoca, a stârni, a invoca.

evolution [ivə'luʃən] *s.* evoluție, dezvoltare.
evolve [i'vɔlv] **I.** *v.t.* a desfăşura, a transforma. **II.** *v.i.* a evolua.
ewe [ju:] *s.* oaie.
ewer ['juə] *s.* ulcior, chiup.
exact [ig'zækt] **I.** *adj.* exact, corect, précis. **II.** *v.t.* a cere, a solicita, a impune, a pretinde.
exacting [ig'zæktiŋ] *adj.* exigent.
exactly [ikzæktli] *adv.* exact, precis, întocmai.
exactor [igzæktə] *s.* preceptor.
exaggerate [ig'zædʒəreit] *v.t.*, *v.i.* a exagera.
exalt [ig'zɔ:lt] *v.t.* a înălța, a slăvi.
exaltation [ig'zɔ:lteiʃən] *s.* înălțare, slăvire.
exam [ig'zæm] *s.* examen.
examination [igzæmi'neiʃən] *s.* examen, cercetare, interogatoriu; *to take an ~* a da un examen, *to pass an ~* a lua un examen.
examine [ig'zæmin] *v.t.* a cerceta, a interoga, a asculta.
example [ig'zɑ:mpəl] *s.* exemplu, pildă, model; *for ~* de exemplu.
exasperate [ig'zɑ:spəreit] *v.t.* a exaspera.
excavate ['ekskəveit] *v.t.* a excava.
excavation ['ekskəveiʃən] *s.* săpătură.
excavator ['ekskəveitə] *s.* excavator.
exceed [ik'si:d] *v.t.* a întrece.
exceedingly [ik'si:diŋli] *adv.* foarte (mult).
excel [ik'sel] **I.** *v.t.* a depăşi. **II.** *v.i.* a excela.
excellence [ck'sələns] *s.* perfecțiune.
excellent ['eksələnt] *s.* excelent, splendid.
except [ik'sept] **I.** *v.t.* a excepta. **II.** *prep.* fără, în afară de, cu excepția a.
exception [ik'sepʃən] *s.* excepție, obiecție.
exceptional [ik'sepʃənəl] *adj.* excepțional.
excerpt ['eksə:pt] *s.* fragment.
excess [ik'ses] **I.** *s.* exces, depăşire, *in ~ of* mai mult decât. **II.** *adj.* suplimentar, excedentar.
exchange [iks'tʃeindʒ] **I.** *s.* schimb, bursă. **II.** *v.t.*, *v.i.* a (se) schimba.
exchequer [iks'tʃekə] *s.* (ministerul de) finanțe, vistierie.
excise ['eksais] **I.** *s.* impozit, tarif. **II.** *v.t.* a taxa.
excite [ik'sait] *v.t.* a emoționa, a agita, a stârni.
excitement [ik'saitmənt] *s.* emoție, tulburare, senzație.
exclaim [iks'kleim] *v.t.*, *v.i.* a exclama.
exclamation [ekslə'meiʃən] *s.* exclamație.
exclude [iks'klu:d] *v.t.* a exclude.

exclusion [iks'klu:ʃən] *s.* excludere.
exclusive [iks'klu:siv] *adj.* exclusiv, exclusivist, rezervat, select, snob, ~ *of* fără.
excrete [ik'ski:t] *v.t.* a excreta.
excruciating [iks'kru:ʃieitiŋ] *adj.* chinuitor.
exculpate ['ekskɔlpeit] *v.t.* a dezvinovăți, a reabilita.
excursion [iks'kə:ʃən] *s.* excursie.
excuse [iks'kju:s] **I.** *s.* scuză. **II.** *v.t.* a scuza.
execrable ['eksikrəbəl] *adj.* groaznic.
execute ['eksikju:t] *v.t.* a executa.
execution [eksi'kju:ʃən] *s.* execuție.
executioner [eksi'kju:ʃənə] *s.* călău.
executive [ig'zekjutiv] **I.** *s.* director, administrator, consiliu de conducere, ramură executivă. **II.** *adj.* executiv, de acțiune, eficace.
exemplary [ig'zempləri] *adj.* exemplar.
exempt [ig'zempt] **I.** *adj.* scutit. **II.** *v.t.* a scuti.
exemption [igzempʃən] *s.* scutire.
exercise ['eksəsaiz] **I.** *s.* exercițiu, antrenament, mişcare, *mil.* manevră, *pl. amer.* ceremonie. **II.** *v.t.* a exercita, a antrena, a pune la încercare. **III.** *v.i.* a face mişcare, a se antrena.
exert [ig'zə:t] **I.** *v.t.* a exercita. **II.** *v.r.* a se strădui.
exertion [ig'sə:ʃən] *s.* exercitare, efort.
exhale [eks'heil] *v.t.*, *v.i.* a răsufla, a exala.
exhaust [ig'zɔ:st] **I.** *s.* evacuare. **II.** *v.t.* a epuiza, a evacua.
exhausted [igzɔstid] *adj.* epuizat.
exhaustion [ig'zɔ:stʃən] *s.* istovire.
exhaustive [ig'zɔ:stiv] *adj.* complet.
exhibit [ig'zibit] **I.** *s.* exponat, obiect. **II.** *v.t.*, *v.i.* a (se) expune, a (se) manifesta.
exhibition [eksi'biʃən] *s.* expoziție, manifestare.
exhilarate [ig'zilәreit] *v.t.* a înveseli.
exhilaration [igzilə'reiʃən] *s.* veselie.
exhort [ig'zɔ:t] *v.t.* a ruga.
exhumation [ekshjumeiʃən] *s.* exhumare.
exigency ['eksidʒənsi] *s.* necesitate, exigență.
exile ['egzail] **I.** *s.* exil, exilat. **II.** *v.t.* a exila.
exist [ig'zist] *v.i.* a exista.
existence [ig'zistəns] *s.* existență, trai.
exit ['eksit] **I.** *s.* ieşire. **II.** *v.i.* a ieşi.
exodus ['eksədəs] *s.* exod.
exonerate [ig'zənəreit] *v.t.* a dezvinovăți.

exotic [ig'zɔtik] *adj.* exotic, ciudat.

expand [iks'pænd] **I.** *v.t.* a lărgi, a desfăşura. **II.** *v.i.* a se dezvolta, a înflori.

expanse [iks'pæns] *s.* întindere.

expansion [iks'pænʃən] *s.* expansiune.

expatriate [ekspætrieit] *v.t.* a expatria.

expect [iks'pekt] *v.t.* a se aştepta la, a impune.

expectancy [iks'pektənsi] *s.* aşteptare.

expectant [iks'pektənt] *adj.* în aşteptare.

expectation [ekspek'teiʃən] *s.* aşteptare, perspectivă.

expedience [iks'pi:djəns] *s.* convenabilitate, oportunitate.

expedient [iks'pi:diənt] **I.** *s.* expedient. **II.** *adj.* avantajos, eficient.

expedite ['ekspidait] *v.t.* a grăbi.

expedition [ekspi'diʃən] *s.* expediţie, grabă.

expel [iks'pel] *v.t.* a expulza, a exclude.

expense [iks'pens] *s.* cheltuială, socoteală.

expensive [iks'pensiv] *adj.* scump.

experience [iks'piriəns] **I.** *s.* experienţă, *pl.* întâmplări. **II.** *v.t.* a trece prin, a cunoaşte.

experienced [iks'piriənsd] *adj.* încercat, abil.

experiment [iks'perimənt] *s.* probă, experienţă.

expert ['ekspə:t] **I.** *s.* specialist. **II.** *adj.* expert.

expiate ['ekspieit] *v.t.* a ispăşi.

expire [iks'paiə] *v.i.* a expira.

explain [iks'plein] *v.t.*, *v.i.* a explica, a (se) justifica.

explanation [eksplə'neiʃən] *s.* explicaţie.

explanatory [eksplænətri] *adj.* explicativ, justificativ.

explode [iks'ploud] **I.** *v.t.* a face să explodeze. **II.** *v.i.* a exploda.

exploit[1] [iks'plɔit] *s.* faptă glorioasă.

exploit[2] [iks'plɔit] *v.t.* a exploata.

exploitation [iks'plɔiteiʃən] *s.* exploatare.

exploiter [iks'plɔitə] *s.* exploatator.

exploration [eksplə'reiʃən] *s.* explorare.

explore [iks'plɔ:] *v.t.* a explora, a cerceta.

explorer [iks'plɔ:rə] *s.* explorator, cercetător.

explosion [iks'plouʒən] *s.* explozie, izbucnire.

export[1] ['ekspɔ:t] *s.* (articol de) export.

export[2] ['ekspɔ:t] *v.t.* a exporta.

exportation ['ekspɔ:teiʃən] *s.* export.

expose [iks'pouz] *v.t.* a demasca, a expune, a etala, a dezgoli.

exposition [ekspə'ziʃən] *s.* expunere.

expostulate [iks'pɔstjuleit] *v.i.* a discuta, a protesta.
exposure [iks'pouʒə] *s.* demascare, expunere, dezgolire.
expound [iks'paund] *v.t.* a explica, a clarifica.
express [iks'pres] **I.** *adj.* expres, clar, exact. **II.** *v.t.* a exprima. **III.** *adv.* (trimis) expres.
expression [iks'preʃən] *s.* exprimare, expresie.
expressly [iks'presli] *adv.* clar, anume.
expulsion [iks'pʌlʃən] *s.* expulzare, excludere.
expurgate [iks'pʌ:geit] *v.t.* a expurga, a cenzura.
exquisite [eks'kwizit] *adj.* excelent, minunat, teribil.
extant [eks'tænt] *adj.* existent.
extempore [ik'stempəri] *adj.*, *adv.* fără pregătire, spontan.
extend [iks'tend] **I.** *v.t.* a extinde, a întinde, a răspândi. **II.** *v.i.* a se întinde, a se mări, a continua, a ajunge.
extension [iks'tenʃən] *s.* întindere, mărire, prelungire, anexă, (la telefon) interior, cuplaj, derivație.
extensive [iks'tensiv] *adj.* întins, larg, vast, de mari proporții.
extent [iks'tent] *s.* măsură, spațiu, grad; *to a certain ~* până la un anumit punct.
extenuate [iks'tenjueit] *v.t.* a scuza, a atenua.
exterior [eks'tiəriə] *s.*, *adj.* exterior.
exterminate [eks'tə:mineit] *v.t.* a nimici.
external [eks'tə:nəl] *adj.* exterior.
extinct [iks'tiŋkt] *adj.* stins, mort.
extinguish [iks'tiŋgwiʃ] *v.t.* a stinge.
extirpate [ekstə:peit] *v.t.* a extirpa.
extol [iks'tɔ:l] *v.t.* a lăuda (mult).
extort [iks'tɔ:t] *v.t.* a stoarce (bani etc.).
extortion [iks'tɔ:ʃən] *s.* escrocherie.
extortionate [iks'tɔ:ʃənit] *adj.* exagerat, cămătăresc.
extra ['ekstrə] **I.** *s.* supliment, figurant. **II.** *adj.*, *adv.* suplimentar.
extract[1] [iks'trækt] *s.* extras.
extract[2] [iks'trækt] *v.t.* a extrage, a obține, a stoarce.
extraction [iks'trækʃən] *s.* extragere, origine, loc de baștină.
extradite [ekstrədait] *v.t.* a extrăda.
extraneous [iks'treiniəs] *adj.* fără legătură, exterior.
extraordinary [iks'trɔ:dinəri] *adj.* remarcabil, extraordinar.
extravagance [iks'trævəgəns] *s.* extravaganță, exagerare, nechibzuială.
extreme [iks'tri:m] *s.*, *adj.* extrem, extremă.

extremity [iks'tremiti] *s.* extremitate, măsură extremă, culme.
extricate ['ekstrikeit] *v.t.*, *v.r.* a (se) elibera, a (se) descurca.
exuberant [ig'zjubərənt] *adj.* exuberant, îmbelşugat, fantastic.
exult [ig'zʌlt] *v.i.* a se bucura mult.
exultation [egzʌl'teiʃən] *s.* bucurie.
eye [ai] *s.* ochi, privire, vedere, ureche de ac.
eyeball ['aibɔ:l] *s.* globul ocular.
eyebrow ['aibrau] *s.* sprânceană.
eyeglass ['aiglɑ:s] *s.* lentilă, *pl.* ochelari.
eyelash ['ailæʃ] *s.* geană.
eyeless ['ailis] *adj.* orb.
eyelet ['ailet] *s.* gaură, inel, ochi.
eyelid ['ailid] *s.* pleoapă.
eyesight ['aisait] *s.* vedere.
eyesore ['aisɔ:] *s.* urâciune, muma pădurii.
eye-witness ['aiwitnis] *s.* martor ocular.

F

F [ef] *s.* F, f, (nota) fa.
fable ['feibl] *s.* fabulă, legendă, poveste, mit(uri), minciuni, scorneli.
fabric ['fæbrik] *s.* țesătură.
fabricate ['fæbrikeit] *v.t.* a născoci.
fabrication ['fæbrikeiʃən] născocire.
fabulous ['fæbjuləs] *adj.* fabulos.
facade [fə'sɑ:d] *s.* fațadă.
face [feis] **I.** *s.* suprafață, chip, îndrăzneală, strâmbătură; ~ *to* ~ față în față, *to show one's* ~ a se ivi, *to make a wry* ~ a se strâmba, *to smb.'s* ~ pe față. **II.** *v.t.* a înfrunta, a (se) îndrepta către.
facet ['fæsit] *s.* fațetă.
facetious [fə'si:ʃəs] *adj.* glumeț.
facilitate [fə'siliteit] *v.t.* a ușura.
facility [fə'siliti] *s.* ușurință, *pl.* posibilități.
fact [fækt] *s.* fapt(ă), realitate, *in* ~ de fapt.
faction ['fækʃən] *s.* f(r)acțiune,
factitious [fæk'tiʃəs] *adj.* artificial.

factor ['fæktə] *s.* element, factor, agent.
factory ['fæktəri] *s.* fabrică.
faculty ['fækəlti] *s.* facultate.
fad [fæd] *s.* capriciu, manie.
fade [feid] **I.** *v.t.* a decolora. **II.** *v.i.* a scădea, a se decolora, a se ofili.
fade away [feid əwei] *v.i.* a se estompa.
fag [fæg] **I.** *s.* trudă, țigară, epuizare. **II.** *v.t.* a istovi. **III.** *v.i.* a trudi.
fag(g)ot [fægət] *s.* sarcină de lemne.
faience [faians] *s.* faianță.
fail [define] **I.** *s.* eşec. **II.** *v.t.* a pica la un examen, a nu ajuta, a nu izbuti, a trânti. **III.** *v.i.* a nu reuşi, a nu face, a se nărui, a se termina.
failing ['feiliŋ] *s.* slăbiciune.
failure ['feiliə] *s.* insucces, omisiune, faliment.
faint [feint] **I.** *adj.* slab, vag. **II.** *v.i.* a leşina, a slăbi.
faint-hearted ['feintha:tid] *adj.* fricos.
fair [fɛə] **I.** *s.* bâlci, târg, bazar, expoziție. **II.** *adj.* corect, drept, cinstit, frumos, moderat, blond, de culoare deschisă. **III.** *adv.* cinstit, correct.
fairly ['fɛəli] *adv.* sincer, corect, moderat, complet, relativ.
fairy ['fɛəri] *adj.* de basm, ca în poveşti.
fairy-tale ['fɛəriteil] *s.* basm.
faith [feiθ] *s.* încredere, credință, promisiune.
faithful ['feiθful] *adj.* credincios, exact.
faithless ['feiθlis] *adj.* necinstit, necredincios.
fake [feik] **I.** *s.* fals, imitație. **II.** *v.t.* a falsifica, a imita.
fall [fɔ:l] **I.** *s.* cădere, prăbuşire, *amer.* toamnă, *pl.* cascadă. **II.** *v.i.* a cădea, a scădea, a se prăbuşi, a se ivi, a păcătui, a muri, a se sfărâma, a se împărți, a deveni, *to ~ short* a nu ajunge, *to ~ due* a fi scadent, *to ~ behind* a rămâne în urmă, *to ~ out* a se certa.
fallacious [fə'leiʃəs] *adj.* fals, greşit.
fallacy ['fæləsi] *s.* fals.
fallen ['fɔ:lən] *v.i. part. trec.* de la fall.
fall out ['fɔ:l aut] *s.* cădere radioactivă.
fallow ['fælou] **I.** *s.* țelină, ogor. **II.** *adj.* nedezvoltat; galben-cafeniu.
false [fɔ:ls] *adj.* greşit, fals, falsificat.
falsehood ['fɔ:lshud] *s.* minciună.
falsification ['fɔlsifikeiʃən] *s.* fals, falsificare.
falsify ['fɔlsifai] *v.t.* a falsifica.
falsity ['fɔ:lsiti] *s.* fals, falsitate.
falter ['fɔ:ltə] *v.i.* a şovăi, a se bălăbăni, a bolborosi.
faltering ['fɔ:ltəriŋ] *adj.* şovăitor, tremurător.

fame [feim] *s.* celebritate, renume, faimă.
familiarity [fəmili'æriti] *s.* familiaritate, cunoaştere profundă.
family ['fæmili] *s.* familie.
family tree ['fæmili tri] *s.* arbore genealogic.
famine ['fæmin] *s.* foamete, criză, lipsă.
famish ['fæmiʃ] *v.t.*, *v.i.* a flămânzi.
famous ['feiməs] *adj.* celebru, straşnic.
fan [fæn] **I.** *s.* evantai, admirator, fanatic. **II.** *v.t.* a ventila, a răcori, a face vânt.
fanciful ['fænsiful] *adj.* fantezist, aiurit.
fancy ['fænsi] **I.** *s.* fantezie, pasiune, capriciu, chef. **II.** *adj.* ciudat, trăsnit, *amer.* luxos. **III.** *v.t.* a-şi închipui, a îndrăgi, a savura, a-şi imagina.
fancy ball ['fænsi bɔl] *s.* bal mascat/ costumat.
fang [fæŋ] *s.* colţ, dinte.
fantastic(al) [fən'tæstikəl] *adj.* fantastic, grotesc.
fantasy ['fæntəzi] *s.* fantezie.
far [fɑ:] **I.** *adj.* îndepărtat, extrem, celălalt. **II.** *adv.* departe, în mare măsură, foarte, cu nimic, *as ~ as* până la, *so ~* până acum, *in so ~ as* în măsura în care, *~ and wide* peste tot, *by ~* cu mult.
faraway [fɑ:ə'wei] *adj.* îndepărtat.
farce [fɑ:s] *s.* farsă.
farcical ['fɑ:sikəl] *adj.* grotesc, de farsă.
fare [fɛə] **I.** *s.* costul călătoriei, mâncare. **II.** *v.i.* a o duce (bine sau rău).
Far East [fɑ:r i:st] **I.** *s.* Extremul Orient. **II.** *adj.* din Extremul Orient.
farewell [fɛə'wel] *s.* *interj.* adio.
far-fetched [fa:fetʃt] *adj.* nefiresc, forţat.
farm [fɑ:m] **I.** *s.* fermă, gospodărie. **II.** *v.t.* a cultiva, a lucra. **III.** *v.i.* a face agricultură.
farmer [fɑ:mə] *s.* fermier, ţăran.
farmstead [fɑ:mstid] *s.* fermă, gospodărie.
fart [fa:t] *v.i.* a da vânturi.
farther ['fɑ:ðə] **I.** *adj.* mai îndepărtat, celălalt. **II.** *adv.* mai departe, în plus.
farthermost ['fɑ:ðəmoust] *adj.* cel mai îndepărtat.
farthing ['fɑ:ðiŋ] *s.* bănuţ, sfert de penny.
fascinate ['fæsineit] *v.t.* a fascina, a atrage.
fashion ['fæʃən] *s.* modă, stil.
fashionable ['fæʃənəbəl] *adj.* elegant, la modă.
fast [fɑ:st] **I.** *s.* *rel.* post. **II.** *adj.* strâns, iute, tare, rezistent, solid, fix, ţeapăn, credincios, statornic, rapid, frivol, *my watch is (three minutes) ~* ceasul meu a luat-o înainte (cu

trei minute). **III.** *v.i.* a posti. **IV.** *adv.* strâns, fix, țeapăn, repede, în grabă, *stand* ~ stai aici, ține-te bine, *he is* ~ *asleep* doarme dus.

fasten ['fɑ:sən] *v.t.* a fixa, a țintui, a lega, a închide.

fastener [fasənə:] *s.* zăvor, clamă.

fastidious [fə'stidiəs] *adj.* dificil, greu de mulțumit.

fat [fæt] **I.** *s.* grăsime, untură, ulei. **II.** *adj.* gras, gros, bogat, unsuros. **III.** *v.t.* a îngrășa.

fatal ['feitəl] *adj.* fatal, mortal.

fatality [fə'tæliti] *s.* nenorocire, fatalitate.

fate [feit] *s.* soartă, moarte, destin.

fated ['feitid] *adj.* fatal, destinat.

fateful ['feitfəl] *adj.* vital, fatal.

fathead ['fæt hed] *s.* cap sec.

father ['fɑ:ðə] *s.* tată, părinte, strămoș, preot.

father-in-law ['faðərinlɔ:] *s.* socru.

fatherly ['fɑ:ðərli] *adj.* părintesc.

fathom ['fæðəm] **I.** *s.* stânjen. **II.** *v.t.* a măsura, a sonda, a înțelege.

fathomless ['fæðəmlis] *adj.* adânc, nepătruns.

fatigue [fə'ti:g] **I.** *s.* oboseală. **II.** *v.t.* a istovi.

fatten ['fætən] *v.t.*, *v.i.* a (se) îngrășa.

fatty ['fæti] *adj.* gras, unsuros.

fatuous ['fætjuəs] *adj.* stupid.

faucet ['fɔsit] *s. amer.* robinet.

fault [fɔ:lt] *s.* greșeală, vină, vinovăție, falie, *at* ~ vinovat.

faultless ['fɔ:ltlis] *adj.* ireproșabil.

faulty [fɔ:lti] *adj.* deficient.

favo(u)r ['feivə] **I.** *s.* favoare, grație. **II.** *v.t.* a favoriza, a sprijini.

favo(u)rable ['feivərəbəl] *adj.* favorabil, potrivit.

favo(u)rite ['feivərit] **I.** *s.* favorit. **II.** *adj.* favorit, preferat.

fawn [fɔ:n] **I.** *s.* căprioară. **II.** *adj.* castaniu. **III.** *v.i.* a se gudura.

fawning [fɔ:niŋ] *adj.* lingușitor.

fear [fiə] **I.** *s.* teamă, risc, respect, *for* ~ *that* ca nu cumva să. **II.** *v.t.* a se teme de, a respecta.

fearful ['fiəful] *adj.* îngrozitor.

fearless ['fiəlis] *adj.* neînfricat.

feasible ['fi:zibəl] *adj.* posibil, realizabil.

feast [fi:st] **I.** *s.* ospăț, sărbătoare, încântare. **II.** *v.t.*, *v.i.* a ospăta, a (se) hrăni, a (se) delecta.

feat [fi:t] *s.* faptă (măreață), ispravă.

feather ['feðə] **I.** *s.* pană; *as light as a* ~ ușor ca un fulg. **II.** *v.t.* a împodobi.

feature ['fi:tʃə] **I.** *s.* trăsătură, film de lung metraj, punct din program, articol, reportaj literar. **II.** *v.t.* a arăta, a sublinia, a prezenta, a descrie.

February ['februəri] *s.* februarie.

fed [fed] *v.t.*, *v.i.* trec. şi part. trec. de la feed: ~ *up* sau ~ *to the teeth* sătul (până-n gât).

federation [fedə'reiʃən] *s.* (con)federaţie.

fee [fi:] *s.* taxă, onorariu.

feeble ['fi:bəl] *adj.* slab, plăpând.

feed [fi:d] **I.** *s.* alimentare, furaj. **II.** *v.t.* a alimenta, a aproviziona, a întreţine. **III.** *v.i.* a mânca, a se hrăni.

feel [fi:l] **I.** *v.t.* a simţi (din plin), a pipăi, a atinge, a considera, *to ~ one's way* a bâjbâi. **II.** *v.i.* a se simţi, a fi sensibil, milos, a bâjbâi, *I ~ like (drinking) tea* am chef să beau ceai. **III.** *s.* senzaţie, atingere, impresie.

feeler ['fi:lə] *s.* *zool.* *fig.* antenă.

feeling ['fi:liŋ] **I.** *s.* sentiment, mentalitate, convingere, impresie, emoţie, sensibilitate; *to have no hard ~s* a nu purta pică. **II.** *adj.* înţelegator, sensibil, sentimental.

feign [fein] *v.t.* a simula, a inventa.

feint [feint] **I.** *s.* fentă, simulacru. **II.** *v.i.* a fenta, a simula.

felicitous [fə'lisitəs] *adj.* nimerit.

felicity [filisiti] *s.* fericire.

feline [filain] *s.* felin.

fellow ['felou] *s.* individ, tovarăş, membru, prieten, pereche.

fellowship ['felouʃip] *s.* tovărăşie, asociaţie.

felon ['felən] *s.* criminal.

felony ['feləni] *s.* crimă.

felt [felt] *s.* fetru, pâslă.

female ['fimeil] **I.** *s.* femelă, femeie. **II.** *adj.* feminin, femeiesc.

feminine ['feminin] *adj.* feminin, femeiesc.

fen [fen] *s.* mlaştină.

fence [fens] **I.** *s.* gard, scrimă, tăinuitor. **II.** *v.t.* a îngrădi. **III.** *v.i.* a face scrimă.

fencing ['fensiŋ] *s.* scrimă, gard.

fend [fend] *v.t.* a feri, *v.i.* a procura hrană, a se descurca.

fender [fendə] *s.* galerie (dinaintea sobei), apărătoare.

ferment [fə'ment] *s.* ferment, agitaţie.

ferment [fə'ment] **I.** *v.t.* a face să fermenteze, a agita. **II.** *v.i.* a fi în fierbere.

fermentation [fə'men'teiʃən] *s.* fermentaţie, agitaţie, fierbere.

fern [fə:n] *s.* ferigă.

ferocious [fə'rouʃəs] *adj.* feroce, sălbatic.

ferocity [fə'rousiti] *s.* sălbăticie, asprime.

ferro-concrete [fə'rɔkɔnkri:t] *s.* beton armat.

ferry ['feri] **I.** *s.* bac. **II.** *v.t.*, *v.i.* a traversa cu bacul.

ferry boat ['feribout] *s.* feribot.
fertile ['fə:tail] *adj.* rodnic, productiv.
fertilizer ['fə:tilaizə] *s.* îngrăşământ.
ferule ['feru:l] *s.* nuia.
fervent ['fə:vənt] *adj.* fierbinte.
fervid ['fə:vid] *adj.* strălucitor, fierbinte.
fervo(u)r ['fə:və] *s.* zel.
fester ['festə] *v.i.* a se infecta.
festival ['festivəl] *s.* festival, sărbătoare.
festivity [fes'tiviti] *s.* festivitate, petrecere.
festoon [fes'tu:n] **I.** *s.* feston, chenar. **II**. *v.t.* a festona.
fetch [fetʃ] *v.t.* a se duce să aducă, a produce.
fete [feit] **I.** *s.* festival, sărbătoare. **II.** *v.t.* a sărbători.
fetich(e), fetish ['fetiʃ] *s.* fetiş, amuletă.
fetter ['fetə] **I.** *s.* lanţ, *pl. fig.* cătuşe. **II.** *v.t.* a înlănţui.
feud [fju:d] *s.* gâlceavă.
fever ['fi:və] *s.* friguri, febră.
feverish ['fi:vəriʃ] *adj.* febril, fierbinte.
few [fju:] *adj.*, *pron.* (pre) puţini, *a* ~ câţiva, destui.
fiance [fi'ɑ:nsei] *s.* logodnic.
fiancee [fi'ɑ:nsei] *s.* logodnică.
fib [fib] **I**. *s.* minciună. **II.** *v.i.* a minţi.
fibber, fibre ['faibə] *s.* fibră, caracter.
fickle ['fikəl] *adj.* nestatornic.
fickleness ['fikəlnis] *s.* neseriozitate, capriciu.
fiction ['fikʃən] *s.* beletristică, proză epică, ficţiune, plăsmuire.
fictitious [fik'tiʃəs] *adj.* fictiv.
fiddler ['fidlə] *s.* scripcar, lăutar.
fidelity [fi'deliti] *s.* fidelitate.
fidget ['fidʒit] **I.** *s.* neastâmpăr. **II.** *v.i.* a se agita.
fidgety ['fidʒiti] *adj.* nervos, neastâmpărat.
fie [fai] *interj.* ruşine!
field [fi:ld] *s.* câmp (de luptă), teren (sportiv), lan, domeniu.
fiend [fi:nd] *s.* diavol, ticălos, toxicoman.
fiendish [fi:ndiʃ] *s.* diabolic.
fierce [fiəs] *adj.* aspru, violent, rău, sălbatic.
fiery ['faiəri] *adj.* aprins, arzător.
fife [faif] *s.* fluier.
fifteen [fif'ti:n] *num.* cincisprezece.
fifteenth [fif'ti:nθ] *s.*, *num.* al cincisprezecelea.
fifth [fifθ] *s.* cincime, *num.* al cincilea.
fiftieth ['fiftiiθ] *s.* a cincizecea partea, *num.* al cincizecilea.
fifty ['fifti] *s.*, *num.* al cincilea.
fig [fig] *s.* smochin(ă).
fight [fait] **I.** *s.* luptă, meci, combativitate. **II.** *v.t.* a combate.
fighter ['faitə] *s.* luptător, boxer.
fighter-plane ['faitəplein] *s.* avion de vânătoare.

fighting ['faitiŋ] **I.** *s.* luptă. **II.** *adj.* combativ, de luptă, certăreț.

figment ['figmənt] *s.* plăsmuire.

figurative ['figju:rətiv] *adj.* figurat.

figure ['figə] **I.** *s.* cifră, *pl.* aritmetică, siluetă, figură (de stil, geometrică), poză. **II.** *v.t.* a închipui, a desena, a înțelege, a socoti. **III.** *v.i.* a figura.

filch [filtʃ] *v.t.* a șterpeli.

file [fail] **I.** *s.* dosar, colecție, arhivă, fir, rând, pildă. **II.** *v.t.* a colecționa, a depune, a înregistra, a pili. **II.** *v.i.* a pleca pe rând.

filibuster ['filibʌstə] **I.** *s.* corsar, obstrucționist. **II.** *v.i.* a face obstrucție.

filigree ['filigri:] *s.* filigran.

fill [fil] **I.** *s.* plin. **II.** *v.t.* a umple, a ocupa, a exercita (o funcție), a alimenta, a completa, a executa, *to ~ out* a umple, a umfla, *to ~ in* a completa. **III.** *v.i.* a se umple, a se umfla, *to ~ out* a se umfla, a se îngrășa.

filling [filiŋ] *s.* umplere, plombă.

fillip ['filip] *s.* bobârnac, impuls.

film [film] **I.** *s.* pieliță, strat subțire, văl, film. **II.** *v.t.* a ecraniza, a acoperi cu o pieliță.

filmstrip [filmstrip] *s.* diafilm.

filmy [filmi] *adj.* opac.

filter ['filtə] I. *s.* filtru. **II.** *v.t.*, *v.i.* a (se) filtra, a (se) strecura.

filth [filθ] *s.* murdărie, noroi, obscenitate.

filthy [filθi] *adj.* murdar, obscen.

fin [fin] *s.* aripioară de pește.

final ['fainəl] **I.** *s.* ultimul examen, finală. **II.** *adj.* final, hotărâtor.

finale [fi'nɑ:li] *s.* final.

finality [fai'næliti] *s.* hotărâre, caracter definitiv.

finalize ['fainəlaiz] *v.t.* a definitiva.

finally ['fainəli] *adv.* în sfârșit, definitiv.

finance [fi'næns] **I.** *s.* finanțe, *pl.* bani. **II.** *v.t.* a finanța.

financial [fai'nænʃəl] *adj.* financiar.

financier [fai'nænsiə] *s.* om de afaceri.

finch [fintʃ] *s.* cinteză, cintezoi.

find [faind] **I.** *s.* descoperire. **II.** *v.t.* a (se) găsi, a afla, a descoperi, a constata, a nimeri, *to ~ fault with* a critica, a reproșa. **III.** *v.r.* a se afla, a se trezi.

finder [faində] *s.* descoperitor.

findings ['faindiŋz] *s.* *pl.* constatări.

fine [fain] **I.** *s.* amendă. **II.** *adj.* frumos, delicat, senin, plăcut, bun, minunat, subțire, fin, ascuțit, mărunt, rafinat. **III.** *v.t.* a amenda. **IV.** *adv.* grozav, foarte bine.

fineness ['fainnis] *s.* fineţe, ascuţime, subţirime.
finery ['fainəri] *s.* eleganţă, *pl.* podoabe.
finesse [fines] *s.* dibăcie; tact, viclenie.
finger ['fiŋgə] **I.** *s.* deget. **II.** *v.t.* a pipăi.
fingerprint ['fiŋgəprint] *s.* amprentă digitală.
finger tip [fiŋgə tip] *s.* buric de deget.
finical ['finikəl] *adj.* dificil.
finish ['finiʃ] **I.** *s.* capăt, finiş, finisaj. **II.** *v.t.* a termina, a finisa.
finite ['fainait] *adj.* limitat, finit, *gram.* predicativ.
Finnish ['finiʃ] **I.** *s.* (limba) finlandeză. **II.** *adj.* finlandez(ă).
fiord [fjɔ:d] *s.* fiord.
fir [fə:] *s.* brad, pin.
fire [faiə] **I.** *s.* foc, incendiu, tir; *to set smth. on* ~ a da foc la ceva, *one* ~ *drives out another* cui pe cui se scoate, *to cease* ~ a înceta focul. **II.** *v.t.* a descărca o armă, a aprinde, a concedia. **III.** *v.i.* a trage cu arma, a se înflăcăra, ~ *away!* dă-i drumul! spune odată!
fire brick [faiə brik] *s.* cărămidă refractară.
fire brigade ['faiə brigeid] *s.* pompieri.
fire engine ['faiə endʒin] *s.* pompă de incendiu.
fire escape ['faiə iskeip] *s.* scară de incendiu.
fire fly ['faiə flai] *s.* licurici.
fireman ['faiəmən] *s.* pompier, fochist.
fireplace ['faiəpleis] *s.* cămin, vatră.
fireworks ['faiəwɔ:kɔs] *s. pl.* foc(uri) de artificii.
firing [fəriŋ] *s.* tir, focuri, concediere.
firm [fə:m] **I.** *s.* firmă. **II.** *adj. adv.* tare, ferm, solid.
firmament ['fɔ:məmənt] *s.* firmament.
firmly [fəmli] *adv.* cu fermitate.
first [fə:st] **I.** *s.* început. **II.** *adj., num.* întâi, prim, primordial; *in the* ~ *place* în primul rând. **III.** *adv.* mai întâi, mai degrabă.
first-class ['fə:stklɑ:s] **I.** *adj.* de primă calitate. **II.** *adv.* cu clasa întâi, perfect.
first-hand ['fə:sthænd] *adj., adv.* direct
firstly ['fə:stli] *adv.* întâi.
first-rate ['fə:streit] *adj., adv.* excelent.
fish [fiʃ] **I.** *s.* (mâncare de) peşte, peşti; *to drink like a* ~ a bea ca un peşte. **II.** *v.t.* a pescui, a prinde, a scoate, a obţine, a căuta. **III.** *v.i.* a pescui, *to* ~ *for* a umbla după.
fish bowl [fiʃ boul] *s.* acvariu.
fisherman ['fiʃəmən] *s.* pescar.
fishery ['fiʃəri] *s.* pescuit, cherhana.

fishing ['fiʃiŋ] *s.* pescuit.
fishing net ['fiʃiŋ net] *s.* năvod.
fishmonger ['fiʃmʌŋə] *s.* negustor de peşte.
fishy ['fiʃi] *adj.* de peşte, urât mirositor, dubios, suspect.
fission ['fiʃən] *s.* fisiune.
fissure [fiʃə] *s.* fisură.
fist [fist] *s.* pumn.
fit [fit] **I.** *s.* acces, criză, potrivire, izbucnire, *by ~s and starts* cu întreruperi. **II.** *adj.* potrivit, adecvat, gata, corect, voinic. **III.** *v.t.* a potrivi (cu), a şedea bine (cuiva), *to ~ out* a aproviziona, to ~ up a echipa. **IV.** *v.i.* a se potrivi, a corespunde; *if the shoe ~s, wear it* dacă te simţi cu musca pe căciulă, taci şi înghite.
fitchew [fitʃu] *s.* dihor.
fitness ['fitnis] *s.* potrivire, formă.
fitter ['fitə] *s.* ajustor, instalator, maistru croitor.
fitting ['fitiŋ] **I.** *s.* potrivire, probă, *pl.* accesorii, garnitură. **II.** *adj.* potrivit, decent, nimerit.
five [faiv] *s.*, *num.* cinci.
fix [fiks] **I.** *s.* situaţie grea. **II.** *v.t.* a fixa, a consolida, a pironi, a repara, a (pre)găti, a definitiva, a ţinti, a atrage.
fixation [fikseiʃən] *s.* fixare, complex.
fixture ['fikstʃə] *s.* accesoriu fix, anexă, lucru imobil, om imobil.
fizz [fiz] *s.* fâsâit, fierbere.
fizzle [fizəl] **I.** *s.* eşec. **II.** *v.i.* a fâşâi, a fierbe.
flabbergast ['flæbəgɑ:st] *v.t.* a ului.
flabby, flaccid ['flæbi, flæsid] *adj.* moale, flasc.
flag [flæg] **I.** *s.* steag, dală, stânjenel; *to show the white ~* a se preda. **II.** *v.t.* a semnaliza. **III.** *v.i.* a se ofili, a slăbi.
flagon [flægən] *s.* cană de vin, sticlă de vin.
flagrant ['fleigrənt] *adj.* flagrant.
flagship ['flægʃip] *s.* vas-amiral.
flagstaff ['flægstɑ:f] *s.* catarg de steag.
flair [flɛə] *s.* fler.
flake [fleik] *s.* fulg.
flame [fleim] **I.** *s.* flacără, izbucnire, pasiune. **II.** *v.i.* a arde cu flacără.
flammable [flæməbəl] *adj.* inflamabil.
flank [flæŋk] **I.** *s.* flanc, coastă. **II.** *v.t.* a flanca.
flannel ['flænəl] *s.* (haină de) flanelă.
flap [flæp] **I.** *s.* clapă, bor de pălarie, limba pantofului, fâlfâit de aripi. **II.** *v.t.*, *v.i.* a fâlfâi, a flutura.
flapper [flæpə] *s.* apărătoare de muşte.
flare [flɛə] **I.** *s.* pâlpâit, flacără, izbucnire. **II.** *v.i.* a pâlpâi, a izbucni, a se umfla, a se dilata.

flash [flæʃ] **I.** *s.* fulger, fulgerare, izbucnire, licărire, privire; *in a* ~ într-o clipă. **II.** *v.t.* a aprinde, a lumina. **III.** *v.i.* a străluci, a (stră)fulgera, a licări.

flashlight ['flæʃlait] *s.* lanternă, reflector.

flask [flɑ:sk] *s.* butelie, sticlă.

flat [flæt] **I.** *s.* apartament, câmpie, etaj, lat (de palmă), *muz.* bemol, cauciuc dezumflat. **II.** *adj., adv.* întins, plat, neted, plictisitor, fără vlagă, exact, precis, total, clar, ~ *iron* fier de călcat.

flatten ['flætən] *v.t., v.i.* a (se) turti, a (se) întinde.

flatter ['flætə] **I.** *v.t.* a linguşi, a încânta, a felicita, a flata. **II.** *v.i.* a recurge la linguşiri.

flattery ['flætəri] *s.* linguşire.

flaunt [flɔ:nt] **I.** *v.t.* a etala. **II.** *v.i.* a se împăuna.

flavo(u)r ['fleivə] **I.** *s.* savoare, aromă, condiment. **II.** *v.t.* a parfuma.

flavo(u)ring ['fleivəriŋ] *s.* mirodenie, aromatizare.

flaw [flɔ:] *s.* slăbiciune, lipsă, defect.

flawless [flɔ:lis] *adj.* perfect.

flax [flæks] *s.* in.

flaxen [flæksən] *adj.* de in, ca inul.

flay [flei] *v.t.* a jupui.

flea [fli:] *s.* purice.

fleck [flek] **I.** *s.* pată, pistrui, punct. **II.** *v.i.* a păta, a puncta, a stropi.

fled [fled] *v.t., v.i.* trec. şi part. trec. de la flee.

fledged [fledʒd] *adj.* matur.

fledg(e)ling [fledʒəliŋ] *s.* pasăre tânără, *fig.* ageamiu.

flee [fli:] **I.** *v.t.* a fugi, a scăpa de. **II.** *v.i.* a fugi.

fleece [fli:s] **I.** *s.* caier, lână, nor. **II.** *v.t.* a jefui, a escroca.

fleet [fli:t] **I.** *s.* flotă, golf, pârâu. **II.** *adj.* rapid, iute. **III.** *v.i.* a trece repede.

Fleming ['flemiŋ] *s.* flamand(ă).

Flemish ['flemiʃ] **I.** *s.* (limba) flamandă. **II.** *adj.* flamand(ă).

flesh [fleʃ] *s.* carne, trup, instincte; *to put on* ~ a se îngrăşa.

fleshly [fleʃli] *adj.* trupeş, senzual.

flesh pot [fleʃ pɔt] *s. pl.* lux, huzur.

fleshy [fleʃi] *adj.* cărnos, gras.

flex [fleks] *v.t.* a încovoia, a curba.

flexible ['fleksibəl] *adj.* flexibil.

flick [flik] **I.** *s.* plesnitură. **II.** *v.t.* a plesni.

flicker ['flikə] **I.** *s.* licărire. **II.** *v.i.* a licări.

flier ['flaiə] *s.* aviator.

flight [flait] *s.* zbor, stol, grup de scări, fugă, refugiu.

flighty ['flaiti] *adj.* nestatornic.

flimsiness [flimzinis] *s.* fragilitate.

flimsy ['flimzi] *adj.* subţirel, şubred, străveziu.

flinch [flintʃ] *v.i.* a se clinti, a tresări.
fling [fliŋ] **I.** *s.* aruncare, smucitură, veselie. **II.** *v.t.*, *v.i.* a (se) arunca, a (se) trânti.
flint [flint] *s.* cremene.
flip [flip] *v.t.* a pocni, a da un bobârnac.
flippancy ['flipənsi] *s.* neseriozitate.
flippant ['flipənt] *adj.* neserios.
flirt [flə:t] **I.** *s.* cochetă, flirt. **II.** *v.i.* a cocheta.
flirtation [flə:teiʃən] *s.* flirt.
flit [flit] *v.i.* a zbura, a fugi.
float [flout] **I.** *s.* dop, plutitor. **II**. *v.t.* a lansa, a inunda. **III.** *v.i.* a pluti.
flock [flɔk] **I.** *s.* turmă, stol, enoriaşi. **II**. *v.i.* a se aduna.
floe [flou] *s.* sloi de gheaţă.
flog [flɔg] *v.t.* a biciui, a bate, a vinde.
flood [flʌd] **I.** *s.* inundaţie, revărsare, potop, flux. **II**. *v.t.*, *v.i.* a inunda.
flood-light [flʌdlait] *s.* reflector.
floor [flɔ:] **I.** *s.* duşumea, pardoseală, etaj. **II.** *v.t.* a pardosi, a doborî, a încurca.
flooring [flɔ:riŋ] *s.* pardoseală.
flop [flɔp] **I.** *s.* cădere, eşec, zgomot. **II.** *v.t.* a trânti. **III.** *v.i.* a cădea. **IV.** *adv.* cu zgomot, tocmai. **V.** *interj.* (hodoronc)tronc.
florid ['flɔrid] *adj.* înflorit, înfloritor, împopoţonat.
florist ['flɔrist] *s.* florăreasă.
flotsam ['flɔtsəm] *s.* obiecte purtate de valuri.
flounder ['flaundə] **I.** *s.* zbatere. **II.** *v.i.* a se zbuciuma.
flour ['flauə] *s.* făină.
flourish ['flʌriʃ] **I.** *s.* fluturare, înflorітură, trâmbiţare. **II.** *v.t.* a învârti, a agita, a flutura, a orna. **III.** *v.i.* a înflori.
flout [flaut] **I.** *s.* neglijare, dispreţ. **II**. *v.t.* a respinge.
flow [flou] **I.** *s.* scurgere, flux; *ebb and ~ flux* şi reflux. **II.** *v.i.* a curge, a se scurge, a se umfla.
flower ['flauə] **I.** *s.* floare, înflorітură. **II.** *v.i.* a înflori.
flower bed [flauə bed] *s.* strat de flori.
flower girl ['flauə gə:l] *s.* florăreasă.
flowery ['flauəri] *adj.* înflorit, înfloritor.
flown [floun] *v.t.*, *v.i.* part. trec. de la fly.
flu [flu:] *s.* gripă.
fluctuate ['flʌktjueit] *v.i.* a fluctua.
flue [flu:] *s.* coş, tiraj.
fluency [fluənsi] *s.* fluenţă.
fluent ['flu:ənt] *adj.* curgător, fluent.
fluff [flʌf] **I.** *s.* puf. **II.** *v.t.* a înfoia.
fluffy [flʌfi] *adj.* pufos, flocos.
fluid ['fluid] *s.*, *adj.* fluid.
flummox ['flʌməks] *v.t.* a zăpăci.
flung [flʌŋ] *v.t.*, *v.i.* trec. şi part. trec. de la fling.

flunkey ['flʌŋki] *s.* lacheu.
flurry ['flʌri] **I.** *s.* ropot, încurcătur, nelinişte, agitaţie. **II.** *v.t.* a zăpăci, a încurca.
flush [flʌʃ] **I.** *s.* torent, jet, emoţie, temperatură, ardoare, îmbujorare, elan. **II.** *adj.* îmbelşugat, abundent, darnic, drept. **III.** *v.t.* a umple, a îmbujor, a incita, a inunda. **IV.** *v.i.* a se scurge, a se îmbujora, a ţâşni, a se revărsa.
fluster ['flʌstə] **I.** *s.* nervozitate, agitaţie. **II.** *v.t.* a tulbura.
flute [flu:t] **I.** *s.* flaut, jgheab. **II.** *v.t.*, *v.i.* a flutura, a (se) tulbura.
flutter ['flʌtə] **I.** *s.* fluturat, agitaţie, vibraţie. **II.** *v.t.*, *v.i.* a flutura, a (se) tulbura.
flux [flʌks] *s.* flux.
fly [flai] **I.** *s.* muscă, prohab, zbor, pendulă, rever. **II.** *v.t.* a înălţa, a părăsi. **III.** *v.i.* a zbura, a se înălţa, a flutura, a se întinde, a fugi, a se grăbi.
flyer [flaiə] *s.* aviator.
flying ['flaiiŋ] **I.** *s.* zbor. **II.** *adj.* zburător, fulger(ător).
fly paper ['flai peipə] *s.* hârtie de muşte.
foal [foul] **I.** *s.* mânz. **II.** *v.i.* a făta.
foam [foum] **I.** *s.* spumă de mare. **II.** *v.i.* a spumega.
focus ['foukəs] **I.** *s.* focar, centru. **II.** *v.t.*, *v.i.* a se concentra.
fodder ['fɔdə] *s.* furaj (uscat).
foe [fou] *s.* duşman.
foetus ['fi:təs] *s.* făt.
fog [fɔg] *s.* ceaţă, pâclă, confuzie.
foggy ['fɔgi] *adj.* ceţos.
fogy ['fɔgi] *s.* babalâc, reacţionar.
foible ['fɔibəl] *s.* slăbiciune.
foil [fɔil] **I.** *s.* foiţă metalică, contrast, opus, frunză, floretă. **II.** *v.t.* a zădărnici.
fold [fould] **I.** *s.* îndoitură, creţ, ţarc, stână, cută. **II.** *v.t.* a îndoi, a împături, a încreţi, a îmbrăţişa, a închide. **III.** *v.i.* a se îndoi, a se încreţi.
folder [fouldə] *s.* pliant.
folding [fouldiŋ] *adj.* pliant, rabatabil.
foliage ['fouliidʒ] *s.* frunziş.
folio ['fouliou] *s.* (volum in) folio, pagină dublă.
folk [fouk] **I.** *s.* oameni, public, popor, *pl.* neamuri, familie. **II.** *adj.* popular, folcloric.
folklore [fouklɔ:] *s.* folclor, înţelepciune populară.
follow ['fɔlou] **I.** *v.t.* a urma, a urmări, a asculta (de), a înţelege. **II.** *v.i.* a urma, a se lămuri, a decurge; *as it ~s* după cum urmează.
follower ['fɔlouə] *s.* adept, însoţitor, succesor.
following ['fɔlouiŋ] *adj.* următor.
folly ['fɔli] *s.* prostie, nebunie.
foment [fou'ment] *v.t.* a stârni, a îngriji.

fond [fɔnd] *adj.* iubitor, tandru, drag, *to be ~ of* a ține (mult) la.

fondly [fɔndli] *adv.* din inimă.

fondness [fɔndnis] *s.* dragoste, tandrețe.

fondle [fɔndəl] *v.t.* a mângâia, a pipăi.

food [fu:d] *s.* hrană, alimente

fool [fu:l] **I.** *s.* prost, zevzec, bufon; *to be nobody's ~* a nu se lăsa păcălit de nimeni. **II.** *v.t.* a prosti, a-și bate joc de cineva. **III.** *v.i.* a se purta prostește, a se juca.

foolery [fu:ləri] *s.* prostie, aiureală.

foolhardily [fu:lha:dili] *adj.* nesăbuit.

foolish ['fu:liʃ] *adj.* prostesc, aiurit.

foolscap [fu:lskap] *s.* tichie de bufon.

foot [fut] **I.** *s.* picior, laba piciorului, (măsură de) 30 cm, capăt, poale, *mil.* infanterie, *on ~* pe jos, *to be on one's feet* a fi independent, *to put one's ~ down* a pune piciorul în prag. **II.** *v.t.* a dansa, a pune capăt la.

football ['futbɔ:l] *s.* (minge de) fotbal, *amer.* rugbi.

footballer [futbɔlə:] *s.* fotbalist.

footbridge ['futbridʒ] *s.* pod, punte.

footcloth [futklɔθ] *s.* covoraș.

footfall ['futfɔ:l] *s.* (zgomot de) pas.

foothold ['futhould] *s.* reazem, sprijin.

footing ['futiŋ] *s.* poziție, nivel, *fig.* picior.

foot lever [fut levə:] *s.* pedală.

footlicker [futlikə:] *s.* lingău.

footlights ['futlaits] *s. pl.* luminile rampei.

footman ['futmən] *s.* servitor.

footmark ['futma:k] *s.* urmă de picior.

footnote ['futnout] *s.* notă în josul paginii.

footpath [futpæθ] *s.* potecă.

footprint ['futprint] *s.* urmă de picior.

foot rest [fut rest] *s.* scăunel pentru picior.

footstep ['futstep] *s.* (urmă de) pas.

footstool [futstul] *s.* taburet.

footwear ['futwεɔ] *s.* încălțăminte.

fop [fɔp] *s.* filfizon.

for [fɔ:] **I.** *prep.* pentru, timp de, din (pricina), după, în loc de; *just ~ fun* din plăcere, *~ all that* totuși, *~ ever* de-a pururi, *what ~?* pentru ce?, *~ that matter* cât despre asta, la urma urmei, *to go ~ a walk* a ieși la plimbare, *~ fear that* de teamă să nu. **II.** *conj.* căci, deoarece, pentru că.

forage ['fɔridʒ] **I.** *s.* furaj. **II.** *v.i.* a furaja, a scotoci, a jefui.

foray ['fɔrei] **I.** *s.* atac, incursiune. **II.** *v.i.* a face o incursiune, a jefui.

forbear[1] [fə'bεə] *s.* strămoș.

forbear[2] [fə'bɛə] *v.t.* a se abține de la, a se reține.
forbearance [fə'bɛərəns] *s.* răbdare, stăpânire de sine, îngăduință.
forbid [fə'bid] *v.t.* a interzice, a opri.
forbidden [fə'bidən] *v.t.* part. trec. de la forbid.
forbidding [fə'bidiŋ] *adj.* sever, amenințător.
force [fɔ:s] *s.* putere, forță, armată, *jur.* vigoare; *by ~* cu forța, *to come into ~* a intra în vigoare.
forced [fɔ:sd] *adj.* forțat, silit.
forceful ['fɔ:sful] *adj.* puternic, forțat.
forcible ['fɔ:sibəl] *adj.* forțat, puternic.
ford [fɔ:d] *s.* vad.
fore [fɔ:] **I.** *s.* parte din față. **II.** *adj.* din față, anterior.
forearm ['fɔ:ɑ:m] *s.* antebraț.
forebode [fɔ:'boud] *v.t.* a prevesti (rău).
forecast ['fɔ:kɑ:st] **I.** *s.* previziune, prognoză. **II.** *v.t.* inf., trec. și part. trec. a prezice.
fore-dated [fɔ:deitid] *adj.* antedatat.
forefather ['fɔ:fɑ:ðə] *s.* strămoș.
forefinger ['fɔ:fiŋgə:] *s.* arătător.
forefront [fɔ:frʌnt] *s.* partea din față, *mil.* linia întâi.
foregoing [fɔ:'gouiŋ] *adj.* (pomenit) anterior.
foregone [fɔ:'gɔn] *adj.* dinainte stabilit.
foreground [fɔ:graund] *s.* prim-plan.
forehead ['fɔrid] *s.* frunte.
foreign ['fɔrin] *adj.* străin, extern, exterior.
foreigner ['fɔrinə] *s.* străin.
Foreign Office ['fɔrin ɔfis] *s.* Ministerul de Externe (britanic).
foreleg ['fɔ:leg] *s.* picior din față.
forelock ['fɔ:lɔk] *s.* cârlionț.
foreman ['fɔ:mən] *s.* (contra-) maistru, șef de echipă, primul jurat.
foremost ['fɔ:moust] *adj.* principal, prim.
forerunner ['fɔ:rʌnə] *s.* premergător, predecesor.
foresail [fɔseil] *s.* velă de trinchet.
foresaw ['fɔ:sɔ:] *v.t.*, trec. de la foresee.
foresee [fɔ:'si:] *v.t.* a prevedea.
foreseen ['fɔ:si:n] *v.t.* part. trec. de la foresee.
foreshadow [fɔ:'ʃædou] *v.t.* a prevesti.
foresight ['fɔ:sait] *s.* prevedere.
forest ['fɔrist] *s.* codru.
forestall ['fɔristəl] *v.t.* a preveni, a anticipa.
forester ['fɔristə] *s.* pădurar.
forestry ['fɔristri] *s.* silvicultură.
foretaste ['fɔ:teist] *s.* (de)gustare, mostră.
foretell [fɔ:'tel] *v.t.* a prezice.

forever [fə'revə] *adv.* de-a pururi.
forewarn ['fɔ:wɔ:n] *v.t.* a avertiza, a preveni.
foreword ['fɔ:wəd] *s.* prefață.
forfeit ['fɔ:fit] **I.** *s.* confiscare, pedeapsă, *pl.* gajuri. **II.** *v.t.* a pierde.
forge [fɔ:dʒ] **I.** *s.* forjă, foale, atelier de fierărie. **II.** *v.t.* a forja, a făuri, a falsifica.
forgery [fɔ:dʒəri] *s.* fals, falsificare, plastografie.
forget [fə'get] *v.t.*, *v.i.* a uita.
forgetful [fə'getfəl] *adj.* uituc, neglijent.
forget-me-not [fə'getmi-nɔt] *s.* nu mă-uita.
forgive [fə'giv] *v.t.*, *v.i.* a ierta.
forgiven [fə'givən] *v.t.*, *v.i.* part. trec. de la forgive.
forgiveness [fə'givnis] *s.* iertare.
forgo [fɔ'gou] *v.t.* a renunța la, a da uitării.
fork [fɔ:k] **I.** *s.* furcă, furculiță, răscruce. **II.** *v.t.* a lua cu furca. **III.** *v.i.* a se bifurca.
forlorn [fə:'lɔ:n] *adj.* nenorocit, părăsit.
form [fɔ:m] **I.** *s.* forma, aspect, înfățișare, formular, circulară, ceremonie, pompă, bancă, clasă; *she is in the 4th* ~ ea este în clasa a patra. **II.** *v.t.* a forma, a alcătui. **III.** *v.i.* a se naște, a se forma.
formal ['fɔ:məl] *adj.* oficial, formal, superficial.
formality [fɔ:'mæliti] *s.* formalitate, caracter oficial.
formation [fɔ:'meiʃən] *s.* formare, formați(un)e.
former ['fɔ:mə] *adj.* de pe vremuri, vechi, fost, anterior, cel dintâi din doi.
formerly ['fɔ:mərli] *adv.* pe vremuri.
formicate [fɔmikeit] *v.i.* a mişuna.
formidable ['fɔ:midəbəl] *adj.* teribil.
formula ['fɔ:mjulə] *s.* formulă.
formulate ['fɔ:mjuleit] *v.t.* a formula.
fornication [fɔ:ni'keiʃən] *s.* păcate trupeşti, imoralitate, concubinaj.
forsake [fə'seik] *v.t.* a părăsi.
forswear [fɔ:'swɛə] **I.** *v.t.* a renega, a se lepăda de. **II.** *v.r.* a jura strâmb.
forte [fɔ:t] *s.* specialitate, punct tare.
forth [fɔ:θ] *adv.* înainte, afară.
forthcoming [fɔ:θ'kʌmiŋ] *adj.* aşteptat, viitor, gata.
forthright ['fɔ:θrait] *adj.* deschis, sincer.
forthwith [fɔ:θ'wið] *adv.* îndată.
fortieth [fɔ:tiəθ] *num.* al patruzecilea.
fortify [fɔrtifai] *v.t.* a fortifica, a consolida.
fortification [fɔ:tifikeiʃən] *s.* fortificație.
fortify ['fɔ:tifai] *v.t.* a întări.
fortitude ['fɔ:titjud] *s.* curaj.

fortnight ['fɔ:tnait] *s.* două săptămâni.
fortnightly ['fɔ:tnaitli] *adj.*, *adv.* bilunar.
fortress ['fɔ:tris] *s.* fortăreață.
fortuitous [fɔ:'tjuitəs] *adj.* întâmplător.
fortunate ['fɔ:tunət] *adj.* norocos.
fortunately ['fɔ:tuʃnətli] *adv.* din fericire.
fortune ['fɔ:tʃən] *s.* noroc, destin, avere; *to try one's ~* a-și încerca norocul, *to make a ~* a se îmbogăți.
fortune teller ['fɔ:tʃən telə:] *s.* ghicitor.
forty ['fɔ:ti] *s. num.* patruzeci.
forum ['fɔ:rəm] *s.* for.
forward ['fɔ:wəd] **I.** *s. sport* înaintaș. **II.** *adj.* dinainte, timpuriu, obraznic. **III.** *v.t.* a accelera, a promova, a expedia. **IV.** *adv.* înainte, spre viitor, mai departe, în perspectivă.
forwardness ['fɔ:wədnis] *s.* promptitudine, bunăvoință, pripeală.
fossil ['fɔsil] **I.** *s.* fosilă. **II.** *adj.* fosilizat.
foster ['fɔstə] *v.t.* a crește, a alăpta, a nutri, a sprijini.
fought [fɔ:t] *v.t.*, *v.i.* trec. și part. trec. de la fight.
foul [faul] **I.** *s.* rău, purtare incorectă, *sport* fault. **II.** *adj.* urât, murdar, rău (mirositor), incorect.
found [faund] *v.t.* a întemeia.
foundation [faun'deiʃən] *s.* întemeiere, fundație, temelie.
founder ['faundə] **I.** *s.* întemeietor, ctitor. **II.** *v.t.* a scufunda. **III.** *v.i.* a se scufunda, a cădea, a se împotmoli.
foundling ['faundliŋ] *s.* copil găsit.
foundry ['faundri] *s.* topitorie, turnătorie.
fount [faunt] *s.* fântână, izvor, casetă cu litere.
fountain ['fauntin] *s.* fântână, cișmea.
fountainhead ['fauntin hed] *s.* izvor.
fountain pen ['fauntin pen] *s.* stilou.
four [fɔ:] *num.* patru; *on all ~s* în patru labe.
fourfold [fɔ:fould] *adj.*, *adv.* împătrit.
four-footed ['fɔ:futid] *adj.* patruped.
four-in-hand ['fɔ:rin-hænd] *s.* trăsură cu patru cai.
fourpence ['fɔ:pens] *s.* patru penny.
fourteen ['fɔ:ti:n] *num.* patrusprezece.
fourteenth [fɔ:ti:nθ] *num.* al patrusprezecilea.
fourth [fɔ:θ] *s.* pătrime, *num.* al patrulea.
fowl [faul] *s.* găină, pasăre de curte, pasăre care se vânează.
fowler ['faulə] *s.* vânător.
fowling ['fauliŋ] *s.* vânătoare (de păsări).

fowling-piece ['fauliŋ pi:s] *s.* puşcă de vânătoare.
fox [fɔks] *s.* vulpe.
fox-terrier ['fɔks teriə] *s.* foxterier.
foxy [fɔksi] *adj.* şiret.
foyer ['fɔiei] *s.* foaier.
fraction ['frækʃən] *s.* fracţiune, fracţie, particulă.
fracture ['fræktʃə] *s.* fractură.
fragile ['frædʒail] *adj.* fragil, delicat.
fragility [frədʒiliti] *s.* fragilitate.
fragment ['frægmənt] *s.* fragment, bucată.
fragrance ['frægrəns] *s.* aromă, parfum.
fragrant ['frægrənt] *adj.* parfumat, încântător.
frail [freil] *adj.* slab, firav.
frailty ['freilti] *s.* uşurinţă, slăbiciune, greşeală.
frame [freim] **I.** *s.* cadru, ramă, construcţie, schelet. **II.** *v.t.* a încadra, a pregăti, *amer.* a înscena un proces împotriva (cuiva).
frame-up [freim-ʌp] *s.* înscenare judiciară.
framework [freimwɛ:k] *s.* cadru.
franc [fræŋk] *s.* franc.
franchise ['fræntʃaiz] *s.* drepturi cetăţeneşti, împuternicire.
frank ['fræŋk] *adj.* sincer.
frankincense ['fræŋkinsens] *s.* tămâie.
frantic ['fræntik] *adj.* nebunesc.
fraternal [frə'tə:nəl] *adj.* frăţesc.
fraternity [frə'tə:niti] *s.* frăţie.
fraternize ['frætənaiz] *v.i.* a fraterniza.
fraud [frɔ:d] *s.* înşelăciune.
fraudulent ['frɔ:djulənt] *adj.* necinstit, înşelător.
fraught [frɔ:t] *adj.* ~ *with* plin de.
fray [frei] **I.** *s.* ceartă. **II.** *v.t.*, *v.i.* a (se) uza.
frazzle [fræzəl] *s.* uzură.
freak [fri:k] *s.* moft.
freakish [fri:kiʃ] *adj.* capricios, ciudat.
freckle ['frekəl] **I.** *s.* pistrui. **II.** *v.t.*, *v.i.* a (se) pistruia.
free [fri:] **I.** *adj.* liber, gratuit, graţios, generos, autonom. **II.** *v.t.* a elibera, a scuti de. **III.** *adv.* gratis, gratuit.
freedom ['fri:dəm] *s.* libertate, familiaritate.
freedom of speech [fri:dəm əv spitʃ] *s.* libertatea cuvântului.
freedom of the will [fridəm əv ðə wil] *s.* liber arbitru.
free kick [fri kik] *s.* lovitură liberă.
free-thinker [fri: θiŋkə] *s.* liber-cugetător.
freeze [fri:z] **I.** *s.* îngheţ, ger. **II.** *v.t.* a îngheţa, a congela. **III.** *v.i.* a îngheţa, a se slei.
freezer [frizə:] *s.* congelator.
freezing-point ['fri:ziŋ-pɔint] *s.* punct de îngheţare a apei.

freight [freit] **I.** *s.* încărcătură, transport. **II.** *v.t.* a transporta.

freighter [freitə] *s.* vas comercial.

French [frentʃ] **I.** *s.* (limba) franceză, *the* ~ francezii. **II.** *adj.* francez, franţuzesc.

Frenchman [frentʃmən] *s.* francez.

frenzied ['frenzid] *adj.* înnebunit, nebunesc.

frenzy ['frenzi] *s.* nebunie, frenezie.

frequency ['fri:kwənsı] *s.* frecvenţa, repetiţie.

frequent [fri:'kwənt] **I.** *adj.* frecvent. **II.** *v.t.* a frecventa.

frequently ['fri:kwəntli] *adv.* adeseori.

fresh [freʃ] **I.** *s.* prospeţime, răcoare. **II.** *adj.* proaspăt, nou, curat, înviorător, (de apă) dulce, *amer.* obraznic.

fret [fret] **I.** *v.t.* a agita, a necăji, a irita. **II.** *v.i.* a se necăji, a se agita, a fi nervos. **III.** *s.* nelinişte, agitaţie

fretful ['fretfəl] *adj.* nervos, arţăgos, nemulţumit.

fret-saw ['fret –sɔ:] *s.* ferăstrău de traforaj.

fretwork ['fret wɔ:k] *s.* traforaj.

friar ['fraiə] *s.* călugăr.

friction ['frikʃən] *s.* frecare, neînţelegere.

friend [frend] *s.* prieten(ă), iubit(ă), rudă.

friendly ['frendli] *adj.* prietenos, amabil.

friendship ['frendʃip] *s.* prietenie.

frigate ['frigit] *s.* fregată.

fright [frait] *s.* spaimă, sperietoare.

frighten ['fraitən] *v.t.* a speria.

frightful ['fraitfəl] *adj.* înspăimântător.

frightfully [fraitfəli] *adv.* teribil, foarte.

frigid ['fridʒid] *adj.* rece, frigid, neprietenos.

frill [fril] **I.** *s.* volănaş, pliseu, *pl.* zorzoane. **II.** *v.t.* a cuta.

fringe [frindʒ] **I.** *s.* franjuri, margine. **II.** *v.t.* a mărgini, a împodobi.

frisk [frisk] *v.i.* a se zbengui.

frisky [friski] *adj.* jucăuş.

frivolity [fri'vɔliti] *s.* neseriozitate.

frivolous ['frivələs] *adj.* neserios, fără importanţă.

frock [frɔk] *s.* rochiţă, halat.

frog [frɔg] *s.* broască, brotac.

frogman [frɔgmən] *s.* scafandru.

frolic ['frɔlik] **I.** *s.* veselie, şotie. **II.** *v.i.* a zburda, a se ţine de şotii.

from [frəm] *prep.* de la, de (pe), din (pricina), faţă de, ~ … *to* între, de la până la, ~ *time to time* din când în când.

front [frʌnt] **I.** *s.* faţă, frunte, faţadă, front, ţărm; *in ~ of* în faţa. **II.** *v.t.* a da spre.

frontier ['frʌntiə] *s.* frontieră, limită, *adj.* de frontieră.

frost [frɔst] **I.** *s.* ger, frig, răceală, îngheț. **II.** *v.t.* a îngheța, a congela. **III.** *v.i.* a îngheța, a degera.
frostbite ['frɔstbait] *s.* degerătură.
frostbitten ['frɔstbitən] *adj.* degerat.
frosting [frɔstiŋ] *s.* glazură.
frosty ['frɔsti] *adj.* geros, înghețat.
froth [frɔθ] *s.* spumă.
frown [fraun] **I.** *s.* încruntare. **II.** *v.i.* a se încrunta.
frugal ['frugəl] *adj.* redus, cumpătat.
fruit [fru:t] **I.** *s.* fruct, *pl.* roade. **II.** *v.i.* a da roade.
fruitful [fru:tful] *adj.* rodnic.
fruitless [fru:tlis] *adj.* sterp, nefolositor.
frustrate [frʌs'treit] *v.t.* a zădărnici, a nemulțumi.
frustration [frʌs'treiʃən] *s.* zădărnicire, nemulțumire.
fry [frai] **I.** *v.t.* a frige, a prăji. **II.** *s.* carne prăjită, icre de pește.
frying pan [fraiiŋ pæn] *s.* tigaie.
fuddle ['fʌdəl] *v.t.* a îmbăta, a ameți.
fudge [fʌdʒ] *s.* născocire.
fuel ['fjuəl] **I.** *s.* combustibil. **II.** *v.t.*, *v.i.* a (se) alimenta cu combustibil.
fuel oil ['fjuəl ɔil] *s.* păcură.
fugitive ['fju:dʒitiv] *s.*, *adj.* fugar.
fulfil [ful'fil] *v.t.* a îndeplini, a desăvârși, a săvârși.
full [ful] *adj.* plin, deplin, matur.
full-blooded [ful-blʌ:did] *adj.* viguros, de rasă pură.
full-fledged ['ful fledʒd] *adj.* matur.
full house ['ful haus] *s.* sală arhiplină.
full-length ['ful leŋgθ] *adj.* mărime naturală, plin, deplin.
ful(l)ness ['fulnis] *s.* plenitudine, mulțumire.
fulminate ['fulmineit] *v.i.* a fulgera.
fulsome ['fulsəm] *adj.* excesiv, dezgustător.
fumble ['fʌmbəl] **I.** *s.* dibuire, bâjbâire. **II.** *v.t.* a mânui neîndemânatic. **III.** *v.i.* a bâjbâi, a fi stângaci, a dibui.
fume [fju:m] **I.** *s.* abur, agitație, *fig.* izbucnire. **II.** *v.t.* a afuma. **III.** *v.i.* a fumega.
fumigate [fju:migeit] *v.t.* a afuma.
fun [fʌn] *s.* distracție, veselie, glumă.
function ['fʌŋkʃən] **I.** *s.* funcți(un)e, scop, *pl.* îndatoriri, ceremonie. **II.** *v.i.* a funcționa, a îndeplini o îndatorire.
functionary ['fʌŋkʃənəri] *s.* funcționar.
fund [fʌnd] *s.* fond, *pl.* resurse.
fundamental [fʌndə'mental] **I.** *s.* bază. **II.** *adj.* fundamental, elementar.

funeral ['fju:nərəl] **I.** *s.* înmormântare. **II.** *adj.* funerar.
fungus ['fʌŋgəs] *pl.* **fungi** *s.* ciupercă.
funk [fʌŋk] **I.** *s.* spaimă. **II.** *v.t.*, *v.i.* a (se) speria.
funnel [fʌnəl] *s.* pâlnie.
funny ['fʌni] *adj.* nostim, ciudat.
fur [fə:] **I.** *s.* blană. **II.** *v.t.* a îmblăni.
furbish [fə.biʃ] *v.t.* a lustrui.
furious ['fjuəriəs] *adj.* violent, furios.
furlough ['fə:lou] *s.* mil. permisie, concediu.
furnace ['fə:nis] *s.* furnal, coş.
furnish ['fə:niʃ] *v.t.* a mobila, a aproviziona.
furniture ['fə:nitʃə] *s.* mobilă.
furrow ['fʌrou] *s.* brazdă (şi *fig.*) *v.i.* a brăzda.
furry ['fə:ri] *adj.* îmblănit, cu blană.
further ['fɔ:ðɔ:] **I.** *adj.* în plus. **II.** *adv.* mai mult. **III.** *v.t.* a promova.
furtherance ['fə:ðrəns] *s.* promovare.
furthermore ['fə:ðərmɔ:] *adv.* pe deasupra.
furtive ['fə:tiv] *adj.* (pe) furiş, secret.
furuncle [fjuərʌŋkəl] *s.* furuncul.
fury ['fjuəri] *s.* furie, izbucnire.
fuse [fju:z] **I.** *s.* fitil, *el.* siguranţă. **II.** *v.t.*, *v.i.* a (se) topi, a fuziona.
fuselage [fju:zilɑ:ʒ] *s.* fuzelaj.
fusion ['fju:ʒən] *s.* fuziune, unire.
fuss [fʌs] **I.** *s.* emoţie, zarvă. **II.** *v.t.* a enerva. **III**. *v.i.* a se agita.
fussy ['fʌsi] *adj.* agitat, pisălog.
fustian ['fʌstiən] **I.** *s.* finet, palavre. **II.** *adj.* ordinar, bombastic.
fusty ['fʌsti] *adj.* mucegăit.
futile ['fju:tail] *adj.* zadarnic, inutil.
futility [fju:'tiliti] *s.* zădărnicie, lucru de prisos.
future ['fju:tʃə] *s.*, *adj.* viitor.
fuzzy ['fʌzi] *adj.* rufos, vag, flocos.

G

G [dʒi:] *s.* G, g. (nota) sol.
gab [gæb] **I.** *s.* vorbărie. **II.** *v.i.* a trăncăni.
gabble ['gæbəl] **I.** *s.* flecăreală. **II.** *v.i.* a flecări. **II.** *v.t.* a bolborosi.
gabby [gæbi] *adj* limbut.
gad [gæd] *s.* strămutare.
gadfly [gæd flai] *s.* tăun.
gadget [gædʒit] *s.* dispozitiv, unealtă
gag [gæg] **I.** *s.* căluş, cârlig, truc. **II.** *v.i.* a se îneca, a se sufoca.
gaiety ['geiəti] *s.* veselie.
gaily ['geili] *adv.* vesel, dezmăţat.
gain [gein] **I.** *s.* câştig, spor, avantaj. **II.** *v.t.* a câştiga, *to ~ ground* a câştiga teren, *to ~ weight* a lua în greutate. **III.** *v.i.* a câştiga, a profita, a spori, (de ceas) a o lua înainte.
gait [geit] *s.* mers.
gaiters ['geitə] *s.* jambiere, ghete.
galaxy [gæləksi] *s.* galaxie.
gale [geil] *s.* vânt puternic, furtună, izbucnire.
gall [gɔ:l] **I.** *s.* fiere, julitură, *fig.* amărăciune, invidie. **II.**

v.t. a juli, a roade, *fig.* a enerva, a irita.
gallantry ['gæləntri] *s.* vitejie, galanterie.
galleon [gæliən] *s.* galion.
gallery ['gæləri] *s.* galerie.
galley ['gæli] *s.* galeră.
gallop ['gæləp] **I.** *s.* galop. **II.** *v.i.* a galopa.
galloway [gæləwei] *s.* ponei.
gallows ['gælouz] *s.* spânzurătoare.
gallows bird ['gælouz bə:d] *s.* criminal, spânzurat.
galore [gə'lɔ:] *adv.* din belşug.
galvanize ['gəlvənaiz] *v.t.* a galvaniza, *fig.* a electriza.
gamble ['gæmbəl] **I.** *s.* aventură, joc de noroc. **II.** *v.t.* a risca. **III.** *v.i.* a juca cărți (sau alte jocuri de noroc).
gambler [gæmblə:] *s.* cartofor.
gambling ['gæmbliŋ] *s.* jocuri de noroc.
gambol ['gæmbəl] **I.** *s.* zburdălnicie, giumbuşluc. **II.** *v.i.* a zburda, a se zbengui.
game [geim] **I.** *s.* joc, partidă, glumă, plan, vânat. **II.** *adj.* brav, curajos, dispus, invalid. **III.** *v.t.*, *v.i.* a juca (jocuri de noroc).
gamut ['gæmət] *s.* gamă.
gander ['gændə] *s.* gâscan.
gang [gæŋ] *s.* grup, echipă, bandă.
gangrene ['gæŋgri:n] **I.** *s.* cangrenă. **II.** *v.t.*, *v.i.* a (se) gangrena.
gangster ['gæŋstə] *s.* bandit.
gangway ['gæŋwei] *s.* pasarelă, bandă.
gaol [dʒeil] **I.** *s.* temniță. **II.** *v.t.* a întemnița.
gaoler ['dʒeilə] *s.* temnicer.
gap [gæp] *s.* gol, prăpastie, pauză.
gape [geip] **I.** *s.* căscat, mirare. **II.** *v.i.* a (se) căsca.
gape-toothed [gæptuθt] *adj.* ştirb.
garage ['gærɑ:ʒ] *s.* garaj.
garb [gɑ:b] **I.** *s.* îmbrăcăminte. **II.** *v.t.*, *v.i.* a (se) îmbrăca.
garbage ['gɑ:bidʒ] *s.* gunoi, lături.
garden ['gɑ:dən] *s.* grădină.
garden-party ['gɑ:dən pɑ:ti] *s.* picnic, chermeză.
gardener ['gɑ:dənə] *s.* grădinar.
gardening ['gɑ:dəniŋ] *s.* grădinărit.
gargle ['gɑ:gl] **I.** *s.* gargară. **II.** *v.i.* a gargarisi. **III.** *v.t.* a face gargară.
garlic ['gɑ:lɪk] *s.* usturoi.
garment ['gɑ:mənt] *s.* îmbrăcăminte.
garnish ['gɑ:niʃ] **I.** *s.* garnitură. **II.** *v.t.* a garnisi, a decora, a înzestra.
garret ['gærit] *s.* mansardă.
garrison ['gærisən] *s.* garnizoană.
garrulous ['gærulǝs] *adj.* flecar.
garter ['gɑ:tə] *s.* jartieră.

gas [gæs] **I.** *s.* gaz (de iluminat), *amer.* benzină. **II.** *v.t.* a gaza. **III.** *v.i.* a trăncăni.
gaseous ['gæsiəs] *adj.* gazos.
gash [gæʃ] **I.** *s.* tăietură, rană. **II.** *v.t.* a tăia.
gasolene [gæsəli:n] *s.* gazolină, *amer.* benzină.
gasp [gɑ:sp] **I.** *s.* răsuflare întretăiată. **II.** *v.t.* a bolborosi. **III.** *v.i.* a-şi pierde răsuflarea, a se sufoca, a icni.
gas ring [gæs riŋ] *s.* ochi de aragaz.
gastric juice [gæstrik dʒus] *s.* suc gastric.
gastritis [gæstraitis] *s.* gastrită.
gastronomy [gæstrɔnəmi] *s.* gastronomie.
gate [geit] *s.* poartă, *geogr.* trecătoare, *tehn.* ecluză.
gather ['gæðə] **I.** *v.t.* a culege, a strânge, a înţelege. **II.** *v.i.* a se aduna, *med.* a coace.
gathering ['gæðəriŋ] *s.* adunare.
gaudy ['gɔ:di] *adj.* ţipător, arătos.
gauge [geidʒ] **I.** *s.* măsură, calibru, ecartament, gabarit. **II.** *v.t.* a măsura.
gaunt [gɔ:nt] *adj.* sfrijit.
gauze [gɔ:z] *s.* voal, gaz.
gawky ['gɔ:ki] *adj.* stângaci.
gay [gei] *adj.* vesel, pitoresc, imoral.
gaze [geiz] **I.** *s.* privire insistentă. **II.** *v.i.* a se uita lung.
gazelle [gəzəl] *s.* gazelă.
gazette [gə'zet] *s.* Monitorul sau Buletinul Oficial, ziar.
gazetteer [gæzə'tiə] *s.* dicţionar geografic.
gear [giə] **I.** *s.* angrenaj, viteză, echipament, mecanism, *out of ~* stricat, *first ~* viteza întâi, *to shift the ~* a schimba viteza. **II.** *v.t.* a ajusta, a adapta, a înzestra.
gear box [giə bɔks] *s.* cutie de viteze.
gearing [giəriŋ] *s.* mecanism, angrenaj.
gear lever [giə levə:] *s.* schimbător de viteze.
gee [dʒi] *interj.* uau; di! cea!
geisha [geiʃə] *s.* gheişă.
gelatin(e) [dʒelə:tin] *s.* gelatină.
gem [dʒem] *s.* giuvaer.
Gemini [dʒeminai] *s.* gemeni.
gendarme ['jɑ:ndɑ:m] *s.* jandarm.
gender ['dʒendə] *s. gram.* gen.
gene [dʒin] *s.* genă.
genealogy [dʒini'ælədʒi] *s.* genealogie.
general ['dʒenrəl] *s.*, *adj.* general; *as a ~ rule* de obicei, *in ~* în general.
generality [dʒenə'ræliti] *s.* generalitate, majoritate.
generalization [dʒenrəlai'zeiʃən] *s.* generalizare.
generalize [dʒenrəlaiz] **I.** *v.t.* a generaliza, a răspândi, a stiliza. **II.** *v.i.* a generaliza.

generally ['dʒenrəli] *adv.* în general, peste tot.
general practice [dʒenrəl prӕktis] *s.* medicină generală.
generate ['dʒenəreit] *v.t.* a genera, a produce, a stârni.
generation [dʒenə'reiʃən] *s.* generație, generare.
generous ['dʒenərəs] *adj.* generos, abundent.
generator [dʒenəreitə:] *s.* generator, sursă.
generic [dʒinerik] *adj.* generic.
generosity [dʒenərɔsiti] *s.* generozitate, mărinimie; altruism.
genesis [dʒenisis] *s.* geneză, origine.
genial ['dʒiniəl] *adj.* simpatic, favorabil, blând.
geniality [dʒi:ni'ӕliti] *s.* blândețe, amabilitate.
genitive ['dʒenitiv] *s.*, *adj.* genitiv.
genius ['dʒiniəs] *s.* geniu, spirit, duh (rău sau bun), om genial.
genocide ['dʒenəsaid] *s.* crimă împotriva umanității.
genotype [dʒenoutaip] *s.* genotip.
genre [ʒɑ:nrə] *s.* stil, gen (literar), artă compoziție.
genteel [dʒen'ti:l] *adj.* rafinat, (prea) politicos.
gentian [dʒenʃən] *s.* gențiană.
gentile ['dʒentail] *s.* arian.
gentility [dʒen'tiliti] *s.* finețe.
gentle ['dʒentəl] **I.** *adj.* blând, prietenos, tandru, nobil. **II.** *s.* larvă. **III.** *v.t.* a îmblânzi.
gentlefolk ['dʒentlfɔ:k] *s. pl.* aristocrație.
gentleman ['dʒentəlmən] *s.* domn.
gentleness [dʒentəlnis] *s.* blândețe, bunătate, gingăşie, amabilitate.
gentlewoman ['dʒentəlwɔ:mən] *s.* doamnă.
gently [dʒentli] *adv.* blând, cu blândețe, tandru, delicat.
gentry ['dʒentri] *s.* (mică) nobilime.
genuflection [dʒenju:flekʃən] *s.* genuflexiune.
genuine ['dʒenjuin] *adj.* autentic, veritabil, adevărat, pur.
genus ['dʒi:nəs] *s.* gen (în ştiință).
geography [dʒi'ɔgrəfi] *s.* geografie.
geology [dʒi'ɔlədʒi] *s.* geologie.
geometry [dʒi'ɔmitri] *s.* geometrie.
geophysics [dʒioufiziks] *s.* geofizică.
geranium [dʒi'reiniəm] *s.* muşcată.
gerbera [gəbərə] *s.* gerbera.
germ [dʒə:m] **I.** *s.* germene, microb, *fig.* sâmbure. **II.** *v.i.* a germina, a îmboboci.
German ['dʒə:mən] *s.*, *adj.* german(ă).

germinate ['dʒə:mineit] *v.i.* a încolți.
germination [dʒəmineiʃən] *s.* germinație.
gesticulate [dʒe'stikjuleit] *v.i.* a gesticula.
gesticulation [dʒestikjuleiʃən] *s.* gestică.
gesture ['dʒestʃə] *s.* gest, act.
get [get] **I.** *s.* zămislire, zevzec. **II.** *v.t.* a căpăta, a lua, a procura, a învăța, a face, a găsi, a sili, a câștiga, a păți, a înțelege, a cuceri, a prinde; *to ~ on smb's nerves* a enerva pe cineva, *to ~ back* a recăpăta, *to ~ in* a strânge, a recăpăta, a plasa, a învăța, *you've got it!* ai nimerit-o! *to ~ off* a scoate, a coborî, a scăpa de, a învăța pe de rost, *to ~ some sleep* a se odihni, *to ~ smb. to do smth.* a convinge pe cineva să facă ceva, *I don't ~ her* nu o înțeleg, *what's got into her?* ce a apucat-o? *I got you!* te-am prins! *to ~ tired* a obosi, *to ~ used to smth.* a se obișnui cu ceva. **III.** *v.i.* a ajunge, a parveni, *to ~ back at smb.* a se răzbuna pe cineva, *to ~ better* a se însănătoși, *to ~ angry* a se enerva, *she is getting married* se mărită, *it is getting late* se face târziu, *what are you getting at?* ce vrei să spui? **IV.** *v.r.* a se face.
get about [get əbaut] *v.i.* a călători, a umbla.
get along [get əlɔŋ] **I.** *v.t.* a duce, a transporta. **II.** *v.i.* a înainta, a se descurca, a se înțelege, *they don't ~* nu se înțeleg, nu se suportă.
getaway [getəwei] *s.* evadare.
get away from [get əwei frəm] *v.i.* a se distanța de, a scăpa de.
get away with [get əwei wið] *v.i.* a fugi cu.
get back [get bæk] *v.t.* a redobândi, a recupera, a recâștiga.
get down [get daun] *v.t.* a da jos, a nota, a lua notițe.
get from [get frəm] *v.i.* a primi de la, a veni de la.
get in [get in] **I.** *v.t.* a colecta, a aduna, a educa, a semăna. **II.** *v.i.* a intra, a pătrunde.
get off [get ɔf] *v.t.* a scoate, a se dezbrăca, a salva, a lichida.
get on [get ɔn] *v.i.* a înainta, a se descurca.
get out [get aut] **I.** *s.* fugă. **II.** *v.t.* a scoate, a extrage, a publica, a rosti. **III.** *v.i.* a ieși.
get over [get ouvə] *v.t.* a trece peste, a trece dincolo, a termina, a scăpa de, a ocoli, a nu se mai gândi la, a se vindeca de.
getter [getə] *s.* achizitor.
get through [get θru:] **I.** *v.t.* a încheia. **II.** *v.i.* a trece cu bine.
get-together [get təgeðə] **I.** *s.* adunare, petrecere. **II.** *v.t.* a aduna. **III.** *v.i.* a se aduna.
get-up ['get ʌp] **I.** *s.*

înfăţişare, deghizare, *teatru* montare. **II.** *v.t.* a sălta, a ridica. **III.** *v.i.* a se ridica.
gewgaw ['gju:gɔ:] *s.* fleac, podoabă.
ghastly ['gɑ:stli] *adj.* înspăimântător.
gherkin [gə:kin] *s.* castravecior.
ghost [goust] *s.* stafie, fantomă.
ghostly ['goustli] *adj.* sufletesc, duhovnicesc.
giant ['dʒaiənt] *s.*, *adj.* uriaş.
gibberish ['gibəriʃ] *s.* trăncăneală, bolboroseală.
gibe [dʒaib] **I.** *s.* glumă, ironie, batjocură. **II.** *v.i.* a glumi.
giddy ['gidi] *adj.* zăpăcit.
gift [gift] *s.* dar.
gifted [giftid] *adj.* talentat.
gig [gig] *s.* şaretă, barcă.
gigantic [dʒai'gæntik] *adj.* gigantic.
giggle ['gigəl] **I.** *s.* chicot(it). **II.** *v.i.* a chicoti.
gild [gild] *v.t.* a polei, *to ~ the plll* a îndulci hapul.
gill [dʒil] *s.* branhie.
gimlet ['gimlit] **I.** *s.* sfredel. **II.** *v.t.* a sfredeli.
gin [dʒin] **I.** *s.* gin, darac (pentru bumbac). **II.** *v.t.* a egrena.
ginger ['dʒindʒə] **I.** *s.* ghimbir. **II.** *v.t.* a înviora.
ginger bread ['dʒindʒə bred] *s.* turtă dulce.
gingerly ['dʒindʒəli] *adj.*, *adv.* delicat, prudent.
ginger up [dʒindʒə ʌp] *v.t.* a aţâţa.
gingivitis [dʒindʒivaitis] *s.* gingivită.
gipsy ['dʒipsi] *s.*, *adj.* ţigan(că).
giraffe [dʒi'rɑ:f] *s.* girafă.
gird [gə:d] *v.t.* a încinge, a prepara.
girder [gə:də] *s.* grindă, traversă.
girdle ['gə:dəl] **I.** *s.* cingătoare, brâu, curea. **II.** *v.t.* a încinge, a înconjura.
girl [gə:l] *s.* fată, domnişoară, iubită.
girlfriend [gəlfrend] *s.* prietenă.
girlhood ['gə:l hud] *s.* adolescenţa unei fete.
girth **[gə:θ]** **I.** *s.* talie, circumferinţă. **II.** *v.t.* a înconjura.
gist [dʒist] *s.* esenţă.
give [giv] **I.** *v.t.* a (acor)da, a transmite, a scăpa, a lăsa (moştenire), a oferi, a hărăzi, a toasta pentru, a face, a ceda, a arăta, *to ~ away* a da (în căsătorie), a trăda, a emite, a reflecta, *to ~ forth/ off* a produce, a răspândi, a scoate, *to ~ smb. the chuck* a da cuiva papucii, *to ~ smb. the bag* a lăsa pe cineva încurcat, *to ~ a cry* a scoate un strigăt. **II.** *v.i.* a ceda, a da de pomană, a se întâmpla. **III.** *v.r.* a-şi aroga, a-şi face, *to ~ oneself airs* a-şi da aere.

give in [giv in] **I.** *v.t.* a preda, a anunța. **II.** *v.i.* a ceda, a se da bătut.
given name ['givən neim] *s.* nume de botez.
glabrous [gleibrəs] *adj.* spân.
glacier ['glæsjə] *s.* ghețar.
glad [glæd] *adj.* bucuros, încântător, fericit.
gladden [glædən] *v.t.* a bucura.
glade [gleid] *s.* luminiș.
gladiolus [glædi'ouləs] *s.* gladiolă.
gladly [glædli] *adv.* bucuros.
glamorous ['glæmərəs] *adj.* fermecător.
glamour ['glæmə] *s.* farmec, vrajă.
glance [glɑ:ns] **I.** *s.* privire, licărire. **II.** *v.i.* a privi, a scânteia.
gland [glænd] *s.* glandă.
glare [glɛə] **I.** *s.* strălucire, privire aspră. **II.** *v.i.* a străluci, a se uita fioros.
glaring ['glɛəriŋ] *adj.* orbitor, feroce, izbitor, grosolan, (priviri) feroce.
glass [glɑ:s] *s.* sticlă, oglindă, lunetă, barometru, pahar, *pl.* ochelari, binoclu.
glass blowing [glɑ:s blouiŋ] *s.* fabricarea sticlei.
glass case [glɑ:s keis] *s.* vitrină.
glassy ['glɑ:si] *adj.* sticlos.
glaze [gleiz] **I.** *s.* glazură, smalț, faianță. **II.** *v.t.* a pune geam, a glasa. **III.** *v.i.* a deveni sticlos.
glazed frost [gleizd frɔst] *s.* polei.
glazier ['gleiziə] *s.* geamgiu.
gleam [gli:m] **I.** *s.* licărire. **II.** *v.i.* a licări.
glean [gli:n] *v.t.*, *v.i.* a spicui.
glee [gli:] *s.* veselie.
glib [glib] *adj.* iute, abil.
glibly [glibli] *adj.* volubil, fluent, abil, iute, veridic.
glide [glaid] **I.** *s.* alunecare, glisadă. **II.** *v.i.* a aluneca.
glider [glaidə:] *s.* leagăn, planorist.
glider plane ['glaidə plein] *s.* planor.
gliding [glaidiŋ] **I.** *s.* alunecare, planare. **II.** *adj.* glisant.
glim [glim] *s.* lumină, licărire.
glimmer ['glimə] **I.** *s.* licărire. **II.** *v.i.* a licări.
glimpse [glimps] **I.** *s.* privire, ocheadă; *to catch a ~ of* a zări, *at a ~* dintr-o ochire. **II.** *v.t.* a zări, a licări, a se ivi.
glint [glint] **I.** *s.* scânteiere. **II.** *v.i.* a scânteia.
glissade [glisa:d] **I.** *s.* alunecare. **II.** *v.i.* a aluneca, a glisa.
glisten ['glisən] *v.i.* a scânteia.
glitch [glitʃ] *s.* pană, defect.
glitter ['glitə] **I.** *s.* strălucire, splendoare. **II.** *v.i.* a sclipi, a străluci.
gloat [glout] *v.i.* *to ~ over* a sorbi din ochi, a privi cu lăcomie.
globally [gloubəli] *adv.* global.
globe [gloub] *s.* glob, sferă.

globular [glɔbjulə:] *adj.* globular.
gloom [glu:m] **I.** *s.* întunecime, tristețe, beznă. **II.** *v.i.* a se întuneca, a se posomorî. **III.** *v.t.* a întuneca, a umbri.
gloomy ['glu:mi] *adj.* întunecos, trist, sumbru.
glorification [glɔrifikeiʃən] *s.* preaslăvire, preamărire.
glorify ['glɔrifai] *v.t.* a ridica în slăvi.
glorious ['glɔ:riəs] *adj.* glorios, splendid, încântător.
glory ['glɔ:ri] **I.** *s.* glorie, strălucire, splendoare. **II.** *v.i.* *to ~ in* a se făli cu.
gloss [glɔs] **I.** *s.* luciu, lustru. **II.** *v.t.* a lustrui, *fig.* a polei.
glossary ['glɔsəri] *s.* glosar.
glossy ['glɔsi] *adj.* lucios.
glove [glΛv] **I.** *s.* mănuşă. **II.** *v.t.* a înmănuşa.
glow [glou] **I.** *s.* licărire, dogoare, flacără, entuziasm. **II.** *v.i.* a fi fierbinte, a străluci, a se îmbujora, a se aprinde.
glowing ['glouiŋ] *adj.* strălucitor, entuziast, îmbujorat, aprins.
glow-worm [glou wɔ:m] *s.* licurici.
glucose [glukouz] *s.* glucoză.
glue [glu:] **I.** *s.* clei. **II.** *v.t.* a lipi.
glum [glΛm] *adj.* posomorât, sumbru.
glutton ['glΛtən] *s.* mâncău.
glycerine [glisərin] *s.* glicerină.
gnarl [nɑ:l] **I.** *s.* ciot. **II.** *v.i.* a mârâi.
gnarled [nɑ:ld] *adj.* noduros, diform, *fig.* aspru.
gnash [næʃ] *v.t.* a scrâşni (din dinți).
gnat [næt] *s.* țânțar.
gnaw [nɔ:] *v.t.*, *v.i.* a roade, a (se) chinui.
go [gou] **I.** *s.* energie, entuziasm, încercare, modă, mişcare, agitație, târg, succes, *on the ~* în activitate, *all the ~* ultima modă. **II.** *v.t.* a încerca, a străbate, a îndeplini, a face, a acoperi. **III.** *v.i.* a merge, a (se) duce, a curge, a umbla, a circula, a tinde, a acționa, a se vinde, a scăpa, a deveni, *to ~ ahead* a merge, *to ~ at* a se năpusti asupra, *to ~ back* a da/ a veni înapoi, *to ~ before* a avea precădere, *to ~ to* a recurge la, *to ~ together* a se potrivi, a merge împreună, *to ~ under* a se scufunda, a cădea, a decădea, *to get going* a pune in mişcare, *to ~ mad* a înnebuni.
goad [goud] **I.** *s.* strămutare, îndemn, *fig.* imbold. **II.** *v.t.* a îndemna.
goal [goul] *s.* țel, scop, misiune, *sport* poartă.
goalkeeper [goulki:pə] *s.* *sport* portar.
go astray [gou əstrei] *v.i.* a se rătăci.
goat [gout] *s.* capră, țap.

goatee [gou'ti:] *s.* barbişon, cioc.
goatherd [gout həd] *s.* păstor de capre.
gob [gɔt] *s.* plisc, muzicuţă.
gobble ['gɔbəl] **I.** *s.* bombăneală. **II.** *v.t.* a înfuleca. **III.** *v.i.* a bolborosi.
go-between ['goubitwi:n] *s.* intermediar.
goblet ['gɔblit] *s.* pahar, cupă.
goblin ['gɔblin] *s.* spiriduş.
God[1] [gɔd] *s.* Dumnezeu; *thank ~!* Slavă Domnului!
god[2] [gɔd] *s.* zeu, *teatru the ~s* galerie.
godchild ['gɔdtʃaild] *s.* fin.
goddess ['gɔdis] *s.* zeiţă.
godfather ['gɔdfɑ:ðə] *s.* naş (la botez).
god-fearing ['gɔdfiəriₔ] *adj.* cu frica lui Dumnezeu, pios.
god-forsaken [gɔdfəseikən] *adj.* prăpădit, mizerabil.
godless ['gɔdlis] *adj.* nelegiuit.
godly ['gɔdli] *adj.* pios.
godmother ['gɔdmΛðə] *s.* naşă (la botez).
godparents [gɔdpεərənt] *s. pl.* naşi, cumetri.
godsend ['gɔdsend] *s.* noroc, pomană.
god-speed ['gɔdpi:d] *s.* succes!, noroc! drum bun!
go forth [gou fɔθ] *v.i.* a ieşi la iveală.
goggle ['gɔgəl] **I.** *s.* privire holbată, *pl.* ochelari (de protecţie), bicicletă. **II.** *v.i.* a se holba.
going ['gouiŋ] **I.** *s.* plecare, viteză, drum. **II.** *adj.* activ, rentabil; *to set smth. ~* a pune ceva în mişcare.
goings-on ['gouiŋzən] *s. pl.* întâmplări, purtare.
goitre ['gɔitə] *s.* guşă.
gold [gould] **I.** *s.* aur. **II.** *adj.* din aur, auriu.
golden ['gouldən] *adj.* auriu, de aur.
golden age [gouldən eidʒ] *s.* epocă de aur.
gold fever ['gouldfi:və] *s.* goana după aur.
goldfield ['gouldfi:ld] *s.* bazin aurifer.
gold mine [gɔld main] *s.* mină de aur.
gold rush ['gould rΛʃ] *s.* goana după aur.
goldsmith ['gouldsmiθ] *s.* aurar.
golf [gɔlf] *s. sport* golf.
golosh [gə'lɔʃ] *s.* galoş, *amer.* şoşon.
gondola [gɔndələ] *s.* gondolă.
gondolier [gɔndəliə] *s.* gondolier.
gone [gΛn] *adj.* distrus, ruinat, mort.
good [gud] **I.** *s.* bun, proprietate, avantaj, folos, *pl.* mărfuri, avere, *for ~* definitiv, *~s and chattels* efecte personale, *it's no ~* n-are sens. **II.** *adj.* bun, minunat, adecvat, frumos, agreabil; *he is a ~ company* el este o companie plăcută, *all in ~ time* toate la

timpul lor, *that's a ~ one!* hai c-a fost bună!, *a ~ deal of* o mulțime de. **III.** *adv.* tare, destul, *as ~ as* la fel de bun ca.

good-bye [gud'bai] *s., interj.* adio, rămas bun, la revedere.

good-for-nothing ['gudfənɔθiŋ] *s.* neisprăvit, prăpădit.

good-humoured [gud'hju:məd] *adj.* plăcut, vesel, binevoitor.

good-looking [gud'lukiŋ] *adj.* chipeș, arătos, admirabil.

goodness [gudnəs] *s.* bunătate, *for ~ sake!* pentru numele lui Dumnezeu! *thank ~!* slavă Domnului!

goods [gud] *s. pl.* bunuri, valori, *com.* mărfuri, *nav.* încărcătură, *jur.* probe materiale.

good sense [gud sens] *s.* înțelepciune.

goods train [gudz trein] *s.* marfar.

good-tempered [gud'tempəd] *adj.* calm.

good-will [gud'wil] *s.* bunăvoință, conciliere.

goose [gus] *s.* gâscă; *to cook smb.'s ~* a i-o coace cuiva.

gore [gɔ:] *s.* sânge (închegat).

gorge [gɔ:dʒ] **I.** *s.* strâmtoare, chei, defileu, gât. **II.** *v.t., v.i.* a (se) îndopa.

gorgeous ['gɔ:dʒəs] *adj.* strălucitor, minunat, splendid.

gorilla [gɔrilə] *s.* gorilă.

gory ['gɔ:ri] *adj.* însângerat.

gosh [gɔʃ] *interj.* Doamne!

gosling ['gɔzliŋ] *s.* boboc de gâscă.

gospel ['gɔspəl] *s.* Evanghelie.

gospel truth ['gɔspəl truθ] *s.* adevărul adevărat.

gossip ['gɔsip] **I.** *s.* vorbe de clacă, bârfă, taifas. **II.** *v.i.* a flecări, a bârfi.

gouge [gaudʒ] **I.** *s.* daltă. **II.** *v.t.* a scobi cu dalta, a extorca.

gourd [gu:d] *s.* dovleac.

gout [gaut] *s.* gută.

govern ['gΛvən] **I.** *v.t.* a guverna, a determina. **II.** *v.i.* a guverna.

governance [gΛvənəns] *s.* guvernare.

governess ['gΛvnis] *s.* guvernantă, educatoare.

government ['gΛvənmənt] *s.* guvern, guvernare, guvernământ.

governor ['gΛvənə] *s.* guvernator, consilier, șef, tată.

gown [gaun] *s.* halat, rochie, robă.

grab [græb] *v.t.* a apuca, a smulge, a lua.

grace [greis] **I.** *s.* grație, har, rugăciune de mulțumire, îndurare, farmec. **II.** *v.i.* a onora, a împodobi.

graceful ['greisful] *adj.* grațios, binevoitor.

graceless ['greislis] *adj.* urât, nevrednic, dizgrațios.

gracile [græsail] *adj.* zvelt.

gracious ['greiʃəs] *adj.* plăcut, îndurător.

gradate [grədeit] *v.t.* a grada.
gradation [grə'deiʃən] *s.* gradație.
grade [greid] *s.* rang, grad, notă.
gradient ['greidiənt] *s.* pantă.
gradual ['grædjuəl] *adj.* treptat.
graduate ['grædjueit] **I.** *v.t.* a grada, a absolvi, *amer.* a da o diplomă (cuiva). **II.** *v.i.* a absolvi. **III.** *s.* licențiat.
graduated [grædjueitid] *adj.* gradat, licențiat.
graduation ['grædju'eiʃən] *s.* (ceremonie de) absolvire, *pl.* gradații.
graft [grɑ:ft] **I.** *s.* altoi, altoire, *med.* grefă, *amer.* corupție, mită, escrocherie. **II.** *v.t.* a altoi, a grefa, a mitui.
grain [grein] **I.** *s.* grăunte, bob. **II.** *v.t.* a granula, a măcina.
grained [greind] *adj.* granulat.
grainy [greini] *adj.* granular.
grammar ['græmə] *s.* gramatică.
grammar-school ['græmə sku:l] *s.* gimnaziu, şcoală secundară.
gram(me) [græm] *s.* gram.
granary ['grænəri] *s.* hambar, grânar.
grand [grænd] *adj.* măreț, nobil, splendid, principal.
grandchild ['grændtʃaild] *s.* nepot sau nepoată de bunic.
granddaughter ['grændɔ:tə] *s.* nepoată de bunic.
grandeur ['grændʒə] *s.* grandoare, măreție.
grandfather ['grænfɑ:θə] *s.* bunic.
grandiloquent [græn'diləkwənt] *adj.* pompos.
grandiose ['grændious] *adj.* grandios.
grandmother ['grænmʌθə] *s.* bunică.
grandparents ['grænpɛərənts] *s. pl.* bunici.
grandson ['grænsʌn] *s.* nepot de bunic.
grange [greindʒ] *s.* conac.
granny ['græni] *s.* bunicuță.
grant [grɑ:nt] **I.** *s.* alocație, dar. **II.** *v.t.* a acorda, a recunoaşte, *jur.* a ceda.
grape [greip] *s.* (boabă de) strugure, viță-de-vie.
graph [græf] *s.* grafic.
graphic ['græfik] *adj.* grafic, grăitor.
graphite ['græfait] *s.* grafit.
grapple ['græpəl] *v.i.* a se lupta (cu).
grasp [grɑ:sp] **I.** *s.* strânsoare, putere. **II.** *v.t.* a apuca, a strânge, a înțelege.
grasping [grɑ:spiŋ] *adj.* apucător.
grass [grɑ:s] *s.* iarbă.
grasshopper ['grɑ:shɔpə] *s.* *zool.* cosaş, lăcustă.
grassland ['grɑ:slænd] *s.* păşune.
grate [greit] **I.** *s.* grătar, galerie (în fața sobei). **II.** *v.t.* a zgâria.
grateful ['greitful] *adj.* recunoscător, agreabil.

grater [greitə] *s.* răzătoare.
gratification [grætifikeiʃən] *s.* mulțumire, satisfacție.
gratify ['grætifai] *v.t.* a gratifica, a încânta, a satisface.
grating ['greitiŋ] *s.* gratii.
gratitude ['grætitju:d] *s.* recunoștință.
gratuitous [grə'tjuitəs] *adj.* gratuit.
gratuity [grə'tjuiti] *s.* bacșiș.
grave [greiv] **I.** *s.* mormânt. **II.** *adj* grav, solemn; *to rise from the ~* a învia din morți.
gravel ['grævəl] *s.* pietriș.
grave stone [greiv stɔn] *s.* piatră de mormânt.
graveyard [greiv ia:d] *s.* cimitir.
gravitate [græviteit] *v.i.* a gravita.
gravitation [græviteiʃən] *s.* gravitație.
gravity ['græviti] *s.* gravitate, greutate (specifică), solemnitate.
gravy ['greivi] *s.* sos, zeamă de carne.
graze [greiz] **I.** *s.* rosătură, julitură. **II.** *v.t.* a roade, a juli, a duce la păscut, a paște. **III.** *v.i.* a paște, a trece.
grease [gri:s] **I.** *s.* untură, grăsime, murdărie. **II.** *v.t.* a unge.
greasy ['gri:si] *adj.* unsuros, alunecos, murdar.
great [greit] *adj.* mare, important, măreț, splendid, amuzant, drăguț, nobil; *that's ~!* super! *to have a ~ time* a se distra grozav.
greatly ['greitli] *adv.* foarte.
great toe [greit tou] *s.* degetul mare de la picior.
greed [gri:d] *s.* lăcomie.
greedy ['gri:di] *adj.* lacom.
Greek [gri:k] **I.** *s.* grec, elen, (limba) greacă. **II.** *adj.* grec(esc).
green [gri:n] **I.** *s.* (spațiu, culoare) verde, verdeață, imaș. **II.** *adj.* verde, inocent, proaspăt, crud.
greenery ['gri:nəri] *s* verdeață.
green goods [gri:n gudz] *s.* verdețuri.
green goose [gri:n gus] *s.* boboc de gâscă.
greengrocer [gri:ngrousə:] *s.* zarzavagiu.
greenhouse ['gri:n haus] *s.* seră.
greenish ['gri:niʃ] *adj.* verzui.
greet [gri:t] *v.t.* a saluta, a primi.
greeting ['gri:tiŋ] *s.* salut(are).
grey [grei] **I.** *s.* cenușiu, gri. **II.** *adj.* cenușiu, cărunt, *to turn* a încărunți. **III.** *v.i.* a încărunți.
greybeard ['greibɛərd] *s.* bătrân.
grey hair [grei hɛə] *s.* păr cărunt.
greyhound ['greihaund] *s.* ogar.
grid [grid] *s.* grilă, grătar.
gridiron ['gridaiən] *s.* grătar de fript.
grief [gri:f] *s.* supărare, necaz.

grievance ['gri:vəns] *s.* necaz, plângere, revendicare.
grieve [gri:v] *v.t.*, *v.i.* a (se)necăji, a (se) întrista.
grievous ['gri:vəs] *adj.* supărător, trist, dureros, amarnic, cumplit.
griff [grif] *s.* pont.
grill [gril] **I.** *s.* (friptură la) grătar. **II.** *v.t.* a frige la grătar, *fig.* a chinui, a perpeli.
grille [gril] *s.* grilă.
grim [grim] *adj.* aspru, sălbatic, sinistru, sever, întunecat, fioros, crunt.
grimace [gri'meis] **I.** *s.* strâmbătură. **II.** *v.i.* a se strâmba.
grime [graim] **I.** *s.* murdărie, funingine. **II.** *v.t.* a murdări.
grimy [grimi] *adj.* murdar de funingine.
grin [grin] **I.** *s.* rânjet (satisfăcut), surâs. **II.** *v.i.* a hlizi, a zâmbi, a rânji.
grind [graind] **I.** *s.* trudă, măcinare, toceală. **II.** *v.t.* a măcina, a zdrobi, scrâşni, a pisa, *to ~ down fig.* a împila. **III.** *v.i.* a trudi, a se chinui, a se freca, a toci.
grinder ['graındə] *s.* măsea, râşniță, moară, tocilar.
grinding mortar [graindiŋ mɔtə] *s.* mojar.
grindstone ['graindstoun] *s.* (piatră de) tocilă.
grip [grip] **I.** *s.* strânsoare, apucare; *to lose one's ~* a se pierde cu firea. **II.** *v.t.* a apuca, a captiva.
gripe [graip] **I.** *v.t.* a apuca, a presa, a chinui, a irita. **II.** *s.* apucare, asuprire, *pl.* colici.
griper [graipə] *s.* calic.
grippe [graip] *s.* gripă.
grisly ['grizli] *adj.* oribil, înspăimântător, sinistru.
grist [grist] *s.* grâne, *fig.* folos.
gristle ['grisəl] *s.* zgârcit.
grit [grit] **I.** *s.* nisip, pietricele, cremene, tărie de caracter. **II.** *v.t.*, *v.i.* a scrâşni (din dinți).
gritstone [gritstoun] *s.* gresie.
gritty [griti] *adj.* nisipos, *fig.* hotărât, ferm.
grizzled ['grizəld] *adj.* cărunt.
groan [groun] **I.** *s.* geamăt, murmur. **II.** *v.t.* a murmura, a spune oftând. **III.** *v.i.* a geme.
groaning [grouniŋ] *s.* geamăt.
grocer ['grousə] *s.* băcan.
grocery ['grousəri] *s.* băcănie, *pl.* alimente.
grocery man ['grousəri mæn] *s.* băcan.
grog [grɔg] *s.* rachiu cu apă şi lămâie, grog.
groggy ['grɔgi] *adj.* amețit, slăbit.
groom [gru:m] **I.** *s.* grăjdar, servitor, mire. **II.** *v.t.* a peria.
groove [gru:v] **I.** *s.* scobitură, şanț, rilă. **II.** *v.t.* a scobi, a brăzda.
grope [group] **I.** *v.t.* a căuta pe bâjbâite. **II.** *v.i.* a bâjbâi.

gross [grous] adj. grosolan, trupesc, gogonat, ec. brut, abundant.
grotesque [grou'tesk] *adj.* grotesc, ciudat.
grotto ['grɔtou] *s.* grotă.
grouch [grautʃ] **I.** *v.i.* a mormăi. **II.** *s.* pică, bosumflare.
ground [graund] **I.** *s.* teren, domeniu, pământ, sol, curte, motiv, temei, fundal, *pl.* drojdie, *to dash to the ~* a nărui, *to feel the ~ slipping from under one's feet* a simți pământul fugind de sub picioare, *to raze to the ~* a face una cu pământul. **II.** *v.t.* a pune la pământ, a întemeia, *fig.* a motiva, a justifica. **III.** *v.i.* a ateriza, a da de pământ, *nav.* a eşua.
ground-floor ['graund flɔ:r] *s.* parter.
groundless ['graundlis] *adj.* întemeiat.
ground-nut ['graund nΛt] *s.* arahidă.
groundwork [gaund wə:k] *s.* bază, fond, fundament.
group [gru:p] **I.** *s.* grup. **II.** *v.t., v.i.* a (se) grupa.
grouse [graus] **I.** *s.* ierunca, gotcă, plângere. **II.** *v.i.* a mormăi.
grove [grouv] *s.* crâng, dumbravă.
grovel ['grɔvəl] *v.i.* a se târî, a se ploconi.
grow [grou] **I.** *v.t.* a creşte, a cultiva, a produce. **II.** *v.i.* a creşte, a spori, a se dezvolta, a trăi, a deveni, *to ~ out of* a nu mai încăpea în, a se trage din, a se dezbăra de, *to ~ up* a se face mare, *to ~ angry* a se înfuria, *to ~ old* a îmbătrâni.
growl [graul] **I.** *s.* mârâit. **II.** *v.t.* a mârâi, a mormăi. **III.** *v.i.* a mârâi, a bubui.
grown-up ['groun Λp] *s.* adult.
growth [grouθ] *s.* creştere, spor, sporire, excrescență.
grub [grΛb] **I.** *s.* larvă, haleală, jug. **II**. *v.t.* a ospăta.
grudge [grΛdʒ] **I.** *s.* ciudă, duşmănie; *to hold a ~ against smb* a purta pică cuiva. **II.** *v.t.* a nu voi să dea, a nu voi să recunoască, a-i părea rău de. **III.** *v.i.* a se împotrivi.
gruel ['gruəl] *s.* fulgi de ovăz, terci.
gruesome ['gru:səm] *adj.* îngrozitor, sinistru.
gruff [grΛf] *adj.* aspru, necivilizat.
grumble ['grΛmbəl] **I.** *s.* nemulțumire, mormăit, *pl.* toane proaste. **II.** *v.t.* a îndruga. **III.** *v.i.* a protesta, a mormăi.
grumbler ['grΛmblə] *s.* nemulțumit, cârcotaş.
grumpy ['grΛmpi] *adj.* țâfnos.
grunt [grΛnt] **I.** *s.* grohăit. **II**. *v.i., v.t.* a grohăi, a mormăi.
guarantee ['gærənti] **I.** *s.* garanție, gir, chezăşie, gaj. **II.**

v.t. a garanta, a gira, a promite.

guarantor ['gærən'tɔ:r] *s.* girant.

guaranty ['gærənti] *s. jur.* garanție, gaj, gir.

guard [gɑ:d] **I.** *s.* pază, gardă, paznic, *pl.* trupe de gardă, apărătoar; *to be on* ~ a fi în gardă. **II.** *v.t.* a păzi, a apăra, a ocroti. **III.** *v.i.* a fi în gardă, a fi prudent.

guardian ['gɑ:djən] *s.* tutore, epitrop, păzitor.

guardian angel ['gɑ:diən eindʒəl] *s.* înger păzitor.

guardianship ['gɑ:djənʃip] *s.* tutelă.

guess [ges] **I.** *s.* presupunere, ghiceală, *by* ~ pe ghicite. **II.** *v.t.*, *v.i.* a ghici, *amer.* a gândi, a crede.

guest [gest] *s.* oaspete, musafir.

guffaw [gʌ'fɔ:] **I.** *s.* hohotire. **II.** *v.i.* a hohoti.

guidance ['gaidəns] *s.* călăuzire.

guide [gaid] **I.** *s.* călăuză, model, ghid. **II.** *v.t.* a călăuzi, a îndruma, a dirija.

guided missile ['gaidid misail] *s. pl.* proiectile teleghidate.

guile [gail] *s.* farsă.

guileless ['gaillis] *adj.* nevinovat.

guillotine ['giləti:n] **I.** *s.* ghilotină. **II.** *v.t.* a ghilotina.

guilt [gilt] *s.* vină.

guiltless [giltlis] *adj.* nevinovat.

guilty [giltli] *adj.* culpabil.

guise [gaiz] *s.* veşmânt, aspect, mască.

guitar [gi'tɑ:] *s.* chitară.

gulf [gʌlf] *s.* golf, prăpastie.

gullible ['gʌlibəl] *adj.* credul, naiv.

gullet ['gʌlit] *s.* gâtlej, esofag.

gully ['gʌli] *s.* şanț, canal.

gulp [gʌlp] **I.** *s.* înghițitură, sorbitură. **II.** *v.t.*, *v.i.* a înghiți, a sorbi.

gum [gʌm] **I.** *s.* gingie, gumă, cauciuc, eucalipt. **II.** *v.t.* a lipi, a guma.

gummy [gʌmi] *adj.* cleios, gumat.

gumption ['gʌmpʃən] *s.* simț practic, inventivitate, eficiență.

gum shoe [gʌm ʃu:] *s.* galoş.

gum tree [gʌm tri] *s.* eucalipt.

gun [gʌn] *s.* armă de foc, *amer.* pistol, puşcă, puşcaş.

gunman ['gʌnmən] *s.* puşcaş, bandit.

gunner [gʌnə:] *s.* artilerist.

gunshot ['gʌnʃɔt] *s.* împuşcătură, bătaia puştii.

gun stock [gʌn stɔk] *s.* pat de puşcă.

gunwale ['gʌnəl] *s.* copastie, bord.

gurgle ['gə:gəl] *v.i.* a bolborosi.

gush [gʌʃ] **I.** *s.* izbucnire, torent, şuvoi. **II.** *v.i.* a țâşni, a izbucni, *to* ~ *over* a se entuziasma de.

gusset [gʌsit] *s.* clin.

gust [gʌst] *s.* rafală, torent, *fig.* izbucnire.

gusto ['gʌstou] *s.* entuziasm.

gut [gʌt] **I.** *s.* maț, catgut, strună, *pl.* esență, *pl.* curaj; *not to have the ~s to do smth.* a nu avea curajul să facă ceva. **II**. *v.t.* a curăța (de mațe), a distruge.

gutsy [gʌtsi] *adj.* lacom.

gutter ['gʌtə] *s.* jgheab, rigolă, *fig.* mocirlă.

gutter-snipe ['gʌtə snaip] *s.* golan.

guttural ['gʌtərəl] *adj.* gutural.

guy [gai] *s.* persoană, tip (ciudat).

gym(nasium) [dʒim'neiziəm] *s.* (sală de) gimnastică.

gymnastics [dʒimnæstiks] *s.* gimnastică.

gypsum [dʒipsəm] *s.* ghips.

gypsy ['dʒipsi] **I.** *s.* țigan(că). **II.** *adj.* țigănesc.

H

H [eitʃ] *s.* H, h, (nota) si.
ha *interj.* ha, aşi.
haberdashery ['hæbədæʃəri] *s.* mercerie, galanterie.
habit ['hæbit] *s.* obicei, obişnuinţă, purtare, îmbrăcăminte; *to be in the ~ of* a avea obiceiul să, *~ is a second nature* obişnuinţa este o a doua natură.
habitable [hæbitəbəl] *adj.* locuibil.
habitant [hæbitənt] *s.* locuitor.
habitual [hə'bitjuəl] *adj.* obişnuit.
habituate [hə'bitjueit] *v.t.* a deprinde, a obişnui.
hachured [hæʃjuəd] *adj.* haşurat.
hack [hæk] **I.** *s.* cal de povară, gloabă, *fig.* rob. **II.** *v.t.* a ciopârţi, a toca, a ciopli.
hackney ['hækni] **I.** *s.* cal de povară. **II.** *v.t.* a banaliza.
hackney coach ['hækni koutʃ] *s.* birjă.
had [hæd] *s.* trecutul de la vb. have.
hag [hæg] *s.* babornită.
haggard ['hægəd] *adj.* istovit, stors.

haggle ['hægəl] *v.i.* a se tocmi, a se certa.
hail [heil] **I.** *s.* grindină, lapoviță, salutare. **II.** *v.t.* a saluta. **III.** *v.i.* a cădea ca o grindină, a veni. **IV.** *interj.* salut.
hailstone [heilstoun] *s.* grindină.
hair [hɛə] **I.** *s.* (fir de) păr, puf; *to split ~s* a despica firul în patru, *to have ~ about the heels* a fi mitocan, *to lose one's ~* a-şi pierde părul. **II.** *v.t.* a epila.
hair curler [hɛə kələ] *s.* bigudiu.
haircut [hɛəkʌt] *s.* tuns(oare).
hairdresser [hɛədresə] *s.* coafor, frizer.
hair dye [hɛə dai] *s.* vopsea de păr.
hairpin [hɛəpin] *s.* agrafă de păr.
hairsplitting [hɛəsplitiŋ] **I.** *s.* despicarea firului în patru. **II.** *adj.* care despică firul în patru.
hair weed [hɛə wid] *s.* mătasea broaştei.
hairy [hɛəri] *adj.* păros.
hale [heil] *adj.* sănătos, voinic.
half [ha:f] **I.** *s.* jumătate, *one's better ~* soție. **II.** *adv.* pe jumătate, *not ~ bad* bun(icel).
half-back ['ha:fbæk] *s. sport* mijlocaş.
half-baked ['ha:f'beikt] *adj.* necopt.
half-conscious [ha:f kɔnʃəs] *adj.* semiconştient.
half-hearted ['ha:f ha:tid] *adj.* indiferent, pasiv.
half-seas-over ['ha:f si:z ouvə] *adj.* turmentat.
half-sister ['ha:f sistə] *s.* soră vitregă.
half-time ['ha:f taim] *s.* jumătate de zi, *sport* repriză.
half-witted [ha:f'witid] *adj.* neghiob.
hall [hɔ:l] *s.* foaier, local, conac, palat.
hall-mark [hɔ:l ma:k] **I.** *s.* marcaj (la bijuterii), pecete, marcă, *fig.* ştampilă. **II.** *v.t.* a marca, a însemna.
hallo [hə'lou] **I.** *s.* salut. **II.** *interj.* alo, bună (ziua).
hallow ['hælou] **I.** *s.* sfânt. **II.** *v.t.* a sfinți.
hallucinate **I.** *v.t.* a da halucinații. **II.** *v.i.* a avea halucinații.
hallucination [həlu:si'neiʃən] *s.* halucinație.
halo ['heilou] *s.* nimb, aureolă.
halt [hɔ:lt] **I.** *s.* oprire, haltă. II. *v.t.* a opri, a ordona. **III.** *v.i.* a se opri, a şovăi, a se poticni.
halter ['hɔ:ltə] *s.* laț, ştreang, căpăstru.
halting ['hɔ:ltiŋ] *adj.* şchiop, şovăielnic.
halve [ha:v] *v.t.* a înjumătăți.
ham [hæm] *s.* şuncă.
hamlet [hæmlit] *s.* cătun.
hammer [hæmə:] *s.* ciocan.
hammock ['hæmək] *s.* hamac; ridicătură de pământ.

hamper ['hæmpə] **I.** *s.* coşuleţ. **II.** *v.t.* a stânjeni.
hamster [hæmstə] *s.* hârciog.
hamstring [hæmstriŋ] **I.** *s.* tendon. **II.** *v.t.* a paraliza.
hand [hænd] **I.** *s.* mână, palmă; *at ~* la îndemnă, *to shake ~s with smb.* a da mâna cu cineva, *on the one ~ ... on the other* pe de o parte ... pe de alta. **II.** *v.t.* a înmâna, a preda.
handbag ['hænd bæg] *s.* sac de voiaj, poşetă.
hand barrow ['hænd bærou] *s.* targă, brancardă.
handbill ['hænd bil] *s.* manifest, reclamă.
handbook ['hænd buk] *s.* manual.
handbowl [hændboul] *s.* polonic.
handbrake [hændbreik] *s.* frâna de mână.
handcuff ['hænd kʌf] *s.* cătuşă.
handful ['hændful] *s.* (cât încape într-o) mână, rebel.
handicap ['hændikæp] **I.** *s.* (cursă cu) handicap, opreliște. **II.** *v.t.* a handicapa.
handicraft ['hændikra:ft] *s.* meşteşug, artizanat.
handiwork ['hændiwə:k] *s.* lucru de mână.
handkerchief [hæŋkətʃif] *s.* batistă, batic.
handle [hændəl] **I.** *s.* mâner, toartă. **II.** *v.t.* a manevra, a manipula, *fig.* a conduce, a trata, a discuta.
handly ['hændli] *adv.* convenabil, uşor.
hand-made ['hænd meid] *adj.* lucrat manual.
hand mill [hænd mil] *s.* râşniţă.
hand-organ ['hænd ɔ:gən] *s.* flanşetă.
hand out [hænd aut] *v.t.* a elibera, a remite.
handout ['hændaut] *s.* cadou, chilipir.
hand over [hænd ouvə:] *v.t.* a transmite, a preda.
hand press [hænd pres] *s.* presă de mână.
hand-rail ['hænd reil] *s.* balustradă.
handshake [hændʃeik] *s.* strângere de mână.
handsome ['hænsəm] *adj.* chipeş, bine făcut, mărinimos.
handwriting ['hændraitiŋ] *s.* scris, caligrafie.
handy ['hændi] *adj.* îndemânatic, convenabil, la îndemână, comod.
hang [hæŋ] **I.** *v.t.* a atârna, a agăţa, a spânzura, *to ~ up* a amâna, a întrerupe, a pune în cui. **II.** *v.i.* a atârna, a se bălăbăni, a spânzura, a rămâne, a zăbovi, *to ~ on to* a se ţine scai de, a persevera în, *to ~ over* a ameninţa. **III.** *s.* poziţie.
hanged [hæŋd] *adj.* spânzurat.
hanger ['hæŋə] *s.* umeraş; agăţătoare, cârlig.
hanging ['hæŋiŋ] *s.* spânzurare, *pl.* draperii, *adj.* criminal.

hangman [hæŋmən] *s.* călău.
hangover ['hæŋouvə] *s.* mahmureală.
hanker ['hæŋkə] *v.i.* a tânji.
hansom(cab) ['hænsəm(kæb)] *s.* birjă.
haphazard [hæp'hæzəd] *adj.* întâmplător.
hapless ['hæplis] *adj.* nenorocos.
happen ['hæpən] *v.i.* a se întâmpla, a se produce, a se nimeri.
happening ['hæpəniŋ] *s.* întâmplare, eveniment.
happily [hæpili] *adv.* fericit, bucuros.
happiness ['hæpnis] *s.* fericire, noroc.
happy ['hæpi] *adj.* fericit, nimerit.
happy-go-lucky ['hæpi gou' lʌki] *adj.* vesel, fără grijă, nepăsător.
harangue [hə'ræŋ] **I.** *s.* discurs, *fig.* predică. **II.** *v.t.*, *v.i.* a ține o predică (cuiva).
harass ['hærəs] *v.t.* a hărțui.
harbinger ['hɑ:bindʒə] *s.* vestitor.
harbo(u)r [hɑ:bə] **I.** *s.* port, *fig.* liman. **II.** *v.t.* a ocroti, *fig.* a nutri. **III.** *v.i.* a se adăposti.
hard [hɑ:d] **I.** *adj.* tare, dificil, voinic, aspru, dur, solid, ~ *and fast* strict, ~ *of hearing* surd, *to learn smth. the ~ way* a învăța pe propria piele. **II.** *adv.* (din) greu, aspru, tare, aproape, ~ *by* curând, aproape, *to try* ~ a-și da toată silința, *to think* ~ a se gândi profund.
hard-boiled ['hɑ:d 'bɔild] *adj.* (fiert) tare, (de ou) răscopt.
hard [hɑ:d] cash *s.* bani gheață
harden ['hɑ:dn] *v.t.*, *v.i.* a (se) întări, a (se) oțeli.
hard-headed ['hɑ:d'hedid] *adj.* practic, interesat, *amer.* încăpățânat, împietrit.
hard-hearted ['hɑ:d'hɑ:tid] *adj.* fără inimă.
hardihood ['hɑ:dihud] *s.* îndrăzneală, obrăznicie.
hard-labour ['hɑ:d leibə] *s.* muncă silnică.
hardly ['hɑ:dli] *adv.* abia, cu greu(tate).
hardship ['hɑ:dʃip] *s.* dificultate.
hardware ['hɑ:dwɛə] *s.* articole de fierărie și menaj.
hard water ['hɑ:d wɔtə:] s. apă dură.
hardwood ['hɑ:dwud] *s.* (lemn de) esență tare.
hard-working ['hɑ:dwə:kiŋ] *adj.* harnic, sârguincios.
hardy ['hɑ:di] *adj.* rezistent, călit, viguros.
hare [hɛə] *s.* iepure (de câmp).
hare-brained ['hɛəbreind] *adj.* zăpăcit.
harlequin ['hɑ:likwin] *s.* arlechin, clovn.
harlot ['hɑ:lət] *s.* prostituată.
harm [hɑ:m] **I.** *s.* rău, stricăciune, atingere, pagubă,

vătămare. **II.** *v.t.* a strica, a răni, a dăuna (cuiva).

harmful ['ha:mful] *adj.* dăunător, periculos.

harmless ['ha:mlis] *adj.* inofensiv.

harmonic [ha:mɔnik] **I.** *s.* notă armonică. **II.** *adj.* armonic.

harmonica ['ha:mɔnikə] *s.* muzicuță de gură.

harmonious [ha:'mouniəs] *adj.* armonios, melodios, dulce.

harmonize ['ha:mənaiz] *v.t.*, *v.i.* a (se) potrivi.

harmony ['ha:məni] *s.* armonie, înțelegere.

harsh [ha:ʃ] *adj.* aspru, supărător, sever.

harshness [ha:ʃnis] *s.* asprime, severitate.

hart [ha:t] *s.* cerb.

harum-scarum [hɛərəm'skɛərəm] *adj.* nechibzuit.

harvest ['ha:vist] **I.** *s.* recoltă, seceriş. **II.** *v.t.* a secera, a recolta.

hash [hæʃ] **I.** *s.* tocană, tocătură, *fig.* rasol. **II.** *v.t.* a toca, a rasoli.

hasp [ha:sp] *s.* balama.

haste [heist] *s.* grabă, pripă.

hasten ['heisn] *v.t.*, *v.i.* a (se) grăbi, a (se) zori.

hasty ['heisti] *adj.* pripit.

hat [hæt] *s.* pălărie.

hatch [hætʃ] **I.** *s.* tambuchi, trapă. **II.** *v.t.* a cloci, a scoate (pui), a haşura. **III.** *v.i.* a cloci.

hate [heit] **I.** *s.* ură, duşmănie. **II.** *v.t.* a urî, a nu putea suferi.

hateful ['heitful] *adj.* urâcios, duşmănos.

hatred ['heitrid] *s.* ură, ostilitate, antipatie.

hatter [hætə] *s.* pălărier.

haughty ['hɔ:ti] *adj.* semeț, arogant.

haul [hɔ:l] **I.** *s.* tragere, tracțiune, tracțiune, captură, pradă. **II.** *v.t.*, *v.i.* a trage.

haunch [hɔ:ntʃ] *s.* şold, coapsă, pulpă.

haunt [hɔ:nt] **I.** *s.* loc vizitat adeseori, refugiu obişnuit. **II.** *v.t.* a vizita adesea, a bântui, a obseda, a reveni, a frecventa.

have [hæv, həv] **I.** *v. aux.*, *v. mod. to ~ (got) to* a trebui să. **II.** *v.t.* a avea, a poseda, a manifesta, a dovedi, a permite, a suferi, a lua, a obține, a consuma, a se bucura de.

have done [hæv dʌn] *v.i.* a termina, a isprăvi.

haven ['heivən] *s.* port, *fig.* liman.

havoc ['hævək] *s.* catastrofă, ravagii.

hawk [hɔ:k] **I.** *s.* şoim. **II.** *v.t.* a vinde, a ataca. **III.** *v.i.* a-şi drege glasul.

hawker [hɔ:kə] *s.* vânzător ambulant.

hawk nose [hɔ:k nouz] *s.* nas acvilin.

hay [hei] *s.* fân.

hazard ['hæzəd] **I.** *s.* prilej, risc, (joc de) noroc. **II.** *v.t.* a risca, a îndrăzni să faci.

hazardous ['hæzədəs] *adj.* hazardat.

haze [heiz] *s.* aburul câmpiei, ceață (ușoară).

hazel ['heizəl] **I.** *s.* alun(ă), culoarea castanie. **II.** *adj.* castaniu, căprui.

hazel-nut ['heizl nʌt] *s.* alună.

hazy ['heizi] *adj.* cețos, vag.

he [hi] *pron.* el, prefix masculin: *he-fox* vulpoi, ~ *who* cel care.

head [hed] **I.** *s.* cap, conducător, șef, vârf, capitol, criză; *to keep one's ~ above the water* a nu face datorii, *to take smb's ~ off* a împuia capul cuiva. **II.** *v.t.* a conduce. **III.** *v.i.* a se îndrepta.

headache ['hedeik] *s.* durere de cap.

head-dress ['hed dres] *s.* pălărie, basma, bonetă.

heading ['hediŋ] *s.* titlu (de ziar, coloană).

headland ['hedlənd] *s.* promotoriu.

headlight ['hedlait] *s.* far (de automobil).

headline ['hedlain] *s.* titlu de articol.

headlong ['hedlɔŋ] *adj.*, *adv.* cu capul înainte, *fig.* pripit.

headmaster ['hed mɑ:stə] *s.* director de școală.

head-on [hed'ɔn] *adj.*, *adv.* frontal.

head-phones ['hedfounz] *s. pl.* căști.

head-piece ['hedpi:s] *s.* cap, minte, *radio* cască.

headquarters [hed'keɔ:təz] *s.* cartier general, sediu (central).

headstrong ['hedstrɔŋ] *adj.* încăpățânat, voluntar.

headway ['hedwei] *s.* progres.

heal [hi:l] *v.t.*, *v.i.* a (se) vindeca, *fig.* a îndrepta.

health [helθ] *s.* sănătate; *to be in poor/ good ~* a fi bolnav/ sănătos.

healthy ['helθi] *adj.* sănătos, voinic.

heap [hi:p] **I.** *s.* morman, amestecătură, mulțime, *~s of times* adeseori. **II.** *v.t.* a acumula, a îngrămădi, a încărca. **III.** *adv.* *~s* foarte, mult.

hear [hiə] **I.** *v.t.* a auzi, a asculta, a distinge, a afla de. **II.** *v.i.* a auzi (bine), *~! ~!* bravo!

hearing ['hiəriŋ] *s.* auz, ascultare, audiție, ședință (a tribunalului), *out of ~* prea departe ca să poată auzi.

hearsay ['hiəsei] *s.* bârfă, zvon, *from ~* din auzite.

hearse [hə:s] *s.* dric.

heart [hɑ:t] *s.* inimă, curaj, cupă (la cărți), *to one's ~'s content* după pofta inimii, *to break smb's ~* a frânge inima cuiva, *to have no ~* a fi un om nemilos, *by ~* pe de rost.

heartache ['hɑ:teik] *s.* durere de inimă, tristețe profundă.
heart beat ['hɑ:t bit] *s.* bătaia inimii.
heart-breaking ['hɑ:t breikiŋ] *adj.* sfâşietor.
heart block ['hɑ:t blɔk] *s.* insuficiență cardiacă.
heartbreaking ['hɑ:tbreikiŋ] *adj.* chinuitor, cumplit.
heart-broken [hɑ:t broukən] *adj.* întristat, cu inima frântă.
heart-burn [hɑ:t bə:n] *s.* arsură la stomac.
hearten ['hɑ:tən] *v.t.* a încuraja, a înveseli.
heartfelt ['hɑ:t felt] *adj.* sincer, profund.
hearth [hɑ:θ] *s.* vatră, cămin.
hearth-rug ['hɑ:θ rʌg] *s.* carpeta din fața căminului.
heartily ['hɑ:tili] *adv.* din inimă, cu poftă.
heartless [hɑ:tlis] *adj.* împietrit, fără inimă.
heart-rending [hɑ:t rendiŋ] *adj.* dureros.
hearty ['hɑ:ti] *adj.* sincer, entuziast, pofticios, solid.
heat [hi:t] **I.** *s.* căldură, energie, foc, zel, *sport* seric. **II.** *v.t.*, *v.i.* a (se) încălzi.
heated [hitid] *adj.* înfierbântat.
heater [hi:tə] *s.* sobă, radiator, boiler.
heath [hi:θ] *s.* ierburi, bărăgan, şes acoperit cu iarbă neagră.
heathen ['hi:ðən] *s.*, *adj.* păgân.
heave [hi:v] **I.** *v.t.* a ridica, a aburca, a scoate. **II.** *v.i.* a se ridica, a undui, a fi agitat, a apărea.
heaven ['hevən] *s.* cer, paradis.
heavenly ['hevənli] *adj.* ceresc, divin.
heavily [hevili] *adv.* greoi, cu greu.
heavy ['hevi] **I.** *adj.* greu, abundent, încărcat, (de ploaie) torențial. **II.** *adv.* apăsător, greu.
heavy-weight ['hevi weit] *s.* om greoi, (boxer de) categoria grea.
heckle ['hekəl] *v.t.* a hărțui cu întrebări.
hectic ['hektik] *adj.* aprins, înfierbântat.
hedge [hedʒ] **I.** *s.* gard viu. **II.** *v.t.* a înconjura (cu un gard), a împrejmui. **III.** *v.i.* a face un gard, *fig.* a se ascunde, a se eschiva.
hedgehog ['hedʒhɔg] *s.* arici.
heed [hi:d] **I.** *s.* atenție, importanță; *to pay ~ to* a acorda atenție. **II.** *v.t.* a lua în seamă. **III**. *v.i.* a fi atent.
heel [hi:l] *s.* călcâi, toc (de pantofi), ticălos, *to cool one's ~s* a face anticameră, *~s over head* cu susul în jos, în mare grabă, *down at ~* scâlciat, neglijent.
hefty ['hefti] *adj.* voinic, viguros, mare.
hegemony [hi'geməni] *s.* hegemonie.

he-goat ['hi:gout] *s.* țap.
heifer ['hefə] *s.* juncă.
height [hait] *s.* înălțime, culme.
heighten ['haitən] *v.t.* a înălța, a spori.
heinous ['heinəs] *adj.* ticălos, crunt, atroce.
heir [hεə] *s.* moştenitor.
heiress ['hεəris] *s.* moştenitoare.
heirloom ['hεəlu:m] *s.* amintire de familie.
helicopter ['helikɔptə] *s.* elicopter.
hell [hel] *s.* iad, *go to ~!* du-te naibii! *interj.* drace.
hellish [heliʃ] *adj.* îngrozitor, drăcesc.
hello [he'lou] *s.*, *interj.* (bună) ziua! adio!
helm [helm] *s.* cârmă.
helmet ['helmit] *s.* coif, cască.
helmsman ['helmzmən] *s.* cârmaci.
help [help] **I.** *s.* ajutor, soluție. **II.** *v.t.* a ajuta, a sprijini, a servi (cu mâncare), a împiedica, *I' can't ~ it* n-am încotro, nu mă pot abține. **III.** *v.i.* a fi folositor.
helpful ['helpful] *adj.* util, prețios.
helping ['helpiŋ] *s.* porție (de mâncare).
helpless ['helplis] *adj.* neputincios, imobilizat, lipsit de ajutor.
helpmate ['helpmeit] *s.* tovarăş, ajutor.
helter-skelter [heltə'skeltə] *adv.* în dezordine.
hem [hem] **I.** *s.* tiv, ezitare. **II.** *v.t.* a tivi, a înconjura. **III.** *v.i.* a tuşi (cu înțeles), a se bâjbâi. **IV.** *interj.* hm!
hemisphere [hemisfiə:] *s.* emisferă
hemp [hemp] *s.* cânepă.
hemstitch ['hemstitʃ] **I.** *s.* tiv. **II.** *v.t.* a tivi.
hen [hen] *s.* găină.
hence [hens] *adv.* de aici (înainte), deci.
hen coop [hen kup] *s.* coteț de păsări.
henceforth ['hensfɔ:θ] *adv.* pe viitor.
henpecked ['henpekt] *adj.* sub papuc.
hepatitis [hepətaitis] *s.* hepatită.
her [hə:] *adj.* ei, *pron.* pe ea, o, îi, ei.
herald ['herəld] **I.** *s.* vestitor, crainic. **II.** *v.t.* a vesti.
heraldry ['herəldri] *s.* heraldică.
herb [hə:b] *s.* iarbă (medicinală).
herbage [həbidʒ] *s.* ierburi.
herbicide [həbisaid] *s.* ierbicid.
herbivore [həbivɔ] *s.* ierbivor.
herd [hə:d] *s.* turmă, păstor.
herdsman [hə:dzmən] *s.* păstor.
here [hiə] **I.** *adj.* de aici, local. **II**. *adv.* aici, iată, acum; *~ below* mai jos, *~ you are!* poftim!

hereabout(s) ['hiərəbaut(s)] *adv.* pe aici.
hereafter [hiər'ɑ:ftə] *adv.* în viitor.
hereditary [hi'reditəri] *adj.* ereditar, moştenit.
heredity [hi'rediti] *s.* ereditate.
herein [hiərin] *adv.* în acest loc.
hereinafter [hiərinaftə] *adv.* mai departe, de aici încolo.
heresy ['herəsi] *s.* erezie.
heretic ['herətik] *s.* eretic.
hereupon [hiərə'pɔn] *adv.* la care, imediat după aceea.
herewith [hiə'wið] *adv.* alăturat, cu această ocazie.
heritage ['heritidʒ] *s.* moştenire.
hermetic [hə:'metik] *adj.* ermetic.
hermit ['hə:mit] *s.* pustnic.
hermitage ['hə:mitidʒ] *s.* schit.
hernia [hənia] *s.* hernie.
hero ['hiərou] *s.* erou.
heroic [hi'rouik] *adj.* eroic, titanic.
heroically [hirouikəli] *adv.* în mod eroic, cu eroism.
heroify [hirɔifai] *v.t.* a ridica în slăvi.
heroine ['herouin] *s.* eroină, *chim.* heroină.
heroism ['herouizəm] *s.* eroism.
heron ['herən] *s.* bâtlan.
herring ['heriŋ] *s.* scrumbie.
hers [hə:z] *pron.* al ei.
herself [hə:'self] *pron.* se, însăşi, ea, *she hurt ~* s-a lovit, *by ~* de unul singur.
hesitate ['heziteit] *v.i.* a şovăi.
heterogeneous [heterə'dʒi:njəs] *adj.* eterogen.
hew [hju:] *v.t.* a ciopli, a tăia, a sculpta, *fig.* a ciopârţi.
hewer [hjuə] *s.* cioplitor.
hey [hei] *interj.* hei.
heyday ['heidei] *s.* toi, *fig.* floare; apogeu.
hibernate [haibəneit] *v.i.* a hiberna.
hibernation [hiberneiʃən] *s.* hibernare.
hiccup ['hikʌp] **I.** *s.* sughiţ. **II.** *v.i.* a sughiţa.
hide [haid] **I.** *s.* piele (netăbăcită), blană. **II.** *v.t.* a ascunde, a bate. **III.** *v.i.* a se ascunde.
hide-and-seek ['haidənd'si:k] *s.* (de-a) v-aţi ascunselea.
hidebound ['haidbound] *adj.* îngust, închistat, dogmatic.
hideous ['hidiəs] *adj.* hidos.
hiding ['haidiŋ] *s.* ascunzătoare, bătaie.
hiding-place ['haidiŋ pleis] *s.* ascunzătoare.
hierarchy ['haiərɑ:ki] *s.* ierarhie.
high [hai] *s.* cer, *adj.* înalt, acut, nobil, (de timp) înaintat, *adv.* sus, la înălţime.
high-born ['hai bɔ:n] *adj.* nobil.
high-brow ['haibrau] *s.*, *adj.* snob (intelectual).

high-flown [hai'floun] *adj.* pompos.
high-handed ['haihændid] *adj.* arogant, arbitrar.
high jump [hai dʒʌmp] *s.* săritură în înălțime.
highland ['hailænd] *s.* regiune muntoasă.
highlight [hailait] *v.t.* a scoate în evidență.
highly ['haili] *adj.* extrem de, foarte (mult).
high-minded ['hai maindid] *adj.* cu suflet nobil.
highness ['hainis] *s.* înălțime, alteță.
high-pitched ['hai pitʃd] *adj.* ascuțit.
highroad ['hairoud] *s.* şosea.
high spirits [hai spiritz] *s. pl.* bună dispoziție, optimism.
high-strung ['hai strʌŋ] *adj.* sensibil, nervos.
high voltage [hai vɔltidʒ] *s.* înaltă tensiune.
highway ['hai wei] *s.* şosea, cale.
highwayman ['haiweimən] *s.* tâlhar.
hike [haik] **I.** *s.* plimbare, excursie, spor, (de salariu). **II.** *v.i.* a se plimba, a face o excursie.
hilarious [hi'lɛəriəs] *adj.* vesel, ilariant.
hill [hil] *s.* deal, munte, movilă, muşuroi.
hillock ['hillɔ:k] *s.* movilă, deal.
hilt [hilt] *s.* mâner (de sabie).
him [him] *pron.* se, însuşi, el, *he cut ~self* s-a tăiat, *by ~ self* de unul singur.
hind [haind] **I.** *s.* căprioară. **II.** *adj.* de dinapoi.
hinder ['hində] *v.t.* a împiedica, a stânjeni.
hindmost ['haindmoust] *adj.* cel mai din spate, ultimul.
hindrance ['hindrəns] *s.* opreliște, piedică.
hinge [hindʒ] **I.** *s.* balama, *fig.* esență. **II.** *v.i.* a atârna, a se învârti (şi fig.).
hint [hint] **I**. *s.* aluzie, sugestie; *a broad ~* o aluzie grosolană. **II**. *v.t.* a face aluzie, a sugera.
hip [hip] **I**. *s.* şold; măceaşă. **II.** *interj.* hip.
hip joint [hip dʒɔint] *s.* articulația şoldului.
hippodrome [hipədroum] *s.* hipodrom.
hippo(potamus) [hipə'pɔtəməs] *s.* hipopotam.
hire ['haiə] **I.** *s.* închiriere, angajare, salariu. **II.** *v.t.* a închiria, a angaja, *to ~ out* a da cu chirie.
hireling ['haiəliŋ] *s.* salariat, servitor, lacheu.
his [hiz] *adj.* lui, său, *pron.* al lui.
hiss [his] **I.** *s.* şuierat. **II.** *v.t., v.i.* a şuiera.
historian [his'tɔ:riən] *s.* istoric.
historical [his'tɔrikəl] *adj.* din istorie, istoric.
history ['histəri] *s.* istorie.

hit [hit] **I.** *s.* lovitură, atac, succes, şlagăr, inf., trec. şi part. trec. **II.** *v.t.* a lovi, a jigni, a nimeri. **III.** *v.i.* a lovi, a da o lovitură, *to ~ (up)/ on* a nimeri, a găsi.

hitch [hitʃ] **I.** *s.* hop, salt, obstacol, încurcătură. **II.** *v.t.* a ridica, a sălta, a lega. **III.** *v.i.* a se agăţa, a se încurca.

hither ['hiðə] *adv.* încoace.

hitherto ['hiðətou] *adv.* până acum.

hive [haiv] *s.* stup, *pl.* urticarie.

ho [hou] *interj.* o! ho!

hoar [hɔ:] *s.* chiciură.

hoard [hɔ:d] **I.** *s.* comoară, tezaur. **II.** *v.t.* a aduna.

hoarfrost ['hɔ:frɔst] *s.* promoroacă.

hoarse [hɔ:s] *adj.* răguşit.

hoarsen [hɔsən] *v.i.* a răguşi.

hoary [hɔ:ri] *adj.* cărunt, coliliu, bătrân.

hoax [houks] **I.** *s.* păcăleală. **II.** *v.t.* a păcăli.

hob [hɔb] *s.* poliţă.

hobble ['hɔbl] **I.** *s.* şchiopătat, pripon. **II.** *v.t.* a priponi. **III.** *v.i.* a şchiopăta.

hobbledehoy ['hɔbəldı'hɔi] *s.* matahală, marotă, pasiune.

hobby [hɔbi] *s.* pasiune; *to ride a ~* a fi prins în mania lui.

hobby horse ['hɔbi hɔ:s] *s.* cal de lemn, pasiune, cal de bătaie, marotă.

hobgoblin [hɔb'gɔblin] *s.* duh rău, strigoi, aghiuţă.

hobnail ['hɔbneil] *s.* ţintă (de bocanc).

hockey ['hɔki] *s.* hochei.

hocus-pocus [houkəs'poukəs] *s.* păcăleală, diversiune.

hoe [hou] **I.** *s.* sapă. **II.** *v.t.*, *v.i.* a săpa, a plivi.

hog [hɔg] **I.** *s.* porc (îngrăşat); *to be a ~ on ice* a nu fi un om de încredere. **II.** *v.t.* a încovoia, a arcui.

hoggish [hɔgiʃ] *adj.* porcesc.

hogshead ['hɔgzhed] *s.* butoi mare.

hoist [hɔist] **I.** *s.* macara, ridicare. **II.** *v.t.* a ridica.

hold [hould] **I.** *s.* *mar.* cală, magazie, ţinere, păstrare, stăpânire, putere. **II.** *v.t.* a ţine, a susţine, a menţine, a stăpâni, a avea, a ocupa, a cuprinde, *to ~ back* a reţine, a ascunde, *to ~ forth/ out* a oferi, *to ~ together* a rămâne uniţi, *to ~ one's tongue* a-şi ţine gura, *to ~ one's way* a nu se abate din drum.

holder ['houldə] *s.* deţinător, cutie.

holding ['houldiŋ] *s.* proprietate.

hold-up ['houldʌp] *s.* atac banditesc, jaf, încurcătură de circulaţie.

hole [houl] **I.** *s.* gaură, scobitură, hop, încurcătură; *to pick ~s in* a găsi defecte. **II.** *v.i.* a găuri, a perfora.

holiday ['hɔlədei] *s.* sărbătoare, (mai ales la pl.) vacanţă.

holiday resort ['hɔlədei risɔrt] *s.* stațiune de odihnă.
holiness ['houlinis] *s.* sfințenie.
hollow ['hɔlou] **I.** *s.* scobitură, depresiune, vâlcea. **II.** *adj.* scobit, supt, gol, găunos, nesincer. **III.** *v.t.* a scobi, a goli.
holly ['hɔli] *s.* ilice.
hollyhock ['hɔlihɔk] *s.* nalbă.
holm [houm] *s.* gorun.
holocaust ['hɔləkɔ:st] *s.* nimicire, masacru.
holt [hoult] *s.* vizuină.
holy ['houli] *adj.* sfânt, pios.
homage ['hɔmidʒ] *s.* omagiu.
home [houm] **I.** *s.* casă, cămin, domiciliu, (viață de) familie, azil, *at* ~ acasă, în țară, nestânjenit; *to make oneself at* ~ a se face comod. **II.** *adj.* intern, domestic, acasă, de familie. **III**. *adv.* acasă, în țară, la țintă; *nothing to write* ~ *about* nimic deosebit. **IV.** *v.t.* a adăposti.
home brew [houm bru] *s.* băutură făcută în casă.
homeland [houmlænd] *s.* patrie.
homeless ['houmlis] *adv.* fără adăpost.
homely ['houmli] *adj.* simplu, plat, familiar, *amer.* urât.
home-made ['houm meid] *adj.* făcut în casă sau în țară.
Home Office ['houm ɔ:fis] *s.* Minister de Interne.
homesick ['houm sik] *adj.* nostalgic.
homesickness ['houm siknis] *s.* nostalgie.
homespun ['houm spʌn] **I.** *s.* stofă de casă (aspră). **II.** *adj.* de casă, simplu, obişnuit.
homestead ['houm sted] *s.* gospodărie.
homeward ['houm wəd] *adj.*, *adv.* spre casă.
homework ['houm wə:k] *s.* teme, lecții (pentru acasă).
homicide ['hɔmisaid] *s.* omucidere.
homily ['hɔmili] *s.* predică.
hominy *s.* mămăligă.
homogeneous [houmə'dʒiniəs] *adj.* omogen.
homologous [houmɔləgəs] *adj.* omolog.
homonym ['hɔmənim] *s.* omonim.
honest ['ɔnist] *adj.* cinstit, sinceritate.
honey ['hʌni] *s.* miere, iubit(ă).
honeycomb ['hʌnikoumb] *s.* fagure.
honeyed ['hʌnid] *adj.* mieros.
honeymoon ['hʌnimu:n] *s.* lună de miere.
honeysuckle ['hʌnisʌkəl] *s.* caprifoi.
honk [hɔŋk] **I.** *s.* claxon. **II.** *v.i.* a claxona.
hono(u)r ['ɔnə] **I.** *s.* cinste, reputație, distincție, *pl.* onoruri; *code of* ~ codul onoarei, *in* ~ *of* în onoarea. **II.** *v.t.* a onora, a respecta.
hono(u)rable ['ɔnərəbəl] *adj.* cinstit.

hood [hud] *s.* acoperiş, capotă.
hoodwink ['hudwiŋk] *v.t.* a păcăli.
hoof [hu:f] *s.* copită.
hook [huk] **I.** *s.* cârlig; *on one's own* ~ pe cont propriu, *to take smb off the* ~ a ajuta pe cineva la greu. **II.** *v.t.* a agăța, a prinde. **III.** *v.i.* a se face cârlig.
hoop [hu:p] **I.** *s.* cerc, inel. **II.** *v.t.* a încercui.
hooping-cough ['hu:piŋ kɔf] *s.* tuse măgărească.
hoopoe [hu:pu] *s.* pupăză.
hoot [hu:t] **I.** *s.* huiduială, vuiet, țipăt de bufniță, sunet de claxon. **II.** *v.i.* a striga, a huidui.
hooter [hu:tə] *s.* sirenă.
hop [hɔp] **I.** *s.* hamei, țopăială, escală, opiu. **II.** *v.t.* a sări (peste), a evita. **III.** *v.i.* a sări, a țopăi, a pleca.
hope [houp] **I.** *s.* speranță, *beyond* ~ deznădăjduit, irealizabil. **II.** *v.t.*, *v.i.* a spera, a aştepta.
hopeful ['houpful] *adj.* încrezător, promițător.
hopeless ['houplis] *adj.* disperat, fără speranță.
horde [hɔ:d] *s.* hoardă.
horizon [hə'raizən] *s.* orizont.
hormone [hɔ:moun] *s.* hormon.
horn [hɔ:n] *s.* corn, cornet, claxon.
hornet ['hɔ:nit] *s.* gărgăun.
horoscope [hɔrəskoup] *s.* horoscop.
horrent [hɔrənt] *adj.* zbârlit.
horrible ['hɔribəl] *adj.* groaznic.
horrid ['hɔrid] *adj.* scârbos, insuportabil.
horrify ['hɔrifai] *v.t.* a îngrozi.
horror ['hɔrə] *s.* groază, oroare.
horror-stricken, horror-struck ['hɔrəstrikən/strʌk] *adj.* îngrozit.
horse [hɔ:s] *s.* cal; *on* ~ călare, *never look a gift* ~ *in the mouth* calul de dar nu se caută la dinți, *to hold one's ~s* a-şi ține firea.
horse chestnut [hɔ:s'tʃesnʌt] *s.* castan (obişnuit), castană (porcească).
horse flesh ['hɔ:s fleʃ] *s.* carne de cal, cai.
horse laugh ['hɔ:s la:f] *s.* hăhăit.
horseman ['hɔ:smən] *s.* călăreț.
horsemanship ['hɔ:smənʃip] *s.* echitație.
horse power ['hɔ:s pauə] *s.* cal-putere.
horse race ['hɔ:s reis] *s.* cursă de cai.
horse-radish ['hɔ:s rædiʃ] *s.* hrean.
horseshoe ['hɔ:sʃu:] *s.* potcoavă.
horseshoer ['hɔ:sʃu:ə] *s.* potcovar.
horsewoman ['hɔ:swumən] *s.* amazoană, călăreață.
hosanna [hou'zænə] *s.* osana.

hose [hous] **I.** *s.* furtun, tub, ciorapi lungi, colanți. **II.** *v.t.* a stropi (cu furtunul).

hosier ['houziə] *s.* negustor de galanterie.

hosiery ['houziəri] *s.* galanterie (de damă), ciorapi (de damă).

hospitable [hɔ'spitəbəl] *adj.* ospitalier.

hospital ['hɔspitəl] *s.* spital.

hospitalize [hɔspitəlaiz] *v.t.* a spitaliza.

host [houst] *s.* gazdă.

hostage ['hɔstidʒ] *s.* ostatic.

hostel ['hɔsl] *s.* cămin (studențesc).

hostess ['hɔstis] *s.* (femeie) gazdă, hangiță.

hostile ['hɔstail] *adj.* dușman, dușmănos.

hostility [hɔ'stiliti] *s.* dușmănie, ostilitate.

hot [hɔt] **I.** *adj.* fierbinte, foarte cald, arzător, iute, violent, proaspăt. **II.** *adv.* fierbinte, arzător, *to blow ~ and cold* a fi schimbător, *give it him ~* trage-i o săpuneală.

hotbed ['hɔtbed] *s.* *agr.* pat cald, *fig.* focar.

hot-blooded [hɔt'blΛdid] *adj.* pasionat, nerăbdător.

hotel ['houtel] *s.* hotel.

hotel keeper ['houtel kipə:] *s.* hotelier.

hot flush [hɔt flΛʃ] *s.* bufeu.

hothouse ['hɔthaus] *s.* seră.

hot plate [hɔt pleit] *s.* plită.

hot spring [hɔt spriŋ] *s.* izvor termal.

hot tempered [hɔt tempərd] *adj.* violent, iute la mânie.

hot water [hɔt] *s.* apă fierbinte, bucluc.

hound [haund] *s.* câine (de vânătoare).

hour [auə] *s.* oră, *pl.* orar, ocazie.

hour circle [auə sə:kəl] *s.* meridian.

hour-glass ['auəglɑ:s] *s.* clepsidră.

hour-hand ['auəhænd] *s.* acul orar.

hourly ['auəli] **I.** *adj.* orar, din oră în oră. **II.** *adv.* adeseori.

house[1] [haus] *s.* casă (de comerț), locuință, clădire, cămin, sală de spectacol, *pol.* cameră.

house[2] [haus] *v.t.* a găzdui, a adăposti, a da case la.

house-agent ['haus eidʒənt] *s.* agent de locuințe.

house-breaker ['haus breikə] *s.* spărgător.

household ['haushould] *s.* gospodină, menajeră.

housekeeper [hauskipə] *s.* menajeră.

housemaid ['hausmeid] *s.* servitoare.

house of correction [haus əv kərekʃən] *s.* casă de corecție.

house-top ['haus tɔp] *s.* acoperișul casei.

housewife[1] ['hauswaif] *s.* gospodină, stăpâna casei.

housewife[2] ['hauswaif] *s.* cutie de lucru.

housework ['hauswə:k] *s.* treburi casnice.
hovel ['hɔvəl] *s.* cocioabă.
hover ['hɔvə:] *v.i.* a pluti în aer.
how [hau] *adv.* cum (se poate), cât (de), ~ *do you do?* bună ziua, îmi pare bine de cunoştinţă, ~ *are you?* ce mai faci?
however ['hauəvə] *adv.* oricât de, *conj.* totuşi, în orice caz.
howl [haul] **I.** *s.* urlet. **II.** *v.t.*, *v.i.* a urla.
hub [hΛb] *s.* butucul roţii, centru, *the ~ of the earth* buricul pământului.
hubbub ['hΛbΛb] *s.* zarvă.
huckleberry [hΛkəlberi] *s.* afin.
huckster *s.* negustor (ambulant) de mărunţişuri.
huddle ['hΛdəl] **I.** *s.* învălmăşeală, deranj. **II.** *v.t.*, *v.i.* a (se) învălmăşi, a (se) strânge.
hue [hju] *s.* nuanţă, culoare.
hue-and-cry ['hju:ən'krai] *s.* zarvă, alarmă.
huff [hΛf] *v.t.* a teroriza.
huffy [[hΛfi] *adj.* arogant, nervos.
hug [hΛg] **I.** *s.* îmbrăţişare. **II.** *v.t.* a îmbrăţişa, a strânge la piept.
huge [hju:dʒ] *adj.* uriaş.
hull [hΛl] **I.** *s.* coajă, păstaie, carenă. **II.** *v.t.* a coji.
hullabaloo [hΛləbə'lu:] *s.* zarvă.
hullo ['hΛlou] *interj.* alo! hei!
hum [hΛm] **I.** *s.* zumzet, fredonare, murmur. **II.** *v.i.* a zumzăi, a fi agitat, a fredona, a tuşi, a-şi drege glasul, *to ~ and haw* a şovăi, a se bâlbâi.
human ['hju:mən] *adj.* uman.
humane [hju'mein] *adj.* omenos.
humanism ['hju:mənizəm] *s.* umanism.
humanitarian ['hju:mæni'tεəriən] **I.** *s.* filantrop. **II.** *adj.* umanitar.
humanize ['hju:mənaiz] *v.t.*, *v.i.* a (se) umaniza.
humankind ['hju:mənkaind] *s.* umanitate.
humble ['hΛmbəl] **I.** *adj.* umil. **II.** *v.t.* a umili, *to eat ~ pie* a-şi cere scuze, a se umili.
humbug ['hΛmbΛg] **I.** *s.* mistificare, farsă, impostură, impostor. **II.** *v.t.* a înşela, *interj.* prostii.
humdrum ['hΛmdrΛm] *adj.* monoton, banal.
humid ['hju:mid] *adj.* umed.
humidify [hjumidifai] *v.t.* a umezi.
humidity [hjumiditi] s. umiditate.
humiliate [hju'milieit] *v.t.* a umili.
humility [hju'militi] *s.* modestie.
humiliation [hjumilieiʃən] *s.* umilinţă.
humming-bird ['hΛmiŋ bɔ:d] *s.* colibri.

hummock ['hΛmək] *s.* movilă, deal.
humorist ['hju:mərist] *s.* umorist.
humorous ['hju:mərəs] *adj.* comic.
humo(u)r ['hju:mə] **I.** *s.* umor, dispoziție. **II.** *v.t.* a face pe plac (cuiva), a mulțumi (pe cineva).
hump [hΛmp] *s.* umflătură, cocoaşă.
humph [hΛmf] *interj.* aşi.
humpty-dumpty [hΛmpti dΛmpti] *s.* hopa mitică.
hunch [hΛntʃ] **I.** *s.* cocoaşă, bucată, bănuială. **II.** *v.t.* a cocoşa.
hunchback ['hΛntʃbæk] *s.* cocoșat.
hundred ['hΛndrid] *s.*, *num.* sută.
hundredfold ['hΛndrədfould] *adv.* însutit.
hunger ['hΛŋgə] **I.** *s.* foame, poftă, înfometare, *fig.* dorință, dor. **II.** *v.i.* a flămânzi, a tânji.
hunger strike ['hΛŋgə straik] *s.* greva foamei.
hung over [hΛŋg ouvə:] *s.* mahmur.
hungry ['hΛŋgri] *adj.* flămând, *fig.* însetat.
hunk [hΛŋk] *s.* halcă, bucată groasă.
hunkers [hΛŋkə:z] *s. pl.* şunci.
hunt [hΛnt] **I.** *s.* vânătoare. **II.** *v.t.* a vâna, a hăitui. **III.** *v.i.* a vâna.
hunter [hΛntə] *s.* vânător.
hunting [hΛntiŋ] *s.* vânătoare.
hurdle ['hə:dəl] *s. sport* obstacol.
hurdy-gurdy ['hə:di gə:di] *s.* flanşetă
hurl [hə:l] *v.t.* a arunca.
hurricane ['hΛrikən] *s.* uragan.
hurried ['hΛrid] *adj.* grăbit.
hurry ['hΛri] **I.** *s.* grabă, *in a ~* grăbit, uşor. **II.** *v.t.*, *v.i.* a (se) grăbi.
hurt [hə:t] **I.** *s.* rană, lovitură, durere, jignire. **II.** *v.t.*, inf., trec. şi part. trec. a răni, a strica, a jigni. **III.** *v.i.* a-l durea, a suferi.
hurtful ['hə:tful] *adj.* dureros, dăunător.
hurtle [hətəl] **I.** *s.* prăbuşire. **II.** *v.t.* a izbi, a lovi. **III.** *v.i.* a se repezi, a se prăbuşi.
husband ['hΛzbənd] **I.** *s.* soț. **II.** *v.t.* a chibzui, a economisi.
husbandry ['hΛzbəndri] *s.* administrare, administrație, economie.
hush [hΛʃ] **I.** *s.* tăcere. **II.** *v.t.* a face să tacă, *to ~ up* a tăinui, a muşamaliza. **III.** *v.i.* a tăcea. **IV.** *interj.* sst.
husky ['hΛski] *adj.* voinic, plin de coji, (de glas) aspru, răguşit.
hussy ['hΛsi] *s.* ticăloasă, obrăznicătură, târâtură.
hustle [hΛsəl] **I.** *s.* învălmăşeală. **II.** *v.t.* a lua pe sus, a îmbrânci. **III.** *v.i.* a se grăbi.

hut [hʌt] *s.* colibă, baracă, cabană, şopron.
hyacinth ['haiəsinθ] *s.* zambilă.
hydraulic [hai'drɔlik] *adj.* hidraulic.
hydro-chloric [haidrɔ'klɔrik] *adj.* clorhidric.
hydrology [haidrɔlədʒi] *s.* hidrologie.
hydroplane [haidrɔ'plein] *s.* hidroavion, barcă cu motor.
hymn [him] *s.* imn religios.
hyphen ['haifən] *s.* liniuţă, cratimă.
hypnotize [hipnɔtaiz] *v.t.* a hipnotiza.
hypocrisy [hi'pɔkrisi] *s.* prefăcătorie.
hypocrite ['hipəkrit] *s.* ipocrit(ă), mironosiţă.
hypodermic [haipə'də:mik] **I.** *s.* injecţie. **II.** *adj.* subcutanat, hipodermic.
hypothesis [hai'pɔθisis] *s.* ipoteză.
hypothetical [haipəθetikəl] *adj.* ipotetic.
hysteria [histeriə] *s.* isterie.
hysterical [histerikəl] *adj.* isteric.
hysterics [his'teriks] *s. pl.* istericale.

I

I [ai] *s.*, *pron.* eu.
iambic [i'æmbik] *adj.* iambic.
ice [ais] **I.** *s.* gheață. **II.** *v.t.* a îngheța, a răci, a glasa.
iceberg [aisbə:g] *s.* ghețar.
ice-box ['ais bɔks] *s.* răcitor.
ice-breaker ['ais breikə] *s.* spărgător de gheață.
icecream ['aiskri:m] *s.* înghețată.
icicle ['aisikəl] *s.* țurțure.
icing ['aisiŋ] *s.* glazură.
icon ['aikɔn] *s.* icoană.
iconography [aikɔnɔgrəfi] *s.* iconografie.
icterus [iktərəs] *s.* icter.
icy ['aisi] *adj.* înghețat, glacial.
idea [ai'diə] *s.* idee, *pl.* gărgăuni; *I haven't the slightest* ~ n-am nici cea mai vagă idee.
ideal [ai'diəl] *s.*, *adj.* ideal.
idealism [ai'diəlizəm] *s.* idealism.
idealize [aidiəlaiz] *v.t.* a idealiza.
identic(al) [ai'dentik(əl)] *adj.* identic.
identify [ai'dentifai] *v.t.* a identifica.
identity [ai'dentiti] *s.* identitate.

ideological [aidiə'lɔdʒik(əl)] *adj.* ideologic.
idiocy ['idiəsi] *s.* tâmpenie.
idiom ['idiəm] *s.* expresie, dialect, limbaj.
idiomatic(al) ['idiəmætik(əl)] *adj.* frazeologic, de conversaţie.
idiot ['idiət] *s.* tâmpit, cretin.
idle ['aidəl] **I.** *adj.* trândav, nefolosit, şomer, inutil, prostesc. **II.** *v.i.* a pierde vremea, a şoma.
idler ['aidlə] *s.* pierde-vară.
idol ['aidəl] *s.* idol.
idolize ['aidəlaiz] *v.t.* a idolatriza.
if [if] *conj.* (chiar) dacă, (ori)-când, *as* ~ ca şi cum.
ignite [ig'nait] *v.t.*, *v.i.* a (se) aprinde.
ignoble [ig'noubəl] *adj*, ruşinos.
ignominious [ignə'miniəs] *adj.* ruşinos, nemernic.
ignorance ['ignərəns] *s.* ignoranţă, ostentaţie.
ignore [ig'nɔ:] *v.t.* a ignora, a nu lua în seamă.
ill [il] **I.** *s.* rău, racilă. **II.** *adj.* rău, bolnav, ticălos, ~ *at ease* stânjenit. **III.** *adv.* rău, nefavorabil.
ill-blood ['il blʌd] *s.* duşmănie, ură.
illegal [i'li:gəl] *adj.* ilegal.
illegible ['i'ledʒibəl] *adj.* neciteţ.
illegitimate [ili'dʒitimit] *adj.* nelegitim, ilicit, nejustificat.
ill-faced [il'fæsid] *adj.* nenorocit.
ill-famed [ilfeimd] *s.* reputaţie proastă.
ill-humoured [il'hju:mə] *adj.* supărăcios, prost dispus.
illiberal [i'libərəl] *adj.* intransigent, meschin.
illicit [ilisit] *adj.* illicit.
illiterate [i'litrit] *s.*, *adj.* analfabet, ignorant.
ill-natured [il'neitʃəd] *adj.* antipatic, nesuferit, nervos.
illness ['ilnis] *s.* boală.
ill-temper [il'tempə] *s.* nervozitate, caracter antipatic sau dificil.
ill-tempered [il'tempəd] *adj.* ţâfnos, dificil, antipatic.
ill-timed [il'taimd] *adj.* inoportun.
ill-treat [il'tri:t] *v.t.* a brutaliza, a maltrata.
illumin(at)e [i'lu:mineit] *v.t.* a (i)lumina, a împodobi.
ill-use ['il'ju:z] *v.t.* a maltrata, a batjocori.
illusion [i'lu:ʒən] *s.* iluzie.
illusive [ilusiv] *adj.* iluzoriu.
illustrate ['iləstreit] *v.t.* a ilustra, a explica.
illustration ['iləstreiʃən] *s.* ilustraţie.
illustrious [i'lʌstriəs] *adj.* ilustru.
ill-will ['il'wil] *s.* duşmănie, ură, răutate.
image ['imidʒ] **I.** *s.* imagine, chip. **II.** *v.t.* a imagina, a oglindi.

imagery [i'midʒri] *s.* imagini, figuri de stil.
imaginary [i'mædʒinəri] *adj.* închipuit.
imagination [i'mædʒi'neiʃən] *s.* închipuire, imaginaţie.
imagine [i'mædʒin] *v.t.* a(-şi) imagina.
imbecile ['imbisi:l] *s.*, *adj.* imbecil.
imbecility [imbisiliti] *s.* imbecilitate.
imbed [imbed] *v.t.* a încrusta.
imbibe [im'baib] *v.t.* a îmbiba.
imbroglio [im'brouliou] *s.* încurcătură.
imbue [imbju:] *v.t.* a îmbiba.
imitate ['imiteit] *v.t.* a imita.
imitation [imi'teiʃən] **I.** *s.* imitaţie, copie. **II.** *adj.* fals.
immaculate [imækjuleit] *adj.* imaculat.
immaterial [imə'tiəriəl] *adj.* neimportant, fără legătură, imaterial.
immature [imətju:ə] *adj.* imatur.
immaturity [imətju:riti] *s.* imaturitate.
immeasurable [i'meʒrəbəl] *adj.* nemăsurat.
immediate [i'midiət] *adj.* imediat, direct.
immemorial [imi'mɔriəl] *adj.* străvechi, uitat.
immerse [i'mə:s] *v.t.* a afunda, a (în)muia, a absorbi.
immigrate [imigreit] *v.i.* a imigra.
imminence [iminəns] *s.* iminenţă.
immobile [imoubail] *adj.* imobil.
immobilization [imoubilaizeiʃn] *s.* imobilizare.
immobilize [imoubilaiz] *v.t.* a imobiliza.
immoderate [i'mɔdrit] *adj.* excesiv, necumpătat.
immodest [i'mɔdist] *adj.* neruşinat, obscen.
immolation [imouleiʃən] *s.* jertfire.
immoral [imɔrəl] *adj.* imoral.
immorality [imɔræliti] *s.* imoralitate.
immortal [i'mɔ:təl] *s.*, *adj.* nemuritor.
immortality [imɔtæliti] *s.* nemurire, imortalitate.
immortalize [imɔrtɔlaiz] *v.t.* a imortaliza.
immovable [i'mu:vəbəl] **I.** *s. pl.* bunuri imobiliare. **II.** *adj.* imobil, fix, neclintit.
immune [imju:n] *adj.* imun.
immunity [imjuniti] *s.* imunitate.
immutable ['imju:təbəl] *adj.* imuabil, neschimbător.
immure [imju:ə] *v.t.* a zidi, a întemniţa.
impair [im'pεə] *v.t.* a slăbi, a strica.
impart [im'pɑ:t] *v.t.* a împărtăşi.
impartial [impa:ʃəl] *adj.* imparţial.
impassable [im'pɑ:səbəl] *adj.* de netrecut, impracticabil.

impassioned [im'pæʃənd] *adj.* pasionat.
impassive [im'pæsiv] *adj.* impasibil.
impatient [im'peiʃənt] *adj.* nerăbdător, nervos.
impeach [im'pitʃ] *v.t.* a acuza (de trădare).
impede [im'pi:d] *v.t.* a împiedica, a stânjeni.
impediment [im'pedimənt] *s.* impediment, piedică.
impel [im'pel] *v.t.* a îndemna.
impend [im'pend] *v.i.* a amenința, a fi iminent.
impending [im'pendiŋ] *adj.*, iminent, amenințător.
impenetrable [im'penitrəbəl] *adj.* impenetrabil.
imperative [im'perətiv] **I.** *s.* imperativ, poruncă. **II.** *adj.* imperativ, imperios, obligatoriu.
imperfect [im'pə:fikt] *s.*, *adj.* imperfect.
imperfection [impəfekʃən] *s.* imperfecțiune.
imperial [im'piriəl] *adj.* imperial.
imperialism [im'piriəlizəm] *s.* imperialism.
imperil [im'peril] *v.t.* a primejdui.
imperishable [im'periʃəbəl] *adj.* indestructibil, nemuritor.
impermeable [impə:miəbəl] *adj.* impermeabil.
impermissible [impəmisibəl] *adj.* inadmisibil.
impersonal [impə:sənəl] *adj.* impersonal.
impersonate [im'pə:səneit] *v.t.* a personifica, a întruchipa, a juca (un rol).
impertinence [impə:tinəns] *s.* impertinență.
impertinent [impə:tinənt] *adj.* impertinent.
impervious [im'pə:viəs] *adj.* impenetrabil, neinfluențabil.
impetuous [impetjuəs] *adj.* impetuos.
impetus ['impitəs] *s.* imbold, impuls.
impiety [im'pa:iti] *s.* lipsă de pietate sau respect.
impinge [im'pindʒ] *v.i.* *to ~ upon* a influența, a încălca.
impious ['impiəs] *adj.* lipsit de pietate, lipsă de respect.
impish ['impiʃ] *adj.* drăcesc, răutăcios.
implausible [implɔ:zəbəl] *adj.* neverosimil.
implead [implid] *v.t.* a pune sub acuzare.
implement ['implimənt] **I.** *s.* unealtă. **II.** *v.t.* a aplica, a traduce în viață.
implicative [implikətiv] *adj.* implicit.
implicit [im'plisit] *adj* implicit, total, absolut.
implore [im'plɔ:] *v.t.* a implora.
implosion [implouʒən] s. implozie.
imply [im'plai] *v.t.* a implica, a sugera, a face aluzie la.
impolite [impə'lait] *adj.* nepoliticos.
imponderable [impɔndərəbəl] adj. imponderabil.

import [im'pɔ:t] **I.** *s.* (marfa de) import, semnificație. **II.** *v.t.* a importa, a însemna.
importance [im'pɔ:təns] *s.* importanță.
important [im'pɔ:tənt] *adj.* important, care-și dă importanță.
importation [impɔ:teiʃən] *s.* import.
importer [impɔ:tə] *s.* importator.
importunate [im'pɔ:tjunit] *v.t.* a importuna, a pisa.
importune [im'pɔ:tju:n] *v.t.* a importuna, a pisa.
impose [im'pouz] **I.** *v.t.* a impune, a solicita, a pretinde. **II.** *v.i. to ~ upon* a înșela.
imposing [im'pouziŋ] *adj.* impunător.
imposition [impə'ziʃən] *s.* impunere, impozit, înșelătorie.
impossible [im'pɔsibəl] *adj.* imposibil, dificil.
impotence [impɔtəns] *s.* neputință.
impotent ['impətənt] *adj.* neputincios, impotent.
impound [impaund] *v.t.* a sechestra, a pune mâna pe.
impoverish [im'pɔ:vəriʃ] *v.t.* a sărăci.
impracticable [im'præktikəbəl] *adj.* dificil, nerezolvabil, inaplicabil.
impractical [impræktikəl] *adj.* impracticabil, ineficace, nepotrivit.
imprecate ['imprikeit] *v.t.* a blestema.
imprecise [imprisaiz] *adj.* vag, imprecis.
impregnable [im'pregnəbəl] *adj.* de necucerit.
impress [im'pres] **I.** s. amprentă, sigiliu, pecete. **II.** *v.t.* a imprima, a impresiona.
impression [im'preʃən] *s.* impresie, urmă, imprimare, ediție.
impressive [im'presiv] *adj.* impresionant.
imprimatur [imprimeitə:] *s.* bun de tipar; aprobare oficială; sancțiune.
imprint [im'print] **I.** *s.* urmă. **II.** *v.t.* a imprima, a lipi.
imprison [im'prizən] *v.t.* a întemnița.
improbable [im'prɔbəbəl] *adj.* puțin probabil, de necrezut.
improper [im'prɔpə] *adj.* nepotrivit, indecent, inadecvat, grosolan.
impropriation [imprɔprieiʃən] *s.* secularizare.
improve [im'pru:v] **I.** *v.t.* a îmbunătăți, a valorifica. **II.** *v.i.* a se îmbunătăți, a se face bine.
improvement [im'pru:vmənt] *s.* îmbunătățire, ameliorare, progres.
improvident [im'prɔvidənt] *adj.* nechibzuit.
improvisation [imprəvaizeiʃən] *s.* improvizație.
improvise ['imprəvaiz] *v.t.*, *v.i.* a improviza.
impudent ['impjudənt] *adj.* nerușinat, obraznic.

impugn [impju:n] *v.t.* a contesta.
impulse ['impʌls] *s.* impuls, îndemn; *he is a man of ~* este un bărbat impulsiv.
impure [im'pjuə] *adj.* impur, imoral.
in [enclose] **I.** *adv.* înăuntru, acasă, la destinație, la putere, la modă, de găsit; *~ between* printre picături. **II.** *prep.* în, la, cu, *~ that* întrucât, *~ so far as* în măsura în care, *~ fact* de fapt. **III.** *adj.* dinăuntru
inability [inə'biliti] *s.* neputință, incapacitate.
inaccuracy [in'ækjurəsi] *s.* exactitate, greșeală.
inaction [inækʃən] *s.* inerție; lene.
inadequacy [inædikwəsi] *s.* nepotrivire.
inadequate [in'ædikwit] *adj.* necorespunzător.
inadmissible [inədmisibəl] *adj.* inadmisibil.
inane [i'nein] **I.** *s.* vid, gol. **II.** *adj.* stupid, prostesc.
inanimate [in'ænimit] *adj.* mort, fără viață, stupid.
inanity [i'næniti] *s.* stupiditate.
inapposite [inæpəzit] *adv.* deplasat, inoportun.
inappropriate [inə'proupriit] *adj.* nepotrivit.
inarticulate [ina:tikjulit] *adj.* neclar, incoerent, mut, nearticulat.
inasmuch as [inəz'mʌtʃəz] *conj.* întrucât.
inattention [inətenʃən] *s.* neatenție.
inaudible [in'ɔ:dibəl] *adj.* (de) neauzit.
inaugurate [i'nɔ:gjureit] *v.t.* a inaugura, a instala, a instaura, a deschide.
inborn [inbɔ:n] *adj.* înnăscut.
inbred [in'bred] *adj.* înnăscut, natural, din familie.
incalculable [in'kælkjuləbəl] *adj.* nemăsurat, nesigur, capricios.
incantation [inkæn'teiʃən] *s.* incantație, vrajă.
incapable [in'keipəbəl] *adj.* incapabil.
incapacitate [inkə'pæsiteit] *v.t.* a scoate din uz.
incapacity [inkə'pæsiti] *s.* neputință, incapacitate, *jur.* interdicție.
incarnate [in'ka:nit] **I.** *adj.* întruchipat, materializat. **II.** *v.t.* a întru(chi)pa, a concretiza.
incendiary [in'sendiəri] **I.** *s.* incendiator, agitator. **II.** *adj.* incendiar, ațâțător.
incense ['insens] **I.** *s.* tămâie. **II.** *v.t.* a tămâia.
incensory [insensəri] *s.* cadelniță.
incentive [in'sentiv] *s.* stimulent.
inception [in'sepʃən] *s.* început.
incessant [in'sesənt] *adj.* neîncetat, repetat.
inch [intʃ] *s.* (măsură de un) țol (2, 54cm), firimitură, *by ~es*

treptat, *every* ~ total, *with an* ~ *of* la un pas de, *pl.* statură.

incidence ['insidəns] *s.* frecvenţă, incidenţă.

incident ['insidənt] **I.** *s.* incident, episod. **II.** *adj.* întâmplător, ~ *to* legat de.

incinerate [insinəreit] *v.t.* a incinera.

incineration [insinəreiʃən] *s.* incinerare.

incision [in'siʒən] *s.* tăietură.

incisive [in'saisiv] *adj.* muşcatură, viui, ascuţit.

incite [in'sait] *v.t.* a aţâţa, a stârni.

inclement [in'klemənt] *adj.* aspru.

inclination [inkli'neiʃən] *s.* înclinaţie, înclinare.

incline [in'klain] *v.t.*, *v.i.* a (se) înclina, a atrage.

include [in'klu:d] *v.t.* a cuprinde.

inclusive [in'klu:siv] *adj.* cuprinzător, ~ *of* inclusiv.

incoherence [inkouhiərəns] *s.* incoerenţă.

incoherent [inkouhiərənt] *adj.* incoerent.

income [inkʌm] *s.* venit.

income tax [inkʌm tæks] *s.* impozit pe venit.

incommensurate [inkɔ'menʃərit] *adj.* nemăsurat, incomparabil, disproporţionat.

incomparable [in'kɔmpərəbəl] *adj.* incomparabil, fără pereche.

incompetence [inkɔmpitəns] *s.* incompetenţă.

incomplete [inkəmplit] *adj.* incomplet.

incomprehensible [inkɔmprı'hensəbəl] *adj.* de neînţeles.

inconceivable [inkən'si:vəbəl] *adj.* de neconceput, uluitor.

inconclusive [inkən'klu:siv] *adj.* neconvingător, neconcludent.

incongruous [in'kɔŋgruəs] *adj.* nepotrivit, nefiresc.

inconsequent [in'kɔnsikwənt] *adj.* incoerent, nelogic.

inconsiderable [inkən'sidərəbəl] *adj.* infim.

inconsiderate [inkən'sidrit] *adj.* nechibzuit, neatent.

inconsistence [inkənsistəns] *s.* inconsecvenţă.

inconsistent [inkən'sistənt] *adj.* inconsecvent, nepotrivit.

inconsolable [inkən'souləbəl] *adj.* neconsolat.

inconspicuous [inkən'spikjuəs] *adj.* modest, retras, minuscul.

incontestable [inkəntestəbəl] *adj.* incontestabil.

incontinent [in'kɔntinənt] *adj.* nestăpânit.

incontrovertible [inkɔntrə'və:təbəl] *adj.* indiscutabil.

inconvenience [inkən'vi:niəns] **I.** *s.* lipsă de confort, necaz, inconvenienţă. **II.** *v.t.* a incomoda, a supăra, a deranja.

inconvenient [inkən'vi:njənt] *adj.* supărător, nepotrivit.
incorporate [in'kɔ:pəreit] **I.** *adj.* unit. **II.** *v.t.* a (se) încorpora, a uni, a integra.
incorporeal [inkə:'pɔ:riəl] *adj.* imaterial.
incorrect [inkə'rekt] *adj.* nejust, nepotrivit.
incorrigible [in'kɔridʒəbəl] *adj.* incorigibil.
incorruptible [inkə'rʌptəbəl] *adj.* incoruptibil, onest.
increase [in'kri:s] **I.** *s.* creştere, spor, mărire, înmulţire. **II.** *v.t.*, *v.i.* a spori, a intensifica.
incredibly [in'kredbli] *adv.* nemaipomenit de.
incredulous [in'kdredjuləs] *adj.* neîncrezător.
increment ['inkrimənt] *s.* spor(ire), ridicare, mărire, dezvoltare.
incriminate [in'krimineit] *v.t.* a acuza.
incrimination [inkrimineiʃən] *s.* incriminare.
incriminatory [inkriminətɔri] *adj.* incriminator.
incrustation [inkrʌsteiʃən] *s.* incrustaţie.
incubate [inkjubeit] *v.t.* a cloci.
incubation [inkjubeiʃən] *s.* incubare, clocire.
incubator [inkjubeitə:] *s.* incubator.
incumbent [in'kʌmbənt] *s.* paroh.
incure [in'kə:] *v.t.* a înfrunta, a stârni.
incurable [in'kjuərəbəl] *adj.* nevindecabil.
indebted [in'detid] *adj.* îndatorat.
indecency [indisənsi] *s.* indecenţă.
indecent [in'di:sənt] *adj.* neruşinat, imoral, nepoliticos.
indecipherable [indesifrəbəl] *adj.* indescifrabil.
indecision [indi'siʒən] *s.* nehotărâre.
indecisive [indisaisiv] *adj.* nehotărât, nesigur.
indecorous [in'dekərəs] *adj.* indecent, de prost gust.
indeed [in'di:d] **I.** *adv.* într-adevăr, foarte. **II.** *interj.* aşa e, nu zău.
indefatigable [indi'fætigəbəl] *adj.* neobosit.
indefeasible [indi'fi:zəbəl] adj. inalienabil.
indefinite [in'definit] *adj.* indefinit, neprecis, nehotărât.
indelible [in'delibəl] *adj.* de neşters.
indelible pencil [in'delibəl pensil] *s.* creion chimic.
indelicate [in'delikeit] *adj.* neruşinat, ordinar.
Indemnification [indemnifikeiʃən] *s.* despăgubire.
indemnify [in'demnifai] *v.t.* a compensa.
indemnity [in'demniti] *s.* asigurare, despăgubire.
indent [in'dent] **II.** *s.* zimţ, adâncitură. **I.** *v.t.* a dinţa, a cresta.

indenture [in'dentʃə] **I.** *s.* ştirbitură, document, ucenicie. **II.** *v.t.* a angaja prin contract.
independence [indi'pendəns] *s.* independenţă.
independent [indi'pendənt] *s.*, *adj.* independent.
indescribable [indi'skraibəbəl] *adj.* de nedescris.
indestructible [indistrΛktəbəl] *adj.* indestructibil.
index ['indeks] **I.** *s.* indice, index, semn. **II.** *v.t.* a indexa.
index finger [indeks fiŋgə:] *s.* arătător.
Indian ['indiən] *s.*, *adj.* indian(ă).
Indian blue [indiən blu:] *s.* indigo.
Indian file ['indiən fail] *s.* şir indian.
Indian ink ['indiən] *s.* tuş.
Indian summer ['indiən sΛmə:] *s.* toamnă lungă sau târzie.
India-rubber ['indiə rΛbə] *s.* gumă (de şters).
indicate ['indikeit] *v.t.* a indica, a prescrie, a sugera, a trasa.
indicative [in'dikətiv] **I.** *s.* indicativ. **II.** *adj.* caracteristic, indicator, grăitor.
indict [in'dait] *v.t.* a pune sub acuzaţie.
indictee [indikti] *s.* inculpat.
indifference [indifrəns] *s.* indiferenţă, nepăsare.
indifferent [in'difrənt] *adj.* indiferent, neutru, banal.
indigence ['indidʒəns] *s.* sărăcie.
indigenous [in'didʒinəs] *adj.* indigen, specific.
indigent ['indidʒənt] *adj.* sărac.
indigestion [indidʒestʃən] *s.* indigestie.
indignant [in'dignənt] *adj.* indignat.
indignity [in'digniti] *s.* insultă, umilinţă.
indirect [indi'rekt] *adj.* indirect, ocolit.
indiscreet [indis'kri:t] *adj.* imprudent, neatent, neglijent.
indiscretion [indi'skreʃən] *s.* indiscreţie, nechibzuială, nepoliteţe.
indiscriminate [indi'skriminit] *adj.* la întâmplare, amestecat.
indispose [indispouz] *v.t.* a indispune.
indisposed [indispouzd] *adj.* indispus.
indisposition [indispɔ'ziʃən] *s.* indispoziţie, ostilitate.
indisputable [indi'spju'təbəl] *adj.* indiscutabil.
indissoluble [indisɔlju:bəl] *adj.* insolubil.
indistinct [indis'tiŋkt] *adj.* neclar.
indite [in'dait] *v.t.* a compune, a redacta, a crea
individual [indi'vidjuəl] **I.** *s.* individ. **II.** *adj.* individual, specific.

individuality [individju'æliti] *s.* individualitate, personalitate.
indoctrinate [indɔktrineit] *v.t.* a îndoctrina.
indolence [indɔləns] *s.* indolență.
indolent [indɔlənt] *adj.* indolent.
indomitable [in'dɔmitəbəl] *adj.* nestăpânit, neînfrânt.
indoor [in'dɔ:] *adj.* (din, de) interior.
indoors [in'dɔ:z] *adv.* în casă.
indubitable [in'dju:bitəbəl] *adj.* neîndoios.
induce [in'dju:s] *v.t.* a determina, a influența, a convinge.
inducement [in'dju:smənt] *s.* stimulent.
induct [indʌkt] *v.t.* a instala.
induction [in'dʌkʃən] *s.* inducție.
indulge [in'dʌldʒ] **I.** *v.t.* a lăsa liber, a răsfăța. **II.** *v.i.* a-și permite, a se lăsa (dus de pasiuni, iluzii).
indulgence [in'dʌldʒəns] *s.* indulgență, libertate, imoralitate.
industrious [in'dʌstriəs] *adj.* muncitor, harnic.
industry ['indəstri] *s.* industrie, întreprindere, hărnicie.
inebriate [i'ni:brieit] **I.** *s.* bețiv, *adj.* beat. **II.** *v.t.* a îmbăta.
ineffable [in'efəbəl] *adj.* inefabil.
ineffective [ini'fektiv] *adj.* ineficace.
ineffectual [ini'fektʃuəl] *adj.* ineficace, nereușit.
inefficacy [inefikəsi] *s.* ineficacitate.
inefficient [ini'fiʃənt] *adj.* ineficace, incapabil.
inelegant [in'eligənt] *adj.* de prost gust.
inept [in'ept] *adj.* stupid.
inequality [ini'kwɔliti] *s.* inegalitate, neregularitate.
inequity [in'ekwiti] *s.* nedreptate.
inerrable [inerəbəl] *adj.* infailibil.
inert [inə:t] *adj.* inert.
inescapable [ini'skeipəbəl] *adj.* inevitabil, ineluctabil.
inestimable [in'estiməbəl] *adj.* neprețuit.
inevitable [inevitəbəl] *adj.* inevitabil.
inexact [inigzækt] *adj.* inexact.
inexcusable [inik'skju:zəbəl] *adj.* inepuizabil.
inexorable [in'eksərəbəl] *adj.* necruțător, implacabil.
inexpedient [iniks'pi:djənt] *adj.* nepotrivit.
inexpensive [inik'spensiv] *adj.* ieftin.
Inexperience [inik'spiəriəns] *s.* lipsă de experiență.
inexpert [in'ekspə:t] *adj.* nepriceput, neputincios.
inextricably [in'ekstrikəbli] *adj.* de nerezolvat.
infallible [infæləbəl] *adj.* infailibil.
infamous ['infəməs] *adj.* ticălos, rușinos.

infamy ['infəmi] *s.* ticăloşie, infamie.
infancy ['infənsi] *s.* copilărie.
infant ['infənt] **I.** *s.* copil mic, minor. **II.** *adj.* de (pentru) copii, infantil.
infantry ['infəntri] *s.* infanterie.
infarct [infa:kt] *s.* infarct.
infatuate [in'fætjueit] *v.t.* a înnebuni, a prosti.
infatuated [in'fætjueitid] *adj.* îndrăgostit.
infatuation [infætju'eiʃən] *s.* nebunie, dragoste nebună.
infect [in'fekt] *v.t.* a infecta.
infection [in'fekʃən] *s.* infecţie.
infectious [in'fekʃəs] *v.t.* a deduce, a sugera.
infer [infə:] *v.t.* a deduce, a trage o concluzie.
inference [infərəns] *s.* deducţie.
inferior [in'fiəriə] *adj.* inferior.
inferiority [inferiɔriti] *s.* inferioritate.
infertile [infə:tail] *adj.* nefertil.
infertility [infertility] *s.* infertilitate.
infest [in'fest] *v.t.* a infesta, a umple.
infestation [infesteiʃən] *s.* infestare, invazie.
infidel ['infidəl] *s., adj.* necredincios, păgân.
infidelity [infi'deliti] *s.* păgânism, infidelitate.
infinite ['infinit] *adj.* infinit.
infinitude [in'finitju:d] *s.* infinitate.
infirm [in'fə:m] *adj.* slab, bolnav.
infirmary [in'fə:məri] *s.* infirmerie.
infirmity [in'fə:miti] *s.* infirmitate, boală, slăbiciune.
inflame [in'fleim] *v.t., v.i.* a (se) aprinde.
inflammable [in'flæməbəl] *adj.* inflamabil, irascibil.
inflammatory [in'flæmətəri] *adj.* inflamator, aţâţător.
inflate [in'fleit] *v.t.* a umfla.
inflation [in'fleiʃən] *s.* inflaţie, umflare.
inflect [in'flekt] *v.t.* a îndoi, a supune flexiunii.
inflexible [in'fleksəbəl] *adj.* neclintit.
inflexion [in'flekʃən] *s.* îndoire, inflexiune, intonaţie.
inflict [in'flikt] *v.t.* a da (o lovitură, o pedeapsă).
influence ['influəns] **I.** *s.* influenţă. **II.** *v.t.* a influenţa.
influential [influ'enʃəl] *adj.* influent, important.
influenza [influ'enzə] *s.* gripă.
influx ['inflʌks] *s.* aflux.
inform [in'fɔ:m] **I.** *v.t.* a informa. **II.** *v.i. to ~ against* a denunţa.
informal [in'fɔ:məl] *adj.* fără ceremonie, neoficial.
information [infə'meiʃən] *s.* informaţii; *a piece of ~* o informaţie.
informer [in'fɔ:mə] *s.* informator.

infraction [infrækʃən] s. infracțiune.
infrequent [in'fri:kwənt] *adj.* rar.
infringe [in'frindʒ] **I.** *v.t.* a încălca. **II.** *v.i.* *to ~ upon* a încălca.
infructuous [infrʌktjuəs] *adj.* neroditor.
infuriate [infjurieit] *v.t.* a înfuria.
infuse [in'fju:z] *v.t.* a turna, a vărsa *fig.* a imprima.
infusion [in'fju:ʒən] *s.* infuzie.
ingenuous [in'dʒenjuəs] *adj.* sincer, nevinovat.
ingenuity [indʒinju:iti] *s.* ingeniozitate.
ingest [inʒest] *v.t.* a ingera.
inglorious [in'glɔ:riəs] *adj.* rușinos, obscur.
ingot ['iŋət] *s.* lingou.
ingratitude [in'grætitju:d] *s.* nerecunoștință.
ingredient [ingridiənt] *s.* ingredient.
ingress ['ingris] *s.* intrare, *tehn.* admisie.
ingurgitate [ingədʒiteit] *v.t.* a îngurgita.
inhabit [in'hæbit] *v.t.* a locui, *fig.* a popula.
inhabitant [in'hæbitənt] *s.* locuitor.
inhale [in'heil] *v.t.*, *v.i.* a respira.
inhaler [inheilə:] *s.* inhalator.
inherent [in'hiərənt] *adj.* înnăscut, esențial.
inherit [in'herit] *v.t.*, *v.i.* a moșteni.
inheritance [in'heritəns] *s.* moștenire.
inhibit [in'hibit] *v.t.* a inhiba, a opri.
inhibition [inhibiʃən] *s.* inhibiție.
inhibitory [inhibitɔri] *adj.* inhibitor.
inhospitable [in'hɔspitəbəl] *adj.* neospitalier, ostil.
inhuman [in'hju:mən] *adj.* sălbatic, fără inimă.
inhume [inhju:m] *v.t.* a înhuma.
inimical [i'nimikəl] *adj.* ostil, dăunător.
inimitable [i'nimitəbəl] *adj.* fără seamăn, extraordinar.
iniquity [in'ekwiti] *s.* nedreptate.
initial [iniʃəl] **I.** *adj.* inițial. **II.** *s.* inițială, *pl.* parafă. **III.** *v.t.* a parafa, a aviza.
initiate [i'niʃieit] **I.** *s.*, *adj.* inițiat. **II.** *v.t.* a iniția, a începe, *jur.* a intenta.
initiative [i'niʃiətiv] *s.* inițiativă, spirit întreprinzător.
injection [in'dʒekʃən] *s.* injecție.
injunction [in'dʒʌŋkʃən] *s.* poruncă, hotărâre judecătorească.
injure ['indʒə:] *v.t.* a strica, a jigni, a răni, a vătăma.
injurious [in'dʒuəriəs] *adj.* dăunător, jignitor.

injury ['indʒəri] *s.* rană, rău, stricăciune, jignire.

injustice [in'dʒΛstis] *s.* nedreptate.

ink [iŋk] **I.** *s.* cerneală. **II.** *v.t.* a scrie cu cerneală, a păta cu cerneală.

inkling ['iŋkliŋ] *s.* bănuială, idee vagă.

inky ['iŋki] *adj.* întunecos, murdar de cerneală.

inlaid [inleid] *adj.* încrustat.

inland ['inlənd] *adj.* intern, interior.

in-law ['inlɔ:] *s.* rudă prin alianță.

inlet ['inlet] *s.* golf, intrând.

inmate ['inmeit] *s.* pensionar (al unui azil), colocatar.

inmost ['inmoust] *adj.* profund, ascuns.

inn [in] *s.* han, birou de avocatură.

innate [i'neit] *adj.* înnăscut.

inner ['inə:] *adj.* interior, lăuntric.

inner ear [inɔ: iɔ] *s.* ureche internă.

inning ['iniŋ] *s.* repriză (la crichet).

innocence ['inəsəns] *s.* nevinovăție.

innocent ['inəsənt] *adj.* nevinovat, neştiutor.

innocuous [i'nɔkjuəs] *adj.* inofensiv.

innovation [inəveiʃən] *s.* inovație.

innuendo [inju'endou] *s.* aluzie, *jur.* insinuare.

innumerable [i'nju:mərəbəl] *adj.* nenumărat.

inoculate [inɔkjuleit] *v.i.* a inocula.

inodorous [inoudərəs] *adj.* inodor.

inoffensive [inəfensiv] *adj.* inofensiv.

inofficial [inəfiʃəl] *adj.* neoficial.

inoperative [in'ɔpərətiv] *adj.* fără efect.

inopportune [inɔpətju:n] *adj.* inoportun.

inordinate [in'ɔ:dinit] *adj.* neobişnuit, excesiv.

inorganic [inɔgænik] *adj.* anorganic.

inquest ['inkwest] *s.* anchetă.

inquire [in'kwaiə] *v.t.*, *v.i.* a întreba, *to ~ after* a întreba de, *to ~ for* a cere, *to ~ into* a cerceta, a ancheta.

inquirer [in'kwaiərə:] *s.* solicitant, vizitator.

inquiring [in'kwaiəriŋ] *adj.* întrebător, curios.

inquiry [in'kwaiəri] *s.* întrebare, cercetare, anchetă.

inquisition [inkwi'ziʃən] *s.* cercetare, anchetă, inchiziție.

inquisitive [in'kwizitiv] *adj.* curios.

inroad ['inroud] *s.* atac, incursiune.

inrush [inrΛʃ] *s.* năvală.

insane [in'sein] *adj.* nebun, dement, nesăbuit.

insanity [in'sæniti] *s.* demență.

insatiable [in'seiʃiəbəl] *adj.* nesățios, nemulțumit.

inscribe [inskraib] *v.t.* a scrie, a înscrie.

inscription [in'skripʃən] *s.* inscripție.

inscrutable [in'skru:təbəl] *adj.* nebănuit, indescifrabil.

insect ['insekt] *s.* insectă, gânganie.

insecticide [insektisaid] *s.* insecticid.

insecure [insi'kjuə] *adj.* nesigur, neserios.

insecurity [insekjuriti] *s.* nesiguranță, instabilitate.

insensate [insenseit] *adj.* nesăbuit.

insensible [in'sensibəl] *adj.* insensibil, toropit, insesizabil.

insensitive [in'senzitiv] *adj.* impalpabil, insensibil.

inseparable [in'sepərəbəl] *adj.* nedespărțit.

insert [in'sə:t] **I.** *s.* inserție, introducere. **II.** *v.t.* a insera, a potrivi.

insertion [insərʃən] *s.* inserare, *poligraf.* intercalare, *tehn.* garnitură.

inset [in'se:t] **I.** *s.* inserție, parte introdusă. **II.** *v.t.* a insera, a intercala.

inshore [inʃɔ:] *adv.* la țărm.

inside [in'said] **I.** *s.* interior, *~ out* întors pe dos, *on the ~* pe dinăuntru, *from the ~* dinăuntru. **II.** *adj.* lăuntric, tainic. **III.** *adv.* înăuntru. **IV.** *prep.* înăuntrul.

insight ['insait] *s.* perspicacitate.

insignia [in'signiə] *s. pl.* simbol (al autorității).

insignificance [insignifikəns] *s.* insignifianță.

insignificant [insig'nifikənt] *adj.* neînsemnat, neinteresat.

insincere [insin'siə] *adj.* nesincer.

insinuate [in'sinjueit] **I.** *v.t.* a insinua. **II.** *v.r.* a se băga.

insipid [insipid] *adj.* insipid, anost.

insist [in'sist] **I.** *v.t.* a susține. **II.** *v.i.* a insista, *to ~ on* a cere.

insistent [in'sistənt] *adj.* insistent, imperios, urgent.

insolation [insɔleiʃən] *s.* insolație.

insolent ['insələnt] *adj.* obraznic, insultător.

insolubly [in'sɔljubli] *s., adj.* insolubil, de nerezolvat.

insolvency [insɔlvənsi] *s. jur.* insolvabilitate.

insolvent [in'sɔlvənt] *s., adj.* falit.

insomnia [insɔmniə] *s.* insomnie.

insomuch [insou'mʌtʃ] *adv.* în așa măsură.

inspect [inspekt] *v.t.* a inspecta.

inspection [inspekʃən] *s.* inspecție, verificare; *on close ~* la o verificare amănunțită.

inspector [in'spektə] *s.* inspector, ofițer de poliție.

inspiration [inspi'reiʃən] *s.* inspirație.

inspire [in'spaiə] *v.t.* a inspira, a însufleți, a da aripi la.
inspirit [in'spirit] *v.t.* a însufleți.
instable [insteibəl] *adj.* instabil.
install [in'stɔ:l] *v.t.* a instala, a instaura.
installation [instə'leiʃən] *s.* instalare, instalație, utilaj.
installment [instɔlmənt] *s.* *com.* rată; *to pay by ~s* a plăti în rate.
instance ['instəns] **I.** *s.* exemplu, caz, *for ~* de exemplu, *in the first ~* în primul rând. **II.** *v.t.* a da ca exemplu.
instant ['instənt] **I.** *s.* moment, lipsă. **II.** *adj.* imediat, urgent, curent.
instead [in'sted] *adv.* în schimb, *~ of* în loc de.
instep ['instep] *s.* scobitura piciorului.
instigate [instigeit] *v.t.* a instiga, a incita.
instil(l) [in'stil] *v.t.* a introduce, a inculca.
instinct ['instiŋkt] **I.** *s.* instinct. **II.** *adj.* plin, însuflețit.
instinctive [instiŋktiv] *adj.* instinctiv.
institute ['institju:t] **I.** *s.* institut, societate. **II.** *v.t.* a institui, a numi.
institution [insti'tju:ʃən] *s.* instituție, tradiție, azil.
instruct [in'strʌkt] *v.t.* a instrui.
instruction [in'strʌkʃən] *s.* învățătură, *pl.* instrucțiuni.
instructor [in'strʌktə] *s.* instructor, învățător, călăuză.
instrument ['instrumənt] *s.* instrument.
instrumental ['instruməntəl] *adj.* folositor, esențial, instrumental.
instrumentality ['instrumənt'tæliti] *s.* mijloc.
insubordinate [insə'bɔ:dinit] *adj.* nespus.
insubordination [insə'bɔ:di'neiʃən] *s.* nesupunere.
insufferable [in'sʌfərəbəl] *adj.* insuportabil.
insufficiency [insufiʃənsi] *s.* insuficiență.
insufficient [insəfiʃənt] *adj.* insuficient.
insularity [insju'læriti] *s.* izolare.
insulate ['insjuleit] *v.t.* a izola, a separa.
insulator [insjuleitə] *s.* izolator.
insult [insʌlt] **I.** *s.* insultă. **II.** *v.t.* a insulta, a jigni.
insuperable [in'sju:pərəbəl] *adj.* de netrecut.
insupportable [insəpɔtəbəl] *adj.* insuportabil.
insurance [in'ʃuərəns] *s.* asigurări, (poliță de) asigurare.
insurant [inʃuərənt] *s.* asigurat.
insure [in'ʃuə] *v.t., v.i.* a (se) asigura.

insurer [inʃuərə:] s. agent de asigurare, asigurator.
insurgent [in'sə:dʒənt] *s.*, *adj.* rebel.
insurmountable [insə'mauntəbəl] *adj.* de netrecut.
intact [intækt] *adj.* intact.
intake ['inteik] *s.* înghițitură, înghițire, *tehn.* dispozitiv de admisie.
intangible [in'tændʒibəl] *adj.* de neatins, abstract, imaterial.
integrate ['intigreit] *v.t.* a completa, a integra.
integration [integreiʃən] *s.* integrare.
integrity [in'tegriti] *s.* integritate, cinste.
intellect ['intilekt] *s.* intelect, minte.
intelligence [in'telidʒəns] *s.* inteligență, înțelepciune, informații, spionaj.
intemperate [in'temprit] *adj.* necumpătat.
intemperance [in'tempərəns] *s.* abuz, exces.
intend [in'tend] *v.t.* a intenționa.
intense [in'tens] *adj.* puternic, extrem(ist).
intensification [intensifikeiʃən] *s.* intensificare, sporire.
intensifier [intensifaiə:] *s.* amplificator.
intensify [in'tensifai] *v.t.*, *v.i.* a spori, a intensifica.
intensity [intensiti] *s.* intensitate, putere, ardoare, tensiune.
intensive [in'tensiv] *adj.* intens, întăritor.
intent [in'tent] **I.** *s.* intenție, scop. **II.** *adj.* atent, serios, concentrat.
intention [in'tenʃən] *s.* intenție, scop.
intentional [in'tenʃənəl] *adj.* intenționat, dorit.
inter [in'tə] *v.t.* a îngropa.
interaction [intərækʃən] *s.* interacțiune.
interbreeding [intəbridiŋ] *s.* încrucișare.
intercede [intə'si:d] *v.i.* a interveni.
interchange [intə'tʃeindʒ] *v.t.*, *v.i.* a (se) schimba reciproc.
intercourse ['intəkɔ:s] *s.* legătură, comunicație, relații.
interdict [intə'dikt] *v.t.* a interzice, a opri.
interdiction [intə:dikʃən] *s.* interdicție.
interest ['intrist] **I.** *s.* interes, scop, întreprindere, trust, dobândă, profit. **II.** *v.t.* a interesa.
interfere [intə'fiə] *v.i.* a se amesteca, a se băga, *to ~ with smth* a deranja, a împiedica ceva, *don't ~ with my orders* nu contrazice ordinele mele.
interference [intə'fiərəns] *s.* amestec, opoziție.
interim ['intərim] *s.* interimat, *adj.* interimar.
interior [in'tiəriə] **I.** *s.* interior, afaceri interne. **II.** *adj.* interior, intern, lăuntric.

interjection [intədʒekʃən] *s.* interjecție.
interlace [intə'leis] *v.t.*, *v.i.* a (se) împleti.
interlard [intə'lɑ:d] *v.t.* a împăna.
interline [intə'lain] *v.t.* a scrie printre (rânduri).
interlock [intəlɔk] *v.t.* a lega, a cupla.
interleave [intə'li:v] *v.t.* a ingera, a împăna.
interlinear [intə'liniə] *adj.* scris printre rânduri.
interloper ['intəloupə] *s.* intrus, băgăreț.
interlude ['intəlu:d] *s.* interludiu, pauză.
intermediary [intəmidiəri] *adj.* intermediar.
intermediate [intə'mi:diət] **I.** *s.* lucru intermediar. **II.** *adj.* intermediar.
interment [intəmənt] *s.* înhumare.
intermingle [intəmiŋgəl] *v.t.*, *v.i.* a (se) amesteca.
intermission [intə'miʃən] *s.* pauză.
intermit [intəmit] *v.i.* a întrerupe, a opri.
intern [in'tə:n] **I.** *s.* intern (de spital). **II.** *v.t.* a interna.
internal [in'tə:nəl] *adj.* intern, interior.
international [intə'næʃənəl] *s.* internațională, *adj.* internațional.
interplay ['intəplei] *s.* influență reciprocă.
interpolate [in'tə:pəleit] *v.t.* a interpela, a insera.
interpose [intə'pouz] *v.t.*, *v.i.* a (se) interpune.
interpret [in'tə:prit] **I.** *v.t.* a interpreta. **II.** *v.i.* a fi interpret.
interrogate [interəgeit] *v.t.* a interoga.
interrogation [interə'geiʃən] *s.* întrebare, interogare.
interrupt [intə'rʌpt] *v.t.* a întrerupe.
intersect [intəsekt] *v.t.*, *v.i.* a (se) intersecta.
intersperse [intə'spə:s] *v.t.* a răspândi, a presăra.
interval ['intəvəl] *s.* interval, pauză.
intervene [intə'vi:n] *v.i.* a interveni, a surveni, a se amesteca.
intervention [intə'venʃən] *s.* intervenție.
interview ['intəvju:] **I.** *s.* întrevedere, întâlnire, interviu. **II.** *v.t.* a intervieva.
interweave [intə'wi:v] *v.t.*, *v.i.* a (se) întrețese.
intimacy ['intiməsi] *s.* intimitate.
intimate ['intimit] **I.** *s.* intim. **II.** *adj.* profund, personal, familiar.
intimate ['intimit] *v.t.* a anunța, a sugera, a comunica.
intimation [inti'meiʃən] *s.* anunț(are), sesizare, sugestie, aluzie.
intimidate [in'timideit] *v.t.* a intimida.
into ['intə] *prep.* în, înăuntrul.

intolerable [in'tɔlərəbəl] *adj.* insuportabil.
intonation [intou'neiʃən] *s.* intonaţie, recitare.
intoxicant [in'tɔksikənt] *s.*, *adj.* excitant.
intoxicate [in'tɔksikeit] *v.t.* a îmbăta, a excita, a stârni.
intoxication [intɔksi'keiʃən] *s.* beţie, emoţie, intoxicaţie.
intractable [in'træktəbəl] *adj.* dificil (de mânuit).
intransitive [intrænsitiv] *adj.* intranzitiv.
intrepid [in'trepid] *adj.* îndrăzneţ.
intricacy ['intrikəsi] *s.* complicaţie.
intricate ['intrikit] *adj.* complicat.
intrigue ['intri:g] **I.** *s.* intrigă. **II.** *v.t.* a intriga. **III.** *v.i.* a face intrigi.
intrinsic [in'trinsik] *adj.* intrinsec.
introduce [intrə'dju:s] *v.t.* a introduce, a prezenta.
introduction [intrə'dΛkʃən] *s.* introducere, prezentare.
introductory [intrə'dΛktəri] *adj.* introductiv.
Introspect [intrəspekt] *v.t.* a cerceta, a se reculege.
introspection [intrəspekʃən] *s.* introspecţie.
introversion [intrəverʃən] *s.* introversiune, meditaţie, reculegere.
introvert [intrəvert] **I.** *v.t.* a întoarce înăuntru. **II.** *s.* introvertit.
intrude [in'tru:d] **I.** *v.t.* a deranja, a forţa, a aduce pe cap. **II.** *v.i.* a fi un intrus, a se băga, a deranja.
intruder [in'tru:də] *s.* intrus, nepoftit.
intrusion [in'tru:ʒən] *s.* deranj, tulburare.
intuit [intju:it] *v.t.* a intui.
intuition [intujuiʃən] *s.* intuiţie.
inundation [inΛndeiʃən] *s.* inundaţie.
inure [i'nju:ə] *v.t.* a deprinde.
inurement [injuəmənt] *s.* deprindere, obişnuire.
inuring [injuəriŋ] *s.* intrare în vigoare.
invade [in'veid] *v.t.* a invada, a ataca, a încălca.
invader [in'veidə] *s.* invadator, intrus.
invalid[1] ['invəli:d] **I.** *s.* bolnav, infirm, invalid. **II.** *adj.* bolnav, infirm, invalid, pentru bolnavi.
invalid[2] ['invəli:d] *adj. jur.* nul.
invalidate [in'vælideit] *v.t.* a anula.
invaluable [in'væljuəbl] *adj.* nepreţuit.
invariable [in'vεəriəbəl] *adj.* neschimbător, permanent.
invasion [in'veiʒən] *s.* invazie, atac, încălcare.
invective [in'vektiv] *s.* insultă, limbaj violent.
inveigh [in'vei] *v.i. to ~ against* a ataca, a critica, a protesta.
inveigle [in'vi:gəl] *v.t.* a ademeni, a momi, a sili.

invent [in'vent] *v.t.* a inventa, a născoci.
invention [in'venʃən] *s.* invenţie, imaginaţie, născocire.
inventive [inventiv] *adj.* inventiv.
inventor [inventə:] *s.* inventator.
inventory ['invəntri] **I.** *s.* inventar. **II.** *v.t.* a inventaria.
inversion [invə:ʃən] *s.* inversiune.
invert [in'vɔ:t] *v.t.* a inversa, a răsturna.
invest [in'vest] **I.** *v.t.* a investi, a instala. **II.** *v.i.* *to ~ in* a cumpăra, a cheltui pe.
investigate [in'vestigeit] *v.t.* a cerceta, a ancheta.
investigation [investigeiʃən] *s.* investigaţii.
investigator [investigeitə:] *s.* cercetător.
investment [in'vestmənt] *s.* investiţie, investire.
inveterate [in'vetərit] *adj.* înrădăcinat, înrăit.
invigorate [in'vigəreit] *v.t.* a înviora, a întări.
invigorator [invigəreitə:] *s.* fortifiant.
invincible [in'vinsəbəl] *adj.* invicibil.
inviolable [in'vaiəbəl] *adj.* sacru, de neatins.
inviolate [in'vaiəlit] *adj.* neprihănit, sacru.
invisibility [invizibiliti] *s.* invizibilitate.
invisible [in'vizibəl] *adj.* invizibil.
invitation [inviteiʃən] *s.* invitaţie.
invite [in'vait] *v.t.* a chema, a ruga, a atrage, a cere, a pofti.
inviting [in'vaitiŋ] *adj.* ispititor.
invoice ['invois] **I.** *s.* factură. **II.** *v.t.* a factura.
invoicing [invɔisiŋ] *s.* facturare.
invoke [in'vouk] *v.t.* a invoca, a solicita, a recurge la.
involuntarily [invɔləntəri] *adv.* involuntar.
involve [in'volv] *v.t.* a implica, a amesteca, a atrage, a cuprinde, a produce.
involved [invɔlvd] *adj.* implicat, amestecat.
involvement [invɔlvmənt] *s.* implicare, încurcătură.
invulnerable [invΛlnərəbəl] *adj.* invulnerabil.
inward ['inwəd] **I.** *s.* măruntaie, maţe. **II.** *adj.* îndreptat spre interior. **III.** *adv.* spre interior.
inwrought [inrɔt] *adj.* încrustat, împodobit.
iodide [aiədaid] *s.* iodură.
iodine ['aiədi:n] *s.* iod.
iota [ai'outə] *s.* iotă.
ion ['aiɔn] *s.* ion.
irascible [i'ræsibəl] *adj.* irascibil.
irate [ai'reit] *adj.* furios.
iris ['aiəris] *s.* iris; stânjenel.

Irish ['aiəriʃ] *s.* (limba) irlandeză, *the ~* irlandezii, *adj.* irlandez.
Irishman ['aiəriʃmən] *s.* irlandez.
irk [ə:k] *v.t.* a enerva, a plictisi.
irksome ['ə:ksəm] *adj.* enervant, plicticos.
iron ['aiən] **I.** *s.* fier (de călcat sau de coafat), *pl.* lanțuri, *to have too many ~s in the fire* a fi băgat în prea multe. **II.** *v.t.* a călca (rufe), a înlănțui.
ironic(al) [ai'rɔnik(əl)] *adj.* ironic.
ironize [airənaiz] *v.t.* a ironiza.
ironmonger ['aiənmΛŋə] *s.* negustor de fierărie.
iron ore [airən ɔ:r] *s.* zăcământ de fier.
ironsmith [airənsmiθ] *s.* fierar.
irony ['aiərəni] *s.* ironie.
irradiate [ireidiet] *v.t.* a iradia.
irrational ['iræʃənəl] *adj.* irațional, prostesc.
irreclaimable [irikleiməbəl] *adj.* irecuperabil.
irreconcilable [irekən'sailəbəl] *adj.* (de) neîmpăcat.
irrecoverable [iri'kΛvərəbəl] *adj.* iremediabil, nerecuperabil.
irredeemable [iri'di:məbəl] *adj.* nerecuperabil.
irreducible [iri'dju:sibəl] *adj.* ireductibil, imposibil de mânuit.
irrefutable [iri'fju:təbəl] *adj.* de necontestat.
irregular [i'regjulə] *adj.* neregulat.
irregularity [iregju:læriti] *s.* neregularitate, inegalitate, indisciplină, abatere.
irrelevance [irelivəns] *s.* irelevanță, inconsecvență.
irrelevant [i'relivənt] *adj.* neinteresat, nelalocul lui.
irreplaceable [iri'pleisəbəl] *adj.* de neînlocuit.
irrepressible [iri'presəbəl] *adj.* nestăpânit.
irreproachable [iriproutʃəbəl] *adj.* ireproşabil.
irresistible [irizistəbəl] *adj.* irezistibil.
irresolute [i'rezəlu:t] *adj.* nehotărât, şovăielnic.
irresolution [i'rezəlu:ʃən] *s.* nehotărâre, şovăială.
irresolvable [irizɔlvəbəl] *adj.* irezolvabil.
irrespective [iris'pektiv] *adj.* neatent, *~ of* indiferent de, fără a ține seama de.
irrespirable [irespirəbəl] *adj.* irespirabil.
irresponsible [iri'spɔnsəbəl] *adj.* iresponsabil, nedemn de încredere.
irresponsive [irispɔnsiv] *adj.* flegmatic, rece, insensibil.
irretrievable [iri'tri:vəbəl] *adj.* nerecuperabil, iremediabil.
irreverent [i'revərənt] *adj.* lipsit de respect, nerespectuos.
irreversible [iriversibəl] *adj.* ireversibil.
irrevocable [irevɔkəbəl] *adj.* irevocabil.
irrigate ['irigeit] *v.t.* a iriga, a drena.

irrigation [irigeiʃən] *s.* irigaţie, udare, stropire.
irrigator [irigeitə:] *s.* *med.* irigator, *agr.* stropitoare.
irritable ['iritəbəl] *adj.* iritabil, nervos, ţâfnos, inflamabil.
irritant ['iritənt] *s.*, *adj.* iritant.
irritate ['iriteit] *v.t.* a irita, a enerva, a agasa.
irritating [iriteitiŋ] *adj.* enervant, iritant.
irritation [iriteiʃən] *s.* iritare, supărare.
irruption [irʌpʃən] *s.* năvălire.
isinglass ['aiziŋglɑ:s] *s.* clei de peşte.
island ['ailənd] *s.* insulă, ostrov.
islander [ailəndə] *s.* insular.
isle [ail] *s.* insulă.
islet [ailit] *s.* ostrov.
isocracy [aisɔkrəsi] *s.* democraţie.
isolate ['aisəleit] *v.t.* a izola, a separa.
isolated [aisəleitid] *adj.* izolat.
isolation [aisəleiʃən] *s.* izolare, solitudine.
isomer [aisəmə:] *s.* izomer.
isotherm [aisouθə:m] *s.* izotermă.
isotope [aisətoup] *s.* izotop.
issuance [iʃuəns] *s.* eliberare, emitere, editare.
issue ['iʃu:] **I.** *s.* scurgere, sursă, publicare, ediţie, numar (de ziar), problemă, deznodământ, rezultat, progenitură, *geogr.* vărsare, *at ~* în discuţie, *to raise an ~* a ridica o problemă, *to be at ~* a fi în litigiu, *to join ~ with smb* a discuta în contradictoriu cu cineva. **II.** *v.t.* a publica, a emite, a promulga, a vinde, a distribui. **III.** *v.i.* a se scurge, a decurge, a ţâşni, a curge.
issueless [iʃjulis] *adj.* *jur.* fără urmaşi.
issuer [iʃju:ər] *s.* emitent.
issuing [iʃju:iŋ] **I.** *adj.* emitent, emiţător. **II.** *s.* emitere, editare, publicare, eliberare.
isthmus ['isməs] *s.* istm.
it [it] *pron.* el, ea, aceasta (folosit pt. obiecte neanimate, animale), *~ is hot* e cald, *~ rains* plouă.
Italian [i'tæljən] *s.*, *adj.* italian(ă).
italic [i'tælik] *s.*, *adj.* cursiv(ă).
itch [itʃ] **I.** *s.* mâncărime, râie, nerăbdare, poftă. **II.** *v.i.* a avea mâncărime, a fi nerăbdător.
itchiness [itʃinis] *s.* mâncărime.
item ['aitəm] **I.** *s.* articol, număr, subiect. **II.** *adv.* de asemenea. **III.** *v.t.* a bifa, a însemna.
itemize ['aitəmaiz] *v.t.* a amănunţi, a detalia.
iterate ['itəreit] *v.t.* a repeta.
iteration [itereiʃən] *s.* iterare, recapitulare
itinerant [i'tinərənt] *adj.* ambulant.
itinerary [aitinərəri] *s.* itinerar, rută.
its [its] *adj.* său, sa, lui, ei.
itself [it'self] *pron.* se, însuşi, însăşi, singur(ă).
ivy ['aivi] *s.* iederă.

J

J [dʒei] *s.* J, j.

jab [dʒæb] **I.** *s.* ghiont. **II.** *v.t.* a înghionti, a lovi, a împinge.

jabber ['dʒæbə:] **I.** *s.* pălăvrăgeală, babilonie. **II.** *v.i.* a pălăvrăgi, a vorbi neclar.

jackal [dʒækɔl] *s.* şacal.

jackanapes ['dʒækəneips] *s.* ştrengar, obraznic.

jackass ['dʒækæs] *s.* măgar, tâmpit.

jack-boot ['dʒækbu:t] *s.* cizmă înaltă.

jacket ['dʒækit] *s.* jachetă, supracopertă, învelitoare.

Jack Frost [dʒæk'frɔst] *s.* Moş Gerilă.

jack-in-office [dʒækin'ɔfis] *s.* birocrat încrezut, slujbaş care îşi dă importanţă.

jack knife [dʒæk naif] *s.* cuţit de buzunar.

jack-of-all-trades [dʒækkəv'ɔ:l treidz] *s.* om bun la toate.

jack-o'-lantern ['dʒækəlæntən] *s.* flăcăruie.

jade [dʒeid] **I.** *s.* **1.** jad. **2.** mârţoagă, gloabă. **II.** *v.t.* a epuiza, a obosi.

jaded ['dʒeidid] *adj.* istovit, plictisit, uzat.

jag [dʒæg] **I.** *s.* colț de stâncă, zimț. **II.** *v.t.* a zimța, a cresta.

jaguar ['dʒægjuə] *s.* jaguar.

jail [dʒeil] **I.** *s.* temniță. **II.** *v.t.* a întemnița.

jailbird [dʒeilbɔ:d] *s.* ocnaș, deținut.

jailer [dʒeilə] *s.* temnicer.

jam [dʒæm] **I.** *s.* **1.** marmeladă, dulceață, gem. **2.** înghesuială, ambuteiaj, *tehn.* blocare. **II.** *v.t.* a presa, a aglomera, a comprima, *tehn.* a bloca.

jangle ['dʒæŋgəl] **I.** *s.* zornăit. **II.** *v.t.*, *v.i.* a zornăi.

janitor ['dʒænitə] *s.* portar.

January ['dʒænju:əri] *s.* ianuarie.

Japanese [dʒæpə'ni:z] *s.*, *adj.* japonez(ă).

jar [dʒɑ:] **I.** *s.* **1.** borcan, recipient, vas. **2.** sunet aspru, *tehn.* șoc, vibrație, lovire, *fig.* conflict. **II.** *v.i.* a hurui, a trepida, a fi în dezacord.

jargon [dʒɑ:gən] *s.* jargon, limbă neînțeleasă.

jarring ['dʒɑ:riŋ] *adj.* aspru, supărător, discordant.

jasmin(e) [dʒæsmin] *s.* iasomie.

jaundice ['dʒɔ:ndis] *s.* icter, gelozie, invidie.

jaunt [dʒɔ:nt] **I.** *s.* plimbare. **II.** *v.t.* a se plimba.

jaunty ['dʒɔ:nti] *adj.* vioi, vesel, nepăsător.

javelin ['dʒævlin] *s.* *sport* suliță.

jaw [dʒɔ:] *s.* falcă, *pl.* gură, clește.

jaw bone [dʒɔ: boun] *s.* osul maxilarului.

jay [dʒei] *s.* gaiță.

jazz [dʒæz] *s.* jaz, dans, gălăgie.

jealous ['dʒeləs] *adj.* gelos, invidios, grijuliu.

jealousy ['dʒeləsi] *s.* gelozie, invidie.

jeer [dʒiə] **I.** *s.* ironie, batjocură. **II.** *v.i.* a-și bate joc, a râde.

jelly ['dʒeli] *s.* gelatină, piftie, peltea.

jellyfish ['dʒelifiʃ] *s.* meduză.

jemmy [dʒemi] *s.* șperaclu.

jeopardize ['dʒepədaiz] *v.t.* a primejdui.

jeopardy ['dʒepədi] *s.* primejdie.

jerk [dʒə:k] **I.** *s.* smucitură, zguduitură. **II.** *v.t.* a zdruncina, a smulge.

jerkin [dʒəkin] *s.* vestă.

jerky ['dʒə:ki] *adj.* plin de hopuri, smucit.

jerry [dʒeri] *s.* oală de noapte.

jerry-built ['dʒeribild] *adj.* șubred.

jest [dʒest] **I.** *s.* glumă. **II.** *v.i.* a glumi.

jester ['dʒestə] *s.* bufon, mucalit.

jesting ['dʒestiŋ] **I.** *adj.* glumeț. **II.** *s.* glume.

jet [dʒet] **I.** *s.* jet, țâșnitură, bec (de gaz), lignit, avion cu reacție. **II.** *adj.* negru.
jetty ['dʒeti] *s.* dig, debarcader, chei.
Jew [dʒu:] *s.* evreu.
jewel ['dʒu:əl] *s.* giuvaer, piatră prețioasă, rubin.
jeweller ['dʒu:ələ] *s.* giuvaergiu.
jewel(le)ry ['dʒu:ələri] *s.* bijuterii, nestemate.
Jew's harp ['dʒu:zhɑ:p] *s.* drâmbă.
jibe [dʒaib] *v.i.* **1.** a masca o velă. **2.** a se înțelege, a fi de acord.
jiffy ['dʒifi] *s.* moment.
jigsaw [dʒigsɔ:] *s.* ferăstrău.
jilt [dʒilt] **I.** *s.* cochetă, crai. **II.** *v.t.* a părăsi (o iubită).
jiminy [dʒimini] *interj.* ei poftim!
jingle [dʒingəl] **I.** *v.i.* a suna, a zornăi. **II.** *s.* zornăit.
jungle ['dʒʌŋgəl] **I.** *s.* clinchet, zornăit. **II.** *v.t.* a face să sune (clopotele), a zornăi. **III.** *v.i.* a zornăi.
jingo ['dʒiŋgou] *s.* șovin, *by ~!* formidabil!
jitters ['dʒitəz] *s. pl.* bâțâială, draci, nervi
job [dʒɔb] **I.** *s.* lucrare, treabă, slujbă; *to make the best of a bad ~* a face haz de necaz. **II.** *v.i.* a face afaceri.
jobber ['dʒɔbə] *s.* antreprenor, agent de bursă, zilier.
jobbery [dʒɔbəri] *s.* abuz de putere.
jockey ['dʒɔki] *s.* jocheu.
jocular ['dʒɔkjulə] *adj.* glumeț, umoristic.
jocund ['dʒɔkənd] *adj.* vesel.
jog [dʒɔg] **I.** *s.* ghiont; obstacol. **II.** *v.t.* a înghionti, a stârni, a împinge.
John Bull ['dʒɔn'bul] *s.* englezul (tipic), națiunea britanică.
John Doe ['dʒɔndou] *s.* o persoană a cărei identitate nu se cunoaște.
join [dʒɔin] **I.** *v.t.* a uni, a intra în (asociație), a ajunge din urmă, a se uni cu; *to ~ forces* a-și uni forțele. **II.** *v.i.* a se uni, a se asocia.
joiner ['dʒɔinə] *s.* tâmplar (de mobilă).
joinery ['dʒɔinəri] *s.* tâmplărie, mobilă.
joint ['dʒɔint] **I.** *s.* articulație, îmbinare, pulpă (de vacă), cârciumă. **II.** *adj.* comun, unic, asociat; *~ authors* coautori.
jointly ['dʒɔintli] *adv.* în comun.
joint-stock company ['dʒɔint stɔk'kʌmpəni] *s.* societate pe acțiuni.
joist [dʒɔist] *s.* grindă.
joke [dʒouk] **I.** *s.* glumă; *to play a ~ on smb* a face o farsă cuiva. **II.** *v.i.* a glumi.
joker ['dʒoukə] *s.* glumeț, individ.

jollification [dʒɔlifi'keiʃən] *s.* petrecere.
jollity ['dʒɔliti] *s.* veselie, petrecere.
jolly ['dʒɔli] **I.** *adj.* vesel, plăcut. **II.** *adv.* foarte, destul de.
jolt [dʒoult] **I.** *s.* zdruncinătură. **II.** *v.t.*, *v.i.* a zdruncina.
jostle ['dʒɔsəl] **I.** *s.* ghiont. **II.** *v.t.* a îmbrânci, a înghionti. **III.** *v.i.* a se înghesui.
jot [dʒɔt] **I.** *s.* notiță, *not a ~* nici un pic. **II.** *v.t.* a nota.
jotting [dʒɔtiŋ] *s.* însemnare.
journal ['dʒə:nl] *s.* jurnal.
journalese ['dʒə:nə'li:z]] *s.* stil gazetăresc.
journalism ['dʒə:nəlizəm] *s.* gazetărie.
journalist ['dʒə:nəlist] *s.* ziarist.
journey ['dʒə:ni] **I.** *s.* călătorie. **II.** *v.i.* a călători.
journeyman ['dʒə:nimən] *s.* calfă, salahor.
joviality [dʒouviælitl] *s.* jovialitate.
jowl [dʒaul] *s.* falcă (de jos), obraz.
joy [dʒɔi] *s.* bucurie, plăcere.
joyful [dʒɔiful] *adj.* vesel, fericit, îmbucurător.
joyous ['dʒɔiəs] *adj.* vesel.
jubilant ['dʒu:bilənt] *adj.* triumfător.
jubilee ['dʒu:bili:] *s.* jubileu (de 50 de ani).
judge [dʒʌdʒ] **I.** *s.* judecător, arbitru. **II.** *v.t.* a judeca, a considera, a presupune.
judg(e)ment [dʒʌdʒmənt] *s.* judecată, sentință.
judicatory [dʒu:dikeitəri] *adj.* judecătoresc.
judicature [dʒudikətʃə:] *s.* jurisdicție.
judicial [dʒu'diʃəl] *adj.* judecătoresc, juridic.
judicious [dʒu'diʃəs] *adj.* înțelept, cu judecată.
jug [dʒʌg] *s.* ulcior; ibric.
juggle ['dʒʌgəl] *v.i.* a jongla.
juggler ['dʒʌglə:] *s.* jongler, scamator.
jugulate [dʒʌgjuleit] *v.t.* a sugruma.
juice [dʒu:s] *s.* suc.
juicer [dʒu:sə:] *s.* storcător.
juicy ['dʒu:si] *adj.* zemos, suculent.
July [dʒu'lai] *s.* iulie.
jumble ['dʒʌmbəl] **I.** *s.* încurcătură, amestec. **II.** *v.t.*, *v.i.* a (se) amesteca, a (se) încurca.
jump [dʒʌmp] **I.** *s.* săritură, zdruncinătură. **II.** *v.t.* a sări (peste), a depăşi, a lăsa la o parte. **III.** *v.i.* a (tre)sări, a se repezi.
jumper ['dʒʌmpə] *s.* **1.** săritor. **2.** pulover, jerseu.
jumpy [dʒʌmpi] *adj.* nerăbdător, nervos.
junction ['dʒʌŋkʃən] *s.* conjunctură, joncțiune, nod (de cale ferată).

juncture ['dʒʌŋktʃər] *s.* conjunctură, punct, loc.
June [dʒu:n] *s.* iunie.
jungle ['dʒʌŋgəl] *s.* junglă.
junior ['dʒu:niə] **I.** *s.* junior, tânăr, student în primii ani, elev în primele clase. **II.** *adj.* mai mic, junior, inferior.
juniper [dʒunipə:] *s.* ienupăr.
junk [dʒʌŋk] *s.* gunoi, resturi, vechituri, deşeuri.
jurisdiction [dʒuərisdikʃən] *s.* jurisdicţie.
jurisprudence [dʒuərisprudəns] *s.* jurisprudenţă.
jurist [dʒuərist] *s.* jurist.
juror ['dʒuərə] *s.* jurat, membru al unui juriu.
jury ['dʒuəri] *s.* juraţi, juriu.
just [dʒʌst] **I.** *adj.* drept, întemeiat, înţelept. **II.** *adv.* chiar, tocmai, abia, cam, ~ *now* adineauri, ~ *so* întocmai.
justice ['dʒʌstis] *s.* judecată, justiţie, dreptate, judecător.
justifiable [dʒʌstifaiəbəl] *adj.* justificabil.
justification [dʒʌstifi'keiʃən] *s.* justificare, scuză, dreptate.
justify ['dʒʌstifai] *v.t.* a justifica, a îndreptăţi, a scuza.
jute [dʒu:t] *s.* iută.
juvenile ['dʒu:vinail] **I**. *s.* tânăr, *pl.* cărţi pentru tineret. **II**. *adj.* tineresc, pentru tineret.
juxtaposition [dʒʌkstəpə'ziʃən] *s.* alăturare.

K

K [kei] *s.* K, k.

kangaroo [kæŋgəru:] *s.* cangur.

keel [ki:l] **I.** *s.* barcă cu velă patrată chilă. **II**. *v.t.*, *v.i.* a (se) răsturna.

keen [ki:n] *adj.* ascuțit, ager, puternic, pasionat; *a ~ wind* un vânt tăios.

keep [ki:p] **I.** *s.* întreținere; închisoare, stare, condiție. **II**. *v.t.* a păstra, a ține, a deține, a ascunde, a reține, a întreține, a respecta, a apăra, a sărbători, *to ~ off* a se ține de o parte, a se feri, *to ~ out* a nu se amesteca, *~ away from her* stai departe de ea, *~ that in mind!* ține minte asta!, *I won't ~ you long* nu te rețin foarte mult timp.

keeper ['ki:pə] *s.* paznic, portar, îngrijitor, supraveghetor.

keeping ['ki:piŋ] *s.* grijă, protecție, apărare, înțelegere, conformitate, *in ~ with* conform cu, după

keepsake ['ki:pseik] *s.* suvenir.

ken [ken] *s.* cunoaştere, posibilități, orizont.

kennel ['kenəl] *s.* cuşcă de câine.

kept [kept] *v.t.*, *v.i.* trec. şi part. trec. de la **keep**.
kerb [kə:b] *s.* refugiu (pentru pietoni).
kerbstone ['kə:bstoun] *s.* bordură (de trotuar).
kerchief ['kə:tʃi:f] *s.* batic, basma.
kernel ['kə:nəl] *s.* sâmbure, miez, bob, *fiz.* nucleu.
kerosene ['kerəsi:n] *s.* gaz (lampant), petrol.
ketchup ['ketʃəp] *s.* sos picant.
kettle ['ketəl] *s.* ceainic, ibric, *tehn.* cazan.
key [ki:] **I.** *s.* (poziţie) cheie, ton, clapă (de pian), *fig.* soluţie, *to be in ~ with smth* a fi în concordanţă cu ceva. **II.** *adj.* esenţial, cheie, *~ word* cuvânt-cheie; *to ~ up* a aţâţa, *muz.* a acorda.
keyboard [kibɔ:d] *s.* claviatură, tastatură.
keyhole [ki:houl] *s.* gaura cheii.
keynote [ki:nout] *s.* (notă) dominantă.
keystone [ki:stoun] *s.* cheie de boltă.
kick [kik] **I.** *s.* lovitură cu piciorul, şut. **II.** *v.t.* a şuta; *to ~ a goal* a înscrie un gol.
kid [kid] **I.** *s.* (piele de) ied, piele fină, copii. **II.** *v.t.* a păcăli. **III.** *v.i.* a glumi.
kidnap ['kidnæp] *v.t.* a răpi.
kidnapper [kidnæpə] *s.* răpitor.
kidney ['kidni] *s.* rinichi.
kidney bean [kidni bin] *s.* fasole boabe.
kill [kil] *v.t.* a omorî, a tăia (animale), a distruge.
kiln [kiln] *s.* cuptor (de var).
kilo [ki:lou] *s.* kilogram.
kilometer, kilometre ['kiləmi:tə] *s.* kilometru.
kilowatt ['kilouwɔt] *s.* kilowatt.
kilt [kilt] *s.* fustanela scoţienilor.
kin [kin] *s.* neamuri, rude.
kind [kaind] **I.** *s.* gen, fel, chip, fire. **II.** *adj.* bun, blând, dulce, prietenos, amabil, binevoitor, drăgăstos.
kindergarten ['kindəgɑ:tən] *s.* grădiniţă de copii.
kind hearted [kaind ha:tid] *adj.* bun, înţelegător.
kindle ['kindəl] *v.t.*, *v.i.* a (se) aprinde.
kindly ['kaindli] **I.** *adj.* bun, binevoitor. **II.** *adv.* cu blândeţe, amabil.
kindness [kaindnis] *s.* bunătate, amabilitate.
kindred ['kindrid] **I.** *s.* rude. **II.** *adj.* înrudit.
king [kiŋ] *s.* rege, monarh
kingdom ['kiŋdəm] *s.* regat, regn, ţară, domnie.
kingly ['kiŋli] *adj.* regesc, strălucitor, bogat.
kingship [kiŋʃip] *s.* regalitate, suveranitate.
kink ['kiŋk] **I.** *s.* creţ, nod, buclă, întorsătură, *med.* cârcel, *fig.* capriciu. **II.** *v.t.*, *v.i.* a (se) suci, a (se) încreţi.

kinky [kiŋki] *adj.* creț; ciudat, excentric, pervers.

kinsfolk ['kinzfɔlk] *s.* neamuri, familie.

kinship ['kinʃip] *s.* înrudire, asemănare.

kinsman ['kinzmən] *s.* neam, rudă.

kinswoman ['kinzwumən] *s.* rudă.

kiosk, kiosque ['ki:ɔsk] *s.* chioșc.

kipper ['kipə] *s.* scrumbie afumată.

kiss [kis] **I.** *s.* sărut. **II.** *v.t.* a săruta, a atinge. **III.** *v.i.* a se săruta.

kit [kit] *s.* echipament, set, trusă.

kitchen ['kitʃin] *s.* bucătărie.

kitchen garden ['kitʃin ga:dən] *s.* grădină de zarzavat.

kitchen-maid ['kitʃin meid] *s.* ajutoare de bucătăreasă.

kitchen sink ['kitʃin siŋk] *s.* chiuvetă de bucătărie.

kitchenware ['kitʃinweɔ:] *s.* ustensile de bucătărie (oale, tigăi, farfurii).

kite [kait] *s.* zmeu (jucărie), uliu; *to fly a* ~ a înălța un zmeu.

kitish [kitiʃ] *adj.* lacom.

kitten ['kitin] *s.* pisic(uță).

kiwi [ki:wi] *s.* kiwi.

klaxon [klæksən] *s.* claxon.

knack [næk] *s.* pricepere, îndemânare.

knackers [nækəz] *s. pl.* castaniete.

knaggy [nægi] *adj.* noduros.

knap [næp] *v.t.* a sfărâma.

knapsack [næpsæk] *s.* rucsac.

knave [neiv] *s.* ticălos, valet (la cărți).

knavery [neivri] *s.* ticăloșie.

knavish [neiviʃ] *adj.* înșelător, ticălos.

knead [ni:d] *v.t.* a frământa.

knee [ni:] *s.* genunchi.

knee-cap [ni:kæp] *s.* rotulă.

knee-deep [ni:di:p] *adj., adv.* până la genunchi.

kneel [ni:l] *v.i.* a îngenunchea.

knicker(bocker)s ['nikəbɔkəz] *s.* pantaloni scurți, chiloți.

knick-knack ['niknæk] *s.* găteală, bibelou.

knife [naif] **I.** *s.* cuțit; *to go under a* ~ a suferi o operație. **II.** *v.t.* a înjunghia.

knife edge [naif edʒ] *s.* lamă de cuțit; *on the* ~ a fi pe muchie de cuțit.

knight [nait] *s.* cavaler, cal (la șah).

knight-errant [nait'erənt] *s.* cavaler rătăcitor.

knit [nit] *v.t., v.i.* a tricota, a împleti.

knitting ['nitiŋ] *s.* împletit, tricotat.

knitting needle ['nitiŋ nidəl] *s.* andrea.

knitwear [nitwɛə] *s.* tricotaje.

knob [nɔb] *s.* mâner rotund, umflătură, ciot de arbore, *tehn.* proeminență, *geogr.* colină.

knobbed [nɔbd] *adj.* noduros.

knock [nɔk] **I.** *s.* lovitură, pocnitură, *fig.* săpuneală. **II.** *v.t.* a lovi, a izbi, a trânti, a zdrobi, *to ~ out* a scoate din luptă, *to ~ together* a închega, *to ~ up* a distruge, a istovi, a închega, *to ~ to pieces* a sparge în bucăți. **III.** *v.i.* a bate, a se lovi, *to ~ about* a vagabonda.

knock about ['nɔkə'baut] *v.t.* a umbla creanga, *fig.* a maltrata.

knock against ['nɔkəgenst] *v.i.* a da peste.

knock down [nɔk daun] *v.t.* a doborî.

knocker ['nɔkə] *s.* ciocănaș de la intrare.

knock out ['nɔk aut] *s.* scoatere din luptă.

knock under ['nɔk ʌndə] *v.i.* a ceda.

knoll [noul] *s.* movilă, măgură.

knot [nɔt] **I.** *s.* nod, nucleu, grup; *to tie into a ~* a intra într-o încurcătură. **II.** *v.t., v.i.* a (se) înnoda.

knotty ['nɔti] *adj.* noduros, încurcat.

know [nou] **I.** *v.t.* a ști, a cunoaște, a recunoaște, a înțelege, a trece prin, a suferi; *to ~ by name* a cunoaște după nume, *I'd like to ~ your reasons* aș vrea să știu motivele tale, *I think I ~ what you mean* cred că știu ce vrei să spui, *does he ~ the address?* știe adresa? *to ~ by sight* a cunoaște din vedere. **II.** *v.i.* a fi știutor/ priceput.

know-how ['nouhau] *s.* pricepere, abilitate, competență.

knowing ['nouiŋ] *adj.* inteligent, ager, plin de înțeles, informat.

knowingly ['nouiŋli] *adv.* cu bunăștiință, cu (sub)înțeles.

knowledge ['nɔlidʒ] *s.* cunoaștere, cunoștințe, știință, învățătură, pricepere; *to my ~* după câte știu.

knuckle ['nʌkəl] **I.** *s.* încheietură a degetelor. **II.** *v.i.* *to ~ under* a se supune, a ceda.

kohlrabi ['koul'rɑ:bi] *s.* gulie.

kowtow ['kau'tau] **I.** *s.* plecăciune. **II.** *v.i.* a se ploconi.

L

L [el] *s.* L, l.
lab [læb] *s.* laborator.
label ['leibəl] **I.** *s.* etichetă. **II.** *v.t.* a eticheta.
labelled [leibəld] *adj.* marcat.
laboratory [lə'bɔrətri] **I.** *s.* laborator. **II**. *adj.* de laborator.
laborious [lə'bɔriəs] *adj.* greu, complicat, harnic.
labo(u)r ['leibə] **I.** *s.* muncă, activitate, sarcină, muncitori(me), mişcare laburistă, trudă, chin. **II.** *v.t.* a chinui, a elabora. **III.** *v.i.* a trudi, a se chinui.
labo(u)rer ['leibərə] *s.* muncitor necalificat.
labour protection [leibə prətekʃən] *s.* protecţia muncii.
labyrinth ['læbirinθ] *s.* labirint.
lace [leis] **I.** *s.* dantelă, ornament, şiret, şirag, panglică. **II.** *v.t.* a încheia, a înnoda, a împodobi cu dantelă.
lace boots [leis butz] *s.* ghete cu şireturi.
lacerate ['læsəreit] *v.t.* a răni, a rupe, a sfâşia, a chinui.
laceration [læsəreiʃən] *s.* rupere, chin, tortură.
lacery [leisəri] *s.* dantelă.
lacing [leisiŋ] *s.* panglici.

lack [læk] **I.** *s.* lipsă, nevoie. **II.** *v.t.* a fi lipsit de, a nu avea; *we ~ confident* ne lipseşte încrederea de sine, *this painting ~s color harmony* acestui tablou îi lipseşte armonia culorilor. **III.** *v.i.* a lipsi.

lackadaisical [lækə'deizikəl] *adj.* sentimental.

laconic [lə'kɔnik] *adj.* laconic.

lacquer ['lækə] **I.** *s.* lustru, (obiecte de) lac. **II.** *v.t.* a lăcui.

lactation [lækteiʃən] *s.* lactaţie.

lactose [læktous] *s.* lactoză.

lacustrine [ləkʌstrain] *adj.* lacustru.

lacy ['leisi] *adj.* dantelat.

lad [læd] *s.* flăcău.

ladder ['lædə] *s.* scară (mobilă), fir dus (la ciorapi).

ladder proof [lædə: pruf] *adj.* indeşirabil.

lade [leid] *v.t.* a încărca.

lader [leidə:] *s.* hamal.

ladle ['leidəl] **I.** *s.* polonic, *tehn.* cupă. **II.** *v.t.* a servi (supa), a împărţi.

lady [leidi] *s.* doamnă.

lady bird [leidi bɔ:d] *s.* buburuză.

lady bug [leidi bʌg] *s.* vezi **lady bird.**

lady-killer ['leidi kilə] *s.* seducător.

ladyship '[leidiʃip] *s.* calitate de lady.

lag [læg] **I.** *s.* **1.** zăbovire. **2.** condamnat. **3.** şipcă. **II.** *v.i.* a rămâne în urmă, a zăbovi.

lagging [lægiŋ] *s.* încetinire.

lagoon [lə'gu:n] *s.* lagună.

lair [lɛə] *s.* vizuină.

laity ['leiiti] *s.* mireni, caracter laic.

lake [leik] *s.* lac, eleşteu.

lake dwelling [leik dweliŋ] *s.* locuinţă lacustră.

lamb [læmb] *s.* miel.

lame [leim] **I.** *s.* olog, *tehn.* defect; *a ~ excuse* o scuză nefondată. **II.** *v.t.* a schilodi.

lame duck [leim dʌk] *s.* ghinionist, eşec, nenorocit.

lament [lə'ment] **I.** *s.* bocet, lit. elegie. **II.** *v.t.* a deplânge, a deplora. **III.** *v.i.* a (se) plânge, a se tângui.

lamentable ['læməntəbəl] *adj.* lamentabil, regretabil.

lamentation [læmenteiʃən] *s.* lamentaţie.

laminate [læmineit] *v.t., v.i.* a (se) lamina.

lamination [læmineiʃən] *s.* laminare.

lamp [læmp] **I.** *s.* lampă, felinar. **II.** *v.t.* a lumina.

lamplighter ['læmp laitə] *s.* lampagiu.

lampoon [læm'pu:n] **I.** *s.* pamflet. **II.** *v.t.* a satiriza.

lamp post [læmp poust] *s.* stâlp de felinar.

lamp-shade ['læmpʃeid] *s.* abajur.

lance [lɑ:ns] *s.* lance.

lancet [lɑ:nsit] *s.* bisturiu, lanţetă.

land [lænd] **I.** *s.* pământ, uscat, teren, ţară, proprietate; *on ~*

pe uscat. **II.** *v.t.* a debarca, a prinde, a nimeri, a atinge, a plasa. **III.** *v.i.* a debarca, a ateriza, a nimeri, *nav.* a face escală.

land agent [lænd eidʒənt] *s.* misit de moşii.

landed [lændid] *adj.* funciar, latifundiar.

landholder [lændhouldə:] *s.* proprietar de pământ.

landing ['lændiŋ] *s.* debarcare, aterizare, palier.

landing field ['lændiŋ fi:ld] *s.* câmp de aterizare.

landing stage ['lændiŋ steidʒ] *s.* debarcader.

landlady ['lændleidi] *s.* moşiereasă, proprietăreasă, hangiţă.

landlord ['lændlɔ:d] *s.* moşier, proprietar, hangiu, cârciumar.

landmark [lændmɑ:k] *s.* semn vizibil, piatră kilometrică, *fig.* punct de cotitură, *geogr.* baliză, *fig.* jalon.

landowner ['lændounə] **I.** *s.* moşier. **II.** *adj.* moşieresc.

land register [lænd redʒistə:] *s.* cadastru.

landscape ['lændskeip] *s.* peisaj.

landslide, landslip [lændslip] *s.* alunecare de teren, schimbare a opiniei publice.

lane [lein] *s.* uliţă, fundătură, interval, *sport* culoar, *nav.* drum navigabil, *av.* corridor, auto bandă.

language ['læŋgwidʒ] *s.* limbă, limbaj; *scientific* ~ limbaj ştiinţific.

languid ['læŋgwid] *adj.* slab, moale, plăpând, apatic, plicticos.

languish ['læŋgwiʃ] *v.i.* a lâncezi, a privi galeş, a se ofili, a tânji după.

langour ['læŋə] *s.* lâncezeală, apatie, epuizare.

lank(y) ['lænki] *adj.* deşirat.

lanoline [lænəlin] *s.* lanolină.

lantern ['læntən] *s.* felinar, lanternă.

lanyard [lænjəd] *s.* şnur, sfoară.

lap [læp] **I.** *s.* poală, genunchi, sorbitură, bălăceală, etapă; tur; învelitoare. **II.** *v.t.* a înveli, a împături. **III.** *v.i.* a se înfăşura.

lap-dog ['læp dɔg] *s.* câine de salon.

lapel [lə'pel] *s.* rever (de haină).

lapidate [læpideit] *v.t.* a lapida.

lapidation [læpideiʃən] *s.* lapidare.

lapse [læps] **I.** *s.* scurgere, trecere, cădere, eroare, întrerupere; *jur.* decădere. **II.** *v.i.* a trece, a decădea.

larboard ['lɑ:bɔ:d] *s.* babord.

larceny ['lɑ:sni] *s.* furt(işag).

larch [lɑ:tʃ] *s.* zadă.

lard [lɑ:d] **I.** *s.* untură. **II.** *v.t.* a împăna.

larder ['lɑ:də] *s.* cămară.

large [lɑ:dʒ] *adj.* mare, întins, larg (la inimă); *a ~ sum* o sumă mare, ~ *views* vederi largi.

largely ['lɑ:dʒli] *adv.* în mare măsură, cu mărinimie.

large scale [la:dʒ skeil] *s.* scară mare.

lark [lɑ:k] **I.** *s.* ciocârlie, distracţie. **II.** *v.i.* a glumi. **III.** *v.i.* a tachina.

laryngitis [lærindʒaitis] *s.* laringită.

larynx [lærinks] *s.* laringe.

lash [læʃ] **I.** *s.* (lovitură de) bici, biciuire, satiră, geană, critică aspră; *anat.* geană. **II.** *v.t.* a biciui, a aţâţa, a lega, a plesni, a critica.

lass [læs] *s.* fetiţă; slujnică.

lassitude ['læsitju:d] *s.* oboseală.

last [lɑ:st] **I.** *s.* calapod, capăt, încetare, *superl.* de la late; *at ~* în sfârşit. **II.** *adj.* ultim, trecut, definitiv; *the ~ time* ultima dată, *~ but not least* ultimul, dar nu cel din urmă, *that's the ~ thing on my mind!* numai la asta nu mă gândesc ! **III.** *v.i.* a dura, a dăinui, a ajunge. **IV.** *adv.* la urmă, ultima dată, *she was the ~ to arrive* a ajuns ultima.

last night [lɑ:st] *adv.* aseară.

last straw [lɑ:st strou] *s.* picătură care umple paharul.

lasting [lɑ:stiŋ] *adj.* permanent, trainic.

latch [lætʃ] **I.** *s.* zăvor, iele. **II.** *v.t.* a închide cu zăvorul.

late [leit] **I.** *adj.* întârziat, târziu, recent, defunct, fost, *of ~ years* în ultimii ani, *to keep ~ hours* a se culca târziu. **II.** *adv.* târziu, *~r on* mai târziu, pe urmă, *sooner or ~r* mai devreme sau mai târziu.

lately ['leitli] *adv.* în ultima vreme, recent.

laterally [lætərəli] *adv.* lateral.

lath [lɑ:θ] *s.* drug, ştachetă.

lathe [leið] **I.** *s.* strung. **II.** *v.t.* a strunji.

lather ['lɑ:ðə] **I.** *s.* spumă (de săpun). **II.** *v.t.* a săpuni. **III.** *v.i.* a face spume.

Latin ['lætin] *s.*, *adj.* latin(ă).

latitude ['lætitju:d] *s.* latitudine.

latterly ['lætəli] *adv.* de curând, recent.

lattice ['lætis] *s.* grătar de lemn, zăbrele de lemn.

laudable ['lɔ:dəbəl] *adj.* lăudabil.

laugh [lɑ:f] **I.** *s.* râs(et). **II.** *v.i.* a râde, a hohoti, a-şi bate joc; *he ~s best he ~s last* cine râde la urmă râde mai bine.

laughable [lɑ:fəbəl] *adj.* amuzant, ridicol.

laughing [lɑ:fiŋ] *s.* râs, *adj.* vesel, râzător.

laughing-stock ['lɑ:foistɔ:k] *s.* obiect de batjocură.

laughter ['lɑ:ftə] *s.* (hohot de) râs.

launch [lɔ:ntʃ] **I.** *s.* lansare, barcă, şalupă. **II.** *v.t.* a lansa, a arunca.

launder ['lɔ:ndə] *v.t.*, *v.i.* a spăla şi a călca (rufe).

laundress ['lɔ:ndris] *s.* spălătoreasă.
laundry ['lɔ:ndri] *s.* spălătorie.
laureate [lɔ:rit] **I.** *s.* laureat. **II.** *adj.* distins, de seamă.
laurel ['lɔrl] *s.* laur, dafin.
lavatory ['lævətri] *s.* closet, toaletă.
lavender ['lævəndə] *s.* levănțică.
lavish ['læviʃ] **I.** *adj.* generos, abundant. **II.** *v.t.* a împărți, a răspândi, a acorda.
lavishness [læviʃnis] *s.* dărnicie.
law [lɔ:] *s.* lege, autorități, justiție, drept.
law-court ['lɔ:kɔ:t] *s.* tribunal.
law expenses [lɔ: ikspensiz] *s.* cheltuieli de judecată.
lawful ['lɔ:ful] *adj.* legal, legitim.
law giver [lɔ: givə:] *s.* legiuitor.
lawless ['lɔ:lis] *adj.* nelegiuit, nelegitim.
law merchant [lɔ: mertʃənt] *s.* legislație comerciala.
lawn [lɔ:n] *s.* peluză, răzor, pajiște.
lawn-mower ['lɔ:n mouə] *s.* mașină de tuns iarba.
lawn-tennis ['lɔ:ntenis] *s.* tenis pe iarbă, tenis de câmp.
law of nations [lɔ: əv neiʃənz] *s.* drept internațional.
lawsuit [lɔ:su:t] *s.* proces (civil).
law term [lɔ: tərm] *s.* termen juridic.
lawyer ['lɔ:jə] *s.* jurist, avocat, jurisconsult.
lax [læks] *adj.* neglijent, liber, lejer, slab, moale.
laxity [læksiti] *s.* lipsă de strictețe, neglijență.
lay [lei] **I.** *s.* situare; cablare; contur; baladă. **II.** *v.t.* a pune, a așeza, a situa, a plasa; *to ~ the table* a pune masa, *to ~ a trap* a întinde o capcană. **III.** *v.i.* a oua.
layer ['leiə] *s.* strat, parior (la curse), găină ouătoare.
layman ['leimən] *s.* mirean, profan.
lay-out ['leiaut] *s.* așezare, plan, tehnoredactare.
laze [leiz] *v.i.* a trândăvi.
laziness ['leizinis] *s.* lene.
lazy ['leizi] *adj.* leneș, trândav.
leachy [litʃi] *s.* poros (despre sol).
lead[1] [lid] **I.** *s.* plumb, grafit, mină de creion, *nav.* sondă; *to swing the ~* a chiuli. **II.** *v.t.* a plumbui.
lead[2] [lid] **I.** *s.* conducere, călăuzire, întâietate, lesă, rol principal, protagonist; potecă. **II.** *v.t.* a duce, a conduce, a guverna, a sili, a călăuzi, a influența; *to ~ an orchestra* a dirija o orchestră. **III.** *v.i.* a duce, a conduce, a fi în frunte, *to ~ up to* a pregăti pentru.
lead astray [lid əstrei] *v.t.* a conduce pe un drum greșit.
leaden ['ledən] *adj.* (ca) de plumb; sur.

leader ['li:də] *s.* conducător; (articol) editorial, ramură principală.
leadership ['li:dərʃip] *s.* conducere.
leading ['li:diŋ] **I.** *adj.* conducător; principal. **II.** *s.* conducere, îndrumare.
leading article ['li:diŋ artikəl] *s.* articol de fond.
leaf [li:f] **I.** *s.* frunză, foaie, petală. **II.** *v.t.* a frunzări o carte.
leafless [li:flis] *adj.* desfrunzit.
leaflet ['li:flit] *s.* manifest.
league [li:g] **I.** *s.* leghe, ligă, cârdăşie, *sport* categorie. **II.** *v.t.*, *v.i.* a (se) alia.
leak [li:k] **I.** *s.* crăpătură, scurgere. **II.** *v.i.* a se scurge, (de veste) a se afla, a strecura.
leakage [li:kidʒ] *s.* scurgere.
lean [li:n] **I.** *s.* carne macră, înclinaţie. **II.** *adj.* slab, sărac. **III.** *v.t.* a sprijini, a rezema; *to ~ one's elbows on the table* a-şi sprijini coatele de masă. **IV.** *v.i.* a se apleca, a se înclina.
leaning [li:niŋ] *s.* înclinaţie.
lean-to [li:n tə] *s.* şopron.
leap [li:p] **I.** *s.* salt, ţopăială; *by ~s* în salturi. **II.** *v.t.*, *v.i.* a sări.
leap year [li:p iə:] *s.* an bisect.
learn [lə:n] *v.t.*, *v.i.* a învăţa, a afla, a auzi.
learned ['lə:nid] *adj.* învăţat.
learning ['lə:niŋ] *s.* învăţătură.
lease [li:s] **I.** *s.* contract, concesiune, arendă, drepturi, perspectivă, chirie. **II.** *v.t.* a închiria, a concesiona, a arenda.
leash [li:ʃ] **I.** *s.* lesă, frâu. **II.** *v.t.* a lega, a ţine legat.
least [li:st] **I.** *s.* minimum, *at ~* cel puţin, *~ of all* câtuşi de puţin, *not in the ~* deloc. **II.** *adj. superl.* de la little cel mai puţin, cel mai mic. **III.** *adv. superl.* de la little cel mai puţin.
leather [leðə] *s.* piele (lucrată).
leave [li:v] **I.** *s.* permisie, învoire, permisiune, concediu, plecare, *by your ~* dacă îmi permiteţi, *on sick ~* în concediu medical. **II.** *v.t.* a părăsi, a încredinţa, a înmâna, a lăsa în urmă, a uita, *to ~ alone* a lăsa în pace, a lăsa la o parte; *to ~ smth undone* a lăsa ceva nefăcut, *~ him alone!* lasă-l în pace! **III.** *v.i.* a pleca, a porni, *to ~ off* a înceta, a întrerupe.
leaved [livd] *adj.* înfrunzit.
leaven ['levən] **I.** *s.* drojdie, maia, influenţă. **II.** *v.t.* a pune la dospit.
lecherous ['letʃrəs] *adj.* pofticios, lasciv.
lechery ['letʃəri] *s.* poftă, lascivitate.
lectern ['lektə:n] *s.* strană, pupitru.
lecture ['lektʃə] **I.** *s.* prelegere, conferinţă, lecţie, *fig.* morală; *to give smb a ~* a-i face cuiva morală. **II.** *v.t.* a ocări. **III.** *v.i.* a ţine o prelegere sau o conferinţă.

lecturer ['lektʃərə] *s.* conferențiar.
lecture room ['lektʃə: rum] *s.* sală de cursuri.
ledge [ledʒ] *s.* pervaz, tăpșan.
ledger [ledʒə] *s.* registru (mare).
lee [li:] **I.** *s.* adăpost, protecție. **II.** *adj.* apărat (de vânt).
leech [li:tʃ] *s.* lipitoare; *to cling like a ~* a se agăța ca o lipitoare.
leek [li:k] *s.* praz.
leer [liə] **I.** *s.* privire libidinoasă sau scârboasă, rânjet. **II.** *v.i.* a rânji.
leery [liəri] *adj.* șmecher.
leeway [li:wei] *s.* abatere din drum, întârziere.
left [left] **I.** *s.* stânga. **II.** *adj.* (de) la) stânga. **III.** *v.t., v.i.* trec. și part. trec. de la leave. **IV.** *adv.* la stânga; *turn ~!* la stânga!
left-hand [lefthænd] *adj.* din stânga, cu stânga.
left-handed [lefthændid] *adj.* stângaci, fals.
left overs [left ouvəz] *s. pl.* resturi.
leg [leg] *s.* picior, gambă, crac de pantalon, etapă, ajutor; *to show a ~* a se scula din pat, *to pull smb's ~* a râde de cineva, *to get smb on his ~s* a pune pe cineva pe picioare, *to stretch one's ~s* a-și desmorți picioarele.
legacy ['legəsi] *s.* moștenire.
legal ['li:gəl] *adj.* legal, juridic.
legal adviser ['li:gəl ədvaizə:] *s.* consilier juridic.
legal department ['li:gəl dipa:tmənt] *s. jur.* contencios.
legal expert ['li:gəl ikspert] *s.* jurisconsult.
legalization [ligəlizeiʃən] *s.* legalizare.
legalize [ligəlaiz] *v.t.* a legaliza, a autentifica.
legal profession [ligəl prɔfeʃən] *s.* profesia de jurist.
legation [li'geiʃən] *s.* legație.
leg bone [leg boun] *s.* tibia.
legend ['ledʒənd] *s.* legendă, poveste.
legendary ['ledʒəndəri] *adj.* legendar.
leggings ['legiŋz] *s. pl.* jambiere.
legible ['ledʒibəl] *adj.* lizibil, clar.
legion ['li:dʒən] *s.* legiune, oaste, mulțime.
legislation [ledʒisleiʃən] *s.* legislație.
legislative [ledʒislətiv] *adj.* legislativ.
legislature ['ledʒisleitʃə] *s.* corpuri legiuitoare.
legist [ledʒist] *s.* legist.
legitimacy [lidʒitiməsi] *s.* caracter legitim.
legitimate [lidʒitimit] **I.** *adj.* legitim, legal. **II.** *v.t.* a adopta un copil.
leisure ['leʒə] *s.* răgaz.
leisurely ['leʒəli] *adj., adv.* fără grabă, încet.
lemon ['lemən] *s.* lămâie.

lemonade [lemәneid] *s.* limonadă.
lend [lend] **I.** *v.t.* a da cu împrumut, a (acor)da, a adăuga, a împrumuta. **II.** *v.r.* a da cu împrumut.
lender [lendә:] *s.* creditor.
length [leŋθ] *s.* lungime, măsură, întregime, *to keep smb at arm's ~* a ține pe cineva la distanță, *at full ~* cât e de lung, *at ~* în cele din urmă.
lengthen ['leŋθәn] *v.t.*, *v.i.* a (se) lungi.
lengthwise ['leŋθwaiz] *adj.*, *adv.* în lungime.
lengthy ['leŋθi] *adj.* prea lung, plictisitor.
leniency [liniәnsi] *s.* îngăduință, toleranță.
lenient ['li:niәnt] *adj.* îngăduitor, blând.
lenity ['leniti] *s.* blândețe, îngăduință.
lens [lenz] *s.* lentilă.
lentil ['lentil] *s.* linte.
leopard ['lepәd] *s.* leopard.
leper ['lepә] *s.* lepros.
leprosy ['leprәsi] *s.* lepră.
lesion ['li:ʒәn] *s.* leziune, rană.
less [les] **I.** *adj. compar.* de la little mai puțin, mai mic, mai puțin important. **II.** *adv.* măsură, mai puțin, *none the ~* deși. **III.** *prep.* fără, minus, scăzând.
lessee [le'si:] *s.* arendaş, chiriaş.
lessen ['lesәn] *v.t.*, *v.i.* a (se) micşora.
lesser ['lesәn] *adj.* (mai) mic, mai puțin important.
lesson ['lesәn] **I.** *s.* lecție, oră; *private ~* meditație. **II.** *v.t.* a medita, a instrui.
lest [lest] *conj.* ca nu cumva, ca să nu.
let [let] **I.** inf., trec. şi part. trec. let; *~'s go* să mergem, *v.t.* a lăsa, a permite, a da cu chirie, a arenda, *to ~ alone* a lăsa în pace, a lăsa la o parte, *to ~ smb be* a nu deranja/ sâcâi pe cineva, *to ~ down* a coborî, a dezamăgi, a lăsa la ananghie. **II.** *v.i.* a (se) închiria. **III.** *v. aux. ~ it be!* lasă lucrurile să decurgă de la sine, nu te împotrivi!
lethal ['li:θәl] *adj.* mortal.
lethargy [leθәdʒi] *s.* letargie, amorțeală; apatie.
letter ['letә] *s.* literă, scrisoare, *pl.* literatură.
letter-box ['letәbɔks] *s.* cutie de scrisori, poştă, curier.
lettered ['letәd] *adj.* învățat, instruit.
letter of advice [letәr әv әdvais] *s.* aviz.
letter of credit [letәr әv kredit] *s.* scrisoare de credit.
lettuce ['letis] *s.* salată verde, lăptucă.
leukaemia [lukimiә:] *s.* leucemie.
levee [levi, lәvi] **I. 1.** *s.* dig. **2.** audiență. **II.** *v.t.* a îngădui.
level ['levәl] **I.** *s.* întindere, suprafață, nivel(ă), *on the ~* cinstit, *to find one's own ~* a

găsi oameni pe măsura sa. **II.** *adj.* întins, plan, orizontal, egal, echilibrat, neted. **III.** *v.t.* a nivela, a egaliza, a aşeza orizontal, a ochi cu (puşca).

lever ['levə] *s.* pârghie, mâner.

leviable [leviəbəl] *adj.* impozabil.

levigate [levigeit] *v.t.* a pulveriza.

levity ['leviti] *s.* uşurinţă, neseriozitate.

levy ['levi] **I.** *s.* percepere (a impozitelor), taxe, contingent, *jur.* sechestru. **II.** *v.t.* a percepe, a strânge, *mil.* a recruta.

lewd [lu:d] *adj.* obscen, lasciv.

lexicography [leksikɔgrəfi] *s.* lexicografie.

lexicology [leksikɔlədʒi] *s.* lexicologie.

liability [laiə'biliti] *s.* obligaţie, posibilitate, susceptibilitate, *pl.* datorii.

liable to ['laiəbəl] *adj.* pasibil de, expus la.

liaison [li'eizən] *s.* legătură de dragoste.

liana [lia:nə] *s.* liană.

liar ['laiə] *s.* mincinos.

libel ['laibəl] **I.** *s.* calomnie. **II.** *v.t.* a calomnia.

liberal ['librəl] **I.** *s.* generos, liberal, om protagonist. **II.** *adj.* cu orizont larg, progresist, generos, liberal.

liberality [libə'ræliti] *s.* generozitate, concepţii largi, progresive.

liberation [libə'reiʃən] *s.* eliberare.

liberator [libəreitə:] *s.* eliberator.

liberty ['libəti] *s.* libertate, îndrăzneală, alegere, *pl.* drepturi.

libidinous [libidinəs] *adj.* libidinos.

librarian [lai'brɛəriən] *s.* bibliotecar.

library ['laibrəri] *s.* bibliotecă.

licence ['laisəns] *s.* autorizaţie, permis, brevet, licenţă.

license [laisəns] *v.t.* a autoriza.

licentiate [laisenʃieit] *s.* licenţiat.

licentious [laisenʃəs] *adj.* licenţiat.

lick [lick] **I.** *s.* **1.** lingere. **2.** strat, pătură. **II.** *v.t.* a linge, a bate.

licking [lickiŋ] *s.* bătaie.

lid [lid] *s.* capac; pleoapă.

lie[1] [lai] **I.** *s.* minciună. **II.** *v.i.* a minţi.

lie[2] [lai] *v.i.* a sta întins, a zăcea, a se culca, a se afla, a fi, a consta, *to ~ back* a se rezema, *to ~ down* a se întinde, *to ~ in* a sta culcat, a fi lăuză, *to ~ over* a rămâne, to ~ at smb's mercy a fi la mâna cuiva.

liege [li:dʒ] *s.* vasal; stăpân.

lien [liən] *s. jur.* garanţie.

lieutenant [lef'tenənt] *s.* locotenent, locţiitor.

life [laif] *s.* viaţă, vioiciune, *to come to ~* a-şi reveni în simţiri, *a matter of ~ and* *death* o problemă de viață și de moarte, *as large as* ~ în mărime naturală.

life belt ['laifbelt] *s.* centură de salvare.

life boat ['laif bout] *s.* barcă de salvare.

life guard [laif ga:d] *s.* gardă personală.

life insurance [laif inʃuərəns] *s.* asigurare de viață.

life interest [laif intrist] *s. jur.* uzufruct.

life jacket ['laif dʒækit] *s.* vestă de salvare.

life size ['laif saiz] **I.** *s.* mărime naturală. **II.** *adj.* în/ de mărime naturală.

life time ['laif taim] *s.* viață, timpul vieții.

life work ['laif wə:k] *s.* operă de o viață întreagă.

lift [lift] **I.** *s.* ridicare, lift, ajutor, plimbare (cu mașina); *to give smb a* ~ a lua pe cineva cu mașina. **II.** *v.t.* a ridica, a înălța, a scoate, a șterpeli.

lift bridge [lift bridʒ] *s.* pod basculant.

light [lait] **I.** *s.* lumină, vedere, flacara, lumânare, bec, reflector, slab, neserios, *pl.* semafor; *to bring to* ~ a scoate la lumină, *in a bad* ~ într-o lumină proastă. **II.** *adj.* deschis, ușor; ~ *as a feather* ușor ca un fulg. **III.** *v.t.* a (i)lumina, a aprinde. **IV.** *v.i.* a arde, a (se) lumina, a se așeza, a nimeri.

light bulb [lait bʌlb] *s.* bec electric.

lighten ['laitən] **I.** *v.t.* a lumina, a ușura, a înveseli. **II.** *v.i.* a (se) lumina, a fulgera, a (se) ușura, a (se) înveseli.

lighter ['laitə] *s.* lampagiu, brichetă.

light-hand ['lait hænd] *s.* îndemânare, tact.

lighthouse ['lait haus] *s.* far.

lightning ['laintniŋ] *s.* fulger.

lightning-rod ['laitniŋ rʌd] *s.* paratrăsnet.

lightweight ['lait weit] *s.* (boxer de) categoria ușoară.

lignite ['lignait] *s.* lignit.

likable ['laikəbəl] *adj.* plăcut.

like [laik] **I.** *s.* gusturi, plăcere, înclinație, seamăn, *the ~s of you* cei de o seamă cu tine, *and the* ~ și altele asemenea. **II.** *adj.* asemănător, caracteristic, dispus, *I don't feel ~ (drinking) tea* n-am chef de ceai. **III.** *v.t.* a iubi, a-i plăcea, a ține la, a prefera. **IV.** *prep.* ca (și).

likelihood ['laiklihu:d] *s.* probabilitate.

likely ['laikli] **I.** *adj.* probabil, posibil, acceptabil, de conceput, potrivit; *it is ~ to rain* cred că va ploua. **II.** *adv.* probabil.

liken ['laikən] *v.t.* a asemui, a compara.

likeness ['laiknis] *s.* asemănare, copie.

likewise ['laikwaiz] *adv.* la fel, (de) asemenea.

liking ['laikiŋ] *s.* simpatic.
lilac ['lailək] *s.* liliac(hiu).
Lilliput ['lilipʌt] *s.* liliput.
Lilliputian [lili'pju:ʃən] *s.*, *adj.* liliputan.
lily ['lili] *s.* crin.
lily of the valley ['lili əv ðə væli] *s.* lăcrimioară.
limb [lim] **I.** *s.* membru; cracă, *tehn.* braț. **II.** *v.t.* a dezmembra.
limber [limbə] *adj.* flexibil, prompt.
lime [laim] **I.** *s.* var; tei, lămâie. **II.** *v.t.* a vărui.
lime-juice ['laim dʒu:s] zeamă de lămâie.
limelight ['laimlait] *s.* luminile rampei.
limestone [laimstoun] *s.* calcar.
lime tree [laim tri] *s.* tei.
limit ['limit] **I.** *s.* limită, graniță; *without* ~ nelimitat, *pl. com.* plafon. **II.** *v.t.* a limita, a îngrădi.
limitation [limi'teiʃən] *s.* limită, limitare.
limited [limitid] *adj.* limitat.
limitless [limitlis] *adj.* nemărginit.
limousine [liməzi:n] *s.* limuzină.
limp [limp] **I.** *adj.* moale, nepuntincios, țeapăn, amorțit. **II.** *v.i.* a șchiopăta.
linden ['lindən] *s.* tei.
line [lain] **I.** *s.* linie, fir, dungă, rând, vers, limită, zbârcitură, lizieră, *amer.* coadă, șir, undiță, sfoară, funic, dirccție, curent, ocupație, familie, specialitate, *mil.* front, barăci; *below the* ~ sub limită, *to draw the* ~ a pune capăt, *to read between the ~s* a citi printre rânduri. **II.** *v.t.* a căptuși, a hașura, a linia, a alinia.
lineage ['liniidʒ] *s.* genealogie, origine.
linear movement [liniə muvmənt] *s.* mișcare rectilinie.
linen ['linin] *s.* pânză sau pânzeturi de in, rufărie.
liner ['lainə] *s.* (avion) transatlantic.
linesman ['lainzmən] *s.* picher, *sport* arbitru de tușă.
linger ['liŋgə] **I.** *v.t.* a continua. **II.** *v.i.* a stărui, a rămâne, a întârzia, a zăbovi, a o lungi.
lingo [liŋgou] *s.* jargon.
linguistics ['liŋgwistiks] *s. pl.* lingvistică.
lining ['lainiŋ] *s.* căptușeală.
link [liŋk] **I.** *s.* verigă, măsură de lungime, ruletă, legătură, *pl.* pajiște, *pl.* teren de golf, *pl.* butoni de manșetă. **II.** *v.t.* a uni, a lega. **III.** *v.i.* a se lega, a se îmbina.
linkage [liŋkidʒ] *s.* racord.
linotype [lainoutaip] *s.* linotip.
linseed ['linsi:d] *s.* sămânță de in.
linseed-oil ['linsi:d ɔil] *s.* ulei de in.
lion ['laiən] *s.* leu.
lioness ['laiənis] *s.* leoaică.
lip [lip] *s.* buză, marginc; obrăznicie, vorbe; *the upper ~*

buza de sus, *to purse one's ~s* a se bosumfla.
lip-service ['lip sə:vis] *s.* promisiuni nesincere, vorbe goale, ipocrizie.
lipstick ['lipstik] *s.* ruj de buze.
liquefaction [likwifeikʃən] *s.* lichefiere.
liquefy [likwifai] *v.t., v.i.* a (se) lichefia.
liqueur [li'kjuə] *s.* lichior.
liquid ['likwid] **I.** *s.* lichid. **II.** *adj.* lichid, transparent, clar, nestatornic.
liquidate ['likwideit] **I.** *v.t.* a lichida. **II.** *v.i.* a da faliment.
liquidation [likwideiʃən] *s.* lichidare, achitare.
liquor ['likə] *s.* băutură alcoolică.
lisp [lisp] *v.i.* a sâsâi, a vorbi peltic.
lissom(e) ['lisəm] *adj.* suplu, mlădios, sprinten.
list [list] **I.** *s.* listă, tabel, registru, catalog, margine, bordură; *to draw up a ~* a întocmi o listă. **II.** *v.t.* a înşira, a înscrie.
listen ['lisən] *v.i.* a asculta, *to ~ to the radio* a asculta radio-ul.
listener ['lisnə] *s.* ascultător.
listening [lisəniŋ] *s.* ascultare.
listless ['listlis] *adj.* placid, neatent.
lit [lit] *v.t., v.i.* trec. şi part. trec. de la light.
litter ['litə] *s.* litru.
literacy ['litərəsi] *s.* ştiinţă de carte.
literally ['litərəli] *adv.* exact, pur şi simplu.
literature ['litritʃə] *s.* literatură.
lithe [laið] *adj.* suplu.
litotes ['laitəti:z] *s.* litotă.
litre ['li:tə] *s.* litru.
litter ['litə] **I.** *s.* gunoi, litieră, dezordine, resturi, aşternut de paie, pui fătaţi. **II.** *v.t.* a deranja, a lăsa în dezordine, a murdări. **III.** *v.i.* a făta.
little ['litəl] **I.** *adj.* mic(uţ), puţin (tel), neînsemnat, meschin, mărunt; *~ money* puţini bani, *~ by ~* treptat, *~ things* fleacuri, *to see very ~ of smb* a vedea foarte rar pe cineva. **II.** *pron.* puţin, nimic. **III.** *adv.* puţin, în mică măsură, deloc, nicidecum.
live[1] [laiv] *adj.* viu, arzând, activ, important.
live[2] [liv] *v.i.* a trăi, a locui, a supravieţui, a rămâne, *to ~ through* a trece prin, *to ~ up to* a corespunde, *~ and learn* omul cât trăieşte învaţă, *she ~s by her work* se întreţine singură.
liveliness ['laivlainis] *s.* vioiciune, vigoare.
lively ['laivli] *adj.* vioi, activ, vesel, viu, realist.
liver ['livə] *s.* ficat.
livery ['livəri] *s.* livrea, grajd.
livestock ['laivstɔk] *s.* şeptel.
lividity [lividiti] *s.* lividitate.
living ['liviŋ] **I.** *s.* trai, funcţie. **II.** *adj.* viu, activ, veridic; *he's the ~ image of his mother* e leit maică-sa.

living room ['liviŋ ru:m] *s.* cameră de zi.

lizard ['lizəd] *s.* şopârlă.

llama ['lɑ:mə] *s. zool.* lama.

load [loud] **I.** *s.* încărcătură, sarcină, *~s of* o mulţime de. **II.** *v.t.* a încărca, a copleşi, a măslui. **III.** *v.i.* a se încărca.

loaded [loudid] *adj.* încărcat.

loadstar ['loud stɑ:] *s.* stea călăuzitoare.

loadstone ['loud'stoun] *s.* magnet.

loaf [louf] **I.** *s.* franzelă, căpăţână de zahăr, plimbare, cocean. **II.** *v.t.* a irosi (timpul). **III.** *v.i.* a vagabonda, a pierde vremea.

loafer ['loufə] *s.* vagabond, pierde-vară.

loam [loum] *s.* lut, argilă.

loan [loun] *s.* împrumut (de bani).

loath [louθ] *adj.* nedoritor, refractar.

loathe [louð] *v.t.* a detesta, a nu putea suferi.

loathing [louðiŋ] *s.* silă, scârbă.

loathsome ['louθsəm] *adj.* dezgustător, nesuferit.

lob [lɔb] *v.i.* a merge greoi.

lobby ['lɔbi] *s.* foaier, coridor, hol (la hotel), *pol.* culoar la parlament, anticameră.

lobe [loub] *s.* lob; alveolă pulmonară.

lobotomy [loubɔtəmi] *s.* lobotomie.

lobster ['lɔbstə] *s.* homar.

local ['loukəl] **I.** *s.* tren local, filială, sindicat local, localnic. **II.** *adj.* local.

local adverb [loukəl ædvə:b] *s.* adverb de loc.

locality [lou'kæliti] *s.* aşezare, situaţie, loc, punct.

local tax [lou'kəl tæks] *s.* impozit comunal.

local time [loukəl taim] *s.* ora locală.

lock [lɔk] **I.** *s.* buclă, lacăt, încuietoare, ecluză, *pl.* păr, *tehn.* fixator. **II.** *v.t.* a închide, a încuia, a păstra (cu sfinţenie), a fixa, a înţepeni, a bloca, *to ~ up* a băga la închisoare sau la azil, a închide, a pune la păstrare. **III.** *v.i.* a se încuia, a se închide.

lockage [lɔkidʒ] *s.* *nav.* ecluzare.

locker [lɔkɔ:] *s.* dulăpior.

locket ['lɔkit] *s.* medalion.

lock-out ['lɔkaut] *s.* închidere a unei fabrici.

locksmith ['lɔksmiθ] *s.* lăcătuş.

locomotion [loukəmouʃən] *s.* locomoţie.

locomotive [loukə'moutiv] *s.* locomotivă.

locust ['loukəst] *s.* lăcustă.

lode [loud] *s.* filon.

lodestar ['loudstɑ:] *s.* steaua polară, principiu călăuzitor.

lodestone ['loudstoun] *s.* magnet.

lodge [lɔdʒ] **I.** *s.* căsuţa portarului, cabană, lojă (masonică), colibă, *constr.* boxă, culcuş. **II.** *v.t.* a găzdui, a băga, a investi, a înainta autorităților. **III.** *v.i.* a locui (cu chirie), a intra.

lodger ['lɔdʒə] *s.* chiriaş, locatar.

lodging ['lɔdʒiŋ] *s.* locuință.

loft [lɔft] *s.* podul casei, galerie, porumbar.

lofty ['lɔfti] *adj.* înalt, trufaş.

log [lɔg] *s.* buştean, butuc, jurnal de bord, *constr.* grindă.

logarithm ['lɔgəriðəm] *s.* logaritm.

loggerhead ['lɔgəhed] *s.* cretin, *to be at ~s with* a nu se înțelege cu.

logic ['lɔdʒik] *s.* logică.

loin [lɔin] *s.* muşchi (de oaie), *pl.* şale.

loin-cloth ['lɔin klɔð] *s.* şorț.

loiter ['lɔitə] *v.i.* a rătăci, a hoinări, a zăbovi.

loll [lɔl] *v.i.* a pierde vremea.

lollipop ['lɔlipɔp] *s.* acadea, bomboană.

loneliness [lounlis] *s.* singurătate.

lone(ly) ['lounli] *adj.* singur-(atic), trist, pustiu.

long [lɔŋ] **I.** *adj.* lung; *it won't take ~* nu va dura mult. **II.** *s.* durată. **III.** *adv. as ~ as* atât timp cât, *so ~!* pe curând!, *~ ago* acum mult timp. **IV.** *v.i.* a dori, a tânji.

long-bow ['lɔŋbou] *s.* arc, poveşti vânătoreşti.

longevity [lɔndʒeviti] *s.* longevitate.

long face [lɔŋ feis] *s.* mutră plouată.

longing ['lɔŋiŋ] **I.** *s.* dor. **II.** *adj.* doritor.

longitude [lɔŋdʒitju:d] *s.* longitudine.

long jump ['lɔŋ dʒʌmp] *s.* săritură în lungime.

longshoreman ['lɔŋʃɔ:mən] *s.* docher.

long-sighted ['lɔŋsaitid] *adj.* prezbit, prevăzător.

long-winded ['lɔŋwindid] *adj.* plicticos.

look [luk] **I.** *s.* privire, înfățişare, *pl.* aspect; *to judge by ~s* a judeca după aparențe. **II.** *v.t.* a privi, a părea, *to ~ over* a cerceta. **III.** *v.i.* a privi, a se uita, a arăta, a părea, *to ~ after* a îngriji, a se uita în urma, *to ~ for* a căuta, *to ~ (up)on* a considera, a vedea, a privi, *to ~ forward to* a aştepta cu nerăbdare, *to ~ out* a băga de seamă, *to ~ round* a chibzui, *to ~ through* a străbate, a se ivi, *to ~ up to* a respecta.

looker ['lukə:] *s.* privitor, spectator.

looking-glass ['lukiŋ glɑ:s] *s.* oglindă.

look-out ['luk aut] *s.* pază, grijă, perspectivă.

loom [lu:m] **I.** *s.* război de țesut. **II.** *v.i.* a se ivi, a apărea (neclar), a amenința.

loon [lu:n] *s.* cufundar.

loop [lu:p] **I.** *s.* laț, inel, cerc, cheotoare, *tehn.* deschidere, *constr.* belciug, luping, *geogr.* cot. **II.** *v.t.* a lega.

loophole ['lu:phoul] *s.* deschizătură, scăpare.

loose [lu:s] **I.** *adj.* slobod, larg, slab, nefixat, vag, imoral, rar, dezlânat, dezlegat, neglijent, neciteț. **II.** *v.t.* a desface, a dezlega, a slăbi, a slobozi.

loosely ['lu:sli] *adv.* slobod, larg.

loosen ['lu:zən] *v.t.*, *v.i.* a slăbi.

loot [lu:t] **I.** *s.* pradă. **II.** *v.t.*, *v.i.* a prăda.

lop-sided ['lɔp saidid] *s.* asimetric, strâmb.

loquacious [lou'kweiʃəs] *adj.* vorbăreț.

lord [lɔ:d] **I.** *s.* lord, stăpân, conducător, aristocrat, (the) Lord Dumnezeu; *as drunk as a ~* beat criță. **II.** *v.t.* a stăpâni, a domni. **III.** *interj. Oh, L~!* O, Doamne!

lordly ['lɔ:dli] *adj.* magnific, splendid, trufaş.

lordship ['lɔ:dʃip] *s.* stăpânire, moşie, proprietate.

lore [lɔ:] *s.* ştiință, înțelepciune.

lorry ['lɔri] *s.* camion.

lose [lu:z] **I.** *v.t.* a pierde, a scăpa, a face să se piardă; *to ~ weight* a slăbi. **II.** *v.i.* a pierde, (de ceas) a rămâne în urmă.

loser ['lu:zər] *s.* învins.

losing ['lu:ziŋ] *adj.* pierdut, care pierde, nefavorabil.

loss [lɔs] *s.* pierdere, înfrângere, *at a ~* în încurcătură, *~ of sight* pierdera vederii.

lost [lɔst] *v.t.*, *v.i.* trec. şi part. de la lose.

lot [lɔt] *s.* lot, mulțime, grup, bandă, soartă, *pl.* soți, parcelă, *a ~ of, ~s of* o mulțime de, *a ~* foarte mult.

lotion [louʃən] *s.* loțiune.

lottery ['lɔtəri] *s.* loterie.

lotus ['loutəs] *s.* lotus.

lotus-eater ['loutəsi:tə] *s.* pierde-vară, chefliu.

loud [laud] **I.** *adj.* tare, răsunător, țipător. **II.** *adv.* (cu voce) tare.

loudly [laudli] *adv.* (cu voce) tare.

loud-speaker ['laud spi:kə] *s.* megafon, difuzor.

lounge [laundʒ] **I.** *s.* trândăveală, hol (de hotel), şezlong, canapea, costum de oraş, fotoliu. **II.** *v.i.* a pierde vremea, a se plimba.

lounge-chair ['laundʒtʃɛə] *s.* şezlong, canapeluță.

louring [lauəriŋ] *adj.* posomorât, posac.

louse [lauz] *s.* păduche.

lousy ['lauzi] *adj.* păduchios, împuțit, nenorocit, mizerabil.

love [lʌv] **I.** *s.* dragoste, amor, complimente, (sport) zero, scor alb. **II.** *v.t.* a iubi, a adora, a savura.

love-affair [lʌvə'fɛə] *s.* amor, legătură amoroasă.

love apple [lʌv æpəl] *s.* pătlăgică.

love-child ['lʌv tʃaild] *s.* copil din flori.

lovely ['lʌvli] *adj.* frumos, atrăgător, încântător.

lover ['lΛvə] *s.* îndrăgostit, amant(ă), iubit, iubitor, amator.
love-sick ['lΛv sik] *adj.* îndrăgostit.
loving ['lΛviŋ] *adj.* iubitor.
low ['lou] **I.** *s.* muget (de vacă). **II.** *adj.* jos, josnic, scund, umil, (de sunete) încet, grav, *fig.* deprimat, înapoiat, vulgar, slab, prost. **III.** *v.i.* a mugi. **IV.** *adv.* jos, ieftin, încet (ca sonoritate), ascuns; *to bow* ~ a se înclina.
lower ['louə] **I.** *adj.* inferior, de jos. **II.** *v.t.* a coborî, a slăbi, a ruşina.
lowland ['loulənd] *s.* şes, regiune de câmpie.
lowliness [loulinis] *s.* caracter umil.
lowly ['louli] *adj.*, *adv.* modest, umil.
low priced [lou praisd] *adj.* ieftin.
low relief [lou rilif] *s.* basorelief.
low spirited [lou spirited] *adj.* abătut, întristat, dezamăgit.
low tide [lou taid] *s.* reflux.
low voiced [lou voids] *adj.* cu voce joasă.
loyal ['lɔləl] *adj.* credincios.
loyalty ['lɔiəlti] *s.* credinţă, obligaţie, lealitate.
lozenge ['lɔzindʒ] *s.* romb, tabletă.
lubberly ['lΛbəli] *adj.* stângaci, mătăhălos, greoi.
lubricant [lubrikənt] *s.* lubrifiant.
lubricate ['lu:brikeit] *v.t.* a unge, a gresa.
luce [lu:s] *s.* ştiucă.
lucerne [lju: sərn] *s.* lucernă.
lucidly [lusidli] *adv.* lucid.
luck [lΛk] *s.* noroc, şansă; *to try one's* ~ a-şi încerca norocul, *good* ~! mult noroc!, *for* ~ din fericire.
luckily [lΛkili] *adv.* din fericire.
lucky ['lΛki] *adj.* norocos, fericit.
lucrative ['lu:krətiv] *adj.* rentabil.
lucre ['lu:kə] *s.* profit.
ludicrous ['lu:dikrəs] *adj.* ridicol, absurd.
lug [lΛg] **I.** *v.t.* a trage, a târî. **II.** *s.* *tehn.* mâner, manivelă, *constr.* capră; smucitură.
luggage ['lΛgidʒ] *s.* bagaje.
lukewarm ['lu:kwɔ:m] *adj.* călduţ.
lull [lΛl] **I.** *s.* linişte, răgaz. **II.** *v.t.* a legăna (un copil), a linişti, a alina.
lullaby ['lΛləbai] *s.* cântec de leagăn.
lumber ['lΛmbə] *s.* lemne, cherestea (neprelucrată), mobilă veche, balast.
lumberman ['lΛmbəmən] *s.* muncitor forestier.
lumber ['lΛmbə] **yard** *s.* depozit de lemne.
luminous [luminəs] *adj.* luminos, incandescent, strălucitor.
lump [lΛmp] **I.** *s.* bucată, bulgăre, umflătură, om greoi,

cucui, nod în gât, *in the ~* în ansamblu, *a ~ in the throat* un nod în gât, *to sell by the ~* a vinde cu ridicata. **II.** *v.t.* a pune laolaltă, a înghiți.
lumper [lʌmpə] *s.* docher.
lump sugar [lʌmp ʃugə:] *s.* zahăr cubic.
lump sum [lʌmp sʌm] *s.* sumă globală.
lunacy ['lu:nəsi] *s.* nebunie.
lunatic ['lu:nətik] *s., adj.* nebun.
lunch [lʌntʃ] **I.** *s.* dejun. **II.** *v.i.* a lua dejunul.
lung [lʌŋ] *s.* plămân, parc.
lunge [lʌndʒ] **I.** *s.* alonjă, manej; fandare. **II.** *v.t.* a fanda.
lurch [lə:tʃ] **I.** *s.* **1.** legănare. **2.** ascunziş. **3.** *nav.* înclinare. **4.** mers clătinat. **II.** *v.i.* a se legăna, a se clătina.
lure [ljuə] **I.** *s.* momeală, atracție. **II.** *v.t.* a momi, a ispiti.
lurid ['ljuərid] **I.** *adj.* strălucitor, ademenitor, scandalos, cumplit. **II.** *adv.* lugubru.
lurk [lə:k] *v.i.* a sta ascuns, a pândi.
lurker [lə:kə:] *s.* spion, iscoadă.
lurking [lə:kiŋ] *adj.* secret, ascuns.
luscious ['lʌʃəs] *adj.* delicios, savuros.
lush [lʌʃ] *adj.* luxuriant.
lust [lʌst] **I.** *s.* poftă, voluptate. **II.** *v.i. to ~ for/ after* a pofti (la).
lustful ['lʌstful] *adj.* pofticios, voluptuos, lasciv.
lustre [lʌstə] *s.* lustru, strălucire, distincție.
lusty ['lʌsti] *adj.* sănătos, viguros, voinic, robust.
lute [lu:t] *s.* lăută.
luxate [lʌkseit] *v.t.* a luxa.
luxuriant [ləg'zjuəriənt] *adj.* bogat, luxuriant.
luxury ['lʌkʃəri] *s.* lux.
lycantrophy [laikænθrəpi] *s.* licantropie.
lye [lai] *s.* leşie.
lymph [limf] *s.* limfă.
lymphatic [limfætik] *adj.* limfatic.
lynch [lintʃ] *v.t.* a linşa.
lynx [liŋks] *s.* râs, linx.
lyre ['laiə] *s. muz.* liră.
lyric ['lirik] *s.* poezie, cântec, *pl.* text de cântec.
lyric(al) ['lirik(əl)] *adj.* liric, emotiv, entuziast.

M

M [em] *s.* M, m.
ma [mɑ:] *s.* mămică.
ma'am [mæm] *s.* coniță, doamnă.
macabre [məkabə:] *adj.* macabru.
macaroni [mækərouni] *s.* macaroane.
mace [mais] *s.* **1.** nucşoară. **2.** buzdugan, tac (biliard).
macerate [mæsəreit] *v.t., v.i.* a (se) macera.
maceration [mæsəreiʃən] *s.* macerare.
machination [mæki'neiʃən] *s.* maşinație, manevră.
machine [mə'ʃi:n] *s.* maşină, aparat, dispozitiv, mecanism.
machine-gun [mə'ʃi:n gʌn] *s.* mitralieră.
machineman [məʃinmən] *s.* maşinist.
machine part [mə'ʃi:n pa:rt] *s.* parte a maşinii.
machine plant [mə'ʃi:n pla:nt] *s.* fabrică producătoare de maşini, utilaje.
machinery [mə'ʃinəri] *s.* maşinărie, aparat, utilaj, *fig.* structură.
machine shop [mə'ʃi:n ʃɔp] *s.* atelier mecanic.

machinist [mə'ʃi:nist] *s.* mecanic.
mackerel ['mækrəl] *s.* scrumbie, macrou.
mack(intosh) [mækintɔʃ] *s.* haină de ploaie.
macrostructure [mækroustrΛktʃə:] *s.* macrostructură.
mad [mæd] *adj.* nebun, violent, turbat; ~ *as a hatter* nebun de legat; *to go* ~ a înnebuni, *to be* ~ *about smb* a fi îndrăgostit nebuneşte de cineva.
madam ['mædəm] *s.* doamnă.
madcap ['mædkɔp] *s., adj.* trăsnit.
madden ['mædən] *v.t., v.i.* a exaspera, a înnebuni.
madhouse [mædhaus] *s.* casă de nebuni, ospiciu.
madly [mædli] *adv.* nebuneşte.
madman ['mædmən] *s.* nebun.
madness [mædnes] *s.* nebunie.
magazine [mægə'zi:n] *s.* revistă ilustrată, magazie.
maggot ['mægət] *s.* larvă, *pl.* gărgăuni.
magic ['mædʒik] **I.** *s.* magie, vrajă, amăgire. **II.** *adj.* magic, vrăjit.
magician [mədʒiʃən] *s.* magician.
magisterial [mædʒisteriəl] *adj.* juridic; judiciar.
magistracy [mædʒistrəsi] *s.* magistratură.
magistrate ['mædʒistreit] *s.* magistrat, demnitar, funcţionar.
magma [mægmə] *s.* magmă.
magnanimity [məgnə'nimiti] *s.* generozitate, orizont larg.
magnanimous [mæg'nænimәs] *adj.* generos.
magnate [mægneit] *s.* magnat.
magnesium [mægniziəm] *s.* magneziu.
magnet ['mægnit] *s.* magnet.
magnetic field [mægnetik fild] *s.* câmp magnetic.
magnetic needle [mægnetik nidəl] *s.* ac magnetic.
magnetic pole [mægnetik poul] *s.* pol magnetic.
magnetic wave [mægnetik weiv] *s.* undă magnetică.
magnetize [mægnətaiz] *v.t.* a magnetiza.
magnetophone [mægnitəfoun] *s.* magnetofon.
magnificent [mæg'nifisənt] *adj.* măreţ, excelent.
magnify ['mægnifai] *v.t.* a mări, a exagera.
magnifying glass ['mægnifaiiŋ glɑ:s] *s.* lupă.
magnitude ['mægnitju:d] *s.* mărime, importanţă.
magpie ['mægpai] *s.* coţofană, *fig.* gaiţă.
mahogany [məhɔgəni] *s.* mahon.
maid [meid] *s.* fată (în casă).
maiden ['meidən] **I.** *s.* fecioară. **II.** *adj.* feciorelnic, imaculat, inaugural.
maidenhood ['meidənhud] *s.* feciorie.
mail [meil] **I.** *s.* zale, poştă. **II.** *v.t.* a expedia.

mail box [meil bɔks] s. cutie poştală.
mail-coach [meil koutʃ] *s.* diligenţă.
maim [meim] *v.t.* a ciopârţi, a mutila.
main [mein] **I.** *s.* conductă, continent, mare, ocean, forţă, *in the ~* în general. **II.** *adj.* principal, puternic.
main anchor [mein æŋkə:] *s.* ancoră principală.
main clause [mein klɔ:z] *s.* propoziţie principală.
mainland [meinlənd] *s.* continent, uscat.
mainly ['meinli] *adv.* în special.
main road [mein roud] *s.* stradă principală.
mainspring ['meinspriŋ] *s.* resort principal, motiv de bază.
mainstay ['meinstei] *s.* odgon, *fig.* reazem.
maintain [mein'tein] *v.t.* a menţine, a susţine.
maintenance ['meintənəns] *s.* întreţinere, susţinere.
maize [meiz] *s.* porumb.
majestic [mə'dʒestik] *adj.* maiestuos, măreţ.
majesty ['mædʒisti] *s.* maiestate.
major ['meidʒə] **I.** *s.* maior, major, *mil.* maior. **II.** *adj.* major, principal.
majority [mə'dʒɔriti] *s.* majoritate, majorat.
majuscule [mædʒəskju:l] *s.* majusculă.
make [meik] **I.** *s.* fabricaţie, marcă, alcătuire. **II.** *v.t.* a face, a făuri, a căpăta, a sili, a ajunge la, a se ridica la, a se purta ca, *to make a speech* a ţine un discurs, *he makes a living as a teacher* el îşi câştigă existenţa fiind profesor, *we made it* am reuşit, *to ~ out* a alcătui, a înţelege, a distinge, *I can't ~ out what you are saying* nu înţeleg ce zici, *to ~ over* a transfera, *to ~ up* a completa, a machia, a farda, a deghiza, a împăca, a alcătui. **III.** *v.i.* a porni, a se îndrepta, a se mişca, a curge, a creşte, *to ~ for* a se îndrepta către, a promova, a ataca, *to ~ off* a fugi, *to ~ up for* a compensa.
make-believe ['meikbili:v] **I.** *s.* prefăcătorie, joacă. **II.** *v.i.* a se preface.
maker ['meikə] *s.* creator, fabricant.
makeshift ['meikʃift] *s.* expedient.
make-up ['meik ʌp] **I.** *s.* machiaj, deghizare, fard, tehnoredactare, compoziţie, fire, alcătuire, structură, compoziţie. **II.** *v.t.* a aplana o ceartă, a farda, a născoci, a inventa, *poligraf.* a pagina. **III.** *v.r.* a se împăca.

making ['meikiŋ] *s.* creare, *pl.* germeni, calități.
malady [mælədi] *s.* maladie.
malaria [məlɛəriə] *s.* malarie.
malax [mælæks] *v.t.* a malaxa.
male [meil] **I.** *s.* bărbat, mascul, tânăr. **II.** *adj.* bărbătesc.
malediction [mælidikʃən] *s.* blestem.
malefactor ['mælifæktə] *s.* răufăcător.
malefic [məlefik] *adj.* malefic.
maleficient [məlefisənt] *adj.* dăunător, vătămător.
malevolent [mə'levələnt] *adj.* rău, răuvoitor.
malfeasance [mælfizəns] *s.* abuz, infracțiune.
malformation [mælfɔ:meiʃən] *s.* malformație.
malformed [mælfɔmd] *adj.* malformat.
malice ['mælis] *s.* răutate, pică.
malicious [mə'liʃəs] *adj.* răutăcios.
malinger [mə'liŋgə] *v.i.* a face pe bolnavul.
malleability [mæliəbiliti] *s.* maleabilitate.
malleable [mæliəbəl] *adj.* maleabil, flexibil.
mallet ['mælit] *s.* ciocan (de lemn).
mallow [mælou] *s.* nalbă.
malnutrition [mælnju'triʃən] *s.* proastă alimentație.
malpractice [mælpræktis] *s.* incompetență, *jur.* infracțiune, delict.
malt [mɔ:lt] *s.* malț.
maltreat [mæltrit] *v.t.* a maltrata, a se purta urât cu.
maltreatment [mæltritmənt] *s.* comportare urâtă.
malversation [mælvəseiʃən] *s.* *jur.* delapidare, abuz.
mam(m)a ['mæmə] *s.* mămică.
mammal ['mæməl] *s.* mamifer(ă).
mammoth [mæməθ] *s.* mamut.
mammy ['mæmi] *s.* mămică, guvernantă (negresă).
man [mæn] **I.** *s.* om, bărbat, soldat, lucrător, servitor, piesă de șah; *the right ~ in the right place* omul potrivit la locul potrivit, *a ~ of his word* un om de cuvânt. **II.** *v.t.* a furniza echipaj pentru.
manacle ['mænəkl] **I.** *s.* cătușă. **II.** *v.t.* a încătușa.
manage ['mænidʒ] **I.** *v.t.* a conduce, a administra, a rezolva, a izbuti. **II.** *v.i.* a se descurca.
management [mænidʒmənt] *s.* conducere, administrație.
manager ['mænidʒə] *s.* director, conducător, administrator, gospodar.
man aging board [mænidʒiŋ bɔ:d] *s.* consiliu de administrație.

mandarin [mændərin] *s.* **1.** mandarină. **2.** *fig.* mare dregător.
mandate ['mændeit] *s.* mandat, poruncă, dispoziţie.
mandible [mændibəl] *s.* mandibulă.
mandibulary [mændibjuləri] *adj.* mandibular.
mandrake ['mændreik] *s.* mătrăgună.
mane [mein] *s.* coamă (de cal).
man eater [mæn itə] *s.* canibal.
manganese [mæŋgə'ni:z] *s.* mangan.
manger ['meindʒə] *s.* iesle.
mangle ['mæŋgəl] *v.t.* a ciopârţi, a stâlci.
mangy ['meindʒi] *adj.* râios, soios.
manhole ['mæn houl] s trapă, deschizătură, gură de canal.
manhood ['mæhud] *s.* bărbăţie, bărbaţi.
mania ['meiniə] *s.* manie, nebunie.
maniac ['meiniæk] **I.** *s.* nebun. **II.** *adj.* maniac.
manicure [mænikjuə] *s.* manichiură.
manifest ['mænifest] **I.** *adj.* clar, manifest. **II.** *v.t.* a manifesta, a dovedi.
manifestation [mænifesteiʃən] *s.* manifestare, declarare.
manifold ['mænifould] **I.** s. varietate, diversitate. **II.** *adj.* variat, multiplu, numeros.
manikin ['mænikin] *s.* manechin, omuleţ.
manipulate [mənipjuleit] *v.t.* a manipula.
manipulation [mənipjuleiʃən] *s.* manipulare.
mankind [mænkaind] *s.* omenire.
manly ['mænli] *adj.* bărbătesc, viteaz.
mannequin ['mænikin] *s.* manechin.
manner ['mænə] *s.* mod, cale, manieră, purtare, *pl.* bună creştere, stil; *in this ~* în modul acesta, *adverb of ~* adverb de mod.
mannerism ['mænərizəm] *s.* particularitate, manierism.
mannerly ['mænəli] *adj.* binecrescut.
manoeuvre [mə'nu:və] **I.** *s.* manevră, *fig.* maşinaţie. **II.** *v.t.*, *v.i.* a face manevre, a manevra.
man-of-war ['mænəv'wɔ:] *s.* cuirasat.
manor ['mænə] *s.* conac, moşie.
mansion [mænʃən] *s.* conac.
manslaughter ['mænslɔ:tə] *s.* omucidere.
mantelpiece ['mæntlpi:s] *s.* poliţa căminului, cămin.
mantle ['mæntəl] *s.* manta, mantie, strat, înveliş, *constr.* faţadă.
mantrap ['mæntræp] *s.* capcană.
manufactory [mænju'fæktəri] *s.* fabrică, atelier.

manufacture [mænju'fæktʃə] **I.** *s.* fabricaţie, *pl.* fabricate. **II.** *v.t.* a fabrica.

manufacturer [mænju'fæktʃərə] *s.* fabricant.

manure [mə'njuə] **I.** *s.* bălegar. **II.** *v.t.* a îngrăşa (pământul).

manuscript ['mænju:skript] *s.* manuscris.

many ['meni] *adj.*, *pron.* mulţi, multe; ~ *times* de multe ori, *too* ~ prea mulţi.

many-sided ['menisaidid] *adj.* multilateral.

map [mæp] **I.** *s.* hartă, plan. **II.** *v.t.* a plănui, a trasa.

maple ['meipəl] *s.* arţar.

mapper [mæpə] *s.* cartograf.

mar [mɑ:] *v.t.* a strica, a dăuna, a tulbura.

maraud [mə'rɔ:d] *v.i.* a umbla după pradă.

marble ['mɑ:bəl] *s.* marmură, pietricică.

March[1] [mɑ:tʃ] *s.* martie.

march[2] [mɑ:tʃ] **I.** *s.* marş, înaintare. **II.** *v.i.* a mărşălui, a înainta.

marchioness ['mɑ:ʃənis] *s.* marchiză.

mare ['mɛə] *s.* iapă; coşmar.

margarine [madʒərin] *s.* margarină.

margin ['mɑ:dʒin] *s.* margine, hotar, *ec.* acoperire, *poligraf.* albitură, chenar.

marinade [mærineid] **I.** *s.* marinată. **II.** *v.t.* a marina.

marine [mə'ri:n] *adj.* marin, maritim, naval.

mariner [mærinər] *s.* marinar.

marionette [mæriənet] *s.* marionetă.

marjoram ['mɑ:dʒərəm] *s.* magheran.

mark [mɑ:k] **I.** *s.* semn, particularitate, marcă, notă (la şcoală), ţintă, reper, standard, *up to the* ~ cum trebuie, *to make one's* ~ a reuşi în viaţă. **II.** *v.t.* a marca, a însemna, a nota (teze), a caracteriza, a asculta cu atenţie; ~ *my words!* ia aminte la vorbele mele!

marked [mɑ:kt] *adj.* clar, pronunţat, remarcabil, marcat, ştampilat.

market ['mɑ:kit] **I.** *s.* piaţă, târg, afaceri. **II.** *v.t.* a vinde, a duce la piaţă.

marketplace [makit pleis] *s.* piaţă.

market-town ['mɑ:kit taun] *s.* târg, oraş comercial.

mark out [ma:k aut] *v.t.* a marca, a trasa.

marksman ['mɑ:ksmən] *s.* ţintaş.

marmalade ['mɑ:məleid] *s.* marmeladă.

marmot [ma:mət] *s.* marmotă.

marquee [mɑ:'ki:] *s.* *constr.* marchiză, cort mare.

marques, marquis ['mɑ:kwis] *s.* marchiz.

marriage ['mæridʒ] *s.* căsătorie, nuntă; *to take smb in* ~ a lua pe cineva în căsătorie.

marriageable [mæridʒəbəl] *adj*. de măritat.
marriage broker [mæridʒ broukə] *s*. pețitor.
married [mærid] *adj*. căsătorit.
marrow ['mærou] *s*. măduvă, dovlecel, *fig*. esență.
marry ['mæri] *v.t.*, *v.i.* a (se) căsători.
Mars [mɑ:z] *s*. Marte.
marsh [mɑ:ʃ] *s*. mlaştină.
marshal ['mɑ:ʃəl] **I.** *s*. mareşal, maestru de ceremonii, *amer*. şerif. **II.** *v.t.* a aranja, a dispune, a conduce.
marsh parsley [ma:ʃ pasli] *s*. țelină.
marshy ['mɑ:ʃi] *adj*. mlăştinos.
marten ['mɑ:tin] *s*. jder.
martin ['mɑ:tin] *s*. rândunică, lăstun.
martyr ['mɑ:tə] **I.** *s*. martir, mucenic. **II.** *v.t.* a martiriza, a tortura.
martyrdom ['mɑ:tədəm] *s*. calvar.
marvel ['mɑ:vəl] **I.** *s*. minune. **II.** *v.t.*, *v.i.* a (se) minuna.
marvellous ['mɑ:vələs] *adj*. minunat, uluitor.
Marxian ['mɑ:ksiən] *s.*; *adj*. marxist.
marzipan [mazipæn] *s*. marțipan.
mascara [mæska:rə] *s*. rimel.
masculine ['mæskjulin] *adj*. masculin, bărbătesc.
masculinity [mæskjuliniti] *s*. masculinitate.
mash [mæʃ] **I.** *s*. terci, piure. **II.** *v.t.* a zdrobi, a terciui.
mashed potatoes [mæʃt pəteitouz] *s*. piure de cartofi.
mask [mɑ:sk] **I.** *s*. mască. **II.** *v.t.*, *v.i.* a (se) masca.
masochism [mæsəkizəm] *s*. masochism.
masonry ['meisənri] *s*. zidărie.
masquerade [mɑ:skə'reid] *s*. bal mascat, mascaradă.
mass[1] [mæs] **I.** *s*. mulțime, masă, învălmăşeală. **II.** *v.t.*, *v.i.* a (se) masa, a (se) îngrămădi.
Mass, mass[2] [mæs] *s*. liturghie, slujbă.
massacre [mæsəkə:] **I.** *s*. masacru. **II.** *v.t.* a masacra.
massage ['mæsɑ:ʒ] **I.** *s*. masaj. **II.** *v.t.* a masa.
masive [mæsiv] *adj*. masiv; compact, voluminos, robust.
mass pressure [mæs preʃə:] *s*. presiune de inerție.
mast [mɑ:st] *s*. **1.** catarg, stâlp. **2.** ghindă. **3.** *tehn*. coloană.
master ['mɑ:stə] **I.** *s*. stăpân, domn, conducător, căpitan de marină, profesor, învățător, doctor, maestru. **II.** *v.t.* a stăpâni, a căpăta, a înfrânge.
masterly ['mɑ:stəli] *adj*. autoritar, măiestru, magistral.
Master of Arts ['mɑ:stər əv 'ɑ:ts] *s*. doctor în litere.
masterpiece ['mɑ:stəpi:s] *s*. capodoperă.

mastership [mastəʃip] *s.* conducere, administrație.
master stroke ['ma:stə strouk] *s.* lovitură de maestru.
mastery ['ma:stəri] *s.* stăpânire, pricepere, măiestrie.
masticate [mæstikeit] *v.t.* a mastica.
mastication [mæstikeiʃən] *s.* masticație.
mastiff ['mæstif] *s.* dulău.
mat [mæt] **I.** *s.* rogojină, ştergător, păr încâlcit; *to be on the ~* a fi la strâmtoare. **II.** *v.t.* a împleti rogojini. **III.** *adj.* opac, mat.
match [mætʃ] **I.** *s.* **1.** chibrit; fitil. **2.** pereche. **3.** meci. *she is a good ~* ea este o partidă bună; *these colours do not ~* culorile acestea nu se asortează. **II.** *v.t.* a potrivi, a combina, *tehn.* a asambla.
match box [mætʃ bɔks] *s.* cutie de chibrituri.
matchless ['mætʃlis] *adj.* fără pereche.
matchwood [mætʃwud] *s.* aşchii.
mate [meit] **I.** *s.* tovarăş, coleg, partener, *mar.* şef de echipă, ajutor, mat (la şah). **II.** *v.t.*, *v.i.* a (se) căsători, a (se) împerechea, a face mat, *tehn.* a (se) lega.
material [mə'tiəriəl] **I.** *s.* material, textură, *ec.* articol. **II.** *adj.* material, important.
materialism [mə'tiəriəlizəm] *s.* materialism.
materialist [mə'tiəriəlist] *s.* materialist.
materialize [mə'tiəriəlaiz] *v.t.*, *v.i.* a (se) materializa, a (se) concretiza.
maternal [mətə:nəl] *adj.* matern.
maternity hospital [mətəniti hɔspitəl] *s.* maternitate.
maternity leave [mətəniti liv] *s.* concediu de maternitate.
mathematician [mæθəmətiʃən] *s.* matematician.
mathematics [mæθi'mætiks] *s.* matematică.
matriarchy [meitria:ki] *s.* matriarhat.
matriculate [mə'trikjuleit] *v.i.* a intra la facultate, a înmatricula.
matriculation [mətrikjuleiʃən] *s.* înmatriculare.
matrimony ['mætriməni] *s.* căsătorie, căsnicie.
matrix [mætriks] *s.* matriță, *mat.* matrice.
matron ['meitrən] *s.* matroană, menajeră, soră, şefă.
matted [mætid] *adj.* (despre păr) încâlcit.
matter ['mætə] **I.** *s.* materie, subiect, chesti(un)e (importantă), material(e), substanță, esență, puroi, conținut, *as a ~ of fact* de fapt, *no ~ (how)* nu contează (cum), *what's the ~?* ce este?, *what's the ~ with him?* ce se întâmplă cu el? **II.** *v.i.* a conta, *it*

doesn't ~ nu contează, *does it ~?* are vreo importanță?
mattress ['mætris] *s.* saltea, somieră.
mature [mə'tjuə] **I.** *adj.* matur, *bot.* copt. **II.** *v.t.*, *v.i.* a (se) coace.
maturity [mətjuriti] *s.* maturitate, *ec.* scadență.
maudlin ['mɔ:dlin] *adj.* sentimental.
maunder [mɔ:ndər] *v.i.* a trăncăni.
maverick [mævərik] *s.* rătăcitor, hoinar; rebel.
maw [mɔ:] *s. zool.* rânză, gușă.
mawkish ['mɔ:kiʃ] *adj.* fad, *fig.* insipid.
maxillary [mæksiləri] *s.* maxilar.
maxim [mæksim] *s.* maximă.
maximize [mæksimaiz] *v.t.* a maximaliza.
May [mei] *s.* luna mai.
may [mei] *v. mod.* a putea, a avea nevoie, a fi posibil; *may I open the window?* pot deschide fereastra? **II.** *v. aux.* *come what* ~ fie ce-o fi.
maybe ['meibi] *adv.* poate.
mayonnaise [meiəneiz] *s.* maioneză.
mayor [mεə] *s.* primar.
maypole ['meipoul] *s.* stâlp simbolic.
maze [meiz] *s.* labirint.
me [mi] *pron.* pe mine, mă, mie, îmi, eu.
meadow ['medou] *s.* pajiște, luncă.
meager, meagre ['mi:gə] *adj.* slab, sărac.
meal [mi:l] *s.* masă (de prânz); făină.
meal beetle [mil bitəl] *s.* gândac de făină.
meal-time ['mi:l taim] *s.* ora mesei.
mealy ['mi:li] *adj.* făinos, palid.
mean [mi:n] **I.** *s.* medie, *pl.* mijloc, cale, mijloace, avere, metodă, *by ~s of* prin, cu ajutorul. **II.** *adj.* mijlociu, sărăcăcios, umil, mediocru, meschin, josnic, umil. **III.** *v.t.* a vrea să spună, a se referi la, a intenționa, a destina; *I didn't ~ to hurt you* nu am vrut să te rănesc .
meander [mi'ændə] **I.** *s.* meandră, șerpuire. **II.** *v.i.* a face meandre, a rătăci, a vorbi alandala.
meaning ['mi:niŋ] *s.* înțeles.
meaningful [miniŋfəl] *adj.* semnificativ.
meanly [minli] *adv.* sărăcăcios; josnic.
means [minz] *s.* metodă, mijloc, intermediu; ~ *of transport* mijloace de transport, *by all* ~ cu orice preț.
meantime, meanwhile [mintaim, 'mi:nwail] *adv.* între timp.
measles ['mi:zəlz] *s.* pojar.
measurable [meʒərəbəl] adj. măsurabil.

measure ['meʒə] **I.** *s.* măsură, grad, etalon, cantitate, lege, ritm; *beyond ~* peste măsură, *to take ~s* a lua măsuri. **II.** *v.t.* a măsura, a aprecia.

measurement ['meʒəmənt]*s.* măsură, măsurătoare.

meat [mi:t] *s.* carne, mâncare.

meat choper [mit tʃɔpə:] *s.* satâr.

meat pie [mit pai] *s.* plăcintă cu carne.

mechanic [mi'kænik] *s.* mecanic, *pl.* mecanică.

mechanize [mi'kænaiz] *v.t.* a mecaniza.

mechanism [mekənizəm] *s.* mechanism.

medal ['medəl] *s.* medalie.

medallion [midæljən] *s.* medalion.

meddle ['medəl] *v.i.* a se amesteca, a umbla (cu un lucru).

meddler ['medlə] *s.* om băgăreț.

mediate ['mi:dieti] **I.** *adj.* intermediar. **II.** *v.t.*, *v.i.* a media.

mediation [midieiʃən] *s.* mijlocire.

medical aid [medikəl eid] *s.* asistență medicală.

medication [medikeiʃən] *s.* medicație.

medicinal herbs [medisinəl hə:bs] *s.* ierburi medicinale.

medicine ['medsin] *s.* medicină, medicament.

medicine dropper [medsin drɔpə] *s.* pipetă.

mediocre [medioukər] *adj.* mediocre, banal.

mediocrity [midiɔkriti] *s.* mediocritate.

meditate [mediteit] *v.t.*, *v.i.* a medita, a chibzui.

meditation [mediteiʃən] *s.* meditație, contemplare.

medium ['midiəm] **I.** *s.* mijloc, mediu, medie. **II.** *adj.* mediu.

medley ['medli] *s.* amestec, potpuriu.

medulla [midΛlə] *s.* măduva spinării.

medusa [midjuzə] *s.* meduză.

meek [mi:k] *adj.* supus, cuminte, bland, blajin .

meet [mi:t] **I.** *s.* întâlnire, competiție. **II.** *v.t.* a întâlni, a cunoaşte, a întâmpina, a satisface, a acoperi, *to ~ smb. half way* a ajunge la un compromis cu cineva; *~ my father* faceți cunoştință cu tatăl meu, *to ~ a necessity* a satisface o necesitate, *more than ~s the eye* există lucruri ascunse. **III.** *v.i.* a se întâlni, a se cunoaşte.

meeting ['mi:tiŋ] *s.* întâlnire, întrunire, adunare, şedință, *ferov.* joncțiune.

melancholia [melənkouliə] *s.* melancolie.

melancholically [melənkɔ:likəli] *adv.* melancholic.

melancholy ['melənkəli] **I.** *s.* melancolie, deprimare. **II.** *adj.* melancholic, deprimat, trist, abătut.
mellow ['melou] **I.** *adj.* copt, moale, roditor, vesel. **II.** *v.t.*, *v.i.* a (se) coace, a (se) muia.
mellowness [melounis] *s.* maturitate, pârg.
melodic [milɔdik] *adj.* melodic.
melody [melədi] *s.* melodie, arie, cântec.
melon ['melən] *s.* pepene.
melt [melt] *v.t.*, *v.i.* a (se) topi, a (se) dizolva, a (se) muia, *fig.* a îndupleca.
melting point [meltiŋ pɔint] *s.* punct de topire.
member ['membə] *s.* membru, element, *anat.* mădular, *tehn.* piesă.
membership ['membəʃip] *s.* calitate de membru, număr de membri.
membrane [membrein] *s.* membrană, *tehn.* peliculă.
memento [me'mentou] *s.* avertisment.
memoir ['memwɑ:] *s.* memoriu, *pl.* memorii, proces-verbal, notă oficială; dizertație.
memorable [memərəbəl] *adj.* de neuitat.
memorandum [memərændəm] *s.* memorandum, *ec.* notă.
memorial [me'mɔ:riəl] **I.** *s.* monument comemorativ, memoriu, *pl.* cronică. **II.** *adj.* comemorativ.
memorize ['memərаiz] *v.t.* a memora, a reține.
memory ['meməri] *s.* memorie, amintire, reputație.
men [mendicant] *s. pl.* de la man.
menace ['menəs] **I.** *s.* amenințare, primejdie. **II.** *v.t.* a amenința, a primejdui.
menacingly ['menisiŋli] *adv.* amenințător.
mend [mend] **I.** *s.* reparație, cusătură, ameliorare a sănătății. **II.** *v.t.* a repara, a cârpi, a corecta; *to ~ one's ways* a se corija. **III.** *v.i.* a se îmbunătăți, a se corija, a se înzdrăveni.
mendacious [men'deiʃəs] *adv.* mincinos.
mender [mendə:] *s.* reparator.
menfolk ['menfouk] *s. pl.* bărbați.
menial ['miniəl] **I.** *s.* slugă, servitor. **II.** *adj.* servil, umil.
meningitis [menindʒaitis] *s.* meningită.
menopause [menoupɔ:z] *s.* menopauză.
menses ['mein:siz] *s. pl.* menstruație.
menstrual [menstruəl] *adj.* menstrual.
mensural [menʃərəl] *adj.* măsurabil.
mensuration [menʃəreiʃən] *s.* măsurare.
mental ['mentəl] *adj.* mintal.

mentality [men'tæliti] *s.* minte, capacitate (intelectuală), stare de spirit.

mental specialist [mentəl speʃəlist] *s.* psihiatru.

mentholated [menθɔleitid] *adj.* mentolat.

mention ['menʃən] **I.** *s.* mențiune, referire. **II.** *v.t.* a pomeni, a aminti, a menționa, *don't ~ it!* n-aveți pentru ce.

mentionable [menʃənəbəl] *adj.* de menționat.

mentor [mentɔ:] *s.* mentor, învățător, dascăl.

menu ['menju:] *s.* meniu.

meow [miau] *v.i.* a mieuna.

mercantile ['mə:kəntail] *adj.* comercial.

mercenary [məsinəri] **I.** *adj.* mercantil. **II.** *s.* mercenar.

mercer ['mə:sə] *s.* pânzar.

mercery [məsəri] *s.* mercerie.

merchandise ['mə:tʃəndaiz] *s.* marfă.

merchant ['mə:tʃənt] **I.** *s.* (mare) negustor. **II.** *adj.* comercial.

merchant fleet ['mə:tʃənt flit] *s.* flotă comercială.

merchantman ['mə:tʃəntmən] *s.* vas comercial.

merciful ['mə:siful] *adj.* îndurător.

merciless ['mə:silis] *adj.* neîndurător, sălbatic.

mercury ['mə:kjuri] *s.* mercur.

mercy ['mə:si] *s.* îndurare, milă; *at the ~ of* la mila.

mere [miə] *adj.* simplu, *a ~ chance* doar o întâmplare.

merely ['miəli] *adv.* numai, doar, pur şi simplu.

merge [mə:dʒ] *v.t.*, *v.i.* a (se) uni, a fuziona.

merger [mə:dʒə] *s.* fuziune.

merit ['merit] **I.** *s.* merit, valoare; *certificate of ~* diplomă de merit. **II.** *v.t.* a merita.

meritorious [meri'tɔriəs] *adj.* merituos.

mermaid ['mə:meid] *s.* sirenă.

merman [məmæn] *s.* triton.

merriment ['merimənt] *s.* distracție, amuzament, petrecere.

merry ['meri] *adj.* vesel, fericit.

merry-go-round ['merigou raund] *s.* căluşei, *auto* sens giratoriu.

merry-making ['meri meikiŋ] *s.* veselie, petrecere.

mesh [meʃ] **I.** *s.* (ochi de) plasă. **II.** *v.t.* a prinde în plasă.

mesmerism ['mezmərizəm] *s.* hipnotism, letargie.

mesmerize [mesməraiz] *v.t.* a hipnotiza, a fascina.

mess [mes] **I.** *s.* încurcătură, murdărie, porcărie, popotă, sală de mese, fel de mâncare. **II.** *v.t.* a strica, a încurca, a învălmăşi.

message ['mesidʒ] *s.* mesaj, anunț, veste; *say no more, I got the ~* gata! m-am prins.

messenger ['mesindʒə] *s.* mesager, curier.

messenger pigeon ['mesindʒə pidʒən] *s.* porumbel mesager.
messy ['mesi] *adj.* murdar, în dezordine.
met [met] *v.t.*, *v.i.* trec. şi part. trec. de la meet.
metal ['metəl] **I.** *s.* metal, piatră de pavaj, *ferov.* balast. **II.** *v.t.* a pietrui.
metallize [metəlaiz] *v.t.* a metaliza.
metallurgy [metæləd3i] *s.* metalurgie.
metamorphosis [metə'mɔ:fəsis] *s.* metamorfoză.
metaphor ['metəfə] *s.* metaforă.
metaphysical ['metəfizikəl] *adj.* metafizic, abstract.
metaphysics ['metəfiziks] *s.* metafizică, teorie.
meteor [mitiə] *s.* meteor.
meteorite [mitiərait] *s.* meteorit.
method ['meθəd] *s.* metodă, ordine, aranjament.
methodology ['meθə'dɔlədʒi] *s.* metodică.
Methodism ['meθədizm] *s. rel.* metodism.
methylate ['meθileit] *adj.* metilat.
metonymy [mitɔnimi] *s.* metonimie.
metre ['mi:tə] *s.* metru, ritm.
metropolis [mi'trɔpəlis] *s.* metropolă, centru.
metropolitan [metrə'pɔlitən] **I.** *s.* cetăţean al capitalei, mitropolie. **II.** *adj.* metropolitan.
mettle ['metəl] *s.* curaj, bărbăţie, temperament, râvnă.
mettlesome ['metəlsəm] *adj.* viguros, bătăios.
mew [mju:] **I.** *s. ornit.* pescar, pescăruş, mieunat. **II.** *v.t.*, *v.i.* a mieuna.
mewl [mju:l] *v.i.* a scânci.
Mexican ['meksikən] *s.*, *adj.* mexican(ă).
mica ['maikə] *s.* mică.
microbe ['maikroub] *s.* microb.
microbiology [maikroubaiɔlədʒi] *s.* microbiologie.
microphone ['maikrəfoun] *s.* microfon.
micrography [mikrɔgrəfi] *s.* micrografie.
micron [maikrɔn] *s.* micron.
microphone [maikrəfoun] *s.* microfon.
microstructure [maikroustrʌktʃən] *s.* microstructură.
microtelephone [maikroutelifoun] *s.* **microtelefon.**
midday [mid'dei] *s.* amiază.
middle ['midəl] **I.** *s.* mijloc, centru; *in the ~ of the night* în mijlocul nopţii. **II.** *adj.* mijlociu.
middle-aged ['midəleidʒd] *adj.* între două vârste.

Middle Ages ['midəleidʒiz] *s.* evul mediu.
middle class ['midəl klæs] *s.* burghezie.
Middle East [midəl ist] *s.* Orientul Mijlociu.
middle name [midəl neim] *s.* al doilea nume de botez.
middling ['midliŋ] **I.** *adj.* mediocru. **II.** *adv.* binişor.
midget ['midʒit] *s.* pitic.
midland ['midlənd] *s.* inima ţării.
midnight ['midnait] *s.* miezul nopţii.
midriff [midriff] *s.* diafragmă; abdomen.
midst [midst] *s.* mijloc; *in the ~ of things* în mijlocul lucrurilor.
midsummer ['missʌmə] *s.* miezul verii, Sânziene.
midway [mid'wei] *adv.* la jumătate de drum.
midwife ['midwaif] *s.* moaşă.
mien [mi:n] *s.* înfăţişare, mină.
miff [mif] **I.** *s.* indispoziţie. **II.** *v.t.* a scoate din pepeni.
might [mait] *s.* putere, *with ~ and main* cu toată puterea, pret. de la may.
mighty ['maiti] **I.** *adj.* puternic, mare. **II.** *adv.* foarte.
migrane [migrein] *s.* migrenă.
migrate [mai'greit] *v.i.* a migra, a emigra.
migrator [maigreitə] *s.* pasăre migratoare.
mike [maik] *s.* microfon.
milch [miltʃ] *adj.* cu lapte, de lapte.
mild [maild] *adj.* blând, dulce, slab.
milden [maildən] *v.t.* a îmblânzi.
mildew ['mildju:] **I.** *s.* mucegai, *bot.* tăciune. **II.** *v.t.*, *v.i.* a mucegăi.
mildly ['maildli] *adv.* blând, dulce, uşor.
mildness [maildnis] *s.* blândeţe.
mile [mail] *s.* (măsură de o) milă, *it's ~s better* e mult mai bine.
mileage ['mailidʒ] *s.* distanţă, kilometraj.
milestone ['mailstoun] *s.* piatră kilometrică, piatră de hotar.
milfoil [milfɔil] *s.* coada şoricelului.
militant ['militənt] **I.** *s.* activist. **II.** *adj.* combativ, războinic.
militarize [militəraiz] *v.t.* a militariza.
military [militəri] *adj.* militar.
militate ['militeit] *v.i.* a milita, a activa.
milk [milk] **I.** *s.* lapte; *it's no use crying over spilt ~* n-are sens să suferi pentru ceva ce nu mai poate fi schimbat. **II.** *v.t.* a mulge, *fig.* a stoarce, a exploata.
milkiness [milkines] *s.* aspect lăptos.
milkmaid [milkmeid] *s.* mulgătoare.
milkman ['milkmən] *s.* lăptar.

milksop ['milksɔp] *s.* papă-lapte.

mill [mil] **I.** *s.* fabrică (în special textilă), moară, râşniţă, viaţă grea, *tehn.* freză. **II.** *v.t.* a măcina, a produce, a lamina. **III.** *v.i.* a se învârti.

mill wheel [mil wil] *s.* roata morii.

millenium [mi'leniəm] *s.* mileniu, epocă de aur.

miller ['milə] *s.* morar.

millet ['milit] *s.* mei.

milliner ['milinə] *s.* modistă.

millinery ['milinəri] *s.* magazin de modă.

millionaire ['miljənɛə] *s.* milionar, miliardar.

millstone ['mil stoun] *s.* piatră de moară.

mime [maim] **I.** *s.* mim(ă). **II.** *v.t.*, *v.i.* a mima.

mimic ['mimik] **I.** *s.* imitator. **II.** *adj.* de mimică, imitativ. **III**. *v.t.* a imita.

mimicry ['mimikri] *s.* mimică.

mimosa [mimousə] *s.* mimoză.

minatory [minətɔri] *s.* ameninţător.

mince [mins] *v.t.* a toca, a fărâmiţa, *not to ~ matters* a spune lucrurilor pe nume.

mincemeat [minsmit] *s.* carne tocată.

mincing ['minsiŋ] *adj.* mărunt, afectat.

mincing machine [minsiŋ məʃin] *s.* maşină de tocat.

mind [maind] **I**. *s.* minte, înţelepciune, părere, spirit, hotărâre, *of one ~* de acord, *to my ~* după părerea mea, după gustul meu, *out of one's ~* descreierat, *to keep smth in ~* a reţine ceva, *I have smth on my ~* mă preocupă ceva, *he changed his ~* s-a răzgândit, *to read smb's ~* a ghici gândurile cuiva. **II.** *v.t.* a observa, a păzi, a avea grijă de, a-i păsa de, a da atenţie la, a se feri de; *~ your tongue!* ai grijă ce spui!, *I don't ~ your smoking here* nu mă deranjează că fumezi aici. **III.** *v.i.* a se supăra, a fi atent, *never ~!* nu face nimic!

mindful ['maindful] *adj.* atent, pătruns (de o idee).

mine [main] **I.** *s.* mină. **II.** *pron.* al meu. **III.** *v.t.* a săpa, a (sub)mina, a extrage.

mine detector [main ditektə:] *s.* detector de mine.

mine field [main fild] *s.* câmp magnetic.

miner ['mainə] *s.* miner, *mil.* pionier.

mineralization [minərəlaizeiʃən] *s.* mineralizare.

mineralize [minərəlaiz] *v.t.* a mineraliza.

mineral spring [minərəl spriŋ] *s.* izvor min eral.

mineral water [minərəl wɔtə:] *s.* apă minerală.

mingle ['miŋgəl] *v.t.*, *v.i.* a (se) amesteca.

miniature [minitʃə] *s.* miniatură.
minim ['minim] *s. muz.* doime.
minimize ['minimaiz] *v.t.* a minimaliza, a diminua.
mining ['mainiŋ] *s.* minerit.
minister ['ministə] *s.* ministru, preot, agent.
ministerial ['ministəriəl] *adj.* ministerial, guvernamental.
ministry ['ministri] *s.* minister, guvern, cler.
mink [miŋk] *s.* nurcă.
minor ['mainə] *s., adj.* minor.
minority [minɔriti] *s.* minoritate.
minstrel ['minstrəl] *s.* menestrel, colindător.
mint [mint] **I.** *s.* mentă, monetărie, sursă. **II.** *v.t.* a bate (monedă) a născoci.
minuet [minju'et] *s.* menuet.
minus ['mainəs] *s., adj., prep.* minus.
minute[1] [minit] **I.** *s.* clipă, minut(ă), proces-verbal. **II.** *v.t.* a cronometra.
minute[2] [mai'nju:t] *adj.* amănunțit, minuțios, mărunt.
minute hand ['minit hænd] *s.* minutar.
minx [minks] *s.* obrăznicătură, fetișcană neserioasă.
miracle ['mirəkəl] *s.* miracol, model.
mire ['maiə] **I.** *s.* noroi, mlaștină, încurcătură. **II.** *v.t.* a înnămoli, *fig.* a împroșca cu noroi.
mirror ['mirər] **I.** *s.* oglindă. **II.** *v.t.* a oglindi.
mirth [mə:θ] *s.* veselie, distracție.
mirthless ['mə:θlis] *adv.* trist.
misadventure [misəd'ventʃə] *s.* nenorocire, necaz.
misalliance [misə'laiəns] *s.* mezalianță.
misanthrope [mizənθroup] *s.* mizantrop.
misappropriate [misə'prouprieit] *v.t.* a deturna (fonduri).
misapprehension [misə'pri'henʃən] *s.* neînțelegere.
misbegotten [misbigɔtən] *adj.* nelegitim.
misbehave [misbi'heiv] *v.t., v.r.* a se purta rău.
miscalculate [miskælkjuleit] *v.t., v.i.* a calcula greșit.
miscalculation [miskælkjuleiʃən] *s.* calcul greșit.
miscarriage [mis'kæridʒ] *s* **1.** eșec, greșeală. **2.** avort.
miscarry [mis'kæri] *v.i.* a eșua, a se pierde, a avorta.
miscellaneous [misi'leiniəs] *adj.* amestecat, variat.
mischance [mis'tʃɑ:ns] *s.* ghinion.
mischief ['mistʃif] *s.* rău, stricăciune, ticăloșie, poznă, drăcușor.
mischievous ['mistʃivəs] *adj.* rău, poznaș.

misconduct [mis'kɔndʌkt] **I.** *s.* purtare rea, neglijență (în serviciu). **II.** *v.r.* a se purta urât.

misconstruction [miskən'strʌkʃən] *s.* neînțelegere.

misconstrue [miskən'stru:] *v.t.* a interpreta greşit.

misdate [misdeit] *v.t.* a data greşit.

misdeed [mis'di:d] *s.* fărădelege, ticăloşie, crimă.

misdemeano(u)r [misdi'mi:nə] *s.* nelegiuire, contravenție.

misdoings [mis'du:iŋz] *s.* fapte rele.

miser ['maizə] *s.* zgârcit, avar.

misery [mizəri] *s.* mizerie, sărăcie, nenorocire, supărare.

miserable ['mizərəbəl] *adj.* nenorocit, sărac, mizerabil.

misestimate [misestimeit] *v.t.* a estima greşit.

misfit ['misfit] *s.* lucru nepotrivit, om nepotrivit, inadaptabil.

misfortune [mis'fɔ:tʃən] *s.* nenorocire.

misgiving [mis'giviŋ] *s.* îndoială, presimțire.

misguidance [misgʌidəns] *s.* proastă îndrumare.

mishap ['mishæp] *s.* ghinion.

misinform [misin'fɔ:m] *v.t.* a dezinforma.

misinterpret [misin'tə:prit] *v.t.* a interpreta greşit.

misjudge [mis'dʒʌdʒ] *v.t.*, *v.i.* a judeca greşit.

mislay [mis'lei] *v.t.* a pierde, a zăpăci.

mislead [mis'li:d] *v.t.* a duce pe o cale greşită, a înşela.

mismanage [mis'mænidʒ] *v.t.* a administra prost.

misogynist [misɔdʒinist] *s.* misogin.

misplace [mis'pleis] *v.t.* a pune unde nu trebuie, a rătăci.

misprint [mis'print] **I.** *s.* greşeală de tipar. **II.** *v.t.* a tipări greşit.

mispronounce [misprə'nauns] *v.t.* a pronunța greşit.

misquote [miskwout] *v.t.*, *v.i.* a cita greşit.

misrepresent [misrepri'zent] *v.t.* a deforma, a denatura.

misrepresentation [misreprezenteiʃən] *s.* denaturare.

miss[1] [mis] **I.** *s.* scăpare, eşec. **II.** *v.t.* a nu atinge, a scăpa, a pierde, a-ți fi dor de, a omite, *to ~ fire* a nu lua foc, a nu porni, *he ~ed the train* el a pierdut trenul, *I ~ you* mi-e dor de tine. **III.** *v.i.* a greşi ținta, a cădea prost.

Miss[2] [mis] *s.* domnişoară.

misshapen [mis'ʃeipən] *adj.* diform.

missile ['misail] *s.* proiectil.

missing ['misiŋ] **I.** *s. pl. the ~* dispăruții. **II.** *adj.* absent, lipsă, dispărut.

mission ['miʃən] *s.* misiune, îndatorire, chemare.

missionary [miʃənəri] *s.* misionar.
misspell [mis'spel] *v.t.* a ortografia greşit.
misspend [mis'spend] *v.t.* a irosi, a risipi.
mist [mist] *s.* ceaţă.
mistake [mis'teik] **I.** *s.* greşeală, confuzie, accident; *by ~* din greşeală. **II.** *v.t.* a greşi, a confunda, a înţelege greşit.
mistaken [misteikən] *adj.* greşit, incorect.
mister ['mistə] *s.* domnul.
mistimed [mistaimd] *adj.* inoportun.
mistletoe ['misəltou] *s.* vâsc.
mistranslate [mistrənsleit] *v.t.* a traduce greşit.
mistress ['mistris] *s.* doamna, stăpână, maestră, profesoară, iubită, amantă, metresă.
mistrust [mis'trʌst] **I.** *s.* neîncredere. **II.** *v.t.* a bănui.
mistrustful [mistrʌstfəl] *adj.* neîncrezător.
misty ['misti] *adj.* ceţos, vag, neguros, *fig.* confuz.
misunderstand [misʌndə'stænd] *v.t.* a înţelege greşit.
misunderstanding [misʌndə'stændiŋ] *s.* neînţelegere.
misuse [mis'ju:s] *s.* folosire greşită, abuz.
mite [mait] *s.* **1.** monedă mică, sumă neînsemnată. **2.** strop. **3.** ţânc. **4.** căpuşă, gâză.
mitigate ['mitigeit] *v.t.* a îmblânzi, a micşora, a înmuia, a alina.
mitigating circumstances [mitigeitiŋ səkəmstænsiz] *s. pl.* circumstanţe atenuante.
mitigation [mitigeiʃən] *s.* alinare.
mitosis [maitousis] *s.* mitoză.
mitten [mitən] *s.* mănuşă cu un singur deget.
mittimus [mitiməs] *s. jur.* ordin de întemniţare.
mix [miks] **I.** *v.t.* a amesteca, a pune laolaltă, a combina, *bot.* a încrucişa. **II.** *v.i.* a se amesteca, a se combina, a se asocia.
mixed ['mikst] *adj.* amestecat, mixt, învălmăşit, confuz.
mixed school [mikst skul] *s.* şcoală mixtă.
mixer ['miksə] *s.* **1.** malaxor. **2.** *constr.* betonieră. **3.** persoană sociabilă.
mix in [miks in] *v.t. gastr.* a introduce, a adăuga.
mixture ['mikstʃə] *s.* amestec(ătură).
mix up [miks ʌp] **I.** *s.* confuzie, zăpăceală. **II.** *v.t.* a amesteca bine, a încâlci.
mizzle [mizəl] *v.t.* a năuci, a zăpăci.

moan [moun] **I.** *s.* geamăt, murmur. **II.** *v.i.* a geme, a suspina, a murmura.

moat [mout] *s.* şanţ (cu apă).

mob [mɔb] **I.** *s.* mulţime, gloată. **II.** *v.t.* a se îngrămădi, a se îmbulzi. **III.** *v.i.* a se strânge, a se aduna.

mobile [moubail] *adj.* mobil, schimbător, *auto* mobil.

mobility [mɔbiliti] *s.* mobilitate.

mobilize [moubilaiz] *v.t.* a mobiliza.

mock [mɔk] **I.** *s.* batjocură, satiră. **II.** *adj.* comic, simulat. **III.** *v.t.* a-şi bate joc de, a sfida, a ridiculiza. **IV.** *v.i.* *to ~ at* a lua în râs.

mockery ['mɔkəri] *s.* batjocură, parodie, ridiculizare.

modality [moudæliti] *s.* modalitate.

mode [moud] *s.* mod, modă, *muz.* tonalitate, *gram.* mod.

model ['mɔdəl] **I.** *s.* model, machetă, tipar, şablon. **II.** *adj.* model. **III.** *v.t.* a modela.

moderate [mɔdəreit] **I.** *v.t.*, *v.i.* a (se) modera, a (se) stăpâni. **II.** *adj.* moderat, cumpătat, temperat.

moderation [mɔdəreiʃən] *s.* moderaţie, cumpătare, modestie.

moderator [mɔdəreitə:] *s.* arbitru, *univ.* examinator.

modern ['mɔ:dən] *adj.* modern.

modernism [mɔdənizəm] *s.* modernism.

modernize [mɔdə:naiz] *v.t.*, *v.i.* a (se) moderniza.

modest ['mɔdist] *adj.* modest, timid, cuminte, decent, moderat.

modesty ['mɔdisti] *s.* modestie, timiditate, delicateţe, decenţă.

modifiable [mɔdifaiəbəl] *adj.* modificabil.

modification [mɔdifikeiʃən] *s.* modificare.

modifier [mɔdifaiə:] *s.* *gram.* determinant.

modify ['mɔdifai] *v.t.* a modifica, a schimba, a modera, a tempera, a transforma.

modish ['moudiʃ] *adj.* elegant, la modă.

module [mɔdjul] *s.* modul.

modulus [mɔdjuləs] *s.* coeficient.

moil [mɔil] **I.** *s.* muncă grea. **II.** *v.i.* a trudi.

moist [mɔist] *adj.* umed, jilav.

moisten [mɔistən] *v.t.*, *v.i.* a (se) umezi, a (se) uda.

moisture ['mɔistʃə] *s.* umezeală.

molar [moulə:] *adj.* molar.

molasses [mə'læsiz] *s.* melasă.

mole [moul] *s.* neg, cârtiţă, dig portuar.

molecular [moulekjulə:] *adj.* molecular.

molecule [mɔlikju:l] *s.* moleculă.

molehill ['moulhil] *s.* muşuroi de cârtiţă.

molest [mə'lest] *v.t.* a necăji, a tulbura; a molesta.
mollify ['mɔlifai] *v.t.* a înmuia, a potoli.
mollycoddle ['mɔlikɔdəl] **I.** *s.* papă-lapte, răsfățat. **II.** *v.t.* a răsfăța.
molten ['moultən] *adj.* topit.
moment ['moumənt] *s.* clipă, moment, importanță; *to a ~* punctual.
momentary ['mouməntri] *adj.* momentan, imediat.
momentous [mə'mentəs] *adj.* foarte important.
momentum [mə'mentəm] *s.* avânt, mişcare, proporții.
monarch ['mɔnək] *s.* monarh.
monarchy ['mɔnəki] *s.* monarhie.
monastery ['mɔnəstri] *s.* mănăstire.
Monday ['mΛndi] *s.* luni.
money ['mΛni] *s.* bani, avere.
money-bag ['mΛni bæg] *s.* avere, bogătaş, magnat.
money-lender ['mΛni lendə] *s.* cămătar.
money-order ['mΛni ɔ:də] *s.* mandate poştal.
mongrel ['mΛŋgrəl] *s.* corcitură.
monk [mΛŋk] *s.* călugăr.
monkey ['mΛŋki] *s.* maimuță, maimuțoi, copilaş.
monkey bread [mɔŋki bred] *s.* baobab.
monkey-wrench ['mΛŋki rentʃ] *s.* *tehn.* cheie universală/ franceză.
monochromatic [mɔnoukroumætik] *adj.* monocromatic.
monocle [mɔnəkəl] *s.* monoclu.
monocotyledon [mɔnoukɔtilidən] *s.* monocotiledonat.
monogamist [mənɔgəmist] *s.* monogam.
monogamy [mənɔgəmi] *s.* monogamie.
monograph ['mɔnəgrɑ:f] *s.* monografie.
monomania [mɔnou'meinjə] *s.* idee fixă, nebunie.
monopolize [mənɔpəlaiz] *v.t.* a monopoliza.
monopoly [mə'nɔpəli] **I.** *s.* monopol. **II.** *adj.* monopolist.
monosyllabic [mɔnəsilæbik] *adj.* monosilabic.
monotheism [mɔnouθi'izəm] *s.* monoteism.
monotonous [mənɔtənəs] *adj.* monoton.
monotony [mənɔtəni] *s.* monotonie.
monotype [mɔnətaip] *s.* monotip.
monoxide [mɔnɔksaid] *s.* monoxid.
monsoon [mɔnsun] *s.* muson.
monster ['mɔnstə] *s.* monstru.
monstrance [mɔnstrəns] *s.* chivot.
monstrous ['mɔnstrəs] *adj.* monstruos, uriaş, enorm, hidos, slut.
month [mΛnθ] *s.* lună.

monthly ['mΛnθli] **I.** *s.* publicaţie lunară. **II.** *adj.*, *adv.* lunar.
monument ['mɔnju:mənt] *s.* monument.
monumental ['mɔnju:məntəl] *adj.* monumental, impresionant.
moo [mu:] **I.** *s.* muget. **II.** *v.i.* a mugi.
mood [mu:d] *s.* dispoziţie, capriciu, *muz.* tonalitate, *gram.* mod; *I am not in the ~ for talking* nu am chef de vorbă.
moody [mu:di] *adj.* capricios, prost dispus, morocănos.
moon [mu:n] *s.* luna, lumina lunii; *a full ~* o lună plină, *to bay the ~* a urla la lună.
moonbeam ['mu:nbi:m] *s.* rază de lună.
moonish [muniʃ] *adj.* schimbător.
moonlit [mu:nlit] *adj.* luminat de lună.
moonshine [mu:nʃain] *s.* lumina lunii, aiureală.
moon-struck [mu:nstrΛk] *adj.* aiurit, lunatic, smintit.
moor[1] [muo] **I.** *s.* bărăgan, ierburi, mlaştină, teren de vânătoare. **II.** *v.i.* *nav.* a se lega, a acosta.
Moor[2] [muə] *s.* maur.
moorage [muəridʒ] *s.* *nav.* acostare, loc de ancorare.
moor hen [muə: hen] *s.* găinuşă de baltă.
mooring ['muəriŋ] *s.* *nav.* dană de acostare.
Moorish ['muəriʃ] *adj.* maur.
moose [mu:s] *s.* elan.
moot [mú:t] *v.t.* a aduce în discuţie.
mop [mɔp] **I.** *s.* şomoiog, smoc, pămătuf; smoc de păr. **II.** *v.t.* a şterge (cu cârpa), a mătura.
mope [moup] **I.** *s.* morocănos, *pl.* proastă dispoziţie. **II.** *v.i.* a bombăni, a fi abătut.
moral ['mɔrəl] **I.** *s.* morală, tâlc; *a man without ~s* un om fără principii. **II.** *adj.* moral, cumpătat.
morale [mɔ'rɑ:l] *s.* moral.
moralism [mɔrəlizəm] *s.* moralism.
morality [mə'ræliti] *s.* morală, dramă medievală.
moralize ['mɔrəlaiz] **I.** *v.t.* a aduce pe calea cea bună, a moraliza. **II.** *v.i.* a ţine predici.
morass [məræs] *s.* mlaştină, baltă, *fig.* încurcătură.
morbid [mɔ:bid] *adj.* morbid; fioros.
morbidity [mɔ:biditi] *s.* morbiditate.
mordacious [mɔdeiʃəs] *adj.* ascuţit.
mordant [mɔdənt] *adj.* muşcător.
more [mɔ:] **I.** *adj.* *compar.* de la much sau many mai mult, mai mulţi, în plus, suplimentar, alt, *~ beautiful* mai frumos. **II.** *pron.* mai

mult, mai mulţi; ~ *or less* mai mult sau mai puţin, ~ *and* ~ din ce în ce mai mult, *once* ~ încă o dată. **III.** *adv. compar.* de la much mai mult, pe deasupra, iarăşi, *no* ~ nu mai, gata.

moreover [mɔ:'rouvə] *adj.* pe deasupra, pe lângă asta.

morgue [mɔ:g] *s.* morgă.

morning ['mɔ:niŋ] *s.* dimineaţă; *early in the* ~ dis de dimineaţă, *good* ~ bună dimineaţa.

moron ['mɔ:rɔn] *s.* debil mintal, arierat.

morose [mə'rous] *adj.* morocănos, sumbru, ursuz.

morpheme [mɔ:fi:m] *s.* morfem.

morphia ['mɔ:fiə] *s.* morfină.

morphine [mɔ:fin] *s.* morfină.

morphogenesis [mɔfoudʒenisis] *s.* morfogeneză.

morphological [mɔfəlɔdʒikəl] *adj.* morfologic.

morphology [mɔ:fɔlədʒi] *s.* morfologie.

morsel ['mɔsəl] *s.* bucăţică, îmbucătură, înghiţitură.

mortal ['mɔ:təl] **I.** *s.* muritor. **II.** *adj.* muritor, mortal, de moarte, extrem.

mortality [mɔtæliti] *s.* mortalitate.

mortar ['mɔ:tə] **I.** *s.* tencuială, mojar, mortieră. **II.** *v.t.* a tencui.

mortgage ['mɔ:gidʒ] **I.** *s.* **1.** ipotecă. **2.** *jur.* ipotecare, amanetare. **II.** *v.t.* a ipoteca, a angaja. **III.** *v.r.* a se angaja.

mortgagee [mɔgidʒi] *s. jur.* creditor ipotecar.

mortgager [mɔgidʒə:] *s. jur.* datornic ipotecar.

mortician [mɔ:'tiʃən] *s. amer.* antreprenor de pompe funebre.

mortification [mɔ:tifikeiʃən] *s.* ruşine, jignire, penitenţă, cangrenă.

mortify ['mɔ:tıfaı] **I.** *v.t.* a mortifica, a jigni, a înfrânge, a umili. **II.** *v.i.* a se mortifica, a se gangrena.

mortise [mɔtis] *s.* şanţ.

mortuary ['mɔ:tjuəri] **I.** *s.* capelă funerară. **II.** *adj.* mortuar.

Moslem ['mɔzləm] *s., adj.* musulman.

mosque [mɔsk] *s.* moschee.

mosquito [məs'ki:tou] *s.* ţânţar.

moss [mɔs] *s. bot.* muşchi.

most [moust] *adj. superl.* de la much şi many cel mai mult, foarte, cât se poate de; ~ *people* cei mai mulţi oameni, *to make the* ~ *of smth* a profita din plin de ceva.

mostly ['moustli] *adv.* mai ales, în special, aproape tot.

mote [mout] *s.* părticică, fărâmă.

motel [mou'tel] *s.* hotel pentru automobilişti, motel.

moth [mɔθ] *s.* molie.

mother ['mʌðə] **I.** *s.* mamă. **II.** *adj.* matern.
mother bee ['mʌðə bi:] *s.* regina albinelor.
mother country ['mʌðə kʌntri] *s.* patrie, metropolă.
motherhood ['mʌðəhud] *s.* maternitate.
mother-in-law ['mʌðərin'lɔ:] *s.* soacră.
mother-of-pearl ['mʌðərəv'pə:l] *s.* sidef.
mother tongue [mʌðə tʌŋ] *s.* limba maternă.
motif [mou'ti:f] *s.* temă, motiv.
motion ['mouʃən] **I.** *s.* mişcare, gest, moţiune, *tehn.* mecanism. **II.** *v.i.* a face semn (cuiva).
motionless ['mouʃənlis] *adj.* nemişcat, imobil.
motion-picture ['mouʃən'piktʃə] *s.* film.
motivation [moutiveiʃən] *s.* motivare.
motive ['moutiv] **I.** *s.* motiv. **II.** *adj.* motrice. **III.** *v.t.* a dicta, a inspira, a stimula.
motley ['mɔtli] *adj.* bălţat, amestecat, variat.
motor ['moutə] *s.* motor, automobil.
motor-bicycle ['moutə baisikəl] *s.* motoretă.
motor-boat ['moutəbout] *s.* şalupă.
motor-bus ['moutəbʌs] *s.* autobuz.
motor-car ['moutə kɑ:r] *s.* automobil.
motor-cycle ['moutəsaikəl] *s.* motocicletă.
motorist ['moutərist] *s.* automobilist.
motorize [moutəraiz] *v.t.* a motoriza.
mottle [mɔtəl] *v.t.* a împestriţa.
mould [mould] **I.** *s.* mulaj, formă, mucegai. **II.** *v.t.* a turna în forme, a modela, a forma. **III.** *v.i.* a mucegăi.
mound [maund] **I.** *s.* colină, dâmb, morman. **II.** *v.t.* a împrejmui cu un zid.
mount [maunt] **I.** *s.* munte, cal de călărie, afet, *tehn.* montură. **II.** *v.t.* a urca (pe), a încăleca, a monta, a duce, a sălta. **III.** *v.i.* a (se) urca, a încăleca.
mountain ['mauntin] **I.** *s.* munte, morman; *a ~ of debts* o groază de datorii. **II.** *adj.* imens.
mountain chain ['mauntin tʃein] *s.* lanţ de munţi.
mountaineer ['mauntiniə] *s.* muntean, alpinist.
mountaineering ['mauntiniəriŋ] *s.* alpinism.
mountainous ['mauntinəs] *adj.* muntos, uriaş.
mountebank ['mauntibæŋk] *s.* şarlatan, jongler.
mounted [mauntid] *adj.* călare.
mourn [mɔ:n] *v.t.*, *v.i.* a jeli.

mourner [mɔ:nə] *s.* persoană în doliu, bocitoare.
mournful [mɔ:nful] *adj.* trist, sumbru.
mourning ['mɔ:niŋ] **I.** *s.* doliu, supărare. **II.** *adj.* îndoliat, de doliu.
mouse [maus] *s.* şoarece.
mousehole [maushoul] *s.* gaură de şoarece.
mouse sight [maus sait] *s.* miopie.
mouse-trap [maustræp] *s.* cursă (de şoareci).
moustache [məs'tɑ:ʃ] *s.* mustaţă.
mouth [mauθ] *s.* gură.
mouth organ [mauθ ɔgən] *s.* muzicuţă.
mouthful [mauθful] *s.* îmbucătură.
mouthwash [mauθwɔʃ] *s.* apă de gură.
movable ['mu:vəbəl] **I.** *s.* bun mobil. **II.** *adj.* mobil, schimbător.
move [mu:v] **I.** *s* mişcare, schimbare, măsură, acţiune, deplasare; *to make a* ~ a face o mişcare. **II.** *v.t.* a mişca, a muta, a se muta, a înainta, a acţiona.
moveless [muvlis] *adj.* fix, imobil.
movement ['mu:vmənt] *s.* mişcare, deplasare, mutare, *com.* circulaţie.
movie ['mu:vi] *s.* film, *pl.* cinema.
movie star [muvi sta:] *s.* stea de cinema.
moving ['mu:viŋ] *adj.* mişcător.
moving pictures ['mu:viŋ piktʃə] *s. pl.* filme, cinema(tograf).
mow [mou] *v.t.*, *v.i.* a cosi, a secera.
mower ['mouə] *s.* cosaş, *agr.* secerătoare.
M. P. *s.* deputat.
Mr. *s.* domnul…
Mrs. *s.* doamna…
Ms. *s.* manuscris.
much [mΛtʃ] **I.** *adj. pron.* mult, *how ~?* cât? cu ce preţ?, *that's too* ~ asta e prea de tot, ~ *will have more* ban la ban trage, *as* ~ *as* la fel ca şi, ~ *more* mult mai mult. **II.** *adv.* mult (mai), în mare măsură, aproape.
muck [mΛk] *s.* bălegar, noroi, nămol.
mucosity [mju:kɔsiti] *s.* mucozitate.
mud [mΛd] **I.** *s.* noroi, nămol, mâl. **II.** *v.t.* a murdări, a mânji.
mud bath [mΛd ba:θ] *s.* baie de nămol.
muddle ['mΛdəl] **I.** *s.* învălmăşeală, confuzie. **II.** *v.t.* a încurca, a zăpăci, a amesteca, a tulbura (apa).
muddle-headed ['mΛdəl hedid] *adj.* zăpăcit, aiurit.
muddy ['mΛdi] *adj.* noroios, mâlos, murdar, întunecat, învălmăşit.

mudguard ['mʌdgɑ:d] *s. auto.* aripă.
muff [mʌf] **I.** *s.* manşon, *sport* lovitură ratată. **II.** *v.t. sport* a rata.
muffin ['mʌfin] *s.* brioşă.
muffle ['mʌfəl] *v.t.* a înfofoli, a înfăşura, a acoperi (sunetele).
muffled [mʌfəld] *adj.* învelit, înfofolit.
muffler ['mʌflə] *s.* fular, înveliş.
mufti ['mʌfti] *s.* haine civile.
mug [mʌg] **I.** *s.* cană, mutră, ageamiu; tocilar. **II.** *v.t.* a pălmui; a jefui; a se strâmba. **III.** *v.i.* a toci.
mugger [mʌgə] *s.* bufon.
mulatto [mju'lætou] *s.* mulatru.
mulberry [mʌlberi] *s.* dud, dudă.
mule [mju:l] *s.* catâr, papuc; *tehn.* şablon.
mulish ['mju:liʃ] *adj.* încăpăţânat.
mull [mʌl] **I.** *s.* tifon. **II.** *v.t.* a pune mirodenii.
multicoloured [mʌltikʌləd] *adj.* multicolour.
multifarious [mʌlti'fɛəriəs] *adj.* divers, variat.
multiple ['mʌltipəl] *s., adj.* multiplu, numeros.
multipliable [mʌltiplaiəbəl] *adj.* multiplicabil.
multiplication [mʌltipli'keiʃən] *s.* înmulţire.
multiplicity [mʌltiplisiti] *s.* multiplicitate.
multiplier [mʌltiplaiə:] *s.* coefficient, *mat.* înmulţitor.
multiply ['mʌltiplai] *v.t., v.i.* a (se) înmulţi, a multiplica.
multitude ['mʌltitju:d] *s.* mulţime.
mum [mʌm] **I.** *adj.* tăcut. **II.** *interj.* sst!
mumble ['mʌmbəl] **I.** *s.* mormăit. **II.** *v.t., v.i.* a mormăi, a molfăi.
mumbling [mʌmbliŋ] *s.* mormăit.
mummer ['mʌmə] *s.* mim, actor.
mummery ['mʌməri] *s.* mimă, *teatru* pantomimă.
mummification [mʌmifikeiʃən] *s.* mumificare.
mummify [mʌmifai] *v.t.* a mumifica.
mummy ['mʌmi] *s.* mumie.
mumps [mʌmps] *s.* oreion.
munch [mʌntʃ] *v.t., v.i.* a molfăi.
mundane ['mʌndein] *adj.* lumesc.
municipality [mju:nisi'pæliti] *s.* municipiu.
munificent [mju:'nifisənt] *adj.* foarte generos.
munition [mju'niʃən] **I.** *s.* armament. **II.** *v.t.* a înarma.
mural ['mjuərəl] **I.** *s.* pictură murală. **II.** *adj.* mural.
murder ['mə:də] **I.** *s.* omor, crimă. **II.** *v.t.* a omorî, a ucide.
murderer ['mə:dərə] *s.* ucigaş, criminal.

murderous ['mə:dərəs] *adj.* criminal, ucigător.
murky ['mə:ki] *adj.* întunecos, întunecat, sinistru.
murmur ['mə:mə] **I.** *s.* murmur, zgomot, zumzet, foşnet. **II.** *v.t.*, *v.i.* a murmura, a şopti, a fremăta.
muscle ['mʌsəl] *s.* muşchi, forţă.
muscular [mʌskjulə] *adj.* muscular.
Muse [mju:z] *s.* muză.
muse [mju:z] *v.i.* a medita, a fi dus pe gânduri.
musette [mjuzet] s. cimpoi.
museum [mju'ziəm] *s.* muzeu.
mush [mʌʃ] *s.* fiertură, terci.
mushroom ['mʌʃrum] **I.** *s.* ciupercă. **II.** *v.i.* a creşte ca ciupercile.
music ['mju:zik] *s.* muzică.
musical ['mju:zikəl] *adj.* muzical, meloman.
musical box [mjuzikəl bɔks] *s.* cutie muzicală.
music-hall ['mju:zik hɔ:l] *s.* teatru de revistă, varieteu.
musician [mju:ziʃən] *s.* muzicant, compozitor, muzician.
musicology [mjuzikɔlədʒi] *s.* muzicologie.
music-stand ['mju:zik stænd] *s.* pupitru pentru note.
musk [mʌsk] *s.* mosc.
musket ['mʌskit] *s.* flintă.
musketry ['mʌskitri] *s.* tir.
muslin [mʌzlin] *s.* muselină.
mussel [mʌsəl] *s.* midie.
must [mʌst] **I.** *s.* **1.** necesitate (imperioasă). **2.** must. **3.** mucegai. **II.** *v. mod.* a trebui, a fi foarte probabil, a fi logic; *you ~ listen to me* trebuie să mă asculţi.
mustache [məsta:ʃ] *s.* mustaţă.
mustang [mʌstæŋ] *s.* cal sălbatic.
mustard ['mʌstəd] *s.* muştar.
mustar seed [mʌstəd sid] *s.* sămânţă de muştar.
muster ['mʌstə] **I.** *s.* adunare, apel, trecere în revistă; mostră. **II.** *v.t.*, *v.i.* a (se) aduna, a (se) mobiliza, a (se) reuni.
muster out [mʌstə aut] *v.t.* a recruta.
musty ['mʌsti] *adj.* mucegăit; încins, stătut; *fig.* fad, prăfuit.
mutability [mju:tə:biliti] *s.* nestatornicie.
mutable [mju:təbəl] *adj.* mutabil.
mutate [mju:teit] *v.t.* a transforma, a schimba.
mutation [mjuteiʃən] *s.* schimbare, transformare, *biol.* mutaţie.
mute [mju:t] **I.** *s.* mut, surdină, figurant. **II.** *adj.* mut. **III.** *v.t.* a pune surdină la.
mutilate [mjutileit] *v.t.* a mutila, a schilodi, *fig.* a deforma.
mutilation [mjutileiʃən] *s.* mutilare, *fig.* deformare.
mutineer [mjutiniə] s. răzvrătit.

mutinous ['mju:tinəs] *adj.* rebel.

mutiny ['mju:tini] **I.** *s.* rebeliune, răscoală. **II.** *v.i.* a se răscula.

mutter ['mʌtə] **I.** *s.* mormăială, bolboroseală, mormăit. **II.** *v.t.* a mormăi, a murmura, a bodogăni. **III.** *v.i.* a mormăi, a bombăni.

mutton [mʌtən] *s.* carne de oaie sau berbec; *as dead as ~* mort de-a binelea.

mutton chop [mʌtən tʃɔp] *s.* cotlet de berbec.

mutual ['mju:tjuəl] *adj.* reciproc, comun.

mutual action [mju:tʃuəl ækʃən] *s.* interacțiune.

mutuality [mju:tjuæliti] *s.* reciprocitate.

mutually [mju:tʃuəli] *adv.* reciproc.

muzzle [mʌzəl] **I.** *s.* **1.** bot, rât. **2.** botniță. **3.** gură de țeavă. **II.** *v.t.* a pune botniță.

my [mai] **I.** *adj.* meu. **II.** *interj.* vai!

mycosis [maikousis] *s.* micoză.

myocarditis [maiouka:daitis] *s.* miocardită.

myocardium [maiouka:diəm] *s.* miocard.

myope [maioup] *s.* miop.

myopia [maioupiə] *s.* miopie.

myriapod [miriəpɔd] *s.* miriapod.

myrrh [mə:] *s.* smirnă.

myrtle ['mə:təl] *s.* *bot.* mirt.

myself [mai'self] *pron.* pe mine, mă, însumi, eu.

mysterious [mistiriəs] *adj.* misterios.

mystery ['mistəri] *s.* mister, taină.

mystic [mistik] *adj.* mistic, occult, tainic.

mystical [mistikəl] *adj.* mistic, alegoric.

mystification [mistifi'keiʃən] *s.* înşelătorie, enigmă.

mystificator [mistifikeitə:] *s.* mistificator.

mystify [mistifai] *v.t.* a mistifica, a falsifica; a complica.

myth [miθ] *s.* mit.

mythic(al) ['miθik(əl)] *adj.* mit(olog)ic, imaginar, legendar.

mythologist [miθɔlədʒist] *s.* mitolog.

mythology [miθɔlədʒi] *s.* mitologie.

N

N [en] *s.* N, n.

nab [næb] *v.t.* a înşfăca, a înhăţa.

nacre [neikə.] *s.* sidef.

nag [næg] **I.** *s.* **1.** ponei. **2.** cicăleală. **II.** *v.t., v.i.* a cicăli.

naggy [nægi] *adj.* cicălitor.

nail [neil] **I.** *s.* unghie, cui, piron. **II**. *v.t.* a fixa (în cuie), a înţepeni.

nail brush [neil brʌʃ] *s.* perie de unghii.

nail down [neil daun] *v.t.* a ţintui, a fixa.

nail file [neil fail] *s.* pilă de unghi.

nail scissors [neil sizəz] *s. pl.* foarfece de unghii.

nail varnish [neil va:niʃ] *s.* lac de unghii.

naive [nɑ:'i:v] *adj.* naiv.

naivety [nɑ:iv'ti] *s.* naivitate, nevinovăţie.

naked ['neikid] *adj.* despuiat, gol, (de ochi) liber; *the ~ truth* adevărul gol-goluţ.

nakedness [neikidnis] *s.* goliciune.

name [neim] **I.** *s.* nume, reputaţie, insultă, substantiv; *under the ~ of* sub numele de, *in the ~ of God* în numele lui

Dumnezeu, *bad* ~ reputație proastă, *to call smb ~s* a înjura pe cineva. **II.** *v.t.* a numi, a boteza, a stabili, a allege, a menționa.

name day [neim dei] *s.* ziua numelui.

nameless ['neimlis] *adj.* necunoscut, anonim.

namely ['neimli] *adv.* adică, şi anume.

nanny [næni] *s.* bonă.

nap [næp] **I.** *s.* pui de somn, scamă, *text.* puf. **II.** *v.i.* a ațipi.

nape [neip] *s.* ceafă.

napkin ['næpkin] *s.* şervețel.

narrate [næ'reit] *v.t.* a povesti.

narration [nəreiʃən] *s.* relatare.

narrative ['nærətiv] **I.** *s.* narațiune, relatare. **II.** *adj.* narativ.

narrow ['nærou] **I.** *adj.* îngust, limitat, zgârcit, strict, pe muchie de cuțit. **II.** *v.t.*, *v.i.* a (se) strâmba.

narrow-minded ['nærou maindid] *adj.* limitat, îngust la minte.

nasalize [neizəlaiz] *v.t.* a nazaliza.

nasty ['nɑ:sti] *adj.* scârbos, ticălos, greu.

natality [neitæliti] *s.* natalitate.

nation ['neiʃən] *s.* națiune, popor, țară.

national ['næʃənəl] **I.** *s.* cetățean. **II.** *adj.* național.

national assembly ['næʃənəl əsembli] *s.* adunare națională.

national bank ['næʃənəl bæŋk] *s.* banca națională.

national debt ['næʃənəl debt] *s.* datorie națională.

nationalism [næʃənəlizəm] *s.* naționalism.

nationality [næʃənæliti] *s.* naționalitate.

nationalize [næʃənəlaiz] *v.t.* a naționaliza.

native ['neitiv] **I.** *s.* băştinaş, localnic, indigen. **II.** *adj.* nativ, băştinaş, autohton, firesc, înnăscut; *a plant ~ to Africa* o plantă originală din Africa.

nativity [nə'tiviti] *s.* **1.** naştere. **2.** Crăciun.

natrium [neitriəm] *s.* sodiu.

natter [nætə] *v.i.* a trăncăni.

natural ['nætʃrəl] **I.** *s.* *muz.* becar, notă naturală. **II.** *adj.* natural, original, veridic, obişnuit, înnăscut; *in ~ state* în stare naturală.

natural gas ['nætʃrəl gæs] *s.* gaz natural.

natural history ['nætʃrəl histɔri] *s.* ştiințele naturii.

naturalize ['nætʃrəlaiz] *v.t.*, *v.i.* a (se) naturaliza, a (se) aclimatiza.

naturally ['nætʃrəli] *adv.* fireşte, în mod natural.

natural resources ['nætʃrəl risɔ:siz] *s.* resurse naturale.

natural science ['næt∫rəl saiəns] *s.* ştiinţele naturii.
nature ['neit∫ə] *s.* natură, fire, caracter; *in the course of* ~ în firea lucrurilor, *by* ~ din fire.
naught [nɔ:t] **I.** *s. mat.* zero, nul; *all for* ~ gratis. **II.** *adj.* zadarnic.
naughty ['nɔ:ti] *adj.* rău, obraznic.
nausea ['nɔ:sjə] *s.* greaţă, rău de mare.
nauseous [nɔziəs] *adj.* greţos.
nautical [nɔtikəl] *adj.* nautic, naval.
nautical mile [nɔtikəl mail] *s.* milă marină.
naval ['neivəl] *adj.* naval.
nave [neiv] *s.* naos.
navel ['neivl] *s.* buric.
navigable [nævigəbəl] *adj.* navigabil.
navigate ['nævigeit] *v.i.* a naviga.
navigation ['nævigei∫ən] *s.* navigaţie, flotă, trafic.
navvy ['nævi] *s.* săpător, salahor, excavator.
navy ['neivi] *s.* marină.
navy blue ['neivi blu] *s., adj.* bleumarin.
nay [nei] *adv.* ba chiar.
Nazi ['nɑ:tsi] *s.* nazist.
near [niə] **I.** *adj.* apropiat, econom; *in the* ~ *future* în viitorul apropiat. **II.** *v.t.* a (se) apropia (de). **III.** *v.i.* a se apropia. **IV.** *adv.* aproape, în apropiere; *to draw* ~ a se apropia de. **V.** *prep.* aproape de.
nearby [niəbai] *adv.* aproape.
nearly ['niəli] *adv.* aproape, foarte, cât pe-aici, *not* ~ câtuşi de puţin.
nearness ['niənis] *s.* apropiere.
near sight [niə sait] *s.* miopie.
neat [ni:t] *adj.* curat, plăcut, îngrijit, net, elegant, *as* ~ *as a new pin* nou-nouţ.
nebulosity [nebjulɔsiti] *s.* nebulozitate, neclaritate.
necessarily ['nesisərili] *adv.* neapărat.
necessary ['nesisəri] *adj.* necesar, esenţial, obligatoriu.
necessitate [nisesiteit] *v.t.* a necesita, a avea nevoie de.
necessity [ni'sesiti] *s.* necesitate, obligaţie, sărăcie, *of* ~ neapărat, ~ *is the mother of invention* nevoia învaţă pe om.
neck [nek] *s.* gât, guler, istm, ~ *or nothing* cu toate riscurile, *to break one's* ~ a-şi rupe gâtul, *to save one's* ~ a-şi salva pielea.
neckband [nekbænd] *s.* guler.
neckcloth [nek'klɔθ] *s.* fular.
necklace ['neklis] *s.* colier.
necktie ['nektai] *s.* cravată.
nectar [nektə] *s.* nectar.
need [ni:d] **I.** *s.* nevoie, necessitate; *to satisfy one's ~s* a-şi satisface nevoile, *a friend*

in ~ is a friend indeed prietenul la nevoie se cunoaşte. **II.** *v. mod.* trebuie, a fi obligat să. **III.** *v.t.* a avea nevoie de, a necesita.

needful ['ni:dful] *adj.* necesar.

needle ['ni:dəl] **I.** *s.* ac, andrea; *as sharp as a ~* la fel de ascuțit precum un vârf de ac. **II.** *v.t.* a coase cu acul.

needle point [nidəl pɔint] *s.* vârf de ac.

needless ['ni:dlis] *adj.* inutil.

needs [ni:dz] *adv.* neapărat.

needy ['ni:di] *adj.* sărac.

ne'er-do-well ['nɛəduwel] *s.* neisprăvit, mişel.

nefarious [ni'fɛəriəs] *adj.* nefast, nelegiuit.

negate [nigeit] *v.t.* a nega, a tăgădui.

negation [nigeiʃən] *s.* negare.

negative ['negətiv] *s., adj.* negativ.

negativism [negətivizəm] *s.* negativism.

neglect [ni'glekt] **I.** *s.* neglijare, neglijență. **II.** *v.t.* a neglija, a desconsidera.

neglectful [ni'glektfəl] *adj.* neglijent, uituc, lăsător.

negligeable [neglidʒəbəl] *adj.* neglijabil.

negligence ['neglidʒəns] *s.* neglijență.

negligible ['neglidʒibəl] *adj.* neglijabil, infim.

negotiate [nigou'ʃieit] *v.t.* a negocia, a trece (peste).

negotiation [nigouʃieiʃən] *s.* negociere.

negotiator [nigouʃieitə:] *s.* negociator.

negress ['ni:gris] *s.* negresă.

Negro ['ni:grou] *s.* negru.

neigh [nei] *s.* nechezat, *v.i.* a necheza.

neighbo(u)r ['neibə] **I.** *s.* vecin, seamăn. **II.** *v.i.* a se învecina.

neighbo(u)rhood ['neibəhud] *s.* vecinătate, vecini, (oameni din) cartier.

neighbouring [neibəriŋ] *adj.* învecinat.

neighbo(u)rly ['neibəli] *adj.* bun, prietenos, amabil.

neither ['naiðə] **I.** *adj.* niciun, nicio. **II.** *pron.* niciunul (din doi). **III.** *conj.* nici.

neologism [niɔlədʒizəm] *s.* neologism.

neon ['ni:ən] *s.* neon.

neon lamp [niɔn læmp] *s.* lampă cu neon.

nephew ['nevju:] *s.* nepot (de unchi).

nerve [nə:v] *s.* nerv, nervură, muşchi, îndrăzneală; *to touch a nerve* a atinge un punct sensibil, *to get on smb's ~s* a enerva pe cineva.

nerve cell [nə:v sel] *s.* celulă nervoasă.

nervosity [nəvɔsiti] *s.* nervozitate.

nervous ['nə:vəs] *adj.* nervos, speriat.
nervous system ['nə:vəs sistəm] *s.* sistem nervos.
nest [nest] **I.** *s.* cuib, cuibar, adăpost. **II.** *v.i.* a se cuibări. **III.** *v.t.* a face un cuib.
nestle ['nesəl] **I.** *v.t.* a adăposti, a cocoli. **II.** *v.i.* a se cuibări.
nestling [nestliŋ] *s.* pui.
net [net] **I.** *s.* plasă, capcană, *sport* plasă. **II.** *adj.* net.
nether ['neθə] *adj.* de jos.
nettle ['netəl] **I.** *s.* urzică; *to be on ~s* a sta ca pe ace. **II.** *v.t.* a urzica, *fig.* a ațâța, a irita.
nettle fish ['netəl fiʃ] *s.* meduză.
network ['netwə:k] *s.* rețea, plasă, *tehn.* circuit.
neuralgia [njurældʒiə] *s.* nevralgie.
neuritis [njuraitis] *s.* nevrită.
neurologist [njurɔlədʒist] *s.* neurolog.
neurosis [njurousis] *s.* nevroză.
neurotic [nju'rɔtik] **I.** *s.* nevrotic. **II.** *adj.* bolnav de nervi, cu efect asupra nervilor.
neuter ['nju:tə] *s.*, *adj.* *gram.* neutru.
neutral ['nju:trəl] *s.*, *adj.* neutru.
neutrality [nju:træliti] *s.* neutralitate.
neutralize [nju:trəlaiz] *v.t.* a neutraliza.
never ['nevə] *adv.* niciodată, câtuşi de puțin, *well I ~!* nemaipomenit!, *now or ~* acum ori niciodată.
nevermore [nevəmɔ:] *adv.* niciodată.
nevertheless ['nevəðə'les] *adv.*, *conj.* totuşi.
new [nju:] *adj.* nou, modern, proaspăt, nepriceput.
new born [nju: bɔ:n] *adj.* nou-născut.
new comer [nju: kʌmə:] *s.* nou-venit
new-fangled [nju:'fæŋgləd] *adj.* de ultimă oră, ultrarecent.
newly ['nju:li] *adv.* de curând, altfel, într-un chip nou.
newly-weds ['nju:li wedz] *s. pl.* tineri căsătoriți.
news [nju:z] *s.* informații, veşti, radiojurnal, noutate.
news agent [nju:z eidʒənt] *s.* chioşcar.
newsboy [nju:z bɔi] *s.* vânzător de ziare.
news conference [nju:z kɔnfrəns] *s.* conferință de presă.
newspaper [nju:zpeipə] *s.* ziar.
newspaperman [nju:peipəmən] *s.* gazetar.
news-reel [nju:ril] *s.* jurnal de actualități, jurnal sonor.
news room [nju:ru:m] *s.* sală de lectură pentru ziare, cabina crainicilor.

news sheet [nju:z ʃit] *s.* foaie de ziar.

newt [njut] *s.* salamandră de apă.

New Year's Day ['nju:'jə:r zdei] *s.* Anul Nou.

next [nekst] **I.** *adj.* următor, viitor; ~ Tuesday marțea viitoare. **II.** *adv.* mai departe, la rând, data viitoare, pe urmă, mai. **III.** *prep.* ~ *to* alături de, după, pe lângă, aproape.

next door [nekst dɔ:r] **I.** *adj.* de alături, alăturat. **II.** *adv.* alături.

nib [nib] *s.* peniță; *ornit.* plisc, cioc.

nibble [nibəl] **I.** *v.t.* a roade, a ciuguli. **II.** *s.* îmbucătură, dumicat.

nice [nais] *adj.* drăguț, plăcut, bun, frumos, de treabă, fin, cinstit.

nicely [naisli] *adv.* frumos, exact, bine.

nicety ['naisiti] *s.* delicatețe, finețe, detaliu, *to a* ~ perfect, precis.

niche [niʃ] *s.* nişă, *fig.* refugiu, ungher.

nick [nik] **I.** *s.* crestătură, tăietură, *in the* ~ *of time* tocmai la timp. **II.** *v.t.* a cresta, a bifa.

nicked [nikt] *adj.* ştirb, ciobit.

nickel ['nikəl] *s.* nichel, monedă de cinci cenți, fisă de telefon.

nickel coating ['nikəl koutiŋ] *s.* strat de nichel.

nickname ['nikneim] **I.** *s.* poreclă. **II.** *v.t.* a porecli.

nicotine [nikətin] *s.* nicotină.

niece [ni:s] *s.* nepoată (de unchi, mătuşă).

niff [nif] *adj.* puturos.

niggard ['nigə:d] *s.*, *adj.* zgârcit, meschin.

nigger ['nigə] *s.* *peior.* negru.

niggling [nigliŋ] *adj.* neplăcut.

nigh [nai] *adv.* aproape.

night [nait] *s.* noapte, seară, întuneric, *at/ by* ~ noaptea, *during the* ~ în timpul nopții, *good* ~*!* noapte bună!, *last* ~ noaptea trecută, *all* ~ *long* toată noaptea.

nightcap ['naitkæp] *s.* scufie, păhărel băut înainte de culcare.

night clothes [nait klouðz] *s.* lenjerie de noapte.

night club [nait klʌb] *s.* bar de noapte.

night-dress, night-gown [nait dres/ gaun] *s.* cămaşă de noapte.

nightingale [naitiŋgeil] *s.* privighetoare.

nightmare [nait mɛə] *s.* coşmar.

night shift [nait ʃift] *s.* schimb de noapte.

nightwalker [naiwɔ:kə] *s.* somnambul.

night watch [nait wɔtʃ] *s.* pază de noapte.

nil [nil] *s.* nimic, zero.
nimble ['nimbəl] *adj.* iute, activ, ager (la minte).
nimbly [nimbli] *adv.* vioi, sprinten.
nincompoop ['ninkəmpu:p] *s.* imbecile, idiot.
nine [nain] *s.*, *num.* nouă.
nineteen ['nainti:n] *s.*, *num.* nouăsprezece.
ninetieth ['naintiəθ] *s.*, *num.* al nouăzecilea.
ninety ['nainti] *s.*, *num.* nouăzeci, *the nineties* anii '90.
ninth ['nainθ] *s.*, *num.* al nouălea.
nip [nip] **I.** *s.* muşcătură, pişcătură, duşcă. **II.** *v.t.* a ciupi, a muşca, a distruge, a fura, *to ~ off* a reteza. **III.** *v.i.* a muşca, a ciupi, a fi muşcător.
nipper ['nipə] *s.* puşti, *pl.* cleşte.
nipping ['nipiŋ] *adj.* muşcător, tăios, aspru, îngheţat.
nipple ['nipəl] *s.* sfârcul sânului, biberon, suzetă.
nitrate [naitreit] *s.* nitrat.
no [nou] **I.** *adj.* nici un, nici o, *~ one* nimeni, *~ parking* parcarea interzisă. **II.** *adv.* nu, de loc, câtuşi de puţin.
nob [nɔb] *s.* căpăţână, dovleac; grangur.
nobiliary [nəbiliəri] *adj.* nobiliar.
nobility [nou'biliti] *s.* nobleţe, nobilime.
noble ['noubəl] **I.** *s.* nobil. **II.** *adj.* nobil, măreţ, uluitor.
nobody ['noubɔdi] *pron.* nimeni.
nocturnal [nɔktə:nəl] *adj.* nocturn.
nod [nɔd] **I.** *s.* încuviinţare (din cap), salut, aţipeală, somnolenţă. **II.** *v.i.* a încuviinţa (din cap), a saluta, a moţăi. **III.** *v.t.* a da din cap, a-şi da încuviinţarea.
noddle [nɔdəl] *s.* căpăţână.
no doubt [nou daut] *adv.* indiscutabil, fără îndoială.
nodous [noudəs] *adj.* noduros.
nodule [nɔdju:l] *s.* nodul.
noise [nɔiz] *s.* zgomot, zarvă.
noiseproof [nɔiz pruf] *adj.* izolat acustic.
noisily [nɔizili] *adv.* zgomotos.
noisome ['nɔisəm] *adj.* vătămător, supărător, greţos.
noisy ['nɔizi] *adj.* zgomotos.
nomenclature [noumenklətʃə:] *s.* nomenclatură.
nominal ['nɔminəl] *adj.* nominal, simbolic, mic.
nominally [nɔminəli] *adv.* nominal, oficial.
nominal value [nɔminəl vælju:] *s.* valoare nominală.
nominate ['nɔmineit] *v.t.* a propune (un candidat), a numi.
nomination [nɔmi'neiʃən] *s.* numire, propunere (de candidat).
nominee [nɔmi'ni:] *s.* candidat propus.
nonage ['nounidʒ] *s.* lipsă de maturitate, copilărie, minoritate.

nonaggression pact [nɔnəgreʃən pækt] *s.* pact de neagresiune.
nonce [nɔns] *s. for the* ~ momentan, în cazul de față.
nonchalance [nɔnʃələns] *s.* nepăsare, indiferență.
nonchalant [nɔnʃələnt] *adj.* placid, nepăsător.
non-commissioned officer [nɔnkə'miʃənd' ɔfisə] *s.* subofițer.
non-committal ['nɔnkə'mitəl] *adj.* care nu obligă.
non-compliance [nɔnkəmplaiəns] *s.* nesupunere.
nonconformist [nɔnkən'fɔ:mist] *s., adj.* rebel, eretic.
nonconformity [nɔnkən'fɔ: miti] *s.* nepotrivire, dezacord, erezie.
nondescript ['nɔndiskript] **I.** *s.* ciudățenie, om ciudat. **II.** *adj.* ciudat, greu de definit.
none [nΛn] **I.** *pron.* nici unul nimic, ~ *of that!* încetează! ~ but numai. **II.** *adv.* nu prea, deloc, ~ *the less* cu toate acestea, *he is* ~ *the worse for it* asta i-a folosit.
nonentity [nɔn'entiti] *s.* neființă, neisprăvit.
non-existent [nɔnigzistəns] *adj.* inexistent.
non-obedience [nɔnəbidiəns] *s.* nesupunere.
non-payment [nɔn peimənt] *s.* neplată.
nonplus ['nɔn'plΛs] *v.t.* a ului, a încurca.
nonsense ['nɔnsəns] *s.* prostii, fleacuri, nonsens.
non-sensitive [nɔn senzitiv] *adj.* insensibil.
non-smoker [nɔn smoukə:] *s.* nefumător.
non-stop ['nɔn'stɔp] *adj., adv.* fără oprire.
non-symmetrical [nɔnsimetrikəl] *adj.* asimetric.
noodles [nudəlz] *s.* tăiței.
nook [nuk] *s.* colț, cotlon.
noon [nu:n] *s.* amiază; *at* ~ la amiază.
noose [nu:s] **I.** *s.* laț, ștreang; *to put one's neck in the* ~ a se băga singur în bucluc. **II.** *v.t.* a prinde cu lațul.
nor [nɔ:] *conj.* nici, *neither...* ~ nici... nici.
norm [nɔ:m] *s.* normă, tipar.
normal [nɔ:məl] *adj.* normal.
normalize [nɔməlaiz] *v.t.* a normaliza.
Norman ['nɔ:mən] *s., adj.* normand.
Norse [nɔ:s] *s., adj.* norvegian(ă).
north [nɔ:θ] **I.** *s.* nord. **II.** *adv.* spre nord.
north-east [nɔθist] s. nord-est.
north-eastern [nɔθistən] *adj.* de nord-est.
northern ['nɔ:ðən] *adj.* nordic.
northerner ['nɔ:ðənə] *s.* nordic.
northern lights ['nɔ:ðən lait(s)] *s.* auroră boreală.

northward ['nɔ:θwəd] *adj., adv.* spre nord.
north-west [nɔθ west] *s.* nord-vest.
Norwegian [nɔ':widʒən] *s., adj.* norvegian(ă).
nose [nouz] **I.** *s.* nas, vârf, bot, *nav.* proră; *to blow one's ~* a-şi sufla nasul, *to lead smb by the ~* a duce pe cineva de nas, *to have a ~ for lies* a simţi atunci când cineva minte, *to turn one's ~ up at smb* a strâmba din nas la cineva. **II.** *v.t.* a mirosi, a adulmeca, a căuta. **III.** *v.i.* a adulmeca, a se amesteca.
nose-bleed [nouz blid] *s.* sângerare a nasului.
nose-dive [nouz daiv] *s.* picaj.
nosegay [nouz gei] *s.* buchet de flori.
nostalgia [nɔstældʒiə] *s.* nostalgie.
nostril ['nɔstril] *s.* nară.
nosy [nouzi] *adj.* băgăcios.
not [nɔt] *adv.* nu, *I am ~ who you think I am* nu sunt cine crezi tu, *I don't understand* nu înţeleg, *I cannot be what you want me to be* nu pot să fiu ce vrei tu să fiu, *she isn't in the kitchen* ea nu este în bucătărie, *~ in the least* câtuşi de puţin.
notable ['noutəbəl] **I.** *s.* persoană importantă. **II.** *adj.* remarcabil, memorabil.
notarial [noutɛəriəl] *adj.* notarial.
notary [noutəri] *s.* notar.
notation [nou'teiʃən] *s.* notaţie, notare, notă.
not at all [nɔtət'ɔ:l] *adv.* câtuşi de puţin, deloc.
notch [nɔtʃ] **I.** *s.* crestătură; jgheab, *geol.* depresiune, *geogr.* trecătoare. **II.** *v.t.* a cresta, *tehn.* a dantela.
note [nout] **I.** *s.* not(iţă), însemnare, bilet, clapă, bancnotă, poliţă, urmă, faimă, atenţie, semn; *to take ~s* a lua notiţe. **II.** *v.t.* a nota, a observa, a însemna, a da atenţie la.
notebook ['nout buk] *s.* caiet/carnet de note.
notecase ['noutkeis] *s.* portofel.
note paper ['nout peipə] *s.* hârtie de scrisori.
noted ['noutid] *adj.* celebru.
noteworthy ['noutwə:ði] *adj.* remarcabil.
nothing ['nΛθiŋ] *pron.* nimic, degeaba, inutil; *for ~* gratis, *~ of the kind* nimic de genul ăsta.
notice ['noutis] **I.** *s.* anunţ, avertisment, observaţie, (pre)aviz, notiţă, recenzie; *at short ~* imediat, pe loc. **II.** *v.t.* a observa, a remarca, a lua în seamă; *she didn't ~ me* nu m-a remarcat.

noticeable ['noutisəbəl] *adj.* remarcabil, perceptibil.
notice board [noutis bɔ:d] *s.* avizier.
notification [noutifikeiʃən] *s.* notificare, aviz.
notify ['noutifai] *v.t.* a anunța, a declara (o naștere).
notion ['nouʃən] *s.* noțiune, idee, habar, *pl. amer.* mercerie; *to have no ~ of smth* a nu avea habar de ceva.
notional [nouʃənəl] *adj.* noțional, teoretic, imaginar.
notoriety [noutəraiti] *s.* notorietate.
notoriousness [noutɔriəsnis] *s.* notorietate.
notwithstanding [nɔtwiθ'stændiŋ] **I.** *adv.* totuşi, cu toate acetsea. **II.** *prep.* în ciuda.
nougat [nu:ga] *s.* nuga.
nought [nɔ:t] *s.* nimic, zero.
noun [naun] *s.* substantiv.
nourish ['nʌriʃ] *v.t.* a hrăni, *fig.* a nutria speranțe.
nourishing [nʌriʃiŋ] *adj.* nutritiv.
nourishment [nʌriʃmənt] *s.* alimentare, hrană.
novel ['nɔvəl] **I.** *s.* roman. **II.** *adj.* nou, neobişnuit.
novelist ['nɔvəlist] *s.* romancier.
novelty ['nɔvəlti] *s.* noutate.
November [nou'vembə] *s.* noiembrie.
novice [nɔvis] *s.* novice.
now [nau] *adv.* acum, imediat, apoi, (every) ~ *and then/again* din când în când, ~ *or never* acum ori niciodată, *from ~ on* de acum înainte, *he left just ~* tocmai a plecat.
nowadays ['nauədeiz] *adv.* în zilele noastre.
nowhere ['nouwεə] *adv.* nicăieri; *she was ~ to be found* era de negăsit.
noxious ['nɔkʃəs] *adj.* dăunător, otrăvit.
nozzle ['nɔzəl] *s.* cioc, *tehn.* vârf.
nuance [nju:'ɑ:ns] *s.* nuanță.
nub [nʌb] *s.* bucată, ciot.
nuclear ['nju:kliə] *adj.* nuclear, atomic.
nuclear bomb [nju:kliə bɔmb] *s.* bombă nucleară.
nuclear particle [nju:kliə patikəl] *s.* particulă nucleară.
nuclear power [nju:kliə pauə:] *s.* putere nucleară.
nucleus ['nju:kliəs] *s.* nucleu.
nude [nju:d] *s.* , *adj.* nud.
nudge [nʌdʒ] *v.t.* a înghionti.
nudism [njudizəm] *s.* nudism.
nugacity [njugæsiti] *s.* inutilitate.
nuisance ['nju:səns] *s.* supărare, pacoste.
null [nʌl] *adj.* nul.
null and void [nʌl ənd vɔid] *adj.* nul şi neavenit.
nullification [nʌlifikeiʃən] *s.* anulare.
nullify ['nʌlifai] *v.t.* a anula.
nullity [nʌliti] *s.* nulitate, anulare.

numb [nΛm] **I.** *adj.* amorțit, țeapă. **II.** *v.t.* a amorți, a copleși, a împietri.

number ['nΛmbə] **I.** *s.* număr; *a large ~ of* un număr mare de. **II.** *v.t.* a număra, a se ridica la, a socoti.

numberless ['nΛmbəlis] *adj.* nenumărat.

number one ['nΛmbə wΛn] *s.* subsemnatul, interesul personal.

numbness [nΛmnis] *s.* amorțeală.

numerate [njumәreit] *v.t.* a număra.

numerator [njumәreitә:] *s.* numărător.

numismatics [njumizmætiks] *s.* numismatică.

numskull ['nΛmskΛl] *s.* tâmpit.

nun [nΛn] *s.* călugăriță.

nunnery [nΛnәri] *s.* mănăstire.

nuptial [nΛpʃәl] *adj.* nupțial.

nurse [nә:s] **I.** *s.* dădacă, guvernantă, doică, infirmieră. **II.** *v.t.* a alăpta, a îngriji, a cocoli, *fig.* a nutri, a da atenție la.

nursery ['nә:sri] *s.* camera copiilor, creșă, crescătorie, *bot.* pepinieră.

nursery rhymes ['nә:sri raimz] *s.* versuri pentru copii.

nursing [nәsiŋ] *s.* îngrijire.

nursing bottle [nәsiŋ batәl] *s.* biberon.

nurture ['nә:tʃә] **I.** *s.* educare, *bot.* creștere. **II.** *v.t.* a hrăni, a îngriji, a educa, a crește.

nut [nΛt] *s.* nucă, alună, piuliță, cap, filfizon, *pl.* nebun, spărgător de nuci.

nutcake [nΛtkeik] *s.* prăjitură cu nuci.

nutcracker [nΛtkrækә:] *s.* spărgător de nuci.

nutmeg [nΛtmeg] *s.* nucșoară.

nutriment [nju:trimәnt] *s.* nutreț.

nutrition [nju'triʃәn] *s.* hrană, hrănire.

nutritious [nju'triʃәs] *adj.* hrănitor.

nutshell [nΛtʃәl] *s.* coajă de nucă; *in a ~* pe scurt.

nylon [nailɔn] *s.* nailon.

nymph [nimf] *s.* nimfă.

O

O [ou] *interj.* o(h), vai; *s.* litera O, o.

oak [ouk] *s.* stejar.

oaken [oukən] *adj.* de stejar.

oar [ɔ:ʳ] **I.** *s.* vâslă, ramă, vâslaş. **II.** *v.i.* a vâsli.

oasis [ou'eisis] *s.* oază.

oat(s) [out(s)] *s.* ovăz.

oat flakes [out fleiks] *s.* fulgi de ovăz.

oath [ouθ] *s.* jurământ, promisiune, înjurătură, blestem; *under* ~ sub jurământ.

oath-breaking [ouθ breikiŋ] *adj., s.* sperjur.

oatmeal ['outmi:l] *s.* fiertură, fulgi de ovăz.

obdurate ['ɔbdjurit] *adj.* încăpăţânat, împietrit, insensibil.

obedience [ɔ'bi:diəns] *s.* supunere, ascultare.

obedient [ɔbidiənt] *adj.* ascultător.

obeisance [ou'beisəns] *s.* plecăciune, omagiu.

obese [oubis] *adj.* obez.

obesity [oubisiti] *s.* obezitate.

obey [ə'bei] **I.** *v.t.* a asculta de, a se supune la, a executa. **II.** *v.i.* a fi supus.

obituary [ə'bitjuəri] **I.** *s.* necrologie. **II.** *adj.* necrologic.
object ['ɔbdʒikt] **I.** *s.* obiect, subiect, scop, *gram.* complement. **II.** *v.t.* a obiecta. **III.** *v.i.* a obiecta, a protesta, a se revolta.
objectification [əbdʒektifikeiʃən] *s.* concretizare.
objectify [əbdʒektifai] *v.t.* a concretiza, a materializa.
objection [əb'dʒekʃən] *s.* obiecție, supărare, împotrivire.
objective [əb'dʒektiv] **I.** *s.* (cazul) obiectiv, acuzativ. **II.** *adj.* obiectiv, real, impersonal.
objectiveness [əbdʒektivnis] *s.* obiectivitate.
objectivity [əbdʒektiviti] *s.* obiectivitate.
objurgatory [ɔbdʒə:gətəri] *adj.* mustrător.
oblation [ɔbleiʃən] *s.* jertfă.
obligation [ɔbli'geiʃən] *s.* obligație.
obligatory [ɔbligətəri] *adj.* obligatoriu.
oblige [ə'blaidʒ] *v.t.* a obliga, a îndatora.
obliged [əblaidʒd] *adj.* îndatorat.
obligee [ɔblidʒi:] *s.* *jur.* creditor.
obliging [ə'blaidʒiŋ] *adj.* îndatoritor.
obligor [ɔbligɔ:] *s.* debitor.
oblique [əblik] *adj.* oblic.
obliterate [ə'blitəreit] *v.t.* a distruge, a şterge.
obliteration [əblitəreiʃən] *s.* ştergere, îndepărtare, *fig.* distrugere.
oblivion [ə'bliviən] *s.* uitare.
oblivious [ə'bliviəs] *adj.* neatent, uituc.
obnoxious [əb'nɔkʃəs] *adj.* nesuferit, supărător.
obscene [əb'si:n] *adj.* obscen, imoral.
obscenity [əbseniti] *s.* obscenitate, vorbă obscenă.
obscure [əb'skjuə] **I.** *adj.* neclar, întunecos, obscur, umil. **II.** *v.t.* a întuneca, a ascunde, a eclipsa.
obscurity [əb'skjuəriti] *s.* întuneric, neclaritate.
obsequies ['ɔbsikwiz] *s. pl.* funeralii, înmormântare.
obsequious [əb'si:kwiəs] *adj.* servil.
observance [əb'zə:vəns] *s.* respectare, sărbătorire, ceremonie.
observant [əb'zə:vənt] *adj.* atent, cu respect pentru legi.
observation [ɔbzə'veiʃən] *s.* observație, remarcă.
observatory [əb'zə:vətri] *s.* observator (astronomic).
observe [əb'zə:v] **I.** *v.t.* a respecta, a sărbători, a observa, a studi, a remarca, a nota. **II.** *v.i.* a contempla.
observer [əbzə:və:] *s.* observator.

obsess [əb'ses] *v.t.* a obseda.
obsession [əb'seʃən] *s.* obsesie.
obsolescent [ɔbsə'lesənt] *adj.* pe cale de dispariție.
obsolete ['ɔbsəlit] *adj.* demodat, învechit.
obstacle [ɔbstəkəl] *s.* obstacol, piedică.
obstetrician [ɔbstetriʃən] *s.* obstetrician.
obstetrics [ɔbstetriks] *s.* obstetrică.
obstinacy ['ɔbstinəsi] *s.* încăpățânare, perseverență.
obstinate ['ɔbstinit] *adj.* încăpățânat, perseverent.
obstruct [əbstrΛkt] *v.t.* a împiedica, a astupa, a înfunda.
obstruction [əbstrΛkʃən] *s.* blocare, împiedicare.
obstructiveness [əbstrΛktivinis] *s.* obstrucție.
obtain [əb'tein] **I.** *v.t.* a obține, a căpăta. **II.** *v.i.* a fi la modă, a se menține.
obtrude [əb'tru:d] *v.t.* a forța, a băga pe gât.
obtrusive [əb'tru:siv] *adj.* băgăreț.
obturation [əbtjureiʃən] *s.* obturație.
obtuse [əb'tju:s] *adj.* obtuz.
obviate ['ɔbvieit] *v.t.* a îndepărta, a eluda.
obvious ['ɔbviəs] *adj.* evident.
occasion [ə'keiʒən] **I.** *s.* prilej, motiv, ocazie; *on this ~* cu această ocazie, *to seize the ~* a profita de ocazie. **II.** *v.t.* a prilejui, a produce.
occasional [ə'keiʒənəl] *adj.* întâmplător, ocazional.
occasionally [ə'keiʒənəli] *adv.* din când în când, uneori.
occident [ɔksidənt] *s.* occident.
occlude [əklud] *v.t.* a astupa, a bloca.
occlusion [əkluʒən] *s.* blocare, *med.* ocluzie.
occlusive [əklusiv] *adj.* de ocluziune.
occult [ɔ'kΛlt] *adj.* ascuns, misterios, supranatural.
occupancy [ɔkjupənsi] *s.* ocupare.
occupation [ɔkjupeiʃən] *s.* ocupație, îndeletnicire.
occupational disease [ɔkjupeiʃənəl diziz] *s.* boală profesională.
occupier [əkjupaiə:] *s.* ocupant.
occupy ['ɔkjupai] *v.t.* a ocupa.
occur [ə'kə:] *v.i.* a se întâmpla, a se produce, a surveni, a se afla, a-i trece prin minte.
occurrence [ə'kΛrəns] *s.* întâmplare, eveniment, ivire, manifestare.
ocean ['ouʃən] *s.* ocean.
oceanology [ouʃənɔlədʒi] *s.* oceanologie.
ochre [oukə:] *s.* ocru.
octane [ɔktein] *s.* octan.
octave [ɔktiv] *s.* octavă.
October [ɔk'toubə] *s.* octombrie.
octopus ['ɔktəpəs] *s.* caracatiță.

ocular [ɔkjulə:] *adj.* ocular, optic.

odd [ɔd] *adj.* impar, desperecheat, în plus, întâmplător, ciudat, straniu, *thirty ~ years* peste 30 de ani.

oddity ['ɔditi] *s.* ciudățenie; excentricitate.

oddly ['ɔdli] *adv.* ciudat.

odds [ɔdz] *s. pl.* șanse, pronostic, raport de forțe, diferență, handicap, *what are the ~?* ce șanse avem?, *~ and ends* resturi, fleacuri, boarfe, *against all ~* contrar tuturor pronosticurilor.

ode [oud] *s.* odă.

odious [oudiəs] *adv.* odios.

odontology [ɔdɔntɔlədʒi] *s.* odontologie.

odo(u)r ['oudə] *s.* miros, *fig.* reputație.

of [əv] *prep.* al, a, ai, ale, de (la), din (partea), despre; *the door ~ the house* ușa casei, *the plays ~ Shakespeare* piesele lui Shakespeare, *a glass ~ wine* un pahar de vin, *in case ~ emergency* în caz de urgență, *to dream ~ smb* a visa pe cineva, *to speak of smth* a vorbi despre ceva, *to suspect smb ~* a bănui pe cineva de ceva.

off [ɔf] **I.** *adj.* dinafară, în plus, gata, stins, plecat, improbabil, liber, liniștit. **II.** *adv.* deoparte, la o parte, desprins; *keep ~* stai deoparte, *she is ~ to Tulcea* e plecată la Tulcea, *take ~ your clothes* scoate-ți hainele, *switch ~ the light* stinge lumina. **III.** *prep.* de pe, de la, alături de, mai puțin de, *~ duty* (în timpul) liber, *to wander ~ the point* a se abate de la subiect, *~ one's head* țicnit.

offals ['ɔfəls] *s.* gunoi, deșeuri, resturi.

off-colour ['ɔfkʌlə] *adj.* ofilit, veștejit, decolorat, defect.

offence [ə'fens] *s.* infracțiune, ofensă, supărare, atac; *to take ~ at smth* a se simți jignit de ceva, *to commit an ~* a comite un delict.

offend [ə'fend] **I.** *v.t.* a supăra, a jigni, a necăji. **II.** *v.i.* a greși, a comite o infracțiune.

offender [ə'fendə] *s.* infractor.

offensive [ə'fensiv] **I.** *s.* ofensivă, atac. **II.** *adj.* supărător, jignitor, ofensiv.

offer ['ɔfə] **I.** *s.* ofertă, propunere. **II.** *v.t.* a oferi, a propune, a întinde, a (acor)da; *to ~ apologies* a cere scuze. **III.** *v.i.* a se produce, a se prezenta. **IV.** *v.r.* a se oferi.

offering [ɔfəriŋ] *s.* propunere, rel. jertfă.

offhand ['ɔfhænd] **I.** *adj.* improvizat, repezit. **II.** *adv.* pe nepregătite, improvizat.

office ['ɔfis] *s.* serviciu, instituție, birou, guvernământ.
office holder [ɔfis houldə:] *s.* funcționar de stat.
officer [əfisə:] *s.* ofițer.
officer of the court [əfisə: əv ðə kɔ:t] *s.* executor judecătoresc.
official [ə'fiʃəl] **I.** *s.* demnitar, funcționar. **II.** *adj.* oficial, ceremonios.
officially [əfiʃəli] *adv.* oficial.
officiate [əfiʃieit] *v.i.* a oficia.
officious [ə'fiʃəs] *adj.* (ultra)-serviabil, servil, aferat.
offing ['ɔfiŋ] *s.* largul mării, *in the ~* aproape (de țărm), în perspectivă.
offset ['ɔ:fset] **I.** *s.* compensație, *ec.* socoteală, *constr.* terasare. **II.** *v.t.* a compensa, a contrabalansa, a echilibra.
offshoot ['ɔfʃu:t] *s.* mlădiță, vlăstar, *geogr.* ramură.
offshore ['ɔfʃɔ:r] *adj.*, *adv.* dinspre țărm, departe de țărm, peste ocean.
offspring [ɔfspriŋ] *s.* copil, progenitură.
off-stage [ɔfsteidʒ] *s.* culise.
often ['ɔ:fn] *adv.* adesea, frecvent; *as ~ as possible* atât de des cât este posibil.
ogre [ougər] *s.* căpcăun.
oil [ɔil] **I.** *s.* ulei, untdelemn, țiței, petrol; *to pour ~ on the fire* a turna gaz pe foc. **II.** *v.t.* a unge (cu ulei).
oil-cake ['ɔilkeik] *s.* turtă de floarea-soarelui.
oilcloth [ɔilklɔθ] *s.* mușama.
oil plant [ɔil plant] *s.* plantă oleaginoasă.
oil tanker [ɔil tæŋkə:] *s.* petrolier.
oily ['ɔili] *adj.* uleios, murdar, mieros.
ointment [ɔintmənt] *s.* unguent, alifie.
old [ould] *adj.* vechi, bătrân, trecut, demodat, înrăit; *how ~ are you?* ce vârstă ai?
old-fashioned [ould fæʃənd] *adj.* demodat, conservator.
old man [ould mæn] *s.* bătrân.
old wives'tale [ould waivz teil] *s.* superstiție.
olive ['ɔliv] **I.** *s.* măslin(ă), culoarea oliv. **II.** *adj.* măsliniu, oliv.
omelette [ɔmlet] *s.* omletă.
omen ['oumən] *s.* semn (mai ales rău), prevestire.
ominous ['ɔminəs] *adj.* amenințător, prevestitor de rele, semnificativ.
omission [ə'miʃən] *s.* omisiune.
omit [ə'mit] *v.t.* a omite, a uita.
omnipotence [ɔm'nipətəns] *s.* atotputernicie.
omnipresence [ɔmniprezəns] *s.* omniprezență.
omnivorous [ɔmnivərəs] *adj.* omnivor.

on [ɔn] **I.** *adv.* înainte, în continuare, mai departe, aprins; *you have to go ~* trebuie să mergi mai departe, *~ and ~* fără oprire, *so ~ and so forth* şi aşa mai departe, *from now ~* de acum încolo, *switch ~ the light* aprinde lumina, *put ~ your boots* pune-ţi ghetele. **II.** *prep.* pe, asupra, deasupra, la (data de), despre, lângă, împotriva, în; *~ business* cu treburi, *~ leave* în concediu, *the book is ~ the table* cartea este pe masă, *to go ~ a trip* a pleca în excursie, *a speech ~ hygiene* un discurs despre igienă.

once [wʌns] **I.** *adv.* o dată, odinioară, cândva, *at ~* imediat, *~ more/ again* din nou, *~ or twice* de câteva ori, *not ~* nici măcar o dată, *for ~* măcar o dată. **II.** *conj.* îndată ce.

oncology [ɔŋkɔlədʒi] *s.* oncologie.

one [wʌn] *num., pron.* cineva, unul, una, acelaşi, se; *~ by ~* unul câte unul, *Helena is ~ of my friends* Elena este o prietenă de-a mea.

oneness [wʌnnis] *s.* unitate.

oneself [wʌn'self] *pron.* se, însuşi; *by ~* de unul singur

one-sided ['wʌn saidid] *adj.* unilateral.

onflow [ɔnflou] *s.* curgere, flux.

onion ['ʌnjən] *s.* ceapă.

onion skin [ʌniən skin] *s.* foiţă de ceapă.

onlooker ['ɔnlukə] *s.* spectator, privitor.

only ['ounli] **I.** *adj.* singur, unic; *she is an ~ child* ea este singură la părinţi. **II.** *adv.* numai, pur şi simplu, chiar; *if only I hadn't said those words* ce bine ar fi fost dacă n-aş fi rostit acele cuvinte. **III.** *conj.* numai că, afară doar de faptul că.

onomatopoeia [ɔnɔmætou'piə] *s.* onomatopee.

onrush ['ɔnrʌʃ] *s.* năvălire, năvală.

onset [ɔnset] *s.* atac, izbucnire.

onslaught ['ɔnslɔ:t] *s.* atac.

onto ['ɔntə] *prep.* pe.

ontogenesis [ɔntədʒenisis] *s.* ontogeneză.

ontological [ɔntɔlɔdʒikəl] *s.* ontologic.

ontology [ɔntɔlədʒi] *s.* ontologie.

onward ['ɔnwəd] *adj., adv.* înainte.

onix [ɔniks] *s.* onix.

oomph [umf] *s.* vigoare, energie.

ooze [u:z] **I.** *s.* mâl, noroi; *geol.* infiltraţie. **II.** *v.t.* a scoate, a elimina. **II.** *v.i.* a se scurge, a se prelinge.

oozy [uzi] *adj.* nămolos.

opacity [oupæsiti] *s.* opacitate, *fig.* mărginire.

opal [oupəl] *s.* opal.

opalescence [oupəlesəns] *s.* opalescență.

opaque [ou'peik] *adj.* opac, întunecos, tâmpit.

open ['oupən] **I.** *s.* deschidere, deschizătură; *in the ~* în aer liber. **II.** *adj.* deschis, liber, neacoperit, expus, desfăcut, gol, public, nerezolvat. **III.** *v.t.* a deschide, a descuia, a iniția, a întinde, a începe; *to ~ smb's eyes* a deschide ochii cuiva, *~ your heart* deschide-ți inima. **IV.** *v.i.* a se deschide, a da (înspre), a începe, a se zări.

open account [oupən əkaunt] *s.* cont deschis.

opener ['oupnə] *s.* deschizător, tirbușon.

open-hearted ['oupən hɑ:tid] *adj.* sincer, generos.

opening ['oupniŋ] *s.* deschidere, deschizătură, introducere, orificiu, poziție inițială, început; inaugurare, *tehn.* interspațiu, *cin.* premieră.

openly [oupənli] *adv.* deschis, pe față.

open-minded [oupən maindid] *adj.* persoană cu vederi largi.

openness [oupənis] *s.* sinceritate.

open season [oupən sizən] *s.* sezon de vânătoare.

opera ['ɔprə] *s.* operă.

opera-glasses ['ɔprə glɑ:siz] *s. pl.* binoclu de teatru.

opera-hat ['ɔprə hæt] *s.* joben, clac.

operate ['ɔpəreit] **I.** *v.t.* a mânui, a conduce, a pune în funcțiune, a manipula, *tehn.* a prelucra. **II.** *v.i.* a opera, a funcționa, a lucra, a conlucra.

operatic ['ɔpərætik] *adj.* de operă.

operating-theatre ['ɔpəreitiŋ 'θiətə] *s.* sală de operație.

operation [ɔpə'reiʃən] *s.* operație, funcționare, intrare în vigoare.

operative ['ɔpɔrɔtiv] **I.** *s.* muncitor, mecanic. **II.** *adj.* operativ, eficient, în vigoare, operatoriu; *to become ~* a intra în vigoare.

ophthalmologic [ɔfθælməlɔdʒik] *adj.* oftalmologic.

ophthalmology [ɔfθælmɔlədʒi] *s.* oftalmologie.

opiate ['oupieit] *s.* sedativ, somnifer.

opinion [ə'piniən] *s.* opinie (publică), părere, apreciere; *to have an ~ of* a avea o părere despre, *in my ~* după părerea mea, din punctul meu de vedere.

opium ['oupiəm] *s.* opiu.

opium den ['oupiəm den] *s.* tavernă de fumători de opiu.

oponency [əpounənsi] *s.* opoziție.

opponent [ə'pounənt] **I.** *adj.* opus. **II.** *s.* adversar; oponent.

opportune [ɔpətju:n] *adj.* oportun, potrivit, nimerit.

opportuneness [ɔpətju:nes] *s.* oportunitate.

opportunism [ɔpətjunizəm] *s.* oportunism.

opportunity [ɔpə'tju:niti] *s.* prilej favorabil, șansă, posibilitate.

opposable [əpouzəbəl] *adj.* opozabil.

oppose [ɔ'pəuz] **I.** *v.t.* a opune, a se împotrivi la, a compensa, a pune împotrivă. II. v.i. a se opune.

opposed [əpouzd] *adj.* opus.

opposer [əpouzə] *s.* opozant.

opposite [ɔpəzit] **I.** *s.* *the ~* opusul, contrariul. **II.** *adj.* opus, contrar; *in the ~ direction* în direcția opusă. **III.** *adv.* vizavi, *I live ~ your school* locuiesc vizavi de școala ta, *he is waiting for you ~ the store* el te așteaptă peste drum de magazin.

opposition [ɔpə'ziʃən] *s.* împotrivire, opoziție, rezistență.

oppress [ə'pres] *v.t.* a asupri, a apăsa, a chinui.

oppression [ə'preʃən] *s.* asuprire, nedreptate, apăsare.

oppressive [ə'presiv] *adj.* apăsător, aspru, chinuitor, asupritor.

oppressor [ə'presə] *s.* asupritor, tiran.

opt [ɔpt] *v.i.* a opta pentru.

optical [ɔptikəl] *adj.* optic.

optical illusion [ɔptikəl iluʒən] *s.* iluzie optică.

optic nerve [ɔptik nə:v] *s.* nerv optic.

optics ['ɔptiks] *s. pl.* optică.

optimism [ɔptimizəm] *s.* optimism.

optimist [ɔptimist] *s.* optimist.

optimistic [ɔpti'mistik] *adj.* optimist, încurajator.

option ['ɔpʃən] *s.* opțiune, drept de preferință, alegere.

optional [ɔpʃənəl] *adj.* facultativ.

opulence ['ɔpjuləns] *s.* bogăție, abundență, avere.

or [ɔ:] *conj* sau, ori; *whether ... ~* dacă... sau ..., *~ else* căci altfel, *either here ~ there* ori aici ori acolo.

oracle [ɔrəkəl] *s.* oracol, *fig.* prezicere.

oral ['ɔrəl] *adj.* oral, verbal, referitor la gură.

orange ['ɔrindʒ] **I.** *s.* portocal(ă). **II.** *adj.* portocaliu.

orb [ɔ:b] **I.** *s.* sferă, glob. **II.** *v.t.* a încercui, a încinge. **III.** *v.i.* a se mișca pe o orbită.

orbit ['ɔ:bit] *s.* orbită, traiectorie, *fig.* sferă de activitate.
orchard ['ɔ:tʃəd] *s.* livadă.
orchardist [ɔtʃədist] *s.* pomicultor.
orchestra ['ɔ:kistrə] *s.* orchestră.
orchestra stall ['ɔ:kistrə stɔl] *s.* jilț de orchestră.
orchestrate [ɔkistreit] *v.t.* a orchestra.
orchestration [ɔkistreiʃən] *s.* orchestrație.
orchid ['ɔ:kid] *s.* orhidee.
ordain [ɔ:'dein] *v.t.* a hirotonisi, a hotărî, a predestina.
ordeal [ɔ:'di:l] *s.* chin, calvar, tortură, inchizitorială.
order ['ɔ:də] **I.** *s.* ordin, ordine, aranjament, sistem, (o)rânduire, comandă, cerere, mandat, haina preoției, *on ~* la cerere, *in ~ to* pentru a, *in ~ that* ca să, *in alphabetical ~* în ordine alfabetică, *the elevator is out of ~* liftul este defect, *it's his ~s* așa a zis el, *may I take your ~?* pot să vă iau comanda?, *fin.* ordin de plată, *jur.* decizie, *biol.* sistem. **II.** *v.t.* a comanda, a cere, a ordona, a conduce, a porunci, a aranja, a delega. **III.** *v.i.* a porunci, a comanda.
order book [ɔdə: buk] *s.* registru de comenzi.
order form [ɔdə: fɔ:m] *s.* formular de comandă.
ordering [ɔ:dəriŋ] *s.* ordonare, rânduire, repartizare.
orderly ['ɔ:dəli] **I.** *s.* sanitar, *mil.* ordonanță, subofițer. **II.** *adj.* ordonat, liniștit, disciplinat, îngrijit.
orderly officer ['ɔ:dəli ɔfisə:] *s.* ofițer de serviciu.
order word [ɔ:də: wə:d] *s.* parolă.
ordinal ['ɔ:dinəl] **I.** *s.* numeral ordinal. **II.** *adj.* ordinal.
ordinance [ɔ:dinəns] *s.* ordin, decret.
ordinarily ['ɔ:dənrili] *adv.* normal, de obicei.
ordinary ['ɔ:dinəri] **I.** *adj.* obișnuit, normal, ordinar, mediu, comun. **II.** *s.* normal, cotidian; *out of the ~* neobișnuit.
ordinary seaman [ɔ:dinəri simmən] *s.* marinar necalificat.
ordination [ɔ:di'neiʃən] *s.* hirotonisire.
ordnance ['ɔ:dnəns] *s.* artilerie (grea), arsenal.
ordonnance [ɔdənəns] *s.* ordonanță.
ordure [ɔ:djuə:] *s.* murdărie, *fig.* imoralitate.
ore [ɔ:] *s.* minereu.
organ ['ɔ:gən] *s.* organ, instrument, orgă.
organ grinder ['ɔ:gən graində] *s.* flașnetar.

organic [ɔgænik] *adj.* organic, unitar.

organic chemistry [ɔgænik kemıstrı] *s.* chimie organică.

organism [ɔ:gənizəm] *s.* organism.

organization [ɔ:gənai'zeiʃən] *s.* organizație, organizare, alcătuire.

organize ['ɔ:gənaiz] **I.** *v.t.* a organiza, a alcătui, a crea, a institui. **II.** *v.i.* a se organiza.

organizer [ɔgənaizə:] *s.* organizator.

orgy [ɔdʒi] *s.* orgie.

oriel [ɔriəl] *s.* foişor.

orient ['ɔ:riənt] **I.** *s.* orient. **II.** *v.t., v.r.* a (se) orienta.

oriental [ɔrientəl] *adj.* oriental.

orientate ['ɔ:rienteit] **I.** *v.t.* a orienta (către est). **II.** *v.r.* a se orienta.

orientation [ɔrienteiʃən] *s.* orientare.

orifice ['ɔrifis] *s.* orificiu, gaură.

origin ['ɔridʒin] *s.* origine, obârşie.

original [ə'ridʒənəl] *s., adj.* original.

originality [ɔridʒinæliti] *s.* originalitate.

originally [ə'ridʃinəli] *adv.* in mod original, la origine.

originary [ɔridʒinəri] *adj.* originar.

originate [ə'ridʒineit] **I.** *v.t.* a iniția, a inventa, a lansa, a produce, a crea. **II.** *v.i.* a începe, *to ~ in/ from* a se trage din, a decurge, a proveni din.

originator [ɔridʒineitə:] *s.* inițiator.

oriole [ɔrioul] *s.* grangur.

ornament [ɔ:nəmənt] **I.** *s.* ornament. **II.** *v.t.* a ornamenta.

ornamental [ɔnəmentəl] *adj.* ornamental.

ornate [ɔ:'neit] *adj.* împodobit.

ornithologist [ɔniθɔlədʒist] *s.* ornitolog.

ornithology [ɔniθɔlədʒi] *s.* ornitologie.

orphan ['ɔ:fən] **I.** *s., adj.* orfan. **II.** *v.t.* a lăsa orfan.

orphanage ['ɔ:fənidʒ] *s.* orfelinat.

orthodontic [ɔθoudɔntik] *adj.* ortodontic.

orthodox ['ɔ:θədɔks] *adj.* ortodox, convențional, aprobat, obişnuit.

orthodoxy ['ɔ:θədɔksi] *s.* ortodoxie, conformism.

orthogonal [ɔ:θɔgənəl] *adj.* ortogonal.

orthography [ɔ:'θɔgrəfi] *s.* ortografie.

orthopaedics [ɔ:θəpidiks] *s.* ortopedie.

oryx [ɔriks] *s.* antilopa.

oscillate ['ɔsileit] *v.i.* a oscila, a pendula, *fig.* a şovăi.

oscillation [ɔsileiʃən] *s.* oscilare, pendulare, fig. ezitare.

oscillator [ɔsileitə:] *s.* oscilator.
oscillatory [ɔsilətəri] *adj.* oscilant, *fig.* ezitant.
oscilloscope [ɔsiləskoup] *s.* osciloscop.
osier ['ouziə] *s.* răchită, salcie.
osmosis [ɔzmousis] *s.* osmoză.
ossification [ɔsifikeiʃən] *s.* osificare.
ossify ['ɔsifai] **I.** *v.t.* a osifica. **II.** *v.i.* a se osifica, a se împietri, *fig.* a se anchiloza.
ostensible [ɔ'stensibəl] *adj.* aparent, prefăcut, de ochii lumii.
ostentation [ɔsten'teiʃən] *s.* ostentație, prefăcătorie.
ostentatious [ɔsten'teiʃəs] *adj.* ostentativ, țipător.
osteological [ɔstiɔlɔdʒikəl] *adj.* osteologic.
osteology [ɔstiɔlədʒi] *s.* osteologie.
osteopathy [ɔstiɔpəθi] *s.* osteopatie.
ostracize [ɔstrəsaiz] *v.t.* a ostraciza.
ostrich ['ɔstritʃ] *s.* struț.
other ['ʌðə] **I.** *adj.* alt, diferit, suplimentar, *the ~ one* celălalt, *the ~ day* deunăzi, *on the ~ hand* pe de altă parte, *some ~ time* altă dată, *the ~ girl* cealaltă fată. **II.** *pron. the ~* celălalt, *one after the ~* pe rând, *each ~* unul altuia, reciproc, *pl.* alții. **III.** *adv.* altfel.
otherwise ['ʌðəwaiz] **I.** *adv.* altfel, în caz contrar, în alte privințe. **II.** *conj.* dacă nu, altfel.
otiose [outious] *adj.* îndoielnic.
otitis [outaitis] *s.* otită.
otter ['ɔtə] *s.* vidră.
ouch [autʃ] *interj.* au.
ought [ɔ:t] *v. mod. ~ to* a se cuveni să, a trebui să; *you ~ to listen to me* ar trebui să mă asculți.
ounce [auns] *s.* uncie, *fig.* dram.
our [auə] *adj.* nostru, noastră, noștri, noastre.
ours [auəz] *pron.* al nostru, a noastră, ai noștri, ale noastre.
ourselves [auə'selvz] *pron.* ne, înșine, noi, *by ~* singuri, *we heard them ~* i-am auzit cu urechile noastre.
oust [aust] *v.t.* a izgoni, a elimina, *jur.* a evacua.
out [aut] *adv.* afară, pe sfârșite, în relief, departe, dispărut, răspicat, departe, greșit, *~ and away* de departe, *~ and ~* complet, extreme.
outage [autidʒ] *s.* stagnare.
outbid [autbid] *v.t.* a supralicita.
outbreak ['autbreik] *s.* izbucnire, acces.
outbuildings ['autbuldiŋz] *s.* acareturi.
outburst ['autbə:st] *s.* izbucnire, explozie.

outcast ['autkɑ:st] *s.* surghiunit, proscris.
outcome [autkʌm] *s.* urmare, effect, rezultat.
outdated [aut'deitid] *adj.* demodat.
outdistance [aut'distəns] *v.t.* a lăsa în urmă.
outdo [aut'du] *v.t.* a întrece, a depăşi.
outdoor [aut'dɔ:] *adj.* exterior, în aer liber.
ourdoors [aut'dɔ:z] *adv.* afară.
outer ['autə] *adj.* exterior, extern.
outer space [autə speis] *s.* univers.
outfall [autfɔl] *s.* gură de vărsare.
outfit ['autfit] **I.** *s.* echipament, instrumentar, instalaţie. **II.** *v.t.* a echipa, a utila.
outflow ['autflou] *s.* scurgere, izbucnire.
outgo [autgou] *s.* ieşire.
outgoing ['autgouiŋ] *adj.* fost demisionar.
outgrow [aut'grou] *v.t.* a depăşi, a se dezbăra de.
outgrowth ['autgrouθ] *s.* dezvoltare, consecinţă, excrescenţă, produs, efect.
outhouse ['authaus] *s.* acaret.
outing ['autiŋ] *s.* plimbare, excursie.
outlandish [aut'lændiʃ] *adj.* ciudat, străin, exotic, bizar.
outlast [aut'lɑ:st] *v.t.* a depăşi, a supravieţui (cuiva).
outlaw ['autlɔ:] **I.** *s.* haiduc, proscris, exilat. **II.** *v.t.* a scoate în afara legii.
outlay ['autlɔ:] *s.* cheltuială.
outlet ['autlet] *s.* ieşire, scăpare, debuşeu, *ec.* livrare, *tehn.* orificiu de evacuare.
outline ['autlain] **I.** *s.* contur, punctaj, schiţă, plan, schemă, *pl.* principii. **II.** *v.t.* a schiţa, a contura.
outlive [aut'liv] *v.t.* a supravieţui (cuiva).
outlook ['autluk] *s.* concepţie (generală), perspectivă, punct de vedere, prognoză.
outlying ['autlaiiŋ] *adj.* periferic.
outmatch [autmætʃ] *v.t.* a întece.
outnumber [aut'nʌmbə] *v.t.* a covârşi.
out of [aut əv] *prep. they moved ~ the house* s-au mutat din casă, *she said it ~ envy* a spus-o din invidie, *I'm ~ money* nu am bani.
out-of-date [autəv'deit] *adj.* demodat.
out-of-the-way [autəvðə'wei] *adj.* îndepărtat, ciudat.
outpost [autpoust] *s.* avanpost.
outpour [autpɔr] *s.* revărsare, şuvoi.
output ['autput] *s.* producţie, debit.
outrage ['autreidʒ] **I.** *s.* insultă, atac, crimă, izbucnire. **II.** *v.t.* a răni, a încălca, a jigni.

outrageous [aut'reidʒəs] *adj.* scandalos, imoral.

outright ['autrait] **I.** *adj.* total, clar, deschis. **II.** *adv.* direct, pe față, total.

outrun [aut'rʌn] *v.t.* a întrece.

outset ['autset] *s.* început, pornire, plecare.

outside ['aut'said] **I.** *s.* exterior, înfățișare, extremă, extremitate, limită. **II.** *adj.* exterior, extrem, larg, generos, suplimentar. **III.** *adv.* (pe din)afară, în aer liber. **IV.** *prep.* dincolo de, afară din, în afară de.

outsider ['aut'saidə] *s.* persoană dinafară, intrus.

outskirts ['autskə:ts] *s. pl.* periferie, suburbii, margine.

outspoken [aut'spoukən] *adj.* deschis, sincer, fără ascunzișuri.

outspread [aut'spred] **I.** *adj.* întins. **II.** *v.t.* a întinde.

outstanding [aut'stændiŋ] *adj.* remarcabil, restant, nerezolvat.

outstretched [aut'stretʃt] *adj.* întins.

outstrip [aut'strip] *v.t.* a depăși.

outward ['autwə:d] **I.** *adj.* exterior, din străinătate; vizibil; ~ *things* lumea înconjurătoare. **II.** *adv.* în afară, exterior.

outwardly ['autwədli] *adv.* aparent, superficial.

outweigh [aut'wei] *v.t.* a depăși o greutate.

outwit [aut'wit] *v.t.* a fi mai deștept decât.

ouzel [uzəl] *s.* mierlă.

oval [ouvəl] *adj.* oval.

ovary [ouvəri] *s.* ovar.

oven ['ʌvən] *s.* cuptor.

over ['ouvə] **I.** *adj.* terminat, încheiat, gata. **II.** *adv.* răsturnat, (pe) deasupra, mai sus, dincolo, încă o dată, foarte, prea, ~ *again* iarăși, *the storm is* ~ furtuna s-a oprit, *you must think it* ~ trebuie să te gândești bine la asta. **III.** *prep.* peste, deasupra, mai sus de, mai târziu de, ~ *and above* peste, în plus față de, ~ *a hundred people* peste o sută de oameni.

overall [ouvərɔl] **I.** *s.* salopetă, îmbrăcăminte de protecție. **II.** *adj.* total, global. **III.** *adv.* în întregime.

overbearing [ouvə'bɛəriŋ] *adj.* arogant, tiran.

overboard [ouvə'bɔ:d] *adv.* peste bord.

overboil [ouvəbɔil] *v.i.* a răsfierbe.

overburden [ouvə'bə:dən] *v.t.* a supraîncărca, a copleși.

overcast [ouvə'kɑ:st] **I.** *adj.* întunecat, noros, trist. **II.** *v.t.* a mohorî.

overcharge [ouvə'tʃɑ:dʒ] **I.** *s.* suprasarcină, suprataxă, preț

piperat. **II.** *v.i.* a supraîncărca, a specula.
overcoat [ouvə'kout] *s.* pardesiu, palton.
overcome [ouvəkΛm] **I.** *v.t.* a învinge, a copleşi. **II.** *v.i.* a birui.
overcrowd [ouvə'kraud] *v.t.* a supraaglomera.
overdo [ouvə'du:] *v.t.* a exagera, a frige prea tare.
overdraft [ouvədraft] *s. tehn.* supraîncărcare.
overdraw [ouvə'drɔ:] *v.t.* a exagera, a depăşi (contul la bancă).
overdress [ouvə'dres] *v.t.*, *v.i.* a (se) împopoţona.
overdrink [ouvədriŋk] *v.r.* a bea peste măsură.
overdue [ouvə'dju:] *adj.* întârziat.
overflow[1] [ouvə'flou] *s.* surplus, abundenţă, inundaţi, debit, *fig.* revărsare.
overflow[2] [ouvə'flou] **I.** *v.t.* a inunda, a trece dincolo de. **II.** *v.i.* a da pe dinafară, a se revărsa, a abunda.
overgrow [ouvə'grou] **I.** *v.t.* a umple, a acoper. **II.** *v.i.* a creşte exagerat.
overgrowth [ouvə'grouθ] *s.* creştere exagerată, bălării.
overhang [ouvə'hæŋ] **I.** *v.i.* a atârna (ameninţător). **II.** *s.* proeminenţă
overhaul[1] [ouvə'hɔ:l] **I.** *s.* revizie generală, cercetare. **II.** *v.t.* a revizui, a ajunge din urmă.
overhead [ouvə'hed] **I.** *adj.* aerian, deasupra capului. **II.** *adv.* (deasupra) capului.
overhear [ouvə'hiə] *v.t.* a surprinde (o conversaţie).
over-indulge [ouvə in'dΛldʒ] **I.** *v.t.*, *v.i.* a(şi) permite prea multe. **II.** *v.r.* a se desfăta.
over-indulgence ['ouvəindΛldʒəns] *s.* destrăbălare.
overjoyed [ouvə'dʒɔɪd] *adj.* încântat.
overland [ouvəlænd] *adj.* pe uscat.
overlap [ouvə'læp] **I.** *s.* acoperire, suprapunere. **II.** *v.i.* a se suprapune.
overload [ouvə'loud] *v.t.* a supraîncărca.
overlook [ouvə'luk] *v.t.* a scăpa din vedere, a trece cu vederea, a supraveghea, a domina (cu privirea).
overnight [ouvə'nait] *adj.*, *adv.* peste noapte.
overpay [ouvəpei] *v.t.* a plăti mai mult.
overpeopled [ouvəpipəld] *adj.* suprapopulat.
overplus [ouvəplΛs] *s.* surplus.
overpower [ouvə'pauə] *v.t.* a covârşi.
overproduction ['ouvəprə'dΛkʃən] *s.* supraproducţie.

overrate [ouvə'reit] *v.t.* a supraestima.
overreach [ouvə'ri:tʃ] *v.t.* a depăşi.
overripe [ouvəraip] *adj.* răscopt.
overrule [ouvə'ru:l] *v.t.* a stăpâni; a anula, a respinge.
overrun [ouvə'rʌn] *v.t.* a invada, a covârşi, a depăşi, a năpădi.
oversea(s) [ouvə'si:z] *adj.*, *adv.* în străinătate, (de) peste mări şi ţări.
oversee ['ouvə'si:] *v.t.* a supraveghea.
overseer [ouvə'siə] *s.* supraveghetor, contramaistru.
oversensitive [ouvəsenzitiv] *s.* suprasensibil.
overshadow [ouvə'ʃædou] *v.t.* a umbri.
overshoe [ouvə'ʃu:] *s.* şoşon, galoş.
overshoot [ouvə'ʃu:t] *v.t.* a trage/ a ţinti prea departe.
overshot wheel [ouvəʃɔt wi:l] *s.* roată hidraulică.
oversight ['ouvəsait] *s.* neglijenţă, omisiune, scăpare, supraveghere.
oversimplify [ouvəsimplifai] *v.t.* a simplifica prea mult.
oversleep [ouvə'slip] *v.i.*, *v.r.* a dormi prea mult.
overstate [ouvə'steit] *v.t.* a exagera.
overt ['ouvə:t] *adj.* deschis, public.
overtake [ouvə'teik] *v.t.* a ajunge din urmă, a surprinde, a covârşi.
overtax [ouvə'tæks] *v.t.* a suprasolicita, *fin.* a impune la o sumă exagerată.
overthrow [ouvə'θrou] **I.** *s.* răsturnare, înfrângere, nimicire. **II.** *v.t.* a răsturna, a înfrânge.
overtime ['ouvətaim] **I.** *s.* ore suplimentare, plată suplimentară. **II.** *adv.* suplimentar.
overtly [ouvə:tli] *adv.* pe faţă.
overture [ouvə'tjuə] *s.* uvertură, *pl.* ofertă, avansuri, propuneri.
overturn [ouvə'tə:n] *v.t.*, *v.i.* a (se) răsturna.
overweening [ouvəwiniŋ] *adj.* arogant.
overweight [ouvə'weit] *s.* greutate suplimentară.
overwhelm [ouvə'welm] *v.t.* a covârşi, a nimici, a stăpâni, a copleşi.
overwhelming [ouvə'welmiŋ] *adj.* copleşitor, covârşitor.
overwork [ouvə'wə:k] **I.** *s.* suprasolicitare, istovire. **II.** *v.t.*, *v.i.* a (se) istovi, a extenua, a slei.
overwrought [ouvə'rɔ:t] *adj.* istovit, nervos, surescitat.
ovine [ouvain] *adj.* ovin.
ovoid [ouvɔid] *adj.* oval.
ovule [ɔvju:l] *s.* ovul.
owe [ou] **I.** *v.t.* a datora. **II.** *v.i.* a avea datorii.

owing ['ouiŋ] *adj.* datorat, restant, ~ *to* din pricina.

owl [aul] *s.* bufniță; *to fly with the ~s* a duce o viață de noapte.

own [oun] **I.** *adj.* propriu, personal. **II.** *v.t.* a mărturisi, a recunoaşte, a poseda. **III.** *v.i.* a se recunoaşte vinovat.

owner [ounə'] *s.* proprietar.

ownership [ounə'ʃip] *s.* proprietate.

ox [ɔks] *s.* bou, mascul.

oxbow [ɔksbou] *s.* jug.

oxen ['ɔksən] *s. pl.* de la ox.

ox-eyed [ɔksaid] *adj.* cu ochii bulbucați.

oxidation [ɔksideiʃən] *s.* oxidare.

oxide [ɔksaid] *s.* oxid.

oxidizc [ɔksidaiz] *v.t.* a oxida.

oxidizer [ɔksidaizə:] *s.* oxidant.

oxygen [ɔksidʒən] *s.* oxigen.

oxygenate [ɔksidʒineit] *v.t.* a oxigena, a oxida.

oxygenation [ɔksidʒineiʃən] *s.* oxigenare.

oyster [ɔistə:] *s.* stridie.

ozone [ouzoun] *s.* ozon.

P

P [pi:] *s.* litera P, p.

pa [pɑ:] *s.* tăticu.

pace [peis] **I.** *s.* pas, ritm; *to mend one's ~* a mări pasul, *to keep ~ with* a ține pasul cu. **II.** *v.t.* a păşi, a măsura cu pasul, a regla. **III.** *v.i.* a păşi, a se plimba.

pacha [paʃə] *s.* paşă.

pacificate [pəsifikeit] *v.t.* a pacifica.

pacificator [pəsifikeitə:] *s.* pacificator.

pacify ['pæsifai] *v.t.* a linişti, a pacifica.

pack [pæk] **I.** *s.* pachet (de cărți), legătură, haită, bandă, mănunchi; *a ~ of cigarettes* un pachet de țigări. **II.** *v.t.* a împacheta, a ambala, a pune în geamantan, a îngrămădi, a căptuşi, *to ~ off* a expedia, *to ~ up* a pune în geamantan. **III.** *v.i.* a face bagajele, a împacheta, a se îngrămădi, a se înghesui.

package ['pækidʒ] *s.* pachet.

packed [pækt] *adj.* împachetat, aglomerat.

packet ['pækit] *s.* pachet, *tehn.* balot.

packing paper [pækiŋ peipə:] *s.* hârtie de ambalaj.
pack off [pæk ɔf] *v.t.* a da afară.
pact [pækt] *s.* tratat, pact.
pad [pæd] **I.** *s.* căptuşeală, tampon, reazem, pilulă. **II.** *v.t.* a căptuşi.
padding ['pædiŋ] *s.* căptuşeală groasă, umplutură.
paddle ['pædəl] **I.** *s.* vâslă, padelă, lopăţică, *tehn.* paletă, aripă. **II.** *v.t.* a împinge cu vâslele. **III.** *v.i.* a vâsli, a se bălăci.
paddler [pædlə:] *s.* vâslaş.
padlock ['pædlək] **I.** *s.* lacăt. **II.** *v.t.* a încuia.
paediatrics [pidiætriks] *s.* pediatrie.
pagan ['peigən] *s., adj.* păgân.
page [peidʒ] **I.** *s.* pagină, paj, băiat de serviciu. **II.** *v.t.* a pagina, a căuta, a anunţa.
pageant ['pædʒənt] *s.* procesiune, car alegoric, spectacol (medieval) în aer liber.
pagination [pædʒineiʃən] *s.* paginare, aşezare în pagină.
paid [peid] *v.t., v.i.* trec. şi part. trec. de la pay.
pail [peil] *s.* găleată, cuvă.
pain [pein] **I.** *s.* durere, efort, pedeapsă, *I feel no ~* nu simt nicio durere, *she is in ~s* ea are dureri, *she's a real ~* este o adevărată pacoste. **II.** *v.t.* a chinui, a mâhni.
painful ['peinful] *adj.* dureros, neplăcut, jenant, penibil; *don't be afraid! it isn't ~ at all* nu te teme! nu e deloc dureros; *~ thoughts* gânduri tulburătoare.
pain killer [pein kilə:] *s.* calmant.
painstaking ['peinzteikiŋ] *adj.* silitor, harnic, grijuliu.
paint [peint] **I.** *s.* vopsea. **II.** *v.t.* a vopsi, a picta, a descrie, *to ~ the town red* a-şi face de cap, *she loves to ~* îi place să picteze. **III.** *v.i.* a picta.
paint brush [peint brʌʃ] *s.* pensulă.
painted [peintid] *adj.* pictat.
painter ['peintə] *s.* pictor, zugrav.
painting ['peintiŋ] *s.* pictură, vopsitorie.
pair [pɛə] **I.** *s.* pereche, *in ~s* perechi-perechi, *a ~ of shoes* o pereche de pantofi. **II.** *v.t., v.i.* a (se) împerechea, a se căsători.
pajamas [pə'dʒɑ:məz] *s. pl.* pijama.
pal [pæl] *s.* tovarăş, prieten bun.
palace ['pælis] *s.* palat.
palatable ['pælətəbəl] *adj.* bun la gust, acceptabil.
palatal [pælətəl] *adj.* palatal.
palatalization [pælətəlizeiʃən] *s.* palatalizare.
palate ['pælit] *s.* cerul gurii, gust.
palaver [pə'lɑ:və] **I.** *s.* vorbărie, tratative. **II.** *v.i.* a flecări. **III.** *v.t.* a linguşi.
pale [peil] **I.** *s.* şcândură, limită, ţăruş, hotar. **II.** *adj.*

palid; *she turned ~ when I asked her about you* a pălit atunci când am întrebat-o despre tine. **III.** *v.i.* a păli, a-şi pierde culoarea.
paleographer [pæliɔgrəfə:] *s.* paleograf.
palette ['pælit] *s. artă* paletă, gamă de culori.
palette knife [pælit naif] *s.* spatulă.
palfrey ['pɔ:lfri] *s.* armăsar, cal de paradă.
paling ['peiliŋ] *s.* gard.
palisade [pæli'seid] *s.* palisadă, gard.
pall [pɔ:l] *s.* linţoliu, văl.
pallet [pælit] *s.* saltea de paie.
palliate ['pælieit] *v.t.* a alinia, a uşura, a îmblânzi, a scuza.
palliation [pælieiʃən] *s.* alinare, uşurare.
pallid [pælid] *adj.* palid.
pallor [pælə:] *s.* paloare.
palm [pɑ:m] **I.** *s.* palmă, mână, (frunză de) palmier, lauri; *to grease smb's ~* a mitui pe cineva. **II.** *v.t.* a trece, a înmâna, a strecura.
palmer [pa:mə:] *s.* pelerin.
palpate [pælpeit] *v.t.* a palpa.
palpation [pælpeiʃən] *s.* palpare.
palpitant [pælpitənt] *adj.* palpitant.
palpitate ['pælpiteit] *v.i.* a palpita.
palpitation [pælpiteiʃən] *s.* palpitaţie.
palsy ['pɔlzi] *s.* paralizie, *fig.* înlemnire.
palter with [pɔltə wið] *v.i.* a se purta urât cu cineva.
paltry ['pɔltri] *adj.* mic, meschin, mizerabil, josnic.
paludal [pəljudəl] *adj.* mlăştinos.
paly [peili] *adj.* palid.
pamper ['pæmpə] *v.t.* a răsfăţa, a face toate poftele, a îndopa.
pamphlet ['pæmflit] *s.* broşură, pamflet; *poligraf.* foaie volantă.
pamphleteer [pæmflitiə:] *s.* pamfletar.
pan [pæn] **I.** *s.* tigaie, cratiţă, *tehn.* farfurioară, taler de balanţă; *a flash in the ~* ceva care se întâmplă doar o singură dată şi nu se mai repetă, *to jump out of the frying ~ into the fire* a ieşi dintr-o încurcătură pentru a intra într-una mai mare. **II.** *v.t.* a face harcea-parcea.
panacea [pænəsiə] *s.* panaceu.
pancake ['pænkeik] *s.* clătită.
pancreas [pæŋkriəs] *s.* pancreas.
panda [pændə:] *s.* panda.
pander ['pændə] *s.* codoş, mijlocitor.
pandit [pʌndit] *s.* înţelept.
pandour [pænduə:] *s.* pandur.
pane [pein] *s.* (ochi de) geam.
panel ['pænəl] **I.** *s.* panou, lambriu, ochi de geam, listă, juriu, *el.* tablou de comandă. **II.** *v.t.* a îmbrăca în panouri.
pang [pæŋ] *s.* junghi, spasm, împunsătură, *pl.* remuşcări.

panic ['pænik] **I.** *s.* panică, spaimă; *to push the ~ button* a-l apuca nebunia. **II.** *v.r.* a se panica.

panic-stricken ['pænikstrikən] *adj.* înspăimântat, cuprins de panică.

panorama [pænəram:ə] *s.* panoramă.

panoramic [pænəræmik] *adj.* panoramic.

panpipe(s) ['pænpaip(z)] *s.* nai.

pansy ['pænzi] *s.* panseluţă.

pant [pænt] **I.** *v.t.*, *v.i.* a gâfâi. **II.** *s.* gâfâit.

pantaloon [pæntəlu:n] *s.* clovn, *pl.* pantaloni.

pantheism [pænθi'izəm] *s.* panteism.

panther ['pænθə] *s.* panteră.

pantograph [pæntəgraf] *s.* pantograf.

pantomime [pæntəmaim] *s.* pantomimă.

pantry ['pæntri] *s.* cămară.

pants [pænts] *s. pl.* pantaloni, indispensabili.

panty hose [pæntihouz] *s.* colanţi, dresuri.

pap [pæp] *s.* terci.

papa [pə'pɑ:] *s.* tăticu.

papacy [pə'pəsi] *s.* papalitate.

papaya [pəpaiə:] *s.* papaya.

paper ['peipə] **I.** *s.* hârtie, document, act (de identitate), ziar, bancnotă, lucrare, teză, tapet, titluri, valori, *pol.* carte (albă); *give me a sheet of ~* dă-mi o foaie de hârtie, *not to be worth the ~ it's written on* ceva fără valuare, *tell him he must get his walking ~s* spune-i că trebuie să-şi dea demisia, *smth that looks good on ~* ceva care dă bine pe hârtie, dar nu şi în realitate, *you must put pen to ~* trebuie să te apuci să scrii ceva. **II.** *v.t.* a tapeta; a scrie.

paper bag [peipə: bæg] *s.* pungă de hârtie.

paper boy [peipə bɔi] *s.* vânzător de ziare.

paper clip [peipə klip] *s.* clemă.

paper-hanger ['peipə hæŋə] *s.* tapetar.

paper-knife ['peipə naif] *s.* cuţit pentru tăiat hârtie.

paper-mill ['peipə mil] *s.* fabrică de hârtie.

paper over [peipə: ouvə:] *v.t.* a muşamaliza.

paper-weight ['peipə weit] *s.* pres-papier.

paper work [peipə: wək] *s.* lucrări scrise.

papilla [pəpilə] *s.* papilă.

papillary [pəpiləri] *adj.* papilar.

papist ['pəpist] *s.* papistaş.

paprika [pæprikə:] *s.* ardei roşu.

papyrus [pəpaiərəs] *s.* papirus.

par [pɑ:r] *s.* egalitate, paritate.

parable ['pærəbəl] *s.* parabolă.

parabola [pəræbələ] *s.* parabolă.

parachute ['pærəʃu:t] **I.** *s.* paraşută. **II.** *v.t.* a paraşuta.

parachutist ['pærəʃu:tist] *s.* paraşutist.

parade [pə'reid] **I.** *s.* demonstrație, (teren de) paradă, promenadă, *pol.* marş. **II.** *v.i.* a face pe grozavul, a mărşălui.

paradigmatic [pærədigmætik] *adj.* paradigmatic.

paradise ['pærədais] *s.* paradis, rai.

paradox [pærədɔks] *s.* paradox.

paradoxical [pærədɔksikəl] *adj.* paradoxal.

paraffin ['pærəfin] *s.* parafină, gaz lampant.

paragenesis [pærədʒenisis] *s.* parageneză.

paragon ['pærəgən] *s.* model.

paragraph [pærəgra:f] **I.** *s.* paragraf, alineat. **II.** *v.t.* a paragrafa.

parallel [pærəlel] **I.** *adj.* paralel. **II.** *s.* linie paralelă, *geogr.* paralelă. **III.** *v.t.* a compara.

parallelepiped [pærələləpaiped] *s.* parelelipiped.

parallelism [pærəlelizəm] *s.* paralelism.

parallelogram [pærələləgræm] *s.* paralelogram.

paralyse [pærəlaiz] *v.t.* a paraliza.

paralysing [pærəlaiziŋ] *adj.* paralizant.

paralysis [pə'rælisis] *s.* paralizie, inerție.

paralytic [pærəlitik] **I.** *adj.* paralitic. **II.** *s.* paralitic.

parameter [pəræmitə:] *s.* parametru, indice.

paramount ['pærəmaunt] *adj.* suprem, cel mai înalt.

paramour ['pærəmuə] *s.* concubină, amantă.

paranoia [pærənɔiə] *s.* paranoia.

paraph [pærəf] *s.* parafă.

paraphernalia [pærəfə'neiliə] *s. pl.* catrafuse, accesorii, avere, mărunțişuri.

paraphrase [pærəfreiz] **I.** *s.* parafrază. **II.** *v.t.* a parafraza.

parasite ['pærəsait] *s.* parazit.

parasitism [pærəsaitizəm] *s.* parazitism.

parasynthetic [pærəsinθetik] *adj.* parasintetic.

parboil [pabɔil] *v.t.* a opări pe jumătate.

parcel ['pɑ:səl] **I.** *s.* pachet, parcelă, grup. **II.** *v.t.* a parcela.

parcel out [pasəl aut] *v.t.* a diviza, a împărți.

parcel paper [pasəl peipə] *s.* hârtie de împachetat.

parch [pɑ:tʃ] *v.t., v.i.* a (se) usca, a (se) prăji.

parched paper [patʃt peipə] *s.* hârtie pergament.

parchment ['pɑ:tʃmənt] *s.* (hârtie) pergament.

parclose [pa:klouz] *v.t.* a înconjura, a împrejmui.

pardon ['pɑ:dən] **I.** *s.* iertare, scuze, grație, îngăduință, *I beg your ~* scuzați/ poftim? **II.** *v.t.* a ierta, a grația, a trece cu vederea.

pardonable [padənəbəl] *adj.* scuzabil.
pardoner ['pɑ:dənə]*s.* vânzător de indulgențe.
pare [pεə] *v.t.* a tăia (unghiile), a decoji.
pare down [pεə daun] *v.t.* a reduce.
parent ['pεərənt] *s.* părinte, strămoş.
parentage ['pεərəntidʒ] *s.* paternitate, origine, obârşie.
parental ['pεərəntəl] *adj.* părintesc.
parenthesis [pərenθisis] *s.* paranteză.
parenthetic(al) ['pεərən'θetik(əl)] *adj.* între paranteze, incident(al).
paresis [pərisis] *s.* pareză.
pariah [pəraiə] *s.* paria.
parish ['pæriʃ] *s.* parohie, district, cartier, enoriaş, ~ *register* registrul stării civile.
parish council ['pæriʃ kaunsil] *s.* consiliu comunal.
parishioner ['pæriʃənə] *s.* enoriaş, locuitor din cartier.
parity ['pæriti] *s.* paritate, egalitate, asemănare.
park [pɑ:k] **I.** *s.* parc. **II.** *v.t.* a parca.
parka [pa:kə] *s.* hanorac.
parking [pakiŋ] *s.* parcare; *no* ~ parcarea interzisă.
parking lot [pakiŋ lɔt] *s.* loc de parcare.
parkway [pakwei] *s.* alee.
parley ['pɑ:li] **I.** *s.* negocieri. **II.** *v.i.* a negocia, a parlamenta.
parliament ['pɑ:liəmənt] *s.* parlament.
parliamentary [paliəmentəri] *adj.* parlamentar.
Parliament house [paliəment haus] *s.* clădirea parlamentului.
parlo(u)r ['pɑ:lə] *s.* salonaş, hol, vorbitor.
parlourmaid ['pɑ:ləmeid] *s.* servitoare.
parochial [pə'roukiəl] *adj.* parohial, limitat, îngust.
parody [pærədi] *s.* parodie.
parole [pə'roul] *s.* cuvânt de onoare, *on* ~ eliberat condiționat.
paronym [pærənim] *s.* paronim.
parotid gland [pərɔtid glænd] *s.* glandă parotidă.
paroxysm [pærəksizəm] *s.* paroxism.
parquet ['pɑ:kei] *s.* parchet.
parrot ['pærət] *s.* papagal.
parry ['pæri] *v.t.* a para, a ocoli.
parse [pɑ:z] *v.t.* a analiza gramatical.
parsimonious [pɑ:si'mouniəs] *adj.* zgârcit.
parsimony ['pɑ:simənі] *s.* zgârcenie, economie.
parsley [pasli] *s.* pătrunjel.
parsnip [pasnip] *s.* păstârnac.
part [pɑ:t] **I.** *s.* parte, fragment, cotă, merit, fascicul, piesă, rol, *in* ~ parțial, printre altele, în amănunt, *to take* ~ a participa, *he is a man of many ~s* el este un bărbat care poate

face mai multe lucruri deodată, *don't take his ~!* să nu treci de partea lui!, *play your ~ and let me be!* fă ce trebuie să faci, iar pe mine lasă-mă în pace! **II.** *v.t.* a despărți, a separa, a pieptăna cu cărare. **III.** *v.i.* a se despărți.

partake [pɑ:'teik] **I.** *v.t.* a împărtăşi. **II.** *v.i. to ~ of* a se înfrupta din.

partial ['pɑ:ʃəl] *adj.* parțial, fragmentar, părtinitor, *to be ~ to* a ține la, amator de.

partialism [pa:ʃəlizəm] *s.* parțialitate.

partiality [pɑ:ʃi'æliti] *s.* părtinire, prejudecată, înclinație.

partially ['pɑ:ʃəli] *adv.* parțial, cu părtinire.

participant [pa:tisipənt] *s.* participant.

participate [pɑ:'tisipeit] *v.i.* a participa.

participation [pɑ:tisi'peiʃən] *s.* participare.

particle ['pɑ:tikəl] *s.* particulă.

parti-colo(u)red ['pɑ:tikʌləd] *adj.* bălțat, multicolor.

particular [pə'tikjulə] **I.** *s.* detaliu, articol; *in ~* în particular, *to go into ~s* a intra în amănunte. **II.** *adj.* specific, distinct, special, exact, dificil.

particularity [pə'tikjuləriti] *s.* exactitate, particularitate, minuțiozitate.

particularize [pətikjuləraiz] *v.t.* a detalia.

particularly [pə'tikjuləli] *adv.* în special, în amănunt.

parting [pə'tiŋ] *s.* despărțire, bifurcare, (pieptănătură) cărare.

partition [pɑ:'tiʃən] **I.** *s.* despărțitură, compartiment, glasvand. **II.** *v.t.* a despărți, a separa, a împărți.

partly ['pɑ:tli] *adv.* parțial, în oarecare măsură.

partner ['pɑ:tnə] **I.** *s.* partener, tovarăş, părtaş. **II.** *v.t.* a se întovărăşi cu.

partnership ['pɑ:tnəʃip] *s.* tovărăşie, întovărăşire.

partridge [pa:tridʒ] *s.* potârniche.

part-time ['pɑ:t taim] *adj.*, *adv.* temporar, parțial, extrabugetar.

party ['pɑ:ti] **I.** *s.* partid, grup, petrecere, partidă, parte (la un contract), detaşament, echipă, persoană. **II.** *adj.* de partid.

pass [pɑ:s] I. *s.* trecere, pasaj, succes (la un examen), situație, pasă, permis, trecătoare, atac, avans, *geogr.* defileu, *sport* pasă. **II.** *v.t.* a trece (pe lângă, dincolo de), a petrece, a răspândi, a aproba, a întrece. **III.** *v.i.* a trece, a se strecura, a se scurge, a circula, a fi aprobat, a dispărea, a se întâmpla, a pasa, *to ~ away* a trece în lumea drepților, a dispărea, *to ~ by* a nu observa, a trece cu vederea, *to ~ for* a trece drept, *to ~ over* a nesocoti, *he always ~es the* *baton to me whenever he cannot handle the situation* întotdeauna aruncă responsabilitatea în brațele mele atunci când nu poate face față situației, *to ~ out* a leșina, *to ~ the time* a petrece timpul.

passage ['pæsidʒ] *s.* trecere, călătorie, pasaj, trecătoare, coridor, întâmpinare.

passenger ['pæsindʒə] *s.* pasager.

passer-by ['pɑ:səbai] *s.* trecător.

passing ['pɑ:siŋ] **I.** *s.* trecere. **II.** *adj.* trecător, provizoriu, întâmplător.

passion ['pæʃən] *s.* patimă, pasiune; entuziasm.

passional [pæʃənəl] *adj.* pasional.

passionate ['pæʃənit] *adj.* pătimaș, pasionat, fierbinte, irascibil.

passive [pæsiv] *adj.* pasiv, supus.

passiveness [pæsivnis] *s.* pasivitate.

passivity [pæsiviti] *s.* pasivitate.

passport ['pɑ:spɔ:t] *s.* pașaport.

password ['pɑ:swə:d] *s.* cuvânt de ordine, parolă.

past [pɑ:st] **I.** *s.* trecut. **II.** *adj.* trecut, incapabil de; *for the ~ few years* în ultimii ani. **III.** *adv.* pe alături. **IV.** *prep.* mai presus, dincolo de, *~ bearing* insuportabil, *it's a quarter ~ two* este ora două și un sfert.

paste [peist] **I.** *s.* pastă, lipici, pap. **II.** *v.t.* a lipi, a afișa.

pasteboard [peistbɔ:d] **I.** *s.* carton, mucava. **II.** *adj.* (în) pastel.

pastel [pæstəl] *s.* culoare pastel.

pasteurization [pæstəraizeiʃən] *s.* pasteurizare.

pasteurize [pæstəraiz] *v.t.* a pasteuriza.

pastime ['pɑ:staim] *s.* distracție, joc.

pastoral [pastərəl] *adj.* pastoral.

past participle [past partisipəl] *s.* participiu trecut.

pastry ['peistri] *s.* patiserie, plăcintă.

pasture ['pɑ:stʃə] **I.** *s.* pășune. **II.** *v.t.*, *v.i.* a paște.

pasty ['pe:isti] *adj.* păstos.

pat [pæt] **I.** *s.* mângâiere, atingere. **II.** *adj.* nimerit, potrivit. **III.** *v.t.* a mângâia, a bate ușurel. **IV.** *adv.* la țanc.

patch [pætʃ] **I.** *s.* petic, pată, răzor, *med.* bandaj. **II.** *v.t.* a cârpi, a împăca.

patchiness [pæʃinis] *s.* inegalitate.

patchwork ['pætʃwə:k] *s.* cârpeală, peticire, cuvertură.

patchy [pætʃi] *adj.* peticit.

paten ['pætən] *s.* căpățână.

patent ['peitənt] **I.** *s.* patent, brevet, certificat, privilegiu. **II.** *adj.* clar, patentat, (de pantofi) de lac.

paternal [pə'tə:nəl] *adj.* părintesc, după tată.

paternity [pətəniti] *s.* paternitate.

path [pɑ:θ] *s.* potecă, cale; *a place off the beaten ~* un loc unde nu prea merge lumea, *to cross someone's ~* a se întâlni cu cineva din întâmplare.

pathetic [pə'θetik] *adj.* patetic, jalnic, vrednic de milă, emoţional.

pathological [pæθələdʒikəl] *adj.* patologic.

pathology [pæθələdʒi] *s.* patologie.

pathos ['peiθəs] *s.* patos, pasiune.

pathway ['peiθwei] *s.* potecă, cale, *tehn.* platformă.

patience ['peiʃəns] *s.* răbdare, rezistenţă, perseverenţă, silinţă, ştevie.

patient ['peiʃənt] **I.** *s.* pacient, bolnav. **II.** *adj.* răbdător, îngăduitor.

patriarch [peitriak] *s.* patriarh.

patrimony [pætriməni] *s.* patrimoniu.

patriot ['peitriət] *s.* patriot.

patriotism ['peitriətizəm] *s.* patriotism.

patrol [pə'troul] **I.** *s.* patrulă. **II.** *v.i.* a patrula.

patron ['peitrən] *s.* patron, susţinător, (client) obişnuit.

patronage ['pætrənidʒ] *s.* patronaj, aer protector, clientelă.

patroness [peitrənis] *s.* patroană.

patronize ['pætrənaiz] *v.t.* a patrona, a trata de sus, a frecventa.

patter ['pætə] **I.** *s.* ciocănit, repetiţie, replici, jargon. **II.** *v.t.* a repeta, a recita. **III.** *v.i.* a vorbi repede, a ciocăni.

pattern ['pætən] *s.* model şablon, tipar.

patty [pæti] *s.* pateu.

paunch [pɔ:ntʃ] *s.* burtă, burduhan.

paunchy [pɔ:ntʃi] *adj.* burtos.

pauper ['pɔ:pə] *s.* sărac, cerşetor.

pause [pɔ:z] **I.** *s.* pauză, răgaz. **II.** *v.i.* a face o pauză.

pave [peiv] *v.t.* a pava, a acoperi.

paved [peivd] *adj.* pavat.

pavement ['peivmənt] *s.* pavaj, trotuar, *constr.* pardosire.

pavilion [pəviljən] *s.* pavilion.

paw [pɔ:] *s.* labă.

pawky [pɔ:ki] *adj.* viclean, şiret.

pawl [pɔl] *s.* închizător, *nav.* castanetă, *tehn.* clichet.

pawn [pɔ:n] **I.** *s.* **1.** amanet, ipotecă. **2.** pion, *fig.* marionetă **II.** *v.t.* a amaneta.

pawnage [pɔnidʒ] *s.* amanetare.

pawnshop [pɔ:nʃɔp] *s.*casă de amanet.

pay [pei] **I.** *s.* leafă, onorariu, plată, răsplată, soldă. **II.** *v.t.* a (răs)plăti, a achita, a (acor)da, a face (curte, vizite, complimente), *to ~ off* a concedia, a mitui, a plăti integral; *to ~ back* a achita, *to ~ someone a visit* a vizita pe cineva, *I'll ~ you back the money* îți voi restitui banii, *to ~ one's dues* a munci din greu pentru a obține ceva, *to ~ over the odds* a plăti mai mult decât face, *you have to ~ the piper for not telling the truth* trebuie să suporți consecințele pentru că nu ai spus adevărul. **III.** *v.i.* a plăti.

payable [peiəbəl] *adj.* plătibil, profitabil, scadent.

pay-day ['pei dei] *s.* ziua salariului.

pay desk [pei desk] *s.* casierie.

pay list [pei list] *s.* stat de plată.

paymaster ['peimɑ:stə] *s.* casier.

payment ['peimənt] *s.* (răs)-plată, recompensă; *~ in instalments* plată în rate.

pay rise [pei raiz] *s.* spor de salariu.

pay roll ['pei roul] *s.* stat de plată.

pea [pi:] *s.* (bob de) mazăre.

peace [pi:s] *s.* pace, liniște, tihnă; *to make ~ with someone* a se împăca cu cineva, *~ of mind* liniște sufletească.

peaceable ['pi:səbəl] *adj.* pașnic, liniștit.

peaceful ['pi:sful] *adj.* pașnic, tihnit.

peach [pi:tʃ] *s.* piersică, fată frumoasă.

peacock [pikɔk] *s.* păun.

peahen [pihen] *s.* păuniță.

peak [pi:k] *s.* vârf, culme, cozoroc.

peaked [pi:kt] *adj.* ascuțit, slab, prăpădit.

peaky ['pi:ki] *adj.* ofilit.

peal [pi:l] **I.** *s.* zvon de clopote, bubuitură (de tunet), hohot. **II.** *v.i.* (de clopote) a răsuna.

peanut ['pi:nʌt] **I.** *s.* (alună) arahidă. **II.** *adj.* mărunt.

peanut butter ['pi:nʌt bʌtə:] *s.* unt de arahide.

pear [pɛə:] *s.* pară.

pearl [pə:l] *s.* perlă, nestemată, lacrimă; *to cast ~s before swine* a arunca diamante porcilor, *a ~ of wisdom* un sfat înțelept.

pearl barley ['pə:l bɑ:li] *s.* arpacaș.

pearl diver ['pə:l daivə] *s.* pescuitor de perle.

pearl hen [pə:l hen] *s.* bibilică.

peasant ['pezənt] *s.* țăran.

peasantry ['pezəntri] *s.* țărănime.

pease [pi:z] *s.* mazăre.

pebble ['pebəl] *s.* pietricică, *pl.* prundiș.

peck [pek] **I.** *s.* baniță, ciocănit (cu ciocul), sărutare. **II.** *v.t.*, *v.i.* a lovi cu ciocul, a ciuguli.

pecker [pekə] *s.* ciocănitoare.

peculate [pekjuleit] *v.t.* a delapida.

peculation [pekjuleiʃən] *s.* delapidare.

peculiar [pi'kju:liə] *adj.* specific, individual, special.

peculiarity [pikju:li'æriti] s. particularitate, ciudățenie.

pedagogical [pedəgɔdʒikəl] *adj.* pedagogic.
pedagogue [pedə'gɔg] *s.* profesor, învăţător, pedagog.
pedagogy [pedəgɔgi] *s.* pedagogie.
pedal ['pedl] **I.** *s.* pedală. **II.** *v.t.* a împinge cu pedale. **III.** *v.i.* a pedala.
peddle [pedəl] *v.t.* a vinde cu amănuntul, a colporta.
peddling [pedliŋ] *adj.* mărunt.
pedestal [pedistəl] *s.* piedestal, soclu.
pedestrian [pə'destriən] **I.** pieton. **II**. *adj.* pedestru.
pedestrian crossing [pə'destriən krɔsiŋ] *s.* trecere de pietoni.
pediatrician [pidiətriʃən] *s.* pediatru.
pediatrics [pidiætriks] *s.* pediatrie.
pedicure [pedikjuə:] *s.* pedichiură.
pedigree ['pedi:gri] *s.* genealogie, origine.
pedlar ['pedlə] *s.* vânzător ambulant, telal.
peek [pik] *v.i.* a arunca o privire.
peel [pi:l] **I.** *s.* coaja. **II.** *v.t.*, *v.i.* a (se) coji.
peeling ['pi:liŋ] *s.* coajă.
peep [pi:p] **I.** *s.* ochire, ocheadă, chiţăit, ciripit, ivire. **II.** *v.i.* a iscodi, a-şi băga nasul, a se ivi, a se iţi, a chiţăi, a ciripi, a piui.
peer [piə:] **I.** *s.* egal, *without ~* fără pereche. **II.** *v.t.* a egala. **III.** *v.i.* a privi atent la, a se ivi.
peerless ['piəlis] *adj.* neasemuit, fără pereche.
peevish ['pi:viʃ] *adj.* ţâfnos, irascibil, plângăreţ.
peg [peg] **I.** *s.* ţăruş, scoabă, cui, cuier. **II.** *v.t.* a fixa; *to bring someone down a ~ or two* a arăta că cineva nu este atât de bun precum ceilalţi cred; *she is a square ~* ea este un pic ciudată.
pekinese [pi:kiŋ'i:z] *s.* pechinez.
pejorative [pidʒɔrətiv] *adj.* peiorativ.
pelican [pelikən] *s.* pelican.
pellet ['pelit] *s.* ghemotoc, granulă, bobiţă de pâine, alică, pilulă.
pellucid [pe'lu:sid] *adj.* transparent, străveziu.
pelt [pelt] **I.** *v.t.* a arunca, a azvârli, a bombarda. **II.** *s.* grabă; lovitură puternică; *at full ~* cu viteză maximă.
pemmican ['pemikən] *s.* pastramă.
pen [pen] **I.** *s.* ţarc, curte, stână; peniţă, pană, condei, stilou. **II.** *v.t.* a închide (în ţarc), a împrejmui, a scrie, a compune; *the ~ is mightier than the sword* cuvântul taie mai adânc decât sabia.
penal ['pi:nəl] *adj.* penal.
penal code [pinəl koud] *s.* cod penal.
penalization [pinəlaizeiʃən] *s.* penalizare.

penalize ['pi:nəlaiz] *v.t.* a pedepsi, a penaliza.
penal servitude ['pi:nəl səvi:tju:d] *s.* temniţă grea.
penalty ['penəlti] *s.* pedeapsă, amendă.
penance ['penəns] *s.* pocăinţă, penitenţă.
pence ['pens] *s. pl.* de la penny.
pencil ['pensil] **I.** *s.* creion, penel. **II.** *v.t.* a scrie cu creionul.
pencil-case ['pensil keis] *s.* penar.
pencilled ['pensəld] *adj.* frumos desenat, arcuit.
pendant ['pendənt] **I.** *s.* atârnătoare, pandantiv, steag, breloc. **II.** *adj.* care atârnă, nerezolvat, pendinte.
pendency [pendənsi] *s.* incertitudine.
pending ['pendiŋ] **I.** *adj.* nehotărât, nerezolvat, pendinte. **II.** *prep.* în timpul, până la, înainte de.
pendulate [pendjuleit] *v.i.* a pendula.
pendule [pendju:l] *s.* pendulă.
pendulum [pendjuləm] *s.* pendulă.
penetrability [penitrəbiliti] *s.* permeabilitate.
penetrate ['penitreit] **I.** *v.t.* a străpunge, a înţelege, a răspândi în. **II.** *v.i.* a pătrunde, a se răspândi.
penetrating ['penitreitiŋ] *adj.* pătrunzător, subtil, ascuţit, ager.
penetration [peni'treiʃən] *s.* pătrundere, perspicacitate, agerime.
penguin ['peŋgwin] *s.* pinguin.
pen-holder ['pen houldə] *s.* toc.
penicillin ['peni'silin] *s.* penicilină.
peninsula [pininsjulə] *s.* peninsulă.
penitence ['penitəns] *s.* (po)căinţă.
penitent ['penitənt] *s.*, *adj.* pocăit.
penitentiary [peni'tenʃəri] *s.* şcoală de corecţie, *amer.* închisoare.
penknife ['pen naif] *s.* briceag.
penman ['pen mən] *s.* scriitor, scrib, caligraf.
penmanship ['penmənʃip] *s.* caligrafie, literatură.
pen name [pen neim] *s.* pseudonim.
penniless ['penilis] *adj.* lefter.
pennon ['penən] *s.* fanion, steag.
penny ['peni] *s.* (monedă de un) penny, a douăsprezecea parte dintr-un şiling; *to be ten a* ~ a fi ceva comun, *this ring cost me a pretty* ~ acest inel a fost foarte scump, *he doesn't have two pennies to rub together* el este foarte sărac, *the ~ dropped and I realized they were lying to me* mi-a căzut fisa şi am realizat că mă minţeau.
pennyworth ['peniwə:θ] *s.* marfă de un penny.

pension ['penʃən] *s.* pensiune.
pensionary [penʃənəri] *s.* pensionar.
pensioner ['penʃənə] *s.* pensionar.
pensive ['pensiv] *adj.* gânditor, melancolic.
pentagon ['pentəgɔn] *s.* pentagon, *The P~* Ministerul de Război al SUA.
pentagram [pentəgræm] *s.* pentagramă.
penthouse ['penthaus] *s.* şopron, mansardă, apartament luxos.
penurious [pi'njuəriəs] *adj.* sărăcăcios, meschin, zgârcit.
penury ['penjuri] *s.* lipsă, sărăcie.
peony ['piəni] *s.* bujor.
people [pi:pəl] **I.** *s.* oameni, popor, naţiune, plebe, familie, *~'s* popular. **II.** *v.t.* a popula.
pep [pep] *s.* energie, vioiciune.
pepper ['pepə] **I.** *s.* piper, ardei. **II.** *v.t.* a pipera, a condimenta.
pepperbox ['pepə'bɔks] *s.* solniţă de piper.
peppermint ['pepəmint] *s.* mentă.
peppery [pepəri] *adj.* piperat.
perceivable [pəsivəbəl] *adj.* perceptibil.
perceive [pə'si:v] *v.t.* a observa, a zări, a înţelege, a percepe.
per cent [pə'sent] *adj.* la sută.
percentage [pə'sentidʒ] *s.* procentaj, proporţie.
perceptible [pə'septibəl] *adj.* perceptibil, sensibil.
perception [pə'sepʃən] *s.* pătrundere, percepţie.
perceptive [pəseptiv] *adj.* perceptiv.
perch [pə:tʃ] **I.** *s.* cocoţare, loc de cocoţat, poziţie sigură, (măsură de o) prăjină, biban. **II.** *v.t.*, *v.i.* a (se) cocoţa.
percolate [pəkəleit] **I.** *v.t.* a filtra, a strecura. **II.** *v.i.* a se filtra, a se strecura.
percolation [pəkəleiʃən] *s.* filtrare.
percolator ['pə:kəleitə] *s.* strecurătoare, filtru.
percussion [pə'kʌʃən] *s.* percuţie, instrumente de percuţie.
perdition [pə'diʃən] *s.* perdiţie, osândă.
peregrinate [perigrineit] *v.i.* a peregrina.
peregrination [perigri'neiʃən] *s.* călătorie.
perennial [pə'reiniəl] **I.** *s.* plantă perenă. **II.** *adj.* peren, etern.
perfect ['pə:fikt] **I.** *s.* perfect. **II.** *adj.* perfect, exact, total, ireproşabil. **III.** *v.t.* a îmbunătăţi, a perfecţiona.
perfection [pəfekʃən] *s.* perfecţionare, pl. talente.
perfidious [pəfidiəs] *adj.* perfid.

perfidy [pə:fidi] *s.* perfidie.
perforate [pəfəreit] *v.t.* a perfora.
perforation [pəfəreiʃən] *s.* perforare.
perforce [pə'fɔ:s] *adv.* neapărat, cu forța.
perform [pə'fɔ:m] **I.** *v.t.* a îndeplini, a (de)săvârşi, a prezenta, a executa, ainterpreta un rol. **II.** *v.i.* a da spectacole.
performance [pə'fɔ:məns] *s.* îndeplinire; spectacol.
performer [pəfɔmə:] *s.* interpret.
perfume ['pə:fju:m] **I.** *s.* parfum. mireasmă. **II.** *v.t.* a parfuma.
perfumery [pəfjuməri] *s.* parfumerie.
perfunctory [pə'fʌŋktəri] *adj.* superficial, de ochii lumii, maşinal.
perhaps [pə'hæps] *adv.* (se prea) poate.
peril ['peril] **I.** *s* primejdie. **II.** *v.t.* a primejdui.
perilous ['periləs] *adj.* periculos.
perimeter [perimitə:] *s.* perimetru.
period ['piəriəd] *s.* perioadă, interval, propoziție (lungă), frază, punct, menstruație.
periodic [piriɔdik] *adj.* periodic.
peripheral [perifərəl] *adj.* periferic.
periphrasis [perifreisis] *s.* perifrază.
perish ['periʃ] **I.** *v.t.* a ucide. **II.** *v.i.* a pieri.
perished [periʃt] *adj.* dispărut.
peritonitis [peritənaitis] *s.* peritonită.
periwig [periwig] *s.* perucă.
perjury ['pə:dʒəri] *s.* sperjur.
perky ['pə:ki] *adj.* obraznic.
perm [pə:m] *s.* permanent (coafură).
permanence [pəmənəns] *s.* permanență.
permanent [pəmənənt] *adj.* permanent.
permeate ['pə:mieit] **I.** *v.t.* a pătrunde, a se infiltra în. **II.** *v.i.* a se infiltra.
permissible [pə'misəbəl] *adj.* permis.
permission [pəmiʃən] *s.* permisiune.
permit [pə:'mit] **I.** *s.* autorizație, permisiune. **II.** *v.t.*, *v.i.* a permite; *she was not ~ted to ask questions* i se interzisese să pună întrebări.
permutation [pəmjuteiʃən] *s.* *mat.* permutare.
permute [pəmju:t] *v.t.* a transforma.
pernicious [pəniʃəs] *adj.* vătămător.
peroxide [pərɔksaid] *s.* peroxid.
perpendicular [pəpəndikjulə:] *adj.* perpendicular
perpetrate ['pə:pitreit] *v.t.* a săvârşi.
perpetrator ['pə:pitreitə] *s.* făptaş.

perpetual [pə'petjuəl] *adj.* neîncetat, etern, perpetuu.
perpetuate [pə'petjueit] *v.t.* a perpetua, a imobiliza.
perplex [pə'pleks] *v.t.* a încurca, a ului, a zăpăci.
perplexity [pəpleksiti] *s.* dezorientare, nedumerire.
perquisition [pəkwiziʃən] *s.* percheziție.
persecute ['pə:sikjut] *v.t.* a persecute, a prigoni.
persecution [pəsikju:ʃən] *s.* persecutare.
perseverance [pəsiviərəns] *s.* perseverență.
persevere [pə:si'viə] *v.i.* a persevera.
persevering [pə:si'viəriŋ] *adj.* perseverent.
Persian ['pə:ʃən] **I.** *s.* persan(ă), pisică persană. **II.** *adj.* persan(ă).
persist [pə'sist] *v.i.* a continua, a stărui, a persista.
persistence [pəsistəns] *s.* persistență.
persistent [pə'sistənt] *adj.* persistent.
person ['pə:sən] *s.* persoană; *in ~* în persoană.
personal ['pəsənəl] **I.** *s. pl.* avere personală. **II.** *adj.* personal, privat, particular.
personality [pə:sə'næliti] *s.* personalitate, *pl.* atacuri personale.
personalization [pəsənəlaizeiʃən] *s.* personalizare.
personification [pəsənifikeiʃən] *s.* personificare.
personify [pə'sɔnifai] *v.t.* a personifica, a întruchipa.
personnel [pə:sə'nel] *s.* personal, cadre.
perspective [pə'spektiv] *s.* perspectivă.
perspicacity [pəspikæsiti] *s.* perspicacitate.
perspicuous [pə'spikjuəs] *adj.* limpede.
perspiration [pə:spə'reiʃən] *s.* transpirație.
perspire [pəs'paiə] *v.i.* a transpira.
persuade [pə'sweid] *v.t.* a convinge, a determina.
persuasion [pə'sweiʒən] *s.* (putere de) convingere.
persuasive [pəsweisiv] *adj.* persuasiv.
pert [pə:t] *adj.* obraznic.
pertain [pə:'tein] *v.i. to ~ to* a aparține de, a corespunde la, a fi legat de.
pertinacious [pə:ti'neiʃəs] *adj.* hotărât, persistent.
pertinence [pətinəns] *s.* pertinență.
pertinent ['pə:tinənt] *adj.* adecvat, potrivit, util.
perturb [pə'tə:b] *v.t.* a tulbura.
perturbation [pətəbeiʃən] *s.* tulburare, agitație.
peruse [pə'ru:z] *v.t.* a citi sau a cerceta cu atenție.
pervade [pə:'veid] *v.t.* a cuprinde, a umple, a pătrunde.

pervasion [pəveiʒən] *s.* pătrundere.
perverse [pə'və:rs] *adj.* pervers, afurisit, potrivnic.
perversion [pə'və:ʃən] *s.* perversiune.
pervert [pə'və:t] **I.** *s.* pervers, renegat. **II.** *v.t.* a perverti, a corupe, a deforma, a denatura.
pessimism ['pesimizəm] *s.* pesimism.
pest [pest] *s.* ciumă, pacoste.
pester ['pestə] *v.t.* a necăji, a deranja.
pestersome [pestəsəm] *adj.* plictisitor.
pesticide [pestisaid] *s.* pesticid.
pestilent ['pestilənt] *adj.* molipsitor, mortal, supărător, imoral.
pestilential [pesti'lenʃəl] *adj.* corupător, insuportabil.
pestle [pesəl] *s.* pisălog.
pet [pet] **I.** *s.* odor, animal. **II.** *adj.* drag. **III.** *v.t.* a răsfăța.
petal ['petl] *s.* petală.
petard [pita:d] *s.* petardă.
peter out ['pitə aut] *v.i.* a înceta, a fi pe sfârșite, a se slei.
petiole [petioul] *s.* pețiol.
petition [pi'tiʃən] **I.** *s.* petiție, cerere, rugăminte. **II.** *v.t.* a solicita. **III.** *v.i.* a face o petiție.
petitioner [pitiʃənər] *s.* petiționar.
pet name ['pet neim] *s.* diminutiv.
petrel ['petrəl] *s.* petrel.
petrify ['petrifai] **I.** *v.t.* a împietri, a paraliza. **II.** *v.i.* a se împietri, a se fosiliza.
petrifaction [petri'fekʃən] *s.* pietrificare, împietrire, uluială.
petrochemistry [petroukemistri] *s.* petrochimie.
petrol ['petrəl] *s.* benzină, auto.
petroleum [pi'trouliəm] *s.* țiței.
petticoat ['petikout] *s.* jupon.
pettifogger ['petifɔgə] *s.* (avocat) chițibușar.
pettish [petiʃ] *adj.* iritabil.
petty ['peti] *adj.* mic, mărunt, meschin, neînsemnat.
petulance [petjuləns] *s.* irascibilitate, nerăbdare.
petulant ['petjulənt] *adj.* irascibil, cârcotaș.
petunia [pitjuniə] *s.* petunie.
pew [pju:] *s.* strană, jilț.
pewter ['pju:tə] *s.* (vase din) aliaj de cositor și plumb.
phalange [fælændʒ] *s.* falangă.
phantasm [fæntæzəm] *s.* fantasmă, nălucă, apariție, fantomă.
phantasy ['fæntəsi] *s.* fantezie.
phantom ['fæntəm] *s.* fantomă.
pharaoh ['feərou] *s.* faraon.
pharmaceutist [faməsjutist] *s.* farmacist.
pharmacy ['fɑ:məsi] *s.* farmacie.
pharos [fɛərɔs] *s.* far.
pharynx [færiŋks] *s.* faringe.

phase [feiz] *s.* fază, etapă, perioadă.
pheasant ['fezənt] *s.* fazan.
phenomenon [fi'nɔminən] *s.* fenomen.
phenol [finɔl] *s.* fenol.
phenomenal [finɔminəl] *adj.* fenominal.
phenomenon [finɔminən] *s.* fenomen.
phew [fju:] *interj.* ptiu! fiu!
phial ['faiəl] *s.* sticluță, fiolă.
philander [fi'lændə] *v.i.* a flirta, a umbla după femei.
philanthropist [fi'læntrəpist] *s.* filantrop.
philanthropy [fi'lænθrəpi] *s.* (instituție de) binefacere.
Philistine ['filistain] *s.* filistin, dușman al culturii.
philology [filɔlədʒi] *s.* filologie.
philosopher [fi'lɔsəfə] *s.* filozof.
philosophy [fi'lɔsəfi] *s.* filozofie, stoicism.
phlegmatic [fleg'mætik] *adj.* calm, placid.
phone [foun] *s.* telefon, *v.t.*, *v.i.* a telefona.
phonetics [fə'netiks] *s.* fonetică.
phon(e)y ['founi] *adj.* fals, prefăcut, șarlatanesc.
phonograph ['founəgrɑ:f] *s.* fonograf, *amer.* patefon, picup.
phonology [founɔlədʒi] *s.* fonologie.
phosphate [fɔsfeit] *s.* fosfat.
phosphorus ['fɔsfərəs] *s.* fosfor.
photo ['foutou] *s.* fotografie, *v.t.* a fotografia.
photo-chemical [foutoukemikəl] *s.* fotochimie.
photochemistry [foutoukemistri] *s.* fotochimie.
photocopy [foutoukɔpi] *s.* fotocopie.
photogenic [foutədʒenik] *adj.* fotogenic.
photograph ['foutougrɑ:f] **I.** *s.* fotografie. **II.** *v.t.* a fotografia.
photographer ['foutougrɑ:fə] *s.* fotograf (profesionist).
photography [fətɔgrəfi] *s.* fotografie.
photon [foutɔn] *s.* foton.
photo paper [foutou peipə:] *s.* hârtie fotografică.
photoplate [foutoupleit] *s.* placă fotografică.
photosynthesis [foutousinθisis] *s.* fotosinteză.
phototherapy [foutouθerəpi] *s.* fototerapie.
phrase [freiz] **I.** *s.* expresie, locuțiune, *muz.* frază; *adverbial* ~ locuțiune adverbială. **II.** *v.t.* a exprima.
phraseological [freiziəlɔdʒikəl] *adj.* frazeologic.
phthisis ['θaisis] *s.* tuberculoză.
physic ['fizik] **I.** *s.* doctorie, *pl.* fizică. **II.** *v.t.* a doctorici.
physician [fi'ziʃən] *s.* doctor.
physicist ['fizisist] *s.* fizician.
physics ['fiziks] *s.* fizică.

physique [fi'zi:k] *s.* fizic, înfățișare.
piano [pi'ænou] *s.* pian.
piccolo ['pikəlou] *s.* piculină.
pick [pik] **I.** *s.* târnăcop, sulă, scobitoare, alegere, elită. **II.** *v.t.* a culege, a alege, a nimeri, a căuta, a desface, a fura, a ciuguli, a săpa cu târnăcopul; *to ~ up* a ridica, a culege, *to ~ holes* a găsi greşeli, *to have a bone to ~ with someone* a se certa cu cineva din cauza unui lucru, *have your ~!* alege ce vrei!, *to ~ on someone* a se lua de cineva, *she is trying to ~ up the pieces after her divorce* ea încearcă să-şi revină după divorț, *stop ~ing your nose!* nu te mai scobi în nas! **III.** *v.i.* a ciuguli, a şterpeli, *to ~ up* a se întrema, *to ~ up with* a se împrieteni cu.
pickax(e) ['pikæks] *s.* târnăcop.
pickerel [pikərəl] *s.* ştiucă.
picket ['pikit] **I.** *s.* țăruş, stâlp (de gard), pichet **II.** *v.t.* a bate în țăruşi, a fixa, a păzi. **III.** *v.i.* a forma pichete.
picking ['pikiŋ] *s.* culegere, furtişag, *pl.* pradă, *pl.* firimituri, rămăşițe.
pickle ['pikəl] **I.** *s.* saramură, murături, încurcătură; *to be in a pretty ~* a se afla într-o situație destul de complicată. **II.** *v.t.* a mura.
pickpocket ['pikpɔkit] *s.* hoț de buzunare.
pick-up ['pikΛp] *s.* (braț de) picup, *el.* doză, camionetă, întremare.
picky [piki] *adj.* mofturos.
picnic ['piknik] **I.** *s.* picnic. **II.** *v.i.* a petrece la un picnic.
pictorial [pik'tɔ:riəl] **I.** *s.* magazin ilustrat. **II.** *adj.* pictural, ilustrat.
picture ['piktʃə] **I.** *s.* tablou, poză, ilustrație, pictură, imagine, descriere, film; *have you got the ~ ?* ai înțeles?, *let me put you in the ~* să-ți explic cum stă treaba. **II.** *v.t.* a desena, a picta, a fotografia, a descrie, *fig.* a imagina.
picture-book ['piktʃə buk] *s.* carte cu poze.
picture-(post)card ['piktʃə poustkɑ:d] *s.* (carte poştală) ilustrată.
picturesque [piktʃə'resk] *adj.* pitoresc, original, expresiv.
picturize [piktʃəraiz] *v.t.* a ecraniza.
piddle [pidəl] *v.i.* a ciuguli, a gusta din.
pidgin English ['pidʒin iŋgliʃ] *s.* engleză stricată vorbită în porturile Asiei.
pie [pai] *s.* plăcintă, budincă, pateu; *to be as easy as ~* a fi uşor ca un fulg, *her room is in apple-~ order* camera ei este curată şi îngrijită, *to be ~-eyed* a fi beat criță, *to have a finger in the ~* a fi implicat într-o chestiune.
piebald ['paibɔ:ld] *s., adj.* (cal) bălțat.

piece [pi:s] **I.** *s.* bucată, element, articol, armă de foc, cantitate, *a ~ of news* o ştire, *this test is a ~ of cake* acest test e foarte uşor, *to be shot to ~s* a fi rupt în bucăţi, *to say your ~* a-ţi spune părerea, *~ by ~* bucată cu bucată, *a ~ of information* o informaţie. **II.** *v.t.* a îmbina, a înjgheba.

piecemeal ['pi:smi:l] *adj., adv.* treptat.

piecework ['pi:swə:k] *s.* (muncă în) acord.

pied [paid] *adj.* bălţat.

pier [piə] *s.* dig, chei, picior de pod, stâlp.

pierce [piəs] **I.** *v.t.* a străpunge, a pătrunde (în), a găuri. **II.** *v.i.* a fi pătrunzător, a pătrunde.

piety ['paiəti] *s.* pietate, smerenie, credinţă.

pig [pig] *s.* (carne de) porc, mitocan, lingou de fontă; *to eat like a ~* a mânca ca un porc, *to sweat like a ~* a transpira ca un cal.

pigeon ['pidʒin] **I.** *s.* porumbel, fraier, *sport* taler. **II.** *v.t.* a trage pe sfoară.

piggy bank [pigi bæŋk] *s.* puşculiţă.

pig iron [pig airən] *s.* fontă brută.

piglet [piglit] *s.* godac, purceluş.

pigment [pigmənt] *s.* pigment.

pigmentation [pigmenteiʃən] *s.* pigmentare.

pigmented [pigmentid] *adj.* pigmentat.

pigmy ['pigmi] *s.* pigmeu.

pigsty ['pigstai] *s.* cocină.

pigtail ['pigteil] *s.* codiţă (pieptănătură).

pike [paik] *s.* ştiucă, suliţă, barieră.

pile [pail] **I.** *s.* stâlp, pilon, morman, rug, ansamblu arhitectonic, *el.* pilă, părul stofei. **II.** *v.t.* a bate în ţăruşi, a îngrămădi. **III.** *v.i.* a se îngrămădi.

piler [pilə:] *s.* stivuitor.

piles [pailz] *s. pl.* hemoroizi.

pilfer ['pilfə] *v.t., v.i.* a şterpeli.

pilgrim ['pilgrim] *s.* pelerin, călător.

pilgrimage [pilgrimidʒ] *s.* pelerinaj.

pill [pil] *s.* pilulă, hap, minge.

pillage ['pilidʒ] **I.** *s.* jaf, pradă. **II.** *v.t., v.i.* a prăda.

pillar ['pilə] *s.* stâlp, pilon.

pillar-box ['pilə bɔks] *s.* cutie cu medicamente, cazemată.

pillory ['pilәri] *s.* stâlpul infamiei.

pillow ['pilou] *s.* pernă de dormit.

pillow-case/ slip ['pilou keis/ slip] *s.* faţă de pernă.

pilosity [pilɔsiti] *s.* pilozitate.

pilot ['pailət] **I.** *s.* pilot, călăuză. **II.** *v.t.* a pilota.

pimento [pi'mentou] *s.* ardei (iute).

pimp [pimp] *s.* proxenet.

pimpernel ['pimpənel] *s., bot.* scânteiuţă, ochişor.

pimple ['pimpəl] *s.* coş (pe faţă).

pin [pin] **I.** *s.* ac (cu gămălie), ac de păr, cui; *safety ~* ac de siguranță, *~ back your ears!* ascultă-mă cu atenție!, *to sit on ~s and needles* a sta ca pe ace. **II.** *v.t.* a înțepa cu acul.
pinafore ['pinəfɔ:] *s.* şorț(uleț).
pincers ['pinsəz] *s. pl.* cleşte.
pinch [pintʃ] **I.** *s.* ciupit(ură), o mână (de tutun), strânsoare. **II.** *v.t.* a ciupi, a strânge, a fi zgârcit.
pine [pain] **I.** *s.* pin. **II.** *v.i.* a se ofili, a tânji.
pineapple ['painæpəl] *s.* ananas.
pine cone [pain koun] *s.* con de pin.
pin head [pin hed] *s.* gămălie de ac.
pinion ['pinjən] **I.** *s.* pinion, încheietură, pană, aripă. **II.** *v.t.* a înțepeni, a tăia aripile.
pink [piŋk] **I.** *s.* **1.** roz, garoafă. **2.** gaură. *to be in the ~* a fi sănătos. **II.** *adj.* roz, trandafiriu. **III.** *v.t.* a festona.
pinnacle ['pinəkəl] *s.* turnuleț, culme.
pint [paint] *s.* jumătate de litru, halbă.
pioneer [paiə'niə] **I.** *s.* pionier. **II.** *v.i.* a face pionierat.
pious ['paiəs] *adj.* pios, cucernic, religios.
pipe [paip] **I.** *s.* țeavă, conductă, fluierat, flaut, pipă, cimpoi. **II.** *v.t.* a cânta din fluier, a rosti cu glas subțirel. **III.** *v.i.* a cânta din fluier, a vorbi subțirel, a şuiera.
pipe organ [paip ɔgən] *s.* orgă.
piper [paipə:] *s.* fluierar.
piping [paipiŋ] *s.* conducte.
piquant ['pi:kənt] *adj.* picant.
pique [pi:k] **I.** *s.* pică, supărare. **II.** *v.t.* a ațâța, a supăra. **III.** *v.r.* a se mândri.
piracy ['pairəsi] *s.* piraterie.
pirate ['paiərit] *s.* pirat.
piscine [pisin] *s.* piscină.
pistachio [pistaʃiou] *s.* fistic.
pistol ['pistəl] *s.* pistol.
pit [pit] **I.** *s.* groapă, cavitate, adâncitură, prăpastie, *fig.* iad. **II.** *v.t.* a îngropa.
pitch [pitʃ] **I.** *s.* aşezare, înclinare, aruncare, intensitate, pantă, legănat, smoală. **II.** *v.t.* a fixa, a înțepeni, a ridica, a arunca, *muz.* a acorda, a smoli. **III.** *v.i.* a cădea la pământ, a arunca, a se legăna, a se rostogoli, *to ~ in* a se apuca serios de treabă, *to ~ into* a se năpusti asupra.
pitch dark [pitʃ da:k] *s.* întuneric beznă.
pitcher ['pitʃə] *s.* cana, urcior.
pitchfork ['pitʃ fɔ:k] *s.* furcă.
piteous ['pitiəs] *adj.* jalnic.
pitfall [pitfɔl] *s.* capcană.
pith [piθ] *s.* măduvă, şira spinării, esență, vigoare.
pitiable ['pitiəbl] *adj.* jalnic.
pitiful ['pitiful] *adj.* milos, jalnic.
pitiless ['pitilis] *adj.* neîndurător, nemilos.
pittance ['pitəns] *s.* câştig minim.

pity ['piti] **I.** *s.* milă, păcat, jale, *it's a ~* (ce) păcat, *to feel ~ for* a simți milă pentru. **II.** *v.t.* a compătimi.

placard ['plæka:d] **I.** *s.* afiș, placardă. **II.** *v.t.* a afișa.

placate [plə'keit] *v.t.* a împăca, a liniști.

place [pleis] **I.** *s.* loc, locaș, poziție, local, localitate, casă, serviciu, rang, clasificare, spațiu, piață, *out of ~* deplasat, *to be in the right ~ at the right time* a fi la locul potrivit în momentul potrivit, *in the first ~* în primul rând, *to take ~* a avea loc, *in your ~* în locul tău. **II.** *v.t.* a pune, a aranja, a numi, a instala, a situa, a clasifica.

placement [pleismənt] *s.* plasament.

placenta [pləsentə] *s.* placenta.

plagiarism ['plidʃərizəm] *s.* plagiat.

plagiarize ['pleidʒəraiz] *v.t.* a plagia.

plague [pleig] **I.** *s.* ciumă, pacoste. **II.** *v.t.* a necăji.

plain [plein] **I.** *s.* câmpie. **II.** *adj.* limpede, clar **III.** *s.* plângere, acuzație.

plaintiff ['pleintif] *s.* reclamant.

plaintive ['pleintiv] *adj.* plângăreț, trist.

plait [plæt] **I.** *s.* coadă (coafură), împletitură. **II.** *v.t.* a împleti (părul).

plan [plæn] **I.** *s.* plan, hartă. **II.** *v.t.* a plănui, a planifica.

plane [plein] **I.** *s.* plan, proiect, suprafață dreaptă, *bot.* platan, rindea, (aripă de) avion. **II.** *v.t.* a da la rindea. **III.** *v.i.* a plana.

planet ['plænit] *s.* planetă.

plank [plæŋk] **I.** *s.* scândură (groasă). **II.** *v.t.* a podi.

planking ['plæŋkiŋ] *s.* dușumea.

plant [pla:nt] **I.** *s.* plantă, răsad, instalații tehnice, uzină. **II.** *v.t.* a planta, a înfige, a stabili.

plantation [plænteiʃən] *s.* plantație.

planter ['pla:ntə] *s.* plantator, mașină de plantat.

plash [plæʃ] **I.** *s.* plescăit. **II.** *v.t.* a stropi. **III.** *v.i.* a plescăi.

plasma [plæzmə] *s.* plasmă.

plaster ['pla:stə] **I.** *s.* tencuială, plasture, oblojeală, ghips. **II.** *v.t.* a tencui, a acoperi, a obloji, a pune în ghips.

plastic ['plæstik] **I.** *s.* material plastic. **II.** *adj.* plastic, maleabil.

plasticine ['plæstisi:n] *s.* plastilină.

plate [pleit] *s.* farfurie (întinsă), tavă, tacâmuri.

platform ['plætfɔ:m] *s.* platformă (comună), estradă, peron.

platinum [plætinəm] *s.* platină.

platoon [plə'tu:n] *s.* pluton.

plausible ['plɔzəbəl] *adj.* demn de crezare, verosimil.

play [plei] **I.** *s.* distracție, joc (de noroc), piesă, libertate de mişcare, acţiune, rândul la joc. **II.** *v.i.* a (se) juca, a se distra, a se preface, a juca jocuri de noroc, a fi actor, a cânta la un instrument.

playbill ['pleibil] *s.* afiş.

player ['pleiə] *s.* jucător, instrumentist, actor.

playful ['pleiful] *adj.* jucăuş, glumeţ.

playgoer ['pleigouə] *s.* teatru spectator pasionat.

playground ['pleigraund] *s.* teren de joacă.

playing-card ['pleiiŋ kɑ:d] *s.* carte de joc.

plaything ['plei θiŋ] *s.* jucărie.

playwright ['pleirait] *s.* dramaturg.

plea [pli] *s.* pretext, *jur.* pledoarie.

plead [pli:d] **I.** *v.t.* a susţine, a aduce (o scuză). **II.** *v.i.* a pleda, a se apăra, a se ruga.

pleading ['pli:diŋ] *s.* pledoarie, *adj.* rugător.

pleasant ['plezənt] *adj.* plăcut, încântător.

please [pli:z] **I.** *v.t.* a încânta, a face pe plac la, *do as you ~* fă cum vrei! **II.** *v.i.* a fi dispus, a dori, *(if you) ~* vă rog.

pleased ['pli:zd] *adj.* încântat, mulţumit.

pleasing ['pli:ziŋ] *adj.* încântător, agreabil.

pleasure ['pleʒə] *s.* plăcere, dorinţă.

pleat [pli:t] **I.** *s.* cută, pliseu. **II.** *v.t.* a plisa.

plebeian [plə'bi:ən] **I.** *s.* plebeu. **II.** *adj.* plebeian.

pledge [pledʒ] **I.** *s.* gaj, angajament, garanţie. **II.** *v.t.* a pune chezăşie, a angaja, a amaneta, a toasta pentru.

plenitude [plenitju:d] *s.* plenitudine.

plentiful ['plentiful] *adj.* abundent, vast.

plenty ['plenti] **I.** *s.* mulţime, abundenţă, *in ~* din abundenţă, *pron.* mulţi, multe. **II.** *adv.* foarte, mult.

plenum ['pli:nəm] *s.* plenară.

pleonasm [pliənæzəm] *s.* pleonasm.

pliable ['plaiəbəl] *adj.* flexibil, influenţabil.

pliant ['plaiənt] *adj.* flexibil, docil.

pliers ['plaiəz] *s.* cleşte, pensă.

plight [plait] *s.* situaţie grea, mizerie, angajament.

plod [plɔd] *v.i.* a înainta cu greu, a trudi, *to ~ one's way* a merge greu.

plot [plɔt] **I.** *s.* parcelă, teren, lot, complot, plan, subiect, poveste. **II.** *v.t.* a plănui, a complota, a parcela.

plough [plau] **I.** *s.* plug, ogor. **II.** *v.t.* a ara, a-şi croi (drum), a trânti (un candidat), *to ~ up* a desţeleni. **III.** *v.i.* a ara, a cădea la examen, a-şi croi drum.

ploughman [plaumən] *s.* plugar.

plover ['plʌvə] *s.* fluierar.

pluck [plʌk] **I.** *s.* curaj, tărie de caracter. **II.** *v.t.* a smulge, a trage, a culege, a jecmăni, a trânti (un candidat), *to ~ up courage* a-şi lua inima în dinţi. **III.** *v.i. to ~ at* a apuca, a trage.

plug [plʌg] **I.** *s.* dop, priză, *el.* fişă. **II.** *v.t.* a astupa, a pune în priză, a omorî.

plum [plʌm] *s.* prun(ă), stafidă, *fig.* floare, boboc, sinecură.

plumage ['plu:midʒ] *s.* penaj.

plumb [plʌm] **I.** *s.* fir cu plumb. **II.** *adj.* vertical, adevărat, drept, total. **III.** *v.t.* a măsura, a sonda, a înţelege. **IV.** *adv.* vertical, exact, drept.

plumber ['plʌmə] *s.* instalator.

plumbing ['plʌmiŋ] *s.* instalaţii tehnico-sanitare.

plum cake ['plʌm keik] *s.* budincă cu stafide.

plume [plu:m] **I.** *s.* pană (de pălărie). **II.** *v.t.* a împodobi cu pene. **III.** *v.r.* a se împăuna.

plump [plʌmp] **I.** *adj.* dolofan, direct. **II.** *v.t.* a rotunji, a trânti. **III.** *adv.* direct.

plunder ['plʌndə] **I.** *s.* jaf, pradă. **II.** *v.t. v.i.* a prăda, a jefui.

plunge [plʌndʒ] *s.* plonjare.

plural ['pluərəl] *s.* plural.

pluralism ['pluərəlizəm] *s.* cumul.

plurality ['pluərəliti] *s.* pluralitate, majoritate, cumul (de funcţii).

plus [plʌs] **I.** *s.* plus. **II.** *adj.* suplimentar, în plus, *el.* pozitiv. **III.** *prep.* plus.

plus-fours ['plʌs fɔ:z] *s.* pantaloni (de) golf.

plush [plʌʃ] *s.* pluş.

ply [plai] **I.** *s.* pliu, cută, mănunchi de fire. **II.** *v.t.* a trudi, a asalta, a aproviziona (cu), a oferi, a folosi. **III.** *v.i.* a face naveta, a circula.

plywood ['plaiwud] *s.* placaj.

pneumonia [nju:'mouniə] *s.* pneumonie.

poach [poutʃ] **I.** *v.t.* a vâna fără voie. **II.** *v.i.* a face braconaj.

poacher ['poutʃə] *s.* braconier.

pock [pɔk] *s.* ciupitură de vărsat.

pocket ['pɔkit] **I.** *s.* buzunar, pungă, bani. **II.** *v.t.* a băga în buzunar.

pod [pɔd] *s.* păstaie.

podgy ['pɔdʒi] *s.* îndesat, gras.

poem ['pouim] *s.* poezie, poem.

poet ['pouit] *s.* poet.

poetic(al) ['pouetik(əl)] *adj.* poetic.

poetry ['pouetri] *s.* versuri, lirică.

poignant ['pɔinənt] *adj.* ascuţit, picant, muşcător, caustic.

point [pɔint] **I.** *s.* vârf, ascuţiş, punct, chestiune, element, esenţă, poantă, scop, rost, măsură, macaz, *beside the ~* fără legătură, *in ~ of* fact de fapt, *at all ~s* total, în toate privinţele. **II.** *v.t.* a indica, a îndrepta, a ascuţi, a sublinia, *to ~ out* a sublinia, a scoate în relief. **III.** *v.i.* a atrage atenția, a arăta (către).

pointed ['pɔintid] *adj.* ascuțit.

pointer ['pɔintə] *s.* câine de vânătoare, indicator, băț pentru indicarea pe hartă.

pointless ['pɔintlis] *adj.* tocit, fără sens.

poise [pɔiz] **I.** *s.* echilibru, stăpânire, ținută. **II.** *v.t.* a echilibra, a ține. **III.** *v.i.* a sta în echilibru.

poison ['pɔizn] **I.** *s.* otravă. **II.** *v.t.* a otrăvi.

poisonous ['pɔiznəs] *adj.* otrăvitor, imoral.

poke [pouk] **I.** *s.* ghiont, împunsătură. **II.** *v.t.* a împinge, a înghionti, a băga. **III.** *v.i.* a se băga, a bâjbâi.

poker ['poukə] *s.* vătrai, pocher.

poker-work ['poukə wə:k] *s.* gofraj, pirogravură.

polar ['poulə] *adj.* polar.

polar bear ['poulə:] *s.* urs polar.

pole[1] [poul] *s.* pol (opus), prăjină.

Pole[2] [poul] *s.* polonez(ă).

pole-axe [poul aks] **I.** *s.* topor. **II.** *v.t.* a doborî.

police [pə'li:s] *s.* poliție, polițiști.

police court [pə'li:s kɔrt] *s.* judecătorie de instrucție.

policeman [pə'li:smən] *s.* polițist.

police station [pə'li:s steiʃən] *s.* secție de poliție.

polish[1] [pə'liʃ] **I.** *s.* lustru, luciu, cremă de ghete, pastă de lustruit. **II.** *v.t.*, *v.i.* a lustrui.

Polish[2] [pə'liʃ] *adj.* polonez.

polite [pə'lait] *adj.* politicos, binecrescut, rafinat.

politeness [pə'laitnis] *s.* politețe.

politic ['pɔlitik] *adj.* prudent, înțelept, diplomat, viclean.

political [pə'litikəl] *adj.* politic.

politician [pɔli'tiʃən] *s.* om politic.

politics ['pɔlitiks] *s.* viață/ arenă politică.

poll [poul] **I.** *s.* (cap de) om, listă electorală, voturi, alegeri, urnă. **II.** *v.t.* a primi (voturi), a pune la vot. **III.** *v.i.* a vota.

pollen ['pɔlən] *s.* polen.

pollination [pɔli'neiʃən] *s.* polenizare.

pollute [pə'lu:t] *v.t.* a murdări, *fig.* a corupe, a pângări.

polygamist [pə'ligəmist] *s.* poligam.

pomatum [pə'meitəm] *s.* pomadă, alifie.

pomegranate ['pɔmgrænit] *s.* rodie.

pomp [pɔmp] *s.* pompă, splendoare, paradă.

ponder ['pɔndə] *v.t.*, *v.i.* a chibzui, a considera.

ponderous ['pɔndərəs] *adj.* greoi, apăsător, obositor.

pooh [pu:] *interj.* pfui.

pool [pu:l] **I.** *s.* baltă, fond comun, cartel, pariuri sportive. **II.** *v.t.* a uni, a pune laolaltă.

poor [puə] **I.** *s.* *the ~* săracii, sărăcimea. **II.** *adj.* sărac, umil, modest, slab, de proastă calitate.

poorly ['puəli] **I.** *adj.* prost. **II.** *adv.* sărăcăcios.

pop [pɔp] **I.** *s.* pocnitură, băutură efervescentă. **II.** *v.t.* a pocni (din), a băga, a pune (amanet), a coace (porumb). **III.** *v.i.* a pocni, a crăpa, a se băga, *to ~ off* a o şterge, a muri. **IV.** *adv.* hodoronc-tronc.

pop-corn ['pɔp kɔ:n] *s.* floricele.

pope [poup] *s.* papă, popă.

popery ['poupəri] *s.* papalitate.

pop-eyed ['pɔp aid] *adj.* holbat, cu ochii ieşiţi din orbite.

popinjay ['pɔpindʒei] *s.* papagal, *fig.* pupăză.

poppy ['pɔpi] *s.* mac.

populace ['pɔpjuləs] *s.* gloată, norod.

popular ['pɔpjulə] *adj.* popular, simpatizat, admirat.

population [pɔpju'leiʃən] *s.* populaţie.

populous ['pɔpjuləs] *s.* porţelan.

porch [pɔ:tʃ] *s.* pridvor, verandă.

porcupine ['pɔkjupain] *s.* porc spinos.

pore [pɔ:] **I.** *s.* por. **II.** *to ~ over* a studia.

pork [pɔ:k] *s.* carne de porc.

porker ['pɔ:kə] *s.* porc (de tăiat).

porous ['pɔ:rəs] *adj.* poros.

porphyry ['pɔ:firi] *s.* porfir.

porpoise ['pɔ:pəs] *s.* delfin.

porridge ['pɔridʒ] *s.* terci (de ovăz).

porringer ['pɔrindʒə] *s.* bol, blid.

port [pɔ:t] *s.* port (la mare), *fig.* liman, hublou, ferăstruică, babord, ţinută, *any ~ in a storm* foamea n-alege.

portent [pɔ:'tent] *s.* semn rău.

portentous [pɔ:'tentəs] *adj.* prevestitor de rău.

porter ['pɔ:tə] *s.* hamal, conducător de tren, portar, bere ordinară (tare).

portfolio [pɔ:t'fouljou] *s.* servietă, portofoliu.

portion ['pɔ:ʃən] **I.** *s.* porţi(un)e, soartă. **II.** *v.t.* a împărţi, a parcela.

portly ['pɔ:tli] *adj.* corpolent.

portmanteau [pɔ:t'mæntou] *s.* valiză cu două părţi, hibrid.

portrait ['pɔ:trit] *s.* portret, imagine.

portray [pɔ:'trei] *v.t.* a portretiza, a descrie, a picta.

portrayal [pɔ:'treiəl] *s.* portretizare.

Portuguese [pɔ:tju'gi:z] *s.*, *adj.* portughez(ă).

pose [pouz] **I.** *s.* atitudine, poză. **II.** *v.t.* a pune, a supune. **III.** *v.i.* a poza.

posh [pɔʃ] *adj.* elegant, modern, după ultimul răcnet.

position [pə'ziʃən] **I.** *s.* poziție, situație, atitudine, slujbă, rang. **II.** *v.t.* a situa.

positive ['pɔzitiv] **I.** *s.* pozitiv. **II.** *adj.* pozitiv, precis, sigur (de sine).

possess [pə'zes] *v.t.* a poseda, a stăpâni, *to be ~ed of* a deține.

possession [pə'zeʃən] *s.* posesie, proprietate, *pl.* avere, stăpânire.

possibility [pɔsə'biliti] *s.* posibilitate, ocazie.

possible ['pɔsibəl] **I.** *s.* posibil, eventualitate. **II.** *adj.* posibil, previzibil, normal.

possibly ['pɔsibli] *adv.* eventual, cumva.

post [poust] **I.** *s.* stâlp, prăjină, bară, post, trâmbiță, poştă. **II.** *v.t.* a fixa, a afişa, a anunța, a posta, a plasa, a expedia.

postage ['poustidʒ] *s.* taxă poştală.

postage-stamp ['poustidʒ stæmp] *s.* timbru poştal.

posterior [pɔ'stiəriə] **I.** *s.* spate, dos. **II.** *adj.* posterior.

posterity [pɔ'steriti] *s.* posteritate, progenitură.

postern ['pɔstən] *s.* uşa din dos.

post-free ['poust'fri] *adj.* scutit de taxe poştale.

post-graduate ['poust grædjuit] *s.* doctorand.

post-graduate course ['poust grædjuit kɔ:s] *s.* curs(uri) post-universitar(e).

post-haste ['poust'heist] *adj.* repede, expres.

posthumous ['pɔsthju:məs] *adj.* postum.

postman ['poustmən] *s.* poştaş.

post-master ['poust mɑ:stə] *s.* diriginte de poştă.

Post-Master General ['poust mɑ:stə'dʒenrəl] *s.* Ministrul Poştelor.

post-mortem ['poust'mɔ:təm] **I.** *s.* autopsie. **II.** *adj.* post-mortem.

post-office ['poust ɔ:fis] *s.* oficiul poştal, poştă.

postpone [pəs'poun] *v.t.* a amâna.

postscript ['poustkript] *s.* post-scriptum.

postulate ['pɔstjuleit] *v.t.* a cere, a presupune, a necesita.

posture ['pɔstʃə] *s.* atitudine, situație.

post-war ['poust wɔ:r] *adj.* postbelic.

pot [pɔt] *s.* oală, cratiță, ceainic, premiu, sumă mare.

potash ['pɔtæʃ] *s.* potasiu, potasă, leşie.

potato [pə'teitou] *s.* cartof.

pot-belly ['pɔtbeli] *s.* (persoană cu) burtă mare.

potent ['poutənt] *adj.* puternic, convingător.

pot-hat ['pɔt hæt] *s.* pălărie melon, gambetă.

pot-hole ['pɔt houl] *s.* gaură, groapă.

pot-house ['pɔt haus] *s.* cârciumă.

potion ['pouʃən] *s.* poțiune.

pot-luck ['pɔtlʌk] *s.* mâncare.

potsherd ['pɔtʃə:d] *s.* ciob.

pot-shot ['pɔtʃɔt] *s.* foc tras la întâmplare.

potter ['pɔtə] **I.** *s.* olar. **II.** *v.t.* a irosi. **III.** *v.i.* a se învârti fără rost.

pottery ['pɔtəri] *s.* olărit, olărie, oale.

potty ['pɔti] *adj.* mic, neînsemnat, trăsnit.

pouch [pautʃ] **I.** *s.* pungă, buzunar. **II.** *v.t.* a face pungă, a pune în buzunar. **III.** *v.i.* a se umfla.

poulterer ['poultərə] *s.* avicultor.

poultice ['poultis] **I.** *s.* cataplasmă. **II.** *v.t.* a obloji.

poultry ['poultri] *s.* păsări domestice.

pounce [pauns] *s* **I.** atac brusc. **II.** *v.i.* a se năpusti.

pound [paund] **I.** *s.* livră, liră sterlină. **II.** *v.t.* a zdrobi, a pisa, a măcina, a băga în ţarc. **III.** *v.i.* a tropăi.

pour [pɔ:] **I.** *s.* ploaie torenţială. **II.** *v.t.* a turna, a scoate. **III.** *v.i.* a curge, a ploua cu găleata.

pout [paut] **I.** *s.* bot, strâmbătură. **II.** *v.i.* a face bot.

poverty ['pɔvəti] *s.* sărăcie, lipsă.

poverty-stricken ['pɔvəti strikən] *adj.* sărac (lipit pământului).

powder ['paudə] **I.** *s.* pudră, praf (de puşcă). **II.** *v.t.*, *v.i.* a (se) pudra.

powdery ['paudri] *adj.* prăfuit, pudrat.

power ['pauə] *s.* putere, capacitate, energie (electrică), autoritate.

powerful ['pauəful] *adj.* puternic.

powerless ['pauəlis] *adj.* neputincios.

power-station ['pauə steiʃən] *s.* centrală electrică.

pox [pɔks] *s.* vărsat (de vânt, negru).

practicable ['præktikəbəl] *adj.* realizabil.

practical ['præktikəl] *adj.* practic.

practical joke ['præktikəl dʒɔk] *s.* festă, farsă.

practically ['præktikəli] *adv.* practic, într-adevăr, aproape, ca şi.

practice ['præktis] *s.* practică, clientelă, antrenament.

practise ['præktis] *v.t.*, *v.i.* a practica, a profesa, a exersa, a experimenta.

practitioner [præk'tiʃənə] *s.* profesionist, medic.

prairie ['prɛəri] *s.* prerie, stepă.

praise [preiz] **I.** *s.* laudă, cult. **II.** *v.t.* a lăuda, a adora, *to ~ to the skies* a ridica în slăvi.

praiseworthy ['preizwə:θi] *adj.* merituos.

pram [præm] *s.* cărucior de copil.

prance [prɑ:ns] **I.** *s.* cabrare. **II.** *v.i.* a se cabra, a face pe grozavul, a se zbengui.

prank [præŋk] **I.** *s.* joc, capriciu, zbenguială. **II.** *v.t.* a se grozăvi.
prate [preit] **I.** *s.* vorbărie. **II.** *v.t.*, *v.i.* a flecari.
prattle [prætəl] **I.** *s.* vorbe goale. **II.** *v.t.*, *v.i.* a flecări, a ciripi.
pray [prei] *v.t.*, *v.i.* a (se) ruga.
prayer ['prɛə] *s.* rugăciune, rugăminte, petiție.
preach [pri:tʃ] **I.** *v.t.* a propovădui. **II.** *v.i.* a ține predici.
preacher [pri:tʃə] *s.* predicator.
preamble [pri':æmbəl] *s.* preambul, prefață.
precarious [pri'kɛəriəs] *adj.* nesigur, riscant, primejdios.
precaution [pri'kɔ:ʃən] *s.* precauție.
precede [pri'si:d] *v.t.* a preceda, a depăși.
precedence [pri'si:dəns] *s.* întâietate.
precincts ['pri:siŋkt] *s.* incintă, zonă.
precious ['preʃəs] *adj.* prețios, straşnic.
precipice ['presipis] *s.* prăpastie.
precipitate [pri'sipitit] **I.** *s.*, *adj.* precipitat. **II.** *v.t.*, *v.r.* a (se) precipita.
precipitous [pri'sipitəs] *adj.* abrupt.
precise [pri'sais] *adj.* precis, corect, minuțios.
precision [pri'sɪʒən] *s.* precizie, corectitudine.
preclude [pri'klu:d] *v.t.* a exclude, a împiedica.
precocious [pri'kouʃəs] *adj.* precoce.
preconceived [prikən'si:vd] *adj.* preconcept.
predecessor ['pri:disesə] *s.* predecesor, antecedent.
predestination [pri:desti'neiʃən] *s.* predestinare.
predestine [pri'destin] *v.t.* a predestina.
predetermine [pri:di'tɔ:min] *v.t.* a predestina, a determina.
predicate ['predikit] *s.* predicat.
predict [pri'dikt] *v.t.* a prezice.
predilection [pri:di'lekʃən] *s.* predilecție.
predispose ['pri:dis'pouz] *v.t.* a predispune.
predisposition ['pri:dis'pə'ziʃən] *s.* predispoziție.
predominant [pri'dɔminənt] *adj.* predominant.
pre-eminent [pri'eminənt] *adj.* superior, predominant.
pre-emption [pri'empʃən] *s.* prioritate.
preen [pri:n] **I.** *v.t.* a găti. **II.** *v.i.* a se făli.
preface ['prefis] **I.** *s.* prefață. **II.** *v.t.* a prefața, a precede.
prefer [pri'fə:] *v.t.* a prefera, a întinde, a înainta.
preference ['prefrəns] *s.* preferință, prioritate.
preferment [prifə:mənt] *s.* preferință, înaintare.

prefigure [pri'figə] *v.t.* a prevedea, a prezice.
prefix ['pri:fiks] *s.* prefix.
prehistoric [pri:hi'stɔrik] *adj.* preistoric.
prejudice ['predʒudis] **I.** *s.* prejudecată, prejudiciu, *to the ~ of* în dauna. **II.** *v.t.* a prejudicia.
prejudicial ['predʒud'diʃəl] *adj.* dăunător.
preliminary [pri'liminəri] *adj.* preliminar.
prelude ['prelju:d] *s.* preludiu.
premature [premə'tjuə] *adj.* prematur.
premier ['premiə] *s.* premier.
premise ['premis] *s.* premisă, *pl.* local, incintă, sediu.
premonition [pri:mə'niʃən] *s.* presimțire.
preoccupied [pri'ɔkjupaid] *adj.* preocupat.
preordain [pri:ɔ:'dein] *v.t.* a stabili dinainte.
prep [prep] *s.* (cursuri de) pregătire.
preparation [prepə'reiʃən] *s.* pregătire, preparat.
preparatory [pre'pærətri] *adj.* pregătitor, *to* înaintea, în vederea.
prepare [pri'pɛə] *v.t.*, *v.i.* a (se) prepara.
preparedness [pri'pɛədnis] *s.* pregătire.
preposition [prepə'ziʃən] *s.* prepoziție.
prepossess [pri:pə'zes] *v.t.* a influența, a impresiona, a inspira.
prepossessing [pri:pə'zesiŋ] *adj.* atrăgător, plăcut.
prepossession [pri:pə'zeʃən] *s.* impresie bună, predilecție.
preposterous [pri'pɔstərəs] *adj.* nefiresc, stupid, ridicol.
prerequisite [pri:'rekwizit] *s.* condiție esențială.
prerogative [pri'rɔgətiv] *s.* privilegiu, atribut.
presbytery ['prezbitəri] *s.* sanctuar, prezbiteriu.
prescient ['presiənt] *adj.* prevăzător.
prescribe [pris'kraib] *v.t.* a prescrie, a porunci, a dicta.
prescription [pris'kripʃən] *s.* poruncă, rețetă (medicală).
presence ['prezəns] *s.* prezență, înfățișare.
present[1] ['prezənt] **I.** *s.* prezent, persoană prezentă, cadou, *for the ~* deocamdată. **II.** *adj.* prezent, actual, de față.
present[2] ['prezənt] *v.t.* a dărui, a prezenta, a oferi, a arăta, a ținti.
presentation [prezn'teiʃən] *s.* prezentare, expoziție, spectacol.
presentation copy [prezn'teiʃən kɔpi] *s.* exemplar gratuit.
presently ['prezntli] *adv.* îndată.
preservation [prezə'veiʃən] *s.* păstrare, ocrotire.
preserve [pri'zə:v] **I.** *s.* conservă, *pl.* dulcețuri, rezervație. **II.** *v.t.* a păstra, a apăra.

preside [pri'zaid] *v.i.* a lucra, a acționa, a oficia, a cânta (la un instrument), *to ~ over* a prezida.

presidency ['prezidənsi] *s.* prezidență.

president ['prezidənt] *s.* președinte, șef, ministru.

press [pres] **I.** *s.* presă, dulap, tipar(niță), *in the ~* sub tipar. **II.** *v.t.* a presa, a stoarce, a strânge, a forța, a pune cu insistență, a incorpora, a rechiziționa, *to ~ an argument home* a dovedi valoarea unui argument, *to be ~ed for time* a nu avea timp. **III.** *v.i.* a insista, a fi urgent, a se grăbi, a se îngrămădi.

pressure ['preʃə] *s.* presiune, apăsare, influență.

prestige [pres'ti:ʒ] *s.* prestigiu.

presumable [pri'zju:məbəl] *adj.* rezonabil, probabil.

presume [pri'zju:m] **I.** *v.t.* a presupune, a lua drept bună, a îndrazni. **II.** *v.i.* *to ~ upon smb.* a profita de amabilitatea cuiva.

presuming [pri'zju:miŋ] *adj.* îndrăzneț.

presumption [pri'zΛmpʃən] *s.* presupunere, îndrăzneală.

presumptuous [pri'zΛmtjuəs] *adj.* îndrăzneț, arogant, încrezut.

presuppose [pri:sə'pouz] *v.t.* a necesita, a presupune.

pretence [pri'tens] *s.* pretenție, ostentație, pretenții, aere, înșelătorie, prefăcătorie.

pretend [pri'tend] **I.** *v.t.* a pretinde, a simula, a se juca de-a. **II.** *v.i.* a se preface, a simula, a se juca.

pretender [pri'tendə] *s.* pretendent.

pretension [pri'tenʃən] *s.* pretenție.

pretentious [pri'tenʃəs] *adj.* prețios.

prenatural [pri:tənætʃurəl] *adj.* supranatural, nefiresc, extraordinar.

pretext ['pri:tekst] *s.* pretext.

prettiness ['pritinis] *s.* drăgălășenie.

pretty ['priti] **I.** *s.* drăguț(ă), *adj.* drăguț, mărișor, binișor. **II.** *adv.* bine, destul de, cam.

prevail [pri'veil] *v.i.* a triumfa, a fi predominant, *to ~ on smb.* a convinge pe cineva.

prevalent ['prevələnt] *adj.* predominant, obișnuit, curent.

prevent [pri'vent] *v.t.* a împiedica.

prevention [pri'venʃən] *s.* împiedicare.

preventive [pri'ventiv] *adj.* preventiv.

preview ['pri:vju:] *s.* avanpremieră.

previous ['pri:viəs] *adj.* anterior, precedent.

prevision [pri'viʒən] *s.* previziune.

pre-war ['pri:wɔ:r] *adj.* antebelic.

prey [prei] **I.** *s.* pradă, victimă. **II.** *v.t.* a prăda, a jefui, a obseda, a afecta. **III.** *v.i.* *to ~*

upon a chinui, a se năpusti asupra.
price [prais] **I.** *s.* preţ, sacrificiu, valoare, cotă (la pariuri). **II.** *v.t.* a stabili preţul.
priceless [praislis] *adj.* nepreţuit, nostim.
prick [prik] **I.** *s.* ţeapă, înţepătură. **II.** *v.t.* a înţepa, a găuri, a ciuli, *to ~ up* a ciuli. **III.** *v.i.* a înţepa.
prickle ['prikəl] **I.** *s.* spin, ţeapă, înţepătură, mâncărime. **II.** *v.t.* a înţepa. **III.** *v.i.* a simţi mâncărime.
prickly ['prikli] *adj.* plin de ţepi, înţepător.
pride [praid] **I.** *s.* mândrie, demnitate, splendoare. **II.** *v.r.* a se mândri.
priest [pri:st] *s.* preot.
priestess ['pri:stis] *s.* preoteasă.
priesthood ['pri:sthud] *s.* preoţie, cler.
prig [prig] *s.* pedant.
prim [prim] **I.** *adj.* curat, decent, politicos. **II.** *v.t.* a aranja.
primarily [prai'mərli] *adv.* în primul rând.
prime [praim] **I.** *s* început, tinereţe, (perioadă de) înflorire, floare, număr prim. **II.** *adj.* prim, principal, primar, fundamental.
primeval [prai'mi:vəl] *adj.* antic, preistoric, neexplorat.
primrose ['primrouz] *s.* primulă.
prince [prins] *s.* prinţ, domnitor, rege.
princely ['prinsli] *adj.* princiar.
princess [prin'ses] *s.* prinţesă.
principal ['prinsipəl] **I.** *s.* director, şef, partener principal, autor, capital (iniţial). **II.** *adj.* principal.
principle ['prinsəpəl] *s.* principiu, principialitate, esenţă, bază.
print [print] **I.** *s.* tipar, tipărituri, urmă, ştampilă, gravură, (hârtie de) ziar, *out of ~* epuizat, *in ~* publicat, disponibil. **II.** *v.t.* a tipări, a publica, a imprima, a copia.
printer ['printə] *s.* tipograf.
printing ['printiŋ] *s.* tipar, tipăritură.
printing-press ['printiŋ pres] *s.* tipografie, maşină de imprimat.
prior ['praiə] **I.** *s.* stareţ. **II.** *adj.* anterior, mai important, *~ to* înainte de.
prioress ['praiəris] *s.* stareţă.
prism ['prizəm] *s.* prismă.
prison ['prizən] *s.* închisoare, detenţiune, constrângere.
prisoner ['priznə] *s.* deţinut, prizonier.
privacy ['praivəsi] *s.* intimitate, singurătate, secret.
private ['praivit] **I.** *s.* soldat. **II.** *adj.* personal, particular, intim, secret, intrarea oprită!
privately ['praivətli] *adv.* în taină, la ureche.
privation [prai'veiʃən] *s.* privaţiune, lipsă.

privy ['privi] *adj.* secret, personal, *to be ~ to smth.* a fi informat de ceva.
prize [praiz] **I.** *s.* premiu, primă, răsplată, pradă (de război). **II.** *v.t.* a prețui, a stima.
probability [prɔbə'biliti] *s.* probabilitate, posibilitate, in *all ~* după toate probabilitățile.
probable ['prɔbəbəl] *adj.* probabil.
probably ['prɔbəbli] *adv.* probabil.
probation [prə'beiʃən] *s.* verificare, stagiu (de candidat), eliberare provizorie.
probity ['proubiti] *s.* cinste, bunătate.
problem ['prɔbləm] *s.* problemă.
procedure [prə'si:dʒə] *s.* procedeu, procedură.
proceed [prə'si:d] *v.t.* a înainta, a continua, a face proces.
proceeding [prə'si:diŋ] *s.* purtare, *pl. jur.* acțiune în justiție, *pl.* dezbateri, procese-verbale.
proceeds ['prousi:dz] *s. pl.* profit.
process ['prouses] **I.** *s.* proces, procedeu. **II.** *v.t.* a prelucra, a da în judecată.
procession [prə'seʃən] *s.* procesiune.
proclaim [prə'kleim] *v.t.* a proclama, a dezvălui.
proclamation [prɔklə'meiʃən] *s.* proclamație.
proclivity [prou'kliviti] *s.* înclinație.
proctor ['prɔktə] *s.* proctor.
procurator ['prɔkju·reitə] *s.* procuror, magistrat.
procure [prə'kjuə] *v.t.* a procura.
prod [prɔd] **I.** *s.* ghiont. **II.** *v.t.* a înghionti, a ațâța.
prodigal ['prɔdigəl] *s., adj.* risipitor.
prodigious [prə'diʒəs] *adj.* uriaş, uluitor.
prodigy ['prɔdidʒi] *s.* minune, raritate.
produce ['prɔdju:s] **I.** *s.* produs, rezultat. **II.** *v.t.* a produce, a scoate, a arăta. **III.** *v.i.* a crea, a produce.
producer [prə'dju:sə] *s.* producător, regizor (principal).
product ['prɔdʌkt] *s.* produs, rezultat.
production [prə'dʌkʃən] *s.* producție.
productive [prə'dʌktiv] *adj.* productiv.
profess [prə'fes] *v.t.* a declara, a susține, a profesa.
profession [prə'feʃn] *s.* profesi(un)e, declarație, jurământ.
professional [prə'feʃənəl] **I.** *s.* liber-profesionist. **II.** *adj.* profesional, profesionist.
professor [prə'fesə] (universitar).

proffer ['prɔfə] *v.t.* a oferi, a întinde.
proficient [prə'fiʃənt] *s.*, *adj.* expert.
profile ['proufail] **I.** *s.* profil. **II.** *v.t.* a arăta din profil, a face profilul.
profit ['prɔfit] **I.** *s.* profit, câştig. **II.** *v.t.* a câştiga, a aduce (ca profit). **III.** *v.i.* a profita.
profitable ['prɔfitəbəl] *adj.* rentabil, util.
profiteer [prɔfi'tiə] **I.** *s.* profitor. **II.** *v.i.* a stoarce profituri.
profligate ['prɔfligit] *s.*, *adj.* risipitor, destrăbălat.
profound [prə'faund] *adj.* profund, intens, serios.
profuse [prə'fju:s] *adj.* abundent, generos.
profusion [prə'fju:ʃən] *s.* abundenţă, risipă.
prognosticate [prəg'nɔstikeit] *v.t.* a prezice.
program(me) ['prougræm] **I.** *s.* program, spectacol, plan. **II.** *v.t.* a programa, a plănui.
progress ['prougres] **I.** *s.* progres, dezvoltare, înaintare. **II.** *v.i.* a progresa, a se dezvolta.
progression [prə'greʃən] *s.* progres(ie).
progressive [prə'gresiv] **I.** *s.* progresist. **II.** *adj.* progresist, progresiv.
prohibit [prə'hibit] *v.t.* a interzice.
prohibition [proui'biʃən] *s.* interzicere, prohibiţie (alcoolică).
project ['prɔdʒekt] **I.** *s.* proiect, plan, lucrare, construcţie. **II.** *v.t.* a proiecta, a plănui. **III.** *v.i.* a ieşi în afară.
projection [prə'dʒekʃən] *s.* proiectare, proiecţie, proeminenţă.
projector [prə'dʒektə] *s.* proiector, proiectant.
proletarian [proule'tεəriən] *s.*, *adj.* proletar.
proletariat [prouli'tεəriət] *s.* proletariat.
prologue ['proulɔg] *s.* prolog.
prolong [prə'lɔŋ] *v.t.* a prelungi, a extinde.
prolongation [proulɔŋ'geiʃən] *s.* prelungire, prelungitor.
promenade [prɔmi'nɑ:d] **I.** *s.* promenadă. **II.** *v.i.* a se plimba.
prominence ['prɔminəns] *s.* proeminenţă, ridicătură.
prominent ['prɔminənt] *adj.* proeminent, remarcabil.
promiscuous [prə'miskjuəs] *adj.* amestecat, dezordonat.
promise ['prɔmis] **I.** *s.* făgăduială, perspectivă. **II.** *v.t.*, *v.i.* a promite.
promising ['prɔmisiŋ] *adj.* promiţător.
promote [prə'mout] *v.t.* a promova, a susţine.
promotion [prə'mouʃən] *s.* înaintare, promovare.
prone [proun] *adj.* înclinat, cu faţa în jos.

prong [prɔŋ] *s.* (dinte de) furcă.

pronoun ['prounaun] *s.* pronume.

pronounce [prə'nauns] **I.** *v.t.* a pronunța, a rosti, a anunța, a declara. **II.** *v.i.* a se declara, a se pronunța.

proof-reader ['pru:fri:də:] *s.* *poligraf.* corector.

propaganda [prɔpə'gændə] **I.** *s.* propagandă. **II.** *adj.* propagandistic.

propagate ['prɔpəgeit] *v.t.*, *v.r.* a (se) propaga.

proper ['prɔpə] *adj.* corespunzător, corect, decent, propriu(-zis).

properly ['prɔpəli] *adv.* cum se cuvine, serios, complet.

property ['prɔpəti] *s.* proprietate, avere, *pl.* recuzită.

prophecy ['prɔfisi] *s.* profeție.

prophesy ['prɔfisai] *v.t.*, *v.i.* a proroci.

prophet ['prɔfit] *s.* profet.

propitiate [prə'piʃieit] *v.t.* a liniști, a linguși.

propitiatory [prə'piʃieitəri] *adj.* împăciuitor, lingușitor.

propitious [prə'piʃəs] *adj.* favorabil.

proportion [prə'pɔ:ʃən] **I.** *s.* proporție, măsură. **II.** *v.t.* a proporționa, a împărți egal.

proposal [prə'pouzəl] *s.* propunere, plan, cerere în căsătorie.

propose [prə'pouz] **I.** *v.t.* a propune, a oferi, a intenționa. **II.** *v.i.* a cere mâna (cuiva).

proposition [prɔpə'ziʃən] *s.* afirmație, propunere, teoremă.

proprietary [prə'praiətəri] *adj.* de proprietate, brevetat.

proprietor [prə'praiətə] *s.* proprietar, deținătorul unui patent.

props [prɔps] *s.* recuzită.

prorogue [prə'roug] *v.t.* a proroga.

proscenium [prə'si:niəm] *s.* avanscenă.

proscribe [prou'skraib] *v.t.* a proscrie.

prose [prouz] **I.** *s.* proză, parte prozaică. **II.** *v.i.* a ține predici.

prosecution [prɔsi'kju:ʃən] *s.* urmărire în justiție, acuzare, procuror, ministerul public.

prosecutor ['prɔsikju:tə] *s.* acuzator, procuror.

proselyte ['prɔsilait] *s.* prozelit.

prospect ['prɔspekt] **I.** *s.* perspectivă. **II.** *v.t.*, *v.i.* a prospecta.

prospective [prəs'pektiv] *adj.* viitor, probabil.

prospectus [prəs'pektəs] *s.* prospect.

prosper ['prɔspə] *v.i.* a prospera.

prosperous ['prɔspərəs] **I.** *v.i.* a prospera. **II.** *adj.* prosper, înfloritor.

prostitute ['prɔstitju:t] **I.** *s.* prostituată. **II.** *v.t.* a prostitua.

prostitution ['prɔstitju:ʃən] *s.* prostituție, prostituare.

prostrate ['prɔstreit] **I.** *s.* prosternat, culcat pe burtă, *fig.* învins, istovit, toropit, abătut.

II. *v.t.* a trânti la pământ, a înfrânge, a zdrobi. III. *v.r.* a se trânti la pământ, a se ploconi.

prostration [prɔs'treiʃən] *s.* prostrație, deprimare, istovire.

prosy ['prouzi] *adj.* plicticos, monoton, fără haz.

protect [prə'tekt] *v.t.* a apăra, a proteja.

protection [prə'tekʃən] *s.* protecție, apărător, protecționism (vamal).

protective [prə'tektiv] *adj.* protector.

protein ['prouti:n] *s.* proteină.

protest ['proutest] **I.** *s.* protest. **II.** *v.t.* a afirma, a susține. **III.** *v.i.* a protesta.

protestant [prə'testənt] *s.*, *adj.* protestant.

protestation ['proutest'teiʃən] *s.* afirmație, protest.

proton ['proutɔn] *s.* proton.

protract [prə'trækt] *v.t.* a prelungi, a tergiversa.

protractor ['prə'træktə] *s.* raportor (pentru unghiuri).

protrude [prə'tru:d] *v.i.* a ieși în afară.

protuberant [prə'tju:bərənt] *adj.* holbat, umflat.

proud [praud] **I.** *adj.* mândru, orgolios, trufaș, splendid. **II.** *adv.* cu mândrie.

prove [pru:v] **I.** *v.t.* a dovedi, a verifica. **II.** *v.i.*, *v.r.* a se dovedi.

proverb ['prɔvə:b] *s.* proverb.

provide [prə'vaid] **I.** *v.t.* a furniza, a aduce, a prevedea. **II.** *v.i.* *to ~ for* a întreține, a susține.

provided [prə'vaidid] *conj.* *~ that* cu condiția ca.

providence ['prɔvidəns] *s.* cumpătare, providență.

provident ['prɔvidənt] *adj.* prevăzător.

province ['prɔvins] *s.* provincie, domeniu, competență.

provision [prə'viʒən] **I.** *s.* prevedere, grijă, pregătire, clauză, *pl.* provizii. **II.** *v.t.* a aproviziona.

provisional [prə'viʒənəl] *adj.* provizoriu.

provocation [prɔvə'keiʃən] *s.* provocare, supărare, pacoste.

provocative [prə'vɔkətiv] *adj.* provocator, supărător, ațâțător.

provoking [prə'voukiŋ] *adj.* enervant, supărător.

provost ['prɔvəst] *s.* director, magistrat.

prow [prau] *s.* proră.

prowess ['prauis] *s.* curaj, îndemânare, faptă de arme.

proxy ['prɔksi] *s.* procurist, delegat, procură.

prude [pru:d] *s.* persoană (de o moralitate) afectată.

prudence ['pru:dəns] *s.* prudență.

prudent ['pru:dənt] *adj.* prudent, circumspect, înțelept.

prudery ['pru:dəri] *s.* moralitate exagerată.

prune [pru:n] **I.** *s.* prună uscată. **II.** *v.t.* a reteza ramurile (la copaci), a curăța (de balast).

prurient ['pruəriənt] *adj.* obscen, lasciv.

Prussian ['prʌʃən] *s., adj.* prusac(ă).

pry [prai] **I.** *v.t.* a ridica, a sparge. **II.** *v.i.* a se amesteca.

psychiatrist [sai'kaiətrist] *s.* psihiatru.

psychology [sai'kɔlədʒi] *s.* psihologie.

psychopath ['saikoupæθ] *s.* bolnav de nervi.

pub [pʌb] *s.* cârciumă, cafenea.

public ['pʌblik] **I.** *s.* public, națiune. **II.** *adj.* public, național, social, obștesc.

publication [pʌbli'keiʃən] *s.* publicare, publicație.

publicity [pʌb'lisiti] *s.* reclamă, publicitate.

publish ['pʌbliʃ] *v.t.* a publica, a anunța.

publisher ['pʌbliʃə] *s.* editor.

puck [pʌk] *s.* spiriduș.

pucker ['pʌkə] **I.** *s.* cută, pliu. **II.** *v.t.* a încreți. **III.** *v.i.* a se zbârci.

pudding ['pudiŋ] *s.* budincă.

puddle ['pʌdəl] **I.** *s.* băltoacă, noroi, lut. **II.** *v.i.* a frământa, a acoperi cu lut. **III.** *v.r.* a se bălăci.

puff [pʌf] **I.** *s.* pufăit, (ră)suflare, puf. **II.** *v.t.* a pufăi, a sufla, a face reclamă la, a supralicita, *to ~ up* a umfla, a face să se îngâmfe. **III.** *v.i.* a sufla, a respira greu, a pufăi, a se înălța.

puffy [pʌfi] *adj.* umflat, gâfâind, pufăitor.

pugnacious [pʌg'neiʃəs] *adj.* combativ.

pull [pul] **I.** *v.t.* a trage, a târî, a împinge, *to ~ down* a dărâma, a slăbi, a deprima, *to ~ out* a smulge, *to ~ up* a trage la scară. **II.** *v.i.* a trage, a vâsli, *to ~ round* a-și reveni după boală, *to ~ up* a se opri. **III.** *v.r. to ~ oneself together* a-și veni în fire.

pulsate [pʌl'seit] **I.** *v.t.* a zgudui. **II.** *v.i.* a pulsa, a vibra.

pulse [pʌls] **I.** *s.* puls, păstăi. **II.** *v.i.* a pulsa.

pumice ['pʌmis] *s.* piatră ponce.

pummel ['pʌməl] *v.t.* a bate cu pumnii.

pump [pʌmp] **I.** *s.* pompă, cișmea, pantof fără toc. **II.** *v.t.* a pompa, a smulge, a stoarce (informații), *to ~ smb. 's hand* a scutura mâna cuiva. **III.** *v.i.* a pompa.

pun [pʌn] **I.** *s.* joc de cuvinte. **II.** *v.i.* a face jocuri de cuvinte.

punch [pʌntʃ] **I.** *s.* punci, energie, cleşte de perforat, pumn (puternic). **II.** *v.t.* a perfora, a lovi puternic cu pumnul.

punctilious [pʌŋk'tiliəs] *adj.* meticulos, ceremonios.

punctual ['pʌŋktjuəl] *adj.* punctual, scrupulos.

punctuate ['pʌŋktjueit] *v.t.* a puncta, a pune punctuația la (un text).
punctuation [pʌŋktju'eiʃən] *s.* punctuație.
punctuation marks [pʌŋktju'eiʃən mɑ:ks] *s. pl.* semne de punctuație.
puncture ['pʌŋktʃə] **I.** *s.* înțepătură, gaură, pană de cauciuc. **II.** *v.t.* a înțepa, a găuri, a strica.
pungent ['pʌndʒənt] *adj.* picant, înțepător, ascuțit.
punish ['pʌniʃ] *v.t.* a pedepsi, a bate.
punishment ['pʌniʃmənt] *s.* pedeapsă, înfrângere.
punitive ['pju:nitiv] *adj.* de pedeapsă.
punt [pʌnt] *s.* ponton, barcă cu fundul lat.
puny ['pju:ni] *adj.* slab, pirpiriu, prăpădit.
pup [pʌp] *s.* cățeluș, pui de lup.
pupil ['pju:pil] *s.* elev, *anat.* pupilă.
purchase ['pə:tʃis] **I.** *s.* achiziție, cumpărătură. **II.** *v.t.* a cumpăra, a obține.
pure [pjuə] *adj.* pur, distinct, curat (la suflet), simplu, perfect.
purely ['pjuəli] *adv.* curat, total, pur şi simplu.
purge ['pə:dʒ] **I.** *s.* purgativ, epurare. **II.** *v.t.* a curăți, a epura.
purity ['pjuəriti] *s.* puritate, nevinovăție.
purl [pə:l] **I.** *s.* gâlgâit, murmur. **II.** *v.i.* a gâlgâi, a murmura.
purlieus ['pə:lju:z] *s. pl.* periferie.
purloin [pə:'lɔin] *v.t.* a şterpeli.
purple ['pə:pəl] **I.** *s.* vinețiu, purpuriu, purpură. **II.** *adj.* vânăt, purpuriu, roşu.
purport ['pə:pət] **I.** *s.* sens, scop, semnificație. **II.** *v.t.* a susține, a sugera.
purpose ['pə:pəs] **I.** *s.* scop, folos, *on ~* anume, *to the ~* folositor, la chestiune, *to no ~* inutil. **II.** *v.t.* a intenționa, a-şi propune.
purposeful ['pə:pəsful] *adj.* hotărâtor, semnificativ.
purposely ['pə:pəsli] *adj.* intenționat.
purr [pə:] *v.i.* a murmura, (de pisică) a toarce.
pursuance [pə'sju:əns] *s.* urmărire, îndeplinire.
pursue [pə'sju:] *v.t.* a urma, a urmări, a continua.
pursuer [pə'sju:ər] *s.* urmăritor.
pursuit [pə'sju:t] *s.* urmărire, ocupație.
purvey [pə:'vei] *v.t.* a furniza.
purveyor [pə:'veiə] *s.* furnizor.
pus [pʌs] *s.* puroi.
push [puʃ] **I.** *s.* împingere, energie, hotărâre. **II.** *v.t.* a împinge, a forța. **III.** *v.i.* *to ~ along/ off* a porni, a pleca.
pusher ['puʃə] *s.* arivist.
pusillanimous [pju:si'læniməs] *adj.* timid, slab, fricos.

pussy ['pusi] *s.* pisicuţă, mâţişor (de salcie).

put [put] **I.** *v.t.* a pune, a aşeza, a scrie, a exprima, a duce, a arunca, a evalua, *to ~ across* a duce la bun sfârşit, *to ~ aside/ away/ by* a strânge (bani), *to ~ down* a înăbuşi, a scrie, a înscrie, a micşora, *to ~ forth* a scoate, a publica, *to ~ out* a stinge, a scoate, a tulbura, a manifesta, *to ~ together* a alcătui, a aduna, *to ~ up* a ridica, a găzdui, a manifesta. **II.** *v.i. to ~ about* a schimba direcţia, *to ~ off, to ~ out* a porni, *to ~ up* a se acomoda, a se instala, a rămâne (peste noapte), *to ~ up with* a suporta, a se deprinde cu.

putrid ['pju:trid] *adj.* descompus, scârbos.

putty [pΛti] *v.t.* a chitui.

puzzle ['pΛzl] **I.** *s.* enigmă, joc distractive. **II.** *v.t.* a zăpăci, *to ~ out* a rezolva.

pygmy ['pigmi] **I.** *s.* pigmeu. **II.** *adj.* neînsemnat.

pyjamas [pə'dʒɑ:məz] *s.* pijama.

pyramid ['pirəmid] *s.* piramidă.

pyre ['paiə] *s.* rug.

Q

Q [kju:] *s.* Q, q.
quadrangle ['kwɔdræŋgəl] *s.* dreptunghi.
quadrant ['kwɔdrənt] *s.* cadran.
quadrilateral [kwɔdri'lætrəl] **I.** *s.* patrulater. **II.** *adj.* cu patru laturi.
quadrille [kwə'dril] *s.* cadril.
quadruped ['kwɔdruped] *s.* patruped.
quadruple ['kwɔdrupl] **I.** *s.* cvadruplu. **II.** *adj.* împătrit. **III.** *v.t.*, *v.i.* a (se) împătri.
quadruplet ['kwɔdruplit] *s.* grup de patru, *pl.* patru gemeni.
quaff [kwɔf] *v.t.* a sorbi.
quagmire ['kwægmaiə] *s.* mlaştină, marasm.
quail [kweil] *s.* prepeliţă, pitpalac.
quaint ['kweint] *adj.* ciudat, nostim.
quake [kweik] **I.** *s.* (cu)tremur. **II.** *v.i.* a tremura.
qualify ['kwɔlifai] **I.** *v.t.* a califica, a modifica. **II.** *v.i.* a se califica, a reuşi.

qualitative ['kwɔlitətiv] *adj.* calitativ.

quality ['kwɔliti] *s.* calitate, valoare.

qualm ['kwɔ:m] *s* remușcare.

quandary ['kwɔndəri] *s.* îndoială, dilemă.

quantitative ['kwɔntitətiv] *adj.* cantitativ.

quantity ['kwɔntiti] *s.* cantitate, mărime, *pl.* abundență.

quarrel ['kwɔrl] **I.** *s.* ceartă, plângere. **II.** *v.i.* a se certa.

quarrelsome ['kwɔrlsəm] *adj.* certăreț, nervos.

quart [kwɔ:t] *s.* (măsură de un) litru, quart.

quarter ['kwɔ:tə] **I.** *s.* sfert, trimestru, punct cardinal, *amer.* 25 de cenți, sursă (de informație), cartier, *pl.* locuință, *at close ~s* foarte aproape. **II.** *v.t.* a împărți în patru, a încartirui.

quarterly ['kwɔ:təli] *s.*, *adj.*, *adv.* trimestrial.

quartermaster ['kwɔ:tə mɑ:stə] *s.* ofițer de administrație, intendent.

quartet(te) ['kwɔ:'tet] *s.* cvartet, grup de patru persoane.

quarto ['kwɔ:tou] *s.* format sau ediție în cvarto.

quash [kwɔʃ] *v.t.* a anula, a nimici, a stinge.

quaver ['kweivə] **I.** *s.* tremur, tremolo, *muz.* optime. **II.** *v.t.* a zgudui. **III.** *v.i.* a tremura, a vorbi sau a cânta tremurat, a fremăta.

quay [ki:] *s.* chei.

queasy ['kwi:zi] *adj.* grețos, prea delicat.

queen [kwi:n] *s.* regină, zeiță, damă (la cărți).

queenly ['kwi:nli] *adj.* maiestuos, generos.

queer [kwiə] **I.** *adj.* ciudat, dubios, trăsnit. **II.** *v.t.* a strica.

quell [kwel] *v.t.* a înăbuși.

quench [kwentʃ] *v.t.* a stinge, a potoli, a răci, a distruge, a nărui.

querulous ['kwerulǝs] *adj.* plângăreț, neliniștit.

query ['kwiəri] **I.** *s.* (semn de) întrebare, problemă. **II.** *v.t.* a întreba, a chestiona.

quest [kwest] **I.** *s.* căutare, cercetare, lucru căutat, *in ~ of* în căutare de. **II.** *v.i.* a căuta.

question ['kwestʃən] **I.** *s.* problemă, (semn de) întrebare, anchetă, obiecție, îndoială **II.** *v.t.* a întreba, a interoga, a pune la îndoială. **III.** *v.i.* a se întreba.

question-mark ['kwestʃən mɑ:k] *s.* semn de întrebare.

queue [kju:] **I.** *s.* coadă. **II.** *v.i.* a face coadă.

quibble ['kwibəl] **I.** *s.* joc de cuvinte, eschivare de la un răspuns. **II.** *v.i.* a se eschiva de la un răspuns, a glumi.

quick [kwik] **I.** *s.* carne vie, *fig.* inimă, *the ~ and the dead* viii

şi morţii. **II.** *adj.* iute, vioi, prompt, ager, pripit, viu.
quicksand ['kwiksænd] *s.* nisip mişcător, capcană.
quicksilver ['kwiksilvə] *s.* mercur.
quid [kwid] *s.* tutun de mestecat, liră sterlină.
quiescent [kwai'esənt] *adj.* pasiv, tăcut, nemişcat, liniştit.
quiet ['kwaiət] **I.** *s.* linişte, tăcere, calm, *on the ~* în taină. **II.** *adj.* liniştit, sobru, tăcut, fără zgomot, paşnic, tainic. **III.** *v.t.*, *v.i.* a (se) linişti.
quieten ['kwaiətən] *v.t.*, *v.i.* a (se) linişti.
quietude ['kwaiətju:d] *s.* calm, tihnă.
quietus ['kwai'ə:təs] *s.* moarte.
quill-driver ['kwil draivə] *s.* conţopist, scrib, gazetar.
quince [kwins] *s.* gutui(e).
quip [kwip] **I.** *s.* glumă, remarcă caustică. **II.** *v.i.* a glumi (sarcastic).
quit [kwit] **I.** *adj.* liber, chit. **II.** *v.t.* a părăsi, a lăsa, *~ doing that* nu mai fă aşa. **III.** *v.i.* a pleca.
quite [kwait] **I.** *adv.* complet, foarte, destul de, *~ a few* destui. **II.** *interj.* chiar aşa.
quits [kwits] *adj.* chit, egal.
quiver ['kwivə] **I.** *s.* tolbă de săgeţi, tremur. **II.** *v.t.* a face să tremure. **III.** *v.i.* a tremura.
quiz [kwiz] **I.** *s.* întrebare, interogatoriu, concurs. **II.** *v.t.* a interoga, a necăji, a tachina.
quizzical ['kwizikəl] *adj.* ciudat, comic, ironic, întrebător.
quota ['kwoutə] *s.* cotă, normă.
quotation [kwou'teiʃən] *s.* citat, *fin.* cotă, deviz.
quote [kwout] *v.t.* a cita, a deschide ghilimelele, a menţiona.

R

R [ɑ:] *s.* R, r.
rabbi ['ræbai] *s.* rabin.
rabbit ['ræbit] *s.* iepure (de casă).
rabid ['ræbid] *adj.* turbat, nebunesc.
race [reis] **I.** *s.* cursă, întrecere, rasă, neam, canal, şanţ. **II.** *v.t.* a goni. **III.** *v.i.* a alerga (într-o cursă).
racer [reisə] *s.* cal, barcă, maşină de curse.
racial ['reiʃəl] *adj.* rasial.
racialism ['reiʃəlizəm] *s.* rasism.
racing ['reisiŋ] **I.** *s.* curse (de cai). **II.** *adj.* de (la) curse.
rack [ræk] **I.** *s.* grătar, cuier, plasă (pentru bagaje), roată (pentru tortură), distrugere. **II.** *v.t.* a tortura, *to ~ one's brains* a-şi stoarce creierii.
racket ['rækit] *s.* rachetă (de tenis), zarvă, escrocherii.
racy ['reisi] *adj.* intens, picant, vioi.
radiance ['reidjəns] *s.* strălucire.
radiant ['reidiənt] *adj.* strălucit(or).
radiate ['reidieit] **I.** *adj.* radial, iradiant. **II.** *v.t.* a iradia. **III.** *v.i.* a radia, a străluci.

radical ['rædikəl] *s., adj.* radical, progresist.
radio ['reidiou] *s., adj.* radio.
radish ['rædiʃ] *s.* ridiche.
raffish ['ræfiʃ] *adj.* depravat.
raft [rɑ:ft] **I.** *s.* plută (pe râu). **II.** *v.i.* a merge cu pluta.
rafter [rɑ:ftə] *s.* plutaş, grindă.
rag [ræg] *s.* cârpă, zdreanță, *fig.* fițuică, gălăgie.
rage [reidʒ] **I.** *s.* furie, modă, pasiune. **II.** *v.t.* a urla, a bântui.
ragged ['rægid] *adj.* colțuros, nețesălat, zdrențăros.
ragtime ['rægtaim] *s.* jaz sincopat.
raid [reid] **I.** *s.* incursiune, raid, jaf. **II.** *v.t.* a bântui, a invada.
rail [reil] **I.** *s.* balustradă, şină, suport (pentru prosop), *by ~* cu trenul, *off the ~s* deraiat. **II.** *v.t.* a critica, a batjocori.
railing ['reiliŋ] *s.* gard, ocară, batjocură.
raillery ['reiləri] *s.* ironie, tachinărie.
railway ['reilwei] *s.* cale ferată.
rain [rein] **I.** *s.* ploaie, *~ or shine* pe orice vreme. **II.** *v.t.* a turna. **III.** *v.i.* a ploua.
rainbow ['reinbou] *s.* curcubeu.
raincoat ['reinkout] *s.* furgarin.
rainfall ['reinfɔ:l] *s.* (cantitate de) ploaie.
rainy ['reini] *adj.* ploios.
raise [reiz] **I.** *s.* mărire, spor de salariu. **II.** *v.t.* a înălța, a ridica, a clădi, a stârni, a spori, a creşte, a înjgheba, a aduna.
raisin ['reizin] *s.* stafidă.
rake [reik] **I.** *s.* greblă, pieptene mare şi rar. **II.** *v.t.* a grebla, a strânge, *to ~ up* a stârni, a reînvia.
rakish ['reikiʃ] *adj.* arătos, elegant, imoral, stricat.
rally ['ræli] **I.** *s.* strângere, adunare, miting, revenire. **II.** *v.t.* a strânge, a aduna, *fig.* a mobiliza, a ironiza, a tachina. **III.** *v.i.* a se aduna, a se însănătoşi, a-şi reveni.
ram [ræm] **I.** *s.* berbec. **II.** *v.t.* a zdrobi, a izbi, a înfige, a băga.
ramble ['ræmbəl] **I.** *s.* hoinăreală. **II.** *v.i.* a hoinări, a bate câmpii.
rambling ['ræmbliŋ] **I.** *s.* hoinăreală, divagație. **II.** *adj.* hoinar, dezlânat.
ramp [ræmp] **I.** *s.* rampă. **II.** *v.i.* a se ridica, a se agita.
rampant ['ræmpənt] *adj.* furios, răspândit, în floare.
ramshackle ['ræmʃækəl] *adj.* şubred.
ranch [rɑ:ntʃ] *s.* fermă de animale.
rancher [rɑ:ntʃə] *s.* proprietarul unei ferme de animale.
rancid ['rænsid] *adj.* rânced.
ranco(u)r ['ræŋkə] *s.* ranchiună, pică.
range [reindʒ] **I.** *s.* rând, şir, distanță, bătaie (a unei arme), întindere, domeniu, limite, sortiment, *mil.* poligon, maşină de gătit, plită. **II.** *v.t.* a

aranja, a colinda. **III.** *v.i.* a hoinări, a se întinde, a varia.

rank [ræŋk] **I.** *s.* rând, şir, rang, *mil.* grad, categorie, *the ~s* oamenii de rând, *mil.* trupa. **II.** *adj.* încâlcit, grosolan. **III.** *v.t.* a rândui, a categorisi, a considera. **IV.** *v.i.* a se plasa a fi considerat.

rankle ['ræŋkəl] *v.i.* a supura, a nu se vindeca.

ransack ['rænsæk] *v.t.* a scotoci, a jefui.

ransom ['rænsəm] **I.** *s.* (preț pentru) răscumpărare, plată. **II.** *v.t.* a răscumpăra, a elibera (pe bani).

rap [ræp] **I.** *s.* bătaie uşoară (cu încheieturile degetelor). **II.** *v.i.* a bate (cu încheieturile degetelor).

rapacious [rə'peiʃəs] *adj.* rapace.

rape [reip] **I.** *s.* rapiță, viol, răpire. **II.** *v.t.* a viola, a răpi.

rapier ['reipiə] *s.* pumnal, *adj.* ascuțit.

rapprochement [ræ'prɔʃmu:nt] *s.* apropiere.

rapt [ræpt] *adj.* vrăjit, cufundat.

rapture ['ræptʃə] *s.* încântare, extaz.

rapturous ['ræptʃərəs] *adj.* entuziast.

rare [rɛə] **I.** *adj.* rar, puțin(tel), prețios, minunat. **II.** *adv.* straşnic.

rarely ['rɛəli] *adv.* rar, rareori, teribil.

rascal ['ræskəl] *s.* ticălos.

rash [ræʃ] **I.** *s.* urticarie. **II.** *adj.* pripit, nesăbuit.

rasp [rɑ:sp] **I.** *s.* pilă, raşpilă, sunet aspru. **II.** *v.t.* a pili, a aspri, a enerva.

raspberry ['rɑ:zbəri] *s.* zmeură.

rat [ræt] *s.* şobolan, laş.

rate [reit] **I.** *s.* ritm, proporție, viteză, raport, valoare, taxă, grad, categorie, *at any ~* în orice caz. **II.** *v.t.* a aprecia, a ocărî, a evalua. **III.** *v.i.* a valora, a vorbi, urât.

rate-setter ['reit setə:] *s.* normator.

rather ['rɑ:ðə] **I.** *adv.* mai degrabă, destul (de). **II.** *interj.* oho (şi încă cum).

ratify ['rætifai] *v.t.* a ratifica.

rating ['reitiŋ] *s.* evaluare, clasificație, categorie, valoare, ocară.

ratio ['reiʃiou] *s.* raport, proporție.

ratiocination [rætiɔsi'neiʃən] *s.* raționament.

ration ['ræʃən] **I.** *s.* rație, *on ~s* rationa(liza)t. **II.** *v.t.* a raționa(liza).

rational ['ræʃənəl] *adj.* rațional, înțelept.

rationalist ['ræʃənəlist] *s.*, *adj.* raționalist.

rationalize ['ræʃnəlaiz] *v.t.* a judeca rațional, a raționa(liza).

rats bane ['ræts bein] *s.* otravă.

rattle ['rætəl] **I.** *s.* sunătoare, cârâitoare, zbârnâitoare, clopoței (ai şarpelui), horcăit, hârâit, zornăit, gălăgie. **II.** *v.t.*,

v.i. a zornăi, a trăncăni, a hârâi.
rattle-box ['rætəl bɔks] *s.* sunătoare.
rattle-snake ['rætəl sneik] *s.* şarpe cu clopoţei.
rattling [rætliŋ] **I.** *adj.* zbârnâitor, rapid, grozav. **II.** *adv.* straşnic, foarte.
raucous ['rɔ:kəs] *adj.* răguşit, aspru.
ravage ['rævidʒ] **I.** *s.* distrugere, *pl.* ravagii. **II.** *v.t.* a jefui, a distruge. **III.** *v.i.* a face ravagii.
rave [reiv] *v.i.* a aiura, a bântui cu furie, a vorbi entuziast.
ravel ['rævəl] **I.** *s.* nod, încurcătură. **II.** *v.t.* a încurca, a deznoda.
raven ['reivən] **I.** *s.* corb. **II.** *adj.* negru.
ravine ['rə'vi:n] *s.* râpă, vâlcea.
raving ['reiviŋ] **I.** *s.* aiureală, delir. **II.** *adj.* nebun.
ravish ['rævi∫] *v.t.* a răpi, a viola, a vrăji.
raw [rɔ:] **I.** *s.* carne vie. **II.** *adj.* necopt, nepriceput, (de piele) nelucrată, jupuită, (de rană) nevindecată.
raw-boned [rɔ:'bound] *adj.* numai pielea şi oasele.
ray [rei] **I.** *s.* rază, *iht.* calcan. **II.** *v.i.* a radia.
rayon ['reiɔn] **I.** *s.* mătase artificială, raze. **II.** *v.t.* a rade (de pe faţa pământului).
razor ['reizə] *s.* brici.
razor-blade ['reizə bleid] *s.* lamă de ras.
reach [ri:t∫] **I.** *s.* atingere, întindere, rază de acţiune, meandră. **II.** *v.t.* a atinge, a sosi sau a ajunge la, a da de. **III.** *v.i.* a se întinde, a ajunge.
reach-me-downs [ri:t∫mi'dauns] *s. pl.* haine (de) gata.
react [ri'ækt] *v.i.* a reacţiona.
reaction [ri'æk∫ən] *s.* reacţi(un)e.
read[1] [ri:d] **I.** *s.* citire. **II.** *v.t.* a citi, a studia, a ghici, a indica, a interpreta, *to ~ out* a citi (cu glas) tare. **III.** *v.i.* a studia, a afla, a se citi.
read[2] [ri:d] **I.** *adj.* citit. **II.** *v.t.*, *v.i.* trec. şi part. trec. de la read.
readable ['ri:dəbəl] *adj.* interesant, lizibil.
reader ['ri:də] *s.* cititor, lector (universitar), redactor (la editură), manual, antologie.
readily ['redili] *adv.* uşor, cu dragă inimă, imediat.
readiness ['redinis] *s.* pregătire, promptitudine, bunăvoinţă.
reading-lamp ['ri:diŋ læmp] *s.* lampă de masă.
readjust ['ri:ə'dʒΛst] *v.t.* a rearanja, a reprofila, a (re)-adapta.
ready ['redi] *adj.* pregătit, gata, rapid, prompt.
reagent [ri'eidʒənt] *s.* reactiv, reacţie.
real [riəl] **I.** *adj.* real, *jur.* funciar, imobiliar. **II.** *adv.* adevărat, straşnic.
realism ['riəlizəm] *s.* realism.

realist ['riəlist] *s.*, *adj.* realist.
reality [ri'æliti] *s.* realitate, veridicitate.
realization [riəlai'zeiʃən] *s.* înțelegere, îndeplinire.
realize ['riəlaiz] **I.** *v.t.* a înțelege, a îndeplini. **II.** *v.i.* a-și da seama.
ream [ri:m] *s.* top de hârtie.
reap [ri:p] **I.** *v.t.* a secera, a recolta, *fig.* a culege. **II.** *v.i.* a secera.
reaper ['ri:pə] *s.* secerător, secerătoare, combină.
reappear ['ri:ə'piə] *s.* reconsiderare, realizare.
rear [riə] **I.** *s.* spate, urmă, dos. **II.** *v.t.* a crește, a hrăni. **II.** *v.i.* a se cabra.
rear-admiral [riə'dmirəl] *s.* contraamiral.
rear-guard ['riə gɑ:d] *s.* ariergardă.
rearmament [ri'ɑ:məmənt] *s.* reînarmare.
rearmost ['riə moust] *adj.* cel de la urmă, cel din spate.
rearrange [ri:ə'reindʒ] *v.t.* a rearanja, a restabili.
reason ['ri:zən] **I.** *s.* judecată, rațiune, cauză, *in* ~ rezonabil. **II.** *v.t.* a raționa, a convinge. **III.** *v.i.* a raționa, a gândi, a argumenta.
reasonable ['ri:znəbəl] *adj.* rezonabil, chibzuit, rațional.
reasoning ['ri:zəniŋ] *s.* judecată, argumente.
reassure [ri:ə'ʃuə] *v.t.* a liniști.
rebate ['ri:beit] *s.* rabat, reducere.
rebel [rebəl] **I.** *s.* rebel, răzvrătit.**II.** *v.i.* a se răzvrăti, a protesta.
rebellion [ri'beljən] *s.* răzvrătire.
rebellious [ri'beljəs] *adj.* rebel.
rebirth ['ri:bə:θ] *s.* renaștere.
rebound [ri'baund] **I.** *s.* ricoșeu. **II.** *v.i.* a ricoșa, a sări din nou.
rebuff [ri'bʌf] **I.** *s.* ripostă, refuz. **II.** *v.t.* a respinge.
rebut [ri'bʌt] *v.t.* a respinge.
recall [ri'kɔ:l] **I.** *s.* rechemare. **II.** *v.t.* a recăpăta, a evoca, a(-și) aminti.
recapture [ri'kæptʃə] **I.** *s.* prindere. **II.** *v.t.* a recăpăta, a prinde (din nou).
recast ['ri:'kɑ:st] **I.** *s.* remodelare. **II.** *v.t.* a remodela, a preface. **III.** *v.i.* a se retrage, a da înapoi, a scădea, a se estompa.
receipt [ri'si:t] **I.** *s.* chitanță, primire, rețetă (culinară), *pl.* încasări. **II.** *v.t.* a da chitanță pentru.
receive [ri'si:v] *v.t.*, *v.i.* a primi, a cuprinde, a accepta.
receiver [ri'si:və] *s.* primitor, receptor, tăinuitor.
recent ['ri:sənt] *adj.* recent.
reception [ri'sepʃən] *s.* primire, recepție.
recess [ri'ses] **I.** *s.*, pauză, răgaz, sărbătoare, cotlon. **II.** *v.t.* a ascunde, a împinge înapoi.
recession [ri'seʃən] *s.* retragere, amânare, *econ.* criză.

recipe ['resipi] *s.* rețetă.
recital [ri'saitəl] *s.* recital, recitare, povestire.
recitation [resi'teiʃən] *s.* recitare, povestire.
recite [ri'sait] *v.t.*, *v.i.* a recita, a povesti.
reckless ['reklis] *adj.* nepăsător, nesăbuit.
reckon ['rekən] **I.** *v.t.* a socoti, a număra. **II.** *v.i.* a socoti, a se bizui, *to ~ on* a se baza pe, *to ~ with* a ține seama de, a se socoti cu.
reckoning ['rekəniŋ] *s.* socoteală, calcul, răfuială.
reclaim [ri'kleim] *v.t.* a recupera, a îndrepta, a revendica.
recline [ri'klain] **I.** *v.t.* a se bizui pe. **II.** *v.i.* a se apleca, a se lăsa pe spate, a se culca.
recluse [ri'klu:s] *s.* pustnic.
recognition [rekəg'niʃən] *s.* recunoaștere, considerație.
recognizance [rekəg'nizəns] *s.* obligație, amendă.
recognize ['rekəgnaiz] *v.t.* a recunoaște.
recoil [ri'kɔil] **I.** *s.* recul, oroare. **II.** *v.i.* a (se) da înapoi, a avea recul.
recollect [rekə'lekt] *v.t.*, *v.i.* a(-și) aminti.
recollection [rekə'lekʃən] *s.* amintire.
recommend [rekə'mend] *v.t.* a recomanda, a încredința, a lăuda, a face cinste.
recompense ['rekəmpens] **I.** *s.* răsplată. **II.** *v.t.* a răsplăti.
reconcile ['rekənsail] **I.** *v.t.* a împăca. **II.** *v.r.* a se împăca.
reconciliation [rekənsili'eiʃən] *s.* împăcare, împăciuire.
recondite ['rekəndait] *adj.* ascuns, obscur, modest.
reconnaissance [ri'kɔnisəns] *s.* *mil.* recunoaștere.
reconnoitre [rekə'nɔitə] *v.t.* a inspecta, a face o recunoaștere.
reconsider [ri:kən'sidə] *v.t.* a analiza din nou, a chibzui din nou.
reconstruct ['ri:kən'strʌkt] *v.t.* a reconstitui.
record [ri'kɔ:d] **I.** *s.* proces-verbal, arhivă, document, urmă, dosar, record, disc (de patefon). **II.** *v.t.* a înregistra, a nota, a indica, a înscrie.
recorder [ri'kɔ:də] *s.* secretar, magnetofon.
recording [ri'kɔ:diŋ] *s.* înregistrare.
recourse [ri'kɔ:s] *s.* apel, resursă.
recreation [rekri'eiʃən] *s.* distracție, recreație.
recrimination [rikrimi'neiʃən] *s.* acuzatie, contraacuzație.
recruit [ri'kru:t] **I.** s. recrut, acolit. **II.** *v.t.* a recruta, a reface. **III.** *v.i.* a se reface.
rectangle ['rektæŋgəl] *s.* dreptunghi.
rectify ['rektifai] *v.t.* a îndrepta, a rectifica.
rectitude ['recktitju:d] *s.* cinste.
recumbent [ri'kʌmbənt] *adj.* aplecat, culcat.

recuperate [ri'kju:pəreit] **I.** *v.t.* a recupera, a(-şi) reface, a recăpăta. **II.** *v.i.* a-şi reveni, a se reface.

recur [ri'kə:] *v.i.* a reveni, a se repeta.

recurrence [ri'kΛrəns] *s.* revenire, repetiţie.

recurrent [ri'kΛrənt] *adj.* recurent, care revine.

red [red] *s.*, *adj.* roşu.

redden ['redən] *v.t.*, *v.i.* a (se) înroşi.

reddish ['rediʃ] *adj.* roşiatic.

redeem [ri'di:m] **I.** *v.t.* a răscumpăra. **II.** *s.* răscumpărare.

redolent ['redələnt] *adj.* parfumat, evocator.

redouble [ri'dΛbəl] *v.t.* a îndoi, a înzeci.

redoubt [ri'daut] *s.* redută.

redoubtable [ri'dautəbəl] *adj.* de temut, viteaz.

redress [ri'dres] **I.** *s.* compensare, îndreptare, răscumpărare. **II.** *v.t.* a îndrepta, a răscumpăra, a redresa.

redskin ['redskin] *s.* (indian) piele-roşie.

red tape [red teip] *s.* birocraţie.

reduce [ri'dju:s] **I.** *v.t.* a reduce, a micşora, a coborî. **II.** *v.i.* a face cură de slăbire.

reduced circumstances [ri'dju:sd sə:kənstənsiz] *s. pl.* sărăcie, strâmtoare, scăpătare.

reduction [ri'dΛkʃən] *s.* reducere, micşorare.

redundancy [ri'dΛndənsi] *s.* surplus.

redundant [ri'dΛndənt] *adj.* supraabundent, suplimentar, inutil.

reduplication [ri'dju:plikeiʃən] *s.* dublare, repetiţie.

reedy ['ri:di] *adj.* subţire ca o trestie, plin de stuf.

reef [ri:f] *s.* recif, stâncă, filon.

reek [ri:k] **I.** *s.* iz, miros. **II.** *v.i.* a mirosi, a duhni.

reel [ri:l] **I.** *s.* bobină, rolă, rilă, dans scoţian, legănare. **II.** *v.i.* a dansa, a se legăna, a fi ameţit, a se învârti.

refectory [ri'fektəri] *s.* sală de mese.

refer [ri'fə:] **I.** *v.t.* a atribui, a trimite, a îndrepta. **II.** *v.i.* a se referi, a face aluzie, a recurge.

referee [refə'ri:] **I.** *s.* arbitru. **II.** *v.t.*, *v.i.* a arbitra.

reference ['refrəns] *s.* referire, referinţă, indicaţie, legătură.

refill [ri'fil] **I.** *s.* rezervă (de creion). **II.** *v.t.*, *v.r.* a (se) umple.

refine [ri'fain] *v.t.*, *v.i.* a (se) rafina.

refinement [ri'fainmənt] *s.* rafinament, subtilitate.

refinery [ri'fainəri] *s.* rafinărie.

reflect [ri'flekt] *v.t.* a reflecta, a ilustra, a exprima.

reflection [ri'flekʃən] *s.* reflecţie, răsfrângere.

reflex ['ri:fleks] **I.** *s.* reflecţie, reflex. **II.** *adj.* reflex.

reflexion ['ri:flekʃən] *s.* reflecţie, răsfrângere.

reform [ri'fɔ:m] **I.** *s.* reformă, îndreptare. **II.** *v.t., v.i.* a (se) reforma, a (se) îndrepta.

reformation [ri'fɔ:meiʃən] *s.* reformă, reformare.

reformatory [ri'fɔ:mətəri] *s.* şcoală de corecţie, *adj.* reformator.

reformer [ri'fɔ:mə] *s.* reformator.

refractory [ri'fræktəri] *adj.* refractar.

refrain [ri'frein] **I.** *s.* refren. **II.** *v.t.* a înfrâna. **III.** *v.i.* a se stăpâni, a se opri.

refresh [ri'freʃ] *v.t.* a întări, a întrema, întremare, a reîmprospăta.

refreshment [ri'freʃmənt] *s.* întărire, întremare, trataţie, *pl.* de-ale gurii.

refreshment-room [ri'freʃmənt rum] *s.* bufet.

refrigerate [ri'fridʒəreit] *v.t.* a răci, a îngheţa.

refrigerator [rifridʒə'reitə] *s.* frigider.

refuge ['refju:dʒ] *s.* refugiu.

refugee [refju:'dʒi:] *s.* refugiat.

refund [ri'fʌnd] *v.t.* a rambursa, a acoperi, a plăti.

refusal [ri'fju:zəl] *s.* refuz, respingere.

refuse ['refju:s] **I.** *s.* gunoi, resturi, deşeuri. **II.** *v.t., v.i.* a refuza.

refute [ri'fju:t] *v.t.* a respinge, a infirma.

regain [re'gein] *v.t.* a recâştiga, a recăpăta, a ajunge din nou la.

regard [ri'gɑ:d] **I.** *s.* atenţie, stimă, simpatie, legătură, privinţă, privire, *pl.* complimente. **II.** *v.t.* a privi, a considera, a da atenţie la, *as ~s* în ceea ce priveşte, cât despre.

regardful [ri'gɑ:dful] *adj.* atent, plin de consideraţie.

regarding [ri'gɑ:diŋ] *prep.* cu privire la.

regardless [ri'gɑ:dlis] *adj.* neatent, neglijent, *~ of* indiferent de.

regency ['ri:dʒənsi] *s.* regenţă.

regenerate [ri'dʒenəreit] **I.** *adj.* renăscut, regenerat, îmbunătăţit. **II.** *v.t.* a regenera. **II.** *v.i.* a se regenera.

regime [rei'dʒi:m] *s.* regim.

regimen [rei'dʒi:mən] *s.* dietă, regim.

regiment ['redʒimənt] **I.** *s.* regiment. **II.** *v.t.* a disciplina, a organiza.

regimental ['redʒiməntəl] **I.** *s.* uniformă. **II.** *adj.* regimental.

region ['ri:dʒən] *s.* regiune, domeniu.

register ['redʒistə] **I.** *s.* registru, *com.* totalizator, aparat care înregistrează bonurile la casă. **II.** *v.t.* a înregistra, a nota, a indica, a trimite recomandat. **III.** *v.i.* a (se) înregistra.

registration [redʒis'treiʃən] *s.* înregistrare, înscriere.

registry ['redʒistri] *s.* arhivă, oficiul stării civile, înregistrare.

regressive [ri'gresiv] *adj.* regresiv, reacționar.
regret [ri'gret] **I.** *s.* regret. **II.** *v.t.* a regreta.
regularize ['regjuləraiz] *v.t.* a regulariza.
regularly ['regjuləli] *adv.* regulat, mereu, cum trebuie, complet.
regulate ['regjuleit] *v.t.* a reg(u)la.
regulation [regju'leiʃən] *s.* reglare, aranjare, reglementare, dispoziție (legală).
rehabilitate [ri:ə'biliteit] *v.t.* a restabili, a reface, a reabilita.
rehearsal [ri'hə:səl] *s.* repetiție.
rehearse [ri'hə:s] **I.** *v.t.* a repeta (o piesă). **II.** *v.i.* a face repetiții.
reign [rein] **I.** *s.* domnie, stăpânire, putere. **II.** *v.i.* a domni.
reimburse [ri:im'bə:s] *v.t.* a rambursa, a plăti.
rein [rain] **I.** *s.* frâu. **II.** *v.t.* a înfrâna, a ține în frâu.
reindeer ['reindiə] *s.* ren.
reinforce ['ri:infɔ:s] *v.t.* a întări.
reinforced concrete ['ri:infɔ:st 'kɔnkri:t] *s.* beton armat.
reinforcement ['ri:infɔ:smənt] *s.* întărire.
reinstate [ri:in'steit] *v.t.* a restabili, a restaura.
reissue [ri:'isju:] **I.** *s.* retipărire, ediție nouă. **II.** *v.t.* a retipări.
reiterate [ri:'itəreit] **I.** *v.t.* a repeta, a respinge. **II.** *s.* rebut.
rejoice [ri'dʒɔis] **I.** *v.t.* a înveseli, a bucura. **II.** *v.i.* a se bucura, a fi încântat, *to ~ in/ at* a se bucura de, a savura.
rejoicing [ri'dʒɔisiŋ] *s.* fericire, veselie, *pl.* chef, petrecere.
rejoin [ri'dʒɔin] **I.** *v.t.* a reveni la. **II.** *v.i.* a reveni, a răspunde, a replica.
rejoinder [ri'dʒɔində] *s.* răspuns, replică.
rejuvenate [ri'dʒu:vineit] *v.t., v.i.* a întineri.
relapse [ri'læps] **I.** *s.* (re)cădere, revenire, (a unui rău). **II.** *v.i.* a recădea, a se apuca din nou (de un viciu).
relate [ri'leit] *v.t.* a relata, a lega, *to be ~d to* a se înrudi cu.
relation [ri'leiʃən] *s.* relatare, legătură, ru(be)denie, relație.
relationship [ri'leiʃənʃip] *s.* înrudire, relație, legătură.
relative ['relətiv] **I.** *s.* rudă. **II.** *adj.* relativ, reciproc.
relativity [relə'tiviti] *s.* caracter relativ, relativitate.
relax [ri'læks] **I.** *v.t.* a slăbi, a relaxa, a micșora (exigența). **II.** *v.i.* a se destinde, a slăbi, a se îmblânzi.
relay ['ri:lei] **I.** *s.* ștafetă, schimb (de lucrători), rezervă, *tehn.* releu. **II.** *v.t., v.i.* a retransmite.
relase [ri'lis] **I.** *s.* eliberare, izbăvire, slobozire, producție (cinematografică). **II.** *v.t.* a elibera, a comunica, a da în vileag, a produce (un film).

relegate ['religeit] *v.t.* a arunca, a împinge, a trimite.
relent [ri'lent] *v.i.* a se îmblânzi.
relentless [ri'lentlis] *adj.* neîndurător.
relevant ['relivənt] *adj.* important, interesant.
relic ['relik] *s.* relicvă, moaşte.
relief [ri'li:f] *s.* uşurare, alinare, bucurie, schimbare (în bine), ajutor(are), eliberare, izbăvire, schimb (de muncitori), relief.
relieve ['rili:v] *v.t.* a uşura, a alina, a elibera, a schimba (garda), a concedia, *to ~ nature* a se uşura.
religion [ri'liʒən] *s.* religie.
religious [ri'lidʒəs] *adj.* religios.
relinquish [ri'liŋkwiʃ] *v.t.* a părăsi, a renunţa la.
relish ['reliʃ] **I.** *s.* plăcere, savoare, poftă, stimulent, entuziast, gust. **II.** *v.t.* a savura. **III.** *v.i.* a mirosi, a avea gust.
reluctant [ri'lΛktənt] *adj.* plin de aversiune, şovăitor, refractar, fără tragere de inimă.
reluctantly [ri'lΛktəntli] *adv.* în silă.
rely [ri'lai] *v.i.* a se bizui, a avea încredere.
remain [ri'mein] **I.** *s.* rămăşiţă. **II.** *v.i.* a rămâne, a continua.
remainder [ri'meində] *s.* rest, rămăşiţă.
remake [ri:'meik] *v.t.* a reface.
remand [ri'mɑ:nd] **I.** *s. jur.* prevenţie. **II.** *v.t.* a reţine preventiv.
remark [ri'mɑ:k] **I.** *s.* observaţie, comentariu. **II.** *v.t.*, *v.i.* a remarca.
remarkable [ri'mɑ:kəbəl] *adj.* remarcabil.
remarry ['ri'mæri] *v.t.*, *v.i.* a se recăsători.
remedy ['remidi] **I.** *s.* remediu. **II.** *v.t.* a remedia.
remember [ri'membə] **I.** *v.t.* a nu uita, a ţine minte, a-şi aminti, *~ me to your wife* transmite-i salutări soţiei tale. **II.** *v.i.* a ţine minte, a avea memorie bună, a-şi aminti.
remembrance [ri'membrəns] *s.* amintire, suvenir, memorie, *pl.* salutări, complimente.
remind [ri'maind] *v.t.* a aminti.
reminder [ri'maində] *s.* memorandum, lucru evocator.
reminiscent [remi'nisənt] *adj.* evocator.
remiss [ri'mis] *adj.* neglijent, neatent.
remission [ri'miʃən] *s.* iertare, achitare.
remit [ri'mit] *v.t.* a remite, a transmite, a amâna, a ierta, a anula.
remnant ['remnənt] *s.* rămăşiţă, rest.
remonstrance [ri'mɔ:nstrəns] *s.* reproş, admonestare, protest.
remonstrate ['remənstreit] *v.i.* a protesta, *to ~ with smb.* a ocărî pe cineva.

remorseful [ri'mɔ:sful] *adj.* pocăit.

remote [ri'mout] *adj.* îndepărtat, izolat, *fig.* străin, puțin probabil.

removable [ri'mu:vəbəl] *adj.* mobil.

remove [ri'mu:v] **I.** *s.* distanță, grad de rudenie. **II.** *v.t.* a îndepărta, a muta, a alua, a(-și) scoate, *to ~ mountains* a face minuni. **III**. *v.i.* a pleca, a se muta. **IV.** *v.r.* a pleca.

remunerative [ri'mju:nərətiv] *adj.* rentabil.

renaissance [ri'næsens] *s.* renaștere.

rend [rend] *v.t.* a smulge, a sfâșia, a despica.

rendition [ren'diʃən] *s.* redare, interpretare.

renegade ['renigeid] *s.* renegat.

renew [ri'nju:] *v.t.* a reînnoi, a relua, a continua, a spori.

renewal [ri'nju:wəl] *s.* reînnoire.

renounce [ri'nauns] *v.t.* a renunța la, a abandona, a abdica de la.

renovate ['renəveit] *v.t.* a reînnoi, a renova.

renown [ri'naun] *s.* renume.

rent [rent] **I.** *s.* ruptură, spărtură, fisură, rentă, chirie. **II.** *v.t.*, *v.i.* a (se) închiria.

renunciation [rinʌnsi'ciʃən] *s.* renunțare, abnegație.

reopen ['ri:'oupən] *v.t.*, *v.i.* a (se) redeschide.

repair [ri'pɛə] **I.** *s.* stare (bună), reparație, posibilitate de folosire, *out of ~* stricat, *under ~* în reparație. **II.** *v.t.* a repara, a îndrepta.

reparation [repə'reiʃən] *s.* reparație, compensație, *pl.* despăgubiri.

repartee [repɑ:'ti:] *s.* replică (spirituală).

repast [ri'pɑ:st] *s.* banchet.

repay [ri:pei] *v.t.*, *v.i.* a răsplăti, a restitui.

repeal [ri'pi:l] **I.** *s.* anulare, abrogare, retragere. **II.** *v.t.* a abroga, a anula, a revoca, a retrage.

repeat [ri'pi:t] **I.** *s.* repetiție. **II.** *v.t.*, *v.i.* a (se) repeta. **III**. *adv.* *muz.* da capo.

repeatedly [ri'pi:tidli] *adv.* adesea, regulat, (în mod) repetat.

repel [ri'pel] *v.t.* a respinge, a scârbi.

repellent [ri'pelənt] *adj.* respingător, scârbos.

repent [ri'pent] **I.** *v.t.* a regreta. **II.** *v.i.* a se căi, a regreta.

repentance [ri'pentəns] *s.* regret, (po)căință.

reparation [repə'reiʃən] *s.* îndreptare, reparație (morală).

repertory ['repətəri] *s.* repertoriu.

repertory theatre ['repətəri 'θiətə]] *s.* teatru cu mai multe piese în repertoriu.

repetition [repi'tiʃən] *s.* repetare, repetiție.

repine [ri'pain] *v.i.* a plânge, a suspina.

replace [ri'pleis] *v.t.* a înlocui.

replenish [ri'pleniʃ] *v.t.* a umple, a aproviziona.
replica ['replikə] *s.* copie, replică.
reply [ri'plai] **I.** *s.* răspuns. **II.** *v.t.* a răspunde la. **III.** *v.i.* a răspunde, a fi rezonabil.
report [ri'pɔ:t] **I.** *s.* relatare, zvon, declarație, raport, știre, pocnet. **II.** *v.t.* a relata, a raporta, a nota. **III.** a raporta, a se prezenta.
reported speech [ri'pɔ:tid'spi:tʃ] *s.* vorbire indirectă.
repose [ri'pouz] **I.** *s.* odihnă, repaus. **II.** *v.t.* a odihni, a sprijini. **III.** *v.i.* a se odihni, a se întinde, a se bizui.
repository [ri'pɔzitri] *s.* loc, local, depozit.
reprehensible [repri'hensəbəl] *adj.* condamnabil.
represent [repri'zent] *v.t.* a reprezenta, a înfățișa.
representative [repri'zentətiv] *s.* reprezentant, *adj.* reprezentativ, tipic.
repress [ri'pres] *v.t.* a stăpâni, a reprima.
reprieve [ri'pri:v] **I.** *s.* amânare, suspendare, răgaz. **II.** *v.t.* a suspenda execuția (cuiva), a elibera (de o amenințare).
reprimand ['reprima:nd] **I.** *s.* admonestare. **II.** *v.t.* a mustra.
reprint ['ri:'print] *v.t.* a retipări, a reedita.
reprisals [ri'praizəlz] *s. pl.* represalii.
reproach [ri'proutʃ] **I.** *s.* reproș, blam, rușine. **II.** *v.t.* a reproșa.
reprobate ['reprəbeit] *s.*, *adj.* destrăbălat.
reprobation ['reprəbeiʃən] *s.* dezaprobare, osândă.
reproduce [ri:prə'dju:s] *v.t.*, *v.i.* a (se) reproduce.
reproduction [ri:prə'djʌkʃən] *s.* reproducere.
reproof [ri:'pru:f] *s.* ocară, reproș, admonestare.
reprove [ri'pru:v] *v.t.* a ocărî, a admonesta.
repudiate [ri'pju:dieit] *v.t.* a respinge, a renega.
repugnant [ri'pʌgnənt] *adj.* respingător, potrivnic.
repulse [ri'pʌls] **I.** *s.* respingere, ripostă, ocară. **II.** *v.t.* a respinge.
repulsion [ri'pʌlʃən] *s.* repulsie.
repulsive [ri'pʌlsiv] *adj.* respingător, contrar.
repute [ri'pju:t] *s.* faimă.
reputed [ri'pju:tid] *adj.* celebru.
reputedly [ri'pju:tidli] *adv.* după cum se spune.
require [ri'kwaiə] *v.t.* a cere, a porunci, a solicita, a necesita.
requirement [ri'kwaiəmənt] *s.* cerință, necesitate.
requisite ['rekwizit] **I.** *s.* lucru necesar. **II**. *adj.* necesar.
requisition [rekwi'ziʃən] **I.** *s.* cerere, necesitate, rechiziție. **II.** *v.t.* a necesita, a rechiziționa.

requital [ri'kwaitəl] *s.* plată, răsplată, răzbunare.
requite [ri'kwait] *v.t.* a plăti, a răsplăti, a se răzbuna pe.
rescind [ri'sind] *v.t.* a respinge, a anula.
research [ri'sə:tʃ] **I.** *s.* cercetare. **II.** *v.i.* a face cercetări.
resemblance [ri'zembləns] *s.* asemănare.
resemble [ri'zembəl] *v.t.* a semăna cu.
resent [ri'zent] *v.t.* a detesta, a nu putea suporta.
resentful [ri'zentful] *adj.* refractar, scârbit.
resentment [ri'zentmənt] *s.* resentiment, pică.
reserve [ri'zə:v] **I.** *s.* rezervă, rezervație. **II.** *v.t.* a rezerva, a reține.
reservoir ['rezəvwɑ:] *s.* rezervor, sursă.
reshuffle [ri:'ʃʌfəl] *s.* rearanjare (a cărților).
reside [ri'zaid] **I.** *v.i.* a locui, a se afla, a se găsi, a consta. **II.** *v.t.* a rearanja.
residence ['rezidəns] *s.* locuință, domiciliu, domiciliere, reședință.
resident ['rezidənt] **I.** *s.* locuitor, resident. **II.** *adj.* localnic, care locuiește (în instituție).
residential ['rezidənʃəl] *adj.* de locuit, domiciliar.
residual [ri'zidjuəl] **I.** *s.* reziduu. **II.** *adj.* rămas, restant.
residue ['rezidju:] *s.* reziduu, rămășiță.
resign [ri'zain] **I.** *v.t.* a părăsi, a demisiona din. **II.** *v.i.* a demisiona. **III.** *v.r.* a se resemna.
resignation [rezig'neiʃən] *s.* demisie, resemnare.
resin ['rezin] *s.* rășină.
resist [ri'zist] **I.** *v.t.* a se împotrivi la, a refuza. **II.** *v.i.* a rezista.
resistance [ri'zistəns] *s.* rezistență.
resistless [ri'zistlis] *adj.* implacabil, inevitabil.
resolute ['rezəlu:t] *adj.* hotărât, neclintit.
resolution [rezə'lu:ʃən] *s.* hotărâre, rezoluție.
resolve [ri'zɔlv] **I.** *s.* fermitate. **II.** *v.t.* a hotărî, a rezolva, a dizolva. **III.** *v.i.* a se hotărî, a se dizolva.
resonant ['rezənənt] *adj.* răsunător, de rezonanță.
resort [ri'zɔ:t] **I.** *s.* recurgere, resursă, adăpost, stațiune climaterică. **II.** *v.i.* *to ~ to* a recurge la, a se duce la (mare, munte).
resource [ri'sɔ:s] *s.* resursă.
resourceful [ri'sɔ:sful] *adj.* plin de resurse, inventiv.
respect [ris'pekt] **I.** *s.* respect, *pl.* complimente, omagii, atenție, privință, *with ~ to, in ~ of* în legătură cu. **II.** *v.t.* a respecta, a trata cuviincios.

respectable [ri'spektəbəl] *adj.* respectabil, onorabil, convențional.
respectful [ri'spektful] *adj.* respectuos.
respecting [ris'pektiŋ] *prep.* în privința.
respective [ri'spektiv] *adj.* respectiv.
respectively [ri'spektivli] *adv.* respectiv.
respite ['respait] **I.** *s.* răgaz. **II.** *v.t.* a da răgaz (cuiva), a alina.
resplendent [ris'plendənt] *adj.* strălucit(or).
respond [ris'pɔnd] *v.i.* a răspunde, a reacționa, a suferi o influență.
responsibility [rispɔ:nsə'biliti] *s.* răspundere, obligație.
responsible [ri'spɔnsəbəl] *adj.* responsabil, demn de încredere.
responsive [ris'pɔnsiv] *adj.* corespunzător, înțelegător, afectuos, receptiv.
rest [rest] **I.** *s.* tihnă, odihnă (de veci), pauză, răgaz, adăpost, loc de șezut, rest. **II.** *v.t.* a opri, a odihni, a sprijini. **III.** *v.i.* a se opri, a se odihni, a se încrede, *to ~ on* a se sprijini pe, a se opri asupra.
restitution [resti'tju:ʃən] *s.* restituire, compensație, despăgubire, reintegrare.
restive ['restiv] *adj.* nărăvaș.
restless ['restlis] *adj.* neastâmpărat, nestatornic, fără odihnă, (de noapte) de nesomn.
restoration [restə'reiʃən] *s.* refacere, restaurare, restaurație.
restore [ris'tɔ:] *v.t.* a înapoia, a reda, a restaura, a reintegra, a relua, a reface, a întări.
restrain [ris'trein] *v.t.* a restrânge, a ține în frâu, a închide (un nebun).
restraint [ris'treint] *s.* restricție, recluziune, stăpânire, încorsetare.
restrict [ris'trikt] *v.t.* a limita, a restrânge.
result [ri'zʌlt] **I.** *s.* rezultat. **II.** *v.i.* a rezulta, *to ~ in* a avea drept rezultat.
resultant [ri'zʌltənt] **I.** *s.* rezultantă. **II.** *adj.* care rezultă, derivat.
resume [ri'zju:m] *v.t.* a(-și) relua, a rezuma, a reîncepe.
resume [ri'zju:m] *s.* rezumat.
resumption [ri'zʌmpʃən] *s.* reluare, reîncepere.
resurrect [rezə'rekt] **I.** *v.t.* a reînvia, a dezgropa. **II.** *v.i.* a reînvia.
resurrection [rezə'rekʃən] *s.* înviere, reînviere, dezgropare.
resuscitate [ri'sʌsiteit] *v.t.* a reînvia.
retail [ri:teil] **I.** *s.* comerț cu amănuntul. **II.** *adj.*, *adv.* cu amănuntul. **III.** *v.t.* a vinde cu amănuntul.
retain [ri'tein] *v.t.* a reține, a opri.
retainer [ri'teinə] *s.* slujitor.

retaliate [ri'tælieit] *v.i.* a se răzbuna, a replica, a contraataca.

retch [retʃ] *v.i.* a râgâi, a vărsa.

retention [ri'tenʃən] *s.* reținere, oprire, înfrânare.

reticent ['retisənt] *adj.* reticent, rezervat, tăcut, secretos.

retinue ['retinju:] *s.* suită, alai.

retire [ritaiə] *v.t.*, *v.i.* a (se) retrage.

retired [ri'taiəd] *adj.* retras, izolat, la pensie.

retirement [ri'taiəmənt] *s.* retragere, pensie, izolare.

retiring [ri'taiəriŋ] *adj.* retras, modest, de pensionar.

retort [ri'tɔ:t] **I.** *s.* replică (promptă), retortă. **II.** *v.t.* a răspunde (la), a riposta (la).

retrace [ri:'treis] *v.t.* a urmări, a relua, a(-și) reaminti, a parcurge din nou.

retract [ri'trækt] *v.t.*, *v.i.* a retrage, a retracta.

retreat [ri'tri:t] **I.** *s.* (semnal, loc de) retragere. **II.** *v.i.* a se retrage.

retrieve [ri'tri:v] *v.t.* a recupera, a îndrepta, a salva, (de câini) a aporta.

retriever [ri'tri:və] *s.* câine de aport.

retrogressive [retrou'gresiv] *adj.* retrograd, înapoiat, reacționar.

retrogression [retrou'greʃən] *s.* regres.

retrospection [retrou'spekʃən] *s.* retrospectivă.

retrospective [retrou'spektiv] *adj.* retrospectiv.

return [ri'tə:n] **I.** *s.* întoarcere, răsplată, beneficiu, raport, *pl.* rezultate (electorale), *by ~* cu poșta următoare, *in ~ for* drept compensație pentru. **II.** *adj.* de înapoiere, revanșă, dus și întors. **III.** *v.t.* a înapoia, a declara, a produce, a aduce, a vota.

reunion [ri'ju:niən] *s.* reunire, reuniune.

reveille [ri'væli] *s.* *mil.* deșteptare.

revel ['revəl] **I.** *s.* petrecere, orgie, distracție. **II.** *v.i.* a chefui, *to ~ in* a savura.

revelation [revə'leiʃən] *s.* revelație, dezvăluire, *rel.* apocalipsă.

revenge [ri'vendʒ] **I.** *s.* răzbunare, revanșă. **II.** *v.t.*, *v.r.* a (se) răzbuna.

revenue ['revinju:] *s.* venit, percepție.

reverberate [ri:'və:bəreit] **I.** *v.t.* a răsfrânge, a reflecta. **II.** *v.i.* a reverbera.

revere [ri'viə] *v.t.* a respecta, a adora.

reverence ['revərəns] **I.** *s.* reverență, respect, preot. **II.** *v.t.* a respecta.

reverent ['revərənt] *adj.* respectuos.

reversal [ri'və:səl] *s.* întoarcere, răsturnare.

reverse [ri'və:s] **I.** *s.* revers, opus, răsturnare, înfrângere, necaz, marșarier. **II.** *adj.* opus.

III. *v.t.* a inversa, a anula, a da înapoi. IV. *v.i.* a merge înapoi (cu spatele).
reversion [ri'və:ʒən] *s.* restituire, lucru înapoiat, revenire.
revert [ri'və:t] *v.i.* a reveni, a se întoarce.
review [ri'vju:] **I.** *s.* revedere, (trecere în) revistă, recenzie, *under* ~ în cauză, în discuție. **II.** *v.t.* a revedea, a inspecta, a recenza, a analiza.
reviewer [ri'vju:ə] *s.* recenzent.
revile [ri'vail] *v.t.* a ocărî.
revise [ri'vaiz] **I.** *s.* copie corectată, pagină. **II.** *v.t.* a revizui.
revision [ri'viʒən] *s.* revizie, revizuire.
revival [ri'vaivəl] *s.* înviere, reînviere, renaștere.
revive [ri'vaiv] **I.** *v.t.* a învia, a reînvia, a (re)aduce la viață, *fig.* a dezgropa. **II.** *v.i.* a revoca, a anula.
revolt [ri'voult] **I.** *s.* răscoală, revoltă. **II.** *v.t.*, *v.i.* a (se) revolta.
revolting [ri'voultiŋ] *adj.* revoltător.
revolution [revə'lu:ʃən] *s.* revoluție.
revolutionary [rəvə'lu:ʃənəri] *s.*, *adj.* revoluționar.
revolutionize [revə'lu:ʃənaiz] *v.t.* a revoluționa.
revolve [ri'vɔlv] **I.** *v.t.* a învârti, a chibzui. **II.** *v.i.* a se învârti, a se schimba prin rotație.
revolver [ri'vɔlvə] *s.* revolver.
revue [ri'vju:] *s.* (teatru de) revistă.
revulsion [ri'vʌlʃən] *s.* schimbare totală (a sentimentelor).
reward [ri'wɔ:d] **I.** *s.* răsplată. **II.** *v.t.* a răsplăti.
rhetorical [ri'tɔrikɔl] *adj.* retoric.
rheumatic [ru':mætik] **I.** *s.* reumatic, *pl.* rheumatism. **II.** *adj.* reumatic.
rhinestone ['rainstoun] *s.* cristal de stâncă, bijuterii false, imitație.
rhyme [raim] **I.** *s.* rimă, vers, poezie. **II.** *v.t.*, *v.i.* a rima.
rhythm ['riðm] *s.* ritm.
rib [rib] **I.** *s.* *anat.* coastă, nervură, dungă. **II.** *v.t.* a dunga, a cresta.
ribald ['ribəld] **I.** *s.* gură spurcată. **II.** *adj.* obscen, scârbos.
ribaldry ['ribəldri] *s.* porcării.
rice [rais] *s.* orez.
rich [ritʃ] **I.** *s.* *the* ~ bogății, *~es* bogății. **II.** *adj.* bogat, costisitor, plin, sățios, plăcut, amuzant.
riddle ['ridəl] **I.** *s.* ghicitoare, enigmă, sită marc. **II.** *v.t.* a rezolva (o enigmă), a cerne, a ciurui. **III.** *v.i.* a vorbi în cimilituri.
ride [raid] **I.** *s.* călătorie, plimbare, alee. **II.** *v.t.* a călări (pe), a mâna, a duce, a pluti pe, a alerga, a face, a străbate, a duce în spinare, *to ~ down* a urmări, *to ~ to death* a obosi,

a istovi, a epuiza, *to ~ the high horse* a face pe grozavul. **III.** *v.i.* a călă(to)ri, a pluti.

rider ['raidə] *s.* călăreț.

ridge [ridʒ] *s.* creastă, cumpăna apelor.

ridicule ['ridikju:l] **I.** *s.* ridicol, batjocură. **II.** *v.t.* a ridiculiza.

ridiculous [ri'dikjuləs] *adj.* ridicol, absurd.

riding ['raidiŋ] *s.* călărie, district.

rife [raif] *adj.* răspândit, în floare.

riff-raff ['rifræf] *s.* gloată, drojdia societății.

rifle ['raifəl] **I.** *s.* carabină, puşcă, ghint, *pl.* puşcaşi. **II.** *v.t.* a socoti, a jefui, a ghintui.

rift [rift] **I.** *s.* spărtură, despicătură. **II.** *v.t.* a despica.

rig [rig] **I.** *s.* velatură, înfățişare, echipament, înşelătorie. **II.** *v.t.* *mar.* a arma, a echipa, a aranja, a îmbrăca, a măslui.

rigging ['rigiŋ] *s.* velatură.

right [rait] **I.** *s.* drept, dreptate, dreapta, *by ~s* pe bună dreptate, *by ~ of* datorită. **II.** *adj.* drept, just, îndreptățit, exact, corespunzător, bine, din dreapta, de deasupra, *all ~!* bine, în regulă, bravo. **III.** *v.t.* a îndrepta, a corecta. **IV.** *adv.* drept, direct, just, complet, perfect, foarte, la dreapta împrejur, complet, *~ away/ off* chiar acum, direct.

righteous ['raitʃəs] *adj.* just, justificat, cinstit.

rightful ['raitful] *adj.* îndreptățit, just, legal, cuvenit, bun.

right-hand ['rait hænd] *adj.* de dreapta, din dreapta, spre dreapta.

rightly ['raitli] *adv.* după cum se cuvine, pe drept, corect.

rigorous ['rigərəs] *s.* sever, riguros.

rigo(u)r ['raigɔ:] *s.* rigoare, asprime.

rile [rail] *v.t.* a supăra.

rill [ril] *s.* pârâu, pârâiaş.

rim [rim] **I.** *s.* obadă, jantă. **II.** *v.t.* a obăda.

rime [raim] *s.* vers, poezie, promoroacă.

rind [raind] *s.* coajă, piele, suprafață.

ring [riŋ] **I.** *s.* inel, cerc, belciug, ring, țarc, bandă, sunet, răsunet, sonerie. **II.** *v.t.* a încercui, a înconjura, a suna din, a suna (la sonerie, telefon), *to ~ down* a coborî cortina, *to ~ in* a saluta (Anul nou), a anunța, *to ~ off* a închide telefonul, *to ~ out* a anunța plecarea, *to ~ up* a suna la telefon, a ridica (cortina).

ring-finger ['riŋ fiŋə] *s.* inelar.

ringlet ['riŋlit] *s.* ineluş, zuluf.

rink [riŋk] *s.* patinoar.

rinse [rins] **I.** *s.* clătire. **II.** *v.t.* a clăti, a spăla, a înghiți.

riot ['raiət] **I.** *s.* dezordine, tulburare, abundență, izbucnire, destrăbălare. **II.** *v.i.*

a-şi face de cap, a participa la tulburări.

riotous ['raiətəs] *adj.* turbulent, destrăbălat.

rip [rip] **I.** *s.* sfâşiere, tăietură, mârţoagă, javră (fig.). **II.** *v.t.* a spinteca, a tăia. **III.** *v.i.* a sfâşia, a se rupe.

ripe [raip] *adj.* copt, matur, gata.

ripen ['raipən] *v.t.*, *v.i.* a (se)) coace, a (se) maturiza.

ripping ['ripiŋ] *adj.*, *adv.* straşnic.

ripple ['ripəl] **I.** *s.* val mic, ondulaţie, *pl.* vălurele. **II.** *v.t.*, *v.i.* a undui.

rise [raiz] **I.** *s.* ridicare, spor, creştere, naştere, sursă, ridicătură. **II.** *v.i.* a se ridica (la luptă), a se ivi, a se scula, a răsări, a izvorî.

riser [raizə] *s.* *an early ~* om harnic.

rising ['raisiŋ] **I.** *s.* ridicare, creştere, răscoală, (re)înviere. **II.** *adj.* crescând, în dezvoltare, ascendent, de viitor.

risk [risk] **I.** *s.* risc. **II.** *v.t.*, *v.i.* a risca.

rite [rait] *s.* rit(ual).

rival ['raivl] **I.** *s.* rival. **II.** *v.t.* a concura.

rivalry ['raivəlri] *s.* rivalitate, concurenţă.

rive [raiv] **I.** *v.t.* a despica, a desprinde, a desface. **II.** *v.i.* a se sfâşia, a se desface.

river ['rivə] *s.* râu, fluviu.

riverside ['rivəsaid] **I.** *s.* luncă, malul râului. **II.** *adj.* riveran.

rivet ['rivit] **I.** *s.* nit. **II.** *v.t.* a nitui, *fig.* a ţintui, a atrage.

rivulet ['rivjulit] *s.* pârâiaş.

roach [routʃ] *s.* *iht.* babuşcă, gândac (de bucătărie).

road [roud] *s.* drum, cale, şosea, *by ~* pe şosea.

roadside ['roudsaid] *adj.* (de) pe drum.

roadster ['roadstə] *s.* automobil sport.

roam [roum] **I.** *v.t.* a străbate. **II.** *v.i.* a hoinări.

roar [rɔ:] **I.** *s.* urlet, uruit, hohot. **II.** *v.t.* a urla, a mugi, a hohoti.

roast [roust] **I.** *s.* friptură. **II.** *v.t.*, *v.i.* a (se) frige, a (se) prăji.

rob [rɔb] *v.t.* a jefui, a fura, a răpi.

robber [rɔbə] *s.* tâlhar, bandit.

robbery [rɔbəri] *s.* tâlhărie.

robe [roub] **I.** *s.* robă, rochie, rochiţă. **II.** *v.t.*, *v.i.* a (se) îmbrăca.

robin ['rɔbin] *s.* prihor, măcăleandru.

robust [rou'bʌst] *adj* robust, viguros.

rock [rɔk] **I.** *s.* rocă, stâncă, piatră, legănat, tangaj. **II.** *v.t.* a legăna. **III.** *v.i.* a se legăna, a face tangaj.

rocker [rɔkə] *s.* balansoar.

rocket ['rɔkit] *s.* rachetă.

rocking-chair ['rɔkiŋ tʃɛə] *s.* balansoar.

rocking-horse ['rɔkiŋ hɔ:s] *s.* căluț de lemn.
rocky ['rɔki] *adj.* stâncos, tare, șubred.
rod [rɔd] *s.* nuia, mănunchi de vergi, baghetă, bătaie, măsură de 5 cm, prăjină, tijă.
rodent ['roudənt] *s.*, *adj.* rozător.
rouge [ru:ʒ] *s.* pungaș, ticălos.
roguery ['rougəri] *s.* ticăloșie, pungășie, farsă.
roll [roul] **I.** *s.* rolă, sul, ruliu, bubuit, listă, catalog, chiflă, corn. **II.** *v.t.* a rula, a învârti, a suci, a răsuci, a rostogoli, a sufleca, a lamina. **III.** *v.i.* a se desfășura, a se rostogoli, a veni, a se răsuci, a undui, *to ~ in* a veni (în puhoi), a se bălăci.
rollick ['rɔlik] **I.** *s.* veselie. **II.** *v.i.* a se distra, a petrece.
rolling ['rouliŋ] **I.** *s.* sucire, rulare, bubuit. **II.** *adj.* sucit, unduitor.
rolling-pin ['rouliŋ pin] *s.* sucitor.
rolling-stock ['rouliŋ stɔk] *s.* material rulant.
romance[1] [rə'mæns] *s.* roman cavaleresc, sentimental, exotic sau de aventuri, idilă, feerie, romantism, aventură, exagerare.
Romance[2] [rə'mæns] *adj.* romanic.
Roumanian [rou'meiniən] **I.** *s.* român(că), (limba) română. **II.** *adj.* român(ă).
romantic [rə'mæntik] *s.*, *adj.* romantic.
romanticism [rə'mæntisizəm] *s.* romantism.
romanticist [rə'mæntisist] *s.* romantic.
Romany ['rɔməni] *s.* țigan, țigănime, limba țigănească.
romp [rɔmp] **I.** *s.* ștrengar, ștrengărie. **II.** *v.i.* a zburda.
roof [ru:f] **I.** *s.* acoperiș, cupolă, cerul gurii. **II.** *v.t.* a acoperi.
roofless ['ru:flis] *adj.* fără acoperământ sau adăpost.
rook [ru:k] *s.* corb, tură (la șah).
rookie [ru:ki] *s.* recrut.
room [rum] *s.* cameră (mobilată), spațiu, prilej, posibilitate.
roomy ['ru:mi] *adj.* spațios.
rooster ['ru:stə] *s.* cocoș.
root [ru:t] **I.** *s.* rădăcină, origine. **II.** *v.t.* a sădi, a planta, a înrădăcina, a stabili, a fixa, *to ~ out/ up* a dezrădăcina, a smulge. **III.** *v.i.* a prinde rădăcini, a scormoni.
rooted ['ru:tid] *adj.* înrădăcinat, întemeiat.
rope [roup] **I.** *s.* funie, frânghie, șirag, ștreang, *the ~s* ringul, situația, chițibușurile. **II.** *v.t.* a lega, a înlănțui.
rope-dancer [roup dænsə] *s.* dansator pe sârmă.
rosary ['rouzəri] *s.* mătănii, parc de trandafiri.
rose [rouz] **I.** *s.* trandafir, *under the ~* în taină, nelegitim. **II.**

adj. roz, trandafiriu. **III.** *v.i. trec. de la* rise.
rosebud ['rouzbʌd] *s.* boboc de trandafir.
rosemary ['rouzməri] *s.* rozmarin.
rosette [rou'zet] *s.* cocardă, rozetă.
rosin ['rɔzin] *s.* sacâz.
rostrum ['rɔstrəm] *s.* tribună (pentru orator).
rosy ['rouzi] *adj.* trandafiriu.
rot [rɔt] **I.** *s.* putreziciune, stricăciune, putregai, prostii. **II.** *v.t.* a face să putrezească. **III.** *v.i.* a putrezi, a spune prostii.
rotary ['routəri] *adj.* rotitor.
rotate [rou'teit] *v.t.*, *v.i.* a se roti.
rotation [rou'teiʃən] *s.* rotire, învârtire, rotație.
rotter [rɔtə] *s.* nenorocit, ticălos.
rotund [rou'tʌnd] *adj.* rotofei, rotund, amplu, înflorit.
rouble ['ru:bəl] *s.* rublă.
rouge [ru:ʒ] **I.** *s.* ruj. **II.** *v.t.*, *v.i.* a (se) ruja.
rough [rʌf] **I.** *s.* asprime, dificultate, golan, huligan, stare brută, ciornă. **II.** *adj.* brut, aproximativ, stângaci, nepoliticos. **III.** *v.t.* a aspri, *to ~ it* a scoate (cu greu) la capăt. **IV.** *adv.* aspru.
roughly ['rʌfli] *adv.* aspru, aproximativ, *~ speaking* în linii mari.
roughness ['rʌfnis] *s.* asprime.
roughshod ['rʌfʃɔd] *adj.* brutal.
round [raund] **I.** *s.* bucată rotundă, rotunjime, rundă, şir, ciclu, rond(ă), dans, horă, salvă. **II.** *adj.* rotund, în cerc, ciclic, complet. **III.** *v.t.* a rotunji, a înconjura, a vizita, a inspecta, *to ~ off/ out* a aduna laolaltă, a rezuma. **IV.** *v.i.* a se rotunji. **V.** *adv.* de jur împrejur, în cerc, prin toată casa, pe ocolite, încoace, *all the year ~* tot anul, *~ and ~* de mai multe ori în şir. **VI.** *prep.* în jurul, de jur împrejurul.
roundly ['raundli] *adv.* rotund, în cerc, tare, sever, clar.
roundness ['raundnis] *s.* rotunjime.
rouse [rauz] **I.** *v.t.* a stârni, a trezi, a ațâța. **II.** *v.i.* a se trezi, a se stârni.
rout [raut] **I.** *s.* ceată, gloată (zgomotoasă), dezordine. **II.** *v.t.* a înfrânge, a pune pe fugă, a stârni.
route [ru:t] *s.* rută, cale.
routine [ru:'ti:n] **I.** *s.* obişnuință, rutină, monotonie, regularitate. **II.** *adj.* monoton, regulat, obişnuit, banal.
rove [rouv] **I.** *v.t.* a străbate. **II.** *v.i.* a rătăci, a se împrăştia.
rover ['rouvə] *s.* călător, cercetaş, pirat.
row[1] [rou] **I.** *s.* şir, rând, linie, vâslit, plimbare cu barca. **II.** *v.t.* a împinge (vâslind). **III.** *v.i.* a vâsli.

row[2] [rou] **I.** *s.* scandal, ceartă. **II.** *v.t.* a ocărî. **III.** *v.i.* a face gălăgie.
rowdy ['raudi] *s.*, *adj.* scandalagiu.
rowlock [roulΛk] *s.* furchet.
royal ['rɔiəl] *adj.* regesc, regal.
royalty ['rɔiəlti] *s.* regalitate, monarhie, familia regală, drept(uri) de autor.
rub ['rΛb] **I.** *s.* frecare, frecuş, dificultate. **II.** *v.t.* a freca, a lustrui, a spăla, *to ~ in* a masa cu o unsoare, *fig.* a băga pe gât, *to ~ off/ out* a şterge. **III.** *v.i.* a (se) freca.
rubber ['rΛbə] **I.** *s.* cauciuc, gumă, *pl.* galoşi. **II.** *v.t.* a cauciuca.
rubberneck ['rΛbənek] *s.* băgăreț, turist, vizitator.
rubbish ['rΛbiʃ] *s.* resturi, gunoi, prostii.
ruddy ['rΛdi] *adj.* roşu, rotofei, plesnind de sănătate.
rude [ru:d] *adj.* nepoliticos, aspru, violent, imperfect, primitiv, colțuros, nețăsălat.
rudely [ru:dli] *adv.* nepoliticos, violent, aspru, grosolan.
rudiment ['ru:dimənt] *s.* rudiment, *pl.* baze.
rue [ru:] **I.** *s.* regret, milă. **II.** *v.t.* a regreta, a se căi pentru.
rueful ['rΛ:ful] *adj.* trist, plin de regret.
ruffian ['rΛfiən] *s.* bandit.
ruffle ['rΛfəl] **I.** *s.* dantelă, volan, vălurele, agitație. **II.** *v.t.* a încreți, a tulbura. **III.** *v.i.* a se tulbura, a face vălurele.
rug [rΛg] *s.* carpetă, pătură, țol.
rugby [rΛgbi] *s.* rugbi.
rugged ['rΛgid] *adj.* aspru, colțuros, necioplit, sincer.
ruin ['ruin] **I.** *s.* ruină, decădere, nenorocire. **II.** *v.t.* a ruina, a deprava.
ruinous ['ruinəs] *adj.* ruinător, dezastruos.
rule [ru:l] **I.** *s.* regulă, lege, domnie, regim, hotărâre judecătorească, riglă, *as a ~* în general. **II.** *v.t.* a stăpâni, a guverna, a conduce, *jur.* a hotărî, a declara, a linia, *to ~ out* a exclude. **III.** *v.i.* a fi stăpân.
ruling ['ru:liŋ] **I.** *s.* conducere, guvernare, hotărâre judecătorească. **II.** *adj.* conducător, dominant, la putere.
rumble ['rΛmbəl] **I.** . duduit, bubuit. **II.** *v.i.* a dudui, a bubui, a hurui.
ruminant ['ru:minənt] *s.*, *adj.* rumegător.
rummage ['rΛmidʒ] **I.** *s.* răvăşeală, scormoneală, vechituri. **II.** *v.t.*, *v.i.* a scorni, a răvăşi.
rummy ['rΛmi] **I.** *s.* remi. **II.** *adj.* ciudat.
rumo(u)r ['ru:mə] **I.** *s.* zvon. **II.** *v.t.* a lansa (un zvon), a şopti.
rump [rΛmp] *s.* târtiță, fund, spate.
rumple ['rΛmpəl] *v.t.* a încreți.
rumpus ['rΛmpəs] *s.* gălăgie.

run [rʌn] **I.** *s.* alergare, plimbare, fermă, stână, curent, conducere, scurgere, *in the long* ~ în cele din urmă. **II.** *v.t.* a conduce, a administra, a risca, a face, a duce, *to* ~ *down* a defăima. **III.** *v.i.* a alerga, a face curse, a se mişca, a se învârti, a curge, a deveni, a se întinde, *to* ~ *through* a termina, a parcurge, *to* ~ *up* a se urca, *to* ~ *up against* a se ciocni de, *to* ~ *upon* a nimeri, a lovi.

runner ['rʌnə] *s.* alergător, fugar, mesager, talpă (de sanie), mlădiță, plantă agățătoare.

runner-up ['rʌnə ʌp] *s.* concurentul care termină al doilea competiția.

running ['rʌniŋ] **I.** *s.* fugă. **II.** *adj.* fugar, în fugă, neîntrerupt, curgător, purulent. **III.** *adv.* la rând, una după alta.

running-board ['rʌniŋ bɔ:d] *s.* *auto* scară.

rupture ['rʌptʃə] *s.* ruptură, hernie.

rush [rʌʃ] **I.** *s.* goană, alergătură, modă, aflux, pipirig, papură. **II.** *v.t.* a repezi, a trimite în grabă, a grăbi, a lua cu asalt, a face repede. **III.** *v.i.* a alerga, a se repezi, a se pripi.

russet ['rʌsit] **I.** *s.* roşu. **II.** *adj.* roşiatic.

rust [rʌst] **I.** *s.* rugină, ramoleală, lipsă de antrenament. **II.** *v.t.* a (se) rugini.

rustic ['rʌstik] **I.** *s.* țăran, țărănoi. **II.** *adj.* rustic, rural, simplu.

rustles ['rʌsəls] *adj.* inoxidabil, care nu rugineşte.

rustling ['rʌsliŋ] *s.* foşnet, fâşâit, vâjâit.

rusty ['rʌsti] *adj.* ruginit, ruginiu, demodat, uzat, arțăgos.

rut [rʌt] *s.* făgaş, urmă, închistare, tristețe.

ruthless ['ru:θlis] *adj.* neîndurător.

rye [rai] *s.* (rachiu de) secară.

S

S [es] *s.* S, *s.*
sabre ['seibə] *s.* sabie.
sack [sæk] **I.** *s.* sac, concediere, jaf. **II.** *v.t.* a concedia, a jefui.
sack-coat [sæk kout] *s.* sacou.
sacred ['seikrid] *adj.* sacru.
sacrifice ['sækrifais] **I.** *s.* jertfă. **II.** *v.t.*, *v.i.*, *v.r.* a (se) jertfi.
sad [sæd] *adj.* trist.
sadden [sædən] *v.t.*, *v.i.* a (se) întrista.
saddle ['sædəl] **I.** *s.* şa, spinare. **II.** *v.t.* a înşeua, a încărca.
saddler ['sædlə] *s.* şelar.
sadness ['sædnis] *s.* tristeţe.
safe [seif] **I.** *s.* se(i)f, casă de bani. **II.** *adj.* sigur, neprimejdios, în siguranţă, liniştit.
safeguard ['seifgɑ:d] **I.** *s.* garanţie. **II.** *v.t.* a apăra.
safety ['seifti] *s.* siguranţă, protecţie.
safety-pin ['seifti pin] *s.* ac de siguranţă.
safety-razor ['seifti reizə] *s.* aparat de ras.
saffron ['sæfrən] **I.** *s.* safran. **II.** *adj.* galben.
sag [sæg] **I.** *s.* scobitură, (s)cădere. **II.** *v.i.* a scădea, a atârna.
saga ['sɑ:gə] *s.* saga.

sagacious [sə'geiʃəs] *adj.* înțelept.

sagacity [sə'gæsiti] *s.* înțelepciune (practică).

sage [seidʒ] **I.** *s.* înțelept, *bot.* salvie. **II.** *adj.* înțelept.

sail [seil] **I.** *s.* pânză (de corabie), (călătorie pe) vas, *in full ~* cu toate pânzele sus, *under ~* în plină cursă. **II.** *v.i.* a naviga, a se mișca.

saint [seint] *s.* sfânt(ă).

saintly ['seintli] *adj.* sfânt.

sake [seik] *s. for my ~* de dragul/ hatârul meu, *for goodness ~!* pentru numele lui Dumnezeu.

salad ['sæləd] *s.* salată, lăptucă.

salary ['sæləri] *s.* salariu (de funcționar).

sale [seil] *s.* vânzătoare.

salesman [seilsmən] *s.* vânzător, *amer.* comis-voiajor.

salient ['seiliənt] *adj.* izbitor.

sally ['sæli] **I.** *s.* glumă, atac. **II.** *v.i.* a ataca, a ieși.

salmon ['sæmən] *s.* somon.

salon ['sælɔ:ŋ] *s.* salon (literar), expoziție.

saloon [sə'lu:n] *s.* cârciumă, *amer.* prăvălie.

salt [sɔ:lt] **I.** *s.* sare. **II.** *v.t.* a săra.

salt-cellar ['sɔ:lt selə] *s.* solniță.

salty ['sɔ:lti] *adj.* sărat.

salute [sə'lu:t] **I.** *s.* salut, salutare, *mil.* onor. **II.** *v.t.*, *v.i.* a saluta.

salvage ['sælvidʒ] *s.* salvare, obiecte recuperate.

salvation [sæl'veiʃən] *s.* salvare.

same [seim] **I.** *adj.* același, aceeași, *it is all the ~ to me* mi-e indiferent. **II.** *pron.* acesta, același. **III.** *adv.* la fel.

sample ['sɑ:mpəl] **I.** *s.* mostră. **II.** *v.t.* a degusta.

sampler ['sɑ:mplə] *s.* mostră, degustător.

sanatorium [sænə'tɔriəm] *s.* sanatoriu.

sanctify ['sæŋktifai] *v.t.* a sfinți.

sanctimonious [sæŋkti'mouniəs] *adj.* ipocrit.

sanction ['sæŋkʃən] **I.** *s.* permisiune, sancțiune. **II.** *v.t.* a aproba.

sanctify ['sæŋktifai] *s.* sfințenie, religiozitate.

sanctuary ['sæŋktjuəri] *s.* sanctuar, altar.

sanctum ['sæŋktəm] *s.* sanctuar, birou.

sand [sænd] **I.** *s.* nisip, *pl.* plajă. **II**. *v.t.* a sabla.

sandal ['sændəl] *s.* sandală, *bot.* santal.

sandglass ['sænglɑ:s] *s.* ceas de nisip.

sandpaper ['sænd peipə] *s.* glaspapir.

sandstone ['sænd stoun] *s.* gresie.

sandwich ['sænwidʒ] *s.* sandviș.

sandy ['sændi] *adj.* nisipos, gălbui.

sane [sein] *adj.* sănătos, înțelept.
sanguinary ['sæŋgwinəri] *adj.* sângeros, sălbatic.
sanguine ['sæŋgwin] *adj.* roşu (la față), optimist, vesel.
sanitation [sæni'teiʃən] *s.* salubritate.
sanity ['sæniti] *s.* înțelepciune.
sapling ['sæpliŋ] *s.* puiet, răsad, tânăr.
sate [seit] *v.t.* a sătura.
satiate ['seiʃieit] *v.t.* a sătura, a satisface, a umple.
satiety [sə'taiəti] *s.* saț.
satire ['sætaiə] *s.* satiră.
satisfactory [sætis'fæktəri] *adj.* mulțumitor.
satisfy ['sætisfai] *v.t.* a satisface, a convinge.
Saturday ['sætədi] *s.* sâmbătă.
saturnine ['sætənain] *adj.* sumbru, grav.
sauce [sɔ:s] *s.* sos, obrăznicie.
saucy ['sɔ:si] *adj.* obraznic, neserios.
sausage ['sɔ:sidʒ] *s.* cârnat, salam.
savage ['sævidʒ] *s.*, *adj.* sălbatic.
savagery ['sævidʒri] *s.* sălbăticie.
savanna(h) [sə'vænə] *s.* savană, prerie.
save [seiv] **I.** *v.t.* a salva, a cruța, a economisi. **II.** *v.i.* a economisi. **III.** *prep.* fără. **IV.** *conj.* în afară de.
saving [seiviŋ] **I.** *s.* economie, scăpare. **II.** *adj.* econom. **III.** *prep.* fără, ~ *your presence* iertat să-mi fie. **IV.** *conj.* în afară de cazul când.
savo(u)ry ['seivəri] *adj.* gustos.
say [sei] **I.** *s.* cuvânt, influență. **II.** *v.t.* a zice, a afirma. **III.** *v.i.* a spune, *I ~!* ascultă!
scabbard ['skæbəd] *s.* teacă.
scaffold ['skæfəld] *s.* spânzurătoare, schelă.
scald [skɔ:ld] **I.** *s.* arsură. **II.** *v.t.* a opări, a frige.
scale [skeil] **I.** *s.* solz, crustă, gamă, scară, sortiment, *pl.* cântar. **II.** *v.t.* a cântări, a urca.
scallywag ['skæliwæg] *s.* vagabond.
scalp [skælp] **I.** *s.* scalp, trofeu. **II.** *v.t.* a scalpa.
scalpel ['skælpəl] *s.* bisturiu.
scamp [skæmp] **I.** *s.* ştrengar. **II.** *v.t.* a rasoli.
scamper ['skæmpə] *v.i.* a o şterge.
scan [skæn] *v.t.* a scrunta, a scanda.
scandal ['skændəl] *s.* scandal, scandalizare, bârfeală.
scant(y) [skænti] *adj.* insuficient, sărac, puțin(tel).
scapegoat [skeipgout] *s.* țap ispăşitor.
scapegrace ['skeipgreis] *s.* ştrengar, păcală.
scarce ['skɛəs] *adj.* puțin(tel), sărac, rar.
scarcely ['skɛəsli] *adv.* abia.
scare [skɛə] **I.** *s.* spaimă. **II.** *v.t.* a speria.
scarecrow ['skɛəkrou] *s.* sperietoare (de ciori).
scarf [skɑ:f] *s.* eşarfă, şal.

scathe less [skeiðlis] *adj.* neatins, nepedepsit.
scathing ['skeiðiŋ] *adj.* sever.
scatter ['skætə] *v.t.*, *v.i.* a (se) împrăştia.
scatter-brained ['skætə breind] *adj.* zăpăcit.
scavenger ['skævindʒə] *s.* gunoier.
scene [si:n] *s.* scenă, tablou, vedere, decor, *behind the ~s* în culise.
scenery ['sinəri] *s.* decor, peisaj.
scent [sent] **I.** *s.* parfum, miros, pistă. **II.** *v.t.* a mirosi, a parfuma.
sceptic ['skeptik] *s.*, *adj.* sceptic.
scepticism ['skeptisizəm] *s.* neîncredere, scepticism.
sceptre ['septə] *s.* sceptru.
schedule ['ʃedju:l] **I.** *s.* program, orar, plan, *ahead of ~* înainte de termen. **II.** *v.t.* a programa, a stabili.
scheme [ski:m] **I.** *s.* plan (rău), schemă, maşinaţie, complot. **II.** *v.t.* a cloci (o ticăloşie). **III.** *v.i.* a maşina.
scholar ['skɔ:lə] *s.* cărturar, şcolar.
scholarship ['skɔ:ləʃip] *s.* bursă.
school [sku:l] **I.** *s.* şcoală, învăţătură. **II.** *v.t.* a educa.
schoolbook ['sku:l buk] *s.* manual şcolar.
school-boy ['sku:l bɔi] *s.* elev.
school-fellow ['sku:l felou] *s.* coleg de şcoală.
school-girl ['sku:l gə:l] *s.* elevă.
schooling ['sku:liŋ] *s.* şcolarizare, învăţătură.
schoolmaster [sku:lmɑ:stə] *s.* învăţător.
schoolmistress [sku:lmistris] *s.* învăţătoare.
schoolteacher ['sku:lti:tʃə] *s.* învăţător.
schooner ['sku:nə] *s.* goeletă, *amer.* căruţă cu coviltir.
science ['saiəns] *s.* ştiinţă, îndemânare.
scientific [saiən'tifik] *adj.* ştiinţific, raţional.
scientist ['saiəntist] *s.* savant.
scintillate ['sintileit] *v.i.* a scânteia.
scion ['saiən] *s.* (v)lăstar.
scissors ['sizəz] *s. pl.* foarfece.
scold [skould] *v.t.*, *v.i.* a ocărî, a certa.
scoop [sku:p] **I.** *s.* linguroi, căuş, reportaj senzaţional. **II.** *v.t.* a scoate, a găsi.
scooter ['sku:tə] *s.* trotinetă, scuter.
scope [skoup] *s.* proporţii, domeniu, competenţă.
scorch ['skɔ:tʃ] **I.** *s.* arsură. **II.** *v.t.* a arde, a jigni. **III.** *v.i.* a merge ca fulgerul.
score [skɔ:] **I.** *s.* (însemnare pe) răboj, situaţie, motiv, privinţă, *pl.* douăzeci, *pl.* zeci, partitură. **II.** *v.t.* a înregistra, a nota, a marca (un punct), a orchestra.
scornful [skɔ:nful] *adj.* dispreţuitor, batjocoritor.

Scot [skɔt] *s.* scoțian(ă).
Scotch [skɔtʃ] **I.** *s.* (limba) scoțiană, whisky (scoțian), *the* ~ scoțienii. **II.** *adj.* scoțian(ă).
Scotsman ['skɔtsmən] *s* scoțian.
Scottish ['skɔtiʃ] **I.** *s.* (limba) scoțiană. **II.** *adj.* scoțian(ă).
scoundrel ['skaundrəl] *s.* ticălos.
scout [skaut] **I.** *s.* cercetaș, avion de recunoaștere. **II.** *v.i.* a cerceta.
scowl [skaul] **I.** *s.* căutătură urâtă. **II.** *v.t.*, *v.i.* a privi urât.
scrag [skræg] *s.* os, slăbătură.
scrap ['skræp] **I.** *s.* bucățică, rest, resturi, bătaie, tăieturi din ziare. **II.** *v.t.* a arunca la gunoi. **III.** *v.i.* a se bate.
scrape ['skreip] **I.** *s.* hârâit, hârșâit, zgârietură, strat subțire. **II.** *v.t.* a curăța, a freca, a zgâria, a face să hârșâie, să scârțâie, a aduna (cu greu). **III.** *v.i.* a se freca, a hâșâi, *to ~ along* a o scoate cu greu la capăt.
scraper ['skreipə] *s.* răzătoare.
scrapings ['skreipiŋs] *s. pl.* resturi, răzături.
scratch [skrætʃ] **I.** *s.* zgârietură, mâncărime, nimic. **II.** *v.t.* a zgâria, a scărpina, a mâzgăli. **III.** *v.i.* a scârțâi, a se scărpina.
scrawl [skrɔ:l] **I.** *s.* mâzgăleală. **II.** *v.t.*, *v.i.* a mâzgăli.
scream [skri:m] **I.** *s.* țipăt, grozăvie, veselie. **II.** *v.t.*, *v.i.* a țipa.
screen [skri:n] **I.** *s.* paravan, ecran, plasă, ciur. **II.** *v.t.* a apăra, a ascunde, a ecraniza, a cerne, a alege.
scribble ['skribəl] **I.** *s.* mâzgăleală, însemnare grăbită. **II.** *v.t.*, *v.i.* a mâzgăli, a nota în grabă.
scribbler ['skriblə] *s.* conțopist, autor.
scrimmage ['skrimidʒ] *s.* învălmășeală, *sport* grămadă.
script [skript] *s.* scris, scenariu.
scroll [skroul] *s.* sul.
scrub [skrʌb] **I.** *s.* frecare, spălare. **II.** *v.t.* a freca (cu peria).
scruff [skrʌf] *s.* ceafă.
scruple ['skrʌpəl] *s.* scrupul, greutate infimă.
scrupulous ['skru:pjuləs] *adj.* scrupulos, grijuliu, ireproșabil.
scrutinize ['skru:tinaiz] *v.t.* a scruta.
scrutiny ['sru:tini] *s.* scrutare, scrutin.
scuffle ['skʌfəl] *s.* încăierare.
scullery ['skʌləri] *s.* bucătărie din dos, bucătărioară.
sculptor ['skʌlptə] *s.* sculptor.
sculpture ['skʌlptʃə] **I.** *s.* sculptură. **II.** *v.t.* a sculpta.
scum [skʌm] *s.* spumă (la supă), murdărie, *fig.* drojdia societății.
scurrilous ['skʌriləs] *adj.* batjocoritor, grosolan, obscen.
scutcheon ['skʌtʃən] *s.* blazon, scut.

scuttle ['skʌtəl] **I.** *s.* căldare de cărbuni. **II.** *v.i.* a pleca.
sea [si:] *s.* mare, ocean, valuri, *at ~* pe mare, *fig.* în încurcătură.
sea-dog ['si:dɔg] *s.* marinar, focă.
sea-gull ['si:gʌl] *s.* pescăruş.
seam [si:m] **I.** *s.* cusătură, dungă (la ciorap), filon. **II.** *v.t.* a brăzda.
seaman [si:mən] *s.* marinar.
seamstress ['simstris] *s.* lenjereasă, cusătoreasă.
seaplane ['si:plein] *s.* hidroavion.
seaport ['si:pɔ:t] *s.* port maritim.
search [sə:tʃ] **I.** *s.* cercetare, căutare, percheziţie. **II.** *v.t.* a cerceta, a percheziţiona.
searching ['sə:tʃiŋ] *adj.* pătrunzător, cercetător, iscoditor.
searchlight ['sə:tʃlait] *s.* reflector.
search-warrant [sə:tʃ wɔrənt] *s.* ordin de percheziţie.
seascape ['si:skeip] *s.* peisaj marin.
seashore ['si:ʃɔ:r] *s.* litoral.
seasickness ['si:siknis] *s.* rău de mare.
seaside ['si:said] *s.* litoral.
season ['si:zn] **I.** *s.* timp, anotimp, sezon, stagiune, moment potrivit. **II.** *v.t.* a potrivi, a condimenta.
seasonable ['si:znəbəl] *adj.* sezonier.
seasonal ['si:zənəl] *adj.* sezonier.
seasoning ['si:zəniŋ] *s.* condiment, condimentare.
season-ticket ['si:zn tiket] *s.* abonament.
seat [si:t] **I.** *s.* scaun, bancă, (loc de) şezut, turul pantalonilor, reşedinţă, mandat (parlamentar). **II.** *v.t.* a aşeza, (de săli) a cuprinde (spectatori), *be ~ed!* ia loc! **III.** *v.r.* a se aşeza.
secession [si'seʃən] *s.* despărţire.
seclude [si'klu:d] *v.t.* a izola.
secluded [si'klu:did] *adj.* singuratic, de pustnic.
seclusion [si'klu:ʒən] *s.* izolare.
second ['sekənd] **I.** *s.* secund, secundă, al doilea, ziua de doi. **II.** *adj.* al doilea, de calitate a doua, secundar, suplimentar, *upon ~ thoughts* răzgândindu-mă, *~ to none* fără rival. **III.** *num.* al doilea. **IV.** *v.t.* a ajuta, a secunda, a sprijini. **V.** *adv.* în al doilea rând, pe locul doi.
secondary ['sekəndəri] *adj.* secundar.
second-hand ['sekənd hænd] **I.** *s.* secundar. **II.** *adj.*, *adv.* de ocazie, din auzite.
secrecy ['sikrisi] *s.* taină, discreţie, *in ~* pe ascuns.
secret ['sikrit] *s.*, *adj.* secret.
secretary ['sekritəri] *s.* secretar(ă), ministru.
Secretary of State ['sekritri'əv steit] *s.* secretar de stat, *amer.* ministru de externe.

secrete [si'kri:t] *v.t.* a secreta.
secretion [si'kri:ʃən] *s.* ascundere, secreție.
secretive ['sikritiv] *adj.* secretos.
sect [sekt] *s.* sectă.
sectarian [sek'tɛəriən] *adj.* sectar.
section ['sekʃən] *s.* secție, secțiune, parte, categorie, capitol.
sector ['sektə] *s.* sector.
secure [si'kjuə] **I.** *adj.* sigur, liniștit, în siguranță, bine fixat. **II.** *v.t.* a(-și) asigura, a apăra, a fixa bine.
security [si'kjuəriti] *s.* siguranță, securitate, garanție, titlu de proprietate.
sedate [si'deit] *adj.* liniștit, grav, așezat.
sedentary ['sedintəri] *adj.* sedentar.
sediment ['sedimənt] *s.* sediment.
sedition [si'diʃən] *s.* rebeliune, agitație publică.
seditious [si'diʃəs] *adj.* ațâțător.
seduce [si'dju:s] *v.t.* a seduce, a atrage.
seduction [si'dʌkʃzən] *s.* seducție.
sedulous ['sedjuləs] *adj.* perseverent, muncitor.
see [si:] **I.** *v.t.* a vedea, a zări, a înțelege, a cunoaște, a trece prin, a primi, a vizita, a consulta, a conduce, *to ~ off* a conduce (la gară), *to ~ over* a cerceta, a inspecta. **II.** *v.i.* a vedea, a avea văz (bun), a înțelege, *~!* privește!, *to ~ to* a se ocupa de, a repara.
seed [si:d] *s.* sămânță, sâmbure, moștenitori.
seeders [si:də] *s.* semănătoare.
seedling ['si:dliŋ] *s.* răsad, puiet.
seedy ['si:di] *adj.* plin de semințe, ofilit.
seek [si:k] **I.** *v.t.* a căuta, a cerceta, a cere, a încerca, *to ~ out* a descoperi. **II.** *v.i.* a face cercetări, a căuta.
seem [si:m] *v.i.* a părea.
seeming ['si:miŋ] *adj* aparent.
seemly ['si:mli] *adj.* cuvenit, cuviincios.
seer [siə] *s.* profet.
seesaw ['si:sɔ:] **I.** *s.* leagăn, legănare. **II.** *v.i.* a se da în leagăn.
segment ['segmənt] **I.** *s.* segment, bucată. **II.** *v.t.*, *v.i.* a (se) segmenta, a (se) fracționa.
segregate [segri'geit] **I.** *v.t.* a separa. **II.** *v.i.* a face discriminări, a se despărți.
segregation [segri'geiʃən] *s.* segregație, discriminare.
seize [si:z] **I.** *v.t.* a prinde, a cuprinde, a apuca, a confisca, a profita de, a se repezi la. **II.** *v.i. to ~ upon* a se agăța de.
seizure ['si:ʒə] *s.* confiscare, apucare, acces.
seldom ['seldəm] *adv.* rar(ori).
select [si'lekt] **I.** *adj.* select, snob, exclusivist, foarte bun. **II.** *v.t.* a alege.
selection [si'lekʃən] *s.* selecție, culegere.

self-assertion [selfə'sə:ʃən] *s.* îndrăzneală, insistență.
self-assertive [selfə'sə:tiv] *adj.* băgăreț, înfipt.
self-complacency [self kəm'pleisənsi] *s.* automulțumire.
self-confidence [self'kɔnfidəns] *s.* încredere în sine.
self-conscious [self'kɔnʃəs] *adj.* timid, șovăielnic, cu complexe.
self-contained [selfkən'teind] *adj.* stăpânit, suficient.
self-control [selfkən'troul] *s.* stăpânire de sine.
self-defence [selfdi'fəns] *s.* legitimă apărare.
self-evident [self'evidənt] *adj.* de la sine înțeles.
self-government [self'gΛvənmənt] *s.* autoguvernare, stăpânire de sine.
self-important [selfim'pɔ:tənt] *adj.* îngâmfat, care-și dă aere.
self-indulgence [selfin'dΛldʒəns] *s.* viață de plăceri, destrăbălare.
selfish ['selfiʃ] *adj.* egoist, egocentric.
selfishness ['selfiʃnis] *s.* egoism.
selfless ['selflis] *adj.* altruist, plin de abnegație.
self-preservation [selfprezə'veiʃən] *s.* instinct de conservare, autoconservare.
self-reliance [selfri'laiəns] *s.* încredere în mijloacele proprii.
self-respect [selfri'spekt] *s.* demnitate.
self-sacrifice [self'sækrifais] *s.* sacrificiu de sine, abnegație, altruism.
selfsame ['selfsΛm] *adj.* identic, același.
self-seeker [self'si:kə] *s.* egoist, carierist, ciocoi.
self-sufficient [selfsə'fiʃənt] *adj.* îndestulător.
self-taught [self'tɔ:t] *adj.* autodidact.
self-willed [self'wild] *adj.* încăpățânat, capricios.
seller ['selə] *s.* vânzător, lucru care se vinde.
selvedge ['selvidʒ] *s.* tiv.
semblance ['sembləns] *s.* asemănare, aparență.
semibreve ['semi:briv] *s.* *muz.* notă întreagă.
semicolon [semi'koulən] *s.* punct și virgulă.
seminar [semi'nɑ:] *s.* seminar (universitar).
send [send] **I.** *v.t.* a trimite, a emite. **II.** *v.i.* *to ~ for the doctor* a chema doctorul.
sender ['sendə] *s.* expeditor.
send-off [send'of] *s.* rămas bun.
senile ['si:nail] *adj.* senil.
seniority ['si:ni'ɔriti] *s.* bătrânețe, vechime (în muncă), grad superior.
sensation [sen'seiʃən] *s.* senzație.

sense [sens] **I.** *s.* simț, sentiment, *to make* ~ a (se) înțelege. **II.** *v.t.* a-și da seama de, a simți, a presimți.
senseless ['senslis] *adj.* inconștient, fără sens.
sensibility [sensi'biliti] *s.* sensibilitate, înțelegere.
sensible ['sensibəl] *adj.* înțelept, practic, sensibil.
sensitive ['sensitiv] *adj.* sensibil, firav.
sensitivity [sensi'tiviti] *s.* sensibilitate.
sensory ['sensəri] *adj.* senzorial.
sensuous ['sensjuəs] *adj.* senzorial, senzual.
sentence ['sentəns] **I.** *s.* sentință, osândă, propoziție, frază. **II.** *v.t.* a condamna.
sentient ['senʃənt] *adj.* sensibil.
sentiment ['sentimənt] *s.* sentiment(alism), părere.
sentimental [senti'mentəl] *adj.* sentimental.
sentry ['sentri] *s.* santinelă.
separate ['seprit] *v.t., v.i.* a (se) separa.
separation [sepə'reiʃən] *s.* separație, separate, despărțire.
September [sep'tembə] *s.* septembrie.
sepulture ['sepəltʃə] *s.* înmormântare.
sequel ['si:kwəl] *s.* urmare, continuare.
sequence ['si:kwəns] *s.* succesiune, secvență, *gram.* corespondență.
sequester [si'kwestə] *v.t.* a sechestra.
seraph ['serəf] *s.* serafim.
Serbian [sə':biən] *s.* sârb(oaică), (limba) sârbă.
serene [si'ri:n] *adj.* calm, senin, tihnit.
sergeant ['sɑ:dʒənt] *s.* sergent, plutonier major, ofițer de poliție.
serial ['siəriəl] **I.** *s.* roman foileton. **II.** *adj.* în serie, foileton.
series ['siəri:z] *s.* serie, serii.
serious ['siəriəs] *adj.* grav, serios.
seriousness ['siəriəsnis] *s.* seriozitate, gravitate.
sergeant ['sɑ:dʒənt] (at-arms) *s.* cestor, agent de ordine.
sermon ['sə:mən] *s.* predică.
serpent ['sə:pənt] *s.* șarpe.
serpentine ['sə:pəntain] *adj.* în serpentină.
serried ['serid] *adj.* înghesuit.
serum ['siərəm] *s.* ser.
servant ['sə:vənt] *s.* servitor, slugă, fată în casă, angajat.
serve [sə:v] **I.** *v.t.* a servi, a sluji (la, pe), a asculta (de), a furniza, a aproviziona, a trata, a îndeplini, a ispăși, a înmâna, a transmite. **II.** *v.i.* a servi, a fi în serviciu.
service ['sə:vis] **I.** *s.* serviciu. **II.** *v.t.* a servi, *auto* a întreține.
serviceable ['sə:visəbəl] *adj.* folositor, serviabil, durabil.
serviette [sə:vi'et] *s.* șervețel.
session ['seʃən] *s.* sesiune, ședință.

set [set] **I.** *s.* serviciu, garnitură, set, echipament, grup, agregat, decor, platou, apus. **II.** *adj.* aşezat, fix(at), bine stabilit, decis. **III.** *v.t.* a pune, a aţâţa, a aranja, a stabili, a monta, a transpune, *to ~ about/ afloat* a lansa, *to ~ by* a pune la o parte, *to ~ free* a elibera, a descătuşa, *to ~ off* a face să explodeze, a porni, a reliefa, a separa, *to ~ up* a înfiinţa, a instala, a instaura, *to ~ right* sau to rights a îndrepta, a aranja. **IV.** *v.i.* a apune, a porni, a se apuca, a se înţepeni.

set-back [set bæk] *s.* piedică, eşec.

settee [se'ti:] *s.* canapea.

setter ['setə] *s.* rasă de câini de vânătoare, fixator.

setting ['setiŋ] *s.* cadru, decor, montură.

settle ['setəl] **I.** *v.t.* a rezolva, a stabili, a achita, a coloniza, a linişti, a lăsa moştenire. **II.** *v.i.* a se stabili, a se linişti, a-şi plăti datoriile, *to ~ upon* a alege.

settlement ['setəlmənt] *s.* aşezare, dotă, colonizare, aşezământ, *fin.* achitare.

settler ['setlə] *s.* colonist.

seven ['sevən] *s.*, *num.* şapte.

sevenfold ['sevənfould] *adv.* înşeptit.

seventy ['sevənti] *s.* vârsta de şaptezeci de ani, *pl.* deceniul al optulea, *num.* şaptezeci.

sever ['sevə] **I.** *v.t.* a despica, a despărţi. **II.** *v.i.* a se despărţi.

several ['sevrəl] *adj.*, *pron.* mai mulţi.

severally ['sevrəli] *adv.* separat, individual.

severance ['sevrəns] *s.* despărţire, separaţie.

severe [si'viə] *adj.* aspru, sever, auster.

sewage ['su:widʒ] *s.* canalizare, murdărie.

sewerage ['su:əridʒ] *s.* canalizare.

sewing-machine ['souiŋ mə'ʃi:n] *s.* maşină de cusut.

shabby ['ʃæbi] *adj.* sărăcăcios, ponosit, meschin.

shack [ʃæk] *s.* colibă, baracă.

shackle ['ʃækəl] *v.t.* a înlănţui, a încătuşa.

shackles ['ʃækəls] *s. pl.* lanţuri, cătuşe.

shade [ʃeid] **I.** *s.* (loc cu) umbră, răcoare, nuanţă, abajur, jaluzea. **II.** *v.t.* a umbri, a nuanţa.

shading [ʃeidiŋ] *s.* nuanţă, umbră.

shadow ['ʃædou] **I.** *s.* umbră (a cuiva), urmă. **II.** *v.t.* a întuneca, a fila.

shadowy ['ʃædoui] *adj.* umbros, neclar, întunecat.

shaft [ʃɑ:ft] *s.* săgeată, puţ (de mină), horn, *tehn.* arbore, vilbrochen, tijă.

shaggy ['ʃægi] *adj.* aspru, lăţos, neţăsălat.

shake [ʃeik] **I.** *s.* zguduire, strângere de mână, *pl.* folos.

II. *v.t.* a zgudui, a clătina, a cutremura, *to ~ hands with smb.* a da mâna cu cineva. **III.** *v.i.*, *v.r.* a se zgudui, a (se cu)tremura.

shallow ['ʃælou] *adj.* puțin adânc, *fig.* superficial.

sham [ʃæm] **I.** *s.* imitație, înșelătorie, prefăcătorie, fals. **II.** *adj.* fals, prefăcut. **III.** *v.t.* a simula. **IV.** *v.i.* a se preface.

shame [ʃeim] **I.** *s.* rușine, nenorocire, *~ on you!* să-ți fie rușine! **II.** *v.t.* a rușina, a face de râs.

shameful ['ʃeimful] *adj.* rușinos, nemaipomenit.

shameless ['ʃeimlis] *adj.* nerușinat.

shampoo [ʃæm'pu:] **I.** *s.* șampon, spălat la cap. **II.** *v.t.* a spăla părul.

shanty ['ʃænti] *s.* cocioabă, cântec marinăresc.

shape [ʃeip] **I.** *s.* formă, figură, siluetă. **II.** *v.t.* a modela, a forma. **III.** *v.i.* a prinde formă.

shapeless ['ʃeiplis] *adj.* inform, dezordonat.

shapely ['ʃeipli] *adj.* arătos, bine format, sculptural.

shard [ʃɑ:d] *s.* ciob.

share [ʃɛə] **I.** *s.* porție, cotă, *fin.* acțiune, fier de plug. **II.** *v.t.* a împărți, a împărtăși, a distribui.

shareholder ['ʃɛəhouldə] *s.* acționar.

shark [ʃɑ:k] *s.* rechin, escroc.

sharp [ʃɑ:p] **I.** *s.* diez. **II.** *adj.* ascuțit, abrupt, aspru, acru, intens, isteț, necinstit. **III.** *adv.* brusc, *muz.* prea înalt, punctual, fix.

sharpen ['ʃɑ:pən] *v.t.*, *v.i.* a (se) ascuți, a (se) intensifica.

sharpener ['ʃɑ:pənə] *s.* ascuțitor, ascuțitoare.

shatter ['ʃætə] **I.** *v.t.* a sfărâma, a zdruncina. **II.** *v.i.* a se sfărâma.

shave [ʃeiv] **I.** *s.* bărbierit, scăpare ca prin urechile acului. **II.** *v.t.*, *v.i.* a (se) rade.

shaver ['ʃeivə] *s.* client al bărbierului, flăcău.

shaving ['ʃeiviŋ] *s.* bărbierit, talaș.

shaving-brush ['ʃeiviŋbrʌʃ] *s.* pămătuf, pensulă de bărbierit.

shawl [ʃɔ:l] *s.* șal.

she [ʃi:] **I.** *adj.* femelă. **II.** *pron.* ea.

sheaf [ʃi:f] *s.* snop, teanc.

shear [ʃiə] *v.t.* a tunde, a păcăli.

sheath [ʃi:θ] *s.* teacă.

sheathe [ʃi:ð] *v.t.* a pune în teacă, a acoperi.

shed [ʃed] **I.** *s.* adăpost, șopron. **II.** *v.t.*, inf., trec., part. trec. a vărsa, a scutura.

sheen [ʃi:n] *s.* lustru, strălucire.

sheep run ['ʃi:p rʌn] *s.* stână, ocol.

sheepskin ['ʃi:pskin] *s.* blană de oaie.

sheer [ʃiə] *adj.* pur, total.

sheet [ʃi:t] *s.* cearșaf, foaie, ziar.

shelf [ʃelf] *s.* poliță, raft.

shell [ʃel] **I.** *s.* coajă, găoace, carapace, scoică, obtuz. **II.** *v.t.* a coji, a bombarda.
shelter ['ʃeltə] **I.** *s.* adăpost. **II.** *v.t.*, *v.i.* a (se) adăposti.
shepherd ['ʃepəd] **I.** *s.* păstor. **II.** *v.t.* a călăuzi, a conduce.
shepherdess ['ʃepədis] *s.* păstoriță.
she-wolf ['ʃewulf] *s.* lupoaică.
shield [ʃi:ld] **I.** *s.* scut, apărătoare. **II.** *v.t.* a apăra.
shift [ʃift] **I.** *s.* schimb(are), expedient, șmecherie. **II.** *v.t.* a schimba. **III.** *v.i.* a o scoate la capăt.
shiftless ['ʃiftlis] *adj.* neprevăzător, leneș.
shifty ['ʃifti] *adj.* înșelător, nestatornic.
shilling ['ʃiliŋ] *s.* șiling.
shimmer ['ʃimə] **I.** *s.* licărire. **II.** *v.i.* a licări, a străluci.
shindy ['ʃindi] *s.* scandal.
shine [ʃain] **I.** *s.* luciu, strălucire. **II.** *v.t.* a lustrui. **III.** *v.i.* a străluci.
shingle ['ʃiŋəl] *s.* pietriș, șindrilă, păr tăiat scurt.
shiny ['ʃaini] *adj.* strălucitor, lucios.
ship [ʃip] **I.** *s.* (aero)navă. **II.** *v.t.* a expedia, a transporta.
ship-canal ['ʃip kə'næl] *s.* canal navigabil.
shipmate ['ʃipmeit] *s.* tovarăș din echipaj.
shipment ['ʃimpmənt] *s.* transport, expediere.
shipping ['ʃipiŋ] *s.* expediere, transport (pe apă).
shipwreck ['ʃiprek] **I.** *s.* naufragiu, epavă. **II.** *v.t.* a face să naufragieze, a ruina, *to be ~ed* a naufragia.
shipyard ['ʃipjɑ:d] *s.* șantier naval.
shire ['ʃiə] *s.* comitat.
shirker ['ʃə:kə] *s.* chiulangiu.
shirt [ʃə:t] *s.* cămașă, bluză.
shiver ['ʃivə] *s.* tremur, fior, *v.i.* a tremura.
shoal [ʃoul] *s.* vad, apă mică, banc de nisip, cârd de pești.
shock [ʃɔk] **I.** *s.* lovitură, șoc (nervos), *a ~ of hair* un păr zburlit. **II.** *v.t.* a lovi, a șoca.
shocker [ʃɔkə] *s.* lucru izbitor, roman polițist.
shocking ['ʃɔkiŋ] *adj.* scandalos, dezgustător, îngrozitor.
shoddy ['ʃɔdi] *adj.* grosolan.
shoe [ʃu:] **I.** *s.* pantof, potcoavă. **II.** *v.t.* a potcovi, a încălța.
shoehorn ['ʃu:hɔ:n] *s.* limbă de pantof.
shoo [ʃu:] **I.** *v.t.* a alunga. **II.** *interj.* hâș.
shoot [ʃu:t] **I.** *s.* lăstar, lăstăriș, grup de vânători, jgheab. **II.** *v.t.* a împușca, a trage cu (arcul, arma), a trece (o cataractă), a fotografia, a filma. **III.** *v.i.* a trage (cu o armă), a împușca, a țâșni, a șuta, a filma, a fotografia.
shop [ʃɔp] *s.* magazin, atelier.
shop assistant ['ʃɔp əsistənt] *s.* vânzător/ vânzătoare în magazin.

shopkeeper ['ʃɔpki:pə] *s.* negustor.
shopper ['ʃɔpə] *s.* cumpărător.
shopping ['ʃɔpiŋ] *s.* cumpărături, târguieli.
shop-steward ['ʃɔp stjuəd] *s.* delegat de atelier.
short [ʃɔ:t] **I.** *s.* film de scurt metraj, *pl.* şort, pantaloni scurţi. **II.** *adj.* scurt, ~ *of* insuficient, afară de, cât pe-aici să, *for/ in* ~ două vorbe. **III.** *adv.* deodată, brusc, imediat.
shortage ['ʃɔ:tidʒ] *s.* criză, lipsă.
short-circuit [ʃɔ:t'sə:kit] **I.** *s.* scurt-circuit. **II.** *v.t.* a scurtcircuita.
shortcoming ['ʃɔ:t 'kʌmiŋ] *s.* deficienţă.
short cut [ʃɔ:t kʌt] *s.* scurtătură.
shorten ['ʃɔ:tən] *v.t.*, *v.i.* a (se) scurta.
short hand ['ʃɔ:t hænd] *s.* stenografie.
short-lived ['ʃɔ:t livid] *adj.* efemer.
shortly ['ʃɔ:tli] *adv.* curând, pe scurt, brusc.
short-sighted ['ʃɔ:t saitid] *adj.* miop.
short-winded ['ʃɔ:t 'windid] *adj.* fără suflare.
shoulder ['ʃouldə] **I.** *s.* umăr. **II.** *v.t.* a încărca în spinare, a-şi asuma.
shout [ʃaut] **I.** *s.* strigăt. **II.** *v.t.*, *v.i.* a striga.
shove [ʃouv] **I.** *s.* împingere, ghiont. **II.** *v.t.* a impinge. **III.** *v.i.* a (se) împinge, a-şi croi drum.
shovel ['ʃʌvəl] **I.** *s.* lopată, lopăţică. **II.** *v.t.* a lua/ a încărca cu lopata, a curăţa (zăpada).
show [ʃou] **I.** *s.* manifestare, expoziţie, spectacol, ostentaţie, *on* ~ etalat. **II.** *v.t.* a arăta, a manifesta, a dovedi, a conduce, *to* ~ *up* a demasca. **III.** *v.i.* a se arăta, a se vedea, *to* ~ *off* a face pe grozavul.
show-down ['ʃou daun] *s.* discuţie lămuritoare, explicaţie (între două persoane).
shower ['ʃauə] *s.* (aversă de) ploaie, duş, izbucnire, abundenţă.
showy ['ʃoui] *adj.* arătos, împopoţonat, ostentativ.
shrank [ʃrʌŋk] *v.t.*, *v.i.* trec. de la shrink.
shred [ʃred] **I.** *s.* zdreanţă, fărâmă. **II.** *v.t.* inf., trec. şi part. trec. a zdrenţui.
shrew [ʃru:] *s.* scorpie (fig.).
shrewd [ʃru:d] *adj.* isteţ.
shriek [ʃri:k] **I.** *s.* ţipăt. **II.** *v.t.*, *v.i.* a ţipa.
shrink [ʃriŋk] **I.** *v.t.* a face să se strângă. **II.** *v.i.* a se strânge, a se micşora, a intra la apă, a se da înapoi.
shrinkage ['ʃriŋkidʒ] *s.* micşorare, intrare la apă.
shrivelled ['ʃrivəlid] *adj.* zbârcit.

shrub [ʃrʌb] *s.* arbust, tufiş.
shrubbery ['ʃrʌbəri] *s.* tufişuri, boschete.
shrug [ʃrʌg] **I.** *s.* ridicare din umeri. **II.** *v.i.* a da din umeri.
shudder ['ʃʌdə] **I.** *s.* tremur, fior. **II.** *v.i.* a tremura, a se înfiora.
shuffle ['ʃʌfəl] **I.** *s.* împărţirea cărţilor de joc. **II.** *v.t.* a(-şi) târî (picioarele), a amesteca. **III.** *v.i.* a merge greu, a se eschiva, a face cărţile.
shun [ʃʌn] *v.t.* a evita.
shunt [ʃʌnt] **I.** *v.t.* a muta, a schimba. **II.** *v.i.* a se muta.
shut [ʃʌt] inf., trec. part. trec. **I.** *v.t.* a închide, a prinde, *to ~ up* a fereca, a face să tacă. **II.** *v.i.* a se închide, *to ~ up* a tăcea.
shutter ['ʃʌtə] **I.** *s.* suveică. **II.** *v.i.* a merge încolo şi încoace.
shy [ʃai] *adj.* timid, fricos, şovăielnic.
sibilant ['sibilənt] **I.** *s.* consoană şuierătoare. **II.** *adj.* şuierător.
sick [sik] **I.** *s. the ~* bolnavii. **II.** *adj.* bolnav, indispus, *on the ~ list* bolnav, *I'm going to be ~* îmi vine să vărs.
sicken ['sikən] **I.** *v.t.* a scârbi. **II.** *v.i.* a boli, a se scârbi.
sickle ['sikəl] *s.* seceră.
sick-leave ['sikliv] *s.* concediu de boală.
sickly ['sikli] *adj.* bolnăvicios, slab, greţos.
sickness ['siknis] *s.* boală, indispoziţie, greaţă.
side [said] **I.** *s.* parte, latură, faţ(et)ă, partid(ă), *on the wrong ~ of fifty* trecut (bine) de cincizeci de ani, *~ by ~* alături, umăr la umăr, *on the off ~ sport* dincolo de fundaşi. **II.** *adj.* lateral, lăturalnic, secundar. **III.** *v.i. to ~ with smb.* a fi de partea cuiva, a sprijini pe cineva.
side-board ['saidbɔ:d] *s.* bufet, servantă.
side-car [said kɑ:] *s.* ataş.
sidelong [saidlɔŋ] *adj., adv.* pieziş, oblic, lateral.
side-walk [said wɔ:k] *s.* trotuar, marginea drumului.
sideways ['saidweiz] *adj., adv.* lateral.
sidle ['saidəl] *v.i.* a merge ferindu-se, a se furişa.
sieve [si:v] *s.* sită.
sift [sift] *v.t., v.i.* a (se) cerne.
sigh [sai] **I.** *s.* oftat, suspin, foşnetul vântului. **II.** *v.t.* a spune oftând. **III.** *v.i.* a ofta, a suspina, *to ~ for* a tânji după.
sight [sait] **I.** *s.* vedere, văz, privelişte, părere, judecată, obiectiv turistic, *mil.* cătare, cantitate (mare), *by ~* din vedere, *in ~ of* aproape, *out of ~* departe, *within ~* cât vezi cu ochii, la vedere. **II.** *v.t.* a zări, a da cu ochii de, a observa.
sightless ['saitlis] *adj.* orb.
sightly ['saitli] *adj.* plăcut la vedere.
sign [sain] **I.** *s.* semn, indicaţie, firmă, tăbliţă. **II.** *v.t.* a semna(liza). **III.** *v.i.* a se

iscăli, a face semne, *to ~ on/ up* a se angaja, a se înrola, *to ~ off* a închide emisiunea.

signal ['signəl] **I.** *s.* semnal. **II.** *adj.* important, remarcabil. **III.** *v.t.*, *v.i.* a semnaliza.

signatory ['signətəri] *s.*, *adj.* semnatar.

sign-board ['sain bɔ:d] *s.* firmă.

signet ['sinit] *s.* pecete.

significance [sig'nifikəns] *s.* semnificație.

significant [sig'nifikənt] *adj.* important.

signification [signifi'keiʃən] *s.* semnificație.

signify ['signifai] **I.** *v.t.* a anunța, a însemna. **II.** *v.i.* a avea importanță.

sign-post ['sain poust] *s.* indicator de circulație.

silence ['sailəns] **I.** *s.* tăcere, linişte. **II.** *v.t.* a linişti, a alina, a reduce la tăcere.

silent ['sailənt] *adj.* tăcut, liniştit, mut.

silhouette [silu'et] *s.* siluetă.

silicon ['silikən] *s.* siliciu.

silk [silk] **I.** *s.* mătase. **II.** *adj.* de mătase.

silken ['silkən] *adj.* de mătase, mătăsos.

silkworm ['silkwɔ:m] *s.* vierme de mătase.

silky ['silki] *adj.* mătăsos, mieros.

sill [sil] *s.* pervaz, prag.

silly ['sili] *s.*, *adj.* prost.

silo ['sailou] *s.* siloz.

silt [silt] **I.** *s.* mâl. **II.** *v.t.* a (se) mâli.

silver ['silvə] **I.** *s.* arginta. **II.** *v.i.* a încărunți.

silvery ['silvəri] *adj.* argintiu.

similar ['similə] *adj.* similar.

similarity [simi'læriti] *s.* asemănare.

simile ['simili] *s.* comparație (figură de stil).

similitude [si'militju:d] *s.* asemănare, comparație.

simper ['simpə] **I.** *s.* zâmbet prostesc. **II.** *v.i.* a zâmbi prosteşte, a face pe mironosița.

simple ['simpəl] *adj.* simplu, simplist, sincer, deschis, umil.

simpleton ['simplətən] *s.* prostovan.

simplicity [sim'plisiti] *s.* simplitate, prostie.

simply ['simpli] *adv.* (pur şi) simplu, doar.

simulate ['simjuleit] *v.t.* a simula, a imita.

simultaneous [siməl'teiniəs] *s.* simultan.

sin [sin] **I.** *s.* păcat, imoralitate. **II.** *v.i.* a păcătui.

since [sins] **I.** *adv.* de atunci încoace, între timp, *long ~* cu mult timp în urmă. **II.** *prep.* (începând) de la, din. **III.** *conj.* de când, întrucât.

sincere [sin'siə] *adj.* sincer, simplu.

sinew ['sinju:] *s.* tendon, muşchi, nerv.

sinewy ['sinju:i] *adj.* vân(j)os, viguros, tare.

sinful ['sinful] *adj.* păcătos.
sing [siŋ] **I.** *v.t.* a cânta (din gură, în versuri), *to ~ smb. 's praises* a ridica pe cineva în slavă. **II.** *v.i.* a cânta (din gură).
singe [sindʒ] **I.** *s.* arsură. **II.** *v.t.*, *v.i.* a (se) arde, a (se) pârli.
singing ['siŋiŋ] *s.* cânt, cântare.
single [siŋgəl] **I.** *adj.* singur, simplu, direct. **II.** *v.t.* a alege, a izola, a scoate în relief.
single-handed ['siŋgəl hændid] *adj.* singur, fără ajutor.
singleness ['siŋgəlnis] *s.* unitate.
sinner ['sinə] *s.* păcătos.
singular ['siŋgjulə] **I.** *s.* singular. **II.** *adj.* singular, deosebit, ciudat.
singularity [siŋgju'læriti] *s.* singularitate, ciudățenie.
sire ['saiə] *s.* sire, tată, strămoș.
sirup ['sirəp] *s.* sirop.
sister ['sistə] *s.* soră, maică.
sister-in-law ['sistəinlɔ:] *s.* cumnată.
sit [sit] *v.i.* a ședea, a cloci, a se potrivi, a face parte, a fi membru, *to ~ down* a se așeza; *to ~ up* a sta în capul oaselor.
site [sait] *s.* așezare, loc, șantier.
sitting ['sitiŋ] *s.* ședere, ședință, pozare (pentru un pictor).
sitting-room ['sitiŋ rum] *s.* cameră de ședere, cameră de zi.
situation [sitju'eiʃən] *s.* situație, slujbă.
six [siks] **I.** *s.* șase, *at ~es and sevens* talmeș-balmeș. **II.** *num.* șase.
sixtieth ['siksti:θ] *s.*, *num.* al șaizecilea.
sixty ['siksti] **I.** *s.* șaizeci, deceniul al șaptelea. **II.** *num.* șaizeci.
size [saiz] **I.** *s.* mărime, număr. **II.** *v.t.* a aranja după mărime, *to ~ up* a cântări din ochi.
sizzle ['sizəl] **I.** *s.* sfârâit. **II.** *v.i.* a sfârâi.
skate [skeit] **I.** *s.* patină. **II.** *v.i.* a patina.
skeleton ['skelitən] *s.* schelet, schiță, secret.
sceptic ['skeptik] *s.*, *adj.* sceptic.
sketch [sketʃ] **I.** *s.* schiță. **II.** *v.t.* a schița. **III.** *v.i.* a face schițe.
sketchy ['sketʃi] *adj.* schițat, incomplet.
ski [schi] *v.i.* a schia.
skier ['ski:ə] *s.* schior.
skilful ['skilful] *s.* îndemânare, pricepere.
skilled ['skild] *adj.* priceput, calificat.
skim [skim] **I.** *v.t.* a smântâni, a trece ușor peste, a frunzări. **II.** *v.i.* a trece ca gâsca pe apă.
skimp [skimp] *v.t.*, *v.i.* a da cu zgârcenie.
skimpy [skimpi] *adj.* insuficient, scurt, calic, mic.
skin [skin] **I.** *s.* piele (netăbăcită), ten, burduf, coajă

de măr. **II.** *v.t.* a jupui. **III.** *v.i.* a face caimac.

skinny ['skini] *adj.* numai pielea şi oasele.

skip [skip] **I.** *s.* săritură, ţopăială. **II.** *v.t.* a sări (peste), a trece cu vederea, a omite, a lăsa la o parte. **III.** *v.i.* a sări, a ţopăi, a fugi, a face o călătorie fulger.

skipper ['skipə] *s.* căpitan.

skirt [skə:t] **I.** *s.* fustă, *fig.* femeie, *pl.* margine. **II.** *v.t.* a înconjura.

skulk [skΛlk] *v.i.* a se furişa.

skull [skΛl] *s.* craniu.

skunk [skΛŋk] *s.* sconcs, păcătos.

sky [skai] *s.* cer, bolta cerului, *pl.* atmosferă, climă.

sky-high [skaihai] *s.* succes, victorie, noroc, prosperitate.

skylark [skailɑ:k] *s.* ciocârlie.

sky-scraper [skaiskreipə] *s.* zgârie-nori.

skyward(s) [skaiwədz] *adj.*, *adv.* către cer.

slab [slæb] *s.* lespede.

slack [slæk] **I.** *s.* parte liberă, *pl.* pantaloni largi. **II.** *adj.* încet, leneş, moale, liber, pasiv. **III.** *v.i.* a lenevi.

slacken ['slækən] **I.** *v.t.* a încetini, a slăbi. **II.** *v.i.* a o lăsa mai moale, a se destinde.

slacker ['slækə] *s.* chiulangiu, leneş, codaş.

slake [sleik] *v.t.* a potoli, a stinge (varul).

slander ['slɑ:ndə] **I.** *s.* calomnie. **II.** *v.t.* a calomnia.

slanting ['slɑ:ntiŋ] *adj.* oblic.

slap [slæp] **I.** *s.* palmă, lovitură. **II.** *v.t.* a pălmui.

slap-dash ['slæp dæʃ] *adj.* improvizat, neglijent.

slapstick ['slæpstik] *s.* comedie ieftină, umor grosolan.

slash [slæʃ] **I.** *s.* rană. **II.** *v.t.* a tăia, a biciui.

slaughter ['slɔ:tə] **I.** *s.* masacru, măcelărie. **II.** *v.t.* a tăia, a masacra.

slaughter house ['slɔ:tə haus] *s.* abator.

slave-driver ['sleiv'draivə] *s.* paznic de sclavi.

slavery ['sleivəri] *s.* robie, sclavagism.

slavish ['sleiviʃ] *adj.* servil.

slay [slei] *v.t.* a ucide.

sled(ge) [sledʒ] **I.** *s.* sanie. **II.** *v.i.* a se da cu sania.

sleek [sli:k] *adj.* lucios, alunecos, mieros.

sleep [sli:p] **I.** *s.* somn. **II.** *v.t.* a găzdui, a alunga (oboseala) dormind. **III.** *v.i.* a dormi.

sleepless ['sli:plis] *adj.* neodihnit, neobosit, fără somn, de nesomn.

sleeplesness ['sli:plisnis] *s.* insomnie.

sleepy ['sli:pi] *adj.* somnoros, adormit.

sleet [sli:t] *s.* lapoviţă.

sleeve [sli:v] *s.* mânecă.

sleigh [slei] *s.* sanie (cu cai).

sleight [slait] *s.* îndemânare, predispoziţie.

slender ['slendə] *adj.* subţire(l), puţintel.

slice [slais] **I.** *s.* felie, bucată. **II.** *v.t.* a tăia (felii).
slick [slik] *adj.* lucios, fățarnic, îndemânatic.
slide [slaid] **I.** *s.* lunecuș, alunecare, tobogan, fotografie, diapozitiv, lamelă, *tehn.* sertar. **II.** *v.t.* a face să alunece, a strecura. **III.** *v.i.* a aluneca, a se da pe gheață.
slight [slait] **I.** *s.* mojicie, desconsiderare. **II.** *adj.* ușurel, subțirel, fără importanță, *not the ~ est idea* nici cea mai mică idee, câtuși de puțin. **III.** *v.t.* a desconsidera, a ofensa.
slightly ['slaitli] *adv.* ușor, oarecum.
slim [slim] *adj.* subțirel, mic, viclean.
slime [slaim] *s.* noroi.
slimy ['slaimi] *adj.* murdar, perfid.
sling [sliŋ] **I.** *s.* laț, bandaj, praștie. **II.** *v.t.* a arunca, a împroșca.
slink [sliŋk] *v.i.* a se furișa.
slip [slip] **I.** *s.* alunecare, scăpare, față de pernă, mlădiță, fițuică, bilet, fișă, *amer.* combinezon. **II.** *v.t.* a îmbrăca în grabă, a structura. **III.** *v.i.* a aluneca, a scăpa, a cădea, a se strecura, a trece.
slip-knot ['slip'nɔ:t] *s.* nod marinăresc.
slipper ['slipə] *s.* papuc de casă.
slippery ['slipəri] *adj.* alunecos, dubios.
slipshod ['slipʃɔd] *adj.* neglijent.
slit [slit] **I.** *s.* deschizătură, șliț. **II.** *v.t.* inf., trec. și part. trec. a despica.
slobber ['slɔbə] **I.** *s.* bale, dulcegărie. **II.** *v.t.* a îmbăla. **III.** *v.i.* a-i curge balele, a plânge.
slop [slɔp] *s.* polițist, *pl.* mâncare lichidă, lături.
slope [sloup] **I.** *s.* pantă, povârniș. **II.** *v.i.* a se povârni, a fi în pantă, a atârna.
sloppy ['slɔpi] *adj.* umed, apos, murdar, plângăreț.
slot [slɔt] **I.** *s.* deschizătură, șanț. **II.** *v.t.* a face o deschizătură în.
sloth [slɔθ] *s.* lene, trândăvie.
slothful ['slɔθful] *adj.* leneș, trândav.
slot-machine ['slɔt mə'ʃi:n] *s.* automat.
slouch [slautʃ] **I.** *s.* ședere într-o rână, leneș. **II.** *v.i.* a se bălăbăni.
slovenly ['slʌvənli] *adj.* șleampăt, neglijent.
slow [slou] **I.** *adj.* lent, greoi, *to be ~* a rămâne în urmă. **II.** *v.t.*, *v.i.* a încetini. **III.** *adv.* încet.
slowly ['slouli] *adv.* încet, lent.
sludge [slʌdʒ] *s.* moină, noroi.
slug [slʌg] *s.* limax, melc, glonț.
sluggard ['slʌgə:d] *s.* leneș.
sluggish ['slʌgiʃ] *adj.* trândav, greoi.
slum [slʌm] *s.* locuință sărăcăcioasă, mahala.

slumber ['slʌmbə] **I.** *s.* somn, toropeală. **II.** *v.i.* a dormi.

slump [slʌmp] **I.** *s.* criză, decline. **II.** *v.i.* a cădea, a se lăsa moale.

slur [slə:] **I.** *s.* reproş, mormăială, pronunţare neclară. **II.** *v.t.* a mormăi, a trece repede peste. **III.** *v.i.* a mormăi.

slush [slʌʃ] *s.* noroi, moină, dulcegărie.

sly [slai] **I.** *s.* *on the ~* în taină. **II.** *adj.* viclean.

smack [smæk] **I.** *s.* iz lovitură, plescăit, ţocăit. **II.** *v.t.* a pocni, a plescăi. **III.** *v.i.* a avea iz, a mirosi (ceva).

small [smɔ:l] *adj.* mic.

smallpox ['smɔ:lpɔks] *s.* *med.* variolă.

smart [smɑ:t] **I.** *s.* durere. **II.** *adj.* dureros, deştept, obraznic, elegant. **III.** *v.i.* a simţi o durere, a ustura.

smash [smæʃ] **I.** *s.* ruină, accident, *sport* bombă. **II.** *v.t.* a sfărâma.

smashing ['smæʃiŋ] *adj.* grozav, uluitor.

smattering ['smætəriŋ] *s.* *fig.* spoială.

smear [smiə] **I.** *s.* pată. **II.** *v.t.*, *v.i.* a (se) păta.

smell [smel] **I.** *s.* miros(ire). **II.** *v.t.*, *v.i.* a mirosi, a adulmeca, *to ~ smth fishy* a simţi ceva dubios.

smile [smail] **I.** *s.* zâmbet. **II.** *v.i.* a zâmbi.

smirch [smə:tʃ] **I.** *s.* pată. **II.** *v.t.* a păta.

smirk [smə:k] **I.** *s.* zâmbet afectat. **II.** *v.i.* a zâmbi afectat.

smite [smait] *v.t.* a izbi, a afecta, a vrăji.

smith [smiθ] *s.* fierar, potcovar.

smog [smɔg] *s.* ceaţă deasă (amestecată cu fum).

smoke [smouk] **I.** *s.* fum(at), ţigară. **II.** *v.t.* a (a)fuma, a înnegri, a alunga cu fum. **III.** *v.i.* a afuma, a scoate fum.

smoke-dried ['smouk draid] *adj.* (de alimente) afumat.

smoker ['smoukə] *s.* fumător, compartiment pentru fumători.

smocking ['smoukiŋ] *s.* fumat.

smoky ['smouki] *adj.* afumat, plin de fum, care scoate mult fum.

smooth [smuθ] **I.** *adj.* neted, lucios, uşor, nesincer, fără zdruncinături. **II.** *v.t.* a netezi, a întinde, a uşura. **III.** *v.i.* a se linişti.

smooth-faced ['smu:ð feist] *adj.* fără riduri, nesincer.

smooth-spoken ['smu:ð spoukən] *adj.* mieros.

smooth-tempered ['smu:ð tempərid] *adj.* calm.

smug [smʌg] *adj.* mulţumit (de sine).

smuggle ['smʌgəl] *v.t.* a strecura (prin contrabandă).

smuggler ['smʌglə:] *s.* contrabandist.

smugness ['smʌgnis] *s.* automulțumire, satisfacție (de sine).
smut [smʌt] **I.** *s.* porcărie, pată, *bot.* tăciune, mălură. **II.** *v.t.* a păta.
smutty ['smʌti] *adj.* murdar, obscen.
snack [snæk] *s.* gustare.
snack-bar [snæk bɑ:] *s.* bufet expres.
snag [snæg] *s.* colț de stâncă, ciot.
snail [sneil] *s.* melc.
snake [sneik] **I.** *s.* mușcătură, trosnet, instantaneu. **II.** *v.t.* a mușca, a hăpăi, a pocni, a fotografia instantaneu. **III.** *v.i.* a da să muște, a pocni, a trosni.
snapshot ['snæpʃɔt] *s.* instantaneu.
snare [snɛə] **I.** *s.* capcană. **II.** *v.t.* a ispiti.
snarl [snɑ:l] **I.** *s.* mârâit. **II.** *v.i.* a mârâi, a-și arăta colții.
snatch [snætʃ] **I.** *s.* apucare, smulgere, fragment, crâmpei, asalt. **II.** *v.t.* a apuca, a smulge. **III.** *v.i.* *to ~ at* a se întinde după ceva.
sneak [sni:k] **I.** *s.* laș, om de nimic, pârâtor. **II.** *v.t.* a șterpeli. **III.** *v.i.* a se furișa, a pârî.
sneer [sniə] **I.** *s.* zâmbet disprețuitor, ironie. **II.** *v.i.* a rânji, a vorbi ironic.
sniff [snif] **I.** *s.* pufăit, adulmecare. **II.** *v.t.* a mirosi, a adulmeca. **III.** *v.i.* a pufni, a adulmeca, a mirosi, a trage pe nas, a batjocori.
snigger ['snigə] **I.** *s.* chicotit. **II.** *v.i.* a chicoti.
snob [snɔb] *s.* snob.
snobbish ['snɔbiʃ] *adj.* snob.
snoop [snu:p] *v.i.* a spiona.
snooze [snu:z] **I.** *s.* ațipeală. **II.** *v.i.* a ațipi.
snore [snɔ:] **I.** *s.* sforăit. **II.** *v.i.* a sforăi.
snot [snɔt] *adj.* mucos, țâfnos.
snout [snaut] *s.* rât, bot, nas.
snow [snou] **I.** *s.* zăpadă, ninsoare, cocaină. **II.** *v.i.* a ninge, a veni în valuri.
snow-ball ['snou bɔ:l] *s.* bulgăre de zăpadă.
snow-boot ['snou bu:t] *s.* șoșon.
snowbound ['snou baund] *adj.* înzăpezit.
snow-clad ['snou klæd] *adj.* acoperit de zăpadă.
snowdrift [snou drift] *s.* troian.
snowdrop ['snoudrɔp] *s.* ghiocel.
snowflake ['snoufleik] *s.* fulg de nea.
snowman ['snoumən] *s.* om de zăpadă.
snowshoe ['snouʃu:] *s.* rachetă (de mers pe zăpadă).
snowstorm ['snoustɔ:m] *s.* viscol.
snowy ['snoui] *adj.* înzăpezit, nins, imaculat.
snub [snʌb] **I.** *s.* ripostă, punere la punct. **II.** *adj.* cârn. **III.** *v.t.* a jigni.

snuff [snʌf] **I.** *s.* tabac (de prizat), muc de lumânare. **II.** *v.t.* a mucări, a stinge, a priza (tabac). **III.** *v.i.* a priza tabac, a muri.

snuffle ['snʌfəl] **I.** *s.* fornăit. **II.** *v.i.* a (se) fârnâi.

snug [snʌg] *adj.* confortabil, călduros.

snuggle ['snʌgəl] **I.** *v.t.* a strânge în brațe. **II.** *v.i.* a se cuibări.

so [sou] **I.** *adv.*, așa (de), *Mr. ~ and ~* domnul cutare, *~ far* deocamdată, *~ long* la revedere, *~ long as* atâta vreme cât, *not ~ much as* nici măcar, *~ many* atâtea, atâția, *~ much ~ ... that* în așa măsură încât, *and ~ on, and ~ forth* și așa mai departe. **II.** *conj.* așadar, de aceea, va să zică, *~ that's that* și cu asta basta, *~ that* ca să, *~ as to* pentru a.

soak [souk] **I.** *s.* muiere, înmuiere, udare. **II.** *v.t.* a uda, a muia, a înmuia, a pocni. **III.** *v.i.* a se uda, a trage la măsea, *to ~ through* a pătrunde.

soap [soup] **I.** *s.* săpun. **II.** *v.t.* a săpuni, a flata.

soapy ['soupi] *adj.* plin de săpun, unsuros, mieros.

soar [sɔ:] *v.i.* a se înălța (spre cer), a crește.

sob [sɔb] **I.** *s.* suspin, oftat. **II.** *v.t.* a spune printre suspine. **III.** *v.i.* a suspina, a ofta, a plânge.

sober ['soubə] **I.** *adj.* treaz, sobru, calm, prudent. **II.** *v.t.*, *v.i.* a (se) liniști, a se trezi.

so-called ['soukʌld] *adj.* așa-zis, pretins.

sociable ['souʃəbəl] *adj.* sociabil, prietenos.

socialism ['souʃəlizəm] *s.* socialism.

socialize ['souʃəlaiz] *v.t.* a socializa, a naționaliza.

socially ['souʃəli] *adv.* în societate, social.

society [sə'saiəti] *s.* societate, tovărășie.

sock [sɔk] **I.** *s.* șosetă, ciorap bărbătesc, lovitură. **II.** *v.t.* a pocni.

soda ['soudə] *s.* sodă, sodiu, sifon.

soda-fountain ['soudə'fauntən] *s.* chioșc, stand sau raion de răcoritoare.

soda-water ['soudə wɔ:tə] *s.* sifon.

sodden ['sɔdən] *adj.* ud (până la piele), beat turtă, moale.

sofa ['soufə] *s.* canapea, divan.

soft [sɔft] *adj.* moale, neted, dulce, blând, prostuț, slab, ușor.

soften ['soufn] *v.t.*, *v.i.* a (se) muia.

soft-headed ['sɔft'hedid] *adj.* prostuț, ramolit.

soft-hearted ['sɔft'hɑ:tid] *adj.* cu inima blândă, sentimental.

softness ['sɔftnis] *s.* moliciune, blândețe.

soft-spoken ['sɔftspoukən] *adj.* (cu glas) blând.

soggy ['sɔgi] *adj.* ud leoarcă.
soil [sɔil] **I.** *s.* sol, pământ. **II.** *v.t.*, *v.i.* a (se) murdări sau mânji.
sojurn ['sɔdʒə:n] **I.** *s.* şedere, vizită. **II.** *v.i.* a sta, a rămâne.
solace ['sɔ:lis] **I.** *s.* consolare. **II.** *v.t.* a consola.
soldiery ['souldʒəri] *s. mil.* trupă.
sole [soul] **I.** *s.* talpă, *iht.* limbă-de-mare. **II.** *adj.* singur, unic. **III.** *v.t.* a tălpui.
solecism ['sɔlisizəm] *s.* greşeală (în vorbire).
solely ['soulli] *adv.* numai.
solemn ['sɔləm] *adj.* solemn, grav, important.
solemnity [sɔ'lemniti] *s.* solemnitate, ceremonie, gravitate.
solemnize ['sɔləmnaiz] *v.t.* a sfinţi, a celebra.
solicitor [sə'lisitɔ] *s.* jurisconsult.
solicitous [sə'lisitəs] *adj.* atent, grijuliu.
solid ['sɔlid] **I.** *s.* solid, *pl.* hrană solidă. **II.** *adj.* solid, solidar, masiv, unanim, neîntrerupt.
solidarity [sɔ'lidæriti] *s.* solidaritate.
soliloquise [sə'liləkwaiz] *v.i.* a vorbi singur.
soliloquy [sə'liləkwi] *s.* monolog.
solitary ['sɔlitəri] *adj.* singur, singuratic, izolat.
solitude ['sɔlitju:d] *s.* singurătate.
soloist ['soulɔist] *s.* solist.
soluble ['sɔljubəl] *adj.* solubil, rezonabil.
solution [sə'lu:ʃən] *s.* soluţie, rezolvare, dizolvare.
solve [sɔlv] *v.t.* a rezolva.
solvent [sɔlvənt] **I.** *s.* solvent. **II.** *adj.* solvabil, solvent.
somber, sombre ['sɔmbə] *adj.* sumbru, întunecos, trist.
some [sʌm] **I.** *adj.* nişte, oarecare, puţin(ă), straşnic, ~ *day* într-o bună zi. **II.** *pron.* câţiva, unii. **III.** *adv.* vreo, circa.
somebody ['sʌbədi] *pron.* cineva.
somehow ['sʌmhau] *adv.* cumva.
someone ['sʌmwʌn] *pron.* cineva.
something ['sʌmθiŋ] **I.** *pron.* ceva. **II.** *adv.* oarecum.
sometime ['sʌmtaim] **I.** *adj.* fost. **II.** *adv.* cândva.
sometimes ['sʌmtaimz] *adv.* uneori.
somewhat ['sʌmwɔt] **I.** *pron.* ceva. **II.** *adv.* oarecum.
somewhere ['sʌmwɛə] *adv.* undeva.
son [sʌn] *s.* fiu, băiat,
son-in-law ['sʌnin'lɔ:] *s.* ginere.
sonny ['sʌni] *s.* băiete.
sonorous [sə'nɔ:rəs] *adj.* sonor, răsunător, strălucitor.
soon [su:n] *adv.* curând, devreme, *as ~ as* de îndată ce, *no ~er... than* nici... că, *I'd ~er* prefer să.

soot [su:t] **I.** *s.* funingine. **II.** *v.t.* a murdări.

soothe [su:θ] *v.t.* a linişti, a împăca, a alina.

sooty ['su:ti] *adj.* negru, murdar.

sop [sɔp] **I.** *s.* pâine muiată. **II.** *v.t.* a muia, a şterge (apa).

sophisticated [sə'fistikeitid] *adj.* complicat, rafinat.

sophistry ['sɔfistri] *s.* sofism.

sopping ['sɔpiŋ] *adj.* (ud) leoarcă.

soppy ['sɔpi] *adj.* ud leoarcă, siropos.

sorely ['sɔ:li] *adv.* groaznic, foarte.

sorrel ['sɔrəl] **I.** *s.* măcriş, roib. **II.** *adj.* roib, roşiatic.

sorrow ['sɔrou] **I.** *s.* supărare, necaz. **II.** *v.i.* a se necăji.

sorrowful ['sɔrouful] *adj.* trist, nefericit.

sorry ['sɔri] *adj.* supărat, trist, *I am ~* scuzaţi, îmi pare rău.

sort [sɔ:t] **I.** *s.* fel, gen, *all of a ~* toţi o apă, *after a ~* într-o oarecare măsură, *~ of* oarecum, *out of ~s* indispus. **II.** *v.t.* a sorta, a alege. **II.** *v.i.* a se potrivi.

soul [soul] *s.* suflet.

soulful ['soulful] *adj.* sentimental.

sound [saund] **I.** *s.* sunet, *med.* sondă. **II.** *adj.* sănătos, solid, înţelept. **III.** *v.t.* a face să răsune, a verifica, a sonda. **IV.** *v.i.* a (ră)suna, a sonda. **V.** *adv.* profund, *he is ~ asleep* doarme dus.

sour [sauə] **I.** *adj.* acru. **II.** *v.t.*, *v.i.* a (se) acri.

sourness ['sauənis] *s.* acritură, ţâfnă.

source [sɔ:s] *s.* izvor.

souse [saus] *v.t.* a uda, a îmbăta.

south [sauθ] **I.** *s.* sud. **II.** *adj.* sudic. **III.** *adv.* spre sud.

southern ['sʌðən] *adj.* sudic.

sovereign ['sɔvərin] **I.** *s.* suveran, *fin.* liră de aur. **II.** *adj.* suveran, suprem.

sovereignty ['sɔvərinti] *s.* suveranitate, autoritate.

sow[1] [sou] **I.** *v.t.* a însămânţa, a planta, *fig.* a răspândi, *to ~ one's wild oats* a-şi face de cap (în tinereţe). **II.** *v.i.* a semăna.

sow[2] [sou] *s.* scroafă.

soybean ['sɔibin] *s.* (păstaie de) soia.

space [speis] **I.** *s.* spaţiu, perioadă. **II.** *v.t.* a spaţia.

spaceman ['speismən] *s.* cosmonaut.

spaceship ['spiesʃip] *s.* navă cosmică.

spacious ['speiʃəs] *adj.* spaţios, întins.

Spanish ['spæniʃ] **I.** *s.* (limba) spaniolă, *the ~* spaniolii. **II.** *adj.* spaniol.

spare [spɛə] **I.** *s.* piesă/ roată de rezervă. **II.** *adj.* suplimentar, de rezervă, liber, subţirel. **III.** *v.t.* a cruţa, a economisi, a avea disponibil.

sparing ['spɛəriŋ] *adj.* econom, cumpătat.

spark [spɑ:k] **I.** *s.* scânteie, urmă. **II.** *v.i.* a scânteia.
sparkle ['spɑ:kəl] **I.** *s.* licărire, scânteiere. **II.** *v.i.* a scânteia, a licări, a străluci, a face spumă.
sparrow ['spærou] *s.* vrabie.
sparrow-hawk ['spærou hɔ:k] *s.* erete.
sparse [spɑ:s] *adj.* rar, răspândit, subțire.
spatial ['speiʃəl] *adj.* spațial, cosmic.
speak [spi:k] **I.** *v.t.* a spune, a enunța. **II.** *v.i.* a vorbi, a ține cuvântări, a fi expresiv, a suna, *to ~ out/ up* a vorbi răspicat, a-și spune cuvântul.
speak-easy ['spi:k i:zi] *s.* tavernă.
special ['speʃəl] *adj.* special.
specially ['speʃəli] *adv.* anume.
specialty ['speʃəlti] *s.* specialitate.
specie ['spi:ʃi:] *s.* monede.
species ['spiʃi:z] *s.* specie, specii.
specifically [spi'sifikəli] *adv.* specific, precis, și anume.
specify [spesi'fai] *v.t.* a specifica.
specimen ['spesimən] *s.* specimen, mostră, exemplu.
specious ['spi:ʃəs] *adj.* aparent veridic, înșelător, dubios.
speckled ['spekəld] *adj.* bălțat, pătat.
specs [speks] *s. pl.* ochelari.
spectacular [spek'tækjulə] *adj.* spectaculos.
spectator [spek'teitə] *s.* spectator.
specter, spectre ['spektə] *s.* strigoi, spectru.
spectrum ['spektrəm] *s. fiz.* spectru.
speculate ['spekjuleit] *v.t.* a face speculații, a medita.
speculation [spekju'leiʃən] *s.* speculație, meditație, presupunere.
speculative [spekju'lətiv] *adj.* speculativ, meditativ, bazat pe presupuneri.
speech [spi:tʃ] *s.* cuvântare, vorbire, limbaj, limbă.
speechify [spi:tʃifi] *v.i.* a ține discursuri.
speechless ['spi:tʃlis] *adj.* mut, uluit.
speed [spi:d] **I.** *s.* viteză, rapiditate. **II.** *v.t.* a grăbi. **III.** *v.i.* a (se) grăbi, a merge în viteză.
speed-boat ['spi:d bout] *s.* vedetă rapidă.
speed limit [spi:d limit] *s.* viteză maximă.
speedometer [spi:'dɔmitə] *s.* vitezometru.
speed-up ['spi:d ʌp] *s.* accelerarea ritmului de muncă.
speedway ['spi:d wei] *s.* pistă, autostradă.
speedy ['spi:di] *adj.* grabnic, rapid.
spell [spel] *s.* farmec, vrajă.
spellbound ['spelbaund] *adj.* vrăjit.
spelling ['speliŋ] *s.* ortografie, citire literă cu literă.

spend [spend] **I.** *v.t.* a cheltui, a consuma, a petrece (timpul). **II.** *v.i.* a cheltui.

spender ['spendə] *s.* risipitor.

spendthrift ['spendθrift] *s., adj.* risipitor.

spent [spent] **I.** *adj.* istovit, uzat. **II.** *v.t., v.i.* trec. şi part. trec. de la spend.

sperm [spə:m] *s.* spermă.

sphere [sfiə] *s.* sferă, glob, domeniu.

spice [spais] **I.** *s.* condiment, mirodenie. **II.** *v.t.* a condimenta.

spick and span ['spikənspeæn] *adj.* curat, ca scos din cutie.

spicy ['spaisi] *adj.* picant.

spider ['spaidə] *s.* păianjen.

spike [spaik] **I.** *s.* ţintă, cui, ţeapă, spic. **II.** *v.t.* a înţepa.

spiked boots [spaikt bu:ts] *s. pl.* bocanci cu ţinte.

spiky ['spaiki] *adj.* ţepos.

spill [spil] **I.** *v.t.* a vărsa, prăvăli. **II.** *v.i.* a da pe dinafară.

spin [spin] **I.** *s.* răsucire. **II.** *v.t.* a răsuci, a toarce.

spinal ['spainəl] *adj.* dorsal.

spinal cord ['spainəl kɔ:d] *s.* şira spinării.

spindle ['spindəl] *s.* fus, axă, osie.

spine [spain] *s.* spinare, ac, ţeapă.

spineless ['spainlis] *adj.* fără şira spinării.

spinet ['spinit] *s.* clavecin.

spinner ['spinə] *s.* filator, torcătoare.

spinning-mill ['spiniŋ mil] *s.* filatură.

spinning-wheel ['spiniŋ wi:l] *s.* vârtelniţă.

spinster ['spinstə] *s.* fată bătrână; torcătoare.

spire [spaiə] *s.* turlă.

spirit ['spirit] *s.* spirt, suflet.

spirited ['spiritid] *adj.* vioi, curajos.

spiritless ['spiritlis] *adj.* fără vlagă, neinteresat.

spiritual ['spiritʃuəl] *adj.* sufletesc, spiritual, religios.

spirituous ['spiritjuəs] *adj.* spirtos.

spit [spit] **I.** *s.* scuipat, scuipare, frigare. **II.** *v.t.* a scuipa, a rosti, a ţipa, a pune în frigare. **III.** *v.i.* a scuipa.

spite [spait] **I.** *s.* pică, duşmănie, răutate, *in ~ of* în ciuda. **II.** *v.t.* a supăra, a necăji, a face în ciudă (cuiva).

spiteful ['spaitful] *adj.* ranchiunos, duşmănos.

spittle ['spitəl] *s.* scuipat.

spittoon [spi'tu:n] *s.* scuipătoare.

spiv [spiv] *s.* escroc, traficant, parazit.

splash [splæʃ] **I.** *s.* plescăială, împroşcare. **II.** *v.t., v.i.* a împroşca.

splint [splint] *s.* splină, proastă dispoziţie, plictis.

splendid ['splendid] *adj.* splendid, minunat.

splendo(u)r ['splendə] *s.* splendoare, glorie.

splice [splais] **I.** *s.* îmbinare, nod. **II.** *v.t.* a îmbina, a înnoda, a lipi, a căsători.
splint [splint] *s.* lopățică.
splinter ['splintə] **I.** *s.* așchie, schijă. **II.** *v.t.* a despica, a tăia.
split [split] **I.** *s.* ruptură, sciziune, băutură răcoritoare. **II.** *v.t.*, inf., trec. și part. trec. a despica, a dezbina, a se scinda, *to ~ on* a denunța.
splutter ['splΛtə] **I.** *s.* bolboroseală, plescăială. **II.** *v.t.*, *v.i.* a bolborosi.
spoil [spɔil] **I.** *s.* pradă, *pl.* profit. **II.** *v.t.* a strica, a răsfăța. **III.** *v.i.* a se strica.
spoilt [spɔilt] **I.** *adj.* răsfățat, neastâmpărat. **II.** *v.t.* part. trec. de la spoil.
sponge [spΛndʒ] **I.** *s.* burete, *fig.* parazit. **II.** *v.i.* *to ~ on smb.* a trăi pe socoteala cuiva.
sponsor ['spɔnsə] **I.** *s.* epitrop, patron, naș, inițiator. **II.** *v.t.* a sprijini, a finanța.
spontaneous [spɔn'teinjəs] *adj.* spontan.
spook [spu:k] *s.* fantomă.
spore [spɔ:] *s.* spor.
sport [spɔ:t] **I.** *s.* distracție, vânătoare, călărie, *pl.* sport(uri), glumă, jucărie, persoană veselă, serviabilă, care nu se supără. **II.** *v.i.* a se distra, a glumi.
sportive ['spɔ:tiv] *adj.* jucăuș, vesel.
sportsman [spɔ:tsmən] *s.* sportiv, vânător, țintaș, caracter bun, om de treabă, serviabil.
sportsmanlike [spɔ:tmən'laik] *adj.* generos, elegant, amabil.
sportsmanship [spɔ:tmən'ʃip] *s.* îndemânare sportivă, caracter elegant, spirit sportiv.
spot [spɔt] **I.** *s.* loc, urmă, pată, picătură, pic, *on the ~* imediat, pe teren, la locul respectiv. **II.** *v.t.* a păta, a strica, a identifica.
spotless ['spɔtlis] *adj.* nepătat.
spotlight ['spɔtlait] *s.* reflector, atenție.
spotted ['spɔtid] *adj.* bălțat, cu picățele.
spouse [spauz] *s.* soț(ie).
spout [spaut] **I.** *s.* (gură de) țeavă, jgheab, *up the ~* amanetat. **II.** *v.t.* a scuipa, a arunca. **III.** *v.i.* a luxa.
sprang [spræŋ] *v.t.*, *v.i.* trec. de la spring.
sprat [spræt] *s.* *iht.* șprot.
sprawl [sprɔ:l] **I.** *s.* tolănire. **II.** *v.t.* a întinde, a împrăștia. **III.** *v.i.* a se tolăni, a se întinde.
spray [sprei] **I.** *s.* crenguță, picături, stropeală, duș. **II.** *v.t.* a stropi, a pulveriza.
sprayer [spreiə] *s.* vaporizator, pompă de flit.
spread [spred] *s.* lărgime, răspândire.
spree [spri] *s.* veselie, chef.
sprightly ['spraitli] *adj.* vesel, vioi.
spring [spriŋ] **I.** *s.* primăvară, săritură, izvor, resort. **II.** *v.t.* a deschide, a arunca (în aer).

III. *v.i.* a sări, a țâșni, as apărea, a se naște, a se trage.
springtime [spriŋtaim] *s.* primăvară.
sprinkle ['spriŋkəl] **I.** *s.* presărare. **II.** *v.t.* a stropi, a presăra.
sprint [sprint] **I.** *s.* cursă de viteză. **II.** *v.i.* a alerga repede.
sprite [sprait] *s.* spiriduș, zână.
sprocket ['sprɔkit] *s.* roată dințată, dinte de roată.
spur [spə:] **I.** *s.* pinten, imbold, îndemn. **II.** *v.t.* a îndemna, a da pinteni la, *fig.* a împinge.
spurious ['spjuəriəs] *adj.* fals, prefăcut.
spurn [spə:n] *v.t.* a refuza cu dispreț, a lua de sus.
spurt [spə:t] **I.** *s.* jet, țâșnitură, izbucnire, efort. **II.** *v.t.* a arunca. **III.** *v.i.* a țâșni, a face un efort, a se încorda.
sputter ['spʌtə] **I.** *s.* izbucnire, bolboroseală. **II.** *v.t.*, *v.i.* a bolborosi.
spy [spai] **I.** *s.* spion, iscoadă. **II.** *v.t.* a spiona, a iscodi. **III.** *v.i.* a face spionaj, a pândi.
spy-glass ['spai glɑ:s] *s.* ochean.
squabble ['skwɔbəl] **I.** *s.* sfadă. **II.** *v.i.* a se ciondăni.
squad [skwɔd] *s.* detașament, escadron.
squadron ['skwɔdrən] *s.* escadron, escadr(il)ă.
squalid ['skwɔlid] *adj.* sordid, jalnic.
squall [skwɔ:l] **I.** *s.* țipăt, rafală (de vânt). **II.** *v.t.*, *v.i.* a țipa.
squalor ['skɔlə] *s.* murdărie, mizerie (cumplită).
squander ['skwɔndə] *v.t.* a risipi, a irosi.
squanderer ['skwɔndərə] *s.* mână spartă.
square [skwɛə] **I.** *s.* pătrat, piață, echer, teu. **II.** *adj.* pătrat, (în unghi) drept, corect, total, răspicat. **III.** *v.t.* a ridica la pătrat, a îndrepta, a echilibra, a achita.
squash [skwɔʃ] **I.** *s.* terci, aglomerație, dovlcac. **II.** *v.t.* a zdrobi, a terciui, a înăbuși.
squat [skwɔt] **I.** *adj.* îndesat, turtit. **II.** *v.i.* a sta pe vine, a ocupa un teren.
squatter [skwɔtə] *s.* primul ocupant al unui teren, fermier.
squeak [skwi:k] **I.** *s.* chițăit, guițat, primejdie. **II.** *v.i.* a chițăi, a guița, a trăda un secret.
squeaker [skwi:kə] *s.* denunțător.
squeal [skwi:l] **I.** *s.* țipăt, chelălăit. **II.** *v.i.* a chelălăi, a-și denunța complicii, a se plânge.
squeamish ['skwi:miʃ] *adj.* fandosit, pretențios.
squeeze [skwi:z] **I.** *s.* strânsoare, înghesuială, mită. **II.** *v.t.* a strânge, a stoarce, a înghesui, a-și croi drum. **III.** *v.i.* a se strecura.
squirrel ['skwirəl] *s.* veveriță.
squirt [skwə:t] **I.** *s.* țâșnitură **II.** *v.t.* a arunca. **III.** *v.i.* a țâșni.

stab [stæb] **I.** *s.* înjunghiere, junghi, mişelie. **II.** *v.t.* a înjunghea, a străpunge, a răni. **III.** *v.i.* a simţi junghiuri.

stable [steibəl] **I.** *s.* grajd. **II.** *adj.* stabil, ferm. **III.** *v.t.* a băga/ ţine în grajd.

stable-boy ['steibəl bɔi] *s.* grăjdar.

stack [stæk] *s.* teanc, căpiţă, morman, coş (de vapor).

stadium ['steidiəm] *s.* stadion.

stage [steidʒ] **I.** *s.* scenă, estradă, teatru, etapă, stadiu, diligenţă. **II.** *v.t.* a pune în scenă, a înscena, a juca (o piesă).

stage-fright [steidʒ frait] *s.* trac.

stage-manager [steidʒ mænidʒə] *s.* director de scenă.

stagger ['stægə] **I.** *s.* mers nesigur, bălăbăneală. **II.** *v.t.* a speria. **III.** *v.i.* a se bălăbăni.

staging ['steidʒiŋ] *s.* montare, înscenare.

stagnant ['stægnənt] *adj.* stătător, static, mort.

staid [steid] *adj.* liniştit, aşezat.

stain [stein] **I.** *s.* pată, colorare, culoare, colorant. **II.** *v.t.* a păta, a colora. **III.** *v.i.* a se colora.

stained glass window [steinid glɑ:s windou] *s. pl.* vitralii.

stainless ['steinlis] *adj.* imaculat, inoxidabil.

stair(case) ['stɛəkeis] *s.* scară.

stake [steik] **I.** *s.* par, stâlp, rug, miză, interes, *at ~* în joc. **II.** *v.t.* a miza, a marca, *to ~ out/ off one's claim* a-şi revendica drepturile.

stale [steil] *adj.* stătut, vechi, răsuflat.

stalemate ['steilmeit] *s.* pat (la şah), impas.

stalk [stɔ:k] **I.** *s.* tulpină, pai. **II.** *v.t.* a urmări, a cutreiera, a străbate. **III.** *v.i.* a umbla semeţ..

stall [stɔ:l] **I.** *s.* grajd, tarabă, stand, chioşc, stal, strană. **II.** *v.t.* a opri. **III.** *v.i.* a se opri, a se împotmoli, a tergiversa.

stallion ['stæliən] *s.* armăsar (de prăsilă).

stalwart ['stɔ:lwət] *s.*, *adj.* viteaz, voinic.

stamina ['stæminə] *s.* vigoare, rezistenţă.

stammer ['stæmə] **I.** *s.* bâlbâială. **II.** *v.t.*, *v.i.* a (se) bâlbâi.

stampede [stæm'pi:d] *s.* panică.

stanchion ['stɑ:nʃən] *s.* stâlp de susţinere.

stand [stænd] *s.* suport, pupitru, stand, chioşc.

standard ['stændəd] *s.* drapel, stindard, emblemă, principiu, etalon, standard, nivel.

standard-bearer ['stændəd bɛərə] *s.* stegar, portdrapel.

standard-time ['stændəd taim] *s.* ora oficială.

stand-in ['stændin] *s.* *cin.* cascador, înlocuitor al unui actor.

standing ['stændiŋ] **I.** *s.* durată, poziţie, rang. **II.** *adj.* din

picioare, de pe loc, permanent, drept.
stand-offish ['stænd ɔ:fiʃ] *adj.* semeț, înțepat.
standpoint ['stænd pɔint] *s.* punct de vedere, atitudine, poziție.
standstill ['stænd stil] *s.* oprire, impas.
stanza ['stænzə] *s.* strofă.
staple [steipəl] **I.** *s.* belciug, capsă (pentru hârtie), marfă de larg consum, esență, materie primă. **II.** *adj.* principal, cel mai răspândit.
star [stɑ:] **I.** *s.* stea, corp ceresc, asterisc. **II.** *v.t.* a însemna cu asteriscuri, a prezenta ca vedetă. **III.** *v.i.* a juca rolul principal.
starboard ['stɑ:bɔ:d] *s.* tribord.
stare [stɛə] *s.* privire fixă, privire în gol.
starfish ['stɑ:fiʃ] *s.* stea de mare.
star-gazer ['stɑ:geizə] *s.* astrolog, visător.
starkly ['stɑ:kli] **I.** *adj.* țeapăn, curat, complet. **II.** *adv.* complet.
starlight [stɑ:lait] *s.* lumina stelelor.
starlit ['stɑ:lit] *adj.* înstelat.
starry ['stɑ:ri] *adj.* înstelat, luminos, strălucitor.
start [stɑ:t] *s.* început, începere, start, avantaj.
starting point [stɑ:tiŋ pɔint] *s.* început, start.
startle ['stɑ:təl] *v.t.* a surprinde, a tresălta.
starvation [stɑ:'veiʃən] *s.* foame(te), inaniție.
starve [stɑ:v] **I.** *v.t.* a înfometa. **II.** *v.i.* a muri de foame.
state [steit] *s.* stare, situație, rang, pompă, ceremonie.
stately ['steitli] *adj.* maiestuos.
statement ['steitmənt] *s.* declarație.
statesman ['steitsmən] *s.* politician, om de stat.
station ['steiʃən] **I.** *s.* loc, stație, gară, local, bază militară, rang. **II.** *v.t.* *mil.* a staționa, a disloca.
stationary ['steiʃənəri] *adj.* staționar.
stationer ['steiʃənər] *s.* corsetier, librar, papetar.
stationery ['steiʃənəri] *s.* papetărie.
statistics [stə'tistiks] *s. pl.* statistică.
statue ['stætju:] *s.* statuie.
statuesque ['stætju'esk] *adj.* sculptural.
stature ['stætʃə] *s.* statură, valoare, importanță.
status ['steitəs] *s.* situație, rang, *jur.* statut.
statute ['stætju:t] *s.* lege, statut.
staunch [stɔ:ntʃ] **I.** *adj.* fidel, neclintit. **II.** *v.t.* a opri (sângele).
stave [steiv] **I.** *s.* prăjină, doagă, linie de portativ, strofă. **II.** *v.t.* a sparge, a zdrobi.
stay [stei] *s.* şedere, oprire, întârziere, amânare.
steadfast ['stedfɑ:st] *adj.* neclintit, fidel, credincios.

steadfastness ['stedfɑ:stnis] *s.* fermitate, credință, neclintire.

steadily ['stedili] *adv.* constant, ferm, regulat, mereu.

steady ['stedi] **I.** *adj.* ferm, sigur, regulat, serios, harnic. **II.** *v.t.*, *v.i.* a (se) liniști.

steak [steik] *s.* friptură, fleică.

steal [sti:l] **I.** *v.t.* a fura, a smulge. **II.** *v.i.* a se strecura, a se furișa, a fura.

stealth [stelθ] *s.* secret, *by ~* pe furiș.

stealthy ['stelθi] *adj.* furiș, prudent.

steam [sti:m] *s.* aburi, vapori, energie.

steamboat ['sti:m bout] *s.* vapor.

steam-engine ['sti:m endʒin] *s.* mașină cu vapori, locomotivă.

steamer ['sti:mə] *s.* vapor, etuvă.

steamship ['sti:m ʃip] *s.* vapor.

steel [sti:l] **I.** *s.* (instrument de) oțel, armă. **II.** *v.t.* a oțeli.

steel-works [sti:l wɔ:ks] *s.* oțelărie.

steely ['sti:li] *adj.* de oțel, ca oțelul, de culoarea oțelului.

steep [sti:p] **I.** *s.* prăpastie. **II.** *adj.* abrupt, exorbitant, exagerat. **III.** *v.t.* a cufunda, a înmuia.

steersman ['stiəzmən] *s.* cârmaci.

stem [stem] **I.** *s.* tulpină, origine, arbore genealogic, picior de pahar, proră. **II.** *v.t.* a stăvili, a opri, a înfrunta. **III.** *v.i.* a se naște, a fi provocat.

stench [stentʃ] *s.* duhoare.

stencil ['stensəl] **I.** *s.* matriță, tipar. **II.** *v.t.* a matrița, a copia.

step[1] [step] **I.** *s.* (urmă de) pas, ritm, măsură, procedeu, treaptă, grad, rang, *muz.* interval, *in ~* în ritm. **II.** *v.t.* a măsura cu pasul, *to ~ up* a spori, a ridica. **III.** *v.i.* a păși, *to ~ in* a intra, a interveni, *to ~ aside* a se da la o parte.

step[2] [step] *adj.* vitreg.

step-brother ['step brʌðə] *s.* frate vitreg.

step-ladder ['step lædə] *s.* scăriță.

steppe [step] *s.* stepă.

sterile ['sterail] *adj.* steril.

sterling ['stə:liŋ] *adj.* curat, veritabil, credincios, de bună calitate, sterlină.

stertorous ['stə:tərəs] *adj.* sforăitor.

steward ['stjuəd] *s.* steward, chelner, administrator, intendent.

stick [stik] **I.** *s.* băț, baston, baghetă. **II.** *v.t.* a sprijini, a propti, a înfige, a băga, a lipi, a fixa, a suporta, *to ~ out* a scoate (limba). **III.** *v.i.* a intra, a înțepa, a se lipi, a se înțepeni, *to ~ at* a se da înapoi de la, *to ~ out* a ieși afară.

stick-in-the-mud ['stikinðə'mʌd] *s.*, *adj.* conservator, reacționar, retrograd, închistat.

stickler ['stiklə] *s.* maniac.

sticky ['stiki] *adj.* lipicios, umed.

stiff [stif] **I.** *s.* cadavru. **II.** *adj.* țeapăn, crispat, tare, glacial, dificil.

stiffen ['stifən] *v.t.*, *v.i.* a (se) înțepeni, a (se) întări.

stifle ['staifəl] *v.t.*, *v.i.* a (se) înăbuși.

stile [stail] *s.* pârleaz.

still [stil] **I.** *s.* liniște, alambic, fotografie, secvență. **II.** *adj.* liniștit, tăcut, tihnit, fără viață. **III.** *v.t.* a liniști, a potoli. **IV.** *adv.* (și mai), ba chiar, (și) totuși.

stillborn ['stilbɔ:n] *adj.* născut mort.

still-life ['stil laif] *s.* natură moartă sau statică.

stilted ['stiltid] *adj.* nenatural.

stimulus ['stimjuləs] *s.* stimulent.

sting [stiŋ] **I.** *s.* împunsătură, pișcătură, imbold. **II.** *v.t.* a înțepa.

stingy ['stindʒi] *adj.* cărpănos.

stink [stiŋk] **I.** *s.* duhoare, putoare. **II.** *v.t.* a alunga prin fum, miros urât. **III.** *v.i.* a puți.

stint [stint] **I.** *s.* crutare, economie (de forțe), porție, limită. **II.** *v.t.* a economisi, a priva. **III.** *v.i.* a se zgârci.

stintless ['stintlis] *adj.* altruist, plin de abnegație.

stipulate ['stipjuleit] **I.** *v.t.* a stipula, a prevedea. **II.** *v.i.* to ~ *for* a stipula, a prevedea.

stir [stə:] **I.** *s.* agitație, senzație, mișcare. **II.** *v.t.* a agita, a mișca, a învârti, a se agita, a se stârni.

stirring ['stə:riŋ] *adj.* emoționant, înălțător, ațâțător.

stirrup ['stirəp] *s.* scară (la șa).

stirrup-cup ['stirəp kʌp] *s.* păhărel băut la botul calului.

stitch [stitʃ] **I.** *s.* însăilare, saia, cusut, cusătură, junghi. **II.** *v.t.*, *v.i.* a însăila.

stock [stɔk] *s.* tulpină, trunchi, ciot, butuc.

stock-breeder ['stɔk bri:də] *s.* crescător de animale.

stock-broker ['stɔk broukə] *s.* agent de schimb (pentru acțiuni).

stock-exchange ['stɔk iks'tʃeindʒ] *s.* bursă de acțiuni.

stock-holder ['stɔk houldə] *s.* (mare) acționar.

stocking ['stɔkiŋ] *s.* ciorap lung.

stockpile ['stɔkpail] *v.t.* a stoca.

stocky ['stɔki] *adj.* îndesat, voinic.

stock-yard ['stɔk ja:d] *s.* ocol de vite.

stodgy ['stɔdʒi] *adj.* greoi.

stoke ['stək] *v.t.* a alimenta cu cărbuni.

stoker ['stoukə] *s.* fochist.

stolid ['stɔlid] *adj.* placid.

stomach ['stʌmək] **I.** *s.* stomac, burtă, poftă. **II.** *v.t.* a suporta.

stone [stoun] *s.* piatră, bolovan, piatră prețioasă.

stone-mason ['stoun meisən] *s.* pietrar.

stone-ware ['stoun wɛə] *s.* ceramică smălțuită.
stonework ['stounwə:k] *s.* zidărie.
stony ['stouni] *adj.* pietros, tare.
stooge [stu:dʒ] *s.* slugă, agent, cirac.
stool [stu:l] *s.* scaun (fără spetează), taburet, scăunel, *med.* scaun.
stool-pigeon ['stu:l pidʒən] **I.** *s.* porumbel folosit ca momeală, *fig.* agent plătit. **II.** *v.i.* a se apleca, a se încovoia, *fig.* a se coborî, a se înjosi.
stop [stɔp] **I.** *s.* oprire, stație punct, opritoare. **II.** *v.t.* a opri, a reține, a stupa. **III.** *v.i.* a se opri.
stoplight [stɔp lait] *s.* stop, semafor.
stop-over ['stɔp ouvə] *s.* ultima oră.
stoppage ['stɔpidʒ] *s.* întrerupere, grevă.
stopper ['stɔpə] **I.** *s.* dop. **II.** *v.t.* a astupa.
stop-watch ['stɔp wɔtʃ] *s.* cronometru.
store [stɔ:] *s.* depozit, aprovizionare, antrepozit.
store-house ['stɔ:haus] *s.* depozit.
store-keeper ['stɔ:ki:pə] *s.* magaziner, *amer.* negustor.
store-room ['stɔ:rum] *s.* magazie, depozit, cămară.
storey ['stɔri] *s.* etaj.
storied ['stɔ:rid] *adj.* celebru, legendar, cu (două, trei) etaje.
stork [stɔ:k] *s.* barză.
stormy [stɔ:mi] *adj.* furtunos, violent.
stormy petrel ['stɔ:mi petrəl] *s.* pasărea furtunii.
story ['stɔ:ri] *s.* etaj, povestire, basm, reportaj, relatare, minciună.
story teller ['stɔ:ri telə:] *s.* povestitor.
stove [stouv] *s.* sobă, plită, mașină de gătit.
stow [stou] *v.t.* a depozita, a ascunde.
stowaway ['stouəwei] *s.* pasager clandestin.
straddle ['strædəl] **I.** *s.* poziție călare. **II.** *v.t.* a încăleca. **III.** *v.i.* a sta călare, *fig.* a șovăi.
strafe [streif] *v.t.* a bombarda.
straggle ['strægəl] **I.** *adj.* drept, direct, neted, cum trebuie, în ordine, cinstit, sincer, demn de încredere. **II.** *adv.* direct, imediat.
straighten [streitən] *v.t.*, *v.i.* a (se) îndrepta.
straightforward [streit'fɔ:wəd] *adj.* cinstit, sincer.
straight-jacket ['streit dʒɑ:kit] **I.** *s.* cămașă de forță. **II.** *v.t.* a pune în cămașă de forță, a încorseta.
straightway [streit'wei] *adv.* imediat, direct.
strainer ['streinə] *s.* strecurătoare.
strait [streit] **I.** *s.* strâmto(r)are. **II.** *adj.* strâmt.
straiten [streitən] *v.t.* a restrânge, a strâmtora.

strange [streindʒ] *adj.* ciudat, straniu, neobişnuit.
stranger ['streindʒə] *s.* străin, necunoscut.
strangle ['stræŋgəl] *v.t.* a strangula.
strap [stræp] **I.** *s.* bretea, panglică, curea. **II.** *v.t.* a prinde, a bate cu cureaua. **III.** *v.i.* a ascuţi (briciul).
strapping ['stræpiŋ] *adj.* voinic, zdravăn.
strata ['strɑ:tə] *s. pl.* straturi.
stratum ['strɑ:təm] *s.* strat, pătură.
straw [strɔ:] **I.** *s.* (pălărie de) pai(e). **II.** *adj.* de pai, gălbui.
strawberry ['strɔberi] *s.* căpşună, frag(ă).
streak [stri:k] **I.** *s.* dungă, umbră, undă, perioadă. **II.** *v.t.* a vărga. **III.** *v.i.* a ţâşni.
stream [stri:m] **I.** *s.* pârâu, şuvoi, curent (general). **II.** *v.i.* a curge, a flutura.
streamline ['stri:mlain] **I.** *s.* şuvoi neîntrerupt. **II.** *v.t.* a moderniza.
street [stri:t] *s.* stradă, uliţă, *the man in the ~* omul de rând.
streetcar ['stri:t kɑ:] *s.* *amer.* tramvai.
streetroom ['stri:t rum] *s.* uşa de la stradă.
streetwalker ['stri:t wɔ:kə] *s.* femeie de stradă.
strength [streŋθ] *s.* tărie, forţă, putere, forţă numerică.
strengthen ['streŋθən] *v.t.*, *v.i.* a (se) întări.
strenuous ['strenjuəs] *adj.* dificil, harnic, încordat.
stress [stres] **I.** *s.* presiune, încordare, tensiune, accent, importanţă. **II.** *v.t.* a accentua.
stricken ['strikən] *adj.* lovit, speriat, chinuit.
strict [strikt] *adj.* sever, rigid, strict.
strife [straif] *s.* ceartă, conflict, luptă.
strike [straik] **I.** *s.* grevă. **II.** *v.t.* a lovi, a izbi.
strike-breaker ['straik breikə] *s.* spărgător de grevă.
strike-pay ['straik pei] *s.* indemnizaţie de grevă.
striker ['straikə] *s.* grevist.
striking ['straikiŋ] *adj.* izbitor.
string [striŋ] **I.** *s.* sfoară, coardă, şiret, panglică, şirag, aţă. **II.** *v.t.* a înşira, a atârna, a pune coarde noi la (vioară). **III.** *v.i.* a se înşira.
stringent [striŋənt] *adj.* strict.
strip [strip] **I.** *s.* dungă, panglică, a smulge (masca). **II.** *v.i.* a se dezbrăca.
stripe [straip] **I.** *s.* dungă, tresă. **II.** *v.t.* a dunga.
stripling ['stripliŋ] *s.* adolescent, tânăr.
striptease ['stripti:z] *s.* dezbrăcare treptată (la varieteu).
strive [straiv] *v.i.* a se strădui, a se lupta.
stroke [strouk] *s.* lovitură, mişcare, atac, acces.
stroll [stroul] **I.** *s.* plimbare. **II.** *v.i.* a se plimba, a hoinări.

strong ['strɔŋ] *adj.* tare, puternic, înrădăcinat.
strong-box ['strɔŋ bɔks] *s.* casă de bani, seif.
stronghold ['strɔŋhould] *s.* fortăreață.
strongly ['strɔŋli] *adv.* puternic, viguros.
strong-minded ['strɔŋ maindid] *adj.* decis, voluntar.
structure ['strʌktʃə] *s.* structură, clădire, eşafodaj.
struggle ['strʌgəl] **I.** *s.* luptă, competiție, efort. **II.** *v.i.* a se lupta, a se zbate.
strum [strʌm] **I.** *s.* zdrăngăneală. **II.** *v.t.*, *v.i.* a zdrăngăni.
strut [strʌt] **I.** *s.* proptea, suport, mers trufaş. **II.** *v.t.* a sprijini, a propti. **III.** *v.i.* a merge fudul.
stub [stʌb] **I.** *s.* cotor, ciot, muc (de țigară). **II.** *v.t.* a se împiedica de.
stubble ['stʌbəl] *s.* mirişte, barbă țepoasă.
stubborn ['stʌbən] *adj.* încăpățânat, dificil, persistent, ferm.
stuck-up ['stʌkʌp] *adj.* îngâmfat, înțepat.
stud [stʌd] **I.** *s.* buton de guler, țintă, herghelie de armăsari. **II.** *v.t.* a bate în ținte, a presăra.
student ['stjudənt] *s.* student, cercetător, învățăcel, învățat.
studied ['stʌdid] *adj.* studiat.
studio ['stjudiou] *s.* atelier (de artist), (divan-)studio.
studious ['stjudiəs] *adj.* studios, serios.
study ['stʌdi] **I.** *s.* învățătură, examinare, (materie de) studiu, reverie, cameră de lucru. **II.** *v.t.*, *v.i.* a studia, a cerceta.
stuffing ['stʌfiŋ] *s.* umplutură.
stuffy ['stʌfi] *adj.* îmbâcsit, stricat, stupid.
stultify ['stʌltifai] *v.t.* a ridiculariza, a infirma.
stumble ['stʌmbəl] **I.** *s.* împleticeală. **II.** *v.i.* a se împiedica.
stumbling-block ['stʌmbliŋ blɔk] *s.* obstacol, împiedicare.
stump [stʌmp] **I.** *s.* ciot, rădăcină, rest, *pl.* picioare. **II.** *v.t.* a ului.
stumpy ['stʌmpi] *adj.* greoi, îndesat, bont.
stun [stʌn] *v.t.* a impresiona, a ameți.
stupendous [stju'pendəs] *adj.* uluitor, fantastic.
stupid ['stjupid] *s.*, *adj.* tâmpit.
stupidity [stju'piditi] *s.* prostie.
stupor ['stju:pə] *s.* toropeală.
sturdy ['stə:di] *adj* viguros, robust, solid, neclintit.
stutter ['stʌtə] **I.** *s.* bâlbâială. **II.** *v.t.*, *v.i.* a (se) bâlbâi.
style [stail] **I.** *s.* stil, titlu, stilet. **II.** *v.t.* a numi, a desemna.
stylish ['stailiʃ] *adj.* cochet, rafinat.
subdue [səb'dju:] *v.t.* a supune, a potoli.

subhuman [sΛb'hju:mən] *adj.* inferior, animalic.

subject[1] ['sΛbdʒikt] **I.** *s.* subiect, obiect de studiu, motiv, pacient, supus. **II.** *adj.* supus.

subject[2] ['sΛbdʒikt] **I.** *v.t.* a supune, a subjuga, a expune. **II.** *v.r.* a se supune, a se expune.

subjection ['sΛbdʒikʃən] *s.* supunere, dependență, aservire.

subject-matter ['sΛbdʒikt mɑ:tə] *s.* obiect de studiu, disciplină, subiect.

subjugate ['sΛbdʒugeit] *v.t.* a cuceri, a subjuga.

sublime [sə'blaim] *s.*, *adj.* sublim.

sublimity [sə'blaimiti] *s.* splendoare, sublim.

submarine ['sΛbməri:n] *s.*, *adj.* submarin.

submerge [səb'mə:dʒ] *v.t.* a inunda, a scufunda.

submission [səb'miʃən] *s.* supunere.

submit [səb'mit] *v.t.*, *v.i.*, *v.r.* a (se) supune.

subordinate [sə'bɔ:dinit] *v.t.* a supune, a subordona.

suborn [sə'bɔ:n] *v.t.* a instiga, a mitui.

subpoena [səb'pi:nə] **I.** *s. jur.* citație. **II.** *v.t.* jur. a cita.

subscribe [səb'skraib] **I.** *v.t.* a subscrie, a semna. **II.** *v.i.* a se abona, a subscrie.

subsequent ['sΛbsikwənt] *adj.* ulterior.

subservience [səb'sə:viəns] *s.* aservire.

subservient [səb'sə:viənt] *adj.* servil, amabil.

subside [səb'said] *v.i.* a scădea, a se lăsa.

subsidize ['sΛbsidaiz] *v.t.* a subvenționa.

subsidy ['səbsidi] *s.* subvenție.

subsoil ['sΛbsɔil] *s.* subsol.

substance ['sΛbstəns] *s.* substanță, materie, material, tărie, avere.

substantial [səb'stænʃəl] *adj.* substanțial, important.

substantiate [səb'stænʃieit] *v.t.* a dovedi, a corobora.

substitute ['sΛbstitju:t] **I.** *s.* înlocuitor, suplinitor. **II.** *v.t.* a înlocui. **III.** *v.i.* a ține locul.

subtle ['sΛtəl] *adj.* subtil, viclean.

subtlety ['sΛtəlti] *s.* subtilitate, viclenie.

subtract [səb'trækt] *v.t.*, *v.i.* a scădea.

subtraction [səb'trækʃən] *s. mat.* scădere.

suburb ['sΛbə:b] *s.* suburbie.

subversion [səb'və:ʃən] *s.* răsturnare, subminare, complot.

subvert [sΛb'və:t] *v.t.* a submina, a răsturna.

subway ['sΛbwei] *s.* pasaj subteran, *amer.* metrou.

succeed [sək'si:d] **I.** *v.t.* a moşteni, a urma (cuiva). **II.** *v.i. to ~ in* a reuşi să.

success [sək'ses] *s.* succes, victorie, reuşit, prosper.

succession [sək'seʃən] *s.* şir.
succo(u)r ['sʌkə] **I.** *s.* ajutor(are). **II.** *v.t.* a ajuta.
succumb [sə'kʌm] *v.i.* a ceda, a muri.
such [sʌtʃ] **I.** *adj.* asemenea, similar, ~ *being the case* aşa stând lucrurile. **II.** *pron.* anume, unii, nişte, aceştia, acestea, ~ *as* ca de pildă, *and ~ (like)* şi altele asemenea, ~ *that* încât, ~ *as to* aşa încât să, *as* ~ ca atare.
suchlike ['sʌtʃlaik] *adj.* similar, de acest fel.
suckle ['sʌkəl] *v.t.* a alăpta.
sudden ['sʌdən] *adj.* brusc, accidental.
suddenly ['sʌdənli] *adv.* brusc.
sue [sju:] **I.** *v.t.* a da în judecată, a implora. **II.** *v.i. to ~ for* a cere, a urmări în justiţie.
suede [sweid] *s.* piele fină, velur.
suet ['su:it] *s.* seu.
suffer ['sʌfə] **I.** *v.t.* a suferi, a tolera. **II.** *v.i.* a suferi.
suffering ['sʌfriŋ] *s.* suferinţă.
suffice [sə'fis] **I.** *v.t.* a mulţumi. **II.** *v.i.* a fi suficient.
sufficiency [sə'fiʃənsi] *s.* îndestulare, îngâmfare.
suffocate ['sʌfəkeit] *v.t.*, *v.i.* a (se) sufoca.
suffrage ['sʌfridʒ] *s.* (drept de) vot, aprobare.
suffuse [sə'fu:z] *v.t.* a acoperi, a astupa, a îneca.
sugar [ʃugə] **I.** *s.* zahăr. **II.** *v.t.* a îndulci, a presăra cu zahăr.
sugary ['ʃugəri] *adj.* dulce, zaharos.
suggest [sə'dʒest] *v.t.* a propune, a sugera, a aminti de.
suicide ['suisaid] *s.* sinucidere, sinucigaş.
suit [su:t] **I.** *s.* costum, petiţie, cerere, acţiune judiciară, suită. **II.** *v.t.* a mulţumi, a se potrivi cu, a asorta, a şedea bine (cuiva), a potrivi. **III.** *v.r.* a corespunde, a face ce doreşti. **IV.** *v.i.* a se potrivi.
suitable ['su:təbəl] *adj.* potrivit, corespunzător, favorabil.
suit-case ['su:t keis] *s.* geamantan, valiză.
suite [swi:t] *s.* suită, garnitură (de mobilă), şir de camere, apartament.
suitor ['su:tə] *s.* pretendent, *jur.* reclamant.
sulk [sʌlk] *v.i.* a bombăni, a fi morocănos.
sultry ['sʌltri] *adj.* zăbuşitor.
sum [sʌm] **I.** *s.* sumă, total, adunare, rezumat, *pl.* aritmetică. **II.** *v.t.* a aduna, a rezuma.
summarize ['sʌməraiz] *v.t.* a rezuma.
summary ['sʌməri] **I.** *s.* rezumat, sumar. **II.** *adj.* sumar, rapid.
summer ['sʌmə] *s.* vară.
summer-time ['sʌmə taim] *s.* (orar de) vară.
summit ['sʌmit] *s.* vârf, culme.
summon ['sʌmən] *v.t.* a chema, a cita (în faţa curţii), a convoca, a mobiliza.

summons ['sʌmənz] **I.** *s. jur.* citație. **II.** *v.t.* a cita (la judecată).
sumptuous ['sʌmptjuəs] *adj.* somptuos, abundent.
sun [sʌn] *s.* soare, lumină.
sun beam [sʌn bim] *s.* rază de soare.
sun-blind ['sʌn blaind] *s.* stor, jaluzea.
Sunday ['sʌndi] *s.* duminică, *one's ~ best* hainele de sărbătoare.
sundial ['sʌndaiəl] *s.* cadran solar.
sun-down ['sʌn daun] *s.* asfințit.
sundries ['sʌndriz] *s. pl.* diverse, resturi, fleacuri.
sundry ['sʌndri] *adj.* divers, variat.
sun-flower ['sʌn flauə] *s.* floarea soarelui.
sung [sʌŋ] *v.t., v.i.* part. trec. de la sing.
sun-glasses [sʌn glɑ:zis] *s. pl.* ochelari de soare.
sunken ['sʌnkən] *adj.* scofâlcit, scobit, supt, înfundat, (de ochi) în fundul capului.
sunless ['sʌnlis] *adj.* fără soare.
sunlight ['sʌnlait] *s.* lumina soarelui, soare.
sunlit ['sʌnlit] *adj.* însorit.
sunny ['sʌni] *adj.* însorit, luminos, vesel.
sunrise ['sʌnraiz] *s.* zori, răsăritul soarelui.
sunset ['sʌnset] *s.* asfințit.
sunshade ['sʌnʃeid] *s.* umbrelă de soare.
sunstroke ['sʌnstrouk] *s.* insolație.
sup [sʌp] *v.t.* a lua cina, a sorbi.
superfluous [sju:'pəfluəs] *adj.* inutil.
superhuman [sjupə'hjumən] *adj.* supraomenesc.
superimpose ['su:pərim'pouz] *v.t.* a suprapune.
superintend [su:pərin'tend] *v.t., v.i.* a supraveghea, a dirija.
superintendent [sju:pərin'tendənt] *s.* supraveghetor, administrator.
superior [sə'piəriə] **I.** *s.* superior. **II.** *adj.* superior, excepțional.
superman ['sju:pəmən] *s.* supraom.
supermarket ['sju:pəmɑ:kit] *s.* mare magazin (cu autoservire).
supernatural [su:pə'nætʃrəl] *s., adj.* supranatural.
supernumerary [su:pə'nju:mərəri] **I.** *s.* figurant. **II.** *adj.* supranumerar.
supersede [sju:pə'si:d] *v.t.* a înlocui.
superstition [sju:pə'stiʃən] *s.* superstiție.
superstructure [su:pə'strʌktʃə] *s.* suprastructură, construcție.
supervene [sju:pə'vi:n] *v.t.* a surveni, a coincide.

supervise ['sju:pəvaiz] *v.t.* a supraveghea, a dirija.
supervision [su:pə'viʒən] *s.* supraveghere, conducere, îngrijire.
supervisor ['sju:pəvaizə] *s.* supraveghere, conducător.
supper ['sʌpə] *s.* cină, supeu.
supple ['sʌpəl] *adj.* suplu, maleabil, influențabil, servil.
supplement ['sʌplimənt] **I.** *s.* supliment. **II.** *v.t.* a adăuga, a completa, a suplimenta.
suppliant ['sʌpliənt] **I.** *s.* solicitant, petiționar. **II.** *adj.* rugător.
supplicate ['sʌplikeit] *v.t.*, *v.i.* a implora.
supply [sə'plai] **I.** *s.* transport, stoc, aprovizionare, *econ.* ofertă, suplinitor, *pl.* fonduri. **II.** *v.t.* a furniza, a acoperi (necesitățile).
support [sə'pɔ:t] **I.** *s.* sprijin, susținere, ajutor, support. **II.** *v.t.* a sprijini, a suporta.
supporter [sə'pɔ:tə] *s.* susținător, suporter.
suppose [sə'pouz] *v.t.* a presupune, *he is ~d to go* se bănuiește că va merge, trebuie să meargă, *~ we went?* ce-ar fi să mergem?
supposing [sə'pouziŋ] *conj.* (dar) dacă.
suppress [sə'pres] *v.t.* a înăbuși.
supremacy [su'preməsi] *s.* supremație.
supreme [sə'pri:m] *adj.* suprem.
surcharge [sə:'tʃɑ:dʒ] *s.* supraîncărcare, suprataxă.
sure [ʃuə] *adj.* sigur, fix, *as ~ as fate* cum te văd și cum mă vezi, *well, I'm ~!* ei, asta e bună, *be ~ to come* să vii negreșit, *to be ~* fără doar și poate, nemaipomenit.
sure-footed ['ʃuə futid] *adj.* solid, sigur, implacabil.
surely ['ʃuəli] *adv.* fără doar și poate.
surety ['ʃuəti] *s.* siguranță, garanție, chezaș.
surf [sə:f] *s.* valuri care se sparg de țărm, resac.
surface ['sə:fis] **I.** *s.* suprafață, înfățișare. **II.** *adj.* superficial.
surfeit ['sə:fit] **I.** *s.* ghiftuială. **II.** *v.t.*, *v.r.* a (se) ghiftui.
surge [sə:dʒ] **I.** *s.* val, răbufnire, potop. **II.** *v.i.* a se ridica, a se năpusti (ca valul).
surgeon ['sə:dʒən] *s.* chirurg, doctor militar.
surgery ['sə:dʒri] *s.* chirurgie, cabinet medical.
surly ['sə:li] *adj.* ursuz.
surmise ['sə:maiz] **I.** *s.* presupunere, ghiceală. **II.** *v.t.*, *v.i.* a presupune, a ghici.
surmount [sə'maunt] *v.t.* a învinge, a rezolva, a trece peste.
surpass [sə'pɑ:s] *v.t.* a depăși, a întrece.
surprise [sə'praiz] *s.* surpriză, surprindere.
surprisingly [sə'praiziŋli] *adv.* (în mod cu totul) neașteptat.

surrealism [sə'riəlizm] *s.* suprarealism.
surrender [sə'rendə] **I.** *s.* capitulare. **II.** *v.t.* a preda, a ceda. **III.** *v.i.* a capitula.
surreptitious [sʌrəp'tiʃəs] *adj.* clandestin, tainic, furiş.
surround [sə'raund] *v.t.* a înconjura.
surroundings [sə'raundiŋz] *s. pl.* mediu, împrejurimi.
survey [sə'vei] *s.* privire generală, (trecere în) revistă, rezumat, cadastru.
survey [sə'vei] *v.t.* a supraveghea, a trece în revistă.
survival [sə'vaivəl] *s.* supravieţuire, rămăşiţă, urmă.
survive [sə'vaiv] **I.** *v.t.* a supravieţui, a depăşi. **II.** *v.i.* a supravieţui.
survivor [sə'vaivə] *s.* supravieţuitor.
susceptible [sə'septəbəl] *adj.* susceptibil, influenţabil, slab de înger, ~ *of* capabil de.
suspect [səs'pekt] **I.** *s., adj.* suspect. **II.** *v.t.* a bănui, a suspecta.
suspend [səs'pend] *v.t.* a suspenda, a atârna.
suspender [səs'pendə] *s.* jartieră, *pl.* bretele.
suspense [səs'pens] *s.* aşteptare, încordare.
suspension [səs'penʃən] *s.* suspendare, întrerupere.
suspicion [səs'piʃən] *s.* bănuială, suspiciune, idee, urmă, undă.
suspicious [səs'piʃəs] *adj.* bănuitor, neîncrezător, suspect, dubios.
sustain [səs'tein] *v.t.* a susţine, a aproba, a confirma, a suferi (o lovitură).
sustenance ['sʌstinəns] *s.* hrană, susţinere.
swaddle ['swɔdəl] *v.t.* a bandaja, a înfăşa.
swagger ['swægə] **I.** *s.* mers fudul. **II.** *v.i.* a se fuduli.
swain [swein] *s.* ţăran, iubit.
swap [swɔp] **I.** *s.* schimb. **II.** *v.t.* a schimba, a face schimb de.
sward [swɔ:d] *s.* pajişte, gazon.
swarm [swɔ:m] **I.** *s.* roi. **II.** *v.i.* a roi, *to ~ with* a fi plin de.
sway [swei] *s.* putere, stăpânire.
swear [swεə] **I.** *v.t.* a jura, a pune să jure, *to ~ an oath* a face jurământ, a înjura.
sweat [swet] *s.* osteneală, transpiraţie, efort.
sweater ['swetə] *s.* truditor, exploatator, jerseu.
Swede [swi:d] *s.* suedez(ă).
Swedish ['swi:diʃ] **I.** *s.* (limba) suedeză. **II.** *adj.* suedez(ă).
sweeping ['swi:piŋ] *adj.* general, dominant, larg, zdrobitor.
sweet [swi:t] *s.* bomboană, iubit(ă), logodnic(ă).
sweetish ['swi:tiʃ] *adj.* dulceag.
sweetmeat ['swi:t mit] *s.* bomboană, dulceaţă, *pl.* zaharicale.

sweetness ['swi:tnis] *s.* gust dulce, dulceață.
swelling ['sweliŋ] *s.* umflare, creștere.
swelter ['sweltə] *v.i.* a fi zăpușeală.
swept [swept] *v.t.*, *v.i.* trec.. și part. trec. de la sweep.
swerve [swə:v] *v.t.*, *v.i.* a (se) abate.
swift [swift] *adj.* rapid, repede, prompt.
swill [swil] *s.* spălătură, lături.
swim [swim] **I.** *s.* înot, scăldat. **II.** *v.t.* a traversa înot. **III.** *v.i.* a înota, a pluti, a se încețoșa, a ameți, a se clătina (în fața ochilor).
swimmer ['swimə] *s.* înotător.
swimming ['swimiŋ] **I.** *s.* înot. **II.** *adj.* înecat, plutitor.
swim-suit ['swim sɔ:t] *s.* costum de baie/ de înot.
swindle ['swindəl] **I.** *s.* escrocherie, înșelăciune, păcăleală. **II.** *v.t.* a escroca. **III.** *v.i.* a face escrocherii.
swindler ['swindlə] *s.* escroc.
swine [swain] *s.* porc(i).
swine-herd ['swain hə:d] *s.* porcar.
swing [swiŋ] **I.** *s.* leagăn, legănare, pendulă, pendulare, oscilare, ritm, dans legănat, swing, *in full ~* în plin avânt, în floare, în desfășurare. **II.** *v.t.* a legăna, a întoarce, a clătina. **III.** *v.i.* a se legăna, a se întoarce, a se clătina, a se da în leagăn.
swipe [swaip] **I.** *s.* lovitură. **II.** *v.t.* a lovi, a fura.
swirl [swə:l] **I.** *s.* vârtej. **II.** *v.t.*, *v.i.* a (se) învolbura.
swish [swiʃ] **I.** *s.* fâșâit, foșnet, vâjâit. **II.** *v.t.* a foșni din, a plesni. **III.** *v.i.* a foșni, a vâjâi.
Swiss [swis] *s.*, *adj.* elvețian(ă), *the ~* elvețienii.
switch-board ['switʃbɔ:d] *s.* tablou de comandă, centrală telefonică.
swivel-chair ['swivəl tʃɛə] *s.* scaun turnat.
swivel-eyed ['swivəl aid] *adj.* sașiu.
swoop [swu:p] **I.** *s.* atac, năpustire. **II.** *v.i.* a se năpusti.
syllabify [si'læbifai] *v.t.* a împărți în silabe.
syllable ['siləbəl] *s.* silabă.
syllabus ['siləbəs] *s.* programă analitică, plan, conspect.
sylph [silf] *s.* zână, silfidă.
symbol ['simbəl] *s.* simbol.
sympathetic [simpə'θetik] *adj.* înțelegător, plin de compătimire, milos, simpatic.
sympathize ['simpəθaiz] *v.t.* a fi înțelegător, a fi milos, *to ~ with* a compătimi, a agrea, a înțelege.
sympathizer ['simpəθaizə] *s.* simpatizant.
sympathy ['simpəθi] *s.* înțelegere, milă, compătimire, simpatie, *pl.* condoleanțe.
symphony ['simfəni] **I.** *s.* simfonie. **II.** *adj.* simfonic.
symposium [sim'pouziəm] *s.* simpozion, banchet.

symptom ['simptəm] *s.* simptom, semn.

syncope ['siŋkəpi] *s.* sincopă, leşin.

synthetize ['sinθisaiz] *v.t.* a sintetiza.

syringe [si'rindʒ] *s.* seringă.

system ['sistəm] *s.* sistem(ă), regim (social), ordine.

system(at)ize ['sistimətaiz] *v.t.* a sistematiza.

T

T [ti:] *s.* T, t.

table ['teibəl] **I.** *s.* masă, tabel, tablă. **II.** *v.t.* a pune pe masă, a propune, a pune pe un tabel.

tableau ['tæblou] *s.* tablou, cortină.

table cloth ['teibəl klɔθ] *s.* față de masă.

table-land ['teibəl lænd] *s.* podiș, platou.

tablet ['tæblit] *s.* tabletă.

table-talk ['teibəl tɔ:k] *s.* conversație.

table-tennis ['teibəl tenis] *s.* tenis de masă.

tabloid ['tæblɔid] **I.** *s.* gazetă. **II.** *adj.* concentrat.

taboo [tə'bu:] *s.* tabu.

tact [tækt] *s.* tact, abilitate.

tactful ['tæktful] *adj.* abil, plin de tact.

tactics ['tæktiks] *s.* tactică.

tactless ['tæktlis] *adj.* lipsit de tact, greșit.

tadpole ['tædpoul] *s.* *zool.* mormoloc.

tag [tæg] **I.** *s.* etichetă, stampilă, repetiție. **II.** *v.t.* a eticheta, a se ține după (cineva).

tail [teil] **I.** *s.* coadă, spate, pajură, coroană (la o monedă), *pl.* frac. **II.** *v.t.* a pune coadă la (un obiect). **III.** *v.i.* *to ~ after* a se ţine după (cineva).

tail-coat ['teil kɔ:t] *s.* frac.

tailor ['teilə] **I.** *s.* croitor. **II.** *v.t.* a croi, a face (haine). **III.** *v.i.* a face haine.

tailor-made suit ['teilə meid su:t] *s.* taior.

taint [teint] **I.** *s.* pată, molipsire, pângărire, atingere. **II.** *v.t.* a pângări, a strica, a infecta.

taintless [teintlis] *adj.* nepătat, imaculat.

take [teik] *v.t.* a lua, a primi, a accepta, a obţine, a (con)duce

take-off ['teikɔf] *s.* decolare.

tale [teil] *s.* poveste, basm.

talent ['tælənt] *s.* talent, capacitate.

talk [tɔ:k] **I.** *s.* conversaţie, discuţie, cozerie, conferinţă. **II.** *v.i, v.t.* a vorbi.

talkative ['tɔ:kətiv] *adj.* flecar.

talker ['tɔ:kə] *s.* vorbitor, orator, lăudăros.

tall [tɔ:l] *adj.* mare, înalt, riscant, exagerat.

tallow ['tælou] *s.* seu.

tally ['tæli] **I.** *s.* răboj, etichetă. **II.** *v.t.* a socoti. **III.** *v.i.* a corespunde, a se potrivi.

talon ['tælən] *s.* gheară, unghie lungă.

tame [teim] **I.** *adj.* îmblânzit, blând, inofensiv, neinteresant. **II.** *v.t.* a îmblânzi, a supune.

tamer [teimə] *s.* îmblânzitor.

tamper ['tæmpə] *v.t.* *to ~ with* a umbla la, a falsifica, a strica, a corupe.

tan [tæn] **I.** *s.* argăseală, tanin, bronzare. **II.** *adj.* gălbui. **III.** *v.t.* a argăsi, a bronza, a bate.

tangerine [tændʒə'ri:n] *s.* mandarină.

tangible ['tændʒəbəl] *s.* palpabil, clar.

tangle ['tæŋəl] **I.** *s.* încurcătură. **II.** *v.t.*, *v.i.* a (se) încurca.

tank [tæŋk] *s.* rezervor, tanc.

tantalize ['tæntəlaiz] *v.t.* a chinui, a necăji.

tap [tæp] **I.** *s.* robinet, (vin de la) canea, bătaie uşoară (în geam, pe umăr), bocănit, *pl. mil.* stingerea. **II.** *v.t.* a da cep la, a deschide, a aborda, a bate (uşor), a tapa, a supraveghea (un telefon).

tape [teip] **I.** *s.* panglică, bandă. **II.** *v.t.* a prinde cu panglici.

taper [teipɔ] **I.** *s.* lumânare subţire. **II.** *v.i.* a se ascuţi către vârf.

tapestry ['tæpistri] *s.* tapet, tapiserie.

tap-room ['tæp rum] *s.* bar, tejghea, bufet.

tar [tɑ:] **I.** *s.* gudron, catran, marinar. **II.** *v.t.* a da cu catran.

ta-ra [tæ'rɑ:] *interj.* pa, la revedere.

tardy ['tɑ:di] *adj.* întârziat, încet.

tare [tɛə] *s.* tară, dara.

target ['tɑ:git] *s.* ţintă, sarcină, normă.

tariff ['tærif] *s.* tarif, listă de preţuri.

tarnish ['tɑ:niʃ] **I.** *s.* întunecare. **II.** *v.t.* a întuneca.

tarry ['tæri] *v.i.* a zăbovi, a rămâne, a aştepta.
tartan [tɑ:tən] **I.** *s.* pled, stofă ecosez. **II.** *adj.* ecosez.
tartat ['tɑ:tət] *s.* tartru.
task [tɑ:sk] **I.** *s.* sarcină, temă. **II.** *v.t.* a încărca, a pune la (grea) încercare.
taskmaster ['tɑ:skmɑ:stə] *s.* şef.
tassel [tæsəl] *s.* franjuri.
taste [teist] *s.* gust, gură, muşcătură.
tasteful ['teistful] *adj.* gustos, plin de (bun) gust.
tasteless ['teistlis] *adj.* fără gust, fără haz, de prost gust.
tasty ['teisti] *adj.* gustos.
tatter ['tætə] *s.* zdreanţă.
tattered ['tætərid] *adj.* zdrenţuit, zdrenţăros.
tatterdemalion ['tætədi'meiljən] *s.* zdrenţăros, calic.
tattle ['tætəl] **I.** *s.* vorbărie (goală), flecăreală. **II.** *v.t.* a tatua.
taught [tɔ:t] *v.t.*, *v.i.* trec. şi part. trec. de la teach.
taunt [tɔ:nt] **I.** *s.* ironie, înţepătură. **II.** *v.t.* a ironiza, a înţepa.
taut [tɔ:t] *adj.* întins, încordat.
tavern ['tævə:n] *s.* cârciumă, han.
tax [tæks] **I.** *s.* impozit, taxă, povară. **II.** *v.t.* a impune, a taxa, a împovăra, a acuza.
taxation [tæks'eiʃən] *s.* impozite, fisc.
tax-collector ['tækskə'lektə] *s.* perceptor.
tax-free ['tæks fri] *adj.* scutit de impozite sau taxe (vamale).
taxi ['tæksi] **I.** *s.* taxi. **II.** *v.i.* a merge cu taxiul, a rula, a merge.
taxicab ['tæksi kæb] *s.* taxi.
taximeter ['tæksimi:tə] *s.* aparat de taxat.
taxpayer ['tæksi peiə] *s.* contribuabil.
tea [ti:] *s.* ceai.
teach [ti:tʃ] **I.** *v.t.* a preda, a învăţa (pe alţii). **II.** *v.i.* a fi profesor.
teacher ['ti:tʃə] *s.* profesor.
teaching ['ti:tʃiŋ] *s.* învăţătură, profesorat.
tea house [ti:haus] *s.* ceainărie.
team [ti:m] **I.** *s.* echipă, pereche (de boi, cai). **II.** *v.i.* *to ~ up with* a se uni cu.
teamster ['ti:mstə] *s.* conducător, de turmă, vizitiu.
tea-party ['ti:pɔ:ti] *s.* petrecere, ceai.
tear[1] [tɛə] *s.* lacrimă, *in ~s* plângând.
tear[2] [tɛə] **I.** *s.* ruptură. **II.** *v.t.* a sfâşia, a rupe, a tăia, a răni, a smulge, a chinui. **III.** *v.i.* a se rupe, a se sfâşia, a se repezi, a trece ca fulgerul. **IV.** *adj.* plângăreţ, scăldat în lacrimi.
tear-gas ['tiə:gæs] *s.* gaz lacrimogen.
tease [ti:z] **I.** *s.* om ironic, mucalit. **II.** *v.t.* a tachina, a ironiza, a necăji, a pisa, a bate la cap, a desface.
tea spoon [ti:spun] *s.* linguriţă.
tea-things ['ti:θiŋz] *s.* *pl.* serviciu de ceai.

tea-time ['ti:taim] *s.* ora ceaiului (patru, cinci după-amiază).
technical ['teknikəl] *adj.* tehnic.
technicality [tækni'kæliti] *s.* chițibuș, chestiune de specialitate.
technique [tek'ni:k] *s.* tehnică.
technology [tek'nɔ:lədʒi] *s.* tehnologie, tehnică.
tedious ['tidiəs] *adj.* plicticos, lung.
teem [ti:m] *v.i.* a mișuna, a roi, *to ~ with* a fi plin de.
teenager [ti:neidʒə] *s.* adolescent(ă).
teens [ti:nz] *s. pl.* adolescență.
teeth [ti:θ] *s. pl.* de la tooth.
telecast ['teləkɑ:st] *s.* emisiune de televiziune.
telegram ['teligrəm] *s.* telegramă.
telegraph ['teligrɑ:f] *s.* telegraf.
telephone ['telifoun] **I.** *s.* telefon. **II.** *v.t.*, *v.i.* a telefona.
telescope ['teliskoup] **I.** *s.* telescop, lunetă. **II.** *v.t.* a strânge, a ciocni. **III.** *v.i.* a se ciocni.
television ['teliviʒən] *s.* televiziune.
tell [tel] **I.** *v.t.* a relata, a spune, a distinge, a recunoaște. **II.** *v.i.* a povesti, a spune povești, *to ~ on smb.* a trăda, a pârî pe cineva.
teller ['telə] *s.* povestitor; cel ce numără (voturile, banii).
telling ['teliŋ] *adj.* eficient, impresionant, elocvent.
temerity [ti'meriti] *s.* îndrăzneală (exagerată).
temper ['tempə] **I.** *s.* temperament, stăpânire de sine, furie, tărie, *out of ~* (with) supărat (pe). **II.** *v.t.* a căli, a înmuia, a tempera. **III.** *v.i.* a se căli, a se întări.
temperamental [tempərə'mentəl] *adj.* temperamental, nervos, capricios.
temperance ['temprins] *s.* temperanță, cumpătare, antialcoolism.
temperature ['tempritʃə] *s.* temperatură.
tempest ['tempist] *s.* furtună.
tempestuous [tem'pestjuəs] *adj.* furtunos.
temple ['tempəl] *s.* templu, tâmplă.
templet ['templit] *s.* șablon.
tempo ['tempou] *s.* ritm.
temporise ['tempəraiz] *v.i.* a zăbovi, a căuta să câștigi timp.
tempt [tempt] *v.t.* a ispiti, a atrage.
temptation [temp'teiʃən] *s.* ispită.
ten [ten] *s.*, *num.* zece.
tenacious [tə'neiʃəs] *adj.* tenace, unit, lipicios.
tenancy ['tenənsi] *s.* situația de chiriaș, perioada închirierii, pământ pentru care se plătește arendă.
tenant ['tenənt] *s.* chiriaș, arendaș, dijmaș.
tend [tend] **I.** *v.t.* a păzi, a paște (vitele). **II.** *v.i.* a tinde.

tendency ['tendənsi] *s.* tendință.

tender ['tendə] **I.** *s.* ofertant, ofertă, *fin.* monedă, tender, vas auxiliar. **II.** *adj.* moale, delicat, fraged, tandru, necopt, nevârstnic, durerod, sensibil, milos.

tenderfoot ['tendəfu:t] *s.* nou-venit, ageamiu.

tendril ['tendril] *s.* cârcel, cârlionț.

tenement ['tenəmənt] *s.* închiriere, local închiriat.

tenement-house ['tenəmənt haus] *s.* casă de raport.

tenet ['tenit] *s.* principiu, credință.

tenfold ['tenfould] *adj.*, *adv.* înzecit.

tenner ['tenə] *s.* hârtie de zece lire.

tenon ['tenən] **I.** *s.* cui de lemn, îmbucătură. **II.** *v.t.* a îmbuca.

tenor ['tenə] *s.* tenor, direcție generală, sens general.

tense [tens] **I.** *s.* timp al verbului. **II.** *adj.* încordat, întins.

tensile ['tensail] *adj.* extensibil, ductil, de încordare.

tension ['tenʃən] *s.* tensiune, încordare.

tenure ['tenjuə] *s.* posesiune, stăpânire.

term [tə:m] **I.** *s.* termen, limită, *pl.* învoială. **II.** *v.t.* a numi.

terminology [tə:mi'nɔlədʒi] *s.* terminologie, nomenclatură.

terminus ['tə:minəs] *s.* terminus, capăt.

terrace ['terəs] *s.* terasă, parc (de locuințe).

terrible ['terəbəl] *s.* teribil, strașnic, foarte, groaznic (de).

terrier ['teriə] *s.* (câine) terier.

terrific [tə'rifik] *adj.* teribil, strașnic.

terrify ['terifai] *v.t.* a înspăimânta.

territory ['teritɔri] *s.* teritoriu.

terror ['terə] *s.* teroare, spaimă.

terse [tə:s] *adj.* concis, scurt.

test [test] **I.** *s.* încercare, experiență, examen, analiză, test. **II.** *adj.* de încercare, experimental. **III.** *v.t.* a încerca, a examina, a analiza, a pune la grea încerca.

testament ['testəmənt] *s.* testament.

testify ['testifay] **I.** *v.t.* a declara, a dovedi. **II.** *v.i.* a depune mărturie, *to ~ to* a afirma, a dovedi.

testimonial [testi'mouniəl] *s.* mărturie, mărturisire, semn.

testimony ['testiməni] *s.* mărturie, declarație.

test-tube ['test tju:b] *s.* eprubetă.

testy ['testi] *adj.* supărăcios, țâfnos.

tetchy ['tetʃi] *adj.* țâfnos.

tether ['teðə] **I.** *s.* pripon. **II.** *v.t.* a priponi.

text [tekst] *s.* text, manuscris, subiect.

text-book ['tekst buk] *s.* manual.

textile ['tekstail] **I.** *s.* textilă. **II.** *adj.* textil.

texture ['tekstʃə] *s.* țesătură, structură.
than [ðən] *conj.* decât.
thank [θæŋk] **I.** *s.* mulțumire, *~s!* mulțumesc, *~s to* datorită. **II.** *v.t.* a mulțumi (cuiva), *~ you* mulțumesc.
thankful ['θæŋkful] *adj.* recunoscător.
thankfulness ['θæŋkfulnis] *s.* recunoștință.
thankless ['θæŋklis] *adj.* ingrat.
that [ðæt] **I.** *adj.* acel, acea. **II.** *pron.* acela, aceea, (pe care). **III.** *adv.* atâta, așa de. **IV.** *conj.* că, încât, pentru că.
thaw [θɔ:] **I.** *s.* dezgheț, moină. **II.** *v.t.*, *v.i.* a (se) topi, a (se) dezgheța.
the [ðə] **I.** *art. hot. ~ moon* luna, *~ most beautiful* cea mai frumoasă. **II.** *adv. ~ more ~ better* cu cât mai mult, cu atât mai bine.
theatrical [θi'ætrikəl] *adj.* teatral.
theft [θeft] *s.* furt, hoție.
their [ðɛə] *adj.* lor.
theirs [ðɛəz] *pron.* al lor.
them [ðəm] *pron.* pe ei, pe ele, lor.
theme [θi:m] *s.* temă, subiect.
themselves [ðəm'selvz] *pron.* se, înșiși, însele, ei, ele, *by ~* singuri, fără (alt) ajutor.
then [ðen] **I.** *adj.* de atunci. **II.** *adv.* atunci, apoi, *now ~* ei. **III.** *conj.* atunci, deci.
theorem ['θiərəm] *s.* teoremă.
theorist ['θiərist] *s.* teoretician.
theorize ['θiəraizə] *v.t.*, *v.i.* a teoretiza.
theory ['θiəri] *s.* teorie.
therapy ['θerəpi] *s.* terapie.
there [ðɛə] **I.** *adv.* acolo, atunci, *~ is* este, *~ are* sunt, se află, *~ and then* (atunci pe) loc. **II.** *interj.* iată.
thereby [ðɛə'bai] *adv.* prin aceasta.
therefore ['ðɛə fɔ:r] *adv.* deci, de aceea.
therein [ðɛər'in] **I.** *pron.* din care, din ea, din el, din asta. **II.** *adv.* acolo (înăuntru), în această privință.
thermos ['θə:mɔs] *s.* termos.
thesaurus [θi'sɔ:rəs] *s.* dicționar, tezaur.
these [ði:z] **I.** *adj.* acești, aceste. **II.** *pron.* aceștia, acestea.
thesis ['θisis] *s.* teză, principiu, eseu.
they [ðei] *pron.* ei, ele, lumea.
thick [θik] *adj.* gros, dens, intim, răgușit, greoi, *~ with* plin de.
thicken ['θikən] *v.t.*, *v.i.* a (se) îngroșa.
thickhead ['θikhed] *s.* tâmpit.
thickness ['θiknis] *s.* grosime, strat.
thickset ['θikset] *adj.* solid, îndesat, des.
thief [θi:f] *s.* hoț.
thieve [θi:v] *v.t.*, *v.i.* a fura.
thievish [θi:viʃ] *adj.* hoțesc.
thigh [θai] *s.* coapsă, pulpă.
thimble ['θimbəl] *s.* degetar.
thin [θin] **I.** *s.* parte subțire. **II.** *adj.* subțire, mic, slab, răsfirat,

rar, prost, de necrezut. **III.** *v.t.*, *v.i.* a (se) subția.
thing [θiŋ] *s.* lucru, obiect, subiect, ființă.
think [θiŋk] **I.** *v.t.* a gândi, a socoti, a crede, a-şi închipui, *to ~ out* a elabora, a chibzui, *to ~ over* a chibzui. **II.** *v.i.* a se gândi, a născoci.
thinking ['θiŋkiŋ] **I.** *s.* gândire, meditație. **II.** *adj.* care gândeşte.
thinker ['θiŋkə] *s.* gânditor, cugetător.
thinness ['θinnis] *s.* subțirime, slăbiciune, rarişte.
thirst [θə:st] *s.* sete, dor.
thirsty ['θə:sti] *adj.* însetat, care face sete, uscat.
this [ðis] **I.** *adj.* acest, această. **II.** *pron.* acesta, aceasta.
thistle ['θisəl] *s.* scai, ciulin.
thither [ðiðə] *adv.* într-acolo.
tho [ðou] *conj.* deşi.
thorn [θɔ:n] *s.* spin, ciulin.
thorny ['θɔ:ni] *adj.* țepos, spinos.
thorough ['θʌrə] *adj.* complet, profund, exact, meticulos.
thoroughbred ['θʌrə bred] **I.** *s.* aristocrat, cal pursânge. **II.** *adj.* aristocratic, pursânge.
thoroughfare ['θʌrəfεə] *s.* magistrală.
thoroughness ['θorənis] *s.* seriozitate, meticulozitate.
those [ðouz] **I.** *adj.* acei, acele. **II.** *pron.* aceia, acelea.
though [ðou] **I.** *adv.* totuşi. **II.** *conj.* deşi, totuşi.
thoughtful ['θɔ:tful] *adj.* serios, gânditor, amabil, atent, grijuliu.
thoughtless ['θɔ:tlis] *adj.* aiurit, neatent, egoist.
thraldom ['θrɔ:ldəm] *s.* sclavie.
thrall [θrɔ:l] *s.* sclav, rob.
thrash [θræʃ] **I.** *v.t.* a bate, a treiera, *to ~ out* a discuta pe îndelete, a lămuri. **II.** *v.i.* a treiera.
thrasher [θræʃə] *s.* batoză.
thread [θred] **I.** *s.* ață, fir, filet (la şurub). **II.** *v.t.* a înşira pe ață.
threadbare [θredbεə] *adj.* uzat, ros, ponosit, învechit.
thresh [θreʃ] *v.t.*, *v.i.* a treiera.
thresher [θreʃə] *s.* batoză.
threshold [θreʃould] *s.* prag, intrare.
threw [θru:] *v.t.*, *v.i.* trec. de la throw.
thrice [θrais] *adv.* de trei ori.
thrift [θrift] *s.* economie, chibzuială.
thriftless ['θriftlis] *adj.* risipitor.
thrifty ['θrifti] *adj.* econom, prosper.
thrill [θril] **I.** *s.* fior (de plăcere), emoție. **II.** *v.t.* a emoționa, a captiva, a face să palpate. **III.** *v.i.* a se înfiora (de plăcere), a palpita, a vibra.
thrilling ['θrilliŋ] *adj.* palpitant, captivant, emoționant.
thrive [θraiv] *v.i.* a prospera, a reuşi, a-i merge bine.
throat [θrout] *s.* gât(lej).

throaty ['θrouti] *adj.* gutural, din gât.
throb [θrɔb] **I.** *s.* puls, vibrație, duduit, emoție. **II.** *v.i.* a pulsa, a dudui, a vibra, (de inimă) a bate.
throne [θroun] *s.* tron, rege, monarhie.
throng [θrɔŋ] **I.** *s.* mulțime, aglomerație. **II.** *v.t.*, *v.i.* a (se) aglomera.
throttle ['θrɔtəl] **I.** *s.* gât, beregată, *auto* accelerator. **II.** *v.t.* a strânge de gât, a înăbuși, a înăbuşi. **III.** *v.i.* a încetini viteza.
through [θru:] **I.** *adj.* direct, gata. **II.** *adv.* de la capăt la celălalt, complet, gata. **III.** *prep.* prin, datorită, din cauza.
throughout [θru'aut] **I.** *adv.* întru totul, peste tot. **II.** *prep.* de la un capăt la celălalt, peste tot cuprinsul.
throw [θrou] **I.** *s.* aruncare. **II.** *v.t.* a arunca, a azvârli, a îndrepta.
thrum [θrΛm] *v.t.*, *v.i.* a zdrăngăni.
thrush [θrΛʃ] *s.* sturz, afte.
thrust [θrΛst] *s.* împingere, împunsătură.
thump [θΛmp] **I.** *s.* lovitură cu pumnul. **II.** *v.t.*, *v.i.* a lovi, a bate.
thumping ['θΛmpiŋ] *adj.*, *adv.* straşnic, teribil.
thunder ['θΛndə] **I.** *s.* trăsnet, tunet, fulger. **II.** *v.t.* a urla. **III.** *v.i.* a trăsni, a fulgera, a bubui, a se năpusti.
thunderbolt ['θΛndəboult] *s.* (lovitură de) trăsnet, fulger.
thunder-clap ['θΛndə klæp] *s.* (bubuit de) tunet.
thunder-cloud ['θΛndə klaud] *s.* nor de furtună.
thunder-storm ['θΛndə stɔ:m] *s.* furtună cu descărcări electrice.
thunder-struck ['θΛndə strΛk] *adj.* trăsnit, uluit.
Thursday ['θə:zdi] *s.* joi.
thus [ðΛs] *adv.* astfel, aşa, atâta, ~ *far* deocamdată.
thwart [θwɔ:t] *v.t.* a contrazice, a zădărnici, a pune bețe în roate la.
thyme [taim] *s.* cimbru.
tick [tik] **I.** *s.* ticăit, tic-tac, semn, bifare, căpuşă, față de saltea, credit, veresie. **II.** *v.t.* a bifa, a însemna. **III**. *v.i.* a ticăi.
ticker ['tikə] *s.* ceas.
tickle ['tikəl] **I.** *s.* gâdilat. **II.** *v.t.* a gâdila, a amuza, a încânta. **III.** *v.i.* a gâdila.
ticklish ['tikliʃ] *adj.* gâdilos, spinos.
tidal ['taidəl] *adj.* legat de flux.
tide [taid] *s.* flux (şi reflux), *fig.* tendință (generală), curent, perioadă.
tidiness ['taidinis] *s.* fire ordonată.
tidings ['taindiŋz] *s. pl.* veşti.
tidy ['taidi] **I.** *adj.* ordonat, curat, mare. **II.** *v.t.* a aranja, a pune în ordine. **III.** *v.i.* a face ordine (prin casă).
tiff [tif] *s.* ceartă.
tiger ['taigə] *s.* tigru.

tight [tait] **I.** *adj.* (bine) închis, strâns, strâmt, etanş, plin (ochi), încordat, beat, zgârcit. **II.** *adv.* strâns, încordat.
tighten ['taitən] *v.t.* a încorda, a întinde, a întări, a închide, a strânge.
tigress ['taigris] *s.* tigroaică.
tile [tail] **I.** *s.* ţiglă, olan. **II.** *v.t.* a acoperi cu ţiglă.
till [til] **I.** *s.* sertar (la tejghea). **II.** *v.t.* a cultiva, a lucra (pământul). **III.** *prep.* până la. **IV.** *conj.* până (ce).
tilt [tilt] **I.** *s.* luptă cavalerească, turnir, înclinare. **II.** *v.t.* a înclina, a întoarce, a răsturna, *to ~ at* a ataca.
timber ['timbə] *s.* cherestea, lemne, pădure.
timbered ['timbərid] *adj.* lucrat în lemnărie, împădurit.
timbre ['timbə] *s. muz.* timbru.
time [taim] *s.* timp, perioadă, dată.
time-keeper ['taim ki:pə] *s.* cronometru.
time-table ['taim teibəl] *s.* orar, program.
timid ['timid] *adj.* timid, fricos.
timorous ['timərəs] *adj.* fricos, timid.
tin [tin] **I.** *s.* cositor, tinichea, cutie (de conserve), bani. **II.** *v.t.* a conserva (în cutii), a cositori.
tinder ['tində] *s.* iască.
tinfoil [tin 'fɔil] *s.* staniol.
tinge [tindʒ] **I.** *s.* nuanţă, tentă, urmă. **II.** *v.t.* a colora (uşăr), *fig.* a umbri.
tingle ['tiŋgəl] **I.** *s.* furnicătură, ţiuială. **II.** *v.i.* a furnica, a ţiui.
tinker ['tiŋkə] **I.** *s.* tinichigiu, meseriaş, prost. **II.** *v.t.*, *v.i.* a cârpăci.
tinkle ['tiŋkəl] **I.** *s.* clinchet, zăngănit. **II.** *v.t.* a suna din (clopoţel).
tinned food ['tind fud] *s.* conserve.
tinsel ['tinsəl] *s.* beteală, poleială.
tint [tint] **I.** *s.* nuanţă, culoare, tentă. **II.** *v.t.* a colora.
tiny ['taini] *adj.* mititel.
tip [tip] **I.** *s.* vârf, bacşiş, sfat, răsturnare, *finger~* buricul degetului. **II.** *v.t.* a răsturna, a da bacşiş la.
tipple ['tipəl] **I.** *s.* băutură. **II.** *v.t.*, *v.i.* a bea, a (se) îmbăta.
tipsy ['tipsi] *adj.* beat, cherchelit.
tiptoe ['tiptou] **I.** *s.* vârful picioarelor. **II.** *v.i.* a merge în vârful picioarelor.
tire [taiə] **I.** *s.* anvelopă, cauciuc de roată. **II.** *v.t.* a obosi. **III.** *v.i.* a se obosi, a se plictisi.
tired ['taiəd] *adj.* obosit, istovit, plictisit.
tiredness ['taiədnis] *s.* oboseală.
tireless ['taiə:lis] *adj.* neobosit, energie, neîncetat.
tiresome ['taiəsəm] *adj.* obositor, plicticos.
tissue ['tiʃu:] *s.* ţesătură, pânză, material, ţesut, plasă.
titanic [tai'tænik] *adj.* uriaş, imens, titanic.

titivate ['titiveit] *v.t.*, *v.i.* a (se) împopoţona.
title [taitəl] **I.** *s.* titlu, drept. **II.** *adj.* de titlu, titular.
titled ['taitəld] *adj.* înnobilat.
titmouse ['titmaus] *s.* piţigoi.
titter ['titə] **I.** *s.* chicotit. **II.** *v.i.* a chicoti.
title-tattle ['taitəl tætəl] **I.** *s.* bârfeală, flecăreală, zvon. **II.** *v.i.* a bârfi, a răspândi zvonuri.
titubation [titju'beiʃən] *s.* agitaţie, nervozitate.
to [tə] *prep.* la, spre, înainte de, până la, pe(ntru).
toast [toust] **I.** *s.* pâine prăjită, toast, sărbătorit. **II.** *v.t.* a prăji, a încălzi, a toasta pentru. **III.** *v.i.* a se prăji, a se încălzi.
tobacco [tə'bækou] *s.* tutun.
tobacco-plant [tə'bækou plɑ:nt] *s.* tutun, regina nopţii.
toboggan [tə'bɔgən] *s.* sanie (lungă).
tocsin ['tɔksin] *s.* (clopot de) alarmă.
today [tə'dei] **I.** *s.* (ziua de) astăzi, zilele noastre. **II.** *adv.* azi.
toddle ['tɔdəl] **I.** *s.* bălăbăneală. **II.** *v.i.* a se bălăbăni, a umbla hai-hui.
toddler ['tɔdlə] *s.* copilaş, pici.
toe [tou] *s.* deget de la picior.
toe-cap ['tou kæp] *s.* bombeu.
toffee ['tɔfi:] *s.* caramelă.
together [tə'geðə] *adv.* împreună, laolaltă, alături, neîntrerupt.
toil [tɔil] **I.** *s.* trudă. **II.** *v.i.* a trudi, a merge greu.
toiler [tɔilə] *s.* truditor.
toilet ['tɔilit] *s.* toaletă.
toilet-paper ['tɔilit peipə] *s.* hârtie igienică.
toilet-table ['tɔilit teibəl] *s.* măsuţă de toaletă.
toilsome ['tɔilsʌm] *adj.* obositor, laborios.
token ['toukən] *s.* semn, simbol.
told [tould] *v.t.*, *v.i.* trec. şi part. trec. de la tell.
tolerable ['tɔlərəbəl] *adj.* suportabil, acceptabil.
tolerance ['tɔlərəns] *s.* îngăduinţă, toleranţă.
tolerate ['tɔləreit] *v.t.* a tolera, a îngădui.
toll [toul] **I.** *s.* dangăt de clopot, jertfă. **II.** *v.t.* a suna (din clopot). **III.** *v.i.* a (ră)suna jalnic.
tomcat ['tɔmkæt] *s.* motan.
tommy-gun ['tɔmigʌn] *s.* *mil.* automat.
tomorrow [tə'mɔrou] **I.** *s.* (ziua de) mâine. **II.** *adv.* mâine.
tomtit ['tɔmtit] *s.* pici, puşti.
ton [tʌn] *s.* tonă.
tone [toun] *s.* ton, glas, intonaţie.
tongue [tʌŋ] *s.* limbă, limbaj, flacără.
tonic ['tɔnik] **I.** *s.* tonic, *muz.* tonică. **II.** *adj.* tonic, înviorător.
tonight [tə'nait] *adv.* deseară, la noapte.
tonnage ['tʌnidʒ] *s.* tonaj.
tonsil ['tɔnsil] *s.* amigdală.
tonsil(l)itis ['tɔnsil'laits] *s.* amigdalită.

•**too** [tu:] *adv.* de asemenea, şi, prea, foarte.
tooth [tu:θ] *s.* dinte.
tooth ache [tu:θ eik] *s.* durere de dinţi.
tooth brush [tu:θ brʌʃ] *s.* periuţă de dinţi.
tooth paste [tu:θ peist] *s.* pastă de dinţi.
toothpick [tu:θ pik] *s.* scobitoare.
top [tɔp] *s.* vârf, culme, partea de sus, înălţime.
tope [toup] *v.t.*, *v.i.* a bea (zdravăn).
toper ['toupə] *s.* beţivan(că).
topic ['tɔpik] *s.* subiect.
topical ['tɔpikəl] *adj.* interesant, actual, curent, de actualitate.
topography [tə'pɔgrəfi] *s.* topografie.
topper ['tɔpə] *s.* joben, băiat bun.
topping ['tɔpiŋ] *adj.* grozav.
topple ['tɔpəl] **I.** *v.t.* a răsturna. **II.** *v.i.* a bălăbăni, a se răsturna, a se răsturna.
tornado [tɔ'neidou] *s.* uragan, trombă.
torpid ['tɔ:pid] *adj.* pasiv, toropit, trândav.
torpor ['tɔ:pə] *s.* toropeală, lene.
torrid ['tɔrid] *adj.* torid, tropical.
torsion ['tɔ:ʃən] *s.* răsucire, torsiune.
torso ['tɔ:sou] *s.* *anat.* tors, trunchi.
tortoise ['tɔ:təs] *s.* broască ţestoasă.
tortoise-shell ['tɔ:təs ʃəl] *s.* carapace (de broască ţestoasă).
tortuous ['tɔ:tʃuəs] *adj.* răsucit, încurcat, necinstit.
torture ['tɔ:tʃə] **I.** *s.* tortură, chin. **II.** *v.t.* a tortura, a răstălmăci.
Tory [tɔ:ri] *s.*, *adj.* conservator.
toss [tɔs] *s.* clătinare, prăbuşire, aruncare.
total ['toutəl] **I.** *s.*, *adj.* total. **II.** *v.t.* a totaliza, a se ridica la.
tote [tout] *s.* maşină de calculat.
totter ['tɔtə] *v.t.* a se clătina (pe picioare).
touch [tʌtʃ] **I.** *s.* atingere, pipăit, tuşeu, încercare, contact, urmă. **II.** *v.t.* a atinge, a enerva, a tapa. **III.** *v.i.* a se atinge, a fi în contact.
touched [tʌtʃt] *adj.* ţicnit, mişcat, atins.
touching ['tʌtʃiŋ] *adj.* mişcător, emoţionant.
touchstone ['tʌtʃstoun] *s.* (piatră de) încercare.
touchy ['tʌtʃi] *adj.* ultrasensibil, iritabil.
tough ['tʌf] *adj.* tare, aspru, încăpăţânat, dificil.
toughen ['tʌfən] *v.t.* a întări, a înăspri.
tour [tuə] **I.** *s.* turneu, tur. **II.** *v.t.* a face un turneu prin. **III.** *v.i.* a face turism.
tournament ['tuənəmənt] *s.* competiţie, turneu, *ist.* turnir.
tousle ['tauzəl] *v.t.* a zbârli, a încurca.

tout [taut] **I.** *s.* agent de publicitate, şleper. **II.** *v.i.* a face reclamă zgomotoasă.
tow [tou] *s.* remorcare, tragere, câlţi.
toward(s) [tə'wɔ:d(z)] *prep.* către, aproape de, faţă de, pentru.
towel ['tauəl] *s.* prosop.
tower ['tauə] **I.** *s.* turn. **II.** *v.i.* a domina, a se înălţa.
town [taun] *s.* oraş.
townsman ['tauəsmən] *s.* orăşean, concetăţean.
toy [tɔi] *s.* jucărie.
trace [treis] **I.** urmă. **II.** *v.t.* a trasa, a schiţa, a copia, a da de urmă, a desluşi.
traceable [treiseibəl] *adj.* identificabil, de găsit.
track [træk] *s.* urmă, pistă, drum.
tract [trækt] *s.* teren, întindere, canal, tub, broşură, tratat.
tractable ['træktəbəl] *adj.* docil, maleabil.
traction ['trækʃən] *s.* tracţiune.
tractor ['træktə] *s.* tractor.
trade union [treid juniən] **I.** *s.* sindicat. **II.** *adj.* sindical.
tradition [trə'diʃən] *s.* tradiţie, datină.
traditional [trə'diʃənəl] *adj.* tradiţional, popular, anonim.
traduce [trə'dju:s] *v.t.* a defăima.
traffic ['træfik] **I.** *s.* trafic, circulaţie, comerţ. **II.** *v.i.* a trafica.
trafficker ['træfikə] *s.* traficant.
traffic lights ['træfik laitz] *s. pl.* semafor.
tragedy ['trædʒidi] *s.* tragedie.
tragic-comedy ['trædʒi'kɔmidi] *s.* melodramă.
trail [treil] **I.** *s.* dâră, urmă, potecă. **II.** *v.t.* a da de urmă la, a târî, a remorca.
trailer [trailə] *s.* remorcă, urmăritor, plantă târâtoare, forşpan.
train [trein] **I.** *s.* tren, trenă, suită, alai, şir (de idei). **II.** *v.t.* a educa, a instrui, a antrena, a ţinti. **III.** *v.i.* a se antrena.
trainer ['treinə] *s.* antrenor.
training ['treiniŋ] *s.* instrucţie, instruire, antrenament, pregătire.
traipse [treips] *v.i.* a hoinări, a pierde vremea.
trait [treit] *s.* trăsătură (caracteristică).
trammel ['træməl] **I.** *s.* piedică, *pl.* încurcătură. **II.** *v.t.* a împiedica, a încurca.
tramp [træmp] **I.** *s.* vagabond, cerşetor, drum lung, tropăit. **II.** *v.t.* a cutreiera (pe jos). **III.** *v.i.* a tropăi, a umbla (haihui).
trample ['træmpəl] **I.** *s.* tropăit. **II.** *v.t.* a călca în picioare, a zdrobi. **III.** *v.i.* a tropăi, a călca apăsat, *to ~ on* a călca în picioare.
tranquil ['træŋkwil] *adj.* liniştit.
tranquil(l)ity ['træŋkwiliti] *s.* linişte, calm.
transact [træn'zækt] *v.t.* a încheia, a face (afaceri).
transaction [træn'zækʃən] *s.* tranzacţie, afacere, *pl.* procese-verbale, arhivă.

transcend [træn'send] *v.t.* a depăşi, a trece peste.
transcribe [træns'kraib] *v.t.* a transcrie.
transcript ['trænskript] *s.* copie.
transcription ['trænskripʃən] *s.* transcriere, copie.
transfer [træns'fə:] **I.** *s.* trecere, (act de) transfer, copie pe indigo. **II.** *v.i.* a se transfera, a schimba trenul, tramvaiul.
transferable [træns'fə:rəbəl] *adj.* care poate fi transferat, alienabil.
transfiguration [træns'figju'reiʃən] *s.* transfigurare.
transfix [træns'fiks] *v.t.* a străpunge, a paraliza.
transform [træns'fɔ:m] *v.t.* a transforma, a schimba.
transformation [trænsfə'meiʃən] *s.* transformare, perucă.
transformer [træns'fɔ:mə] *s.* transformator.
transfuse [træns'fju:z] *v.t.* a face o transfuzie de.
transfusion [træns'fju:ʒən] *s.* transfuzie.
transgress [trænz'gres] **I.** *v.t.* a depăşi, a încălca. **II.** *v.i.* a păcătui, a greşi.
transgression [trænz'greʃən] *s.* încălcare, păcat.
transgressor [trænz'gresə] *s.* infractor, păcătos.
transportation [trænspɔ:'teiʃən] *s.* transport, deportare.
transpose [træns'pouz] *v.t.* a transpune.
transposition [træns'pɔziʃən] *s.* transpunere.
trans-ship [træns'ʃip] *v.t.* a transborda.
transverse ['trænzvə:s] *adj.* transversal.
trapeze [trə'pi:z] *s.* trapezul acrobatului.
trapezium [trə'pi:ziəm] *s.* *geom.* trapez.
trapper ['træpə] *s.* vânător care foloseşte capcanele.
trash [træʃ] *s.* gunoi, prostii.
trashy ['træʃi] *adj.* fără valoare.
travel ['trævəl] **I.** *s.* călătorie. **II.** *v.t.* a străbate. **III.** *v.i.* a călători, a umbla, a se mişca, a trece.
travel(l)ed ['trævəld] *adj.* umblat.
travel(l)er ['trævələ] *s.* călător.
travelogue ['trævəloug] *s.* conferinţă (geografică) cu proiecţii.
traverse ['trævə:s] **I.** *s.* traversă, piedică. **II.** *adj.* transversal, cruciş. **III.** *v.t.* a traversa, a contrazice, a discuta, a străbate.
travesty ['trævisti] **I.** *s.* travestire, imitaţie, simulacru, parodie. **II.** *v.t.* a parodia, a imita (prost).
trawl [trɔ:l] **I.** *s.* plasă (mare) de pescuit. **II.** *v.t.* a târî (pe fundul mării). **III.** *v.i.* a pescui (cu plasa mare).
trawler ['trɔ:lə] *s.* vas de pescari, trauler.
tray [trei] *s.* tabla, tavă, tăviţă.

treacherous ['tretʃərəs] *adj.* trădător, înşelător.
treachery ['tretʃəri] *s.* trădare, înşelăciune.
treacle ['tri:kəl] *s.* melasă.
tread [tred] **I.** *s.* pas, mers, treaptă. **II.** *v.t.* a călca, a zdrobi, a bătători, a bate (un drum).
treadle ['tredəl] **I.** *s.* pedală. **II.** *v.i.* a pedala.
treason ['tri:zən] *s.* trădare.
treasonable ['tri:zənəbəl] *adj.* trădător.
treasure ['treʒə] **I.** *s.* comoară, bijuterie, avere. **II.** *v.t.* a păstra, a colecţiona, a iubi ca ochii din cap, a preţui.
treat [tri:t] **I.** *s.* trataţie, tradiţie. **II.** *v.t.*, *v.i.* a trata.
treatment ['tri:tmənt] *s.* tratament.
treaty ['tri:ti] *s.* tratat (comercial, cultural), negociere.
treble ['trebəl] **I.** *s.* voce subţire, înaltă, notă acută. **II.** *adj.* întreit, *muz.* înalt. **III.** *v.t.*, *v.i.* a (se) tripla.
tree [tri:] *s.* arbore.
treeless ['tri:lis] *adj.* despădurit.
trefoil ['tri:fɔil] *s.* trifoi.
trellis ['trelis] *s.* plasă, grătar, spalier.
trembling ['trembliŋ] **I.** *s.* tremur(at). **II.** *adj.* tremurător, tremurat.
tremendous [tri'mendəs] *adj.* uriaş, nemaipomenit, teribil, straşnic, fantastic.
tremendously [tri'mendəsli] *adv.* extraordinar, foarte mult.
tremor ['tremə] *s.* tremur(at), fior, emoţie.
tremulous ['tremjuləs] *adj.* tremurător, fricos.
trench [trentʃ] *s.* tranşee, şanţ.
trencher ['trentʃə] *s.* tocător, fund de lemn.
trend [trend] *s.* tendinţă, curent.
trepidation [trepi'deiʃən] *s.* tremur, panică.
trespass ['trespəs] **I.** *s.* încălcare, braconaj, păcat. **II.** *v.i.* *to ~ on* a încălca, a abuza de, *to ~ against* a păcătui împotriva, a lovi, *no ~ing* trecerea oprită, intrarea interzisă.
trespasser ['trespæsə] *s.* infractor.
tress [tres] *s.* şuviţă, *pl.* bucle.
trestle ['tresəl] *s. constr.* capră.
trial ['traiəl] *s.* proces, necaz, încercare grea, experienţă.
tribe [traib] *s.* trib, familie, clică.
tribesman ['traibzmən] *s.* membru al tribului.
tribulation [tribju'leiʃən] *s.* necaz, supărare, chin.
tribunal [trai'bjunəl] *s.* tribunal.
tribune ['tribju:n] *s.* tribun, tribună.
tributary ['tribjutri] **I.** *s.* afluent. **II.** *adj.* tributar, afluent.
tribute ['tribju:t] *s.* tribut, impozit, omagiu.
trice [trais] *s.* clipă, moment.
trick [trik] **I.** *s.* şmecherie, truc, farsă, acţiune, scamatorie,

obicei, levată (la cărți). **II.** *v.t.* a păcăli.

trickle ['trikəl] **I.** *s.* scurgere, dâră, picătură. **II.** *v.t.*, *v.i.* a picura.

tricky ['triki] *adj.* înşelător, complicat.

tricycle ['traisikəl] *s.* triciclu.

tried [traid] *adj.* încercat, de nădejde.

trifle [traifəl] **I.** *s.* fleac, bagatelă, pic(ătură). **II.** *v.t. to ~ away* a irosi. **III.** *v.i.* a se juca.

trifling ['traifliŋ] *adj.* neînsemnat.

trigger ['trigə] *s.* trăgaci.

trilby ['trilbi] *s.* pălărie moale.

trill [tril] **I.** *s.* tril. **II.** *v.i.* a face triluri.

trillion ['triliən] *s.* trilion, *amer.* bilion.

trinket ['triŋkit] *s.* podoabă, fleac.

trio ['tri:ou] *s.* trio, terțet.

trip [trip] *s.* călătorie (scurtă), excursie.

tripe [traip] *s.* burduf, burtă de vacă, prostii.

triple ['tripəl] **I.** *adj.* triplu. **II.** *v.t.*, *v.i.* a (se) tripla.

tripod ['traipɔd] *s.* trepied.

trite [trait] *adj.* banal, banalizat.

triteness ['traitnis] *s.* banalitate.

triumph ['traiəmf] *s.* triumf, victorie, entuziast.

triumphant [trai'ʌmfənt] *adj.* triumfal, triumfător.

trivial ['triviəl] *adj.* neînsemnat, meschin, banal.

triviality [trivi'æliti] *s.* fleac, lipsă de importanță, banalitate.

trolley ['trɔli] *s.* cărucior, vagonet, troleu, *amer.* tramvai.

trolleybus ['trɔlibʌs] *s.* troleibuz.

trollop ['trɔləp] *s.* târâtură, târfă.

troop [tru:p] **I.** *s.* trupă, detaşament, *pl.* armată, soldați. **II.** *v.i.* a merge în grup.

trooper [tru:pə] *s.* soldat, cavalerist.

trophy ['troufi] *s.* trofeu.

tropical ['trɔpikəl] *adj.* tropical.

trot [trɔt] *s.* fugă, trap, plimbare.

trotter [trɔtə] *s.* trăpaş, *pl.* (răcituri de) picioare de porc.

trouble ['trʌbəl] *s.* necaz, bucluc, încurcătură.

troublesome ['trʌbəlsʌm] *adj.* supărător, chinuitor.

trough [trɔf] *s.* troacă.

troupe [tru:p] *s.* trupă (artistică).

trousers ['trauzəz] *s. pl.* pantaloni (lungi).

trout [traut] *s.* păstrăv.

trowel ['trauəl] *s.* mistrie.

troy ['trɔi] *s.* sistem de greutăți pentru metale prețioase.

truancy ['tru:ənsi] *s.* chiul, absență.

truant ['truənt] **I.** *s.* chiulangiu, absent. **II.** *adj.* chiulangiu, haimana.

truce [tru:s] *s.* armistițiu, răgaz.

truculent ['trʌkjulənt] *adj.* agresiv, feroce.
trudge [trʌdʒ] **I.** *s.* drum greu. **II.** *v.i.* a merge cu greu, a se târî.
truffle [trʌfəl] *s.* trufă.
truism ['truizəm] *s.* platitudine.
truly ['tru:li] *adv.* cu adevărat, sincer.
trump [trʌmp] **I.** *s.* trâmbiță, atu, om săritor. **II.** *v.t.* a folosi ca atu, *to ~ up* a inventa, a înscena.
trumpery [trʌmpəri] *s.* bijuterii false.
trumpet ['trʌmpit] **I.** *s.* trompetă, cornet. **II.** *v.t.* a trâmbița.
trumpeter ['trʌmpitə] *s.* trompetist, trâmbițaș.
truncheon ['truʌntʃən] *s.* bâtă, matracă.
trundle ['trʌndəl] *v.t., v.i.* a (se) rostogoli.
trunk [trʌŋk] **I.** *s.* trunchi, parte principală, trup, cufăr, trompă, *pl.* chiloți de baie. **II.** *adj.* principal.
trunk-call ['trʌŋk kɔ:l] *s.* convorbire telefonică interurbană.
truss [trʌs] **I.** *s.* snop, bandaj. **II.** *v.t.* a lega, a sprijini.
trust [trʌst] **I.** *s.* încredere, tutelă, trust. **II.** *v.t.* a avea încredere în, a crede, a încredința, a nădăjdui. **III.** *v.i.* a avea încredere.
trustee [trʌs'ti:] *s.* tutore, girant.
trusteeship [trʌs'ti:ʃip] *s.* tutelă, girare.
trustful ['trʌstful] *adj.* încrezător.
trustworthy ['trʌstwɔ:θi] *adj.* demn de încredere, de nădejde.
truth [tru:θ] *s.* adevăr.
truthful ['tru:θful] *adj.* sincer, corect, adevărat.
truthfulness ['truθfulnis] *s.* sinceritate, adevăr.
try [trai] **I.** *s.* încercare, a chinui. **II.** *v.i.* a încerca.
trying ['traiiŋ] *adj.* supărător.
tsar [zɑ:] *s.* țar.
tube [tju:b] *s.* tub, lampă de radio, metrou.
tubercular [tju:bə:kjulə] *adj.* tuberculos.
tuberculosis [tjubə:kju'lousis] *s.* tuberculoză.
tuck [tʌk] **I.** *s.* pliu, mâncare. **II.** *v.t.* a băga, a înveli, a sufleca, *to ~ away* a mânca. **III.** *v.i. to ~ in(to)* a înfuleca.
tug [tʌg] **I.** *s.* tragere, tracțiune, remorcher. **II.** *v.t.* a trage, a remorca. **III.** *v.i. to ~ at* a trage (de).
tulip ['tju:lip] *s.* lalea.
tumble ['tʌmbəl] *s.* cădere, tumbă, încurcătură.
tumbler ['tʌmblə] *s.* pahar (fără picior), acrobat.
tummy ['tʌmi] *s.* stomac, burtică.
tumult ['tjumʌlt] *s.* agitație, zarvă.
tun [tʌn] *s.* butoi.
tune [tju:n] *s.* melodie, ton, armonie.
tuneful ['tju:nful] *adj.* muzical, melodios.

tunny ['tʌni] *s. iht.* ton.
turbid ['tə:bid] *adj.* tulbure, murdar, învălmăşit.
turbine ['tə:bin] *s.* turbină.
turbo-jet [tə:bou'dʒet] *s.* turboreactor.
turbot ['tə:bət] *s. iht.* calcan.
tureen [tju'ri:n] *s.* supieră, cosieră.
turgid ['tə:dʒid] *adj.* umflat, congestionat, pompos.
Turk [tə:k] *s.* turc.
turkey ['tə:ki] *s.* curcan, curcă.
turkey-cock ['tə:ki kɔk] *s.* curcan.
turkey-hen ['tə:ki hen] *s.* curcă.
turn [tə:n] **I.** *s.* întoarcere, tur, rotire, cotitură. **II.** *v.t.* a întoarce, a învârti.
turner ['tə:nə] *s.* strungar.
turnpike ['tə:n paik] *s.* barieră.
turnstile ['tə:n stail] *s.* cruce de barieră, portiţă rotitoare.
turntable ['tə:nteibəl] *s.* placă turnantă, platan.
turpentine ['tə:pəntain] *s.* terebentină.
turquoise [tə:kwɔiz] *s.* peruzea.
turret ['tʌrit] *s.* turnuleţ, turelă.
turtle ['to:təl] *s.* broască ţestoasă, turturea.
tussle ['tʌsəl] **I.** *s.* încăierare. **II.** *v.i.* a se încăiera.
tutore ['tju:tə] **I.** *s.* profesor, meditator, asistent universitar. **II.** *v.t.* a medita.
tutorial class [tju:tɔ:rəil 'klɑ:s] *s.* seminar, oră practică.
tuxedo [tʌk'sidou] *s.* smoching.
twaddle ['twɔdəl] **I.** *s.* vorbărie, aiureală. **II.** *v.i.* a pălăvrăgi.
twang [twæŋ] **I.** *s.* zbârnâit, vorbire nazală. **II.** *v.i.* a zbârnâi, a se fârnâi.
tweak [twi:k] **I.** *s.* ciupitură. **II.** *v.t.* a ciupi.
tweed [twi:d] *s.* stofă cu picăţele, *pl.* costum de tweed, costum de golf.
tweezers ['twi:zə:z] *s. pl.* pensetă.
twelfth [twelfθ] **I.** *s.* doisprezecime. **II.** *num.* doisprezecelea.
twelve [twelv] *s., num.* doisprezece.
twentieth [twentiiθ] *s., num.* al douăzecilea.
twenty ['twenti] **I.** *s.* douăzeci, *pl.* deceniul al treilea. **II.** *num.* douăzeci.
twice [twais] *adv.* de două ori, dublu.
twiddle ['twidəl] *v.t.* a învârti de pomană.
twig [twig] *s.* rămurică.
twilight ['twailait] *s.* amurg, crepuscul, zori.
twin [twin] *s.* frate geamăn.
twine [twain] **I.** *s.* fir, şuviţă. **II.** *v.t.* a împleti, a întinde, a încolăci. **III.** *v.i.* a se împleti, a se încolăci.
twinkle ['twiŋkəl] **I.** *s.* scânteiere, licărire, lumină. **II.** *v.i.* a licări, a scânteia.
twist [twist] *s.* răsucire, întoarcere, ocol.
twister ['twistə] *s.* escroc, dificultate.

twitch [twitʃ] **I.** *s.* smucitură, tic nervos. **II.** *v.t.* a trage, a smulge. **III.** *v.i.* a se răsuci, a se contracta, a avea un tic.
twitter ['twitə] **I.** *s.* ciripit, flecăreală, agitație. **II.** *v.i.* a ciripi.
two-edged ['tu:'edʒd] *adj.* cu două tăişuri, ambiguu.
two-faced ['tu:'feisd] *adj.* cu două fețe, fățarnic.
twofold ['tu:fould] *adj., adv.* dublu.
tycoon [tai'ku:n] *s.* magnat.
tympanum ['timpənəm] *s. anat.* timpan.
type [taip] **I.** *s.* tip, categorie, persoană, (litera de) tipar. **II.** *v.t., v.i.* a bate la maşină.
typewrite ['taiprait] *v.t., v.i.* a dactilografia.
typewriter [taipraitə] *s.* maşină de scris.
typhoon [tai'fu:n] *s.* taifun.
typhus ['taifəs] *s.* tifos.
typical ['tipikəl] *adj.* tipic, caracteristic.
typist ['taipist] *s.* dactilograf(ă).
tyrannize ['tirənaiz] *v.t.* *to ~ over* a asupri.
tyranny ['tirəni] *s.* tiranie, asuprire.
tyrant ['tairənt] *s.* tiran.
tyre ['taiə] *s.* cauciuc de automobil.
tyro ['taiərou] *s.* începător.
tzar [zɑ:r] *s.* țar.

U

U [ju:] *s.* U, u.
udder ['ʌdə] *s.* uger.
ugh [əh] *interj.* uf, fui.
uglify ['ʌglifai] *v.t.* a urâți.
ugly ['ʌgli] *adj.* urât, hidos, neplăcut, amenințător.
ulcer ['ʌlsə] *s.* bubă, ulcer, corupție.
ulcerate ['ʌlsəreit] *v.t.* a răni.
ultimate ['ʌltimit] *adj.* ultim, final, fundamental.
ultramarine [ʌltrəmə'ri:n] *s.*, *adj.* bleumarin.
umbrage ['ʌmbridʒ] *s.* jignire.
umbrella [ʌm'brelə] *s.* umbrelă.
unabashed [ʌnə'bæʃt] *adj.* mândru, neruşinat.
unabated [ʌnə'beitid] *adj.* neabătut, nedomolit, neclintit.
unable [ʌn'eibəl] *adj.* incapabil.
unacceptable [ʌnək'septəbəl] *adj.* inacceptabil.
unaccountable [ʌnə'kauntəbəl] *adj.* inexplicabil.
unaffected [ʌnə'fektid] *adj.* sincer, neafectat.
unalterable [ʌn'ɔ:ltərəbəl] *adj.* (de) neschimbat, consecvent, constant.

unanimity [junə'nimiti] *s.* unanimitate.
unanimous [ju:'nænimәs] *adj.* unanim.
unassuming [Ʌnə'sjumiŋ] *adj.* modest.
unavailing [Ʌnə'veiliŋ] *adj.* inutil, zadarnic.
unavoidable [Ʌnə'vɔidəbəl] *adj.* inevitabil.
unaware [Ʌnə'wɛə] *adj.* surprins.
unawares [Ʌnə'wɛəz] *adv.* pe neaşteptate, fără voie.
unbearable [Ʌn'bɛərəbəl] *adj.* insuportabil.
unbecoming [Ʌnbi'kɅmiŋ] *adj.* indecent, ruşinos, degradant.
unbend [Ʌn'bend] *v.t., v.i.* a (se) dezdoi.
unbending [Ʌn'bendiŋ] *adj.* țeapăn, încăpățânat.
unbind [Ʌn'baind] *v.t.* a dezlega, a dezlănțui, a elibera.
unblemished [Ʌn'blemiʃt] *adj.* nepătat, imaculat.
unblushing [Ʌn'blɅʃiŋ] *adj.* neruşinat, îndrăzneț.
unborn [Ʌn'bɔ:n] *adj.* care nu s-a născut, aşteptat.
unbosom [Ʌn'bu:zəm] *v.t., v.i.* a (se) destăinui.
unbounded [Ʌn'baundid] *adj.* nemărginit, uriaş.
unbridled [Ʌn'braidəld] *adj.* neinstruit, nestăpânit.
unbroken [Ʌn'broukən] *adj.* întreg, neîntrerupt, nesupus, nedomesticit.
unburden [Ʌn'bə:dən] **I.** *v.t.* a descărca, a uşura. **II.** *v.r.* a se destăinui.
unbutton [Ʌn'bɅtən] *v.t.* a descheia.
uncalled-for [Ʌn'kɔ:ldfɔ:] *adj.* nedorit.
uncanny [Ʌn'kæni] *adj.* straniu, nefiresc.
uncertain [Ʌn'sə:tən] *adj.* nesigur, dubios, schimbător.
uncertainty [Ʌn'sə:tənti] *s.* nesiguranță, lucru nesigur.
unchanged [Ʌn'tʃein:dʒd] *adj.* neschimbat.
unchaste [Ʌn'tʃeist] *adj.* desfrânat, stricat, imoral, neruşinat, indecent.
uncivil [Ʌn'sivl] *adj.* nepoliticos.
uncle [Ʌŋkəl] *s.* unchi, nene.
unclean [Ʌn'kli:n] *adj.* murdar, prihănit, obscen.
unclouded [Ʌn'klaudid] *adj.* senin, fără nori.
uncollected [Ʌnkə'lektid] *adj.* neadunat, lipsit de calm, nestăpânit.
uncomfortable [Ʌn'kɅmftəbəl] *adj.* stânjenit, penibil, incomod(at).
uncommon [Ʌn'kɔmən] *adj.* neobişnuit, excepțional.
uncomplimentary [Ʌnkɔmpli'mentəri] *adj.* necuviincios.
uncompromising [Ʌn'kɔmprəmaiziŋ] *adj.* intransigent.

unconcern [ʌnkən'sə:n] *s.* nepăsare.
unconclusive [ʌnkən'klu:siv] *adj.* neconcludent.
unconditional [ʌnkən'diʃənəl] *adj.* necondiționat.
unconnected [ʌnkə'nektid] *adj.* fără legătură, irelevant.
unconscious [ʌn'kɔnʃəs] **I.** *s.* subconștient. **II.** *adj.* inconștient, neintenționat.
uncooked [ʌn'kukt] *adj.* crud.
uncork [ʌn'kɔ:k] *v.t.* a destupa.
uncouth [ʌn'ku:θ] *adj.* stângaci, necivilizat, zurbagiu, sălbatic.
uncover [ʌn'kʌvə] *v.t., v.i., v.r.* a (se) descoperi.
unction ['ʌŋkʃən] *s.* miruire, ungere, glas mieros.
unctuous ['ʌŋktjuəs] *adj.* unsuros, mieros.
uncultured [ʌn'kʌltʃəd] *adj.* necultivat, incult.
uncurbed [ʌn'kə:bd] *adj.* nestăvilit, nestăpânit.
undamaged [ʌn'dæmidʒd] *adj.* intact, neatins, în perfectă stare.
undaunted [ʌn'dɔ:ntid] *adj.* neîmpăcat.
undeceive [ʌn'disi:v] *v.t.* a trezi la realitate, a lumina.
undeniable [ʌndi'naiəbəl] *adj.* (de) netăgăduit.
under ['ʌndə] **I.** *adj.* inferior, de jos, subordonat, supus (la). **II.** *adv.* jos, dedesubt. **III.** *prep.* sub, dedesubtul.
underbrush ['ʌndəbrʌʃ] *s.* cătină.
underclothes ['ʌndəklouðz] *s. pl.* lenjerie (de corp).
undercurrent ['ʌndəkʌrənt] *s.* curent subteran.
underdone ['ʌndə'dʌn] *adj.* nefript, nefiert.
underestimate [ʌndə'estimeit] *v.t.* a subevalua.
underfed [ʌndə'fed] *adj.* prost hrănit, subnutrit.
underfoot ['ʌndəfu:t] *adv.* sub sau în picioare.
undergo [ʌndə'gou] *v.t.* a suferi, a păți, a trece prin.
underground[1] ['ʌndəgraund] **I.** *s.* metrou, ilegalitate, subteran. **II.** *adj.* subteran, secret, ilegal.
underground[2] ['ʌndəgraund] *adv.* sub pământ, în subteran, pe ascuns.
undergrown ['ʌndəgroun] *adj.* neisprăvit, pitic.
undergrowth ['ʌndəgrouθ] *s.* pădure tânără, (sub)arboret.
underhand [ʌndə'hænd] **I.** *adj.* ascuns, viclean, necinstit. **II.** *adv.* în secret, pe furiș, pe ascuns.
underlie [ʌndə'lai] *v.t.* a fundamenta, a susține, a se afla dedesubtul sau la baza (unui lucru).
underline [ʌndə'lain] *v.t.* a sublinia.
underling ['ʌndəliŋ] *s.* lacheu, agent, subaltern.
undermine [ʌndə'main] *v.t.* a submina.

underneath [ʌndə'ni:θ] **I.** *adv.* dedesubt. **II.** *prep.* sub.
underrate [ʌndə'reit] *v.t.* a subaprecia.
underscore ['ʌndəskɔ:r] *v.t.* a sublinia.
undersecretary [ʌndə'sekritri] *s.* subsecretar.
undersigned [ʌndə'saind] *s.* subsemnatul, subsemnații.
undersized [ʌndə'saizd] *adj.* mic, pitic, necrescut.
understand [ʌndə'stænd] **I.** *v.t.* a înțelege, a afla, a deduce, a subînțelege, *to ~ one another* a se înțelege (reciproc). **II.** *v.i.* a înțelege.
understandable [ʌndə'stændəbəl] *adj.* de înțeles, inteligibil.
understanding [ʌndə'stændiŋ] *s.* înțelegere, acord, *on this ~* cu condiția asta. **II.** *adj.* înțelept, înțelegător, perspicace.
understate [ʌndə'steit] *v.t.* a atenua, a diminua.
understake [ʌndə'steik] *v.t.* a întreprinde, a încerca, a (pre)lua, a presupune, a afirma.
undertaker ['ʌndəteikə] *s.* antreprenor (de pompe funebre).
undertaking [ʌndə'teikiŋ] *s.* sarcină, antrepriză, pompe funebre.
undertone ['ʌndətoun] *s.* glas scăzut, nuanță estompată.
undervalue [ʌndə'vælju:] *v.t.* a nu aprecia suficient.
underwear ['ʌndəwɛə] *s.* lenjerie de corp, indispensabili.
underworld ['ʌndəwə:ld] *s.* lumea cealaltă, iad, lumea interlopă.
undesirable [ʌndi'zaiərəbəl] *s.*, *adj.* indezirabil.
undies ['ʌndi:z] *s. pl.* lenjerie de corp (de damă).
undignified [ʌn'dignifaid] *adj.* lipsit de demnitate, nedemn, rușinos.
undiminished [ʌndi'miniʃt] *adj.* întreg, plin, neabătut.
undisclosed [ʌndis'klouzd] *adj.* (ținut) secret.
undiscovered [ʌndis'kʌvəd] *adj.* nedescoperit, inedit.
undisguised [ʌndi'gaizd] *adj.* sincer, deschis, fățiș.
undisturbed [ʌndi'stə:bd] *adj.* netulburat.
undivided [ʌndi'vaidid] *adj.* întreg.
undo [ʌn'du:] *v.t.* a desface, a dezlega, a nimici, a ruina.
undone [ʌn'dʌn] *adj.* desfăcut, nenorocit, distrus, neterminat.
undoubted [ʌn'dautid] *adj.* indiscutabil.
undoubtedly [ʌn'dautidli] *adv.* fără doar și poate.
undulate ['ʌndjuleit] *v.t.*, *v.i.* a (se) undui, a (se) ondula.
undutiful [ʌn'dju:tiful] *adj.* ingrat.
undying [ʌn'daiiŋ] *adj.* nemuritor, nepieritor.

unearthly [ʌn'ə:θli] *adj.* nefiresc, supranatural.
uneasy [ʌn'i:zi] *adj.* neliniştit, tulburat, încurcat.
uneducated [ʌn'edjukeitid] *adj.* incult, fără şcoală.
unemotional [ʌn'emouʃənəl] *adj.* lipsit de afecţiune, rece.
unemployed [ʌnim'plɔid] **I.** *s. the ~* şomerii. **II.** *adj.* şomer, nefolosit.
unemployment [ʌnim'plɔimənt] **I.** *s.* şomaj, nefolosire. **II.** *adj.* de şomaj.
unending [ʌn'endiŋ] *adj.* nesfârşit.
unequalled [ʌn'i:kwəld] *adj.* fără seamăn, neegalat.
unerring [ʌn'ə:riŋ] *adj.* infailibil, exact.
uneven [ʌn'i:vn] *adj.* inegal, accidentat, neregulat, zgrunţuros.
uneventful [ʌn'i:vəntful] *adj.* calm, tihnit, lipsit de senzaţie.
unexpected [ʌnik'spektid] *adj.* neaşteptat, surprinzător.
unexplained [ʌnik'spleinid] *adj.* neexplicat, inexplicabil.
unfaithful [ʌn'feiθful] *adj.* necredincios.
unfaltering [ʌn'fɔ:ltəriŋ] *adj.* neşovăielnic.
unfamiliar [ʌnfə'miliə] *adj.* neobişnuit, nefamiliar.
unfashionable [ʌn'fæʃənəbəl] *adj.* demodat, lipsit de eleganţă.
unfasten [ʌn'fɑ:sən] *v.t.* a deschide, a descuia, a dezlega.
unfathomable [ʌn'fæðəməbəl] *adj.* (prea) adânc, de neînţeles, nepătruns.
unfavourable [ʌn'feivrəbəl] *adj.* neprielnic.
unfeeling [ʌn'fi:liŋ] *adj.* fără inimă, nesimţitor, crunt.
unfetter [ʌn'fetə] *v.t.* a slobozi, a elibera, a dezlega (din lanţuri), a descătuşa.
unfinished [ʌn'finiʃt] *adj.* neterminat.
unfit [ʌn'fit] *adj.* nepotrivit, necorespunzător.
unflagging [ʌn'flægiŋ] *adj.* neabătut, constant.
unfledged [ʌn'fledʒd] *adj.* imatur.
unflinching [ʌn'flintʃiŋ] *adj.* neclintit, neabătut, neşovăitor.
unfold [ʌn'fould] *v.t., v.i.* a (se) desfăşura, a (se) dezvălui.
unforeseeable [ʌnfɔ:'si:əbəl] *adj.* imprevizibil, de neprevăzut.
unforgettable [ʌnfə'getəbəl] *adj.* de neuitat.
unforgivable [ʌnfə'givəbəl] *adj.* de neiertat, nepermis.
unforgotten [ʌnfə'gɔtən] *adj.* (de) neuitat.
unfortunate [ʌn'fɔ:tʃnit] **I.** *s.* nenorocit. **II.** *adj.* nefericit.
unfounded [ʌn'faundid] *adj.* neîntemeiat.
unfruitful [ʌn'fru:tful] *adj.* steril, inutil, van.
unfurl [ʌn'fə:l] *v.t.* a desfăşura, a desface.
unfurnished [ʌn'fɔ:niʃt] *adj.* nemobilat.

ungainly [ʌn'geinli] *adj.* greoi, diform.
ungrateful [ʌn'greitful] *adj.* ingrat, nerecunoscător.
ungrounded [ʌn'graundid] *adj.* nefondat, fără învățătură.
unguided [ʌn'gaidid] *adj.* lipsit de îndrumare sau călăuză.
unhampered [ʌæn'hæmpəd] *adj.* nestânjenit.
unhappy [ʌn'hæpi] *adj.* nefericit, nenorocit, regretabil, trist.
unharmed [ʌn'hɑ:md] *adj.* nevătămat, neatins, intact.
unhealthy [ʌn'helði] *adj.* nesănătos, insalubru.
unheeded [ʌn'hi:did] *adj.* nebăgat în seamă.
unholy [ʌn'houli] *adj.* profan.
unhospitable [ʌn'hɔspitəbəl] *adj.* neospitalier, ostil.
uniform ['junifɔ:m] **I.** *s.* uniformă. **II.** *adj.* uniform.
unify ['junifai] *v.t.* a uni(fica), a uniformiza.
unilateral [ju:ni'lætərəl] *adj.* unilateral.
unimaginable [ʌni'mædʒinəbəl] *adj.* (de) neînchipuit.
unimaginative [ʌni'mædʒinətiv] *adj.* lipsit de imaginație.
unimportant [ʌnim'pɔ:tənt] *adj.* neînsemnat, lipsit de importanță.
uninhabited [ʌnin'hæbitid] *adj.* nelocuit, pustiu, părăsit.
unintentional [ʌnin'tenʃənəl] *adj.* (făcut) fără voie, neintenționat, involuntar.
uninteresting [ʌn'intristiŋ] *adj.* neinteresant.
union ['juniən] *s.* unire, uniune.
unique [ju:'nik] *adj.* unic, fără pereche, ciudat.
unison ['ju:nisən] *s.* unison.
unit ['ju:nit] *s.* unitate, element.
unite [ju:'nait] **I.** *v.t.* a uni, a îmbina. **II.** *v.i.* a se uni, a se asocia, a colabora.
united [ju:'naitid] *adj.* unit, comun, unic.
unity ['ju:niti] *s.* unitate, unire, armonie.
universal [ju:ni'və:səl] *adj.* universal.
universe ['ju:nivə:s] *s.* univers.
university [ju:ni'və:siti] *s.* universitate.
univocal [ju:ni'voukəl] *adj.* unanim, într-un singur glas.
unkempt [ʌn'kempt] *adj.* netesălat, zbârlit, neîngrijit.
unkind [ʌn'kaind] *adj.* hain, crud, rău, neomenos.
unknown [ʌn'noun] *adj.* necunoscut, obscur.
unlawful [ʌn'lɔ:ful] *adj.* ilegal, ilicit, nedrept.
unless [ʌn'les] *conj.* dacă nu, în afară de cazul când.
unlettered [ʌn'letə:d] *adj.* analfabet.
unlike [ʌn'laik] *prep.* spre deosebire de.
unlikely [ʌn'laikli] *adj.* improbabil, puțin probabil, neverosimil.

unload [ʌn'loud] **I.** *v.t.* a descărca, a scăpa de. **II.** *v.i.* a descărca.
unlucky [ʌn'lʌki] *adj.* nenorocos, ghinionist, nefericit.
unman [ʌn'mæn] *v.t.* a descuraja, a deprima, a lipsi de vlagă.
unmannerly [ʌn'mænərli] *adj.* lipsit de manieră, prost crescut.
unmarried [ʌn'mærid] *adj.* necăsătorit, celibatar.
unmatched [ʌn'mætʃt] *adj.* fără rival.
unmeasured [ʌn'meʒəd] *adj.* nemăsurat, scandalos.
unmentionable [ʌn'menʃənəbəl] *adj.* nedemn de a fi pomenit.
unmerciful [ʌn'mə:siful] *adj.* nemilos, neîndurător.
unmindful [ʌn'maindful] *adj.* nepăsător, neatent.
unmistakable [ʌnmi'steikəbəl] *adj.* sigur, clar, evident.
unmixed [ʌn'mikst] *adj.* pur neamestecat, neprefăcut.
unmodified [ʌn'mɔdifaid] *adj.* neschimbat.
unmolested [ʌnmɔ'lestid] *adj.* nevătămat, neatins, ferit de primejdie.
unnatural [ʌn'nætʃrəl] *adj.* nefiresc, inuman, monstruos.
unnecessary [ʌn'nesisəri] *adj.* superfluu, inutil, zadarnic.
unnerve [ʌn'nə:v] *v.t.* a slăbi, a descuraja, a deprima.
unobtrusive [ʌnəb'tru:siv] *adj.* modest, umil, neştiut.
unofficial [ʌnə'fiʃəl] *adj.* neoficial.
unorthodox [ʌn'ɔ:θədɔks] *adj.* eretic, neortodox.
unostentatious [ʌnɔstən'teiʃəs] *adj.* simplu, fără ostentaţie.
unpack [ʌn'pæk] **I.** *v.t.* a despacheta. **II.** *v.i.* a despacheta, a desface bagajele.
unpalatable [ʌn'pælətəbəl] *adj.* de nemâncat, nedigerabil, insuportabil, fără haz.
unparalleled [ʌn'pærəleld] *adj.* incomparabil.
unpardonable [ʌn'pɑ:dənəbəl] *adj.* de neiertat, inadmisibil.
unpaved [ʌn'peivd] *adj.* nepietruit, nepavat.
unperturbed [ʌnpə'tə:bd] *adj.* neturburat.
unplait [ʌn'plæt] *v.t.* a despleti, a desface.
unpleasant [ʌn'plezənt] *adj.* neplăcut.
unpolished [ʌn'pɔliʃt] *adj.* nelustruit, neşlefuit.
unpopular [ʌn'pɔpjulə] *adj.* nepopular, antipatizat.
unpractical [ʌn'præktikəl] *adj.* nepractic.
unprejudiced [ʌn'predʒudist] *adj.* lipsit de prejudecăţi, nepărtinitor, echitabil.
unprepared [ʌnpri'pɛəd] *adj.* nepregătit.

unpresuming [ʌnpri'zju:miŋ] *adj.* la locul lui, modest.
unpretentious [ʌnpri'tenʃəs] *adj.* fără pretenții, modest.
unprincipled [ʌn'prinsipəld] *adj.* neprincipial, fără scrupule.
unprintable [ʌn'printəbəl] *adj.* indecent.
unproductive [ʌnprə'dʌktiv] *adj.* neproductiv, arid, steril.
unprofessional [ʌnprə'feʃənəl] *adj.* neprofesionist, amator.
unprofitable [ʌn'prɔfitəbəl] *adj.* nerentabil.
unpropitious [ʌnprɔ'piʃəs] *adj.* nefavorabil, ostil.
unpublished [ʌn'pʌbliʃt] *adj.* inedit.
unqualified [ʌn'kwɔlifaid] *adj.* necalificat, incompetent.
unquote [ʌn'kwout] *v.i.* a închide ghilimelele.
unravel [ʌn'rævəl] *v.t.* a descurca, a descâlci, a rezolva, a lămuri.
unreal [ʌn'riəl] *adj.* ireal.
unreasonable [ʌn'ri:zənəbəl] *adj.* fără rațiune, irațional, de neînțeles, inexplicabil.
unrecognisable [ʌn'rekəgnaizəbəl] *adj.* de nerecunoscut.
unconcilable [ʌn'rekənsailəbəl] *adj.* ireconciliabil, de neîmpăcat.
unrefined [ʌnri'faind] *adj.* necioplit, vulgar, grosolan.
unrelated [ʌn'rileitid] *adj.* fără legătură.
unrelenting [ʌn'rilentiŋ] *adj.* necruțător, neîmpăcat, sever.
unreliable [ʌnri'laiəbəl] *adj.* neserios, nesigur.
unrelieved [ʌnri'li:vd] *adj.* sever, fără alinare.
unrequited [ʌnri'kwaitid] *adj.* neîmpărtăşit, nerăsplătit, nerăzbunat.
unresponsive [ʌnris'pɔnsiv] *adj.* indiferent, placid, rece.
unrest [ʌn'rest] *s.* nelinişte, agitație, tulburare.
unrewarded [ʌnri'wɔ:did] *adj.* nerăsplătit.
unrighteous [ʌn'raitʃəs] *adj.* nedrept, injust, incorect.
unrightful [ʌn'raitful] *adj.* injust, nedrept, nejustificat, ilegal.
unripe [ʌn'raip] *adj.* necopt, imatur.
unrival(l)ed [ʌn'raivəld] *adj.* fără rival, inegalabil.
unruffled [ʌn'rʌfəld] *adj.* neturburat.
unruly [ʌn'ru:li] *adj.* neascultător, dezordonat, nestăpânit, destrăbălat.
unsafe [ʌn'seif] *adj.* nesigur, periculos.
unsaid [ʌn'sed] *adj.* nespus, nedestăinuit.
unsavo(u)ry [ʌn'seivəri] *adj.* fără gust, grețos, dezgustător.
unscathed [ʌn'skeiðəd] *adj.* (viu şi) nevătămat, neatins, scăpat cu bine.
unscrew [ʌn'skru:] *v.t.* a deşuruba.

unscrupulous [Λn'skru:pjuləs] *adj.* fără scrupule, ticălos, imoral.
unseasonable [Λn'si:zənəbəl] *adj.* inoportun, nepotrivit, deplasat.
unseemly [Λn'si:mli] *adj.* dizgrațios, ruşinos.
unseen [Λn'si:n] *adj.* nevăzut, invizibil.
unselfish [Λn'selfiʃ] *adj.* altruist, ferit de egoism, dezinteresat.
unsettle [Λn'setəl] *v.t.* a tulbura, a dezorganiza.
unshakk(e)able [Λn'ʃeikəbəl] *adj.* neclintit, (de) nezdruncinat.
unshaken [Λn'ʃeikən] *adj.* ferm, nezdruncinat.
unsightly [Λn'saitli] *adj.* urât, urâcios.
unskilful [Λn'skilful] *adj.* neîndemânatic, stângaci.
unskilled [Λn'skild] *adj.* nepriceput, necalificat.
unsociable [Λn'souʃəbəl] *adj.* nesociabil, necalificat.
unsolved [Λn'sɔlvd] *adj.* nesociabil, nedezlegat.
unsophisticated [Λnsə'fistikeitid] *adj.* simplu, nevinovat.
unsparing [Λn'spεəriŋ] *adj.* necruțător, generos.
unspeakable [Λn'spi:kəbəl] *adj.* nespus, cumplit.
unspoiled [Λn'spɔild] *adj.* nealterat, nestricat, ferit de răsfăț, neprihănit.
unspoken [Λn'spokən] *adj.* nespus, negrăit, tăinuit, (ținut)ascuns.
unspotted [Λn'spɔtid] *adj.* imaculat.
unstable [Λn'steibəl] *adj.* instabil, nestatornic, şubred.
unsubstantial [Λnsəb'stænʃəl] *adj.* firav, şubred, subțiratic.
unsuccessful [Λnsək'sesful] *adj.* neizbutit.
unsuitable [Λn'sju:təbəl] *adj.* nepotrivit.
unsuited [Λn'sju:tid] *adj.* neasortat, necorespunzător.
unsurmountable [Λnsə'mauntəbəl] *adj.* de netrecut.
unsuspected [Λnsə'spektid] *adj.* nebănuit.
unswerving [Λn'swə:viŋ] *adj.* neabătut, neclintit, credincios.
unsympathetic [Λnsimpə'θetik] *adj.* lipsit de înțelegere/ compătimire, neînțelegător, rece.
untainted [Λn'teintid] *adj.* nealterat, neprihănit.
untidy [Λn'taidi] *adj.* neglijent, dezordonat, şleampăt.
untie [Λn'tai] *v.t.* a dezlega, a desface.
until [ən'til] **I.** *prep.* până la, în. **II.** *conj.* până (ce).
unto ['Λntu] *prep.* la, (în)spre, către, aproape de, față de.
untold [Λn'tould] *adj.* nespus, secret.
untouchable [Λn'tΛntʃəbəl] *adj.* de neatins.

untoward [Λn'touəd] *adj.* nenorocit, nefericit, supărător.
untroubled [Λn'trΛbəld] *adj.* netulburat.
untrue [Λn'tru:] *adj.* neadevărat, mincinos.
untrustworthy [Λn'trΛstwə:ði] *adj.* neserios, care nu merită încredere.
untruth [Λn'tru:θ] *s.* minciună, falsitate.
untruthful [Λn'tru:θful] *adj.* neadevăr, mincinos.
unturned [Λn'tə:nd] *adj.* neatins, neabordat, neîncercat.
unutterable [Λn'Λtərəbəl] *adj.* nespus.
unwanted [Λn'wɔntid] *adj.* nedorit, indezirabil.
unwarrantable [Λn'wɔ:rəntəbəl] *adj.* inexplicabil, nejustificabil, surprinzător.
unwarranted [Λn'wɔ:rəntid] *adj.* nejustificat, nemotivat, gratuit, care nu prezintă garanție.
unwelcome [Λn'welkəm] *adj.* nedorit, nepoftit, nepoftit, indezirabil.
unwell [Λn'wel] *adj.* bolnav, indispus.
unwieldy [Λn'wi:ldi] *adj.* greoi, masiv, stângaci.
unwise [Λn'waiz] *adj.* nechibzuit, lipsit de înțelepciune, imprudent, greşit.
unworkable [Λn'wə:kəbəl] *adj.* nepractic, impracticabil.
unworthy [Λn'wɔ:θi] *adj.* nedemn, ruşinos.
unwritten [Λn'ritən] *adj.* nescris.
up [Λp] **I.** *adj.* (care merge) în sus, ascendent. **II.** *v.t.* a ridica, a spori. **III.** *adv.* (în) sus, la centru, pe picioare, lângă, alături, în față, complet, ~ *and down* încolo şi încoace, în sus şi în jos, peste tot. **IV.** *prep.* în susul.
upgrade [Λp'greid] **I.** *s.* urcuş, progres, îmbunătățire. **II.** *v.t.* a ameliora, a înnobila.
uphill [Λp'hil] **I.** *adj.* ascendent, dificil. **II.** *adv.* în sus(ul dealului).
uphold [Λp'hould] *v.t.* a susține, a sprijini, a încuraja, a aproba, a confirma.
upholder [Λp'houldə] *s.* susținător.
uplift [Λp'lift] *v.t.* a ridica, a înnobila.
upon [ə'pɔn] *prep.* pe.
upper ['Λpə] *adj.* superior, de sus.
uprightness ['Λpraitnis] *s.* corectitudine, integritate.
uprising [Λp'raisiŋ] *s.* răscoală.
uproar [Λp'rɔ:] *s.* gălăgie, rumoare, tumult.
uproarious [Λp'rɔ:riəs] *adj.* zgomotos, turbulent.
uproot [Λp'ru:t] *v.t.* a dezrădăcina, a desființa.
upset [Λp'set] *v.t.*, *v.i.*, inf. trec. şi part. trec. a (se) răsturna, a (se) tulbura.
upshot ['Λpsʃu:t]] *s.* rezultat.

upside-down [ʌpsaid'daun] *adv.* cu susul în jos, în dezordine.
upstage [ʌp'steidʒ] *adj.*, *adv.* (din)spre fundul scenei.
upstream [ʌp'stri:m] *adj.*, *adv.* contra curentului, în susul apei.
upsurge ['ʌpsə:dʒ] *s.* avânt, elan, înălţare.
uptake ['ʌpteik] *s.* înţelegere.
up-to-date [ʌptə'deit] *adj.*, *adv.* modern, la modă.
uptown ['ʌptaun] *adv.* în centrul, *amer.* la periferie.
upward [ʌp'wə:d] **I.** *adj.* ascendent, îndreptat în sus. **II.** *adv.* în sus.
urbane [ə:'bein] *adj.* politicos, civilizat, rafinat.
urbanity [ə:'bæniti] *s.* politeţe.
urge [ə:dʒ] **I.** *s.* îndemn, stimulent. **II.** *v.t.* a îndemna, a sili.
urgency ['ə:dʒənsi] *s.* urgenţă, presiune, caracter imperios.
urn [ə:n] *s.* urnă.
us [ʌs] *pron.* pe noi, ne, nouă, ne.
usage ['ju:zidʒ] *s.* folosire, utilizare, uz(aj), obicei.
use [ju:s] **I.** *s.* folos, folosire, scop, valoare, datină. **II.** *v.t.* a folosi, a consuma, a trata, a se purta cu, a obişnui, *he ~d to come every day* obişnuia să vină în fiecare zi.
used [ju:st] *adj.* uzat, deformat, deprins, obişnuit.
useful ['ju:sful] *adj.* util, capabil, bun.
usher ['ʌʃə] **I.** *s.* aprod, plasator. **II.** *v.t.* a conduce, a anunţa, *fig.* a deschide.
usherette ['ʌʃə'ret] *s.* plasatoare.
usual ['ju:ʒuəl] *adj.* obişnuit, *as ~* ca de obicei.
usually ['ju:ʒuəli] *adv.* de obicei.
usurious [ju:'zjuəriəs] *adj.* cămătăresc.
usurp [ju:'zə:p] *v.t.* a uzurpa.
utility [ju:'tiliti] *s.* utilitate, lucru folositor.
utopian [ju:'toupiən] *adj.* utopic.
utter ['ʌtə] **I.** *adj.* total, cumplit. **II.** *v.t.* a rosti, a exprima, a fabrica.
utterance ['ʌtrəns] *s.* exprimare, glas, rostire, declaraţie.
utterly ['ʌtəli] *adv.* total, complet, groaznic (de).

V

V [vi:] *s.* V, v.
vacancy ['veikənsi] *s.* loc liber, vacanță, spațiu gol, lapsus.
vacant ['veikənt] *adj.* gol, liber, neocupat, neatent, uituc.
vacate [vei'keit] *v.t.* a elibera, a lăsa vacant, a anula.
vacation [və'keiʃən] *s.* eliberare, vacanță.
vaccine ['væksi:n] *s.* vaccin.
vacillate ['væsileit] *v.t.* a şovăi, a se clătina, a oscila.
vacillation ['væsileiʃən] *s.* şovăială, oscilație.
vacuity [və'kju:iti] *s.* loc liber, absență, gol, neatenție.
vacuous ['vækjuəs] *adj.* neatent, stupid, gol.
vacuum ['vækjuəm] *s.* vid, gol, lapsus, aspirator de praf
vacuum-cleaner ['vækjuəm kli:nə] *s.* aspirator de praf.
vacuum-flask ['vækjuəm flɑ:sk] *s.* termos.
vagabond ['vægəbɔnd] *s.*, *adj.* vagabond.
vagary ['veigəri] *s.* capriciu, *pl.* gărgăuni.
vagrancy ['veigrənsi] *s.* vagabondaj.
vagrant ['veigrənt] *s.*, *adj.* vagabond, rătăcitor.

vague [veig] *adj.* vag, nelămurit, nehotărât.
vain [vein] *adj.* inutil, steril, încrezut, *in ~* degeaba.
vainglory [vein'glɔ:ri] *s.* orgoliu, lăudăroşenie.
vainly ['veinli] *adj.* inutil, zadarnic, orgolios.
vale [veil] *s.* vale.
valiant ['væliənt] *adj.* viteaz.
valid ['vælid] *adj.* valabil, serios, întemeiat.
validate ['vælideit] *v.t.* a valida, a confirma.
validity [və'liditi] *s.* valabilitate.
valley ['væli] *s.* vale.
valo(u)r [vælə] *s.* vitejie.
valuable ['væljuəbəl] **I.** *s.* lucru de valoare. **II.** *adj.* valoros, preţios.
valuation [vælju'eiʃən] *s.* evaluare.
value ['vælju] *s.* valoare, apreciere.
valve [vælv] *s.* supapă, valvă, lampă de radio.
vamp [væmp] **I.** *s.* căpută, petic, vampă. **II.** *v.t.* a încăputa, a repara, *fig.* a petici, a stoarce de bani. **III.** *v.i.* a stoarce bani de la bărbaţi.
van [væn] *s.* camion de mobilă, dubă, căruţă cu coviltir, vagon de marfă (acoperit), avangardă, partea din faţă.
vanish ['væniʃ] *v.i.* a dispărea, a se şterge.
vanity ['væniti] *s.* îngâmfare, inutilitate, neseriozitate, capriciu.
vanquish ['væŋkwiʃ] *v.t.* a înfrânge, a supune.
vantage ['vɑ:ntidʒ] *s.* avantaj.
vapid ['væpid] *adj.* fără gust, insipid, şters, nesărat.
vapo(u)r ['veipə] *s.* abur(eală), beţie, nebunie, *pl.* mahmureală.
variable ['vɛəriəbəl] *adj.* variabil.
variant ['vɛəriənt] *s.* variantă.
variation [vɛəri'eiʃən] *s.* variaţie.
varied ['vɛərid] *adj.* variat, schimbător.
variegated ['vɛərigeitid] *adj.* variat, multicolor.
variety [və'raiəti] *s.* diversitate, varieteu.
various ['vɛəriəs] *adj.* *adj.* divers, mulţi.
varmint ['vɑ:mint] *s.* ticălos, lepră (fig.).
varnish ['vɑ:niʃ] **I.** *s.* lac, verniu, email, *fig* spoială **II.** *v.t.* a vernisa, *fig.* a spoi.
varsity ['vɑ:siti] *s.* universitate.
vary ['vɛəri] *v.t.*, *v.i.* a varia, a (se) modifica.
vase [vɑ:z] *s.* vază, vas.
vassalage ['væsəlidʒ] *s.* vasalitate, aservire.

vast [vɑ:st] *adj.* vast, mare, uriaş, întins.
vatt [væt] *s.* cuvă, butoi, cadă.
vaunt ['vɔ:nt] **I.** *s.* laudă, lăudăroşenie. **II.** *v.t.* a se lăuda cu, a etala. **III.** *v.i.* a se lăuda.
veal [vi:l] *s.* carne de viţel.
veer [viə] *v.i.* a vira, a coti.
vegetation [vedʒi'teiʃən] *s.* vegetaţie.
vehemence ['vi:iməns] *s.* vehemenţă.
vehicle ['vi:ikəl] *s.* vehicul.
velocity [vi'lɔsiti] *s.* viteză.
velvet ['velvet] **I.** *s.* catifea. **II.** *adj.* de catifea.
velvety ['velviti] *adj.* catifelat.
vendor ['vendə] *s.* vânzător.
veneer [vi'niə] **I.** *s.* furnir, *fig.* spoială. **II.** *v.t.* a furnirui, *fig.* a spoi.
venerable ['venərəbəl] *adj.* onorabil, venerabil, respectabil.
veneration ['venəreiʃən] *s.* veneraţie, adoraţie.
vengeance ['vendʒəns] *s.* răzbunare, *with a ~* straşnic, din plin.
venison ['venisən] *s.* carne de căprioară.
venom ['venəm] *s.* venin.
venomous ['venəməs] *adj.* veninos, otrăvitor, rău.
vent [vent] **I.** *s.* ieşire, supapă, eşapament, uşurare. **II.** *v.t.* a slobozi.
verb [və:b] *s.* verb.
veracious [və'reiʃəs] *adj.* demn de încredere, adevărat.
veracity [ve'ræsiti] *s.* sinceritate, adevăr.
verbatim ['və:beitm] *adj.*, *adv.* cuvânt cu cuvânt.
verbosity [və:'bɔsiti] *s.* limbuţie, vorbărie.
verdant ['və:dənt] *adj.* verde, proaspăt, nevinovat.
verdict ['və:dikt] *s.* verdict.
verdure ['və:dʒə] *s.* verdeaţă, tinereţe, prospeţime.
verge [və:dʒ] **I.** *s.* margine, limită. **II.** *v.i.* a se îndoi, a se apropia.
verger [və:dʒə] *s.* paracliser.
verify ['verifai] *v.t.* a verifica, a dovedi.
verisimilitude [verisi'militju:d] *s.* probabilitate, caracter, verosimil.
verity ['veriti] *s.* adevăr.
vermin ['və:min] *s.* paraziţi, drojdia societăţii.
verminous ['və:minəs] *adj.* infestat de paraziţi.
verse [və:s] *s.* vers(uri), poezie, strofă, verset.
version ['və:ʃən] *s.* versiune.
versus ['və:səs] *prep.* contra.
vertex ['və:teks] *s.* vârf, culme.
vertical ['və:tikəl] **I.** *s.* verticală. **II.** *adj.* vertical, suprem.
very ['veri] *adv.* foarte, tocmai, aidoma, chiar.
vessel ['vesl] *s.* vas.

vest [vest] *s.* vestă, maiou.
vested [vested] *adj.* îmbrăcat, înveşmântat, asigurat, stabilit.
vestige ['vestidʒ] *s.* vestigiu.
vestment ['vestmənt] *s.* veşmânt.
vet [vet] *s.* (medic) veterinar.
vetch [vetʃ] *s. bot.* măzăriche, borceag.
veteran ['vetərən] *s.* veteran.
veterinary ['vetrinəri] *adj.* veterinar.
veto ['vitou] **I.** *s.* veto, interzicere. **II.** *v.t.* a opune veto la, a interzice.
vex [veks] *v.t.* a supăra, a necăji, a irita.
vexation [vek'seiʃən] *s.* supărare, necăjire, pacoste.
vexations ['vekseiʃənz] *adj.* supărător, iritant.
via ['vaiə] *prep.* prin.
vial ['vaiəl] *s.* sticluţă de doctorie, fiolă.
vibrate [vai'breit] **I.** *v.t.* a face să vibreze. **II.** *v.i.* a vibra, a palpita.
vibration [vai'breiʃən] *s.* vibraţie.
vicarage ['vikəridʒ] *s.* parohie.
vicarious [vi'kɛəriəs] *adj.* (prin) delegat, locţiitor.
vicinity [vi'siniti] *s.* vecinătate, apropiere, cartier.
vicious ['viʃəs] *adj.* vicios, nărăvaş, greşit, rău(tăcios).
victim ['viktim] *s.* victimă, jertfă.
victimize ['viktimaiz] *v.t.* a persecuta, a chinui.
victory ['viktəri] *s.* victorie, succes.
victrola [vik'troulə] *s.* picup, patefon.
view [vju:] *s.* vedere, privire, vizionare.
viewpoint [vju:pɔint] *s.* punct de vedere, privelişte.
vigil ['vidʒil] *s.* veghe.
vigilant ['vidʒilənt] *adj.* vigilent.
vigorous ['vigərəs] *adj.* viguros, vioi.
vigour ['vigə:] *s.* vigoare, energie, forţă.
vile [vail] *adj.* stricat, josnic, ruşinos, scârbos.
vilify ['vilifai] *v.t.* a defăima, a calomnia.
village ['vilidʒ] *s.* sat.
villager ['vilidʒə] *s.* sătean.
villain ['vilən] *s.* ticălos, ştrengar, iobag, mârşav, slugă.
villainous ['vilənəs] *adj.* ticălos, mârşav, groaznic.
villainy ['viləni] *s.* ticăloşie, mârşăvie.
villein ['vilən] *s.* iobag
vindicate ['vindikeit] *v.t.* a dovedi, a verifica, a apăra.
vindication ['vindi'keiʃən] *s.* apărare, justificare, dovedire.
vindictive [vin'diktiv] *adj.* răzbunător.
vine [vain] *s.* viţă (de vie).
vinegar ['vinigə] *s.* oţet.

vinegary ['vinigəri] *adj.* oțetit, acru.

vineyard ['vinjəd] *s.* vie, podgorie.

vintner ['vintnə:] *s.* podgorean.

viola [vi'oulə] *s.* violă.

violate ['vaiəleit] *v.t.* a viola, a tulbura.

violence ['vaiələns] *s.* violență, vehemență, jignire.

violent ['vaiələnt] *adj.* violent, aprig, puternic.

violet ['vaiəlit] **I.** *s.* violetă, toporaș, violet. **II.** *adj.* violet.

violin [vaiə'lin] *s.* vioară.

violinist [vaiə'linist] *s.* violonist.

viper ['vaipə] *s.* viperă.

virgin ['və:dʒin] **I.** *s.* fecioară. **II.** *adj.* feciorelnic, virgin, neatins.

virtual ['və:tjuəl] *adj.* virtual, practic, de fapt.

virtually ['və:tjuəli] *adv.* în fapt, de fapt.

virtue ['və:tʃu:] *s.* virtute, eficacitate, putere, *by ~ of* prin, *in ~ of* pe baza.

visa ['vi:zə] *s.* viză.

visible ['vizibəl] *adj.* vizibil.

vision ['viʒən] *s.* vedere, viziune, concepție, vis, priveliște, fantomă.

visit ['vizit] **I.** *s.* vizită (lungă), ședere. **II.** *v.t.* a vizita, a frecventa, a pedepsi, a răzbuna, a năpusti. **III.** *v.i.* a face vizite.

visitation [vizi'teiʃən] *s.* vizită (oficială), pedeapsă, răzbunare, răsplată.

visiting ['vizitiŋ] *adj.* vizită.

visiting-card ['vizitiŋ kɑ:d] *s.* carte de vizită.

visitor ['vizitə] *s.* vizitator, client (al unui hotel).

visualize ['viʒuəlaiz] *v.t.* a întrezări.

vital ['vaitəl] *adj.* vital, viu, vioi.

vitiate ['viʃieit] *v.t.* a vicia, a strica, a pângări.

vitrify ['vitrifai] *v.t.*, *v.i.* a (se) face ca sticla.

vitriol ['vitrəl] *s.* vitriol.

vituperate [vi'tjupəreit] *v.t.* a ocărî.

vivid ['vivid] *adj.* vioi, viu, strălucitor.

vocabulary [və'kæbjuləri] *s.* vocabular.

vocal ['voukəl] *adj.* vocal.

vocalist ['voukəlist] *s.* cântăreț, cântăreață.

vocation [vou'keiʃən] *s.* vocație, profesie.

vocational [vou'keiʃənəl] *adj.* profesional, de meserie.

vogue [voug] *s.* vogă, modă, popularitate.

voice [vɔis] **I.** *s.* glas, voce, sonoritate, exprimare, rostire, părere, vot, *gram.* diateză. **II.** *v.t.* a exprima, a rosti.

voiceless ['vɔislis] *adj.* fără glas, mut, (de consoană) surdă.

void [vɔid] *s.* gol, vid, lipsă,

volition [vou'liʃən] *s.* voință, liber-arbitru.

voluble ['vɔljubəl] *adj.* volubil.

volume ['vɔlju:m] *s.* volum, mulțime, cantitate.

voluntary ['vɔləntəri] **I.** *s.* solo (de orgă). **II.** *adj.* voluntar, intenționat.

volunteer [vɔlən'tiə] *s.* voluntar, intenționat.

vomit ['vɔmit] **I.** *s.* vărsătură. **II.** *v.i.* a vărsa.

voracious [və'reiʃəs] *adj.* lacom.

vortex ['vɔ:teks] *s.* vârtej, bulboană.

votary ['voutəri] *s.* adept, susținător, credincios, fanatic.

vote [vout] **I.** *s.* vot(are), drept de vot. **II.** *v.t.* a vota (pentru), a aproba, a propune. **III.** *v.i.* a vota.

voter [voutə] *s.* alegător.

vow [vau] **I.** *s.* jurământ, promisiune. **II.** *v.t.* a promite, a jura.

vowel ['vauəl] *s.* vocală.

voyage ['vɔidʒ] **I.** *s.* călătorie pe apă. **II.** *v.t.* a străbate.

voyager ['vɔiədʒə] *s.* călător, explorator.

vulgar ['vʌlgə] *adj.* vulgar, ordinar, grosolan.

vulgarism ['vʌlgərizəm] *s.* expresie vulgară, cuvânt vulgar, vulgarism.

vulture ['vʌltʃə] *s.* vultur.

W

W ['dΛblju:] *s.* W, w.

wad [wɔd] **I.** *s.* teanc, tampon (de vată, bandaj). **II.** *v.t.* a face teanc, a căptuşi.

wade [weid] **I.** *s.* trecere prin vad. **II.** *v.t.* a trece prin vad. **III.** *v.i.* a-şi croi drum.

wafer ['weifə] *s.* tabletă, foaie de plăcintă, scoică de îngheţată, limbi de pisică, anafură.

waft [wɔft] **I.** *s.* adiere. **II.** *v.t.* a purta prin aer.

wag [wæg] **I.** *s.* mucalit, legănare. **II.** *v.t.* a legăna. **III.** *v.i.* a da din coadă.

wage [weidʒ] **I.** *s.* (şi pl.) salariu, *pl.* recompensă, plată. **II.** *v.t.* a duce, a purta (un război).

wage-earner ['weidʒ ə:nər] *s.* salariat.

wage freeze ['weidʒ fri:z] *s.* îngheţarea salariilor.

wager ['weidʒə] **I.** *s.* rămăşag. **II.** *v.t.*, *v.i.* a paria.

wag(g)on ['wægən] *s.* căruţă, vagon de marfă.

wail [weil] **I.** *s.* bocet, plângere. **II.** *v.t.*, *v.i.* a boci, a plânge.

wain [wein] *s.* car.

waist [weist] *s.* talie, centură, *amer.* pieptăraş.
waistcoat ['weistkout] *s.* vestă.
wait [weit] **I.** *s.* aşteptare, pândă, *pl.* colindători. **II.** *v.t.* a aştepta, a pândi. **III.** *v.i.* a aştepta, *to ~ on smb.* a servi pe cineva.
waiter ['weitə] *s.* ospătar, chelner, servantă, măsuță.
waive [weiv] *v.t.* a respinge, a renunța la, a alunga.
wake [weik] **I.** *s.* veghe, priveghi, festival, dâră, *in the ~ of* pe urmele. **II.** *v.t.* a trezi, a stârni, a evoca. **III.** *v.i.* a se trezi, a veghea.
wakefulness ['weikfulnis] *s.* nesomn, insomnie.
waken ['weikən] *v.t.*, *v.i.* a (se) trezi.
walk [wɔ:k] **I.** *s.* plimbare, mers pe jos, pas, marş, potecă, promenadă. **II.** *v.t.* a cutreiera, a plimba. **III.** *v.i.* a se plimba, a merge (la pas), a umbla, *to ~ into* a se năpusti asupra, *to ~ up* a merge, a se apropia.
wall [wɔ:l] **I.** *s.* zid, perete, gard. **II.** *v.t.* a fortifica, a îngrădi, a zidi.
wallet ['wɔ:lit] *s.* portvizit, portofel, trusă, desagă.
wallop ['wɔləp] **I.** *s.* bătaie, lovitură. **II.** *v.t.* a bate, a lovi.
wallow ['wɔlou] *v.t.* a se bălăci.
wallpaper ['wɔlpeipər] *s.* tapet.
walnut ['wɔ:lnʌt] *s.* nuc(ă).
wand [wɔnd] *s.* baghetă.
wander ['wɔndə] **I.** *v.t.* a cutreiera. **II.** *v.i.* a umbla, a hoinări, a se abate.
wanderer ['wɔndərə] *s.* rătăcitor, hoinar.
wane [wein] **I.** *s.* descreştere, declin. **II.** *v.i.* a fi în declin.
want [wɔnt] **I.** *s.* nevoie, lipsă, necesitate, sărăcie, dorință. **II.** *v.t.* a dori, a necesita, a cere, a avea nevoie de, a cere, a avea nevoie de, a voi. **III.** *v.i.* a lipsi, a nu se găsi.
wanting ['wɔntiŋ] *adj.* deficient (mintal), prost crescut.
wantonly ['wɔntənli] *adv.* neserios, fără chibzuință.
war [wɔ:] **I.** *s.* război, militărie, luptă. **II.** *v.i.* a se război.
warble ['wɔ:bəl] **I.** *s.* ciripit. **II.** *v.t.*, *v.i.* a ciripi.
warbler ['wɔblə] *s.* pitulice, privighetoare.
ward [wɔ:d] **I.** *s.* pază, tutelă, pupil(ă), cartier, rezervă, secție (la spital). **II.** *v.t.* a păzi, *to ~ off* a evita, a abate (o lovitură).
warden ['wɔ:dən] *s.* păzitor, custode, paznic.
warder ['wɔ:də] *s.* temnicer.
wardrobe ['wɔ:droub] *s.* garderob(ă), dulap.
ware [wɛə] *s.* marfă.
warehouse ['wɛəhaus] *s.* depozit, antrepozit.
warfare ['wɔ:fɛə] *s.* beligeranță, strategie, luptă.

warily ['wɛərili] *adv.* cu grijă, prudent.

warlike ['wɔ:laik] *adj.* războinic, belicos.

warlord ['wɔ:lɔ:d] *s.* mandarin, militarist.

warm [wɔ:m] **I.** *s.* încălzire. **II.** *adj.* cald, călduros, entuziast, proaspăt. **III.** *v.t., v.i.* a (se) încălzi.

warmly ['wɔ:mli] *adv.* cu căldură, călduros, entuziast.

warn [wɔ:n] *v.t.* a avertiza.

warning ['wɔ:niŋ] *s.* avertisment, avertizare, (pre)aviz.

warp [wɔ:p] **I.** *s.* țesătură, urzeală. **II.** *v.t., v.i.* a (se) întrețese.

warrant ['wɔrənt] **I.** *s.* autorizație, garanție, procură, certificat. **II.** *v.t.* a justifica, a garanta.

warren ['wɔrən] *s.* crescătorie de iepuri de casă.

warrior ['wɔriə] *s.* războinic.

warship ['wɔ:ʃip] *s.* vas de război.

wart [wɔ:t] *s.* neg.

wary ['wɛəri] *adj.* precaut, șiret.

wash [wɔʃ] **I.** *s.* spălare, spălătură, rufe de spălat, val, lături, loțiune. **II.** *v.t.* a spăla, a mătura, *to ~ one's hands* a se spăla, a înghiți, *to ~ up* a spăla vasele.

washable ['wɔʃəbəl] *adj.* lavabil.

washerwoman ['wɔʃə wumən] *s.* spălătoreasă.

washstand ['wɔʃstænd] *s.* lavoar.

wash-tub ['wɔʃ tʌb] *s.* albie de spălat rufe.

washy ['wɔʃi] *adj.* apos, palid, șters, spălăcit.

wasp [wɔsp] *s.* viespe.

wassail ['wɔseil] **I.** *s.* punci, chef. **II.** *v.i.* a chefui, a toasta.

wastage ['weistidʒ] *s.* risipă, pierderi.

waste [weist] **I.** *s.* risipă, irosire, deșeuri, gunoi, pustiu. **II.** *adj.* pustiu, înțelenit.

wasteful ['weistful] *adj.* risipitor.

wastrel ['weistrəl] *s.* trântor.

watch [wɔtʃ] **I.** *s.* pază, gardă, paznic, cart, ceas (de mână sau de buzunar). **II.** *v.t.* a păzi, a privi, a urmări (cu privirea). **III.** *v.i.* a sta treaz, a veghea, a fi atent, a sta la pază.

watch dog ['wɔtʃ dɔg] *s.* câine de pază.

watcher ['wɔtʃər] *s.* paznic, spectator.

watchful ['wɔtʃful] *adj.* treaz, atent, precaut.

watchman ['wɔtʃmən] *s.* paznic.

watch-tower ['wɔtʃ tauər] *s.* turn de pază.

watchword ['wɔtʃwɔ:d] *s.* cuvânt de ordine, lozincă, parolă.

water ['wɔ:tə] **I.** *s.* apă, soluție apoasă. **II.** *v.t.* a uda, a stropi, a adăpa, a dilua.
watercress ['wɔ:təkres] *s. bot.* năsturel, bobâlnic.
waterfall ['wɔ:təfɔ:l] *s.* cascadă.
watering-can ['wɔ:təriŋ kæn] *s.* stropitoare.
water-lily ['wɔ:tə lili] *s.* nufăr.
watermark ['wɔ:təma:k] *s.* nivelul apei.
watermelon ['wɔ:təmelən] *s.* pepene verde.
waterproof ['wɔ:təpru:f] **I.** *s.* fulgarin. **II.** *adj.* impermeabil. **III.** *v.i.* a impermeabiliza.
waterside ['wɔ:təsaid] *s.* mal, docuri.
waterspout ['wɔ:təspaut] *s.* gură de burlan, trompă marină.
water-supply ['wɔ:tə sə'plai] *s.* rețea de apă potabilă.
waterway ['wɔ:təwei] *s.* cale navigabilă.
watery ['wɔ:təri] *adj.* apos, plâns, insipid.
watt [wɔt] *s.* watt.
wattle ['wɔtəl] **I.** *s.* împletitură de nuiele, chirpici, moțul-curcanului. **II.** *v.t.* a împleti (nuiele).
wave [weiv] **I.** *s.* val, unduire, gest cu mâna, ondulație, încrețire, undă. **II.** *v.t.* a face semn cu, a încreți. **III.** *v.i.* a se undui.
waver ['weivə] *v.i.* a șovăi, a se clătina, a fâlfâi.
wavy ['weivi] *adj.* ondulat, încrețit.
wax [wæks] **I.** *s.* ceară. **II.** *v.t.* a cerui. **III.** *v.i.* a crește, a deveni.
wax-cloth ['wæks kləθ] *s.* pânză cerată.
wax-paper ['wæks peipər] *s.* hârtie pergament.
waxy ['wæksi] *adj.* ca ceara, lustruit.
way [wei] *s.* drum, cale, rută, metodă, mod, progres.
waylay [wei'lei] *v.t.* a ține calea (cuiva).
wayside ['weisaid] *s.* marginea drumului, potecă.
wayward ['weiwəd] *adj.* încăpățânat, greu de mânuit.
we [wi] *pron.* noi.
weak [wi:k] *adj.* slab, firav, insuficient.
weaken ['wi:kən] *v.t.*, *v.i.* a slăbi.
weakling ['wi:kliŋ] **I.** *s.* slăbănog, plăpând. **II.** *adv.* (cu glas) slab, fără vlagă.
weak-minded ['wi:kmaindid] *adj.* slab de minte.
weakness ['wi:knis] *s.* slăbiciune.
weal [wi:l] *s.* bunăstare, dungă.
wealth [welθ] *s.* avere, bogăție, abundență, prosperitate.
wealthy ['welθi] *adj.* bogat.
wean [wi:n] *v.t.* a înțărca, a dezbăra.
weapon ['wepən] *s.* armă.
wear [wɛə] **I.** *s.* îmbrăcăminte, uzură, folosire, purtare. **II.** *v.t.*

a purta, a îmbrăca, a manifesta, a uza, a roade, a scâlcia, a slăbi, *to ~ out* a uza, a istovi, *to ~ the breeches* a-şi ţine bărbatul sub papuc. **III.** *v.i.* a se purta, a rezista, a ţine, a se uza, *to ~ away* a se uza, a se roade, a se şterge (încet), *to ~ out* a se uza, a se epuiza.

wearer ['wɛərə] *s.* purtător.

weariness ['wiərinis] *s.* oboseală, plictiseală.

wearisome ['wiərisəm] *adj.* obositor, plicticos.

weary ['wiəri] **I.** *adj.* obosit. **II.** *v.t.*, *v.i.* a (se) obosi, a (se) plictisi.

weasel ['wi:zəl] *s.* *zool.* nevăstuică.

weather ['weðə] **I.** *s.* vreme, meteorologie, climă, *under stress of ~* din cauza vremii proaste, *~ permitting* dacă e vreme bună. **II.** *v.t.* a trece cu bine, a înfrunta, a decolora, a roade.

weave [wi:v] **I.** *s.* ţesătură. **II.** *v.t.* a ţese, a urzi. **III.** *v.i.* a se ţese, a se împleti.

weaver ['wi:və] *s.* ţesător.

web [web] *s.* plasă, ţesătură, laba gâştei (raţei).

wed [wed] **I.** *v.t.* a căsători, a uni, *~ded to smth.* ataşat de ceva. **II.** *v.i.* a se căsători, a nunti.

wedding ['wediŋ] *s.* nuntă, căsătorie.

wedlock ['wedlɔk] *s.* căsătorie.

Wednesday ['wenzdei] *s.* miercuri.

wee [wi:] *adj.* mititel, micuţ, *a ~ bit* un pic.

weed [wi:d] **I.** *s.* buruiană, iarbă, *fig.* om plăpând. **II.** *v.t.* a plivi, *to ~ out* a înlătura.

week [wi:k] *s.* săptămână.

week-end ['wi:kend] **I.** *s.* răgazul de la sfârşitul săptămânii. **II.** *v.i.* a pleca în excursie (sâmbăta şi duminica).

weekly ['wi:kli] *s.*, *adj.*, *adv.* săptămânal.

weep [wi:p] **I.** *v.t.* a vărsa (lacrimi), a deplânge. **II.** *v.i.* a plânge, a se umezi.

weevil ['wi:vil] *s.* gărgăriţă.

weft [weft] *s.* ţesătură.

weigh [wei] **I.** *v.t.* a cântări, a chibzui, a ridica, *to ~ anchor* a porni la drum, *to ~ down* a trage în jos, a împila, *to ~ out* a împărţi. **II.** *v.i.* a cântări, a trage în balanţă.

weight ['weit] **I.** *s.* greutate, pondere, influenţă, importanţă, *to put on ~* a se îngrăşa, *under ~* sub greutatea normală. **II.** *v.t.* a îngreuia.

weighty ['weiti] *adj.* greu, greoi, apăsător, important, convingător.

weir [wiə] *s.* stăvilar.

weird [wiəd] *adj.* fatal, supranatural, sinistru, ciudat.

welcome ['welkəm] **I.** *s.* bun venit, primire bună. **II.** *adj.*

binevenit, încântător. **III.** *v.t.* a saluta, a primi cu bucurie.
weld [weld] **I.** *s.* sudură. **II.** *v.t.*, *v.i.* a (se) suda.
welfare ['welfɛə] *s.* bunăstare.
well [wel] **I.** *s.* puţ, izvor, sondă. **II.** *adj.* sănătos, bun, mulţumitor. **III.** *v.i.* a ţâşni, a izvorî, a curge. **IV.** *adv.* bine, complet, cum trebuie, pe bună dreptate, *as* ~ de asemenea, *as* ~ *as* precum şi. **V.** *interj.* ei; mă rog; bine, precum spuneam.
well-balanced ['wel'bælənst] *adj.* echilibrat, înţelept.
well-knit ['wel'nit] *adj.* solid, bine făcut.
welt [welt] *s.* cureluşă, dungă.
welter ['weltə] **I.** *s.* încurcătură, talmeş-balmeş. **II.** *v.i.* a se învălmăşi, a se rostogoli.
west [west] **I.** *s.* vest, apus, Occident. **II.** *adj.* vestic, occidental, de vest. **III.** *adv.* spre vest.
western ['westə:n] *adj.* apusean, occidental.
westward ['westwəd] *adj.*, *adv.* spre apus.
wet [wet] **I.** *adj.* ud, umed, ploios. **II.** *v.t.* a uda, a umezi.
whack [wæk] **I.** *s.* pocnitură, lovitură, porţie. **II.** *v.t.* a pocni.
whacking ['wækiŋ] **I.** *s.* bătaie. **II.** *adj.* straşnic, groaznic.
wharf [wɔ:f] *s.* debarcadier, chei, doc.
what [wɔt] *pron.* ce? care? cât, ceea ce, ~ *for?* pentru ce? ~ *is it like?* cum e? ~ *next?* la ce ne mai putem aştepta? ~ *if?* şi dacă.
whatever [wɔt'evə] *pron.* orice, oricare, indiferent care/ ce.
wheedle ['wi:dəl] *v.t.* a păcăli, a convinge prin linguşeli, a smulge.
wheel [wi:l] **I.** *s.* roată, rotire, volan, ~*s within* ~*s* complicaţii. **II.** *v.t.*, *v.i.* a (se) răsuci, a (se) roti.
wheelbarrow ['wi:l'bærou] *s.* roabă, tărăboanţă.
wheeze [wi:z] **I.** *s.* şuierat, vâjâit, glumă, şiretenie. **II.** *v.t.* a rosti cu greu. **III.** *v.i.* a gâfâi, a vâjâi.
when [wen] **I.** *adv.* când. **II.** *conj.* când, deşi, ori de câte ori, după ce.
whence [wens] *adv.* de unde, de la care.
whenever ['wenevə] *adv.*, *conj.* oricând, ori de câte ori.
where [wɛə] **I.** *adv.* unde. **II.** *conj.* unde, în care, oriunde.
whereby [wɛə'bai] *adv.* cum, prin ce.
wherefore ['wɛəfɔ:] **I.** *s.* motiv, raţiune. **II.** *conj.* pentru ce.
whereof [wɛər'ɔv] *pron.* din care, despre care.
whereupon ['wɛərə'pɔn] *adv.* la care, drept care.

wherever [wɛər'evə] *adv.* oriunde, pretutindeni.
whether ['weðə] *conj.* (indiferent) dacă, ~ *or no(t)* în orice caz.
whey [wei] *s.* zer.
which [witʃ] **I.** *adj.* care, ~ *way?* în ce fel? pe unde? **II.** *pron.* care (din ei), pe care, ceea ce.
whichever [witʃ'evə] *adj., pron.* oricare.
whiff [wif] **I.** *s.* răbufneală, țigară, fum (de țigară). **II.** *v.t.* a pufăi, a mirosi (a ceva).
while [wail] **I.** *s.* perioadă, *once in a* ~ din când în când, *between ~s* pe apucate, *the* ~ între timp, tot timpul, *it was worth your* ~ a meritat efortul. **II.** *v.t.* a face să treacă (timpul). **III.** *conj.* în timp ce, pe când.
whim [wim] *s.* capriciu, poftă.
whimper ['wimpə] **I.** *s.* scâncet. **II.** *v.i.* a scânci, a scheuna.
whimsical ['wimzikəl] *adj.* capricios, straniu.
whine [wain] **I.** *s.* scâncet, scheunat. **II.** *v.t.* a cere cu glas plângăreț. **III.** *v.i.* a (se) scânci, a se miorlăi, a scheuna.
whipped cream ['wipt kri:m] *s.* frișcă.
whipping ['wipiŋ] *s.* bătaie (cu biciul), înfrângere.
whir(r) [wə:r] **I.** *s.* vâjâit, fâlfâit, foșnet. **II.** *v.i.* a fâlfâi, a vâjâi.
whirl [wə:l] **I.** *s.* vârtej, bulboană. **II.** *v.t.* a lua pe sus. **III.** *v.i.* a se învârti, a se învârteji, a ameți, a se învălmăși.
whirlwind ['wə:l'wind] *s.* vârtej, furtună, trombă.
whisk [wisk] **I.** *s.* smoc, canaf, mișcare rapidă, smucitură, bătător (de ouă). **II.** *v.t.* a lua pe sus, a bate iute, a țâșni.
whiskers ['wiskə:z] *s. pl.* favoriți, *zool.* mustăți.
whiskey ['wiski] *s.* whisky.
whisper ['wispə] **I.** *s.* șoaptă, murmur, zvon. **II.** *v.t., v.i.* a șopti, a susura.
whiten ['waitən] *v.t., v.i.* a (se) albi.
whitewash [waitwɔʃ] *s.* var, văruială (luată cu forța).
whither ['wiðə] *adv.* încotro.
Whitsunday ['witsʌndi] *s.* Rusalii.
whittle ['witəl] *v.t.* a ciopârți, a reduce treptat.
whiz(z) [wiz] **I.** *s.* bâzâit, vâjâit. **II.** *v.i.* a vâjâi, a bâzâi.
who [hu:] *pron.* cine(?), care (?).
whoever [hu:'evə] *pron.* oricine, oricare.
whole [houl] **I.** *s.* întreg, unitate, *as a* ~ în ansamblu, *on the* ~ dacă ținem seama de toate. **II.** *adj.* întreg, complet, sănătos, nevătămat.

whole-hearted ['houlhɑ:tid] *adj.* sincer, cordial.
wholemeal ['houlmil] *adj.* (din făină) integrală.
wholesaler ['houlseilə] *s.* angrosist.
wholesome ['houlsəm] *adj.* sănătos, salubru, moral.
wholly ['houlli] *adv.* pe de-a-ntregul, complet.
whom [hu:m] *pron.* pe cine (?), pe care (?), cui (?), căruia (?).
whoop [hu:p] **I.** *s.* chiot, strigăt (de bucurie), acces de tuse. **II.** *v.i.* a țipa, a chiui.
whopper [hu:pə] *s.* lucru uriaș, minciună gogonată.
whopping [hu:piŋ] **I.** *adj.* uriaș, gogonat. **II.** *adv.* foarte.
whose [hu:z] *pron.* al cui (?), al cărui (?).
why [wai] **I.** *s.* motiv, explicație. **II.** *adv.* de ce. **III.** *conj.* pentru care, *that is* ~ iată de ce. **IV.** *interj.* hei, vai.
wick [wik] *s.* muc de lumânare.
wicked ['wikid] *adj.* ticălos, blestemat, rău, dăunător, răutăcios.
wickedness ['wikidnis] *s.* răutate, ticăloșie.
wicker ['wikə] *s.* (împletitură de) răchită.
wickerwork ['wikə wɔ:k] *s.* împletitură de răchită, de nuiele.
wicket ['wikit] *s.* portiță, intrare, ghișeu, *sport* poartă, punct.
wide [waid] **I.** *adj.* larg, lat, întins, lejer, larg deschis. **II.** *adv.* peste tot, în lung și în lat, departe (de țintă).
widely ['waidli] *adv.* departe, în mare măsură, larg.
widen ['waidən] *v.t.*, *v.i.* a (se) lărgi.
widespread ['waidspred] *adj.* răspândit, întins.
widow ['widou] *s.* văduvă.
widowed ['widoud] *adj.* văduvit.
widower ['widouə] *s.* văduv.
widowhood ['widouhu:d] *s.* văduvie.
width [widθ] *s.* lărgime, lățime, orizont larg, bucată (de stofă).
wield [wi:ld] *v.t.* a mânui, a stăpâni.
wife [waif] *s.* soție.
wig [wig] *s.* perucă.
wiggle ['wigəl] **I.** *s.* legănare (din șolduri). **II.** *v.t.* a (ră)suci. **III.** *v.i.* a se mișca, a legăna din șolduri.
wild [waild] **I.** *s.* pustiu, sălbăticie. **II.** *adj.* sălbatic, nedomesticit, sperios, pustiu, destrăbălat, furtunos, nesăbuit. **III.** *adv.* sălbatic, aspru, aiurea.
wilderness ['wildənis] *s.* pustiu, sălbăticie, încurcătură, labirint.
wildfire ['wildfaiə] *s.* praf de pușcă, foc grecesc, flăcăruie, *like* ~ ca fulgerul.

wildly [waildli] *adv.* nebuneşte, aiurea, nesăbuit.

wildness [waildnis] *s.* nebunie, barbarie, furie, frenezie, delir, nesăbuinţă.

wile [wail] **I.** *s.* viclenie. **II.** *v.t.* a prinde în cursă, a ademeni.

wilful [wailful] *adj.* încăpăţânat, voluntar, intenţionat.

will[1] [wil] **I.** *s.* voinţă, hotărâre, intenţie, testament, *at ~* după bunul său plac. **II.** *v. aux.* pentru *v.t.* voi, va. **III.** *v. mod.* a voi.

will[2] [wil] **I.** *v.t.* a hotărî, a dori, a lăsa moştenire. **II.** *v.i.* a avea voinţă.

willing ['wiliŋ] *adj.* doritor, săritor la nevoie, serviabil, voluntar.

willingly ['wiliŋli] *adv.* cu plăcere, bucuros, cu bunăvoinţă.

willow ['wilou] *s.* salcie.

will-power ['wilpauə] *s.* voinţă, hotărâre.

wily ['walli] *adj.* viclean.

win [win] **I.** *v.t.* a câştiga, a cuceri, a atinge. **II.** *v.i.* a câştiga, a fi învingător.

wince [wins] **I.** *s.* tresărire. **II.** *v.i.* a tresări, a se cutremura.

winch [wintʃ] *s.* scripet, vinci.

wind[1] [wind] **I.** *s.* vânt, suflare, adiere, zvon, vorbe goale, *muz.* instrument de suflat, *pl.* suflători. **II.** *v.t.* a adulmeca, a obosi, a lăsa să răsufle.

wind[2] [wind] **I.** *s.* serpentină, cot, cotitură, meandră. **II.** *v.t.* a (ră)suci, a învârti (ceasul), a bobina, a ridica (cu scripetele), *to ~ up* a încheia, a lichida, a sfârşi. **III.** *v.i.* a şerpui, a se răsuci, *to ~ up* a încheia.

wind-bag ['wind bæg] *s.* lăudăros, fanfaron.

windlass ['windləs] *s.* scripete.

windmill ['windmil] *s.* moară de vânt.

window ['windou] *s.* fereastră.

window-pane ['windoupein] *s.* (ochi de) geam.

windpipe ['windpaip] *s.* beregată.

wind-swept ['wind swept] *adj.* bătut de vânturi.

windy ['windi] *adj.* vântos, speriat.

wine [wain] *s.* vin.

winepress ['wainpres] *s.* teasc.

wing [wiŋ] **I.** *s.* aripă, escadrilă, *pl.* culise. **II.** *v.t.* a înaripa, a grăbi.

wink [wiŋk] **I.** *s.* clipit, semn din ochi, clipă. **II.** *v.t.* a închide (ochii). **III.** *v.i.* a (s)clipi, a face cu ochiul.

winner ['winə] *s.* câştigător, învingător.

winning ['winiŋ] **I.** *s.* câştig. **II.** *adj.* câştigător, atrăgător, convingător.

winnow ['winou] *v.t.* a vântura, a alege.

winsome ['winsəm] *adj.* atrăgător.

winter ['wintə] **I.** *s.* iarnă. **II.** *v.i.* a ierna.
wintry ['wintri] *adj.* iernatic, rece.
wipe [waip] **I.** *s.* ştergere, şters, lustru. **II.** *v.t.* a şterge, a mătura, a nimici.
wire [waiə] **I.** *s.* sârmă, fir, telegramă. **II.** *v.t.* a prinde, a lega cu sârme, a telegrafia, a instala electricitate (în). **III.** *v.i.* a telegrafia.
wireless ['waiəlis] **I.** *s.* radio, telegrafie fără fir. **II.** *adj.* fără fir. **III.** *v.t.*, *v.i.* a transmite prin radio.
wiring ['waiəriŋ] *s.* instalaţie electrică.
wiry ['wairi] *adj.* tare, oţelit, musculos.
wisdom ['wizdəm] *s.* înţelepciune, învăţătură.
wisdom-tooth ['wizdəmtu:θ] *s.* măsea de minte.
wise [waiz] *adj.* înţelept.
wish [wiʃ] **I.** *s.* dor, dorinţă, rugăminte, urare. **II.** *v.t.* a nădăjdui, a ruga, a cere, a ura. **III.** *v.i.* a spera, *to ~ for* a dori.
wishful ['wiʃful] *adj.* doritor, visator.
wisp [wisp] *s.* şuviţă.
wit [wit] *s.* spirit, inteligenţă, minte, înţelepciune
witch [witʃ] *s.* vrăjitoare.
with [wið] *prep.* (împreună) cu, şi la, asupra, împotriva, faţă de, în ciuda.
withal [wið'ɔ:l] *adv.* totodată, în plus, pe lângă toate.
withdraw [wið'drɔ:] *v.t.*, *v.i.* a (se) retrage, a (se) îndepărta.
withdrawal [wið'drɔ:l] *s.* retragere, retractare.
wither ['wiðə] *v.t.*, *v.i.* a (se) veşteji.
withering ['wiðəriŋ] *adj.* dispreţuitor, distrugător.
withhold [wið'hould] *v.t.* a reţine, a opri, a refuza.
within [wið'in] **I.** *adv.* înăuntru, în interior. **II.** *prep.* înăuntrul.
without [wið'aut] **I.** *adv.* (pe) dinafară. **II.** *prep.* fără, în afară, *to do/ go ~* a se lipsi de, *it goes ~ saying* e de la sine înţeles.
withstand [wið'stænd] *v.t.* a se împotrivi/ a rezista la.
witless ['witlis] *adj.* prost, imbecil, zevzec, nevinovat.
witness ['witnis] **I.** *s.* martor, mărturie, dovadă, *to call to ~* a chema ca martor. **II.** *v.t.* a asista la, a vedea, a depune mărturie despre, a trăda. **III.** *v.i.* a depune mărturie.
witness box ['witnis bɔks] *s.* boxa martorilor.
witticism ['witisizəm] *s.* spirit, glumă.
wittingly ['witiŋli] *adv.* cu bună ştiinţă.
witty ['witi] *adj.* spiritual, amuzant.
wizard ['wizə:d] *s.* vrăjitor.
wizened ['wiznd] *adj.* zbârcit, îmbătrânit.

wobble ['wɔbəl] **I.** *v.t.* a legăna, a clătina. **II.** *v.i.* a se clătina, a se legăna, a şovăi.
wobbler ['wɔblə] *s.* om şovăitor.
wobbly ['wɔbli] *adj.* şubred.
woe [wou] *s.* supărare, durere, necaz, ~ *is me!* vai de capul meu!
woeful ['wouful] *adj.* trist, regretabil, nenorocit.
woke [wouk] *v.t., v.i.* trec. şi part. trec. de la wake.
woken ['woukɔn] part. trec. de la wake.
wolf [wulf] *s.* lup, crai.
wolfish [wulfiʃ] *adj.* lacom, de lup.
woman ['wumən] *s.* femeie.
womanish ['wuməniʃ] *adj.* de femeie, efeminat, muieratic.
womankind ['wumənkaind] *s.* femeile, sexul feminin.
womanlike ['wumənlaik] *adj.* femeiesc, feciorelnic.
womb [wu:m] *s.* uter, matrice, *fig.* sân.
won [wΛn] *v.t., v.i.* trec. şi part. trec. de la win.
wonder ['wΛndə] **I.** *s.* minune, mirare, surprindere, *(it is) no ~ (that)* nu e de mirare (că). **II.** *v.t.* a se întreba (ceva). **III.** *v.i.* a se mira, a se întreba.
wonderful ['wΛndəful] *adj.* minunat, uluitor, excepţional.
wonderingly ['wΛndəriŋli] *adv.* cu mirare.
wonderland ['wΛndəlænd] *s.* ţara minunilor.
wonderstruck ['wΛndəstrΛk] *adj.* uluit.
wondrous ['wΛndrəs] *adj.* uluitor, prodigios, de necrezut.
wont [wount] **I.** *s.* obişnuinţă, obicei. **II.** *adj.* obişnuit, *to be ~ (to)* a obişnui (să).
wonted ['wountid] *adj.* obişnuit, tradiţional.
woo [wu:] **I.** *v.t.* a curta, a cere în căsătorie, a cuceri, a implora. **II.** *v.i.* a face curte.
wood [wud] *s.* pădure, lemn.
woodcock ['wudkɔk] *s.* sitar.
woodcutter ['wudkΛtə] *s.* tăietor de lemne.
wooded ['wudid] *adj.* împădurit.
wooden ['wudən] *adj.* de lemn, înţepenit, greoi.
woodland ['wudlænd] *s.* păduri.
woodman ['wudmən] *s.* pădurar.
woodpecker ['wudpekə] *s.* ciocănitoare.
woodwork ['wudwɔ.k] *s.* lemnărie, tâmplărie.
woody ['wudi] *adj.* păduros, lemnos.
wooer ['wu:ə] *s.* curtezan.
woof ['wu:f] *s.* bătează.
wool [wul] *s.* lână, păr creţ, câlţi, vată.
wool(l)en ['wulɔn] *adj.* de lână.
woolly ['wuli] *adj.* lânos, ca lâna.
word [wə:d] *s.* vorbă, cuvânt, cuvântare.

wordiness ['wə:dinis] *s.* limbuţie, proxitate.

wording ['wə:diŋ] *s.* formulare, pronunţare.

wordless ['wə:dlis] *adj.* mut, fără cuvinte.

wordy ['wə:di] *adj.* prea lung, confuz.

work [wɔ:k] **I.** *s.* muncă, treabă, slujbă, ocupaţie, lucrare, lucru, operă, *pl.* uzină, ateliere, *pl.* lucrări publice, *pl.* opere de binefacere. **II.** *v.t.* a lucra, a prelucra, a acţiona, a pune în mişcare, a conduce, a administra, a pune la treabă, a face, a produce, a broda, a plăti cu munca proprie. **III.** *v.i.* a lucra, a munci, a acţiona, a funcţiona, a merge, a avea succes, a se strecura, a trece, a se agita, *to ~ out* a ieşi (la socoteală), *to ~ up* a creşte.

workable ['wə:kəbəl] *adj.* practic(abil), care poate fi prelucrat.

workaday ['wə:kədei] *adj.* de lucru, obişnuit, banal.

work-basket ['wə:k bɑ:skit] *s.* coşuleţ cu lucru de mână.

worker ['wɔ:kə] *s.* muncitor.

working-class ['wə:kiŋ klɑ:s] **I.** *s.* clasă muncitoare. **II.** *adj.* muncitoresc, al clasei muncitoare.

working-day ['wə:kiŋ dei] *adj.* zi lucrătoare, zi de lucru.

workman ['wə:kmən] *s.* lucrător, meşteşugar.

workmanship ['wə:kmənʃip] *s.* lucrătură, artizanat.

workshop ['wə:kʃɔp] *s.* atelier.

world [wə:ld] **I.** *s.* lume, pământ, societate, domeniu, planetă, mulţime. **II.** *adj.* mondial, internaţional.

worldly ['wə:ldli] *adj.* lumesc, profan, trupesc.

world-wide ['wə:ld waid] *adj.* mondial.

worm [wə:m] **I.** *s.* vierme, filet de şurub. **II.** *v.t.* a-şi croi drum, a smulge, a obţine.

wormwood ['wə:mwu:d] *s.* pelin.

worn [wə:n] *v.t.*, *v.i.* part. trec. de la wear.

worn-out ['wə:naut] *adj.* istovit, uzat, tocit.

worried ['wʌrid] *adj.* necăjit, speriat, tulburat.

worry ['wʌri] **I.** *s.* nelinişte, tulburare, necaz, grijă. **II.** *v.t.* a necăji, a chinui, a nelinişti, a agita, a hărţui. **III.** *v.i.* a se necăji, a se agita, a-şi face griji.

worse [wə:s] **I.** *adj.* compar. de la bad mai rău, mai bolnav. **II.** *adv.* mai rău, *~ off* într-o situaţie mai proastă.

worsen ['wə:sən] *v.t.*, *v.i.* a (se) înrăutăţi, a (se) agrava, a (se) ascuţi.

worship ['wə:ʃip] **I.** *s.* cult, adoraţie, religiozitate. **II.** *v.t.* a se închina la, a adora. **III.** *v.i.* a practica cultul (religios).

worshipper ['wə:ʃipə] *s.* adorator, credincios.

worst [wə:st] **I.** *s.* situație foarte proastă, partea cea mai rea, *at (the) ~* în cel mai rău caz. **II.** *adj., adv. superl.* de la bad(ly), cel mai rău, cel mai prost.

worsted [wə:stid] *s.* lână răsucită, postav.

worth [wə:θ] **I.** *s.* valoare, merite, marfă în valoare de (o anumită sumă). **II.** *adj.* în valoare de, merituos, valoros, *to be ~* a valora, a costa, a merita.

worthless ['wə:θlis] *adj.* fără valoare, nefolositor.

worthy ['wə:θi] **I.** *s.* celebritate, somitate. **II.** *adj.* merituos, onorabil, demn (de respect).

would-be ['wud bi] *adj.* așa-zis, pretins.

wrangle ['ræŋəl] **I.** *s.* ceartă, hărmălaie. **II.** *v.i.* a se certa (zgomotos).

wrap [ræp] **I.** *s.* șal, mantie, haină de blană. **II.** *v.t.* a înfășura, a ambala, a se înfofoli, a se învălui.

wrapper ['ræpə] *s.* bandă (de hârtie), supracopertă, capot (subțire).

wrapping ['ræpiŋ] *s.* înveliș, ambalaj.

wrath [rɔ:θ] *s.* mânie.

wrathful ['ræ:θful] *adj.* mânios.

wreak [ri:k] *v.t.* a-și vărsa, a-și descărca (furia).

wreath [ri:θ] *s.* ghirlandă, coroană funerară, sul, colac (de fum).

wreck [rek] **I.** *s.* epavă, ruină, distrugere, năruire, rămășițe aruncate de valuri. **II.** *v.t.* a distruge, a nărui, a face să naufragieze.

wreckage ['rekidʒ] *s.* rămășițe (ale unei distrugeri), resturi.

wren [ren] *s.* pitulice.

wrench [rentʃ] **I.** *s.* smulgere, smucitură, *fig.* chin, cheie franceză. **II.** *v.t.* a smulge, *fig.* a deforma.

wrest [rest] *v.t.* a smulge, a scoate, a deforma.

wrestle ['resəl] **I.** *s.* luptă (corp la corp), trântă. **II.** *v.i.* a se lupta.

wrestler ['reslə] *s. sport* luptător.

wretch [retʃ] *s.* nenorocit, mizerabil.

wretched ['retʃid] *adj.* nenorocit, mizerabil, trist, ticălos.

wriggle ['rigəl] **I.** *s.* contorsiune, zvârcoleală. **II.** *v.t.* a suci, a agita. **III.** *v.i.* a se zvârcoli, a se zbate.

wring [riŋ] **I.** *s.* strânsoare. **II.** *v.t.* a răsuci, a stoarce, a smulge.

wrinkle ['riŋkəl] **I.** *s.* zbârcitură, creț. **II.** *v.t., v.i.* a (se) zbârci, a (se) încreți.

wrist [rist] *s.* încheietura mâinii.
wristband ['ristbænd] *s.* manşetă.
wristlet ['ristlit] *s.* brăţară.
wristwatch ['ristwɔtʃ] *s.* ceas de mână.
writ [rit] *s.* document, act, *jur.* mandat, scriptură.
write [rait] **I.** *v.t.* a scrie, a aşterne pe hârtie, *to ~ down* a nota, *to ~ off* a compune, a anula, *to ~ up* a elabora. **II.** *v.i.* a scrie, a se ocupa cu scrisul.
writer ['raitə] *s.* scriitor, conţopist.
writhe [raið] **I.** *s.* zvârcoleală. **II.** *v.i.* a se zvârcoli, a se zbate, a se chinui, a suferi.
writing ['raitiŋ] *s.* scris, scriere.
writing-desk ['raitiŋ desk] *s.* pupitru.
wrong [rɔŋ] *s.* greşeală, păcat, nedreptate, ticăloşie.
wrongdoer [rɔŋdu:ə] *s.* răufăcător, ticălos.
wrongful ['rɔŋful] *adj.* greşit, nedrept, ilegal.
wrongly ['rɔŋli] *adv.* greşit, prost, incorect.
wry [rai] *adj.* strâmb, deformat, pus greşit, *to make a ~ face/ mouth* a face o strâmbătură.

X

X [eks] *s.* X, x.

X-ray ['eksrei] *s.* rază X, radiografie, radioscopie.

xilophone [zailə'foun] *s.* xilofon.

Y

Y [wai] *s.* Y, y.
yacht [jɔt] *s.* iaht.
yank [jæŋk] *v.t.* a smuci.
yap [jæp] **I.** *s.* lătrat. **II.** *v.i.* a lătra.
yarn [jɑ:n] **I.** *s.* fir tors, poveste (vânătorească). **II.** *v.i.* a spune poveşti, a sta la taifas.
yawl [jɔ:l] *s.* iolă, şalupă.
yawn [jɔ:n] **I.** *s.* căscat. **II.** *v.i.* a (se) căsca.
year [jə:] *s.* an, *pl.* vârstă.
yearbook ['jiə:buk] *s.* anuar.
yearling ['jə:liŋ] *s.* animal de un an.
yearly [jə:li] *adj.*, *adv.* anual.
yearn [jə:n] *v.i.* a trânji, a se ofili de dor.
yearning ['jə:niŋ] **I.** *s.* dor, dorinţă. **II.** *adj.* doritor, care tânjeşte.
yeast [ji:st] *s.* drojdie (de bere).
yeasty ['ji:sti] *adj.* spumos, înspumat.
yell [jel] **I.** *s.* ţipăt, strigăt. **II.** *v.t.*, *v.i.* a ţipa.
yellow ['jelou] **I.** *s.* galben. **II.** *adj.* galben, fricos, invidios, bănuitor, gelos, laş. **III.** *v.t.*, *v.i.* a îngălbeni.
yeoman ['joumən] *s.* răzeş, fermier, ţăran, cavalerist.
yeomanry ['joumənri] *s.* răzeşi(me), cavalerie.
yes [jes] **I.** *s.* da, încuviinţare, vot pentru. **II.** *adv.*, *interj.* da.

yesterday ['jestədi] **I.** *s.* ieri, trecut. **II.** *adj.* de ieri. **III.** *adv.* ieri.

yet [jet] **I.** *adv.* încă, până acum, acum, în plus, cândva, şi mai, şi totuşi. **II.** *conj.* totuşi.

yield [ji:ld] **I.** *s.* producţie (la hectar), *pl.* produse. **II.** *v.t.* a produce, a ceda, a lăsa. **III.** *v.i.* a ceda, a se da bătut.

yielding ['ji:ldiŋ] *adj.* docil, supus, moale.

yogurt ['jougə] *s.* iaurt.

yoke [jouk] **I.** *s.* jug, pereche de boi. **II.** *v.t.* a înjuga, a uni.

yolk [jouk] *s.* gălbenuş.

yon(der) ['jɔn(dər)] **I.** *adv.* acolo. **II.** *adj.* de acolo.

yore [jɔ:] *s.* *of* ~ de demult.

you [ju:] *pron.* tu, mata, dumneata, voi, dumneavoastră.

young [jʌŋ] *adj.* tânăr, ă.

youngster ['jʌŋstə] *s.* băiat, flăcău.

your [jɔ:] *adj.* tău, ta.

yours [jɔ:z] *pron.* al tău, a ta.

yourself [jɔ:'self] *pron.* tu însuţi, te, tu, *all by* ~ singur, chiar tu.

youth [ju:θ] *s.* tinereţe, tânăr, tineret.

youthful ['ju:θful] *adj.* tânăr, tineresc.

Z

Z [zed] *s.*, Z, z.
zeal [zi:l] *s.* zel, entuziasm.
zealous [zeləs] *adj.* zelos; doritor.
zebra [zibrə] s. zebră.
zebra crossing ['zibrə krɔsiŋ] *s.* zebră.
zenith ['zeniθ] *s.* zenit, *fig.* culme.
zero ['ziərou] *s.* zero.
zest [zest] *s.* gust picant, condiment, entuziasm, zel, interes.
zigzag [zigzæg] *s.* zigzag.
zinc [ziŋk] *s.* zinc.
zip [zip] *s.* fermoar.
zip code [zip koud] *s.* cod poştal.
zone [zoun] *s.* zonă, regiune.
zoo [zu:] *s.* grădină zoologică.
zoological ['zoə'lɔdʒikəl] *adj.* zoologic.
zoologist [zou'ɔlədʒist] *s.* zoolog.

NOȚIUNI DE GRAMATICĂ

LISTA TIMPURILOR VERBALE

Present Tense Simple

S + vb. la forma I (pers. a III-a sg. e/ es)

Present Simple Continuous

S + to be (la prezent) + vb. + ing

Present Perfect Tense Simple

S + have/ has + vb. la forma a III-a

Present Perfect Continuous

S + have + been + vb. + ing

Past Tense Simple

S + vb. + ed (sau verbul la forma a II-a pt. verbele neregulate- vezi lista)

Past Tense Continuous

S + was/ were + vb. + ing

Past Perfect

S + had + vb. + ed (sau verbul la forma a III-a pt. verbele neregulate- vezi lista)

Past Perfect Continuous

S + had + been + vb. + ing

Present Conditional

S + would + vb. la forma I

Past Conditional

S + would + have + vb.+ ed (sau verbul la forma a III-a pt. verbele neregulate- vezi lista)

Future Tense Simple

S + will/ shall + vb. la forma I

Future Tense Continuous

S + will + vb. + ing

If Clauses – Propoziția Condițională

Prop. Principală	Prop. Subordonată
I. Future Tense Simple	Present Tense Simple
II. Present Conditional	Past Tense Simple
III. Past Conditional	Past Perfect

LISTA VERBELOR NEREGULATE

Infinitiv	Past Tense	Participiu Trecut	
to abide	**abode**	**abode**	**a aştepta**
to arise	**arose**	**arisen**	**a se ridica**
to awake	**awoke**	**awoken**	**a (se) trezi**
to backbite	**backbit**	**backbitten**	**a bârfi, a defăima**
to be	**was, were**	**been**	**a fi**
to bear	**bore**	**borne, born**	**a purta**
to beat	**beat**	**beaten**	**a bate**
to become	**became**	**become**	**a deveni**
to befall	**befell**	**befallen**	**a se potrivi pentru**
to begin	**began**	**begun**	**a începe**
to behold	**beheld**	**beheld**	**a privi**
to bend	**bent**	**bent**	**a (se) îndoi**

to bereave	bereaved	bereaved	a răpi
to beseech	besought	besought	a implora
to bet	bet	bet	a paria
to bid	bade	bidden	a pofti
to bind	bound	bound	a lega
to bite	bit	bitten	a muşca
to bleed	bled	bled	a sângera
to blend	blended	blended	a (se) îmbina, a (se) amesteca
to bless	blest	blest	a binecuvânta, a ferici, a sfinți
to blow	blew	blown	a sufla, a bate
to break	broke	broken	a (se) sparge, a strica
to breed	bred	bred	a creşte, a educa
to bring	brought	brought	a aduce
to build	built	built	a construi
to burn	burnt	burnt	a arde
to burst	burst	burst	a izbucni, a năvăli
to buy	bought	bought	a cumpăra
to cast	cast	cast	a arunca
to catch	caught	caught	a prinde
to choose	chose	chosen	a alege
to cleave	clove	clove	a despica, a separa
to cling	clung	clung	a se agăța
to come	came	come	a veni
to cost	cost	cost	a costa
to creep	crept	crept	a se târî, a se furişa

to cut	cut	cut	a tăia
to deal	dealt	dealt	a trata, a se ocupa de
to dig	dug	dug	a săpa
to do	did	done	a face
to draw	drew	drawn	a desena
to dream	dreamt	dreamt	a visa
to drink	drank	drunk	a bea
to drive	drove	driven	a conduce, a şofa
to dwell	dwelt	dwelt	a locui
to eat	ate	eaten	a mânca
to fall	fell	fallen	a cădea
to feed	fed	fed	a hrăni
to feel	felt	felt	a (se) simți
to fight	fought	fought	a (se) lupta
to find	found	found	a găsi
to flee	fled	fled	a fugi din
to fling	flung	flung	a (se) arunca
to fly	flew	flown	a zbura
to forbid	forbade	forbidden	a interzice
to forecast	forecast	forecast	a prezice
to foresee	foresaw	foreseen	a prevedea
to forget	forgot	forgotten	a uita
to forgive	forgave	forgivena	a ierta
to forsake	forsook	forsaken	a părăsi, a abandona
to freeze	froze	frozen	a îngheța

to get	**got**	**got**	**a primi, a obține**
to give	**gave**	**given**	**a da**
to go	**went**	**gone**	**a merge**
to grind	**ground**	**ground**	**a măcina**
to grow	**grew**	**grown**	**a crește**
to hang	**hung**	**hung**	**a atârna, a spânzura**
to have	**had**	**had**	**a avea**
to hear	**heard**	**heard**	**a auzi**
to hide	**hid**	**hidden**	**a (se) ascunde**
to hit	**hit**	**hit**	**a lovi**
to hold	**held**	**held**	**a ține, a îmbrățișa**
to hurt	**hurt**	**hurt**	**a lovi, a răni**
to keep	**kept**	**kept**	**a ține, a păstra**
to kneel	**knelt**	**knelt**	**a îngenuchia**
to knit	**knit**	**knit**	**a tricota**
to know	**knew**	**known**	**a ști, a cunoaște**
to lay	**laid**	**laid**	**a pune, a așeza**
to lead	**led**	**led**	**a conduce**
to lean	**leant**	**leant**	**a se apleca, a sprijni**
to leap	**leapt**	**leapt**	**a sări**
to learn	**learnt** **learned**	**learnt** **learned**	**a învăța**
to leave	**left**	**left**	**a pleca, a lăsa**
to lend	**lent**	**lent**	**a împrumuta**
to let	**let**	**let**	**a lăsa, a permite**
to light	**lit**	**lit**	**a aprinde**

to lie	lay	lain	a zăcea, a se afla
to lose	lost	lost	a pierde
to make	made	made	a face
to mean	meant	meant	a însemna
to meet	met	met	a (se) întâlni
to mislead	misled	misled	a duce pe o cale greşită, a înşela
to mow	mowed	mown	a cosi
to outdo	outdid	outdone	a întrece
to overcome	overcame	overcome	a depăşi, a învinge
to pay	paid	paid	a plăti
to put	put	put	a pune
to read	read	read	a citi
to rend	rent	rent	a sfâşia
to rid	rid	rid	a scăpa de
to ride	rode	ridden	a călări
to ring	rang	rung	a suna
to rise	rose	risen	a răsări
to run	ran	run	a fugi
to saw	sawed	sawn	a tăia cu fierăstrăul
to say	said	said	a spune
to see	saw	seen	a vedea
to seek	sought	sought	a căuta
to sell	sold	sold	a vinde
to send	sent	sent	a trimite
to set	set	set	a pune

to sew	sewed	sewn	a coase
to shake	shook	shaken	a scutura, a tremura
to shed	shed	shed	a vărsa (lacrimi, sânge)
to shine	shone	shone	a străluci
to shoot	shot	shot	a împuşca, a filma
to show	showed	shown	a arăta
to shrink	shrank	shrunk	a (se) micşora, a se strânge
to shut	shut	shut	a închide
to sing	sang	sung	a cânta
to sink	sank	sunk	a (se) scufunda
to sit	sat	sat	a şedea
to slay	slew	slain	a ucide
to sleep	slept	slept	a dormi
to slide	slid	slid	a aluneca
to sling	slung	slung	a arunca
to slit	slit	slit	a (se) crăpa
to smell	smelt	smelt	a mirosi
to sow	sowed	sown	a semăna (agricultură)
to speak	spoke	spoken	a vorbi
to speed	sped	sped	a grăbi, a accelera
to spell	spelt	spelt	a ortografia (a scrie corect)
to spend	spent	spent	a cheltui; a petrece
to spill	spilt	split	a vărsa
to spin	spun	spun	a toarce
to spit	spat	spat	a scuipa

to split	split	split	a despica
to spoil	spoilt	spoilt	a răsfăța
to spread	spread	spread	a (se) întinde
to spring	sprang	sprung	a izvorî; a sări
to stand	stood	stood	a sta (în picioare)
to steal	stole	stolen	a fura, a se furişa
to stick	stuck	stuck	a lipi
to sting	stung	stung	a înțepa
to stink	stunk	stunk	a mirosi urât
to strew	strewed	strewn	a presăra
to stride	strode	stridden	a merge cu paşi mari
to strike	struck	struck	a lovi
to string	strung	strung	a înşira (pe o ață)
to strive	strove	striven	a năzui
to swear	swore	sworn	a jura; a înjura
to sweat	sweat	sweat	a transpira
to swell	swelled	swollen	a se umfla
to sweep	swept	swept	a mătura
to swim	swam	swum	a înota
to swing	swung	swung	a legăna
to take	took	taken	a lua
to teach	taught	taught	a învăța
to tear	tore	torn	a rupe, a sfâşia
to tell	told	told	a spune, a povesti
to think	thought	thought	a (se) gândi

to thrive	throve	thriven	a prospera
to throw	threw	thrown	a arunca
to thrust	thrust	thrust	a înfige
to tread	trod	trodden	a călca în picioare
to undergo	underwent	undergone	a suferi, a trece prin
to understand	understood	understood	a înțelege
to undo	undid	undone	a desface, a dezlega
to wake	woke	waked	a (se) trezi, a stârni
to wear	wore	worn	a purta
to weave	wove	woven	a țese
to wed	wed	wed	a (se) cununa
to weep	wept	wept	a plânge
to wet	wet	wet	a uda
to win	won	won	a câştiga
to wind	wound	wound	a răsuci
to withdraw	withdrew	withdrawn	a (se) retrage, a (se) îndepărta
to wring	wrung	wrung	a stoarce
to write	wrote	written	a scrie